Reiseziel Westkanada und Alaska

TEIL 1 PLANUNG, VORBEREITUNG UND DURCHFÜHRUNG einer Reise durch Kanadas Westen & Alaska

CAPE HORN
HAINES
BEAR COVE 15
ANCHORAGE
HALIBUT COVE 6

TEIL 2 REISEN DURCH KANADAS WESTEN UND ALASKA

AB-Routen 6
Vancouver Island 7
Calgary 5

Inselwelt vor Tofino auf Vancouver Island

Blick auf die Denali Range in Alaska

TEIL 4 KANADA UND ALASKA WISSEN

Rauschender Gletscherfluss im Jasper Nationalpark (Sunwapta Falls)

Planung, Vorbereitung
und Durchführung
einer Reise durch Kanadas
Westen und Alaska

1. REISEPLANUNG

Kanada gilt als Inbegriff unberührter Natur, Einsamkeit und Wildnisabenteuer. Weite Gebiete im Westen und Norden des riesigen Landes sowie im angrenzenden US-Bundesstaat Alaska entsprechen auch tatsächlich diesem Bild: Unendliche Wälder, glasklare Bäche und Seen, reißende Flüsse, wild zerklüftete Küsten, moosbehangene Regenwälder und gletscherüberzogene Feuerberge begeistern die Reisenden. Begegnungen mit Bären und Elchen sind keine Seltenheit, Gewässer voller Forellen und Lachse der Traum eines jeden Anglers. Ob per Wohnmobil, mit dem Zelt, zwischendurch vielleicht auch mal auf Schusters Rappen, auf dem Pferderücken oder im Kanu, Naturerlebnis und Lagerfeuerromantik gehören zu den selbstverständlichen »Zutaten« jeder Nordamerika-Reise, ja machen ihren besonderen Reiz aus.

Spannende und entspannende Momente erwarten den Urlauber in den »***Great Outdoors***«, in den Nationalparks der Rocky Mountains, entlang des *Trans-Canada Highway* in British Columbia, am Lake Superior in Ontario, auf dem *Alaska Highway* mit seinen Nebenstrecken und rund um den majestätischen Denali – um nur die touristisch populärsten Bereiche zu nennen.

Wobei keinesfalls überall zivilisationsferne Attraktionen im Vordergrund stehen müssen. Auch die Citys der Region versprühen Charme, so zum Beispiel **Victoria**, »britisches Musterstädtchen« und Regierungssitz von British Columbia. **Vancouver** landet meist auf den ersten Plätzen im Ranking der Metropolen mit der höchsten Lebensqualität weltweit. Zwischen Meer und Küstengebirge gelegen und mit Badestränden in Zentrumsnähe, Resten von Regenwald in seinen Parks und Skipisten unweit der nördlichen Vororte ist diese Stadt tatsächlich schwer zu toppen. Die Präriezentren **Edmonton**, das Tor zum Norden, und **Calgary** als Ölhauptstadt Albertas und Heimat der größten Rodeo-Show Amerikas besitzen den Vorzug einer relativ kurzen Distanz zu den Rocky Mountains.

In den drei einleitenden Kapiteln werden für die optimale Reiseplanung zunächst alle wichtigen Punkte erörtert, die man z.T. noch **vor** der Flug- und Fahrzeug-Buchung oder Festlegung der Route bedenken sollte. Nach der »Einkreisung« dessen, was man in Übersee unbedingt sehen und erleben möchte, betrifft das vor allem die **ideale Reisezeit** sowie das optimale **Transportmittel** (Pkw, SUV, Wohnmobil etc.) und – damit verbunden – auch die Art der **Übernachtung** (H/Motel, B&B, Jugendherberge, Camping) einschließlich der jeweils zu erwartenden Kosten.

Außerdem sollen die folgenden Abschnitte neben einer kurzen Einführung in die Geographie, Fauna und Flora der Region einen Einblick geben, was Nordamerika – neben dem reinen »Sightseeing« – noch so an möglichen Urlaubsaktivitäten und Ferienspaß zu bieten hat. Die Palette ist groß und in ähnlicher Breite kaum anderswo zu finden – schon gar nicht zum Null- oder moderaten Pauschaltarif wie in Kanada und Alaska öfters der Fall.

1.1 Allgemeines zum Reiseziel Kanada/Alaska

1.1.1 Geographie und Bevölkerung

Fläche und Bevölkerung

Kanada umfasst eine Fläche von fast **10 Millionen km²** und ist damit nach Russland und (knapp) vor den USA das zweitgrößte Land der Erde, zählt aber nur **37,6 Mio. Einwohner**. Zum Vergleich: in Deutschland leben auf nur 3,6% der Fläche Kanadas (357.000 km²) 83 Mio. Menschen. Dabei ergibt sich für Kanada eine **durchschnittliche Bevölkerungsdichte** von ca. **3,7 Einwohnern pro km²**, in Deutschland von 232 Menschen pro km².

Kanada erstreckt sich in Ost-West-Richtung von Cape Spear bei St. John's auf Neufundland bis zur Alaska/Yukon-Grenze über eine Luftlinie von rund 5.514 km. Die maximale Nord-Süd-Distanz von Middle Island, einer winzigen Insel vor *Point Pelee* im Lake Erie bis zum *Cape Columbia* auf Ellesmere Island (nur 765 km vom Nordpol entfernt) beträgt ca. 4.634 km. Die Grenze mit den USA ist im Westen mit dem Verlauf des 49. (Karlsruhe) und im Osten zu einem Teil mit dem des 45. Breitengrades (Turin) identisch. Die Bevölkerung lebt zu über 90% auf nur einem Fünftel des Gesamtterritoriums, innerhalb eines etwa 500 km breiten Gürtels entlang der Grenze zu den USA in einer Mitteleuropa entsprechenden geographischen Zone.

Kanadischer Schild

Mit Abstand am dichtesten besiedelt sind die nördlichen Uferregionen des St. Lorenz Stroms und das Gebiet zwischen den Seen Huron, Erie und Ontario. Inmitten dieser fruchtbaren landwirtschaftlich intensiv genutzten Ebenen liegen die wichtigsten Industriezentren. Unmittelbar nördlich der Großen Seen erstreckt sich in einem weiten Bogen rund um die Hudson Bay der sogenannte »Kanadische Schild«, eine in der Eiszeit geformte felsige **Hügellandschaft**, die sich von Ontario über den Norden Manitobas, Saskatchewans und Albertas bis in die Northwest Territories hinein fortsetzt. **Zahllose Seen** füllen Senken und Vertiefungen. Das größte Gewässer, der **Lake Winnipeg**, ist mit einer Fläche von 24.400 km² (Bodensee: 540 km²) größer als Hessen. Der südliche ***Canadian Shield*** ist dicht bewaldet, eignet sich aber kaum für Agrarwirtschaft oder Viehzucht. Er blieb daher weitgehend unbesiedelt. Erst in den 1970er-Jahren wurden die oft durch Flüsse und Wildwasser miteinander verbundenen Seenplatten als touristisch »verwertbare« Freizeit- und Abenteuerreviere erkannt.

Prärien

Die flachen bis leicht hügeligen, scheinbar endlosen **Getreidefelder** im Süden Manitobas, Saskatchewans und Albertas sind eine Fortsetzung der US-amerikanischen ***Great Plains***. Die ins Land strömenden Siedler machten daraus in wenigen Jahrzehnten die Kornkammer Kanadas. Von den ***Grasslands***, Weideflächen einst riesiger Bisonherden, blieben nur kleinere Areale erhalten.

Der hohe Norden

Die nördlichen Grenzen der vier Provinzen British Columbia, Alberta, Saskatchewan und Manitoba verlaufen entlang des 60. Breitengrades, auf dem auch Oslo liegt. Die durch die **Mackenzie**

Mountains getrennten Northwest und Yukon Territories stehen in Kanadas Westen für den hohen Norden. Nadelwälder und unzählige Seen und Flüsse kennzeichnen vor allem die südlichen **Northwest Territories**. Dort findet man die beiden größten ganz in Kanada gelegenen Seen, den **Great Slave Lake** und den **Great Bear Lake** (28.600 km^2 bzw. 31.300 km^2).

Der mächtige **Mackenzie River** fließt vom Großen Sklavensee ins Nordpolarmeer. In weiten Teilen der Territorien herrscht **Permafrost** (der Boden ist bis auf wenige Zentimeter dauerhaft gefroren), der im Bereich des Polarkreises und weiter nördlich nur Tundravegetation in Form von Moos- und Heidebewuchs zulässt.

Rocky Mountains in Kanada

Das **Landschaftsbild** im kanadischen Westen wird geprägt durch die mächtigen Rocky Mountains und die Coast Mountains. Die beiden parallel von Nordwesten nach Südosten verlaufenden **Gebirgszüge** gehören zu den **Kordilleren**, die von den Anden Südamerikas bis nach Alaska reichen. In der Prärie kann man schon aus großer Entfernung die schneebedeckten Gipfel der **Rocky Mountains** erkennen, wobei im ***Waterton Lakes National Park*** der Übergang zwischen *Great Plains* und Hochgebirge dann vollkommen abrupt erfolgt. Die Rocky Mountains im Grenzbereich zwischen den Provinzen Alberta und British Columbia sind erklärte Lieblingsziele europäischer Touristen, denn in ihnen befinden sich mit ***Banff*** und ***Jasper*** zwei der populärsten Nationalparks Nordamerikas. Das »Felsengebirge« setzt sich weiter nördlich bis zum ***Muncho Lake Provincial Park*** am *Alaska Highway* in British Columbia nahe der Grenze zum Yukon Territory fort.

Great Continental Divide

Parallel zum Bergkamm der »Rockies« verläuft auch die kontinentale Wasserscheide. Östlich von ihr münden alle Flüsse in den Atlantik oder in den Arktischen Ozean, westlich davon in den Pazifik. Mächtige Ströme durchziehen das Land, versorgen die Bevölkerung mit Trinkwasser, dienen zur Stromerzeugung sowie künstlichen Bewässerung und bieten an zahlreichen aufgestauten Badeseen jede Menge Erholung und Ferienspaß.

Küstengebirge

An der Westküste bilden die **Coast Mountains** die Fortsetzung der US-amerikanischen **Kaskaden**. Ihre steilen Hänge über dem Pazifik lösen sich in zahlreiche fjordartige Buchten und gebirgige Inseln auf. In der südwestlichsten Ecke des Yukon Territoriums (***St. Elias Range/Kluane National Park***) steht der **Mount Logan**, mit 5.959 m höchster Berg Kanadas. Dort befindet sich noch im angrenzenden Wrangell-St.Elias National Park (bereits in Alaska) der größte Gletscher Nordamerikas, der ***Bagley Icefield/Bering Glacier***.

Zu den allerhöchsten Berggipfeln im nördlichsten US-Bundesstaat zählen in der **Alaska Range** der Denali (6.190 m) und Mount Foraker (5.304 m), bei den **Wrangell Mountains** die Mounts Blackburn (4.996 m) und Sanford (4.949 m) sowie in den **Saint Elias Mountains** der Mount Saint Elias (5.489 m) und Mount Bona (5.044 m).

Gebirge in British Columbia

Im südöstlichen British Columbia liegen zwischen beiden Hauptformationen weitere dazu parallel verlaufende Gebirgszüge, darunter die **Columbia Mountains**, die sich wiederum aus diversen Teilbereichen zusammensetzen (Cariboo, Monashee, Selkirk und Purcell Mountains). Gemeinsam mit den **Skeena** und **Omineca Mountains** im Norden von British Columbia umrahmen sie das in der zentralen Region der Provinz gelegene **Fraser Plateau**, eine bewaldete Hügel- und Seenlandschaft mit einer Basishöhe um 600 m.

Pazifikküste/ Inseln

Der Westküste bei Seattle/Vancouver vorgelagert ist eine kaum zu beziffernde Menge an Inselchen, das Archipel der **San Juan Islands** und **Gulf Islands**, sowie **Vancouver Island**, die größte und bedeutendste Insel Kanadas. Mit einer Fläche von **31.285 km²** besitzt Vancouver Island die Ausmaße eines kleinen europäischen Staats und stellt mit den unterschiedlichsten Klimazonen und Landschaftsformen ein »**Kanada im Miniaturformat**« dar. Während im Südosten flache Sandstrände sogar Badegäste anziehen, ist die auch im Sommer verregnete Pazifikküste im Nordwesten der Insel mit nahezu undurchdringlichen Regenwäldern kaum erschlossen. Des Weiteren warten auf Vancouver Island bis zu 2.200 m hohe Berggipfel, schillernde Gletscher, langgezogene Fjorde und sogar Kanadas höchster Wasserfall (*Della Falls* 440 m).

Eine touristisch eher untergeordnete Rolle spielt die nur mit etwas Aufwand zu erreichende Inselgruppe der **Haida Gwaii**, die auch heute noch überwiegend von der *First Nation*, den Ureinwohnern Nordamerikas, bewohnt wird und sagenhafte Naturschätze birgt. Noch weiter nördlich an der Pazifikküste passieren die Alaskafähren entlang der *Inside Passage* tief eingeschnittene Fjorde, raue Gebirgszüge und kalbende Gletscherfelder.

Kurze Rast am Root Glacier Trail im Wrangell-St.Elias Nationalpark

1.1.2 Flora und Fauna in Westkanada und Alaska

Unterwegs informieren die Besucherzentren der Parks immer wieder ausführlich über die Pflanzen- und Tierwelt des jeweiligen Gebiets. Ein Besuch deren Ausstellungen und ein Blick in die dort verfügbaren Publikationen lohnt sich immer, ebenso die meist kostenlose Teilnahme an Multivisionsshows oder oft guten, themenspezifischen von *Warden/Rangern* geführten Touren. Dieses Kapitel soll nur einen kleinen Einblick geben, welche Pflanzen und Tiere typisch für die Region »Westkanada/Alaska« sind. Zusätzliche Einzelheiten zu der jeweiligen Flora und Fauna finden sich auch noch an entsprechender Stelle im Reiseteil.

Pflanzenwelt

So facettenreich die Landschaften in Nordamerikas Westen, so vielfältig auch die dort heimische Flora. In Abhängigkeit klimatischer und topographischer Gegebenheiten präsentiert allein British Columbia bereits die ganze Palette von üppig grünen Bergregionen und urwüchsigen Regenwäldern bis hin zur staubtrockenen Kakteenwüste. Die **Baumgrenze** liegt in Übersee mancherorts jenseits der 3.000 m und somit deutlich höher als in den Alpen.

Wälder

Knapp 10% der weltweiten Wälder stehen in Kanada, betrachtet man nur den Borealen Wald sind es sogar 25%. Letzterer erstreckt sich von Neufundland, über die nördlichen Rocky Mountains bis hinauf nach Alaska. Er setzt sich in den subarktischen Gefilden überwiegend aus Nadelbäumen zusammen, enthält aber weiter südlich auch einen Mix aus Birken und Zitterpappeln.

Durch den meist früh einsetzenden Nachtfrost kommt es jedes Jahr bereits im Spätsommer in Kanadas Wäldern zu einem außerordentlichen Farbenspiel, das in Europa kaum seinesgleichen findet. In der Tundra im hohen Norden leuchten schon Anfang September die Blätter der kleinwüchsigen Sträucher und in den Rocky Mountains vergolden sich pünktlich zum Herbstbeginn die dort zahlreichen Espen (***Aspen***) und die Lärchen (***Larch***). Dieser Herbstzauber steht seiner Konkurrenz im Osten mit den dort fantastischen Rottönen der Ahornbäume kaum nach, zumal sich die bunten Bäume im Westen vor einer traumhaften, meist schon schneebedeckten Bergkulisse präsentieren. Der Großblättrige Ahorn (***Big Leaf Maple Tree***) in den Regenwäldern in Pazifiknähe erreicht seinen *Fall Foliage Peak* in der Regel erst Ende Oktober.

Regenwälder

Eine Besonderheit sind die **gemäßigten Regen(ur)wälder** (***rain forests***). Niederschlagsmengen von gut 4.000 mm im Jahr und der unaufhaltsam vom Ozean aufziehende Nebel sorgen für sattgrüne, über und über mit Moos behangene Märchenwälder an den Küsten. Aber auch im Landesinneren sind sie vereinzelt noch zu finden, u.a. beim Nationalpark Mount Revelstoke und im Provinzpark *Ancient Forest/Chun T'oh Whudujut* am *Yellowhead Highway*. Anders als ihr tropischer Namensvetter setzt sich der nördliche Regenwald in erster Linie aus Nadelbäumen zusammen.

Die dominierenden Sitka-Fichten (***Sitka Spruce***), Helmlocktannen (***Western Hemlock Spruce***), Douglasien (***Douglas Fir***) und Riesenlebensbäume (***Western Red Cedar***) können auch beachtliche Dimensionen annehmen. Die Region nördlich von Port Renfrew auf Vancouver Island hat gleich etliche Rekordbäume hervorgebracht. Die Holzwirtschaft rückt jedoch den jahrhundertealten Baumbeständen der Westküste zu Leibe – über 50 % des kanadischen Regenwalds fiel während der letzten Dekaden den mächtigen *Logging Companies* zum Opfer. Der Kahlschlag ganzer Landstriche (*Clear Cutting*) ist vielerorts nicht zu übersehen.

Moosbehangene Regenwälder erstrecken sich über weite Bereiche von Vancouver Island und Haida Gwaii

Tundra

Jenseits der Baumgrenze und Richtung Norden bis ans Polarmeer breitet sich die Welt der **Tundra** aus. In dem rauen Klima vermag nur eine Vegetation zu überdauern, die den langen, dunklen Wintern mit ihren eisigen Schneestürmen trotzen kann und sich mit einer ausgesprochen kurzen Wachstumsperiode zufrieden gibt. Die extrem an die Witterung angepassten, meist kleinen und gedrungenen Pflanzen wachsen in Spalten und Senken oder hinter Felsen und Hügeln, die Schutz vor den Wetterunbilden gewähren. Da im Norden in der Regel nur wenig Niederschläge fallen, haben die meisten Pflanzen wirkungsvolle Mechanismen für die Wasserspeicherung entwickelt. Trotz der ungünstigen Bedingungen konnte sich daher eine bemerkenswert vielfältige Vegetation durchsetzen.

Prärien

Die einstigen **Kurzgrasprärien** in den Provinzen Manitoba, Saskatchewan und Alberta mussten weitgehend dem Weizenanbau und der Viehzucht weichen. Dies führte zu Flächen riesigen Ausmaßes, heute zum Teil Brachland, fast ohne natürliche Vegetation. Starke Winderosion, eisige Winterstürme und trockene Sommerhitze machen es Pflanzen schwer, dort wieder Fuß zu fassen. Die ausgedörrten ***Badlands*** und Erdpyramiden/Felsnadeln (***Hoodoos***) im südlichen Alberta erinnern eher an Landschaften im US-Südwesten.

Wüstenartige Buschsteppe

Für ebenfalls karges Wachstum sorgen Trockenheit und hohe Sonneneinstrahlung in der ***Shrub Steppe***. Nahe der südlichen Grenze zu den USA gedeihen sogar Kakteen und Palmen. Ein semi-arides Klima herrscht im Okanagan Valley bis nach Kamloops und westlich davon, die bewässerten Weinberge täuschen darüber hinweg.

Tierwelt

Aus mitteleuropäischer Sicht ist die Anzahl an wild lebenden Tieren, denen man während eines Aufenthalts in Westkanada oder Alaska begegnet, mitunter überwältigend. Dies gilt insbesondere für die höher gelegenen, gebirgigen Regionen sowie für Nationalforste. Schon beim ersten Picknick in der Natur macht fast jeder Bekanntschaft mit bettelnden Zieseln (***Ground Squirrel***) und Streifenhörnchen (***Chipmunk***), Verwandte der oft auch frechen Eichhörnchen (***Squirrel***). Ebenso wie die auffällig blauen Diademhäher (***Steller's Jay***) und die mit ihrer »Banditenmaske« über den Augen unverkennbaren Waschbären (***Raccoon***) haben sie es meistens auf die Essensreste und Vorräte der Camper abgesehen.

Pica

Mountain Goats

Dall's Sheep

Caribou

Zahlreich in ihrem Vorkommen sind auch nordamerikanische Hirscharten, zu denen die mächtigen Wapitis (***Elk***), die Weißwedelhirsche (***White-tailed Deer***) und die Maultierhirsche (***Mule Deer***) mit ihren etwas überdimensionierten Ohren zählen. Sie teilen sich Nationalforste und -parks mit etwas scheueren Füchsen (***Fox***), Dachsen (***Badger***), Stinktieren (***Skunk***), Rotluchsen (***Bobcat***) und Kanadischen Luchsen (***Lynx***). In den felsigen Gebirgsregionen sind außerdem Schneeziegen (***Mountain Goat***), hamsterähnliche Pfeifhasen (***Pica***) und Dickhornschafe (***Bighorn Sheep***, Foto ➢ Seite 232) weit verbreitet sowie ihre nahen Verwandten die Dall-Schafe (***Dall's Sheep***), deren Fell mit zunehmendem Breitengrad immer hellere Tönungen annimmt.

Die in den Wäldern Nordamerikas beheimateten Elche (***Moose***) ernähren sich den Sommer über vorwiegend von Wasserpflanzen und stehen dann nicht selten bis zum Bauch eingetaucht in Teichen oder Flussläufen, wo auch Albertas Wappentier, der einst bedrohte Biber (***Beaver***), meist nicht lange auf sich warten lässt.

Zurückgezogen in der Bergwelt und baumlosen Tundra leben zudem Rentierherden (***Caribou***). Diese genügsamen Tiere ernähren sich im Sommer von Gräsern und Moosen. Die harten Winter zwingen sie zur Migration in die südlich angrenzenden Borealen Wälder, wo dann Flechten ihre Hauptnahrung bilden. Sie waren für die Ureinwohner Kanadas und Alaskas die wichtigste Lebensgrundlage.

Exponate zur Tier- und Pflanzenwelt im Denali Besucherzentrum

Durch deren Jagd mit primitiven Waffen wurde im dünnbesiedelten Norden der Tierbestand nicht gefährdet. Nachdem aber europäische Pelzhändler und *Voyageure* die Inuit (Eskimos) und Indianer mit Gewehren versorgt hatten, änderten sich die Jagdgewohnheiten, und die Zahl der Karibus nahm drastisch ab. Zwar behindern heute *Pipelines* und befestigte Straßen die Herdenwanderung, aber immerhin hat sich dank strengerer Jagdbestimmungen ihr Bestand in jüngster Zeit ersichtlich stabilisiert. Allein in Alaska leben 750.000 Tiere in 32 Herden, deren Population sekundär durch die Jagd (etwa 11.000 Tiere jährlich), primär aber durch Krankheiten, Raubtiere, Witterung usw. natürlich reguliert wird. Relativ gute Chancen, freilebende Karibus zu beobachten, bietet die Busfahrt durch den Denali Nationalpark. Dasselbe gilt auch für Grizzlybären, deren Sichtung meist hoch oben auf der Wunschliste der Besucher steht.

Schwarz- und Braunbären

Im Allgemeinen hält sich »Meister Petz« bevorzugt abseits des großen Rummels im Hinterland auf. Zur **Beerensaison** im Hochsommer (meist Mitte Juli bis Ende August) sieht man sie in den *Rockies* aber auch vermehrt direkt am Straßenrand. Bis zu 200.000 wohlschmeckende *buffaloberries* können dann an nur einem Tag in ihrem Bauch landen! Ausführliches zu den Verhaltensmaßnahmen bei Begegnungen mit Bären ➢ Exkurs umseitig.

Pumas/ Wölfe

Für Menschen ebenfalls nicht ganz ungefährlich sind Pumas (***Cougar*** oder ***Mountain Lion***). Diese großen Raubkatzen lieben die einsamen Bergregionen fernab der Zivilisation, ebenso wie die Wölfe (***Gray Wolf***). Auch wenn Kanada mit rund 60.000 Tieren die weltweit zweitgrößte Wolfspopulation beheimatet, bekommt man sie dennoch nur selten zu Gesicht.

Büffel

Nahezu ausgerottet wurden einst die Büffel (***Bison***, ***Buffalo***), die vor Eintreffen des Weißen Mannes zu Millionen die Prärien bevölkerten. Ende des 19. Jahrhunderts zählte man nur noch knapp 800 Exemplare. Dank erfolgreicher Schutzmaßnahmen erholte sich der Bestand (rund 500.000 in den USA, in Kanada knapp 13.000).

You are in Bear Country!

In Nordamerika sind drei Bärenarten heimisch, die sich aber aufgrund ihrer unterschiedlichen Lebensgewohnheiten eher selten in die Quere kommen. **Schwarzbären** *(Black Bears)* sind – mit Ausnahme des südlichen Teils der Prärien sowie der arktischen Tundra – in ganz Kanada verbreitet. In Westkanadas einsamem Hochgebirge und an unberührten Küstenabschnitten (mit Ausnahme von Vancouver Island) muss zudem allerorten mit der Anwesenheit von **Grizzlybären** (*North American Brown* bzw. *Grizzly Bears*) gerechnet werden. Zu den **Braunbären** gehören auch die **Kodiakbären** (*Kodiak Bears*), deren Lebensraum sich auf die Insel gleichen Namens und die Westküste Alaskas beschränkt. Die **Eisbären** *(Polar Bears)*, die dritte bedeutende Bärenart Nordamerikas, halten sich ausschließlich in arktischen Gefilden auf.

Allein in British Columbia leben ca. 15.000 Braun- und an die 150.000 Schwarzbären, wobei Vancouver Island die dichteste Population an Schwarzbären aufweist (man schätzt sie auf über 7.000). Die vielerorts einschlägigen Warnhinweise sind ernst zu nehmen. Je weiter man in einsame Gebiete vordringt, umso größer sind die Chancen – oder das Risiko, wie man's nimmt – auf »Meister Petz« in freier Wildbahn zu treffen. Sie können dank ihres ausgeprägten Geruchssinns Menschen bis zu einer Entfernung von 3 km wahrnehmen und suchen dann im Normalfall das Weite. Beim Lachsfang oder Beerennaschen sind sie allerdings manchmal unachtsamer und können leichter unangenehm überrascht werden.

Als Wanderer sollte man daher auf der Hut sein und wissen, wie man sich im Notfall zu verhalten hat. Dabei ist es sinnvoll, die beiden **Bärenarten voneinander unterscheiden** zu können, denn je nachdem ob einem dann ein Braun- oder Schwarzbär gegenüber steht, gibt es andere Verhaltensempfehlungen. Ihr Name täuscht: Der Pelz der Schwarzbären kann sogar **hellbraun** gefärbt sein und ihr Körperbau ist zwar meist kleiner und schlanker, nimmt aber auch beachtliche Dimensionen an. Sie bringen bis zu 400 kg auf die Waage (Grizzlys bis zu 680 kg, Kodiakbären bis zu 800 kg). Ihren Namen verdanken Grizzlys dem längeren, angegrauten *(grizzled)* Deckhaar, aber am leichtesten zu identifizieren sind sie durch den ausgeprägten muskulären **Höcker** (*hump*) zwischen den Schultern, den nur Braunbären haben, ➤ Fotos unten. Zudem weisen Schwarzbären ein eher geradliniges Profil zwischen Ohren und Nase auf, während das Gesicht der Grizzlys an dieser Stelle deutlich gewölbter ist. Die wesentlich längeren Klauen der Braunbären hinterlassen außerdem unverwechselbare Fußspuren.

Schwarzbär

Grizzly

Wandern im »Reich der Bären«

Wanderwege führen nicht selten durch Bärengebiete. Bimmelnde Glöckchen (***bear bells***) werden dort gerne an den Rucksack gehängt, alternativ reicht auch eine mit Kieselsteinen gefüllte Getränkedose um Bären rechtzeitig auf einen aufmerksam zu machen. Noch besser dafür geeignet ist die menschliche Stimme. In unübersichtlichem Gelände werden **laute Unterhaltungen** empfohlen (ggf. auch Selbstgespräche, Singen, Klatschen oder Trillerpfeife). Der Geräuschpegel sollte möglichst immer Wind und rauschendes Wasser übertönen. Den besten Schutz – sogar gegen Grizzlys – bieten **Gruppen von 4 Personen oder mehr** (➤ Seite 236).

Begegnet man trotz aller Vorsichtsmaßnahmen einem Bären, hilft nur **besonnenes Verhalten**. Panisches Wegrennen lädt sie zur Verfolgung ein. Die tapsig wirkenden Tiere erreichen Sprintgeschwindigkeiten bis zu 56 km/h (selbst der der mehrfache Olympiasieger Usain Bolt hat hier keine Chance!). Zuflucht auf dem nächsten Baum ist allenfalls bei Grizzlys im Erwachsenenalter eine Lösung (*nur woher weiß man, wie erwachsen der aufgetauchte Bär ist?*), vorausgesetzt man kommt selber hoch genug und wird nicht wieder heruntergeschüttelt. Die schweren Grizzlys klettern nicht mehr gerne, aber jüngere Artgenossen und Schwarzbären erklimmen Bäume erstaunlich elegant und schnell zwecks Futtersuche oder manchmal zum eigenen Schutz.

Bei einem plötzlichen Zusammentreffen beim Wandern wird geraten, **gelassen zu bleiben**, kleine Kinder sofort aufzuheben und **langsam (!)** den **Rückzug** anzutreten, dabei **Augenkontakt meiden** und dem Tier klar machen, dass man ein Mensch und keine Beute ist (am besten **im ruhigen Ton ansprechen**).

Als Wunderwaffe und letzte Notbremse gilt ***Bear Spray***, das indes nicht ganz billig ist. Sein Wirkstoff, der von Chilischoten (*Capsicum*) stammt, greift umgehend Nase, Ohren und Augen des Bären an. Bei kranken, verletzten oder hungrigen Tieren, deren Verhalten nicht berechenbar ist, bleiben – wenn man Pech hat – alle genannten Maßnahmen wirkungslos. Gleiches gilt für Bärinnen mit Jungen, wenn man versehentlich zwischen Mutter und Nachwuchs gerät.

Attacken von Schwarz- oder Braunbären soll man unterschiedlich begegnen, es gilt die Devise »***If it's black, attack. If it's brown, lay down!***«.

- Bei **Schwarzbären** kann man sich angeblich (vor allem in einer Gruppe) einigermaßen gut wehren (Steine in Richtung Augen/Nase werfen usw.). Wer sich nicht doch noch an einen sicheren Ort bringen kann (Fahrzeug, Hütte etc.), dem raten die *Park Ranger/Wardens*: »***Fight back!***«, um den Tieren verständlich zu machen, dass man keine »leichte Beute« ist. Damit darf man indessen erst beginnen, wenn klar wird, dass der Bär keinen **defensiven Scheinangriff** inszeniert, bei dem er nur wenige Meter vor dem Menschen stoppt und in letzter Sekunde dann doch noch abdreht.
- Bei einem starken **Grizzly**, der sich selbst, seine Jungen oder den Futterplatz verteidigt, hilft absolut keine Gegenwehr. Hat das Spray seine Wirkung verfehlt und greift der Bär an, kann man sich nur noch »**tot stellen**«: mit dem Bauch auf dem Boden einkugeln und dabei Gesicht, Kopf und Nacken mit den Armen schützen und den Angriff über sich ergehen lassen. Zumindest hat man so eine gute Chance, mit dem Leben davonzukommen, wenngleich mit sehr schweren Verletzungen zu rechnen ist.

Generell empfiehlt es sich, eine **Mindestdistanz von 100 m** einzuhalten, auch wenn man den Bären beim Vorbeifahren zwischen den Büschen am Straßenrand entdeckt. Gewöhnen sich die Tiere an die Anwesenheit der Menschen, werden sie schnell zu »**Problembären**«, was oftmals ihr Todesurteil bedeutet. Jedes Jahr sterben zahllose Tiere im von neugierigen Touristen verursachten Stau/Verkehrschaos, andere müssen aus Sicherheitsgründen in weit entfernte Wildnisgebiete deportiert werden oder ihr Leben in Gefangenschaft fortführen.

Beste Plätze für eine »sichere« Bärenbeobachtung ➤ Seite 491ff

Campen im Bärengebiet

Um die »kulinarischen Verlockungen« zu minimieren, findet man in Bärengebieten und oft selbst in Kleinstädten immer **verriegelte Abfallcontainer**. In etlichen Parks wurden auf den Campingplätzen zusätzlich bärensichere Kästen aufgestellt, sog. ***Food Locker***, in die man nachts sämtliche potentiellen »Gefahrenstoffe« einschließt. Denn nicht nur Nahrungsmittel üben eine starke Anziehungskraft auf Bärennasen aus, auch im Zelt befindliche Kosmetika und Zahnpasta oder angebrannte *Marshmellows* in der Asche des Lagerfeuers werden schnell zum Objekt ihrer Begierde. Wildniscamper nehmen entweder einen ***Bear Canister*** zur Proviantsicherung mit oder hängen ihre Lebensmittel nachts für Bären unerreichbar an ein Seil zwischen zwei Bäume. Beim Kochen sollte man Abstand zum Zelt halten und darauf achten, dass der Wind die Essensdüfte nicht in Richtung Schlafplatz weht. Keine schlechte Idee sind auch ein Wäschewechsel vor dem Hinlegen und ein generell sparsamer Umgang mit Parfüms oder Deos in Bärengebieten.

Ausführlicheres zu dem Thema findet sich im Internet unter folgenden Links: www.pc.gc.ca/en/pn-np/mtn/ours-bears/securite-safety/ours-humains-bears-people oder www.nps.gov/subjects/bears/safety.htm.

Bisons trifft man in erster Linie in geschützten Gehegen wie z.B. in den Nationalparks *Riding Mountain*, *Wood Buffalo* oder *Waterton Lakes*, aber auch hin und wieder in größeren Herden bei privaten Züchtern. Inzwischen sind Bisons sogar zu begehrten Fleischlieferanten geworden. Im *Elk Island NP* östlich von Edmonton hat man zudem die Gelegenheit, die beiden Unterarten (***Wood*** und ***Plains Bison***) unterscheiden zu lernen; Details ➤ Seite 538 + 338.

Präriebewohner

Weniger offensichtlich ist die Anwesenheit der Fauna in den weiten Prärieebenen. Bei allzu großer Hitze zeigen sich viele Bewohner in den wüstenartigen Gebieten nur nachts sowie in den Morgen- oder Abendstunden. Wahre Überlebenskünstler sind dort die eleganten Gabelantilopen (***Pronghorn***) und Kojoten, die Nordamerikanischen Präriewölfe (***Coyote***). Kaninchenkauze (***Burrowing Owl***) teilen sich ihre unterirdischen Bauten – etwas unfreiwillig – mit Klapperschlangen (***Rattlesnake***). Diese für erwachsene Menschen zwar nur in den seltensten Fällen tödlichen, aber dennoch hochgiftigen Reptilien können nicht nur in den Grasländern, sondern auch im südlichen Okanagan Valley/British Columbia anzutreffen sein. Bisse sind jedoch sehr selten, denn meist machen sie mit unverkennbarem Rasseln rechtzeitig auf sich aufmerksam.

Meeresbewohner

Bei Niedrigwasser können sich mancherorts an der Pazifikküste Gezeitenbecken (***Tide Pools***) mit unglaublichen Mengen an bunten Seesternen (***Starfish***, ***Sea Stars***) ausbilden, allen voran auf Haida Gwaii. Auf größere Strand- und Meeresbewohner wie Seehunde, -löwen und -elefanten (***Seal***, ***Sea Lion*** und ***Elephant Seal***) stößt man bei Fahrten entlang der Küste fast automatisch, auch außerhalb zivilisationsnaher Ruhezonen. Gelegentlich gesellen sich die immer noch gefährdeten Seeotter (***Sea Otter***) zu ihnen.

Whale Watching

Besonders gute Aussichten auf eine erfolgreiche Walbeobachtung hat man bei den San Juan Islands und generell in den Gewässern zwischen Seattle und Vancouver Island (bis rauf nach Telephone Cove). Schwertwale (***Orcas***) zählen dort neben Schweinswalen (***Porpoise***) von Mitte Mai bis Mitte Oktober zu den Dauergästen. Auch Grau- (***Gray Whale***), Blau- (***Blue Whale***) und Buckelwale (***Humpback Whale***) ziehen an der Pazifikküste entlang und verweilen dann schon mal länger in nährstoffreichen Gewässern. In Alaska wird die *Resurrection Bay* vor Seward Anfang Mai zum Orca-Hotpsot und bleibt es bis Anfang Juni. Auch Juneau, Sitka und Ketchikan sind gute Ausgangsorte. Die meisten Walarten halten sich dort gerne bis August in Küstennähe auf.

Migration der Lachse

Im Reiseteil des Buches mit Fischsymbol gekennzeichnet

Ein einzigartiges Naturschauspiel ereignet sich jedes Jahr im Sommer und Herbst. Dann kämpfen sich **Abermillionen von Lachsen** zu den Oberläufen der Flüsse bis zu ihren Laichgründen (*spawning grounds*) durch – vom großen Königslachs (*Chinook* bzw. *King Salmon*, bis zu 1,6 m lang und 57 kg schwer!) über den Silberlachs (*Coho*), Ketalachs (*Chum* bzw. *Dog*) und Blaurücken- oder Rotlachs (*Sockeye*) bis hin zum kleineren Buckellachs (*Pink Salmon*). Der ***Fraser/Thompson/Adams River Salmon Run***, der nach knapp 500 km im *Tsútswecw Provincial Park* in British Columbia endet, ist einer der beeindruckendsten seiner Art. Auch die Region rund um Tête Jaune Cache bietet einige Beobachtungsplätze, so kann man dort z.B. den wendigen Fischen beim Überwinden der ***Rearguard Falls*** zusehen. Bei den ***Brooks Falls*** im Katmai Nationalpark springen sie dabei zuweilen direkt ins Bärenmaul. Rekordhalter ist der *Teslin River Salmon Run* an der Yukon/BC-Grenze, wo die *Chinook* sagenhafte 3.200 km im Süßwasser zurücklegen.

Erwachsene Lachse wandern zum Laichen die Flüsse hinauf und können dabei größere Hindernisse überwinden, hier beim Sprung über die Brooks Falls/Alaska

Vögel

An den fischreichen Gewässern im Binnenland und der Küste erfreuen sich gleichermaßen Angler wie Weißkopfseeadler (***Bald Eagle***). Beste Chancen dem **Wappentier der USA** zu begegnen hat man in Alaska und weiter südlich an einsameren Küstenabschnitten sowie vielerorts in Kanada zu Zeiten des Lachszugs. Ebenfalls nicht wegzudenken aus den bergigen Regionen ist sein naher Verwandter, der braune Steinadler (***Golden Eagle***).

Allgegenwärtig sind auch die Nester der Fischadler (***Osprey***), man sieht sie immer wieder auf eigens für sie errichteten Masten neben der Straße oder sogar auf Brückenkonstruktionen. In von Menschen weniger frequentierten Gebieten nisten gerne Wanderfalken (***Peregrin Falcon***) sowie allerlei andere kleinere Falkenarten (***Hawk***).

Zu den Publikumslieblingen zählen außerdem die clownartigen Gelbschopflunde (***Tufted Puffin***) und Hornlunde (***Horned Puffin***), die man den Sommer über entlang der Küsten beobachten kann. Wunderschön sind auch die markanten Rufe der Eistaucher (***Common Loon***; auf der kanadischen $1-Münze abgebildet), die in der Nähe klarer Bergseen oftmals weit durch die Täler hallen und Besucher vielleicht an einen Kojoten erinnern.

Eher mit den Tropen in Verbindung gebracht werden zierliche Kolibris (***Hummingbird***). Ihr Verbreitungsgebiet reicht aber bis ins nördliche British Columbia und auch bis in die trockeneren Gebieten weiter im Ladesinneren.

Tierwelt im »hohen Norden«

Die Fauna ist in dieser unwirtlichen Gegend nicht übermäßig artenreich, die Tundra gilt in erster Linie als Land der *Caribous*. Die kalten Gewässer des Nordpolarmeeres und der Hudson Bay bilden den Lebensraum für Großwale, Belugas, Walrösser (***Walrus***), Seehunde, Eisbären (***Polar Bear***) zahlreiche Fischarten sowie Kleinstlebewesen. Das sensible Biosystem reagiert auf Störungen sehr empfindlich. Schon im 18. Jahrhundert verschwanden aus unbekannten Gründen viele Walarten aus diesen Gewässern, was die Inuit zwang, zur **Robbenjagd** überzugehen.

1.1.3 Klima und Reisezeit

Die klimatischen Gegebenheiten

Westwinde am Pazifik, stabile Hochs im Zentrum und Tiefdruckgebiete am Atlantik charakterisieren im großen Maßstab das kanadische Klima. Die regionalen Unterschiede sind, wie bei einem so riesigen Land nicht anders zu erwarten, extrem. Im Süden der Prärieprovinzen etwa überschreiten die Temperaturen im Juli/August fast täglich 30°C, während in Inuvik in den Northwest Territories die Sommerwärme gerade ausreicht, den gefrorenen Boden einen Meter tief aufzutauen.

1

Höhenlagen

Der Frühling kehrt erst spät in die Bergregionen ein. Tiefere Lagen sind dort meist ab Mai eisfrei, die Täler erstrahlen dann im frischen Grün. Weiter oben ist die Saison sehr kurz: Die ersten weißen Flocken lassen ab Mitte September nicht mehr lange auf sich warten und vielerorts bleibt der Schnee dann bis in den Juli hinein liegen. Für unliebsame Überraschungen gut sind grundsätzlich alle Hochlagen (> 3.000 m) in den Gebirgen. An sich überwiegende Schönwetterperioden mit Tagestemperaturen jenseits der 20°C können dort auch recht unstabil ausfallen und durch einige ungemütliche Regentage in Folge unterbrochen werden.

Zentrale Täler

Während Wolkenfelder an den windzugewandten Seiten der Coast Mountains auch im Juli/August häufig kühle Witterung und Regen mit sich bringen, fühlt es sich es in geschützten Tälern richtig hochsommerlich an. So z.B. im kanadischen Okanagan Valley, wo dann regelmäßig die 30°C-Marke geknackt wird und die Badesaison bis in den September hinein reicht.

Prärien

An den Flanken der Rocky Mountains, der Klimascheide Westkanadas, regnen sich die feuchten Westwinde endgültig ab. Dahinter, in den Prärien, bleibt es relativ trocken mit Jahresniederschlägen um die 400 mm. Verantwortlich für das Wettergeschehen ist dort das »**Kanadische Hoch**« mit meist frühen Wintereinbrüchen und Temperaturen, die um ca. 20°C tiefer liegen als in Europa auf demselben Breitengrad. Fehlende von Ost nach West verlaufenden Gebirgszüge erlauben den kontinental-arktischen Luftmassen den ungehinderten Zugang nach Süden bis tief in die USA hinein.

Ein Winterphänomen sind auch die kräftigen Fallwinde. Der ***Chinook*** an der Ostseite der *Rockies* vermag innerhalb weniger Stunden einen Temperaturanstieg von bis zu 40°C oder mehr zu bewirken und dabei 30 cm dicke Schneedecken über Nacht verschwinden zu lassen. Er trägt daher auch den Spitznamen »snow-eater«. Böen mit über 120 km/h können dann Sattelschlepper umkippen oder Züge entgleisen lassen. Betroffen davon sind in erster Linie Calgary und der Süden Albertas.

Im Sommer verzeichnen die Prärien oft wochenlang **stabile Hochdruckwetterlagen**, die bisweilen von Gewittern unterbrochen werden. Sonnigster Punkt Kanadas ist Estevan im Südosten von Saskatchewan mit jährlich 2.979 Stunden klarem Himmel.

Durchschnittliche Tageshöchst-/tiefsttemperaturen

Angaben in °C	Juni	Juli	August	September
Alaska				
Anchorage	17/9	19/11	17/10	13/5
Fairbanks	22/10	22/11	19/8	12/2
Juneau	17/8	18/11	17/9	13/6
Alberta				
Banff	19/5	22/7	21/7	16/3
Calgary	20/7	23/9	23/9	18/4
Edmonton	21/8	22/10	22/8	17/3
Jasper	20/5	23/7	22/7	17/3
Lethbridge	22/9	26/11	25/10	20/5
Medicine Hat	24/10	27/12	27/11	21/6
British Columbia				
Fort St. John	19/8	21/10	20/9	15/5
Kamloops	25/11	28/14	28/13	22/9
Penticton	25/10	28/13	28/13	22/8
Prince George	20/7	22/9	22/8	16/4
Prince Rupert	14/8	16/10	17/10	15/8
Vancouver	19/11	22/13	22/13	19/11
Victoria	19/9	22/11	22/11	19/8
Manitoba				
Churchill	11/2	17/7	16/7	9/3
Winnipeg	23/11	26/13	25/12	19/6
Northwest Territories				
Inuvik	17/5	20/9	16/6	8/0
Yellowknife	18/9	21/12	18/10	10/4
Ontario				
Sault Ste. Marie	21/8	24/11	23/11	18/8
Sudbury	22/10	25/13	23/12	17/7
Thunder Bay	21/7	24/11	23/10	17/5
Toronto	24/12	27/15	26/14	21/10
Saskatchewan				
Regina	23/10	26/12	25/11	19/5
Saskatoon	23/9	25/11	24/10	18/4
Yukon Territory				
Watson Lake	19/6	21/9	19/7	13/2
Whitehorse	19/5	21/8	19/6	12/2

Verantwortlich dafür zeichnet ebenfalls das *Canadian High*. Es bewirkt selbst im Norden der Provinzen im Juli/August Tagestemperaturen von meist deutlich über 20°C und lässt das Thermometer nahe der Grenze zu den USA fast auf Höhen ansteigen, die in Kanada sonst nur im Okanagan Valley registriert werden.

Pazifikregion

Das Klima in der Pazifikregion wird von relativ milden Luftmassen geprägt. An der Küste sorgt der **Alaskastrom** für **moderate Wintertemperaturen**, die nur selten unter dem Gefrierpunkt liegen. So hat Anchorage ungeachtet seiner nördlichen Position um 12°C wärmere Winter als Fairbanks im Inland.

Auch wenn in den Küstenregenwäldern auf **Vancouver Island** der Sommer die »trockene« Jahreszeit ist, muss dort sowie allgemein im Einzugsbereich des Pazifiks selbst im Juli/August jederzeit mit **Regen** gerechnet werden. *Estevan Point* an der Westküste der Insel bringt es auf rekordverdächtige 3.200 mm Niederschlag/Jahr. Im Windschatten der insularen Gebirgszüge bekommen Nanaimo und Vancouver nur noch ein 1/3 dieser Regenmenge ab, wobei ein Großteil davon auf die Wintermonate entfällt. Im Sommer regnet es in Vancouver vergleichsweise wenig. Nur 100 km östlich der Stadt verzeichnet Hope an den Westhängen der Kaskaden aber wieder erhöhte Niederschlagswerte (ca. 2.000 mm). Regenreichste Stadt auf dem kanadischen Festland ist **Prince Rupert** mit fast 2.600 mm.

Eine Sonderstellung nimmt **Victoria** ein: Es erfreut sich durchweg sonniger Sommer, im Juli/August werden tagsüber oft über 25°C gemessen. Die Wintermonate sind ebenso erstaunlich angenehm mit im Schnitt gerade mal einem Tag Frost. Auch Vancouver hat meist nur drei Tage, an denen das Thermometer unter 0°C fällt.

Hoher Norden

Im Sommer klettern die **Temperaturen** im hohen Norden wegen der langen Dauer des Sonnenscheins (nördlich des Polarkreises zum Sommeranfang rund um die Uhr) erstaunlich hoch. In den südlichen Territorien überschreiten sie im Juli und August sogar täglich 20°C, bisweilen auch 30°C und mehr. Obwohl im Hochsommer auch dort Gutwetterperioden eher die Regel sind, kann das **Wetter** immer wieder **recht wechselhaft** ausfallen. Bereits Ende August wird es nachts empfindlich kühl.

Groß ist auch der Einflussbereich der **Hudson Bay**. Acht Monate des Jahres schiebt sich vom Eispanzer der Bucht ein **Kältekeil** über das kanadische Festland, der auch im Sommer seine Wirkung nicht ganz verliert. Da die kalte Luft wenig Feuchtigkeit aufnimmt, fallen im Norden erheblich geringere Regen- und Schneemengen als in allen übrigen Regionen Kanadas.

Ontario

Im zentralen Ontario und weiter östlich besitzt das *Canadian High* nur begrenzten Einfluss. **Feuchtwarme tropische Luft** aus der Karibik und dem Golf von Mexiko dringt von Mai bis Oktober oft bis ins südliche Kanada vor. **Schwülwarmes Wetter** ist die Folge. Die durchschnittlichen Höchsttemperaturen von bis zu 27°C im Juli/August etwa in Südontario liegen dann deutlich über den Mittelwerten in Deutschland.

Die Winter hingegen sind kalt und schneereich. Ontario kommt – wegen starker Schneefälle – oberhalb der Großen Seen und im Osten auf höhere Niederschlagsmengen als die Westprovinzen abseits der Gebirgsregionen. **Toronto** z.B. hat weit mehr Schnee zu verkraften als Ontarios kalter Norden. Im Sommer dürfen Reisende dort mit gutem Wetter rechnen, wenn auch Regenfronten die Großen Seen viel häufiger heimsuchen als die Prärie.

Niederschlagsmenge in Millimetern

	Juni	Juli	August	Sept.	Jahr
Alberta					
Calgary	80	68	59	46	413
Edmonton	87	95	70	47	483
Medicine Hat	63	41	33	36	334
British Columbia					
Penticton	39	28	31	25	333
Prince George	73	64	51	53	601
Prince Rupert	124	114	155	244	2.594
Vancouver	55	40	39	54	1.199
Manitoba					
Winnipeg	80	71	75	52	514
Ontario					
Toronto	74	74	80	78	793
Northwest Territories					
Inuvik	22	33	40	28	248
Yellowknife	27	35	41	33	281
Saskatchewan					
Regina	75	64	43	33	388
Yukon Territory					
Whitehorse	30	41	39	34	267
Alaska					
Anchorage	25	47	68	69	401
Fairbanks	34	50	47	27	268
Juneau	78	112	136	191	1.457

Die beste Reisezeit

Ob man im Hochsommer nach Nordamerika fliegen sollte, hängt nicht nur von terminlichen Vorgaben und vom Geldbeutel ab, sondern auch von den Aktivitäten, die während der Reise geplant sind. Grundsätzlich eignen sich die **Monate Juni bis September** am besten für einen Urlaub in Westkanada/Alaska, bei dem das **Naturerlebnis** im Vordergrund steht.

Vor- und Nachsaison

Zur Vor- bzw. Nachsaison (***shoulder season***; Zeitraum April-Mitte Juni oder Mitte September-Oktober) muss man hinsichtlich *Outdoor*-Aktivitäten (➢ Seite 42ff) Abstriche machen. Regenperioden und sehr kühle Tage, in den Höhenlagen Schnee und Kälte, sind dann wahrscheinlicher. Noch oder bereits **geschlossene Einrichtungen** (z.B. Seilbahnen, Schwimmbäder, Campingplätze, Berghütten oder andere Unterkünfte) und stark eingeschränkte bzw. eingestellte Angebote (Boots-, Fahrrad- und Pferdeverleih, Veranstaltungen in Nationalparks, Wildwasserfahrten) beeinträchtigen die Urlaubsfreude. Außerdem sind die **Nächte im Zelt** bitterkalt und nur etwas für abgehärtete Naturen.

Im Winter entstandene Straßenschäden werden erst im Mai, gelegentlich auch erheblich später, beseitigt. *Gravel* und speziell *Dirt Roads* können bis zum Frühsommer nicht befahrbar sein (zu den Straßenkategorien ➢ Seite 100f). Die Gipfelstraße im Mount Revelstoke Nationalpark bleibt oft bis Ende Juli/Anfang August gesperrt. Schnee macht auch Wanderwege oberhalb der Baumgrenze häufig noch bis in den Juli hinein unzugänglich.

Speziell **Reisen in den »hohen Norden«** und in Polarkreisnähe (*Dalton* und *Dempster Hwy*) sollte man lieber nicht vor **Mitte Juni** antreten. Spätestens Mitte September sinken die Tagestemperaturen dort wieder auf ein ungemütliches Niveau, und der erste **Schnee** lässt nicht mehr lange auf sich warten. **Schlechtwettereinbrüche** sorgen aber auch in den *Rockies* immer wieder für Überraschungen. Selbst im Juni können Straßen dort vorübergehend zuschneien, u.a. Abschnitte des *Icefields Parkway* im Banff/Jasper Nationalpark.

Hochsaison

Die Hauptsaison (***tourist*** bzw. ***high season***) dauert von Mitte Juni bis zum ersten Montag im September, dem *Labo(u)r Day*. In diesen Zeitraum fallen traditionell die Universitätsferien sowie mit unterschiedlicher Länge die Sommerferien der Schulen. Top-Sehenswürdigkeiten wie den Lake Louise oder Moraine Lake besucht man dann möglichst vormittags an Werktagen, denn dort ist den Sommer über nahezu immer mit Stau und dauerbesetzten Parkplätzen zu rechnen. Außerhalb dieser absoluten Brennpunkte des Tourismus, anderer bekannter Nationalparks und Provinzparks wird man im Westen Kanadas und in Alaska jedoch nur selten einen – nach unseren Begriffen – starken Andrang erleben.

Rechtzeitig zur Touristensaison tritt jedoch nahezu überall ein mehr oder minder lästiges **Mückenproblem** auf (➢ umseitig). Die Plage nimmt erst im Laufe des Augusts langsam ab und spätestens im September setzen Nachtfröste den Quälgeistern ein Ende. Hinzu kommen großflächige **Waldbrände**, die den Sommer über in Kanada/Alaska wüten können. Immer wieder sind Parks oder zumindest Bereiche davon betroffen. In den umliegenden Gebieten lassen Luftqualität sowie Fernsicht dann auch zu wünschen übrig.

Reisestart Mitte August

Bei zeitlicher Flexibilität und Reisen in die Rocky Mountains und nach Vancouver Island, aber auch bei Reiseplänen, die Fahrten mit den Alaskafähren einschließen, ist der **Start ab Mitte August** ein guter Kompromiss. Im **Spätsommer/Frühherbst** sinkt nicht nur

Blutsauger allerorten (von Juni bis September)

Von Anfang Juni bis etwa Mitte September sind sie in Kanada und Alaska allgegenwärtig, die Stechmücken (***Mosquitos***), Kriebelmücken (***Black Flies***, sehen wie kleine Fliegen aus) und Bartmücken/Gnitzen (***Sand Flies*** oder ***No-see-ums***; 1-4 mm groß, man sieht sie kaum!). Alle Quälgeister bevorzugen zwar Feuchtregionen und schattige Waldgebiete, aber vor allem im Juni/Juli entgeht man ihnen praktisch nirgendwo. Selbst in höheren Gebirgslagen und am offenen Wasser, bei Wind und Kälte suchen sie nach Opfern.

Schwarze Fliegen sind immer hungrig, sie beißen auch tagsüber. Stechmücken greifen vorzugsweise im Morgengrauen und abends in der Dämmerung an, wenn der Urlauber – gemütlich vor dem Camper oder Zelt sitzend – die Abendstimmung in Ruhe genießen möchte. Ein Lagerfeuer bringt nur Entlastung, wenn es ordentlich qualmt. Aber dann vertreibt es meist nicht nur die Insekten. Mit kleinen regionalen Unterschieden lässt die Plage ab August spürbar nach und verschwindet mit den ersten Nachtfrösten ganz. Nur im kargen Hochgebirge bleibt man von der Plage generell verschont.

Europäische Sprays und Lotionen richten gegen nordamerikanische Moskito-Damen (nur sie stechen) wenig aus. Am besten hält man sie sich mit einheimischen ***Insect Repellents*** wie dem bewährten ***Off***, ***Muskol***, ***Repel*** oder ***Cutter*** vom Leibe. Der darin enthaltene Anti-Mücken-Wirkstoff ***DEET*** greift indessen auch Haut, Kleidung, Uhren-Armbänder etc. an.

Weitab städtischer Zivilisation sind die ohnehin schon saftigen Preise für den Moskito-Schutz am höchsten. Es empfiehlt sich daher, rechtzeitig an die Anschaffung zu denken. Hilfreich für Camper sind *Mosquito Coils,* Mücken-Spiralen, die im Freien vor sich hinkokeln. Summgeräte und andere technische Neuerungen scheinen die Tiere in Übersee nicht sonderlich zu beeindrucken.

Auch Kleidung bietet nur begrenzten Schutz. Was ein richtiger Moskito ist, der sticht sogar durch relativ dicke Stoffe wie Zeltwände und Jeans. Empfehlenswert sind weite Textilien, die indessen an Hals, Handgelenken und Knöcheln dicht anliegen sollten.

Trotz gewissenhaften Einreibens, Sprayens und anderer Maßnahmen wird ein Urlaub in Nordamerikas Westen kaum ganz ohne Mückenstiche ablaufen. Kratzen gegen den Juckreiz hilft bekanntlich nicht, sondern verschlimmert ihn nur. Doch auch dagegen gibt es geeignete Präparate. Beruhigend ist immerhin, dass diese *Mosquitos* im Gegensatz zu ihren tropischen Verwandten im Allgemeinen keine Krankheiten übertragen, wiewohl in den letzten Jahren das sog. ***West-Nile-Virus*** eingeschleppt wurde. Infizierte Mücken können den Erreger auf den Menschen übertragen. Die dadurch ausgelösten Symptome reichen von Fieber bis Meningitis. Eine Impfung oder Medikation dagegen ist nicht bekannt. 2018 wurden in ganz Kanada knapp 400 Fälle gemeldet, überwiegend im Osten des Landes, aber auch 50 Fälle im südlichen Alberta. Keine Erkrankungen verzeichneten British Columbia, Yukon und Northwest Territories.

Weiterführende Infos unter: www.canada.ca/en/public-health/services/diseases/west-nile-virus.html.

die Zahl der Besucher, Mücken und Waldbrände, mancherorts purzeln langsam auch die Preise. In den ersten Septemberwochen zeigt sich das Wetter tagsüber im Allgemeinen noch recht angenehm, während die Nächte schon spürbar kühler sind als im Hochsommer. Auf den Campingplätzen trifft man dann überwiegend europäische Touristen oder kanadische wie US-Rentner mit ihren Wohnmobilen an. Und gelegentlich findet sich dann auch schon mal ein ganzes Seeufer ohne »Nachbarn«.

Herbst

Mitte September setzt das **Herbstlaub** entlang des *Icefields Parkway* neue Akzente, ebenso die Lärchen auf den Plateaus oberhalb vom Lake O'Hara, beim Moraine Lake oder den Sunshine Meadows. Die **Tundra** in Gletschernähe und im hohen Norden verfärbt sich bereits Anfang September wunderbar. Erste Schneeverwehungen, Straßenglätte und frostige Nächte gehören dann aber schon zu den Begleiterscheinungen. Spätestens Anfang November führen nur noch wenige Straßen durch die Bergwelt. Der *Icefields Parkway* im Banff sowie Jasper Nationalpark bleibt ganzjährig geöffnet, von November bis Ende März sind Winterreifen aber Pflicht (ggf. auch Schneeketten). Am *Trans-Canada Highway* muss im Bereich des *Roger Pass* von Dezember bis Mai aus Lawinenschutzgründen mit zeitweiligen Sperrungen gerechnet werden.

Winter

Wer nicht **Wintersport** betreibt (➤ Seite 48), sollte die kältere Jahreszeit in den Bergen lieber meiden. Außerhalb der Saison bleiben die meisten touristischen Einrichtungen dort geschlossen und viele Bereiche unzugänglich.

Überblick

Als zusätzliche Hilfestellung zur Entscheidung für die persönlich optimale Reisezeit sind im Kasten ➤ umseitig alle relevanten Charakteristika der Reisebedingungen für Früh-, Hoch- und Spätsommer nochmals zusammengefasst. Das **aktuelle Wettergeschehen** verfolgt man am besten unter www.weather.gov/arh (Alaska) und https://weather.gc.ca/canada_e.html (Kanada).

Im frühen Herbst verwandelt sich die Landschaft am Icefields Parkway meist schon in ein Winterwunderland

Das späte Frühjahr (Ende Mai bis Anfang Juli)

- Besonders lange Urlaubstage, in Jasper geht die Sonne im Juni um 5.30 Uhr auf und erst gegen 22.30 Uhr wieder unter. Ausgedehnte Dämmerlichtzeiten mit guten Möglichkeiten zur Tierbeobachtung – zahlreiche Jungtiere!
- Wasserfälle sind am imposantesten, Regenwälder und Prärien saftig grün
- Blütezeit der Wildblumen in tieferen Lagen
- Bergspitzen noch hübsch verschneit, aber in größeren Höhen blockierte Straßenpässe und Wanderwege wegen Schneefelder und Lawinengefahr
- Das Wetter neigt zu Schauer- und Gewitterbildung.
- Zahllose *Black Flies* und *Mosquitos* vergällen bisweilen die Ferienfreude.

Hochsommer (Mitte Juli bis Mitte August)

- Nebenstrecken und Wanderwege sind nun weitestgehend schneefrei.
- Ende Juli/Anfang August: Höhepunkt der alpinen Blumenblüte
- Höchste Temperaturen – angenehm in den Bergen, in tieferen Lagen im Landesinneren mitunter sehr heiß, vor allem in den Prärien Kanadas; und in Südontario ist es schwül.
- Immer wieder hartnäckiger Seenebel an der Pazifikküste
- Alle Attraktionen haben bis in den Abend hinein geöffnet.
- An beliebten Ausflugszielen herrscht großer Andrang.
- Motels und Campingplätze sind in populären Urlaubsgebieten (Nationalparks und Umgebung) meist ausgebucht und verlangen Hochsaisonpreise.
- Heerscharen von *Black Flies* und *Mosquitos* allerorten
- Seen und Flussläufe vielerorts mit Badetempeturen
- Waldbrandsaison; gesperrte Parkbereiche und weiträumig schlechte Luft und katastrophale Fernsicht sind in Kanada/USA dann keine Seltenheit

Spätsommer/Frühherbst (Ende August bis Anfang Oktober)

- Die Urlaubstage werden gegen Ende des Sommers spürbar kürzer, so dass man auch weniger Programm schafft.
- Viele Campingplätze in den Bergen schließen mit dem *Labo(u)r Day*.
- Nach den ersten Nachtfrösten (ab Anfang September) leuchten die Laub- und Lärchenwälder farbenprächtig. Das Röhren der brunftigen Wapiti-Hirsche hallt durch die Täler (z.B. entlang des Athabasca River).
- Sämtliche Blutsauger erlahmen in ihrer Angriffslust.
- Im Allgemeinen darf man noch mit einer relativ stabilen Gutwetterlage rechnen. Die Nächte sind schon kühl; über 1.000 m liegen die Nachttemperaturen unter dem Gefrierpunkt. Ab Mitte September kann es in noch höheren Lagen (ab 2.000 m) den ersten Schnee geben.
- Wasserfälle und Wildbäche führen nur noch wenig Wasser; Stauseen stehen oft halbleer. Feuchtgebiete liegen trocken, ganze Landstriche (nicht nur die Prärien) wirken wie ausgedörrt.
- Im Herbst wird die Luft in den Bergen allmählich klarer und die Weitsicht besser, denn die Waldbrandsaison klingt dann langsam ab. Endgültig endet sie aber mit dem Einsetzen der ersten Schneefälle.

Tanzende Aurora Borealis über Yellowknife

Polarlichter – nicht nur im hohen Norden und auch im Sommer

Beim Thema »Polarlichter« denkt man primär an den hohen Norden, an Yukon oder Alaska und an klirrend kalte Nächte. Man muss allerdings nicht zwingend so weit nach Norden und im Winter unterwegs sein, um bunte Leuchterscheinungen am nächtlichen Firmament tanzen zu sehen. In British Columbia, z.B. im Banff und Jasper Nationalpark, ist es **im Sommer** ausreichend lange dunkel und die Sonne ruht selbst zu dieser Jahreszeit nicht. D.h., wer sich dafür interessiert, der kann auch während seines Aufenthalts in den Rocky Mountains die Vorhersagen verfolgen und – mit etwas Glück – in klaren Nächten ein wahres Feuerwerk am Himmel erleben.

Verantwortlich für die Entstehung der *Aurora Borealis* (= Polarlichter) sind Eruptionen auf der Sonne und der daraus resultierende Sonnenwind, der als Materiestrom in unsere Atmosphäre einsickert. Dabei stoßen die durch das Magnetfeld der Erde abgelenkten, elektrisch geladenen Solarteilchen mit den dort anwesenden Gasen zusammen und regen diese zum Leuchten an. Aus der Interaktion mit Sauerstoff in etwa 100 km Höhe resultiert ein **grünes**, in ca. 200 km Höhe ein **rötliches** Glühen. Bei kräftigeren Sonnenstürmen kommen durch die Kollision mit Stickstoff noch **violette** oder **blaue** Farbtöne hinzu.

An sich beobachtet man Polarlichter am häufigsten in einem ringförmigen Areal rund um den magnetischen Nord- und Südpol, das sich bei starker Aktivität ausweitet. Dank des Abweichens des geografischen vom magnetischen Pols, erstreckt sich dieses »**Aurora Oval**« auf dem nordamerikanischen Kontinent deutlich weiter nach Süden als in Europa – mit der Folge, dass hin und wieder der Himmel selbst in den nördlichen US-Bundesstaaten noch leuchten kann.

Die Webseite www.gi.alaska.edu/AuroraForecast/NorthAmerica zeigt das breite Band, unter dem schöne Polarlichter zu sehen sein sollten. Der schmale grüne Strich in der Grafik markiert die südliche Grenze, wo sie in der Regel nur noch schwach und weit unten am **nördlichen Horizont** in Erscheinung treten können.

Angegeben wird die Stärke der von solaren Partikelströmen verursachten erdmagnetischen Störungen als **kp-Index** auf einer Skala von 0-9. Je höher die Zahl, desto wahrscheinlicher wird eine Polarlichtaktivität in tieferen Breitengraden. Bei einem Wert von 3 (*moderate*) oder 4 (*active*) können in Jasper bereits gut erkennbare Bögen am nördlichen Horizont auftreten, ab 5 (*high*) tanzen sie dort schon oft am Zenit und ihre Sichtbarkeit reicht dann bis hinunter in die USA.

Man sollte sich aber dabei im Klaren sein, dass die *Aurora Borealis* nicht immer grün für das menschliche Auge erscheint. Oft sieht sie eher wie ein **schleierähnliches Gebilde** oder wie seltsam pulsierende **graue Wolken** aus, die sich beim Blick auf die (deutlich empfindlichere) Kamera als grün, gelb-, rosa- oder lilafarben entpuppen. Bei starken Sonnenstürmen können sie aber auch mit bloßem Auge bunt wahrgenommen werden – meist grünlich und mitunter sieht man auch die Rosatöne. Sie zucken lautlos über das Firmament, lösen sich plötzlich auf, um dann unvermittelt in veränderter Form und überraschender Leuchtkraft an anderer Stelle wieder aufzutauchen.

Die Sonne durchläuft einen 11-jährigen Zyklus und befindet sich leider derzeit mitten in einem Aktivitätsminimum. Auf ihrer Oberfläche spontan entstehende Koronale Löcher und Sonnenflecken können zwar noch immer für das ein oder andere überirdische Himmelsspektakel sorgen, aber die Häufigkeit und Intensität solcher Events ist jetzt signifikant geringer. Das nächste sog. »**Solarmax**« mit besseren Aussichten wird frühestens 2024 erwartet.

Wer nur eine schwache Aurora zu sehen bekommt und dabei nicht fotografiert, der wird vermutlich enttäuscht sein. Aber alle, die das Glück haben, einen kräftigeren Sonnensturm mitzuerleben, werden sich der Magie der sagenumwobenen tanzenden Bögen und herabfallenden Vorhänge kaum entziehen können. Je weiter man in den Norden Kanadas und Alaskas vordringt, desto intensiver gestalten sich die bezaubernden Farbenspiele. Allerdings in Polarkreisnähe nicht im Hochsommer, denn dann wird es dort nicht dunkel und die »große Show« bleibt einem so verborgen. **Ab etwa Mitte August** (bei Tageslängen unter 16 Std) wird das Beobachten des Nachthimmels aber selbst auf der Höhe von **Fairbanks** langsam wieder interessant. Dort oben sorgen auch nur leicht erhöhte Windgeschwindigkeiten (**kp=2**) bereits für Leuchterscheinungen. Wichtig ist dann nur ein **wolkenfreier Himmel**! Wer also zum Höhepunkt der Laubfärbung Anfang September z.B. den Denali Nationalpark besucht oder den *Dempster Highway* entlang fährt, sollte durchaus einen Blick auf die **Polarlichter-Vorhersage** der *NOAA* (*National Oceanic & Atmospheric Administration*) riskieren, die laufend aktualisiert werden: www.swpc.noaa.gov/products/aurora-30-minute-forecast bzw. www.swpc.noaa.gov/products/3-day-forecast.

Ist das Eintreffen eines Sonnensturms mit **kp>4** prognostiziert und der Wetterbericht gut, so darf man auch in den *Rockies* hoffen! Dann muss man nur noch einen möglichst dunklen Ort aufsuchen mit offenem **Blick nach Norden** und **fernab der (störenden) Lichterglocken der Städte**. Letzteres dürfte im dünn besiedelten Kanada und Alaska nicht schwierig sein! Die Autoren haben schon öfters Polarlichter beobachtet, u.a. einmal Mitte August am *Icefields Parkway*. Die Vorhersagen sind allerdings nicht sehr verlässlich – die Teilchenströme im Weltall können uns viel schneller erreichen, deutlich schwächer sein, als zunächst angenommen, oder die Erde sogar verfehlen. Eine ordentliche Portion Glück gehört also unbedingt dazu und die wünschen wir auch allen Lesern!

1.1.4 Naturschutzgebiete

Nationalparks

Nationalparks

Das Nationalparkkonzept Kanadas verfolgt wie das der USA zwei Ziele: zum einen geht es um den Schutz außergewöhnlicher Natur sowie historisch bedeutsamer Stätten vor kommerzieller Ausbeutung, zum anderen dienen die Parks als Erholungs- und Freizeitlandschaft. ***Parks Canada*** verwaltet **39 *National Parks*** (***NP***) und **9 *National Park Reserves*** (***NPR***). Bei Nationalparks handelt es sich meist um größere Gebiete, die geographische, biologische und/oder geologische Besonderheiten aufweisen, bei *Reserves* ist die Umwandlung in einen Nationalpark geplant. Der älteste ist der 1885 gegründete *Banff Nat'l Park,* der zusammen mit dem *Jasper Nat'l Park* in der Beliebtheitsskala ganz oben rangiert. Wird eine Lokalität wegen ihrer historischen Bauwerke oder wichtiger Ereignisse für schützenswert erklärt, nennt man sie ***National Historic Site*** (***NHS***) bzw. ***National Historic Park*** (***NHP***).

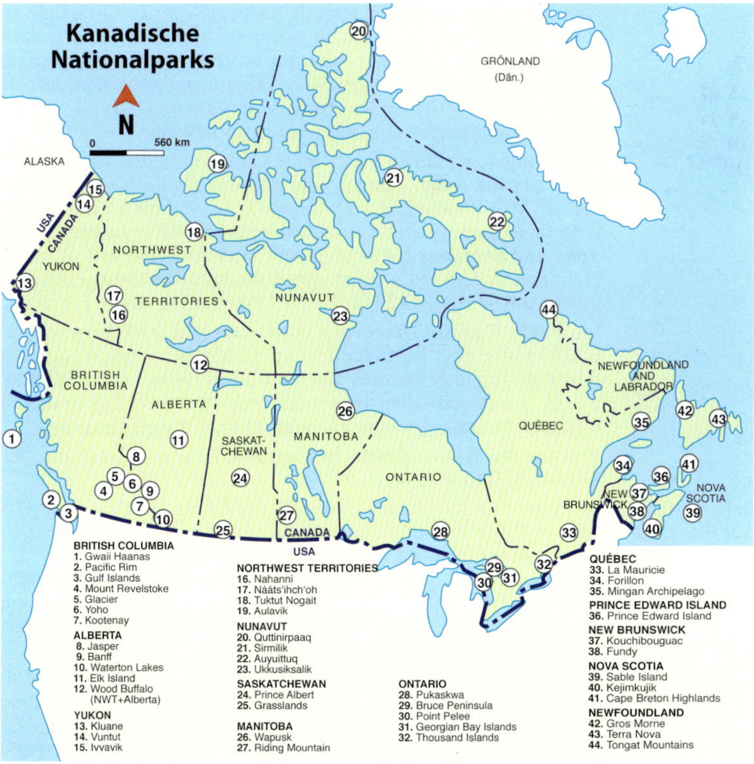

Einfahrt in den Denali Park

Die ***National Monuments*** (***NM***) in den USA können sowohl landschaftlich wie auch historisch bedeutsame Plätze umfassen.

Die meisten Schutzgebiete liegen abseits der großen urbanen Zentren und lassen sich in der Regel nur mit dem Auto problemlos erreichen. Busverbindungen existieren nur zwischen besonders populären Parks und den jeweils nächstgelegenen Ortschaften. Auch Schienenanschlüsse gibt es außer beim *Jasper* und *Denali NP* keine. Auf ein eigenes Fahrzeug ist man erst recht innerhalb der Parks angewiesen, denn Busverbindungen zwischen den oft weit auseinanderliegenden Sehenswürdigkeiten, Wanderwegen und Campingplätzen sind eher selten vorhanden.

Eintritt

Kinder und Jugendliche bis 17 Jahre genießen in den kanadischen Schutzgebiete freien Eintritt, alle anderen zahlen für **Tagespässe** bis zu CAD 10. Wichtig zu wissen: Diese sind **bis 16 Uhr (!) des Folgetages** gültig. Und die zusammenhängenden ***Jasper***, ***Banff***, ***Yoho*** und ***Kootenay NPs*** werden wie ein Park behandelt. Wer mit Freunden unterwegs ist, für den könnten auch Gruppentickets interessant sein (**CAD 20** für bis zu 7 Personen in einem Fahrzeug).

Ein ***Parks Canada Discovery*-Jahrespass** (CAD 68/Person bzw. CAD 136/Gruppe) ist ab Kaufdatum 12 Monate in allen *National Parks*, *Historic Sites* und *Marine Conservation Areas* (***NMCA***) gültig, macht sich allerdings meist erst ab dem 7. Tag in diesen Gebieten bezahlt; www.pc.gc.ca/en/voyage-travel/admission.

Von den **drei Nationalparks in Alaska** verlangt nur der *Denali NP* Eintritt (USD 15/Person).

Information vor Ort

Im Eintritt eingeschlossen ist überall ein Faltblatt mit Karte des Gebiets und Basisinformationen zu Geschichte, Entstehung, Fauna/ Flora und spezifischen Einzelheiten, das man entweder gleich bei der Einfahrt oder im so gut wie immer vorhandenem ***Visitor Center*** (Kanada: ***Centre***) erhält. Diese machen zudem meist eindrucksvoll durch Schaubilder und Ausstellungen mit Geschichte, Geologie, Flora, Fauna und Höhepunkten des Schutzgebiets vertraut.

In stärker frequentierteren Parks gehören Filme/Videos oder Multivision-Shows zum Standardprogramm, gelegentlich erhält man dort sogar ergänzende Broschüren in deutscher oder anderen Sprachen. ***Warden*** (in den USA: ***Park Ranger***) sind Aufsichtsbeamte und

Besucherbetreuer zugleich sowie Wanderführer, Vortragsredner und Ansprechpartner für sämtliche »ihren« Park betreffende Fragen.

Camping/ Aktivitäten

In den Nationalparks ist das **Campen** ausgesprochen **populär**. Die meisten Campingplätze sind dort erfreulich in Bezug auf Lage und Anlage, aber selten superkomfortabel, ➤ Seite 120f. Die Palette an weiteren Aktivitäten in den Parks ist groß, einen kleinen Überblick liefert das nächste Kapitel, ➤ umseitig.

Internet

Offizielle Informationen findet man im Internet unter

- www.pc.gc.ca für alle kanadischen Parks
- www.nps.gov für sämtliche US-Nationalparks.

Provincial, Territorial & State Parks

Was generell zu den Nationalparks angemerkt wurde, gilt im Wesentlichen auch für die Provinzparks. **Naturschutz und Erholung** stehen dort ebenso im Vordergrund wie Bewahrung und Pflege historischer Stätten. Wie der Name sagt, obliegt die Verwaltung nicht einer nationalen Behörde, sondern den jeweiligen Provinzen, Territorien oder US-Bundesstaaten.

Hinsichtlich landschaftlicher Attraktivität und Infrastruktur stehen viele dieser ***Provincial Parks*** (***PP***), ***Territorial Parks*** (***TP***) und ***State Parks*** (***SP***) den Nationalparks um nichts nach. Herausragende Beispiele sind u.a. *Mount Assiniboine, Wells Gray, Mount Robson, Manning* oder *Barkerville* in British Columbia, *Peter Lougheed* und *Dinosaur* in Alberta, *Cypress Hills* mit dem *Fort Walsh* in Saskatchewan, *Whiteshell* und *Spruce Woods* in Manitoba sowie *Quetico* und *Lake Superior* in Ontario.

Viele der Parks verfügen über Campingplätze. Eine Besonderheit von **British Columbia** sind reine ***Campgrounds*** unter Provinzverwaltung. Sie tragen allesamt, ob groß oder klein, überdurchschnittlich reizvoll oder nur durchschnittlich gelegen, ebenfalls die Bezeichnung ***Provincial Park***.

Herrliche Aussicht auf die Black Tusk Vulkanspitze im Garibaldi Provincial Park nördlich von Vancouver

Weitere Naturschutzgebiete

Der ***National*** (***NFS***) bzw. ***Canadian Forest Service*** (***CFS***) verwaltet riesige **Nationalforste** (***NF***), die in puncto unberührter Natur den oftmals angrenzenden Nationalparks in nichts nachstehen. Die Wälder sind in der Hochsaison ein Geheimtipp für alle, die sich zwischendurch auch etwas abseits der Haupt-Besucherströme halten möchten. Wer dort wandert, in heißen Quellen badet oder einen Picknickplatz benutzt, wird manchmal zur Kasse gebeten (*self pay*). Die Straßen durch die Gebiete (***Forest Roads***) erfreuen meist mit schöner Streckenführung und geringer Verkehrsdichte, soweit sie nicht gleichzeitig als Zufahrt zu bekannteren touristischen Zielen dienen. Die Wälder sind – wie auch die **Wildnisareale** in den USA unter der Obhut des ***Bureau of Land Management*** (***BLM***) – ein tolles Ziel für **Camper** mit zahllosen preiswerten und hervorragend gelegenen, ruhigen Plätzchen. In kanadischen Erholungsgebieten (***Recreation Sites***) darf »wild« gecampt werden. Es handelt sich überwiegend um rustikale Anlagen mit Toilettenhäuschen, aber ohne Trinkwasser oder Strom. In den USA wird an ausgewiesenen *NF-Campgrounds* gerne eine geringe Gebühr fällig, vielerorts ist aber auch *Boondocking* erlaubt; Details ➤ Seite 125.

1.1.5 Natur- und Freizeiterlebnis

In Kanada ebenso wie im »Land der unbegrenzten Möglichkeiten«, wie sich die USA gern bezeichnen, lassen sich aktive Ferien so abwechslungsreich wie kaum irgendwo gestalten. ***Outdoor Activities***, also sportliche Betätigungen an frischer Luft, stehen überall hoch im Kurs. Das Angebot reicht vom klassischen Wandern, Bergsteigen, Reiten, Schwimmen, Angeln oder Kanupaddeln bis hin zum actionreichen Ziplining, Bungee-Springen oder Heliskiing. Alles ist in Übersee machbar und oftmals zu relativ gemäßigten Tarifen.

Wandern

Dem Wanderfreund stehen buchstäblich alle Wege offen. Insbesondere in den *National*, *Provincial* und *State Parks* findet man hervorragende ***Hiking Trails***, Wanderwege aller Schwierigkeitsgrade und in unterschiedlichster Länge. Kürzere Naturlehrpfade (***Interpretive*** oder ***Nature Trails***) führen durch Bereiche im erschlossenen Teil eines Parks, deren geologische Beschaffenheit und/oder Flora besondere Aufmerksamkeit verdient. Am ***Trailhead***, dem Startpunkt, gibt es meist einen Überblick und ggf. Begleitbroschüren. Für intensives Wandern in den Rocky Mountains empfiehlt sich der ausgezeichnete ***Canadian Rockies Trail Guide*** mit über einer 1/4 Mio. verkauften Exemplaren die »Wanderbibel« der *Rockies*; www.canadianrockiestrailguide.com.

Backpacking

Längere anspruchsvolle ***Backpacking Trails*** verlaufen durch das Hinterland der Parks und Nationalforste. Für das Übernachten/Zelten entlang dieser Routen ist nicht nur ein *Backpack* (Rucksack), sondern oftmals auch ein ***Permit*** (Genehmigung) erforderlich. Man erhält es nach Erläuterung seiner Pläne und der unvermeidlichen Belehrung durch einen *Ranger/Warden* im Besucherzentren. Diese Maßnahme dient einerseits dazu, den Zutritt zu kontrollieren/

begrenzen, um Wanderern eine gewisse »Wildnis-Erfahrung« zu garantieren und die Natur nicht übermäßig zu belasten. Andererseits möchte man auch *City Slicker* von allzu ehrgeizigen Plänen abhalten und ggf. Anhaltspunkte über deren möglichen Verbleib haben.

Mit guter Kondition sind mehrtägige und sogar mehrwöchige Touren auf eigene Faust kein Problem. Man sollte aber bestens vorbereitet sein (geeignete Ausrüstung und Wanderkarten!), denn in der Wildnis des *Backcountry* (Hinterland) sind die Pfade oft nur rudimentär markiert und teils überwuchert. Auch mit der Überquerung von Wildbächen sowie **Wildtierbegegnungen** (Grizzlys, Pumas, Wölfe etc.) muss vielerorts gerechnet werden.

Permits

Die Bewilligungen kosten in der Regel unter €10/Nacht/Person, werden mancherorts aber auch gratis ausgestellt. Bei besonders beliebten Wanderdestinationen kommt es jedes Jahr wegen Zugangsbeschränkungen zu Engpässen. Im Reiseteil wird darauf hingewiesen, wo Urlauber sich die *Permits* schon früh im Jahr besorgen müssen. Davon betroffen sind nicht ausschließlich Mehrtagestrips wie der *West Coast Trail* auf Vancouver Island, sondern **auch Tagesausflüge** wie z.B. beim Lake O'Hara im *Yoho NP*.

Bergsteigen/ Klettern

Wer hoch hinaus will, findet in Übersee fabelhafte Möglichkeiten zum Bergsteigen – vor allem in den kanadischen Nationalparks *Banff*, *Jasper*, *Kootenay* und *Yoho* sowie in den *Provincial Parks Bugaboos* oder *Mount Assiniboine*.

Bootstouren

So manches Ziel in entlegenen Bergtälern ist am einfachsten per Boot zu erreichen, u.a. das Postkartenmotiv *Spirit Island* im *Jasper NP* (➤ Foto Seite 146), mancherorts kürzt die Tour übers Wasser Wanderungen signifikant ab, so z.B bei den *Della Falls* (➤ Seite 376).

Kajaks/ Kanus

Wer selber das Paddel in die Hand nehmen möchte, hat in den Parks reichlich Gelegenheit dazu. Zahllose Seen und Flüsse bieten hervorragende Bedingungen für Anfänger, Fortgeschrittene und Wildnisenthusiasten. Auch die Meeresstraßen zwischen den San Juan Islands vor den Toren von Seattle sind ein tolles Revier für meerestüchtige Kajaks (Delfin und Orca-*Watching* sind dort häufig inklusive). Und wer es noch etwas abenteuerlicher mag, paddelt in der völligen Abgeschiedenheit des Gwaii Haanas Nationalparks oder im Nootka Sound auf Vancouver Island.

Kanada ist das Mutterland des **Kanusports**. Man unterscheidet zwischen ***canoes*** (=Kanadier, offene Boote mit Stechpaddel) und ***kayaks*** mit Sitzluke(n) und Doppelpaddel. Traditionell knien die Indianer in offenen, aus ausgehöhlten Baumstämmen oder Baumrinden konstruierten Booten und bewegen es per Stechpaddel. Populär sind in Kanada auch mehrtägige Kanutrips. Zu den besten Gebieten zählen die ***Provincial Parks Bowron Lake*** und ***Wells Gray*** in British Columbia sowie ***Quetico*** in Ontario und vor allem auch der mächtige **Yukon River**. Die Miettarife beginnen bei etwa €30/Tag. Zusätzliche Ausrüstung (z.B. Zelte, Regenponchos, Kocher etc.) lässt sich normalerweise gleich mit ausborgen. Für längere Touren in der Hochsaison (Juli bis Mitte August) empfiehlt es sich, Boot und Zubehör frühzeitig zu buchen.

Gut vorab informieren, nicht jede Schlauchbootfahrt ist familientauglich; hier der wilde »Ritt« auf dem Thompson River bei Lytton/BC

Rafting

Wer **Wildwasser-Abenteuer** im Schlauchboot sucht, kommt in Amerika ebenso auf seine Kosten. ***White Water Rafting*** wird mit den Schwierigkeitsgraden von I (kaum Hindernisse/Stromschnellen) bis VI (nahezu unbefahrbar) bewertet. Kommerzielle Veranstalter bieten in der Regel Touren von Grad II (mittlere, kindergeeignete Stromschnellen) über III (lange, hohe Stromschnellen und enge Passagen) bis IV (anspruchsvolles Wildwasser) an. Ab ca. €100 für die Halbtagestour (mit Vorbereitung sowie Hin- und Rücktransport) ist man dabei und der Nervenkitzel garantiert. Kurze Trips lassen sich auch vor Ort mit einem Tag Vorlauf buchen. Wer aber einen festen Reiseplan besitzt oder *Rafting* mit Zwischenübernachtung plant, ist gut beraten schon vorher zu reservieren.

Fraser River (*Hell's Gate*!) und **Thompson River** sind die populärsten Gewässer in Kanada mit dem Ort Lytton an deren Zusammenfluss als bestem Ausgangspunkt. Weitere *White Water Rafting*-Anbieter findet man am **Kicking Horse River** bei Golden (westlich des *Yoho NP*) sowie bei den *Provincial Parks Mount Robson* bzw. *Wells Gray* (**Fraser** bzw. **Clearwater River**). In den Rocky Mountains von Alberta stehen im Jasper Nationalpark ruhigere Fahrten auf dem **Athabasca River** oder etwas wildere auf dem **Sunwapta River** auf dem Programm.

Hausboote

Ein schönes, wenn auch sehr kostenintensives Urlaubsvergnügen ist die Anmietung eines ***Houseboats*** (ab ca. €1.500/3 Tage). Beste Voraussetzungen bietet das Seengebiet **Shuswap Lake** mit den Orten Sicamous und Salmon Arm in BC oder **Lake of the Woods** bei Kenora/Ontario. Im Hochsommer ein Boot der gewünschten Größe und Ausstattung zu finden, ist schwierig (auf jeden Fall langfristig vorbuchen!). Im Juni bzw. nach dem *Labo(u)r Day* im September sind Boote meist vor Ort verfügbar, die Miettarife liegen deutlich niedriger und man kann die »schwimmenden Ferienwohnungen« vor der Anmietung in Augenschein nehmen.

Der Spätsommer und Frühherbst kann auf den dann relativ einsamen Gewässern ein besonders intensives Erlebnis sein. Tagsüber ist es noch angenehm warm, und die kühleren Nächte stören im komfortablen Hausboot nicht. Anstelle der für europäische Hausbootreviere typischen kleinen Uferdörfer mit urigen Kneipen, darf man sich in Übersee auf idyllische Buchten und romantische Abende am Lagerfeuer freuen, wo dann der selbstgefangene Fisch in der Pfanne brutzelt.

Angeln

Neben der geeigneten **Ausrüstung** (kann ggf. zu günstigen Preisen drüben erworben werden) wird noch ein Angelschein benötigt. Eine ***Angling Licence*** (Kanada) oder ***Fishing License*** (USA) erhält man meist noch in kleinsten Ortschaften – im Lebensmittelladen, an der Tankstelle usw. Allerdings wird in jedem Bundesstaat und in jeder Provinz eine neue Lizenz fällig, zudem in **Nationalparks** noch eine extra kostenpflichtige Genehmigung. Die jeweils unterschiedlichen Regeln sollte man sich vorab genauestens durchlesen und sorgsam beachten. Andernfalls drohen saftige Geldstrafen und das Konfiszieren der Ausrüstung, ggf. sogar des Bootes/Campmobils.

In British Columbia gibt es z.B. die ***Non-Tidal Angling Licence*** für $20/Tag, $50/8 Tage bzw. $80/Jahr (Süßwasser: www.env.gov.bc.ca/fw/fish/licences) und die ***Tidal Water Fishing Licence*** $7,35/Tag, $19,95/3 Tage, $32,55/5 Tage, $106/Jahr (Salzwasser: www.pac.dfo-mpo.gc.ca/fm-gp/rec/licence-permis/application-eng.html).

Schwimmen

Nordamerika hat hervorragende Wassersportreviere. Viele Seen locken mit schönen Sandstränden. So wetteifert etwa der **Osoyoos** mit dem **Christina Lake** am *Crowsnest Highway* um die Ehre des wärmsten kanadischen Sees (im Hochsommer ca. 24°C). Ähnlich viele Besucher verzeichnen die Gewässer weiter nördlich im Okanagan Valley sowie der **Seton Lake** bei Lillooet, die Seen der **Cypress Hills** und der Strand des Milk River im ***Writing-on-Stone Provincial Park*** in Alberta, die Stauseen in Saskatchewan, der **Lake Winnipeg** in Manitoba sowie die ***Wasaga Beach*** an der südlichen Georgian Bay in Ontario.

Komfort-Hausboot auf dem Shuswap Lake im zentralen British Columbia

Der **Ozean** hingegen zeigt Einheimischen wie auch Urlaubern die »kalte Schulter«. Nur an den populären Küstenabschnitte zwischen Nanaimo und Qualicum Beach auf Vancouver Island sowie an der *Kitsilano* und *Wreck Beach* in Vancouver erwärmt sich das flache Wasser im Sommer bis auf angenehme 21°C.

Surfen/ Kiteboarden

Angesagt ist der Pazifik in erster Linie bei Wellenreitern. *Hot Spots* der Surfer-Szene sind u.a. die Strände unmittelbar südlich von **Tofino** auf Vancouver Island. ***Kiteboarding*** wird u.a. im Howe Sound bei Squamish/BC gern ausgeübt.

Öffentliche Bäder

Die meisten öffentlichen **Freibäder** sind nur von Mitte Juni bis Anfang September geöffnet. Ganzjährig zu besuchen sind **Hallenbäder**, die oft zusammen mit Sauna, Whirlpool, Fitnesscenter etc. in attraktive ***Leisure/Recreation Centres*** integriert sind. Attraktiv sind die kombinierten **Wasser- und Spiellandschaften** vor den Toren einiger Großstädte. Die Besucher können sich dort auf Rutschen aller Art und in Wellenschwimmbecken austoben.

Hot Springs

Allen voran in British Columbia liegen an oder in der Nähe touristischer Strecken auch wohltemperierte Thermalquellen. Etliche Stadtnamen weisen explizit auf die ***Hot Springs*** hin, denen nicht selten ihre Gründung zu verdanken ist (u.a. Fairmont und Radium Hot Springs). Gelegentlich sprudelt das Wasser in natürlichen Felsbecken, meist aber in angelegten ***Pools*** mit unterschiedlichen Temperaturbereichen. Größere Anlagen, wo entsprechend viel los ist und üblicherweise etliche Dollar Eintritt verlangt werden, findet man in **Banff** (*Upper Hot Springs*), bei **Jasper** (*Miette Hot Springs*) und in geballter Form an der ***Hot Springs Circle Route*** (➤ Seite 280). Schön naturbelassen sind die heißen Badeplätze mit Wasserfällen im abgeschiedenen *Maquinna Marine PP* (ab Tofino/Vancouver Island nur per Boot oder Wasserflugzug zu erreichen). Die zwei größten Thermalquellen Kanadas befinden weiter nördlich: das ***Mt Layton Hot Springs Resort*** bei Terrace am *Yellowhead Hwy* sowie die ***Liard River Hot Springs*** am *Alaska Hwy*.

Liard River Hot Springs

Überdachtes Superwellenbad »World Water Park« mit Riesenrutschen als Teilbereich der West Edmonton Shopping Mall

Inner Tubing

Großer Beliebtheit erfreut sich auch das ***Inner Tubing***, ein bei uns kaum bekanntes Vergnügen. Die Amerikaner benutzen Schläuche (*inner tubes*) aus Lkw-Reifen und daraus entwickelte Schwimmringe mit Boden, um sich auf Flüssen und Bächen durch die Landschaft treiben zu lassen. Diese Gewässer zeichnen sich durch geringe Tiefen, wenige Stromschnellen ohne ernste Gefahrenstufen und – im Sommer – angenehme Wassertemperaturen aus. *Rental Companies* vermieten nicht nur *tubes* und kleine Schlauchboote, sondern transportieren ihre Kunden per Shuttle zum etliche Kilometer entfernten Start-/Endpunkt. Fürs *Inner Tubing* wie geschaffen sind z.B. in British Columbia der *Okanagan River Channel* bei Penticton sowie der Cowichan River auf Vancouver Island.

Reiten/ Horseback Riding

Das Reiten, ***Horseback Riding*** genannt und im Western-Stil betrieben, ist in Kanada, speziell im Westen des Landes, äußerst populär. In vielen touristisch erschlossenen Regionen gibt es herrliche Reitgelände. Die Stundensätze liegen vielerorts unter den Tarifen in Europa. Ab den ***Riding Stables*** (Reitställen) stehen geführte Ausritte stunden- oder tageweise auf dem Programm. Daran kann man häufig spontan und ohne langfristige Voranmeldung teilnehmen. Leihpferde für geübte Reiter und individuelle Unternehmungen lassen sich ebenfalls relativ leicht auftreiben. Im Voraus organisiert werden müssen ***Horsepacking*** (mit Übernachtung in Hütten/Zelten) oder komplette ***Horse Riding Holidays*** (Reitferien) auf ***Guest Ranches*** mit Mehrtagestouren in die Wildnis. Ein unvergessliches Erlebnis sind z.B. Ausflüge ins *Tonquin Valley* im *Jasper NP*.

Radfahren/ Biking

Derselbe Ausdruck wird auch fürs Fahrrad verwendet. ***»Riding a bike«*** – oder auch ***Bicycling***, ***Cycling*** und ***Biking*** – ist in Nordamerika eine ausgesprochen beliebte Freizeitaktivität, speziell seit der Erfindung der ***Mountain Bikes*** (**MTB**) am Mount Tamalpais bei San Francisco in den 1970er-Jahren. Verleihstationen (*Rent-a-Bike*) findet man in jeder größeren **Stadt**, aber auch in vielen **Naturparks** oder **Nationalforsten**. Nicht selten lässt sich vieles besser mit dem Fahrrad als per Auto erkunden.

Vancouvers ***Seaside Bicycle Route*** durch den *Stanley Park* und um die English Bay kann gar nicht genug empfohlen werden. Ein Highlight ist auch der ***Myra Canyon*** mit seinen zahlreichen verwegenen Brückenkonstruktionen und Tunnel bei Kelowna im Süden von British Columbia. Er ist Teil des ***Kettle Valley Rail Trail*** von Hope bis Castlegar, ein 650 km langes Wegesystem entlang einer stillgelegten Eisenbahntrasse. Obwohl mit nur 2,2% Maximalsteigung prinzipiell gut befahrbar ist der *KVR Trail* wegen Trassenschäden sowie gelegentlich steiler Umleitungen bei zerstörten Brücken/Tunnel mancherorts Mountainbikern vorbehalten.

Die populärsten Treffpunkte für **MTB-Fahrer** sind in Kanada aber der *Calgary Olympic Park*, der *Silver Star Mountain* bei Vernon, der *Whistler Mountain*, das *Mount Washington Alpine Resort* auf Vancouver Island und – obwohl ohne Sommerliftbetrieb – auch die Bergwelt rund um Rossland an der Grenze zu den USA.

Noch mehr übers *Mountain Biking* und Radwandern vermittelt der *Reise Know-How*-Spezialtitel »**Bikebuch USA/Canada**«.

Hochseil- und Kletterparks

Hochseil- und Kletterparks haben sich in bevölkerungsnahen Waldgebieten und Gebirgsregionen Nordamerikas in den letzten Jahren rasant ausgebreitet mit Bezeichnungen wie *Zipline Canopy Tours, Treetop Trekking, High Ropes* oder *Aerial Adventures.* Im Bereich dieses Buches gibt es Dutzende solcher Einrichtungen. Eine gute Übersicht bietet das Portal www.ziplinerider.com.

Sonstiges

Auch ausgefallenere Urlaubswünsche lassen sich in Übersee realisieren, vom Heißluftballon (***Ballooning***), Drachenfliegen (***Hang Gliding***) bis hin zum ***Survival*** – nichts ist unmöglich. Hinweise finden sich in nahezu allen Touristeninfos.

Wintersport

Einige der weltweit schönsten Wintersportorte befinden sich in Nordamerika. Die kanadischen Skigebiete **Lake Louise** oder **Whistler & Blackcomb** (Olympische Spiele 2010) sind über die Landesgrenzen hinweg bekannt. Die Saison startet meist im November und reicht bis in den April, gelegentlich bis in den Mai hinein. Auf dem ***Horstman Glacier*** kann man sogar bis Mitte Juli skilaufen. Pulverschnee, auch als ***Champagne Powder*** bezeichnet, liegt nicht nur in den Rocky Mountains, sondern z.B. auch in der ***Big White Ski Area*** in den Monashee Mountains bei Kelowna. Die geringe Feuchtigkeit und Höhenluft sorgen dafür, dass er in den diesen Skigebieten über lange Zeit extrem trocken bleibt. Hinzu kommt, dass die Pisten drüben im Allgemeinen nicht so voll sind, die Wintersportler verteilen sich meist deutlich besser als in den Alpen.

Snowboarden

Als schneereichste ***Ski Area*** der USA darf sich der **Mount Baker** (in Vancouver/Seattle-Nähe) bezeichnen. Das Gebiet ist überaus beliebt unter **Snowboardern**. Die Saison dauert dort in der Regel von November bis in den April.

Langlaufen

Die besten Loipen für **Langläufer** findet man östlich von Vancouver im *Manning Provincial Park* sowie nördlich der Stadt bei Whistler oder in den drei Skigebieten innerhalb des Banff Nationalparks (Lake Louise, Sunshine Village und Mount Norquay).

1.1.6 Auf den Spuren der Pioniere und Goldgräber

Living Museum

Authentische Pionier-Atmosphäre schnuppern lässt sich u.a. in:

- ***Barkerville***/BC, ➤ Seite 199
- ***Fort Steele***/BC, ➤ Seite 260
- ***Bar U Ranch***/AB ➤ Seite 266
- ***Fort St. James*** (bei Prince George/BC), ➤ Seite 411
- ***Heritage Park Historical Village***, liebevoll gestaltetes Museumsstädtchen mit Schaufelraddampfer in Calgary/AB, ➤ Seite 316f
- ***Fort Edmonton Park***, sehr große Anlage, sogar mit Straßenbahn in Edmonton/AB, ➤ Seite 335
- ***Burnaby Village***, kl. Museumsdorf nördlich von Vancouver in Burnaby/BC, ➤ Seite 173
- ***Historic Hat Creek***, bei Cache Creek/BC, ➤ Seite 189
- ***Historic O'Keefe Ranch*** im Okanagan Valley, ➤ Seite 286
- ***Crow Creek Mine***, *Gold Panning & Living History Museum* in Girdwood/Alaska, ➤ Seite 481

Richtig spannend für alle Urlauber – egal ob männlich oder weiblich, ob noch ganz jung oder schon etwas älter – sind sicherlich die diversen Relikte aus der Pionier- und Goldrauschära, auf die man bei Fahrten entlang der Flüsse und Bäche in British Columbia, Yukon oder Alaska ganz automatisch stößt: zerwühltes Erdreich, verlassene Minen und verrostende Gerätschaften aus dem späten 19. und frühen 20. Jahrhundert (➤ umseitig).

Ein besonderes Highlight sind die Freilichtmuseen (***Living Museum***), meist gut erhaltene oder originalgetreue Rekonstruktionen historischer Dörfer und Befestigungsanlagen, die sich perfekt in die Landschaft schmiegen und deren zeitgemäß kostümierte »Bewohner« die Tätigkeiten der Siedler möglichst authentisch nachstellen. Nur schwer zu toppen sind *Barkerville* (Hauptort des *Cariboo*-Goldrausches im zentralen British Columbia) und *Fort Steele Heritage Town* (60 Gebäude!) im Südosten der Provinz. Absolut sehenswert sind auch die zwei weitläufigen Museumsdörfer in Calgary und Edmonton, in denen man jeweils fast einen ganzen Tag zubringen kann, sowie das *Fort Walsh* in Saskatchewan oder *Old Fort William* in Ontario.

Crow Creek Mine mit kleinem Freilichtmuseum und Goldwaschen für Touristen in Girdwood/Alaska

Der Lockruf des Goldes

Alles begann 1799, als die ersten Goldklumpen (***nuggets***) am Little Meadow Creek im US-Bundesstaat North Carolina entdeckt wurden. Ab 1848 folgte der ***California Gold Rush***, bei dem ganze Heerscharen gen Westen zogen und dabei die Einwohnerzahl Kaliforniens vervielfachten. Beim **Fraser Canyon** versuchten Goldsucher (*stampeders* bzw. *prospectors*) ab 1858 ihr Glück und ab 1861 im **Cariboo**-Gebiet rund um Barkerville. Erste Funde in **Alaska** gehen auf das Jahr 1872 zurück (Sitka) und nur 8 Jahre später stieß man auch bei Juneau auf das Edelmetall. Die enormen Reichtümer am **Klondike River** im heutigen Grenzgebiet zw. Alaska und Yukon lösten ab 1896 einen weiteren Massenansturm aus. Über 100.000 strömten in den menschenleeren Norden, viele von ihnen überlebten die Strapazen des Weges nicht (u.a. am *Chilkoot Pass Trail*, ➤ Seite 442).

Goldgräberlager mit einfachsten Bretterbuden, Saloons, Spielhöllen und Bordellen schossen im Westen Nordamerikas über Nacht aus dem Boden. Der Boom hielt nicht lange an, Mitte des 20. Jahrhunderts war er praktisch überall wieder vorbei und die meisten Minen und Orte wurden so schnell aufgegeben, wie man sie gegründet hatte. Zurück blieben echte ***Ghost Towns*** mit kaum mehr als ein paar im Wind knarrenden Holzgerippen, mancherorts erweckte man die alten Siedlungen aber für die Touristen wieder zum Leben als Ziel großer Kreuzfahrtschiffe wie Skagway oder als interessante Freilichtmuseen (***Living Museum***, ➤ Liste umseitig). Goldgräber-Städtchen wie Dawson City wurden musterhaft konserviert und die Atmosphäre ist dort weitgehend erhalten geblieben.

Ganz abgeschlossen ist der »große Rausch« nicht, auch heute lagert in den weiten Kanadas und Alaskas noch reichlich Gold. So ist z.B. die *Eagle Gold Mine* bei Mayo zur Zeit ein wichtiger Pfeiler in Yukons Wirtschaft. Wer auf eigene Faust durch den Westen reist und sich vom ***American Dream*** und dem alten Pioniergeist, dem sog. ***Frontier Spirit***, anstecken lässt, kann sich vielerorts noch als Glücksritter versuchen:

Goldwaschen/Gold Panning

An Originalschauplätzen wie Barkerville, Dawson City, Fairbanks oder Anchorage kann jedermann Waschpfannen (***gold pans***) ausleihen oder kaufen. Der goldhaltige Sand/Kies wird darin mit Wasser aufgeschlämmt, wobei sich das schwerere Edelmetall schneller am Boden absetzt und abgetrennt werden kann. An ***Gold Panning***-Angeboten mangelt es nicht. Am kommerziell betriebenen Trog und mit »***Paydirt***«-präparierten Waschpfannen sind sogar Ungeübte erfolgreich und können hauchdünne Goldflocken (***gold flakes***) finden und behalten.

Grundsätzlich verbirgt sich der Schatz zunächst in felsigen Lagerstätten. Bergwerke gewinnen das wertvolle Erz im ***Hardrock Mining***-Verfahren, indem sie tiefe Stollen in den Fels treiben. Durch Erosion freigesetzte Goldpartikel werden aber auch vom Wasser aus dem Gestein geschwemmt und setzen sich am Grund und an den Uferböschungen von Wasserläufen als Waschgold (***placer gold***) ab.

Maschinell wurde Waschgold im *Placer Mining*-Verfahren mit gigantischen Eimerkettenschwimmbaggern (***gold dredges***) aus Bachböden herausgespült. Derartige Gerätschaften können mancherorts auch besucht werden, z.B. die ***Gold Dredge No.4*** bei Dawson City und die ***Dredge #8*** am *Steese Highway*.

Dank der in den letzten beiden Dekaden extrem gestiegenen Goldpreise (seit 2004 von ca. $400 auf bis zu $1.900/Feinunze, zur Zeit wieder niedriger, aber bei immerhin noch klar über $1.000) sind Prospektoren mit Waschpfanne, aber auch mit mancherlei raffiniert ausgetüftelten Apparaturen wieder zahlreich anzutreffen. Außer in Gebieten mit früher nicht ausgeschöpften Goldreserven suchen sie vor allem nach Goldpartikeln, die erst nach der Goldrauschperiode aus den Lagerstätten herausgewaschen wurden.

Wer sich selbst als »echter Goldgräber« betätigen möchte, kann sich z.B. beim ***Free Claim #6*** am Bonanza Creek bei Dawson City nach alter Manier stundenlang in einen eiskalten Bach stellen und mit schmerzendem Rücken Sand durchspülen – und das sogar völlig kostenlos; Details ➤ Seite 460.

Vor dem Einstieg in die Praxis sind theoretische Kenntnisse nützlich: In kanadischen *Book Shops* stößt man auf eine beachtliche Auswahl an Werken über die Methoden des Goldschürfens, geeignete Ausrüstung und gesetzliche Vorschriften. Für Anfänger gut geeignet ist vor allem der Titel ***Gold Panner's Manual*** von Garnet Basque (nur in großen Läden vorrätig; in der Kindle-Edition auch bei www.amazon.de erhältlich). Das Buch beinhaltet u.a. Adressen von Firmen, die den modernen Prospektor mit allem ausstatten, was er braucht. Alternativ kann man sich natürlich auch kostenpflichtig in die Kunst des Goldwaschens einweisen lassen, so z.B. in der ***Claim #33*** bei Dawson City. Allgemeine Auskünfte zu den ***Tourist Claims*** und über die Goldsuche in Kanada/Alaska erhalten Interessenten auch bei den örtlichen *Visitor Centres*.

Eine stilecht zerbeulte Goldwaschpfanne ist im Übrigen ein originelles Mitbringsel aus dem hohen Norden und ggf. ein schönes Erinnerungsstück an die »eigene Goldgräberzeit« oder an die ***Yukon Gold Panning Championships***, die jedes Jahr Anfang Juli in Dawson City stattfinden; https://dawsoncity.ca/event/yukon-gold-panning-championships. Leider sind die meisten der zum Kauf angebotenen Pfannen heute aus Plastik.

Goldwaschmeisterschaften unter Mountie-Aufsicht in Dawson City im Yukon Territory

Nostalgische Eisenbahnen

Dampflokomotiven »in Aktion« erlebt man an folgenden Orten:

- ***Kamloops Heritage Railway*** in Kamloops/BC, ➢ Seite 191
- ***Fort Edmonton***/AB, Lok dreht eine kleine Runde im Park, ➢ Seite 335
- ***Heritage Park***, Fahrt auf dem Museumsareal in Calgary/AB, ➢ Seite 317
- ***Fort Steele***, tägliche Touren durch das historische Fort/BC, ➢ Seite 260
- ***BC Forest Discovery Centre***, Schmalspurlok in Duncan/BC, ➢ Seite 370
- ***McLean Mill National Historic Site***, Ausflug zur Sägemühle bei Port Alberni/BC, ➢ Seite 376
- ***Kettle Valley Steam Railway*** ab Summerland/BC, ➢ Seite 288
- ***White Pass & Yukon Route Railway*** (***WP&YR***), Touristenbahn die zwischen Skagway/Alaska und White Pass/Yukon verkehrt, ➢ Seite 445
- ***Tanana Valley Railroad Museum*** in Fairbanks/Alaska, die *Engine #1* und die *Old 67* werden dort zu speziellen Anlässen noch befeuert, ➢ Seite 506.

Goldrausch-Städtchen

Ein Höhepunkt jeder Fahrt in den Norden ist das heute zum historischen nationalen Denkmal erklärte **Dawson City**, Dreh- und Angelpunkt des *Klondike*-Goldrausches. Das Bilderbuch-Städtchen blieb weitgehend vom »modernen Zeitalter« verschont – staubige Hauptstraßen, Holzplankenwege und urige Saloons mit Live-Musik dominieren das Bild anstelle von *McDonald's* & Co.

Ganz wegzudenken ist die »Touristifizierung« natürlich nicht. Wie in anderen wiederbelebten Goldrauschorten darf man auch dort z.B. in ***Old Tyme Photo Shops*** in die Rolle eines Goldgräbers, Bordellbesitzers oder verruchten *Can-Can Girls* schlüpfen und vor geeignetem Hintergrund für die Lieben daheim posieren.

Auch Vorstellungen wie im ***Theatre Royal*** von Barkerville oder die ***Days of '98 Show with Soapy Smith*** in Skagway lassen die wilden alten Zeiten nicht in Vergessenheit geraten. Und an Bord der ***Kettle Valley Steam Railway***, einer nostalgischen Dampflok-Eisenbahn im Okanagan Valley/BC, kann man auch heute noch mehrfach im Monat einen Zugüberfall »hautnah« miterleben.

Nostalgische Eisenbahnen

Eisenbahn-Fans kommen während der Reise garantiert auf ihre Kosten, vor allem in Kanada schnauben die auf Hochglanz polierten Loks regelmäßig durch schöne Umgebung (➢ Übersicht oben).

Historische und prächtig restaurierte Dampflokomotiven stehen zum Teil auch in Museen oder Parks, darunter in British Columbia die 124 Tonnen schwere ***CP 5468*** der *Canadian Pacific Railway* im ***Railway Museum*** von Revelstoke und die berühmte *Royal Hudson* im ***West Coast Railway Heritage Park*** in Squamish, wo auch noch eine ganze Reihe weiterer Loks zu sehen ist. Imposant wirkt der in Skagway ausgestellte ***Rotary Snowplow #1***, mit dem die Schienen der *White Pass & Yukon Route Railway* einst vom Schnee befreit wurden.

Raddampfer Ebenfalls mit Dampf betrieben wurden einst die ***Sternwheeler***. Zu Goldrauschzeiten verkehrten die Heckraddampfer auf den großen Strömen und fungierten als eines der wichtigsten Transportmittel für Fracht und Passagiere. Erhalten blieben nur wenige, darunter die ***S.S. Klondike II***, die man bei Whitehorse besuchen kann. Die ***Moyie*** in Kalso/BC war ursprünglich auch für den *Gold Rush* konzipiert, kam jedoch nur auf den Kootenay und Arrow Lakes zum Einsatz. Die ***SS Sicamous***, bis 1937 am Okanagan Lake in Betrieb, liegt heute am Strand von Penticton. Touren bietet u.a. eine kleine *Moyie*-Replika im Calgary *Heritage Park* sowie der ***Sidewheeler*** *Klondike Spirit* mit zwei seitlichen Schaufelrädern bei Dawson City an.

Alte Minen Zu großen Museumsanlagen umgestaltet wurden etliche Bergwerke. Sehenswert sind z.B. die ***Kennecott Mines***, ehemals ertragreiche Kupferminen im heutigen Wrangell-St.-Elias Nationalpark, und die etwas weniger touristische ***Independence Mine*** im gleichnamigen *State Historical Park* hoch oben in den Bergen nordöstlich von Anchorage. Sehr aufschlussreich ist auch der Besuch des ***Britannia Mine Museum*** in Britannia Beach bei Vancouver.

Rodeos Nicht wegzudenken aus populären Touristenzielen sind **Rodeos**, entweder in Form von mehrtägigen Großveranstaltungen wie in Calgary, Williams Lake und Cloverdale oder auch als kleinere Dorfevents mit Amateuren und Jugendlichen, wo man als Zuschauer für nur wenige Dollar Eintritt viel Spaß hat. Was auf dem Lande im Sattel gezeigt wird, kann sich oft genug sehen lassen und messen mit den Leistungen der Profis. Mitunter wird dabei mehr »echte Atmosphäre« als bei überregional bekannten Wettbewerben vermittelt. Wo und wann Rodeos in Nordamerika stattfinden, kann man u.a. den Portalen www.rodeocanada.com/rodeo schedule.htm (Kanada) und www.rodeoz.com (USA) entnehmen.

Pow Wows (sprich: »*pauwaus*«)

An den öffentlichen Zusammentreffen der Ureinwohner kann man auch als Tourist teilnehmen. Fast jedes Wochenende erklingen den ganzen Sommer über die Trommeln und Gesänge der Indianer an einem anderen Ort. Lässt sich einer der ***Pow Wow***-Tage mit der Reiseplanung vereinbaren, so sollte man sich den Besuch dieser überaus farbenfrohen und abwechslungsreichen Tanz- und Musikfestivitäten nicht entgehen lassen. Am kanadischen ***National Indigenous Peoples Day*** (21. Juni) finden z.B. landesweit Festivitäten statt sowie bei der *Calgary Stampede* Anfang Juli und den *Edmonton K-Days* Ende Juli. Sämtliche Termine auf dem nordamerikanischen Kontinent lassen sich unter https://calendar.powwows.com einsehen. Fotografieren/Filmen ist bei den Tanzaufführungen oftmals erlaubt, wenn respektvoll und nicht zu aufdringlich. Am besten aber, man fragt vorher um Erlaubnis.

1.1.7 Die Ureinwohner Nordamerikas

Als Kolumbus 1492 die Neue Welt entdeckte und sich in Indien wähnte, nannte er die dort beheimateten Menschen irrtümlicherweise ***Indians***. In den USA werden sie mittlerweile gern respektvoller als ***Native Americans/People*** bezeichnet, in Kanada ist vorrangig von den ***First Nations*** die Rede. Zu ihnen zählen geschätzte 6,5 Millionen Menschen in Nordamerika; sie bilden die kleinste ethnische Gruppe. Bis ins 20. Jahrhundert hinein fand eine **Zwangsassimilation** statt. So wurden z.B. Jugendliche in Internate geschickt, wo man ihnen verbat ihre Sprache und Kultur auszuüben. Erst seit den 1970er-Jahren verbesserten sich allmählich die Selbstbestimmungsmöglichkeiten der Indianer.

Kanada zählt heute etwa 1 Million Ureinwohner, davon gehören etwa 750.000 Menschen den ***First Nations*** an, rund 200.000 sind französisch-indianischer Abstammung (***Métis***) und knapp 50.000 ***Inuit***, deren Ahnen als nomadische Jäger einst die Behring-Landbrücke zum heutigen Alaska überquerten (auch »Eskimo« wird in Kanada vielerorts eher als Schimpfwort betrachtet).

Die Liste der offiziell anerkannten kanadischen Indianerstämme ist lang (über 600!) und die Anzahl der »Schutzgebiete« ebenso beachtlich. In den über 2.300 ***Indian Reserves*** lebt rund 60% der indigenen Bevölkerung. Die Angehörigen der *First Nation* sind zwar heute ein Teil der kanadischen Gesellschaft, allerdings überwiegend auf den unteren Sprossen der Sozialhierarchie angesiedelt.

In den USA nehmen die ***Indian Reservations*** eine Gesamtfläche von 227.000 km^2 ein. Die Mehrheit der *Native Americans* wohnt – vom »durchreisenden« Besucher meist unbemerkt – in Regionen und Städten außerhalb der Reservate. Sie sind heute integriert, fristen aber – wenn auch stammabhängig sehr unterschiedlich – ähnlich wie im Nachbarland ein Dasein am Rande der Gesellschaft in Armut, Arbeitslosigkeit und mit erhöhter Kriminalität und Alkoholismus.

Kultur der First Nation/Native Americans

Die vergangene wie gegenwärtige Kultur der Ureinwohner Nordamerikas wird in unterschiedlicher Weise gewürdigt. So unterhalten die Indianer teils **eigene Museen** oder ihnen werden Ausstellungen in den Besucherzentren der *National/State/Provincial Parks* gewidmet bzw. **spezielle Abteilungen in Geschichts-, Kunst-** oder **Naturkundemuseen** (➢ Liste links). Indianische Kunstgegenstände und Symbole einstiger Größe (Totempfähle, Skulpturen) sind allgegenwärtig. Aufwendig präparierte Tanzmasken, Stickereien, bemalte Kleidung und Schuhe (***Moccasins***) und Federschmuck bekommt man

Sehenswerte Museen

- ***Glenbow Museum*** in Calgary/AB, ➢ Seite 313
- ***Royal British Columbia Museum*** in Victoria/BC, ➢ Seite 356
- ***...of Anthropology***/BC, ➢ Seite 170
- ***...of Northern BC***, ➢ Seite 399
- ***...for Human Rights***/MB, ➢ Seite 606
- ***Seattle Art Museum***, ➢ Seite 555

vielerorts bei den Tanzfesten der Indianer (***Pow Wows***, ➤ Kasten Seite 53) zu sehen.

Skulptur vor dem Vancouver Aquarium von Bill Reid, dem bedeutendsten Haida-Künstler

Geprägt von Karl Mays Abenteuern denkt man unweigerlich an Marterpfähle, ***Totem Poles*** hatten jedoch eine ganz andere Funktion. Sie dienen seit jeher als Markierung von Stammesgebieten und Gräbern oder stehen vor traditionellen Langhäusern (***Longhouses***). Jedes der darauf oftmals sehr schemenhaft dargestellten Tiere verkörpert unterschiedliche Eigenschaften, und zusammen erzählen sie eine Geschichte – wie mächtig und wohlhabend ein Klan war, woher die Hausbewohner kamen usw.; Totempfähle »liest« man von unten nach oben. Das Zusammenspiel der einzelnen Figuren – fleißiger Biber, würdevoller Schwertwal, ausdauernder Lachs, kluger Adler oder der ähnlich aussehende ***Thunderbird*** als Symbol für die Weisheit der Urahnen – ergibt eine Botschaft, die allerdings nur dem Schnitzer sowie den Familienmitgliedern bekannt und sonst kaum zu entziffern ist. Auf Comorant Island ragt der weltgrößte Totempfahl 52,7 m in die Höhe. Der Rekord ist allerdings umstritten, zumal die *Kwakwaka'wakw First Nation* ihn nicht aus einem, sondern gleich aus zwei *Red Cedar*-Stämmen angefertigt haben. An zweiter Stelle folgt ein 45,7 m hoher *Totem* in Kake/Alaska und der dickste steht in Duncan mit einem Durchmesser von 1,8 m (*Cedar Man*).

Die hohe Kunst des Schnitzens wurde vor allem von den Küstenindianern zelebriert, wo meist Nahrung in Hülle und Fülle und mehr Zeit für die Erschaffung von Meisterwerken vorhanden war. Die Pfähle errichtete man in der Regel im Zuge eines ***Potlatch***. Bei diesen Festlichkeiten wurden in ritueller Weise wertvolle Geschenke verteilt oder ausgetauscht, um die Hierarchie der Stammesmitglieder festzulegen oder zu bestätigen. Von 1884 bis 1951 waren *Potlatchs* in Kanada verboten, viele *Totems* wurden während dieser Zeit umgestürzt und entfernt.

Schönste Totempfahl-Sammlungen

- in **Duncan**/BC, ➤ Seite 370
- in **Ketchikan**, Totem Pole Capital of the World/Alaska, ➤ Seite 523
- in **Sitka**/Alaska, ➤ Seite 525
- ***Gitanyow Village*** am *Cassiar Highway*/BC, ➤ Seite 403
- ***'Ksan Village*** und ***Kispiox*** am *Yellowhead Hwy*/BC, ➤ Seite 408
- ***Stanley Park*** + ***Museum of Anthropology*** in Vancouver, ➤ Seite 162
- in **Campell River**/BC, ➤ Seite 389
- in **Sechelt**/BC, ➤ Seite 179
- ***Namgis Burial Grounds***, Cormorant Island/BC, ➤ Seite 392
- in **Haida Gwaii**/BC, ➤ Seite 395

2. REISEVORBEREITUNG UND -ORGANISATION

2.1 Formalitäten, Finanzen und Versicherungen

2.1.1 Einreise nach Kanada

Zur Einreise benötigen Deutsche, Österreicher und Schweizer nur den für die Reisezeit, besser aber noch mindestens sechs Monate gültigen Reisepass. Direkt aus Übersee einfliegende Touristen mit **Rückflugticket** und genügend Bargeld bzw. Reiseschecks und/oder Kreditkarten erhalten im Normalfall vom kanadischen *Immigration Officer* den erforderlichen Sichtvermerk für eine **Aufenthaltsdauer bis zu max. 6 Monaten**.

eTA

Ausländische Staatsangehörige, die nicht visapflichtig sind, müssen sich außerdem vorab registrieren, d.h., eine sog. *electronic Travel Authorization* (***eTA***) für **7 CAD** beantragen, die dann für max. 5 Jahre gilt bzw. bis der darin angegebene Reisepass abgelaufen ist. Das Formular muss online unter www.canada.ca/en/immigration-refugees-citizenship/services/visit-canada/eta.html ausgefüllt werden, die Bestätigung und *eTA*-Genehmigung erhält man meist innerhalb von nur wenigen Minuten per E-Mail.

Selbst wer sich **auf der Durchreise** befindet und auf einem kanadischen Flughafen nur umsteigen möchte, benötigt *eTA*!

APIS

Kanada und die USA verlangen von allen Fluggästen noch die Übermittlung weiterer Daten (u.a. der ersten Adresse in Übersee), die unter dem Begriff ***APIS*** (*Advance Passenger Information System*) zusammengefasst werden. Man gibt sie meist vorab auf der *Airline*-Webseite oder erst beim Online-Check-in bzw. am Flughafenschalter/-automaten an.

2.1.2 Einreise in die USA

Voraussetzung einer (visumfreien) Einreise für Deutsche und andere Westeuropäer mit dem Flugzeug oder Kreuzfahrtschiff im Rahmen des sog. ***Visa Waiver Program*** (***VWP***) ist

- ein maschinenlesbarer **biometrischer Reisepass**, der für die Dauer des Aufenthalts gültig ist,
- eine ***APIS-*** (➤ oben) und ***ESTA*-Anmeldung** (➤ unten)
- sowie ein **Rückflugticket** innerhalb der 90-Tage-Frist.

Für Personen, die mit *ESTA*-Autorisierung einreisen, braucht der Pass – theoretisch – nur für die Dauer des geplanten Aufenthalts gültig zu sein. Vorsichtshalber sollte aber auch ein 2-Wochen-Tourist auf minimal 90 Tage Restlaufzeit des Passes achten, denn offizielle Regelung und Vorstellungen von Grenzbeamten sind u.U. zweierlei, von Erkrankung und verpassten Flügen nicht zu reden.

ESTA

Die Registrierung bei ***ESTA*** (*Electronic System for Travel Authorization*) auf dem Internet-Portal https://esta.cbp.dhs.gov/esta muss **spätestens 72 Stunden vor der Abreise** erfolgen, damit man noch rechtzeitig seine Genehmigung erhält. Die elektronischen Formulare sind in sämtlichen wichtigen Sprachen verfügbar.

Es gilt eine Vielzahl von Daten einzugeben – Reisepass-Nr. (der Buchstabe »O« wird in Deutschland nie verwendet!), Personalausweis-Nr. (= *National ID Number*), Anschrift in den USA (erstes Quartier mit Tel.-Nr.), Notfall-Kontakt (Verwandte/Freunde, ebenfalls mit Tel.-Nr. und E-Mail), Arbeitgeberadresse etc. – und im Anschluss sind per Kreditkarte oder *PayPal* noch **14 USD** zu entrichten. Mit Versand des Formulars erhält jede/r Antragsteller/in einen Zugangscode (unbedingt abspeichern, da keine Bestätigung per E-Mail verschickt wird!). Damit kann man sich später erneut einloggen um nachzuschauen, ob die Genehmigung erteilt wurde (»*Check existing application*«). Die erfolgreiche Registrierung bei der ***US-Homeland Security*** kann auch die Fluglinie beim Check-in aufrufen. Für den Fall, dass der *ESTA*-Antrag nicht bewilligt wurde, muss man sich ein Visum besorgen. Eine erfolgreiche *ESTA*-Genehmigung gilt für eine beliebige Anzahl an Einreisen im Zeitraum von zwei Jahren bzw. bis der darin angegebene Reisepass abläuft.

Umsteigen in den USA

Ähnlich wie in Kanada, ist *ESTA* **auch im Transitverkehr Pflicht**! In den USA müssen sogar die Koffer am ersten Ankunftsflughafen vom Gepäckband (*Baggage Claim*) abgeholt und kurz darauf wieder **neu eingecheckt** werden (*Baggage Drop-off*).

Einreise auf dem Landweg USA/Kanada

Wer eine Reise in den Yukon plant, liebäugelt nicht selten mit einer Weiterfahrt nach Alaska oder umgekehrt. Ähnliches gilt für den *Waterton Lakes NP*, wo sich der Besuch des angrenzenden US-Nationalparks empfiehlt. Auch **Spontanabstecher** lassen sich meist problemlos und unkompliziert bewerkstelligen. **Auf dem Landweg** oder **mit der Fähre** ist derzeit (Stand: Anfang 2020) **weder *eTA* noch *ESTA* Pflicht**. Eine Vorabregistrierung vereinfacht aber die Formalitäten und kann an so mancher Grenzstation das **Einreiseprozedere signifikant beschleunigen**. Denn die neueren I-94-Formulare, die man – ohne *ESTA* – an der *US Border* ausgehändigt bekommt, sind ähnlich umfangreich wie *ESTA*. Während jeder einzelne Tourist die A4-Blätter ausfüllt (jeweils **6 USD** Bearbeitungsgebühr!) und Familien eine gemeinsame Zollerklärung unterschreiben, kontrollieren die Beamten stichprobenartig die Fahrzeuge, ob sich darin keine »verbotenen Dinge« befinden. Heikel sind in erster Linie frisches Obst und Gemüse oder bei der Einreise nach Kanada manche Sorten von US-Bärenspray, zumal das Mitführen von Pfefferspray-Dosen in Kanada gemäß Waffengesetz illegal ist. Auch auf die Höchstmenge an Alkohol, Zigaretten etc. muss geachtet werden.

Ein **mehrmaliges Ein-/Ausreisen** während des Urlaubs verläuft meist unproblematisch. In der Regel wird man am *Port of Entry* beim zweiten Mal relativ rasch durchgewunken, zumal man schon im System zu finden ist.

Den Grenzübertritt ins Nachbarland (USA/Kanada) mit dem **Mietfahrzeug** untersagen die allerwenigsten Verleihfirmen. Man sollte aber lieber vor der Buchung sicherstellen, dass keinerlei Einschränkungen bestehen. Für die Ein-/Ausreise erhält man gelegentlich einen Auslands-Versicherungsbeleg. Wagenpapiere oder Führerschein werden oftmals nicht einmal kontrolliert. Ein Nachweis über die in Kanada vorgeschriebene Haftpflichtversicherung muss erst bei Unfällen und manchmal bei Verkehrskontrollen erbracht werden.

Alle Passagiere, die auf dem Luftweg amerikanischen Boden betreten, durchlaufen dasselbe *Immigration*-Prozedere:

Kontrollprozedur bei der Einreise

Am Ankunftsterminal werden sie meist zuerst zu einem **Automaten** geleitet, bei dem selbstständig der Pass sowie alle 10 Finger gescannt und ein Gesichtsfoto gemacht werden muss. Mit dem Automaten-Ausdruck geht es dann weiter zum Schalter, wo der *Immigration Officer* alles nochmal kontrolliert und die Ankömmlinge üblicherweise kurz zu ihren Reiseplänen befragt (*business, tourism, visiting friends* o.ä.). Bei normalen Urlaubsabsichten erteilt er die Höchstaufenthaltsdauer von 90 (bzw. 180 Tagen mit Visum). Er fragt aber schon mal nach Rückflugticket, Barmitteln und Kreditkarte und kann die Einreise sogar verweigern, falls ihn die Auskünfte nicht befriedigen. Der einmal genehmigte 90-Tage-Aufenthalt für die USA bleibt auch bei Wiedereinreise (z.B. nach einem Kanada-Abstecher) weiter gültig.

Formulare

USA-Besucher mit Visum müssen zwei weitere Formulare ausfüllen: Einreisepapier *(Arrival/Departure Record)* und die Zollerklärung (*Customs Declaration*). *ESTA*-Einreiser brauchen nur die Zollerklärung abzugeben.

Zollerklärung

Bei der ***Customs Declaration*** lautet die kategorische Antwort auf »Ich habe noch Früchte, Gemüse, Fleischwaren etc. dabei und war kürzlich auf einem Bauernhof«: ***No***! Wer wursthaltige Marschverpflegung oder Obst von daheim in der Tasche hat, muss alles spätestens im Ankunftsflughafen entweder essen oder vernichten. Die Zollbeamten machen unter dem Schild »Nothing to declare« **Stichproben**, wollen aber in jedem Fall das Zollpapier stempeln.

Einreise mit Visum

Bei Urlaubsplänen, die 90 Tage Aufenthalt in Nordamerika übersteigen, und auch, wenn eine zweite Einreise in die USA (aus Kanada) nach diesen 90 Tagen liegt, benötigt man immer ein Visum (engl. ***Visa***), das alle Antragsteller über 13 und unter 80 Jahren nur nach einem **persönlichen Interview** im zuständigen US-Konsulat in Berlin, Frankfurt oder München bzw. in der US-Botschaft (A und CH) erhalten. Vorneweg muss der ausgefüllte **Antrag DS-160** (https://de.usembassy.gov/de/visa/tourismus-und-reisen/) samt farbigem Passfoto (digital 50 x 50 mm) elektronisch übermittelt werden und die Gebühr von zur Zeit ca. **$160** beglichen werden, die auch bei Ablehnung nicht erstattet wird (Stand: Anfang 2020). Den Interview-Termin darf man dann im Rahmen der Möglichkeiten selbst definieren (»*Schedule my Appointment*«).

Immer ein Visum beantragen müssen auch **bei uns lebende Bürger aller Staaten, die nicht am »*Visa Waiver Program*« (*VWP*) teilnehmen**, sowie alle Personen, die sich **nach dem 1. März 2011 in Syrien, Irak, Iran, Sudan, Libyen, Jemen oder in Somalia** aufgehalten haben bzw. eine doppelte Staatsangehörigkeit in Verbindung mit einem dieser Länder besitzen.

Letzte Instanz bei der Einreise bleibt der *Immigration Officer* auf US-Territorium. Er vergibt bei Visainhabern bis zu 180 Tagen, kann aber die Einreise im Extremfall trotz Visums verweigern.

Zollbestimmungen USA/Kanada

Beschränkungen gibt es nicht nur bei der Einfuhr von Alkoholika, Zigaretten, Geschenken oder Bargeld, sondern – je nach Flughafen oder Grenzübergang – auch bei Obst- und Gemüsesorten sowie Fleischwaren. Alle Details unter:

USA ➤ https://help.cbp.gov/s/sidebar-top-5-travel?language=en_US

Kanada ➤ www.inspection.gc.ca/food/information-for-consumers/travellers/eng/1389630031549/1389630282362

2.1.3 Reiseversicherungen

Krankenversicherung

Eine Reise nach Nordamerika ohne umfassende Krankenversicherungsschutz anzutreten, wäre leichtsinnig. Denn ärztliche Behandlung und Krankenhausaufenthalte sind in Übersee extrem teuer. Nur einige private Krankenversicherer bieten ihren Kunden weltweiten Vollschutz. Wer nicht mit der Erstattung von in Nordamerika angefallenen Behandlungskosten rechnen kann (das sind u.a. alle gesetzlich Versicherten!), dem ist dringend zum Abschluss einer eigenen **Auslandskrankenversicherung** zu raten.

Im Jahresbeitrag für **»Edelversionen« von Kreditkarten** ist ein Versicherungsschutz für Auslandsreisen oft bereits enthalten.

Versicherter Zeitraum

Ein **wichtiger Punkt** bei Auslands-Krankenversicherungsverträgen ist der **maximal versicherte Zeitraum** bei ununterbrochener Abwesenheit; überwiegend beschränkt sich der Schutz auf 6-8 Wochen. Bei längeren Reisen muss ein gesonderter Vertrag über die gesamte Reisezeit abgeschlossen werden.

Kosten

Preisgünstig sind Verträge bis zu zwei Monaten Gültigkeit. Für kurze Fristen ist auch die Auswahl groß. Das Spektrum der Angebote beginnt bei nur €12,50 für Reisen bis zu 8 Wochen (*Hallesche*; www.al-h.de; ab 60 Jahre teurer). Günstige Tarife bietet u.a. auch die *HUK-Coburg* (www.huk24.de).

Behandlung und Zahlung

Im Krankheitsfall wird in Nordamerika häufig **vor** der Behandlung ein **Nachweis der Zahlungsfähigkeit** verlangt. Eine **Kreditkarte** ist dabei hilfreich bzw. fast unabdingbar. Ohne ausreichende Mittel und/oder Kreditkarte muss man sich bei teuren Behandlungen ggf. per Fax oder Telefon an seine Auslandskrankenversicherung wenden und um Vorschuss bzw. Kostenübernahme bitten. Die **Kopie des Vertrags** und die Rufnummer der Versicherung sollte man daher vorsorglich mitführen.

Erstattung

Wer Arzt- und Rezeptkosten vorstreckt, muss für die spätere Erstattung in der Heimat **detaillierte Aufstellungen** anfertigen mit Datum, Namen der behandelnden Ärzte, Behandlungsbericht etc.

Behandlungskosten, die aufgrund **chronischer Leiden** oder wegen Erkrankungen vor Reisebeginn anfallen, sind durch Reiseversicherungen nicht gedeckt. Zweifelsfälle sollten vor der Reise mit der Krankenversicherung erörtert werden.

Weitere Reiseversicherungen

Inwieweit man über die Krankenversicherung hinaus weiteren Versicherungsschutz benötigt, hängt von den bereits in der Heimat bestehenden Versicherungen und dem individuellen Risikoempfinden ab. Vor dem Abschluss spezieller **Reiseunfall-** oder **-haftpflichtversicherungen** sollte man schon vorhandene Versicherungsverträge prüfen, ob sie außerhalb Europas Deckung bieten.

Gepäckversicherung

Über den Nutzen der **Reisegepäckversicherung** sind die Meinungen geteilt. Bei sorgfältiger Lektüre des »Kleingedruckten« erkennt man, dass die Fälle des Haftungsausschlusses ziemlich zahlreich sind. Etwa gilt das **Zelten** versicherungstechnisch als ein besonders riskantes Unterfangen.

Reiserücktritts-Versicherung

Eine Reiserücktritts-Versicherung ist in Pauschalreisepreisen bisweilen schon enthalten. Ebenso ist das der Fall für Besitzer bestimmter Kreditkarten, teilweise sogar unabhängig von der Kartenzahlung. Sie kann auch separat abgeschlossen werden. Aber die Prämien dafür sind relativ hoch. Der *ADAC* hat eine derartige Versicherung für alle anfallenden Reisen gegen eine Jahrespauschale (für Mitglieder etwas billiger).

2.1.4 Die Finanzen

Bargeld

Offizielle Kürzel:

Kanadische Dollar **CAD**

US-Dollar **USD**

Bargeld (***cash***) spielt in Übersee im Zahlungsverkehr insgesamt eine deutlich untergeordnetere Rolle als in Europa. Nordamerikaner begleichen oft auch niedrige Beträge per Kreditkarte oder mit Scheck (***check***). Touristen brauchen daher keine größeren USD- oder CAD-Beträge in bar mitzunehmen. Es macht Sinn, Banknoten (und Münzen) zunächst nur für die ersten Ausgaben bereitzuhalten.

Flächendeckend kann man aus nordamerikanischen Bargeldautomaten (***ATM*** = ***A****utomatic* ***T****eller* ***M****achines*; »*Teller*« ist das englische Wort für Bankschalter) mit einer Bankkarte Dollars ziehen, sofern diese das **Maestro-Logo** zeigt und man die Geheimzahl parat hat. Die Kosten sind im Allgemeinen niedriger als bei Bargeldbeschaffung mit einer regulären Kreditkarte.

Münzen

Kleine Münzen sind in **Kanada und USA** vom Aussehen her ähnlich und in der Größe so gut wie identisch. Kanada verwendet aber keine ***Pennies*** (1 Cent-Münzen) mehr, sondern rundet auf 5 Cents auf:

5 Cents: ***Nickel*** 10 Cents: ***Dime***
25 Cents: ***Quarter***

In **Kanada** sind darüber hinaus **$1- und $2-Münzen** im Umlauf. Auch für sie gibt es umgangssprachliche Bezeichnungen:

1 CAD: ***Loonie*** 2 CAD: ***Toonie***

Die in den **USA** kursierenden 50-Cent- und 1-USD-Münzen sind sehr selten.

Quarters werden am Getränkeautomaten und im Waschsalon und in der Telefonzelle benötigt. Ein Vorrat davon ist praktisch. Banken haben Rollen zu je 40 *Quarters* ($10).

Achtung: Unter Umständen Problem mit Bankkarten

Auch wer alles richtig macht, erhält nicht an jedem *ATM* Bargeld. Insbesondere die Automaten kleinerer Banken verweigern schon mal die Auszahlung gegen ausländische Karten. Es macht daher Sinn, Dollars nicht erst besorgen zu wollen, wenn der Bestand schon gegen Null geht, sondern wenn man eine der Filialen national operierender Institute passiert, die sich auch in Kleinstädten finden.

Ein weiteres Problem sind ggf. neue Karten mit dem sog. ***EMV*-Chip**, die zwar im europäischen Ausland funktionieren, aber nicht weltweit, sofern sie nicht zusätzlich einen **Magnetstreifen** besitzen, der **freigeschaltet** worden sein muss. Anscheinend ist das nicht immer der Fall. Inhaber solcher Karten, selbst wenn die einen Magnetstreifen haben, sollten sich bei der Ausgabeinstitution vergewissern, ob und dass die Karte auch in Nordamerika funktioniert.

Direktzahlungen in Läden sind mit EC-Karte **nicht** möglich.

Münzen braucht man auch in den öffentlichen Verkehrsmitteln der Großstädte. Die Fahrgäste werfen den abgezählten Fahrpreis in einen gut gesicherten Behälter. Die Fahrer verfügen als Vorsichtsmaßnahme gegen Überfälle grundsätzlich nicht über Wechselgeld.

Banknoten

Dollarnoten in den USA – die Scheine lauten auf 1, 2, 5, 10, 20, 50 und 100 USD – unterscheiden sich nicht in der Größe und wiesen früher immer dieselbe Farbe auf: Zahlseite grauschwarz, Rückseite grün. Beim Herausgeben ist deshalb mehr Aufmerksamkeit als hierzulande geboten. Seit ein paar Jahren gibt es Banknoten, denen auf der »grauen« Seite ein rosa Farbton unterlegt wurde.

Der US-Dollar wird umgangssprachlich oft ***Buck*** genannt. Beim Bezahlen auf Märkten etc. heißt es dann ***»Five bucks, please!«***.

Die US-Währung wird in Kanada weitgehend akzeptiert, meist aber zu einem ungünstigeren Wechselkurs als in der Bank. Euros und Franken lassen sich ausschließlich in Großstädten und auch dort nur in wenigen Banken und an internationalen Flughäfen (zu schlechten Kursen) umtauschen.

Kanadische Geldscheine – 5, 10, 20, 50 und 100 CAD – haben auch eine einheitliche Größe, lassen sich allerdings dank unterschiedlicher Farben und Graphik besser auseinanderhalten. Das Papiergeld wurde weitgehend durch Banknoten aus einer Plastikfolie (***Polymer Bank Notes***) ersetzt. Sie sind extrem glatt und waschbar, verknittern nicht, lassen sich kaum falten und vor allem nicht fälschen, sagt die kanadische Zentralbank.

Cash only!

Trotz der großen Bedeutung der Kreditkarten, gibt es Situationen, wo sie nicht weiterhelfen und unbedingt mit ***Cash*** zu zahlen ist: Für Touristen sind dies in erster Linie die **Campingplätze** in *Nat'l, State* und *Provincial Parks* und Nationalforsten, wo die Übernachtungskosten meist bar und abgezählt ohne Wechselmöglichkeit in einem Umschlag deponiert werden müssen. Einige wenige Tankstellen akzeptieren keine *Credit Cards* und auch wer zu *Discount*-Preisen tanken möchte, braucht Banknoten.

Nötige Bardollars

Einen gewissen **Barbestand** sollte man also unbedingt dabei haben, am besten **in relativ kleinen Scheinen bis maximal $50**. Denn mit $100-Banknoten gibt es nicht selten Probleme bei der Annahme. Ein **Vorrat an $1-Noten** darf ebenfalls nicht fehlen, denn die werden u.a. allerorten fürs Trinkgeld (*tip*) benötigt.

Kreditkarten

In Nordamerika gehört die Zahlung per Kreditkarte mehr als bei uns zum täglichen Leben. Die meisten Kanadier und US-Amerikaner nutzen gleichzeitig mehrere davon. ***Visa*** und ***Mastercard*** werden fast überall akzeptiert. Relativ weit verbreitet ist auch noch die ***American Express Card***, aber eher bei Unternehmen für Waren und Dienstleistungen des sogenannten »gehobenen« Bedarfs.

Kreditkarten machen das Reisen in Kanada und in den USA nicht nur erheblich unkomplizierter, sie werden in einigen Fällen sogar erwartet: Im Hotel etwa ersetzt die Kreditkarte eine Überprüfung der Bonität des Kunden; Leute ohne »Plastik« gelten als weniger vertrauenswürdig. Ohne Vorlage einer Kreditkarte wird man in Übersee auch keinen Leihwagen bekommen. Mietautos, Fährpassagen, Campingplätze und sogar Arzttermine (!) lassen sich verbindlich nur unter Angabe einer Kreditkartennummer reservieren.

Die **Anschaffung einer Kreditkarte**, sollte man noch keine besitzen, ist daher vor einer Nordamerikareise **mit Nachdruck zu empfehlen**.

Kosten

Der heute für viele »normale« Kreditkarten ohne Vergoldung und Sonderleistungen geforderte **Jahresbeitrag** ist so niedrig, dass er sich – unabhängig vom Einsatz unterwegs – schon durch die damit eingekaufte Sicherheit rentiert, selbst wenn man die Karte den Rest des Jahres kaum benötigt. Darüber hinaus bieten selbst »einfache« Karten oft geldwerte Zusatzleistungen, welche allein die Kosten wieder aufwiegen können.

Die individuell beste Karte lässt sich u.a. auf folgendem Portal ermitteln: www.cardscout.de. Gratis ist z.B. die *Advanzia Mastercard* von www.gebuhrenfrei.com.

Bargeld per Kreditkarte

Sofern kein Guthaben bei der Kartenorganisation gehalten wird, entstehen bei der Barentnahme mit Kreditkarten relativ hohe Kosten. ***Cashing*** wird meist auch **umgehend** dem heimischen Konto belastet. Speziell eine häufige Entnahme kleiner Beträge ist nicht ratsam, da überwiegend (unabhängig von der Summe) eine Minimum- oder fixe Basisgebühr anfällt.

Geldbeschaffung im Notfall ➢ Seite 137

Kreditkartenverlust

Bei Verlust einer Kreditkarte ist die Haftung in allen Fällen auf €50 beschränkt, gleichgültig, welcher Schaden zwischen Verlust und Benachrichtigung der Organisation eintritt. Nach der Verlustmeldung entfällt jede Haftung. Telefonnummern können in Nordamerika gebührenfrei angerufen werden, sollte die Kreditkarte verlorengehen oder sonst irgendein Problem auftauchen:

American Express	**✆ 1-800-528-4800**
Mastercard	**✆ 1-800-627-8372**
VISA	**✆ 1-800-847-2911**

Für alle in Deutschland ausgestellten Karten gibt es die zentrale Telefonnummer ✆ 116116; bei Anruf aus Übersee muss man 01149 vorwählen.

2.2 Die Flugbuchung

2.2.1 Der Flug nach Nordamerika

Flugtickets lassen sich eigenständig im **Internet** buchen, auf Nordamerika spezialisierte Reiseagenturen können sie bei gleichzeitiger Mietwagen-Buchung mitunter aber beides deutlich preiswerter anbieten (➤ Kasten Seite 66).

Flugdauer

Ein entscheidendes Kriterium bei der Buchung ist die **Flugdauer**. ***Non-Stop***, d.h., ohne Zwischenlandung ab Mitteleuropa erreicht man den Westen Kanadas oder Alaska in etwa 10-11 Std, zurück geht es etwas schneller. Mit Zubringerflug von 60-90 min und ausreichender Umsteigezeit (in Europa mindestens 90 min) sind daher Verbindungen mit **14-15 Stunden Gesamtdauer optimal**. Alles jenseits der 20 Stunden sollte meiden, wer nicht fix und fertig an- bzw. zurückkommen möchte.

Umsteigen in Übersee

Bedenken sollte man auch, dass bei einem **Umsteigen in Übersee** nicht nur die ***Immigration*** zu erledigen ist, sondern in den USA auch das **Gepäck entgegen genommen und wieder eingecheckt werden muss**, inklusive Zollkontrolle, Terminalwechsel und anschließender Warteschlange bei der *Security*. Bei zu knapp bemessenen Umsteigezeiten (unter zwei Stunden) riskiert man, den Anschlussflieger zu verpassen. Heimwärts ist das Umsteigen weniger problematisch (Koffer geht direkt nach Europa!). Eine längere Flugunterbrechung in einer nordamerikanischen City (***Stopover***) ist manchmal möglich, die Zusatzkosten sind abh. von der *Airline*.

Ziele in Nordamerika

Die großen Städte im Westen Kanadas (**Vancouver**, **Calgary** und **Edmonton**) erreicht man von Europa aus *non-stop*. Auch der größte Flughafen des Landes in **Toronto** (*YYZ*), wird von allen bedeutenden Airlines angeflogen und verzeichnete 2018 rund 49,5 Millionen Passagiere. Vancouver (*YVR*, 26 Mio. Passagiere) ist mit großem Abstand die Nr. 2 im Westen, gefolgt von Calgary (*YYC*, 17 Mio.) und Edmonton (*YEG*, 8 Mio.). Als Vergleich: der *Sea-Tac Airport* in Seattle/USA hat jedes Jahr knapp 50 Mio. Passagiere.

Start ab Seattle/USA

Bei einem geplanten **Start ab Vancouver** lohnt ein **Preisvergleich**, denn mitunter findet man günstigere Angebote für Flug + Mietfahrzeug ab Seattle (➤ Seiten 546ff). Der ***Seattle-Tacoma International Airport*** liegt knapp 200 km von der Grenze bzw. 250 km von Vancouver entfernt und wird von allen großen US-amerikanischen und mehreren europäischen Fluglinien zu – bisweilen – günstigeren Tarifen als Vancouver bedient.

Flüge in den Südwesten Kanadas und nach Seattle

FRA Frankfurt
MUC München
SEA Seattle
YVR Vancouver
YYC Calgary

Die Zahl der ***Non-stop*-Verbindungen** in den Südwesten Kanadas und nach Seattle im Sommerhalbjahr ab Deutschland/Österreich/Schweiz ist relativ groß (Stand Anfang 2020):

- ***Lufthansa***: ab FRA oder MUC nach YVR und SEA sowie ab FRA nach YYC
- ***Air Canada***: ab FRA nach YVR und YYC, ab Zürich nach YVR
- ***Eurowings***: ab Köln/Bonn nach SEA
- ***Condor***: ab FRA nach YVR und SEA
- ***Edelweiss Air***: von Zürich nach YYC oder YVR
- ***Air Transat***: von Basel nach YVR

Ab **Österreich** geht es mit *Austrian Airlines* oder *Air Canada* nur **über Toronto** nach Vancouver oder Calgary.

Weitere Verbindungen aus Europa

Preislich interessant können auch die ***Non-stop***-Möglichkeiten über die großen Airports europäischer Nachbarländer sein:

- ***KLM*** steuert ab Amsterdam YVR, YYC und Edmonton an,
- ***British Airways*** ab London Vancouver und Calgary,
- ***Air France*** ab Paris nur Vancouver.

Ob der Zubringerflug aus Dresden nun nach München oder Amsterdam, London oder Paris geht (und von dort *non-stop* nach Übersee), ist zeitlich kein großer Unterschied und bei hohen Tarifdifferenzen durchaus erwägenswert. Wichtig ist, dass man den **Transatlantik-Flug immer gemeinsam mit dem Zubringerflug** bucht. Wer eigenständig anreist bzw. getrennte Tickets hat und dabei den Anschlussflieger verpasst, darf nicht darauf hoffen, von der *Airline* kostenfrei umgebucht zu werden.

Ab Amsterdam und Prag startet außerdem die kanadische Bedarfsfluggesellschaft ***Air Transat*** (Umsteigen in Montreal und Toronto).

Flüge in den Nordwesten Kanadas und nach Alaska

Non-stop

Die beiden größeren Städte im hohen Norden (Whitehorse & Anchorage) erreicht man ab Deutschland im Sommer ***non-stop*** mit:

- ***Eurowings***: ab FRA nach Anchorage (ANC)
- ***Condor***: von FRA nach Anchorage und Whitehorse (YXY)

Mit Stopover

Vom südlichen Festland der USA bedienen ***Delta***, ***American Airlines*** und ***United*** den nördlichsten Bundesstaat. Dabei hat man bei täglichem Abflug von deutschen Airports mitunter noch die Möglichkeit zu einer kostenfreien Unterbrechung.

Airline	✆ USA/Kanada	Internetadresse
Air Canada	1-888-247-2262	www.aircanada.com
Air France	1-800-237-2747	www.airfrance.com
Air Transat	1-877-872-6728	www.airtransat.com
American Airlines	1-800-433-7300	www.aa.com
Austrian Airlines	1-800-843-0002	www.austrian.com
British Airways	1-800-247-9297	www.britishairways.com
Condor	1-866-960-7915	www.condor.com
Delta Air Lines	1-800-221-1212	www.delta.com
Edelweiß	+41-438165060	www.flyedelweiss.com
Eurowings	+49-221-59988202	www.eurowings.com
KLM	1-800-618-0104	www.klm.com
Lufthansa	1-800-645-3880	www.lufthansa.com
SWISS	1-877-359-7947	www.swiss.com
United	1-800-864-8331	www.united.com

British Airways (hier eine Boeing 787 Dreamliner) verbindet London u.a. mit Toronto, Calgary und Vancouver non-stop

Flüge nach und innerhalb Alaskas

Die wichtigsten Fluggesellschaften in Alaska sind:

- ***Alaska Airlines*** – ab **Seattle** geht es im Sommer täglich *non-stop* nach **Anchorage** (20x) und nach **Fairbanks**, **Ketchikan**, **Juneau** sowie **Sitka**; ✆ 1-800-252-7522, www.alaskaair.com.
- ***Ravn Alaska*** – verbindet 100 Orte im Norden und Westen Alaskas mit der Außenwelt; ✆ 1-800-866-8394, www.flyravn.com.

Weitere kanadische Fluglinien

In Kanada existieren noch folgende (über)regionale Airlines:

- ***WestJet*** ist nach *Air Canada* die zweitgrößte Fluggesellschaft des Landes mit über 100 Zielen in Nordamerika und weltweit; ✆ 1-888-937-8538, www.westjet.com.
- ***Jazz Aviation***, eine Tochtergesellschaft von *Air Canada*, bedient knapp 80 Destinationen auf der Kurz- und Mittelstrecke; ✆ 1-888-247-2262, www.flyjazz.ca.
- ***First Air*** ist die größte Fluglinie in den Nordwest-Territorien und Nunavut; ✆ 1-800-267-1247, www.firstair.ca
- ***Calm Air***, die größte in Manitoba; auch mit Verbindungen ins Nunavut-Territorium; ✆ 1-800-839-2256, www.calmair.com
- ***Air North***, die größte in Yukon mit vielen Verbindungen in die Nordwest-Territorien; ✆ 1-800-661-0407, www.flyairnorth.com.

Flugbuchung im Internet

Zahlreiche **Internetportale** bieten heute eine scheinbar komplette Information zu Flügen weltweit und listen dabei die Angebote sämtlicher Agenturen nach Tarifen geordnet. Man sollte meinen, es sei damit ein Leichtes, für den eigenen Flugwunsch das passende und zugleich preisgünstigste Angebot herauszufiltern. Tatsächlich aber ist ein Großteil der vorgeschlagenen Verbindungen nach Vancouver, Calgary, Seattle und Toronto ab einem heimatnahen Flughafen oft völlig außerhalb jeder Diskussion mit Flug- plus Wartezeiten auf Airports in Europa und in Übersee von weit über 20 Stunden und mehrfachem Umsteigen, teilweise Übernachten.

Für richtig gute Ergebnisse werden Suche und Buchung in Eigeninitiative im Internet leicht zum zeitaufwendigen Unterfangen. Wobei die Mühe nicht immer mit Erfolg belohnt wird. Und mitunter werden am Ende des Buchungsvorgangs – nachdem man versucht hat, dem Kunden noch allerlei Versicherungen »unterzujubeln« – zusätzliche Service-Gebühren fällig.

Es empfiehlt sich, die gewünschten Flugdaten auch **direkt** auf den Webseiten der Airlines einzugeben. So bekommt man oft gleich die besseren Verbindungen zu günstigeren Tarifen angezeigt (**Best-Preis-Garantie!**).

Wer Zeit und Arbeit sparen möchte, kann die Flugbuchung bequemer und sicherer durch eine auf Nordamerika spezialisierte Reiseagentur erledigen lassen, ohne dass dies notwendigerweise teurer wird. Dies betrifft in erster Linie **günstige Angebote** für Flug und Mietwagen, die online nicht oder nur schwer zu finden sind.

Wer kein passendes **Reisebüro** um die Ecke hat, kann für Nordamerika-Reisen z.B. Kontakt aufnehmen (telefonisch/per E-Mail) mit

> www.flywest.de, www.usareisen.com und www.trans-amerika-reisen.de
>
> oder mit den Kanada-Spezialisten
>
> www.sktouristik.de, www.trans-canada-touristik.de und http://kanadareisen.de.

Schweizer sind u.a. bei www.globetrotter.ch gut aufgehoben.

Die **persönliche Beratung** kann Gold wert sein und der richtige Zielflughafen die Gesamtkosten maßgeblich reduzieren. Denn bei Gabelflügen kommt es manchmal auf die Reihenfolge an (Wegfall der Mietwagen-Einweggebühren je nach Fahrtrichtung; ➤ Seite 72) und bei den RV-Anmietstationen gibt es meist beachtliche Tarif-Abweichungen, die durchaus ausschlaggebend bei die Wahl des Ankunftsairports sein könnten.

Flug über Island

Icelandair hat ab **Berlin Tegel**, **Frankfurt, München, Hamburg** und **Zürich** manchmal auffällig günstige Flüge nach **Anchorage**, **Seattle**, **Vancouver** oder **Edmonton** im Angebot (selbst zur Hochsaison unter €1.000; www.icelandair.de). Voraussetzung ist allerdings meist eine langfristige Buchung, gut 9-12 Monate im Voraus! Das dabei erforderliche **Umsteigen in Reykjavík** verläuft meist unproblematisch, da bei Verspätung der Anschlussflieger in der Regel wartet, und Island ohnehin fast auf der »Idealroute« liegt.

Allgemeines zu den Flügen nach Nordamerika

Tarife

In der **Nebensaison** kann man mitunter schon ab ca. **€600-€700** inklusive aller Zuschläge in den Westen Kanadas, nach Alaska oder Seattle und zurück fliegen. In der **Hochsaison** muss jedoch mit Tarifen deutlich über **€1.200** (*Economy Class*) gerechnet werden, selbst bei den Charterern.

Für Kinder zwischen **2 und 11 Jahren** werden von ab Deutschland fliegenden Gesellschaften überwiegend 3/4 des Vollzahlertarifs berechnet. **Kleinkinder unter 2 Jahren** kosten ohne Sitzplatzanspruch zwischen €25 und 10%-15% des Ticketpreises der Eltern. Es empfiehlt sich eine möglichst frühzeitige Buchung, so dass man noch Chancen auf einen **Familienplatz** hat mit ausreichend Freiraum für ein (kostenlos dazu reservierbares) **Babybett**. Andernfalls stellt sich die Frage, ob man nicht besser auch für die ganz Kleinen ein Kinderticket mit Sitzplatzanspruch lösen sollte.

Gebühren/ Zuschläge

In den Ticketkosten sind bis über €200 Flughafen- und Sicherheitsgebühren (*one-way*) enthalten, die bei identischen Zielen und Zeiten je nach Airline erstaunlich unterschiedlich ausfallen können. **Flüge zu Ferienzeiten** sind durchweg mit kräftigen Zuschlägen belegt, auch an **Wochenenden** ist mit erhöhten Preisen zu rechnen.

Tarifvergleich

Beim Tarifvergleich ist es nicht ganz unwichtig, die »Nebenbedingungen« zu beachten. Das beginnt bei den **Umbuchungs- und Stornokosten** bei Datenänderung und eventuellem Rücktritt. Auch errechnen sich versteckte Preisunterschiede für alle, die nicht in der Nähe der Großflughäfen wohnen, aus den Anreisekonditionen und ggf. Abflugzeiten (Übernachtung notwendig?) sowie den Parkgebühren am Flughafen. Speziell von kleineren deutschen Airports können die Tarife der *Lufthansa/Eurowings* daher letztlich preiswerter sein als günstige Tickets der Konkurrenz.

Gabelflüge

Gabelflüge mit **unterschiedlichen Airports für Hin- und Rückflug** kosten oftmals nicht mehr als normale Flüge. Interessant wäre in Kanada beispielsweise die Strecke Vancouver -> Calgary, zumal in diese Fahrtrichtung einige Auto-/Camper-Vermieter keine oder nur geringere Einweggebühren erheben. Wer mit einem Gabelflug liebäugelt, sollte sich daher unbedingt vorher mit den Bedingungen der Vermieter vertraut machen; ➤ auch Seite 72 bzw. 82.

Koffer und Handgepäck

Jede Fluggesellschaft hat ihre eigenständigen Hand-, Frei- und Übergepäckregelungen, die – je nach Buchungsklasse – wiederum deutlich variieren können und immer wieder angepasst/geändert werden. Die aktuellen Infos (Menge, Gewicht, Abmessungen) entnimmt man daher am besten den jeweiligen Internetportalen, eine gute Gesamtübersicht für die Airlines mit Flügen nach Nordamerika liefert z.B. auch www.canusa.de/freigepaeckgrenze.html.

Im Handgepäck sind **spitze Gegenstände** (Taschenmesser, Nagelscheren etc.) verboten. **Flüssigkeiten sowie wachs- oder gelartige Stoffe** dürfen nur in Flaschen oder Dosen mit einem maximalen Fassungsvermögen von 100 ml mitgeführt werden, die sich alle in einem transparenten, wiederverschließbaren Plastikbeutel (mit max. 1 Liter Volumen) befinden müssen. Am besten verwendet man dafür Gefrierbeutel mit Zipp-Verschluss.

Gepäckstücke werden im Transatlantikverkehr in großen Stichproben geöffnet und durchsucht. Verschlossene Koffer »knackt« man dabei einfach. Also entweder alles von vornherein unverschlossen lassen oder – besser – ***Travel Safe Locks*** verwenden, Zahlenschlösser in unterschiedlichsten Ausführungen und gesicherte Gepäckgurte, die von der amerikanischen Checkinstanz *TSA* mit einem Spezialwerkzeug geöffnet werden können. Erhältlich sind sie in Ausrüstungs-, Sport- sowie Gepäckshops ab ca. €10/Stück. Angeboten werden auch Koffer und Reisetaschen mit integrierten ***TSA Locks***.

»Bessere« Holzklasse

Infos zu Sitzabstand, -breite und -neigung www.vornesitzen.de/premiumeconomy/index.html und zur Bestuhlung der einzelnen Airlines www.seatguru.com

Viele Fluglinien haben ihre Flotten umgerüstet und eine verbesserte ***Economy*** (mit den Bezeichnungen ***Premium***, ***Comfort***, ***Plus*** etc.) eingeführt, die meist mehr Freigepäck erlaubt (z.B. bei *Lufthansa*, *Air France* oder *British Airways* zwei Koffer bis 23 kg), einen etwas höheren Komfort bietet (breitere Sitze mit größerem Neigungswinkel und 15-20 cm mehr Abstand zwischen den Reihen) und ggf. eine bessere Verpflegung (auf Porzellangeschirr serviert) sowie größere Bildschirme mit Fernbedienung umfasst. Diese Extras werden zuweilen für einen geringen Aufpreis angeboten (bei kurzfristiger Buchung mitunter ab ca. €100), sie können aber auch €800 und weit mehr pro Ticket ausmachen.

Bei ***KLM/Delta Air Lines*** bekommt der *Economy-Comfort*-Fluggast für €60-€180 Mehrkosten ebenfalls ein Plus an Sitzkomfort und »Beinfreiheit«, aber keine höheren Gepäckfreigrenzen etc. Ähnliches gilt für die ***Condor Premium Class*** mit einen Aufpreis von etwa €50-€250/Strecke (dort inklusive **32-kg-**Freigepäck, 10 kg Handgepäck und ***Priority Security Check, Boarding & Baggage***; d.h., gekennzeichnetes Gepäck wird als erstes aus dem Flugzeug ausgeladen). Die »Beinfreiheit« dieser Airlines reicht auch nicht an die der *Premium Economy* von *Lufthansa, BA* & Co. heran, wo 97 cm Abstand und Sitzbreiten um 48 cm üblich sind.

Bei ***Condor*** gibt es dafür den bequemen Liegesitz in der ***Business Class*** zu vergleichsweise – gemessen an den Linienfluggesellschaften – »moderaten« Tarifen ab ca. €1.000/Richtung.

2.3 Die individuell Reisen mit dem Auto

Beurteilung

Für Rundreisen im Westen Kanadas und der USA gibt es **zum Auto keine echte Alternative**. Das Streckennetz der öffentlichen Verkehrsmittel ist äußerst dünn. D.h., **mit Bus oder Bahn** (➢ Seite 93ff) lassen sich nur Ziele entlang der Hauptstraßen bzw. weniger Schienenstränge ansteuern. Wegen der durchweg niedrigen Verkehrsfrequenz (eine Abfahrt pro Tag, mitunter weniger) ist ein flexibles Reisen selbst in erschlossenen Bereichen kaum möglich und eine genaue Zeitplanung und -einhaltung erforderlich. Viele der schönsten Gebiete in Übersee – so die meisten *National, State* und *Provincial Parks* – sind ausschließlich per Fahrzeug zu erreichen, sieht man ab von kleineren Airlines, die in Kanada für heftige Tarife selbst noch die entlegenste Ortschaft anfliegen.

2.3.1 Die Pkw-/SUV-Miete

Mindestalter

Voraussetzung jeder Automiete in Nordamerika – neben dem nationalen/internationalen Führerschein*) – ist, dass der Fahrer das **21. Lebensjahr** vollendet hat (Ausnahme: bei *Hertz* bereits ab 20 Jahren). Für jeden **Fahrer unter 25 Jahren** wird immer ein **Zuschlag** von bis zu €50/Tag (plus Steuern) berechnet. Die Gebühr hängt vom jeweiligen Verleiher und auch Anmietort ab.

Sondertarif »U-25«

Die Firma ***Alamo*** hat ein Sonderpaket für 21- bis 24-Jährige im Angebot mit der Bezeichnung »***Under 25***« oder »***Underage***«. Diese zahlen so – bei Entfall des Tageszuschlags – etwa €140/Woche mehr als Mieter ab 25 Jahren (bei nur einem Fahrer unter 25 Jahren wird es ggf. etwas preiswerter). **Wichtig**: Dieser Tarif ist nur erhältlich bei Vorausbuchung, nicht vor Ort am Schalter.

Kreditkarte

Eine weitere Voraussetzung, ohne die es bei der Miete vor Ort nicht geht, ist eine **Kreditkarte**. Auch im Fall der Buchung und Zahlung bereits in der Heimat wird bei der Übernahme die Vorlage einer Kreditkarte zur Abdeckung der Kaution und erst vor Ort fälliger Zahlungen erwartet (Steuern, Zusatzversicherungen, Einwegzuschlag etc.). Zu beachten ist darüber hinaus, dass Mieter und Kreditkarteninhaber identisch sein müssen.

Fahrzeugbuchung und Kosten

Zu den Anbietern

Bei hiesigen Reiseveranstaltern, Automobilclubs, zahlreichen Internetagenturen und Mietwagenvermittlern kann man für beide Länder Nordamerikas alle gängigen Fahrzeuge buchen; so z.B. bei ***holiday autos***, ***Sunny Cars, CarDelMar*** (in Reisebüros, aber auch im Internet unter www.holidayautos.de, www.sunnycars.de bzw.

*) Im Westen Kanadas/der USA genügt der nationale Führerschein (bei einigen Vermietern muss er **mind. 1 Jahr alt** sein!). Sofern man nicht im Besitz eines neueren Führerscheins im Kreditkartenformat ist, dessen Aussehen in etwa dem amerikanischen Pendant entspricht, macht es Sinn, **zusätzlich (!)** eine ***Internat'l Driver's License*** mitzunehmen. Denn Regierungsabkommen und die Vorstellungen eines Sheriffs auf dem Land sind zweierlei. Bei Kontrollen oder Unfall leuchtet dem diese trotz der Symbolik eher ein als das deutschsprachige Pendant. Auch manch kleinerer Autoverleiher vor Ort fragt gern nach dem Internationalen Führerschein.

www.cardelmar.de) und ***billiger-mietwagen*** (www.billiger-mietwagen.de) wie auch direkt bei den Verleihfirmen. Überwiegend wird dabei mit international bekannten ***Rental Car Companies*** wie *Alamo/National* (Marktführer in Nordamerika), *Avis, Hertz, Enterprise* etc., aber auch mit bei uns weniger bekannten Firmen wie *Dollar* zusammen gearbeitet (teilweise »Töchter« der Marktführer). Es kann dennoch nicht schaden, sich auch einmal die Portale kleinerer Veranstalter anzusehen wie www.trans-canada-touristik.de, www.sktouristik.de oder http://kanadareisen.de.

Pkw-Kategorien

Pkw und Vans können nach Größenklassen von *Economy/Subcompact* (*Ford Fiesta*-Klasse) über *Compact* (wie *Ford Focus*) bis *Full-size/Premium* (*Ford Lincoln*) und nach Gattungskriterien wie ***Convertible*** (Cabrio), **SUV** oder **Minivan** gebucht werden. **Einzelne Marken/Typen lassen sich nicht reservieren**. Einige Vermieter führen überwiegend bestimmte Hersteller (z.B. Avis: *General Motors*, Hertz: *Ford*), aber in allen Flotten befinden sich auch koreanische und japanische Autos. **Dieselfahrzeuge** gibt es normalerweise nicht.

Ausstattung

Amerikanische Mietwagen sind oft etwas komfortabler und besitzen immer ein **Automatikgetriebe**, ***Air Condition (AC)*** und **Radio**, häufig mit *Bluetooth* und Anschluss für **USB-Sticks**. Ihr **Verbrauch** ist höher als bei ähnlichen Typen in Europa, die Kosten halten sich aber dank günstiger Benzinpreise in erträglichen Grenzen.

Größe

Bei der Wahl der Größe sollte man sich nicht zu sehr vom Preis leiten lassen; die Unterschiede sind bei den Pkw von Größenklasse zu Größenklasse meist gering (€30-€60 pro Woche). Bei einem etwas geräumigerer Wagen ist der Kofferraum auch nicht ganz so knapp bemessen. Ab zwei Personen ist ein **SUV** von Vorteil. Ab drei Personen sollte man – speziell auf längeren Reisen – auch an einen **Minivan** denken (ab ca. €550/Woche).

Tarife und Kostenvergleich

Bei vielen Anbietern kosten in der Hochsaison **kleine Pkw ab ca. €350/Woche**, etwas größere Pkws ab €440/Woche, ***Midsize SUVs*** (➤ Kasten rechts) ab **€400/Woche**. Die Angebote von Reiseveranstaltern, Vermittlungsportalen und *Rental Car Companies* für Standard-Modelle gleichen sich in der Regel. Ein Preisvergleich lohnt dennoch immer, vor allem bei Cabrios und Minivans. Dabei sollte genau auf das »Kleingedruckte« geachtet werden, damit das vermeintlich tolle Schnäppchen nicht letztlich teuer kommt.

Kostenunterschiede USA/Kanada

Im Allgemeinen macht es keinen Unterschied, ob man das Fahrzeug in Seattle oder in einer der westkanadischen Citys anmietet. Wechselkurs bedingt waren die Tarife in € für Leihfahrzeuge in Kanada lange Jahre höher. Derzeit (Anfang 2020) zahlt man in Vancouver/Calgary aber oftmals weniger, das kann sich aber wieder ändern. Vergleichen lohnt sich, vor allem bei Kombi-Tarifen inkl. Flüge kann die Differenz auch schon 'mal einige €100 betragen!

Miettarife im Norden

Anmietungen **im »hohen Norden«** sind ein teurer Spaß. In Anchorage/Alaska muss man mit **mind. €300 pro Woche mehr** als in Seattle, Vancouver oder Calgary rechnen, in Whitehorse/Yukon meist noch mit viel höheren Mehrkosten.

Zuschläge

Für Anmietungen in den Monaten Juli/August werden in beiden Ländern **Hochsaison-Zuschläge** verlangt, die schnell €35/Woche oder mehr betragen können. Bei Anbietern wie *Jucy Rental* wird bei Fahrten in nördlichere Provinzen oder nach Alaska außerdem ein **Nordzuschlag** fällig.

Konditionen und Versicherungen

Tarif-elemente

Bei **Vorausbuchung** sind – unabhängig vom Vermieter – auch im günstigsten Tarif üblicherweise bereits die **Basiskosten**, Umsatz- und Lokalsteuern, **Haftpflicht-** und **Vollkaskoversicherung** enthalten, außerdem **unlimitierte Meilen bzw. Kilometer**. In Katalogen und auf den gängigen Internetportalen werden sämtliche Details recht übersichtlich gelistet.

Leistungs-pakete

Fast alle Tarife sind in **Leistungspakete** unterteilt, mit unterschiedlichen Bezeichnungen (je nach Anbieter »Standard«/»Premium«, »Spar Plus«/«Inklusiv Plus« o.Ä.), aber durchweg fast identischen Inhalten. Die etwas teureren »besseren« Pakete umfassen neben den oben angeführten Punkten Zusatzversicherungen, Gebührenentfall für den zweiten Fahrer und ggf. einen vollen Tank »gratis« (der kommt beim günstigeren Paket vor Ort gerne zum Höchstpreis auf die Rechnung). Bei *»full/empty«* erhält man den Wagen vollgetankt und gibt ihn »leer« ab (für Restbenzin erfolgt meist keine Rückerstattung). Am besten fährt es sich mit der Variante *»full/full«*, u.a. von *FTI* oder *Sunny Cars* angeboten.

Die **Eintragung des Zusatzfahrers** kann selbst im kleineren Paket schon inklusive sein. Bevor man den Vermieter/Vermittler endgültig wählt, sollte man die jeweiligen Tarifinhalte gut studiert haben.

Tipp: Sport Utility Vehicle

Ideal (nicht nur) für Zelturlauber sind SUVs, *Sport Utility Vehicles* mit/ohne Vierradantrieb. Sie bieten viel Platz, hohe Sitzposition und komfortable Be-/Entladung hinten. In den größeren Modellen (*Standard/Full Size*) kann man zur Not auch etwas unbequem »carcampen«. Die kleine Version, sog. ***Midsize SUVs*** wie z.B. *Ford Escape* oder *Toyota RAV4*, handliche, ordentliche Autos mit erträglichem Benzindurst, gibt es bei einigen Vermittlern ab ca. €400 pro Woche (oft preiswerter als ein Oberklasse-Pkw). An großen Stationen von *Alamo/National* darf man sich in einer ***Choice Line*** das Wunschfahrzeug dann sogar selber aussuchen.

Es ist nützlich, dabei auch noch Folgendes zu wissen:

Vollkasko CDW, SCDW und LDW

Für etwaige Schäden am eigenen Mietwagen wird unterschieden zw. ***CDW*** (*»collision damage waiver«* mit reduzierter Haftung oder Haftungsbefreiung), ***SCDW*** (*»super CDW«* ohne oder mit sehr geringem Selbstbehalt) und ***LDW*** (*»loss damage waiver«* mit Haftungsbefreiung auch bei Diebstahl/Verlust). Bei fast allen hiesigen Anbietern ist die **Vollkaskoversicherung ohne Selbstbeteiligung** für amerikanische Mietwagen längst Standard; anders aber bei **Buchung vor Ort**, in dem Fall ist Vorsicht geboten (➢ rechts).

»Unbefestigte« Straßen

Der Versicherungsschutz bei den großen, international agierenden Vermietern erlischt bei einem **nicht angemeldeten Fahrer** oder **abseits befestigter Straßen**. Wobei der Begriff *»unpaved«* bzw. «unbefestigt« sehr dehnbar ist: Während einige Firmen mit einer *»graded«*, *»improved«* oder *»maintained«* ***Gravel Road*** mitunter noch kein Problem haben, lehnen andere sämtliche nicht asphaltierten Straßen strikt ab (selbst für 4WD-Mietfahrzeuge!), so dass man dort entstandene Schäden am Auto selbst tragen darf. Hinweise im »Kleingedruckten« der Mietverträge (*prohibited use of the vehicle*) beachten oder ggf. nachfragen!

Grenzübertritt

Die großen Vermieter gestatten in aller Regel den **Grenzübertritt zwischen Kanada und den USA**, bei Bedenken hilft der Blick in die Mietbedingungen (➢ »Einreise auf dem Landweg«, Seite 57).

Einwegmiete

Alle Tarife gelten zunächst unter der Voraussetzung, dass das Fahrzeug an den Ausgangsort zurückgebracht wird. Im Fall von Einwegmieten (z.B. bei Gabelflügen) werden **Rückführungsgebühren** (*one-way service fees*) berechnet, die sich zwar an der Entfernung zwischen Anmiet- und Abgabestation orientieren, aber je nach Anbieter recht unterschiedlich ausfallen und schnell €200-400 betragen können. Interessant sind hier die **kostenlosen Sonderangebote** bei einigen Vermietern, z.B. zwischen Städten innerhalb einer Provinz/eines Bundesstaats oder von Vancouver nach Calgary/Edmonton (u.a. bei *Hertz*). Entscheidend dabei ist allerdings oft die **Fahrtrichtung**!

Sogar **grenzübergreifende Einwegmieten** sind mit einigen Modellen und bei bestimmten Städten möglich, z.B. zwischen Seattle und Vancouver/Calgary. Sie verursachen aber immer Zusatzkosten.

Egal wohin, ***one-way*** muss von dem Verleiher immer ausdrücklich bestätigt werden. Auch sind nicht alle Fahrzeugkategorien dafür zugelassen, Minivans/Cabrios davon oft ausgenommen.

Zusatzkosten vor Ort

Neben den Gebühren für Einwegmieten sind u.a. noch folgende Positionen **bei der Fahrzeugübernahme** zu begleichen: **Aufschläge** für junge/zusätzliche Fahrer, Mietkosten eines **Navi/Kindersitzes**, ein ***Upgrade*** **auf die nächsthöhere Fahrzeugkategorie** oder ggf. die Kunden am Schalter gerne angebotenen, aber oft unnötigen **Zusatzversicherungen**. Zu den jeweils genannten Nettokosten kommen **immer** die ***Sales Tax*** (für Staat/Provinz + lokale Zuschläge) hinzu.

VORSICHT!

Mietverträge unbedingt genau durchlesen vor der Unterschrift, mitunter versucht man dem Kunden Versicherungen »unterzujubeln«.

Die Deckungssumme der Haftpflichtversicherung

Die Frage der Haftpflichtdeckung ist bei Mietwagen in Übersee ein wichtiger Punkt. Es gibt drüben (sofern vor Ort gebucht wird) Miettarife, die lediglich die gesetzeskonforme **Minimaldeckung** beinhalten, die je US-Bundesstaat variieren und bei lächerlichen USD 5.000 liegen kann. Selbst in Kanada können günstigere Angebote eine maximale Haftpflichtdeckung von CAD 200.000 enthalten. Ohne Zusatzversicherung haftet man persönlich, wenn bei einem selbstverschuldeten Unfall der gegnerische Sach- und Personenschaden diesen Betrag überschreitet.

Aufstockung der Deckung auf $1 Mio. oder mehr

Haftpflichtversicherungen in Übersee sind **personen- oder haushaltsbezogen**, d.h., Amerikaner bringen meist ihre persönliche (bessere) Versicherung mit, die unabhängig vom Fahrzeug gilt. Der ausländische Tourist muss die **Erhöhung der Haftpflicht-Deckungssumme** erst erwerben, eine sog. *Extended Protection* (***EP***), *Liability Insurance Supplement* (***LIS***) oder *Additional Liability Insurance* (***ALI***) ab $12/Tag (+ *tax*). Die Reiseveranstalter/-portale bei uns bieten ihren Kunden eine durchweg bereits im Basistarif enthaltene **Zusatzversicherung über mindestens $1 Mio.** an. Wer Risiken minimieren möchte: Bei *Sunny Cars* ist man bis **€7,5 Mio.** zusatzversichert, bei *DriveFTI* sogar bis **€10 Mio.** (so die Firmen Anfang 2020).

Bei einigen Anbietern beinhaltet das teurere Leistungspaket oft auch die *Underinsured Motorist Protection* (***UMP***), die wirksam wird, wenn der Unfallgegner unzureichend oder gar nicht versichert ist (in den USA kein Einzelfall!) oder Fahrerflucht begeht.

Aufstockung über die Kreditkarte

Inhaber einiger **goldener Kreditkarten** genießen teilweise eine Kfz-Zusatz-Haftpflichtversicherung für Mietwagen. Die ***Mastercard Premium*** der ***Netbank*** umfasst Haftpflichtaufstockung wie auch Vollkasko für den Leihwagen, die ***Lufthansa*-Goldkarte** nur Kaskoversicherung, aber keine Aufstockung. Voraussetzung solcher

Auf der Schotterstraße hoch über dem Trout Lake/BC, eine tolle Strecke abseits der gängigen touristischen Routen, aber mit den meisten Mietwagen nicht erlaubt, ➤ links

2

Deckungen per Kreditkarte ist natürlich immer die Zahlung der Mietkosten mit Karte. Wer die Karte einsetzen möchte und Wert auf die Zusatzhaftpflicht legt, sollte »seine« **Kreditkarten-Bedingungen** daraufhin genau überprüfen.

Fazit

Vorbuchen oder Eigeninitiative vor Ort?

Vergleicht man die Möglichkeiten in Kanada/USA mit hiesigen Angeboten, ist man mit **Vorausbuchung** meist besser beraten. Die in Katalogen ausgewiesenen €-Preise beinhalten alle Steuern und Gebühren. Bei Buchung/Zahlung vor Ort fallen auch auf sämtliche Nebenkosten Umsatzsteuern plus Sonderabgaben an, die speziell auf Flughäfen hoch und in Summe **bis zu 30%** betragen können. Außerdem gehen niedrige Basistarife drüben oft mit hohen Versicherungsprämien einher, die nur Inhaber bestimmter Kreditkarten negieren können, ➤ oben. Weitere Vorteile der Vorbuchung: das reservierte Fahrzeug steht bei Ankunft mit Sicherheit bereit und bei Reklamationen hat man den Vertragspartner im Heimatland.

Wer durch Kanadas Westen tourt, kommt an Fähren nicht vorbei. Hier geht es gerade über den Yukon River bei Dawson City

2.3.2 Die Miete eines Campmobils

Grundsätzliches

Führerschein Klasse 3 oder Klasse B

Campmobile, so heißt es, dürfen alle mit **Pkw-Führerschein** bewegt werden. Kaum ein Veranstalter oder Vermittler fragt, ob der soeben eingetroffene Tourist jemals vorher hinterm Steuer eines vergleichbaren 8 m-Ungetüms saß und welchen Führerschein er besitzt. Nur mit einem Führerschein der alten deutschen **Klasse 3** darf man Fahrzeuge bis zu 7,5 t bewegen. Das Limit des Führerscheins **Klasse B** (seit 1999!) liegt bei 3,5 t, einem Gewicht, das große Campmobile locker übertreffen. Der *ADAC* warnte daher bereits, dass Klasse B-Inhaber ungeklärte Risiken eingehen, wenn sie mit einem Fahrzeug über 3,5 t losfahren.

Altersgrenze

Im Gegensatz zum Pkw gibt es im Allgemeinen keinen Aufschlag für Fahrer zwischen 21 und 25 Jahren. Einige Firmen setzen aber die Altersgrenze bei 24-25 Jahren an.

Campertypen

RVs

In Übersee gelten Camper vom kleinsten Modell bis zum Riesen-*Motorhome* als *Recreational Vehicle* bzw. ***RV*** (sprich: »Arwí«). Sie verfügen in der Regel über großvolumige 8-12-Zylinder-Motoren, automatisches Getriebe, Servolenkung und -bremsen sowie eine motorabhängige und zusätzliche netzbetriebene 110 V-Klimaanlage. Damit verbunden ist ein ausgeprägter Benzindurst, der trotz niedriger Spritpreise (➤ Seite 81) die Urlaubskasse oft ganz schön strapaziert. Campmobile mit Dieselmotoren sind selten.

Kategorien

Schaut man in die Kataloge/Internetportale der Reiseveranstalter oder auf die Webseiten der amerikanischen/kanadischen Vermieter, findet man folgende grundsätzlich unterschiedliche Typen:

- ***Van Camper*** **(*Motorhome Class B*)**
- ***Motorhomes Class C*** **und** ***Class A***
- ***Pick-up-*** **bzw.** ***Truck-Camper***
- ***Jeep Wrangler*** **mit** ***Trailer*****/Wohnwagen** (Fahrzeuglänge 11-12 m) oder ***Jeep Explorer/Highroller*** **mit Dachzelt** beim Anbieter *Best Time* ab Point Roberts/USA (bei Vancouver).

Hier ein paar grundsätzliche Hinweise zu den Fahrzeugtypen:

Van Camper/Conversion (US: Motorhome Class B)

Der *Van Camper* entspricht in seinen Ausmaßen etwa den auch bei uns bekannten Kompaktcampmobilen mit Stehhöhe im Innenraum. Bei 1,90-2 m Breite gibt es ihn als Mietfahrzeug in Längen 17-21 Fuß (5,75-6,40 m) und diversen Ausstattungsvarianten. Gasherd, Spüle und Kühlschrank fehlen nie; Klimaanlage, Heizung, Mikrowelle meist ebenso nicht. Eine tragbare Chemietoilette gehört selbst zum einfachsten *Van*. Die meisten besitzen außerdem eine Spültoilette, ab 19 Fuß oft sogar ein Mini-Duschbad mit Warmwasserversorgung.

Größere Modelle haben – wie auch fast alle *Motorhomes* – ein nominelles »Doppelbett« über der Fahrerkabine. Den Abstand zwischen Matratze und Dach werden dort aber viele erwachsene Schläfer als zu gering empfinden. Die zweite (oft schmalere) Schlafgelegenheit besteht entweder aus einem Klappsofa oder aus der umzubauenden Sitzecke. Die meisten *Vans* sind für **zwei, maximal drei Personen** ausgelegt.

Neuwertige *Van Camper* werden im nordamerikanischen Westen u.a. von *Apollo, Star RV, Best Time RV* und *Campervan North America* angeboten. Die Miettarife sind kaum bis gar nicht geringer als für weit größere *Motorhomes*, teilweise sogar teurer.

Ältere Vans

Preisgünstiger als neue bzw. nur wenige Jahre alte *Vans* in Kanada sind betagtere Modelle der Schweizer Firma ***Wild West Campers*** (www.wildwestcampers.ch) oder des US-Unternehmens ***Adventures on Wheels*** (buchbar hierzulande unter www.usareisen.com).

Besonders auffällig sind die peppig bemalten umgebauten **Minivans** der Firma ***Escape*** mit Stationen in Seattle oder Vancouver.

Übersicht der großen Wohnmobilvermieter

Mit Anmietstationen in USA und KANADA

Ein Spezialfall sind die Stationen in Point Roberts auf winzigem US-Gebiet südlich von Vancouver auf der Tsawwassen-Landzunge (➤ rechts).

Best Time (https://rental.besttimerv.com): Calgary, Vancouver (Tsawwassen/BC und in Point Roberts/USA), Toronto

Escape (www.escapecampervans.com): Seattle (in Des Moines), Vancouver

Jucy Rental (www.jucyusa.com): Vancouver (in Point Roberts/USA)

KANADA

CanaDream (www.canadream.com): Calgary, Edmonton (in Acheson), Vancouver (in Delta), Whitehorse, Toronto

Cruise Canada (www.cruisecanada.com): Calgary, Vancouver (in Delta), Anchorage, Toronto

Four Seasons RV Rentals (www.fourseasonsrvrentals.ca): Calgary (in Airdrie), Edmonton (in Leduc), Vancouver (in Abbotsford)

Fraserway RV (www.fraserway.com): Calgary (in Airdrie), Edmonton (in Leduc), Vancouver (in Delta), Whitehorse, Toronto

Meridian RV Rental (www.meridianrv.com): Port Coquitlam bei Vancouver

Owasco (www.owascorvrentals.com): Toronto

Traveland (www.travelandrvcanada.com): Calgary (in Airdrie)

Westcoast Mountain Campers (https://wcmcampers.com; gehört zu *CanaDream*): Calgary, Edmonton (in Acheson), Vancouver, Whitehorse, Toronto

Wild West Campers (www.wildwestcampers.ch): Calgary, Vancouver, Whitehorse

USA

Alaska Motorhome Rentals (www.bestofalaskatravel.com): Seattle, Anchorage, Fairbanks, Skagway

Apollo RV Rental (www.apollorv.com): Seattle (bei Tacoma), Anchorage

Britz Motorhomes (www.britz-usa.com): Seattle

Campervan North America (www.campervannorthamerica.com): Seattle

Cruise America (www.cruiseamerica.com): Seattle (in Everett), Anchorage

El Monte (www.elmonterv.com): Seattle (grenznah in Ferndale; fern von *SeaTac*)

Go North (www.gonorth-alaska.com): Seattle (beim *SeaTac Airport*), Anchorage, Whitehorse, Fairbanks

Road Bear RV Rental (www.roadbearrv.com): Seattle (in Tukwila)

Star RV Rental (www.starrv.com): Seattle (bei Tacoma), Anchorage

Ein wesentlicher Aspekt bei der Anmietung von Wohnmobilen im Grenzbereich **Seattle/Vancouver** ist die Lage der *Rental Stations*. Bei zwei US-Vermietern wird nur ein Transfer ab Vancouver angeboten: So ist bei *El Monte* bei Flug nach Seattle die 125 mi entfernte Station in Ferndale (unweit der kanadischen Grenze) nur auf Eigeninitiative zu erreichen. Ähnliches gilt für alle, die einen Camper bei *Best Time* mit Übernahme in **Point Roberts** gebucht haben. Es handelt sich um eine US-Exklave 30 km südlich des Vancouver Airport. D.h., bei Anmietung in Point Roberts müssen unbedingt die Einreisebestimmungen beider Länder beachtet werden. Nach der Landung in Vancouver und *Canadian Immigration* durchläuft man im südlichen Bereich der Tsawwassen-Halbinsel die *US Immigration*, um anschließend mit dem RV wieder nach Kanada zurückzukehren.

Die Fahrzeuge der Vermieter in der Übersicht (➤ links) werden überwiegend auch von europäischen Reiseveranstaltern angeboten wie z.B. www.fti.de/camper.html, www.canusa.de, www.sktouristik.de, www.kanadareisen.de, www.trans-canada-touristik.de, www.crd.de oder www.cu-camper.com. Die Internetportale und Online-Kataloge vermitteln schnell eine Marktübersicht. Unter Berücksichtigung von Versicherungen, Steuern und Nebenleistungen sind sie oftmals günstiger als bei Direktbuchung. Auch unter dem Aspekt von möglichen Umbuchungen und im Fall ggf. auftauchender Probleme nach Unfall, Beschädigung o.Ä. ist ein Vertrags- und Ansprechpartner in der Heimat von Vorteil.

Unter den angegebenen Webadressen der Vermieter sind die Fahrzeuginformationen aber oft detaillierter als beim hiesigen Veranstalter. Sie eignen sich daher gut zur Vorinformation und Entscheidungsfindung, auch wenn viele Campfahrzeuge sich technisch, im Grundriss und Aufbau sowie in der Ausstattung stark ähneln.

Welcher Anbieter hat das beste Preis-Leistungs-Verhältnis? Objektiv haltbare Urteile sind dazu kaum möglich. Man darf aber davon ausgehen, dass die von deutschen Veranstaltern vermittelten Fahrzeuge der großen Wohnmobilverleiher im Allgemeinen technisch einwandfrei sind und unterwegs selten Ärger machen. Es gibt zwar Qualitätsunterschiede, die aber nicht auf den einzelnen Buchungsfall zutreffen müssen. Eine interessante Kundenbewertung mitsamt Ranking der wichtigsten Vermieter in Kanada findet sich unter www.trans-canada-touristik.de/kanada_wohnmobil/kanada_wohnmobil_bewertung.php und für die USA unter www.trans-amerika-reisen.de/usa_wohnmobil/usa_wohnmobil_bewertung.php.

Bei Reisen in den hohen Norden sollte man die Modalitäten der Anbieter sorgfältig studieren, einige erlauben Fahrten in den Yukon und nach Alaska nur gegen Aufpreis

Es handelt sich um ältere Vans von *Ford* oder *GM*, die als Gebrauchtwagen gekauft werden. Die Umrüstung zum **Einfachcamper** mit *Flowerpower*-Look erfolgt jeweils bei Anschaffung neu durch *Escape*. Die hintere Sitzbank für ggf. zwei zusätzliche Passagiere wird nachts zum Doppelbett. Ein Zelt kann dazugemietet werden. Weitere Details finden sich unter www.escapecampervans.com oder www.usareisen.com.

Jucy Champ

Ebenfalls im Angebot stehen die Campmobile von ***Jucy***, knallgrüne ***Chrysler Minivans* mit »Dachbett«**. Ähnlich ausgebaut wie die *Escape Vans* handelt es sich hier aber um neuere Fahrzeuge. Als Clou haben sie einen aufklappbaren »Kasten« mit einem 1,20 m breiten Bett auf dem Dach, *Penthouse* genannt. Zwei Personen haben dadurch viel Platz auf einem Raum von nur ca. 5 m Länge, das Fahrzeug ist aber noch für 3-4 Personen geeignet, ➤ Foto unten. Sämtliche Details unter www.jucyusa.com, ebenso z.B. bei www.trans-amerika-reisen.de.

Jucy Campmobil und im Hintergrund ein Escape-Minivan

Compact RV und Motorhome Class C

Die **technische Basis** eines ***Compact RV*** (19 ft) und von ***Class C-Motorhomes*** (23-31 ft) ist ein *Light Truck* amerikanischer Hersteller mit Stahlträgern unterschiedlicher Länge und – bis auf den *Compact RV* – Zwillingsreifen, auf den die verschiedenen, meist 2,60 m breiten »Campingkästen« montiert werden. Sie zeichnen sich durch einen weit über die Fahrerkabine hinaus ragenden **Dachüberhang** aus. In ihm verbirgt sich ein breites Bett, das als Stauraum tagsüber praktisch ist (die kleine Kletterpartie nach oben bereitet halbwegs gelenkigen Mietern keine Schwierigkeiten). **Nachteilig** ist die durch diese Bauweise **eingeschränkte Sicht nach oben**, z.B. im Stadtverkehr wegen gelegentlich höher hängender Ampeln und im Gebirge wegen des Ausblicks.

Einrichtung

Ab 22-Fuß-Fahrzeugen gilt: Gasherd, Mikrowelle, Spüle und Kühlschrank haben Haushaltsgröße, Schränke und Schubladen ebenso. Dusche und Toilette sind geräumig genug, um sich nicht »verbiegen« zu müssen. Sie wachsen mit der Länge des Fahrzeugs, das immer gute Stehhöhe hat. Ein Doppelbett füllt das Achterschiff zusätzlich zur immer auch zum Bett umzubauenden Sitzecke. Bequeme Sessel ergänzen die Inneneinrichtung. Erkauft wird dieser Komfort mit einem Gewicht, das der Straßenlage nicht gut tut, und langen Überständen über die hintere Achse, die bei RVs ab 25 Fuß abenteuerlich wirken; ➤ Videos der Vermieter im Internet.

Anschlüsse

Ein *Motorhome* ist nur dann so richtig komfortabel, wenn es auf dem Campingplatz voll angeschlossen werden kann (***full hook-up***): Wasserschlauch, armdickes flexibles Abwasserrohr und ein mindestens 7 m langes fest mit dem RV verbundenes Gummikabel liegen bereit, eventuell auch noch die Leitung für den TV-Kabelanschluss, wenn es nicht sowieso eine Satellitenschüssel gibt. Und sollte mal in der Wildnis kein Strom da sein, hilft der Generator, dessen Betrieb extra kostet. Mit den Wasser- und Abwassertanks kommt man zur Not 2-3 Tage auch ohne Anschluss hin.

2

Slide-out

Bereits für die C-Klasse ab 23 Fuß werden auch ***Slide-out***-Versionen angeboten, die den Sitzbereich auf komfortable »Wohnzimmergröße« (ca. 3x3 m) ausdehnen, wenn der Campingplatz erreicht ist. Aber das *Slide-out* ist schwer und kostet noch mehr Benzin als das Gefährt sowieso schon braucht. Für Mieter, die viel fahren, ist es daher kein Vorteil, nur für den Vermieter, der gebrauchte Camper mit *Slide-out* besser verkaufen kann.

Compact RV 19 Fuß

Der **19-ft-RV von *Cruise America*** bzw. ***Canada*** vereinigt Vorzüge der *Vans* mit denen der Wohnmobile. In ihm sind die Einbauten nicht ganz so wuchtig wie im Standard-*Motorhome* und auch das hintere Bett entfällt. Dafür gibt's einen Sessel extra. Das Fahrzeug wurde eigens für ausländische Mieter konzipiert und kann saisonabhängig auch schon mal teurer als ein 24-ft-Großcamper sein.

Motorhome Class A

Kennzeichnung

Ab 30 Fuß Länge wird aus dem typischen *Motorhome* ein **Riesen-Campingbus**, den man *Class A* nennt. Die Überhänge verschwinden zugunsten eines integrierten Cockpits über die volle Breite von ca. 2,50 m mit viel besserer Rundumsicht als in den »kleinen« Modellen. An die Stelle eines Alkovenbetts tritt ein Doppelbett, das nachts über den Vordersitzen abgesenkt werden kann. Das Schlafzimmer hinten ist vom Wohnbereich separiert, die Nasszelle wird darin zum echten Badezimmer.

Pick-up oder Truck Camper

Pick-up oder *Truck Camper* sind **Kleinlastwagen**, auf deren Ladefläche ein **Campingaufsatz** montiert ist – erhältlich in den Vereinigten Staaten bei ***Cruise America*** und in Kanada bei ***Cruise Canada*** sowie bei anderen Anbietern in verschiedensten Varianten – teilweise sogar mit Dieselmotor, beispielsweise bei ***Fraserway***.

Ausstattung

Die zur Vermietung stehenden *Truck Camper* reichen von beengt bis hochkomfortabel mit ***Slide-out*** (➤ oben) im Wohnbereich. Die größeren Modelle besitzen die übliche **RV-Ausstattung** mit allen Schikanen und einem riesigen Alkoven über dem Fahrerhaus, zu dem **kein Durchgang** besteht (Eingang im Heck oder im hinteren Überhang seitlich). Ein Nachteil ist weiterhin die geringe Übersicht aus dem Innenraum heraus, denn der Blick durch die Windschutzscheibe auf Park- und Campingplatz entfällt; die Fenster sind in der Regel klein und liegen hoch.

Die **Fahrerposition** ist eher ungünstig, die Sicht auch von dort rundum ziemlich eingeschränkt. Üblich ist eine 4-türige Fahrer-Doppelkabine mit Platz für 2 Erwachsene und 2 Kinder.

Bewertung

Straßenlage und **Windempfindlichkeit** sind eher schlechter als bei anderen *RVs*. Der eigentliche **Vorteil** des *Pick-up* liegt in der möglichen Trennung von Fahrzeug und Aufsatz, die aber meist wegen fehlender dazu nötiger Ausrüstung entfällt, und der größeren **Bodenfreiheit und Robustheit** auf schlechten Pisten (einige Modelle mit **4-Rad-Antrieb**!). Davon hat der Mieter in den meisten Fällen aber wenig, wird ihm doch die Nutzung unbefestigter Straßen überwiegend untersagt. Immerhin bieten *Truck Camper* **viel Platz fürs Geld** und sparen ggf. mit **Dieselmotor** Spritkosten – aber nur wegen des etwas geringen Verbrauchs, denn Diesel ist in Kanada kaum, in den USA nicht billiger als Benzin (in einigen Staaten sogar teurer).

Welchen Camper?

Größenwahl Motorhome

Bei der Entscheidung für die individuell richtige Größe darf man seine Urlaubsabsichten nicht aus dem Auge verlieren. Je größer das *Motorhome,* umso weniger eignet es sich für Abstecher auf engen Straßen zu mitunter besonders reizvollen Zielen oder Campingplätzen und in verkehrshektischen Bereichen. Wer mit einem *Van* nicht auskommt, sollte deshalb die Miete des 19-Fuß *Compact RV* von *Cruise America/Canada* erwägen. Es sei denn, ruhiges Reisen mit langenVerweilperioden und/oder höherer Komfort- und Platzbedarf (mehr als 2 Personen) stehen im Vordergrund.

Benzinkosten

Ein weiteres Kriterium für die Entscheidung könnten auch die Benzinkosten sein. Anfang 2020 kostete die Gallone Normalbenzin in **Westen Kanadas** (British Columbia, Alberta und Yukon) durchschnittlich **1,30 CAD/Liter**, also **€ 0,88/Liter** (bei einem angenommenen Wechselkurs von 1,00 CAD = € 0,68) und in **Alaska** im Mittel etwa **3,00 USD/Gallone** also rund 0,79 USD/Liter bzw. **€ 0,71**/Liter (1,00 USD = € 0,90). Kleine Ungenauigkeiten an dieser Stelle beeinflussen die Gesamtrechnung kaum.

Details zu den Benzin-Tarifen:

➤ Seite 107

➤ Seite 420

Bei Campmobilen sollte man – außer bei den *Vans* und *Compact RVs* (da um 16 l/100 km) – nicht unter 22 l/100 km kalkulieren. **Die Spritkosten pro 100 km stellen sich dann auf über €19 in Kanada und ca. €16 in Alaska**. Bei einer 4.000-km-Rundtour sind das dann immerhin beachtliche €760 respektive €640.

Konditionen

Einweg-mieten

Einwegmieten (***one-way***) erlauben u.U. attraktivere Reiserouten als eine Rückkehr zum Ausgangspunkt. Insbesondere die Strecke Vancouver–Calgary ist beliebt und bei allen Verleihern zugelassen, die dort Stationen besitzen. Die Zuschläge dafür sind recht unterschiedlich und reichen von €300 bis etwa €1.000. Es gibt aber Ausnahmen, so verlangt der Anbieter *Go North* bei seinen Frühjahr- und Herbst-Specials für alle Stationen keine Einwegmieten und erlaubt dabei sogar *one-way* Kanada–USA bzw. USA–Kanada, was bei anderen Anbietern in der Regel nicht möglich ist.

Haftpflicht

Die **Haftpflichtversicherungssumme** kann ein problematischer Punkt sein, aber eher, was in den USA angemietete Fahrzeuge angeht. Wer dort bucht, sollte einen Veranstalter wählen, der seine Kunden zusätzlich absichert, ➤ Seite 73. Bei **Miete in Kanada** stellt sich das Problem weniger. Abgesehen von den bei Vorbuchung über hiesige Veranstalter vorhandenen Zusatzdeckungen, sind in Kanada zugelassene Campmobile deutlich besser haftpflichtversichert als in den USA.

CDW

Die **Abkürzungen *CDW/LDW*** (*Collision* bzw. *Loss Damage Waiver*) suggeriert Freistellung von Kosten im Schadensfall. Faktisch ist sie in den Wohnmobil-Miettarifen enthalten, beinhaltet aber eine Eigenbeteiligung bei Schäden am Fahrzeug. D.h., unabhängig davon, wer der schuldige Verursacher sein mag, zahlt der Mieter zunächst immer). Bei bestimmten Schäden, die nicht auf Verkehrsunfälle zurückgehen (vom Dach »abrasierte Klimaanlage, Unterboden etc.) oder auf unbefestigten/nicht öffentlichen Straßen eintreten (z.B. bei der Zufahrt zum Campingplatz), haftet der Mieter auch mit vorhandener *CDW*.

VIP

Die **Zusatzversicherung** mit der schönen Bezeichnung ***VIP*** *(Vacation Interruption Policy)* ergänzt *CDW/LDW*. Sie kostet vor Ort bis zu €20/Tag, ist aber heute ebenfalls in vielen bei uns angebotenen Tarifen enthalten (worauf man achten sollte!). Sie reduziert von *CDW* nicht abgedeckte Schäden und in anderen Fällen die Selbstbeteiligung. Letztere kann durch eine Sonderversicherung (€4/Tag) über den Veranstalter (nicht vor Ort) weiter reduziert bis ganz eliminiert werden. Im Fall grober Fahrlässigkeit – was immer das sein mag – haftet der Mieter meist selbst mit *VIP*.

Die Detailregelungen bezüglich der Versicherungen etc. stehen »kleingedruckt« in den Unterlagen, die der Mieter bei Übernahme des Fahrzeugs – meist ungelesen – unterschreibt. Wer es vorab genau wissen will, findet die AGBs auch im Internet.

Kaution

Die Höhe der Kaution hängt nicht nur vom Fahrzeugmodell, sondern von den jeweils abgeschlossenen Zusatzversicherungen ab. Sie fällt auch bei Vorbuchung aus dem Ausland an und kann üblicherweise nicht in bar geleistet werden, sondern nur per Blankounterschrift auf einem Kreditkartenformular bzw. -ausdruck vor der Übernahme des Campers.

Vorteil Vorbuchung

Nicht zuletzt die relativ komplizierten **Miet- und Haftungskonditionen sprechen für eine Buchung vor der Reise**. Denn zunächst einmal hat man Zeit zum Vergleich. Und außerdem ist Vertragspartner der heimische Veranstalter, mit dem man sich ggf. nach der Reise auseinandersetzen kann. Bei Buchung vor Ort kann es sogar schwer sein, während der Reise aufgetretene Mängel mit Erfolg zu reklamieren oder gar Erstattungen durchzusetzen.

In der Hauptsaison (Mitte Juni bis Ende August) hat man ohnehin kaum Aussichten einen RV vor Ort aufzutreiben. Zu achten ist speziell auf eine ausreichende **Haftpflichtdeckungssumme**, ganz besonders, wenn die Miete **in den USA** erfolgen soll. Zu bedenken ist auch, dass bei Buchung in Übersee lokale Umsatzsteuern, *CDW/VIP* und ggf. Deckungsaufstockung immer zum ausgewiesenen Basistarif hinzu kommen, und damit selbst scheinbar günstige Tagesmieten zu erheblichen Gesamtkosten führen können.

RV-Miete auf eigene Faust vor Ort mögen die Autoren auch außerhalb der Hochsaison letztlich nur Leuten raten, die über sehr gute Englischkenntnisse und Reiseroutine im Ausland verfügen.

19-Fuß-Camper von Cruise America der (wohl wegen seiner Popularität bei Mietern aus Europa) saisonabhängig teurer vermietet wird als größere Modelle

Kosten

Hauptsaison

Wohnmobile sind in Nordamerika außer in der absoluten Nebensaison (Mitte Oktober bis Mitte April) ein ziemlich **teures Vergnügen**. Zu den – dank ausgeklügelter Computerprogramme täglich schwankenden – Basis-Tagestarifen kommen Übergabegebühren, Endreinigungskosten, Pauschalen für die Ausstattung des Wagens mit Campingutensilien und Bettwäsche, Zusatzversicherungen, Zuschläge für Wochenend- und Vormittagübernahme u.a.m.

Meilen und Meilenpakete

Die **Standardtarife** beziehen sich auf eine bestimmte Anzahl an Freikilometer/-meilen pro Tag. Es können aber noch zusätzliche Distanz-Pakete gebucht werden, auch **unbegrenzte km/mi** sind zum Pauschaltarif oder als Tageszuschlag auf den Grundtarif erhältlich. **Diese Pakete und Pauschalen sind allerdings vor Ort nicht verfügbar und müssen von zu Hause vorgebucht werden**.

Das bedingt eine sorgfältige Planung mit einer relativ genauen Abschätzung der Gesamtdistanz. Für nicht verbrauchte km/mi gibt es keinen Ersatz, ebenso wenig bei der unlimitierten Variante, wenn man am Ende mit der Abrechnung der km/mi besser gefahren wäre. Und wer die Gesamtzahl an Freikilometer/-meilen überschreitet, wird nachträglich (ordentlich) zur Kasse gebeten.

Internet-/ Frühbuchung

Frühbucher erhalten bei allen Vermietern unterschiedliche, z.T. erstaunlich hohe Rabatte. Zusätzlich kann oft auch die Buchung übers Internet die Kosten spürbar senken.

Nebensaison

Während in der Hauptsaison die **Miettarife in Kanada** in etwa denen **in den USA** entsprechen, sind zu anderen Zeiten Campmobile in Kanada oftmals billiger. Von Anfang Juni bis zum Beginn der Hauptsaison und danach bis Mitte/Ende September gelten bereits **erheblich niedrigere Tarife**, wobei die genauen saisonalen Abgrenzungen vom jeweiligen Vermieter abhängen. Für den Rest des »touristischen« Jahres (Oktober und April-Mai) sinken die Tagestarife auf 50% der Hochsaisonrate und darunter, bei allerdings identischen Kilometerkosten.

Gesamtkostenermittlung

Es ist heute nicht mehr nötig, zum Preisvergleich mühsam Tarife und Nebenkosten zu addieren, denn Reiseveranstalter nehmen dem potenziellen Kunden die Mühe der Endpreisermittlung ab. Auf einer Reihe von Internetportalen führt die Eingabe der Daten und das Anklicken aller gewünschten Extras (Zusatzversicherung, Meilenpakete etc.) rasch zum Ergebnis.

Kosten

Der **Kostenvergleich** auf Seite 88 erhält der besseren Übersicht halber bereits Steuern, Übergabegebühren, Endreinigungskosten, Pauschalen für *Camping-Kit* – Geschirr, Decken, Axt etc. – und die *VIP*-Zusatzversicherung (➤ Seite 82). Die Tabelle erklärt sich weitgehend von selbst. Sie berücksichtigt die zur Zeit bestehenden Möglichkeiten der Tarifgestaltung. In Europa vorausbezahlte Kosten verstehen sich inkl. Steuern.

Vor allem in der Nebensaison, in den Bergen und im hohen Norden, wenn es nachts im Zelt ungemütlich kalt wird, bietet ein Wohnmobil ein deutliches Plus an Komfort; hier am höchsten Punkt des Alaska Highway (1.295 m) beim Summit Lake im Stone Mountain PP

2.3.3 Übernahme/Rückgabe des Mietfahrzeugs

Pkw/SUV/Minivan

Die Übernahme eines Leihwagens geht rasch über die Bühne: *Voucher* des Veranstalters, Pass, nationalen Führerschein vorlegen, ggf. noch Beschlussfassung über Zusatzversicherungen (**Achtung**: **gerne werden Kunden unnötige Versicherungen aufgeschwatzt**, auch wenn der Vertrag bereits Vollkasko und Haftpflichtaufstockung etc. enthält, ➤ Seite 73), Unterschrift und Hinterlassung der Kaution (Kreditkarte erforderlich!). An großen internationalen Flughäfen sind die reservierten Autos sehr häufig noch nicht bestimmten Kunden zugewiesen. Die dürfen dann in einer ***Choice Line*** aus dem Fahrzeugbestand der gebuchten Klasse selbst wählen. Die formale Zuordnung in den Papieren erfolgt so erst bei der Ausfahrtkontrolle.

Navi/ Kindersitze

Spätestens dann sollte man den Stadtplan/ein Navi zur Hand haben. Letzteres wird vor Ort am Schalter (oft sogar mit deutscher Sprachführung) zu hohen Tagesgebühren angeboten, besser man hat sein eigenes Gerät mit USA-Karte oder Smartphone+App dabei. **US-Kindersitze** (Details ➤ Seite 97) müssen immer schon bei der Reservierung des Wagens angefordert werden.

Letzte Checks

Vorm Losfahren empfiehlt sich auch noch ein Blick in das Handschuhfach, wo sich eine **Bedienungsanleitung** befinden sollte, sowie auf das **Reserverad** und das **Werkzeug** zum Reifenwechseln. Bei einigen SUV-Modellen ist die Entnahme des Reserverads recht knifflig. Und sollte die Eigenart – etwa der Zündschloss- oder Anlassersperre (beim Anlassen ggf. Bremspedal treten, sonst rührt sich nichts) etc. – nicht einleuchten, muss man ausdrücklich fragen. Erklärt wird im Normalfall bei der Übernahme nichts.

Rückgabe

Auch die Rückgabe ist i.d.R. **unkompliziert** und rasch ohne bürokratischen Aufwand erledigt.

Die Übernahme des Campmobils

Camper-miete/ Abholung

Beim **Camper** dauert die Übernahmeprozedur erheblich länger, denn die **Wagenübernahme***) darf aus versicherungstechnischen Gründen bei Transatlantikflügen in der Regel nicht am **Tag der Ankunft** erfolgen. Manche Unternehmen holen ihre Kunden auf Wunsch und meist gegen Gebühr im Hotel ab. War es früher bei den Camperverleihern üblich, den Vormittag weitgehend für die Rückgabe einlaufender Wagen zu reservieren und die Neukunden erst ab 11-13 Uhr »anzukarren«, ist heute der garantiert vormittägliche *Check-out* bei allen großen Vermietern möglich (Sonderregelung, meist mit Zusatzkosten verbunden).

Formales

Mehr oder weniger identisch ist bei allen Firmen das Formale. Die Kaution bzw. Blanko-Kreditkartenunterschrift deckt nicht nur Risiken ab, sondern bezieht sich auf eine lange Liste von Extrakosten

*) Wer dagegen direkt von Nordamerika aus in die Stadt der Fahrzeugübernahme einfliegt, z.B. von Toronto nach Vancouver, und rechtzeitig genug eintrifft, hat mit dieser Regelung keine Probleme und darf noch am selben Tag in »seinen« Camper steigen.

(Übergabegebühren, Zusatzversicherungen, Mehrmeilen, ev. noch nicht bezahlte *Convenience Kits*, Kindersitze, Generator, Steuern und ggf. Schäden. Die Abrechnung erfolgt erst nach der Rückgabe.

Inspektion

Nach Klärung der Formalitäten erfolgt die **Inspektion des Fahrzeugs** verbunden mit einer **Einweisung**. Schließlich muss der Kunde wissen, was es mit Umbauliegen, Nebenaggregaten, Wasser- und Schmutzwassertanks, Gasherd, Kühlschrank, Dachklima etc. auf sich hat. Bei Andrang sind die unter Zeitdruck gegebenen Erläuterungen nicht immer optimal. Aber die Bedienungsanleitungen wurden in den letzten Jahren von den größeren Verleihern stark verbessert und liegen meist auch auf Deutsch vor.

Fragen kann man auch nach **Unterleghölzern**, die beim Niveauausgleich und gegen eine schlafstörende Schieflage des RVs helfen.

Ratsam ist, sich nach der Einweisung noch einmal gründlich mit der Technik des Fahrzeugs vertraut zu machen und die wichtigen Funktionen zu checken, bevor man den Hof verlässt. Wenn sich erst später herausstellt, dass der Kühlschrank nicht richtig funktioniert, der Wasserschlauch fehlt oder die Bremsen schief ziehen, ist das nicht nur ärgerlich, sondern ein Zurückfahren in Anbetracht des damit verbundenen – möglicherweise erheblichen – Zeitverlustes oft problematisch.

Checkliste

Unter www.womo-abenteuer.de/downloads/ findet man eine ausführliche Checkliste für die Wohnmobilübernahme. Mit deren Hilfe kann nichts mehr schiefgehen. Eine Kontrollliste ist auch hilfreich für den täglichen Aufbruch. Denn vor jeder Abfahrt muss allerhand verstaut, verzurrt und/oder festgemacht sein, auch außen 'rum darf nichts hängengeblieben sein oder noch offenstehen. Der folgende ***Check*** vor der Abfahrt **nach jedem Stopp** wird rasch zur festen Gewohnheit:

- Ist im Innenraum alles wieder rutschfest verstaut?
- Ist die Kühlschranktür gesichert?
- Ist das Dachfenster geschlossen?
- Ist das Gas abgedreht? (muss nicht, ist aber keine schlechte Idee)
- Ist der Tritt unter der hinteren Tür (automatisch) eingeklappt?

Bei Canadian Tire gibt's mehr als Reifen: Autozubehör, Werkzeug, Haushaltsartikel u.v.m.

Wartung

Ebenso wenig wie bei der Pkw-Miete sind Wartungsfragen bei den Campmobilen normalerweise ein Thema. Nur bei sehr langen Mietzeiten können Ölwechselintervalle schon mal überschritten werden. In dem Fall erhält der Mieter bei der Übernahme dazu Anweisungen. Bei großer Hitze (und daher höherem Verbrauch des Kühlaggregats) und Kälte (hoher Verbrauch für die Heizung) müssen Mieter unterwegs gelegentlich **Gas auffüllen** lassen. Das geht problemlos auf vielen Campingplätzen und an Tankstellen.

Reparaturen

Reparaturen dürfen – wenn sie minimale Kosten übersteigen – **erst nach Rücksprache mit der Verleihfirma** ausgeführt werden. Dazu gehört auch der Ersatz unterwegs verschlissener Reifen. Die größeren *Rental Companies* haben Verträge mit landesweit operierenden Reifenfirmen wie ***Goodyear*** oder ***Canadian Tire***, die nicht nur aufs Reifengeschäft fixiert sind, sondern auch gängige Routinereparaturen durchführen. Deren Ableger sind sogar in relativ kleinen Ortschaften zu finden. Der Mieter kann sie ggf. von sich aus anlaufen. Das hat den Vorteil, dass die Kommunikation mit dem Vermieter von der Werkstatt übernommen wird.

Pannen

Spätestens bei der ersten Panne wird man feststellen, dass es **kaum Bordwerkzeug** gibt. Einige Verleiher entfernen sogar Wagenheber und Radschlüssel. Hintergrund dafür ist, dass der Vermieter über die dann notwendige Hilfe durch den *AAA/CAA*-Pannendienst oder eine lokale Werkstatt objektiv erfährt, wo und wie die Panne erfolgte. Der Mieter darf sie also ggf. selber bezahlen, sollte er z.B. unbefestigte Straßen befahren haben. Das hört sich dramatisch an, bleibt aber die Ausnahme. Ernster Ärger mit den überwiegend ziemlich neuen und bei jeder Miete wieder neu durchgecheckten Fahrzeugen (das versichert man zumindest) der großen Vermieter tritt eher selten auf.

Rückgabe des Campers

Vor der Abreise steht die Rückgabe des Campers meistens am Vormittag an. Möchte man **Endreinigungskosten vermeiden**, muss das Wohnmobil besenrein und mit entleerten Abwassertanks zurückgegeben werden, auch mit gefülltem Frischwasser- und Benzintank, so man sie voll übernommen hat. Die Vermieter akzeptieren im Allgemeinen äußerlich »normal verschmutzte« Fahrzeuge. Es wird aber erwartet, dass der Kunde groben Dreck (an einer der vielen Waschanlagen mit Druckreinigern) vor der Rückgabe entfernt hat. Andernfalls bittet man zur Kasse. Ist nichts beschädigt, sind die **Formalitäten** (Inspektion des Wagens, Abrechnung von Mehrmeilen, Steuern etc.) rasch erledigt.

Flughafen-Transfer

Der Vermieter sorgt für den Transport zum Hotel bzw. zum Airport. Bei Planung von **Rückgabe und Abflug am selben Tag** sollte auf reichlich Zeit geachtet werden: besser nicht unter 4 Stunden zwischen Ankunft in der Station und Abflug bei einer angenommenen **Transferzeit** von etwa 1 Stunde. Denn gelegentlich entstehen Wartezeiten, etwa auf andere Kunden, die im selben Fahrzeug oder zu anderen Zielen transportiert werden müssen. Auch Verkehrsstaus sind in den großen Citys immer möglich. Am entspanntesten verläuft die Rückgabe einen Tag vor Abflug.

2.3.4 Reiseformen im Vergleich

Pkw mit Zelt, SUV/Motel oder Campmobil

Die Vor- und Nachteile des Reisens per Pkw/Zelt, SUV/Motel oder im Campmobil lassen sich nur begrenzt verallgemeinern. Denn zu unterschiedlich sind individuelle Vorstellungen und Ansprüche. Aber es gibt einige in Nordamerika wichtige, teilweise eventuell nicht offenkundige Aspekte, die vor der Entscheidung für die eine und gegen eine andere Reiseform bedacht werden sollten. Die recht unterschiedlichen **Kosten der drei Alternativen** klären vielleicht schon im Vorfeld, welche Möglichkeit in Frage kommt – ganz unabhängig von weiteren Überlegungen.

Kostenvergleich Amerika-Urlaub für 2 Personen und 6.750 km in €*)

4 Wochen Hauptsaison Juli/August und Zwischensaison Juni bzw. September

Kostenart	Pkw[1] /Zelt	SUV[2] /Hotel	Motorhome[3] 21 Fuß
Fahrzeugkosten[4]			
Hauptsaison	1.358	1.611	4.995
Zwischensaison	860	1.091	3.201
Benzinkosten	432	540	1.188
Übernachtung			
Hauptsaison	1.160	3.360	1.360
Zwischensaison	990	2.530	1.280
Verpflegung etc.	1.350	2.160	1.350
Gesamtkosten			
Hauptsaison	4.300	7.671	8.893
Zwischensaison	3.632	6.321	7.019

*) **ohne Flugkosten**, die in jedem Fall die Gesamtsumme um gut €2.000 erhöhen (ggf. auch etwas weniger in der Zwischensaison oder mehr in der Hochsaison), und ohne Eintrittsgelder und sonstige Nebenkosten

Anmerkungen

Zugrundegelegter Kurs: 1 CAD = €0,68 bzw. 1 USD = €0,90

1) Kompakte oder untere Mittelklasse (z.B. Ford Focus); der Verbrauch wurde hier mit in Kanada/USA realistischen 8 l/100km angenommen

2) Mittelklasse (wie Ford Mondeo o.Ä. oder kleiner SUV); Verbrauch etwa 10 l/100km

3) **mit Frühbucherrabatt**; bereits ab 21 Fuß bei gutem Grundriss ausreichend Platz auch für 4 Personen; Modelle größer als 23 Fuß bringen nach Meinung der Autoren kaum Zusatznutzen, jedoch eingeschränkte Wendigkeit, höhere Mietkosten und höheren Verbrauch, Annahme: 22 l/100 km, neuere Modelle bis 23 Fuß weniger

4) Basis für alle Zahlen sind bei Pkw Tarife Paket A; bei den Campern Gesamtkosten inklusive Steuern, VIP-Versicherung, Transfer und üblicher Neben(zusatz)kosten

Die Aufschlüssung der Kosten

Ein Kostenvergleich zwischen Reiseformen muss generalisieren und Annahmen machen, die im Einzelfall nicht immer ganz zutreffen. Das folgende Schema kann aber leicht mit saisonal und/oder aktuell veränderten Zahlen modifiziert und so für die persönliche Reiseplanung und -dauer zugrundegelegt werden. Für den Vergleichszweck (Tabelle ➤ links) sei ausgegangen von:

- einem **4-Wochen-Urlaub** (28 Nächte) für **2 Personen** in der **Hauptsaison**, die in Nordamerika bezüglich der H/Motelkosten die vollen Monate Juli und August umfasst. Für die Campermiete ist dies nur teilweise der Fall; die hier unterstellten Preise gelten bei einigen Verleihern in Kanada nur in der»Kernzeit« von ca 10.07 bis 20.08 (davor und danach liegen die Miettarife oftmals niedriger)
- **Miete Pkw** (unlimitierte km, Zusatzgebühr für Zweitfahrer) und **Camper** zum Neufahrzeugtarif; in der Praxis sind Pkw max. 1 Jahr alt, Camper max. 3 Jahre
- **Campertarifen mit 250 Freikilometern/Tag**; bei 27 Tagen also 6.750 km in Summe (in den meisten Fällen ausreichend)
- saldierten **Mietkosten** mit Langzeitermäßigung, die bereits Erstausstattung mit Toilettenchemikalien und Propangas, Geschirr, Bettwäsche usw.,Transfer ab/bis Flughafenhotel, Steuern und ***VIP*-Versicherung** beinhalten, wichtige Kostengrößen, die in vielen Katalogen separat ausgewiesen werden
- einem **Benzinpreis von €0,80/l** – grob geschätzt für beide Länder (➤ Seite 106); ist man ausschließlich oder überwiegend im hohen Norden unterwegs müssen die Benzinkosten leicht nach oben korrigiert werden, bei längerem Aufenthalt in Alberta sind sie im Normalfall etwas niedriger als in der Tabelle angegeben
- einer mitgebrachten **Ausrüstung bei Zelturlaubern**; wer damit die Freigepäckgrenze von 23 kg/Person überschreitet, kann die Ausrüstung auch in Übersee bei *Wal-/K-Mart* oder *Target* relativ günstig erwerben/komplettieren (Extrakosten dann für Schlafsack für Temperaturen über 0°C ab ca. €20, Luftmatratze für zwei Personen mit Pumpe ab €35, Zelt ab €40 usw.)
- Übernachtung auf **gebührenpflichtigen Campingplätzen** bei **Zeltcamping** ca. €20/Nacht und bei **RV-Camping** (mit nur seltener Nutzung eines *full hook-up*-Anschlusses) können im Schnitt €40/Nacht ausreichen; ➤ auch Seite 119ff.
- **Hotelübernachtung** für Camper- und Pkw-Urlauber erste/letzte Nacht im Airport/City-Hotel (€180, Nebensaison €140). Zusätzlich **25 Nächte in Mittelklasse-H/Motels** (durchschnittlich €120 inkl. Steuern, Zwischensaison €90 möglich) bei **Pkw-Hotel-Urlaub**. Im Fall von **Pkw-Zelt-Camping** drei Nächte zu €120, in der Nebensaison €90 in preiswerteren Bleiben an Schlechtwettertagen oder in Städten; ➤ auch Seite 109ff.
- **Verpflegung bei Camping** nicht unter €50/Tag (für 2 Personen) einschließlich gelegentlichem *Fast Food*, aber **ohne** Alkoholika und Restaurantbesuche
- bei der **Variante SUV/Hotel** sind €80/Tag für beide Reisepartner zusammen nur schwer zu unterbieten, da nur begrenzte Möglichkeiten zur Selbstverpflegung (mit wenig *Fast Food* und häufigeren **Restaurantbesuchen** wird es leicht mehr!).
- **Eintrittsgelder**, die ja unabhängig von der jeweiligen Reiseform anfallen, persönliche **Nebenkosten**, **Einkäufe** günstiger Artikel (Jeans etc.), Kosten für **Souvenirs, Mitbringsel** etc. sind in den Zahlen der folgenden Tabelle nicht explizit berücksichtigt und noch individuell zu addieren.

Interpretation der Tabellenwerte

Die **Kostenunterschiede** zwischen Urlaub im Pkw oder Wohnmobil sind eklatant. Das *Motorhome* ist selbst **im Juni** und **September** noch die mit Abstand teuerste Reiseform. Mit dem in der Tabelle (➢ Seite 88) errechneten Budget sollte man aber gut hinkommen.

Anders sieht es beim **Hotelurlaub** aus, dort können die Preise in der Hauptsaison noch immer zu tief angesetzt sein. Das gilt insbesondere dann, wenn viele Tage Aufenthalt in touristisch populären (und teuren) Gebieten wie etwa in Banff und Lake Louise oder beim Glacier Nationalpark (USA) geplant sind. Die **Kostendifferenz zur Zeltalternative** kann dann noch um vieles höher ausfallen. In der Nebensaison stellt sich die Situation etwas anders dar: Bei den Übernachtungen lassen sich bis Mitte Juni bzw. ab Mitte September gut 20-30% sparen, noch mehr wird man aber wohl nur mit Mühe und/oder erheblichen Komfortabstrichen erreichen können.

Die extrem hohen Kosten für die **Campermiete** in der Hauptsaison **verzerren** diesen Vergleich insgesamt sehr. Bei der Anmietung großer Camper spart man bei ein wenig zeitlicher Flexibilität oft viele hundert Euros: In der Neben- bzw. Zwischensaison kosten *Motorhomes* beim selben Vermieter mitunter über 30% weniger. Ebenso Einsparpotential bietet die Wahl der nächst kleineren Wagenkategorie, die in der Regel nur minimal weniger Komfort bietet.

Vor- und Nachteile der einzelnen Reiseformen

Zeltcamping

Unter dem Aspekt der **Kostenminimierung** ist die Kombination Pkw und Zelt-Camping ab zwei Personen im Auto selbst dann unschlagbar, wenn ab und zu mal ein Motel aufgesucht wird. Die grundsätzlichen Nachteile des Zeltens müssen nicht näher erörtert werden – bekanntermaßen handelt es sich in erster Linie um Komfortmängel, speziell bei Regen (häufig in Pazifiknähe). In Nordamerikas Westen sind zudem die **Höhenlagen** vieler Reiseziele ein ungemütlicher Aspekt. Mitten im Sommer können auf 2.000 m selbst bei tagsüber angenehmen Temperaturen Nachtfröste auftreten. Und bis Mai/ab September wird es nach Sonnenuntergang bei Höhenlagen über 1.000 m immer empfindlich kühl.

Campmobile

Unbilden der Witterung lassen Wohnmobilfahrer dagegen kalt. Sie sitzen trocken und warm. Hinzu kommt der für RVs typische Komfort, der bis zu eigenem Generator, Mikrowelle und Satelliten-TV reichen kann. Einen langweiligen Abend gibt's im Campmobil kaum. Auch der Kontakt zu anderen Reisenden fällt leicht. Geselligkeit, so man sie sucht, ergibt sich zwanglos.

Unabhängigkeit, **Mobilität** und **Bequemlichkeit** sind die Vorzüge, die sich in Nordamerika ideal mit Landschafts- und Naturerlebnis kombinieren lassen. Und nichts hindert den Campmobilisten, seinen *Afternoon Tea* auf der Terrasse des *Fairmont Banff Springs* genauso zu genießen, wie der Hotelgast. Ob man dabei mit *Van Camper* oder *Motorhome* vorfährt, spielt keine Rolle, ist vielmehr eine Frage persönlicher Präferenzen.

Machen Übernachtungen in Hotels spannender: Häuser mit historischem Charme; hier in McCarthy/Alaska

2

Ohne Kostenüberlegung ist ein RV das optimale Fahrzeug für eine Nordamerika-Rundreise, allen voran für Familien mit Kindern.

Die Handhabung der Fahrzeuge erfordert auf normalen Straßen keine besondere Übung, lediglich eine kurze Eingewöhnungsphase, soweit man sich mit einem Modell begnügt, das nicht über 22 Fuß Länge aufweist. Für 2-3 Personen bietet diese Größe immer ausreichend Platz und – eine sinnvolle Innenaufteilung vorausgesetzt – auch für Eltern mit zwei kleineren Kindern.

Größere Modelle (über 23 Fuß Länge) mit enormen Hecküberhängen sind keineswegs unproblematisch, so z.B. beim Rangieren auf Campingplätzen, Parken vorm Supermarkt oder bei Wendemanövern, wenn man sich verfahren hat. Auch kleinere, landschaftlich besonders reizvolle Straßen können damit schweißtreibend eng sein. So manche kurvenreiche Bergstrecke ist mitunter aber selbst mit einem kleineren Wohnmobil grenzwertig oder nicht machbar.

Ebenso darf nicht verschwiegen werden, dass wenn man den mitbezahlten Komfort richtig genießen möchte, allerlei Schläuche und Kabel zu entrollen, festzumachen und wieder einzupacken sind, Frischwasser- und Abwassertanks kontrolliert, aufgefüllt bzw. abgelassen werden wollen und man die Strom-/Gasversorgung nicht außer Acht lassen darf. Es empfiehlt sich auch den Einkaufszettel penibelst abzuarbeiten. Voll angeschlossen am Campingplatz darf nichts fehlen, denn dann nochmal wieder los...?

PKW/Motel

Signifikant weniger zahlen **H/Motelübernachter** für ihren Komfort, sehen sich aber nicht selten mit einem höherem Maß an **Unflexibilität** konfrontiert. Die Bleibe im Umfeld populärer Parks muss langfristig vorreserviert werden, durch die Buchung kann man dann aber unterwegs schlechter auf neue Eingebungen oder widriges Wetter reagieren. Die spontane Suche nach einer geeigneten Unterkunft zur Hochsaison artet oftmals in Stress und Frust aus. Campingplätze können zwar auch voll belegt sein, aber die Ausweichmöglichkeiten sind meist besser.

Hinzu kommt, dass außer in Großstädten und touristischen Brennpunkten die Zentren vieler Orte faktisch wie ausgestorben sind und selbst *Shopping Malls* meist nur bis 21 Uhr geöffnet haben. Nach dem Abendessen bleiben so oft nur Fernseher oder Smartphone als Zerstreuung, während der Campingreisende gemütlich am Lagerfeuer sitzt. Aber das muss nicht zwangsläufig so sein! Jeder kann einen Grill im Kofferraum mitführen und ihn im nächsten Stadtpark oder Strand aufstellen und den Tag dort ausklingen lassen. An vielen schönen Orten und Naturschutzgebieten findet man ohnehin kostenlose Picknickplätze mit Tischbänken und Grillrost.

Kontakte zu anderen Reisenden ergeben sich in H/Motels ohne Service-Einrichtungen eher selten, weil der einzelne Gast ziemlich isoliert ist. Ganz anders sieht es hingegen in eher familiär betriebenen **B&Bs** (meist teurer als Hotels der unteren Mittelklasse) wie auch in ***Hostels*** aus. Letztere Variante schließt auch noch weitere Vorteile ein:

PKW/Hostel

Wer überwiegend in **Jugendherbergen** im Mehrbettzimmer absteigt, bewegt sich kostenmäßig nur geringfügig über dem Zelturlauber (im Schnitt €20/Nacht). Selbst bei Nutzung von Einzel-/Doppelzimmern (ab €50/Nacht) zahlt man noch immer deutlich weniger als in H/Motels, aber mehr als für einen RV-Stellplatz.

Längere Mietdauer

Ebenso wie eine Mindestmietdauer bei Leihfahrzeugen vorgeschrieben ist (Pkws meist vier oder fünf aufeinander folgende Tage und Camper sieben Tage), so gibt es auch einen maximalen Mietzeitraum. Man kann das Auto meist dann zwar noch länger fahren, muss aber – je nach Anbieter – spätestens nach 30-56 Tagen zurück zu einer Vermiet-Station und einen neuen Vertrag unterschreiben (mit oder ggf. auch ohne Fahrzeugwechsel).

Ein **Autokauf** in Nordamerika rentiert sich in der Regel erst ab dem dritten Monat. Der Aufwand (Suche, Anmeldung, Wiederverkauf etc.) sollte dabei nicht unterschätzt werden, allen voran das Abschließen einer Haftplichtversicherung, die man als Ausländer nur schwer und zu extrem hohen Tarifen bekommt. Firmen wie www.wheels9.com bieten garantierten Rückkauf (*buyback*) an.

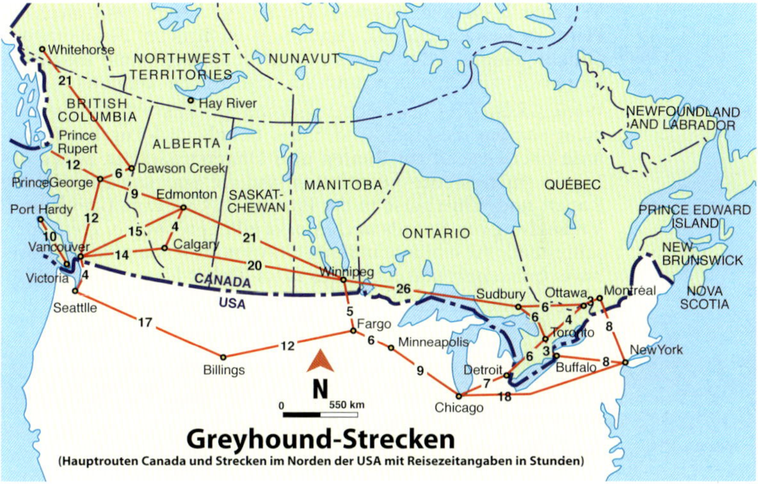

Greyhound-Strecken
(Hauptrouten Canada und Strecken im Norden der USA mit Reisezeitangaben in Stunden)

2.4 Nordamerika per Bus oder Bahn

Wie bereits erläutert (➤ Seite 69) ist das öffentliche Verkehrssystem lange nicht so flächendeckend angelegt wie in Europa. Eisenbahn- und Busnetze sind in Nordamerika sehr »weitmaschig« und weisen eine recht niedrige Verkehrsfrequenz auf. Bei dieser Art zu Reisen bleiben die meisten Nationalparks und die schönsten Plätze in der Natur unerreichbar oder können nur mit viel Aufwand und beachtlichen Extrakosten besucht werden. Hinzu kommt, dass Eisenbahnfahrten per Einzelticket und ohne ***Railpass*** ein teurer Spaß sind. Der Trip durch den Westen per Schiene macht nur für eingefleischte Eisenbahn-Fans Sinn, sonst kaum. Auch die ***Greyhound*-Busse** stellen als Transportmittel für individuelle Reisen unter ökonomischem Aspekt seit der Abschaffung der Buspässe keine echte Alternative mehr da.

2.4.1 Greyhound-Busse

Bei Reisen mit der fast monopolistischen Fernbuslinie ***Greyhound*** (»Windhund«) muss man die **Tickets** mit Sitzplatzreservierung für die geplanten Teilstrecken vorab kaufen. Frühbucher finden im Internet Rabatte und recht variable Tarife je nach Wochentag, Startzeit, Auslastung etc. Wer viel Mühe in die Suche und Routenplanung steckt, kann mit dem *Greyhound* immer noch relativ preiswert unterwegs sei, aber der Aufwand dafür ist sehr groß. Wer flexibel bleiben möchte und erst vor Ort spontan bucht, darf überwiegend deutlich tiefer in die Tasche greifen. Meist sind daher selbst Alleinreisende unter 25 Jahre, die bei der Automiete höhere Kosten in Kauf nehmen müssen, so nicht wesentlich günstiger unterwegs.

Moderne Busse bieten Komfort wie *Wifi* und Steckdosen an jedem Platz, sie werden dennoch primär von der ärmeren Bevölkerungsschicht genutzt. Jeder, der es sich in Nordamerika nur irgendwie leisten kann, fliegt oder benutzt sein eigenes bzw. gemietetes Auto.

Routennetz

Während die USA fast flächendeckend mit Busverbindungen bedient werden, beschränkt sich das ***Greyhound*-Angebot in Kanada** überwiegend auf **Routen über Hauptstraßen im Süden** des Landes. Interessante Ausnahmen sind die Strecken nach Prince Rupert und Whitehorse in der Provinz Yukon. Eine ***Greyhound*-Verbindung von Kanada nach Alaska gibt es nicht**. Für grenzüberschreitende Anschlüsse müssen *Greyhound*-Passagiere in Whitehorse umsteigen und ein teures Extra-Ticket lösen, ➤ Seite 474.

Fahrplaninfo für beide Länder unter www.greyhound.com.
Tipp: ***HI Hostel*-Mitglieder** erhalten jeweils 10% Rabatt.

2.4.2 VIA Rail, AMTRAK und Alaska Railroad

Kanada

Das Streckennetz, auf dem kanadische Eisenbahnen unter der Verbundbezeichnung ***VIA Rail*** Personen befördern, beträgt heute nur noch 10.300 km. Dabei bezieht sich weit über die Hälfte dieser Gesamtdistanz auf die Transkontinentalverbindung **Halifax–Montréal–Toronto–Vancouver**. Auf den rund 6.300 km braucht man nur zwei Mal umzusteigen!

Ab Toronto fährt Kanadas berühmtester Zug, der ***Canadian***, die 4.466 km über Edmonton und Jasper nach Vancouver in nur 86 Stunden. Im Westen bieten einige Streckenabschnitte immerhin viel fürs Auge, speziell gilt das auf der Fahrt durch die Rocky Mountains und die weiteren Bergketten in British Columbia. Wer allerdings die Reise für einen Zwischenstopp unterbricht, wartet mindestens zwei Tage auf den nächsten Zug.

Ein Highlight ist die ***Skyline Dome Car***, ein verglaster Aussichtswagen in den Transkontinentalzügen – zugänglich für jeden Fahrgast unabhängig von der Ticketklasse. Reserviert werden müssen Einzel- und Doppelabteile mit Nasszelle, die nachts zu privaten Schlafzimmern umgebaut werden können, Liegeabteile (*berth*) und die *Coach*-Klasse (abteillose Großraumwagen).

Da einzeln gebuchte Fahrstrecken teuer sind, rentiert sich der ***CANRAILPASS*** relativ bald – gültig auf dem gesamten Streckennetz in der *Coach Class* (Plätze in Liege- oder Schlafabteilen sind in den *CANRAIL*-Tarifen nicht enthalten). Mit ihm darf man an 15, 30 oder 60 aufeinander folgenden Tagen ab der ersten Nutzung 6 oder 12 Einzelfahrten unternehmen. Die Version *unlimited* kostet für 15 Tage CAD 821, für 30 Tagen CAD 1.308; Details unter: www.viarail.ca/en/fares-and-packages/rail-passes/canada-pass.

USA

Ähnlich die Situation beim südlichen/nördlichen Nachbarn: Die Einzeltickets des Passagier-Schienenverbundes ***AMTRAK*** sind meist eine ziemlich kostspielige Angelegenheit, für Rundreisen kommt daher bestenfalls ein für das gesamte US-Netz gültiger ***Rail Pass*** in Frage, den man online (www.amtrak.com) oder über die Hotline © 1-800-872-7245 bestellen, aber dann vor Ort am Bahnhofsschalter abholen muss. **Ohne Fahrausweis** (werden immer extra ausgestellt!) und ohne **Reservierung** darf man nicht in den Zug steigen. Mit anderen Worten, für spontane Entschlüsse bleibt nur wenig Raum. Einfach zum Bahnhof gehen, rasch ein Ticket kaufen und in den Zug springen, funktioniert im Allgemeinen in den USA nicht oder nur mit Glück.

VIA Rail- und *AMTRAK*-Auskünfte und Buchungen auch bei *CDR Nordamerikareisen* in Hamburg; © (040) 30061670, www.crd.de.

Luxuszug

Eine Sonderstellung nimmt der ***Rocky Mountaineer*** ein. Dieser Luxuszug fährt bei der Route »First Passage to the West« in zwei Tagen von **Vancouver** über die Nationalparks Glacier, Yoho und Banff **nach Calgary**. Der Preis für die 2x wöchentlich stattfindende Tour schließt Verpflegung und Übernachtung in Kamloops ein (in der Hochsaison ab ca. $2.000 pro Person). Die Streckenführung durch die ***Canadian Rockies*** ist attraktiver als die ***VIA Rail***-Route von Kamloops nach Edmonton über Jasper. Alle Infos unter: www.rockymountaineer.com.

Im nördlichsten US-Bundesstaat verkehrt die ***Alaska Railroad*** *auf einer gerade mal 760 km langen Strecke zwischen Seward und Fairbanks. Sie hält aber immerhin beim* ***Denali NP****; Details im Alaska-Kapitel,* *➢ Seite 474*

2.6 Was muss mit, was nicht?

In den Koffer gehört alles, was man auch für eine ähnliche Reise in Europa mitnehmen würde – klimabezogen und aktivitätsabhängig. Wenn trotzdem etwas vergessen wurde, dann lässt es sich in Nordamerika meist leicht nachbeschaffen.

Speicherchips

Speicherkarten für Digitalkameras erhält man zum Beispiel in den Fotoabteilungen der Kaufhäuser wie *Target*, *K-* oder *Walmart* und in den Läden der Elektronik-Kette *Best Buy*.

Steckdosen-/ Kfz-Adapter

Anders sieht es bei den **Adaptern** für die amerikanische Steckdose aus, diese findet man bei uns problemlos in *Travel Shops* oder Kaufhäusern, nicht so in Übersee. Unbedingt mitnehmen! Zu beachten ist auch, dass einfache Elektrogeräte wie Föhn oder Rasierapparat sich nur benutzen lassen, wenn sie auf **110/125V** umschaltbar sind.

Als sehr praktisch erweisen sich auch **USB-KFZ-Adapter** (ggf. mit Dual Port) zum Laden von Smartphones und Digitalkameras während der Fahrt. Alternativ kann man dafür jeweils ein **Ladegerät fürs Auto** (12 V) mitnehmen; der Stecker passt auch drüben.

Medikamente

Die Reiseapotheke lässt sich in ***Drugstores*** wie *Walgreens* oder *CVS*, aber auch in ganz normalen Supermärkten wie *Walmart* mit umfangreichem und preiswertem Sortiment an rezeptfreien Medikamenten, komplettieren (Selbstbedienung sogar bei manchem Präparat, das es bei uns nur auf Rezept gibt). Wer **rezeptpflichtige Medikamente** benötigt, sollte unterwegs lieber nicht auf nordamerikanische Ärzte angewiesen sein, sondern einen ausreichenden Vorrat dabei haben. Außer in Notfällen (➤ Seite 134) ist ein Arzttermin für durchreisende Touristen schwer zu bekommen.

Medikamente kauft man in Übersee im Drugstore oder Supermarkt

Medikamente, die abhängig machende Stoffe enthalten, können bei der Einreise zu Problemen führen. In diese Kategorie fallen etliche Herzmittel, Schlafmittel, Antidepressiva usw. Es schadet in solchen Fällen nicht, wenn man eine schriftliche Erklärung zur »medizinischen Notwendigkeit« des Hausarztes bei sich hat.

Brille

Brillenträgern sei empfohlen, neben einer **Reservebrille** den **Brillenpass** mitzunehmen. Damit kann man notfalls ohne den Umweg über einen Augenarzt (obligatorisch drüben) direkt einen Optiker aufsuchen. In großen Optikerläden gibt es angestellte Augenärzte.

Drogerie-Artikel

Recht teuer sind Drogerie-Artikel wie Zahnpasta, Shampoo, Handcreme, Sonnenschutzmittel u.ä. Den Reisebedarf mitzubringen schadet nicht. Gegen Mücken und andere Quälgeister helfen Essenzen aus Europa nicht gut. Mit (hautschädlicheren) amerikanischen Mitteln hält man sich sämtliche Biester deutlich besser vom Leib.

Autokindersitze

Autokindersitze fallen nicht unter die Gewichtsbeschränkung fürs Gepäck und sind bei Kleinkindern auch praktisch im Flugsessel. Zu bedenken ist allerdings, dass es bei Mitnahme des eigenen Kindersitzes im Falle eines Unfalls ggf. zu **Problemen mit der Versicherung** kommen kann. Deutsche Kindersitze sind nordamerikanischen Mietsitzen zwar meist qualitativ überlegen, haben dort aber in der Regel keine Zulassung. Wer auf Nummer sicher gehen möchte, besorgt sich daher vor Ort einen (gebrauchten) Kindersitz oder bucht sie beim Autoverleiher für teures Geld dazu.

Zu bedenken für WoMo-Mieter

Für eine Campingreise könnte man außer ohnehin selbstverständlichen Utensilien ggf. noch Folgendes einpacken, sofern das Freigepäck dies zulässt (bzw. je Zusatzs- oder Übergepäckkosten):

- Einen **Erste-Hilfe-Kasten** wird man im Leihwagen/Wohnmobil meist vergeblich suchen und das, was man im ***Drugstore*** für \$10-\$20 findet, ist im Allgemeinen dürftig ausgestattet und mit unserer vorgeschriebenen Ausrüstung nicht vergleichbar.
- Eine **Taschenlampe** ist für Autofahrer bei einer Panne in der Dunkelheit unverzichtbar; ebenso beim Camping (mitbringen oder ggf. drüben preiswert erstehen).
- Ein aus der heimischen Werkzeugkiste zusammengestelltes **Schraubenzieher- und Schlüsselset** plus einer **Zange** für eventuelle kleine Reparaturen ersparen vielleicht lange Stunden Wartezeit auf den Notdienst am Straßenrand. **Vielzwecktaschenmesser** (mit Dosenöffner) erweisen sich in mancher Situation auch als außerordentlich hilfreich.
- Eigene **Bestecke** (und ggf. ein bisschen persönliches Geschirr + Gläser). Denn was von den Camper-Verleihern im teuer extra berechneten *Convenience* oder *Camping Kit* in dieser Hinsicht geboten wird, erreicht kaum untere Kantinenqualität.
- Individuell wichtigen (leichten!) **Küchen-Kleinkram** wie Salz-/Pfefferbehälter, Knoblauchpresse oder Salatbesteck. Man verliert Geld und Zeit für den Einkauf von Gegenständen, die unterwegs fehlen, aber nach wenigen Wochen obsolet sind und am Ende weggeworfen werden, da sich die Mitnahme nicht lohnt.
- **Eigenen Schlafsack und Bettwäsche**. Die in den Campmobilen vorhandenen Decken (üblicherweise im *Kit* enthalten) können ebenfalls häufig nicht befriedigen. Da die Camper-Vermieter meist nur Laken liefern (jeweils zwei davon pro Schläfer), sind außerdem eigene Bettbezüge für viele sicher eine gute Idee.
- Wer Laptop, digitale Kamera und mehr dabei hat, das per Akku versorgt wird, könnte sich vor der Reise einen **Spannungsumwandler** beschaffen (im Internet recht preiswert), der aus 12 V aus der Autosteckdose 110-230 V macht und während der Fahrt die Geräte wieder auflädt. Das ist ein wesentlicher Aspekt für Zelturlauber, die sonst ab und zu teurere Campingplätze mit Stromanschluss oder ein Motel buchen müssten. Es gibt auch kleine Solarzellenladegeräte, die für Handys etc. geeignet sind.

Schotterpiste durch den Denali Nationalpark

Unterwegs
in Kanadas
Westen und
Alaska

3. UNTERWEGS IN NORDAMERIKA

3.1 Autofahren

3.1.1 Straßen in West-Kanada und Alaska

Ähnlich wie bei uns setzt sich das Verkehrsnetz in Übersee aus *National Roads* (Bundesstraßen), regionalen *State* bzw. *Provincial Roads* (Landesstraßen) und *County Roads* (Kreis-/Gemeindestraßen) sowie weiteren Untergruppierungen wie z.B. *Forest Roads* (Forststraßen) zusammen. In West-Kanada und Alaska sind alle Straßen **gebührenfrei**. Keinerlei Unterschied besteht zwischen einer ***Road*** (***Rd***) und einem ***Highway*** (***Hwy***), auch wenn man einen kleinen Feldweg normalerweise nicht als *Highway* und eine Autobahn nicht als *Road* bezeichnen würde.

Picnic Areas

Häufig anzutreffen sind großzügig angelegte **Rastplätze** (*Picnic* bzw. *Rest Areas*), nicht nur mit Toiletten, sondern ähnlich wie Campingplätze **mit Picknicktischen und Grillrosten** ausgestattet. Übernachten darf man dort aber nicht.

Straßenqualität

Die asphaltierten Straßen (***Paved Roads***) im Süden Kanadas befindet sich i.d.R. in guter Verfassung. Man kann davon ausgehen, dass auch kleinste, in den Karten als befestigt ausgewiesene Nebenstrecken ohne Vorbehalt befahrbar sind. Erstaunlich **weitmaschig** ist das Straßennetz in **British Columbia**. Bedingt durch Topographie und extrem dünne Besiedelung großer Gebiete selbst im Süden hat BC viel weniger befestigte Straßenkilometer als die weiter östlichen Nachbarprovinzen. **Alaska** und der **Norden Kanadas** sind dank der mittlerweile voll asphaltierten *Alaska* und *Klondike Highways* heute auch mit Wohnmobilen gut erreichbar.

Autobahnen

Für *Interstates* (Verbindungen zwischen benachbarten US-Bundesstaaten) oder andere autobahnartig ausgebaute Fernstraßen in Nordamerika existiert zudem der Begriff ***Freeway*** (*Free* im Sinne von freie Fahrt/keine Kreuzungen). Etwas ungewöhnlich am *Freeway*-System sind Auf- und Ausfahrten auf der linken Seite. Im Westen Kanadas existieren nur wenige Autobahnen; dazu zählen der ***Coquihalla Hwy*** (Entlastungsroute des *Trans-Canada Hwy* zwischen Hope und Kamloops), einige Teilabschnitte des ***Trans-Canada Highway*** (***TCH***), der ***Queen Elizabeth II Hwy*** in Alberta sowie Umgehungsstraßen und Zubringer in das Okanagan Valley.

Gravel Roads

Für uns ungewohnt sind ***Gravel*** oder ***Unpaved Roads***. Im Westen Nordamerikas existieren erstaunlich viele Ortschaften, die nur über **Schotterstraßen** erreicht werden können.

Dirt Roads

Der niedrigsten Stufe in der Straßenqualität entspricht die ***Dirt Road***, auch – etwas feiner – ***Unimproved Road*** genannt. Die »Dreckstraße« ist in der Regel ein besserer Feldweg, der sich bei Trockenheit bisweilen angenehmer befahren lässt als eine *Gravel Road*, jedoch bei Regen verschlammen kann und dann selbst mit Vierradantrieb schnell **unpassierbar** wird.

Logging Roads Die größeren **privaten Schotterstraßen der Holzindustrie** sind meist gut befahrbar, kleinere oft nur mit Vierradantrieb zu bewältigen. *Logging Trucks* haben dort immer Vorfahrt. Man benutzt sie außerdem auf eigenes Risiko. D.h., der Betreiber ist nicht haftbar zu machen, wenn etwa am Hang die Straße abrutscht.

Restriktionen Das **Befahren nicht geteerter Straßen** wird von den meisten Verleihfirmen im »Kleingedruckten« untersagt oder mit Zuschlägen belegt. Bei Schönwetter, guter Straßenwartung und zurückhaltender Fahrweise ist übertriebene Sorge kaum angebracht – selbst *Motorhomes* »überstehen« kurze *Gravel*-Ausflüge gut. Ganz vermeiden lässt sich Schotter ohnehin nicht, z.B. bei Straßenbauarbeiten, wenn die Autoschlange einem sog. *Pilot Car* über »Stock und Stein« folgen muss. Außerdem sind gleich eine ganze Reihe von *Provincial, Territorial* oder *State Parks* sowie etliche Campingplätze oder *Trailheads* nur über *Gravel Roads* zugänglich. Passiert mit diesen Mietfahrzeugen auf Schotterstraßen etwas (Unfall/technische Probleme), hat man vor allem hinsichtlich Versicherungen meist »schlechte Karten«.

Systematik Zur Orientierung dient in erster Linie die **Nr (#)** in Verbindung mit der **Himmelsrichtung**. Bei einer Fahrt etwa auf dem *Trans-Canada Hwy* von Vancouver nach Osten folgt man der Ausschilderung ***#1 East*** und braucht auf die Ortsnamen nicht mehr zu achten. Jede Provinz, jedes Territorium und jeder US-Bundesstaat besitzt ein eigenes Straßennummerierungssystem, so dass grenzüberschreitende Routen normalerweise die Bezeichnung wechseln. Ausnahme sind hier nur *Interstates* oder wichtige Verkehrsverbindungen wie der *Trans-Canada* oder *Yellowhead Highway*. Wenn zwei Straßen aufeinander treffen und dann gemeinsamen über das Land führen, können sie sogar zwei oder mehr Nummern tragen.

Einige historisch relevante *Highways* haben zudem einen hübschen Beinamen und sind mit extra Schildern gekennzeichnet wie z.B. das untermalte Ahornblatt beim *Trans-Canada Hwy*.

km-/mi-Angaben Entfernungen/Geschwindigkeiten werden in den USA in **Meilen (1 mi = 1,609 km)** angegeben, in Kanada gilt das metrische System. Auch die Nummern der Autobahn-Ausfahrten (***Exits***) zeigen üblicherweise die Entfernung in mi/km ab der Grenze bzw. dem Beginn der Straße an.

Staubwolken auf dem Dempster Highway

Fahren auf Schotterstraßen

Da viele Europäer das Fahren auf Schotterstraßen über längere Strecken nicht kennen, erscheinen einige Hinweise dazu angebracht: Hinsichtlich ihrer Befahrbarkeit stellen ***Gravel Roads*** im Prinzip kein Problem dar. Frequentiertere Strecken werden in der Regel durch sog. ***Grading*** »gepflegt«, mit anderen Worten, von Zeit zu Zeit mit schneeschieberartigen Fahrzeugen geglättet. Frisch planierte *Gravel Roads* in gutem Zustand erlauben **Geschwindigkeiten von 80-90 km/h**. Sie sind sogar geringeren Tempi vorzuziehen, da das Fahrzeug dann über Unebenheiten sozusagen »hinwegfliegt«.

Am besten lassen sich Schotterstraßen ein paar Tage **nach Regenfällen** befahren, wenn der Staub noch gut gebunden, aber Matsch schon abgetrocknet ist. Mit zunehmendem zeitlichen Abstand zur letzten Pflege wandeln sich *Gravel Roads* aber häufig zur Stoßdämpfer mordenden »Wellblechpiste« voller Schlaglöcher und Querrillen, auf denen Fahrzeuge leicht die Bodenhaftung verlieren. Das **Schleuderrisiko** darf dann nicht unterschätzt werden – vor allem bei Wohnmobilen. Wer zu schnell unterwegs ist, dem droht das Heck seitlich wegzudriften.

Auf einer trockenen *Gravel Road* entwickeln sich kolossale **Staubwolken**. Der Staub dringt durch alle Ritzen auch in den Innenraum. Unangenehm und gefährlich sind die dichten Staubschleier, die entgegenkommende *Trucks* hinter sich herziehen. Bisweilen versucht man, den Staub durch Versprühen von Kalziumchlorid unter Kontrolle zu halten (***Dust Control***).

Bei starkem **Regen** sammelt sich Wasser in den Spurrillen, die Straße weicht auf und wird **extrem rutschig**. Die dann ohne Gefahr mögliche Geschwindigkeit ist sehr niedrig. Der Wagen »schlammt« in kurzer Zeit völlig zu.

Aufgewirbelter Schotter kann insbesondere für Scheinwerfer und Windschutzscheiben gefährlich sein. Die beste Vorsichtsmaßnahme dagegen ist ein angemessener Abstand zum Vordermann. Auch bei schnell fahrendem Gegenverkehr vermindern seitlicher Abstand und geringeres eigenes Tempo das Risiko, ungünstig »getroffen« zu werden. Vorsicht ist auch bei voranfahrenden Wagen geboten, die gerade von einer *Gravel Road* auf eine asphaltierte Straße gewechselt sind und daher auf den ersten paar hundert Metern Steinchen aus ihren Reifenprofilen nach hinten herausschleudern. Treffer auf der Windschutzscheibe zerstören sie indessen selten irreparabel. In Kanada sind **Auto-Glaser** darauf spezialisiert, kleine Schäden so zu behandeln, dass sich die Reparaturstellen kaum erkennen lassen.

Weitere Hinweise zu *Gravel Roads* auf Seite ➢ 418f.

Ein »Grader« im Einsatz: vorne wird die Straße geglättet und durch die hinteren profillosen Schwerreifen gewalzt

3.1.2 Orientierung in Städten

Highways werden innerhalb kleinerer Ortschaften oft zur ***Main Street*** (Hauptstraße). Zusätzlich erleichert eine meist schachbrettartige Anordnung der Straßen die Orientierung. Vielerorts verlaufen ***Streets*** (***St***) in Nord-Süd- und ***Avenues*** (***Ave***) in Ost-West-Richtung. Nicht selten werden Städte in **vier Quadranten** unterteilt. Alle Adressen, die z.B. südöstlich des Zentrums liegen, erhalten dann den Zusatz »SE« (*Southeast*). Meist werden Straßen mit aufsteigenden Ziffern bis zu den Stadtgrenzen durchnummeriert, so dass die erste nordwestlich des Zentrums ***1st Street NW*** heißt und östlich davon in die ***1st Street NE*** übergeht.

Dieses Grundschema wird mitunter aber auch variiert. In Edmonton z.B. beginnt die Nummerierung nicht in Downtown, sondern läuft durchgehend von Stadtrand zu Stadtrand. Manchmal können auch *Streets* Ost-West- und *Avenues* Nord-Süd-Verbindungen sein und Namen tragen anstelle der Nummern. Zusätze für die Himmelsrichtung bleiben aber auch meist ihnen erhalten.

Adressen

Die Adressen sind mancherorts analog zum Straßensystem aufgebaut. Häuser werden nicht wie bei uns durchnummeriert, sondern ihre Ziffern zeigen häufig die Distanz (in Fuß oder Metern) bis zum nächstgelegenen Stadtzentrum an. Hausnummern können daher 4- oder 5-stellig sein und nicht selten beginnt an jeder Querstraße ein neuer 100er-Abschnitt. Durch die vier »Stadt-Quadranten« können oft zwei Gebäude mit der gleichen Hausnummer auf derselben *Avenue* bzw. *Street* stehen, die sich nur am Zusatz der Himmelsrichtung unterscheiden.

In einigen kanadischen Städten ist das System noch leichter zu durchschauen: In Vancouver oder Calgary stehen z.B. an erster Stelle die Ziffern der vorangegangenen Querstraße, dann erst folgt die eigentliche zweistellige Hausnummer. Die Adresse **»2566, 7th Street SW«** kennzeichnet also das Hauses mit der Nr. 66 auf der 7. Straße, südlich der 25the Ave bzw. zwischen 25th und 26th Ave.

3.1.3 Abweichende Verkehrsregeln

Europäer finden sich im nordamerikanischen Straßenverkehr gut zurecht. Man gewöhnt sich schnell an die Tempolimits sowie an die meist deutlich gelassenere und rücksichtsvollere Fahrweise. Verkehrszeichen und -regeln (www.drivinglaws.aaa.com) entsprechen weitgehend den europäischen, es gibt aber einige wichtige Unterschiede, die man unbedingt beachten muss:

Vorfahrt

Das **Stoppschild** hat zwar dieselbe Bedeutung wie bei uns, aber an vielen Kreuzungen weisen alle Straßen solch ein Zeichen auf (*4-way* oder *all-way stop*). Dort gilt: »Wer zuerst kommt, fährt zuerst!« Es müssen alle Autos anhalten und sie dürfen nur in **Reihenfolge der Ankunft** weiterfahren. Bei aufgestautem Verkehr zählt das Erreichen des weißen Fahrbahnbalkens. Das Anhaltegebot gilt auch bei leeren Querstraßen und wird strikt befolgt. Unklarheiten löst man in Übersee stets durch Zuvorkommenheit.

Verhalten bei Polizeikontakt

Polizeiliche Verfolgungen – z.B. wegen einer Geschwindigkeitsübertretung – laufen in Nordamerika so ab, wie wir es aus Fernsehserien und Filmen kennen. Der Streifenwagen schaltet seine rot-blaue Rundumleuchte ein und das kurze Aufheulen der Sirene ist das unmissverständliche Zeichen zum »Rechtsranfahren«. Auch nach dem Anhalten bleibt der Sheriff hinter dem gestoppten Auto. Der Übeltäter wartet mit **beiden Händen gut sichtbar auf dem Lenkrad**, bis der *Police Officer* kommt (das kann mitunter etwas dauern!). Auf keinen Fall darf man währenddessen hektisch nach Papieren suchen, das könnte als Griff zur Schusswaffe missdeutet werden. Aussteigen wird einem Fluchtversuch gleichgesetzt.

Gewöhnlich ist die Polizei bei Kontrollen zuvorkommend und höflich. Von einem Strafmandat (***Ticket***) für geringfügige Übertretungen wird bei ausländischen, sich kooperativ verhaltenden Touristen schon 'mal abgesehen. Aber zu arg darf man es nicht getrieben haben. Polizisten in Touristengebieten sind »deutsche Raser« bekannt und verpassen daher gelegentlich auch knallharte Denkzettel. ***Speeding*** kann in Nordamerika richtig teuer werden! Die Eröffnung eines ernsthaften Disputs mit einem Ordnungshüter ist in Anbetracht seiner (für uns) erstaunlichen Machtbefugnis nicht ratsam. Die respektvollen Anreden lauten »Officer« oder »Sir«. In Nationalparks besitzen die ***US Ranger*** oder kanadischen ***Warden*** einen ähnlichen Status wie außerhalb die Polizei.

Wer ein ***Ticket*** erhält, darf im beigelegten Umschlag Dollars bar verschicken oder bei einer Bank per *Money Order* das Bußgeld einzahlen. Bei Versäumnis hat der Autovermieter die Angelegenheit bald auf dem Tisch. Da er die Kreditkartennummer seiner sündigen Kunden kennt, werden deren Karten belastet (zuzüglich einer ordentlichen Bearbeitungsgebühr).

Gegenüber **Drogen** am Steuer gilt ***Zero Tolerance*** und auch **Alkohol** wird härter bestraft als bei uns. Die Promillegrenze liegt zwar bei **0,8** (**in British Columbia bei 0,5**; Fahrer unter 21 Jahre **0,0‰**), aber die geringste Auffälligkeit genügt auch bei weniger Alkohol im Blut für jede Menge Ärger. Angetrunkene oder gar trinkende Beifahrer neben einem stocknüchternen *Driver* zählen bereits zum Tatbestand »Alkohol im Verkehr«. Sogenannte *Open Container* (nicht originalverpackte alkoholische Getränke, selbst ungeöffnete Einzelflaschen) müssen im Kofferraum transportiert werden. Theoretisch ist nicht einmal die bereits entkorkte, noch nicht vollständig geleerte Weinflasche vom Vorabend im Kühlschrank des Campers erlaubt. Weitere Details sind staats- und landkreisabhängig. Wer hinsichtlich Drogen/Alkohol auffällt, wird registriert und je nach Schwere des Delikts in Zukunft nicht wieder ins Land gelassen – *ESTA/eTA* weiß alles. Daher lieber kein Risiko eingehen und nur nüchtern fahren.

Schulbus

Eine der wichtigsten bei uns nicht bekannten Regeln betrifft die gelben, meist nostalgisch wirkenden **Schulbusse**: Sie dürfen weder überholt noch vom Gegenverkehr passiert werden, wenn sie anhalten und Kinder ein-/aussteigen lassen. Warnblinkleuchten an allen Ecken der Busse und ausgeklappte Schilder markieren die Stopp-Phasen, die einer roten Ampel gleichzusetzen sind. Ein Nichtbeachten gilt als schweres Verkehrsdelikt. Generell ist bei Fußgängern besondere Vorsicht geboten, denn die »schwächeren Verkehrsteilnehmer« haben Vorrecht und Autofahrer sind bei Zwischenfällen praktisch immer schuld.

Bei ROT rechts abbiegen

Zeigt eine **Ampel rot** (sie sind meistens erst hinter den Kreuzungen aufgestellt!), darf unter Beachtung der Vorfahrt des Querverkehrs rechts abgebogen werden, es sei denn, ein Schild »*No Turn on Red*« untersagt dies ausdrücklich. Im Fall einer gesonderten Abbiegerspur **muss** sogar bei Rot abgebogen werden, solange dies der Querverkehr zulässt. Die Lichterfolge an der Ampel ist Grün-Gelb-Rot-Grün; die Rot/Gelb-Phase vor dem Grün entfällt.

Rechts überholen

Auf mehrspurigen Straßen wird in Nordamerika **legal rechts überholt**. Daran muss man sich erst gewöhnen und den rechten Fahrspuren auf den Autobahnen hohe Aufmerksamkeit schenken. Außer in Bereichen mit einem der eher selten anzutreffenden »Slower Traffic Keep Right«-Schilder empfiehlt es sich in der mittleren Spur zu verweilen, die linke nur zum Überholen und die rechte nur zum Abfahren zu nutzen. Unmotivierter Fahrbahnwechsel kann sogar geahndet werden (***Stay in Lane***), über ein stures Spurhalten sollte man sich also nicht wundern. Auf stark befahrenen Straßen ist aber dadurch ein Spurwechsel oftmals schwieriger als bei uns.

Linie/ Doppellinie

Durchgezogene **Fahrbahn-Trennmarkierungen** dürfen zum Überholen oder Abbiegen überfahren werden (sie entsprechen unserer gestrichelten Mittellinie). Die Funktion der bei uns in Europa einfachen Linie übernimmt in Übersee eine auf keinen Fall zu überfahrende Doppellinie.

Tempolimits

In den **USA** gelten auf *Interstates* und autobahnähnlichen Straßen *speed limits* von 65-80 mph (105-129 km/h). Auf allen anderen Straßen sind 55 mph das Limit und innerörtlich 30 mph (48 km/h), sofern nicht ausdrücklich anderes erlaubt bzw. vorgeschrieben.

In **Kanada** beträgt die zulässige Höchstgeschwindigkeit auf Autobahnen meist 110-120 km/h, auf anderen Straßen 80 km/h (gelegentlich bis zu 100 km/h) und innerorts 50 km/h.

Stationäre Radargeräte sind selten, die Einhaltung des Tempos wird überwiegend aus Polizeifahrzeugen kontrolliert (auch in entgegen kommender Richtung). Wer zu schnell am Sheriff vorbeibrettert, hat bald einen Wagen mit »Christbaumbeleuchtung« im Rückspiegel und muss rechts ranfahren, ➢ Exkurs Seite 104.

Move-Over Laws

Gesetzlich vorgeschrieben ist in West-Kanada sowie etlichen US-Bundesstaaten auch das Ausweichen, wenn am Straßenrand ein **blinkendes Fahrzeug** (Polizeiauto, Rettungs- oder Abschleppwagen etc.) steht. Wer in solch einem Fall nicht abbremst und die **Spur wechselt**, wird schnell mit Bußgeld belegt. Nur wenn das Verkehrsaufkommen zu groß für solch ein Manöver ist, darf man langsam (!) daran vorbeifahren; www.moveoveramerica.com.

Parken

Die **Parkvorschriften** in Nordamerika sind streng und tunlichst zu beachten. Die Polizei ist ständig unterwegs, verteilt ***Tickets*** oder lässt abschleppen (Gebühr in Städten leicht €200 und mehr). Wer auf Plätzen ohne Parkuhr die maximal erlaubte Zeit überschreitet, handelt sich ebenfalls schnell einen teuren Strafzettel ein, auch dort wird kontrolliert.

Innerstädtische **Parkverbote** sind in den USA mit einem »*No parking any time*«-Schild und/oder durch farbig markierte Bordsteine gekennzeichnet: **Rot** signalisiert ein absolutes Halteverbot, **Gelb** = Ladezonen (mit Zeitangaben), **Weiß** = Kurzzeitparken zum *Drop-off* von Passagieren, **Blau** kennzeichnet die *Accessible Parking Zone* (nur für Behinderte), **Grün** = zeitlich begrenzte Parkerlaubnis. Als ***Tow Away Zones*** (Abschleppzonen) sind Straßenabschnitte gekennzeichnet, auf denen abgestellte Fahrzeuge ohne »Vorwarnung« sofort abgeschleppt werden.

Auch **Hydranten** – sie stehen in Nordamerika alle naselang – dürfen nicht zugeparkt werden: Rund 5 Meter müssen auf beiden Seiten frei bleiben, sonst drohen in kürzester Zeit der Abschleppwagen und ein hohes Bußgeld.

Preise für Regular Unleaded (Bleifrei Normal) im Süden Kanadas

Ortschaft	Benzinpreis	Preis €/Liter
Victoria, BC	1,46 CAD/litre	entspricht €1,00/l
Vancouver, BC	1,59 CAD/litre	entspricht €1,09/l
Calgary, AB	0,98 CAD/litre	entspricht €0,67/l
Edmonton, AB	0,96 CAD/litre	entspricht €0,66/l
Regina, SK	1,07 CAD/litre	entspricht €0,73/l
Winnipeg, MB	1,13 CAD/litre	entspricht €0,77/l
Toronto, ON	1,15 CAD/litre	entspricht €0,79/l
Seattle/USA	3,45 USD/gallon	entspricht €0,82/l

Durchschnittspreis BC/Alberta: 1,20 CAD/l = €0,82/l

Preise im hohen Norden Tabelle ➢ Seite 420

Stand: Anfang 2020, Umrechnung: 1 USD = €0,90 / 1 CAD = €0,68

3.1.4 Tanken, Wartung, Pannenhilfe

Benzin

Die Benzintarife in Nordamerika schwanken mit dem Rohölpreis und je nach Region beachtlich, sie sind aber grundsätzlich überall deutlich günstiger als bei uns. Die **aktuellen Preisen** in Kanada sind auf dem Portal www.gasbuddy.com/CAN (Angaben in **cents/Liter**) gelistet und die US-Preise (**1 Gallone = 3,785 Liter**) kann man der Karte unter www.gasbuddy.com/GasPriceMap entnehmen.

Bei ***Discount*-Tankstellen** – mit oder ohne ***Mini Mart*** – gelten bei Zahlung mit der Kreditkarte oftmals höhere Preise. Gelegentlich überraschen sie auch damit, dass sie nur ***Cash*** akzeptieren. Darum sollte der erste Blick des potentiellen Kartenzahlers bei Einfahrt in die ***Gas Station*** den *Mastercard/VISA*-Symbolen gelten.

Self-Serve-Stations sind heute im Westen Kanadas und in Alaska die Regel. Wer selbst tankt, muss Vorkasse leisten, die Benzinsorte auswählen (meist 87 Oktan bei Mietfahrzeugen) und gelegentlich sogar einen Hebel an der Tanksäule ziehen, drücken oder umlegen, sonst fließt kein Sprit.

Tanken mit Kreditkarte

Die **Kreditkarten-Tanksäulen** machen den Gang zur Kasse für Nordamerikaner überflüssig, für Ausländer allerdings nicht immer. Wenn der Zapfsäulen-Computer nach der Postleitzahl der Rechnungsadresse fragt, gibt er sich nur gelegentlich mit einem x-beliebigen amerikanischen Code (z.B. 90210) zufrieden und man wird an die Kasse gebeten (*See »Cashier«*=Kassierer). Die Option *»fill up«* gibt es an der Kasse nicht, dort muss der Kunde einen $-Betrag nennen, der dann auf der Kreditkarte »pre-autorisiert« und an der Zapfsäule (***pump***) freigegeben wird. Ist das Guthaben verbraucht, stoppt das Gerät automatisch. Überschüssige Vorauszahlung wird im Anschluss zurückerstattet, sicherheitshalber sollte man sich immer den Beleg aushändigen lassen.

Reifendruck

Einen Druckluftservice, wie bei uns selbstverständlich, vermisst man an den meisten Tankstellen. Wo vorhanden, springt ein schwachbrüstiger Kompressor gegen Münzen ein paar Minuten an. Das Ventil des Schlauchs gibt unter Druckbelastung eine Skala frei oder man muss selbst mit eigenen, billig zu erwerbenden Prüfern im Kugelschreiberformat nachchecken.

Die Reifendruckempfehlung des Herstellers findet man bei amerikanischen Fahrzeugen meistens an Türrahmen oder Tür der Fahrerseite, gelegentlich auch im Deckel des Handschuhfachs.

Wartung/ Ölwechsel

Nur bei sehr langfristig ausgeliehenen Fahrzeugen stellt sich die Wartungsfrage. Bei Wagen von *Avis, Hertz* etc. überlässt man das nicht den Mietern, sondern macht mehrere Verträge hintereinander, bei deren Ablauf die Stationen der Firmen anzufahren sind und das Fahrzeug gewechselt wird. Die eigenständige Wartung (insbesondere der **Ölwechsel**) wird bei Langzeitmiete ggf. beim Campmobil verlangt. Ist die entsprechende Meilenzahl erreicht, läuft man eine der allerorten vorhandenen **Service-Stationen** mit Bezeichnungen wie ***Quick Lube*** an (*to lube* = abschmieren/ölen).

Neben Öl- und Filterwechsel werden dort auch alle anderen wichtigen Checkpunkte abgeprüft und erledigt (z.B. Bremsflüssigkeit, Getriebeöl auffüllen). Die dafür anfallenden Kosten verrechnet der Vermieter bei der Rückgabe. Eine guter Anlaufpunkt ist ***Midas***, eine der größten Kfz-Werkstatt-Ketten in Nordamerika.

Pannenhilfe

Auto- und Campervermieter geben ihren Kunden die Nummer der meist Tag und Nacht besetzten Notfallzentrale mit auf den Weg, die bei Pannen/Unfällen angerufen werden muss.

AAA/CAA Straßendienst

Ebenfalls bei Pannen helfen können die amerikanischen Automobilclubs ***AAA*** und ***CAA*** (➤ unten), die beide einen ***Emergency Road Service*** unterhalten. Einsatzwagen patrouillieren wie bei uns auf Autobahnen und vielbefahrenen Strecken. Wer seine *ADAC-/ÖAMTC-/ACS*-Karte vorweisen kann, wird *AAA/CAA*-Mitgliedern weitgehend gleichgestellt.

Im Fall einer Panne wählt man gebührenfrei ✆ 1-800-222-4357.

3.1.5 Die Automobilclubs

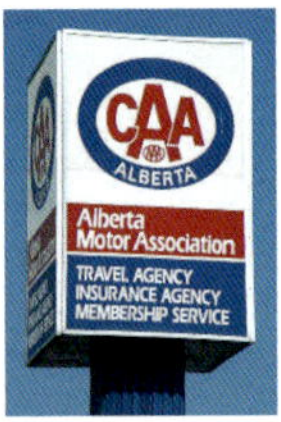

Die Mitgliedskarten (*membership card*) europäischer Automobilclubs werden auch vom ***CAA*** (*Canadian Automobile Association*, www.caa.ca) und ***AAA*** (*American Automobile Association*, kurz ***Triple A***, www.aaa.com) akzeptiert. Für die Provinzen/Staaten liegen in den klubeigenen Shops (in allen Orten ab mittlerer Größe) u.a. gratis Stadtpläne (*City Maps*), **Straßenkarten** (*Road Maps*) und Reisehandbücher (***TourBooks***) aus. Auch Reiseliteratur ist dort meist preiswerter als in Buchläden.

Mitglieder erhalten zudem zahlreiche Vergünstigungen bei Hotelbuchungen, Restaurants und Attraktionen. Vor Ort auf die ***Show your card & save***-Aufkleber achten! Am besten druckt man sich schon zu Hause die ***Discount Card*** aus: www.adac.de/mitgliedschaft/mitglieder-rabatte/mitglieder-rabatte-international/.

Straßenkarten zur Planung und für unterwegs

Für die erste Grobplanung der Nordamerikareise genügen die Karten dieses Reiseführers und das Internet. Mit ***Google Maps*** ist das Erstellen der ganz persönlichen Tour mitsamt Entfernungen und Hotels/Restaurants-Empfehlungen en route ein Kinderspiel, ebenso mit ***Mapquest***. Bei den Zeitangaben ist jedoch bei beiden Anwendungen etwas Vorsicht geboten.

Straßenatlanten wie ***Rand McNally*** oder der ***AAA North American Road Atlas*** sind zwar für die **USA** unschlagbar, enthalten dennoch keine wirklich brauchbaren Karten für **Kanada**. Hier greift man besser zum Kartenmaterial des *CAA* (➤ oben) oder den ***Official Highway Maps*** der Tourismusbehörden.

Für Android können die Straßenkarten sämtlicher Provinzen/Staaten gratis unter www.openandromaps.org heruntergeladen und auf dem Smartphone mit einer entsprechenden Karten-Viewer-App geöffnet werden (*Locus* oder *OruxMaps*). Das kostenpflichtige ***GPS Navigation Sygic*** hilft aber besser bei der *Offline*-Navigation vor Ort. Fürs *iPhone* gibt es Programme wie zum Beispiel ***Navfree GPS Live USA*** (gratis) oder das noch bessere ***CoPilot Premium***.

3.2 Unterkünfte

3.2.1 Hotels und Motels

H/Motels konzentrieren sich in Nordamerika unübersehbar an den Ausfallstraßen von Städten und Ortschaften, an typischen Ferienrouten, in der Nähe der Flughäfen und in bestimmten Bereichen der großen Citys. Touristen wird auch die spontane Suche nach einer geeigneten Unterkunft leicht gemacht: Bei vielen Motels leuchten Schilder mit **Vacancy**/**No Vacancy**, **Welcome**/**Sorry** oder **Yes**/**No**, so dass meist klar ist, ob die Nachfrage nach einem freien Zimmer lohnt. Wobei man sich aber nicht nach einem – sprachlich naheliegendem – »free room« erkundigen sollte (=gratis Zimmer!).

Die Begriffe **Hotel**, **Motel** und **Motor Inn** werden in Kanada genau wie in den USA ohne klare Abgrenzung verwendet. Für die Qualitätseinstufung spielen sie eher eine nachrangige Rolle.

Motel

Motels verfügen typischerweise über ebenerdige oder doppelstöckige ohne weiteres von außen unkontrolliert zugängliche Zimmertrakte. Das Fahrzeug kann dort meist nahe am gemieteten *room* abgestellt werden. Der Gästeservice beschränkt sich auf Getränke-/Snacktütenautomaten sowie Eiswürfelmaschinen. Auf dem Lande besteht manches Motel aus einer Ansammlung von ***Cabins*** oder ***Cottages***, zimmergroße Holzhäuschen meist mit eigenem Bad und teils sogar mit Küchenzeile ausgestattet.

Motor Inn

Motor Inns sind vom Standard her im Schnitt etwas höher angesiedelt. Oft verfügen sie über Restaurant/Bar und der Zutritt zu den Zimmern erfolgt teils wie im Hotel über die Rezeption.

Hotel/ Guesthouse

Eine allgemein zutreffende Kennzeichnung wie im Fall der *Inns* und Motels lässt sich für die **Hotels** nicht formulieren. Zwischen den »Absteigen« in Randbezirken und oft nur wenige Blocks entfernten Luxusherbergen liegen Welten. Gemeinsames Merkmal fast aller Hotels ist die zum Haus gehörende Gastronomie und die Erhältlichkeit von Alkoholika (nie in Motels, bedingt in *Motor Inns*). Bei innerstädtischen Hotels werden oft **hohe Gebühren für bewachte Parkplätze** berechnet und beim sog. *valet parking* durch Hotelpersonal fällt noch zusätzlich Trinkgeld an.

Kleinere Hotels nennen sich manchmal auch ***Guesthouses***.

Lodge/ Resort

Vor allem in landschaftlich reizvollen Gebieten und Nationalparks bezeichnen sich Hotels gerne als ***Lodges*** und signalisieren damit, dass **Aktivitäten** wie Reiten, Fischen, Kanufahren, *White Water Rafting* etc. geboten werden oder im Umfeld möglich sind. Ähnliches gilt für ***Resorts***, die mit ihren meist großzügigen Anlagen voll auf Familien- und Sporturlaub zugeschnitten sind.

Zur Art der Zimmer

Üblich sind in der Mehrheit der H/Motels heute ***smoking*** und ***non-smoking rooms***. Für viele bedeutsam ist auch die Alternative ***first*** oder ***second floor*** (= 1. Stock). In Motels mit Außenkorridoren liegt das Erdgeschoss mit Auto vor der Tür »gepäckgünstig«. Das Obergeschoss ist meist ruhiger, erfordert aber manchmal erhebliche Gepäckschlepperei über entfernte Treppen.

Ausstattung

Die Innenausstattung amerikanischer Unterkünfte zeichnet sich durch eine **weitgehende Uniformität** aus: Je nach Größe des Raums ein ***king*** (1,93 x 2,03 m) bzw. ***queen bed*** (1,52 x 2,03 m) oder ***two queens*** bzw. ***doubles*** (1,35 x 1,90 m), gegenüber der Fernseher, ggf. eine kleine Schreibplatte, in der Ecke Sessel/Stühle plus Tischchen; oft auch Kühlschrank, Kaffeemaschine/Mikrowelle. Man schläft zwischen zwei Laken unter einer Wolldecke, deren Zustand (nicht nur) in billigen Unterkünften schon mal zu wünschen übrig lässt.

Ein **eigenes Bad** (***ensuite***) ist – unabhängig vom Preis – Standard in H/Motels, mit nur wenigen Ausnahmen in Citys. In sommerheißen Gebieten darf außerdem überall mit einer **Klimaanlage** gerechnet werden, die aber in einfachen Quartieren oft laut ist. Unterschiede im Preis drücken sich weniger in generell vorhandenem Mobiliar und Zimmergröße als in Qualität/Gediegenheit der Ausstattung und Grad der Abnutzung aus. Neuere Häuser der oberen Mittelklasse bieten bereits einen Raumkomfort, der denen in weitaus teureren Hotels meist kaum nachsteht.

EZ/DZ

Mancherorts wird in der Werbung der günstigste Preis herausgestellt, nämlich für Einzelbelegung. Dann steht ein kleines »**sgl**« für ***single occupancy*** hinter der Zahl. Tatsächlich gibt es in Nordamerika aber so gut wie nirgends »echte« Einzelzimmer, mindestens steht ein Doppelbett im Raum. Der DZ-Preis liegt dann nur wenig über dem fürs EZ oder ist sogar identisch. In Zimmern mit zwei *Queen*- oder *Kingsize*-Betten können meist bis zu vier Personen übernachten, ohne dass dafür immer ein Aufgeld verlangt wird. **Kinder** sind – oft bis zum Alter von 16/18 Jahren – im Zimmer mit ihren Eltern normalerweise »frei«. Ideal für Familien können sog. ***connecting rooms*** (mit Verbindungstür) sein.

Tarife

Alle Preisangaben sind netto. Hinzu kommt immer die ***Sales Tax***, die im Hotelgewerbe häufig höher liegt als sonst (bis zu 16%). Die Zimmerpreise unterliegen erheblichen regionalen und saisonalen **Schwankungen**. Aber sieht man ab von großen Citys (vor allem Vancouver und Seattle), bestimmten Brennpunkten des Tourismus zur jeweiligen Saison (*Banff NP*,

Prince of Wales Hotel beim Waterton Lakes Nationalpark: für solch eine Toplage muss man etwas tiefer ins Portemonnaie greifen

Okanagan Valley etc.) und dem hohen Norden (Yukon/NW Territories/Alaska) werden teils noch moderate Tarife verlangt.

Es gibt nach wie vor eine relativ große Zahl einfacher Motels, die bei Belegung mit zwei Personen auch in der Hochsaison nur bis zu €100 pro Nacht und Zimmer fordern – vor allem auf dem Land und in kleinen Ortschaften. Diese Quartiere findet man allerdings oft nicht über die gängigen Buchungsmaschinen.

Die Mehrheit der Unterkünfte in der (durchaus akzeptablen) Mittelklasse liegt preislich bei €80-€180. Eher selten berechnen diese Motels ohne Sonderfaktoren wie Airportnähe, Wochenende, Großveranstaltung etc. über €200 fürs Zimmer.

Rabatt

Bei vorhandener Automobilclub-Mitgliedschaft lohnt es sich den ***CAA/AAA*-Rabatt** zu nutzen (meist 10%); ➤ Seite 108.

Für Senioren gibt es ebenfalls oft Nachlässe, wobei man auch schon mal ab 55 Jahren so definiert wird. In den meisten Hotels beginnt der discountberechtigende Seniorenstatus aber erst mit 63.

Trinkgeld

Auch H/Motelangestellte sind in Nordamerika nicht gut bezahlt und erwarten ein *tip*; alle Details dazu ➤ Seite 141.

Pay TV

Gratisfilme am laufenden Band (fast) ohne Werbeunterbrechung gibt es auf den Kanälen des ***Cable TV***, das manche Motels abonniert haben. Bessere Häuser bieten als Hausprogramm eine Auswahl neuester Produktionen (teils gegen Gebühr).

WLAN/Wifi

Ab der unteren Mittelklasse, speziell, was die Ketten betrifft, hat man in der Mehrheit der H/Motels freien Zugang zum Internet (***free Wifi***), nur gelegentlich – und dann eher in teuren Häusern – fallen dafür Gebühren an. Das Passwort, so überhaupt notwendig, wird beim Einchecken ausgehändigt.

Die wichtigsten Hotel-/Motelketten in Nordamerika

Kettenbezeichnung		toll free ✆	www.
Obere Preisklasse (€150 bis >€400)			
Doubletree/Hilton*1)		1-800-HILTONS	3.hilton.com
Hyatt (alle *Brands*)*2)		1-800-233-1234	hyatt.com
Marriot*3)		1-888-236-2427	marriott.com
Radisson	US	1-800-967-9033	radisson.com
	CAN	1-800-333-3333	
Starwood Hotels*4)		1-877-STARWOOD	starwoodhotels.com
Mittlere Preisklasse (€80-€200)			
Best Western		1-800-780-7234	bestwestern.com
Choice Hotels*5)	US	1-877-424-6423	choicehotels.com
	CAN	1-800-424-6423	
Country Inn & Suites		1-800-830-5222	countryinns.com
Holiday Inn/IHG*6)		1-800-HOLIDAY	ihg.com
La Quinta		1-800-SLEEPLQ	lq.com
Ramada Worldwide		1-800-854-9517	ramada.com
Red Lion Hotels*7)		1-844-248-7467	redlion.com
Shilo Inn		1-800-222-2244	shiloinns.com
Vagabond Inn		1-800-522-1555	vagabondinn.com
Wyndham*8)		1-800-407-9832	wyndhamhotelgroup.com
Untere Preisklasse (€50-€120)			
Budget Host		1-800-BUDHOST	budgethost.com
Motel 6		1-800-899-9841	motel6.com
Red Roof		1-800-733-7663	redroof.com

*) weist darauf hin, dass unter der identischen zentralen Telefonnummer und Internetseite die Häuser weiterer Ketten zu buchen sind, die ggf. auch ein eigenes Webportal haben können

*1) Doubletree/Hilton, Hilton Garden, **Mittelklasse**: Embassy Suites & Hampton Inn

*2) Hyatt und alle Ableger wie Hyatt Regency u.a.m.

*3) Renaissance/Marriott & Marriott Courtyard, Mittelklasse: Fairfield Inn o.Ä.

*4) Starwood Hotels mit Meridien, Westin, Mittelklasse: Sheraton Four-Points u.a.m.

*5) Choice Hotels mit z.B. in der gehoberen Mittelklasse Clarion, Comfort Suites, in der normalen Mittelklasse: Comfort Inn, Quality Inn, Sleep Inn, in der unteren Mittelklasse: Econo Lodge, Rodeway Inn

*6) Holiday Inn & Express, Intercontinental (gehobene Mittelklasse), Oberklasse: Crowne Plaza ✆ 1-800-227-6963

*7) RLH Coperation: Americas/Canadas Best Value Inn ✆ 1-888-315-2378, America's Best Inn & Suites 1-855-537-4573; Knights Inn (untere Mittelklasse)

*8) Wyndham Hotels (auch Oberklasse)
in der gehobenen Mittelklasse: Baymont Inn & Suites ✆ 1-800-337-0550,
in der normalen Mittelklasse: Days Inn ✆ 1-800-225-3297, Howard Johnson ✆ 1-800-221-5801, Microtel Inn & Suites ✆ 1-800-337-0050, Ramada ✆ 1-800-854-9517,
in der unteren Mittelklasse: Super 8 ✆ 1-800-454-3213, Travelodge ✆ 1-800-525-4055

Typisches »Hot Breakfast Buffet« in Mittelklasse-Motels mit einem Waffeleisen (links), ein paar Muffins, Orangensaft, Milch und Cerealien (rechts)

Frühstück

Ein Frühstück, wie wir es aus Mitteleuropa kennen, ist selten im Zimmerpreis enthalten. Das gängige ***Free Continental Breakfast***, mit dem viele H/Motels – oft vollmundig – werben, ist meist dürftig und kann auch nur aus gewöhnungsbedürftigem Pumpkannen-Kaffee im Styroporbecher mit einem klebrigsüßen *Donut* oder *Muffins* bestehen. Zum ***Free Hot Breakfast*** gehört i.d.R. ein Waffeleisen zur Selbstbedienung, in gehoberen Häuser ggf. noch Rührei oder Omeletts. *Oatmeal* (Haferbrei), Toastbrot, Bagels, Joghurt, Äpfel, Bananen oder Orangen fehlen dort ebenfalls nicht.

Falls im Quartier kein Frühstück angeboten wird, geht der Gast ins nächste ***Tim Horton's***, ***Denny's***, ***IHOP*** o.Ä., ➢ Seite 130f.

3

Finden und Reservieren von Unterkünften

Unterkünfte findet man auch ohne Hotelverzeichnis oder Navi in den Übersee relativ leicht, indem man sich an der Werbung entlang von Autobahnen, an Ausfallstraßen oder in Flughäfen orientiert.

Hotelverzeichnisse

Wer nicht ganz auf sein Glück vertrauen möchte und Wert auf ein gutes Preis-Leistungs-Verhältnis bei der Übernachtung legt, besorgt sich das ***CAA/AAA TourBook Western Canada & Alaska***. Es enthält ziemlich umfassende **Unterkunftsverzeichnisse** mit aktuellen Preisen und Daten für Häuser ab der unteren Mittelklasse mit Rabatt-Angeboten für Clubmitglieder, ➢ Seite 108.

Auch die in vielen ***Welcome*** oder ***Visitor Centers*** gratis ausliegenden regionalen ***Accommodation*** bzw. ***Hotel Guides*** (Unterkunftsführer) sind hilfreich.

Buchung

Eine gute Übersicht liefern zudem im **Internet** Buchungsportale wie www.booking.com, www.expedia.com oder www.hotels.com. **Unabhängige Häuser** locken dort manchmal mit günstigeren Tarifen als bei Direktkontakt, **Kettenhotels** bucht man lieber mit Best-Preis-Garantie über deren Internetpräsenzen oder gebührenfreie Telefonnummern (➢ links). Dabei kommen Mitglieder der europäischen Automobilclubs in den Genuss eines ***AAA/CAA*-Rabatts** (➤ Seite 108). Der *AAA*-Code für den deutschen *ADAC* lautet »00383« oder nur »383« für den *ÖAMTC* »00396« bzw. »396«.

Trotz der ansprechenden Fotos im Web sieht man aber natürlich immer erst vor Ort, ob die getroffene Wahl glücklich war. Denn mitunter spiegeln ***Tripadvisor***-Beurteilungen (www.tripadvisor.com) oder ins Netz gestellte Bilder nicht so ganz die wirklichen Gegebenheiten wider. Das Ranking bei ***booking.com*** ist diesbezüglich oft verlässlicher und aktueller, zumal dort nur »echte Gäste« Bewertungen abgeben dürfen, die schon nach kurzer Zeit wieder verjähren.

Es empfiehlt sich, bei Buchungen immer auf die ***refundable rate*** zu achten, um im Fall einer Änderung/Stornierung Kosten zu vermeiden, wenn nicht ohnehin erst vor Ort zu zahlen ist.

Tipp: In vielen Gegenden Kanadas und Alaskas genügt es, wenn man **am nicht zu späten Nachmittag** mit der Quartiersuche beginnt. Weiß man allerdings schon, wo am nächsten/übernächsten Tag übernachtet werden soll, kann eine kurzfristige telefonische oder Internet-/App-Reservierung vorab nicht schaden. Es gibt aber auch **Ausnahmen** wie besonders populäre Resort-Hotels, typische Wochenendziele, Regionen/Orte mit begrenztem Angebot, Veranstaltungstage etc.; ➤ Details Seite 117 (»**Vorbuchen von Unterkünften**«).

Kettenhotels bzw. -motels

Die Verteilung und Dichte von H/Motels der verschiedenen Ketten (➤ Übersicht Seite 112) ist regional sehr unterschiedlich. Die **Ober- und Luxusklasse** konzentriert sich eher auf Großstädte, während die Mittelklasse (*Econo Lodge, Ramada, Travelodge, Days Inn, Best Western, HI Express, Comfort/Quality Inn* usw.) nahezu an allen wichtigen Orten und Verkehrsknotenpunkten vertreten ist. Die Grenzen verlaufen fließend, insbesondere zwischen der **Mittel-** und **unteren Preisklasse**. Die angegebenen Tarife dienen nur als **Anhaltspunkt** und können je nach Lage, Saison und Auslastung unter-, aber auch deutlich überschritten werden.

Qualität

Während die Oberklasse und gehobenere Mittelklasse (*Country Inn, Holiday Inn, Best Western* etc.) in den meisten Fällen einen Standard bieten, der den Erwartungen und dem Preis (im jeweiligen lokalen/saisonalen Rahmen) gerecht wird, so trifft das bei Weitem nicht auf alle Häuser der unteren Mittel- und Budgetklasse zu. Dort kommt es zu großen Abweichungen innerhalb einer Gruppe. So sind bei *Choice Hotels* etwa die *Comfort Suites* eindeutig der oberen Mittelklasse zuzuordnen, eine *Econo Lodge* oder ein *Rodeway Inn* hingegen ist mitunter kaum besser als so manches renovierte und gut geführte *Motel 6* (untere Preisklasse). Nicht selten werden Unterkünfte nach einigen Jahren (und mit schon deutlich sichtbarer Abnutzung) innerhalb der Hotelgruppe herabgestuft. So kann es passieren, dass ein vormals gutes *Comfort Inn* zu einer eher mittelmäßigen *Econo Lodge* wurde.

Auch in verschiedenen Häusern ein- und derselben Kette, die an sich überall einen in etwa identischen Standard aufweisen sollten, findet man in der Praxis erhebliche Unterschiede – ganz in Abhängigkeit davon wie strikt die Vorgaben des übergeordneten Franchise-Unternehmens hinsichtlich Zimmergröße, -ausstattung etc. sind. Während man z.B. in allen *Holiday Inn* (*Express*)-Unterkünften mit einer vergleichbaren Zimmerqualität rechnen darf, gibt es bei den billigeren Ketten der *Choice* (z.B. *Econo Lodge*, *Rodeway Inn*) oder *Wyndham*-Gruppe (u.a. *Travelodge*, *Super 8*) mächtige Schwankungen bei Qualität/Sauberkeit zwischen den Standorten. Primär hängt das vom jeweiligen Hotelmanagement ab.

Ähnliches gilt auch für Ketten wie *Canadas/Americas Best Value Inn*, *Red Lion* oder *Vagabond Inn*, bei denen die ganze Palette des Kundenurteils von »tadellos« bis »nie wieder!« vertreten ist.

Bed and Breakfast Angebot vor einem Privathaus

3.2.2 Sonstige Unterkünfte

Bed & Breakfast

Attraktive Übernachtungsmöglichkeiten bieten ***Bed & Breakfast Places***, sowohl in Privathäusern wie auch als Pensionen. In ländlichen Regionen wird man **B&B-Schilder** häufiger entdecken als in größeren Städten, wo manche Gastgeber ihr Angebot nicht am Haus annoncieren. In größeren *Bookstores* gibt es regionale B&B-Führer und sogar Bildbände für Bed & Breakfast in exzellent gelegenen und/oder architektonisch/historisch besonderen Anwesen. Der Übergang zum ***Country Inn***, faktisch einem Hotel, ist dabei fließend. Hier und dort sind auch **Listen mit allen B&Bs** einer Stadt/Gegend in den *Tourist Information*-Büros erhältlich.

Internet

Informationen und Buchungsmöglichkeit zu B&B in Kanada und in den USA findet man u.a. auf den Internetportalen: www.bedandbreakfast.com und bbcanada.com.

Kosten B&Bs sind weder in Kanada noch in den USA eine billige Alternative zum Motel. Das Preisniveau liegt im Rahmen der Mittelklasse, aber oft auch höher (ab ca. €120 pro Doppelzimmer inkl. Frühstück). Für manchen reizvoll an B&Bs mag auch der meist vorhandene »Familienanschluss« sein.

Privatzimmer

Günstigere Angebote – allen voran in den großen Citys – findet man bei Privatzimmer-Vermittlern wie www.airbnb.com, www.homeaway.com oder www.windu.com. Neben den »Schnäppchen« für Sparfüchse wird dort mitunter Originelles wie die Kabine auf der Segelyacht oder gleich ein ganzes Hausboot angeboten. Der Kontakt zu Einheimischen ist dabei oft inklusive.

Jugendherbergen

Im Vergleich zu Europa ist das Jugendherbergswesen in Kanada und den USA zwar unterentwickelt, aber einige Herbergen stehen in günstiger Lage im Brennpunkt der Citys oder in einem besonders attraktiven Umfeld (z.B. am *Icefields Parkway* im Jasper Nationalpark). Die Kosten (inkl. Küchenbenutzung) sind **für Einzelreisende** konkurrenzlos billig, selbst wenn man an Touristen-Hotspots bis zu €40 fürs Bett im Mehrbettzimmer hinlegen muss. Ab zwei Personen kann manche Jugendherberge schon teurer als die untere Motelkategorie sein. Es werden in Hostels auch vermehrt EZ/DZ angeboten, teilweise sogar mit einem eigenen Bad.

Buchung Jugendherbergen sind überaus beliebt, gute Häuser in den Großstädten oder in der Nähe touristisch bedeutsamer Ziele (Nationalparks/Pazifikküste) müssen in der Regel viele Monate im Voraus gebucht werden. Bei *Hostelling International (**HI Hostels**)* kann auch gleich zentral reserviert werden für:

- Kanada: www.hihostels.ca, ✆ 1-800-663-5777
- Seattle: www.hiusa.org, ✆ 1-888-464-4872 (kein *HI* in Alaska)

Eine **Alternative** zu den traditionellen *HI*-Jugendherbergen bieten viele unabhängige Häuser unter freier Trägerschaft. Bei ihnen geht es tendenziell (noch) etwas lockerer zu als in den *HI Hostels*. Im Web findet man sie mit sämtlichen Buchungsdetails unter www.hostels.com, www.hostelsclub.com oder www.hostelworld.com.

Backpackers Hostels Canada ist ein weiterer Hostelverbund neben *Hostelling International* in Kanada: www.backpackers.ca.

Studentenwohnheime

Übernachtungsmöglichkeiten bieten auch die in den Sommermonaten (Ende Mai bis einschließlich August) teilweise leerstehenden Studentenwohnheime, die ***University Residences*** oder ***College Dormitories***. Fast jede größere Stadt verfügt über mindestens ein *College*. Das ***Department of Housing*** der jeweiligen Institution ist zuständig für die Vermietung, wobei die Bedingungen (z.B. keine Einzelübernachtungen) und Preise stark variieren.

Weltbekanntes Hotel Chateau Lake Louise mit Tarifen zum Staunen: das gilt vor allem für Zimmer mit Seeblick

3.2.3 Vorbuchen von Unterkünften

Eine Fahrt ins Blaue oder doch lieber das Gros der Übernachtungen vorab buchen – vor dieser Entscheidung stehen viele Nordamerika-Urlauber, sobald sie ihre Reiseroute grob zusammengestellt haben. Ein gewisses Maß an Flexibilität möchte man sich bewahren und abends trotzdem nicht stundenlang ein Quartier suchen müssen. Wer die Hochsaison (➤ Seite 33) meidet, sollte i.d.R. ohne größere Probleme ein passendes Nachtquartier finden. Nur bei den großen Touristenmagneten muss man selbst in der Nebensaison eine gewisse örtliche/preisliche Flexibilität mitbringen. Abseits der »Hotspots«, im Umfeld kleinerer nordamerikanischer Städte, kann es – saisonabhängig – sogar Überkapazitäten geben mit erfreulichen Auswirkungen auf die Effektivpreise, die dann oft unter den Listentarifen der offiziellen Verzeichnisse liegen.

Es gibt aber auch gleich **eine ganze Reihe von Ausnahmen**, bei denen man sich gar nicht früh genug um die Unterkunft kümmern kann, dazu zählen folgende Gebiete:

Rund um die beliebtesten National- und Provinzparks

Zur (kurzen) Sommersaison ist in und rund um die berühmtesten Parks des nordamerikanischen Kontinents meist die »Hölle« los. Stark betroffen sind vor allem der ***Banff*** und ***Jasper NP***, aber auch populäre Provinzparks (u.a. ***Wells Gray***). Orte wie **Lake Louise**, **Banff** und **Jasper** sind dann in der Regel lange im Voraus hoffnungslos ausgebucht. Und wer das Glück hat, kurzfristig doch noch ein Quartier zu ergattern, staunt meist nicht schlecht über die Tarife.

Vor allem wer Wert auf ein Zimmer in besonders beliebten Hotels wie beispielsweise dem *Fairmont Banff Springs* in Banff, dem *Chateau Lake Louise* (➤ Foto oben) oder dem *Prince of Wales* beim *Waterton Lakes NP* (➤ Foto Seite 110/111) legt, sollte – nicht nur für die Hochsaison – viele Monate im Voraus reservieren. Ähnliches gilt für spezielle Vorhaben wie Übernachtung auf einer Ranch oder Blockhauseinsamkeit mit *Fly-in-Fishing*.

Besonders großer Andrang herrscht auch im US-Nationalpark ***Glacier***, der an den *Waterton Lakes NP* angrenzt. Dort werden die Buchungsportale für die schönen *Lodges* innerhalb des Parks meist 13 Monate vorher freigeschaltet und dann schon rege genutzt.

Selbst das Bett in den ***HI Hostels*** am ***Icefields Parkway*** sollte man sich unbedingt vorab sichern, wenn auch nicht ganz so langfristig – einige Monate vor der Reise reicht in dem Fall meistens aus.

Wo und wann noch vorbuchen?

Richtig teuer kann es ohne rechtzeitige Vorreservierung in den ***Big Citys*** Seattle und Vancouver wie auch in deren Einzugsgebiet werden. Jede für sich gilt als nationale wie internationale Touristenattraktion und sie sind nicht nur den **Sommer** über stark gebucht, sondern generell zwischen den zwei verlängerten nordamerikanischen Wochenenden rund um den ***Memorial/Victoria Day*** und ***Labo(u)r Day*** (letzter Montag im Mai bis erster Montag im September). Ganz besonders heikel sind die Termine rund um die **Nationalfeiertage** (**1. Juli** in Kanada und **4. Juli** in den USA).

Ähnliches trifft dann auch auf den Einzugsbereich aller populären touristischen Ziele zu. Neben den National- und Provinzparks sind das ganz Vancouver Island (vor allem aber **Victoria**), das **Okanagan Valley** und weitere Gebiete im Süden von British Columbia sowie in Alaska in erster Linie die **Kenai-Halbinsel**.

Bei Events

Problematisch wird es auch in Zeiten sportlicher Superevents, vielbesuchter Messen sowie spezieller **Großveranstaltungen** z.B. während der *Calgary Stampede* und *K-Days* (Edmonton). Spontan findet man dann – falls überhaupt – Zimmer nur zu Höchstpreisen.

Erste/letzte Nacht

Ein Bett für die **erste Nacht in Übersee** sollte man nach dem langen Flug sicher haben (diese erste »Adresse« wird in den USA ohnehin bei der Einreise verlangt und auch Wohnmobile dürfen in der Regel nur am Folgetag übernommen werden). **Heimische Veranstalter haben für City- und Flughafen-Hotels** oft günstigere Tarife als bei Buchung vor Ort. Falls der Rückflug schon am Vormittag anliegt, empfiehlt es sich auch, die **letzte Nacht** in Airport-Nähe zu verbringen.

Lagerfeuerromantik an den Stränden der Provinzparks auf Vancouver Island

3.3 Camping in Nordamerika

In den Wäldern, Bergen und der unendlichen Weite ihres Landes genießen Kanadier wie auch US-Amerikaner die *Great Outdoors* – Camping und Freizeitaktivitäten draußen in der Natur. Daran teilzuhaben, gehört zu den besten Erfahrungen jeder Nordamerika-Reise und kann gar nicht genug empfohlen werden. Bei uns in Mitteleuropa gibt es nichts Vergleichbares.

3.3.1 Nordamerika hat es besser

Ausstattung der Plätze

Nordamerika bietet dem Camper alles, was sein Herz begehrt, sei es komfortabel im RV oder im Zelt weitab der Zivilisation. Platz ist genug, und so sind auch die meisten ***Campgrounds*** angelegt. Ein **Stellplatz** fürs Wohnmobil oder Zelt beschränkt sich nicht auf wenige Quadratmeter Wiese oder Heidelandschaft, sondern umfasst durchweg ein eigenes **Areal mit Picknicktisch, Feuerstelle und separatem Grillrost**. Auf staatlichen *Campgrounds* ist so ein Platz bisweilen mehrere hundert Quadratmeter groß, und die »Nachbarn« geraten schon mal aus dem Blickfeld. Dann künden nur noch abendlicher Feuerschein und appetitanregende Grilldüfte von der Anwesenheit anderer. Zwar sind nicht alle Plätze so großzügig angelegt, aber **Lagerfeuer und *Barbecue*** (***BBQ***) gehören zur nordamerikanischen Campingtradition. Gelegentlich liegt schon grobes **Feuerholz** geschlagen und gratis bereit, in Nationalparks ggf. nur mit ***Fire Permit***, in den kanadischen *Rocky Mountain Parks* obligatorisch auf allen Plätzen mit Feuerstellen.

Campingführer

Die im ***Play*** bzw. ***iTunes Store*** verfügbaren ***Camping Apps*** sind meist den gedruckten Listungen in allen Belangen überlegen. Neben dem Blick auf »*All Campgrounds*« können selektiv auch Plätze nur für Zeltcamper, nur für Wohnmobile, nur in Nationalparks etc. aufgerufen werden. Hinter den Kurzinformationen der App-Liste steht damit auf dem Monitor jeweils das ganze Paket mit allen Detailinformationen einschließlich Anfahrtskarten zur Verfügung; www.allstays.com.

Verbreitet und in vielen Miet-RVs vorhanden ist der ***Good Sam RV Travel Guide***, ein stark auf Komfortcamping und kommerziell betriebene Plätze ausgerichteter Führer. Sein Aufbau und die ganze darin enthaltene Werbung machen die Benutzung mühsam. Viele Plätze – so des *National/Canadian Forest Service* und *BLM* – bleiben in diesem telefonbuchdicken Band unerwähnt. Die Camper-Vermieter versorgen ihre Kunden oft auch mit dem ***KOA Directory*** (➢ Seite 126) und Broschüren privater Platzbetreiber.

In den Besucherinformationen der kanadischen Provinzen erhält man zudem gratis die jährlich aktualisierten **Verzeichnisse** aller auf öffentlichen Straßen erreichbaren Campingplätze (auch hier mit Ausnahme von *Forest Campgrounds*).

First-come, first-served

Bei vielen *Campgrounds* unter staatlicher oder städtischer Trägerschaft erfolgt die Vergabe der Plätze auf *first-come, first-served*-

3

Basis. D.h., dort hat der Neuankömmling **freie Wahl**, sofern noch nicht alle besetzt sind. Aufgrund der steigenden Besucherzahlen musste allerdings während der letzten Jahre bei etlichen besonders populären Campingplätzen ein Reservierungssystem eingeführt werden. Aber auch die nicht reservierbaren *Campgrounds* sind in den üblichen Verzeichnissen markiert und speziell an Wochenenden oft voll belegt.

Gebühren

Auf **staatlichen Plätzen** gilt ein pauschaler Einheitspreis (*fee*) pro Stellplatz unabhängig von der Personenzahl (in der Regel bis zu 6 Personen mit 2 Zelten und einem Fahrzeug). Die Gebühren werden auf ***Public Campgrounds*** überwiegend im ***Self-Registration***-Verfahren erhoben. Die Camper legen das Geld in einen bereitliegenden Umschlag (mit Namen und Stellplatznummer) und werfen ihn in eine gesicherte ***Deposit Box***. Ehrlichkeit wird groß geschrieben. **Auf privaten Plätzen** überwiegt die Basisgebühr für zwei Personen plus Aufschlag für jeden zusätzlichen Gast.

Anschlüsse

Viele Besitzer von Campfahrzeugen glauben, ihren eingebauten Komfort nur dann voll nutzen zu können, wenn auf dem *Campground* Wasseranschluss, Abflussrohr und Steckdose vorhanden sind. Die meisten Privatplätze und einige Plätze in National- und Provinzparks verfügen über den sog. ***full hook-up***, einen Dreifach-Anschluss. Häufig trifft man ebenso auf ***semi-serviced campsites*** (nicht mit allen Anschlüssen versehene Stellplätze, nur ***hook-up***) meist mit Elektrizität und/ oder Wasser, aber ohne Abfluss. Bei einiger Aufmerksamkeit kommen Campmobilfahrer aber ganz gut ohne *full hook-up* aus. Denn auf vielen *Campgrounds* ohne Anschlüsse an den Stellplätzen befinden sich ***dump***, ***sani*** oder ***sewage stations***, wo gegen moderate Gebühr oder auch gratis Schmutzwasser abgelassen und Trinkwasser aufgefüllt werden kann.

Reinigung des Abwasserschlauchs mit Frischwasser

3.3.2 Zu den Campingplätzen

Staatliche Plätze - Public Campgrounds

Nationalparks

Die Campingplätze in Einrichtungen des kanadischen und US-Nationalparksystems liegen überwiegend in reizvoller Umgebung und zeichnen sich durch großzügige Aufteilung aus. Einige sind wegen des Massenandrangs in der Hochsaison von erheblichen Ausmaßen. Die Mehrheit der *Nat'l Park Campgrounds* verfügt nur über **einfache sanitäre Anlagen**. Teilweise sind Duschen bzw. Wasser- und Stromanschlüsse an den ***campsites*** (Stellplätzen) vorhanden. Nur Großkomplexe (etwa der *Whistlers* bei Jasper oder die *Tunnel Mountain Campgrounds* in Banff) bieten mehr Komfort.

Die Kosten betragen **etwa €10-€40/Nacht**. Am preiswertesten sind sog. ***walk-in sites***, wo das Auto weitab vom Zelt parken muss. Fürs ***Backcountry Camping*** im Hinterland der Parks benötigt man eine Bewilligung (***Permit***, ➤ Seite 43), die in Besucherzentren und *Ranger/Warden Stations* gratis oder gegen eine geringe Gebühr ausgestellt wird (**bis zu €15/Nacht**).

Die Stellplätze in populären Nationalparks sind meist viele Monate im Voraus ausgebucht, sofern sie nicht auf *first-come, first-served* Basis vergeben werden. Reservieren kann man sie unter:

- ***Parks Canada***: www.reservation.pc.gc.ca, © 1-877-737-3783
- ***National Park Service***: www.recreation.gov, © 1-888-444-6777.

Dafür wird je Platz eine fixe Zusatzgebühr erhoben, egal ob eine oder mehrere Nächte reserviert werden.

Plätze des *Park Service* mit Reservierungsmöglichkeit gibt es in folgenden Nationalparks des Westens: *Banff, Elk Island, Jasper, Waterton* (jeweils Alberta), *Gulf Islands, Kootenay, Pacific Rim* (jeweils British Columbia), *Riding Mountain* (Manitoba) und *Bruce Peninsula* (Ontario).

Provincial, Territorial oder State Parks

Alle Provinzen unterhalten ***Provincial***, die Northwest Territories und Yukon ***Territorial Parks***. In den USA (Alaska + Washington) entsprechen ihnen die ***State Parks***. Zwar gibt es auch Provinzparks mit reinem *Day-use*-Charakter (Spielplatz, Badestrand, Natur- und Joggingpfade etc.), aber zu den meisten gehören Campingplätze.

Die ***Campgrounds*** weisen unterschiedlichste Komfortmerkmale auf. Manche verfügen über Duschen, einige über Wasser- und Stromanschluss an den Stellplätzen, die meisten sind sanitär einfach ausgestattet. Die Übernachtungskosten variieren und liegen in derselben Größenordnung wie in den Nationalparks.

Ein Campen/Übernacht-Parken außerhalb offizieller Plätze ist in National- und Provinzparks im Allgemeinen streng untersagt.

Walk-in campsite im Hinterland des Denali Nationalparks; die Bewilligungen fürs »Backcountry Camping« werden kostenlos von der Parkverwaltung ausgestellt

Im Inneren eines Glamping-»Zeltes«

Komfortables »GLAMPING«

In einem Zelt schlafen, nachts den Geräuschen der Natur lauschen und dennoch nicht auf ein bequemes Doppelbett verzichten? Der neue Trend macht es möglich: »Glamping«, die Kurzform für »***glamorous camping***«, kombiniert die Bequemlichkeiten, die man aus Hotels kennt und schätzt, mit der Naturnähe und Lagerfeuerromantik, die einem nur das Campen bieten kann.

Die Angebote (mit eigenem Bad oder ohne) sind vielfältig und reichen von indianischen *Teepees* über private Luxusgroßzelte (*Under Canvas*) in Nationalparknähe bis hin zum Übernachten im nostalgischen *Airstream Trailer*. Und der Komfort beginnt schon damit, dass man in der Regel keinerlei Campingutensilien mitnehmen muss; auch Bettwäsche wird beim Glamping meist zur Verfügung gestellt. Natürlich ist das Ganze dann nicht so preiswert wie das »normale Zelten«.

Eine Vielzahl an Angeboten findet man im Internet (auch bei Buchungsportalen) und auf einige dieser außergewöhnlichen Übernachtungsmöglichkeiten wird extra im Reiseteil dieses Buchs hingewiesen.

»Glamping« in Alaska unter dem Sternenhimmel und Polarlichtern (➢ Seite 37)

Beliebt und schonender für die Geldbörse sind die »abgespeckten« Varianten des Glampings in den *National*, *Provincial* oder *State Parks*, bei denen man oft einiges mitbringen darf und mancherorts auch auf einen Stromanschluss verzichten muss. Vor allem für **Familien mit Kindern** meist eine preiswerte Alternative – in Jurten oder *oTENTiks* z.B. zahlt man ab $100/Nacht:

oTENTik, ein von *Parks Canada* in einigen Nationalparks angebotenes »Luxuszelt« mit festen Wänden und einem Leinendach, in dem üblicherweise bis zu 6 Personen Platz finden. Ausgestattet i.d.R. mit Heizung, Licht und Steckdosen, aber nur mit Matratzen auf den Stockbetten, so dass man den Schlafsack und Handtücher dabei haben sollte.

Ganz ähnlich übernachtet es sich in Jurten (***yurts***). Ihr Komfort kann stark variieren und reicht vom stromlosen »Dach über dem Kopf« bis hin zur Luxuswohnung, die keine Wünsche offen lässt, mit eigenem Bad und voll eingerichteter Küche.

Infos zum Camping in Provincial, Territorial und State Parks

Aufs Camping in den Parks der Provinzen, Territorien und US-Staaten und den dort geltenden Besonderheiten wird an entsprechender Stelle in den Reisekapiteln eingegangen. Weitere Infos im Anhang und im Netz:

Alberta	Seite 639	www.albertaparks.ca
British Columbia	Seite 645	www.env.gov.bc.ca/bcparks
Manitoba	Seite 649	www.manitobaparks.com
Ontario	Seite 652	www.ontarioparks.com
Saskatchewan	Seite 656	www.tourismsaskatchewan.com
Northwest Territories	Seite 658	www.nwtparks.ca
Yukon	Seite 432	www.env.gov.yk.ca
Alaska/USA	Seite 669	http://dnr.alaska.gov/parks/
Washington State/USA		www.parks.wa.gov

In Bärengebieten muss sämtlicher Abfall in sicheren Containern entsorgt werden

Overflow Areas

Bei Andrang öffnet die Parkverwaltung z.B. in den *Alberta Rocky Mountain Parks* Reserveplätze, sogenannte ***Overflow Areas***. Sind auch sie voll, bleibt einem nichts übrig als den Park zu verlassen.

Forest Service

In den riesigen Wäldern insbesondere in British Columbia haben der *Forest Service* und teils auch die *Logging Companies* (Holzkonzerne) unzählige Campingplätze der Einfachkategorie angelegt. Unter ihnen befinden sich **traumhafte Anlagen** inmitten sonst unberührter Natur. Kartenmaterial mit den eingezeichneten Plätzen erhält man in den lokalen Büros des *Forest Service*.

In konventionellen Campingplatz-Führer sind sie nur sporadisch verzeichnet, dafür aber meist lückenlos in den ***Camping Apps*** (➤ Seite 119). Für British Columbia listet das Portal www.sitesandtrailsbc.ca selbst noch die kleinsten *campsites*. Genaue Karten erhält man auch in den regionalen Büros des *Forest Service*.

Die **Übernachtungskosten** richten sich weniger nach der Ausstattung, die über Wasserpumpe und Plumpsklos/Chemietoiletten (*Pit/Chemical Toilets*) selten hinausgeht, als nach der Lage. Am teuersten sind die leicht erreichbaren Plätze.

Yukon Government Campgrounds

Darüber hinaus gibt es in Yukon noch einige Dutzend sog. ***Government Campgrounds***. Generell kosten dort alle Stellplätze 12 CAD/ Nacht und Fahrzeug. Ab 2021 voraussichtlich 20 CAD bzw. 18 CAD online! Derzeit werden sie noch vor Ort per ***self registration*** bezahlt und eine Reservierung im Voraus ist nicht möglich. Übersicht unter: www.env.gov.yk.ca/camping-parks/campgrounds.

Wohnmobil-Urlauber finden in den *Yukon Information Centres* eine Liste aller *Yukon Campgrounds* mitsamt *dump stations* für Frischwasser und Abwässer. Die oft sehr schön gelegenen Campingplätze haben weder *hook-up* noch Sanitär-Tanks.

Städtische Plätze

Manche Städte und Landkreise unterhalten auch in eigener Regie *Municipal* oder *County Campgrounds* recht unterschiedlicher Güte. Auch Organisationen wie der *Lions Club* gehören gelegentlich zu den Trägern.

BOONDOCKING – Übernachten »for free«

Wer auf Schotterstraßen in die Einsamkeit der ***National*** oder ***Provincial Forests*** vordringt, findet dort mit ein bisschen Glück ein Fleckchen Erde am Gebirgsbach oder an einem einsamen See, wo man wunderbar die Nacht oder sogar einige Tage verbringen kann. Auf öffentlichem Land (*National Forest* in den USA, *Provincial Crown Land* in British Columbia, *Public Lands* in Alberta) darf meist auch abseits offizieller Campingplätze **kostenlos übernachtet** werden. In den USA muss man dabei mindestens 400 m Abstand zum nächsten ausgewiesenen *Forest Campground* halten (auch die Distanz zu Tier-Tränken beachten!). Im Umkreis großer Städte sowie in speziellen Naturschutzzonen ist das »wilde Campen« verboten; Details erläutern die Forstbehörden.

Ähnliches gilt in den USA für Gebiete unter der Obhut des *Bureau of Land Management* (*BLM*) und in manchen *National Monuments*. Für sog. *Primitive Campsites* wird oft nur ein (gratis) *Overnight Permit* benötigt, das man sich zuvor im Besucherzentrum besorgen muss. Solche Plätze sind mit einem Wohnmobil größer als *Van Camper* bisweilen nur schwer oder gar nicht erreichbar.

Mit ihnen darf man dafür ganz offiziell bei ***Truck Stops*** wie ***Flying J*** im Umfeld der *Interstates* (laut, aber relativ sicher) über Nacht stehen, ebenso auf den **Parkplätzen einiger *Walmart*-Filialen**. Unter www.walmartlocator.com/no-park-walmarts erfährt man, welche *Walmarts* diesen Service einschließlich Toilettenbenutzung des Hauses zu den Öffnungszeiten nicht (mehr) bieten. Wer in den Abendstunden einen weitgehend autofreien Parkplatz vor einem Supermarkt oder *K-Mart, Target, Sam's Club* oder *Cracker Barrel* etc. mit ein paar einsamen RVs passiert, darf eine *Overnight*-Parkerlaubnis vermuten – fragen muss man aber den Manager trotzdem sicherheitshalber!

In Großstädten sollte man davon absehen, das Übernachten abseits der offiziellen *Campgrounds* in städtischen Parks oder auf Parkplätzen ist nicht nur gefährlich, sondern illegal. Wichtig ist auch das Respektieren von Privatbesitz, denn in ganz Nordamerika besitzt *Private Property* einen hohen Stellenwert.

Kostenloses Camping heißt in Nordamerika ***Boondocking*** (*in the boondocks* = »in der Pampa«), die Bezeichnungen ***dry***, ***wild*** oder ***dispersed camping*** sind ebenso weit verbreitet. Die Online-Plattform www.freecampsites.net liefert für beide Länder tolle Infos zu diesem Thema (mit Kartenansichten!), eine weitere gute Adresse für RVler ist auch www.campendium.com.

Kommerziell betriebene Plätze

Ausstattung und Preise

Bei den privat betriebenen Campingplätzen überwiegen solche mit ***hook-up*** (➤ Seite 120) und knapperem Zuschnitt der Stellplätze als bei den *Public Campgrounds*. Die Tarifgestaltung orientiert sich an der Ausstattung und der Nähe zu touristischen Reiserouten und -zielen. Die **preisliche Untergrenze** für simple oder abgelegene Privatplätze liegt bei **etwa €20**. Im Umfeld von Attraktionen (Nationalparks, Badeorte etc.) und im Einzugsbereich großer Citys wird es rasch teurer (**€40/Nacht** oder weit mehr). Grundsätzlich dürfen die Campmobilsten dort dafür mit Duschen, Waschautomaten, Pool, Minishop, TV-Raum, *free Wifi* etc. rechnen. Die Plätze können i.A. alle unter Angabe der Kreditkartennummer reserviert werden.

3

Lage

Zur Sicherstellung hoher Auslastung liegen viele Privatplätze in verkehrstechnisch günstiger Position, also **an vielbefahrenen Straßen**. Ist der Lärmpegel dort selbst im Camper noch hoch, überschreitet er im Zelt oft das erträgliche Maß. Die Kunden sind deshalb mehrheitlich Wohnwagen- und Wohnmobilbesitzer, für die es in erster Linie auf den Vollanschluss ankommt. Von den großartigen Campmöglichkeiten in Nordamerikas *Great Outdoors* lassen solche Anlagen, speziell ***RV Parks***, nichts ahnen. Denn in puncto landschaftlicher Einbettung und Attraktivität können es nur wenige kommerziell geführte *Campgrounds* mit der staatlichen Konkurrenz aufnehmen.

Camping-Ketten

Ähnlich wie in der Hotelbranche existieren auch Campingplatz-Ketten wie ***KOA*** (www.koa.com, ✆ 1-888-562-0000) und ***Good Sam*** (www.goodsamclub.com). Während man bei *Good Sam* als loser Verbund privater Betreiber zusammenarbeitet und die Einhaltung bestimmter Richtlinien garantiert, gehören über 500 Plätze in den USA und Kanada zum Franchise-Geber ***Kampgrounds of America***.

KOA kooperiert mit Campmobilvermietern und lockt deren Kunden mit der gratis ***KOA Value Card***, die **10%-Rabatt** und andere ***Hot Deals*** verspricht. Aber selbst damit bleibt *KOA* in der preislichen Oberklasse – Zelte ab ca. **€20** bzw. RVs ab **€35** und häufig noch erheblich mehr. Gutes Marketing, die verkehrstechnisch günstige Lage vieler Plätze und ein meist durchgehend guter Standard bei **Toiletten- und Duschanlagen** erklären den Erfolg von *KOA*. Auch sonst bietet die Kette einen etwas höheren Komfort und erlaubt i.d.R. das Grillen am Lagerfeuer (bei einigen privaten Plätzen nicht gestattet!).

Online ist der Katalog ***KOA Directory*** unter folgendem Link einzusehen: www.koa.com/contact-us/faqs/12/1201/.

Cabins/ Cottages

Eine (nicht nur) *KOA*-Spezialität sind kleine Blockhäuser, ***Cabins*** (auf 90% aller *KOA*-Anlagen) und ***Cottages***, für €50-€180/Nacht für bis zu 4 Personen. Die teuren Varianten verfügen über Badezimmer und Küche, der Schlafsack ist aber mitzubringen.

IGA Supermarkt in Banff

3.4 Essen und Trinken

3.4.1 Selbstverpflegung

Lebensmittel

Supermärkte

Die Selbstversorgung in Nordamerika ist unproblematisch. ***Food Marts*** von oft kolossalen Ausmaßen findet man praktisch an jeder Ecke. In größeren Ortschaften sind sie häufig an den Ausfallstraßen in *Shopping Plazas* integriert und haben fast ausnahmslos **bis 21 Uhr** geöffnet, oft sogar **»24/7«** (rund um die Uhr, 7 Tage die Woche).

In Kanada dominieren die beiden größten Supermarktketten ***Loblaw*** (u.a. mit ***Real Canadian Superstore*** und ***Extra Foods***) sowie ***Sobeys*** (mit ***IGA Supermarket*** und ***Safeway***), weiters auch ***Save-on-Foods***. In den USA sind ***Albertsons***, ***Smith's*** oder ***Fred Meyer*** bestens vertreten. Bei einigen dieser Ketten kommt man selbst als Tourist mit einer **Kundenkarte** in den Genuss der Club-Sonderpreise – einfach an der Kasse danach fragen oder sich beim »service desk« unter einer beliebigen Adresse (etwa der des Autovermieters) registrieren lassen. €5-€10 Ersparnis pro Einkauf sind damit eher die Regel als die Ausnahme. Außerdem reduziert sich so bei den supermarkteigenen Tankstellen der Spritpreis um ein paar Cents.

Vielfach in den Supermärkten zu finden sind schöne Salatbars zur Selbstbedienung (an der Kasse wird nach Gewicht abgerechnet) sowie eine Auswahl an heißen Suppen, Grillhähnchen und anderen relativ preiswerten Gerichten zum Sofortverzehr.

Die genannten Supermärkte haben – je nach Standort – auch ein gutes Angebot an Bio-Waren (***Organic Food***) zu etwas günstigeren Preisen als die darauf spezialisierten ***Whole Foods Markets*** oder die *Aldi*-Tochter ***Trader Joe's***.

Walmart Supercenter umfassen immer auch einen *Discount Supermarkt*, dessen Preisniveau liegt zwar unter dem der reinen *Food Mart*-Ketten, dennoch nicht vergleichbar mit z.B. *Aldi* oder *Lidl*.

Preisniveau

Lebensmittel sind in Übersee im Schnitt **20-30% teurer** als hierzulande. Signifikant höher sind die Preise insbesondere für **Gemüse** und **Obst** (***Produce***), sieht man von Erntezeiten im Anbaugebiet ab. Vor allem mit wachsender Entfernung von den Bevölkerungszentren steigen die Kosten für Frischprodukte.

In den USA lässt die (Netto-)Preisauszeichnung bezogen auf die englische Maßeinheit *lb (=pound*/Pfund, etwa **450 Gramm**) die Preise niedriger erscheinen, als sie es in Wirklichkeit sind. Der Endpreis für ein Kilo beträgt das 2,2-fache des *lb*-Preises.

Sonstige Läden

Lebensmittel, aber kaum Obst, Gemüse und Frischfleisch, führen die oft rund um die Uhr betriebenen ***Mini Marts***. Sie sind vergleichsweise teuer, mit Tankstellen kombiniert und fungieren mit *Soft Drinks, Coffee, Ice Cream, Hot Dogs* und Snacks primär als Versorgungsstationen für Autofahrer. In manchen Dörfern stößt man auch noch auf den ***General Store***, den klassischen ländlichen Gemischtwarenladen, der von der Milch bis zum Angelhaken alles führt, was die Kunden im Einzugsbereich so brauchen.

Alkoholika

In den kanadischen Supermärkten sind lediglich **alkoholfreie** Bier- und Weinsorten erhältlich, aber auch in vielen US-Staaten muss man für Hochprozentiges einen ***Liquor Store*** aufsuchen. Selbst die kleinsten Dörfer haben einen bestens sortierten Laden, der alles führt, was auf dem Weltmarkt Rang und Namen hat, wiewohl zu extrem hohen Preisen. Eine Ausnahme bildet der hohe Norden, im Yukon-Territorium etwa stehen ***Government Liquor Stores*** nur in Dawson City, Faro, Haines Junction, Mayo, Watson Lake und Whitehorse (in anderen Orten übernehmen lizensierte Restaurants deren Funktion). In British Columbia wurden außerdem jede Menge kommerziell betriebene Läden zugelassen, in Alberta gibt es sogar ausschließlich ***Private Liquor Stores***.

Die Öffnungszeiten variieren stark und passen sich der Nachfrage an. So schließt z.B. in der Touristenhochburg Banff das *Townhouse Liquor Store* erst um 2 Uhr morgens. Mancherorts ist der Alkoholverkauf am Vormittag oder am Abend untersagt bzw. an Sonn- und Feiertagen. Überall in den USA verboten ist die Abgabe von Alkohol an **Personen unter 21**, in **Alberta unter 18**, in **British Columbia**, **Yukon**, **Northwest Territories unter 19 Jahren**. Auf die Einhaltung dieser Vorschriften wird überall streng geachtet (Ausweispflicht).

Kanadische Biere weisen mehr Würze auf als die geschmacklich indifferenteren, leichten US-Sorten (unter den teureren finden sich aber auch bessere wie z.B. *Samuel Adams*). Kanadas Biermarkt wird von zwei Konzernen dominiert, die bereits 1786 in Montréal gegründete *Molson*-Gruppe und der *Labatt*-Konzern (seit 1847 aus Ontario). *Labatts* Premiummarke in West-Kanada ist ***Kokanee*** aus der *Columbia Brewery*. In vielen Orten (auch in den USA) wurde die alte Tradition kleiner Brauereien wiederbelebt. Diese ***Microbreweries*** – meist mit eigenen Kneipen und Restaurants – erzeugen heute qualitativ gute, teilweise auch ungewöhnlich schmeckende Biere. Voll im Trend liegen stark hopfenbetonte ***Craft Beer***-Sorten wie das ***India Pale Ale*** (*IPA*) von diversen Brauereien.

Alkoholische Getränke (vor allem in Restaurants, Bars etc.) sind ein **teurer Spaß**. Ein ***draft beer*** (Zapfbier) unter €4/0,35 l (=12 oz) gibt es kaum noch, selbst wenn es aus einem Plastikbecher getrunken werden muss. Beliebt sind ***Pitcher*** (Karaffen mit 48 oder 60 oz), aus denen sich eine fröhliche Runde selbst Bier einschenkt. Das ***Glas of Wine*** (*red or white* ohne weitere Unterscheidung) beginnt bei €5.

In British Columbia wurde das staatliche Monopol hinsichtlich Alkoholverkauf gelockert. Eine ganze Reihe privater Händler hat die Lizenz dazu, so beispielsweise das Hotel Victoria in Lillooet

Kanadische Weine stammen vorwiegend aus dem heißen, südlichen Okanagan Valley oder von der Niagara-Halbinsel im klimatisch begünstigten Süd-Ontario. Besser schmecken die edlen **kalifornischen Tropfen**, die es ohne weiteres mit europäischen Produkten aufnehmen können. Auch Erzeugnisse aus Oregon und Washington werden sehr geschätzt. Sie sind aber allesamt nicht ganz billig.

Den nordamerikanischen ***Whiskey*** (US-Schreibweise, in Kanada ohne »e«) gibt es in drei Spezifikationen: Aus den USA kommen der aus mind. 50% Mais gebrannte ***Bourbon*** (stammt fast immer aus den Bundesstaaten Kentucky und Tennessee) und der aus wenigstens 51% Roggen gebrannte ***American Rye***, aus Kanada der ***Canadian Rye***, der aus Roggen, Mais und Gerste unterschiedlicher Zusammensetzung gebrannt wird. Die Angabe der Prozente (***proof***) bei den Spirituosen entspricht dem doppelten der in Deutschland üblichen Kennzeichnung; *84 proof* sind also 42 Volumenprozente.

Alkoholika dürfen nur auf privaten Grundstücken (dazu gehören auch der Stellplatz auf dem *Campground* und das *Open-air*-Lokal an der Straße) **und in Räumen** konsumiert werden. Öffentlicher Alkoholgenuss ist in Nordamerika *prohibited by law* und etwa beim Picknick im Park/am Strand ein klares »*NO GO*«. Details zum Thema »*Driving under the Influence*« ➤ Exkurs Seite 104.

Fleisch/ Steak

Fleisch kauft man in Nordamerika im Supermarkt. Manche Bezeichnungen für Rindfleisch sind uns weniger geläufig: Für den Grill eignen sich vor allem ***Rib Eye***, ***Sirloin*** (Rumpsteak) und ***New York Steaks***. ***Tenderloin*** (Filetsteak) ist noch besser, aber teuer wie auch *Rib Eye* und das ***T-Bone Steak***. Man hüte sich vor *Brisket*, *Chuck*- und *Roundsteak*, auch wenn sie gut aussehen; sie sind nicht selten zäh wie Leder und nur nach Behandlung mit ***Meat Tenderizer*** (»Weichmacher«) zu genießen.

Fisch

Gleich neben dem Fleisch befinden sich die Fischtheken mit einer großen Vielfalt an Frischfisch zu mitunter moderaten Preisen.

Wurst/ Käse

Für die überwiegend vakuumverpackten Käsesorten und Wurstwaren wird um einiges mehr verlangt als hierzulande. ***Smoked Ham*** und ***Rostbeef*** sind noch am besten, ebenso der amerikanische ***Pepper Jack Cheese*** (etwas schärfer) und ***Cheddar*** in seinen vier Abstufungen von mildem bis kräftigem Geschmack.

Getränke

Erfrischungsgetränke

Als ***Soda*** oder ***Pop*** werden sämtliche ***Soft Drinks*** bezeichnet, von *Sprite*, *Coke* bis hin zum *Mountain Dew* mit einem noch höheren Koffeinanteil. Das sog. ***Root Beer*** gilt als Erfrischungsgetränk, ist aber alkoholfrei, klebrig süß und erinnert an Medizin.

Trinkwasser

Das **Leitungswasser** in Nordamerika fällt geschmacklich oft eher in die Kategorie »Schwimmbad«. Für den perfekten Kaffee- oder Tee-Genuss kauft man sich am besten ***Purified Water*** in 1- bis 2-Gallonen-Behältern. Wirklich schmecken tut aber selbst das nicht. Wer zu Hause gerne reines Wasser trinkt, probiert daher am besten ***Spring Water***. Mit **Kohlensäure versetztes Mineralwasser** wurde früher drüben eher selten getrunken, mittlerweile findet man ***Sparkling Water*** immer öfter selbst in kleineren Läden auf dem Land.

3.4.2 Restaurants

Neben den angeführten Möglichkeiten in Supermärkten (➤ Seite 127) haben Hungrige in Übersee die Wahl zwischen *Fast Food, Family* und »richtigen« Restaurants:

Fast Food

Von der Kleinstadt aufwärts besetzen *Fast Food*-Lokale die Straßen des Hauptverkehrs in dichter Folge. Die großen Ketten (*McDonald's, Burger King, Kentucky Fried Chicken, Pizza Hut, Subway* etc.) kennt man auch hierzulande, sie haben schon vor langer Zeit den Sprung über den Ozean geschafft und müssen nicht näher erläutert werden. Sie locken ihre Kunden nicht nur mit überaus günstigen *Menus* an (preiswerter als bei uns), sondern auch mit übergroßen Kinderspielplätzen, *free Wifi* und sog. ***free refill*** für Limonaden. Automaten für *Coke, Fanta* etc. stehen meist frei zugänglich im Lokal zur (mehrmaligen) Selbstbedienung.

Burger

Gut vertreten in dieser Sparte sind auch ***Carls Jr.***, ***Wendy's*** sowie ***Jack-in-the-Box***, in Kanada noch ***Harvey's*** und ***A&W***, wo das Essen allerdings eher durch originelle Namen als besonderen Geschmack hervorsticht. Dort reicht man *Uncle, Baby, Mama* oder *Grandpa Burgers* über den Tresen. Bei ***Arby's*** kommen in die runden Brötchen keine Hackfleisch-Pattys, sondern Roastbeef oder Geflügel-Wurstscheiben. Neu im Trend liegen ***In'n Out Burger*** und ***Shake Shack***.

Tim Hortons

Eine Sonderstellung nimmt ***Tim Hortons*** ein, die größte Schnellrestaurant-Kette Kanadas – landesweit über 4.600 Filialen, an zweiter Stelle folgt dort *Subway* mit knapp 3.300 und erst dahinter *McDonald's* mit gerade mal 1.450 Niederlassungen. 1964 gründete der gleichnamige Eishockeystar in Ontario sein erstes *Donut Café* und startete damit eine kanadische Erfolgsgeschichte. An den ersten Spezialitäten von damals – **frisch gebrühter Kaffee**, *Apple Fritters* (Hefeteig mit Apfelstückchen/Zimt-Füllung) und *Dutchies* (Hefeteig mit Rosinen und Zuckerglasur) – hat sich bis heute nichts verändert. Rund um die Uhr frische *Donuts, Muffins, Bagels, Timbits* (Donut-Kügelchen) sowie Suppen, Sandwiches und Burger ergänzen das Speiseangebot.

Tim Hortons ist immer gut für einen Stopp, nicht nur für Kaffee und Donuts, sondern z.B. auch für »Quick Lunch Specials«

Dunkin' Donuts Der Konkurrent aus den USA, ***Dunkin' Donuts***, bietet ebenfalls Kaffee und eine unglaubliche Vielfalt an Hefegebäckkringel an.

Dairy Queen Auf ***Dairy Queen***-Lokale stößt man in Nordamerika auch allerorten. Ursprünglich spezialisiert auf Milch-Mixgetränke, **Softeis** und Joghurt, bietet die selbsternannte »Königin der Milchprodukte« obendrein allerlei **Hamburger**-Varianten. *Dairy Queen* ist weniger einheitlich aufgemacht, die Bandbreite reicht von der simplen Dorf-Cafeteria bis hin zum modern gestylten Plastikschuppen.

Mexikanisches Ausgehend vom Südwesten der USA haben sich die Lokale mit mexikanischen Spezialitäten wie ***Taco Bell*** bis hinauf nach Kanada ausgedehnt. Basis ihrer Gerichte sind *Tortillas*, Mais- oder Weizenfladen, die mit Hackfleisch, Püree aus roten Bohnen, Salat, Guacamole, *Sour Cream* (Sauerrahm) und Käse gefüllt werden. Man rollt die weichen Teigfladen zu ***Burritos***, ***Enchiladas*** oder ***Soft Tacos***. Kross fritierte *Tortillas* belegt man mit den oben genannten Zutaten zu ***Tostadas*** oder klappt sie zu ***Tacos*** zusammen. Die Variationen sind ausgesprochen preiswert. Kaum irgendwo sonst lässt sich für so wenig Geld der Magen füllen – dasselbe gilt für Konkurrenten wie etwa ***DelTaco*** oder ***Taco Time***. Bei ***Chipotle*** werden dem Gast an der Theke die *Tacos*, *Burritos*, *Bowls* (Schalen) oder Salate ganz nach seinen Wünschen zusammengestellt.

Asiatisches Asiatisches *Fast Food* bekommt man bei der Kette ***Panda Express***, deren Filialen selbst in Alaska zu finden sind.

Eisdielen Erwähnenswert ist noch ***Baskin-Robbins***, eine der weltgrößten *Ice Cream*-Ketten mit hervorragendem, aber sehr teurem Eis (bis zu 35 Sorten!). Eiskuchen und Eiskaffee ergänzen das Sortiment.

Weitere Gaststätten Durchaus empfehlenswert können die Essmöglichkeiten der ***Truck Stops*** an großen *Highways* sein, die oft rund um die Uhr herzhafte Portionen zu bezahlbaren Preisen servieren. Selbst ***Breakfast*** schmeckt dort oftmals nicht schlechter als in *Family Restaurants*. Ähnliches gilt für die kleinen *Delis*, Bistros und *Coffee Shops*.

Family Restaurants

Familienrestaurants sind zwischen *Fast Food* und *Full Service*-Lokalen anzusiedeln. Man wird dort in der Regel am Tisch bedient – wie in »richtigen« Restaurants, aber schneller – und zu relativ moderaten Preisen, so dass sich auch Familien der unteren Mittelklasse mit Kindern noch das Essengehen leisten können. Eine Lizenz zum Alkoholausschank haben die allerwenigsten von ihnen.

Denny's Das **klassische *Family Restaurant*** im alten »American Diner«-Stil ist ***Denny's***. Filialen gibt es nahezu überall in den USA, auch in Vancouver und Calgary ist *Denny's* gut vertreten. Sie sind oftmals Tag und Nacht geöffnet und bieten dann Reichhaltiges sowie typisches ***American Breakfast*** zu jeder (!) Uhrzeit.

Frühstück Eine Alternative fürs Frühstück ist in Kanada auch ***Smitty's*** und in Anchorage wird alles, was den Tag versüßt, noch bei der »*International House of Pancakes*«-Kette ***IHOP*** zubereitet.

Full service Restaurants

In den Großstädten ist die Vielfalt enorm, während sich in kleineren Orten und auf dem Lande das Angebot nicht selten auf die typischen Hamburger- (auch im Restaurant!) und Steakgerichte beschränkt, eventuell noch erweitert um Pizza, Spaghetti, *Mexican Food* und die verbreitete chinesische Küche.

Seafood

An den Küsten sind ***Seafood Restaurants*** meist zahlreich. Der ***Catch of the Day*** bezeichnet das fangfrische, wechselnde Tagesangebot und ist oft eine gute Option. Da Lachs mit fünf Gattungen an der Pazifikküste vertreten ist, werden *Chinook (King), Chum (Dog), Coho, Pink (Humpback)* und *Sockeye Salmon,* dazu der *Kokanee Salmon* (kleinerer, nicht wandernder Süßwasservertreter des *Sockeye*) vielerorts zu relativ moderaten Preisen serviert.

Fleisch

Ebenfalls eine Spezialität – frisch von den Weiden auf den Tisch – sind saftige **Rindersteaks** (*Sirloin* = Rumpsteak, *Rib-Eye* = stark marmoriertes Steak aus der Hochrippe, *tenderloin* = allerfeinstes Filet, *New York Strip Steak* = beliebtes Lendenstück mit sichtbarem Fettrand, *T-Bone-* und *Porterhouse Steak* = flaches Stück Roastbeef mit T-förmigen Knochen). ***Prime Rib*** ist ein hervorragendes Stück Rinderbraten, das sehr langsam bei niedriger Temperatur gegart wird.

Restaurantketten

Wie bei *Fast Food* existieren auch für »richtige« Restaurants Ketten, so sind z.B. Niederlassungen vom ***Outback Steakhouse*** oder ***Bubba Gump Shrimp Company Restaurants*** weit verbreitet. Sehr beliebt in Kanada ist auch die ***Old Spaghetti Factory***, in der Pasta im nostalgischem Ambiente früherer Lagerhäuser serviert wird.

Rund ums Restaurant - wichtig zu wissen:

Please wait to be seated

Üblicherweise werden in Nordamerika Restaurantbesucher »platziert«. Auch bei vorhandenen freien Plätzen wartet der geduldige Gast, bis sich ein ***Waiter/Host*** oder eine ***Waitress/Hostess*** seiner annimmt und einen Tisch zuweist. Ist keiner frei oder noch nicht abgeräumt, werden die Namen der ankommenden Gäste notiert und der Reihe nach aufgerufen. »*Muller, party of three!*« heißt, dass für den Gast Müller mit zwei Begleitpersonen nun alles bereit ist. Mancherorts bekommt man einen *Buzzer* in die Hand, der, wenn es so weit ist, blinkt und vibriert. Bis dahin können sich die »Müllers« die Zeit mit einem *Drink* an der Bar vertreiben, so vorhanden. **Warteschlangen** vor Lokalen sind in Übersee kein ungewöhnliches Bild.

Speisekarte

Die Speisekarte heißt ***Menu***, sprich: »Mänjuh«. Vorspeisen sind ***Appetizers*** oder ***Starters***, Hauptgerichte ***Entrees*** und die Beilagen dazu ***Side Dishes/Orders***. Nach dem Hauptgericht fragt man den Gast, ob er noch ***Sweets*** oder ***Dessert*** wünscht.

Free Refills

In vielen Restaurants werden nicht nur **Eiswasser** und **Kaffee**, sondern auch ***Soft Drinks*** kostenlos nachgeschenkt.

Alkoholausschank

Lediglich ***Licensed Restaurants*** dürfen alkoholische Getränke ausschenken und das auch nur in Verbindung mit einer Mahlzeit. Dazu reicht zwar oft ein preiswerter *Appetizer* oder die *Intention of*

Order, also die Absicht ein Gericht zu bestellen. Ausgedehnteres Verweilen und der Wunsch nach alkoholischem Nachschub, wenn die Mahlzeit eigentlich beendet ist, ruft Befremden hervor. Wer noch ein paar Gläser mehr konsumieren möchte, geht dazu lieber an die Bar oder in die *Cocktail Lounge* desselben Hauses oder in einen **Pub**, wo Drinks auch ohne Essen serviert werden dürfen.

Auf dem Lande sind gemütliche Lokale für den Abend oftmals nicht leicht zu finden, aber hier und dort sorgen *Country*-Bands in originellen **Western-Saloons** für gute Unterhaltung. In Großstädten lässt die vielfältige Bar- und Clubszene meist kaum Wünsche offen. Insbesondere in British Columbia und in Seattle konnten sich **Hausbrauereien** mit eigenem Bier (➤ Seite 128), Restaurant und *Live Music* gut etablieren.

Ende der Veranstaltung

Ein Restaurantbesuch in USA/Kanada ist keine abendfüllende Angelegenheit. Selbst nach einem üppigen Mahl mit Vor-, Haupt- und Nachspeise hat es die Bedienung gelegentlich störend eilig, dem Gast nach dem letzten Bissen zu signalisieren, dass das Vergnügen nun beendet sei. Nach einem knappen, eher rhetorischen »*Anything else*?« wird rasch die Rechnung präsentiert, die oftmals an der Kasse am Ausgang zu zahlen ist.

Rechnung/ Trinkgeld

In Kanada sind die Steuern in Esslokalen mitunter schon der Speisekarte zu entnehmen, in den USA werden immer nur Netto-Preise ausgezeichnet. Erst die Rechnung (***check***) weist dort sämtliche Steuern aus (ca. 6%-11% *sales tax* inkl. lokal unterschiedlicher Aufschläge). Der Service ist in beiden Ländern nie im Preis enthalten (außer beim Vermerk »*Tip is included*«). Ein für europäische Verhältnisse **üppiges Trinkgeld** (***tip*** oder ***gratuity***) ist in der heutigen nordamerikanischen Dienstleistungsgesellschaft fester Bestandteil des Entlohnungssystems; alle Details dazu ➤ Seite 141. Die Effektivkosten des Essengehens lassen sich nicht so leicht abschätzen, in der Regel muss man **rund 21%-26% dazu addieren**. Restaurantbesuche in Nordamerika sind daher – außer bei *Fast Food* oder *All-you-can-eat*-Buffets – meist kein billiges Vergnügen.

Immer gut besucht: Klondike Kate's in Dawson City/Yukon

3

3.5 Alles Weitere von A bis Z

Apotheken

Reine Apotheken (***Pharmacies***), wiewohl hier und dort vorhanden, findet man relativ selten. Meistens ist den *Drugstores* der großen Ketten (*CVS, Walgreens* u.a.) und auch Supermärkten eine *Pharmacy* zugeordnet. Dort gibt es nicht verschreibungspflichtige Medikamente in Selbstbedienung und rezeptpflichtige Medikamente an einer Sondertheke für ***Prescriptions***.

Ärzte und Zahnärzte

Für den Eventualfall einer auf Reisen notwendigen Behandlung sollte vorgesorgt sein. Es kommt vor, dass die medizinische Versorgung auch im Notfall verzögert oder sogar abgelehnt wird, wenn unklar ist, wie und ob sie bezahlt werden kann, ➢ Seite 59.

Trotz einer insgesamt hohen Dichte bei der ärztlichen und zahnärztlichen Versorgung ist es in Nordamerika für Touristen bisweilen nicht einfach, einen kurzfristigen Termin bei einem Arzt (***Physician***, auch »*Medical Doctor*«) oder Zahnarzt (***Dentist***) zu bekommen. Das gilt nicht für **Ambulatorien**, die man in großen wie auch kleineren Städten als Gemeinschaftspraxis verschiedener Spezialisten findet. Mit **akuten Beschwerden** und Verletzungen kann man sich direkt zum ***Emergency Room*** (der Notfallaufnahme) im nächsten Hospital begeben. Vor (!) Behandlungsbeginn wird immer die Vorlage einer Kreditkarte verlangt.

Notfälle 911

Die in Kanada und den USA gültige Telefonnummer für **Notfälle aller Art** *(Emergencies)* ist 911, ➢ auch Seite 137.

Banken

Bankfilialen gibt es in Nordamerika noch im kleinsten Ort. Die Schalter sind überwiegend Mo-Fr ab 9 Uhr geöffnet, geschlossen wird manchmal bereits um 14 Uhr, selten später als 16 Uhr. Geldautomaten (***ATM***, *Automated* ***T****eller* ***M****achine*) stehen für Abhebungen mit Kreditkarte oder mit *Maestro*-Logo auch per EC-Karte rund um die Uhr zur Verfügung; alle Details ➢ Seite 60f.

Weit verbreitet sind ***Drive-thru ATMs***, an denen man das Auto nicht verlässt.

Botschaften und Konsulate

Die diplomatischen Vertretungen des eigenen Landes in den USA sind für Touristen normalerweise nur bei Verlust der Finanzen und der Papiere von Interesse. Sind Kreditkarten abhanden gekommen, helfen die ausgebenden Organisationen und Eigeninitiative, ➢ Seiten 63+137. Ist der **Reisepass weg**, lässt sich der Gang zu den Konsulaten nicht vermeiden; Kontakte ➢ Seite 670.

Datum

In den USA lautet die Reihenfolge beim Datum **Monat/Tag/Jahr**, in Kanada **Jahr/Monat/Tag**. Der 30. September 2020 schreibt sich daher 09/30/2020 (USA) bzw. 2020/09/30 (Kanada).

Elektrischer Strom

Kanada und USA verfügen über ein **120 Volt-Wechselstromnetz** von 60 Hertz. Geräten, die sich auf 110/125 V umschalten lassen, schadet der Frequenzwechsel von 50 auf 60 Hertz nicht; Rasierapparate laufen etwas rascher. Viele elektronische Geräte passen sich automatisch an (*Laptops*).

Steckdosen-Adapter

Stecker aus Europa passen nicht in nordamerikanische Steckdosen (die auch in Wohnmobilen eingebaut sind). Reiseadapter erhält man bei uns in Elektroläden oder Kaufhäusern. In Übersee sind *Foreign Travel Adapter* ungleich schwerer aufzutreiben.

Feiertage

Feiertage in Kanada

New Year's Day	1. Januar
Family Day	2. Mo im Februar (nur in British Columbia)
Alberta Family Day	3. Mo im Februar (nur AB, MB, ON, SK)
Good Friday	Karfreitag
Easter Monday	Ostermontag
Victoria Day	Montag vor dem 25. Mai
National Indigenous Peoples Day	am 21. Juni (nur in NT)
Canada Day	1. Juli (Nationalfeiertag)
Civic Holiday	1. Mo im August (nur AB, BC, ON, SK)
Discovery Day	3. Mo im August (nur YT)
Labour Day	1. Montag im September
Thanksgiving	2. Montag im Oktober
Remembrance Day	11. November (Volkstrauertag)
Christmas Day	25. Dezember
Boxing Day	26. Dezember

Feiertage in den USA

New Year's Day	1. Januar
MLK Day	3. Montag im Januar (*Martin Luther King Day*)
President's Day	3. Montag im Februar
Seward's Day	letzter Montag im März (nur in Alaska)
Good Friday	Karfreitag (nur in einigen Staaten)
Memorial Day	letzter Montag im Mai
Independence Day	4. Juli (Unabhängigkeitstag, wichtigster Feiertag)
Labor Day	1. Montag im September
Columbus Day	2. Montag im Okt (auch *Indigenous Peoples' Day*)
Alaska Day	18. Oktober (nur in Alaska)
Veteran's Day	11. November
Thanksgiving	4. Donnerstag im November
Christmas Day	25. Dezember

An Feiertagen bleiben Banken, Postämter und öffentliche Verwaltungen geschlossen. Private Geschäfte (Supermärkte, Einkaufszentren etc.) brauchen ein Feiertagsgebot nicht zu beachten. Auf Sonntag fallende Feiertage werden in den USA am darauffolgenden Montag nachgeholt.

Internet

Gratis WLAN

Die meisten H/Motels und viele Campingplätze werben mit ***free Wifi*** (***wi****reless* ***fi****delity* = WLAN). Gratis Zugang zum Netz gewähren auch viele Lokale und Supermärkte (*Starbucks, Safeway* etc.).

Surfen unterwegs

***Prepaid*-Daten-SIM-Karten** für das Smartphone holt man sich am besten schon hierzulande; nur Datenvolumen oder in Kombination mit Gesprächsguthaben z.B. bei www.simlystore.com. Die einst sehr lückenhafte **Netzabdeckung** im US-Westen (*AT&T, Verizon, T-Mobile*) hat sich in den letzten Jahren deutlich verbessert, in den endlosen Weiten Kanadas gibt es aber auch bei *Bell, Rogers* oder *Telus* noch viele »weiße Flecken«. Probleme können auch die unterschiedlichen LTE-/UMTS-Bänder beim Zugriff auf das Internet bereiten; hier sollte man sich vorab schlau machen, ob das eigene Smartphone die richtigen Frequenzen unterstützt.

Kleidergrößen/Umrechnungstabellen

Damen DE	32	34	36	38	40	42	44	46	48
Damen USA	4	6	8	10	12	14	16	18	20
	XS	XS	S	S	M	M	L	L	XXL

Herren DE	44	46	48	50	52	54	56	58	60
Herren USA	34	36	38	40	42	44	46	48	50
	S	S	M	M	L	L	XL	XL	XXL

Maße & Gewichte

Kanada

Kanada führte bereits in den 1970er-Jahren das metrische System ein. Wegweiser und Karten zeigen daher alle Entfernungen in Kilometern an, Benzin wird nach Litern verkauft und die Geschwindigkeit in km/h gemessen. Auch Getränkebehälter definiert man eigentlich in Litern, dennoch enthalten Getränkedosen weiterhin 12 oz (Flüssigunzen, *Fluid Ounces* = 355 ml), und die Preise bei Fleisch, Obst und Gemüse beziehen sich im Supermarkt noch oft auf das *Pound* (1 lb = 454 g). An der Kasse wird dann in Kilogramm ausgewogen und umgerechnet; dazu multipliziert man den Pfund-Preis mit dem Faktor 2,2.

Auch bei Werkzeugen oder Ersatzteilen hat sich das metrische System nicht durchgesetzt, denn in den USA gefertigte Autos dominieren den kanadischen Markt. Deren »Innenleben« wird in *Inches* (Zoll) gemessen. Die passenden Schraubenschlüssel sind mit Bruchteilen eines Zolls abgestuft, z.B. 5/16 inch (entspricht 10/32 inch), 11/32 inch etc., die selten mit glatten Millimetern übereinstimmen. Mit metrischem Werkzeug reißt man Muttern und Schraubenköpfe leicht kaputt.

Übersicht der US-Maßeinheiten

In den USA gelten *Miles, Gallons, Ounces, Pounds* usw.

1 inch		2,54 cm
1 foot	12 inches	30,48 cm
1 yard	3 feet	91,44 cm
1 mile	1760 yards	1,609 km
1 acre	4840 square yards	0,40 ha
1 square mile	640 acres	2,59 km^2
1 fluid ounce		29,57 ml
1 pint	16 fluid ounces	0,47 l
1 quart	2 pints	0,95 l
1 gallon	4 quarts	3,785 l
1 barrel	42 gallons	159 l
1 ounce		28,35 g
1 pound (lb)	16 ounces	453,59 g
1 ton	2000 pounds	907,18 kg

Notfälle Notfall-Rufnummer © 911

Krankheit/Unfall

In dringenden Notfällen, gleich ob man in erster Linie einen Arzt, den Unfallwagen oder die Polizei benötigt, ruft man die © **911** an. Sollte die ***Emergency Number*** ausgefallen sein, wählt man die »Amtsleitung« Null, der *Operator* verbindet dann weiter. Vor jedem Notfall-Anruf sollte man sich über den eigenen **Standort** vergewissern und für Rückrufe die Nr. des Apparates, von dem aus man telefoniert, parat haben. In Kanada/USA besitzen auch Münzfernsprecher eine Nummer und können angerufen werden.

Notfall-Service der nordamerikanischen Automobilklubs © 1-800-222-4357 (=CAA-HELP bzw. AAA-HELP)

Dort kann man Tag und Nacht gebührenfrei die Telefonnummer des lokal zuständigen Straßendienstes erfahren. An den Autobahnen stehen kaum **Notrufsäulen** *(Motorist Aid Call Boxes)*. Fahrer liegengebliebener Vehikel signalisieren durch die **geöffnete Motorhaube**, dass sie Hilfe benötigen.

Verlust von Reisepass/Zahlungsmittel

- Bei Passverlust helfen die nächstgelegenen diplomatischen Vertretungen (➢ Seite 670) und ggf. auch die Notfallzentralen der Kreditkartenunternehmen.
- Verlust Kreditkarte ➢ Seite 63

Geldtransfer im Notfall

Sind alle Unterlagen und auch die Kreditkarten abhanden gekommen, hilft u.a. ***Western Union*** (Büros in vielen Städten der USA) in Kooperation mit der deutschen ***Postbank*** und der ***ReiseBank*** (Filialen in Flughäfen und Bahnhöfen deutscher Großstädte). Die Geldüberweisung auf diesem Weg ist zwar teuer, aber funktioniert rasch und sicher. Schon wenige Minuten nach Einzahlung bei der *Post-/ReiseBank* kann der Empfänger in einem *Western Union*-Büro seiner Wahl über den Betrag verfügen. Die gebührenfreie Rufnummer von *Western Union* in Übersee ist © 1-800-325-6000, www.westernunion.de. Einen ähnlichen Service bietet auch ***MoneyGram***; © 1-800-666-3947, www.moneygram.de.

3

Post

Postämter stehen in Nordamerika noch im kleinsten Dorf und sind dank der zu den Schalterstunden (Zeiten ungefähr wie bei uns) immer aufgezogenen Nationalflaggen selten schwer zu finden; www.usps.com bzw. www.canadapost.ca.

US-Post Office in Alaska

Postkarten und Briefe nach Übersee kosten ab Kanada 2,65 CAD und von den USA aus 1,15 USD (Stand 2020). Für Briefmarken (***Stamps***) aus Automaten zum Beispiel in Supermärkten oder Einkaufszentren muss ein Aufpreis gezahlt werden. Die Laufzeit nach Europa beträgt **6-10 Tage** ***(Airmail)***, ein Paket auf dem Land- und Seeweg ***(Surface Mail)*** benötigt mindestens 6 Wochen (dabei Zollfreigrenzen beachten, ➢ Seite 145).

Adressen in Nordamerika schreibt man wie folgt:

Mr./Mrs. + Vorname + Nachname des Empfängers
Hausnummer + Straßennamen
Stadt + Abkürzung des US-Staats/der Provinz + Postleitzahl
United States of America oder Canada

Die Postleitzahl besteht in den USA (***Zip Code***) aus 5 Ziffern, in Kanada (***Postal Code***) – ähnlich wie in Großbritannien – aus einer sechsstelligen Buchstaben- und Ziffernkombination.

Postlagernd

Briefe von zu Hause kann man sich postlagernd mit dem Zusatz ***General Delivery*** schicken lassen, muss aber dabei unbedingt auf die Reihenfolge bei der Adresse achten und die exakte Postleitzahl oder Bezeichnung des Postamtes vorher eruieren.

Rauchen

Tabakwaren sind deutlich teurer als in Europa, und Raucher haben es auf dem nordamerikanischen Kontinent generell schwerer. Ein striktes Rauchverbot gilt nicht nur in öffentlichen Verkehrsmitteln, Mietfahrzeugen und sämtlichen öffentlichen Gebäuden (Flughäfen, Restaurants, Bars etc.), sondern manchmal selbst an Stränden, in Naturschutzgebieten, Parks sowie in der Nähe von Schulen oder Kinderspielplätzen. Einige Städte in den USA verbieten es sogar auf sämtlichen Fußwegen oder Straßen. Am besten man fragt vor Ort oder macht sich schon vorher im Internet schlau:

USA ➢ https://en.wikipedia.org/wiki/List_of_smoking_bans_in_the_United_States

Kanada ➢ https://en.wikipedia.org/wiki/Smoking_in_Canada

Senioren

Der Begriff des ***Senior*** für alle älteren Mitbürger ist eine amerikanische Erfindung, die sich auch bei uns durchgesetzt hat. Wichtig ist, dass es in Amerika für vieles **Seniorenrabatt** gibt, auf die Eintrittspreise in Museen, beim Camping, in *Family Restaurants* und auch in Hotels. In den **USA** gilt oft schon als Senior, wer **60 Jahre** alt ist, bisweilen genügen sogar 50 Jahre. Ca. 10-30% Rabatt wird mancherorts gewährt, d.h., es macht durchaus Sinn bei Dienstleistungen und Eintrittsgeld nach dem ***Senior Discount*** zu fragen.

Schuhgrößen/Umrechnungstabellen

Damen DE	**35**	**36**	**37**	**38**	**39**	**40**	**41**	**42**
Damen USA	**4**	**5**	**6**	**7**	**8**	**9**	**10**	**11**
Herren DE	**40**	**41**	**42**	**43**	**44**	**45**	**46**	**47**
Herren USA	**6,5**	**7,5**	**8,5**	**9,5**	**10,5**	**11,5**	**12,5**	**13,5**

(können bei Sportschuhen je nach Hersteller aber leicht abweichen)

Telefon (national und international)

System

Nordamerika inklusive Mexiko verfügt über ein vereinheitlichtes Telefonsystem. Jeder US-Bundesstaat und jede Provinz besitzt eine 3-stellige Vorwahl (***Area Code***), dicht besiedelte haben sogar mehrere davon. Dieser ersten Vorwahl folgt eine **zweite**, **3-stellige Zahl**, die sich auf das Dorf, einen Landkreis oder Stadtteil bezieht, sowie die Anschlussnummer aus vier Ziffern. Bereits Anrufe beim Nachbarn, der eine abweichende zweite Vorwahl besitzt, sind »Ferngespräche«. Statt des Ortsgesprächstaktes gilt dann der Minutentakt. Bei Gesprächen über den regionalen *Area Code* hinaus muss die **»1« vorgewählt** werden, dasselbe gilt für gebührenfreie Nummern.

toll free Nummern

1-800/ 833/844/ 855/866/ 877/888

Bei ***toll free***-Nummern gehen in der Regel die Kosten zu Lasten des Angerufenen. Sie sind mit der Vorwahl 001 (statt »1«) auch vom Ausland aus zu erreichen, allerdings kommt dann der Anrufer für die Gebühren auf. Großer Beliebtheit erfreuen sich leicht zu merkende »***vanity numbers***«, wo die Ziffern durch Buchstaben/Wörter ersetzt werden, z.B. 1-800-FLOWERS. Auskunft zu gebührenfreien Nummern erhält man unter ✆ 1-800-555-1212 bzw. www.tollfreeda.com oder inter800.com.

1	2 ABC	3 DEF
4 GHI	5 JKL	6 MNO
7 PQRS	8 TUV	9 WXYZ

1-900

Das Gegenteil der 800-Nummern sind **900-Nummern**, für die im Minutentakt eine **Honorierung für den Angerufenen** fällig wird.

International

Über die Vorwahl »011« öffnet man den Zugang zum internationalen Netz. Mit »**49**« für Deutschland (**43** für Österreich, **41** für die Schweiz) und die um die Null reduzierte Ortsvorwahl sind Verbindungen in die Heimat (von Privattelefonen aus) leicht hergestellt.

Auf die amerikanischen Münzfernsprecher (***Pay Phones***) sollte man, wenn möglich, nicht angewiesen sein. Nicht nur, weil deren Anzahl seit Jahren stark rückläufig ist und man sie nicht mehr »an jeder Ecke« findet, sondern auch wegen der Preispolitik ihrer Betreiber. Für ein kurzes Telefonat nach Europa benötigt man **rollenweise (!)** ***Quarters***, und auch das Telefonieren mit Kreditkarte kann mit diesen Apparaten **exorbitante Kosten** verursachen.

Am besten nutzt man dafür ***Phone*** oder ***Calling Cards*** (Verkauf in Kaufhäusern, Tankstellen etc.). Die **Minutenpreise** bei den verschiedenen Karten sind dabei verblüffend unterschiedlich – vergleichen lohnt sich! Im Hotel oder am öffentlichen Telefon wählt man die 800-Nummer für die jeweils gewünschte Sprachansage (selten deutsch) und tippt dann nach Anweisung die Codenummer der Karte ein, wählt die Nummer und fertig. Noch verfügbare Restminuten werden jeweils angesagt. Aber Achtung: Beim Einsatz an öffentlichen Telefonen werden mitunter hohe fixe Zusatzgebühren pro Gespräch fällig. Ein paar vergebliche Versuche und zack ist die Karte leer.

Im Hotel

Im H/Motel ist ebenfalls mit Aufschlägen zu rechnen. Selbst vermeintliche Anrufe zum **Nulltarif** (**800-Nummern** etc.) werden gelegentlich mit einer Zusatzgebühr belegt. Besser man erkundigt sich, bevor man zum Hoteltelefon greift.

No-contract-Phones

Bei einem längeren Aufenthalt oder für Vieltelefonierer im inneramerikanischen Netz kommt ggf. die Anschaffung eines Billig-Handys (***mobile phones*** in Kanada bzw. ***cell phones*** in den USA) in Betracht. Dieses kostet ab ca. €40 (*unlocked*, d.h. ohne Vertragsbindung). In USA erhält man *Prepaid Cell Phones* u.a. bei ***Best Buy*** oder in *Department Stores* wie ***Walmart*** und ***K-Mart***. Mit dem Kauf verbunden sind jede Menge Freiminuten. Für Auslandsgespräche muss man es aber meist freischalten lassen.

Telefonieren mit dem eigenen Handy

Wer sein eigenes Tri- oder Quadband-Handy mitnimmt und einfach drauflos telefoniert, sieht sich – sofern man kein Auslandspaket gebucht hat – nach der Reise nicht selten mit einer recht sehr hohen Rechnung konfrontiert.

Prepaid SIM-Karte

Handy-Komfort zu moderaten Gebühren verspricht dagegen eine **Prepaid-SIM-Karte**, die man für die Dauer des Urlaubs ins eigene Handy einsetzt. Man kann sie bereits in Europa erwerben z.B. unter www.simlystore.com. Faktisch hat man damit eine nordamerikanische Rufnummer, unter der man drüben auch jederzeit von der Heimat aus erreicht werden kann.

Die Lieferung erfolgt noch vor der Abreise an die deutsche Heimatadresse. Pünktlich zu Urlaubsbeginn wird sie dann automatisch freigeschaltet und enthält je nach »*Plan*« (amerikanisch für »Tarif«) **Gesprächsguthaben** und/oder ein **Datenvolumen**, ➤ auch »Internet« auf Seite 136.

Telefonieren übers Internet

Am günstigsten telefoniert man nach wie vor über das Internet. Wer Laptop, Tablet oder Smartphone dabei hat, kann von unterwegs – wo immer *free Wifi* verfügbar ist – mit ***Skype*** preiswert ins deutsche Festnetz bzw. Mobilnetz oder völlig **kostenfrei** andere *Skype*-Nutzer anrufen; www.skype.de. Auch ***WhatsApp*** und ähnliche Messengerdienste bieten die Möglichkeit gratis und unkompliziert übers Internet zu kommunizieren; www.whatsapp.com.

Sofern es die Qualität des Anschlusses erlaubt, kann man mit diesen Programmen **Videotelefonie** auch transatlantisch betreiben.

Temperaturen

In Kanada werden Temperaturen in °Celsius (**C**) gemessen, in den USA in °Fahrenheit (**F**). Die Formel für die Umrechnung von Celsius (**C**) in Fahrenheit und umgekehrt lautet:

°F = 32° + 1,8 x°C bzw. **°C** = (**°F – 32°**) **: 1,8**

Näherungsformel: °F = 30° + 2 x°C bzw. **°C** = (**°F – 30°**) **: 2**

Celsius	**-15°**	**-10°**	**-5°**	**0°**	**5°**	**10°**	**15°**	**20°**	**25°**	**30°**	**35°**	**40°**
Fahrenheit	**5°**	**14°**	**23°**	**32°**	**41°**	**50°**	**59°**	**68°**	**77°**	**86°**	**95°**	**104°**

Trinkgeld

Ein kleines Problem ist für europäische Touristen oft die Frage der »richtigen« Trinkgeldbemessung. Da nordamerikanische Hotel- und Restaurantangestellte in höherem Maße vom Trinkgeld (***tip*** oder ***gratuity***) abhängig sind als ihre europäischen Kollegen, wird es auch bei nahezu allen Dienstleistungen erwartet.

*In Nordamerika gibt es dafür vielerlei Bezeichnungen (alles außer »toilet«): Man spricht von »**restrooms**« (US), »**washrooms**« (CAN) und »**bathrooms**« oder vom »**Ladies Room**« für Frauen sowie vom »**Men's Room**« für die Herren; hier ein besonders lustiges »**outhouse**« (Klohäuschen) in Chicken/Alaska*

Dies gilt u.a. auch im Taxigewerbe, bei einer Stadtrundfahrt oder im Supermarkt, sofern der höfliche Mann hinter der Kasse beim Transport der Tüten zum Wagen behilflich ist. Kein *tip* gibt man in *Fast Food*-Lokalen mit Selbstbedienung und ähnlichen Einrichtungen.

Im Restaurant Die Höhe des Trinkgelds in der Gastronomie richtet sich nach dem **Netto-**Rechnungsbetrag (exkl. Steuern): **15%** sind normal, bei guter Bedienung sogar **20%**. Selbst bei miserabler Bedienung (selten!) zahlen Amerikaner üblicherweise noch mind. 10%. Das Trinkgeld hinterlässt man dabei immer bar auf dem Tisch, selbst wenn an einer Kasse gezahlt wird. Man sollte es auch besser nicht auf den Kreditkarten-Beleg dazu addieren, da Restaurants bei Kartenzahlung mitunter einen Verwaltungsanteil einbehalten.

Achtung: Steht »Tip is included« auf der Rechnung, hat man vermutlich mit Touristen bereits schlechte Erfahrungen gemacht. Unbedingt die Rechnung genauer anschauen, sonst zahlt man doppelt!

Im Hotel Bei allen Dienstleistungen im Hotel wird ebenso Trinkgeld erwartet. Der *Bellhop* (Hotelpage) erhält fürs Koffertragen nicht unter $1/Gepäckstück, der *Doorman* (Potier) $2 fürs Taxiholen und die *Room Maid* (Zimmermädchen) $2-$3, die man ihr täglich hinterlässt. Und nutzt man das in großen Hotels oftmals angebotene *Valet Parking*, bekommt der *Attendant*, der den Wagen in die Tiefgarage fährt, üblicherweise $3-$5 dafür.

Anderorts So klare Regeln gibt es anderenorts nicht, außer dass Münzgeld selten ausreicht. Eine **Dollarnote** muss es selbst bei kleinen Handreichungen schon sein. Eine recht hilfreiche Übersicht zum Thema Trinkgeld liefert: http://money.cnn.com/pf/features/lists/tipping.

Uhrzeit

In Kanada/in den USA steht **»am«** (*ante meridiem*, vormittags) oder **»pm«** (*post meridiem*, nachmittags) hinter einer Zeitangabe:

9 Uhr = 9 am   21 Uhr = 9 pm

Ein ewiger Sommertag – nördlich des Polarkreises geht die Sonne zwischen dem 20./21.6 und dem 22./23.9 nicht unter

Besonders zu beachten ist:

12.00 Uhr = 12:00 pm oder ***noon***
12.20 Uhr = 12:20 pm
24.00 Uhr = 12:00 am oder ***midnight***
0.20 Uhr = 12:20 am

In **Fahrplänen** stehen »am-Zeiten« häufig in Normalschrift, »pm-Zeiten« in Fettschrift.

Umsatzsteuer/Sales Tax

Kanada

Bis auf wenige Ausnahmen (z.B. Benzin und selten auch in Restaurants) werden in Kanada nur **Netto-Preise** ausgezeichnet. Erst an der Kasse addiert man die im ganzen Land einheitliche nationale Mehrwertsteuer (***GST***, ***Goods and Services Tax***) von 5% dazu sowie die Umsatzsteuer der jeweiligen Provinz (***PST***, ***Provincial Sales Tax***). In Ontario und den maritimen Provinzen gilt eine sogenannte ***Harmonized Sales Tax*** (anstelle von *PST+GST*).

In Summe betragen die Steuersätze in West-Kanada zur Zeit:

- 5% in Alberta, Northwest Territories, Yukon (keine *PST*!)
- 11% in Saskatchewan
- 12% in British Columbia
- 13% in Manitoba und Ontario.

Auf Kosten von Übernachtung, Alkohol und Fahrzeugen fallen oft gesonderte Zusatzsteuern an, und in Flughäfen werden auf Leihwagentarife gern bis zu 29% Nebenkosten erhoben. Die meisten **Lebensmittel** in Supermärkten sind in Kanada aber – anders als beim südlichen Nachbarn – umsatzsteuerbefreit (*tax exempted*).

USA

In den USA hat man es nahezu überall **ausschließlich** mit **Netto-**Preisen (also *before tax*) zu tun. Je nach Bundesstaat gelten unterschiedliche Steuersätze (+lokale Zuschläge), die erst an der Kasse auf die Preise aufgeschlagen werden. In **Washington State** beträgt die *sales tax* je nach Region 6,5%-10,1%, in **Alaska** 0%-7,9%.

Waschmaschinen und -salons

Bei Campern und auch bei vielen Motelübernachtern gehört zur Reise unvermeidlich gelegentliches Wäschewaschen, wenn die Reisezeit zwei Wochen überschreitet. Münzwaschautomaten stehen auf den meisten kommerziellen Campingplätzen. In Dörfern und Städten sind ***Coin Laundries*** oder ***Laundromats*** an den Ausfallstraßen kaum zu übersehen. In den dort installierten Maschinen bewegt sich aber immer noch statt der Trommel eine Art Propeller hin und her und quirlt die Wäsche durch. Egal, ob Trommel oder Quirl: die Einstellung »*hot*« heißt nicht etwa 90°C, sondern entspricht der Temperatur des zulaufenden Heißwassers (keine Nachheizung in der Maschine); »*warm*« bezeichnet halb heiß/halb kalt. Nach ca. 30 min ist der Vorgang beendet und das Ergebnis entsprechend. Bei höheren Ansprüchen an den Grad der Sauberkeit fügen Amerikaner dem Waschmittel (***detergent***) die bei uns als »Extra« längst vergessene Bleiche zu (***bleach***).

W(ireless)LAN bzw. Wifi ➤ »Internet« auf Seite 136

Zeitzonen

AB Alberta
BC British Columbia
MB Manitoba
NT Northwest Territories
SK Saskatchewan
YT Yukon

Kanada wurde in **6 Zeitzonen** eingeteilt, in der Westhälfte des Landes gelten drei davon:

- ***Pacific Standard Time*** **(*PST*)** : (Yukon, Großteil von BC) MEZ minus 9 Std
- ***Mountain Standard Time*** **(*MST*)** (AB, NT, in BC der Südosten sowie der *Peace River District* im Nordosten) MEZ minus 8 Std
- ***Central Standard Time (CST)*** (MB, SK und zentrales Nunavat) MEZ minus 7 Std

MEZ = Mitteleuropäische Zeit; drüben *CET* für *Central European Time*; zum Beispiel entspricht 15 Uhr in Deutschland 6 Uhr morgens in Vancouver. Der US-Bundesstaat Washington (Seattle) gehört ebenfalls zur pazifischen Zeitzone, in Montana (Glacier Nationalpark) wird *Mountain Time* befolgt. Für **Alaska** gilt die:

- ***Alaska Standard Time (AKST)*** MEZ minus 10 Std

Beim Übergang von einer Zeitzone zur anderen stehen vor Ort nicht immer so hübsche Hinweisschilder wie auf dem ➤ Foto unten. Und auch wenn aus der Karte ein Zeitzonenwechsel klar hervorgeht, muss das nicht heißen, dass die Uhren anders ticken. Das liegt an der Sommerzeit, die nicht überall gilt:

Sommerzeit

In Nordamerika beginnt die Sommerzeit (***Daylight Saving Time***, ***DST***) am **zweiten Sonntag im März**. Die Uhren werden dann um eine Stunde vorgestellt. Sie endet am **ersten Sonntag im November**.

Saskatchewan sowie einige Regionen in British Columbia halten sich nicht an die *DST*. Deswegen rutschen den Sommer über Saskatchewan und Alberta in eine Zeitzone und innerhalb von BC gibt es (bis auf Creston) keine Zeitunterschiede mehr.

Zoll bei der Rückkehr aus Nordamerika

Wer aus Nordamerika **nach Deutschland** zurückkehrt, braucht bis zu folgenden Grenzwerten weder Zoll noch Umsatzsteuer zu entrichten; www.zoll.de:

Mitbringsel im Wert bis zu **€430** (für Reisende unter 15 Jahren nur **€175)**, zusätzlich noch maximal

500 g Kaffee, 50 g Parfüm

200 Zigaretten oder **100 Zigarrillos** oder **50 Zigarren** oder **250 g Rauchtabak** (auch ein rechnerisch anteilger Mix aus allen)

1 l Spirituosen (2 l bei unter 22% Alkohol) und **4 l Wein** und **16 l Bier** (Einfuhr nur von Personen ab einem Alter von 17 Jahren)

Bei **Warenwerten bis €700** zahlt man eine **Pauschalabgabe** von 17,5%. Erst darüber kommen die vollen Sätze Zoll (überwiegend gering) zum Tragen, die mit der Warenart etwas variieren, immer aber sind dann 19% Einfuhrumsatzsteuer auf den (nachzuweisenden, sonst wird geschätzt!) Warenwert plus Zoll fällig.

Wer mitgebrachte Waren im Wert über **€430** nicht deklariert und erwischt wird, zahlt neben Zoll und Umsatzsteuern eine deftige Geldbuße, die als Vorstrafe aktenkundig wird. Also Vorsicht!

Zu den Zollbestimmungen bei der **Einreise in die USA** und **nach Kanada** ➤ Seite 59.

3

Spirit Island des Maligne Lake im Jasper National Park

Reisen durch Kanadas Westen und Alaska

Zur Konzeption des Reiseteils

Der Reiseteil dieses Buchs umfasst ein dichtes Routennetzwerk, das durch die touristisch wichtigsten Regionen in Kanadas Westen und Alaska führt. Die Erfassung aller besuchenswerten Ziele und interessanten Straßenverläufe erfolgt ab den wichtigsten Ankunfts-Airports über sinnvoll ausgearbeitete **Rundstrecken**, die sich voll oder teilweise für die eigenen Pläne übernehmen lassen. Bei der Erstellung einer **individuell optimalen Reiseroute** gilt es drei wichtige Aspekte zu beachten:

Distanzen

- **die zur Verfügung stehende Zeit und maximale Strecke:**

  Das Prinzip »weniger ist mehr« lässt sich erfahrungsgemäß in Nordamerika nur schwer realisieren. Zu groß ist die Zahl der Ziele, die man unbedingt sehen »muss«. Wer die Natur in Ruhe genießen und die Städte intensiver erleben und nicht nur einfach abhaken möchte, sollte sich dennoch nicht zu viel vornehmen.

  Ein guter Maximalwert für eine 3-Wochen-Reise sind 3.100 mi/ 5.000 km (100 mi = 160 km). Wobei man aber unbedingt berücksichtigen sollte, dass zu den rein rechnerisch aus *Google Maps* oder Straßenkarten ermittelten Distanzen erfahrungsgemäß **noch 20-30%** dazukommen: spontane Umwege, Anfahrten zu Unterkünften, Campingplätzen und Einkaufszentren, Straßen innerhalb der Nationalparks usw. dürfen nicht unterschätzt werden. Zu bedenken gilt auch, dass man selbst auf nordamerikanischen Autobahnen und Fernstraßen wegen der geringeren Tempolimits, zwar entspannter, aber nicht ansatzweise so flott wie in Deutschland an sein Ziel kommt – geschweige denn auf kurvenreichen, engen Straßen in den Bergen oder im Hinterland. Mehr als 200 mi (bzw. 320 km) pro Tag – im Schnitt und Ruhetage nicht mitgerechnet – sollte man sich lieber nicht zumuten.

Ziele

- **die Auswahl der Reiseziele im Einzelnen:**

  Wegen dieser Zeit- und Meilenproblematik sollte man nach dem Einkreisen der »unverzichtbaren« Ziele und Überschlagen der vermutlichen Gesamtdistanz einer zunächst optimal erscheinenden Route bei Überschreiten des oben genannten Richtwertes (ca. 1.050 mi/1.700 km pro Woche) erwägen, das eine oder andere Zwischenziel zu streichen. Erhebliche Mehrmeilen führen am Ende leicht dazu, dass die Reise in Hetzerei ausartet.

Majestätischer Denali (bis 2015 offiziell Mount McKinley) mit 6.190 m höchster Berg Nordamerikas

Haupt- und Alternativ-Routen

- **die Verbindungsrouten zwischen Citys und Landschaftsparks:** Vor allem dieser Punkt wird in manchen Reiseführern vernachlässigt, dabei kann er entscheidend für das Reiseerlebnis sein. Populäre Eckpunkte sind meist gut über **touristische Hauptpfade** zu erreichen, aber nicht selten auch über weniger belebte, **reizvollere Alternativstrecken**. Nur mit Straßenatlas oder Navigerät vor Augen kann man vielleicht die verkehrstechnisch sinnvollste Route bestimmen, selten aber die beste oder ergiebigste.

Hiker am Alpine Circuit im Yoho NP

Die Kennzeichnung der Straßen mit schöner Streckenführung auf den üblichen Karten helfen da auch nicht immer. Denn sie werden – wie es scheint – mitunter nach dem »Gießkannenprinzip« verteilt und berücksichtigen **Nebenrouten** kaum. Es kann daher gar nicht genug empfohlen werden, der **Routenplanung besonders hohe Aufmerksamkeit** zu schenken. Nicht nur die großen Nationalparks bestimmen die Intensität des Nordamerika-Erlebnisses, sondern auch die vielen Eindrücke und bisweilen überraschenden »kleinen Sensationen« am Weg dorthin. Ebenfalls nicht zu kurz kommen in Nordamerika sollten Ausflüge auf »Schusters Rappen«.

Zu den beschriebenen Routen

Start in Vancouver, Calgary oder Edmonton

Als Ausgangspunkt für eine Tour durch Kanadas Westen sind die Großstädte mit Direktverbindung ab europäischen Flughäfen prädestiniert: **Vancouver** und **Calgary**. Die im Buch beschriebenen Startrouten ab Vancouver führen auch nach Calgary, so dass man ebenso gut von dort losfahren kann. Dass die berühmten Rocky Mountains-Nationalparks Banff und Jasper praktisch schon vor Calgarys »Haustür« liegen, kann für Kurzurlauber sogar von großem Vorteil sein. Auch **Edmonton**, als Non-stop-Flugziel von *KLM*, ist nur mit einem kleinen Schlenker einfach und schnell in eine Kanada-Rundfahrt integriert.

Alle Details zu den alternativen Startmöglichkeiten ab Vancouver stehen auf Seite 181ff, ab Calgary/Edmonton auf Seite 318.

Start in Seattle/USA

Auch **Seattle** (nur 200 km südlich von Vancouver) könnte als Ausgangspunkt einer Kanada-Reise für alle in Frage kommen, die dort einen deutlich günstigeren Flug- und Mietauto-/Camper-Tarif finden. **Kapitel 11** (➤ Seite 546ff) beinhaltet neben einer kompakten Stadtbeschreibung alle Anschlussstrecken zu den im Reiseteil erläuterten Routen durch British Columbia.

Routen durch BC und Alberta

Da **Vancouver** und **Calgary**, die **Nationalparks** ***Banff*** und ***Jasper*** und einige weitere benachbarte Ziele auf der »Besucher-Wunschliste« ganz oben stehen, konzentriert sich eine Mehrheit der Urlauber auf wenige Strecken. Zwar ist das Netz asphaltierter Allwetterstraßen im Westen Kanadas und selbst im relativ dicht besiedelten Süden von British Columbia erstaunlich weitmaschig und begrenzt damit die Anzahl reizvoller Alternativen, aber dennoch gibt es sie.

Für den Bereich zwischen Alberta und Vancouver einschließlich Vancouver Island werden in diesem Buch alle unter touristischem Aspekt sinnvollen Routen ausführlich beschrieben, darunter zahlreiche Strecken abseits bekannter Hauptpfade.

Routen durch den »hohen Norden«

Viel Raum wurde auch dem **Norden von British Columbia** & **Yukon** (**Kapitel 8**, ➤ Seite 414ff), **Alaska** (**Kapitel 9**, ➤ Seite 472ff) sowie den **Northwest Territories** (**Kapitel 10**, ➤ Seite 534ff) eingeräumt. Ein Aufenthalt im »hohen Norden« unterscheidet sich selbst in der heutigen Zeit noch ein wenig von Fahrten durch die Zivilisation südlich des 60. Breitengrades. Was dabei zu beachten ist, wird eingangs der jeweiligen Kapitel ausführlich erläutert.

Diese Reiserouten nehmen die meisten Urlauber ab Anchorage/Alaska (➤ Seite 474ff) oder Whitehorse/Yukon (➤ Seite 436ff) in Angriff, je nach Zielsetzung ist aber auch ein Start in Edmonton, dem »Tor zum Norden«, denkbar (➤ Seite 339 bzw. 327).

Trans-Canada von Toronto bis Calgary

Für Leser, die ihre Tour durch den Westen Kanadas weiter östlich beginnen möchten, wird **eine Ost-West-Route ab Toronto** durch Westontario, Manitoba, Saskatchewan und Alberta bis Calgary vorgeschlagen (**Kapitel 12**, ➤ Seite 574ff). Sie ist großenteils identisch mit dem Verlauf des berühmten ***Trans-Canada Highway***, beschreibt aber für dessen auch vorhandenen langweiligen Abschnitte bessere Alternativen.

Übersicht aller Routen

Die **Karte in der vorderen Umschlagklappe** zeigt alle im vorliegenden Buch erfassten Teilstrecken in vereinfachter Form und nennt die Seitenzahl unter der die Beschreibung zu finden ist. Alle Etappen schließen aneinander an und können auch anders kombiniert werden, oft durch Überspringen weniger Seiten. Im Anhang finden sich zusätzliche, von den im Reiseteil verfolgten Rundstrecken teils abweichende **Routenvorschläge** (➤ Seite 622ff) inklusive Kilometer-/Meilenangabe und idealem Zeitbedarf.

Unterschiedliche Einheiten: Nur in Kanada wird das auch bei uns übliche metrische System benutzt, in den USA sind Entfernung in Meilen ausgewiesen (1 mi=1,609 km) und Geschwindigkeiten in mph (Meilen pro Stunde), daher finden sich auch – je nach Land – im Buch unterschiedliche Einheiten. Wanderwege sind durchgehend mit den uns vertrauten Kilometern beschrieben, so dass man die Entfernungen leichter einschätzen kann. Ähnliches gilt für die **Preisangaben** im Buch: in Kanada sind sämtliche Kosten in kanadischen Dollar ($, 1CAD=€0,68; aktueller Wechselkurs) angeführt und in den USA (Kapitel 9 und 11) in US-Dollar ($, 1USD=€0,90). Für die wichtigsten Abkürzungen ➤ Seite 695.

Karten und Piktogramme in diesem Buch

Karten

Übersicht mit allen Kartenschnitten in der **hinteren Umschlagklappe**

Alle Karten wurden geographisch so korrekt wie möglich **eigens für dieses Buch** angefertigt. Sie erheben zwar keinen Anspruch auf Vollständigkeit, enthalten aber i.d.R. sämtliche wichtige Straßen, Orte, ***National***, ***Provincial*** **&** ***State Parks***, Gewässer, Sehenswürdigkeiten und Wanderwege, wie sie auch im Text erwähnt werden.

Die **Regionenkarten** sind in erster Linie gedacht zur Orientierung bei der Lektüre dieses Buches. Darüber hinaus leisten sie in **Ergänzung zur separaten Gesamtübersicht** gute Dienste bei der Reiseplanung. Rot gekennzeichnete Straßen entsprechen weitgehend den beschriebenen Routen und möglichen Alternativen.

Die Stadt- und Nationalparkpläne vermitteln ein ausreichend klares Bild von den Gegebenheiten vor Ort; dort bezieht sich die rote Kennzeichnung auf Hauptstraßen. Genaue Ortskarten ersetzen sie nicht. Diese erhält man gratis in den *Tourist Info*-Büros.

Piktogramme

Auf mehrheitlich persönlicher Erfahrung der Autoren beruhen die **Empfehlungen**. Die Bedeutung der nebenstehenden **drei Campingsymbole** dürfte klar sein. Die meisten Plätze eignen sich für Campmobile und Zelte; einige ausschließlich für Zelte, andere nur für Wohnmobile. Die positive Einschätzung bezieht sich überwiegend auf landschaftliche Einbettung und Großzügigkeit der Anlage, berücksichtigt aber auch die relative Höhe der Übernachtungskosten. Die Qualität sanitärer Anlagen und anderer zivilisatorischer Einrichtungen standen bei der Empfehlung nicht im Vordergrund.

Das Piktogramm des Wanderers weist vor allem auf tolle **Tageswanderungen** von kurzer bis mehrstündiger Dauer hin.

Die **Quartierempfehlungen** beziehen sich auf außergewöhnliche Unterkünfte, solche mit gutem Preis-Leistungs-Verhältnis und auf günstige Einfachquartiere. Das Piktogramm findet sich auch, wenn eine lokale Unterkunftssituation nur generell erläutert wird.

Die weiteren Symbole sind ebenso leicht zu deuten: Die oberen beiden kennzeichnen die Aussicht auf eine **Kaffeepause**, einen **Drink** oder eine **Kneipe**. In der zweiten Reihe geht's links um einen guten Snack oder ***Fast Food*** bzw. rechts um ein empfehlenswertes **Restaurant**.

Die Schwimmerpiktos beziehen sich auf **Badegelegenheiten** in Seen sowie Flüssen, selten im Ozean und – mit Leiter – in öffentlichen Pools, heißen Quellen oder Aquaparks. Die Kamera weist auf besonders lohnenswerte Ausflüge und **tolle Fotostandorte** hin.

Um bei der Fülle der Ziele und Routen dem Leser die Auswahl zumindest zu erleichtern, dürfen **bewertende Aussagen** nicht fehlen. Dieser Reiseführer beschränkt sich daher nicht auf die reine Beschreibung, sondern liefert auch Beurteilungen. Obwohl Leser sicher nicht in allen Fällen mit der Einschätzung der Autoren, wo sie explizit erfolgt, übereinstimmen werden, sind doch nach kurzer Benutzung des Buches deren Urteilskriterien in Bezug auf die eigene Position einigermaßen nachvollziehbar.

Vancouver und Startrouten

Totempfähle im Stanley Park

1. VANCOUVER

Vancouver ist für viele die attraktivste Metropole Kanadas – ihre Lage zwischen Küstengebirge, Fraser River und Meer bleibt unübertroffen. Strände und grüne Parks prägen das Bild und vor den Toren der Stadt beginnt bereits die einzigartige Natur Kanadas – Wildnis zum Greifen nah. Hier kann man an nur einem Tag surfen, Ski fahren und durch gemäßigte Regen(ur)wälder spazieren. Und die Vielseitigkeit setzt sich in der Bevölkerung fort. Dieser Multikulti-Schmelztiegel und die vorherrschende lockere Atmosphäre tragen ebenso dazu bei, dass Vancouver stets hoch oben im Ranking der »lebenswertesten Städte der Welt« zu finden ist.

1.1 Klima und Geschichte

Klima

Da ein Großteil der vom Pazifik kommenden Wolken schon an den vorgelagerten Bergen von Vancouver Island abregnet, bleibt Vancouver von den ärgsten Niederschlägen verschont – zumindest im Sommer. Im Juli/August hält sich die Anzahl der Regentage (7) in Grenzen. Eine durchschnittliche Tageshöchsttemperatur von 22°C sorgt dann für ein recht warmes Klima.

Auch Juni und September sind im Allgemeinen angenehme Monate, wenn auch mit ein wenig mehr Regen und kühleren Abenden. Dabei differieren die Witterungsbedingungen oft erheblich: Während etwa an der *Wreck Beach* im Südwesten der Stadt Sonnenschein und Wärme vorherrschen, kann North Vancouver am Fuße der Küstenberge wolkenverhangen und ungemütlich kühl sein.

Bis zu 21 Tage mit Niederschlägen zählt man in den Monaten November bis Januar. Aber im ganzen Winter gibt's nur rund 25 Tage Schneefall. Deshalb fanden die Ski- und Rodeldisziplinen der Olympischen Winterspiele 2010 nicht etwa im Skigebiet oberhalb von North Vancouver statt, sondern im meistens schneesicheren Whistler, gut 100 km weiter in den Bergen.

Geschichte

Bereits **1792** steuerte der britische Kapitän **George Vancouver** auf der Suche nach der legendären Nordwestpassage sein Schiff in das **Burrard Inlet**, eine tief ins Land reichende Bucht zwischen der heutigen Downtown und North Vancouver. 1808 erforschte der Pelzhändler **Simon Fraser** den Fluss, der nun seinen Namen trägt, und gelangte dabei auch an sein Mündungsdelta im Süden der Metropole. Die erste Siedlung gründeten erfolglose Goldsucher 1858 am Ufer des **Burrard Inlet**.

Als »Stadtgründer« gilt ***Gassy Jack*** (John Deighton), der bei seinem Eintreffen 1867 ein Fass Whisky im Reisegepäck hatte und sogleich einen Saloon eröffnete. Die zunächst nach ihm benannte Siedlung *Gastown* erhielt drei Jahre später die offizielle Bezeichnung Granville. An den geschwätzigen (=*gassy*) *Jack* erinnert bis heute ein Denkmal im Stadtteil *Gastown*, das ihn auf einem Whiskyfass darstellt.

Im Jahre 1886 wurden dem mittlerweile 1.000 Einwohner zählenden Granville die Stadtrechte und der ehrenvollere Name des ***Captain Vancouver*** verliehen. Nur wenige Wochen später zerstörte ein Feuer die Kleinstadt, ein zur damaligen Zeit, als noch alle Gebäude überwiegend aus Holz bestanden, keineswegs seltenes Unglück. Die Siedlung erholte sich jedoch rasch und besaß bald mehr Einwohner als vor der Brandkatastrophe.

Entwicklung

Als im folgenden Jahr der erste Zug aus den Ostprovinzen in Vancouver einlief, waren wortwörtlich die Weichen für den wirtschaftlichen Aufschwung der jungen Stadt gestellt. Viele Chinesen, die beim **Bau der Eisenbahn** mitgewirkt hatten, wurden in Vancouver sesshaft und begannen erste Handelsbeziehungen mit Asien. Bereits 1891 segelten drei Schiffe der *Canadian Pacific Line* regelmäßig von Vancouver zu fernöstlichen Märkten. Gleichzeitig entwickelte sich die rasch wachsende Stadt zum wichtigsten Verkehrsknotenpunkt im westlichen Kanada.

Für Abertausende von Goldsuchern war Vancouver in den Jahren 1897/98 neben Seattle der Ausgangspunkt und die Hauptversorgungsbasis für die Schiffsreise zu den Goldfeldern am Klondike River im *Yukon Territory*. Zur Jahrhundertwende besaß Vancouver daher bereits knapp 40.000 Einwohner.

Altstadt

Gastown, der ursprüngliche Ortskern, verkam im Laufe der ersten Hälfte des 20. Jahrhunderts allmählich zu einem slumartigen Stadtteil am Rande des Geschäftszentrums. Nur knapp entging er Ende der 1960er-Jahre einer »Totalsanierung«, und man erklärte ihn zur **denkmalgeschützten *Heritage Site.*** Nach seiner – mittlerweile abgeschlossenen – Restaurierung gehört er zu den touristischen Hauptanziehungspunkten.

Expo 1986 und Stadtentwicklung

Vancouver war 1986 Schauplatz einer Weltausstellung/*EXPO.* Sie bescherte der Stadt gleich eine ganze Reihe architektonischer Highlights wie z.B. das Kongresszentrum ***Canada Place*** und den ***SkyTrain,*** ein modernes U- und S-Bahn-System.

Nach der Expo entstand dort ***Concord Pacific Place*** mit 50 türkisfarbenen gläsernen Hochhäusern am Ufer des False Creek (*Yaletown*), ein Glanzpunkt der Stadtsilhouette (➤ Exkurs umseitig).

Metropolitan Vancouver

Das Wachstum der Stadt hält unvermindert an. Mittlerweile konzentriert sich die Hälfte der Bevölkerung von British Columbia im Großraum von *Metropolitan Vancouver* (2,5 Mio. Einwohner), der die *City of Vancouver* und über 20 Vorstädte umfasst. Davon lebt rund ein Viertel im eigentlichen Citybereich.

Bevölkerungsentwicklung

Diese Entwicklung ging einher mit einer **Umstrukturierung der Bevölkerung**. Während der letzten drei Dekaden, besonders nach der Wiedereingliederung Hongkongs in China, wuchs der Anteil der chinesischen Einwohner massiv. Und man geht davon aus, dass diese Zahlen noch weiter steigen werden: Derzeit stammen ca. 65% aller Einwanderer nach British Columbia aus Asien.

Vancouver auf dem Weg zur chinesischen Stadt?

Die ersten Chinesen lockten 1858 der ***Fraser*** und 1862 der ***Cariboo Gold Rush*** (➢ Seite 188 bzw. 199) nach Britisch-Kolumbien. Ab 1880 halfen sie beim Bau der ersten Transkontinentalverbindung. Bis zu 16.000 Chinesen lebten dabei unter miserablen Bedingungen in Zeltstädten und verrichteten die gefährlichsten Arbeiten für einen Bruchteil der Löhne für Weiße. Viele von ihnen kamen dabei um. Als das letzte Gleis verlegt war, gab es für die verbliebenen Chinesen keine Arbeit mehr. Um zu überleben, nahmen sie jeden Job zu Minimallöhnen an. Wegen dieses Lohndumping entstanden immer wieder Unruhen mit der Folge des ***Chinese Exclusion Act***, der 1923-1947 jede Einwanderung von Chinesen nach Kanada untersagte. Die Bevölkerung in Vancouvers **Chinatown** halbierte sich dadurch auf 6.000 Einwohner bis zum Ende des 2. Weltkrieges.

Mit der Lockerung der Einwanderungsgesetze in den Nachkriegsjahren, als man dringend Arbeitskräfte benötigte, und der im Zeitablauf immer weiteren Spezifizierung der Voraussetzungen für eine Einwanderung nach Kanada verschob sich die Herkunft der chinesischen Immigranten, die nun vor allem aus Taiwan und Hongkong kamen und kommen. Sie brachten berufliche Qualifikation und/oder genug finanzielle Mittel zum Aufbau einer selbständigen Existenz mit. Die neue Generation der betuchten Immigranten sucht nicht mehr preiswerten Wohnraum in der engen Chinatown Vancouvers, sondern – wie die weiße Bevölkerung – Apartments und Eigenheime in den Vororten. So entstanden z.B. in **Richmond** und **Burnaby** ganz **neue Chinatowns**.

Die tagsüber lebhafte, aber nachts eher verlassen wirkende **alte Chinatown** hat nur noch nostalgischen Charakter. Pompöse Festivitäten, wie die Einweihung des neuen Stadtbogens (***Millennium Gate***) widersprechen gelegentlich diesem Anschein, aber die Entwicklung der Bewohnerstruktur und der Zustand der Bausubstanz oberhalb der Farbenpracht und Wohlgerüche der Läden im Erdgeschoss spricht eine andere Sprache. Selbst Chinesen machen heute eher einen Bogen um Chinatown wie etwa der Hongkonger Multi-Milliardär Li Ka-Shing. Er investierte Ende des 20. Jh. das Kapital seines Immobilienfonds ***Concord Pacific*** lieber in ein riesiges seit der Weltausstellung 1986 ungenutztes Areal am False Creek (in Yaletown) nur einen Kilometer von Chinatown entfernt. Chinesen stellen heute die zahlenstärkste Minderheit; im Vorort Richmond sind 75% asiatischer Herkunft. Dort erlebt man – eine Querstraße von der *SkyTrain*-Station *Richmond-Brighouse* entfernt – auf dem ***Public Market*** chinesisches Einkaufsflair (8260 Westminster Hwy). Für asiatische Köstlichkeiten empfiehlt sich Fr-So der ***Night Market*** (8351 River Road; Mitte Mai -Mitte Oktober; Eintritt $5). Zwischen beiden verläuft der sog. »Teigtaschen-Pfad« (***Dumpling Trail***; www.dumplingtrail.com).

Chinatown Millennium Gate

1.2 Information, Orientierung und Verkehrsmittel

Information

Kartenmaterial und Broschüren zu den Sehenswürdigkeiten der Stadt und British Columbia gibt es unweit des *Canada Place* im ***Visitor Centre*** (Plaza Level, 200 Burrard St; © (604) 683-2000, www.tourismvancouver.com) oder in **North Vancouver** bei der ***Chamber of Commerce*** (102-124 West First Street, © (604) 987-4488, www.nvchamber.ca) und im ***Info Centre*** beim *Lonsdale Quay Market* (123 Carrie Cates Court, © (604) 656-6491, www.nvtourism.ca).

Günstige Tickets

Tickets Tonight im Besucherzentrum beim *Canada Place* ist die einzige offizielle Verkaufsagentur von **Halbpreistickets** am Aufführungstag für Kunst- und Kulturveranstaltungen im Großraum Vancouver. Andere Showtickets sind dort auch erhältlich, aber meist zum Normalpreis; www.ticketstonight.ca.

Verkehr und Straßen

Zur hohen Lebensqualität der Stadt trägt insbesondere der autobahnlose zentrale Bereich bei. Während anderorts Downtown zwischen Bürotürmen und *Freeway*-Schluchten abends und am Wochenende häufig verödet, kennt Vancouver diese Problematik nicht.

Von Südosten und von Norden her ist die Stadt bequem über den ***Trans-Canada Highway*** (kurz: ***TCH***) zu erreichen. Er verläuft über die *Second Narrows Bridge*, eine der beiden Brücken, die nach North Vancouver hinüberführen. Mit den südwestlichen Vororten ist Downtown durch die *Burrard Bridge* und die *Granville Bridge* verbunden. Zur ***Rush Hour*** ist in den Brückenbereichen oft alles »dicht«. Man sollte Autofahrten in die City von 7-9 Uhr und 15-18 Uhr daher möglichst vermeiden.

Die wichtigste **Nord-Süd-Achse** ist die **Straße #99**, eine Fortsetzung der US-amerikanischen *Interstate* #5, die von der mexikanischen bis zur kanadischen Grenze verläuft. Der Autobahnausbau endet in der Vorstadt Richmond. Danach führt die #99 als Granville Street in die Innenstadt und weiter über die *Lions Gate Bridge*, North Vancouver und West Vancouver (verlaufsidentisch mit dem *TCH*) bis Horseshoe Bay und weiter nach Nordosten.

Orientierung

Die im Schachbrettmuster angeordneten Straßen von Downtown heißen alle ***Street*** und werden meist als Einbahn geführt. Außerhalb der Innenstadt verlaufen ***Avenues*** in Ost-West-Richtung und ***Streets*** von Norden nach Süden. *Streets* tragen in Vancouver immer einen Namen, die *Avenues* dagegen sind nur nummeriert. Den Anfang macht die 1st Avenue südlich der City.

Flughafen

Der ***Vancouver International Airport*** (*YVR*) liegt im Vorort Richmond, ca. 12 km südwestlich des Zentrums; www.yvr.ca. In weniger als 30 Minuten verbindet die ***Canada Line*** des ***SkyTrain*** den Flughafen und Downtown. Die *Canada Line* erhebt in Fahrtrichtung Innenstadt einen Zuschlag (*YVR AddFare*) von $5 für alle am Flughafen erworbene Tickets und Pässe.

Öffentlicher Nahverkehr

Das öffentliche Nahverkehrssystem ***TransLink*** ist gut ausgebaut. Innerhalb des Stadtgebiets (Zone 1) gilt ein **Einheitstarif** von $3 – egal, ob Bus, Bahn oder Schiff. ***TransLink*** bedient neben

Downtown diverse Vororte wie North Vancouver, Horseshoe Bay und Burnaby mit weiteren Tarifzonen. Den Tagespass für $10,50 (gültig im Zentrum und in den Vororten) bekommt man in Supermarktfilialen (*Safeway*, *Save on Foods* etc.), in den Mini-Märkten *7-Eleven* sowie an den *SeaBus* bzw. *SkyTrain Ticket Machines*.

SkyTrain

Die drei Linien des *SkyTrain*-Systems starten von der ***Waterfront Station*** in der Nähe des *Canada Place*. Die ***Expo Line*** verkehrt im 6-min-Takt (zu den *Rush Hours* alle 2-4 min) über New Westminster bis zur **Endstation *King George*** in Surrey südlich des Fraser River. Zwischen den ersten vier Haltestellen im Zentrum verläuft der *SkyTrain* unterirdisch, dann aber oberirdisch *(elevated)*. Die ***Canada Line*** zum Airport fährt tagsüber im 7-min-Takt, die ***Millennium Line*** dreht einen *Loop* um Burnaby & New Westminster alle 6 min.

Der ***SkyTrain*** lohnt sich **auch für Touristen** allein schon wegen der während der Fahrt oft tollen Aussicht auf Meer, Berge und die *Skyline*, z.B. von der *Suspension Bridge* über den Fraser River (östlich *Columbia Station*), westlich der *Namaimo Station* oder östlich der *Stadium Station*. Unbedingt einplanen!

Parken in der City

In diesem Fall parkt man das Fahrzeug am besten bei einer ***SkyTrain Station*** außerhalb von Downtown und fährt per Bahn ins Zentrum. Das spart Zeit und Geld, denn die Parkgebühren für einen ganzen Tag übersteigen in der Innenstadt leicht die Kosten für's Ticket oder sogar eines *DayPass* für mehrere Personen.

Per Boot nach Downtown

Relativ citynah liegt u.a. der **Parkplatz** des *Vancouver Museum* an der English Bay. Von dort gelangt man per Bus oder ***False Creek Ferry*** vom Anleger am *Maritime Museum* rasch ins Zentrum. Auch **North Vancouver** ist ein guter Ausgangspunkt für die Stadtbesichtigung: Die Personenfähre ***SeaBus*** pendelt tagsüber alle 15 min (abends im 30-min-Takt) vom ***Lonsdale Quay*** (Restaurant-/Shoppingkomplex, *Info Centre* + Parkplätze) über das Burrard Inlet nach Downtown zur ***SeaBus Station*** an der Waterfront Road (östlich vom *Canada Place*). Dieser 12-min-Trip mit Blick auf die *Skyline* gehört zu den Höhepunkten eines Besuchs.

Concord Pacific Place vor den schneebedeckten Coast Mountains

1.3 Unterkunft und Camping

Wie in vielen Großstädten sind auch in Vancouver freie Zimmer zu halbwegs erschwinglichen Preisen im Hochsommer meist ausgebucht. Für Juli/August sollte man daher langfristig reservieren, aber auch sonst ist es ratsam. Campingplätze in City-Nähe sind ziemlich teuer, die besseren liegen relativ weit außerhalb.

Hostels

In der Innenstadt stehen gleich fünf Jugendherbergen mit zahlreichen Kneipen direkt vor der Haustür:

- die ***HI Hostels Vancouver Central*** (1025 Granville Street, Betten ab $50, komfortable Doppelzimmer ab ca. $120) und ***Vancouver Downtown*** (1114 Burnaby St; Betten ab $45, DZ $140; modernes Haus); beide reservierbar unter ✆ 1-866-762-4122 bzw. im Web: www.hihostels.ca/en/destinations/british-columbia/
- die ***The Cambie Hostels Downtown*** (515 Seymour Street; ✆ 1-866 623-8493) und ***Gastown*** in einem 100 Jahre alten Bau mit Saloon (300 Cambie Street; ✆ 1-877-395-5335); beide mit Betten ab ca. $39, DZ ab ca. $80; www.cambiehostels.com
- das ***Samesun Backpacker Lodge***, 1018 Granville St; Betten ab $44, DZ ab $180; ✆ (604) 682-8226, www.samesun.com.

In Toplage am *Jericho Beach Park* direkt am Meer, ca. 6 km vom Zentrum entfernt (Zufahrt mit Buslinie #4 UBC - Powell, Ausstieg an der West 4th Avenue/NW Marine Dr.) befindet sich das

- ***HI Vancouver Jericho Beach***, 1515 Discovery St; $35/Bett, DZ ab $80; betagtes Haus, aber Preis-Leistung gut, nur Mai-Sept geöffnet; mit Radverleih; ✆ 1-866-762-4122, www.hihostels.ca.

YWCA Hotel

Eine **Sonderrolle** spielt das zum fast normalen Hotel umgestaltete ***YWCA***, das in Vancouver nicht nur Frauen offen steht; gute City-Randlage an der 733 Beatty Street; DZ $199, EZ/DZ mit Gemeinschaftsbad $106/$118; ✆ 1-800-663-1424, www.ywcahotel.com.

Universities

Ebenfalls preiswert sind die EZ/DZ in den Wohnheimen (*Dormitories*) bei den Universitäten. Sie sind allerdings nur Mitte Mai-Mitte August zu haben und weit von Downtown entfernt:

- ***University of British Columbia, Pacific Spirit Hostel***, 51935 Lower Mall; DZ und kleine Apartments ab $69, ✆ 1-888-822-1030, https://suitesatubc.com.
- ***Simon Fraser University*** in **Burnaby**, 8888 University Dr; DZ mit Bad $111; ✆ (778) 782-4503, www.sfu.ca/stayhere.

H/Motels

Im zentralen Bereich der Stadt findet man hauptsächlich Hotels der gehobenen Preisklasse. Etwas preiswerter sind dort:

- ***Victorian Hotel***, 514 Homer Street; Boutique Hotel mit kleinen, aber schicken Doppelzimmern ab ca. $205; ✆ 1-877-681-6369, www.victorianhotel.ca
- ***Barclay Hotel***, 1348 Robson St; sehr schlichte, preiswerte DZ (ab $140) in guter zentraler Lage; ✆ (604) 688-8850.

Vororte

In den südlichen und östlichen Vororten stehen vergleichsweise wenig Häuser der Mittelklasse. Die Mehrheit konzentriert sich entlang der beiden großen **Einfallstraßen #99** (in Flughafennähe) und **#1A/99A/Kingsway** (im Bereich Metrotown).

Auch in den nördlichen Stadtteilen ist das Angebot recht überschaubar. Relativ citynah und etwas preiswerter als im Zentrum kommt man in **North Vancouver** (Marine Drive) unter:

- ***North Vancouver Hotel***, 1800 Capilano Road; ab $130; © 1-800-663-4055, www.northvanhotel.com
- ***Lonsdale Quay Hotel***, 123 Carrie Cates Court; ab $220; © (604) 986-6111, www.lonsdalequayhotel.com.

B&B

Eine Alternative zu den H/Motels sind auch in Vancouver ***Bed & Breakfast***-Quartiere. Zu empfehlen ist u.a. das

- ***Windsor Guest House***, 325 W 11th Ave, ab $200; viktorianisches B&B in einer ruhigen Nachbarschaft, 1,5 km südlich des False Creek; © 1-888-872-3060, www.dougwin.com.

Camping

An der Nordwest-Zufahrt zur tagsüber oft verstopften *Lions Gate Bridge* liegt der teure und oft sehr volle

- ***Capilano River RV Park***; 295 Tomahawk Avenue, zahlreiche Stellplätze mit *partial* oder *full hook-up* ab ca. $60 im Sommer; gratis *Wifi*; © (604) 987-4722, www.capilanoriverrvpark.com.

In **Surrey**, rund 30 km südöstlich der Innenstadt, gibt es mehrere private Campingplätze zu erträglicheren Tarifen:

- Ein etwas lauter, aber guter Platz ist der kleine ***Plaza RV Park,*** 8266 King George Blvd (Hwy 99A); *full hook-up* ca. $50; © (604) 594-4440, www.plazarvpark.ca.
- Noch etwas weiter von Vancouver entfernt, ca. 10 km vor der Grenze zu den USA, liegt der ***Peace Arch RV Park*** (14601 40th Ave, *Exit* 10 von der Autobahn #99); Zelte $43, *full hook-up* $47-$57; © (604) 594-7009, www.peacearchrvpark.ca.

Ein komfortabler Platz in relativer City-Nähe ist der

- ***Burnaby Cariboo RV Park*** am 8765 Cariboo Place in Burnaby (Abfahrt 37 vom *TCH*); großer Platz, aber viele Stellplätze sind recht eng, zudem kommt es zu nächtlicher Ruhestörung durch die nahe Eisenbahnlinie; Zelte $43-$48, *full hook-up* $68-$73; © (604) 420-1722, www.bcrv.com.

Nördlich von Horseshoe Bay (Straße #99) und über 40 km vom Zentrum entfernt liegt sehr schön am Howe Sound der

- ***Porteau Cove Provincial Park*** mit Stellplätzen überwiegend am Wasser ($35, mit Strom $43) und *Walk-in*-Zeltplätzen auf einer Landzunge ($20). Auch in diesem Park stören nachts die vorbei fahrenden Güterzüge gleich hinter den Stellplätzen. Den Sommer über ist eine Reservierung notwendig: © 1-800-689-9025; www.env.gov.bc.ca/bcparks/explore/parkpgs/porteau.

1.4 Stadtbesichtigung

1.4.1 Citybereich

Stanley Park

In Vancouver kann man großstädtischer Hektik rasch entfliehen. Nur wenige Gehminuten westlich von Downtown liegt der über 4 km^2 große ***Stanley Park***. Die von dichter Regenwaldvegetation bedeckte Landzunge zwischen English Bay und Burrard Inlet wurde 1889, wenige Jahre nach Stadtgründung, als Erholungsraum reserviert und nach dem Gouverneur **Lord Stanley** benannt.

Wegesystem

Im östlichen Teil wirkt der Park heute wie ein gepflegter Stadtwald, im Westteil dagegen blieb der Urwald weitgehend erhalten. Das Wegesystem des Parks besitzt eine Länge von 81 km und wird von Joggern, Skatern und Bikern stark genutzt. Mietstationen findet man im Bereich Denman St/Robson Street z.B. ***Stanley Park Cycles***, 766 Denman St Fahrrad ab $32/Tag.

Auf der ***Seawall Promenade***, einem ausgebauten Rad- und Wanderweg von 9 km Länge am Wasser entlang, genießt man wunderbare Ausblicke auf City und Hafen, auf die Coast Mountains und über die English Bay. Schöne **Strände** befinden sich an der Westseite des Parks. Besonders beliebt ist die ***Third Beach***.

Seaside Bicycle Route: 29 km rund um die City

Vom *Canada Place* verläuft die Uferpromenade – vorbei an *Coal Harbour* und großen Marinas – bis zum *Stanley Park*. Gegen den Uhrzeigersinn wird der Park auf der *Seawall* umrundet, danach geht es weiter an der English Bay und *Sunset Beach* entlang bis Yaletown. Dort wurden ehemalige Lagerhallen zu Kneipen/Restaurants und schicken Boutiquen umgestaltet – eine Art kleineres »*Soho*« (wie in New York City). Anschließend folgt man dem *False Creek* über die *Plaza of Nations* zur *Science World* und – auf dem südlichen Ufer des Flusses am olympischen Dorf der Winterspiele 2010 vorbei – bis nach *Granville Island*. Weiter geht es entlang des südlichen Ufers der English Bay. Westlich der *Burrard Bridge* passiert man den *Vanier Park* mit seinen Museen, *Kitsilano Beach* und weitere populäre Strände bis zum Endpunkt an der *Spanish Banks Beach*. **Radfahrer** und **Skater** schaffen die Runde ohne weiteres an einem Tag. Von vielen Punkten entlang der Strecke hat man die hübsche *Skyline* der Stadt im Blick. Gute Infos mit Karten: www.translink.ca/en/Getting-Around/Cycling.aspx bzw. https://vancouver.ca/parks-recreation-culture/seawall.aspx.

Auto-Rundkurs

Der *Stanley Park* lässt sich auch mit dem Auto besuchen. Der Einbahn-Rundkurs verläuft gegen den Uhrzeigersinn teils am Ufer entlang; Anfahrt auf der Georgia St (#99), am *Vancouver Rowing Club* rechts ab. Noch vor dem Ostende befindet sich der Parkplatz für den *Hallelujah Point* mit Blick auf die Innenstadt (Foto ➤ Seite 165) sowie für die Besichtigung der tollen **Totempfahl-Sammlung** (Foto ➤ Seite 152/153). Die meisten von ihnen sind Replikas alter *Totems* der Haida-Indianer aus dem Nordwesten von British Columbia. Von dort erreicht man noch die ***9 O'Clock*-Kanone**, die seit 1898 allabendlich um 21 Uhr abgefeuert wird. Östlich davon liegt ***Brockton Point*** mit einem Leuchtturm und eigenem Parkplatz.

Nach dem Überqueren der *Lions Gate Bridge* lohnt sich der kurze Fußweg zum ***Prospect Point*** mit schöner Aussicht auf die Brücke und hinüber nach North Vancouver (Foto ➤ Seite 174).

An der Parkwestspitze beim ***Ferguson Point*** serviert das ***The Teahouse*** gutes Essen in einem gemütlichen Ambiente; 7501 Stanley Park Drive; www.vancouverdine.com/teahouse.

Aquarium

Im Park befindet sich noch das ***Vancouver Aquarium***. Die Stars dort sind Seelöwen, Seeotter, Belugawale und Delfine; ein Haifischbecken fehlt ebenfalls nicht. Als weitere Attraktion prasselt im üppigen »Amazonas-Regenwald« stündlich ein Gewitter auf Fische, Pflanzen und Schmetterlinge herab; im Sommer 9.30-18 Uhr, sonst 10-17 Uhr, $38/$21-$30; 845 Avison Way; www.vanaqua.org.

City of Vancouver

Downtown Vancouver ist begrenzt durch den *Stanley Park*, das Burrard Inlet, die English Bay und – östlich – den False Creek. In den letzten Jahren wurde die City völlig umstrukturiert. Nicht so sehr Museen oder einzelne herausragende Bauten machen den Reiz der Stadt aus, als vielmehr das **Arrangement neuerer Glashochhäuser** (vornehmlich für Wohnzwecke), die mit dem Tageslicht ihre Farbe wechseln. Die Investoren mussten sich verpflichten, Grünanlagen, breite Gehwege und **Spazier-/Skate-/Rad-Wege in den Uferzonen** am False Creek und am Burrard Inlet zu schaffen. Auf etwa 29 km kann die gesamte Innenstadt verkehrsfrei zu Fuß oder per Bike umrundet werden, ➤ Kasten Seite 161. Am Wege liegen zahlreiche Cafés und Restaurants mit *Open-air*-Terrassen.

Ausflugsboote

Direkt neben dem *Stanley Park* startet ab der *Harbour Cruise Marina* (501 Denman Street) die 60-minütige ***Vancouver Harbour Tour*** durch das Burrard Inlet, \$39/\$12-\$33, Mai-Sept täglich 11, 12.15, 13.30, 14.45 Uhr; ✆ 1-800-663-1500, www.boatcruises.com.

Canada Place

Am Nordrand der City fällt vor allem der an ein riesiges Segelschiff erinnernde Komplex ***Canada Place*** (www.canadaplace.ca) an der *Waterfront* auf (Nordende Howe St). Dieses Wahrzeichen der Stadt, als kanadischer Pavillon zur Expo 1986 eingeweiht, beherbergt das ***Convention Centre*** mit dem luxuriösen ***Pan Pacific Hotel*** – unbedingt hineingehen! Längsseits machen die Kreuzfahrtschiffe fest; www.panpacific.com/vancouver.

An der Spitze des *Canada Place* bietet der Flugsimulator ***FlyOver Canada*** die Möglichkeit die Nation von Küste zu Küste in der Vogelperspektive zu überqueren – eine originelle Idee. Tägl. 10-21 Uhr; \$33/\$23-\$27, online günstiger; www.flyovercanada.com.

Ein hipper Fotospot versteckt sich unweit an der 439 Seymour St: eine schmale Seitengasse mit knalligen Farben (***Pink Alley***).

Shopping/ Nightlife

Zahlreiche Läden und Shoppingzentren konzentrieren sich auf die Robson St und den Bereich zwischen Burrard und Seymour St von der *Waterfront* bis zur Nelson St. Der ***Commodore Ballroom*** an der 868 Granville St ist ein angesagter Live-Musik- und Tanzclub. Der ***Granville Street Entertainment District*** bis zur Brücke über den False Creek rühmt sich zu Recht als **Vancouvers bester Nightspot** (auch empfehlenswert: die *Kits Region*, ➤ Seite 169).

Die größten ***Farmers Markets*** der Region findet man in Trout Lake und Kitsilano; www.eatlocal.org. In den Außenbezirken sind insbesondere die ausgedehnte ***Metropolis at Metrotown*** in Burnaby (größte *Mall*) und der ***Richmond Public Market*** tolle Shopping-Ziele.

Und für die Stunden vor dem Abflug ist das ***McArthurGlen Designer Outlet*** unweit des Airports ein guter Tipp. Mit Coupon von der *Mall Info* gibt's nochmals zusätzlichen Rabatt auf die Fabrikpreise.

Robson Square

Als populärer Treffpunkt gilt der großenteils unter Straßenniveau angelegte Robson Square zwischen Hornby und Howe St. Bunte Blumenbeete, Kaskaden und Springbrunnen schmücken diesen Platz, der sich über zwei City-Blocks erstreckt.

Kunstmuseen

An seinem nördlichen Ende steht die ***Vancouver Art Gallery*** mit einer permanenten Gemälde-Kollektion, die sich insbesondere auf die aus Victoria stammende Emily Carr und nordamerikanische Maler der Gegenwart konzentriert. Wechselnde Programme ergänzen die Ausstellung; 750 Hornby Street; täglich 10-17 Uhr, Di bis 21 Uhr, $24/$6,50; www.vanartgallery.bc.ca. Auf der Terrasse des *Gallery Café* speist man stilvoll mit klassischer Musik.

Gleich in der Nähe, an der 639 Hornby Street, befindet sich noch die sehr sehenswerte ***Gallery of Northwest Coast Art*** des Haida-Künstlers **Bill Reid** (1920-1998); im Sommer 10-17 Uhr, im Winter Mo+Di geschlossen; $13/$6-$8; www.billreidgallery.ca.

Robson Street

Die Robson St westlich des gleichnamigen Square etwa bis Höhe Broughton St ist mit Boutiquen und Restaurants eine Art **»Flaniermeile«** für einen Schaufensterbummel, den Nachmittagskaffee und einen Drink zur Abendstunde in einem der dort zahlreichen Straßencafés. Östlich des Robson Square steht im *Theater District* an der 350 W Georgia St die dem Kolosseum von Rom nachempfundene ***Central Library***, die einer der bedeutendsten Architekten Kanadas (Moshe Safdie) entworfen hat; www.vpl.ca.

Das 1941 erbaute ***Vogue Theatre*** zählt zu den letzten verbliebenen Kinos in der berühmten neonschimmernden *Theatre Row* und wird heute vor allem für Film- und Musik-Events genutzt, u.a. Ende September für das *Vancouvers International Film Festival* und Ende Juni für das große *Jazz Festival* der Stadt; 918 Granville Street, www.voguetheatre.com.

Shopping Mall

Mehrere ***Underground Shopping Malls*** bieten Einkaufsvergnügen bei jedem Wetter. Die mit Abstand größte von ihnen ist das ***Pacific Centre***, das sich mit über 100 Geschäften (u.a. *Holt Renfrew* und *Nordstrom*) zwischen Granville, Howe, Robson und Pender Street erstreckt; 701 W Georgia St, www.pacificcentre.ca.

Die städtische Central Library im Theater District von Vancouver

Canada Place und Vancouver Lookout mit dem Dreh-Restaurant Top of Vancouver (vom Stanley Park aus fotografiert)

»Weitblick«

Vergleichsweise klein ist die ***Harbour Centre Mall*** gegenüber dem *SeaBus*-Anleger (555 West Hastings; www.harbourcentre.com). Zum Gebäudekomplex gehört der 167 m hohe ***Harbour Tower*** mit Aussichtsplattform (***Vancouver Lookout***) im 40. Stockwerk; Mai-September täglich 8.30-22.30 Uhr, sonst 9-21 Uhr; $18/$13 inkl. Multimedia-Show; www.vancouverlookout.com. **Tipp:** Das Ticket gilt für beliebig viele Besuche am Kauftag, also tagsüber+abends!

Den Eintritt spart, wer die Aussicht vom Dreh-Restaurant ***Top of Vancouver*** aus genießt (eine Runde/Std). An Wochentagen nach der üblichen *lunch time* so ab ca. 13.30 Uhr ist es nicht mehr voll. Die Küche dort oben ist ausgezeichnet für die Qualität und Aussicht auch nicht zu teuer; www.topofvancouver.com.

Die *Skyline* von Vancouver hat sich in den letzten 15 Jahren stark gewandelt. Es entstanden einige der höchsten Wolkenkratzer, darunter *Living Shangri-La* (201 m), *Trump Tower* (188 m) und *Private Residences at Hotel Georgia* (159 m). *Vancouver House* von 2019 ist nur 150 m hoch, aber einzigartig vom Design, ➤ Foto links. Es steht »auf dem Kopf« an der 1480 Howe St (nahe *Granville Bridge*).

West End

Die Robson Street endet in ***West End***. Das Herz dieses Wohnviertels schlägt in der **Denman Street**, einer Flaniermeile mit vielen Restaurants auf acht Straßenblocks zwischen English Bay und Burrard Inlet. Das **Davie Village** (Davie St zwischen Jervis und Burrard St) mit seinen Kneipen, Clubs und regenbogenfarbenen Zebrastreifen (*Rainbow Crosswalks*) ist ein beliebter **LGBT-Szenetreff**.

Gastown

Der älteste Bezirk Vancouvers, die ***Gastown***, umfasst den Bereich Water St östlich des *Harbour Centre* bis zur Columbia St. Dieser 1886 bis auf zwei Häuser niedergebrannte und heruntergekommene Stadtteil wurde im späten 20. Jahrhundert für Touristen aufpoliert und hat heute hinter den auf nostalgisch getrimmten neuen Fassaden jede Menge Krimskrams-Souvenir-Shops und eine attraktive gastronomische wie Nachtclub-Szene; www.gastown.org.

Gastown besitzt an der Water Street gleich zwei »**Wahrzeichen**«: am Maple Tree Square die Statue des geschwätzigen Stadtgründers ***Gassy Jack*** auf einem Whiskyfass und knapp 400 m weiter westlich (Ecke Cambie St) die vom zentralen Heizungssystem angetriebene ***Steam Clock***, die in der Std 4x pfeift und 1x Dampf ablässt.

Die hübsch eingerichtete Old Spaghetti Factory in Gastown

Wenige Schritte neben der *Steam Clock* befindet sich der Laden ***Hill's Native Art*** (165 Water Street; www.hills.ca), mit einer Ausstellung indianischen Kunsthandwerks der Spitzenklasse. Leider gilt das auch für die dortigen Preise. Aber »gucken« ist kostenlos.

Ganz in der Nähe speist man in einem ausgedienten Straßenbahnwagen oder anderen liebevoll gestalteten Räumlichkeiten recht preiswert in ersten (1970) kanadischen Filiale der Restaurantkette ***Old Spaghetti Factory***; 53 Water St, www.oldspaghettifactory.ca.

Chinatown

An *Gastown* grenzt südöstlich die **Chinatown** (Hauptbereich: Pender Street zwischen Carrall und Gore St; www.vancouver-chinatown.com). Sie ist nicht mehr das Zentrum der Chinesen, die heute überall in der Stadt (hauptsächlich in Richmond) ihre Einkaufszentren und Supermärkte besitzen, ➤ Kasten Seite 156. Die Atmosphäre des Viertels ist dennoch (und trotz des Tourismus) einigermaßen authentisch. Tagsüber kann man in den verwinkelten chinesischen Läden stöbern und in vielen **Restaurants** unverfälschte fernöstliche Küche probieren. Der Handel spielt sich größtenteils auf der Straße ab; die Auslagen vieler Lebensmittelshops sind ein Fest für die Augen. Abends nach Ladenschluss indessen ist Chinatown reizlos. Auch die Restaurants schließen alle früh.

Chinese Garden & Museum

Der ***Dr. Sun Yat-Sen Classical Chinese Garden*** (578 Carrall St) ist eine Idylle inmitten von Geschäftigkeit und bildet einen Kontrast zu den Beton- und Glasstrukturen der City. Für den Eintritt ($14/$10) ist er aber verhältnismäßig klein; Mitte Juni-August täglich 9.30-19 Uhr, sonst kürzer; www.vancouverchinesegarden.com.

Nebenan befindet sich noch ein ***Chinese Garden*** mitsamt ***Cultural Centre Museum***, in dem oft interessante Kunstausstellungen zu sehen sind; 555 Columbia St; Di-So 11-17 Uhr, Eintritt frei; www.cccvan.com. Die Problemviertel östlich von Chinatown entlang der Hastings Street (Straße #7A) sollte man besser meiden.

Granville Island

Südlich der City mitten im False Creek Meeresarm liegt unter der ***Granville Bridge*** die gleichnamige künstlich aufgeschüttete (Halb-) Insel, die bis in die 1970er-Jahre hinein als Industriestandort diente.

Der 1979 in den alten Lagerhallen eröffnete ***Granville Island Public Market*** entwickelte sich rasch zu einem Feinschmecker-Markt, der heute an 7 Tagen die Woche 9-19 Uhr Einheimische wie auch Touristen aus aller Welt anlockt. Der Komplex umfasst neben Restaurants mit *Open-air*-Terrassen und Blick auf die *Vancouver Skyline* auch noch Kunstgalerien (mit schönen Werken indigener Künstler) sowie eine Kunsthochschule (*Emily Carr University of of Art & Design*); www.granvilleisland.com/public-market.

Yachthafen, Parkanlage samt Abenteuerspielplatz, Wohnquartiere an und auf dem Wasser und das ***Granville Island Hotel*** (DZ ab ca. $400; www.granvilleislandhotel.com) mit eigener Hausbrauerei (*Dockside Brewery*, www.docksidevancouver.com) ergänzen das facettenreiche Ambiente.

Aquabus nach Granville Island

Von einer Anfahrt mit dem eigenen Auto (unterhalb der *Granville Bridge* über die W 2nd Ave auf die Anderson St) ist abzuraten, da die Parkplätze auf Granville Island und in der Umgebung immer überfüllt sind. Von der Innenstadt nimmt man daher am besten:

- den ***Aquabus*** ab Anleger *Hornby Street Dock* (südlich vom Ostende der *Burrard Bridge*) oder Davie St Yaletown 6.45-22 Uhr, alle 5-15 min. Tickets kosten *one-way* $3,75-$8, für Kinder $2,25-$6 und Tagespässe $16/$14; www.theaquabus.com) oder
- die ***False Creek Ferries*** ab dem *Aquatic Centre* hinüber zur Anlegestelle am *Public Market* (jeweils Pendelverkehr alle 5 min Mitte Mai bis *Labour Day* täglich 7-22.30 Uhr, sonst kürzer; Tickets *one-way* $3,75-$6,50, für Kinder $2,25-$4,50; Tagespässe ebenfalls $16/$14; www.granvilleislandferries.bc.ca.

Tipp: Ein besonderes Erlebnis ist die Fahrt mit dem *Aquabus* von Yaletown bis English Bay kurz vor Sonnenuntergang, wenn die ***»City of Glass«*** wie 1.000 Diamanten funkelt.

Anleger auf Granville Island für die diversen Aquabusse

Vanier Park

Am Ufer des False Creek eingangs der English Bay liegt der *Vanier Park* mit drei interessanten Museen. Zu Fuß ist man dorthin ab dem *Aquatic Centre* und über die *Burrard Bridge* etwa 15 min unterwegs, ab dem *Granville Island Market* ähnlich lange.

Museen

Das ***Museum of Vancouver*** (***MOV***) informiert lebendig über die Geschichte der Provinz mit Schwerpunkt Vancouver. Dazu thematisieren weitere großartige Galerien die Gründungsgeschichte, den Blick nach Asien sowie die 1950er- und 1970er-Jahre. Sehenswert! Geöffnet im Sommer täglich 10-17 Uhr, Do bis 20 Uhr und Fr+Sa bis 21 Uhr; Eintritt $20,50, Kinder $13,75; 1100 Chestnut Street; www.museumofvancouver.ca.

Das benachbarten ***H.R. MacMillan Space Centre*** birgt eine Weltraum-Ausstellung, das *Ground Station Canada Theatre* und das moderne ***Planetarium Star Theatre***; im Sommer täglich 10-17 Uhr, sonst wochentags kürzer; www.spacecentre.ca.

Im Mittelpunkt des ***Vancouver Maritime Museum***, nur wenig weiter westlich im Park, steht das originalgetreu restaurierte *RCMP*-Patrouillenboot ***St. Roch***. Mit diesem kleinen Holzschiff wurde Anfang der 1940er-Jahre erstmalig die Nordwestpassage in West-Ost-Richtung bezwungen und nach der Panama-Kanal-Durchquerung hatte es Nordamerika voll umrundet. Ansonsten bietet das betagte Museum eher wenig; täglich 10-17 Uhr, Do bis 20 Uhr; $13,50/$10-$11; 1905 Ogden Ave; www.vancouvermaritimemuseum.com.

False Creek/ Science World

Am südöstlichen Rand von Downtown Vancouver liegt das ehemalige Expo-Gelände (1986) am **False Creek** zwischen *Granville Bridge* und Main Street, heute ein attraktives Wohnviertel mit zahlreichen Hochhäusern und Stadtparks.

Neben *Sky Train* und *BC Place Stadium* blieb nur das *Expo Center* von den Gebäuden der Weltausstellung übrig (1455 Quebec St). Es beherbergt das sehr anschauliche naturwissenschaftliche Museum ***Telus World of Science***; im Sommer täglich 10-18 Uhr, Do bis 20 Uhr; sonst bis 17 Uhr; Eintritt $27/$18-$22; Zuschlag fürs ***Omnimax Theatre*** $6,50; www.scienceworld.ca. Lohnenswert in erster Linie mit wissbegierigen Kindern!

Geodesic Dome des Omnimax Kinos als Teil der Telus World of Science

Zum Gebäudekomplex gehört noch der auffällige *Geodesic Dome*, eine kreisrunde Konstruktion nach Art des Brüsseler Atomiums. Das Innere der Kugel dient als riesige Projektionsfläche für die tolle *Omnimax*-Filme. Aktuelles Programm und Zeiten auf dem Portal www.scienceworld.ca/omnimax.

BC Place Stadium

Im *BC Place Stadium*, einem knapp 55.000 Zuschauer fassenden geschlossenen Stadion mit einer Zeltkonstruktion als Dach, fanden die eindrucksvollen Eröffnungs- und Schlusszeremonien der olympischen Winterspiele 2010 statt (777 Pacific Boulevard, www.bcplace.com). Zum Komplex gehört die ***BC Sports Hall of Fame and Museum*** (Eingang Gate A), im Sommer täglich 10-17 Uhr (sonst Mo geschlossen); $18/$12; https://bcsportshall.com/.

Das Sportmuseum ist aber nur etwas für absolute Fans, die sich auch für kanadische bzw. nordamerikanische und regionale Besonderheiten interessieren.

1.4.2 Südwestliche Vororte

Kitsilano Beach

Im Westen geht der *Vanier Park* (➢ links) über in den *Hadden Park* und nach nur wenigen hundert Metern gelangt man schon zum populärsten Strand der Stadt (keine 10 min zu Fuß ab dem *Museum of Vancouver*). ***Kitsilano Beach*** bietet alle erdenklichen Einrichtungen für aktive Freizeitgestaltung: Basket- und Volleyballplätze, Tenniscourts, Surfschule, Duschen, Picknicktische sowie ein geheiztes Salzwasser-Schwimmbad für alle, denen es im Meer zu kalt ist (***Kitsilano Pool***, 2305 Cornwall St; geöffnet Mai-Mitte Sept; im Hochsommer 9-20.30 Uhr, sonst kürzer; $6/$4).

Die Umgebung der ***Kits Beach*** gehört zu den besseren Vierteln der Stadt. Shops, Restaurants und Kneipen, sog. in Wohngebieten anderswo selten vorhandene *Neighbourhood Pubs,* sind zahlreich. Man findet sie vor allem in der 4th Ave, der Hauptstraße der *Kits Region,* zwischen Burrard und Highbury.

West Marine Drive

Westlich der *Kits Beach* stößt man am Ufer des ***Jericho Beach Park*** auf Yachthäfen und auf eine der drei offiziellen *HI*-Jugendherbergen (➢ Seite 159). Ab der ***Locarno Beach*** rund um die ***University Peninsula*** läuft der Marine Drive. Die Küstenstraße passiert zunächst die langgestreckte ***Spanish Banks Beach***. Ab hier beginnt die Steilküste und es geht hinauf zum Campus der ***University of British Columbia*** (*UBC*; www.ubc.ca). Oben versperrt dichter Regenwald den Blick über die Strait of Georgia, die Meeresstraße zwischen Festland und Vancouver Island.

Spanish Banks Beach

Museum of Anthropology

An der Spitze der Halbinsel thront das ***Museum of Anthropology*** (***MOA***, 6393 NW Marine Dr), eine Konstruktion aus Glas und Beton über den Klippen des *Point Grey*. Glanzstücke des Museums sind einige der schönsten und ältesten **Totempfähle** Kanadas. Sie als solche und ihre eindrucksvolle Präsentation in der hohen lichten Halle allein lohnen schon den Besuch.

Totem Poles im Museum of Anthropology

Indianische Kunst

Besonderes Gewicht liegt auf den Arbeiten von *Bill Reid,* einem bekannten Haida-Schnitzer und Kanubauer. Ein ganzer Raum (Rotunda) ist seinem Werk »*The Raven and the First Men*« gewidmet. Den Schwerpunkt der Ausstellung bildet die umfangreiche Kollektion von Kunst- und Gebrauchsgegenständen der Nord westküsten-Indianer. Mit begrenzteren Sammlungen sind auch Zivilisationen anderer Kontinente vertreten. Geöffnet Mitte Mai-Mitte Oktober, tägl. 10-17 Uhr, Do bis 21 Uhr, sonstige Zeit Mo geschlossen; Eintritt $18/$16, Familie $47; www.moa.ubc.ca.

Gärten

Zu einer Pause im Grünen lädt der hübsche japanische ***Nitobe Memorial Garden*** der Universität ein (direkt am NW Marine Dr südlich des Museums, ca. 300 m zu Fuß). Geöffnet April-Oktober täglich 10-16.30 Uhr, sonst Mo-Fr 10-14 Uhr; Eintritt $7/$4.

Museum of Anthropology

Wreck Beach

Vom steilen Südwestufer der *University Peninsula* führen Pfade vom Marine Drive durch die üppige Vegetation hinab zur 8 km langen *Wreck Beach,* dem inoffiziellen **Nacktbadestrand** von Vancouver, wo sich zwischen angeschwemmten Holzstämmen Badeleben, Grillpartys und ein bisschen Kommerz abspielen. Der ***Beach Trail #6*** (Start schräg gegenüber der Einmündung des University Boulevard in den Marine Drive) führt in den belebteren Strandbereich; die ***Trails* #3** und **#4** beiderseits des *Museum of Anthropology* enden in ruhigeren Arealen.

Universitätsparks

Die *University of British Columbia* (*UBC*), der diese Halbinsel ihren Namen verdankt, ist nicht nur Eigentümer von Grund und Boden des Campus, der mitsamt ausgedehnten Wohnanlagen für Studenten und Einfamilienhaus-Siedlungen für den Lehrkörper über 400 Hektar bedeckt. Ihr gehören darüber hinaus ausgedehnte unbebaute ***University Endowment Lands*** weiter südlich und östlich der genutzten Fläche.

Ein Teil davon ist ein durch Spazierwege und (wenige) Straßen erschlossenes **Parkgelände** größer als der citynahe *Stanley Park*, der Rest bildet eine Art »ökologische Nische«. Am südwestlichen Rand der *Endowments Lands* passiert man beidseitig des Marine Drive den **Botanischen Garten der *UBC***. Die Areale sind durch eine Unterführung (nur für Fußgänger) miteinander verbunden.

Speziell der ***David C. Lam Asian Garden*** lohnt einen Spaziergang. Er ist weit mehr als die Bezeichnung vermuten lässt: nämlich eher ein **Arboretum** voller im Regenwald heimischer Bäume und Sträucher; 6804 SW Marine Drive; geöffnet April-Oktober täglich 10-16.30 Uhr, Eintritt $10/$5; www.botanicalgarden.ubc.ca.

Van Dusen Garden

Auf dem Weg zum unverzichtbaren *Queen Elizabeth Park* kann man noch einige Kilometer östlich der *UBC* im ***Van Dusen Botanical Garden*** einen Stopp einlegen. Er ist größer und insgesamt noch attraktiver; geöffnet im Sommer täglich 9-20.30 Uhr; Eintritt $11/$5,50. Wer Hunger verspürt, findet dort das ansprechende ***Shaughnessy Restaurant*** mit einer zwar kleinen, aber guten Auswahl an Gerichten; 5251 Oak St, www.vandusengarden.org.

Queen Elizabeth Park

Der (kostenlose) Besuch des ***Queen Elizabeth Park*** ist Programmpunkt aller geführten Stadtrundfahrten. Fein und mit herrlichem Weitblick über Vancouver (dafür gar nicht mal übermäßig teuer) speist man dort im ***Seasons in the Park Restaurant*** (33rd Avenue) mit kreativer Westküstenküche und Sonnenterrasse. Reservierung ist selbst zur *Lunchtime* zu empfehlen: © (604) 874-8008 bzw. www.vancouverdine.com/seasons.

Oben auf dem **Little Mountain**, der mit 150 m höchsten Erhebung der Stadt, steht mit dem ***Bloedel Conservatory***, ein architektonisch reizvolles Gewächshaus mit vielen tropischen Pflanzen; 4600 Cambie Street; im Sommer 10-20 Uhr, sonst kürzer; Eintritt $6,50/$3. Der schönste Aussichtspunkt mit tollem Panorama auf Downtown versteckt sich zwischen Restaurant und *Conservatory*, viele übersehen den unscheinbaren Zugang.

1.4.3 Sehenswertes östlich der City

Burnaby

Von der ***Burnaby Mountain Conservation Area***, rund 15 km östlich von Downtown (erreichbar auf der Hastings St/Straße #7A in Richtung Coquitlam), fällt der Blick aus größerer Entfernung über ganz Vancouver und die Strait of Georgia nach Westen. Am Aussichtspunkt an der Westseite des Parks am Centennial Way belohnt ein herrlicher Sonnenuntergang die weite Anfahrt. Gute Übersichtskarten gibt es unter: www.burnaby.ca/Things-To-Do/Explore-Outdoors/Parks/Burnaby-Mountain-Conservation-Area.html.

Dort ragen am Kamui Mintara (Gottes Spielplatz) japanische *Totems* in die Höhe. Das benachbarte ***Horizons Restaurant*** serviert edle Westküstenküche (speziell *Seafood*) mit bestem Panorama; 100 Centennial Way, www.horizonsrestaurant.com.

Auf dem 370 m hohen Berg liegt das Gelände der ***Simon Fraser University***. Von Lage und Großzügigkeit auch dieses Campus' können deutsche Studenten und Professoren nur träumen.

Village Museum

Vom Mountain Park ist es nicht sehr weit zum ***Burnaby Village Museum***. Es liegt unweit des *Trans-Canada Hwy* durch Burnaby (*Exit* 33/Kensington Ave South). Das regionaltypische Dorf im Stil des ausgehenden 19. und frühen 20. Jahrhunderts ist im Vergleich zu anderen »lebenden Museen« zwar recht klein, vermittelt aber mit liebevoll gepflegter Kulisse und kostümierten Darstellern ein stimmiges Bild der Zeit; 6501 Deer Lake Ave; im Sommer Di-So 11-16.30 Uhr; Eintritt frei; www.burnabyvillagemuseum.ca.

Deer Lake Park

Ebenfalls im Stadtpark am Deer Lake präsentiert die ***Burnaby Art Gallery*** im ***Ceperley House*** Werke des 20. Jahrhunderts unter Berücksichtigung der lokalen Kunstszene; 6344 Deer Lake Avenue unweit des *Village Museum* am See; Di-Fr 10-16.30 Uhr, Sa+So 12-17 Uhr; www.burnabyartgallery.ca. Gleich nebenan lohnt im ***Century Gardens*** ein Spaziergang durch die Rhododendren.

Metrotown

Für einige sicher ein Grund nach Burnaby zu schauen: Dort befindet sich an der 1A/99A der **größte Shopping- und Entertainment-Komplex** von British Columbia. Die ***Metropolis at Metrotown*** besteht aus drei mehrstöckigen, durch Fußgängerbrücken verbundene ***Malls*** mit fast 400 Läden und bietet neben dem totalen Konsumtrip auch noch Vorstellungen in den 10 Kinosälen der *Silver City Metropolis Cinemas* sowie eine Auswahl an Restaurants. Jede Menge Parkraum und eine eigene *SkyTrain Station* erleichtern die Anfahrt; 4700 Kingsway; www.metropolisatmetrotown.com.

Rodeo in Surrey

Ende Mai (*Victoria Day Weekend*) findet das viertägige ***Cloverdale Rodeo*** in **Surrey** statt, einem südöstlichen Vorort. Es handelt sich um das größte Rodeo in BC. Wer zu dieser Zeit gerade in Vancouver weilt, sollte es nicht verpassen; www.cloverdalerodeo.com. Näheres zum Ablauf und den typischen Rodeo-Wettbewerben ➢ *Calgary Stampede,* Kasten Seite 308.

Cowboys beim Cloverdale Rodeo

Die Lions Gate Bridge verbindet den Stanley Park mit North Vancouver; im Hintergrund der Grouse Mountain

1.4.4 North Vancouver und Umgebung

Lions Gate Bridge

In die nördlichen Vororte Vancouvers jenseits der tief ins Land reichenden Bucht, die je nach Standort Burrard Inlet, Second Narrows Inlet oder Indian Arm heißt, geht es von **Downtown** durch den *Stanley Park* über die ***Lions Gate Bridge***. Die von der *Guinness*-Familie einst als »Privatunternehmung« errichtete, heute **gebührenfreie** Brücke sorgt erst seit 1938 für die verkehrstechnische Anbindung des nunmehr dicht besiedelten Stadtnordens an die City. Bis dahin war er nur per Boot erreichbar. Die mit nur drei Fahrspuren relativ schmale und daher häufig verstopfte *Lions Gate Bridge* führt in North Vancouver direkt auf den Marine Drive, die schönste Küstenstraße der Stadt.

Second Narrows Bridge/ Deep Cove

Die zweite Brücke nach North Vancouver, die ***Ironworkers Memorial Second Narrows Bridge***, nimmt 9 km weiter östlich die Autobahn des bis Horseshoe Bay laufenden *Trans-Canada Highway* auf. Von ihrer Nordseite (*Exit* 23) führt der ***Dollarton Highway*** am *Cates Park* vorbei nach **Deep Cove** am Indian Arm. Der Ort am Südwestzipfel des 18 km langen, tief eingeschnittenen Fjords eignet sich bestens für einen Bummel und ein Picknick am Strand. Im bunten Hafen dümpeln Fischerboote neben vielen eleganten Yachten.

Baden Powell-Trail

In Deep Cove beginnt bzw. endet der sehr schöne ***Baden-Powell*-Höhenwanderweg** (42 km) durch die North Shore Mountains. Er steigt zunächst auf in den *Mount Seymour Provincial Park* und läuft über dem *Lynn Canyon*, *Capilano River* und *Cypress Park* bis Horseshoe Bay. Da man diese Parks alle per Auto ansteuern kann, lassen sich auch überschaubare **Teilabschnitte** ablaufen.

Mount Seymour Provincial Park

Der ***Mount Seymour Provincial Park*** liegt hoch über dem Indian Arm nordöstlich der Wohngebiete von North Vancouver. Vom *Trans-Canada Hwy* (*Exit* 22B) geht es zunächst auf dem Mount Seymour Parkway bis zum Eingang (kein Eintritt!) und von dort dann über zahlreiche Serpentinen zum großen Parkplatz des Winterskigebiets in ca. 1.000 m Höhe, wo auch tolle Nacht-Abfahrten mit Flutlicht und Blick auf das Lichtermeer von Vancouver möglich sind; 18 km ab dem *TCH*; www.mountseymour.com.

Auf dieser Straße ist das Panorama von den Picknickplätzen nicht so schön wie etwa im gleich hohen *Cypress Provincial Park* (z.B. *High View Lookout*, ➢ Seite 177). Das Besucherzentrum ganz oben (mit ***Rock Chute Bar & Grill*** nebenan) ist Ausgangspunkt für eine Reihe von ***Trails***. Minimalprogramm wäre dort die 20-minütige Kurzwanderung zum Aussichtspunkt am 1.117 m hohen **Dinky Peak** (1,3 km retour; 50 HM). Bis zum Gipfel des **Mount Seymour** (1.455 m) sind es 4 km *one-way* und 500 HM.

Lynn Canyon

Vom *TCH Exit* 19 führt die Lynn Valley Road zum ***Lynn Canyon Park***. Dort überspannt eine 50 m hohe **Hängebrücke** eindrucksvoll die Schlucht und das ***Ecology Centre*** (Spende $2) informiert über den Umweltschutz in Kanada. Die Tore des Parks haben im Frühling/Sommer täglich 7-20 Uhr geöffnet (sonst kürzer), das *Centre* 10-17 Uhr; www.dnv.org/ecology. Eine **kostenlose (!) Alternative zur *Capilano Bridge***.

Capilano Bridge

Von der Abfahrt 14 des *Trans-Canada Hwy* bzw. vom Marine Dr östlich der *Lions Gate Bridge* gelangt man auf die **Capilano Road** und zur gleichnamigen, 70 m tiefen Schlucht. Touristenmagneten sind dort die alte (erstmals 1888 errichtet, 1956 erneuert), 137 m lange **Hängebrücke**, ein Baumkronen-Pfad (***Treetop Adventure***) und der ebenso schwindelerregende, erst 2011 hinzugefügte ***Cliffwalk***. Hierbei handelt es sich um einen nur 50 cm schmalen, freitragenden Holzsteg, der sich auch 'mal in einem großen Bogen von den Canyonwänden entfernt. Außerdem darf man im Park noch indianische Holzschnitzer bei der Arbeit und 25 Totempfähle bewundern. Der Eintritt ist beachtlich: $54/$17-$30. Von Mitte Mai bis Anfang Sept. täglich 8-20 Uhr; sonst von 9 Uhr bis zur Dämmerung; www.capbridge.com.

Capilano Bridge

Capilano River Regional Park

Hauptattraktion des *Regional Park* weiter oben an der Capilano Rd ist die ***Capilano River Hatchery***, wo jährlich mehr als 1 Mio. Lachse aufgezogen und freigelassen werden. Kurze Zufahrt auf der Capilano Park Road (ausgeschilderte Straße durch den Park).

Grouse Mountain Seilbahn mit Open-air-Plätzen auf dem Dach der Gondel, extra buchbar als »Skyride Surf Adventure«

Hinter Glasfenstern an der Fischleiter (***Fishway***) im Fluss kann man auch die aus der Wildnis zurückkehrenden Lachse beobachten; *Coho Salmon* von Juni bis November und *Chinook* im Oktober/November. Das ***Hatchery Interpretive Centre*** hat täglich geöffnet Juni-August 8-20 Uhr, im September 8-19 Uhr im Oktober 8-17 Uhr und im November bis 16 Uhr; Eintritt frei.

Den *Regional Park* durchzieht ein dichtes Netz aus Wanderwegen. Beim *Interpretive Centre* startet die 1 km lange, ebene ***Coho Loop*** entlang des Capilano River. Noch besser ist die Rundwanderung flussaufwärts bis zum *Cleveland Dam*, der den Fluss zum Trinkwasserreservoir für die City of Vancouver aufstaut. So spaziert man gut 3 km durch Regenwald und genießt unterwegs immer wieder schöne Blicke in den *Capilano Canyon* (100 Höhenmeter; www.vancouvertrails.com/trails/capilano-canyon).

Den Damm erreicht man alternativ auch bequem per Auto. Dafür lässt man an der Capilano Road die südliche Parkeinfahrt »links liegen« und folgt der Straße noch ein paar Kilometer bis kurz vor dem Übergang in den Nancy Greene Way. Dort zweigt die 300-m-Stichstraße zum *Cleveland Dam* ab.

Grouse Mountain

Am Ende der verlängerten Capilano Road (6400 Nancy Greene Way) liegt die Talstation des ***Grouse Mountain Skyride*** (täglich 9-22 Uhr, alle 15 min; www.grousemountain.com). Wer den Blick über die Umgebung aus 1.231 m Höhe genießen möchte, muss etwas tiefer ins Portemonnaie fassen: Tickets für die Gondelfahrt und den Sessellift zum Gipfel kosten \$45/\$14, Familien zahlen \$115 (4 Personen). Neben der Aussicht warten dort noch Ziplines, Kletterpark sowie ein kleines *Wildlife Refuge* mit **Grizzlybären**, Eulen, Kolibris und *Ranger Talks* 4x täglich den Sommer über.

Das **Berg-Restaurant *The Observatory*** erscheint angesichts der Lage und Aussicht nicht überteuert und bietet meist Menu inkl. Auffahrt bei Reservierung: www.observatoryrestaurant.ca.

Grouse Grind

An der Berg- und Talstation des *Skyride* startet/endet auch der populärste Höhenweg in Vancouver. Auf dem ***Grouse Grind*** gilt es in nur 2,9 km 850 Höhenmeter zu überwinden. Gut 1,5-2 Stunden muss man für den Aufstieg schon einplanen. Der Rekord beim alljährlich Mitte September stattfindenden Gipfelrennen (*Mountain Run*) liegt bei 25 bzw. 30 min (Männer/Frauen).

Cypress Provincial Park

Über den *Exit* 8 des *TCH*, der dort hoch über der Küste verläuft, und die ***Cypress Bowl Road***, einer serpentinenreichen Zufahrt, erreicht man den obersten Parkplatz im ***Cypress Provincial Park*** in rund 1.000 m Höhe über dem Meer (kein Eintritt). Dort oben fanden die *Freestyle-* und *Snowboard*-Wettbewerbe der Olympischen Spiele statt; www.cypressmountain.com.

Ein Besuch lohnt wegen des weiten **Blicks über Vancouver** und die Meerenge Strait of Georgia bis hinüber nach Vancouver Island. Im Südosten erkennt man die immer schneebedeckte Spitze des Vulkans Mount Baker im US-Bundesstaat Washington. Deshalb sollte man auf jeden Fall rund 5 km bis zur ersten Kehre der Cypress Bowl Road fahren. Dort zeichnet sich der ***High View***-Picknickplatz als einer der besten Aussichtspunkte über Downtown und das Tal des Fraser River aus – vielbesucht zum Sonnenuntergang. Das Panorama eine Serpentine höher ist ebenfalls sehr schön. Am Straßenende beginnen diverse **Wanderwege**, darunter der ca. 1,5 km lange Weg bis zum *Bowen Lookout*, wo der Blick gen Westen schweift (160 HM).

Lighthouse Park

Auf dem Headland/Marine Drive ab *Exit* 4 des *TCH* erreicht man den urwüchsigen ***Lighthouse Park*** auf einer Landzunge in der südwestlichsten Ecke von West Vancouver. Eine Rundwanderung durch unberührten Regenwald führt zum alten, malerisch gelegenen Leuchtturm (ca. 3 km).

Blick auf die Lions Gate Bridge und Downtown vom Cypress Park

Horseshoe Bay

Durch traumhafte Wohngebiete mit vielen kleinen und großen Yachthäfen lässt sich nun – statt dazu wieder auf den *TCH* zurückzukehren – die Fahrt bis **Horseshoe Bay** fortsetzen. Dort sollte man den Abstecher zum ***Whytecliff Park*** nicht auslassen. Unter den vielen schönen Parks im Bereich Vancouver ist diese Anlage hoch über dem Meer eine der reizvollsten. Bereits die (ausgeschilderte) Anfahrt lohnt den kleinen Umweg.

Fähren nach Vancouver Island

In Horseshoe Bay legen die **Fähren nach Vancouver Island** ab zur *Departure Bay* in Nanaimo mit Anschlussmöglichkeit an die Rocky-Mountains-Route (**Kapitel 3**) über die *Inside Passage* (*Port Hardy–Prince Rupert Ferry*) und den *Yellowhead Hwy*. Wer die Fähre von Horseshoe Bay nach Langdale nimmt, gelangt über Umwege (***Sunshine Coast***, ➤ rechts) ebenso nach Vancouver Island.

Britannia Beach

Ein beliebter Ausflug führt über Horseshoe Bay hinaus nach **Britannia Beach** am oberen Howe Sound. Der *Sea to Sky Hwy* #99 verläuft streckenweise spektakulär zwischen Meer und Coast Mountains. In Britannia Beach, nur 30 km nördlich, wartet in der einstmals größten Kupfermine Kanadas das interessante ***Britannia Mine Museum*** auf Besucher; Mai-Mitte Okt täglich 9-17 Uhr; $35, Kinder $20-$29; www.britanniaminemuseum.ca.

Hauptattraktionen dieses Museums sind die neue Show *BOOM!*, die das Geschehen in den 1920er-Jahren actionreich simuliert, sowie die alte Minenbahn, mit der es 45 min lang in die Bergwerkstollen geht. Bei 12°C vermittelt die Untertagefahrt hautnah das Bild harter Bergwerksarbeit, eindrucksvoll ist die tösende Demo klassischer und moderner Abbautechniken. Als Draufgabe gibt es noch einen im Übertagebau (*Open Pit Mining*) eingesetzten *Giant Haul Truck* sowie **Goldwaschen** mit Erfolgsgarantie.

Britannia Beach liegt auch am Weg für alle, die ihre Rundreise ab Vancouver entweder über den *Sea to Sky Hwy*, starten oder auf dieser Strecke zum Ausgangspunkt zurückkehren, ➤ Seite 183ff.

Ausflug an die Sunshine Coast

www.sunshinecoastcanada.com

Der Name ist Programm: Der klimatisch begünstigte Küstenabschnitt nördlich von Vancouver gehört noch zum BC-Festland, versprüht aber mit seinen malerischen Buchten und langgezogenen Fjorden bereits Insel-Flair. Überdurchschnittlich viele **Künstler** haben sich dort niedergelassen. Mit lila Flaggen kennzeichnen sie ihre geöffneten Ateliers und Galerien. Oft dürfen Besucher ihnen dann sogar bei ihrer Arbeit zuschauen. Baden und Wassersport stehen im Sommer an der *Sunshine Coast* ebenfalls hoch im Kurs. Zu den spannendsten Paddeltouren der Provinz zählt die ***Powell River Forest Canoe Route***, eine 57 km lange, 5-tägige Tour von See zu See und durch entlegene Wildnis (beste Zeit: Juni-Oktober). Und auf alle, die gerne länger zu Fuß unterwegs sind, wartet noch Kanadas längster Hütten-Wanderweg, der ***Sunshine Coast Trail***, der auf einer Länge von 180 km einsame Küsten, urwüchisge Regenwälder, glasklare Seen und lachsreiche Flüsse passiert; kürzere Etappen auch möglich ab Powell River oder Saltery Bay; www.sunshinecoast-trail.com.

Rund 40 min dauert die Fährfahrt über die nicht selten nebelverhangene Meerenge Howe Sound, die **Horseshoe Bay** von der *Sunshine Coast* trennt. Von der Anlegestelle **Langdale** führt der *Sunshine Coast Highway* (#101) zunächst vorbei am Fischer- und Touristenstädtchen **Gibsons** mit zahlreichen Unterkunftsmöglichkeiten und einem attraktiven Hafen (weit in die Bucht hineinreichender *Boardwalk*-Pier am Ende der School Road). Nach 26 km ist das ebenfalls hübsch gelegene **Sechelt** erreicht, das durch seine **sehenswerte Totempfahl-Sammlung** hervorsticht. Eine gute Info-Broschüre dazu liegt im Besucherzentrum an der 5790 Teredo Street aus; im Hochsommer 9-17 Uhr, sonst kürzer (auch online einsehbar unter http://fliphtml5.com/kjno/lqix).

Von **Earls Cove**, 80 km von Langdale entfernt, legen die Fähren nach **Saltery Bay** ab. Wer im Anschluss noch Vancouver Island besuchen möchte, fährt ab **Saltery Bay** weitere 31 km auf dem nördlichen Abschnitt des *Sunshine Coast Hwy* bis **Powell River** und setzt von dort mit der Fähre nach Comox/Courtenay über. Alle, die in Powell River (mit 13.000 Einwohnern größter Ort an der Sonnenschein-Küste) über Nacht bleiben, können auch noch dem charmanten Fischerdorf **Lund** am nördlichsten Ende des Hwy 101 einen Kurzbesuch abstatten (56 km retour). Für Tagesausflügler ab Vancouver geht es auf gleichem Wege wieder zurück; Übersicht der Autofährverbindungen (mit Tarifen) ➤ Kasten Seite 348.

Paddelparadies Meeresarm bei Sechelt

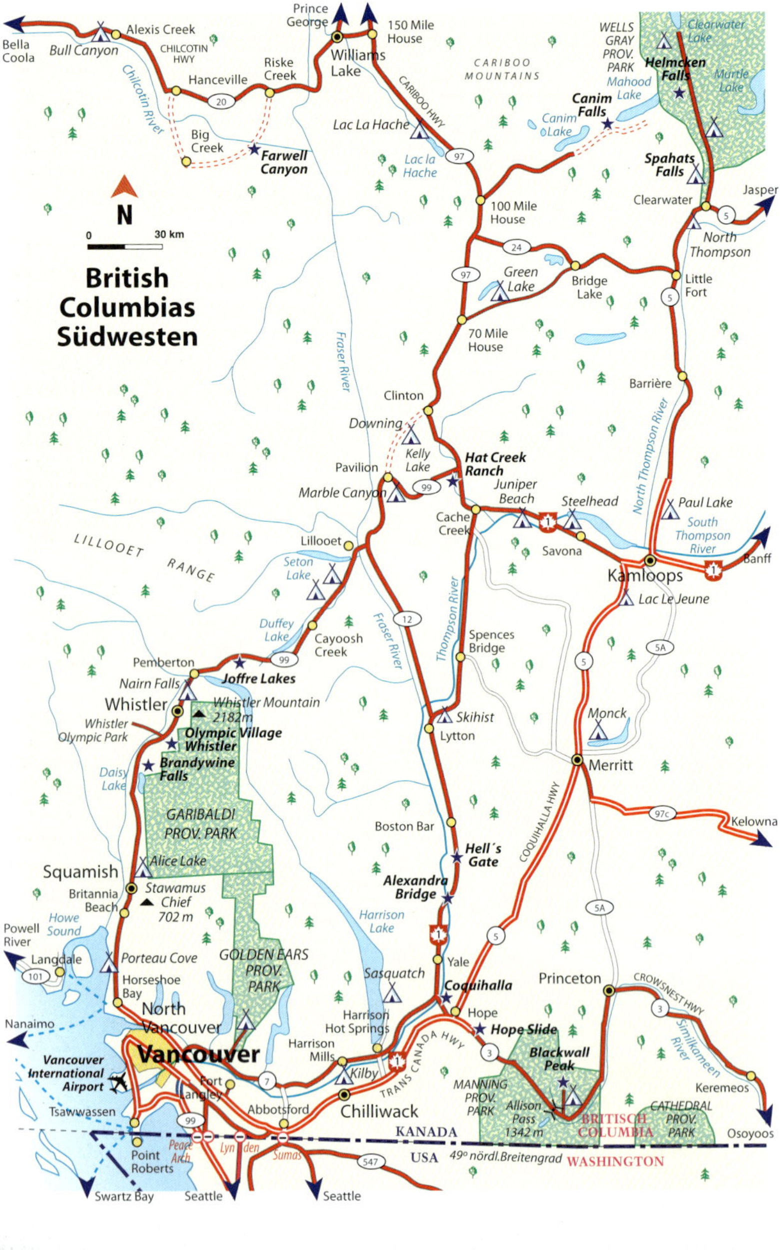
British Columbias Südwesten
N
0
30 km
Bella Coola
Bull Canyon
Alexis Creek
CHILCOTIN HWY
Hanceville
Riske Creek
20
Chilcotin River
Big Creek
Farwell Canyon
Prince George
Williams Lake
150 Mile House
CARIBOO HWY
CARIBOO MOUNTAINS
Lac La Hache
Lac la Hache
97
100 Mile House
24
Green Lake
Bridge Lake
70 Mile House
WELLS GRAY PROV. PARK
Clearwater Lake
Helmcken Falls
Murtle Lake
Mahood Lake
Canim Falls
Canim Lake
Spahats Falls
Clearwater
Jasper
5
North Thompson
Little Fort
Barrière
North Thompson River
Fraser River
Clinton
Downing
Kelly Lake
Pavilion
Hat Creek Ranch
Marble Canyon
99
Juniper Beach
Steelhead
Paul Lake
Cache Creek
1
Savona
South Thompson River
Kamloops
Banff
Lac Le Jeune
LILLOOET RANGE
Lillooet
Seton Lake
Duffey Lake
Cayoosh Creek
12
Thompson River
Spences Bridge
5A
Pemberton
Joffre Lakes
Nairn Falls
Whistler
Whistler Mountain 2182 m
Whistler Olympic Park
Olympic Village Whistler
Brandywine Falls
Daisy Lake
GARIBALDI PROV. PARK
Skihist
Lytton
Monck
Merritt
COQUIHALLA HWY
97c
Kelowna
Boston Bar
Hell´s Gate
Alexandra Bridge
Squamish
Alice Lake
Stawamus Chief 702 m
Britannia Beach
Howe Sound
Powell River
Langdale
101
Porteau Cove
Horseshoe Bay
GOLDEN EARS PROV. PARK
Harrison Lake
Sasquatch
Yale
Coquihalla
Princeton
CROWSNEST HWY
Similkameen River
Nanaimo
North Vancouver
Vancouver
Vancouver International Airport
Tsawwassen
Fort Langley
7
Harrison Hot Springs
Harrison Mills
Kilby
Hope
Hope Slide
TRANS CANADA HWY
Blackwall Peak
MANNING PROV. PARK
Allison Pass 1342 m
BRITISCH COLUMBIA
CATHEDRAL PROV. PARK
Keremeos
Osoyoos
Abbotsford
Chilliwack
KANADA
USA
49° nördl.Breitengrad
WASHINGTON
Point Roberts
Peace Arch
Lynden
Sumas
547
Swartz Bay
Seattle
Seattle

2. REISEROUTEN AB VANCOUVER

2.1 Routen ab Vancouver in die Rocky Mountains

Vancouver ist dank seiner guten internationalen Fluganbindung der perfekte Ausgangspunkt für eine Rundreise durch den Südwesten Kanadas (ggf. auch Seattle/USA, ➢ Seite 546ff). Ziel der meisten Urlauber sind die **Parks in den Rocky Mountains**, allen voran der Banff und Jasper Nationalpark, die sich ab Vancouver auf unterschiedlichen Routen ansteuern lassen:

Trans-Canada Highway (TCH)

Die schnellste und zugleich mit unter 800 km kürzeste Verbindung – ***Trans-Canada Hwy* #1** gemeinsam mit dem ***Coquihalla Hwy* #5** – führt über Hope direkt nach Kamloops und weiter zum **Banff Nationalpark**. Schöner und nur 70 km länger ist – bei Verbleib **ab Hope** auf dem *TCH* – die Fahrt entlang des Fraser River über Cache Creek nach Kamloops (➢ **Route 2.3.1**, Seite 207) und von dort dann weiter in Richtung Lake Louise (Beschreibung der Sehenswürdigkeiten zwischen Kamloops und dem *Banff Nat'l Park* ➢ **Kapitel 4.1**, Seite 273ff). Die Gesamtstrecke ist in nur zwei Tagen zu schaffen, am besten mit Übernachtung am Three Valley Lake oder in Revelstoke. Mehr Zeit benötigt aber, wer en route noch etwas unternehmen möchte wie z.B. einen Ausflug zu den alpinen Blumenwiesen beim Mount Revelstoke oder Wanderungen im nahegelegenen Glacier Nationalpark.

Über die Straße #99

Landschaftlich noch reizvoller wird die Tour, wenn man **zwischen Vancouver und Cache Creek/Kamloops** nicht den *TCH* wählt, sondern ab North Vancouver den ***Sea to Sky Hwy*** (Straße #99) über Whistler und Lillooet folgt; ➢ **Route 2.2.1**, Seite 183ff. Kilometermäßig sind beide Optionen nahezu identisch.

Über den Yellowhead Highway

Empfehlenswert ist auch die Fortsetzung der Reise **ab Cache Creek** (am *TCH*) über **Tête Jaune Cache** – entweder auf dem *Cariboo Highway* (#97) und Prince George oder ab Kamloops auf der Straße #5 nach Norden. Auf dem ***Yellowhead Highway*** (#16; ➢ Seite 216ff) geht es anschließend direkt **in den Jasper Nationalpark** und von dort dann über den *Icefields Parkway* hinunter **zum Banff Nationalpark**; ➢ **Route 3.3**, Seite 225ff.

Trans-Canada Highway durch die Rocky Mountains zwischen den Städten Banff und Lake Louise

Entlang dieser Strecke empfiehlt es sich mindestens (!) drei Übernachtungen einzuplanen, u.a. in dem Örtchen **Clearwater** (Besuch des *Wells Gray PP*!) und beim Mount Robson. Bis **Jasper** sind es ab Vancouver bei dieser Variante etwas über 1.000 km.

Crowsnest Highway

Die südlichste Alternative ist der ***Crownest Highway***, der sich ab Hope/*TCH* durch die Bergwelten an der Grenze zu den USA in Richtung Osten schlängelt (➢ **Route 4.4**, Seite 290ff). Ihn sollte nur wählen, wer sehr viel Zeit mitbringt. Die Fahrt (1.000 km) bis zum *Crowsnest Pass* in den *Rockies* »zieht sich«, und dann ist man noch lange nicht im »Kerngebiet« rund um Banff/Lake Louise.

Über Vancouver Island

Gerne in Veranstalterkatalogen angepriesen werden Rundreisen durch den Südwesten Kanadas mit einem »Umweg« über **Vancouver Island**. Vom Norden der Insel geht es dabei per 16-stündiger (nicht ganz billiger) Fährverbindung durch die *Inside Passage* nach Prince Rupert mit anschließender Weiterfahrt auf dem Festland über Prince George und Tête Jaune Cache auf dem ***Yellowhead Hwy*** bis zum *Jasper NP* (**Route 7.7.2**, ➢ Seite 401ff und dann **Route 7.7.4**, ➢ Seite 408ff und **Route 3.1**, ➢ Seite 216ff).

Für die über 31.000 km^2 große Insel werden allerdings einige Urlaubstage mehr benötigt, als die Nord-Süd-Verbindung vermuten ließe. Ein reines »Abspulen« der Kilometer zwischen den zwei Fähranlegestellen (Victoria–Port Hardy 500 km) bringt nicht viel, zumal die meisten Ziele an der (schöneren) Westküste nur über kleine und zeitraubende Stichstraßen zu erreichen sind. Außerdem sind nach Ankunft in Prince Rupert noch knapp 1.000 km bis Tête Jaune Cache zu bewältigen, wobei nur das erste Viertel wirklich reizvoll ist und der Rest nicht unbedingt zu den landschaftlich herausragendsten Strecken im Westen Kanadas zählt.

Ein Kurzbesuch von Victoria, der Hauptstadt der Provinz British Columbia, mit der Fähre ab Vancouver (bzw. mit dem *Clipper* ab Seattle) oder die Insel nur **am Anfang/Ende der Reise als mehrtägigen Abstecher** einzuplanen, ist daher auch keine schlechte Idee. Am besten nutzt man dabei die beiden Fährhäfen im Süden von Vancouver Island (Swartz Bay und Nanaimo) und plant neben Sightseeing in Victoria noch einen Aufenthalt in der Umgebung von Port Renfrew sowie im Pacific Rim Nationalpark (Ucluelet/Tofino/Long Beach) ein.

Beste Route in Richtung »Rockies«

Wählt man ab Vancouver zunächst die Straße #99 über Lillooet und dann ab Tête Jaune Cache den *Yellowhead Highway* zum *Jasper Nat'l Park* und für die Rückkehr vom *Banff NP* nach Vancouver den schnelleren *Trans-Canada Highway* (ggf. in Verbindung mit einem Aufenthalt im Okanagan Valley, wo man beim (Sonnen-)Baden den Urlaub gemütlich ausklingen lassen kann), vermeidet man jegliches doppeltes Abfahren. Das ist neben der besonders dichten Konzentration an Highlights entlang dieser Route mit ein Grund, warum in diesem Buch bei der Fahrt in Richtung *Rockies* die Kombination #99/#16 favorisiert wird.

2.2 Nordroute: Von Vancouver zum Jasper NP

2.2.1 Von Vancouver über Lillooet nach Cache Creek

Die schönste Route ab Vancouver in Richtung Rocky Mountains oder in den Norden entspricht zunächst dem Verlauf der **Straße #99**. Bis Whistler/Pemberton wird sie als ***Sea to Sky Highway*** bezeichnet und im Anschluss bis Lillooet als ***Duffey Lake Road***.

Routenbeginn

Die anfangs 4-spurig ausgebaute #99 schlängelt sich teils spektakulär zwischen Howe Sound und steilen, bewaldeten Coast Mountains nach Norden. Sie passiert dabei den bereits fürs Camping in der Umgebung von Vancouver empfohlenen **Provinzpark *Porteau Cove*** und **Britannia Beach** mit dem *Mine Museum* (➢ Seite 178).

Shannon Falls/ Stawamus Chief PP

Das Wasser der ***Shannon Falls*** stürzt über mehrere Stufen 335 m in die Tiefe. Diese Fälle befinden sich in Straßennähe im gleichnamigen Provinzpark unmittelbar neben dem *Stawamus Chief Provincial Park*. An den Wänden des Granitmonolithen **Stawamus Chief** (702 m), ca. 2 km südlich von Squamish, sind oft **Kletterer** in atemberaubender Position zu beobachten. Leichter erreichen Wanderer den Bergrücken mit drei Spitzen auf steilen Wegen, über Treppen und Leitern (1,8 km, 630 Höhenmeter). Von oben genießt man ein tolles Panorama, bei Morgennebel über den Wolken.

Sea to Sky Gondola

Am bequemsten geht es in die Höhe mit der ***Sea to Sky*-Gondel**, deren Talstation genau zwischen den beiden *Provincial Parks* liegt. In nur 15 Minuten ist das ***Summit*-Restaurant** erreicht, südlich des Stawamus Chief auf 885 m Höhe und mit herrlicher Aussichtsterrasse über den Howe Sound. Eine 100 m lange Hängebrücke verbindet sie mit einer zweiten *Viewing Platform*. Die Auffahrt (im Sommer Fr+Sa 9.30-20 Uhr bzw. So-Do bis 18 Uhr, sonst kürzer) ist aber nicht ganz billig: $48, Kinder $20-$30. Online oder mit *Coupon* gibt es Rabatt: www.seatoskygondola.com.

Watersprite Lake

Versteckt im Hinterland liegen hier etliche »Juwelen«, dazu zählt auch der idyllische Watersprite Lake mit zwei Inselchen unterhalb der gleichnamigen markanten Bergspitze. Zufahrt über die *Mamquam Forest Rd* ab dem Stawamus Chief-Parkplatz (nur mit SUV), dann noch 8,5 km/660 HM zu Fuß. Anfahrt- & *Trail*-Beschreibung: www.outdoorvancouver.ca/watersprite-lake-hike-squamish.

Sea to Sky Highway am Howe Sound an einem sonnigen Sommertag

Squamish

44 km nördlich von Horseshoe Bay liegt **Squamish** (19.500 Einwohner). Der Ort macht seinem Namen alle Ehre: In der Sprache der *Coast Salish*-Indianer bedeutet *Squamish* »Mutter des Windes« – die Region zählt zu den besten kanadischen Windsurfing-Revieren.

Anfang August findet während der ***Squamish Days*** das fünftägige *Loggers Sports Festival* statt (www.squamishdays.ca). Die Teilnehmer sägen um die Wette, balancieren auf schwimmenden Baumstämmen, werfen mit Äxten und klettern auf Bäume. Alle Details dazu erfährt man im ***Squamish Adventure Centre*** an der 38551 Loggers Lane; im Sommer tägl. 8-18 Uhr; www.exploresquamish.com.

In schöner Lage direkt am Wasser und in Gehdistanz zum Zentrum befindet sich das moderne ***HI Squamish***; 38220 Hwy 99; Betten ab $33, DZ $75; © (604) 892-9240; www.squamishhostel.com.

Im ***West Coast Railway Heritage Park*** stehen u.a. die mächtige Dampflok *Royal Hudson* von 1940 mit alten Waggons, die noch bis 2011 zwischen North Vancouver und Squamish verkehrte, zwei weitere Dampfloks aus den Jahren 1910/1929 sowie 65 alte Lokomotiven und Waggons. Es ist das größte Museum dieser Art in Westkanada; 39645 Government Road; täglich Mai-September 10-17 Uhr, sonst bis 16 Uhr; $20, Kinder frei; www.wcra.org.

Alice Lake

Etwa 13 km nördlich von Squamish passiert man die Zufahrt zum ***Alice Lake Provincial Park***, eine perfekte Anlage rund um einen schönen warmen Badesee mit Sandstränden, Spielplätzen und großem Campingareal ($35). Der Park liegt 1,5 Fahrstunden von Vancouver entfernt und ist ggf. ein geeigneter erster/letzter Übernachtungsort (aber unbedingt reservieren: www.discovercamping.ca). Der schöne ***Four Lakes Trail*** führt dort durch einen »Märchenwald« und vorbei an vier Seen (6 km Rundweg; ca. 1,5 Std).

Brandywine Falls

Gut von der #99 – auf der Weiterfahrt nach Whistler – zu erreichen sind die 70 m hohen ***Brandywine Falls*** im gleichnamigen *Provincial Park*. Vom Parkplatz am Nordende des Daisy Lake führt ein kurzer Fußweg zu einer Aussichtsplattform (10 min). Mit etwas Kletterei ist man auch schnell unten zu Füßen der imposanten Fälle.

Garibaldi Lake von der Panorama Ridge

Wanderer am Garibaldi Lake

Garibaldi Lake

Östlich der beiden Provinzparks und bis hinauf in das Hinterland von Whistler erstreckt sich der nahezu unerschlossene ***Garibaldi Provincial Park***. Seine zerklüftete Gipfelwelt, Bergseen und alpinen Wiesen sind ein populäres Ziel für *Backpacker*. Auch als Tageswanderung zu bewältigen sind die 18 km (retour) und 810 HM bis zum Ufer des **Garibaldi Lake**, sehr sportliche *Hiker* können es sogar bis hinauf auf die **Panorama Ridge** oder auf den Gipfel des Stratovulkans **Black Tusk** schaffen (dann 30 km/1400 HM bzw. 25 km/1700 HM retour; schneefrei meist ab Mitte/Ende Juli). Am besten schlägt man aber sein Zelt am Seeufer auf ($10; sehr beliebt, unbedingt reservieren). Ausgangspunkt ist der *Rubby Creek Trailhead* (der Parkplatz füllt sich rasch!) am Ende der kurzen Zufahrtsstraße, Abzweig von der #99 am Südende des Daisy Lake; www.env.gov.bc.ca/bcparks/explore/parkpgs/garibaldi.

Höhenweg

Der ***High Note Trail*** führt ebenfalls in den *Garibaldi PP* hinein und umrundet dabei den Whistler Mountain (11 km zusammen mit dem *Harmony Meadows Trail*; 750 HM). Der Blick auf den im angrenzenden Tal parallel verlaufenden Lake Cheakamus ist grandios; *Trailhead* an der Bergstation des *Peak Express* (➤ unten); Karte: www.whistler.com/pdf/maps/whistler-hiking-trail-map.pdf.

Whistler

Whistler (12.000 Einwohner) war 2010 eine der Wettkampfstätten während der Olympischen Winterspiele in Vancouver und ist heute noch Kanadas Wintersportdestination Nr. 1.

Whistler/ Blackcomb Mountain

Die beiden Hausberge sind aber auch für Sommerbesucher interessant. Vom Stadtzentrum führt zunächst die ***Village Gondola*** hinauf zum *Roundhouse Lodge Restaurant* auf 1.850 m. Wer will, kann von dort mit dem ***Peak Express*** den **Whistler Mountain** (2.182 m) ganz bezwingen, muss aber dafür noch etwas bergwandern. Auf dem sog. »Top of the World Summit« wartet dann noch die 130-m-Hängebrücke *Cloudraker Skybridge* mit tollem Ausblick.

Alternativ erreicht man mit der ***Blackcomb Gondola*** das *Rendezvous Lodge Restaurant* (1.860 m) des **Blackcomb Mt** (2.440 m). Zwischen den zwei Gaststätten pendelt die ***Peak-2-Peak Gondola***.

Das **Tagesticket** ($69/$35) beinhaltet die uneingeschränkte Nutzung sämtlicher Lifte und Gondeln; Ende Mai-Mitte Oktober i.d.R. täglich von 10-17 Uhr. Auch für die *Mountain-Biker*-Areale am Whistler gibt es Liftkarten; www.whistlerblackcomb.com.

Auf dem ***Horstman Glacier*** unterhalb des Blackcomb Peak kann man zudem **im einzigen Sommerskigebiet Nordamerikas** von Anfang Juni bis Mitte Juli skilaufen und snowboarden.

Whistler Village

Das Infozentrum der Kleinstadt steht am 4230 Gateway Drive; © 1-800-944-7853; www.whistler.com. Die großen zentrumsnahen Parkplätze P4/P5 am Blackcomb Way kosten im Sommer $5/Tag.

Absolut sehenswert ist das von der *First Nation* betriebene ***Squamish Lil'wat Cultural Centre*** am 4584 Blackcomb Way. Unbedingt Führung mitmachen (täglich 10-16 Uhr). Sie ist im Eintritt inbegriffen: $18, Kinder ab 6 Jahre $5; www.slcc.ca.

Im **autofreien *Whistler Village*** gibt es mehrere Anbieter, die Ausritte, Wildwassertrips, Drachenflüge und *Backcountry*-Expeditionen organisieren und zudem Fahrräder ab ca. $50/Tag vermieten, u.a. bei der *Bike Company Whistler*; www.bikeco.ca.

(Mountain) Biken

Whistlers Umgebung wird im Sommer regelrecht von **Mountainbikern** gestürmt. Aber nicht nur die Berge sind gut erschlossen, ein ausgedehntes Radwegenetz durchzieht auch das Tal; Karte unter: www.whistler.com/pdf/maps/whistler-hiking-biking-map.pdf.

Restaurants und Kneipen sind in der Stadt reichlich vorhanden, darunter auch eine Filiale der ***Old Spaghetti Factory*** (in der *Crystal Lodge*; 4154 Village Green).

Unterkünfte

An Quartieren mangelt es ebenso nicht, die Tarife für ein einfaches Motelzimmer starten bei etwa $150. Auch ***Bed & Breakfast***-Unterkünfte sind zahlreich. Erstes Adresse am Platz ist das ***Fairmont Chateau Whistler*** am 4599 Chateau Boulevard mit Zimmern ab $330; © 1-800-257-7544, www.fairmont.com/whistler.

Jugendherbergen mit Schlafsälen und DZ stehen südwestlich von Whistler in Creekside (***Whistler Lodge Hostel***, 3 km vom Zentrum entfernt), im olympischen Dorf (***HI Whistler***, 9 km) und nördlich der Stadt in Alpine Meadows (***Alpine Lodge Hostel***, 4 km).

Eine Kulisse wie aus einem Bilderbuch: am Ufer des Upper Joffre Lake

Mit der Seilbahn hoch hinauf und weiter in der Peak-2-Peak Gondola von »Gipfel« zu »Gipfel« mit Blick hinunter auf Whistler, ➤ Seite 185

Camping

Einziger Campingplatz in (nördlicher) Ortsnähe am Fluss ist das komfortable ***Riverside Resort*** (nur Erwachsene!); 8018 Mons Rd; RVs $65-$72, Zelt $43; ✆ (604) 905-5533; www.parkbridge.com.

Als schöne Alternative bietet sich 17 mi weiter nördlich der ***Nairn Falls Provincial Park*** an; alle Plätze ($22) reservierbar. Das Campingareal liegt in einem Bogen des Green River. Flussaufwärts führt ein Wanderweg (1,5 km) zu den 60 m hohen Wasserfällen.

Pemberton

Pemberton (2.500 Einwohner) besitzt alle Serviceeinrichtungen und vergleichsweise preisgünstige Unterkünfte (ebenso das benachbarte Mt Currie). Das ***Visitor Centre*** liegt an der Ecke Portage Road/Hwy #99; www.tourismpembertonbc.com.

Ein guter Tipp ist die ***Blackbird Bakery*** (7424 Frontier St). Dort ist man beim Backen hautnah dabei – und schmecken tut's auch noch!

Duffey Lake Road

Das Highlight dieser Route Richtung *Rockies* ist östlich von Pemberton die heute durchgehend asphaltierte ***Duffey Lake Road*** mit ihrem besten Abschnitt ab dem ***Joffre Lakes Provincial Park*** am *Cayoosh Pass* (1.279 m). Dort startet der tolle, 5 km lange Wanderweg (400 HM) über den **Lower** zu **Middle** und **Upper Joffre Lake**. Die türkisblauen Seen liegen sehr pittoresk vor der Kulisse steiler, gletscherbedeckter Berge (beste Fotolicht am Nachmittag!).

Die *Duffey Lake Rd* folgt im weiteren Verlauf dem Cayoosh Creek und windet sich später durch die Lillooet Range. Auf kurzer Distanz hintereinander – etwa auf halber Strecke zwischen Duffey Lake und Lillooet – laden vier kleine *Recreation Areas* am Wildbach zum Übernachten ein; www.sitesandtrailsbc.ca. Ein besonderer Reiz dieser Etappe ist der dramatische Klimawechsel innerhalb geringer Entfernung. Aus dem Grün der mit Niederschlägen reich bedachten Berge geht es hinab in die karge Salbeibuschprärie im Tal des Fraser River. Im Sommer überwiegen dort heiße Tage mit Spitzenwerten über 30°C. Kurz vor Lillooet passiert man den **Seton Lake** mit Badestrand und *Picnic Area* (am Südende).

Die Cariboo Wagon Road

Während des *Fraser Goldrush* (Höhepunkt 1858) und des *Cariboo Goldrush* (1862-66) boomte Lillooet und war eine der größten Städte nördlich von San Francisco. Dort befand sich die ***Mile 0*** der *Cariboo Wagon Road*, die weiter über Pavilion nach 47 Mile House (heute Clinton) verlief. Viele neue Ansiedlungen entlang dieser Straße bestanden nur aus Mautstation und ***Roadhouse*** (Raststätte), in denen die Goldsucher auf dem Weg nach Barkerville (➢ Seite 199) Verpflegung und einen Schlafplatz suchten. Einige davon – von 70 Mile House über 100 Mile House bis 150 Mile House – haben ihre ursprüngliche Bezeichnung als **Entfernungsangabe ab Lillooet** bis heute behalten.

Dem Aufstieg von Lillooet folgte – nach Erschöpfung der Erzlagerstätten – ein rascher Niedergang. Zudem verlor die Stadt ihre Rolle als Verkehrsknotenpunkt. Eine neue Route umging Lillooet durch das Thompson-River-Tal und lief ab 1863 über Cache Creek; fortan musste man sich auf der *Cariboo Wagon Road* nicht mehr über den *Pavilion Mountain* nach Clinton quälen. Von Clinton bis Soda Creek, rund 30 km nördlich von Williams Lake, verkehrten Postkutschen. Bis Quesnel, von wo es auf dem Landweg nach Barkerville weiterging, übernahmen *Paddlewheeler* auf dem Fraser River den Transport. 1865 wurde dann auch schließlich die *Wagon Road* zwischen Quesnel und Barkerville fertiggestellt.

Auf der seeabgewandten Seite der Straße betreibt der Stromerzeuger *BC Hydro* den weitläufigen und guten ***Seton Dam Campground*** mit 45 kostenlosen Plätzen; www.bchydro.com/recreation.

Lillooet

Lillooet, ein kleines Städtchen mit 2.300 Einwohnern, liegt über dem Fraser River, umgeben von einer imposanten Gebirgskulisse. An der Ortsdurchfahrt stehen einige H/Motels, der städtische *Cayoosh Campground* liegt gleich westlich der Brücke über den Fraser River; Zelte $25, *full hook-up* $40; ✆ (250) 256-4180, http://lillooetbc.ca/cayoosh-campground.aspx. Am nördlichen Ende der Main Street (#155) kann man im **Supermarkt** seine Vorräte auffrischen.

Sollte das winzige **Museum** (samt ***Tourist Info***, 790 Main Street, ✆ (250) 256-4308, www.lillooetbc.ca) in einer ehemaligen Kirche mit einem Sammelsurium aus alten Tagen geöffnet sein, kann man sich dort gut ein wenig umschauen; Juli/August täglich 9-17 Uhr, sonst Di-Sa 10-16 Uhr, Nov-April geschlossen; Eintritt frei.

Pavilion Mountain Road

Wer der alten ***Cariboo Wagon Road*** (➢ Exkurs oben) folgen und 40 km Fahrt sparen möchte, verlässt in Pavilion die #99 und nimmt die ***Pavilion Mountain Road*** direkt nach Clinton. Die Schotterstraße ist trotz einiger steilerer Teilabschnitte bei trockenem Wetter unproblematisch, wenngleich mit RVs über 21 Fuß Länge nicht zu empfehlen. Der schönste Abschnitt der Strecke sind die ersten 4 km bis zur Passhöhe mit ca. 12% Steigung und einem herrlichen Panoramablick zurück ins Tal des Fraser River.

Nördlich des Passes passiert die Piste den ***Downing Provincial Park*** am Kelly Lake mit *Swimming Beach*, Picknicktischen und kleinem *Walk-in*-Zeltplatz ($18, 14 *sites*, nicht reservierbar).

Hat Creek Ranch

Etwa 1 km östlich des Kelly Lake zweigt die **Jesmond Road** nach Norden ab. An ihr liegt – umgeben von Bergen, Canyons, Wäldern und Weiden – die ***Echo Valley Ranch***, ein dort kaum erwartetes Luxusresort für Stressgeplagte. Das kostet natürlich einige Dollar extra; © 1-800 253-8831, www.evranch.com.

Marble Canyon

Wer in **Pavilion** auf der #99 bleibt, kommt weiter östlich an einer Reihe idyllischer **türkisfarbener Seen** vorbei. Das meist ziemlich kühle Wasser eignet sich aber bei Hitze zum Baden. Gut 6 km lang begleitet der **Pavilion Lake** den Straßenverlauf. Anschließend passiert man noch den etwas kleineren **Crown** und **Turquoise Lake**. Zwischen diesen beiden Seen befindet sich der einfache *Campground* des ***Marble Canyon Provincial Park***, ein Natur-Kleinod trotz enger Stellplätze ($16; 30 *sites*, nicht reservierbar).

Hat Creek Ranch

Am östlichen Ende der #99 – an deren Einmündung in die Hauptstraße #97 – liegt die museal ausgebaute ***Historic Hat Creek Ranch***. Sie diente ab 1863 als *Roadhouse* auf der neuen Route der ***Cariboo Wagon Road*** (➤ Exkurs links), die Lillooet entlang des Thompson River umging, und war Postkutschenstation der *British Columbia Express Company*. Täglich geöffnet von Mai bis September 9-17 Uhr; Eintritt $15/$9, Familien $40.

Man kann das gut erhaltene, historische Gelände besichtigen und einen Blick in Küche, Saloon, Haus und Schmiede werfen, wo zeitgenössisch gewerkelt wird, auch Postkutschenfahrten unternehmen oder übernachten: RVs $30, Zelte $25, Planwagen $70, *Cabins* $45-$95; © 1-800-782-0922, www.hatcreekranch.com.

Weiterfahrt in Richtung Rockies

Ab Hat Creek Ranch kann der **Jasper Nationalpark** entweder auf dem ***Cariboo Hwy*** (#97) in Richtung Norden oder über **Cache Creek** (am *TCH*, nur eine 10-min-Fahrt entfernt) und die **Straßen #5/#16** angesteuert werden; alle Details zu diesen Strecken im **Kapitel 2.2.2** ➤ umseitig. Alternativ gelangt man **ab Cache Creek** über den ***Trans-Canada Hwy*** auch direkt nach Lake Louise und zum *Banff NP*. Entlang dieser Route liegen dann die Nationalparks *Mount Revelstoke*, *Glacier* und *Yoho*, ➤ Beschreibung in der Gegenrichtung im **Kapitel 4.1**, Seite 273ff.

2.2.2 Von Cache Creek nach Tête Jaune Cache

Für die Weiterfahrt ab Hat bzw. Cache Creek in Richtung Tête Jaune Cache und *Jasper Nat'l Park* ergeben sich drei Optionen:

Über den TCH

Die Streckenführung **Cache Creek/*TCH* #1 bis Kamloops** und dann über **die #5 bis Tête Jaune Cache** besitzt mit dem 70-km-Abstecher in den ***Wells Gray Provincial Park*** ein attraktives Zwischenziel, das vor allem für Wasserfall-Fans ein »Muss« ist mit einer (Camping-)Nacht vor Ort bzw. in einem H/Motel in Clearwater. Auf dieser Route (560 km inkl. *Wells Gray*) lässt man allerdings das Museumsdorf Barkerville und den Bowron Lake aus.

Über die #97

Die Strecke **Cache Creek/*Cariboo Hwy* #97** nach Prince George mit 80 km langem Abstecher nach **Barkerville** und weiter auf dem *Yellowhead Hwy* #16 nach Tête Jaune Cache (insgesamt 880 km) kostet gegenüber der Route über den *Wells Gray PP* **einen zusätzlichen Tag**, wobei weder der *Cariboo Hwy* noch Prince George noch die #16 am Oberlauf des Fraser River nach Tête Jaune Cache sonderlich aufregend sind. Lediglich **Barkerville** (➤ Seite 199) ist diesen Extra-Reisetag wert.

Mit Wells Gray und Barkerville

Mit insgesamt 1.260 km von Cache Creek bis Tête Jaune Cache lassen sich die Abstecher ***Wells Gray PP*** und **Barkerville** sogar miteinander verbinden. Nach dem Besuch des *Wells Gray* geht es dafür zunächst auf identischer Route zurück bis Little Fort an der #5 (nur 30 km). Von dort fährt man auf der Straße #24 durch ein Seengebiet (➤ Seite 195) hinüber nach 100 Mile House am *Cariboo Hwy* #97 und dann weiter über das Zwischenziel Barkerville.

Von Cache Creek weiter über den Wells Gray PP

Cache Creek

Von Cache Creek, dem einst bedeutenden, aber seit Eröffnung des ***Coquihalla Hwy*** (#5) heruntergekommenen Kreuzungspunkt von ***TCH*** und ***Cariboo Highway*** sind es noch ca. 80 km bis Kamloops durch eine im Sommer von Trockenheit und Hitze gekennzeichnete Landschaft. Zum Picknicken/Campen bieten sich unterwegs zwei *Provincial Parks* an: ***Juniper Beach*** ist erstaunlich grün, aber laut (Eisenbahn!) und der ***Steelhead PP*** (überwiegend eng + schattenlos) hat einen Sandstrand; beide $23 (*Juniper* z.T. reservierbar). Ab **Savona** (dort sehr gutes *Lakeside Country Inn* ab $125) folgt der *TCH* einem zum Kamloops Lake parallel verlaufenden Höhenrücken mit immer wieder schönen Aussichten.

Kamloops

Am mit 90.000 Einwohnern wichtigsten Industriestandort und Verkehrsknoten stoßen *TCH*, *Southern Yellowhead Hwy* #5 und *Coquihalla Hwy* #5 aufeinander. Die beiden großen Eisenbahnlinien trennen sich: Der Schienenweg von *Canadian Pacific* verläuft über den *Kicking Horse Pass* nach Calgary und *Canadian National* folgt der Route über den *Yellowhead Pass* nach Edmonton. Der Name der Stadt ist indianischen Ursprungs – *Cumcloups* bedeutet »Zusammentreffen der Wasser« und bezieht sich auf die Einmündung der North Thompson River, der östlich des *Wells*

Gray Provincial Park entspringt, in den aus dem Shuswap Lake fließenden South Thompson River.

Am westlichen Stadtrand passiert die hochgelegene *TCH*-Trasse den *Hillside Main Entrance* zum ***Kenna Cartwright Park*** (Abfahrt 366). Nach kurzem Anstieg auf das breite Gipfelplateau mit weitläufigem Wegenetz genießen Wanderer einen schönen Blick auf die Stadt am Flussdreieck.

Die ***Visitor Info*** der Stadt befindet sich an der Kreuzung *TCH*/#5A (*Exit* 368); © (250) 372-8000, www.tourismkamloops.com. Die darauffolgende *TCH*-Abfahrt führt zur Columbia Street, an der diverse ***Shopping Center*** und eine Reihe von **H/Motels** liegen. Viele Unterkünfte findet man auch östlich der Stadt am *TCH*. Die Übernachtungstarife in Kamloops sind moderat.

Downtown

Einmal in der Stadt, könnte man in das ***Kamloops Museum and Archives*** hineinschauen. Die Geschichte der Stadt wurde dort recht interessant aufbereitet; 207 Seymour Street; Di-Sa 9.30-16.30 Uhr; Eintritt $3 Spende; www.kamloops.ca/museum.

Baden

Mit durchschnittlichen Höchsttemperaturen im Sommer von über 28°C zählt Kamloops zu den wärmsten Städten Kanadas. Da freut man sich auf Abkühlung: Der *Riverside Park* am Thompson River am Rande der recht überschaubaren Innenstadt bietet Badestellen, einen Kinderspielplatz, sowie Picknick- und Sportanlagen. Einen noch besseren Strand hat der gepflegte ***Paul Lake PP*** nordöstlich der Stadt (erst 5 km Hwy #5, dann Pinantan Rd 19 km). Der *Campground* des Provinzparks liegt etwa 500 m abseits des Sees. Von den insgesamt 90 Plätzen ($18) ist etwa die Hälfte reservierbar.

Ski/MTB

Gute 60 km nordwestlich der Stadt liegt das Skigebiet ***Sun Peaks***, das den Sommer zum Mountainbiker-Mekka wird.

Historische Eisenbahn

Kamloops gehört zu den wenigen Orten in Kanada, wo noch eine aktive Normalspur-Dampflok verkehrt, die ***Spirit of Kamloops*** von 1912; 510 Lorne St; 1-Std-Fahrten Do+Fr+Sa im Juli 19.30 Uhr, August 19 Uhr; $25/$15; www.kamrail.com.

Nostalgiezug vor dem Heritage Train Depot in Kamloops

Wildlife Park

Am *TCH*, 20 km östlich der Stadt, beherbergt der ***BC Wildlife Park***, www.bczoo.org, die einheimische Fauna; 9077 Dallas Dr, täglich 9.30-17 Uhr; $16/$12; Fütterungen und Raubvogelshows.

Yellowhead Hwy South

Weiter in Richtung Jasper geht es ab Kamloops auf dem ***Southern Yellowhead Highway* #5**, der Verbindung zwischen *TCH* und dem »originalen« *Yellowhead Hwy* #16, auf den die #5 in Tête Jaune Cache stößt. Auf fast ganzer Länge (rund 340 km) folgt diese Straße dem Tal des North Thompson River. Zunächst führt sie durch sommertrockene Gebiete vorbei an kargen, oft nur mit Wüstensalbei *(sagebrush)* bewachsenen Berghängen, bevor die Vegetation weiter nördlich deutlich grüner wird.

Verbindung zur #97

In **Little Fort** zweigt die **Straße #24** nach Westen ab. Sie ist eine ideale Verbindungstrecke durch das Seengebiet zwischen der #5 und dem *Cariboo Highway* #97, ➤ Exkurs Seite 195.

Clearwater

Der einzig nennenswerte Ort (2.300 Einwohner) auf der Strecke, **Clearwater**, liegt überwiegend abseits der Hauptstraße. Am Ostende beginnt die Zufahrt zum »Wasserfall-Provinzpark« ***Wells Gray*** (Clearwater Valley Rd). Aktivitäten im Provinzpark wie z.B. Kanutouren oder Reitausflüge lassen sich schon im ***Info Centre*** buchen, das sich direkt am Abzweig befindet; www.wellsgraypark.info.

Auf dem Clearwater River, der seinen Namen zu Recht trägt, werden ***Rafting Trips*** angeboten, z.B. bei *Riverside Adventures*. Drei Stunden kosten dort $104/$88; www.wellsgrayrafting.ca.

Zwei Übernachtungsmöglichkeiten liegen am kleinen **Dutch Lake** (mit Bootsverleih) direkt westlich der Zufahrt in den *Wells Gray*:

- ***Dutch Lake Resort***, an der See-Westseite; $45-$48, auch *Cabins* ab $149, 361 Ridge Dr, ✆ 1-888-884-4424, www.dutchlake.com
- ***Dutch Lake Motel & RV Park*** an der Südostseite des Sees; Camping (teils am Ufer); 333 Roy Road; Zelte/RVs $45, DZ ab ca. $150; ✆ 1-877-674-3325, www.dutchlakemotel.com

und südlich von Clearwater an einem Privatsee:

- ***Alpine Meadows Resort*** mit RV-Plätzen ($55), geräumigen *Chalets* (ab $240) und *Glamping Tents* ($165); 3400 Dunn Lake Rd; ✆ 1-866-587-6368, www.alpinemeadowsresort.com.

Zum Wells Gray PP

Der 5.400 km^2 große ***Wells Gray Provincial Park*** besteht weitgehend aus unerschlossener Wildnis. Bekannt ist er vor allem für seine Wasserfälle und die verbundenen Seen zwischen den Hochgebirgsgipfeln der Cariboo Mountains. Nur die **Hauptzufahrt ab Clearwater** führt etwas tiefer in das Naturschutzgebiet hinein.

Die **anderen Parkbereiche** sind über holprige Pisten zugänglich:

Die Anfahrt zum **Mahood Lake** und den ***Canim Falls*** (➤ Seite 197) in der Südwestecke – ab 100 Mile House an der #97 über die *Canim-Hendrix Lake Road* (88 km, größtenteils asphaltiert) oder von Interlakes an der #24 (65 km, Schotter). Die Verbindung dorthin ab Clearwater bildet eine Reihe von *Logging Roads*. Zum **Murtle Lake** im Park-Osten startet man in Blue River an der #5.

Wasserfälle

Spahats Creek Falls

Knapp 10 km nördlich von Clearwater wartet kurz hinter dem Parkeingang bereits der erste Wasserfall, der aus einem schmalen Durchlass in der hohen Canyonwand 75 m tief in den Abgrund stürzt. Zur Aussichtsplattform der ***Spahats Creek Falls*** sind es nur wenige hundert Meter Fußweg.

Etwas mehr Zeit benötigt der Besuch der 35 m hohen ***Moul Falls***, dafür kann man dort sogar hinter den Wasservorhang schauen – herrlich erfrischend an heißen Tagen (5,8 km retour ab der kleinen Parkbucht linker Hand der Straße; nur kleines Hinweisschild vor Ort!).

Jenseits der ***Helmcken Falls Lodge*** (rustikale Zimmer im Sommer ab ca. $230; Zelte/RVs $45, recht enge Plätze mit Wasser-/Stromanschluss (15 Ampere); © (250) 674-3657, www.helmckenfalls.com) geht es auf Schotterserpentinen (etwas schmal für RVs!) hinauf zum ***Green Mountain Viewing Tower*** mit Rundumsicht auf die weite Waldlandschaft dieses Gebiets.

Helmcken Falls im Wells Gray PP

Einige Kilometer weiter passiert die Parkstraße die ***Dawson Falls***, den ersten der sieben Wasserfälle des Murtle River, die sich weniger durch ihre Höhe (ca. 18 m) als ihre Breite (ca. 90 m) auszeichnen. Auf der gegenüberliegenden Seite des Flusses befindet sich der schöne, einfache ***Pyramid Campground*** ($20; nicht reservierbar). Ein Pfad führt von dort hinunter zu den Katarakten.

Helmcken Falls

Der wohl spektakulärste Anziehungspunkt des Parks sind die ***Helmcken Falls***, rund 46 km von Clearwater entfernt. Der Murtle River donnert dort 141 m über die steilen Klippen hinunter in einen Kessel. Ein **Weg führt nordseitig** am Wasserfall vorbei an den Rand der steilen Schlucht. Vor allem nachmittags, wenn die Sonne im Westen steht, gelingen von dort Fotos mit Regenbogen (➤ rechts).

2

Wer sich die Zeit nehmen möchte, erreicht die **vierthöchsten Wasserfälle Kanadas** auch zu Fuß auf einem schönen ***Trail***: ab *Dawson Falls* geht es 4 km am Südufer entlang bis zu einem herrlichen Aussichtspunkt direkt am oberen Rand der *Helmcken Falls* (leider ohne Zugang zur Nordseite).

Lachsauftrieb

Bis zum Straßenende am Clearwater Lake sind es von den *Helmcken Falls* noch 30 km Schotter. Ab Ende August wandern riesige Lachse zum Laichen in den Oberlauf des Clearwater River – die ***Bailey's Chute*** Stromschnellen können sie dabei nur mit Hilfe weiter Sprünge überwinden. Dieses Schauspiel sollte man sich nicht entgehen lassen. Ein kurzer Weg führt ca. 17 km nördlich der Brücke über den Murtle River zur ***Salmon Viewing Platform.***

Kurz vor dem Clearwater Lake passiert man dann noch den sehr schönen ***Falls Creek Campground*** mit Stellplätzen am Fluss und wenig später den ebenso erfreulich angelegten ***Clearwater Lake Campground*** (beide $23; im Sommer z.T. reservierbar). Dort beginnt ein Wanderweg, der mehrere attraktive Zielpunkte kombiniert: den ***Osprey Falls Lookout***, einen Aussichtspunkt über dem See, die ***Dragon's Tongue***, ein Feld mit Lavagestein, und die ***Sticta Falls***; 4 km retour; Dauer ca. 2 Stunden.

Am hügeligen Ufer des **Clearwater Lake** existiert für die ersten 5 km ein ***Trail***. In die Einsamkeit des Hinterlandes geht es nur per Boot. Besonders reizvoll ist die **Kanutour** über die volle Länge von Clearwater Lake und Azure Lake. Die beiden jeweils 25 km langen Seen verbindet der Clearwater River (2 km, flussaufwärts mit 500 m Kanu-*Portage*). Dahinter säumen den pittoresken **Azure Lake** Steilufer **mit Wasserfällen**. Motorboottour inkl. *Lunch* kostet $160 (täglich 10.30-17 Uhr), das 2-Personen-Mietkanu $60/Tag; Wassertaxi bis zu den *Rainbow Falls* $125; www.clearwaterlaketours.com.

Eine preiswerte Unterkunft ist das ***Wells Gray Inn*** 1 km südwestlich der Parkzufahrt mit Doppelzimmer ab ca. $100; 228 E Yellowhead Hwy; © 1-800-567-4088, www.wellsgrayinn.ca.

Raft River Viewing

Auch die Weiterfahrt in Richtung Tête Jaune Cache bleibt landschaftlich reizvoll. 5 km östlich von Clearwater lohnt sich ein erster Stopp an der ***Raft River Viewing Platform***. An diesem tollen Platz zur Lachsbeobachtung bedienen sich Adler am Fischüberangebot. Die **Simpcw-Indianer** feiern dort alljährlich Anfang September die *First Fish Ceremony* und im Oktober den *Coho Day*; www.simpcw.com.

Ein Vogel- und Mückenparadies, der Cranberry Marsh Loop des RW Starratt Wildlife Sanctuary im Süden von Valemount

Murtle Lake

Wer Zeit hat, könnte von Blue River außerdem auf einer holprigen Stichstraße am gleichnamigen Fluss entlang noch einmal in den *Wells Gray PP* zum hochgelobten **Murtle Lake** fahren. Der mit über 100 km Uferlänge größte nur für Kanus freigegebene See Nordamerikas erfreut sich großer Beliebtheit als Ausgangspunkt für Ein- oder Mehrtagestouren in die Einsamkeit.

Valemount

Die letzte Ortschaft vor Erreichen des *Yellowhead Hwy* #16 ist Valemount (1.000 Einwohner). Die **H/Motels** und **Restaurants** sind dort bereits auf den Nationalparktourismus eingestellt, aber deutlich preiswerter als im 120 km entfernten Jasper. Neben der Bahnlinie im Zentrum liegt die ***Valemount Swiss Bakery***, 1020 Main St.

George Hicks Park

Unmittelbar nördlich des ***Visitor Centre*** (785 Cranberry Lake Rd, im Sommer tägl. 8.30-19 Uhr; www.visitvalemount.ca) lohnt Anfang/Mitte August ein Abstecher in den ***George Hicks Regional Park***, wenn man im flachen Wasser **Königslachse** bei der Eiablage beobachten kann. Der Laichgrund am Swift Creek ist einer der kilometermäßig entferntesten vom Pazifik (knapp 1.300 km), so dass nur die allergrößten und stärksten von ihnen es bis dorthin schaffen.

Weiterfahrt in Richtung Rockies

Ca. 20 km nördlich von Valemount ist **Tête Jaune Cache** und zugleich der *Yellowhead Hwy* #16 erreicht, auf dem es dann ostwärts weiter zu den ***Rearguard Falls*** mit einer weiteren Lachs-Aussichtsplattform geht und in Richtung »Rocky Mountains«. Fortsetzung im **Kapitel 3**, ➤ Seite 216ff.

Seengebiet zwischen Cariboo und Yellowhead Highway

Ab 70 Mile House könnte man bei Zielsetzung ***Wells Gray Provincial Park*** und Jasper zur #24 hinüberfahren – und einige Meilen einsparen. 5 km südwestlich von Bridge Lake passiert man den **Crystal Lake** und die gepflegte *Crystal Waters Guest Ranch* mit *Cabins* am Wasser sowie Camping- und Reitmöglichkeiten; ✆ 1-888-593-2252, www.crystalwatersranch.com.

Das Gebiet zwischen den Straßen #97 und #5 ist mit seiner **Seenplatte** beliebtes Revier für Angler, Wassersportler und Urlauber, die es ursprünglicher lieben. Auf mehreren *Campgrounds* finden sich Plätzchen unmittelbar am Wasser, wie z.B. am **Sheridan Lake** im *Loon Bay Resort* an der Straße #24, 15 km westlich von **Bridge Lake**; RVs \$30-\$42, *Cabins* ab \$95. Und mit allem, was zu einem aktiven Kanada-Urlaub dazugehört: Motorboot-, Kanu-, Kajakverleih, Pferde und ein kleiner Badestrand; ✆ (250) 593-4431, www.loonbayresort.com.

Ein Lesertipp ist das *Seawood B&B* beim Nachbarsee **Roe Lake**; 7431 Shertenlib Rd; *Cabins* ab \$ 83, deutsche Gastgeber; ✆ (250) 593-0370, www.seawood-bb.com.

Hinsichtlich Freizeitaktivitäten lässt das toll geführte *Cariboo Bonanza Resort* 20 km weiter westlich am Südufer des **Horse Lake** ebenfalls keine Wünsche offen (Badestrand, *Ziplines* etc.); 6384 Watson Road, Lone Butte; Zelte \$28, RVs ab \$36, *Cabins* \$70-\$105; ✆ (250) 395-3766, www.cariboobonanza.com.

Über die Straße #24 erreicht man den *Southern Yellowhead Highway* #5 in Little Fort, ca. 95 km nördlich Kamloops bzw. 30 km südlich von Clearwater.

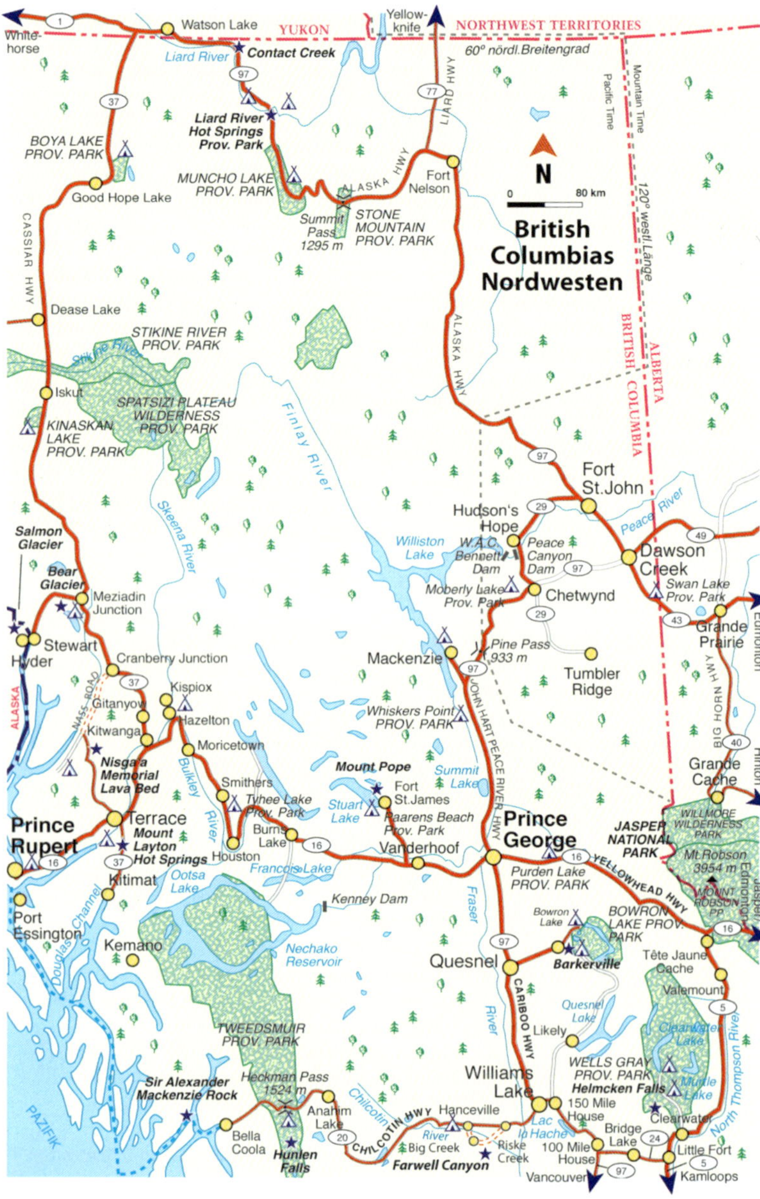
British Columbias Nordwesten
N
0 80 km
YUKON
NORTHWEST TERRITORIES
60° nördl. Breitengrad
120° westl. Länge
Pacific Time
Mountain Time
BRITISH COLUMBIA
ALBERTA
ALASKA
PAZIFIK
Whitehorse
Watson Lake
Yellowknife
Contact Creek
Liard River
Liard River Hot Springs Prov. Park
BOYA LAKE PROV. PARK
Good Hope Lake
MUNCHO LAKE PROV. PARK
Summit Pass 1295 m
STONE MOUNTAIN PROV. PARK
ALASKA HWY
LIARD HWY
Fort Nelson
CASSIAR HWY
Dease Lake
STIKINE RIVER PROV. PARK
Stikine River
Iskut
SPATSIZI PLATEAU WILDERNESS PROV. PARK
KINASKAN LAKE PROV. PARK
Finlay River
Skeena River
Fort St. John
Hudson's Hope
Peace River
W.A.C. Bennett Dam
Peace Canyon Dam
Williston Lake
Dawson Creek
Swan Lake Prov. Park
Moberly Lake Prov. Park
Chetwynd
Grande Prairie
Edmonton
Salmon Glacier
Bear Glacier
Meziadin Junction
Stewart
Hyder
Cranberry Junction
NASS ROAD
Gitanyow
Kitwanga
Kispiox
Hazelton
Moricetown
Nisga'a Memorial Lava Bed
Bulkley River
Smithers
Tyhee Lake Prov. Park
Mackenzie
Pine Pass 933 m
Tumbler Ridge
Whiskers Point PROV. PARK
JOHN HART PEACE RIVER HWY
BIG HORN HWY
Grande Cache
Hinton
Mount Pope
Summit Lake
Fort St. James
Stuart Lake
Paarens Beach Prov. Park
Prince Rupert
Terrace
Mount Layton Hot Springs
Houston
Burns Lake
Vanderhoof
Prince George
JASPER NATIONAL PARK
WILLMORE WILDERNESS PARK
Mt. Robson 3954 m
MOUNT ROBSON PP
Jasper/Edmonton
Kitimat
Ootsa Lake
François Lake
Purden Lake PROV. PARK
YELLOWHEAD HWY
Port Essington
Douglas Channel
Kenney Dam
Fraser River
Bowron Lake
BOWRON LAKE PROV. PARK
Kemano
Nechako Reservoir
Quesnel
Barkerville
Tête Jaune Cache
Valemount
CARIBOO HWY
Quesnel Lake
TWEEDSMUIR PROV. PARK
Likely
Clearwater Lake
North Thompson River
WELLS GRAY PROV. PARK
Helmcken Falls
Murtle Lake
Sir Alexander Mackenzie Rock
Heckman Pass 1524 m
Williams Lake
150 Mile House
Anahim Lake
Chilcotin River
CHILCOTIN HWY
Hanceville
Lac la Hache
Clearwater
Bella Coola
Hunlen Falls
Big Creek
Riske Creek
Farwell Canyon
100 Mile House
Bridge Lake
Little Fort
Vancouver
Kamloops
1
37
97
77
29
49
43
40
16
20
24
5

Von Cache Creek nach Prince George auf dem Cariboo Hwy

Zur Route

Wie bereits auf ➢ Seite 190 erläutert, ist der *Cariboo Hwy* #97 die Alternative zum *Southern Yellowhead* #5, wenn Abstecher nach **Barkerville** bzw. zum Kanuparadies **Bowron Lake** geplant sind. Wer von Vancouver ohne Fährenbenutzung auf schnellstem Weg in den hohen Norden (Yukon/Alaska) möchte, kommt ebenfalls am *Cariboo Hwy* nach Prince George nicht vorbei.

Der Verlauf dieser Strecke ist von Cache Creek bis Williams Lake nicht sonderlich attraktiv. Erst im **Fraser River Valley** gewinnt sie abschnittsweise an Reiz. Schöne Campingmöglichkeiten bietet unterwegs der ***Green Lake PP*** östlich der Straße, besonders empfehlenswert die Plätze an der *Emerald Bay* ($18, alle reservierbar).

100 Mile House

100 Mile House (1.900 Einwohner) ist die Versorgungszentrale für das gesamte Seengebiet rund um den *Cariboo Hwy* und verfügt über eine ordentliche Auswahl an B&Bs sowie Motels (u.a. *Days Inn*, *Super 8* und *Ramada*). Das Besucherzentrum der Ortschaft und für die *South Cariboo*-Region steht an der Ecke #97/Airport Road; www.southcaribootourism.ca.

Canim/ Mahood Lakes

Auch auf dieser Route ist eine Stippvisite im ***Wells Gray PP*** möglich: Ab 100 Mile House führt eine Stichstraße (ohne Verbindung zum erschlossenen Hauptbereich des Parks) über **Canim Lake** weiter zum **Mahood Lake**, dem einzigen nicht gletschergespeisten See des *Wells Gray* (dort Campingareal direkt am Strand, $23). Zwei Kurztrails verlaufen zwischen den Seen zu den ***Canim Falls*** (1,5 km) bzw. ab Mahood Lake zu den ***Deception Falls*** (1 km). Das ***Canim Lake Resort*** (unter deutscher Leitung) ist eine tolle Anlage am gleichnamigen See mit gr. Abenteuer-Angebot; Zelte $25, *full hook-up* $50, *Cabins* ab $150; ✆ 1-877-512-6660, www.canim.com.

150 Mile House

Vom kleinen »Nest« **150 Mile House**, der nächsten Etappe des *Cariboo Hwy*, könnte man einen Abstecher nach **Likely** einplanen. Dort erinnert am Ortseingang ein 3 km langer, 300 m breiter und 100 m tiefer von Maschinen gegrabener Canyon an die Aktivitäten der ***Bullion Pit Mine***. 1938 wurde in der Goldwaschanlage dieser riesigen Grube mehr Wasser verbraucht als in ganz Vancouver. Von Likely führt der ***Gold Rush Trail*** weiter nach Barkerville, eine zwar schöne, aber ungepflegte und selten befahrene Schotterpiste. Mit WoMo unbedingt auf den *Cariboo Hwy* zurückkehren.

Williams Lake

Im Herzen des *Cattle Country*, der größten Viehzuchtregion der Provinz, liegt **Williams Lake** (knapp 11.000 Einwohner; großes *Info Centre*: 1660 South Broadway; www.williamslakechamber.com). Die ansonsten kaum interessante kleine Stadt ist bekannt für eine **4-Tage-*Stampede***, das nach dem *Cloverdale Rodeo* (in Surrey bei Vancouver, ➢ Seite 173) bedeutendste Rodeo-Event in British Columbia. Sie findet in der Woche des Monatswechsels Juni/Juli statt. Details unter www.williamslakestampede.com.

In vielen kleineren Orten werden von Mai bis September auch lokale Rodeos veranstaltet. Dort kann man das Geschehen noch »hautnäher« erleben als bei einer Großveranstaltung.

Der Chilcotin Highway

Nach **Bella Coola** am *North Bentinck Arm,* einem tief ins Land eingeschnittenen Fjord, geht es **von Williams Lake** auf dem *Chilcotin Highway (*#20). Diese Straße (456 km) ist mittlerweile bis auf ein letztes 40 km langes Teilstück zwischen Anahim Lake und Bella Coola River asphaltiert und ohne Einschränkung befahrbar. Abgesehen von **Anahim Lake** gibt es in den winzigen Ortschaften selten mehr als Tankstelle, Postamt und *General Store.* Am Wege oder am Ende von Stichstraßen liegen zahlreiche ***Guest Ranches*** und ***Lodges***, die ihren Gästen Abenteuerurlaub in allen Varianten und Komfortklassen bieten. Angeln, Kanutrips und Ausritte sind die wichtigsten Aktivitäten.

Farwell Canyon

Die Frage ist, ob sich ein Abfahren des gesamten *Chilcotin Hwy* überhaupt lohnt. Wer die Top-Ziele Kanadas bereits gesehen und kein zu großes Campmobil hat, die kanadische Einsamkeit schätzt und mit ausreichend Zeit ausgestattet ist, wird sicherlich mit viel Vergnügen auf dieser Straße unterwegs sein. Ein Abweichen von der Hauptstraße empfiehlt sich bei **Riske Creek**, ca. 46 km von Williams Lake entfernt. Die qualitativ gute Schotterstraße **Farwell Canyon Road** ist bei nur 50 km Zusatzstrecke (zur Direktroute über die #20) wesentlich interessanter. Sie führt zunächst in Richtung Süden und kreuzt nach knapp 20 km den ***Farwell Canyon*** des Chilcotin River. In der Schlucht erinnern die Sandsteinformationen (***Hoodoos***) und Vegetation etwas an die Halbwüsten des amerikanischen Südwestens. Von der Parkbucht 300 m südlich der Brücke über den Fluss zeigt sich zudem die **größte Sanddüne** von British Columbia, die man von dort nach knapp 2 km Fußweg erreicht (25 HM).

Über Big Creek geht es bei Hanceville zurück auf die #20, wo 6 km westlich von **Alexis Creek** der kleine ***Bull Canyon PP*** mit ***Campground*** ($20) malerisch am Chilcotin River liegt. Danach folgt der *Chilcotin Hwy* dem Verlauf von Chilcotin und Chilanko River durch das menschenleere Interior Plateau. Ab Tatla Lake sieht man dann die Coast Mountains mit ihren Gletschern am Horizont. Mit der Überquerung des *Heckman Pass* (1.524 m) im ***Tweedsmuir Park South*** verlässt man die Hochebene. ***The Hill*** – der leitplankenlose, einspurige Straßenabschnitt mit bis 18% Gefälle – hat Ausweichstellen und bereitet selbst RVs mittlerer Größe bei trockenem Wetter keine besonderen Probleme. Im September darf man bei der ***Belarko Wildlife Viewing Platform*** nicht vorbeifahren (ausgeschildert) – ein toller Platz zum **Bärenbeobachten**! Von den darauf folgenden *Campgrounds* des Parks liegt ***Atnarko River*** schöner als ***Fisheries Pool***; je $20.

Wanderer könnten den 12-km-Marsch (800 HM) zu den ***Hunlen Falls*** (253 m) in Erwägung ziehen. Der *Trailhead* zu den dritthöchsten kanadischen Wasserfällen liegt am Atnarko River nicht weit entfernt von den Campingarealen.

Westlich des Parks führt die #20 bald hinunter in den Regenwald und schließlich ins verschlafene **Bella Coola** (2.000 EW) an der Mündung des gleichnamigen Flusse, das in erster Linie von der Holz- und Fischwirtschaft (Lachsfang) sowie von den Fährverbindungen lebt; gute Info-Broschüre unter www.bellacoola.ca.

Der *Chilcotin Hwy* ist keine Sackgasse. In Bella Coola legt die – nicht ganz billige – ***BC Ferry*** nach Port Hardy auf Vancouver Island ab (➤ Seite 393), die ggf. auch als Alternative zur *Inside Passage* in Frage kommt. Vom *Adventure Resort* starten zudem interessante Ausflüge in die umliegende Wildnis (***Great Bear Rainforest***), die nicht nur Heimat einer großen Grizzly-Population ist sondern auch heiße Quellen birgt; www.bcgrizzlytours.com.

Quesnel

Das Städtchen **Quesnel** (sprich: *Kwanéll*, 10.000 EW), am Zusammenfluss von Fraser und Quesnel River entstand während des *Cariboo Goldrush* 1862. An diesem wichtigen Etappenpunkt auf der *Cariboo Wagon Rd* (➤ Seite 188) mussten die Prospektoren den Raddampfer verlassen und weitere 80 km bis Barkerville auf dem Landweg zurücklegen. Aus der alten Boomperiode existiert nur noch der ***Hudson's Bay Store*** von 1881, in dem heute lokale Handwerkskunst verkauft wird (*Cariboo Keepsakes*, 102 Carson Ave).

Bei Einfahrt in die Stadt von Süden passiert man unverfehlbar rechter Hand den *Le Bourdais Park* mit einem »nassen« Kinderspielplatz für heiße Tage. Dort steht auch das *Visitor Centre* (703 Carson Avenue; www.tourismquesnel.com) mit einem kleinen Heimatkundemuseum, das im Sommer täglich 9.30-17 Uhr geöffnet hat (***Quesnel Museum***; $5/$2; www.quesnelmuseum.ca).

Stichstraße nach Barkerville

Zum ***Bowron Lake Provincial Park*** und der Goldgräberstadt **Barkerville** geht es auf der #26 (80 km *one-way*). Benannt ist der Ort nach *Billy Barker*, der dort 1862 auf eine ergiebige Goldader stieß. Im daraufhin einsetzenden ***Cariboo Goldrush*** wurde aus Barkerville für kurze Zeit die größte Stadt im Westen Kanadas. Als die Vorkommen erschöpft waren, verwandelte sie sich in eine Versorgungsbasis für umliegende Minen. 1958 übernahm die Provinz British Columbia Barkerville und machte daraus eine ***Historic Western Town***, heute eines der besten Freilichtmuseen Kanadas.

Historic Town & Park

Nirgendwo sonst im Land findet man einen besser erhaltenen Ort aus der Goldrauschzeit, noch dazu an der originalen Stelle. **Barkerville**, dessen Bevölkerung zur Hälfte aus Ostasien stammte, besitzt am Ortsausgang eines der schönsten historischen Chinesenviertel Nordamerikas. Rund 170 Gebäude, darunter 107 aus dem 19. Jahrhundert, wurden im engen Tal des Williams Creek authentisch restauriert und teils mit zeitgenössisch gekleideten »Bewohnern« besetzt. Die haben im Gegensatz zu ihren Vorbildern geregelte Arbeitszeiten – und so finden alle Programme und Vorführungen von etwa Mitte Juni bis Ende September täglich ab 10 Uhr statt.

Barkerville Museumsdorf

Das Dorf kann von Mitte Mai bis Ende September von 8-20 Uhr besucht werden. Die Tickets ($16, Kinder $6-$13) gelten **zwei Tage** lang. Wer noch mit der Postkutsche fahren, (mit Erfolgsgarantie) Gold waschen oder das Schmiedehandwerk erlernen möchte, zahlt ein paar $ extra. Nähere Infos unter www.barkerville.ca.

Das Besucherzentrum präsentiert Fotos aus den »wilden Jahren« und Filme zum Thema »Goldrausch«. Das Wasserrad zum Goldwaschen funktioniert wie eh und je und im ***Theatre Royal*** lebt die alte Zeit wieder auf (mehrere Vorstellungen täglich von Mitte Mai bis Anfang September; zusätzlich $13/$7).

Von der sonst großen Detailliebe ausgespart blieb die Getränkekarte im ***Saloon***: Wer sich dort stilecht einen Whisky genehmigen möchte, wird enttäuscht. Nur *non-alcoholic beverages* kommen zum Ausschank. Auch hinsichtlich Nachtleben ist es nichts mit der Authentizität. Ab 20 Uhr bleiben die Tore dicht – außer für Hotelgäste und Theaterbesucher.

Unterkunft

Übernachten kann man im *Historic Park* in folgenden drei B&Bs:

- ***St. George Hotel*** an der Main St, ein historisches Haus (1898); DZ ab $156; ✆ 1-888-246-7690, www.stayinwells.ca
- ***King*** und ***Kelly House B&B*** an der Main bzw. 2nd Street, Doppelzimmer mit Gemeinschaftsbad $108, mit eigenem Bad ab $130; ✆ 1-866-994-0004, www.kellyhouse.ca.

Zwei **Mini-Motels** befinden sich im nahen **Wells** (www.stayinwells.ca), eine gute Option ist auch die ***Beckers*** oder ***Bowron Lake Lodge*** am 28 km entfernten gleichnamigen See (➤ rechts).

Von den drei ***Campgrounds*** in Barkerville – ***Government Hill*** (23 Plätze + 8 *Cabins* in Gehdistanz), ***Lowhee*** (87 Plätze + 4 *Cabins* rund 2 km entfernt) und ***Forest Rose*** (54 Plätze, 3 km in Richtung Bowron Lake) – ist letzterer der Beste. *Government Hill* ist für größere RVs nicht geeignet. Ein Teil der Plätze ist reservierbar: ✆ 1-888-994-3332 bzw. www.barkerville.ca/places-to-stay. Weitaus schöner campt man aber am Seeufer des Bowron Lake, ➤ rechts.

*Eine Radachse erleichtert den Transport über Land (**Portage**) im Bowron Lake Provincial Park*

Kanuparadies Bowron Lake Park

Die direkt oder über Wasserläufe weitgehend miteinander verbundenen 10 Seen des ***Bowron Lake Provincial Park*** sind ein Paradies für Kanufahrer. Wer 6-10 Tage Zeit und obendrein Glück mit dem Wetter hat, kann einen traumhaften Kanutrip unternehmen. Der Rundkurs auf der fast strömungslosen Seenplatte ist auch für Anfänger geeignet. Doch muss man eine gute Kondition mitbringen – es wollen schließlich 105 km gepaddelt und 11 km auf ***7 Portages*** (Tragen des Kanus zwischen zwei Gewässern oder Umgehung von Stromschnellen und Wasserfällen) geschafft sein. Der Trip beginnt auch gleich mit der längsten Portage (2,4 km). Davon erholt man sich am besten an den Sandstränden der wärmeren nicht von Schmelzwasser gespeisten Seen im Westen. Übernachtet wird auf ***Wilderness Campgrounds.***

Gebühren

Für alle Mehrtagestrips ist eine Anmeldung im ***Registration Centre*** am Bowron Lake erforderlich; Zufahrt über eine breite und meist gut gepflegte Schotterstraße (28 km ab der #26).

Die Gebühr für die volle Runde beträgt für zwei Personen $120, für die *West Side Route* $60/Kanu. Letztere führt 24 km vom Bowron Lake (einziger See mit Motorbootverkehr) zu den Spectacle Lakes und besitzt den Vorzug, ohne *Portage* auszukommen. Reservierung der Route: ✆ 1-800-689-9025 ($18 Gebühr). Die Kanus können ab $190 pro »*Lake Circuit*« bei den zwei *Lodges* gemietet werden (maximal 8 Tage; Ausrüstung extra).

Sehr schön direkt am Ufer übernachtet man bei der ***Bowron Lake Lodge*** ($35; kein *hook-up*; ✆ (250) 255-2396, www.bowronlakelodge.com) sowie nebenan in der ***Beckers Lodge*** (Zelte $12, RVs $30 bzw. mit Strom $40; einfache *Cabins* ab $90, *Chalets* ab $220; ✆ 1-800-808-4761, www.beckerslodge.com). Camper sollten dort immer unterkommen, keine Reservierung nötig! Der hübsch angelegte, aber wasserferne Platz des Provinzparks unweit des *Registration Centre* ist in Anbetracht der soeben geschilderten Möglichkeiten am See nur zweite Wahl; $18.

Hixon Canyon Creek

Nördlich Quesnel verläuft die #97 ereignislos durch Wald- und Hügellandschaft und stößt nach 118 km in Prince George auf den *Yellowhead Hwy.* Wer in diesem Bereich übernachten möchte, dem sei in Hixon – etwa auf halber Strecke nach Prince George – der ***Canyon Creek Campground*** empfohlen mit besonders schönen Plätzen auf einer Waldwiese in Bachnähe; Zelte $28, *full hook-up* $35; ✆ (250) 998-4384, www.canyoncreekcampground.com.

Prince George

Prince George spielt als **Knotenpunkt** der Ost-West- und Nord-Süd-Achse von Schiene und Straße und als Versorgungszentrum (*Hub of the North*) eines weiten Umlandes eine wichtige wirtschaftliche Rolle. Sägemühlen und Papierfabriken *(Pulp Mills)* unterstreichen die Bedeutung der Holzindustrie. Die ***University of Northern British Columbia*** wurde 1994 gegründet und mit einem beachtlichen Campus auf einer Anhöhe über der Stadt angelegt; 3333 University Way. Zufahrt über den *Yellowhead Hwy* in Richtung Prince Rupert, von dort den Tyner Blvd folgen; www.unbc.ca.

Da die letzte größere Stadt (80.000 EW) »auf dem Weg nach Norden« keine besonderen Sehenswürdigkeiten besitzt, ist sie für die meisten Touristen im Wesentlichen Durchgangsstation. An **Motels** und ***Shopping Centers*** entlang der Ausfallstraßen (speziell der #97, aber auch #16 West) fehlt es nicht. Beste Adresse fürs Campen ist das ***Hartway B&B*** ($75-$105) mit angeschlossenem ***RV Park*** (Zelte $27, *full hook-up* $39); 7729 South Kelly Rd, 10 km nördlich über Hwy # 97; © (250)-962-8848, www.hartwaybedandbreakfast.ca.

Information

Das gut sortierte ***Prince George Visitor Centre*** wurde in der Innenstadt unweit der #16 im Bahnhofsgebäude untergebracht; 1300 1st Avenue; geöffnet im Sommer Mo-Sa 8-19 Uhr, So 10-18 Uhr; freier Internetzugang; © 1-800-668-7646, www.tourismpg.com.

Parks und Museen

Prince George erstreckt sich sehr übersichtlich im Flussbogen von Fraser und Nechako River. Einen schönen Panoramablick bietet im Zentrum der ***Connaught Hill Park***. Talwärts am Ufer des Fraser River liegt der ***Lheidli T'enneh Memorial Park*** mit dem *Exploration Place* (333 Becott Place), wo die Historie der Stadt und Region erhellt werden. Geöffnet täglich 9-17 Uhr, $11, Kinder $8-$9, Familie $25, www.theexplorationplace.com.

Flussaufwärts erreicht man an der Einmündung des Nechako River den *Cottonwood Island Nature Park* mit dem ***Central British Columbia Railway & Forestry Museum***, das in erster Linie Familien und Eisenbahn-Fans ansprechen dürfte; geöffnet von Ende Mai bis Anfang September täglich 10-17 Uhr, sonst Di-Sa 11-16 Uhr; Eintritt $8/$5; 850 River Road; www.pgrfm.bc.ca.

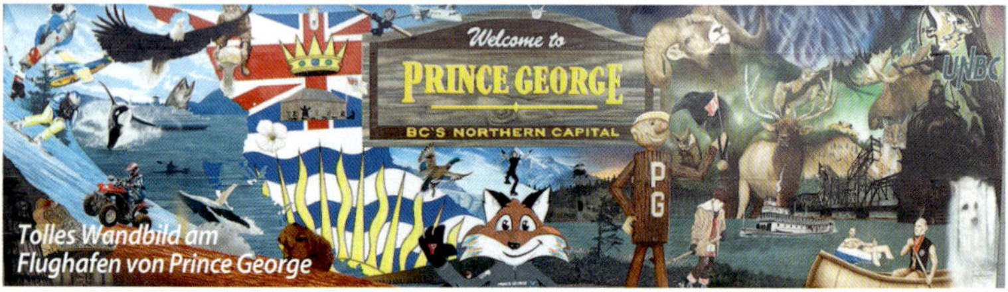

Tolles Wandbild am Flughafen von Prince George

2.2.3 Anschlussrouten ab Prince George

Prince George fungiert als zentraler Knotenpunkt, alle Routen in British Columbias Norden führen zwangsläufig über diese Stadt:

Rundfahrt durch den Norden von British Columbia

Dank des ***Cassiar Highway*** zwischen Watson Lake und Kitwanga/ Stewart durch die Einsamkeit des BC-Nordwestens kann man in Prince George eine attraktive Nord-Rundfahrt starten: Fort St. John – Watson Lake (beide *Alaska Highway*) – Stewart – Prince Rupert (2.500 km, Fähre nach Port Hardy) oder zurück nach Prince George (2.700 km). Egal, welche der beiden Varianten man wählt, in mindestens 8 Tagen ist diese Strecke zu machen – indessen bei relativ hoher täglicher Fahrleistung.

Strecke nach Prince Rupert

Der westliche Abschnitt des *Yellowhead Highway* (#16) zwischen Prince George nach Prince Rupert wird in diesem Buch als Fortsetzung einer Fährpassage von Port Hardy nach Prince Rupert im Anschluss an **Kapitel 7.7** »Vancouver Island« behandelt; ➤ Seite 397ff. Eine Fahrt in umgekehrter Richtung von Ost nach West macht nur Sinn, wenn man entweder in Prince Rupert die Fähre nehmen möchte oder eine Weiterreise über Stewart nach Watson Lake geplant ist, ➤ ***Cassiar Highway*** ab Seite 402ff.

Nach Stewart/ Hyder?

Auf der Strecke von Prince George nach Prince Rupert mit Abstecher nach Stewart/Hyder und Rückkehr auf identischer Route wären 1.900 km zu bewältigen. Das lohnt sich kaum, ein kürzeres »Hineinfahren« in den *Yellowhead Highway* noch weniger, da die Straße erst westlich von Houston, strenggenommen sogar nicht vor New Hazelton, den besten Abschnitt ihres gesamten Verlaufs erreicht. Die Fahrt bis Houston bietet dagegen nichts, was den – schon bis Prince George gelangten – Kanada-Urlauber noch »vom Hocker reißt« (➤ dazu im Einzelnen ab Seite 408).

Weiterfahrt in Richtung Jasper

Zum Jasper Nationalpark geht es ab Prince George auf dem *Yellowhead Highway* nach Osten. **Bis Tête Jaune Cache** besitzt er trotz des an sich schönen Verlaufs im Fraser River Valley zwischen Rocky Mountains und Cariboo Mountains kaum nennenswerte Höhepunkte. Auf ein kürzeres oder längeres Verweilen in der Natur lädt der ***Purden Lake Provincial Park*** 60 km hinter Prince George mit Picknicktischen und Badestrand ein (Camping $22; zum Teil den Sommer über reservierbar).

Ein weiterer Zwischenstopp zum Füßevertreten lohnt sich im erst 2016 eingerichteten Provinzpark ***Ancient Forest/Chun T'oh Whudujut***. Er schützt, rund 115 km östlich von Prince George und fernab der Küsten, einen außergewöhnlichen Riesenlebensbaum-(Ur)wald, der sich auf zwei kurzen, schön angelegten Pfaden sowie einem 15,5 km langen *Loop Trail* erforschen lässt.

Die Fortsetzung der Route ab Tête Jaune Cache findet sich im **Kapitel 3.1**, ➤ Seite 216ff.

Alternativ könnte man Tête Jaune Cache auch via **Barkerville** und ***Wells Gray Provincial Park*** anfahren. Der Umweg über diese beiden Topattraktionen erfordert 700 Zusatzkilometer im Vergleich zur direkten *Yellowhead*-Route (➤ Seite 190).

Nach Norden auf dem John Hart Peace River Hwy

Der 1952 fertiggestellte und nach einem ehemaligen Premierminister der Provinz British Columbia benannte *John Hart Highway* ab Prince George ist die **nördliche Fortsetzung des *Cariboo Hwy*.** Außer Mackenzie (30 km abseits der Hauptstraße) und Chetwynd existieren bis nach Dawson Creek auf 400 km Gesamtdistanz keine wesentlichen Ortschaften mehr.

In größeren Abständen passiert man **Tankstellen**, meist verbunden mit einer kleinen *Lodge* und einem *General Store.* Auf langen Abschnitten erinnern nur die Schienen der parallel verlaufenden *BC Railway* an die Zivilisation.

Wasserscheide

Knapp 50 km nördlich von Prince George passiert man die ***Continental Divide***, die Wasserscheide zwischen Pazifik und Atlantik. Nördlich fließen aus dem Summit Lake alle Gewässer über den Peace River und Mackenzie River ins Nordpolarmeer, südlich über den Fraser River in den Pazifik.

Nach dem Summit Lake verläuft der Hwy parallel zum Crooked River. Noch im schmalen Oberlauf befindet sich der ***Crooked River Provincial Park*** (Campen $22). Wo sich der Fluss zum breiten McLeod Lake ausweitet, liegt der ***Whiskers Point PP*** ($22). Und schließlich an der Einmündung des Crooked River in den Tudyah Lake erstreckt sich der ***Tudyah Lake PP*** mit schönen und großzügigen Stellplätzen in Ufernähe ($15).

Mackenzie an der #39

Direkt am Abzweig der #39 in Richtung Norden fällt ein roter Güterzugbegleitwagen (*caboose*) auf, in dem ein ***Info Centre*** untergebracht wurde; Mai-Mitte Sept tägl. 8-16 Uhr; http://districtofmackenzie.ca/discover-mackenzie/visit-mackenzie/. Es soll Besucher zu einem Abstecher ins 29 km entfernte **Mackenzie** animieren. Diese erst 1966 im Zusammenhang mit dem Staudammprojekt am Peace River gegründete Ortschaft (3.500 Einwohner) liegt am Williston Lake (➤ rechts). Der bei den Arbeiten eingesetzte ***World's Largest Tree Crusher***, die weltgrößte Rodungsmaschine, steht heute am Hwy #39 unübersehbar im Zentrum. Mackenzie hat ansonsten wenig zu bieten bis auf das ***Recreation Centre*** am 400 Skeena Drive mit Hallenbad, Kraftraum und Sauna.

Schön mit Picknickplatz und Sandstrand am Stausee liegt ***Alexander Mackenzie's Landing***, ein einfacher, kostenloser *BC Hydro Campground*; Zufahrt über die 6-km-Stichstraße ab der #39 rund 3 km südlich von Mackenzie, www.bchydro.com/recreation.

Im weiteren Verlauf beginnt ein reizvoller Abschnitt des *John Hart Highway.* Aus dem Tal des Misinchinka River führt die Straße über den 933 m hohen ***Pine Pass***, den einzigen Übergang über die Rocky Mountains auf gut 750 km Luftlinie zwischen dem Jasper Nationalpark (*Yellowhead Pass*) und dem *Alaska Highway* (*Summit Pass*).

Die einstige Bergbausiedlung **Chetwynd** (2.600 Einwohner) an der Kreuzung #29/#97 ist bekannt für ihre Kettensägen geschnitzten Holzskulpturen. Das ***Chainsaw Carving Festival*** findet jedes Jahr in der zweiten Juniwoche statt, die teils beeindruckenden Ergebnisse sind dann ganzjährig gut verteilt in der gesamten Ortschaft zu sehen. Den Lageplan für die über 120 Kunstwerke erhält man in der *Visitor Info* gleich bei der Einfahrt vom Westen kommend (5400 North Access Rd) oder online unter www.gochetwynd.com/visitors/chainsaw-carvings.

Anfahrt Alaska Highway

Ab Chetwynd gibt es **zwei Routen** zum *Alaska Hwy:* Die reizvollere von beiden ist die **#29** nach Fort St. John (ca. 140 km). Wer sich dafür entscheidet, verpasst weder in Dawson Creek noch auf den ersten Kilometern des *Alaska Highway* bis Fort St. John Wesentliches. Die #97 bis Dawson Creek sollte nur fahren, wer unbedingt ***Milepost 0*** des *Alaska Highway* sehen und fotografieren möchte.

Auf der ersten Hälfte der **#29** passiert man eine Reihe schöner Campingplätze. Der ***Moberly Lake PP*** verfügt über Stellplätze am Sandstrand des **besten Badesees der Region**; $30.

Hudson's Hope

Das kleine **Hudson's Hope** ist eine der ältesten »weißen« Siedlungen in British Columbia und – als Fort der *Northwest Company* gegründet – seit 1805 ununterbrochen bewohnt (*Info Centre:* 9555 Beattie Drive; www.hudsonshope.ca). Ein neues Kapitel in der Geschichte von Hudson's Hope begann in den 1960er-Jahren mit dem Bau von Staudämmen und Kraftwerken eingangs und ausgangs des ***Peace River Canyon***. Beide zusammen produzieren fast 30% des von *BC Hydro* in British Columbia erzeugten Stroms.

Williston Lake

Flussaufwärts (24 km lange Stichstraße ab Hudson's Hope) staut der 186 m hohe und 2.068 m lange ***W.A.C. Bennett Dam*** den Peace River zum Williston Lake. Am Ende der Straße über den gewaltigen Damm wartet ein **Aussichtspunkt** mit Blick in die Schlucht und auf das größte Reservoir in British Columbia (1.761 km^2). Nach dem Stauvolumen ist es sogar eines der größten der Welt! Ab dem ***Visitor Centre*** (mit Infos über Dammbau und Energieerzeugung, zur Geschichte der Region sowie einer *First Nations Gallery*; $8 Eintritt) werden mehrmals täglich **Führungen** zum Damm und durch das Kraftwerk angeboten; geöffnet Mitte Mai bis Anfang Sept täglich 10-18 Uhr; www.bchydro.com/recreation.

Den viel kleineren ***Peace Canyon Dam*** (50 m hoch und 534 m lang) sieht man von der Brücke über den Peace River, noch bevor man Hudson's Hope erreicht; Zufahrt zum *Picnic & Viewing Deck* ab der #29 etwa 7 km südlich des Zentrums.

Peace River

Hinter Hudson's Hope verläuft die Straße #29 bei schöner Routenführung zunächst am **Peace River** entlang. Nach 60 km verlässt sie das Tal, führt steil in Serpentinen bergauf und mündet 13 km nördlich von Fort St. John in den *Alaska Highway* ein.

Fortsetzung der Strecke auf dem ***Alaska Highway***, ➤ Seite 426ff.

Auf dem Alaska Hwy weiter in Richtung Norden

Die Hudson's Bay Company

Die Geschicke des kanadischen Pelzhandels lagen lange Zeit allein in den Händen der 1670 in London gegründeten ***Hudson's Bay Company*** (***HBC***). Von *König Charles II* mit den exklusiven Handelsrechten für den gesamten Zuflussbereich der Hudson Bay ausgestattet, kontrollierte sie ein riesiges Territorium, das seinerzeit – zu Ehren des Firmengründers Prince Rupert – *Rupert's Land* genannt wurde und 40% der Fläche des heutigen Kanadas umfasste. ***York Factory*** war die erste Handelsstation an der Hudson Bay, weitere Stützpunkte entstanden entlang der Küste unweit der ertragreichsten Pelzjagdgebiete. Das Leben der Besatzungen in diesen Handelsposten bot wenig Annehmlichkeiten; längere Exkursionen in die Umgebung galten als gefährlich – und so wartete man lieber in den geschützten Forts die Ankunft der Indianer ab, die mit pelzbeladenen Kanus aus den unendlichen Weiten des Hinterlandes anreisten.

Knapp ein Jahrhundert arbeitete *The Bay* mit erheblichem Erfolg und ohne ernsthafte Konkurrenz, bis Pelzhändler aus Montréal 1783 mit der ***North West Company*** (***NWC***) eine neue Gesellschaft ins Leben riefen. Die *NWC* schickte *Voyageure* mit großen Transportkanus zu monatelangen Trips direkt zu den Indianerdörfern und schnappte der in den Forts wartenden Konkurrenz die besten Felle weg. Zügig dehnte die *NWC* ihr Handelsgebiet aus und initiierte damit sogar neue Entdeckungen. Forscher wie **Alexander Mackenzie**, **David Thompson** und **Simon Fraser**, deren Namen heute die Landkarten des kanadischen Westens zieren, wurden von der *NWC* entsandt, um das Gebiet jenseits der Rocky Mountains zu erkunden.

Die Reaktion der um Einfluss und Gewinn besorgten *HBC* ließ nicht lange auf sich warten. Sie begann nun ebenfalls, Transportkanus zu bauen und Inlandsposten an strategisch wichtigen Orten zu errichten. Da die »*Nor'Westers*« auf ihrem Rückweg von ergiebigen Pelzgebieten am Mackenzie und Yukon River nach Montréal stets auch das Land der *HBC* durchqueren mussten, blieben Konfrontationen nicht aus. Die Auseinandersetzungen führten letztlich zu einer Schwächung beider Gesellschaften, die ohnehin schon wegen einer zurückgehenden Nachfrage aus dem krisengeschüttelten Europa in finanzielle Schwierigkeiten geraten waren. Auf Druck aus London wurde die Konkurrenz schließlich 1821 durch eine Fusion beendet, die *North West* ging in der *Hudson's Bay Company* auf.

Im Jahr 1869 forderte die junge, auf Erweiterung und Sicherung ihres kanadischen Territoriums bedachte britische Regierung die *HBC* auf, *Rupert's Land* an das *Dominion of Canada* abzutreten. Der Gesellschaft blieb nichts anderes übrig, als dem für 300.000 britische Pfund zuzustimmen. Ihre Handelsposten blieben allerdings auch nach dem Verkauf des alten Stammlandes bestehen. Sie versorgten nun die stetig steigende Zahl von Siedlern mit Gütern.

Die *Hudson's Bay Company* (www.hbc.com) entwickelte sich zu einem in vielen Sparten und global tätigen Handelsunternehmen, zu dem z.B. die Nobelkaufhauskette *Saks Fifth Avenue* gehört. Neuerdings schreibt die *HBC* jedoch Verluste – in erster Linie durch eine nicht geglückte Expansion in Europa (u.a. Kauf und Verkauf der *Galeria Kaufhof*).

2.3 Von Vancouver auf direktem Weg in die Rockies

2.3.1 Trans-Canada Highway nach Cache Creek

Trans-Canada Highway

Während der *Highway* #99 abwechslungsreich, aber zeitraubend durch Hochgebirge führt, geht es auf dem ***Trans-Canada Highway*** (***TCH***) rasch voran. Er führt zunächst bis Hope als Autobahn durch das breite Tal des Fraser River und weitläufiges Farmland. Nördlich von Hope folgt der *TCH* dem enger werdenden, streckenweise schluchtartigen Flusstal, bleibt aber gut ausgebaut. Bei Lytton wechselt er das Gewässer und begleitet fortan den Thompson River bis Cache Creek.

Straße #7

Statt der Autobahn kann man auch die Straße #7 nördlich des Fraser River nehmen. Das erfordert nicht besonders viel Extrazeit, bietet aber weit mehr »fürs Auge« und weniger Verkehr. Im Juli/August stehen entlang dieser Route Verkaufsstände mit frisch geerntetem Obst und Gemüse (***Fresh Produce***).

Eine gute Tagesetappe könnte schon im Erholungsort **Harrison Hot Springs** (➤ umseitig), aber ebenso in Hope enden. Sinnvoll wäre es ggf. auch, zunächst auf dem *TCH* zu bleiben und ab Abbotsford via Straße #11 bei Mission auf die #7 zu wechseln und erst von da an dem nördlichen Ufer des Fraser River zu folgen.

Fort Langley

Etwa 45 km östlich von Vancouver passiert man zunächst die Abfahrt zur ***Fort Langley Nat'l Historic Site***. 1827 als Handelsposten der ***Hudson's Bay Company*** (➤ Kasten links) gegründet, entwickelte sich das Fort bald zu einem wichtigen Stützpunkt. Als 1858 der Goldrausch am oberen Fraser River ausbrach, war es Ausgangspunkt und Versorgungsetappe für das Gros der 30.000 nach Norden ziehenden Goldsucher. Im selben Jahr wurde dort der zum Festland gehörende Teil der heutigen Provinz BC offiziell zur britischen Kronkolonie erklärt. Im rekonstruierten **Palisadenfort** steht heute nur noch eine Handvoll mäßig interessanter Gebäude, die Kulisse wird aber immer wieder gern für *Hollywood*-Produktionen genutzt.

Im Inneren des Fort Langley

Die Zufahrt zum Fort erfolgt über die Mavis Ave ab der Glover Road (Hauptstraße durch den kleinen Ort); geöffnet das ganze Jahr über täglich 10-17 Uhr; Eintritt $7,80; www.pc.gc.ca/langley. Nicht verpassen sollte man im Anschluss einen kurzen Bummel entlang der abschnittsweise recht hübschen **Glover Street**, wo Cafés, Kunst- und Antiquitätsläden warten.

Wer vor Ort über Nacht bleiben möchte, findet die größte Auswahl an H/Motels südlich des *TCH* im Kreuzungsbereich #10/Fraser Hwy bei **Langley** und in Gehdistanz zu Fort und Restaurants den gut gepflegten Privatplatz ***Fort Camping*** mit Pool an der 6451 Glover Rd; Zelte $40-$49, *full hook-up* $48-$58, *tent cabins* $99-$139, *cottages* $149-$209; © 1-866-267-3678, www.fortcamping.com.

Flugschau

Hundertausende von Zuschauern pilgern alljährlich am zweiten Wochenende im August nach **Abbotsford** zur dreitägige *Abbotsford International Airshow*, eine der größten Flugschauen ganz Nordamerikas, um die Vorführungen der Kunstflugstaffeln live mitzuerleben; www.abbotsfordairshow.com.

Cultus Lake

Die Campingareale der meisten *Provincial Parks* im Großraum Vancouver sind an allen Wochenenden und im Sommer auch an Wochentagen spätestens ab Nachmittag voll besetzt. Besonderer Beliebtheit erfreuen sich der **warme Badesee** sowie die vier *Campgrounds* im ***Cultus Lake PP*** ($35, fast alle reservierbar; 11 km südlich des *TCH Exit* 119). Ein toller Tipp mit Kindern ist außerdem der große **Wasser- und Abenteuerpark *Cultus***; www.cultus.com.

Kilby Historic Site

Rund 2 km vom Hwy #7 entfernt bei Harrison Mills präsentiert das Museum der ***Kilby Historic Site*** ein Sammelsurium von Objekten aus der »guten alten Zeit« – das sind in Kanada die 1920er- und 1930er-Jahre. Zufahrt vom *TCH Exit* 135 über die #9; geöffnet im Sommer täglich 11-16 Uhr, sonst nur Do-So/Mo und Januar-März geschlossen; Eintritt $10/$8; www.kilby.ca)

Nebenan befindet sich ein Hausmannskost-Restaurant sowie der kleine ***Kilby Park Campground***, der schmale Stellplätze direkt am Ufer des Harrison River (mit langem Sandstrand) bietet; $30, sanitär eher einfachst.

Harrison Hot Springs

16 km vom *TCH* entfernt liegt am Ende der Straße #9 Harrison Hot Springs. Der kleine Ferienort (1.500 Einwohner) am Südufer des **Harrison Lake** wird wegen seiner 39°C warmen, schwefelhaltigen Quellen gern besucht. Sie speisen am Strand die Pools (nur für Hotelgäste) des edlen ***Harrison Hot Springs Resort***, 100 Esplanade Ave; $180; © 1-800-663-2266, www.harrisonresort.com.

Das benachbarte, schlichte Hallenbad ***Public Pool*** hat Mo-Fr 10-20, Sa+So 9-20 Uhr geöffnet; Eintritt $9, Kinder $7.

Gutes Tagesziel

Harrison Hot Springs eignet sich gut als Übernachtungsplatz am Ende des ersten Tages nach Übernahme eines Campers, die oft erst am frühen Nachmittag erledigt ist. Mehrere kommerziell betriebene Campingplätze befinden sich in Gehdistanz zu Schwimmhalle und Strand an der Hauptstraße, darunter erfreuliche Anlagen.

Die Touristeninformation residiert an der 499 Hot Springs Road; © (604) 796-5581, www.tourismharrison.com.

Sasquatch Provincial Park

Zu den drei ***Campgrounds*** des ***Sasquatch Provincial Park*** mit über 170 Stellplätzen ($23; fast alle reservierbar) geht es von Harrison Hot Springs 6 km am Ostufer des **Harrison Lake** entlang. Der *Hicks Lake Campground* liegt malerisch an und oberhalb des glasklaren gleichnamigen Sees: Kanada, wie es im Buche steht! Dasselbe gilt auch für den *Lakeside Campground* am **Deer Lake**. Hinzu kommt, dass der *Sasquatsch PP* meist nicht so schnell belegt ist wie z.B. der *Cultus Lake Provincial Park* (➢ links).

Ein 4 km langer ***Loop Trail*** umrundet den Hicks Lake, sehr empfehlenswert! Kurz vor dem *Campground* beginnt der ***Beaver Pond Interpretive Trail*** um einen Teich mit Biberdämmen (500 m).

Weiterfahrt

Für die Weiterfahrt in Richtung Hope bleibt man auf der verkehrsarmen und sehr schön geführten **Straße #7** diesseits des Fraser River. Sie stößt nördlich von Hope auf den *Trans-Canada Hwy*. Durch die Vermeidung des *TCH* auf dem Teilstück bis Hope verpasst man zwar die ***Bridal Veil Falls*** (3 km östlich der Abfahrt Straße #9), aber die 122 m hohen, im Sommer meist eher dünnen »Brautschleier-Fälle« muss man nicht unbedingt gesehen haben. Im weiteren Verlauf der Reise liegen auf nahezu allen Routen spektakulärere Wasserfälle am Wege.

Hope

Beim hübsch gelegenen, verschlafen wirkenden **Hope** (6.000 EW) endet der als Autobahn ausgebaute Abschnitt des *TCH*. In der Südostecke der von hohen Bergen umgebenen Kleinstadt zwischen Fraser und Coquihalla River mündet der *Hope-Princeton Hwy* (Teil des ***Crowsnest Hwy #3***, ➢ Seite 290) in den *TCH* ein. Ab Hope läuft auch der ***Coquihalla Hwy #5*** über Merritt nach Kamloops als Entlastungsstrecke und Abkürzung des *TCH*. Abgesehen von den ersten Kilometern durch den *Coquihalla Canyon* ist die Fahrt auf dieser Autobahn touristisch eher unergiebig.

Kajakfahren auf dem Harrison Lake

Wanderung durch die Othello Tunnels

Othello Tunnel

Entlang des Flusses verliefen auch die ersten Kilometer der *Kettle Valley Railway*-Trasse von Hope über Penticton nach Midway. Wegen ständiger Probleme mit Gesteins- und Schneelawinen wurde dieser Abschnitt der Strecke 1961 stillgelegt und die Schienen samt Brücken entfernt. Verblieben ist als größte Attraktion Hopes der ***Coquihalla Canyon Provincial Park*** mit den ***Othello Quintette Tunnels***, fünf in kurzen Abständen hintereinander angelegte Tunnel durch nackten Granit direkt am tosenden Fluss. Heute führt vom Park- und Picknickplatz am Ende der Zufahrt ein Fußweg über neue Brücken durch die Tunnel.

Dank der pittoresken Umgebung ist der Abstecher dorthin lohnenswert – Umweg und Spaziergang kosten nicht mehr als eine Stunde. Man erreicht die Tunnel durch Hope auf der Kawkawa Lake Road (Stadtpark und schöner **Badesee** mit Campingplatz), dann Othello Road. Schneller geht es über den *Coquihalla Highway* an, Ausfahrt #183 (Kawkawa Lake).

Information

Ein Ortsplan liegt im ***Hope Visitor Information Centre*** aus; 919 Water Ave; Mo-Fr 10-16 Uhr, Sa+So 9-17 Uhr; www.hopebc.ca.

Auch Hope eignet sich für eine **erste oder letzte Übernachtung** nach/vor Vancouver. Die meisten H/Motels stehen am *TCH* und *Old Hope-Princeton Way*. Mehrere gute Campingplätze befinden sich in der Umgebung, darunter der *Coquihalla Campground* (800 Kawkawa Lake Rd, Zelte $30, *full hook-up* $42; © 1-888-869-7118, www.coquihallacampground.ca) und das *Kawkawa Lake Resort* (66427 Kawkawa Lake Road; Zelte $31, *full hook-up* $44; © (604) 869-9930, www.kawkawalake.net).

Fraser River Canyon

Der *TCH* verlässt in Hope die Ebene und folgt dem Lauf des Fraser River, der sich in diesem Bereich tief ins Gebirge eingegraben hat, stromaufwärts bis Lytton. Eindrucksvollster Abschnitt sind die 40 km zwischen Yale und Boston Bar. **Yale** war zu Fraser- und Cariboo-Goldrauschzeiten eine der größten Städte Westkanadas und Ausgangspunkt der *Cariboo Wagon Road* (➤ auch Lillooet, Seite 188). Eine ***Historic Site*** mit einem kleinen, aber liebevoll gestalteten Frelichtmuseum erinnert an diese Ära. Geöffnet von Mai bis September täglich 10-17 Uhr; Eintritt $10/$8; 31187 Douglas Street; www.historicyale.ca.

Hinter Yale »klebt« der *TCH* förmlich an den Berghängen hoch über dem Fluss, während die Schienen der *Canadian Pacific Railway* und der *Canadian National Railway* unten an den Ufern entlang führen. Den *Fraser River Canyon* überquert man auf der neuen ***Alexandra Bridge*** (1962). Ein Fußweg führt dort zur alten, heute für Fahrzeuge gesperrten Brücke (1926).

Hell's Gate

Zwischen *Alexandra Bridge* und Boston Bar passiert man das ***Hell's Gate***, eine Verengung des *Fraser Canyon*. Im Frühjahr donnern dort bis zu 15 Mio. Liter Wasser pro Sekunde durch den 34 m breiten Engpass. Die ***Hell's Gate Airtram*** transportiert Besucher zum 153 m tiefer gelegenen jenseitigen Flussufer; im Sommer tägl. 10-17 Uhr; www.hellsgateairtram.com. Wer sich die $30/$26 für Seilbahn und Aussichtsplattformen sparen möchte und die Höhenmeter nicht scheut, kann von einem unauffälligen (gratis) Parkplatz rund 500 m weiter südlich an der Westseite des *TCH* auch zu Fuß hinunter in die Schlucht gehen. Auf der Hängebrücke, die das – im Sommer nicht mehr ganz so – wilde Wasser überspannt, gelangt man hinüber zum Museum und den Shops an der *Airtram*-Talstation; ca. 3 km retour und 280 HM.

Bis zu 350.000 Lachse/Tag passieren die **Fischleitern**, die man an beiden Ufern anlegen musste, nachdem sich die Flussrinne wegen Sprengungen für den Bau der zweiten Eisenbahnlinie 1914 so sehr verengt hatte, dass viele Lachse nicht gegen die starke Strömung zu ihren Laichgründen ziehen konnten. Aufgrund des trüben Wassers sind die Tiere dort oftmals aber nur schwer zu erkennen.

Die Stromschnellen des *Hell's Gate* lassen sich auch hautnah auf **Wildwasserfahrten** mit Schlauchbooten bezwingen, z.B. *Fraser River Raft Expeditions* (6,5 Stunden; $179/Person; www.fraserraft.com) ab Yale oder weiter nördlich ab Lytton; ➤ Seite 213.

Brücke und Airtram beim Fraser River

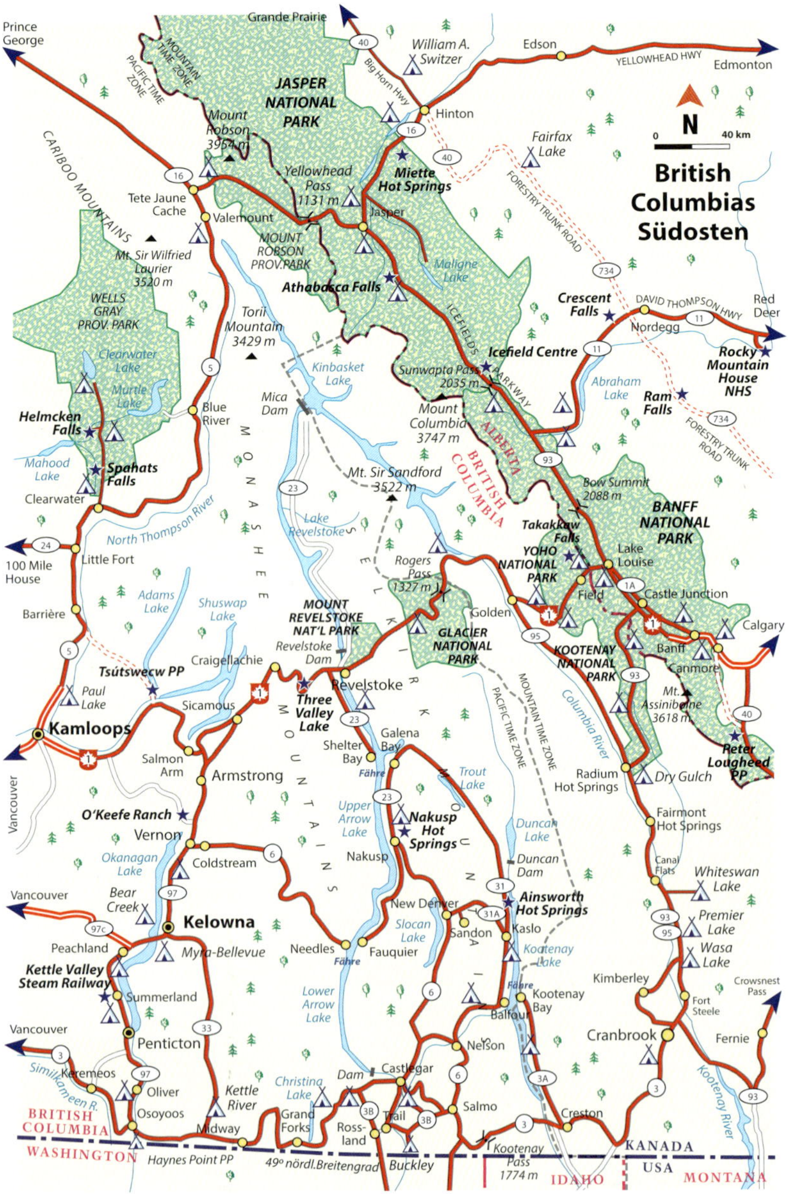
British Columbias Südosten
JASPER NATIONAL PARK
Mount Robson 3954 m
Yellowhead Pass 1131 m
Miette Hot Springs
Jasper
Hinton
Edson
Edmonton
YELLOWHEAD HWY
Grande Prairie
Prince George
William A. Switzer
Big Horn Hwy
Fairfax Lake
FORESTRY TRUNK ROAD
MOUNTAIN TIME ZONE
PACIFIC TIME ZONE
CARIBOO MOUNTAINS
Tete Jaune Cache
Valemount
MOUNT ROBSON PROV. PARK
Athabasca Falls
Maligne Lake
Mt. Sir Wilfried Laurier 3520 m
WELLS GRAY PROV. PARK
Torii Mountain 3429 m
Clearwater Lake
Murtle Lake
Helmcken Falls
Spahats Falls
Mahood Lake
Clearwater
Blue River
Mica Dam
Kinbasket Lake
Sunwapta Pass 2035 m
Mount Columbia 3747 m
ICEFIELDS PARKWAY
Icefield Centre
Crescent Falls
DAVID THOMPSON HWY
Nordegg
Red Deer
Rocky Mountain House NHS
Abraham Lake
Ram Falls
ALBERTA
BRITISH COLUMBIA
Bow Summit 2088 m
BANFF NATIONAL PARK
Takakkaw Falls
YOHO NATIONAL PARK
Lake Louise
Field
Castle Junction
Calgary
Banff
Canmore
Mt. Assiniboine 3618 m
Peter Lougheed PP
Dry Gulch
Radium Hot Springs
KOOTENAY NATIONAL PARK
Golden
GLACIER NATIONAL PARK
Rogers Pass 1327 m
Mt. Sir Sandford 3522 m
MONASHEE MOUNTAINS
SELKIRK MOUNTAINS
North Thompson River
Little Fort
100 Mile House
Barrière
Adams Lake
Shuswap Lake
Lake Revelstoke
MOUNT REVELSTOKE NAT'L PARK
Revelstoke Dam
Revelstoke
Three Valley Lake
Craigellachie
Tsútswecw PP
Paul Lake
Kamloops
Sicamous
Salmon Arm
Armstrong
Vancouver
O'Keefe Ranch
Vernon
Coldstream
Okanagan Lake
Galena Bay
Shelter Bay
Fähre
Trout Lake
Upper Arrow Lake
Nakusp Hot Springs
Nakusp
Duncan Lake
Duncan Dam
Columbia River
MOUNTAIN TIME ZONE
PACIFIC TIME ZONE
Fairmont Hot Springs
Canal Flats
Whiteswan Lake
Premier Lake
Wasa Lake
Bear Creek
Kelowna
Peachland
Myra-Bellevue
Kettle Valley Steam Railway
Summerland
Penticton
Needles
Fauquier
New Denver
Sandon
Slocan Lake
Ainsworth Hot Springs
Kaslo
Kootenay Lake
Kootenay Bay
Balfour
Nelson
Kimberley
Cranbrook
Fort Steele
Crowsnest Pass
Fernie
Kootenay River
Lower Arrow Lake
Similkameen R.
Keremeos
Oliver
Osoyoos
Kettle River
Christina Lake
Grand Forks
Dam
Castlegar
Trail
Rossland
Salmo
Creston
Midway
Kootenay Pass 1774 m
BRITISH COLUMBIA
WASHINGTON
Haynes Point PP
49° nördl. Breitengrad
Buckley
KANADA
USA
IDAHO
MONTANA
0 40 km
N

Cisco Bridges

10 km südlich von Lytton überspannen unmittelbar hintereinander zwei hohe Eisenbahnbrücken den engen Fraser River Canyon. Gerade mal 100 m sind die *Canadian National* und die *Canadian Pacific Bridge* voneinander entfernt. Mit etwas Glück erwischt man dort zwei der für Kanada üblichen langen Züge, wie sie gleichzeitig die Brücken queren – ein tolles Fotomotiv!

Straße #12

Beim kleinen Ort **Lytton** mündet der Thompson in den Fraser River. Auch wer nicht vorhat, die Straße #12 über Lillooet zum *Cariboo Highway* nördlich von Cache Creek zu nehmen, sollte zumindest den ersten Kilometer bis zur Brücke über den Thompson River fahren. Dort lässt sich der **Zusammenfluss** des grünblauen Thompson und meist sedimentbeladen braunen Fraser River sehr gut beobachten.

Wildwasser-Trips

Neben dem Fraser ist der Thompson River zwischen Lytton und dem 40 km entfernten Spences Bridge ein beliebtes ***White Water Rafting***-Revier. In Lytton starten die meisten Mehr-, Halb-, und Tagestrips. Manchmal lässt sich auch kurzfristig noch ein Platz in einem der Schlauchboote ergattern. Durch das berühmte *Hell's Gate* auf dem Fraser geht es z.B. für $189/$139 mit ***Kumsheen Rafting***; 40 km, 7 Std; Kinder erst ab 12; www.kumsheen.com.

Mit Infomaterial versorgt wird man auch im Besucherzentrum von Lytton etwas abseits der Hauptstraße an der 400 Fraser Street.

Backpacking Trips

Eine Erwähnung verdient noch der ***Stein Valley Nlaka'pamux Heritage Park***, der mit seinen Wanderwegen und entlegenen *Wilderness Campsites* zum Verweilen einlädt. Die Bergkulisse ist hier überaus reizvoll und deutlich weniger überlaufen als in den *Rockies*. Zufahrt zum *Trailhead* mit der Lytton Autofähre; Karte und ausführliche Beschreibung des Mehrtagestrips: www.env.gov.bc.ca/bcparks/explore/parkpgs/stein_val/.

Direkt östlich von Lytton verfügt der großzügige ***Skihist Provincial Park Campground*** ($23) über weitläufige *Loops* auch in der Höhe abseits von Straße und Eisenbahntrasse.

Weiterfahrt in Richtung Rockies

Ab Cache Creek, 85 km nördlich von Lytton, folgt die Route in Richtung Rocky Mountains dem *TCH* über Kamloops und die Nationalparks Mount Revelstoke und Glacier (➤ Seite 273ff) bis nach Lake Louise oder – wie bereits in **Kapitel 2.2.2** (➤ Seite 190ff) beschrieben – entweder über den *Wells Gray Provincial Park* oder über das Goldgräber-Freilichtmuseum Barkerville nach Jasper.

Durch die Rocky Mountains

Die Ausläufer der Rocky Mountains im Kananaskis Country; spannende Bergstrecken abseits der üblichen Touristenrouten

3 DURCH DIE ROCKY MOUNTAINS

3.1 Der Yellowhead Highway

Am Straßendreieck #5/#16 bei **Tête Jaune Cache** ist der ***Yellowhead Highway*** erreicht. Mit einer Gesamtlänge von 2.853 km ist er nach dem *Trans-Canada Hwy* die **zweitwichtigste kanadische Ost-West-Route**, wiewohl keine Transkontinentalverbindung. Ab Graham Island verläuft der *Yellowhead Highway* über Prince Rupert, durch den *Jasper Nat'l Park* und weiter nach Edmonton bis Winnipeg/Manitoba. Anders als die sonst üblichen *Hwy*-Kennzeichnung in British Columbia in blauer Schrift und mit dem Landeswappen wurde die Straße #16 mit einem »Gelbkopf« versehen. Diese Schilder sieht man allerdings schon ab Kamloops an der #5, dem *Southern Yellowhead Highway*, der eine wichtige Verbindungsstrecke zwischen *TCH* und *Yellowhead Hwy* darstellt.

Die Bezeichnung »*Yellowhead*« geht auf Pierre Bostonais zurück. Der Mestize irokesischer Abstammung wurde wegen seines blonden Schopfs von den französischen Trappern *Tête Jaune* (=Gelbkopf) genannt. Als Scout für die *Hudson's Bay Company* erkundete Bostonais 1820 den *Robson Pass* und 1825 den *Yellowhead Pass* über die Rocky Mountains. Auf solchen Touren pflegte er unterwegs zur Zwischenlagerung von Pelzen Verstecke (französisch: *Caches*) anzulegen. Der Ort **Tête Jaune Cache** (»Versteck des Gelbkopfes«) liegt in der Nähe eines derartigen Lagers. 1827 wurden Bostonais und seine Familie in den umliegenden Bergen von Indianern ermordet.

Rearguard Falls

Von **Tête Jaune Cache** geht es weiter in Richtung *Jasper NP*. Nach wenigen Kilometern bietet sich ein kurzer Stopp im ***Rearguard Falls Provincial Park*** an. Von einer vom Parkplatz schnell (200 m) und gut zugänglichen Aussichtsplattform fällt der Blick auf die breiten Wasserfälle des Fraser River, die für die meisten *Chinook*-Lachse ein unüberwindbares Hindernis auf ihrer langen Reise flussaufwärts darstellen. Beste Zeit: Mitte August bis in den Sept. hinein.

River Rafting

Bei der ***Mount Robson Lodge***, noch 5 km vor dem gleichnamigen *Provincial Park*, kann man 3-stündige ***White Water Rafting Trips*** auf dem Fraser River buchen (Class III+; Kosten: $99 pro Person, Start tägl. 9.30, 13 und 16.30 Uhr) und in *Cabins* (ca. $190) übernachten. Der angeschlossene ***Robson Shadows Campground*** am Fluss ist von der Lage her kaum zu toppen; $28-$33; ✆ (250) 566-4821, www.mountrobsonlodge.com.

Relativ preiswert angesichts der Nähe zum *Mount Robson Park* (2 km vor dem Eingang) erscheint auch die ***Mountain River Lodge***, B&B-Zimmer ca. $190; ✆ 1-888-566-9899, www.mtrobson.com.

Mount Robson PP

Der **Mount Robson** (3.954 m) ist der **höchste Berg in den kanadischen Rocky Mountains**. Sein schneebedeckter Gipfel – sofern nicht von Wolken verhüllt – bietet ein imposantes Bild. Den *Mount Robson Viewpoint* passiert man am westlichen Parkeingang, ebenso schön ist der Blick vom ***Visitor Centre*** und von der Terrasse des benachbarten *Café Mount Robson*.

Großzügig angelegt sind die *Campgrounds* des Provinzparks: ***Robson Meadows*** im Wald südlich des *Hwy* ($28) sowie ***Robson River*** deutlich kleiner und in Wassernähe ($28, mit Strom $36). Zur Saison sind sämtliche Plätze reservierbar: www.discovercamping.ca.

Einer der schönsten Wege in den kanadischen *Rockies* ist der ***Berg Lake Trail***, der entlang des Robson River durch das »Tal der 1.000 Wasserfälle« meist sachte ansteigt; ca. 40 km retour und 800 HM. Vom **Berg Lake** genießt man einen Panoramablick auf die bis in den See hinunterreichenden, in der Nachmittagssonne schillernden Gletscher. **Tageswanderer** benötigen zwar kein *Permit*, können aber die volle Strecke hin und retour kaum schaffen. Doch schon die ersten 5 km mit nur 130 HM bis zum **Kinney Lake** lohnen sich!

Wer entlang des Weges auf einem der 7 Zeltplätze ($10) übernachten möchte, sollte sich diese möglichst schon am 1. Oktober des Vorjahres sichern: www.env.gov.bc.ca/bcparks/reserve/berg-lake-trail/.

Zum Jasper NP

Zeitzonenwechsel am Yellowhead Pass PT ➢ MT (Uhr 1h vorstellen)

Auch nach dem langgestreckten Moose Lake folgen der *Yellowhead Hwy* und die Schienen der *Canadian National Railway* noch dem Lauf des Fraser River, jenseits des ***Yellowhead Pass*** dann dem des Miette River. Mit der Passhöhe (1.131 m) ist die **Provinz Alberta** und zugleich der ***Jasper Nat'l Park*** erreicht, nach weiteren 24 km der Ort **Jasper**, das touristisches Zentrum des Parks.

Die Durchfahrt auf dem *Yellowhead Hwy* zwischen dem *West* und *East Park Gate* des Nationalparks ist frei, aber sobald man (mit Ausnahme von *Jasper Town*) innerhalb der Parkgrenzen anhalten und parken möchte, wird Eintritt fällig: pro Tag $9,80/Person; $19,60/Auto bis zu 7 Insassen. Bei Weiterfahrt auf dem *Icefields Parkway* und einem längeren Aufenthalt in Lake Louise oder Banff lohnt sich ggf. ein Jahrespass, ➢ Seite 40.

Gemeinsam mit den drei aneinander grenzenden Nationalparks *Banff*, *Yoho* und *Kootenay* steht hier in den kanadischen *Rockies* eine zusammenhängende Fläche von über 20.000 km² unter Naturschutz (größer als das deutsche Bundesland Rheinland-Pfalz!).

Berg Lake zu Füßen des majestätischen Mount Robson

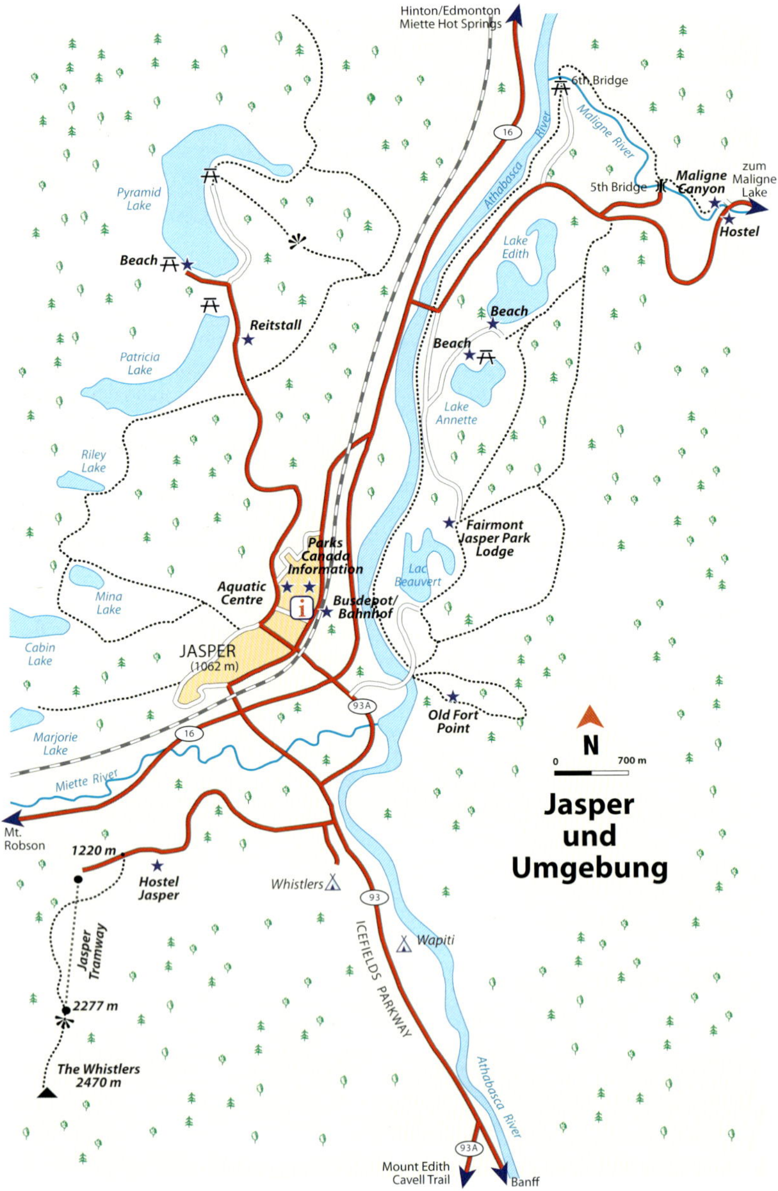
Hinton/Edmonton
Miette Hot Springs
6th Bridge
Maligne River
5th Bridge
Maligne Canyon
zum Maligne Lake
Hostel
Pyramid Lake
Beach
Reitstall
Patricia Lake
Athabasca River
Lake Edith
Beach
Beach
Lake Annette
Riley Lake
Fairmont Jasper Park Lodge
Parks Canada Information
Aquatic Centre
Lac Beauvert
Busdepot/ Bahnhof
Mina Lake
Cabin Lake
JASPER
(1062 m)
Old Fort Point
Marjorie Lake
Miette River
16
93A
Mt. Robson
1220 m
Hostel Jasper
Whistlers
93
Jasper Tramway
Wapiti
ICEFIELDS PARKWAY
2277 m
The Whistlers 2470 m
Athabasca River
93A
Mount Edith Cavell Trail
Banff
N
0
700 m
Jasper und Umgebung

3.2 Jasper Town & National Park

3.2.1 Jasper Town

Information Jasper NP

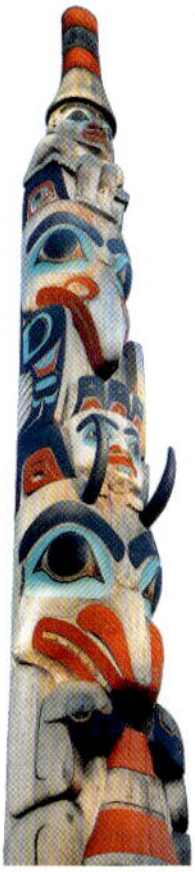

Als breit ausgebaute Umgehungsstraße führt der *Yellowhead Hwy* um Jasper herum. Die davon abzweigende #16A verläuft als Hauptstraße mitten durch den beschaulichen Ort (4.600 EW). An ihr liegen schräg gegenüber vom Bahnhof das **Besucherbüro** der Stadt sowie des Nationalparks (500 Connaught Drive; geöffnet im Sommer täglich 9-19 Uhr; www.pc.gc.ca/jasper bzw. www.jasper.travel). In Bahnhofsnähe gibt es zwar genug Parkraum auch für größere Campmobile, dennoch kann es zur Hauptsaison und an Wochenenden oft eng werden.

Neben der ausgezeichneten Zeitung »*Mountain Guide*« mit Details zu den fünf *Rocky Mountain*-Nationalparks (*Banff, Jasper, Kootenay, Yoho* und *Waterton Lakes*) sowie dem *Glacier* und *Mount Revelstoke NP* in den Selkirk Mountains und der Karte »***The Icefields Parkway***« kann man sich dort noch die *Trail*-Beschreibungen »***Day Hiking Guide Jasper National Park***« für Tageswanderungen besorgen.

Die Nationalparks *Banff* und *Jasper* sind die größten Besuchermagnete in den kanadischen Rocky Mountains. Während aber der *Jasper NP* alljährlich »nur« 2,5 Mio. Gäste anzieht, hat sein südlicher Nachbar 2017 bereits die 4-Mio.-Marke geknackt.

Unterkunft

Entsprechend verzeichnet auch das Städtchen Banff einen deutlich höheren Ansturm als das vergleichsweise ruhigere Jasper. Dennoch reicht die Bettenkapazität im Hochsommer dort nicht aus. Hotelzimmer und *Cabins* werden nicht selten bereits viele Monate im Voraus zur Mangelware. Empfehlenswerte Adressen sind u.a. die:

- ***Patricia Lake Bungalows*** rund 5 km nördlich von Jasper am gleichnamigen See; Zimmer und *Cabins* ca. $235; ✆ 1-888-499-6848, www.patricialakebungalows.com
- ***Becker's Roaring River Chalets*** in toller Lage am Beginn des *Icefields Parkway*; Holzbungalows mit Küche und Kamin ab ca. $200/DZ; ✆ (780) 852-3779, www.beckerschalets.com.

Eine tolle Adresse, um vielleicht noch in letzter Minute ein Kissen für die Nacht zu finden, ist das Portal www.stayinjasper.com. Unter »Last Minute Vacancy« werden dort alle nach kurzfristiger Stornierung wieder frei gewordenen **B&B-Zimmer** gelistet (darunter aber etliche nur mit Barzahlung!).

Alles voll?

Wer in Jasper nicht mehr unterkommt, muss ins knapp 80 km entfernte **Hinton** ausweichen (etwa 1 Stunde Fahrt auf breiter, weitgehend ebener Strecke; ➤ Seite 327). Tête Jaune Cache und Valemount, beide westlich des Parks, liegen noch weiter weg.

Auch die ***Miette Hot Springs Bungalows***, 60 km östlich von Jasper, sind eine Option – sofern nicht ebenfalls ausgebucht (➤ Seite 223). Am Weg dorthin liegen noch die hübschen ***Pocahontas Cabins***; ab ca $215; www.mpljasper.com/hotels/pocahontas-cabins.

Hostels

Das ***HI Jasper*** befindet sich gleich hinter dem Bahnhof (708 Sleepy Hollow Road) und die zwei weiteren *HI*-Jugendherbergen (***Mount Edith Cavell*** und ***Maligne Canyon***) stehen in Toplage mitten in der Natur, ebenso die beiden *Hostels* am *Icefields Parkway* (***Athabasca Falls*** und ***Beauty Creek***). Alle Herbergen innerhalb des Banff oder Jasper Nationalparks sind sehr beliebt und sollten im Voraus reserviert werden: ✆ 1-800-663-5777 bzw. www.hihostels.ca.

Camping

Wegen Renovierung bleibt 2020 Whistlers geschlossen und es kann bei Jasper zu Engpässen kommen

Die Kapazitäten auf den ortsnahen Plätzen sind im Sommer meist knapp, bei Ankunft am Vormittag kommt man aber mit etwas Glück unter. Der riesige ***Whistlers Campground***, 2 km südlich von Jasper, liegt in lichtem Wald und bietet gute sanitäre Anlagen mit Duschen und Feuerholz; insgesamt 781 (!) Stellplätze ($23, *full hook-up* $39) sowie 21 *oTENTik*-Zelthäuser für 6 Personen (➤ Seite 123). Wapiti-Hirsche suchen – ohne große Scheu vor den Menschen – das Gelände gerne zum Äsen auf.

Die Alternativen zu ***Whistlers***, die Plätze ***Wapiti*** ($27, mit Strom $32) und ***Wabasso*** ($22/$32) mit ebenfalls hoher Kapazität, liegen mit 4 km bzw. 16 km noch ortsferner an der Straße #93 bzw. #93A. Nur *Wapiti* hat auch Duschen. Der kleinere ***Snaring River Campground***, 16 km nördlich von Jasper in schöner Lage, gehört zur Einfach-Kategorie ($16). Reservierung für *Whistlers*, *Wapiti*, *Wabasso* unter ✆ 1-877-737-3783, www.reservation.pc.gc.ca.

Schwimmen

Jasper selbst hat keine besonderen Attraktionen, sieht man ab vom ***Fitness & Aquatic Centre*** an der 305 Bonhomme Street. Ein Besuch in dieser Poolanlage mit langer Wasserrutsche und warmen *Whirlpool* entspannt nach anstrengenden *Hikes*; $7; variable Badezeiten, www.jasper-alberta.com/2249/Fitness-Aquatic-Centre. Bis zu den ***Miette Hot Springs*** – heiße Quellen in toller Umgebung – fährt man 60 Kilometer; ➤ Seite 223.

Rings um Jasper locken außerdem kleine, von Wanderwegen gesäumte Seen mit hübschen Badestränden. Am wärmsten (18°C) sind der **Annette** und **Edith Lake** nordöstlich vom Zentrum.

Trails

Ein guter Plan mit den **Nationalpark-Wanderwegen in Ortsnähe** befindet sich online unter: www.pc.gc.ca/en/pn-np/ab/jasper/activ/activ-experience/sentiers-trails/pyramid.

Pyramid Lake bei Jasper

RED CHAIR EXPERIENCE

Chairs am Wilcox Pass/Icefields Parkway

2014 hat *Parks Canada* begonnen in den Nationalparks und *Nat'l Historic Sites* rote Stühle aufzustellen. Die »***Red Chair Experience***« soll an bedeutsamen Plätzen, am Ende von Wanderwegen oder bei tollen Aussichtspunkten zum Verweilen einladen. Viele von ihnen wurden auch mit speziellen Infotafeln versehen, die die Tier- und Pflanzenwelt beleuchten oder andere Besonderheiten. Für die meisten Besucher sind sie inzwischen aber vor allem ein begehrtes Fotomotiv! In der Nähe von Jasper stehen sie u.a. auf dem Berggipfel des Whistler, beim *Old Fort Point* sowie am *Pyramid Lake Overlook Trail*. Alle Standorte der roten Stühle findet man mitsamt Übersichtskarte unter: www.pc.gc.ca/en/voyage-travel/chaises-chairs.

Aussichts-punkte

Die Rundwanderung zum ***Old Fort Point*** bietet eine schöne Sicht auf Jasper und den Athabasca River (3,7 km, 130 HM). Ein noch beeindruckenderes Panorama eröffnet sich aus fast 2.500 m Höhe vom Hausberg **The Whistlers**, den man vom Endpunkt der Seilbahn ***SkyTram*** nach einem kurzen Aufstieg erreicht (1,4 km; 200 HM; ca. 30 min). Benannt wurde der Berg nach den dort häufig anzutreffenden, pfeifenden Murmeltieren. An klaren Tagen reicht der Blick bis hinüber zum Mt. Robson. Zufahrt zur Talstation ab dem *Icefields Parkway* (#93), ➤ Seite 226. Tickets $49/$26; Ende Juni-Anfang September 8-21 Uhr, sonst kürzer; www.jasperskytram.com.

Patricia & Pyramid Lake

Zwei **landschaftlich reizvolle Bergseen** liegen an der Pyramid Lake Road: Etwa 5 km nördlich vom Ortszentrum passiert man zunächst den **Patricia Lake** und nur 0,5 km später den malerischen **Pyramid Lake**. Vom Parkplatz Nr. 7 am Straßenende startet der *Pyramid Overlook Loop Trail* (5,5 km, 75 HM). Am Ufer des Sees versammeln sich gerne Fotografen zum Sonnenaufgang.

Reiten

An der Pyramid Lake Road kann man außerdem geführte Ausritte buchen; ab $52/Std; ✆ (780) 852-7433, www.jasperstables.com.

Rafting

Für das Kennenlernen des ***River Rafting*** eignen sich zweistündige Schlauchbootfahrten (z.B. *White Water Rafting Company*, $69/$35, www.whitewaterraftingjasper.com) auf dem bei Jasper relativ zahmen Athabasca River. Ausreichend Wasser vorausgesetzt, geht es auf dem Sunwapta River ein wenig härter zur Sache (ca. 4 Std $102).

Restaurants

Den erlebnisreichen Tag kann man bei einem guten, für kanadische Verhältnisse relativ preiswerten Steak im ***Embers Steakhouse*** (86 Connaught Drive) oder gemütlich in der ***Jasper Brewing Company*** ausklingen lassen, eine der über 100 Hausbrauereien Albertas (624 Connaught Drive; www.jasperbrewingco.ca).

3.2.2 Ausflug in die östlichen Parkbereiche

Zwei Hauptattraktionen innerhalb des Jasper Nationalparks liegen an der 43 km langen ***Maligne Lake Road*** (Aussprache »*mah-líin*«), die nördlich von Jasper vom *Yellowhead Hwy* abzweigt.

Maligne Canyon

Knapp 11 km vom Zentrum entfernt geht es noch vor dem ***HI Maligne Canyon*** ($30/Bett) nach links ab zum ***Maligne Canyon***. Vom Parkplatz (mit Restaurant und *Gift Shop*) sind es nur wenige Minuten bis zur Abbruchkante. Der Naturlehrpfad führt weiter bergab immer entlang der engen, bis zu 50 m tief eingeschnittenen Kalksteinschlucht. Nach rund 1 km bzw. jenseits der ***4th Bridge*** wird sie allmählich flacher und breiter. Wer dort umdreht, hat den beeindruckendsten Abschnitt gesehen. Alternativ kann man auch am Rückweg bergab gehen, in dem man mit dem Auto bis zur ***5th Brigde*** fährt (ausgeschilderter Abzweig 3 km vor dem Hauptparkplatz) und von dort aus startet (zur *1st Bridge* 4 km retour; 100 HM).

Auf seinem Weg durch den Maligne Canyon stürzt der gleichnamige Fluss gleich mehrfach in die Tiefe

Im Winter werden geführte Wanderungen (***Icewalks***) am Boden dieser dann herrlich vereisten Schlucht angeboten.

Der **Maligne River** speist auf seinem Weg nach Norden zunächst den gleichnamigen See mit Gletscherwasser und im Anschluss den **Medicine Lake**, ein scheinbar abflussloses Gewässer westlich der *Maligne Canyon Road*, das im Sommer bis zu 25 m tief sein kann und im Spätherbst/Winter fast austrocknet. Verantwortlich für dieses Naturphänomen ist ein großes unterirdisches Karstsystem, in das der See versickert. Erst gut 16 km weiter nordwestlich, tritt das Wasser im Verlauf des *Maligne Canyon* nach und nach aus Höhlen wieder ans Tageslicht. So erklärt sich auch, warum der Fluss am Schluchtanfang signifikant weniger Wasser führt als dann bei der fünften Brücke.

Maligne Lake

Wer den Bilderbuch-See am Ende der Stichstraße besuchen möchte, sollte sich unbedingt im Voraus einen Platz für den 90-min-Bootstrip bei ***Maligne Tours*** sichern. Auf der kleinen ***Spirit Island*** nahe der engsten Stelle des Sees, den *Samson Narrows*, dürfen sich die Passagiere ein wenig die Füße vertreten, bevor es wieder zurückgeht (➤ Foto Seite 146/147). Stündliche Abfahrten Juni-Anfang Okt tägl. 10-16 Uhr, Juli+August bis 17 Uhr; $79/$40; 10% Rabatt online: www.banffjaspercollection.com/attractions/maligne-lake-cruise.

Die individuelle Alternative zum schnellen Ausflugsschiff ist das **Leihkanu** ($75/Std, $200/Tag). Wegen des auch im Sommer **4°C kalten Wassers** ist selbst bei gutem Wetter warme Kleidung anzuraten. Knapp 28 km sind es bis *Spirit Island* und zurück, in der Regel eine 2-Tages-Tour. Der See ist insgesamt 22 km lang. Die ***Wilderness Campsites*** am Ufer müssen vorab reserviert werden.

Vor der Tour kann man sich noch im Selbstbedienungsrestaurant ***Maligne Lake's View*** stärken oder bei Schönwetter sich den (guten) Espresso auf der Sonnenterrasse schmecken lassen.

Ohne Bootstrip lohnt sich der Ausflug nur bedingt, denn die Schönheit des glasklaren, von schroffen Gipfeln eingerahmten *Maligne Lake* lässt sich von der breiten Bucht am Nordende des Sees nur erahnen. Wer vor Ort noch etwas wandern gehen möchte, der findet an der Westseite des Sees entlang des ***Bald Hills Trail*** (5,2 km, 500 Höhenmeter) einige schöne Aussichtspunkte. Am Ostufer verläuft der bequemere ***Mary Schaeffer Loop Trail*** (3 km, 60 HM), und der relativ steile, 8 km lange ***Opal Hills Loop Trail*** führt hinauf zu weiteren *Viewpoints* (8,2 km retour, 460 HM).

Miette Hot Springs

Ein zweiter Abstecher im Nationalpark könnte den ***Miette Hot Springs*** unweit der Osteinfahrt gelten. Von Jasper sind es zunächst 44 km bis Pocahontas, dann vorbei an den ***Punchbowl Falls*** (nordwestlich vom *Pocahontas Campground*) und durch das wundervolle Fiddle Valley noch einmal 17 km. Das schwefelhaltige Wasser der heißen Quellen kann man in ***Open-air-Pools*** genießen (geöffnet nur Mai-Mitte Oktober, im Hochsommer täglich 9-23 Uhr, $7/ $5, www.hotsprings.ca). Die ***Miette Hot Springs Bungalows*** bietet Motelzimmer ($150; mit Küche +$10) sowie *Cabins* mit offenem Kamin (ab $260); © (780) 866-3750; www.miettebungalows.com.

Der ***Skyline Trail*** (8 km retour) führt ausgehend vom Parkplatz bei den Quellen auf die 2.070 m hohe Sulphur Ridge; knapp 700 Höhenmeter mit wunderbarem Panorama und nicht überlaufen.

Die Ausflugsboote zur malerischen Spirit Island starten am Nordufer des Maligne Lake

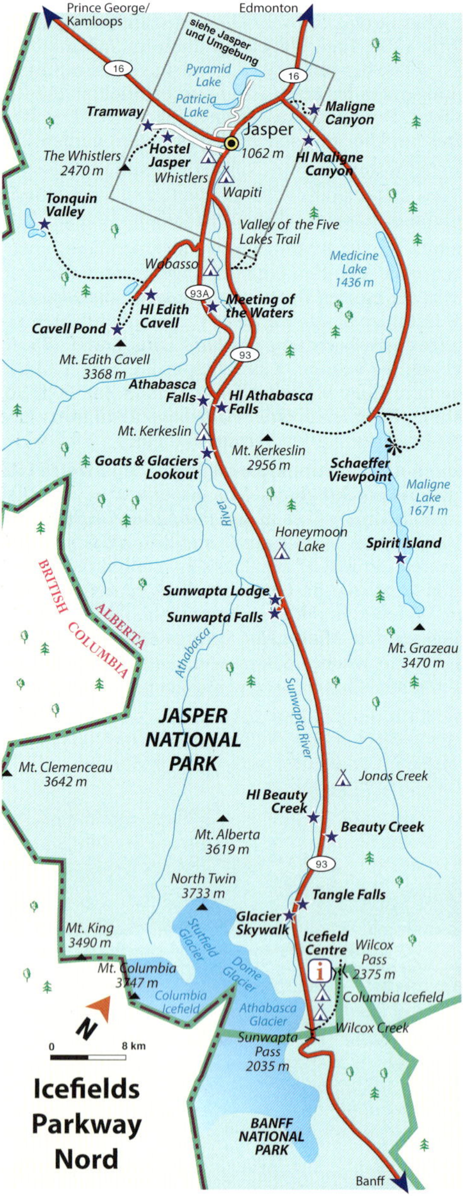

Angel Glacier

Aussichtsberg The Whistlers

Goats & Glaciers Lookout

Tangle Falls

3.3 Panoramastraße »Icefields Parkway«

Von Jasper geht es in südlicher Richtung auf dem *Icefields Parkway* zunächst durch den **Nationalpark Jasper** und jenseits des *Sunwapta Pass* dann weiter durch den ***Banff NP*** bis Lake Louise am *Trans-Canada Highway*. In den 1930er-Jahren im Zuge von Arbeitsbeschaffungsmaßnahmen erbaut, gelten die 230 Kilometer heute als die **schönste Gebirgsstrecke Kanadas**. Und tatsächlich sind der südliche Abschnitt im *Jasper Nat'l Park* mit seinen gletscherüberzogenen 3.000ern und der Großteil im *Banff NP* mit einer ganzen Reihe leicht zugänglicher türkisblauer Bergseen absolut grandios.

Durch die breit ausgebauten Fahrspuren und zunehmende Popularität hat die Straße etwas an Ursprünglichkeit verloren. Starker Verkehr, sogar Staus und Parkplatzmangel an den vielen Haltepunkten stehen in den Sommermonaten auf der Tagesordnung.

Übernachten

Ähnlich die Problematik bei den Unterkünften entlang der Strecke, die sechs **Jugendherbergen** und die vier ***Lodges*** sind üblicherweise lange im Voraus ausgebucht. Die Campingkapazität reicht selbst in der Hauptsaison meist aus, aber Sa+So wird es immer eng. Im Gegensatz zum Umfeld von Lake Louise und Banff, wo man schon am späteren Vormittag nicht mehr unterkommt, findet sich wochentags auf den ***Parkway Campgrounds*** oftmals nachmittags noch ein freies Plätzchen. Beim Zelten macht sich das klassische Hochgebirgsklima bemerkbar mit kühlen Nächten und Frost im Früh-/Spätsommer. Aber auch im Juli/August muss man bei Wetterstürzen mit jederzeit einsetzenden Schneefällen rechnen.

In der Regel ist der *Icefields Parkway* nur von Mai bis Mitte Okt. eis- und schneefrei. Winterreifen sind von November bis Ende März Pflicht (ggf. auch Ketten erforderlich). Die einzige Tankstelle entlang der Strecke bei *The Crossing* hat dann immer geschlossen und die Strecke wird in der Zeit 15.30-7 Uhr nicht gewartet; aktuelle Straßenbedingungen unter https://511.alberta.ca/#:Alerts.

Eintritt

Wer keinen Dauerpass (➤ Seite 40) besitzt, wird am *Icefields Parkway* zur Kasse gebeten. Die **Tageskarte** kostet $9,80/Person oder $19,60/Auto bis zu 7 Insassen. Eine Info-Broschüre gibt es unter: www.pc.gc.ca/en/pn-np/ab/jasper/visit/depliants-brochures.

Zeitbedarf

Vom *Parkway* hat am meisten, wer sich **2-3 Tage Zeit** lässt und sich – besonders im Hochsommer – ein wenig abseits der touristischen Brennpunkte bewegt. Auch ein zusätzliches **Abfahren in der Gegenrichtung** oder zu unterschiedlichen Tageszeiten bringt neue Eindrücke. Der Hauptblick richtet sich fast immer gen Westen, so dass sich die Bergkulisse der Rocky Mountains vormittags meist von ihrer schönsten Seite präsentiert.

Damit man der Beschreibung auch leicht in umgekehrter Richtung folgen kann, werden die wichtigsten Stopps am *Parkway* in tabellarischer Form dargestellt. Die Kilometerangaben beziehen sich jeweils auf die Entfernung von Jasper und vom *Trans-Canada Hwy* bei Lake Louise.

km ab Jasper	km ab TCH	Stopps entlang des ICEFIELDS PARKWAY (#93)
0	230	Besucherzentrum in Jasper Town
2	228	Die hier abzweigende **Syktram Road** endet nach nur 4 km an der Talstation der Seilbahn zum Aussichtsrestaurant (2.263 m) unterhalb des **The Whistlers** (➢ Seite 221). Sportliche Besucher erklimmen den Gipfel per pedes: Der *Trailhead* befindet sich ca. 1,5 km vor der Station (nur mit einem Wandersymbol ausgeschildert!). Der Aufstieg (ca. 8 km, 1.200 HM) ist in 4 Stunden zu schaffen. Wer auf den Rückmarsch auf identischem Weg verzichtet, kann mit der ***SkyTram*** zum halben Preis zurück ins Tal fahren.
6	224	Über die nach Westen führende **#93A** (mündet bei den *Athabasca Falls* bei »Km 30« wieder in den *Parkway* ein) ist die kurvenreiche, 14 km lange Mount Edith Cavell Road schnell erreicht, an der ein ***HI Hostel*** ($33/Bett; www.hihostels.ca/en/destinations/alberta/hi-mount-edith-cavell) und der Ausgangspunkt für die Kurzwanderung zum ***Cavell Glacier*** liegen (Camper nur bis 20 Fuß empfohlen!). Der ***Path of the Glacier Trail*** (1,6 km retour, 70 HM) zählt zu den besten im *Jasper NP*. Er führt zum *Cavell Pond* (meist auch noch im Sommer voller Eisblöcke) über dem sich die (mittlerweile recht kleinen) »Flügel« des ***Angel Glacier*** ausbreiten. Von der Jugendherberge brechen Mehrtageswanderer zu den traumhaft gelegenen Amethyst Lakes im **Tonquin Valley** auf; 20,4 km *one-way*; 1.050 HM; *backcountry permit* zum Zelten erforderlich oder eine Reservierung in einer der zwei ***Lodges*** (www.tonquinadventures.com oder www.tonquinvalley.com). Auch 3- bis 5-tägige Reitausflüge werden dorthin angeboten. Weitere Übernachtungsmöglichkeiten bietet die ***Wates-Gibson Hut*** des *Alpine Clubs* (für Mitglieder 12 Monate im Voraus reservierbar, sonst 30 Tage vorab: www.alpineclubofcanada.ca).

km ab Jasper	km ab TCH	Stopps entlang des ICEFIELDS PARKWAY (#93)
		Tipp: Wer nach dem Abstecher zum *Cavell Pond* der #93A nach Süden folgt, versäumt nicht viel auf dem parallel verlaufenden *Parkway* und kann außerdem bei der kleinen ***Meeting of the Waters Picnic Area*** (ca. 21 km von Jasper entfernt) am Zusammenfluss von Athabasca und Whirlpool River die dort vorbei gleitenden ***River Rafter***-Gruppen beobachten.
9	221	Hier zweigt ein schöner Rundweg zu fünf kleinen Seen im **Valley of the Five Lakes** ab. Bei Umrundung des größten (First Lake) lässt sich der relativ ebene *Trail* von 4 km auf 7 km verlängern. Zwei »rote Stühle« warten auch dort; ➢ Seite 221.
30	200	Die ***Athabasca Falls***, die an der südlichen Einmündung der #93A 23 m tief in eine enge Schlucht donnern, gehören zum Pflichtprogramm am *Parkway*. Die Treppen bergab führen zum Canyon-Ende, dahinter fließt der Athabasca wieder als breiter Fluss. ***HI Athabasca Falls Wilderness***, Betten $32; DZ $75; www.hihostels.ca/en/destinations/alberta/hi-jasper
34	196	Der kleine, ruhige ***Kerkeslin Campground*** liegt mitten in einem Wald und nicht weit weg vom Flussufer ($16).
37	193	Am ***Goats & Glaciers Lookout*** lohnt sich ein Stopp. Die Abbruchkante oberhalb des Athabasca River ist in nur wenigen Schritten erreicht. Schneeziegen lecken dort (oder auf der gegenüberliegenden Straßenseite) gerne Salz.
50	180	***Honeymoon Lake Campground*** in schöner Lage am Ostufer des gleichnamigen Sees ($16)
54	176	Hier wartet ein weiteres bekanntes Fotomotiv (➢ Seite 14), ein bewaldetes Inselchen mitten im Fluss oberhalb der ***Sunwapta Falls***. Von der Brücke entlang des offiziellen *Trail* ist der Blick allerdings schon etwas zugewachsen! Wer vom Parkplatz dem Nordufer des »reißenden« (=Sunwapta) River ca. 2,5 km flussabwärts folgt, genießt etwas mehr Ruhe und ein herrliches Gebirgspanorama mit Stromschnellen und weiteren Wasserfällen. Am Abzweig zu den Wasserfällen steht die ***Sunwapta Lodge*** (Zimmer ab ca. $210; © 1-888-828-5777, www.sunwapta.com).
77	153	***Jonas Creek Campground***, schöne *Walk-in*-Zeltplätze ($16)
85	145	***HI Beauty Creek***, idyllisch am Ufer des Sunwapta River gelegen; $33; www.hihostels.ca/en/destinations/alberta/hi-beauty-creek

Athabasca Falls

COLUMBIA ICEFIELD / ATHABASCA GLACIER

Westlich des *Parkway* erstreckt sich ein gigantisches Eisfeld, das 325 km² große ***Columbia Icefield***, von dem allerdings nur drei Gletscher (*Athabasca, Dome* und *Stutfield)* von der Straße aus sichtbar sind. Es speist einige der bedeutendsten nordamerikanischen Flusssysteme: Über den ***Athabasca River*** und den 4.200 km langen ***Mackenzie River*** gelangt das Schmelzwasser ins Polarmeer. Der ebenfalls im Eisfeld entspringende ***North Saskatchewan River*** fließt zum Lake Winnipeg in Manitoba und bahnt sich von dort als ***Nelson River*** seinen Weg bis in die Hudson Bay. An der Westseite des *Icefield* führen die Gletscherbäche in den ***Columbia River***, der nach 2.000 km in Oregon/USA in den Pazifik mündet.

Die Höhenlage und Kälteausstrahlung der bis zu 365 m dicken Eismassen wirken sich spürbar auf das lokale Mikroklima aus. Im Juli beträgt die durchschnittliche Höchsttemperatur am *Parkway* in diesem Bereich nur 15°C. Bei schlechtem Wetter kann es selbst im Hochsommer kurze Schneeschauer geben.

Wer den 6 km langen ***Athabasca Glacier***, die bekannteste Attraktion des Jasper Nationalparks, hautnah erleben möchte, hat drei Optionen:

- Bei der 1,5-stündigen ***Ice Explorer Glacier Tour*** fährt man im *Snowcoach* (Spezialbus mit mannshohen Reifen) über die südöstliche Gletschermoräne ca. 3 km die Gletscherzunge hinauf und darf dort etwas auf dem Eis herumspazieren. Abfahrten ab dem *Icefield Centre* im Sommer meist 9-18 Uhr. Wer »echtes Naturerlebnis« sucht, ist hier jedoch fehl am Platz. Die Touren sind so gut wie immer ausgebucht und die reinste Massenabfertigung (die Warteschlangen im Inneren des *Centre* erinnern eher an ein Flughafenterminal!). Kombi-Tickets inklusive *Skywalk* (➤ rechts) gibt es für $114/Person, online mit 10% Rabatt; Reservierung auf dem Portal www.banffjaspercollection.com/attractions/columbia-icefield.
- Geführte ***Icewalks*** bieten die Möglichkeit etwas länger auf dem ewigen Eis zu verweilen (Juni-September); 3-stündige Touren $110/$60, ganztägiges Abenteuer $176/$90; Kinder erst ab 7 Jahre; www.icewalks.com.
- Vom Parkplatz unterhalb des *Athabasca Glacier* kann man aber auch **individuell und völlig kostenlos** die Gletscherzunge erreichen. Bereits auf der kurzen Zufahrt und weiter entlang des ***Toe of the Glacier Trail*** (1,8 km, 60 HM) verdeutlichen Schilder mit Jahreszahlen den sukzessiven – in den letzten Dekaden rapiden – Rückzug des *Athabasca*. Noch in den 1950er-Jahren bedeckten die Eismassen diesen Parkplatz, im 19. Jahrhundert reichte die Gletscherzunge sogar bis zum heutigen *Icefield Centre*. In den letzten 125 Jahren hat der *Athabasca Glacier* rund die Hälfte seines Volumens eingebüßt.

km ab Jasper	km ab TCH	Stopps entlang des ICEFIELDS PARKWAY (#93)
87	143	Von der (nicht ausgewiesenen!) Parkbucht geht es nach Osten und dann auf der ehemaligen Banff-Jasper-Verbindung nach rechts, wo man ca. 600 m später auf den **Beauty Creek** trifft. Der *Trail* folgt dem engen Canyon mit zahlreichen Kaskaden bergauf bis zu den ausgeschilderten *Stanley Falls*; 1,6 km *one-way*; 100 Höhenmeter. Für alle, die am *Parkway* einen etwas ruhigeren Wanderpfad suchen!
96	134	***Tangle Falls***, direkt neben der Straße (➤ Foto Seite 224)
97	133	Seit 2014 ragt die hufeisenförmige Glasplattform des ***Glacier Skywalk*** 35 m über den Felsrand hinaus mit Blick auf das 280 m tiefer liegende Sunwapta Valley; täglich Mitte April-Mitte Oktober 10-16 Uhr, von Mitte Juli-Anfang September bis 19 Uhr; Tickets: $37/$19 (online 10%-Rabatt). Die Anfahrt erfolgt ausschließlich per Bus ab dem *Icefield Centre*; www.banffjaspercollection.com/attractions/columbia-icefield/skywalk. Bewertung: Lange Wartezeiten und viel Geld für eine Aussicht, die es anderorts am *Parkway* kostenlos und besser gibt. Allein die Glasfläche mag bei dem ein oder anderen für etwas Nervenkitzel sorgen.
103	127	Einen Zwischenstopp verdient das ***Columbia Icefield Glacier Discovery Centre*** des Nationalparks mit Ausstellungen und ausgiebigem Info-Material zum riesigen Eisfeld (➤ links) sowie zur Geschichte, Geologie, Fauna und Flora der Region. Das *Centre* ist Ausgangspunkt für Touren zum ***Glacier Skywalk*** (➤ oben) und der Gletscherwanderung auf dem *Athabasca Glacier* (➤ links). Im 2. Stockwerk des ***Icefield Centre*** verwöhnt das ***Glacier View Inn*** seine Gäste mit tollem Gletscherblick, kostet aber entsprechend (ab ca. $490; ✆ 1-888-770-6914, www.banffjaspercollection.com/hotels/.

Aussichtsterrasse des Icefield Centre

3

km ab Jasper	km ab TCH	Stopps entlang des ICEFIELDS PARKWAY (#93)
103	127	Gegenüber des *Icefield Centre* führt die Stichstraße zum Ausgangspunkt des ***Toe of the Athabasca Glacier Trail*** zur Gletscherzunge; ➤ Foto unten bzw. Kasten Seite 228.
104	126	***Columbia Icefield Campground*** (nur für Zelte; $16)
106	124	Beim höchstgelegenen *Campground* des Parks (***Wilcox Creek***; $16) beginnt der empfehlenswerte ***Wilcox Pass Trail***, der Ende des 19. Jahrhunderts der Umgehung des *Athabasca Glacier* diente, als dieser noch über die Trasse des heutigen *Parkway* reichte. Auf den ca. 4 km bis zur Passhöhe (2.375 m) lassen sich ***Athabasca*** und ***Dome Glacier*** besser überblicken als vom Besucherzentrum aus und oberhalb der Baumgrenze eröffnet sich ein super Panorama. Dauer: ca. 2-3 Stunden retour; 390 HM. Nach 1,2 km ist der erste Aussichtspunkt erreicht.
108	122	***Sunwapta Pass*** (2.035 m), Grenze zwischen *Jasper* und *Banff Nat'l Park*; www.pc.gc.ca/en/pn-np/ab/banff. Die Auf- bzw. Abfahrt beim *Sunwapta Pass* bildet einen der **attraktivsten Abschnitte** des *Icefields Parkway*.
111	119	Südlich der Passhöhe liegt grandios – unterhalb der Gletscher – das recht rustikale ***HI Hilda Creek*** mit nur 6 Betten ($33; www.hihostels.ca/en/destinations/alberta/hi-hilda-creek).
112	118	Ausgangspunkt des großartigen ***Parker Ridge Trail***, auf dem man zunächst herrliche Ausblicke auf das Tal mit dem *Icefields Parkway* genießt und jenseits der Parker-Kammhöhe hinüber auf den 13 km langen *Saskatchewan Glacier* (anfangs etwas steilere Serpentinen, oben dann eben; 5,4 km retour, 250 HM; wegen Schnee meist erst ab Juli begehbar!).
117	113	Etwas versteckt vom südlichen Parkplatzende am ***Bridal Veil Falls Viewpoint*** führt ein 1 km langer, stellenweise gischtnasser Weg hinab zu den beeindruckenden, von der Straße nicht einsehbaren ***Panther Falls*** (66 m).

Fußweg zum Columbia Glacier (➤ Seite 228)

Rampart Creek Hostel

km ab Jasper	km ab TCH	Stopps entlang des ICEFIELDS PARKWAY (#93)
		Nur 200 m südlich in der nächsten Straßenkurve gibt es einen noch besseren, exponierten Aussichtspunkt mit weitem Blick über das U-förmige North Saskatchewan Valley.
142	88	In ruhiger, idyllischer Waldlage befindet sich das ***Rampart Creek Hostel*** ($32 im 6-Bett-Zimmer; www.hihostels.ca/en/destinations/alberta/hi-rampart-creek), auf der gegenüberliegenden Straßenseite der gleichnamige ***Campground*** ($18; reservierbar) und die hübschen ***Rampart Ponds*** (➤ Foto umseitig).
153	77	Am Straßendreieck *Icefields Parkway/David Thompson Hwy* (#11) unweit des ***Saskatchewan River Crossing*** liegt das ***The Crossing Resort*** (Zimmer $230-$300, © 1-800-387-8103, www.thecrossingresort.com) mit der **einzigen Tankstelle** zwischen Jasper und Lake Louise.
		Die 50 km von dort bis zum **Abraham Lake** (an der #11) können mit dem Panorama des *Parkway* mithalten. Ein guter Grund für den Abstecher nach Osten sind ggf. die ***Campgrounds*** in Ufernähe dieses vom Tourismus noch weitestgehend verschonten Sees (***Kootenay Plains*** ➤ Seite 341).
153	77	Südlich des Abzweigs der #11 steht nur wenige Schritte vom Parkplatz entfernt ein toller Picknicktisch mit Aussicht auf den milchigen North Saskatchewan River und seine Mäander (***Howse Valley Viewpoint*** westlich des *Parkway*).
155	75	Von der **Brücke** über den Gletscherfluss eröffnet sich ebenfalls ein hübscher Blick. Von der kurzen unbefestigten Stichstraße gleich südlich davon kann man manchmal auch Schlauchboote oder Kajaks beim Ablegen beobachten.
159	71	***Mistaya Canyon Trail*** zu einer glattpolierten Kalksteinschlucht, durch die der gleichnamige Fluss rauscht (0,5 km, 35 HM)
173	57	In der Nähe des ***Lower Waterfowl Lake*** beim majestätischen **Mt Chephren** (3.307 m) breitet sich der ***Waterfowl Lakes Campground*** aus ($22; mit Feuerstellen, besser als *Rampart Creek*!).

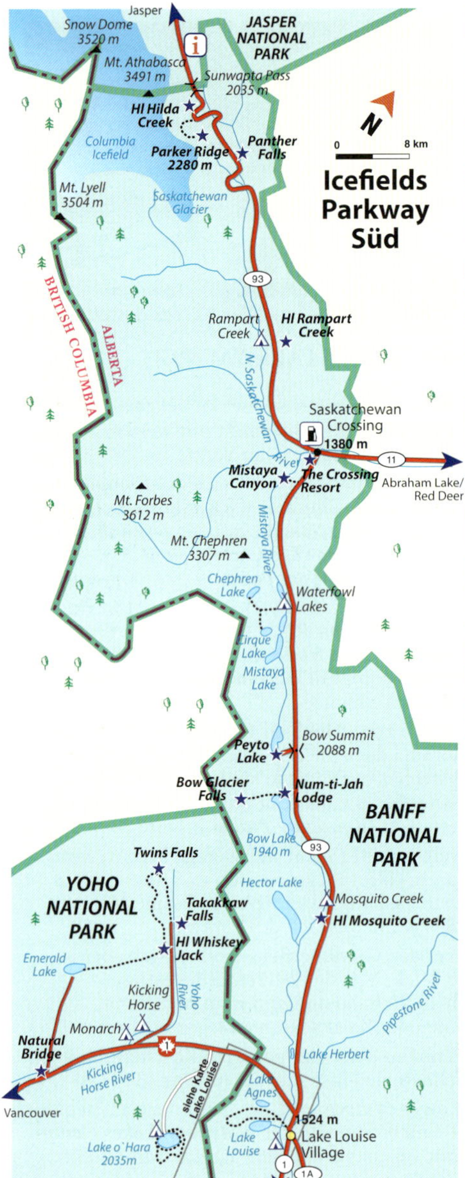

Bighorn Sheep

Rampart Ponds

Bow Lake

Mistaya Canyon

Stopps entlang des ICEFIELDS PARKWAY (#93)

km ab Jasper	km ab TCH	
173	57	Der ***Waterfowl Lakes Campground*** ist Ausgangspunkt für zwei schöne Wanderungen zu den Bergseen **Chephren** oder **Cirque Lake** (2,4 km bzw. 2,9 km *one-way*).
190	40	Am ***Bow Summit***, dem mit 2.088 m höchsten Punkt des *Parkway*, zweigt eine kurze Stichstraße ab. Sie führt zum Parkplatz, wo es – Ende Juli bis Anfang August umgeben von blühenden Blumen – zum ***Peyto Lake Viewpoint*** geht (1,5 km retour; 40 HM; sprich: »*pí-tou*«). Der Blick auf den unten im Tal liegenden milchig-türkisen See ist ein »Muss« am *Parkway*. Wer den Besuchermassen etwas entfliehen möchte, kann noch dem Weg hinauf bis zum ***Bow Summit Lookout*** folgen (6 km retour ab dem Parkplatz; 245 HM) oder über einen recht steilen, unmarkierten Pfad zum Seeufer absteigen (5 km retour; 300 HM).
Wegen Bauarbeiten ist der Peyto Lake Viewpoint voraussichtlch bis Ende 2020 nicht zugänglich		
193	37	Am Nordende des **Bow Lake** bietet die ***Simpson's Num-Ti-Jah Lodge*** Zimmer für $400 sowie ein Restaurant mit Blick auf den See und *Bow Glacier*; © (403) 522-2167, www.num-ti-jah.com. Ab dem Parkplatz verläuft der ***Bow Glacier Falls Trail*** (4,6 km; 155 HM) zunächst am Seeufer entlang und dann durch eine Schlucht steil bergauf. Er endet unterhalb der 150 m hohen Abbruchkante, über die das abrinnende Wasser aus dem **Iceberg Lake** stürzt. Die Zunge des *Bow Glacier* und der obere See sind von dort nicht sichtbar. Man erreicht den Iceberg Lake nur über eine etwas anspruchsvollere »Kraxelei«.
206	24	An der Einmündung des Mosquito Creek in den Bow River liegen der ***Mosquito Creek Campground*** ($18) sowie das gleichnamige ***Hostel*** (Betten $32, DZ $80).
227	3	Im hübschen **Herbert Lake** (mit **Picknickplatz**) kann man im Gegensatz zu den eiskalten gletschergespeisten Seen weiter nördlich am *Parkway* im Hochsommer sogar baden.
230	0	Ab-/Auffahrt *Trans-Canada Highway*

Blick vom Peyto Lake Viewpoint

3.4 Lake Louise & Banff

3.4.1 Lake Louise

Lake Louise Village

Nördlich von **Lake Louise**, neben Banff der Touristenmagnet des Nationalparks, endet der *Icefields Parkway* am *Trans-Canada Hwy*. Der Ort besteht aus mehreren separaten Villen- und Ferienhausvierteln und einem kleinen **Versorgungsbereich** mit Einkaufszentrum am *Lake Louise Dr/Village Road* unweit der *TCH*-Autobahn. Gleich neben der ***Samson Mall*** steht das ***Visitor Centre*** (im Sommer 8.30-19 Uhr). Zur Übersicht über den Bereich Lake Louise und für Wanderungen gibt es nichts Besseres als das Faltblatt ***»Day Hiking Lake Louise, Castle Junction, Icefields Parkway«***.

Westlich der Bahnschienen stößt man auf die ***Lake Louise Station***. Der stillgelegte, 1910 erbaute Bahnhof ist das älteste Gebäude der Ortschaft. Heute beherbergt das eindrucksvolle Holzhaus ein gutes Restaurant; 200 Sentinel Road; www.lakelouisestation.com.

Seilbahn

Jenseits des *TCH* (Whitehorn Road, *Bow Valley Parkway* #1A) liegt unterhalb des Whitehorn Mountain das bekannteste Skigebiet Albertas, dem eine Gondelbahn als Zubringer dient. Sie befördert auch Sommerurlauber zum Aussichtsrestaurant; Mitte Mai bis Anfang Oktober täglich 9-17 Uhr; $38/$18, mit *Coupon* preiswerter. Morgens wirkt dort oben das Gebirgspanorama am besten. Für **$40** bzw. **$58** gibt's im Gasthaus der Talstation **Frühstücks-** bzw. **Lunchbuffet inkl. Seilbahn**; www.lakelouisegondola.com.

Übernachten

Der schöne, sich am Bow River entlang ziehende ***Lake Louise Campground Trailer*** ist relativ laut, da direkt neben der Bahnlinie; $32; 189 *full hook-up*-Stellplätze; Zufahrt über die Fairview Road (nach Unterquerung der Eisenbahn gleich links). Der separate, ruhigere und riesige ***Lake Louise CG Tent*** mit Bärenschutzzaun jenseits des Flusses ist fürs Campen ohne *hook-up* reserviert ($27). In der Hauptsaison bekommt man dort nur bei früher Ankunft oder Reservierung ein Plätzchen: ✆ 1-877-737-3783, www.reservation.pc.gc.ca.

Eine prima Herberge und »Alpenvereinshütte« ist das ***HI Lake Louise Alpine Centre***; Betten ab $48, DZ $144; mit Sauna, Restaurant; besser langfristig vorbuchen: www.hihostels.ca/lakelouise.

Die Auswahl an Quartieren ist in Lake Louise äußerst beschränkt. Es gibt gerade mal eine Handvoll Hotels, gleich am Ortseingang steht die ***Mountaineer Lodge***; gute DZ mit Frühstück ca. $380; ✆ 1-855-556-8473, www.mountaineerlodge.com.

Der meistbesuchte Bergsee der Welt

Die Zufahrt zum Lake Louise endet vor dem Luxushotel ***Fairmont Chateau Lake Louise*** (ab $950; ✆ 1-800-257-7544, www.fairmont.com/lakelouise) bzw. auf einem Mammutparkplatz, von dem unerhörte Besuchermassen tagtäglich in die Parkanlage zwischen Hotel und See strömen. Das Gros der Touristen genießt das Panorama und besucht vielleicht noch das architektonisch 1913-1925 eher fantasielos gestaltete zehnstöckige *Chateau* mit seinen Terrassen, Restaurants und Souvenirshops. Es ist auch von innen bei weitem nicht so eindrucksvoll wie z.B. *Banff Springs*, ➤ Seite 246.

Shuttlebusse beim Lake Louise

Nur bei zeitiger Anreise (vor Sonnenaufgang!) hat man im Sommer eine Chance auf freie Parkplätze in Seenähe. Die beste Lösung sind die Busse von *Parks Canada* ($4/$2), die Mitte Mai-Mitte Okt 8-16.30 Uhr alle 15 min vom ***Park & Ride* am *TCH*** starten (5,5 km südl. vom *Lake Louise Exit*). Kostenlos sind die Shuttles, die zwischen *Park & Ride*, Ortschaft und *Campground* pendeln. Ebenfalls gut für RVs geeignet ist der Parkplatz bei der Seilbahn, von dem ein weiterer Gratisbus zum *Chateau* verkehrt. Alternativ gelangt man von Lake Louise auch **zu Fuß** zum See, entweder entlang eines Baches (*Louise Creek Trail*, 2,8 km) oder auf dem längeren *Tramline Trail* (4,5 km), der einer ehemaligen Schmalspurbahn-Trasse folgt.

Alle, die in **Banff** übernachten, können Lake Louise (Ort+See) für wenige $ über die ***Roam Transit***-Routen 8, 8X (*Express*) oder 8S (mit Stopp bei Castle Mt + *Johnston Canyon*) ansteuern. Route 10 ist eine Direktverbindung zum **Moraine Lake**.

Beide Seen lassen sich auch kombinieren: vom *Chateau* fährt ein Shuttle zum Moraine Lake und im Anschluss zum Ort und zurück zum *Park & Ride* (alle 20 min; $6/$3). Von Ende Juni-Ende Sept wird der Moraine Lake außerdem 6-7.30 Uhr vom ***Early Bird Shuttle*** ab dem *Park & Ride* bedient ($8/$4). Auch der ***HopOn-Banff*** hält an beiden Seen ($60/$45; www.hoponbanff.com). Da die Angebote jedes Jahr aufs Neue angepasst und leicht verändert werden, am besten vorab nochmals checken unter http://pc.gc.ca/en/pn-np/ab/banff/visit/parkbus/louise.

Reiten

Mehrstündige Panorama-Ausritte beginnen ab den ***Brewster Stables*** neben dem *Chateau*, z.T. auf eigens ausgewiesenen Reitwegen, aber auch auf belebten Wanderpfaden: am Seeufer entlang ($104) oder hinauf zum Lake Agnes ($173) und der *Plain of Six Glaciers* ($215); Reservierung nötig: www.brewsteradventures.com.

»Flucht« vor den Massen

Manch Besucher könnte den Lake Louise als »zu touristisch« empfinden. Abhilfe schaffen längere **Wanderungen** beidseitig des Sees, dort verteilen sich die »Massen« etwas besser:

Der ***Plain of Six Glaciers Trail*** zählt zu den besten im Nationalpark. Er verläuft zunächst am Nordufer des Sees entlang und endet an einem Aussichtspunkt über der »Ebene der sechs Gletscher« (im Hintergrund ➤ Foto unten). 6,5 km und 420 HM sind es bis zum Ziel. Einen guten Kilometer vorher steht ein ***Tea House*** (Mitte Juni-Mitte Okt täglich 9-17 Uhr, Juli/August bis 18 Uhr).

Die Kanu-Miete am Lake Louise muss man sich erst leisten können: satte $125/Stunde

Tea House hoch über dem Lake Louise. Wie der Name sagt: Hier gibt es diverse Teesorten, Kaffee und Tütensnacks, aber keinen Alkohol; und alles nur gegen ***Bargeld****!*

Am Rückweg vermeidet man über den ***Highline Trail*** sowie **Big Beehive** und Lake Agnes ein doppeltes Ablaufen bei nur geringfügig verlängerter Wegstrecke (insgesamt dann 17 km) und entgeht unterwegs dem »Volkswandertagsrummel« zum Teehaus.

Lake Agnes Trail

Der gut ausgebaute ***Lake Agnes Trail*** (3,4 km; 380 HM) windet sich ausgehend vom *Chateau* in langen, aber nicht allzu steilen Kehren hinauf zum Lake Agnes, wo auf 2.118 m ein weiteres kleines ***Tea House*** mit Terrasse wartet – ein herrlicher Rastplatz nach dem Aufstieg! Geöffnet Anfang Juni-Anfang September täglich 9-18 und danach bis Mitte Oktober 10-17.30 Uhr.

Man kann den Weg auch fortsetzen um den Lake Agnes herum jeweils mit Aussichtspunkten hinunter auf das Bow Valley: **Big Beehive** (+1,6 km, +150 HM) oder entgegengesetzt zum **Little Beehive** (+1,0 km, +120 HM) mit einem ebenso guten Weitblick.

Fairview Mt

4,5 km lang ist der schöne, deutlich weniger überlaufene Pfad auf den **Fairview Mountain** (2.745 m). Von dessen Gipfel blickt man 1.000 m hinab zum Lake Louise und hinüber zu den Gletschern am Mount Victoria mit dem *Plain of Six Glaciers Trail.*

GROUP ACCESS ONLY – Unterwegs in der Heimat der Grizzlys

Immer wieder stößt man rund um Lake Louise und Banff auf Tafeln mit dem Hinweis »***Hiking in (tight) groups of 4 or more required***!« oder auf temporär gesperrte Wanderwege. Dies dient zum Schutz der Menschen und der Grizzlybären, wenn die Pfade mitten durch deren Revier führen. Wer zu zweit unterwegs ist, muss meist auch nicht lange am *Trailhead* warten, bis sich zwei weitere Gleichgesinnte finden. Die Zahl »4« beruht auf der langjährigen Erfahrung der Parkverwaltung. Grizzlys meiden üblicherweise Begegnungen/Konfrontationen mit Wandergruppen ab dieser Größe. Dabei sollten alle immer **eng beisammen** bleibt, nur dann zeigt diese Vorsichtsmaßnahme auch die gewünschte Wirkung. Verstöße gegen die Anweisungen von *Parks Canada* werden mit Strafen bis zu $25.000 geahndet. Übersicht der aktuellen Bärensichtungen/-warnungen in den Rocky Mts Nationalparks: www.pc.gc.ca/en/pn-np/mtn/ours-bears/miseajour-update.

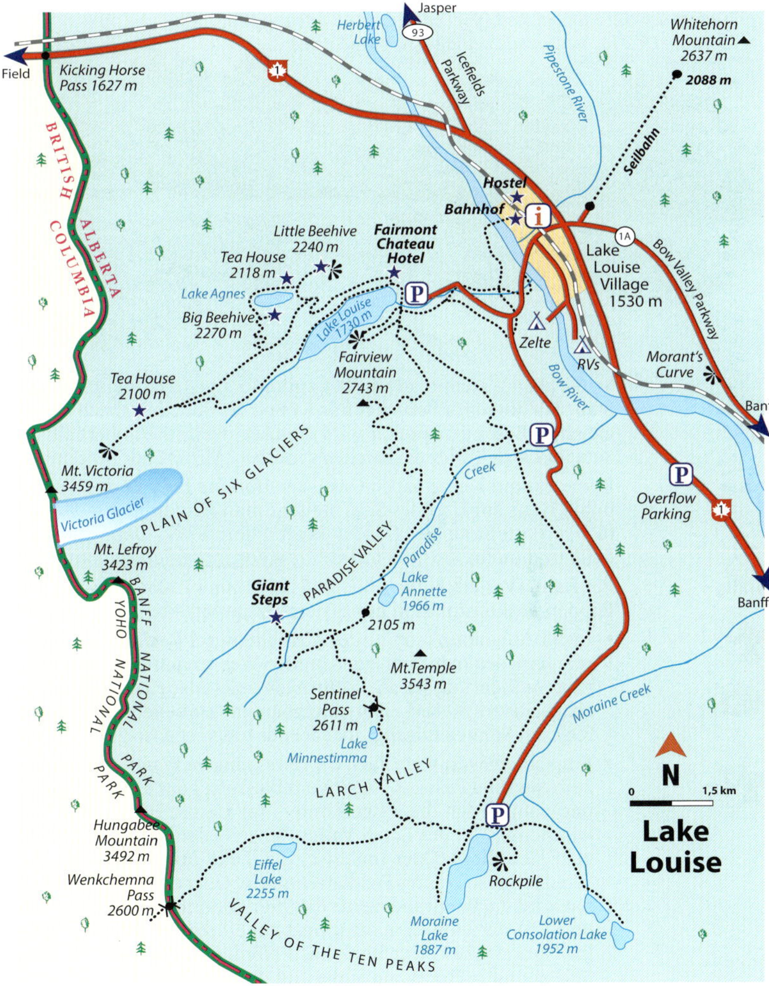

Lake Moraine

Noch reizvoller als der Lake Louise ist sein südlicher Nachbar, der **Moraine Lake** (➤ Foto Seite 2/3). Er liegt 14 km entfernt und 150 m höher, umrahmt von gleich zehn 3.000ern im *Valley of the Ten Peaks*. Dank der gut ausgebauten Zufahrtsstraße (**nur Mitte Mai-Mitte Okt geöffnet!**) wird es dort ähnlich voll wie am Lake Louise. Der recht überschaubare Parkplatz füllt sich meist schon vor Sonnenaufgang; Anreise am besten per Shuttle ➤ Kasten Seite 235).

Ein etwas anderer Blick auf die 3.000er des Valley of the Ten Peaks vom Lake Minnestimma oberhalb des Moraine Lake

Selbst abends steht man am Weg zum Moraine Lake meist noch im Stau. Vor allem für Besucher mit RVs ist ein Shuttle nahezu unumgänglich. Besonders prekär wird die Lage, wenn sich oberhalb des Sees im **Larch Valley** die Lärchen verfärben (Mitte/Ende September).

Keine Parkprobleme haben Gäste der ***Moraine Lake Lodge***. Für das noble Haus am Ufer des Sees braucht man allerdings ein prall gefülltes Portemonnaie: *Cabins* kosten dort $989, Doppelzimmer $800 und mehr; © 1-877-522-2777, www.morainelake.com.

Trails

Per Kanu (Verleih bei der *Lodge*; $120/Stunde) oder auf Schusters Rappen entkommt man etwas dem Hauptbetrieb:

- Erster Anlaufpunkt sollte der Aussichtshügel ***Rockpile*** am Nordufer sein, den man über einen breiten Weg erreicht, der vom Parkplatz in Richtung See aber dann nach links (also nicht zur *Lodge*!) führt (500 m; 30 HM). Der »Steinhaufen« ist beliebt bei Fotografen zum **Sonnenaufgang**, aber abends meist ebenso gut besucht.
- Empfehlenswert wäre auch der etwas längere Wanderweg hinauf zum ***Sentinel Pass*** (2.611 m). Vom Westufer geht es zügig bergauf und dann durch die ausgedehnten, im Herbst golden gefärbten Lärchenwälder des **Larch Valley**. Jenseits der Baumgrenze spiegeln sich die 3.000er malerisch im **Lake Minnestimma** – bei Windstille ein wahres Postkartenmotiv! Über etwas steilere Kehren wird die Bergwand gleich dahinter erklommen. Nach 5,8 km und 720 Höhenmetern steht man auf einem der höchsten Pässe im Nationalpark. Der Blick nach Norden fällt auf das Paradise Valley und in Richtung Süden auf die *Ten Peaks*. Dauer: etwa 5-6 Std. Die Kurzvariante bis zum **Larch Valley** ist **im Herbst eine der populärsten Touren in den *Rockies***!

  Auf knapp halber Strecke, noch vor dem Larch Valley, zweigt der weniger frequentierte, dennoch sehr schöne *Trail* zum **Eiffel Lake** oberhalb der Baumgrenze ab (ab Tal 5,6 km, 370 HM).
- Fast eben geht es am Südwestufer des Sees zu einem Wasserfall (1,5 km) bzw. östlich des Moraine Lake zum gleichfalls von Bergriesen eingerahmten **Lower Consolation Lake** (2,9 km).

- Ein weiteres hübsches Wanderziel startet am Beginn der Moraine Lake Road (nach nur 2,5 km beim *Paradise Valley Trailhead*): Der **Lake Annette** liegt direkt unterhalb der steilen, eisbedeckten Nordflanke des Mount Temple im Paradise Valley. »Paradiesisch« sind im oberen Tal sowohl das Panorama als auch die Einsamkeit; 13 km retour, 380 HM.

3.4.2 Bow Valley Parkway

Bei der Weiterfahrt nach Banff genießt man auf der *TCH*-Autobahn ab Lake Louise einen freien Blick auf die Rocky-Mountain-Gipfelwelt. Entlang des parallel verlaufenden, eigentlich reizvolleren ***Bow Valley Parkway* #1A** (»alter« *TCH*) bleibt heute das weite Bergpanorama meist hinter dem Blätterdach der Bäume verborgen. Dafür ist er in den Morgen- und Abendstunden ein recht guter Platz für **Tierbeobachtungen**. Außerdem liegen an ihm der bei Eisenbahnfans beliebte ***Morant's Curve Viewpoint*** (kleine Parkbucht beim Schild »Outlet Creek«), der sehenswerte *Johnston Canyon*, die ***Campgrounds*** *Castle Mountain + Protection Mt* (je $22) und beim **Castle Mountain** das gleichnamige ***HI Hostel*** ($33/Bett) sowie schöne ***Chalets*** (4 Personen ab $300); www.castlemountain.com.

Johnston Canyon

Rund 25 km nordwestlich von Banff passiert der *Bow Valley Parkway* den Eingang zum klammartigen ***Johnston Canyon***. Schmale Stege führen die steilen Felswände entlang zu den ***Lower Falls***. Nach insgesamt 2,7 km und 120 Höhenmetern erreicht man die oberen Wasserfälle und nach weiteren 2,9 km (+100 HM) die ***Ink Pots***, sieben teils türkisfarbene Quellen. Eine tolle Halbtageswanderung! Bis 18 Uhr werden $10 Parkgebühr fällig.

Der große ***Johnston Canyon Campground*** ($27) in schöner Lage ist schnell belegt und wegen Bahnnähe nachts laut. Die ***Resort Cabins*** kosten ab $310; © 1-888-378-1720, www.johnstoncanyon.com.

Im Johnston Canyon geht es immerzu bergauf, mal auf Asphalt, mal auf hoch verankerten Stegen und mal auf Waldwegen

3

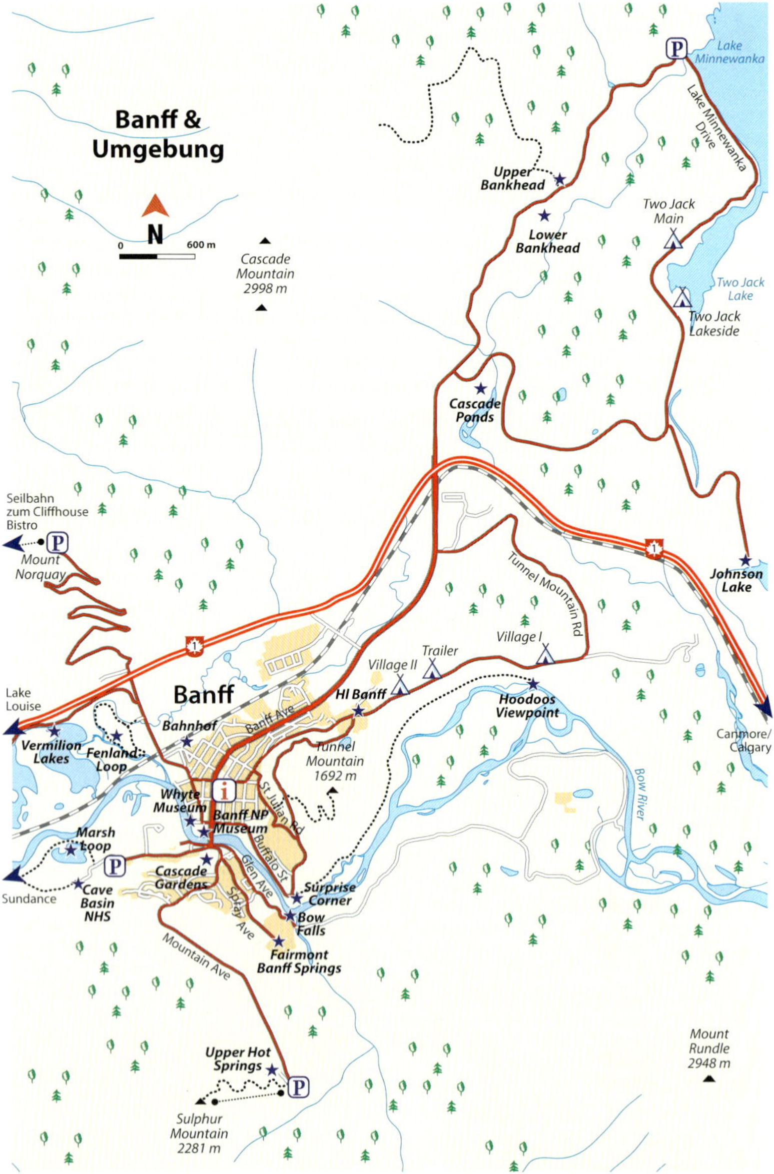
Banff & Umgebung
N
0
600 m
Cascade Mountain 2998 m
Upper Bankhead
Lower Bankhead
Lake Minnewanka
Lake Minnewanka Drive
Two Jack Main
Two Jack Lake
Two Jack Lakeside
Cascade Ponds
Johnson Lake
Seilbahn zum Cliffhouse Bistro
Mount Norquay
Tunnel Mountain Rd
Village I
Trailer
Village II
HI Banff
Hoodoos Viewpoint
Lake Louise
Banff
Banff Ave
Bahnhof
Vermilion Lakes
Fenland Loop
Tunnel Mountain 1692 m
Canmore/ Calgary
Bow River
Whyte Museum
Banff NP Museum
St Julian Rd
Buffalo St
Marsh Loop
Cascade Gardens
Glen Ave
Surprise Corner
Sundance
Cave Basin NHS
Spray Ave
Bow Falls
Fairmont Banff Springs
Mountain Ave
Upper Hot Springs
Mount Rundle 2948 m
Sulphur Mountain 2281 m

3.4.3 Banff

Banff (knapp 8.000 Einwohner) liegt malerisch eingebettet in einem Talkessel umgeben von den Gipfeln Mount Norquay (2.523 m) und Rundle (2.948 m) sowie dem Sulphur (2.451 m) und Cascade Mountain (2.998 m). Zur Ferienzeit und an Schönwetterwochenenden herrscht in dem schmucken Städtchen mit fußläufiger Innenstadt nach europäischem Vorbild immer Hochbetrieb, im Winter zieht es Skifahrer dorthin. Calgary, die größte Stadt Albertas, ist nur 130 *TCH*-Kilometer entfernt und der umliegende, gleichnamige Nationalpark ist der beliebteste der kanadischen *Rockies.*

Geschichte

Die Entwicklung der Stadt nahm ihren Anfang 1883, als man bei den Bauarbeiten an der Transkontinentaltrasse auf die heißen Quellen am Fuße des Sulphur Mountain stieß. Nur zwei Jahre später wurde das Areal um die ***Cave and Basin Hot Springs*** (➤ Seite 245) bereits unter Naturschutz gestellt und der Grundstein für den ersten Nationalpark Kanadas gelegt, den *Banff Nat'l Park*.

Van Horne, der damalige Chef der *Canadian Pacific Railway*, erkannte schon früh das touristische Potential der Region. Frei nach dem Motto »*If we can't export the scenery, we'll import the tourists*« beförderte er ab 1888 Wohlbetuchte per Eisenbahn zu den Bergen bzw. in sein neu eröffnetes »Luxus-Schlösschen«, das *Banff Springs Hotel*. Anfang des 19. Jahrhunderts wurde Banff dank der Nähe zu den drei großen Skigebieten *Sunshine Village, Ski Norquay* and *Lake Louise Mountain Resort* auch zum beliebten Wintersportort. Seither scheint der Boom unaufhaltsam.

Bequem mit der Seilbahn erreichbar ist die Aussichtsplattform beim Sulphur Mountain

Übernachten

Unterkunft

Hotelbetten sind in Banff während der Hauptsaison sommers wie winters **extrem teuer**. Das generelle Preisniveau dort gehört zu den höchsten im ohnehin nicht billigen Kanada.

- Nicht zu toppen ist das ***Fairmont Banff Springs*** »Schlösschen« mit Luxuszimmern ab $890; www.fairmont.com/banffsprings. Es zählt zu den Sehenswürdigkeiten der Stadt, ➤ Seite 246.

Luxuriöse »Bettenburg«, die beiden historischen Fairmont Hotels sind das Nonplusultra in Banff (➤ oben) und in Lake Louise (➤ Seite 246)

An der **Banff Avenue** reihen sich die *Inns* und *Lodges* mit Tarifen jenseits der $300 zur Hochsaison. Etwas günstiger kommt man dann meist in folgenden Quartieren unter:

- ***Douglas Fir Resort***, 525 Tunnel Mountain Drive; knapp 2 km vom Zentrum entfernt; ✆ 1-800-661-9267, www.douglasfir.com
- ***The Banff Voyager Inn***, 555 Banff Avenue, ca. 1 km vom zentralen Bereich entfernt; ✆ 1-800-879-1991, www.banffvoyagerinn.com
- ***Bow View Lodge***, 228 Bow Avenue, wunderbar zentral gelegen am Bow River; ✆ 1-800-661-1565, www.bowview.com.

Preiswertere Betten werden in Banff nur in Jugendherbergen angeboten:

Hostels

- ***Banff Int'l Hostel***, 449 Banff Ave, ab $46/Bett; fußläufig zur Innenstadt; ✆ 1-855-546-7835, www.banffinternationalhostel.com
- ***HI Banff Alpine Centre***, 801 Hidden Ridge Way, Bett ab $46, DZ $180; moderne Herberge am Tunnel Mt Dr, ✆ 1-866-762-4122
- ***Samesun Hostel***, 433 Banff Ave, ab $50 im 6- bis 14-Betten-Saal; ✆ 1-877-972-6378, www.samesun.com/backpackers-hostels/banff
- ***YWCA Banff Hotel***, 102 Spray Ave, Betten $55, DZ $200; südlich des Bow River; ✆ 1-800-813-4138, www.ymountainlodge.com.

Canmore

Reichlich Ausweichmöglichkeiten bietet das nur 25 *TCH*-Kilometer entfernte **Canmore** (➤ Seite 261), wo sich oft selbst im Sommer noch ein Zimmer für knapp $200 finden lässt.

Camping

Über mehr als 1.000 Stellplätze verfügen die drei beieinander liegenden ***Tunnel Mountain Campgrounds*** des Nationalparks (sanitär gut) an der Tunnel Mountain Road, rund 3 km vom Zentrum entfernt: *Village I* $27 (ohne Service), *Village II* $27-$38 und *Trailer* $38 *full fook-ups* für lange Camper; Anfahrt zum Einchecken am besten über den östlichen Banff-*Exit* des *Trans-Canada Highway*; www.reservation.pc.gc.ca.

Öffentliche Busse (*Route 2*) verkehren von den *Campgrounds* nach Downtown Banff und bis zum *Fairmont Springs Hotel*, weitere Shuttlebusse zum Lake Louise und Moraine Lake, ➢ Seite 235.

Camping außerhalb

Über dieselbe Abfahrt erreicht man auch die ***Campgrounds Two Jack Main*** ($22; keine Duschen) und ***Two Jack Lakeside*** ($27) nördlich des *TCH*, beide rund 12 km von der Stadt entfernt in ruhiger, schöner Umgebung (➢ Seite 247). Insbesondere *Lakeside* ist empfehlenswert. *Elks* (Hirsche) und *Ground Squirrels* (Erdhörnchen) gehören dort zu den häufigen Besuchern.

Der ***Johnston Canyon Campground*** bei der gleichnamigen Klamm (➢ Seite 239) zeichnet sich ebenfalls durch seine gute Lage aus.

Privat betriebene Campingplätze mit *hook-up* findet man erst in Canmore außerhalb des Parks; ➢ Seite 261.

Banff Avenue, die Hauptstraße durch die Stadt; im Hintergrund erhebt sich der 2.998 m hohe Cascade Mountain

Orientierung, Information, Essen

Information

Alle Besucher, gleich aus welcher Richtung sie kommen, landen unweigerlich auf der **Banff Avenue**. Auf der Flaniermeile südlich der Moose St befindet sich das gemeinsame ***Info Centre*** des Nationalparks und der Stadt. Neben Karten, *Banff NP*-Zeitung und lokaler Werbung erhält man dort auch das Faltblatt ***»Day Hikes in the Banff Area«*** mit Erläuterungen zu den wichtigsten Wanderungen in der Umgebung von Banff; 224 Banff Avenue, geöffnet im Sommer täglich 8-20 Uhr, sonst kürzer; Infos: © 1-877-762-8421, www.banfflakelouise.com.

Parken

Tagsüber ist das Abstellen des Fahrzeugs in Downtown Banff oft etwas problematisch. **Tipp:** In Gehdistanz, nur ca. 500 m entfernt, dürfen beim Bahnhof **Wohnmobile bis zu 12 Stunden parken**. Gute Karte zur Orientierung unter https://banff.ca/93/Parking.

Essen

Das kulinarische Angebot der Stadt ist vielfältig und deckt so ziemlich alles ab – vom modernen Gourmetrestaurant (***The Bison***, 211 Bear Street, ist sehr gut!) bis hin zur preiswerteren ***Old Spaghetti Factory*** in der *Cascade Plaza Mall* (317 Banff Ave). Im selben Häuserblock finden Selbstversorger den **Supermarkt *IGA*** (318 Marten Street). Mexikanisches in gemütlicher Atmosphäre wird im ***Magpie & Stump*** serviert (203 Caribou Street). Live *Country*-Musik gibt's abends im ***Wild Bill's Saloon*** (201 Banff Ave).

Sehenswertes in Banff

Nationalpark Museum

Südlich des Zentrums steht unmittelbar vor der Brücke über den Bow River die ***Banff Park Museum National Historic Site*** mit Exponaten zu Flora und Fauna des Nationalparks; 91 Banff Ave; im Sommer 9.30-17 Uhr, sonst kürzer; Eintritt $4/$2, frei mit *Discovery*-Jahrespass (➤ Seite 40); www.pc.gc.ca/banffparkmuseum.

Whyte Museum

Das nur wenige Schritte davon entfernte, kleine ***Whyte Museum of the Canadian Rockies*** gibt einen Einblick in die Geschichte der Stadt und der Besiedlung der Rocky Mountains; 111 Bear St; täglich 10-17 Uhr; $10, Kinder unter 12 frei; www.whyte.org.

Indianer Museum

Die Kunst und Kultur der *First Nations* wird im Palisadenfort des ***Buffalo Nations Luxton Museum*** am gegenüberliegenden Flussufer thematisiert (1 Birch Avenue). Nachgestellte Szenen demonstrieren das Leben der Indianer vor Ankunft des weißen Mannes.

Geöffnet Mai bis September täglich 10-19 Uhr, sonst 11-17 Uhr, Eintritt $10/$5; www.buffalonationsmuseum.com. Ende Juni ist Banff Austragungsort des ***Iiniskim Cross-Cultural Powwow***.

Cascade Gardens

Bereits bei der Fahrt über die *Bow River Bridge* fällt das eindrucksvolle, Mitte der 1930er-Jahre errichtete *Park Administration Building* auf, das von den ***Cascades of Time Gardens*** umgeben wird. Von den liebevoll treppenförmig angeordneten Blumenbeeten, Teichen und Pavillons eröffnet sich ein schöner Blick zurück auf die Banff Ave mit dem mächtigen Cascade Mountain im Hintergrund.

Upper Hot Springs beim Sulphur Mountain

Die Brücke muss auch überqueren, wer zu den Mineralbädern, zum ***Fairmont Banff Springs*** und auf den **Sulphur Mountain** möchte.

Cave & Basin NHS

Die ***Cave & Basin Hot Springs*** befinden sich am Ende der Cave Ave #311, ca. 2 km westlich der *Bow River Bridge*. Im ***Cave & Basin National Historic Site*** lassen sich heiße Quellen besichtigen. Zudem liegt hier der ***Birthplace of Canada's National Parks***, so dass sich einiges zur Geschichte des Nationalpark-Systems lernen lässt, im Sommer tägl. 9.30-17 Uhr, Mitte Oktober-Mitte Mai nur Mi-So 11-17 Uhr; Eintritt $7,90; www.pc.gc.ca/cave.

Marsh Loop/ Sundance Canyon

An die alte Anlage grenzt ein Sumpf- und Naturschutzgebiet, das vom ***Marsh Loop Trail*** umrundet wird (2,7 km). Zur Tierbeobachtung (viele Vogelarten) dient eine Plattform unweit des Pools.

Anfangs identisch mit dem *Marsh Loop Trail* folgt der ***Sundance Trail*** zunächst einer für Autos gesperrten Straße und dann einem breiten Weg bis zu einem Picknickplatz (4 km). Er eignet sich daher am besten für eine Radtour – mehrere *Bike-Rentals* befinden sich im Ort. Erst dahinter beginnt der eigentlich reizvolle Teil des Weges: der *Loop Trail* (2 km, keine Fahrräder) durch und um den ***Sundance Canyon***.

Hot Springs

Wer nach dem Überqueren des Bow River links auf die **Spray Avenue** und kurz darauf rechts auf die Mountain Ave abbiegt, gelangt noch vor dem Parkplatz der Sulphur-Mountain-Seilbahn zu dem ganzjährig geöffneten, großen *Open-air*-Pool der ***Upper Hot Springs*** (39°C); Mitte Mai-Mitte Oktober täglich 9-23 Uhr, sonst kürzer; Eintritt $8,30/$6,30; www.hotsprings.ca.

Bergstation der Banff Gondola

Wer seine Badehose vergessen hat, kann sich für $1,90 ein nostalgisches Badekostüm ausleihen. Besonders **am Abend** bei klarem Himmel, wenn der Betrieb nachgelassen hat, sind diese im Stil der 1930er-Jahre erhaltenen *Hot Springs* empfehlenswert.

Die ***Banff Gondola*** befördert seine Fahrgäste vom Ende der Mountain Ave zur Bergstation des **Sulphur Mt** in 2.281 m Höhe; $58/$29, Juli-Anfang September täglich 8-22.30 Uhr, sonst kürzer, www.banffjaspercollection.com/attractions/banff-gondola. Die tolle Rundumsicht sollte man sich nicht entgehen lassen; ➤ Foto Seite 241. Leute mit Kondition machen den Aufstieg zu Fuß (5,5 km; 655 Höhenmeter). Von der Bergstation führt ein weitgehend ebener **Panoramaweg** (ca. 1 km) zum *Sulphur Mountain Weather Observatory* auf dem benachbarten Sanson's Peak.

Bow Falls & River Tours

Die **Spray Avenue** führt außerdem zu den 30 m breiten und gerade mal 9 m hohen ***Bow River Falls*** (ausgeschildert). Dort starten die Schlauchboote der 1- oder 2,5-stündigen ***Floating Tours***; ab $60/ $20; www.banffrafttours.com. Die Parkplätze bei den Wasserfällen stellen auch eine gute Option für Campmobile dar während des Besuchs des *Fairmont Banff Springs*, zumal die Straße vor dem Hotel meist voll ist, ebenso die hauseigene Stellplätze.

The Fairmont Banff Springs

Das nostalgische Luxushotel wirkt zwar vom *Overlook* am *Tunnel* Mountain Drive (➤ unten) eindrucksvoller, aber das »Innenleben« muss man gesehen haben. Die Edelherberge wurde 1888 von der *Canadian Pacific Railway Company* errichtet, bis 1928 ausgebaut und war lange Zeit das beste Hotel in Westkanada mit einer beeindruckenden Anzahl von 764 Zimmern; ➤ Foto Seite 242.

Einen feinen ***Afternoon Tea*** und einen hübschen Blick über das Bow River Valley und den gepflegten Golfplatz genießt die internationale Gästeschar von der Terrasse der hochgelegenen, verglasten ***Rundle Lounge***. Reservierung: www.fairmont.com/banff-springs/dining.

Tunnel Mt Drive

Über die Buffalo Street, die unmittelbar nördlich vom *Banff Park Museum* von der Banff Ave abzweigt, steuert man die Wanderwege und Sehenswürdigkeiten entlang des ***Tunnel Mountain Drive*** an. Alternativ erreicht man diese Straße über die östliche Banff-Ausfahrt vom *TCH* (und dann nach 500 m links abbiegen). Vom Zentrum kommend lohnt sich ein Stopp gleich in der ersten Kehre an der ***Surprise Corner***. Von der Plattform oberhalb der Straße fällt der Blick auf das schlossartige Anwesen des ***Fairmont Banff Springs Hotel*** am gegenüberliegenden Flussufer.

Nur 1,2 km weiter kreuzt der ***Tunnel Mountain Trail*** die Straße (3,6 km retour). Wer in der Parkbucht linker Hand des *Drive* keine freie Lücke mehr findet, kann die Wanderung auch vom größeren Parkplatz an der 137 St Julien Road in Angriff nehmen (+700 m).

Sonnenuntergang am Hoodoo Viewpoint

Stellplätze auf dem Tunnel Mountain Trailer Court

Vom Gipfel, 260 m über der Stadt, hat man einen tollen Panoramablick. Die Bezeichnung »Tunnel Mountain« für einen Berg, an dem kein Tunnel zu entdecken ist, verwundert. Sie geht auf frühere nicht realisierte Pläne für einen Eisenbahntunnel zurück.

Bei der Kreuzung Tunnel Mt Dr/Rd hält man sich rechts und passiert kurz darauf die Zufahrt zur *HI*-Jugendherberge und die weitläufigen *Tunnel Mt Campgrounds*. An einer nicht ausgeschilderten Parkbucht rechts der Straße stehen zwei ***Red Chairs*** (➤ Seite 221).

Noch malerischer präsentiert sich die Kulisse aber vom ***Hoodoo Viewpoint*** nur wenig später (rund 400 m vor der Einfahrt zum *Tunnel Mountain Village I Campground*). Ein kurzer Fußweg führt dort zu einer kleinen Ansammlung von Gesteinsskulpturen am Hang oberhalb des Bow River. Ein weiterer Pfad verläuft ab dem *Trailer Court* auf der Ostseite um den *Tunnel Mountain* herum und zurück zur ***Surprise Corner*** am *Tunnel Mountain Drive* (ca. 4 km).

Lake Minnewanka Rundfahrt (13 km ab TCH)

Picknick- und Badeseen

Ein prächtiges Fotomotiv bietet auch der sich im **Two Jack Lake** oder **Cascade Ponds** spiegelnde **Mount Rundle**. Diese Seen liegen am *Lake Minnewanka Scenic Drive* jenseits des *Trans-Canada Hwy* (von Downtown der Banff Avenue nach Nordosten folgen) und sind an ihren Ufern mit hübschen Grill- und Picknicktischen ausgestattet. Die »Ponds« verwandeln sich an warmen Sommerwochenenden allerdings in einen überlaufenen Badeplatz – ähnlich wie der benachbarte **Johnson Lake**.

Lake Minnewanka

Als »Haussee« von Banff (14 km entfernt) gilt der schön gelegene, aber ansonsten nicht weiter aufregende **Lake Minnewanka** (24 km lang). Er ist der einzige im Nationalpark auf dem Motorbootverkehr erlaubt isr (Verleih vor Ort). Am Staudamm starten außerdem **Ausflugsboote** zu 1-stündigen Touren (1,5 Std bis zur Schlucht ***Devil's Gap***) am Übergang der Rocky Mountains ins flache Vorgebirge. Die Tickets für die *Classic Cruise* kosten $64/$32, online gibt es 10% Rabatt: www.banffjaspercollection.com/attractions/lake-minnewanka-cruise.

Bankhead Trail

Von der ehemaligen **Kohlenmine *Bankhead*** sind nur noch ein paar Ruinen und verbarrikadierte Gruben zu sehen, dafür überschaut man von der alten Abraumhalde die tief unten liegenden Seen. Wer einigermaßen gut zu Fuß ist, läuft den ***C-Level Cirque*** bergauf (3,9 km *one-way*; 450 HM; Start bei der *Upper Bankhead Picnic Area* ca. 2 km westlich des Lake Minnewanka). Bequemer ist der 1,1 km lange ***Bankhead Interpretive Loop Trail*** (ab dem *Lower Bankhead Trailhead* noch rund 500 m weiter in Richtung *TCH*).

Mount Norquay Scenic Drive (6 km *one-way* ab dem *TCH*)

Vermilion Lakes

Ein weiterer toller Blick auf das schräge Massiv des Mount Rundle eröffnet sich von den Vermilion Lakes. Zufahrt über die Vermilion Lakes Road, die unmittelbar südlich der Auf-/Abfahrt des *TCH* von der Mt Norquay Road abzweigt. Auf dem *Fenland Loop Trail* (2 km) kann man sich dort etwas die Füße vertreten.

Mount Norquay

Nördlich des *TCH* führt die Mt Norquay Road in Serpentinen zur Talstation des mächtigen Gipfels (2.133 m). Dickhornschafe am Weg und der Blick zurück auf Banff lohnen die Auffahrt. Grandios ist die Aussicht auch vom ***Cliffhouse Bistro*** (Mitte Juni-Mitte Okt. 10-18 Uhr), das man mit dem Sessellift erreicht.

Weitere Aktivitäten rund um Banff

Biking

Banff besitzt ein ausgezeichnetes Netz an markierten ***Mountain Bike Trails*** mit einfachen Wegen für Anfänger entlang der Täler und anspruchsvollen Pfaden in den Bergen. Radverleih bei *Banff Adventures Unlimited*, 211 Bear St; Tarife ab $45/Tag inkl. Helm und Karten; © 1-800-644-8888, www.banffadventures.com.

Reiten

Banff Trail Riders bietet **Ausritte** in die Umgebung an, u.a. kurze *Bow River Rides* (1 Std à $64) oder *Sulphur Mountain Rides* (3 Std à $196); © 1-800-661-8352, www.horseback.com.

Rock Isle Lake (links) und Laryx Lake (rechts) vom Mt Standish

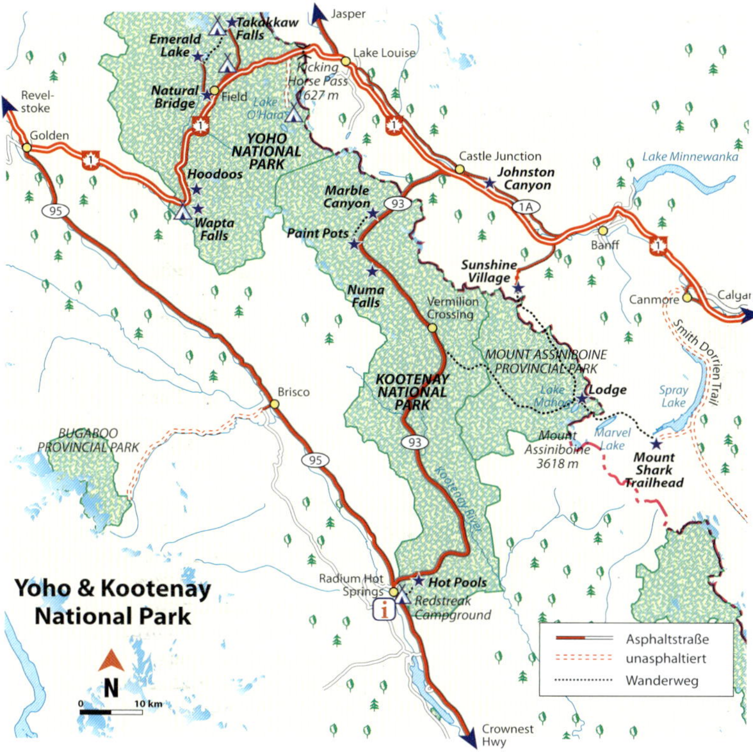

Sunshine Village & Meadows

Zum »Sonnenscheindorf« auf 2.160 m Höhe geht es den Sommer über mit der ***Sunshine Village Gondola*** ($45/$23; 8-18 Uhr). Zur Talstation am Ende der Sunshine Rd (*TCH*-Ausfahrt 8 km westl. der Stadt) verkehrt 7-18.30 Uhr auch ein Gratisbus mit Stopps am Bahnhof und bei einigen Hotels; www.banffsunshinemeadows.com.

Oben angekommen führen Wanderwege durch die *Meadows*, eine herrliche, im Sommer von bunten Blumen und wilden Erdbeeren übersäte alpine Hochebene. Empfehlenswert und in 3-4 Stunden (ohne Pausen) leicht zu bewältigen ist die 9 km lange Kombination aus ***Rock Isle Trail*** und ***Grizzly Lake-Larix Lake Loop***.

Chairlift

Lauffaule gelangen vom *Village* 8-17 Uhr bequem per Sessellift auf den **Mount Standish** (2.420 m) mit fantastischem 360°-Rundumblick. An guten Tagen zeigt sich dort (oberhalb des Rock Isle Lake) sogar die Spitze des Mount Assiniboine. Ab *Sunshine Village* führt ein *Backpacking*-Trip zu diesem Provinzpark (30 km *one-way*, ➤ Seite 263).

3.5 Yoho & Kootenay National Park

Bei einem mehrtägigen Aufenthalt in Lake Louise oder Banff bietet sich auch ein Abstecher in die an den *Banff NP* angrenzenden Nationalparks **Yoho** und **Kootenay** an. *Backpacker* können außerdem noch eine mehrtägige Wanderung in den ***Mount Assiniboine Provincial Park*** (➢ Seite 263) in Erwägung ziehen.

Abstecher Yoho NP

Ohne das doppelte Abfahren einiger Strecken sind diese zwei Nationalparks aber gar nicht so leicht in die Reiseroute einzubauen. Auf keinen Fall auslassen sollte man den kurzen Ausflug in den ***Yoho Nat'l Park***, denn dort befinden sich die entscheidenden Highlights bereits auf den ersten 30 km ab Lake Louise.

Abstecher Kootenay NP

Der ***Kootenay NP*** bietet vergleichsweise weniger »Must Sees«, dafür aber umso mehr Ruhe/Erholung und wäre somit gut geeignet als Ausklang eines mehrtägigen Rocky-Mountains-Besuchs vor der Weiterfahrt nach Calgary oder zum *Waterton Lakes NP* bzw. vor der Rückkehr nach Vancouver über den *Trans-Canada Highway* oder den *Crowsnest Hwy* an der Grenze zu den USA.

Rundtour durch den Kootenay + Yoho NP

(ohne Zeitzonenwechsel!)

Beide Nationalparks lassen sich auch im Rahmen einer längeren Rundtour miteinander kombinieren. Der **320 km *Loop*** ab Lake Louise ist zwar an nur einem Tag machbar, empfehlenswerter ist aber ein Zwischenstopp mit Übernachtung in Radium Hot Springs. Hierbei geht es ab Castle Junction zunächst auf der Straße #93 in und durch den ***Kootenay National Park***.

Von Radium Hot Springs an der Südausfahrt des Parks sind es dann auf der parallel zum Columbia River verlaufenden #95 knapp 100 km bis nach Golden am *Trans-Canada Highway*. Auf den verbleibenden 80 km zurück nach Lake Louise gibt es dann in der Umgebung von Field im *Yoho NP* noch einiges zu sehen.

3.5.1 Yoho National Park

Eintritt Tagespass $9,80/Auto oder Discovery Jahrespass

Westlich von Lake Louise verläuft der *Trans-Canada Hwy* durch den unmittelbar an den *Banff Park* anschließenden ***Yoho Nat'l Park***. Die Einfahrt in den *Yoho* markiert gleichzeitig die Provinzgrenze zwischen Alberta und British Columbia und die Wasserscheide (***Continental Divide***) zwischen Pazifik und Atlantik.

Das Gebiet des heutigen ***Yoho National Park*** wurde erst Ende des 19. Jahrhunderts im Zusammenhang mit dem Bau der ersten transkanadischen Eisenbahn erforscht. Die damals für die Schiene gewählte Route über den ***Kicking Horse Pass*** (1.647 m) erwies sich Jahrzehnte später auch für die Trassenführung des *Trans-Canada Highway* als geeignet.

Lake O'Hara

Südlich des *TCH* erstreckt sich der Glanzpunkt des Nationalparks, die vom Massentourismus weitestgehend abgeschottete, idyllische Bergseenlandschaft rund um den **Lake O'Hara**, die man nur per 11-km-Anmarsch auf der wenig spannenden *Lake O'Hara Fire Road* (keine Fahrräder) erreicht oder per **Shuttlebus**, der lange im Voraus reserviert werden muss (➢ Exkurs rechts).

Alpine Circuit im Yoho National Park

Der rund 12 km lange Höhenweg um den **Lake O'Hara** zählt zu den größten Juwelen der kanadischen Rocky Mountains (schneefrei meist ab Juli). Auf ihm genießt man durchgehend einen Panoramablick auf die umliegenden Berggipfel und die in unterschiedlichen Wasserfarben leuchtenden Seen. Für die besten Fotobedingungen startet man im Uhrzeigersinn am Vormittag über den *Wiwaxy*-Aufstieg (500 Höhenmeter) und genießt dann *Opabin Prospect* mit traumhafter Aussicht auf den türkisblauen Lake O'Hara und den grünlich schimmernden Mary Lake im Nachmittagslicht (➤ Foto Cover). Mitte September neigt sich die Wandersaison dem Ende zu, dann lohnt sich vor allem der Besuch des Lärchen bestandenen *Opabin Plateau*. Zu der Jahreszeit muss man so hoch in den Bergen allerdings schon mit ersten Schneefällen rechnen.

Für die Fahrt zur *Le Relais*-Schutzhütte, dem Ausgangspunkt des *Alpine Circuit*, wird ein ***Shuttle Bus Ticket*** benötigt ($14,70/$7,30; nur wenige Plätze/Tag!). Die Alternative (plus 11 km *one-way* auf der *Fire Road*; 400 Höhenmeter) werden sicher nur wenige in Betracht ziehen, auch wenn man abends mitunter noch einen freien Platz im Bus für die Rückfahrt ergattern kann.

Vergeben werden die Tickets online unter www.reservation.pc.gc.ca, neuerdings per Losverfahren. Dafür kann man sich bereits im Februar bewerben ($10 Gebühr) unter Angabe von 6 Wunschterminen und dann auf sein Glück hoffen. Wer vor Ort zelten möchte, muss sich eine der 30 *campsites* ($22) bereits Ende Januar sichern. Sie sind am Stichtag in der Regel in Sekundenschnelle (!) ausverkauft. D.h., das nötige Benutzerkonto für das Buchungsportal (➤ Link oben) sollte man dann schon im Voraus angelegt haben und möglichst schnell sein. Die Fahrt im Shuttlebus ist bei den Zeltplätzen dabei. Alle Details zum Prozedere unter: www.pc.gc.ca/en/pn-np/bc/yoho/activ/randonnee-hike/ohara/visit.

Das Bus-Ticket ist auch allen garantiert, die es das nötige »Kleingeld« für eine Übernachtung in der ***Lake O'Hara Lodge*** haben ($755-$1080; www.lakeohara.com). Die Betten in der ***Elizabeth Parker Hut*** beim See ($45) sind ebenfalls heiß begehrt und werden bereits im Herbst verlost; www.alpineclubofcanada.ca.

Zum Lake O'Hara geht es nur per Shuttlebus oder auf Schusters Rappen, daher ist das Gebiet selbst in der heutigen Zeit alles andere als überlaufen

3

Spiral Tunnels

Da sich das 4,5%ige Gefälle der ersten Eisenbahntrasse westlich des ***Kicking Horse Pass*** als zu steil erwies (viele Züge entgleisten!), wurde es bereits 1909 mit Hilfe von zwei spiralförmig angelegten Tunneln, die einen Bogen von 226° bzw. 288° schlagen, auf 2,2 % verringert. Weil kanadische Güterzüge oft weit über 100 Waggons mitführen, sieht man gelegentlich die Loks bereits am unteren Tunnelausgang herauskommen, während die letzten Wagen oben noch hineinrollen. Der ***Lower Spiral Tunnel*** ist gut vom *TCH* zu erkennen, zum weniger interessanten ***Upper Spiral Tunnel Viewpoint*** muss man ein Stück der Straße ins Yoho Valley hinein folgen. Die Zugfrequenz ist relativ hoch, so dass die Chance, Züge in die Tunnel ein- und ausfahren zu sehen, groß ist. Das durchdringende Pfeifen der Züge signalisiert ihre Tunnelnähe.

Yoho Valley

Rund 4 km vor der Ortschaft **Field** zweigt beim *Monarch Campground* ($18) die ***Yoho Valley Road*** vom *TCH* ab. Der benachbarte und weitläufige ***Kicking Horse*** ($27) ist klar die bessere Wahl.

Takakkaw Falls

Der Abstecher zu den *Takakkaw Falls* auf der ***Yoho Valley Rd*** (nur Ende Juni-Mitte Okt.) sollte das Minimalprogramm im *Yoho Nat'l Park* sein. Bis zum Straßenende sind es 13 km. Auf halber Strecke machen enge Serpentinen Fahrzeugen über 7 m/23 Fuß Länge zu schaffen. Größere Campmobile und Busse überwinden das Hindernis durch **abwechselndes Vorwärtsfahren und Zurücksetzen**, wenn sie die Kurven sonst nicht meistern können.

Vom Parkplatz geht es auf einem kurzen Pfad über den *Yoho River* bis zum Fuß der ***Takakkaw Falls*** (254 m). Gespeist wird der zweithöchste kanadische Wasserfall vom nur wenig oberhalb gelegenen ***Daly Glacier***. Der sehr schöne, aber einfache *Walk-in Campground* am Straßenende ist im Sommer meist schon vormittags belegt ($18).

Takakkaw Falls im Nachmittagslicht

Wanderwege

Der Parkplatz an den *Takakkaw Falls* bildet eine Art Knotenpunkt im Wegenetz des Parks. Ein 4 km langer, ebener *Trail* führt zu den ***Laughing Falls***. Von dort aus erreicht man die (unbewirtschaftete) ***Stanley Mitchell Hut*** (26 Betten, $45), eine Hütte des ***Alpine Club of Canada*** im Little Yoho Valley nach 5 km, Reservierung unter www.alpineclubofcanada.ca.

Der Weg (ca. 4 km) von den *Laughing Falls* zum ***Twin Falls Chalet*** (2020 voraussichtlich geschlossen) mit Blick auf die 80 m hohen ***Twin Falls***, Kanadas neunthöchstem Wasserfall, gehört zu den populärsten Wanderrouten im *Yoho NP*. Zurück folgt man dem kaum längeren ***Marpole Lake Connector*** (am gleichnamigen kleinen See vorbei) oder dem herrlichen ***Whaleback Trail*** (+5 km) mit einem ebenso spektakulären Höhenpanorama.

Ein weiterer schöner Wanderweg überquert, ausgehend vom toll gelegenen ***HI Whiskey Jack*** (Betten $33, Veranda mit Blick auf die *Takakkaw Falls*; ✆ 1-866-762-4122; www.hihostels.ca) auf der westlichen Talseite den *Yoho Pass* zum Emerald Lake (direkt 11 km, am besten in Verbindung mit ***Burgess Pass Trail***, rund 18 km).

Auf dem ersten Kilometer identisch mit dem *Yoho Pass Trail* verläuft der ***Iceline Trail***, der eine 6,5 km entfernte Passhöhe (2.210 m) oberhalb der Baumgrenzen anvisiert. Der Aufstieg lohnt sich selbst für 2 km wegen der fantastischen Ausblicke auf die ***Takkakaw Falls***, Berggipfel und Gletscher. Mit dem *Iceline Trail* beginnt auch die mit Abstand attraktivste Rundwanderung (26,5 km) über ***Lake Celeste Connector*** ins **Little Yoho Valley**, dann ***Whaleback Trail*** zum *Twin Falls Chalet*; zurück auf dem ***Laughing Falls Trail***.

Geführte Wanderung

Ausgehend vom Parkplatz an den *Takakkaw Falls* werden im Sommer außerdem von Wissenschaftlern geführte Wanderungen zum ***Walcott Quarry*** angeboten, eine der weltweit bedeutendsten Ausgrabungsstätten. In den Schiefer-Platten der ***Burgess Shale*** lagern auch heute noch **zahllose Fossilien**, dessen Bergung und Präparation man vor Ort »live« mitverfolgen kann. Dauer 11 Std., 21 km retour, 825 HM; $70/$35, max. 12 Personen, Reservierung meist ab Anfang Januar: www.pc.gc.ca/en/pn-np/bc/yoho/activ/burgess. Eine etwas weniger anstrengende Alternative ist der *Hike* zu den Fossilienfunden am ***Stanley Glacier*** im *Kootenay NP*, ➤ Seite 256.

Field

In Field, einer 1885 bei der Konstruktion der *Canadian Pacific Railway* entstandenen Eisenbahnersiedlung 4 km westlich des *Yoho-Valley-Road*-Abzweigs, passiert man das ***Yoho Visitor Centre***, zugleich offizielles ***Alberta & BC Welcome Centre***. Dort gibt es u.a. den ***Backcountry Guide to Yoho NP***, eine nützliche Broschüre mit allen *Trails*; im Sommer täglich 8.30-19 Uhr; www.pc.gc.ca/yoho.

Neben dem ***Fireweed Hostel*** (Schlafsaalbetten $45, Dopplezimmer $100-$135; ✆ (250) 343 6999, www.fireweedhostel.com) stehen in und rund um Field noch eine ganze Reihe *Guesthouses*, u.a. ***The Coyotes Den*** (213 2nd Ave; $140 inkl. Frühstück; ✆ (250) 343-6034, www.coyotesden.ca). Eine gute Übersicht findet man auf dem offiziellen Portal www.field.ca/accommodations.

Lodge am Emerald Lake

Emerald Lake Road

Rund 3 km westlich von Field zweigt die Emerald Lake Road vom *TCH* ab. Gleich eingangs dieser Stichstraße befindet sich eine natürliche Felsbrücke (***Natural Bridge***) über den Kicking Horse River, nur wenige Schritte vom Auto entfernt. Bis zum wunderschönen **Emerald Lake**, dessen Farbe seinem Namen (»Smaragd«) alle Ehre macht, sind es ca. 8 km auf guter, ganzjährig geöffneter Straße. Ein Naturlehrpfad (5 km) führt rund um den See, ein Kurztrail zu den ***Hamilton Falls***. Leihkanus kosten dort $70/Stunde.

Die ***Emerald Lake Lodge*** hat DZ und rustikale Luxus-Hütten mit Seeblick ab $470; ✆ 1-800-663-6336, https://crmr.com/emerald.

Hoodoos

Nahe der Westgrenze des Parks liegt etwas abseits der Hauptstraße der *Hoodoo Creek Campground* (30 Plätze, $16), dessen rückwärtiger Teil hübsche Plätzchen bietet. Ein steiler Pfad (5,2 km retour; 325 HM) führt zu den ***Leanchoil Hoodoos***, die beeindruckender als die Sandsteintürmchen in Banff sind (➤ Seite 247).

Wapta Falls

Jenseits der Autobrücke über den Kicking Horse River befindet sich die kurze Zufahrt zum ***Wapta Falls Trailhead***. Nach relativ ebenen 2,3 km Waldweg sind die breiten, tosenden Wasserfälle erreicht.

Kicking Horse River

Für Tagesausflügler ab Lake Louise/Banff ist spätestens hier der Umkehrpunkt, außer man möchte noch den Kicking Horse River bezwingen, einer der rauesten ***White Water Rafting***-Flüsse in British Columbia. Nur wenig außerhalb der Parkgrenzen kann man eine Tour auf dem *Middle River* (Grad III-IV) mit dem unbändigen *Lower River* (7 km, Grad IV+) zum 26-km-Trip ausdehnen, 5,5 Std $139. Auch 4-stündige *Gentle Family Rafting*-Touren werden angeboten ($89/$59); ✆ 1 877-344-7238, www.alpinerafting.com.

Golden

Bei **Golden**, einem 3.700-Einwohner-Städtchen mit guter Infrastruktur (zahlreiche Motels) aber ohne jeglichen Reiz, mündet der Kicking Horse in den Columbia River. Das *Visitor Centre* steht am *TCH* unweit des #95-Abzweigs; www.tourismgolden.com.

Erste Wahl ist der sehr schön am Fluss gelegene, weitläufige ***Municipal Campground*** (1407 9th Street South, Zelte $35, *hook-up* $38-$50, ✆ 1-866-538-6625; www.goldenmunicipalcampground.com). Anders als beim ***Whispering Spruce Campground***, der östlich von Golden in *TCH*-Nähe liegt, stört der Bahn- und *Hwy*-Lärm dort kaum. Zum Baden eignet sich der **Cedar Lake** südlich des Ortes (2 km Forststraße ab Kicking Horse Drive/Trail).

Wer auf seiner Rundreise durch die kanadischen *Rockies* noch keinem Grizzly begegnet ist, kann dies im ***Grizzly Bear Refuge*** beim *Kicking Horse Mountain Resort* westlich von Golden nachholen. Dort lebt Grizzly *Boo*, der seine Mutter früh verloren hat ($31/$26).

Weiterfahrt auf dem TCH

Im weiteren Verlauf durchquert der *TCH* die **Nationalparks Glacier** und **Mt. Revelstoke**. Nähere Ausführungen zur Strecke Richtung Kamloops/Vancouver finden sich im **Kapitel 4.1**, ➤ Seite 273ff.

3.5.2 Kootenay National Park

Straße #93

Tagespass $9,80/Auto oder Discovery Jahrespass

Die bei Castle Junction auf halber Strecke zwischen Lake Louise und Banff vom *Trans-Canada Hwy* abzweigende **#93** führt durch den am wenigsten frequentierten Nationalpark der kanadischen Rocky Mountains. Das Besucherzentrum des ***Kootenay NP*** befindet sich an der Südeinfahrt in Radium Hot Springs. Daher besorgt man sich die Parkkarte am besten vorab in Banff oder Lake Louise oder speichert sich das *PDF-file* auf dem Handy ab: www.pc.gc.ca/en/pn-np/bc/kootenay/visit/depliants-brochures/cartes-maps.

Geschichte

Der Nationalpark verdankt seine Entstehung im Wesentlichen der einstigen Finanzschwäche der Provinz British Columbia. Bereits 1911 wurde der Bau des ***Banff-Windermere Highway*** in Angriff genommen, auf dem Obst und Gemüse in die Prärieprovinzen transportiert werden sollten. Aber Finanzierungsprobleme behinderten die Fertigstellung. Als die kanadische Regierung einsprang, erhielt sie als Gegenleistung einen Streifen Land von jeweils 8 km beiderseits der Straße, der 1920 noch vor Ende der Bauarbeiten (1922) zum ***Highway National Park*** erklärt wurde. Seinen endgültigen Namen erhielt der Park nach den *Ktunaxa*-Indianern, die vor Ankunft der Weißen dort gesiedelt hatten.

Klima

Das Klima im östlichen Bereich des *Kootenay NP* unterscheidet sich stark von dem im Westteil. Die Barriere der *Rockies* sorgt für größere Niederschlagsmengen in den östlichen Höhenlagen, während die westliche, tiefer gelegene Parkregion – etwa ab *Kootenay Crossing* – relativ trocken und warm bleibt.

Camping

Der *Highway* #93 ist keine wichtige Hauptstraße wie der *TCH* und daher verkehrsmäßig viel angenehmer. So sind auch die ***Campgrounds*** nicht so stark frequentiert: Ein klimatisch eher ungünstiger Platz befindet sich im Osten beim hochgelegenen ***Marble Canyon***, empfehlenswerter ist der großzügig angelegte ***McLead Meadows*** (beide $22 und überwiegend *first-come, first-served*) oder ***Redstreak*** bei der Südausfahrt, ➤ Seite 258.

Trails

Unweit des ***Vermilion Pass*** (1.651 m), 10 km westlich des *TCH*, schlängelt sich der ***Fireweed Nature Trail*** (1 km) durch ein bereits 1968 von einem Waldbrand (*Vermilion Pass Burn*) geschädigtes Areal. Der Baumbestand erholt sich wegen der in der Höhe nur kurzen jährlichen Wachstumsperiode langsam. Dafür haben sich viele Wildblumen ausgebreitet, vor allem *Fireweed*, das in prächtigem Rosa blühende »Schmalblättrige Weidenröschen«.

Der ***Stanley Glacier Trail*** (8,4 km retour, 360 HM) führt etwas weiter westlich durch dasselbe Waldbrandgebiet und endet unterhalb des Gletschers. Tolle Blumenblüte im Frühsommer!

An diesem *Trailhead* starten Mitte Juni-Mitte September auch die geführten Touren zu den **Fossilienfundstätten** unterhalb des *Stanley Glacier*; Dauer: 7,5 Stunden, 10 km retour, 450 HM; Kosten $55/$28. Reservierung (plus $11) und Infos: www.pc.gc.ca/en/pn-np/bc/yoho/activ/burgess/stanley.

Marble Canyon & Paint Pots

Durch starken Wasserdruck wurde der Kalkstein im Bett des *Tokumm Creek* zu Marmor (*Marble*) gepresst. Der empfehlenswerte ***Marble Canyon Trail*** verläuft abwechselnd über sieben Brücken zu beiden Seiten einer bis zu 40 m tiefen Schlucht (1 km, 25 HM). Tosende Wasserfälle, Engpassstellen und eine natürliche Steinbrücke sind die Hauptattraktionen dieses Weges, für den man einen knapp einstündigen Zwischenstopp einkalkulieren muss.

Die ***Paint Pots***, runde, rot-gelbe Erdkuhlen, verdanken ihre Entstehung dem ständig zufließenden eisenhaltigen Wasser aus mineralhaltigen Quellen. Bevor weiße Einwanderer die Ockergruben kommerziell ausbeuteten und den Sand als Grundstoff für Färbemittel nach Calgary transportierten, verwendeten bereits die Indianer die Erde für Körperbemalung und Verschönerung ihrer *Teepees*. Noch heute künden verrostete Maschinenteile von den Aktivitäten der Weißen. Der Weg zu den *Paint Pots* ist nur 1 km lang (25 Höhenmeter) oder ausgehend vom *Marble Canyon Trailhead* 6,8 km retour (40 Höhenmeter).

Am Weg entlang des tiefen Marble Canyon sind die Schäden durch die verheerenden Waldbrände von 2003 auch heute noch deutlich sichtbar

Beeindruckender als die eher unscheinbaren ***Numa Falls***, 4 km weiter südlich an der #93, ist ihr glattpoliertes, canyonartiges Flussbett sowie das intensive Türkis des dort durchrauschenden Wassers.

Übernachten

In Vermilion Crossing, wo man den *Vermilion River* quert, steht die ***Kootenay Park Lodge***. Das Nationalpark-Hotel verfügt über etliche *Cabins* (im Sommer ab ca. $240) sowie über ein rustikales Restaurant; © (250) 434-9648, www.kootenayparklodge.com. In der Nähe lassen sich unterhalb des Mt Wardle oft Schneeziegen oder Hirsche beim **Salzlecken** direkt neben der Straße beobachten.

Die noch vor dem *Kootenay Valley Viewpoint* abzweigende Settlers Road führt zum ***Cross River Wilderness Centre*** mit *Cabins* und *Teepees* in herrlich einsamer Lage; Übernachtung ab ca. $260; www.crossriver.ca.

Im weiteren Verlauf entfernt sich die #93 vom Kootenay River und klettert über den ***Sinclair Pass*** (1.486 m). Schautafeln an den Aussichtspunkten informieren über die Namen der im Blickfeld liegenden Rocky Mountains-Gipfel. Wenige Kilometer vor der südlichen Parkeinfahrt passiert man noch die roten Klippen der *Redwall Fault* und die ***Radium Hot Springs***, bevor sich die Straße #93 durch den pittoresken ***Sinclair Canyon*** zwängt.

Radium Hot Springs

Die heißen Quellen werden von Regenwasser gespeist, das bis in 3.000 m tiefe Erdschichten vordringt, dort verdampft und sich auf dem Weg nach oben wieder verflüssigt. Sie erhielten ihre Bezeichnung wegen der (geringen und medizinisch unbedenklichen) Spuren an radioaktivem Radium. Ein erstes Badehaus wurde schon zu Beginn des 20. Jahrhunderts gebaut, heute befinden sich dort ein großer *Aquacourt* mit Spa und Cafeteria. Ein ***Outdoor Pool*** ist mit 27°C zum Schwimmen geeignet, der andere enthält 39°C heißes Wasser. Geöffnet Mitte Mai-Mitte Oktober täglich 9-23 Uhr, sonst 13-21 Uhr, Eintritt $7/$5; www.pc.gc.ca/hotsprings.

Die heißen Quellen Radium & Fairmont liegen an der **Hot Springs Circle Route**, ➤ Seite 280

Unmittelbar an den südlichen Parkausgang grenzt der Touristenort **Radium Hot Springs** (www.radiumhotsprings.com). Das gemeinsam mit dem Nationalpark unterhaltene ***Visitor Centre*** an der 7556 Main Street East hat jede Menge Parkkarten und Infobroschüren wie z.B. den *Kootenay Backcountry Guide* mit sämtlichen Wander- und Radwege sowie Zeltplätzen im Hinterland; im Sommer geöffnet 9-19 Uhr.

Preiswertestes Quartier in Radium Hot Springs ist die Jugendherberge in der ***Misty River Lodge***; 5036 Hwy #93; Betten $46, DZ ab $98; © (250) 347-9912, www.mistyriverlodge.ca.

Der sehr schöne ***Redstreak Campground*** auf einem sonnigen Plateau an der Parkgrenze – über einen Fußweg (2,7 km) mit den *Hot Springs* verbunden – ist der komfortabelste Campingplatz des *Kootenay NP*; $27, *full hook-up* $38; *oTENTiks* $120 (bis zu 6 Personen); Reservierung: www.reservation.pc.gc.ca.

Fortsetzung der Rundtour bis nach Golden (TCH)

Straße #95

Der Highway #95 verbindet die Ortschaften Radium Hot Springs und Golden (ca. 100 km). Die Straße verläuft durch das breite **Columbia River Valley** unterhalb der Gipfel der *Rockies* und wird begleitet von der schroffen **Purcell Range** der Columbia Mountains im Westen. Abseits ihres Verlaufs gibt es eine ganze Reihe von ***Campgrounds***, die meist nicht in Campingführern verzeichnet sind. Auskunft dazu erhält man beim *Visitor Centre* oder auf der Internetseite www.sitesandtrailsbc.ca.

Bugaboo PP

Bei Brisco, rund 27 km nördlich von Radium Hot Springs, zweigt von der Straße #95 die 50 km lange Staubpiste ab zum ***Bugaboo Provincial Park***, einem recht anspruchsvollen Wander- und Klettergebiet voller spektakulärer Granitspitzen, von denen gleich einige die 3.000 m überschreiten.

Weiterfahrt durch das südliche Columbia River Valley (Anschluss an den Crowsnest Hwy)

Auch wer sich in Radium Hot Springs südwärts in Richtung ***Crowsnest Highway*** wendet, verliert entlang der #95 das **Panorama der Rocky Mountains** – bis nach Fort Steele – nicht aus den Augen.

Der kleine ***Dry Gulch Provincial Park*** ($25), 5 km südlich von Radium Junction, empfiehlt sich nicht nur, wenn der *Redstreak Campground* im *Kootenay NP* belegt ist. Trotz des Namens ist die »trockene Schlucht« eine Vegetationsinsel. Nur der kleine Bachlauf quer durch den Park führt im Sommer kein Wasser.

Windermere Lake

Während die kalten Seen der *Rockies* eher nicht zum Schwimmen einladen, findet man in dieser klimatisch begünstigten Region Badeseen wie z.B. den **Windermere Lake**. Beliebt sind dort die Sandstrände ***Kinsmen Beach*** im gleichnamigen Park und im ***James Chabot Provincial Park***, beide bei **Invermere**.

Fairmont Hot Springs

Weiter südlich um die heißen Quellen der ***Fairmont Hot Springs*** hat sich ein kleines touristisches Zentrum mit Hotels etabliert, darunter das Prunkstück ***Fairmont Hot Springs Resort*** (DZ ab $250) mit Golf-/Tennisplätze und zwei ***Campgrounds*** (Zelte $36, RVs ab $56). Das Wasser in den vier Freibädern ist zwischen 40°C und 43°C warm; täglich 8-21 Uhr; Eintritt im Juli+Aug $21/$15 (für Camper preiswerter); ✆ 1-800-663-4979, www.fairmonthotsprings.com.

Südlich des Ortes an der Mündung des Dutch Creek in den Columbia Lake ragen die grauen, 100 m hohen ***Dutch Creek Hoodoos*** auf. Nachmittags stehen die Klippen im besten Fotolicht.

Canal Flats

Eine kaum merkliche Anhöhe am Südufer des **Columbia Lake** (auch mit Badestrand) bildet die **Wasserscheide** zwischen Kootenay

Entspannen am Flussufer in den Pools der Lussier Hot Springs

und Columbia River. Ein Kanal mit Schleuse, die 1888-1902 nur kurz in Betrieb war, gab der Siedlung **Canal Flats** ihren Namen.

Baden

Rund 5 km weiter südlich geht es auf Schotter (*Whiteswan Lake Forest Service Road*) 18 km nach Osten zu den herrlichen Pools der ***Lussier Hot Springs*** (bis 46°C; kostenlos, sehr beliebt) und zum ***Whiteswan Lake Provincial Park*** mit Picknicktischen und fünf einfachen *Campgrounds* in Seenähe ($20-$23; nicht reservierbar).

Noch etwas südlicher schafft eine weitere Stichstraße bei **Skookumchuck** Zugang zu zwei weiteren Bilderbuchseen: **Premier Lake** mit sehr schönen *Campsites* ($25; großteils *first-come, first-served*) und **Quartz Lake** am Ende der 16 km langen Zufahrt.

Kurz vor Wasa gabelt sich die Straße: Die **#93/#95** nach links führt in Richtung Fort Steele, die **#95A** nach Kimberley:

Kimberley an der #95A

Wer Appetit auf *Sauerkraut* & *Frankfurters* verspürt, wird in der *Bavarian City* **Kimberley** fündig. Neben Fachwerkhäusern und einer Fußgängerzone im Alpen-*Look* wartet noch das »**Platzl**« mit Kanadas größter **Kuckucksuhr**, aus der nach Münzeinwurf der jodelnde »Happy Hans« erscheint (*Info*: 270 Kimberley Ave; www.tourismkimberley.com). Alles erinnert ein wenig an die »Bayernstadt« Leavenworth im US-Kaskadengebirge (➤ Seite 565).

Bis zu ihrer Schließung 2001 war die ***Sullivan Mine*** bei Kimberley eine der weltgrößten Blei- und Zinkuntertageminen. Heute befördert die ***Kimberley's Underground Mining Railway*** nur noch Touristen – vom Ortskern zum *Mine Powerhouse* und ***Underground Interpretive Center***; im Sommer täglich 11, 13 und 15 Uhr; $25/$10-$15; www.kimberleysundergroundminingrailway.ca.

In Kimberley unterzukommen, ist kein Problem. **Motels** der mittleren/unteren Preisklasse sind zahlreich vorhanden. Der beste Campingplatz weit und breit ist der ***Kimberley Riverside*** hoch über dem Fluss Abzweig ca. 6 km südlich auf der #95A im Vorort Marysville, dann 3 km Zufahrt; Zelte $28, *full hook-up* ab $39; 500 St. Mary Lake Road, © 1-877-999-2929, www.kimberleycampground.com.

Fahrt über die #93/#95

Die **#93/#95** über Wasa/Fort Steele ist wegen der *Heritage Town* vorzuziehen. Camper könnten sich bereits 21 km davor im ***Wasa Lake PP*** einen Platz sichern ($30; warmer Badesee!). Der ***Fort Steele RV Park*** befindet sich bei der Einmündung Wardner-Fort Steele Road in Hwy #95; Zelte $35, *full hook-up* $50-$55; © (250) 489-4268, www.fortsteele.com. Ein weiterer Badestrand wartet am **Norbury Lake** (*PP-Campsites* $20, nicht reservierbar); Anfahrt über Wardner-Fort Steele Road parallel zur #93.

Fort Steele

Die weiße Besiedlung der Region begann mit dem ***Kootenay Gold Rush*** im Jahre 1864. Ein erster Posten der *North West Mounted Police* entstand 1887 und daraus das Fort Steele. Den *Mounties* gelang es, bewaffnete Auseinandersetzungen zwischen Einwanderern und Indianern weitgehend zu verhindern. Ende des 19. Jahrhunderts war aus Fort Steele eine Stadt geworden. Mit dem Bau einer Eisenbahnlinie, die Fort Steele umging und 1898 einen Bahnhof in Cranbrook erhielt, begann jedoch ihr Niedergang, und bereits 1910 wurde sie zur Geisterstadt.

Neben Barkerville ist Fort Steele das beste »Living Museum« in British Columbia

An der ***Fort Steele Heritage Town*** beeindruckt zunächst die Lage am Kootenay River. Die über 60 Gebäude des weitläufigen Geländes – Wohnhäuser, Werkstätten, Polizeiwache und Läden – wurden mit viel Liebe zum Detail hergerichtet; 9851 Hwy #93/95; geöffnet im Juli/August täglich 10-17 Uhr ($18, Kinder $12) Eintritt, sonst nur bis 16 Uhr bei reduziertem Angebot $10/$7; www.fortsteele.ca.

Zeitgenössisch kostümierte Bewohner spielen überall im Dorf Episoden vom Aufstieg und Niedergang der Stadt *open-air* nach. In den Häusern kann man traditionelle Handwerkstechniken bewundern und in der Bäckerei Spezialitäten genießen.

Im Juli/August gibt es noch Zusatzprogramm: täglich um 14 Uhr eine Aufführung im ***Wild Horse Theatre*** (extra $10/$5) und für den Kinderspaß sorgen Postkutschenrunden ($5) und Fahrten mit einer Dampflok aus 1923 ($15/$10); als Kombiticket *Steele of a Deal* für $45/$25 inkl. Eintritt. **Restaurants** und **Souvenirshops** fehlen im Fort natürlich auch nicht.

Anschluss an den Crowsnest Highway

Nur knapp 8 km südlich der *Heritage Town* erreicht man den *Crowsnest Hwy* (#3) und nach weiteren 9 km die Stadt **Cranbrook**, wo auch die #95A in die #3 einmündet. Nach Westen geht es von dort zurück nach Vancouver (alle Details ab ➤ Seite 291ff) und in Richtung Osten weiter zum *Waterton Lakes Nat'l Park* (Beschreibung ➤ Seite 267ff) oder hinauf nach Calgary (➤ Seite 306ff).

3.6 Von Banff nach Calgary oder zum Waterton NP

An der Strecke (130 km *TCH*) zwischen Banff und Calgary bietet sich noch ein Stopp in **Canmore** an oder ein Abstecher in das ***Kananaskis Country***, einem etwas ruhigeren Erholungsgebiet in den Ausläufern der Rocky Mountains; www.kananaskis.com. Der **spektakuläre *Kananaskis Trail*** (Straße #40) östlich der gleichnamigen Bergkette und der ebenfalls schöne, unasphaltierte ***Smith-Dorrien/Spray Trail*** (#742), der sich zwischen den *Rockies* und *Kananaskis* südwärts bis zum sehenswerten *Peter Lougheed Provincial Park* schlängelt, lassen sich zu einer abwechslungsreichen **Tagestour ab Canmore** kombinieren.

Auch eine Fortsetzung der Reise in Richtung Süden (*Crowsnest Hwy* und *Waterton Lakes NP*) ist über eine der beiden Panoramastraßen ab Canmore denkbar – die Verbindung über den ***Highwood Pass*** ist aber meist erst ab Mitte Juni durchgängig befahrbar!

3.6.1 Canmore

Unmittelbar am Osteingang des ***Banff National Park*** im breiten Tal des milchig-grün dahinfließenden Bow River erstreckt sich **Canmore** (14.000 Einwohner; *Info*: 2801 Bow Valley Trail; www.explorecanmore.ca). Die Stadt entstand als Bergwerkssiedlung und Bahnhof der *Canadian Pacific Railway* im späten 19. Jahrhundert. 1988 fanden im ***Nordic Centre*** während der Olympischen Winterspiele die Langlauf- und Biathlonwettbewerbe statt.

Canmore eignet sich gut als **Quartieralternative** zum teuren Banff aufgrund seines großen Angebots an **H/Motels**, **B&Bs** sowie einer beachtlichen Café- und Restaurantansammlung rund um die 8th Street. Außerdem unterhält der ***Alpine Club of Canada*** in der Stadt eine Talherberge, das ***HI Canmore*** (201 Indian Flats Rd; Betten $45). Der Verein betreut sonst vor allem unbewirtschaftete Berghütten.

Three Sisters, die »Hausberge« von Canmore bei Sonnenaufgang

3.6.2 Kananaskis Country

Smith-Dorrien/Spray Trail (#742)

Jenseits der Brücke über den Bow River in Canmore (immer der Ausschilderung »*Nordic Centre/Spray Lakes*« folgen) beginnt der ***Smith-Dorrien/Spray Trail*** durch das ***Kananaskis Country***, der nur bis zum Abzweig der Stichstraße zum *Grassi Lakes Trailhead* am Ufer des seeähnlichen *Rundle Canal* asphaltiert ist. Dort beginnt die schöne **Wanderung** unterhalb des *Ha Ling Peak* zu den **Grassi Lakes**, einer kleinen Seenkette mit steilen Kletterfelsen rundherum (4 km retour, 250 HM).

Die darauf folgenden 34 km zum und im *Peter Lougheed Provincial Park* sind zwar staubig, aber meist gut mit allen Fahrzeugen machbar (vorher im Besucherzentrum in Canmore den aktuellen Straßenzustand erfragen!). Anders als am *Icefields Parkway* hat man hier die Bergkulisse entlang der Strecke selbst im Hochsommer fast für sich alleine. 20 km südlich von Canmore passiert man den ***Spray Lakes West Campground*** am gleichnamigen Stausee ($26; 5 km Stichstraße). Dieser Platz ist ein guter Ausgangspunkt für Ausflüge abseits touristischer Hauptpfade.

Kurz hinter der teuren ***Mount Engadine Lodge*** (DZ oder *Tent Glamping* ab $550; www.mountengadine.com) und der Zufahrt zum *Mt Assiniboine Trailhead* (➤ Exkurs rechts) eröffnet sich gleich am Beginn des ***Peter Lougheed Provincial Park*** eines der schönsten Panoramas entlang der #742 (am besten im Morgenlicht!).

Peter Lougheed PP

Vom Abzweig in den Kernbereich des Parks, 65 km südlich von Canmore, sind es noch 9 km bis zu den **Kananaskis Lakes** und 2 km bis zum ***Visitor Centre*** mit sehenswerten Programmen zu Gebirgswelt, Flora und Fauna; www.albertaparks.ca/peter-lougheed.

Dass dieser *Provincial Park* sowohl von der Hochgebirgslage her als auch bezüglich seiner Campingplätze zu den schönsten überhaupt gehört, wissen auch die Städter aus Calgary. An den Wochenenden ist der ***Boulton Creek Campground*** daher lange im Voraus ausgebucht (*dry* $26, *full hook-up* $47; www.reserve.albertaparks.ca). Unter den fünf weiteren ragt noch der ***Interlakes Campground*** heraus (*dry* $26) mit ruhigen Stellplätzen, Seezugang und Blick auf das Gebirgspanorama.

Unterwegs auf dem Smith-Dorrien/Spray Trail

Postkartenansicht vom Nub Peak im Mt Assiniboine PP

Das »Matterhorn« der Rocky Mountains

Fernab aller Straßen erhebt sich der **Mount Assiniboine** 3.618 m inmitten einer 390 km^2 großen, hochalpinen *Wilderness Area*, die sich nahtlos an die Nationalparks *Banff* und *Kootenay* anschließt – zugänglich nur über *Backpacking*-Routen oder per Heli-Flug. Der auch als »**kanadisches Matterhorn**« bekannte Gipfel (➤ auf dem Foto oben links im Hintergrund) ist Namensgeber und Hauptattraktion des *Mount Assiniboine Provincial Park*, aber auch die Bergszenerie ringsum vermag kaum etwas zu toppen. Ein ausgesprochen attraktives Wegenetz durchzieht das Schutzgebiet. 75 *Walk-in*-Zeltplätze stehen den müden Wanderern zur Verfügung. Auch Hütten und eine *Lodge* gibt es im zentralen Bereich, müssen aber meist lange im Voraus reserviert werden.

Startpunkt der mehrtägigen Touren zur ***Assiniboine Lodge*** ist u.a. ***Sunshine Village*** westlich von Banff (30 km *one-way*; ➤ Seite 249) oder der *Mount Shark Trailhead* an der Stichstraße bei der *Engadine Lodge* am *Smith Dorrien/Spray Trail*, ca. 39 km südlich von Canmore (27,5 km *one-way* zu Fuß). Ausführliche Infos zu den Zugangsrouten und den Helikopter-Flügen (ab Canmore oder *Mount Shark Helipad*) finden sich auf der Webseite der *Lodge* www.assiniboinelodge.com bzw. des Parks www.env.gov.bc.ca/bcparks/explore/parkpgs/mt_assiniboine.

Ein etwas anspruchsvollerer *Trail* startet beim *Upper Kananaskis*-Parkplatz und führt zunächst zu dem von hohen Bergflanken eingekesselten **Rawson Lake**. Der Aufstieg von dort bis zur **Sarrail Ridge** ist steil (Wanderstöcke empfohlen!) und schweißtreibend, aber oben wird man mit einer absolut famosen Rundumsicht belohnt (insgesamt 11 km retour, knapp 700 HM; Karte: www.alltrails.com/explore/recording/sarrail-ridge-via-rawson-lake-trail--112). Bärenspray schadet hier nicht, da man sich in Grizzly-Gebiet aufhält.

Anschluss an die #40

Jenseits des *PP*-Abzweigs mündet die #742 in den *Kananaskis Trail* (#40), auf dem es nordwärts zurück nach Canmore geht (ca. 80 km) oder in Richtung Süden zum *Highwood Pass* (➤ Seite 265).

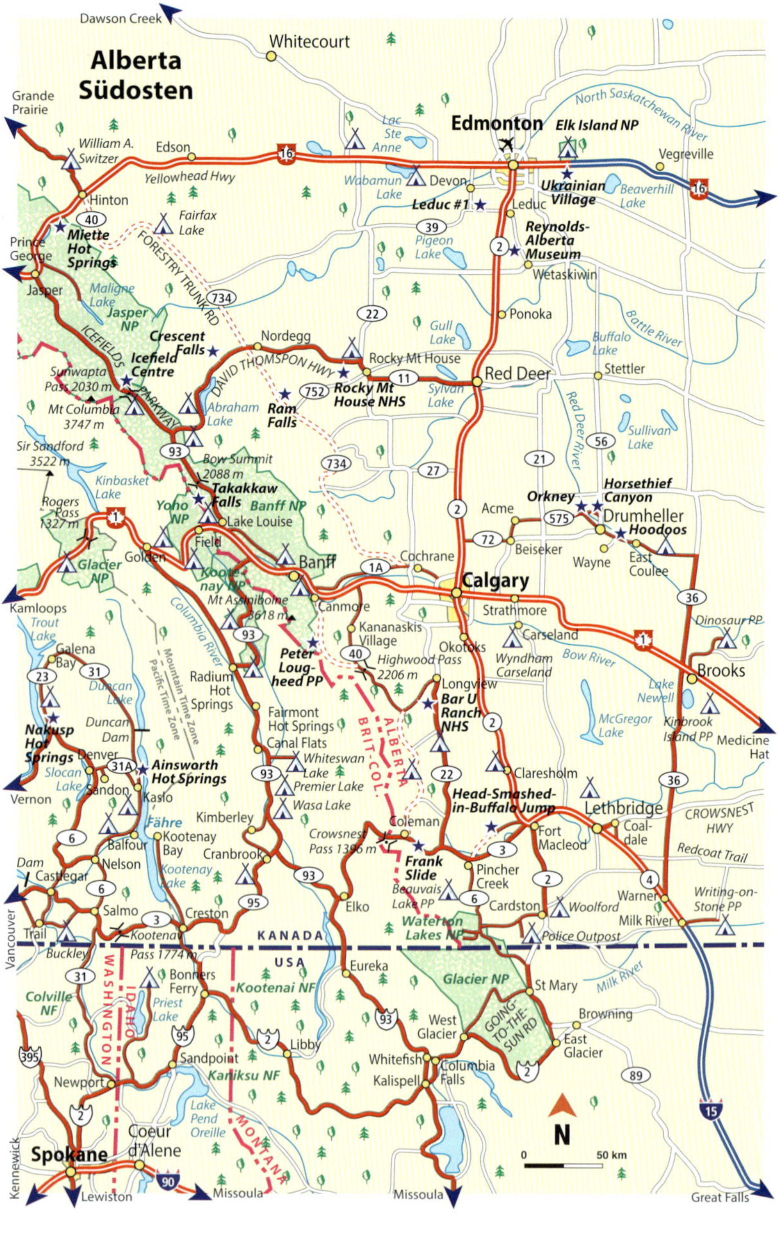

Alberta Südosten
Dawson Creek
Whitecourt
Grande Prairie
Edmonton
Elk Island NP
North Saskatchewan River
Vegreville
William A. Switzer
Edson
Lac Ste Anne
Yellowhead Hwy
Wabamun Lake
Devon
Ukrainian Village
Beaverhill Lake
Hinton
Leduc #1
Leduc
Fairfax Lake
Reynolds-Alberta Museum
Miette Hot Springs
Prince George
Pigeon Lake
Wetaskiwin
Jasper
Maligne Lake
Jasper NP
Forestry Trunk Rd
Ponoka
Battle River
Gull Lake
Buffalo Lake
Crescent Falls
Nordegg
Icefield Centre
Icefields Parkway
David Thomspon Hwy
Rocky Mt House
Rocky Mt House NHS
Red Deer
Stettler
Sunwapta Pass 2030 m
Sylvan Lake
Ram Falls
Mt Columbia 3747 m
Abraham Lake
Red Deer River
Sullivan Lake
Sir Sandford 3522 m
Bow Summit 2088 m
Kinbasket Lake
Takakkaw Falls
Orkney
Horsethief Canyon
Rogers Pass 1327 m
Yoho NP
Banff NP
Acme
Drumheller
Lake Louise
Hoodoos
Field
Beiseker
Glacier NP
Golden
Banff
Cochrane
Wayne
East Coulee
Kootenay NP
Calgary
Kamloops
Mt Assiniboine 3618 m
Canmore
Strathmore
Trout Lake
Kananaskis Village
Carseland
Dinosaur PP
Galena Bay
Columbia River
Peter Lougheed PP
Okotoks
Highwood Pass 2206 m
Wyndham Carseland
Bow River
Duncan Lake
Mountain Time Zone
Pacific Time Zone
Radium Hot Springs
Longview
Brooks
Bar U Ranch NHS
Lake Newell
Nakusp Hot Springs
Duncan Dam
Fairmont Hot Springs
Alberta
Brit-Col.
McGregor Lake
Kinbrook Island PP
Medicine Hat
Canal Flats
Denver
Whiteswan Lake
Slocan Lake
Ainsworth Hot Springs
Premier Lake
Claresholm
Vernon
Sandon
Kaslo
Head-Smashed-in-Buffalo Jump
Wasa Lake
Lethbridge
Crowsnest Hwy
Fähre
Kimberley
Coleman
Coaldale
Kootenay Bay
Crowsnest Pass 1396 m
Fort Macleod
Balfour
Frank Slide
Redcoat Trail
Dam
Castlegar
Nelson
Cranbrook
Pincher Creek
Kootenay Lake
Writing-on-Stone PP
Beauvais Lake PP
Cardston
Woolford
Warner
Salmo
Elko
Waterton Lakes NP
Milk River
Vancouver
Trail
Kootenay Pass 1774 m
Creston
Police Outpost
Kanada
Buckley
USA
Eureka
Glacier NP
Milk River
Washington
Idaho
Bonners Ferry
Kootenai NF
St Mary
Colville NF
Priest Lake
Going-to-the-Sun Rd
Browning
West Glacier
Libby
East Glacier
Sandpoint
Kaniksu NF
Whitefish
Columbia Falls
Newport
Kalispell
Lake Pend Oreille
Montana
N
Coeur d'Alene
Spokane
0
50 km
Kennewick
Lewiston
Missoula
Missoula
Great Falls

Kananaskis Trail (#40)

Landschaftlich noch reizvoller ist die Anfahrt zum *Peter Lougheed PP* auf dem asphaltierten *Kananaskis Trail* (#40), der rund 30 km östlich von Canmore vom *TCH* abzweigt und dann dem **malerischen Tal des Kananaskis River** folgt. Beim *Barrier Lake Dam* lohnt es sich die Wanderschuhe anzuziehen. Der ***Prairie View Trail*** führt hinauf zum *Barrier Fire Lookout* mit toller Aussicht auf den Stausee und die umliegenden Berge (➤ Foto unten); 13 km retour, 600 HM. Kurze lohnenswerte Foto-Stopps auf der Weiterfahrt sind noch die Picknickplätze an den **Mount Lorette Ponds** und beim **Wedge Pond** (südlich der Straße unterhalb des markanten Mount Kidd).

Kananaskis Village, auf etwa halber Strecke, ist ein Komplex aus Hotels, Reitställen und Golfplatz. Die Jugendherberge ***HI Kananaskis Wilderness*** liegt 20 Gehminuten vom *Village* entfernt an der 1 Ribbon Creek Road; Betten $33 bzw. DZ $80.

Rund 50 km südlich des *TCH* zweigt die Zufahrt zu den **Kananaskis Lakes** ab (➤ Seite 262) und 12,5 km später passiert die #40 den Ausgangspunkt des schönen ***Elbow Lake Trail***, der auch noch zum *Peter Lougheed PP* gehört (nur 1,3 km *one-way* mit toller *backcountry campsite* am Ufer eines smaragdfarbenen Bergsees).

Kurz darauf folgt der **höchste Straßenpass Kanadas**, der ***Highwood Pass*** (2.206 m). Dieser Bereich der #40 bis *Highwood House Junction* ist in der Regel **von Dezember bis Mitte Juni gesperrt**! Auf der Passhöhe startet der Naturlehrpfad ***Ptarmigan Cirque Trail*** mit großartigen Ausblicken (4,5 km *Loop*; 210 HM).

Noch einmal die Füße vertreten kann man sich weiter südlich entlang des ***Cat Creek Interpretive Trail***. Er endet nach 1,3 km und 180 HM bei einem kleinen Wasserfall, der sich umgeben von steilen Canyonwänden über zwei Stufen in einen *Pool* ergießt.

Barrier Lake vom Prairie View Trail

Forestry Trunk Road: Die »Hauptforststraße« stellte einst eine Nord-Süd-Verbindung zwischen dem *Crowsnest Hwy* und der #43 in Nord-Alberta dar. Nach und nach wurden einzelne Segmente in Hwy #40 oder #734 umbenannt und der nördlichste Abschnitt oberhalb des *Yellowhead Hwy* trägt mittlerweile den Beinamen *Forestry Trunk Road* gar nicht mehr. Heute besteht sie im Prinzip nur noch aus zwei Teilstrecken: eine südliche (die reizvolle #940 zw. der #3 und #541/#40) und eine zentrale, nur abschnittsweise sehenswerte ab der #1A östlich von Calgary bis hinauf nach Hinton am *Yellowhead Hwy* (#40/#734; ➤ Seite 343).

Weiterfahrt nach Süden (Anschluss an den Crowsnest Hwy)

Schotterstraße #940

Beim *Highwood House*, 38 km südlich des *Highwood Pass*, zweigt die meist gut befahrbare #940 nach Süden ab und verläuft weiter an der Ostseite der *Rockies* entlang mit einer Reihe einfacher, traumhaft gelegener *Campsites*. Besonders empfehlenswert ist der kleine, ruhige Platz an den (flachen, unspektakulären) ***Livingstone Falls*** fernab der Zivilisation ($21). Die Straße besitzt auch hier im südlichen Abschnitt noch landschaftlich reizvolle Teilstrecken. Nach 106 km trifft die #940/#40 bei Coleman auf den *Crowsnest Hwy*. Sie ist Teil der ***Forestry Trunk Road*** (➤ Kasten oben) und bildet gemeinsam mit dem *Smith-Dorrien/Spray* oder *Kananaskis Trail* die **beste Verbindungsroute zwischen *Crowsnest* und *TCH*.**

Kombination #541/#22

Deutlich schneller ist man Richtung Süden ab *Highwood House* auf der durchgehend asphaltierten Straßenkombination #541/#22 unterwegs. Diese eher wenig spannende Strecke führt durch **Longview**, eine Mini-Ortschaft mit Tankstellen, Hotels, Café und *Liquor Store*, und weiter durch ausgedehntes Weide- und Ackerland. Für Interessierte lohnen sich an dieser Strecke zwei Abstecher:

Turner Valley Gas Plant

Mit dem *Turner Valley* ***Dingman No. 1*** wurden 1914 die Ölbohrungen in West-Kanada initiiert. Die äußerst informativen 1,5-Std-Touren durch diese *Nat'l Historic Site* (nur im Sommer Sa+So 11.30, 12.30, 14, 15.30 Uhr; $12/$4) können mit einer *Eau Claire Distillery Tasting Tour* kombiniert werden. 15 km-Zufahrt ab der #541 noch vor Longview; www.turnervalleygasplant.ca.

Bar U Ranch

Eine übergroße Cowboy-Figur rechter Hand der #22 kündigt südlich von Longview die ***Bar U Ranch*** an. Bis 1950 zählte sie zu den größten Farmen des Landes mit zeitweise bis zu 30.000 Rindern und 1.000 Pferden. Heute werden auf dem Gelände der *National Historic Site* die Geschichte und die alten Cowboy-Traditionen am Leben gehalten. »City slickers« dürfen dort selber 'mal das Lasso schwingen oder beim Pferdesatteln helfen. Das »Living Museum« hat täglich 10-17 Uhr Mitte Mai-Ende Sept geöffnet; $11,90 p.P. oder *Discovery Pass*; www.pc.gc.ca/en/lhn-nhs/ab/baru.

Anschluss an den Crowsnest Highway

Bei Lundbreck erreicht man den ***Crowsnest Highway*** (#3). Nach rechts geht es dort zu den ***Lundbreck* Wasserfällen** mit dem gleichnamigen ***Campground*** am Crowsnest River und anschließend vorbei am *Frank Slide Interpretive Center* (➤ Seite 290), der Einmündung der *Forestry Trunk Road* (#40) und des Hwy #95 (Columbia River Valley) weiter in Richtung Westen/Vancouver.

Wer sich in Lundbreck auf der #3 nach links wendet, den trennen über die #6 ab Pincher Station/Creek (mit hübschem Freilichtmuseum ***Kootenai Brown Pioneer Village***; täglich 10-18 Uhr; $14/$8) nur noch 1 Std Fahrzeit vom ***Waterton Lakes NP*** mit Anschlussmöglichkeit an den wunderbaren *Glacier NP* jenseits der Grenze.

3.6.3 Waterton Lakes National Park

Schon während der Anfahrt über die Straßen #6/#5 eröffnet sich dem Reisenden das großartige Panorama der Rocky Mountains mit den Waterton Lakes im Vordergrund. Nirgendwo sonst in Kanada sieht man einen derart abrupten Übergang zwischen Prärie und Hochgebirge. Entsprechend verdoppelt sich der Jahresniederschlag vom Parkeingang bis zum 24 km entfernten Cameron Lake – mit 1.520 mm regenreichster Punkt Albertas.

Bison Paddock

Hinter der nördlichen Parkgrenze, zweigt der kurze Rundparcours durch ein **Büffelgehege** von der #6 ab. Dort lassen sich die mächtigen Tiere meist in hübscher Kulisse beim Grasen beobachten.

Über die **Straße #5**, nur 2 km weiter, geht es in den zentralen Bereich des Nationalparks (erst dort wird Eintritt kassiert) sowie nach Waterton *Townsite* (100 Einwohner) am Upper Waterton Lake.

Waterton Town

Auf einer Landzunge zwischen Emerald und Cameron Bay ballt sich die recht überschaubare Infrastruktur des Ortes. Ruhige und ordentliche Zimmer ab ca. $290 (teils mit Küche) bietet dort u.a. das ***Waterton Lakes Lodge Resort*** an der 101 Clematis Ave; ✆ 1-888-985-6343, www.watertonlakeslodge.com.

Der große ***Waterton Townsite Campground*** südlich des Zentrums mit über 200 Plätzen gehört zum Nationalpark; Zelte $23-$27; *full hook-up* $38; ✆ 1-877-737-3783, www.reservation.pc.gc.ca.

Das altehrwürdige ***Prince of Wales Hotel*** (1927) thront gleich am Ortseingang auf einer Anhöhe zwischen Upper und Middle Waterton Lake; Foto ➤ Seite 111. Das Personal trägt Schottenrock und serviert 13-17 Uhr den ***Afternoon Tea*** in der Lobby mit riesigem **Aussichtsfenster**. Fürs Zimmer mit Seeblick werden $280-$330 verlangt; ✆ 1-844-868-7474, www.princeofwaleswaterton.com.

Eine grandiose Aussicht auf das Hotel, den Ort und die Seen eröffnet sich von **Bear's Hump** (1,8 km; 200 HM). Anfang 2020 war der steile Aufstieg aber noch geschlossen. Dem verheerenden ***Kenow***-Waldbrand fielen 2017 große Teile des Nationalparks zum Opfer. Selbst Waterton *Townsite* und das *Prince of Wales* sind nur knapp den Flammen entkommen.

Waterton von Bear's Hump

Infos

Niedergebrannt hat das *Kenow Fire* auch das ***NP*-Besucherzentrum** am *Bear's Hump*-Parkplatz. Es wird verlegt und soll erst 2021 im Ortszentrum eröffnen. Bis dahin übernimmt dessen Funktion die vorübergehend eingerichtete Info an der 209 Fountain Avenue. Aktuelles zu gesperrten Einrichtungen, Wegen und Straßen unter: www.pc.gc.ca/en/pn-np/ab/waterton/visit/infrastructure.

Wieder zugänglich sind die nicht sehr hohen, aber sehenswerten ***Cameron Falls*** am westlichen Ortsrand; kurzer Fußweg ausgehend vom Parkplatz am Cameron Falls Drive.

Upper Waterton Lake

Zu den populärsten Aktivitäten im Park zählt die 2-stündige, grenzüberschreitende **Bootstour** auf dem mit 148 m tiefsten See in den Rocky Mountains inkl. 30-min-Stopp an der *Goat Haunt Ranger Station* am Südende des Sees im *Glacier NP*/USA. Abfahrten im Hochsommer tägl. um 10, 13, 16 und 19 Uhr; Tickets $53/$18-$26; www.watertoncruise.com. Wer möchte, kann den Rückweg auch auf Schusters Rappen zurücklegen. Der 13 km lange ***Lakeshore Trail*** folgt dem Seeufer bis Waterton *Town* (3-4 Std; 125 HM).

Nur **zwei Stichstraßen** führen weiter in den Nationalpark hinein (Tagespass $7,80/Person oder *Discovery Pass*, ➤ Seite 40):

Red Rock Parkway

Ausgehend vom Parkplatz am Ende des ***Red Rock Parkway*** (15 km) führt die ***Red Rock Canyon Loop*** (0,7 km) entlang einer anfangs breiten Schlucht mit pittoresk ausgewaschenem Bachbett. Der Name ist Programm! Wer das kalte Wasser nicht scheut, kann auch in das Innere der Schlucht vordringen. Die gestreiften dunkelroten Wände sind ein überwältigender Anblick!

Auf der gegenüberliegenden Seite vom Parkplatz beginnt der Weg zu den ***Blakiston Falls*** mit *Viewing*-Plattform; 2 km retour.

Auf halber Strecke liegt am *Red Rock Parkway* der beste per Fahrzeug zugängliche *NP-Campground*. Wegen der Waldbrand-Schäden wird ***Crandell Mountain*** aber voraussichtlich erst 2022 wieder seine Tore öffnen.

Red Rock Canyon mit seinem tiefroten, stark eisenhaltigen Gestein

Akamina Parkway

Schwer in Mitleidenschaft gezogen wurde 2017 auch die Stichstraße durch das Cameron Valley, die nach 16 km am gleichnamigen See auf 1.646 m endet. Sie soll erst 2021 wieder befahrbar sein. Erst dann kann man erneut am Westufer des **Cameron Lake** entlang spazieren oder einen der **schönsten Bergpfade Albertas** in Angriff nehmen: Der ***Carthew-Alderson Trail*** (18 km, 650 HM) führt hinauf zum Summit Lake, über *Carthew Summit* (2.311 m) und von dort weiter durch bunte Bergwelten, vorbei am Carthew und Alderson Lake (mit *Backcountry*-Zeltplatz) zurück nach Waterton. Mit Shuttlebus auch als (anstrengende) Tagestour möglich.

Crypt Lake Trail

Bei *Crypt Landing* am Ostufer des Upper Waterton Lake, das man ab Waterton per Boot erreicht (Juli/August tägl. 8.30, 9+10 Uhr, Mai nur 10 Uhr, Sept 9 Uhr; $27/$14 retour; www.watertoncruise.com), hat eine **sehr beliebte, etwas anspruchsvollere Wanderung** ihren Ausgangspunkt (17 km retour). Vorbei an gleich vier Wasserfällen – *Hell Roaring Falls* (nach 1 km), *Twin Falls* (3,5 km), *Burnt Rock Falls* (5,6 km) und *Crypt Falls* (8 km; 175 m hoch) – geht es hinauf zum **Crypt Lake** an der US-Grenze, der oft selbst im Hochsommer noch voller Eisschollen ist. Der Clou der Strecke ist der 25 m lange *Crypt Tunnel*, durch den sich die Wanderer z.T. auf Knien zwängen müssen, um das Ziel zu erreichen. Einschließlich Bootsfahrt und Marsch über 700 m Höhendifferenz bis auf 1.955 m benötigt man für diesen Trip einen vollen Tag.

Ausflug in den Glacier National Park (USA)

Nach dem Besuch des *Waterton Lakes NP* bietet sich ein Abstecher in den angrenzenden, noch spektakuläreren **Glacier Nationalpark** in den USA an (Eintritt US$35/Auto für 7 Tage). Gemeinsam bilden sie den ***International Peace Park*** (»Friedenspark«) und sind Teil des *UNESCO*-Weltnaturerbes.

Von Waterton *Townsite* sind es gerade mal 60 km bis nach Babb und der nördlichsten Zufahrt in den Glacier Nationalpark. Die dabei erforderliche Einreise in die USA gestaltet sich meist unproblematisch und kann auch spontan erfolgen (➢ Seite 57, Details »Einreise auf dem Landweg«). Der Grenzübergang ***Chief Mountain*** an der #6/#17 hat allerdings Okt-Mitte Mai geschlossen und ist im Hochsommer nur tagsüber besetzt (7-22 Uhr; im Mai und Sept 9-18 Uhr). Alternative: *Piegan/Carway Border Station* an der #2 (ganzjährig 7-23 Uhr).

Die Stichstraße ab Babb endet beim **Swiftcurrent Lake** mit dem *Many Glacier Hotel* in traumhafter Lage (➢ Foto unten) und dem etwas preiswerteren *Swiftcurrent Motor Inn*; Reservierung für beide ca. 1 Jahr im Voraus erforderlich: www.glaciernationalparklodges.com. Dort startet die empfehlenswerte Wanderung zum ***Grinnell Glacier*** und seinem mit Eisbergen gefüllten Gletschersee (18 km retour, 500 Höhenmeter). Auch die Kurzvariante – nur bis zum türkisblauen **Grinnell Lake** ohne größere Höhenunterschiede – lohnt sich. Mittels Bootsfahrten am Swiftcurrent und Josephine Lake können beide Touren verkürzt werden. Diesen Bereich des Glacier Nationalparks kann man noch leicht als Tagesausflug ab Waterton einplanen.

Mindestens eine Übernachtung wird in den USA erforderlich (besser zwei!), wenn man den Park anschließend noch auf der *Going-to-the-Sun Road*, einer der **eindrucksvollsten Hochgebirgsstraßen Nordamerikas**, durchqueren möchte. Die *NP Campsites* werden z.T. *first-come, first-served* vergeben, das Zimmerangebot (im Park oder im Osten des *Glacier NP*) ist jedoch sehr begrenzt. Quartiere sollten daher möglichst frühzeitig gebucht werden. Westlich des Parks gibt es eine etwas größere Auswahl in West Glacier und Columbia Falls. Von dort hat man über die Straße #93 und den Grenzübergang bei Roosville **Anschluss an den *Crowsnest Hwy*** bei Elko, östlich von Cranbrook (➢ Seite 291).

Zimmer mit Seeblick (US$250) sind im Many Glacier Hotel meist ein Jahr im Voraus ausgebucht

Die 80 km lange ***Going-to-the-Sun Road*** ist meist erst ab Mitte Juni durchgängig befahrbar. Schnee versperrt die hohen Pässe aber bisweilen bis in den Juli hinein und spätestens ab Sept/Okt wieder; aktuelle Straßenbedingungen unter: www.nps.gov/glac/planyourvisit/gettingaround.htm. Größere Wohnmobile (länger als 21 Fuß und breiter als 8 Fuß) sind auf der gesamten Strecke zwischen den Campingplätzen *Avalanche* und *Rising Sun* nicht zugelassen. Selbst mit kleineren Campmobilen ist das Fahren – zumindest in Richtung Ost-West – wegen überhängender Felsen und der Gefahr, mit den Aufbauten »anzuecken«, bei Gegenverkehr kitzelig. Die Alternative ist der Umstieg in einen der kostenlos zwischen den Besucherzentren *St. Mary* (im Osten) und *Apgar* (im Westen) verkehrenden Shuttlebusse; im Juli/August 7-19 Uhr. Sie stoppen an sämtlichen *Trailheads* und kommen daher ggf. auch für Pkw-Fahrer in Frage, zumal an Schönwettertagen und Wochenenden freie Parkplätze ab dem frühen Vormittag schnell zur Mangelware werden.

Ihren Ausgangspunkt hat die ***Going-to-the-Sun Road*** rund 75 km südlich von Waterton bei der Mini-Ortschaft **St. Mary** (mit Restaurants, zwei Unterkünften und *Campgrounds*). Von dort geht es zunächst zum ***St. Mary Visitor Center*** des Nationalparks und hinter dem langgezogenen **Saint Mary Lake** dann stetig bergauf. Als Kurzwanderung unterwegs bieten sich die ***St. Mary Falls*** an (1,8 km *one-way* und 65 HM ab dem *Trailhead*). Auch der zusätzliche Aufwand bis zu den ***Virginia Falls*** lohnt sich (dann insgesamt 6 km retour bzw. 160 HM). Ihr dunkelrotes Flussbett erinnert an den *Red Rock Canyon* des *Waterton Lakes NP* und ist an Farbenpracht kaum zu toppen.

Nicht auslassen sollte man den schönen Fußweg zum ***Hidden Lake Overlook*** mit Bilderbuchblick auf den gleichnamigen See ab dem ***Logan Pass Visitor Center***, das bereits oberhalb der Baumgrenze auf 2.025 m errichtet wurde. Wanderer sind dort meist zahlreich, mit etwas Glück Schneeziegen und ihr Nachwuchs ebenso; 4,5 km retour, 180 HM, etwa 2-3 Stunden. Der Abstecher bis zum *Logan Pass* ist durchaus noch als Ganztagestrip ab Waterton realisierbar.

Der Verlauf der Parkstraße bleibt jenseits des *Logan Pass* weiterhin spannend. Sie windet sich parallel zur kontinentalen Wasserscheide wieder bergab und folgt dann dem türkisblauen **McDonald Creek** und später dem kristallklaren **Lake McDonald**; beide mit auffällig bunten Steinen im Uferbereich.

Unterwegs empfiehlt sich der ***Avalanche Gorge Trail*** entlang einer reizvollen, engen Schlucht mit grünblauem Wasser und rotbraunem Gestein. Wer keine Zeit für die komplette Tour bis hinauf zum **Avalanche Lake** hat (mindestens 2-3 Stunden; 3,5 km *one-way*, 230 HM), sollte hier wenigstens den kurzen Lehrpfad ***Trail of the Cedars*** ablaufen (Rundweg bis zur Brücke über die Schlucht und retour ca. 30-40 min; einfach und nur wenige Höhenmeter).

Das westliche Einfallstor des Nationalparks ist die Ortschaft **West Glacier**. Die Motels, *Lodges* und kommerziellen *Campgrounds* konzentrieren sich dort entlang der Straße #2 in Richtung Columbia Falls.

Eine vergleichsweise ruhigere Ecke des Nationalparks ist der Bereich rund um den idyllischen **Two Medicine Lake** mit Naturpfaden und Bootstrips, zugänglich über eine Stichstraße ab der #49 knapp 45 km südlich von St. Mary (bzw. 120 km ab Waterton). Im nahegelegenen Touristendorf **East Glacier** steht neben einer großen *Lodge* auch eine *HI*-Jugendherberge (www.brownieshostel.com).

4 VOM BANFF NP ZURÜCK NACH VANCOUVER

Da weder die Provinzhauptstadt **Edmonton** (➤ Seite 328) noch die größte City Albertas **Calgary** (➤ Seite 306) als absolutes »Must See« gilt, besteht **bei An- und Abflug von Vancouver** und knapp bemessener Urlaubszeit nach dem Besuch der Nationalparks *Jasper* und *Banff* kein Anlass die Route an dieser Stelle noch nach Osten zu erweitern. Ähnliches gilt bei An-/Abflug in Seattle oder wenn man im Anschluss noch einen Abstecher in die USA machen möchte, z.B. zum *Glacier National Park* in Montana.

Trans-Canada Hwy (TCH)

Die kilometermäßig kürzeste und auch schnellste Verbindung zwischen Banff/Lake Louise und Vancouver stellt der ***Trans-Canada Hwy*** her, der mit *Banff, Yoho, Glacier* und *Mount Revelstoke* gleich vier kanadische Nationalparks hintereinander durchquert. Die **280 km zwischen Banff und Revelstoke** sind der **landschaftlich attraktivste Abschnitt** der gesamten Kontinentalroute, auch wenn der oft sehr starke Verkehr das Naturerlebnis in Straßennähe erheblich beeinträchtigen kann. Meist merkt man allerdings nur wenig abseits des *TCH* schon kaum mehr etwas von seinem Lärm und Betrieb.

Sofern man diese Strecke nicht bereits auf dem Weg in die *Rockies* eingeschlagen hat, lässt sich der *TCH* nun auf der Rückreise als 2-oder 3-Tages-Etappe in die Reise einbauen (**Kapitel 4.1**, ➤ rechts). Ab Revelstoke oder Sicamous besteht zudem die Möglichkeit die Route auszudehnen und weitere Ausflugsziele anzusteuern: die einsamen Seenlandschaften südlich des *TCH* (**Kapitel 4.2**, ➤ Seite 281ff) oder das fruchtbare **Okanagan Valley** mit zahlreichen populären Badestränden (**Kapitel 4.3**, ➤ Seite 285ff).

Crowsnest Hwy #3

Die mit Abstand längste Fahrzeit erfordert der ***Crowsnest Hwy***, der sich nördlich der US-Grenze durch die Rocky Mountains und über weitere hohe Bergpässe in Richtung Westen schlängelt. Erst in der Nähe von Hope (150 km östlich von Vancouver) mündet er in den *TCH* ein. Bereits in den **Kapiteln 3.5.2** und **3.6.2** wurde auf die zwei Anschlussrouten vom *Banff Nat'l Park* hinunter zum *Crowsnest Highway* (#3) hingewiesen:

- über die **Straße #93** durch den *Kootenay NP* und ab Radium Hot Springs weiter auf der #95 (Beschreibung ➤ Seite 255ff) bzw.
- über den ***Smith-Dorrien/Spray Trail*** (unasphaltiert) oder den ***Kananaskis Trail*** mit Weiterfahrt in südlicher Richtung auf den Straßen #940/#40 oder #541/#22 (➤ Seite 262ff) .

Im **Kapitel 4.4** (➤ Seite 290ff) wird nur auf den touristisch relevantesten Abschnitt vom *Crowsnest Highway* zwischen dem Waterton Lakes Nationalpark und dem *TCH* näher eingegangen.

TCH beim Shuswap Lake zw. Revelstoke und Kamloops

4.1 Von Lake Louise nach Vancouver

Rund 860 km *Trans-Canada Hwy* trennen Lake Louise und Vancouver (die Abkürzung über die #5 ab Kamloops bringt zwar 70 km Ersparnis, aber keine landschaftlichen Höhepunkte). Die ersten 80 km bis Golden mit allen Sehenswürdigkeiten im *Yoho NP* wurden bereits ausführlich im **Kapitel 3.5** beschrieben (➤ Seite 250ff), zumal diese Ortschaft noch als Basislager für einen Aufenthalt in den Rocky Mountains dienen kann und an dem Rundparcours durch die Nationalparks *Yoho* und *Kootenay* liegt.

Kinbasket Lake

Wer **westlich von Golden** auf dem Weg zum *Glacier Nat'l Park* noch eine Pause einlegen möchte, folgt der Forststraße zu den südlichen Ausläufern des **Kinbasket Lake**, ein gut 260 km langes Reservoir, das sich fast bis nach Valemount am *Southern Yellowhead Hwy* erstreckt. Sein meist türkisfarbenes Gewässer wird Ende Juli bis zu 23°C warm. Die Stellplätze im ***Kinbasket Lake Resort*** sind in der Regel nur mäßig belegt und wegen der Bahnnähe etwas lauter (www.kinbasketlakeresort.com), weitere einfache *campsites* finden sich unter www.sitesandtrailsbc.ca.

4.1.1 Glacier National Park

Zeitzonenwechsel an der Ostgrenze des Glacier NP MT ➤ PT (Uhr 1h zurückstellen)

Der kanadische *Glacier National Park* umfasst ein Areal von 1.349 km² mit ca. 140 Gletschern in den nördlichen Ausläufern der **Selkirk Mountains** und **Purcell Mountains**, beides Bergketten der **Columbia Mountains**. Über 10% seiner Fläche liegen auch im Sommer unter Schnee und Eis. Vom quer durch den Park führenden *TCH* ist von den Gletschern aber fast nichts mehr zu sehen. Man muss dazu schon ins Hinterland wandern.

Innerhalb der Nationalparkgrenzen wurde mit der Schienentrasse über den ***Rogers Pass*** kanadische Eisenbahngeschichte geschrieben. Die Witterungsverhältnisse (statistisch gesehen regnet oder schneit es dort oben an 3 von 5 Tagen; im Winter fallen durchschnittlich über 9 m Schnee) und extreme Lawinengefahr behinderten den Betrieb jedoch derart, dass man den Pass 1916 mit dem 8 km langen ***Connaught Tunnel*** umging, der 1988 durch den ***Mount MacDonald Tunnel*** ersetzt wurde. Mit 14,7 km ist er auch heute noch der längste Eisenbahntunnel Nordamerikas. Im Prinzip ist der Autoverkehr (erst seit 1962!) über den *Rogers Pass* ebenso lawinengefährdet, wie es einst die Züge waren. Aber dank teilweiser Betonüberdachung der Straße und intensiver Lawinenkontrollmaßnahmen einschließlich gezielter künstlicher Auslösung läuft der Verkehr auch im Winter weitgehend störungsfrei.

Rogers Pass

Das ***Rogers Pass Discovery Centre*** des *Glacier Nat'l Park* steht zusammen mit einer kleinen Versorgungsinfrastruktur direkt am *Trans-Canada Hwy*, rund 1 km östlich der Passhöhe. Eine Ausstellung und Filme erläutern Konstruktion von Straße und Eisenbahn durch die Berge und Methoden der Lawinenbekämpfung gestern und heute. Außerdem liegen dort Info-Broschüren zu den Wanderwegen im Nationalpark aus.

Ein Monument mit zwei sich kreuzenden Bögen markiert die Passhöhe (1.327 m). Ein guter Kurztrail zum Fußevertreten (***Abandoned Rails***, ca. 1 Stunde) führt vom Besucherzentrum zu der alten Eisenbahntrasse aus der Zeit vor dem Tunnelbau; Eintritt in den Glacier-Park: $10 pro Person; www.pc.gc.ca/glacier.

Wanderwege

Der ***Hermit Trail*** (3,2 km, 819 Höhenmeter) noch östlich des *Rogers Pass* bietet eine prima Aussicht (auch auf den *TCH* im Tal).

Die drei panoramareichsten **Höhenwege** im *Glacier NP* beginnen am *Illecillewaet Campground* (Zufahrt 2 km westlich der Passhöhe; großzügig angelegt; $21,50). Sie führen bis über die Ausläufer der *Illecillewaet* und *Asulkan Glacier*:

- ***Perley Rock Trail*** – 10,8 km retour, 1140 Höhenmeter
- ***Glacier Crest Trail*** – 11,4 km retour, 870 HM, grandioser Weg mit herrlicher Rundumsicht auf Berge und Gletscher)
- ***Asulkan Valley Trail*** – 6,9 km *one-way* und 870 HM bis zur *Asulkan Cabin* des *Alpine Club of Canada* (reservierbar!)

Am ***Loop Brook Campground*** (hübscher, einfacher Platz ca. 5 km westlich des Passes; $21,50), startet ein weiterer Weg auf der ehemaligen in Schleifen aufsteigenden Bahntrasse. Der ***Loop Brook Trail*** (1,6 km *Loop*) führt durch dichten Regenwald. 1 km weiter westlich am *Trans-Canada Hwy* liegt der einfache ***Mount Sir Donald Campground*** mit Picknickplatz, die beide 2019 wegen Borkenkäferbefall bis auf Weiteres geschlossen werden mussten.

Canyon Hot Springs

Nur wenige Kilometer trennen den *Glacier* vom *Mount Revelstoke National Park*, an dessen Ostrand die ***Canyon Hot Springs*** liegen. Sie besitzen neben Heiß- und Warmwasserpool (40°C bzw. 26°C) auch einen großen Campingplatz (Zelte $35, *hook-up* $45). Geöffnet nur von Mitte Mai bis September täglich 9-20 Uhr, im Juli/August bis 21 Uhr; Eintritt *Hot Springs* $12,50, Familie $32; © (250) 837-2420, www.canyonhotsprings.com.

Rogers Pass am TCH im Glacier Nat'l Park

4.1.2 Mount Revelstoke National Park

Am zweitkleinsten Nationalpark in West-Kanada (260 km^2), fahren viele Touristen – zu Unrecht – achtlos vorbei, da der *TCH* dessen Hochgebirgsareal auf relativ uninteressanter Strecke südlich umgeht. Seine Gipfel gehören zur **Clachnacudainn Range** der Selkirk Mountains, einem Gebirge der Columbia Mountains, die auf der Westseite auch im Sommer von starken Regenfällen heimgesucht werden. Jährliche Niederschlagsmengen von im Schnitt 2.000 mm gibt es in Kanada sonst nur an der Pazifikküste. Auch ein Abstecher zum Gipfelplateau des **Mount Revelstoke** lohnt sich, wenngleich die Höhenwege dort weniger spektakulär verlaufen als im benachbarten *Glacier NP*, www.pc.gc.ca/revelstoke.

Trails

Zunächst aber passiert der *TCH* kurz nach Erreichen der Parkgrenzen den Picknickplatz am Ausgangspunkt des ***Giant Cedars Trail***. Dieser 500 m kurze Weg ist den Zwischenstopp wert: Auf einem *Boardwalk* geht es durch einen schummrigen Regen»urwald« mit bis zu 800 Jahre alten Rotzedern.

3 km weiter westlich führt der ***Skunk Cabbage Trail*** auf Holzplanken durch ein Sumpfgelände am Illecillewaet River (ca. 1,2 km *Loop*). Die Riesenkohlart, die für die Bezeichnung des Weges sorgte, steht im Juli am höchsten. So unerträglich wie das namensgebende Stinktier (*skunk*) riecht der Stinkkohl zum Glück aber nicht.

Parkzufahrt

Der kurvenreiche ***Meadows-in-the-Sky Parkway*** zweigt nördlich von Revelstoke vom *TCH* ab; geöffnet Mitte Mai-Mitte Oktober. Im obersten Abschnitt ist er die meiste Zeit des Jahres über verschneit und daher oft nur von Anfang Juli bis September befahrbar, dann 8-17.30 Uhr (sonst 9-17 Uhr). Gleich zu Beginn wird Eintritt kassiert ($10 pro Person, kostenlos mit *Discovery*-Jahrespass).

Die Stichstraße (26 km) führt – als eine der ganz wenigen in Kanada – fast bis auf den Gipfel hinauf und durchquert dabei unterschiedliche Vegetationszonen: Ein Regenwald aus Hemlocktannen und Rotzedern macht sich im unteren Bereich breit und in der mittleren Region (ab 1.300 m) dominieren schlanke Engelmann-Fichten, die weiter oben immer weniger werden. Ca. 50% der Nationalparkfläche befindet sich jenseits der Baumgrenze (2.000 m).

Hochalpines Gebiet

Vom Parkplatz beim Straßenende am **Balsam Lake** geht es per gratis *Shuttle*-Bus oder auf dem ***Upper Summit Trail*** (1 km) noch 90 Höhenmeter nach oben. Ein enggeknüpftes Wegenetz erschließt das wenig profilierte Gipfel-Plateau. Die meisten der Kurztrails erfordern keine besondere Anstrengung und verlaufen durch hochalpine Wiesen, die **Ende Juli/Anfang August** in voller Blüte stehen.

Aussicht vom Mount Revelstoke

Vom ***Fire Lookout*** hat man eine großartige Aussicht auf das 1.500 m tiefer gelegene Columbia River Valley, Revelstoke und hinüber zu den Monashee Mountains auf der anderen Flussseite. Ganz in der Nähe des Feuerwachturms steht ein Picknicktisch in bester Lage. Entlang des ***First Footsteps Trail*** östlich des oberen *Shuttle*-Stopps gibt es eine hübsche Indianer-Skulptur zu entdecken (750 m *Loop*).

Auf einem längeren, aber nicht sehr anstrengenden Wanderweg geht es durch ausgedehnte Blumenwiesen zum 7 km entfernten, idyllischen **Eva Lake** (200 HM, mit *backcountry campsite* am See).

Gute Übersichtstafeln vor Ort erleichtern die Orientierung, ebenso die Wanderkarte in der Broschüre, die man von den Rangern gleich zu Beginn der Auffahrt erhält. Zusätzliche Infos gibt es im Nationalpark-Büro in Revelstoke an der 301B 3rd Street West oder im Besucherzentrum der Stadt (301 Victoria Road West; Mo-Fr 8.30-16.30, Sa/So ab 9 Uhr; © 1-800-487-1493, www.seerevelstoke.com).

Stadt Revelstoke

Revelstoke am Zusammenfluss von Illecillewaet und Columbia River ist in weitem Umkreis der einzige größere Ort mit Unterkünften. Zu den preiswerteren zählen das ***Hostel*** (400 2 St West; Bett ab $30; www.revyhostel.com) sowie ***The Cube*** an der 311 Campbell Ave mit schlichten Zimmern, Gemeinschaftsdusche und -küche (im Sommer $108; © (250) 837-4086, www.cubehotel.ca).

Der gemütliche Altstadtbereich rund um die *Grizzly Plaza* lädt zum Bummeln ein – und samstags findet dort der ***Farmers & Craft Market*** statt (8.30-13 Uhr). Für Eisenbahnfans lohnt sich der Besuch des ***Railway Museum*** vor allem wegen der prächtig restaurierten *CP 5468*, einer der größten Dampfloks in Kanada; 719 Track Street West (am inneren Stadtring), Mai-Mitte Okt täglich 9-17 Uhr, sonst 11-16 Uhr, $10/$5; www.railwaymuseum.com. Fürs Picknick eignen sich die Parks am Fluss.

Wer bei Revelstoke einen ***Campground*** sucht, sollte den gut gelegenen Komfortplatz am **Williamson Lake** ins Auge fassen mit Duschen, Strand, Bootsverleih und Minigolf; rund 5 km südl. der Stadt über 4th St und Airport Way; Zelte $30, *full hook-up* $40; eng, wenn voll; © (250) 837-8806, www.williamsonlakecampground.ca.

Columbia River Dämme

Über die #23 nach Norden ist nach nur 5 km der 175 m hohe ***Revelstoke Dam*** erreicht. Ein *Visitor Centre* (10-16 Uhr, $8/$7) informiert über die Talsperre und die Stromerzeugung entlang des Columbia River. Rund 15 km nördlich des Staudamms liegt am **Lake Revelstoke** der *Martha Creek PP* mit Bade-/Campingplatz; $28.

Wer der Straße noch ca. 140 km weiter nach Norden folgt, gelangt zum **Kinbasket Lake** und dem höchsten Staudamm Nordamerikas (***Mica Dam***, 244 m). Bereits 1964 hatten Kanada und die USA die mehrfache Aufstauung des Flusses vereinbart, um Überflutungen zu verhindern und die Wassermassen z.B. am größten Kraftwerk der USA in Grand Coulee zu regulieren; www.bchydro.com/recreation.

Alternativen zum TCH

Die **Straße #23** ab Revelstoke in Richtung Süden schafft Anschluss an die landschaftlich reizvollen Routen über den Arrow Lake oder durch die Selkirk Mountains; ➢ Seite 281 bzw. 283.

Three Valley Lake Chateau

4.1.3 Weiterfahrt auf dem TCH ab Revelstoke

Three Valley

Der *Trans-Canada Hwy* läuft bald durch ein dichtes Waldgebiet und überquert beim **Summit Lake** die Wasserscheide zwischen *Fraser* und *Columbia River Basin*. Am **Three Valley Lake** liegt der Komplex des ***Three Valley Lake Chateau*** mit auffällig rotem Dach und originellen Felszimmern (ab $150), Sandstrand, Restaurant und Kneipe; ein guter Platz für die Nacht zwischendurch; © 1-888-667-2109, www.3valley.com.

Die ***Heritage Ghost Town*** gehört zum Komplex und birgt auch ein kleines *Oldtimer*-Museum; im Sommer 8-20 Uhr; $14/$6-$9.

Einen Stopp mit Kleinkindern kann man beim ***Enchanted Forest*** einlegen, wo auf einem kurzen Parcours durch den Wald allerlei Märchen nachgestellt wurden, teils mit liebevoll gestalteten Hexen- und Baumhäusern (Eintritt $12/$9; im Sommer 8-20 Uhr; www.enchantedforestbc.com). Für die Größeren gibt es gleich nebenan den Hochseilgarten ***Skytrek Adventure Park***; Eintritt $45/$39; 9-19 Uhr; www.skytrekadventurepark.com).

Wenig später wartet schon die nächste »Touri-Attraktion«, die 70 m lange ***Crazy Creek Suspension Bridge*** oberhalb der gleichnamigen Kaskaden. Sehr viel bekommt man dort für $10 nicht geboten. Die Benutzung der ***Hot Pools*** kostet noch einmal $10/Person extra.

In Craigellachie am TCH wurde 1885 der symbolische „letzte Schienennagel" der transkanadischen Eisenbahnverbindung gesetzt

Last Spike

Bei **Craigellachie**, 45 km westlich von Revelstoke, wurde am 7. November 1885 der letzte Nagel in die Schwellen der ersten kanadischen transkontinentalen Eisenbahn geschlagen. Heute befinden sich dort neben dem ***Last Spike***-Denkmal, ein Eisenbahnwaggon und Andenkenladen; www.railwaymuseum.com/the-last-spike.

Camping

Gut 11 km weiter passiert der *TCH* den *Yard Creek Provincial Park* (ruhige *campsites* für $25). Weniger minimalistisch steht man mit *full hook-up* im *Cedars RV Resort* auf der anderen Straßenseite am Ufer des **Eagle River** und beim gleichnamigen ***Nature Park***; ✆ (778) 212-2151, www.cedarsresort.ca.

Sicamous und Salmon Arm

Shuswap Lake/ Sicamous

Über 1.000 km einsame, bewaldete Uferlinie mit ungezählten Buchten haben den **Shuswap Lake** für **Hausbootferien** populär gemacht. Der See zeichnet sich durch eine ungewöhnliche Form aus. Vier lange »Arme« sind über eine einzige Engstelle miteinander verbunden. Der ***Salmon Arm*** gilt als der attraktivste. An seinem östlichen Knie und dem damit verbundenen **Mara Lake** liegt der kleine Ort **Sicamous**, die ***Houseboat Capital of Canada***.

Houseboat Rental

Verleihstationen findet man an der Engstelle zwischen den Seen an der **Riverside Avenue**. Minimumleihe drei Tage ab ca. $2.000, www.twinanchors.com Nähere Auskünfte auch beim ***Sicamous Visitor Information Centre*** in der 446 Main Street; im Sommer 9-18 Uhr; ✆ (250) 836-3313, www.sicamouschamber.bc.ca.

Durchreisende finden neben der *TCH*-Brücke Richtung Kamloops einen schönen **Badestrand** im ***Sicamous Beach Park***.

Salmon Arm/ Squilax

Die Straße folgt der Uferlinie des *Salmon Arm* über den gleichnamigen größten Ort der Region **Salmon Arm** (*Info Centre*: 20 Hudson Ave) und erreicht in **Squilax** das Westende des Sees.

Eine empfehlenswerte Adresse in Salmon Arm ist die ***Swiss Lodge*** (ruhiges B&B mit DZ für $130; www.swisslodge.ca), in Squilax bietet das ***HI Shuswap Lake*** Betten ($24) und DZ ($58) in drei aus-

Canadian Pacific Railway

Noch im späten 19. Jahrhundert war British Columbia nahezu von den östlichen Provinzen des Landes isoliert. So führte die Reise einer Parlamentsdelegation nach Ontario 1870 zunächst mit dem Schiff nach San Francisco und von dort mit der Eisenbahn über Omaha und Chicago nach Toronto. Nach US-Vorbild entschied man sich für den Bau einer transkontinentalen Eisenbahntrasse, und am 7.11.1885 wurden in Craigellachie, 45 km westlich von Revelstoke am heutigen *Trans Canada Hwy*, die letzten Schwellen der *Canadian Pacific Railway* gelegt (eine *Rest Area* mit Denkmal erinnert daran). Um die Bahn durch die *Rockies* und weiter zu bringen, schufteten vor allem chinesische Bauarbeiter unter miserablen Bedingungen. Die *Chinatowns* von Vancouver und Victoria gehen auch auf diese asiatischen Einwanderer zurück.

Konkurrenzlos bis zur Ankunft der zweiten Transkontinentallinie (*Canadian Northern Railway*, heute *Canadian National*) 1915 fuhr die *Canadian Pacific Railway* in den ersten Jahrzehnten ihres Bestehens beachtliche Gewinne ein. Sie beeinflusste die Wirtschaftsstruktur ganzer Landstriche. Doch das Schienennetz der einst so bedeutenden Eisenbahn ist heute nur auf den Güterstrecken gut ausgelastet. So erfolgt in den Agrarregionen der Getreidetransport überwiegend per Bahn: nach Zwischenlagerung in den *Grain Elevators*, den unübersehbaren Lagertürmen in der Prärie, zu den Häfen am Pazifik (Vancouver und Prince Rupert), am Lake Superior (Thunder Bay) oder an der Hudson Bay (Churchill).

Die 1881 gegründete Muttergesellschaft *Canadian Pacific Limited* wurde 2001 in fünf Unternehmen aufgespalten: u.a. in die *Canadian Pacific Railway*, *EnCana* (Erdgas) sowie *Fairmont Hotels and Resorts* mit Luxusherbergen wie dem *Banff Springs Hotel*, der *Victoria Empress* und dem *Chateau Lake Louise*.

gedienten Waggons der *Canadian National*-Eisenbahn sowie Radverleih und Sauna; © (250) 675-2977, www.hihostels.ca.

Salmon Run

Der Adams River steht vom **Adams Lake** bis zu seiner Mündung in den **Shuswap Lake** mit seinen Uferbereichen als ***Tsútswecw Provincial Park*** (ehemals »Roderick Haig-Brown«) unter Naturschutz. Alle vier Jahre (2022, 2026,...) steigen dort **Anfang Oktober** Millionen von knallroten *Sockeye*-Lachsen zu ihren Laichgründen flussaufwärts. In anderen Jahren sind es auch noch Hunderttausende, vor allem in den sog. *sub-dominant years* (2023, 2027,...).

Von mehreren Punkten aus kann man den **Uferpfad** erreichen, in den Sommermonaten im *Swimming Hole* baden und die herrliche Natur und Landschaft genießen.

Campingplätze gibt es dort nicht, wohl aber in den nahen ***Provincial Parks Shuswap Lake*** ($32, alle 330 Plätze reservierbar; attraktiv und daher populär) und ***Adams Lake*** (*Bush Creek Site* $13, einfach).

Wer vom *Roderick Haig-Brown PP* die Schotterstraße vorbei am **Adams Lake** nimmt, erreicht bei Barriere den ***Southern Yellowhead Hwy #5***. Sie besitzt allerdings einige »haarige« Teilstücke hoch über dem See und ist daher mit RVs nicht zu empfehlen.

Optionen für die Weiterfahrt nach Westen

Uber das Okanagan Valley

Salmon Arm und **Sicamous** befinden sich am Nordende des Gutwetter-Tals **Okanagan Valley** (➤ Seite 285ff). Die landschaftlich reizvolle Zone im »Obst- und Gemüsegarten Kanadas« beginnt allerdings erst **bei Kelowna**. Die Straßen dorthin (#97A bzw. #97B) verlaufen abseits des Badesees **Okanagan Lake** und sind extrem ausgebaut bzw. befahren. Die Westuferstraße, die südlich von Kelowna wieder auf die #97 und den besten Abschnitt bis Okanagan Falls stößt, lohnt vor allem für Besucher, die im gepflegten ***Bear Creek PP*** schwimmen oder campen möchten (➤ Seite 286).

Wenn die Zeit für eine Fahrt durchs **Okanagan Valley** nicht mehr reicht, ist die verbleibende Strecke **von Salmon Arm zurück nach Vancouver** über Kamloops innerhalb eines Tages gut zu schaffen. Ca. 460 km sind es auf dem *Coquihalla Hwy* #5, schöner ist aber die Route auf dem *TCH* dem Verlauf des Fraser River folgend (530 km; in der Gegenrichtung bereits unter **2.3.1** beschrieben, ➤ Seite 207).

Über den Connector #97C

Wer trotz knapper Zeit noch einen Eindruck von dem *Okanagan*-Gebiet »mitnehmen« möchte, hat ab Sicamous oder Salmon Arm außerdem die Option die Reise über Vernon/Kelowna und den ***Okanagan Connector* #97C** fortzusetzen, der bei Merrit ca. 90 km südlich von Kamloops in den *Coquihalla Hwy* (#5) einmündet. Diese insgesamt 500 km lange Route beansprucht, je nach Verkehrsaufkommen, nur wenig mehr Fahrzeit. Dabei lohnt der Umweg über den glasklaren **Kentucky** und **Alleyne Lake**; 11 km ab der #97C, Abfahrt »Loon Lake Rd«, dann 2 km westwärts parallel zur Schnellstraße bis zur zweiten Unterführung, dort durch und noch ca. 9 km. Beide Seen haben schöne Picknickmöglichkeiten und *PP*-Stellplätze teils direkt am Ufer ($18, zur Hälfte *first-come, first-served*).

Eine ähnliches Kulisse bietet der **Allison Lake** im gleichnamigen Provinzpark an der #5A in Richtung *Crowsnest Hwy* (ab dem Kentucky Lake sind es 6 km bis zur #5A und dann noch 25 km nach Süden; schattige *first-come, first-served campsites* am Südufer des Sees; $18). Von dort fährt man dann am besten gleich über Princeton und den sehenswerten *E.C. Manning Provincial Park* (➤ Seite 302) an der #3 bis zum *TCH* bei Hope weiter. Die zurückzulegende Fahrstrecke zwischen Salmon Arm und Vancouver beträgt so 550 km (am besten als 2-Tages-Etappe).

BC's Hot Springs Circle Route (850 km, 4-6 Tage)

Wohltuende heiße Quellen stehen im Fokus dieser Rundstrecke, die ausgehend von Revelstoke über Straße #23 zu den ***Halcyon*** und ***Nakusp Hot Springs Resorts*** führt und dann weiter über die Kombination #6/#31A/#31 zu den ***Ainsworth Hot Springs*** mit ihrer einzigartigen Höhlenanlage. Östlich von Creston und Cranbrook, beide am *Crowsnest Highway* #3, geht es dann wieder nordwärts auf der #93/#95, an der noch die ***Lussier***, ***Fairmont*** und ***Radium Hot Springs*** liegen. Und kurz bevor man wieder den Ausgangspunkt der *Circle Route* erreicht, ist noch ein letztes Mal Relaxen in den ***Canyon Hot Springs*** am *TCH* angesagt.

4.2 Alternativrouten ab Revelstoke: über den Arrow Lake nach Vernon oder zum Crowsnest Hwy

Alternative zum TCH

Statt dem *TCH* zu folgen, könnte man ab Revelstoke eine in mancher Beziehung noch **attraktivere Route nach Westen** wählen. Bis **Vernon** eingangs des Okanagan Valley benötigt man auf den **Straßen #23 und #6** einschließlich zweier Fähren mind. einen vollen Tag (300 km). Verglichen mit dem stark befahrenen *TCH* und der Straße #97 ist diese Route eine reine Idylle und bietet mit ***Nakusp Hot Springs*** den idealen Zwischenstopp für eine Nacht.

Arrow Lakes

Upper und **Lower Arrow Lake** im Tal zwischen Selkirk und Monashee Mountains sind keine natürlichen Seen, sondern der durch den Damm bei Castlegar (➤ Seite 292) bis Revelstoke über 232 km gestaute Columbia River. Auf der Strecke liegt mit **Nakusp** nur ein kleines Städtchen (sehr schön am See) mit Versorgungsmöglichkeit. Die auf den Karten verzeichneten »Orte« Shelter Bay und Galena Bay, Fauquier und Needles sind lediglich Fähranleger.

Die #23 von Revelstoke nach Shelter Bay verläuft zunächst hoch über dem sich langsam zum Upper Arrow Lake erweiternden Columbia River. Der nördliche Stausee ist kaum zugänglich außer am ***Blanket Creek PP*** ($28; 2/3 der schönen *campsites* sind reservierbar). Im Park hat der attraktive, künstlich oberhalb des Stausees geschaffene Pool mit Sandstrand fast Karibikflair. Über dem Ufer unweit des Anlegers bietet der kleine *Campground Shelter Bay* des ***Arrow Lakes PP*** gute *first-come, first-served*-Plätze für die Nacht; bei später Ankunft im Sommer aber oft voll ($20).

Fähre nach Galena Bay

Die kostenlose *Upper Arrow Lake Ferry* von **Shelter Bay** nach **Galena Bay** braucht 20 min für die Überfahrt, während der man das Gebirgspanorama genießen kann (ab Shelter Bay tägl. 5-24 Uhr, ab Galena Bay 5.30-0.30 Uhr). Von Mai bis Okt. kommt zudem tagsüber eine zweite Fähre zum Einsatz. Sie sind nur selten voll ausgelastet – was eine Menge über die Verkehrsdichte auf der #23 aussagt.

Weiterfahrt über Nakusp und den Lower Arrow Lake

Halcyon Hot Springs

Bis Nakusp folgt die #23 ab Galena Bay in schönem Verlauf dem Ostufer des **Upper Arrow Lake**, aber nur selten ist eine Zufahrt vorhanden. Die ersten Thermalbecken liegen, 17 km südlich von Galena Bay, toll oberhalb des Sees angeordnet im komfortablen ***Halcyon Hot Springs***-Komplex; drei 32°-42°C warme Pools, geöffnet täglich 8-22 Uhr, Juli-Anfang September bis 23 Uhr, Eintritt $18, Kinder $14-$17. Dazu gehören auch ein Restaurant, etliche kleinere *Cottages* (ab $235 inklusive Pool-Nutzung) sowie Mehrfamilien-*Chalets*; © 1-888-689-4699, www.halcyon-hotsprings.com.

Nakusp Hot Springs

2,5 km nördlich von Nakusp gelangt man auf der **Hot Springs Road** (12 km) zu einer weiteren schön gelegenen und etwas preiswerteren Poolanlage ($10,50/$9,50). Ebenfalls unter freiem Himmel aalt man sich dort in zwei warmen Becken 36°C-40°C; von April bis Oktober täglich 9.30-21.30 Uhr, sonst kürzer.

Übernachten kann man vor Ort in den ***Nakusp Hot Springs Cedar Chalets*** (auch zur Hochsaison ab $79). Auf dem noch dazugehörenden ***Campground*** sind die Plätze direkt am Ufer des wilden Kuskanax River oft früh besetzt; Zelte $28, *hook-up* $31,50; © 1-866-999-4528, www.nakusphotsprings.com.

Wanderwege

Der ***Kuskanax Mountain Trail*** startet bei »km 4« der Hot Springs Road und folgt den Serpentinen einer schmalen Forststraße bergauf. Nach 1,5 km bietet der Aussichtspunkt ***Vicky's View*** einen netten Blick auf Nakusp und den langgestreckten See.

Auch auf der anderen Uferseite wartet eine sehr empfehlenswerte Wanderung: Hierfür folgt man der #6 ab Nakusp gut 22 km nach Süden bis zum schmalsten Seeabschnitt, wo der Upper zum Lower Arrow Lake wird, und setzt dort mit der ***Arrow Park Ferry*** über (nur 5 min; kostenlos, täglich 5-12.05 sowie 14.15-21.20 Uhr). 17 km nordöstlich der Anlegestelle befindet sich der Ausgangspunkt des ***Saddle Mountain Trail*** (5,3 km, 860 HM). Bei der attraktivsten Wanderung der gesamten Region genießt man vom einstigen Feuerwachthaus auf dem Gipfel (2.304 m) ein unvergleichlich tolles Rundumpanorama auf den Upper Arrow Lake und Nakusp; Broschüre mit *Hiking*-Karte unter http://nakusptrails.ca/trails/.

Nakusp

Die weit und breit größte Ortschaft **Nakusp** (1.600 EW) besitzt ein gemütliches Ambiente, einen schönen Sandstrand im Stadtpark, eine Reihe von Motels, eine ausreichende Infrastruktur zur Versorgung und einen großzügigem, guten *Municipal Campground* nur drei Blocks vom Strand entfernt (4th St/10th Ave NW; Zelte $25, *hook-up* $30; www.nakuspcampground.com). Der 14 km weiter südliche ***McDonald Creek PP*** ($30, + Strom $37) mit kilometerlangem Strand ist ebenso empfehlenswert wie der idyllische ***Summit Lake PP*** ($26; ➤ auch Seite 284).

Nach Vernon

Von Nakusp folgt man der #6 am Ufer des Arrow Lake weiter nach Süden bis zur kostenlosen ***Needles Cable Ferry*** in **Fauquier** (5 min Überfahrt bis Needles, 5-22 Uhr alle 30 min). Jenseits des Sees geht es auf schön geführter, ruhiger Straße quer durch die Monashee Mountains nach Vernon am Nordende des Okanagan Valley.

S.S. Moyie Nat'l Historic Site in Kaslo

Weiterfahrt durch die Selkirk Mountains

Ab Galena Bay gibt es neben der Asphaltstraße #23 in Richtung Nakusp eine alternative – ebenfalls attraktive – Route. Der ***Highway* #31** führt zunächst durch die Selkirk Mountains und anschließend über Kaslo bis zur *Balfour Ferry* eingangs des Westarms des Kootenay Lake. Dabei geht es rund 70 km über Schotter. Mit einem Tag **Extrazeit** könnte man auch ab Kaslo über die Straßen #31A und #6 zurück nach Nakusp fahren (185 Mehrkilometer im Vergleich zur Direktroute auf der #23) und von dort – entsprechend der Beschreibung oben – der Straße #6 in das Okanagan Valley folgen. Der aufgestaute Columbia River (Upper & Lower Arrow Lake) im Westen sowie die zwei Stauseen im Osten (Kootenay und Duncan Lake) umschließen die extrem dünn besiedelten **Selkirk Mountains**, die sich nordwärts bis zum *Glacier Nat'l Park* ausdehnen und in Richtung Süden bis in die US-Bundesstaaten Washington und Idaho hineinreichen (➤ auch *Selkirk Loop*, Seite 294f).

10 km östlich von Galena Bay befindet sich der 3,2 km lange ***Hill Creek Spawning Channel***. Schautafeln an der umlaufenden Piste erläutern den Lebenszyklus der *Kokanee*-Lachse, die in diesem künstlichen Kanal Ende August bis Ende September laichen.

Wenige Kilometer weiter südlich geht es bergauf, und die Straße führt hoch über dem **Trout Lake** am Hang entlang, aber wegen des dichten Waldes nur mit wenigen Aussichtspunkten. Ab dem Südende des Sees folgt sie dem Lauf des eiskalten, aber malerischen **Lardeau River**. Auf diesem – weiterhin geschotterten – Abschnitt begegnet man außer Holzlastern kaum anderen Fahrzeugen.

An der Flussmündung in den Duncan River lohnt die kurze Stichstraße zum Südende des **Duncan Lake** lohnt sich allemal. Am Endpunkt befindet sich ein Picknickplatz mit Aussicht auf die 39 m hohe Dammkrone. Südwestlich der Staumauer dient der 3,3 km lange ***Meadow Creek Spawning Channel*** (Straße um den Kanal mit Infotafeln) als künstlicher Ersatz für die seit dem Dammbau 1967 weitgehend verloren gegangenen *Kokanee*-Laichgründe. Im September ist das Wasser dort meist rot vor lauter Fischen!

Kootenay Lake

Am attraktiven Nordarm des **Kootenay Lake** besitzt der *Kootenay Lake Provincial Park* zwei kleine *Campgrounds*: *Davis Creek* ($21, reservierbar) und *Lost Ledge* ($23). Um dort einen Stellplatz zu ergattern, muss man insbesondere an Wochenenden früh anreisen.

Kaslo

Kaslo, eine Ende des 19. Jh. blühende Silberminenstadt und heute nur noch 1.000-Seelen-Gemeinde, ist der einzige »echte« Ort am oberen Kootenay Lake und Lardeau Valley. An der Kaslo Bay steht der ausgemusterte **Raddampfer *SS Moyie***, der einst zwischen Nelson und Siedlungen am Nordarm des Sees verkehrte. Der Passagier-Schaufelraddampfer zählt zu den ältesten noch erhaltenen der Welt und beherbergt ein kleines Museum mit Objekten und Fotos aus den aktiven Jahren des Schiffes (1898 bis 1957); Mitte Mai-Mitte Okt tägl. 10-17 Uhr; $12/$5. Dort befindet sich auch das Besucherzentrum von Kaslo; 10-18 Uhr; 324 Front St; www.klhs.bc.ca.

Empfehlenswert ist der ***Mirror Lake Campground*** ca. 5 km südlich von **Kaslo** mit vielen Plätzen am eigenen Badesee; 5777 Arcola Rd; © (250) 353-7102, www.mirrorlakecampground.com.

Nach Nakusp

Die **#31A** nach New Denver (ca. 50 km) führt in fantastischem Verlauf durch die Selkirk Mountains. Ein Stopp könnte der 1900 zunächst durch einen Großbrand und 1955 von Hochwasser zerstörten ***Ghost Town* Sandon** gelten, die nur 5 km abseits der Hauptstraße liegt. Von dort führt eine enge *Logging Road* (für RVs ungeeignet) zu einem Parkplatz unterhalb des ***Idaho Peak Lookout*** (2.273 m): Zum Gipfel geht es über einen schönen, ab Juli schneefreien Fußweg (1,4 km). Dort hat man eine brillante Sicht auf die umliegende Bergwelt und den langen Slocan Lake 1.700 m tiefer.

In **New Denver** erreicht man die **Straße #6**. Nordwärts auf dem Weg nach Nakusp (50 km) liegt auf der Passhöhe zwischen Slocan Lake und Upper Arrow Lake der ***Summit Lake PP*** mit einem wunderbaren, idyllisch von Bäumen eingerahmten *Campground* ($26).

In Richtung Süden ist die #6 ab New Denver kaum zu überbieten: Gespickt mit **wunderbaren Aussichtspunkten** verläuft sie streckenweise bis zu 300 m hoch über dem glasklaren **Slocan Lake**, berührt aber auch **Badestrände**. In New Denver und Silverton kann man sie nicht verfehlen, in **Slocan** (Strand neben Holzlager) ist ein Abstecher von der #6 durch den Ort nötig.

Auch Camping am leider etwas kalten See ist möglich in New Denver (der Platz erstreckt sich am Südwestufer zwischen Bäumen neben dem Stadtpark; $25-$30, 217 3rd Ave, © (250) 358-2361, www.newdenver.ca/campground-2) und Silverton (erstaunlich hübsche, kleine Uferanlage; $18-$25, Westende Leadville St, © (250) 358-2472, www.silverton.ca/rec/Camping.html).

Anschluss an den Crowsnest Highway

Mit Ziel **Castlegar** (➢ Seite 292) und Weiterfahrt auf dem ***Crowsnest Highway*** ist diese Route (ab Kaslo) insgesamt noch attraktiver und nur 35 km länger als die Streckenführung der Straßen #31 und #3A über Nelson.

Weingüter im Okanagan Valley

4.3 Das Okanagan Valley von Vernon bis Osoyoos

Über #97A ab Sicamous bzw. #97B ab Salmon Arm (beide am *TCH*) oder auf der #6 von Nakusp am Upper Arrow Lake erreicht man **Vernon** und die Hauptverkehrsachse #97 durch das **Okanagan Valley**. Das langgestreckte Tal wird als nördlichster Ausläufer des trockenen intramontanen Beckens definiert, das sich von Mexiko zwischen Sierra Nevada und Kaskaden im Westen sowie Rocky Mountains im Osten durch den gesamten Westen der USA zieht. Und tatsächlich passt an der US-Grenze das trockenheiße Wetter im *Okanagan* so gar nicht zum sonst vorherrschenden Kanada-Klima. Geringe Niederschläge und tägliche sommerliche Höchsttemperaturen von jenseits der 30°C lassen eine wüstenähnliche Vegetation gedeihen und sogar *Rattlesnakes* klappern.

Im größten kanadischen Weinanbaugebiet am unteren Arm des langgestreckten **Okanagan Lake** – auf derselben geographischen Breite wie etwa der Rheinabschnitt zwischen Mainz und Karlsruhe – fühlt man sich wie nach Südeuropa versetzt. **Verkaufsstände** für alle Sorten von Obst und Gemüse säumen die Straßen. Zwischen Vernon und Osoyoos laden zudem über ***100 Vineyards*** zu Weinproben ein; www.bcwine.com.

Ferienhochburg

Obst und Wein würden kaum so gut gedeihen, wäre das Okanagan Valley nicht auch noch mit unerschöpflichen Wasserreserven gesegnet. Touristische Hauptattraktion des Tales sind daher auch die angenehm warmen Stauseen Kalamalka, Skaha, Vaseux, Osoyoos und besonders der über 110 km lange **Okanagan Lake**. Alle Arten von Wasser- und Angelsport sowie kommerziell organisierte Aktivitäten sorgen dort für Urlaubsspaß.

Weil das Okanagan Valley **Ferienfreuden wie an Italiens Gardasee** bietet, ist es ein sehr populäres Urlaubsziel. Dazu gehören im Sommer früh ausgebuchte Quartiere und volle Campingplätze. Wer nach kühlen, speziell regnerischen Tagen im Gebirge in dieses Tal kommt, wird das Klima genießen.

Vernon

Vernon mit über 40.000 Einwohnern, einer der Zentralorte der Region, liegt nicht unmittelbar am **Okanagan Lake**, sondern abseits seines nördlichen Ausläufers und partizipiert daher weniger am Tourismus. Der **Seezugang** ist weit entfernt: 25th Avenue in Richtung Okanagan Lake. Auch zum ***Ellison PP***, ca. 16 km südwestlich von Vernon hoch über dem See, folgt man zunächst dieser Straße. Der dort besonders idyllische *Campground* liegt mitten im Wald und verfügt über großzügige Stellplätze ($32, nur wenige *first-come, first-served*). Über Treppen geht es hinunter zum Strand.

Das ***Vernon Visitor Centre*** an der 3004 39th Ave hat im Sommer 9-18 Uhr geöffnet; ✆ 1-800-665-0795, www.vernontourism.com.

Am Westufer des Okanagan Lake entlang

Von Vernon könnte man statt die #97 nach Süden alternativ die ruhige Strecke am **Westufer** wählen, müsste dazu aber erst einige Kilometer in nördliche Richtung fahren (nur bei viel Zeit sinnvoll!).

Silver Star Mountain

Am nördlichen Ortsausgang zweigt die 22 km lange Zufahrt zum ***Silver Star Mountain Resort*** ab, einem beliebten Skigebiet. Im Sommer (Ende Juni-September) bleibt der Sessellift für Wanderer und Mountainbiker in Betrieb; www.skisilverstar.com.

Wasserspaß

Auf der Weiterfahrt (Hwy #97/Pleasant Valley Road) passiert man 1 km südlich Abzweig #97/97A-7921 Greenhow Road ***Atlantis Waterslides***, einen Planschpark mit vielen Rutschen; geöffnet Juni täglich 10-17, Juli bis Anfang September 10-18 Uhr; $27/$17 oder Familienticket $75; www.atlantiswaterslides.ca.

O'Keefe Ranch

Ebenfalls an der #97 (#9380, 1 km vor der Westside Road) war die von *Cornelius O'Keefe* gegründete ***O'Keefe Ranch*** Ende des 19. Jahrhunderts eine der größten im Okanagan Valley. Mit zwölf zeitgenössischen Gebäuden, Kutschfahrten, Tieren, Sattlerei und Töpferei ist es zwar das beste Museum im Okanagan Valley, kommt aber nicht an die Qualität von Barkerville (➤ Seite 199) oder Fort Steele (➤ Seite 260) heran; Mai bis Anfang Oktober tägl. 10-17 Uhr, Juli und August bis 18 Uhr; $13,50/$8,50; www.okeeferanch.ca.

Baden & Campen

Auf etwa halber Strecke am Westufer des Sees, rund 35 km nördlich von Kelowna, passiert man den ***Fintry Provincial Park*** mit schönem Sandstrand, Wanderwegen und *Campground* ($32; nur 16 *first-come, first-served sites*, überwiegend nicht direkt am Ufer). Der ***Bear Creek Provincial Park***, ebenfalls mit Bade- und Campgelegenheiten, ist hervorragend in üppiger Vegetation angelegt und entsprechend populär; 7 km nördlich von Kelowna. Sämtliche Plätze ($35, mit Strom $43) können dort reserviert werden.

Im Osten des Okanagan Lake direkt nach Kelowna

Östlich des Okanagan Lake verläuft die #97 ab Vernon oberhalb des Kalamalka Lake mit nur wenigen Seezufahrten. Auch die Stellplätze des *Kekuli Bay PP* sind wiederum alle reservierbar ($32).

Kelowna

Die Touristenhochburg Kelowna (sprich: *Kilóhna*) ist das *Heart of the Okanagan* und die größte Stadt im Tal mit über 130.000 Einwohnern. Nach dem Abzweig der #33 kommt man vorbei am ***Orchard Park Shopping Centre***, dem größten seiner Art zwischen den *Rockies* und Vancouver mit über 170 Geschäften; 2271 Harvey Ave.

Kelowna City Park

Uferparks

Es folgt der zentrale Bereich Kelownas, der sich nördlich der #97 erstreckt, und der populäre ***City Park*** mit ***Public Beach***. Markant ragt dort die Skulptur ***Spirit of the Sail*** des Künstlers *Robert Dow Reid* empor und gleich nebenan windet sich die **Seeschlange *Ogopogo*** aus dem Pflaster, eine nach Augenzeugenberichten angefertigte Skulptur. Das Tier wird in den Tiefen des Sees vermutet, ähnlich wie das Ungeheuer von *Loch Ness*; www.ogopogoquest.com.

Unmittelbar nördlich davon am 238 Queensway befindet sich das Besucherzentrum (tägl. 8.30-20.30 Uhr; www.tourismkelowna.com) und die Ablegestelle der 1,5- bis 2-stündigen ***Kelwona Cruises*** (mit oder ohne *Lunch/Dinner Buffet*; www.kelownacruises.com).

Ein kurzer Abstecher führt (auf der Ellis St einige Kilometer nach Norden) auf den **Knox Mountain**. Stadt und See sind von mehreren Parkplätzen mit ***Viewpoints*** gut zu überblicken. Der Berg ist ein populäres Wandergebiet mit vielen unterschiedlichen Wegen, darunter der ***Apex Trail*** (3 km, 300 m Höhenunterschied).

Wer in Kelowna eine **Unterkunft** sucht, hat unweit der Durchgangsstraße #97 eine gute Auswahl an H/Motels. Fürs Campen in City-Nähe geht nichts über den ***Bear Creek PP***, ➤ links.

Myra Canyon

Südöstlich der Stadt gehört die Trasse der stillgelegten ***Kettle Valley Railway*** (*KVR*) durch den fantastischen ***Myra Canyon*** zu den besten kanadischen *Hike*- und *Bike*-Revieren. Beim *Myra Station Parking Lot* (Anfahrt 8 km, gute Schotterstraße) gibt es einen Fahrrad-Verleih; halber Tag $39, www.myracanyonrental.com. Dort startet die nur 12 km lange, recht ebene Tour durch den ***Myra-Bellevue Provincial Park*** und führt im Herzstück des *Myra Canyon* am Weg zum *June Springs Rd Parking Lot* über 18 *KVR*-Brücken und durch zwei Tunnel. Die ersten 8 Brücken lassen sich aber auch gut zu Fuß erkunden; Kartenmaterial: www.myra-trestles.com.

Das ***Chute Lake Resort*** liegt direkt am *KVR* (24 km bis Myra) auf einem einsamen Hochplateau – nicht nur Radler genießen den frischgebackenen Obstkuchen; Doppelzimmer, *Cabins*, Zelt- und RV-Plätze; © (250) 496-5262, www.chutelakelodge.ca.

Weiterfahrt nach Süden

Auch südlich von Kelowna bleibt die #97 ausgebaut und stark befahren. Der Verkehr vermindert sich ab Peachland, da der ***Okanagan Connector*** (Autobahn #97C) in Richtung Merritt/*Coquihalla Hwy*/Vancouver einen Teil seines Volumens aufnimmt. Von Kelowna sind es auf dieser Route noch knapp **400 km bis Vancouver**.

Lachswanderung

Im September/Oktober, zur Zeit der Lachswanderung, ist ein Stopp im ***Hardy Falls Regional Park*** (4 km südlich von Peachland) ein Muss. Dann wimmelt es dort von ***Kokanee*-Lachsen**, die bachaufwärts zu einem *Pool* unterhalb des Wasserfalls schwimmen. Auch sonst lohnt dieser 1 km lange schattige Weg als **Kurzwanderung**.

Prima gepflegte *campsites* mit viel Privatsphäre und Weitblick bietet die in mehreren Terrassen über dem See anlegte *North Unit* im ***Okanagan Lake Provincial Park***, die *South Unit* hat auch engere Stellplätze sowie einige *walk-in sites* direkt am Ufer. Selbst Letztere sind reservierbar; $35.

Aussicht

Bei Summerland erhebt sich der **Giant's Head Mountain** 500 m über den See, der beste **Aussichtsberg** im Okanagan Valley. Die Anfahrt erfolgt über ***Prairie Valley Road*** und ***Giant's Head Road*** auf die Gipfelstraße (zum Schluss Serpentinen). Das letzte Stück zum Gipfel geht es nur zu Fuß. An der Straße und oben passiert man mehrere **Picknicktische** mit Superblick.

Summerland

Ca. 5 km südlich von Summerland befinden sich die ***Ornamental Gardens***. Der kleine Abstecher von der Hauptstraße (#4200 Hwy 97) lohnt schon fast allein wegen der idyllisch plazierten Picknicktische im grünen Park. Eintritt frei (Spende $5); täglich 8 Uhr bis zur Dämmerung; www.summerlandornamentalgardens.org.

Proviant könnte man sich vorher in Summerland bei der **Bäckerei *True Grain Bread*** besorgen an der 10108 Main Street; gutes »europäisches« Bio-Körnerbrot; Di-Sa 8-17 Uhr; www.truegrain.ca.

Kettle Valley Steam Railway

In Summerland starten die Dampfloks der ***Kettle Valley Steam Railway*** im Hochsommer immer Do-Mo jeweils um 10.30 und 13.30 Uhr; Dauer: 90 min; Tickets $25. Für die Touren **mit Raubüberfall** und *BBQ* an ausgewählten Tagen zahlt man $57 (Kinder 3-12 Jahre $27); 18404 Bathville Road; www.kettlevalleyrail.org.

Penticton

Zwischen dem Südende des Okanagan Lake und Skaha Lake liegt **Penticton**, eine weitere **Tourismushochburg** des Okanagan Valley mit überaus populären Badestränden. Zentraler Bereich ist die Uferstraße am Okanagan Lake mit der ***SS Sicamous*** von 1914. Der Schaufelraddampfer wurde bereits nach 22 Jahre außer Dienst gestellt und ist nun größte Attraktion des Ortes; 1099 Lakeshore Dr West, im Sommer täglich 11-19 Uhr, $6/$3; www.sssicamous.com.

Einige Häuserblocks weiter südlich steht das ***Penticton & Wine Country Visitor Information Centre*** an der 120-888 Westminster Ave West; © 1-800-663-5052, www.visitpenticton.com.

Inner Tubing

Den Okanagan Lake und Skaha Lake verbindet – parallel zur #97 – der 6 km lange ***Okanagan River Channel***. Als Sommervergnügen lässt man sich dort mit Schläuchen aus Lkw-Reifen zwei Stunden lang flussabwärts treiben. Die Tageskarte kostet bei *Coyote Cruises* $18 (»***Tube***«-Miete inklusive Schwimmweste und Rücktransport, mehrere Fahrten möglich!); Start ab 215 Riverside Drive Mitte Juni-Mitte Sept täglich 10-16 Uhr; www.coyotecruises.ca.

Museumsschiff SS Sicamous in Penticton

Ein Superlativ jagt den nächsten...

Der Hang der Nordamerikaner zu Übertreibungen ist vielerorts kaum zu übersehen. Sehenswürdigkeiten – seien sie noch so bescheiden – werden als ***world famous*** oder mit anderen außerordentlichen Attributen beworben. Aus einem kleinen, mittelmäßigen Museum wird schnell eine ***Major Tourist Attraction***, und eine Ansammlung von Blockhäusern macht aus einem an sich unscheinbaren Dorf eine ***Log Cabin Capital of BC***. Vielleicht ist eines davon auch das größte, älteste oder schönste Blockhaus komplett aus Kiefer-, Fichten- oder anderem Holz in der Region oder auch das höchste, breiteste oder kleinste einräumige Haus der Provinz, des westlichen oder östlichen Kanadas oder eben der ganzen Welt. Ist an dem Gebäude selbst absolut nichts erwähnenswert, könnte zumindest der legendäre *Trapper Jim* oder *John* hier seinen *first* oder *last* Wohnsitz gehabt haben. Vielleicht besaß er damit sogar die am längsten ununterbrochen bewohnte Blockhütte diesseits der *Rockies*.

Auch das Okanagan Valley bildet hier keine Ausnahme, mit Superlativen wird nicht gegeizt: In der *Largest City in the Okanagan-Similkameen* **Kelowna** führen Touren durch die *Oldest Vinery in British Columbia*. **Keremeos** preist sich an als *Fruit Stand Capital of Canada*, während sich **Oliver** die Weinhauptstadt Kanadas feiern lässt. **Osoyoos** rühmt sich den *Warmest Fresh Water Lake* im Land und *Canadas only true Desert* zu besitzen. **Armstrong** hat zudem den »sensationellen« *World's longest Goat Walk* bei dem *Log Barn* zu bieten und **Penticton** zweifelsohne das *Best Climate in Canada*.

Nicht weiter verwunderlich, schließlich ist die kanadische Provinz British Columbia »***The Best Place on Earth***«!

Südliches Okanagan Valley

Am Endpunkt des *Channel* trifft man auf die Sandstrände des **Skaha Lake**, einem populären Familienziel mit vielen Hotels an der nahen Skaha Lake Road. Zwei eher kleine Provinzpark-Campingplätze liegen an der Straße #97: 1 km südwestlich des Skaha Lake im ***Sx̌ʷəx̌ʷnitkʷ Falls PP*** (ehemals »*Okanagan Falls PP*«; Zufahrt über die Green Lake Road, $25) und nur 7 km weiter im ***Vaseux Lake PP*** ($18; direkt am Hwy #97, daher laut, einige Plätze aber auch am Wasser; das *Bird Sanctuary* ist ein Paradies für Vogel-Liebhaber).

Für $32/Bett übernachtet man im ***HI Penticton*** an der 464 Ellis Street nicht weit entfernt von der *Okanagan Lake Beach*. Doppelzimmer kosten dort $75; © 1-866-782-9736, www.hihostels.ca.

Das Gebiet zwischen Oliver und der Grenze zu den Vereinigten Staaten wird als ***Pocket Desert*** bezeichnet. Bei trockener Sommerhitze von nahezu täglich 30°C macht sich dort eine karge, wüstenähnliche Vegetation aus Feigenkakteen und Salbeibüschen breit. Unterbrochen wird sie von üppig grünen Inseln künstlich bewässerter Felder und Plantagen. Abends ist es dort spürbar wärmer als im zentralen Okanagan.

Knapp 180 km südlich von Vernon endet das Okanagan Valley in **Osoyoos** (➤ Seite 298ff), eine Stadt an der US-Grenze mit Anschlussmöglichkeiten an den ***Crowsnest Hwy*** (➤ nächste Seite) in Richtung Vancouver oder Rocky Mountains.

4

4.4 Crowsnest Highway #3

Die südlichste Verbindung über die Rocky Mountains stellt der »Krähennest«-*Highway* dar. Die Fernstraße startet in den Prärien Albertas am *Trans-Canada Hwy* in Medicine Lake und führt auf ihrem Weg nach Westen – teils eng an der Grenze zu den USA – über fünf hohe Gebirgspässe: ***Crowsnest Pass*** (1.358 m) in den *Rockies*, ***Kootenay Pass*** in den Selkirk Mountains (mit 1.774 m höchster Pass im Straßenverlauf), ***Phoenix Mountain Summit*** (1.105 m) und ***Bonanza Pass*** (1.535 m) in den Monashee Mountains sowie der ***Allison Pass*** (1.342 m) in den Kaskaden. Die Route trifft nach insgesamt 1.160 km südlich von Hope wieder auf den *TCH*.

Das Teilstück im Süden Albertas ist aus touristischer Sicht nicht sehr ergiebig, sieht man mal ab von dem *UNESCO-Site* ***Head-Smashed-in Buffalo Jump*** etwas abseits des *Highway* an der #785 (➤ Seite 325). Daher erfolgt die Beschreibung des *Crowsnest Hwy* in diesem Kapitel erst ab der Zufahrtsstraße zum Waterton Lakes Nationalpark bei Pincher Station/Creek (die östlichen 260 km bis Medicine Hat sind auf ➤ Seite 323+619 zusammengefasst).

4.4.1 Crowsnest Hwy von Pincher Station nach Cranbrook

Hinter Lundbreck (mit den 12 m hohen ***Lundbreck*-Wasserfällen** und dem ruhigen, gleichnamigen ***Campground*** am Crowsnest River südlich des *Highway*) beginnen die Rocky Mountains und der Verlauf der #3 wird schlagartig um vieles attraktiver. In dieser Region begann 1898, nachdem die Gleise der *Canadian Pacific Railway* verlegt worden waren, die Ausbeutung von Kohlevorkommen. Der Ort **Crowsnest Pass** besteht aus dem Zusammenschluss etlicher einstiger Bergwerkssiedlungen (Bellevue, Hillcrest, Frank, Blairmore, Coleman und Hillcrest Mines; www.crowsnestpass.com).

Bellevue

In Sichtweite des Turtle Mountain kann man in der 1962 stillgelegten ***Bellevue Mine*** (21814 28th Ave) mit Helm und Lampe ausgerüstet an einer 1-stündigen Führung durch einen dunklen Stollen teilnehmen. Täglich Mai-Oktober 9-17 Uhr, im Hochsommer bis 18 Uhr; $21/$13; http://www.bellevuemine.com.

Frank Slide

Bei der Ortschaft **Frank** führt die #3 durch ein mehrere Quadratkilometer großes Geröllfeld, das 1903 durch den folgenschwersten Bergsturz Kanadas entstand. Das ***Frank Slide Interpretive Centre***, ein beachtliches Besucherzentrum etwas abseits des *Highway*, erläutert Hintergrund und Folgen des Sturzes vom Turtle Mountain, der seinerzeit in der Bergarbeitersiedlung Frank (daher *Frank Slide*) 70 Menschen in den Tod riss. Geöffnet Juli-Anfang September täglich 9-18 Uhr, sonst 10-17 Uhr; $13/$9; www.frankslide.com.

Auch wer sich für die Einzelheiten des *Frank Slide* und die Geschichte des Kohlebergbaus nicht so sehr interessiert, sollte kurz zum Besucherzentrum hinauffahren. Der Blick von dort oben über die auch nach so langer Zeit immer noch fast vegetationslose Steinwüste ist eindrucksvoll.

Dort, wo heute das Frank Slide Besucherzentrum steht, ereignete sich vor über 100 Jahren ein gewaltiger Erdrutsch, der ein ganzes Bergarbeiterdorf unter sich begrubt

Westlich von Frank dominiert der Namensgeber des *Hwy* das Panorama, der **Crowsnest Mountain** (2.785 m). In der Folge passiert die Route noch die Einmündung der unasphaltierten *Forestry Trunk Road* #940/#40, die nordwärts zum *Peter Lougheed PP* im *Kananaskis Country* (➢ Seite 262) führt, den ***Crowsnest Pass*** (niedrigste Passhöhe in den südlichen *Rockies* an der Alberta-BC-Grenze) und den Wintersportort **Fernie** (attraktiver Stadtkern rund um die 2nd Avenue). Bei **Elko** zweigt die #93 in Richtung Glacier Nationalpark/USA (➢ Seite 270) ab. Kurz vor Cranbrook vereinigt sich für gut 70 km gemeinsamen Verlauf die #95 mit dem *Crowsnest Hwy*.

4.4.2 Crowsnest Hwy von Cranbrook nach Osoyoos

Cranbrook

Cranbrook ist mit 20.000 Einwohnern die größte Stadt im südöstlichen British Columbia (*Visitor Centre*: 2279 Cranbrook Street; www.cranbrooktourism.com). Sehenswert sind dort allerdings nur die sieben restaurierten Wagen eines *Trans-Canada*-Luxuszuges von 1929, ausgestellt im ***Canadian Museum of Rail Travel*** an der 57 Van Horne St (*Hwy* #3); nur mit Tour ($22/$12), im Sommer 9-18 Uhr, sonst 10 ab Uhr; www.cranbrookhistorycentre.com.

Übernachten

Neben den vielen Motels an der Hauptstraße bietet sich in der Universitätsstadt (*College of the Rockies*) auch die EZ/DZ mit Gemeinschaftsbad ($30/$40) im ***Purcell House*** an; 2700 College Way, © 1-877-489-2687, www.cotr.bc.ca/summer-accommodations/.

Zum Campen hat man die Wahl zwischen:

- ***Mount Baker RV Park***, 1501 1st Street; Zelte $26, *hook-up* $32-$41; © 1-877-501-2288, www.mountbakerrvpark.com
- ***Jimsmith Lake Provincial Park*** in schöner Lage mit Sandstrand ($23, alle *first-come, first-served*; sanitär einfach). Die 4 km lange Zufahrt zweigt am südlichen Ortsausgang von der #3 ab.
- ***Moyie Lake Provincial Park*** mit großzügigen Stellplätzen und einem 1,3 km langen Sandstrand. Er liegt ebenfalls an der #3, ca. 20 km südwestlich von Cranbrook; $33, zum Teil reservierbar.

Creston

In Creston werden die Uhren nie umgestellt: Im Winter gilt MT, im Sommer PT

Im Zentrum der nächsten Ortschaft am *Crowsnest Hwy* mit zahlreichen Unterkünften ist die wichtigste Sehenswürdigkeit unübersehbar: Nach der Führung durch die ***Columbia Brewery*** darf man das ***Kokanee***-Bier auch probieren; 1220 Erickson Street.

Die Obststände an der Hauptstraße verraten, dass in **Creston** auch die Landwirtschaft eine wichtige Rolle spielt. Das *Info Centre* befindet sich am 121 NW Blvd, www.crestonvalleychamber.com.

11 km westlich der Stadt liegt an der #3 das ***Creston Valley Wildlife Interpretation Centre***; im Hochsommer täglich 9-16 Uhr, sonst So+Mo geschlossen (Eintritt Spende). Im Sumpf des Vogelschutzgebiets leben viele Tiere, darunter Kolibris und Fischadler. Ein Holzplankenweg führt hindurch, man kann sich auch *Guided Walking Tours* anschließen und/oder geführten Kanutrips (meist 9.30, 10.30, 13 und 14 Uhr; $10/$7); www.discovery-centre.ca.

Alternative Weiterfahrt

Zeitzonenwechsel am Kootenay River/Lake MT ➢ PT (1h zurück)

Für alle, die etwas mehr Zeit mitbringen, empfiehlt sich ab Creston die **Weiterfahrt** über den nördlichen Teil der ***International Selkirk Loop***. Die Strecke ist landschaftlich viel abwechslungsreicher als der Abschnitt des *Crownest Highway* über den *Kootenay Pass* (1.774 m) und Salmo bis Castlegar, erfordert aber ein Plus von 50 Kilometern. Auf dieser Route folgt man zunächst der Straße #3A am Ufer des Kootenay Lake nach Norden, setzt dann mit der Gratis-Fähre nach Balfour über und fährt von dort über Nelson weiter bis Castlegar (**Exkurs ➢ Seite 294ff**).

Castlegar

An der Mündung des Kootenay in den Columbia River liegt die Kleinstadt **Castlegar** mit einem *Visitor Centre* an der 1995 6 Avenue; www.destinationcastlegar.com.

Auf einer kleinen Insel direkt am Zusammenfluss eignet sich der schattige Rundweg (ca. 20 min) im ***Zuckerberg Island Heritage Park*** gut zum Füßevertreten. Es warten Erläuterungen zur Botanik und das historische *Chapel House* mit russisch-orthodoxem Zwiebelturm; Zugang über eine Hängebrücke ab der 9th Street (zweigt von der #22 am Westufer ab). Im Sommer täglich 10-17 Uhr, sonst Di-Sa; www.stationmuseum.ca/zuckerberg.

Camping- und Badeplätze abseits des Crowsnest Hwy

Die zwischen Creston und Castlegar vom *Crowsnest Hwy* nach Südwesten abzweigende Straße #3B schafft Zugang zu weiteren *Campgrounds*: Ein besonders hübscher Platz ($25) erstreckt sich zwischen dem Second und Third Lake im ***Champion Lakes PP***. Der Provinzpark umfasst ein dicht bewaldetes Areal mit drei Seen und zwei Sandstränden am Third Lake am Ende der 12 km langen Stichstraße, ca. 8 km südlich des *Crowsnest Hwy*. Gratis campt man noch weiter im Süden unweit der US-Grenze auf dem *Buckley Campground* von *BC Hydro* am ***Pend d'Oreille Reservoir***; knapp 40 km von der #3, Zufahrt über die Columbia Gardens/Seven-Mile-Dam Road ab Fruitvale. Die Straßen #22A/#3B führen von dort ins nur 28 km entfernte Städtchen **Trail**, wo man dann dem Verlauf der #22 am Columbia River nach Norden bis nach Castlegar am *Crowsnest Hwy* folgen oder die Reise über **Rossland** fortsetzen kann (#22/#3B; ➢ Seite 297).

Castlegar am Zusammenfluss des Kootenay und Columbia River

Ein erster toller Blick auf Castlegar bietet sich vom ***Mel DeAnna Viewpoint*** direkt am *Crowsnest Hwy* rund 5 km südlich der Stadt (nur als *Rest Area* ausgeschildert; ➤ Foto oben).

Empfehlenswert ist auch der ***Brilliant Overlook Trail***, der auf der Südostseite des Kootenay River ab dem *Trailhead* am Umspannwerk (unmittelbar nördlich des ***Castlegar Golf Club & RV Park***) in 3 km und 330 HM hinauf zum gleichnamigen Aussichtsfelsen führt, von dem man ein tolles Panorama auf den Columbia River und *Brilliant Dam* des Kootenay River genießt. Auf dem *RV Park* übernachtet man zwischen Bäumen in ruhiger, toller Lage; *hook-up* $31; 1602 Aaron Road, © 1-800-666-0324, www.golfcastlegar.com.

Staudamm

Nordwestlich von Castlegar steht die Betonmauer (52 m) des ***Hugh Keenleyside Dam***, der seit 1968 den Columbia River zum **Arrow Lake** aufstaut, ein riesiges Reservoir, das sich nordwärts bis nach Revelstoke erstreckt. Die Straße am Nordufer passiert das etwas tiefer gelegene Kraftwerk. Ihre Fortsetzung am Arrow Lake führt zum ***Syringa Provincial Park***, dessen *Campground* wegen seiner sehr schönen Lage am Badesee oft schon am Vormittag belegt ist; 31 *first-come, first-served sites*, der Rest reservierbar; $26.

Über Trail/ Rossland

Sofern man nicht ohnehin schon der Route über den *Champion Lakes PP* und Trail gefolgt ist (Exkurs ➤ links) empfiehlt sich diese Strecke nun spätestens ab Castlegar: Die **attraktive Straße #22** am Columbia River führt nach **Trail** und die #3B weiter nach **Rossland**, von wo es dann wieder nordwärts zurück zum *Crowsnest Hwy* geht. Dieser Schlenker nach Süden ist nur rund 35 km länger als der direkte Weg nach Westen auf der #3. Beide Orte verfügen – ebenso wie Castlegar – über etliche Motels, in Rossland steht auch eine Jugendherberge, das ***Mountain Shadow Hostel***; Betten ab $30; www.mshostel.com. Fortsetzung ➤ auf Seite 297.

The International Selkirk Loop (450 km)

Die Orte Creston und Salmo am *Crowsnest Hwy* liegen auch an der grenzüberschreitenden ***International Selkirk Loop*** (Näheres zur Einreise auf dem Landweg in die USA ➤ Seite 57). Ab Creston verläuft diese Rundtour zunächst am Ostufer des Kootenay Lake nach Norden, beinhaltet die Fährverbindung zwischen Kootenay Bay und Balfour sowie Weiterfahrt nach Nelson. Dort, im Westen der namensgebenden Bergkette (**Selkirk Mountains**), wendet man sich dann nach Süden und macht einen Schlenker über die US-Bundesstaaten Washington und Idaho, um nach insgesamt 450 km wieder zum Startpunkt zurückzukehren. Karte und gute *PDF*-Broschüre unter: www.selkirkloop.org. Für die gesamte Strecke werden leicht 2-3 Tage benötigt, am besten mit Übernachtung bei Balfour/Nelson und einer weiteren am Nordende des Priest Lake (im Zelt/RV).

Details zur Rundtour: Ab Creston folgt die Straße #3A der Uferlinie des **Kootenay Lake** mal in Wassernähe, mal hoch über dem See mit herrlichen Ausblicken. Einige hübsche Orte mit kleinen Yachthäfen und Badestränden liegen am Weg. Ein schöner, aber etwas schwierig zugänglicher (Parken abseits) öffentlicher **Sandstrand** liegt an der ***Twin Bays Beach***. 3 km südlich von Boswell passiert man das burgähnliche ***Glass House***. Die spleenige Idee des Leichenbestatters *David H. Brown*, mit einer halben Million Balsamflaschen ein Haus zu bauen, wird dort als Touristenattraktion vermarktet; Eintritt $10. Weitere Strände mit Bademöglichkeiten befinden sich auf der Weiterfahrt im ***Lockhart Beach Provincial Park*** ($23, alle *first-come, first-served*), beim ***Kokanee Chalets Resort*** in Crawford Bay (DZ im Motel $90, *Chalet* ab ca. $150; Zelte $25, *hook-up* ab $30; 15 min Fußweg zur *Beach*; ✆ 1-800-448-9292, www.kokaneechalets.com) sowie im ***Soul's Paradise Resort***; ✆ (250) 227-9441, www.soulsparadise.ca.

Ca. 5 km südlich des Fährterminals **Kootenay Bay** endet die Pilot Bay Road im ***Pilot Bay Provincial Park***, wo ein kurzer Spaziergang zum hübschen ***Lighthouse*** (1905) mit Aussichtsplattform führt, dem einzigen Inlandsleuchtturm in BC.

Die Autofahrt unterbricht die ***Kootenay Lake Ferry*** nach **Balfour**, wo dann schon die *Pacific Time* gilt. Die lokale Werbung versichert: »Längste (ca. 35 min) kostenlose Fahrt per Fähre in ganz Nordamerika«! Im Sommer 7-22 Uhr alle 50 min.

Die ***Ainsworth Hot Springs*** an der #31, 15 km nördlich von Balfour, haben nicht nur einen warmem Außenpool, sondern einen einzigartigen *Inner Pool* in einer 60 m langen, hufeisenförmigen **Grotte** mit von der Decke hängenden Stalaktiten; täglich 10-21.30 Uhr, $14/$12; DZ ab $200; www.ainsworthhotsprings.com.

Historisches Pilot Bay Lighthouse am Ufer des Kootenay Lake

Lakeside Park Beach in Nelson

Ohne Umweg geht es von Balfour weiter auf der #3A nach Nelson. Am Wege liegt der ***Kokanee Creek Provincial Park*** mit schönen Wanderwegen, Kinderspielplatz und Sandstränden. Er verfügt außerdem über drei gute *Campgrounds*: *Redfish*, *Sandspit* und *Friends*; jeweils $32. Der Park ist auch ein gutes Standquartier für Ruhetage und/oder Ausflüge, etwa zum ***Kokanee Glacier PP***. Die Zufahrt (16 km Schotter) endet am Gibson Lake; von dort verläuft ein schöner *Trail* über den *Kokanee Pass* zum Kaslo Lake (7 km, 500 Höhenmeter; sehr lohnenswert!). Am See findet man zudem eine »Alpenvereinshütte«.

Südlich der Brücke über den Westarm des Kootenay Lake liegt der ***Lakeside Park*** mit großem Strand und Picknickplatz und kurz darauf ist Downtown **Nelson** erreicht. Ende des 19. und Anfang des 20. Jahrhunderts sorgte eine Silber-Boomperiode für Reichtum in dieser Gegend. Zahlreiche Gebäude aus dieser Zeit – darunter manches architektonische Schmuckstück – sind in bestem Zustand.

Das Ortsbild von **Nelson** (über 10.000 Einwohner) unterscheidet sich erfreulich von dem anderer vergleichbar großer Städte. Dort sollte man sich nicht aufs *Sightseeing* durchs Autofenster beschränken, sondern unbedingt einen Spaziergang über die Baker Street (viele Straßencafés und Läden) machen, am besten nach Besuch der *Visitor Info*; 91 Baker Street; www.discovernelson.com.

Von 1899 bis 1949 waren in Nelson Straßenbahnen in Betrieb. Die alte ***Streetcar #23*** verkehrt noch Mitte Juni-Mitte Okt. täglich 11-17 Uhr zwischen *Lakeside Park* und *Hall Street Station*; $3; www.nelsonstreetcar.org. In der 171 Baker Street steht außerdem die gemütliche Jugendherberge ***HI Dancing Bear Inn***; Betten $29, DZ $72; ✆ 1-877-352-7573, www.dancingbearinn.com. Zentrumsnah liegt auch der städtische ***Nelson City Campground*** (90 High Street; Zelte $26, *hook-up* ab $35; ✆ (250) 352-7618, www.nelson.ca/680/City-Campground) und gleich nebenan der ***Gyro Park*** mit einem schönen Aussichtspunkt.

Für die Fortsetzung der Reise **in Richtung Westen** empfiehlt sich die Weiterfahrt auf der nicht ganz so attraktiven #3A in Richtung **Castlegar** am *Crowsnest Hwy*. An der Strecke wird das Gefälle des *Columbia River* durch sieben kurz aufeinanderfolgende Staudämme zur Stromproduktion genutzt. Bereits 1897 errichtete man dort das erste Wasserkraftwerk, u.a. für die Energieversorgung der Goldminen in Rossland (➤ Seite 297). Die ***Selkirk Loop*** hingegen, verläuft entlang der #6 über Salmo am *Crowsnest Hwy* weiter nach Süden, die jenseits der *US Border* zur #31 wird. Der kleine Grenzposten bei **Nelway/Metaline** ist nur 8-24 Uhr besetzt.

4

Im US-Bundesstaat Washington führt die Route dann vorerst fernab der Bergkette durch bewaldete und nur spärlich besiedelte Gebiete und sie ist auch im weiteren Verlauf **nicht so beeindruckend wie ihr kanadischer Konterpart**.

Ione, die erste größere Ortschaft, zählt gerade mal 450 Einwohner. Direkt am Ufer des Pend Oreille River steht dort eine recht passable Unterkunft, das ***Riverside Motel*** (120 Riverside Road; www.riverviewmotelionewa.com). Im ***Big Meadows Lake Wildlife Observatory*** kann man kostenlos am Seeufer campen und sich etwas die Füße vertreten (Zufahrt ab der 8th St über die *Forest Service Roads* #2688 + #2695). Südlich von Ione, bei der Einmündung der #20 in die #31, bietet sich ein kurzer Stopp beim kleinen urigen ***Tiger General Store & Museum*** aus dem Jahr 1912 an. Anschließend folgt man der #20 nach Süden, wo 30 Meilen später beim Mini-Ort **Usk** auf den Weiden der *Kalispel*-Indianer östlich des Flusses größere Bisonherden grasen.

Mit **Newport** an der Kreuzung #20/#2 ist der erste größere Ort (über 2.000 Einwohner) und die Grenze zu Idahos »*Panhandle*« erreicht. Die *Tourist Info* befindet sich am südlichen Ende der Washington Ave (Hauptstraße durch die Stadt) gleich neben dem ***Pend Oreille Historical Museum*** mit vielen Relikten aus der »guten alten Zeit« und einem kleinen Freilichtareal; www.pochsmuseum.org.

Ab **Priest River** an der #2 führt die Stichstraße #57 zum großen kristallklaren Badesee **Priest Lake** (lange Sandstrände im gleichnamigen *State Park* am Ostufer!). Der See wird gern als Idahos »Kronjuwel« vermarktet. So eine grandiose Bergkulisse wie in den kanadischen *Rockies* darf man nicht erwarten, der ruhige, einfache *Lionhead Unit Campground* ist aber sehr empfehlenswert (50 mi ab der #2).

Vorbei an **Sandpoint** – mit guter Infrastruktur, Skigebiet am nahen Schweitzer Mountain und **Sandstrand** (*City Beach Park*) am **Lake Pend Oreille**, dem größten See Idahos – wendet man sich auf der #2 nun wieder nordwärts und folgt ab der Kleinstadt Bonners Ferry der #95 und ab Copeland der #1. Bei Bonners Ferry können Interessierte noch das ***Kootenai National Wildlife Refuge*** besuchen. Dort warten einige Naturpfade sowie eine 7 km lange Auto-Tour.

Jenseits des Grenzübergangs bei **Porthill/Rykerts** (nur 7-23 Uhr geöffnet) ist bald wieder Creston, der Ausgangspunkt der *International Selkirk Loop*, erreicht.

Christina Lake, ein beliebter Badesee

Trail

Trail ist eine kleine Industriestadt beiderseits des Columbia River mit einer der weltgrößten Blei- und Zinkhütten, aber sonst ohne wesentliche Besonderheiten. Bei Interesse kann man den Sommer über in Begleitung von ehemaligen Arbeitern die ***Teck*-Schmelzerei** kostenlos besichtigen (Dauer ca. 2 Stunden). Start wochentags um 10 Uhr ab dem ***Interpretive Centre*** (1199 Bay Ave).

Näheres dazu auch im ***Visitor Info*** der Stadt an der 1505 Bay Ave; ✆ 1-844-368-3144, www.trail.ca/en/Tourism_Trail_BC.asp.

Rossland

Rossland liegt nur wenige Kilometer südwestlich von Trail und über 600 m höher. Das von Bergen ganz eingeschlossene einstige **Goldrauschstädtchen** besitzt Reste eines alten Ortskerns entlang der #3B. Nach der Entdeckung von **Gold in der *Le Roi Mine*** 1890 am Red Mountain erfolgte später ein Untertagebau in großem Stil. Das **Besucherzentrum** befindet sich an der Einmündung der #22 in die #3B; ✆ 1-888-448-7444, www.tourismrossland.com.

Der ehemalige Goldberg wurde umfunktioniert zum Winterskigebiet *Red Mountain Resort*. Obwohl ohne Sommerliftbetrieb und ohne Seilbahn ist die Region ein populäres **Mountainbike-Revier**.

Straße #3B

Auf landschaftlich erfreulicher Strecke (Straße #3B) geht es von Rossland wieder zurück zum *Crowsnest Highway*.

Christina Lake

Der langgestreckte Christina Lake am Hwy #3 jenseits des *Bonanza Pass* (1.535 m) zählt zu den **wärmsten Badeseen** Kanadas und ist im Sommer stark besucht. Der öffentliche Zugang ist nur an zwei Stellen möglich: am Picknickplatz im ***Christina Lake PP*** sowie im ***Gladstone PP*** mit dem *Texas Creek Campground* hoch über dem See (schöne Badestellen etwas abseits der Stellplätze des Campingplatzes; $27, alle reservierbar).

Grand Forks

Der historische Ortskern von der ehemaligen Minenstadt Grand Forks besitzt noch einen Hauch von Wild-West-Romantik. Das ehemalige *Court House* beherbergt heute das Besucherzentrum; 524 Central Ave (*Hwy* #3). Die Kleinstadt verfügt über eine **größere Auswahl an Quartieren** und einen ganz ordentlichen städtischen ***Grand Forks Municipal Campground*** am Kettle River auf einer schattigen Wiese im *City Park* mit Sandstrand; 7162 5th St; ab $20; ✆ (250) 442-5835, www.grandforks.ca/campground.

In die USA

Im Westen von Grand Forks zweigt die #41 (**#21** im US-Bundesstaat Washington) nach Süden ab. Die Straße führt über Republic bis zum Lake Roosevelt und gehört zu den schönsten, aber dennoch nur wenig befahrenen grenzüberschreitenden Strecken zwischen BC und den Vereinigten Staaten.

Midway

Midways Namensgebung beruht angeblich auf dem Umstand, dass der kleine Ort »auf halbem Weg« zwischen den Rocky Mountains und dem Pazifik liegt. Im Bahnhof von 1900 ist das ***Visitor Centre*** und ein kleines **Eisenbahnmuseum** untergebracht; *Kettle River Museum* $5. Eine Badestelle am Flussufer bietet der städtische ***Frank Carpenter Memorial Campground***; 620 Fifth Ave; Zelte $20, mit Strom $23; ✆ (250) 449-2467, www.midwaybc.ca/campground.

Straße #33

Bei **Rock Creek** zweigt die relativ verkehrsarme **Straße #33** ab. Mit Ziel Kelowna/Okanagan Valley ist man auf dieser Route rascher und zügiger unterwegs (130 km) als auf der meist überlasteten #97 ab Osoyoos. Nur 5 km nördlich an dieser Straße befindet sich in der ***Kettle River Recreation Area*** ein weiterer Badestrand sowie ein ausgesprochen guter und großzügig angelegter Campingplatz am Fluss ($30, größtenteils reservierbar). Der Kettle River ist auch ein populäres ***Inner Tubing***-Revier, wo sich Jung und Alt in Autoschläuchen oder auf Luftmatrazen mit der Strömung treiben lassen (leider gibt es aber vor Ort keinen *Tube*-Verleih).

Osoyoos

Rund 9 km vor der nächsten größeren Ortschaft, Osoyoos, lohnt sich entlang der #3 ein Stopp beim ***Anarchist Mountain Lookout*** mit weitem Blick über das südliche **Okanagan Valley** (➤ Foto unten).

Anschließend geht es in Serpentinen bergab vorbei an Weingütern und Obstständen. Unten angekommen führt die 45th Street zum ***Nk'mip Resort*** (ausgeschildert). Neben dem Hyatt-Hotel ***Spirit Ridge*** mit *Spa*, Golfplatz Reitstall und exklusiven Suiten (im Hochsommer ab $300, im September $199; www.spiritridge.ca) steht am Straßenende das sehenswerte ***Nk'mip Desert Cultural Centre***. Das Museum präsentiert in modernem Ambiente die alte Kultur und Lebensweise der *Okanagan*-Indianer, die sich selbst als *Syilx* bezeichnen. Ein **Lehrpfad** verläuft dort durch die Halbwüste (*Pocket Desert*) am Hang oberhalb des Osoyoo Lake, wo es schon mal »klappern« kann (*Rattlesnakes*!).

Empfehlenswert sind auch die Führungen, die meist um 10 Uhr im *Centre* starten; im Sommer geöffnet Mo-Sa 9.30-16.30 Uhr; Eintritt $12, Kinder 5-17 Jahre $8; www.nkmipdesert.com.

Zum Resort gehört außerdem ein guter ***Campground & RV Park*** mit Stellplätzen direkt am Ostufer des Osoyoos Lake. Bei voller Belegung wird es dort allerdings etwas eng; $38-$62, Duschen kosten extra; © (250) 495-7279, www.campingosoyoos.com.

Etwas günstiger ($32) und ebenfalls am Wasser campt man im ***sẁiẁs Provincial Park*** (sprich: *soo-yoos*) in einmaliger Lage an der Spitze einer schmalen Halbinsel (***Haynes Point*** am westlichen Seeufer, 3 km südlich der Kleinstadt). Dort sind alle Plätze reservierbar, selbst in der Vor- und Nachsaison ist eine zeitige Buchung angeraten: www.env.gov.bc.ca/bcparks/explore/parkpgs/swiws.

Preislich liegen die Quartiere in Osoyoos im oberen Mittelfeld. Zahlreiche *Beach Resorts* und Hotels mit Seezugang säumen das Ufer des **Osoyoos Lake**. Er ist einer der **wärmsten Badeseen** Kanadas und bis in den Spätherbst hinein sehr beliebt. Im ***Best Western Plus*** in unmittelbarer Nachbarschaft zum Mini-Vergnügungspark ***Rattlesnake Canyon*** (die holländische Windmühle an der #3 ist nicht zu übersehen) zahlt man im Sommer ca. $200 fürs DZ. Sehr gepflegte, große Apartments mit 2 Zimmern bietet das ***Reflection Guest House*** etwas außerhalb des Zentrums; ca. $180; 6813 Meadowlark Dr; © (250) 495-5229, www.reflectionsguesthouse.com.

Desert Centre

Von der Straße #97 zweigt, etwa 3 km nördlich der #3, die 146th Ave zum ***Desert Centre*** ab. Ein 1,5 km langer Rundweg gibt eine Einführung zur Flora, Fauna und Ökologie der Region (eher nur mit Führung interessant!); geöffnet Mitte Mai-Mitte September täglich 9.30-16.30 Uhr, sonst 10-14 Uhr, $8/$6; www.desert.org.

Information

Das Besucherzentrum von Osoyoos mit großer Auswahl an Karten und Info-Broschüren ist an der Straßenkreuzung #3/#97 nicht zu übersehen; wochentags 9-17 Uhr sowie im Sommer oft zusätzlich Sa+So 10-16 Uhr; www.destinationosoyoos.com.

US-Grenze & Anschlussrouten

Nur 4 km südlich des *Visitor Centre* befindet sich die 24 Std geöffnete *Border Control*. Auf US-Seite liegt dort **Oroville** im sog. ***Okanogan County*** (jenseits der Grenze wird das »A« durch ein »O« ersetzt!). Die #97 (die Straßen-Nr. bleibt erhalten) führt von dort weiter in Richtung Süden und verschafft ab dem nur 50 mi entfernten **Okanogan** Anschluss an die #20 durch den *North Cascades NP* oder ab **Wenatchee** (130 mi) an die südliche Kaskaden-Route (Straße #2 in Richtung Pazifikküste/Seattle; Details ➤ Seite 564.

Osoyoos am südlichen Ende des Okanagan Valley

4.4.3 Crowsnest Hwy von Osoyoos nach Hope

Spotted Lake

Ab Osoyoos gewinnt der Hwy #3 wieder langsam an Höhe und erreicht nach knapp 10 km den sog. ***Spotted Lake***, einen »gepunkteten« **abflusslosen Sodasee**. Von einer Parkbucht linker Hand der Straße fällt der Blick hinunter in einen rund 600 m langen, 200 m breiten, weißen Talkessel mit einem Mosaik aus gelben und manchmal auch grünen oder blauen Pools. Das, was wie ein abstraktes Kunstwerk anmutet, ist aber natürlichen Ursprungs. Eine hohe Konzentration an Mineralien sorgt für die facettenreiche Farbgebung der »Spots«; Feuchtigkeit/Niederschläge lassen sie in ihrer Größe schwanken (ca. 5-10 m im Durchmesser).

Der See ist eine heilige Stätte der *Syilx*-Indianer, die derzeit (Stand Anfang 2020) den Zugang zum Ufer leider verbieten. Das Foto ➤ unten zeigt den Blick vom *Highway*. Nach Niederschlägen verwandelt sich der *Spotted Lake* in ein »normales« Gewässer.

Mount Kobau

Kurz darauf führt ein Abstecher zum **Mount Kobau** in der ***South Okanagan Grasslands Protected Area***. Über eine 17 km lange, auch für Wohnmobile gut befahrbare Schotterstrecke und den moderat ansteigenden ***Mount Kobau Lookout Trail*** (600 m) durch Salbeiwiesen und Wald erreicht man den Gipfel (1.873 m) mit tollem Rundumpanorama und Aussicht auf das 1.600 m tiefer gelegene Okanagan Valley. Vom 3 km langen ***Chopaka Lookout Trail*** schaut man auf die andere Talseite.

Similkameen Valley

Im **Similkameen Valley** rund um die zwei kleinen Ortschaften **Cawston** und **Keremeos**, nur 30 km weiter am Hwy #3, ballen sich – mehr noch als im Okanagan Valley – bunte Obst- und Gemüseverkaufsstände an den Straßenrändern. Die Gegend weist die größte Dichte an ökologischer Landwirtschaft auf.

Osoyoos kurioseste Attraktion, der Spotted Lake am Highway #3 westlich der Stadt

Cawston schmückt sich daher sogar mit dem Titel ***Organic Capital of Canada*** (»bio« = *organic*). Wer einen köstlichen Bio-Tropfen oder Bio-Fruchtwein probieren möchte, wird dort auch fündig, u.a. in der *Forbidden Fruit Winery* und *Rusty Roots Winery*.

Old Grist Mill in Keremeos

In der liebevoll instandgesetzten Wassermühle ***Old Grist Mill*** nordöstlich von **Keremeos** erläutern zeitgenössisch gekleidete Führer die Wirkungsweise dieser Mühle von 1877; Zufahrt über die Straße #3A; im Sommer tägl. 9-17 Uhr, sonst 10-16 Uhr; $8/$6. Zum Komplex gehören ein attraktiver Garten mit ***Tearoom*** sowie ein relativ kleiner ***Campground***; $20, mit Strom $30; ✆ (250) 499-2888, www.oldgristmill.ca.

Cathedral Provincial Park

Die 36 km lange ***Ashnola River Rd*** (Abzweig 4 km westlich von Keremeos) verschafft Zugang zum ***Cathedral Provincial Park*** (+***Protected Area***). Nur die ersten 10 km sind asphaltiert, dann folgen weitere 9 km Schotter bis zur Parkgrenze. Ein Wegenetz erschließt das **Wanderparadies** und führt zu rauen Berggipfeln und azurblauen Seen. Tiefer hinein in dieses Wildnisgebiet an der US-Grenze geht es per *Unimog-Shuttle* (teuer!), allerdings nur mit Vorab-Reservierung und nur für Leute mit Zelt (*Quiniscoe Lake Campground*) oder Gäste der ***Cathedral Lakes Lodge***. Der Komfort in der Einsamkeit am Quiniscoe Lake in 2.072 m Höhe kostet $680/Person inkl. Vollverpflegung, Kanubenutzung und Transport ab/bis Parkgrenze; ✆ 1-888-255-4453, www.cathedrallakes.ca.

Übernachten

Westlich von Keremeos folgt der *Crowsnest Hwy* auf reizvoller Strecke dem Lauf des Similkameen River. Wer unterwegs einen kleinen *Campground* sucht, wird in den Provinzparks ***Stemwinder*** ($18) und ***Bromley Rock*** ($23) fündig. Die nächsten H/Motels stehen in Princeton. **Hedlye** verfügt über eine Jugendherberge, das ***Hedley Inn & Hostel*** (Betten $45, DZ $90; www.hedleyinn.ca).

Princeton

Princeton war Zentrum eines bis in die 1950er-Jahre bedeutenden Gold-, Kupfer- und Kohlereviers (*Info Centre*: 169 Bridge St; www.princeton.ca). Die Kleinstadt büßte nach dem Niedergang des Bergbaus auch noch seine Funktion als Verkehrsknotenpunkt ein: Seit der Eröffnung des *Coquihalla Hwy* und der Anschlussautobahn *Okanagan Connector* (#97C) fließt der Hauptverkehr von Vancouver ins Okanagan Valley nicht mehr über Princeton.

Geisterstädte

In der Umgebung der Stadt gibt es diverse ***Ghost Towns*** aus Goldrauschzeiten. Überwiegend handelt es sich dabei allerdings um wenig sensationelle, verfallene Holzhäuser.

Ein Bär begrüßt die Besucher an der Osteinfahrt in den Manning Provincial Park

Manning Provincial Park

Ab Princeton führt die Straße #3 hinauf ins Kaskadengebirge und in den ***E.C. Manning Provincial Park***. Am Wege passiert man die kleinen ***Similkameen Falls*** (ausgeschildert) des gleichnamigen Flusses. Zwar läuft der *Crowsnest Highway* 60 km lang durch den Provinzpark, aber die Schönheit des Areals erschließt sich nur abseits des Durchgangsverkehrs. Mindestens einen Tag extra Zeit kann man hier durchaus einplanen.

Nach der Osteinfahrt passiert man zunächst die zwei straßennahen *PP Campgrounds Mule Deer* und *Hampton*, beide großzügig und erster mit attraktive Stellplätzen am Ufer des Similkameen.

Nur 1 km westlich des ***Visitor Centre*** (Mitte Juni-Mitte September 9-18 Uhr) bietet das ***Manning Park Resort*** an der #3 selbst zur Hochsaison Doppelzimmer ab ca. $150 an – kein schlechtes Preis-Leistungs-Verhältnis in Anbetracht der super Lage; © 1-800-330-3321, www.manningpark.com.

Blackwall Road

Jeder Parkbesucher sollte zumindest die beim *Resort* in Richtung Norden abzweigende Stichstraße zum **Blackwall Peak** hinauf fahren (in der Regel von Anfang/Mitte Oktober bis Mitte Juni wegen Schnee gesperrt). Vom ***Cascade Lookout*** – rund 8 km vom *Crowsnest Hwy* entfernt – fällt der Blick auf die z.T. schon zu den USA gehörenden schneebedeckten Gipfel der **Cascade Range**. Ein Schild weist wenige 100 m oberhalb des Parkplatzes linker Hand der Straße auf den Beginn des ***Dry Ridge Trail*** hin, der im frühen Sommer durch herrliche Blumenwiesen führt und immer wieder fantastische Ausblicke auf die Bergwelt bietet (3 km, 50 HM).

Jenseits des *Lookout* wechselt der Straßenbelag zu Schotter und endet – auch für RV gut befahrbar – nach weiteren 8 km bei den *Subalpine Meadows*. Dort lohnt eine kleine Rundwanderungen im Anfangsbereich des ***Heather Trail***. Die Wildblumenwiesen auf dem Gipfelplateau des Blackwall Peak stehen meist Ende Juli/Anfang August in voller Blüte. Entlang des 1,5 km langen Rundwegs ***Paintbrush Nature Trail*** erfährt man alles zur Flora der Region und genießt den Blick auf die andere Talseite Richtung Princeton.

Hilfreiche Übersichtskarten mit den Wanderwegen des Parks unter: www.env.gov.bc.ca/bcparks/explore/parkpgs/ecmanning.

Lightning Lake

Über die *Gibson Pass Road* (Stichstraße vom Resort nach Südwesten) gelangt man zum **Lightning Lake** mit Strand, Kanu-/Kajakverleih ($44/4 Stunden oder $75/Tag) und dem schönsten *PP Campground* abseits der Hauptstraße ($35, reservierbar unter © 1-800-689-9025 bzw. www.discovercamping.ca).

Am See beginnen mehrere völlig ebene Wanderwege. Besonders der ***Lightning Lake Chain Trail*** ist zu empfehlen, der gleich an drei weiteren, lustig benannten Seen vorbei führt: **Flash**, **Strike** und **Thunder Lake** (20 km retour ab der *Spruce Bay Beach* beim Campingplatz, 24 km ab der *Lightning Day-Use Area*). Ein Rundweg führt außerdem um den Flash Lake (4 km) sowie um den Lightning Lake (9 km) herum. Populär ist auch der ***Frosty Mountain Trail***, eine anspruchsvollere 27 km lange Tagestour zum höchsten Berg des Parks (2.408 m). Der 1.150 m Höhenanstieg auf der Nordseite bleibt oft bis in den Sommer hinein schneebedeckt.

Am *Crowsnest Hwy* passiert man weiter westlich noch den ***Coldspring Campground*** des Parks ($23; Stellplätze teils im Wald).

Bergsturz

Eine letzte Sehenswürdigkeit vor Erreichen des *Trans-Canada Hwy* bei Hope sind die Auswirkungen des ***Hope Slide***. Der Bergrutsch von 1965 verschüttete 3 km Straße. Unter 48 Mio. m^3 bis 80 m hoch aufgeschüttetem Felsgeröll liegen noch Autos samt Insassen. Auf Schautafeln wird das Unglück erläutert.

Abstecher in die USA

Von der Flood Hope Road direkt bei der Einmündung der #3 in den *TCH* zweigt im Westen der Ortschaft Silver Creek die Silver Skagit Road ab, die zu zwei entlegenen Provinzparks führt: ***Silver Lake*** und ***Skagit Valley*** mit schönen Picknick- und Campmöglichkeiten. Die unasphaltierte, aber meist gut gewartete Stichstraße endet erst nach 62 km jenseits der US-Grenze beim *Hozomeen Campground* am Ufer des **Ross Lake** im North Cascades Nationalpark.

Nach Vancouver

In Hope liegen die Häfen am Pazifik schon nicht mehr fern. Auf dem *TCH* sind es noch knapp 2 Std (150 km) **bis Vancouver**, auf der gleich langen Strecke über die viel attraktivere #7 am Nordufer des Fraser River braucht man ca. eine halbe Stunde mehr, ➤ Seite 207.

Lightning Lake im E.C. Manning Provinzpark

Calgary & Startrouten

Horsethief Canyon nordöstlich von Calgary

5. CALGARY

Die Öl- und Gasmetropole Albertas in den westlichen Ausläufern der kanadischen Prärien ist gleichzeitig **touristische Hauptstadt** der Provinz. Wegen ihrer Nähe zu den Rocky Mountains eignet sich Calgary fast ebenso gut wie Vancouver als Ausgangspunkt für Reisen durch Alberta und British Columbia. Für Ausflüge zu den berühmten Nationalparks (*Banff*, *Jasper*, *Kootenay* und *Yoho NP*) liegt Calgary sogar noch etwas günstiger.

Automieter und eifrige Shopper sparen bei Start in Calgary gegenüber Vancouver sogar 7% *Provincial Sales Tax*, da Alberta (aufgrund des Ölreichtums) **keine Umsatzsteuern** erhebt.

5.1 Klima und Geschichte

Klima Die Prärien rund um Calgary auf knapp über 1.000 Höhe erfreuen sich eines trockenen, sonnig-warmen Sommerwetters mit Tageshöchstwerten um die 25°C. Im Hochsommer herrschen Westwinde vor, aber die Wolken vom Pazifik regnen bereits überwiegend in den Coast und Rocky Mountains ab. Regenperioden sind daher von Juli bis September in Calgary eher die Ausnahme. Bisweilen kann es aber zu kräftigen Gewitterschauern kommen und der Juni fällt mitunter noch ziemlich wechselhaft aus.

Geschichte Traditionell siedelten **Blackfoot-Indianer** im Gebiet des südlichen Alberta und des heutigen US-Staates Montana. Erst in der zweiten Hälfte des 19. Jahrhunderts kamen Weiße in nennenswerter Zahl in diesen Teil Kanadas. Als Whiskyschmuggler aus den USA die »kanadischen« Indianer mit Alkohol versorgten, schickte die Zentralregierung Einheiten der ***North West Mounted Police***, um diese Machenschaften zu unterbinden. 1875 errichtete diese Polizeitruppe am Zusammenfluss von Bow und Elbow River ein Fort, was eine Art Signalwirkung für den Zustrom weiterer Siedler hatte.

Viehzucht Aber erst als die Bautrupps der kanadischen transkontinentalen Eisenbahn 1883 Alberta erreichten, begann der eigentliche Aufstieg. ***Fort Calgary***, benannt nach einem schottischen Schloss und inmitten reichen Weidelandes gelegen,

entwickelte sich zum Zentrum der wichtigsten Viehzuchtregion Kanadas, und aus der einstigen reinen ***Cowboy Town*** rund um das Fort wurde rasch eine Stadt.

Stampede

1912, als die Rinderzucht Hauptwirtschaftsfaktor war und das Cowboyleben noch eine wichtige Rolle spielte, fand erstmalig die ***Calgary Stampede*** statt. Das seither alljährlich im Juli abgehaltene Rodeo entwickelte sich zur »***Greatest Outdoor Show on Earth***« und begründete den Ruf Calgarys als attraktives touristisches Ziel.

Öl

Das moderne Industriezeitalter hielt 1914 in *Turner Valley*, gut 50 km südwestlich von Calgary, Einzug. Die Anlage ***Dingman #1 Oil Well***, heute als Nachbau im *Heritage Park* zu besichtigen, förderte damals das erste Öl.

Ölmetropole

Der Bau einer ersten Raffinerie ließ noch bis 1923 auf sich warten, aber danach war kaum ein Halten mehr: Calgarys Ölindustrie sorgte für einen anhaltenden Boom bis zu den Ölkrisen der 1970er-Jahre. Seither folgt die Wirtschaftsentwicklung der Stadt dem Auf und Ab des internationalen Ölpreises. Aber selbst in sogenannten »schlechten« Jahren bringt das Öl- und Gasgeschäft Calgary weit mehr ein als Weizen und Steaks.

Calgary heute

Die Prosperität der 1980er-Jahre bis heute verhalf Calgary zu einem starken Bevölkerungsanstieg auf heute **1,2 Mio. Einwohner, im Großraum 1,4 Mio. Einwohner** und – damit einhergehend – einer von Glas und Beton geprägten Hochhaussilhouette. Die **Olympischen Winterspiele von 1988** brachten der Stadt einen weiteren Bauboom. Calgary übertrifft die Provinzhauptstadt Albertas, Edmonton, nicht nur wirtschaftlich, sondern strahlt auch durch das von zahlreichen Hochhäusern geprägte Stadtbild größere Bedeutung aus. Alle Top-Unternehmen der kanadischen Energiewirtschaft sowie 90% der umsatzstärksten Unternehmen Albertas haben ihren Firmensitz in Kanadas Ölmetropole.

Stampede Park vom Scotsman's Hill

Calgary Stampede, die »Greatest Show on Earth«

Calgarys Top-Attraktion ist zweifelsohne die ***Stampede***, die alljährlich weit über 1 Million Besucher anzieht. Nachdem sie 1912 erstmalig veranstaltet worden war, sind die **zehn Tage** der **größten *Rodeo Show* Nordamerikas** Pflicht für Fans, Profi- und Freizeit-Cowboys. Es ist nicht nur das größte Freiluft-Rodeo der Welt, sondern mit über $2 Mio. Preisgeld auch das höchstdotierte. Ein besonderer Zuschauermagnet ist dabei der größte **Jahrmarkt** Albertas. Er findet gleichzeitig während des Rodeos und einer klassischen Landwirtschaftsmesse im *Stampede Park* statt.

Traditionell eröffnet die »***Greatest Outdoor Show on Earth***« am Freitagvormittag um 9 Uhr mit einem großen Festumzug durch Downtown. In einem farbenfrohen Spektakel präsentieren sich Musik- und Tanzgruppen, Reiterstaffeln und Indianer, aber auch Bürgermeister und Vereine. Imbiss-Stände servieren allen, die Schlange stehen, **gratis *Pancakes*** (Pfannkuchen) zum Frühstück. Bier wie andere Alkoholika sind auch bei größter Hitze verpönt. Die Stimmung unter den Besuchern ist gleichwohl prächtig.

Die Rodeo-Veranstaltungen finden im ***Stampede Park*** statt; Anfahrt am besten mit dem *C-Train*. Die klassischen Disziplinen im Nachmittagsprogramm sind:

- ***Bareback/Saddle Bronc Riding*** (Zureiten wilder Pferde ohne/mit Sattel)
- ***Calf Roping*** (Lassowurf und Fesselung eines Kalbes)
- ***Barrel Racing*** (Frauen reiten um einen Tonnen-Parcours)
- ***Steer Wrestling*** (Umwerfen eines Stiers mit bloßen Händen)
- ***Bull Riding*** (Bullenreiten mit nur einem Arm am Haltestrick)

Neben den altbewährten Übungen gibt es beim Rodeo humorige Einlagen wie etwa das ***Wild Cow Milking***, wobei einer ungezähmten Kuh ein paar Tropfen Milch abzuzapfen sind. Faszinierender Farbtupfer beim Nachmittagsrodeo ist der ***Musical Ride*** mit 36 Pferden der *Royal Canadian Mounted Police*, die dazu in ihren roten Uniformen ein prächtiges Reiterspektakel bieten.

Höhepunkt der Abendvorstellungen sind die ***Chuckwagon Races***, unter großem Lärm und enormer Staubentwicklung absolvierte Rennen von vierspännigen (Renn-)Planwagen. Danach findet auf einer *Open-air*-Bühne vor der Tribüne eine grandiose ***Evening Show*** statt, eine Mischung aus Operette, Zirkus und modernem ***Entertainment***. Den Abschluss bildet jeweils ein großes Feuerwerk.

Ticketverkauf unter www.calgarystampede.com. Eintritt ins Ausstellungsgelände kostet $18/$9, hinzu kommen ggf. Tickets für die Haupttribüne (***Grandstand***) für Nachmittagsrodeo ($27-$125) bzw. *Chuckwagon Races* mit *Evening Show*. »Standing Room Tickets« sind Stehplätze. Die *Day Reserved Seats* (abseits der Haupttribüne mit relativ schlechter Sicht) gibt sie nur an der Tageskasse.

Die zehntägige ***Stampede*** findet vom ersten Freitag im Juli bis einschließlich Sonntag der Folgewoche statt. Falls der Staatsfeiertag ***Canada Day*** (1. Juli) auf Fr-So fällt, beginnt sie am zweiten Freitag im Juli. Die Daten für die nächsten zwei Jahre sind: • **03.07.-12.07.2020** • **09.07.-18.07.2021**

5.2 Information, Orientierung und Verkehrsmittel

Touristen-Information Offizielle Touristeninformationen befinden sich in der Ankunftshalle des ***Calgary International Airport***, im ***Calgary Tower*** (101 9 Ave SW; nur Mai-Sept 9-16 Uhr) sowie beim ***Convention Centre*** (120 9 Ave SE); ✆ 1-800-661-1678, www.visitcalgary.com.

Flughafen Der ***Calgary International Airport*** (*YYC*) liegt 17 km nordöstlich der Innenstadt. Die beste und schnellste Verbindung (30 min) stellt der Expressbus ***Route 300*** her, der von 5-24 Uhr alle halbe Std ab *Bay* 7 (Ankunftsterminal Tür 2) oder *Bay* 32 (Tür 15) startet. Ohne Tickets aus Automaten, werden exakt $10,75 in bar im Bus fällig. Sie beinhalten die Tageskarte für alle Busse und *CTrains* (➤ unten).

Straßen-system Die Orientierung in Calgary fällt leicht. Das Straßennetz ist im Wesentlichen schachbrettartig angelegt. In Nord-Süd-Richtung verlaufende Straßen sind *Streets*, im Ost-West-Verlauf *Avenues*. Die Zählung beginnt jeweils im Stadtzentrum mit dem Zusatz des Himmelsrichtungs-Quadranten, durch den der jeweilige Straßenabschnitt läuft, also z.B. SE (für Südost), NW (für Nordwesten) etc. Größere, überwiegend als Autobahn ausgebaute Durchgangsstraßen tragen die Bezeichnung ***Trail***.

Die wichtigste Nord-Süd-Verbindung ist die Autobahn #2 bzw. der ***Deerfoot Trail***, der von der US-Grenze durch Calgary hindurch bis Edmonton führt. Der ***TCH*** durchquert die Stadt als 16th Ave nördlich des Bow River in Ost-West-Richtung. Die **#201** (***Stoney Trail***) dient als großräumige Entlastungsroute für die #2 und den *TCH*.

Parken In Calgarys Innenstadt südlich des Bow River herrscht **Parkplatzmangel**. Parkhäuser und Großparkplätze rund um die innere City sind teuer und werktags oft schon frühmorgens belegt. Die besten Chancen hat man südlich des *Calgary Tower* (10th Ave) oder im Bereich des *Fort Calgary*, dort sind die Plätze für Fort-Besucher gratis. Weitere kostenlose Parkplätze gibt es auch beim *McHugh Bluff Park* nördlich des Bow River. Von einem der schönsten Aussichtspunkte der Stadt steigt man die zahlreichen Treppenstufen hinab, spaziert über den Fluss zur *Prince's Island* und über die nächste Flussbrücke nach Downtown; nur 1,5 km Fußweg.

Öffentlicher Nahverkehr Für Fahrten nach Downtown Calgary kann man gut auf öffentliche Transportmittel ausweichen. Busse und elektrische Straßenbahnen verkehren auf einem recht dichten Netz mit relativ hoher Frequenz. Der ***CTrain* auf der 7th Ave**, eine der Haupteinkaufsstraßen der Innenstadt, kann zwischen den Stationen *City Hall* (2nd St SE) und *West/Kerby* (9th St SW) **gratis** benutzt werden. Außerhalb dieses Bereichs kosten **Einzeltickets $3,40/$2,35**, Tagespässe $10,75/$7,75 und 10er-Ticket-*Books* $34/$23,50; www.calgarytransit.com.

5.3 Unterkunft und Camping

H/Motels

Dank erheblicher H/Motelkapazitäten findet man in Calgary und Umgebung meist – auch in den niedrigeren Preisklassen – ein freies Zimmer. Besonders viele Quartiere stehen am ***TCH* in Universitätsnähe**, am ***Macleod Trail***, der Haupteinfahrt in die Stadt von Süden her, und in den Außenbezirken am Flughafen. Kritisch sind aber die Tage während der *Calgary Stampede* (➤ Seite 308), dann sind oft alle Betten ausgebucht.

Die **Sommertarife** für Unterkünfte sind in Calgary etwas niedriger als in Vancouver. In Flughafennähe stehen z.B.

- ***Comfort Inn & Suites Calgary Airport***, 3111 26th St, ab ca. $80; © 1-866-789-2581, www.comfortinncalgary.com/airport.
- ***Lakeview Signature Inn Calgary Airport***, 2622 39th Ave NE; ab ca. $120; © 1-877-355-3500, www.lakeviewhotels.com/calgary.

Ein sehr gutes Haus im Süden der Stadt ist:

- ***Hotel Blackfoot***, 5940 Blackfoot Trail SE; Zimmer ab ca. $160; © 1-800-661-1151, www.hotelblackfoot.com.

Etwas gehobener nächtigt man ab ca. $250 im:

- ***The Westin Calgary***, 320 4th Avenue SW, © 1-888-236-2427, www.westincalgary.com
- ***Fairmont Palliser***, 133 9th Ave SW; sehr edles Haus aus 1914; © 1-866-540-4477; www.fairmont.com/palliser-calgary.

B&B

Die ***Bed & Breakfast Association of Calgary*** listet rund 20 Pensionen im städtischen Einzugsgebiet: www.bbcalgary.com.

Preiswerte Unterkünfte

- ***HI Calgary City Centre***, 520 7th Avenue SE; Betten ab ca. $50, DZ $143; frisch renoviert in guter Downtown-Lage und mit Radverleih; © 1-866-762-4122, www.hihostels.ca.
- ***Wicked Hostels***, 1505 MacLeod Trail SE; sehr gute, moderne Herberge in zentraler Lage, gleich neben dem *Saddledome*; Betten ab ca. $40; © (403) 265-8777, www.wickedhostel.com.
- ***University of Calgary – Summer Residence Accommodation***, 169 University Gate NW; preisgünstige Wohnungen und Zimmer in den Studentenwohnhäusern, allerdings nur den Sommer über; © 1-877-498-3203, www.seasonalresidence.ca.

Camping

Mehrere private Campingplätze liegen relativ citynah:

- ***Mountain View Camping***, 244024 Range Road 284, recht großer Komfortplatz nur 3 km östlich der Stadtgrenze am *TCH*; *full hook-up* ab $47, © 1-877-707-0677, www.calgarycamping.com.

Die nächsten ***Provincial Park-Campgrounds*** sind über 60 km von Calgarys Innenstadt entfernt (Zelte/RVs $26):

- Der ***Wyndham-Carseland Park*** liegt südöstlich an der #24 nahe Carseland westlich Calgary; schön grün, am Flussufer; © 1-877-537-2757, www.albertaparks.ca/wyndham-carseland.
- An der #66 gibt es gleich **5 *Provincial Campgrounds*** (10-50 km entfernt von Bragg Creek). Die Zufahrt zur ***Sibbald Lake Provincial Recreation Area*** erfolgt über die Ausfahrten 118 bzw. 143 des *TCH* und den parallel laufenden Hwy #68; © (403) 673-3985, www.albertaparks.ca/sibbald-lake.

In **Okotoks**, ca. 40 km südlich der Innenstadt, existieren zwei ordentliche, ruhige Plätze am Sheep River:

- ***Lions Sheep River Campground***, 99 Woodhaven Drive, Zelte $25, Wohnmobile mit allen Anschlüssen $40, © (403) 938-4282, www.okotokslionscampground.com und ***Okotoks Riverbend***, 48033 370 Ave East, Zelte $30, RVs $40-$50; © (403) 938-2017, www.riverbendcampground.ca.

In Black Diamond, 20 km westlich von Okotoks:

- ***Foothills Lions Park***, großzügiges Komfortcamping am Flussufer, Zelte $25, *full hook-up* $40; 303 5th Street, © (403) 933-5785, www.foothillslionsclub.ca/campgrounds.

Riverside Biketrails: Fahrradwege rund um die City

Die Ufer von Bow River, Elbow River und Fish Creek sind in Calgary bestens über ***Bike- & Jogging Trails*** miteinander verknüpft. Auf ihnen lernt man die Stadt aus einer ganz anderen Perspektive kennen. Ein guter Einstieg in dieses Wegesystem sind die Wanderwege entlang des Bow River in Downtown. Von dort aus schlängelt sich der ***Trans-Canada Trail*** über *Fort Calgary*, den Zoo und das *Inglewood Bird Sanctuary* am Bow River entlang bis zum ***Fish Creek Provincial Park*** (19 km). Anschließend durchquert der Weg auf 18 km Länge den Provinzpark, um dann – abseits von Wasserläufen – nach weiteren 7 km das Glenmore Reservoir zu erreichen. Im Stausee (man passiert hier u.a. den ***Heritage Park***, ➤ Seite 316) mündet der Elbow River, an dessen Ufern es über den *Stampede Park* zurück zum Ausgangspunkt nach Downtown Calgary geht (weitere 20 km). Fahrradverleih (ab $40 pro Tag) z.B. bei ***Sports Rent***: 4424 16th Ave NW, © (403) 292-0077, www.sportsrent.ca.

5.4 Stadtbesichtigung

5.4.1 Downtown

Die Innenstadt ist überschaubar und lässt sich problemlos zu Fuß erkunden – insbesondere die von 6-18 Uhr **autofreie Zone** der zu Geschäftszeiten belebten 8th Avenue SW (***Stephen Avenue Walk*** zwischen 2nd St SE/Olympic Plaza und 3rd St SW/*TD Square*). Ein Großteil der *City Buildings* ist durch sogenannte ***Elevated Walkways***, Fußgängerwege in 15 Fuß Höhe, miteinander verbunden. Sie führen mitten durch viele Gebäude und über verglaste und offene Straßenbrücken (***Enclosed*** und ***Open Walkways***).

Calgary Tower

Als Ausgangspunkt für den Stadtrundgang eignet sich besonders gut der ***Calgary Tower*** an der 101 9th Avenue SW. Per Schnellaufzug geht es zum *Observation Deck* **mit Glasboden** (!) und herrlicher Rundumsicht über die Stadt. Bei gutem Wetter lassen sich im Westen sogar die Gipfel der Rocky Mountains erkennen. Auffahrten $18/$9, von Juni-August täglich 9-22 Uhr, die übrige Zeit 9-21 Uhr; www.calgarytower.com. Das Drehrestaurant ***Sky 360*** serviert in luftiger Höhe zum Menu ein tolles Panorama; www.sky360.ca.

Der 1968 fertiggestellte Turm (191 m), einst herausragender Punkt in der *City Skyline*, wird heute umringt von den höchsten Wolkenkratzern West-Kanadas. Dazu zählen das ***Suncor Energy Centre West*** (1984, 215 m), ***The Bow*** (2011, 236 m; ➤ Foto links) und ***Eighth Ave Place*** (2012, 212 m) sowie die Neuzugänge ***Brookfield Place*** (2017, 247 m) und ***Telus Sky*** (2018, 222 m). Ebenfalls über 200 m: *Shangrila* in Vancouver oder *Stantec Tower* in Edmonton

Südlich des *Calgary Tower* spielt sich das Nachtleben der Stadt vor allem entlang der **17th Avenue** ab (westlich der 4th Street). Auch an der 10th und 11th Ave stehen etliche Bars und Clubs.

Glenbow Museum

Der Straßenblock gegenüber beherbergt das ***TELUS Convention Centre***, in dem das brillante ***Glenbow Museum*** untergebracht ist. Die Ausstellung über **Indianer- und Inuitkultur** zählt zum Besten, was Kanada in dieser Beziehung zu bieten hat. Auch die **mineralogische Kollektion** ist einen Besuch wert. Eine weitere Abteilung widmet sich der Wirtschaftsgeschichte des westlichen Kanada vom Pelzhandel der Gründerzeit bis zur modernen Ölindustrie; 130 9th Ave SE; geöffnet Di-Sa 9-17 Uhr, Fr bis 20 Uhr und So ab 12; Eintritt $18, Kinder $11-$12; www.glenbow.org.

Stephen Avenue Walk

Verlässt man das Museum in Richtung 8th Ave, gelangt man automatisch ans Ende des ***Stephen Avenue Walk*** mit der Olympic Plaza. Der Platz zeigt sich umrahmt von einem sehenswerten Architekturmix: Auf seiner östlichen Seite steht kontrastreich das alte Backstein-Rathaus unmittelbar vor der gläsernen *City Hall*. Schräg gegenüber hinter den Straßenbahnschienen fällt der Blick auf die 1905 erbaute anglikanische ***Cathedral Church of the Redeemer*** in der 604 1st Street.

Devonian Gardens

Zum Bummel durch die Fußgängerzone gehört auch der Besuch der ***Devonian Gardens*** im 4. Stock des Einkaufs- und Bürokomplexes ***Core TD Square Holt Renfrew*** (www.coreshopping.ca), das von der 2nd Street bis 5th Street SW und 7th Ave und 8th Ave SW drei komplette Blöcke einnimmt. In dem über zwei Stockwerke gehenden ***Indoor Park*** scheint – inmitten dichter Vegetation aus kanadischen und tropischen Pflanzen – der Straßenlärm weit entfernt zu sein. Dabei sind Blumenbeete und Wasserbasins, in denen sich die umliegenden Hochhäuser spiegeln, hübsche Fotomotive.

Eau Claire

Die Zukunft des Areals rund um den *Eau Claire Market*, einem in die Jahre gekommenen Shopping- und Kino-Komplex nördlich der Innenstadt, ist noch ungewiss. Die Sanierung und Umstrukturierung wurde bereits mehrfach verschoben. Selbst die beliebte Filiale der ***Old Spaghetti Factory*** hat dort mittlerweile geschlossen.

Prince's Island

Gut aufgehoben ist man aber nördlich von *Eau Claire* und des Bow River im exquisiten ***River Café Restaurant***. »Fernab« des Großstadttrubels werden auf Prince's Island feine kanadische Gerichte mit regionalen Bioprodukten serviert; 25 Prince's Island Park, ✆ (403) 261-7670, www.river-cafe.com.

Von der Insel führt eine Fußgängerbrücke zum Nordufer des Flusses. Von dort geht es über zahlreiche Treppenstufen hinauf zum Aussichtspunkt am ***McHugh Bluff Park***, wo man nach insgesamt nur 500 m Fußweg eines der schönsten Panoramen auf Calgary genießt. Auch Autofahrer sollten sich diesen Blick nicht entgehen lassen. Der *Viewpoint* liegt direkt an der Crescent Road NW.

Fort Calgary

In einem Stadtpark östlich von Downtown steht an der Einmündung Elbow River/Bow River eine **Rekonstruktion des *Fort Calgary***, dessen Errichtung 1875 den Beginn der Stadtgeschichte markierte. Das große ***Interpretive Centre*** ($12, Kinder $7-$11) an der 750 9th Avenue SE mit vielen Details hat täglich 9-17 Uhr geöffnet. Der Zutritt ins Gelände ist frei; www.fortcalgary.com.

Tipp: Die Parkgebühren am Fort (Zufahrt ab der 9 Avenue SE) sind meist etwas günstiger als in Downtown und von dort geht man nur ca. 1 km bis zur Bahn-Haltestelle in der 7th Ave an der *City Hall* (ab dort Gratisverkehr).

Das ***Deane House Restaurant*** am Ostufer des Elbow River serviert *Lunch* in historischem Ambiente; www.deanehouse.com.

Zoo

Der ***Calgary Zoo***, zweitgrößter Tierpark Kanadas, erstreckt sich auf St. George's Island und entlang des Nordufers des Bow River; Zufahrt zum Parkplatz am Memorial Drive. Seine sechs Bereiche umfassen Kanada, Afrika, Eurasien, Pinguine, Botanischen Garten sowie einen Rundweg durch ein Modell des prähistorischen Alberta zur Zeit der Dinosaurier. Zwischen *Hoodoos*, Gebirgen und Sümpfen stehen dort 30 lebensgroße Plastik- und Zementdinos. Im Sommer täglich 9-18 Uhr, im Winter bis 17 Uhr geöffnet; Eintritt $30/$20; www.calgaryzoo.org.

Aussichtspunkte

Von der Anhöhe zwischen Zoo und *Telus Science Centre* zeigt sich die ***Skyline*** von ihrer besten Seite. Dort liegt auch der ***Tom Campbell's Hill Natural Park*** mit weiten Blicken auf Hochhäuser und Berge. Bester Zugang über Parkplatz an der 12th St/Centre Ave, von wo aus ein 500 m langer Wanderweg dem Kamm folgt.

Science Calgary

Am Ostende der Stadt (220 St. George's Dr NE) befindet sich das ***Telus Spark – The New Science Centre***. Interaktive Ausstellungen und Demonstrationen erhellen naturwissenschaftliche Phänomene; täglich 10-16 Uhr, Fr bis 21 Uhr; $26, Kinder $19-$22; Parken $10; www.sparkscience.ca. Zum Komplex gehört das ***Dome Theatre***, in dem Multimedia-Shows stattfinden (kostet extra).

Inglewood Bird Sanctuary

Etwas weiter flussabwärts liegt das *Inglewood Bird Sanctuary* (2425 9th Ave SE), ein **Vogelschutzgebiet** mit Wanderwegen; gratis. Dort rasten Teichrohrsänger im Herbst. Die Eröffnung des neuen *Nature Centre* ist für September 2020 geplant.

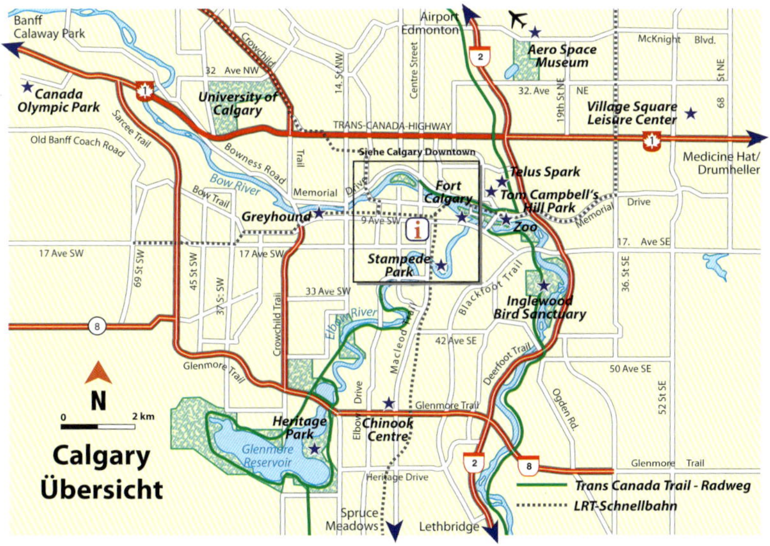

5.4.2 Sehenswürdigkeiten außerhalb des Zentrums

Saddledome

Weltweites Interesse zog Calgary durch die **Olympischen Winterspiele 1988** auf sich. Der damals in der Form eines Pferdesattels errichtete ***Scotiabank Saddledome***, eine überdachte Multifunktionsarena für bis zu 20.000 Zuschauern, steht unweit der *Stampede Grounds*. Die Eishockey-Mannschaft *Calgary Flames* absolviert dort ihre Heimspiele.

Tipp: Für Fotos mit dem *Saddledome* im Vorder- und der Stadtsilhouette im Hintergrund wie eingangs des Kapitels (➤ Seite 306/307) schießt man am besten vom hochgelegenen ***Scotsman's Hill***; Zufahrt über 6th St SE zur Salisbury Avenue.

Olympic Park

Ein weiteres Relikt der **Winterspiele 1988** ist der ***Canada Olympic Park*** am *TCH* in Calgarys äußerstem Westen. Unübersehbar sind die drei heute wenig genutzten Sprungschanzen. In ***Canada's Sports Hall of Fame*** werden ruhmreiche Sportler gewürdigt; 169 Canada Olympic Road SW; geöffnet im Juli/August täglich 10-17 Uhr, sonst nur Mi-So; Eintritt $12/$8; www.sportshall.ca.

Im rasanten Tempo talabwärts geht es per Schlittenfahrt auf der **Bob-/Rodelbahn *Skyline Luge*** (www.skylineluge.com) oder mit der ***Zipline*** – mit über 100 m Höhenunterschied auf 500 m Länge die schnellste *Line* dieser Art Kanadas. An einem Drahtseil »fliegt« man gut gesichert vom Sprungturm in die Tiefe ($84). Die Tageskarte für die **25 km *Biketrails*** kostet $30; Radmiete extra; Verleih an der 88 Canada Olympic Road SW; www.winsport.ca.

University of Calgary

Die ***University of Calgary*** mit einem großen Campus im Nordwesten der Stadt (31.000 Studenten) beherbergt u.a. die ***Nickle Galleries*** mit Numismatikausstellung; 410 University Court, Mo-Fr 10-17 Uhr, Sa 11-16 Uhr, Eintritt frei; www.nickle.ucalgary.ca. Die Sportanlagen der Universität – darunter Pool, Squashplätze, Eislaufbahn, Kraftraum – stehen auch Besuchern zur Benutzung offen; Tagespass $11; www.ucalgaryrecreation.ca.

Family Fun

Über ganz ähnliche Sportanlagen samt Wellenbad mit Wasserrutschen und Whirlpool verfügt nordöstlich der Stadt das ***Village Square Leisure Centre***, 2623 56th Street NE; geöffnet Mo-Fr 6-22 Uhr, Sa 8-22 Uhr, So 8-18 Uhr; $13/$7.

Calaway Park

Ebenfalls am *TCH* liegt westlich des *Olympic Park* der 28 ha große *Calaway Park*, der größte ***Outdoor Amusement Park*** im Westen Kanadas mit jede Menge *Entertainment* und Fahrattraktionen. Ende Juni-Anfang September täglich 10-19 Uhr, den Winter über geschlossen; $42; 245033 Range Road 33; www.calawaypark.com.

Saloon

Keine 3 km weiter südlich am Macleod Trail (# 9615) steht die ***Ranchman's Cookhouse & Dancehall***. Der recht große, aber urige *Saloon* verwandelt sich zu später Stunde meist in einen Tanz- und *Night*-Club. Freitag- und Samstagabend treten dort oft Country-Bands auf; www.ranchmans.com.

Heritage Park

Ein besonders lohnendes Ausflugsziel ist der ***Heritage Park*** am Glenmore Reservoir südlich der City (1900 Heritage Drive SW). Für ein im Stil des 19. Jahrhunderts errichtetes **Museumsdorf** sind Gebäude aus ganz Kanada Stück für Stück demontiert und dort wieder aufgebaut worden. Wohn- und Geschäftshäuser, Schule, Rathaus und Kirche vermitteln ein der Gründerzeit entsprechendes Stadtbild und außerdem – dank Goldmine, Ölbohrturm und Fort der *Hudson's Bay Company* – tolles Wildwest-Flair.

Auf dem Stausee des Hetitage Park steht eine 50%-Replika des historischen SS Moyie Raddampfers (➤ Seite 283)

Kanadas größtes Freilichtmuseum: der Heritage Park im Süden von Calgary

Das Personal sorgt in zeitgenössischen Kostümen für authentische Atmosphäre. Eine **historische Dampflok** aus den 1940er-Jahren (1,5 km-Runden) und Fahrten mit Postkutschen ergänzen das Programm. Ein halber Tag ist dort kurzweilig verbracht! Geöffnet von Mitte Mai bis Anfang September täglich 9.30-17 Uhr, bis Mitte Oktober nur Sa und So; \$27/\$13-\$19; www.heritagepark.ca.

Spruce Meadows

An der Straße #22X, ca. 3 km westlich des *MacLeod Trail*, liegt südwestlich von Calgary ***Spruce Meadows***, ein international sehr bekanntes **Springreiterzentrum**. Zur Zeit der *Stampede* misst sich beim ***North American*** die Reiterelite des Kontinents. Zu den mit \$2,34 Mio. dotierten ***Masters***, dem bedeutendsten Reitturnier Nordamerikas, reisen Anfang Sept. die weltbesten Springreiter an; 18011 Spruce Meadows Way SW; www.sprucemeadows.com.

Außerhalb von Turnieren sind Besichtigungen auf eigene Faust möglich. Ganzjährig geöffnet, tägl. 9-18 Uhr, frei; Picknickplatz.

Luftfahrt-museum

In einer 1940er-Jahre-Halle der *Royal Air Force* ist das ***The Hangar Flight Museum*** beheimatet (4629 McCall Way NE, Südende des Flughafens im Nordosten der Stadt). Es thematisiert den kanadischen Beitrag zur modernen Luft- und Raumfahrt. Geöffnet täglich 10-16 Uhr; Eintritt \$15/\$8-\$10; www.thehangarmuseum.ca.

Shopping

Designerware zu Fabrikpreisen wird in der *Outlet Mall* ***CrossIron Mills*** nördlich des Flughafens angeboten (Abfahrt 273 von der #2). Das Sortiment reicht von A wie *Adidas*, über L wie *Levi's* bis V wie *Victoria's Secret*; www.crossironmills.com.

Die **größte *Shopping Mall*** der Stadt mit über 250 Geschäften und Restaurants, das ***CF Chinook Centre***, befindet sich im Süden von Calgary am 6455 Macleod Trail SW; www.chinookcentre.com.

6. ROUTEN AB CALGARY

Die **Rundreise durch die Rocky Mountains** kann man auch ausgehend von Calgary in Angriff nehmen. Banff ist in weniger als 1,5 Std Fahrzeit erreicht. Nach einem mehrtägigen, ausgiebigen Besuch der Nationalparks *Banff*, *Jasper* und *Yoho* geht es entweder über **Edmonton** oder die ***Kootenay Plains*** zurück zum Ausgangspunkt (**Kapitel 6.2**, ➤ Seite 362ff). Zeitbedarf: mit Jasper und Edmonton nicht unter einer Woche. Auch eine Weiterfahrt hinauf zum ***Alaska Hwy*** ist denkbar ab dem *Yellowhead Hwy* über den *Bighorn Hwy* (➤ Seite 327) oder ab Edmonton (➤ Seite 339).

Ab Calgary bietet sich außerdem ein Abstecher zu den schroffen ***Badlands*** **und bedeutenden Dinosaurierfundstellen** in Süd-Alberta an, wo zahlreiche vollständige Skelette freigelegt wurden (**Kapitel 6.1**, ➤ unten). Zusätzlich besteht eine Anschlussmöglichkeit an südlichere Routen (***Crowsnest Highway*** in Richtung Vancouver oder über den ***Waterton Lakes Nat'l Park*** weiter in die USA). Wer die *Badlands*-Route in Banff startet, durchfährt auf der nur 250 km langen Strecke bis Drumheller praktisch sämtliche in der Provinz vorkommenden Landschaftsformen.

6.1 Rundtour durch die Badlands Albertas

Im Süden Albertas erstrecken sich sogenannte ***Badlands***. Das vermeintlich »schlechte Land« wurde von Erosion geschaffen und besteht überwiegend aus kargen, wild zerklüfteten Lehm- und Sandsteinformationen, die man eher mit dem Südwesten der USA als mit Kanada in Verbindung bringen würde. Ihre Zentren im Tal des **Red Deer River** sind der *Dinosaur Provincial Park* in der Nähe von Brooks am *Trans-Canada Hwy* und ein Gebiet bei Drumheller, etwa 140 km nordöstlich von Calgary, sowie der *Writing-on-Stone Provincial Park* unweit der US-Grenze im Tal des **Milk River**.

Zeitbedarf für die Badlands-Rundtour

Für den gesamten, gut **1.000 km langen Ausflug** über den *Dinosaur Trail*, Drumheller mit *Tyrell Museum* und *Hoodoos Trail*, die Provinzparks *Dinosaur* und *Writing-on-the-Stone* werden **mind. 4 Tage** benötigt. Als Etappenziele empfehlen sich Drumheller, Brooks, *Writing-on-the-Stone PP* und noch eine Übernachtung in *Fort Macleod*.

Red Deer River Valley

Der Abstecher zu den nächstgelegenen *Badlands* bei Drumheller kann ab Calgary auch als **Tagesausflug** eingeplant werden. Dafür wählt man am besten die nördliche Fahrroute, die zunächst über die #2 Richtung Edmonton und ab dem *Exit* 295 dann auf der #72 bis Beiseker führt. Dort zweigt die #806 nach Acme ab. An tiefen Senken vorbei geht es weiter nach Osten auf der #575. Im Tal des Red Deer River erreicht man mit der #837 schließlich den sog. ***Dinosaur Trail***, einen 48 km langen *Loop Drive*, der Besucher ab Drumheller zu den Sehenswürdigkeiten der Region führt.

Orkney Hill

In Richtung Norden bietet der ***Orkney Viewpoint*** rechter Hand der #837 einen ersten schönen Blick über den überraschenden Abbruch der Landschaft am **Red Deer River**, der von saftig grünen Grasflächen und Sandsteinhügeln in vielfältigen Farbnuancen umgeben ist.

Kohle und Dinosaurier

Ausgangs der Kreidezeit vor rund 70 Mio. Jahren herrschte in Albertas Süden subtropisches Klima. In einem großen, sumpfigen Flussdelta vermoderten riesige Wälder und bildeten die Basis für die Entstehung von Kohlelagerstätten. Etwa zur selben Zeit starben die Dinosaurier aus. Nach der letzten Eiszeit vor ca. 14.000 Jahren wuschen Wind- und Wassererosion die Canyons der Badlands aus und legten viele Dinosaurierknochen frei.

Noch auf der Westseite des Flusses liegt in der ***Bleriot Ferry Provincial Recreation Area*** eine kleine grüne Idylle mit 28 schattigen Stellplätzen am dicht bewachsenen Ufer; $21; ✆ 1-877-537-2757, www.albertaparks.ca/parks/central/bleriot-ferry.

Fähre

Die Kabelfähre ***Bleriot Ferry*** (seit 1913 in Betrieb) verschafft Anschluss an die Straße #838 jenseits des keine 100 m breiten Red Deer River. Sie verkehrt kostenlos in kurzen Abständen täglich 7-23 Uhr (*Victoria* bis *Labour Day*, sonst kürzer); keine Fährverbindung im Winter. Am östlichen Flussufer wendet man sich nach rechts und folgt dem ***Dinosaur Trail*** in südlicher Richtung.

Horsethief Canyon

En route liegt der kurze Abzweig zum ***Horsethief Canyon*** mit dem tollsten Aussichtspunkt der Region. Von der Abbruchkante überblickt man die ausgedehnten *Badlands* am Ostufer des Red Deer River. Das weitverzweigte Labyrinth aus graubraun gestreiften Hügeln war einst ein beliebter Rückzugsgebiet für Schmuggler und Pferdediebe, daher auch der Name.

Dinosaurier Museum

Auf der Straße #838 erreicht man automatisch das ***Royal Tyrrell Museum of Palaeontology***, eines der weltweit führenden Museen seiner Art, etwa 6 km nordwestlich von Drumheller im *Midland Provincial Park* (kein Camping!). Thematischer Schwerpunkt ist dort die gut verständlich präsentierte »Erd- und Menschheitsgeschichte«: Dinosaurierskelette, Flora und Fauna aus dem Devon und Exponate zum Anfassen; 1500 North Dinosaur Trail; Mitte Mai-August tägl. 9-21 Uhr geöffnet, sonst kürzer und von Oktober bis Mai montags geschlossen; $19/$10; www.tyrrellmuseum.com.

Auf der Suche nach Kohle fand der Geologe Joseph Burr Tyrrell 1884 die ersten Dinosaurierknochen am Red Deer River

Drumheller, »großes Kino« auch für die ganz kleinen Besucher

Drumheller

Diese 8.000-Einwohner-Stadt schmückt sich mit dem Beinamen ***Dinosaur Capital of the World***, so ist es nicht weiter verwunderlich, dass in Downtown der mit 25 m Höhe »**weltgrößte künstliche Dinosaurier**« steht. Sein »Inneres« wird doppelt genutzt: Das Maul dient als Aussichtsplattform ($4), während die Füße das Büro der Touristeninformation beherbergen; 60 1 Avenue West; geöffnet im Juli/August täglich 9-21 Uhr, sonst 10-17.30 Uhr; www.traveldrumheller.com.

Hoodoo Trail

Südlich von Drumheller startet ein weiterer *Badlands*-Ausflug. Der ***Hoodoo Drive*** schafft Zugang zu einer Handvoll eigenwillig geformter durch eine Steinkappe vor Verwitterung geschützter Erdpyramiden (=*Hoodoos*), die überaus reizvolle Fotomotive abgeben. Die originellsten Exemplare befinden sich an der #10 zwischen Rosedale und Lehigh, vor allem am ***Hoodoos Trail*** beim Willow Creek. Der kurze Naturlehrpfad hat seinen Ausgangspunkt etwa 16 km von Drumheller entfernt kurz vor dem Abzweig der #573 zum *Little Fish Lake PP*. Über Treppen geht es zwischen »Steinpilzen« und zerfurchten *Badlands* den Hang hinauf.

Ausklingen lassen kann man den Tag im *Last Chance Saloon* in **Wayne**, einer kleinen *Ghost Town* am Umkehrpunkt des *Hoodoo Drive* an der **Straße 10x**; So+Mo geschlossen. Zimmer kosten dort $65-$80 und Campen $20; www.visitlastchancesaloon.com.

Ein Bett für die Nacht findet man auch in den Drumheller-Motels (*Super 8, Travelodge* etc.) oder im schönen ***McDougall Lane B&B*** (ab ca. $135; © (403) 823-0737; www.mcdougalllane.com).

Drumheller Hoodoos

Fossilien im Dinosaur PP

Das nächste Ziel entlang der mehrtägigen Rundtour durch die *Badlands* Albertas ist der ***Dinosaur Provincial Park***. Von East Coulee an der #10 verläuft der kürzeste Weg dorthin über die Straßen #570/#36/#544 durch weite, menschenleere Prärie (ca. 150 km). Dieser Provinzpark ist Teil des ***UNESCO*-Welterbe** und schützt eine der weltweit ergiebigsten Dinosaurier-Fundstellen. Paläontologen haben dort bereits über **300 vollständig erhaltene Skelette** geborgen und dabei über 40 neue Saurierarten entdeckt. Die Ausgrabungen werden von der ***Field Station*** des *Royal Tyrrell Museum* organisiert, die neben Ausstellungen auch das *Visitor Centre* des Parks beherbergt. Schon am Parkeingang überblickt man von einem fantastischen Aussichtspunkt die *Badlands* des *Red River Valley*, die hier noch deutlich eindrucksvoller als flussaufwärts sind; www.albertaparks.ca/parks/south/dinosaur-pp.

Trails

Der *Dinosaur PP* ist weitgehend Forschungszwecken vorbehalten. Besucher können aber auf fünf kurzen *Trails* auch Entdeckungen auf eigene Faust machen. Jeweils ab der *Park Loop Road* führen der ***Badlands Trail*** durch Sandsteinhügel und Trockenareale mit etwas Kakteenbewuchs und der ***Cottonwood Flats Trail*** am Fluss durch überraschend vegetationsreiches Gelände (beide ca. 1,4 km retour).

Während mehrstündiger geführter Touren darf man zu ehemaligen Fundstellen, im Rahmen sogenannter *Specialty Programs* (ab $180) sogar zu den laufenden Ausgrabungen des *Royal Tyrrell Museum*.

Ein schattiger Campingplatz ($26-$33) und *Canvas Wall Tents* für 4 Personen ($105-$135) laden zum Bleiben ein; © 1-877-537-2757.

Brooks

In Brooks (über 14.000 Einwohner; www.brooks.ca) gibt es einige H/Motels, aber sonst nicht viel. Die meisten Besucher verschlägt es daher – neben dem *Dinosaur Provincial Park* – in den südlich gelegenen ***Kinbrook Island Provincial Park***. Der große Campingplatz ($26-$33, © 1-877-537-2757) befindet sich dort auf einer kleinen grünen Insel an der Ostseite des seichten **Lake Newell**. »Wasserratten« schätzen die hohe Wassertemperatur des großen Stausees.

Writing-on-Stone Provincial Park

Ab Brooks sind es über die Straßen #36, #4 und #501 rund 220 km zum landschaftlich reizvollen ***Writing-on-Stone Provincial Park***; www.albertaparks.ca/writing-on-stone. Er liegt 42 km östlich des Ortes Milk River unmittelbar am gleichnamigen Fluss unweit der Grenze zu den USA. Seine Bezeichnung erhielt er wegen zahlreicher frühindianischer Inschriften und Malereien im weichen Sandstein. ***Petroglyphs*** (Felsritzungen) und ***Pictographs*** (Felsmalereien) bekommen Besucher aber nur auf Führungen in Rangerbegleitung zu Gesicht. Neben *Rock Art* sind – wie auch schon im *Red Deer River Valley* – schöne ***Badlands***, eine Reihe von ***Hoodoos*** und empfehlenswerte Wanderwege die eigentliche Attraktion dieses Parks.

Der toll angelegte ***Campground*** mit Sandstrand am Milk River in der dichten Vegetation des Flusstals macht den Park zu einem Übernachtungsziel, für das sich auch einige Kilometer Umweg lohnen; $26-$33, *Canvas Wall Tents* $135. Hotel- und B&B-Zimmer findet man in den Ortschaften **Milk River** oder **Warner** (beide an der #4).

Die Royal Canadian Mounted Police

Die Geschichte der »königlichen kanadischen berittenen Polizei« (umgangssprachlich ***Mounties***) geht auf die Übernahme von *Rupert's Land* durch das *Dominium of Canada* zurück. Zur Einführung und Aufrechterhaltung kanadischen Rechts in den erweiterten Northwest Territories schuf die Regierung 1873 eine paramilitärische Polizeitruppe, die ***North West Mounted Police***. Ihr wurde neben der Exekutive auch Verwaltung und Rechtsprechung übertragen, so dass die *NWMP* im Westen mit Ausnahme British Columbias viele Jahre die faktische Regierungsgewalt besaß.

1874 fand der 1.300 km lange Marsch der *Redcoats* nach Westen statt, die in ***Fort Macleod*** (➤ rechts) den ersten Stützpunkt in West-Kanada gründeten zur Unterbindung amerikanischer Grenzverletzungen, speziell des Alkoholschmuggels in ***Fort Whoop-up*** sowie in den Cypress Hills. An bestehenden Standorten der *Hudson's Bay Company* wurden Polizeiposten installiert (***Fort Edmonton***) und mit ***Fort Calgary*** sogar der Grundstein zu einer Metropole gelegt.

Zu den größten Verdiensten der *Mounted Police* zählte die friedliche Beilegung aufkeimender Konflikte zwischen Einwanderern und Indianern während der Besiedlung des kanadischen Westens. Derart blutige Indianerkriege wie nur wenig südlich der Grenze zu den USA gab es in Kanada kaum.

Mit dem Abebben der ersten Einwanderungswelle reduzierten sich die Aufgaben der *NWMP* auf die originäre Polizeifunktion. Lediglich im Norden konnte sie noch einmal eine ähnliche Rolle als ordnende Kraft übernehmen wie in den Gründerjahren. Kaum war 1895 *Fort Constantine* in der Nähe von Dawson City als erstes *NWMP*-Fort im Yukon errichtet, erscholl 1896 der Ruf des Goldes. Die *Mounted Police* regelte den Strom der Prospektoren von den Landeplätzen Skagway und Dyea (in der *Alaska Inside Passage*/USA) nach Atlin und Dawson City. Während in Skagway/Dyea oft der Colt regierte, symbolisierte die *NWMP* im Moment der Grenzüberschreitung allseits Sicherheit und Gerechtigkeit. In Kanada wurden die Pistolen eingepackt und nicht benutzt.

In Anerkennung militärischer Verdienste einer *NWMP*-Truppe im Burenkrieg 1899-1902 verlieh ihr der britische König Edward 1904 das Recht, sich »königlich« zu nennen. Auch nach Erlangung des Provinzstatus durch Alberta und Saskatchewan 1905 blieb die nunmehr *Royal North West Mounted Police* (*RNWMP*) dort offizielle Polizeitruppe. Sie vereinigte sich 1920 mit der in anderen Provinzen tätigen *Dominion Police* zur neuen Bundespolizei ***Royal Canadian Mounted Police*** (*RCMP*, www.rcmp.ca).

Pferde und Hundegespanne wurden zwar endgültig durch Autos und Motorschlitten ersetzt und auch die roten Jacken zumindest bei der Ausübung der täglichen Pflichten abgeschafft, aber der Begriff *mounted* (=beritten) in der Bezeichnung blieb erhalten. Den rotberockten stolzen *Mounties* – inzwischen Teil des touristischen Image Kanadas wie Kanus und Bären – sieht man immer noch vor dem Parlamentsgebäude in Ottawa, bei Paraden und anderen besonderen Anlässen, z.B. während der *Calgary Stampede* und natürlich beim »Drill« vor den Museen wie in Fort Macleod.

Vom Campingplatz folgt der 2,5 km lange ***Hoodoo Interpretive Trail*** dem Milk River flussaufwärts. Er ist einer der besten Pfade überhaupt durch die *Badlands* Albertas.

Dinosaur Eggs

Ab dem ***Devil's Coulee Dinosaur Museum*** in Warner (10-17 Uhr) werden 2-stündige Touren zu Fundstellen angeboten, bei denen man Dinosaurier-Eier und andere Fossilien in ihrer natürlichen Umgebung sehen kann (*Nesting Site*); Juli-*Labour Day* täglich 10.30+13.30 Uhr; $20/$18; www.devilscoulee.com.

Coaldale

Über die Straßen #501/#4/#845 gelangt man nach Coaldale an der #3. Im dortigen ***Alberta Birds of Prey Centre*** werden verletzte und kranke Raubvögel versorgt und auf ihre Rückkehr in die Wildnis vorbereitet. Auf dem Freigelände kann man Flug- und Trainingsprogrammen der Vögel beiwohnen. 2124 16th Ave; geöffnet Mitte Mai -Mitte Sept täglich 9.30-17 Uhr; $12/$8; www.burrowingowl.com.

Crowsnest Hwy #3

Ab Coaldale folgt die Route bis Lethbridge für einige Kilometer dem ***Crowsnest Hwy* #3**, der weiter östlich in Medicine Hat am *TCH* seinen Anfang hat, auf seinen ersten 150 km durch flache, eher unspektakuläre Prärie im Südosten Albertas verläuft und sich anschließend über fantastische Bergpässe an der US-Grenze in Richtung Pazifik windet (**Kapitel 4.4**, ➤ Seite 290ff) – mit Anschlussmöglichkeit an den *Waterton Lakes NP* (**Kapitel 3.6.3**, ➤ Seite 267).

Lethbridge

Lethbridge, mit über 90.000 Einwohnern die viertgrößte Stadt der Provinz, liegt beidseitig des tief in die Umgebung eingeschnittenen ***Oldman River Valley***. Das Besucherzentrum steht am 2805 Scenic Drive South, ✆ 1-800-661-1222, www.exploresouthwestalberta.ca. Der dort startende *Scenic Drive* hoch über dem Ostufer eröffnet einen schönen Blick auf den Fluss und die längste Eisenbahnbrücke in West-Kanada, die 1,6 km lange ***High Level Bridge***.

Indian Battle Park

Im heutigen ***Indian Battle Park*** am Fuß der Brücke errichteten Händler aus Montana 1869 die Palisadenfestung ***Fort Whoop-Up***. Dort tauschten sie mit den Blackfoot-Indianern Whiskey gegen Bisonfelle und Pferde. Aber 1874 besetzten die *Mounties* (➤ Kasten links) den Handelsposten. Im rekonstruierten Fort gibt es historische Inszenierungen mit *Shoot-outs*, zeitgenössisch arbeitende Handwerker und Kutschfahrten; 200 Indian Battle Park Rd; nur von Mai bis September geöffnet; www.fortwhoopup.com.

Japanischer Garten

Nur per Führung geht es durch den ***Nikka Yuko Japanese Garden*** im ***Henderson Lake Park*** (Straße #5/9th Avenue S) mit originalen Gebäuden und Brücken aus Japan. Mitte Mai bis Mitte Oktober, täglich 9-17 Uhr; $11, Kinder unter 10 frei; www.nikkayuko.com.

Nach weiteren 50 Kilometern am *Crowsnest Hwy* #3 ist die Kleinstadt Fort Macleod erreicht; www.fortmacleod.com.

Fort Macleod

Das 1874 von der *North West Mounted Police* (➤ Kasten links) errichtete ***Fort Macleod*** diente 1876-78 sogar als Hauptquartier. Von dort aus überwachte sie die Einhaltung von »Recht und Ordnung« bei der Erschließung des heutigen Albertas und versuchte, den illegalen Whiskeyverkauf an die Indianer zu unterbinden.

Das ***Fort Museum*** informiert über ihre Geschichte und die Besiedelung Albertas. Mehrfach täglich performen die »Rotröcke« *Musical Rides* ($18/$13 inkl. Museumseintritt); 219 Jerry Potts Blvd, geöffnet im Mai/Juni täglich 9-17 Uhr, im Juli/August bis 18 Uhr, sonst kürzer; www.nwmpmuseum.com.

Red Coat Trail

Der bis auf das *Fort* eher reizlose Ort Fort Macleod ist der Endpunkt des in Anlehnung an die roten Jacken der Polizei und deren legendären Marsch 1874 so bezeichneten ***Red Coat Trail***. Diese knapp 1.300 km lange Route ab Winnipeg wurde später zu einer touristischen Alternative zum *TCH* umdefiniert. Indessen bietet die Strecke außer der hübschen Bezeichnung nur wenig Anlass ihr durch den äußersten Süden der Prärieprovinzen zu folgen.

Mennoniten und Hutterer

Wer sich allerdings für die Lebensweise der Mennoniten und Hutterer interessiert, findet **südlich von Lethbridge und Fort Macleod** noch einige intakte Gemeinden dieser ungewöhnlichen Glaubens- und Lebensgemeinschaften.

Prärieindianer und Bisons

Prärieindianer lebten von den Bisons. Sie verarbeiteten die größten Landsäugetiere Nordamerikas mit Haut und Haaren, das Fleisch zu *Pemmikan* (Trockenfleisch), das Fell zu Kleidung und *Teepees*, die Sehnen zu Seilen und Garnen, Knochen und Hufe zu Werkzeug. Den Dung gebrauchten sie als Brennmaterial.

Vor rund 6.000 Jahren entwickelten sie eine ganz besondere Jagdtechnik: Im großen Stammesverband versetzten sie die Bisonherden in Panik und trieben sie auf Abgründe zu, in die sich die Tiere zu Tode stürzten. In der kargen Trockenvegetation der *Porcupine Hills* folgten Wochen des Überflusses.

Am Hang des ***Head-Smashed-in Buffalo Jump*** und anderer Abhänge (z.B. *Dry Island*) entdeckte man meterdicke, mit Knochen gefüllte Erdschichten. Meistens starben dort weit mehr Bisons, als die Jäger verarbeiten konnten. Zumindest beim *Buffalo Jump* lebten also die Ureinwohner durchaus nicht in einem resourcenschonenden Einklang mit der Natur.

Den Schlusspunkt unter die Jagdmethode des *Buffalo Jump* setzten die aus Europa importierten Pferde und Gewehre. Ab Mitte des 18. Jahrhunderts jagten die kanadischen indigenen Völker Bisons in kleinen berittenen Gruppen.

Head-Smashed-in-Buffalo Jump Interpretive Centre

Rückfahrt nach Calgary

Von Fort Macleod erreicht man Calgary auf der – wie eine Autobahn ausgebauten – **Straße #2** in knapp zwei Stunden.

Alternative Route nach Calgary

Mit (Zwischen-)Ziel Banff oder *Icefields Parkway* könnte man ab Fort Macleod auch dem südlichen Abschnitt der ***Forestry Trunk Road*** den Vorzug geben, eine tolle Strecke gemeinsam mit dem ***Smith-Dorrien/Spray Trail*** oder dem ***Kanasaskis Trail*** nach Canmore am *TCH*. Diese Route wird ab Blairmore am *Crowsnest Hwy* #3 in der Gegenrichtung im **Kapitel 3.6.2** beschrieben, ➤ Seite 262.

Head-Smashed-in Buffalo Jump

Vor der Weiterfahrt – egal in welche Richtung – ist ein Abstecher zum ***Head-Smashed-in Buffalo Jump*** eigentlich ein »Muss«. Die *UNESCO* erklärte diesen Ort zum *World Heritage Site* (Weltkulturerbe). Er liegt 18 km nordwestlich von Fort Macleod an der bis dort asphaltierten #785, die 2 km nördlich des *Crowsnest Hwy* von der #2 abzweigt. Das westliche Teilstück der Straße, die zwischen Pincher und Brocket auf die #3 stößt, hat lediglich Schotterbelag.

Mehr noch als der 10 m hohe Steilabbruch selbst beeindruckt die Dokumentation im ***Interpretive Centre***. Sie demonstriert das Leben der *Plains Indians* und die Entwicklung der Bisonjagd über viele Jahrtausende; Mitte Mai-Anfang September 9-17 Uhr, sonst 9-16 Uhr; $15/$10; www.headsmashedin.ca.

Ausflug zum Waterton Lakes NP

Auf der Weiterfahrt **ab Fort Macleod** (mit Besuch des *Head-Smashed-in Buffalo Jump*) auf dem *Crowsnest Highway* #3 in Richtung Westen bietet sich gleich in Pincher Station schon der nächste Abstecher an: In nur 60 km ist **Waterton** erreicht, die zentrale Anlaufstelle des gleichnamigen Nationalparks (Details ➤ Seite 267ff). Der westliche Abschnitt des *Crowsnest Hwy* wurde bereits im **Kapitel 4.4** ausführlich behandelt, ➤ Seite 290.

Kutschenmuseum

Wer sich für die größte Pferdekutschensammlung Nordamerikas interessiert, wendet sich – nur am fernen Horizont von der Silhouette der Rocky Mountains begleitet – bereits ab Fort Macleod gen Süden. Nach 60 km ist auf der Straße #2 **Cardston** (3.600 Einwohner) und das ***Remington Carriage Museum*** erreicht. Neben den 270 Wagen gibt es dort Restaurateure in der Werkstatt und audiovisuelle Präsentationen zur Geschichte der Kutschfahrt. Auf dem Freigelände weiden mächtige *Clydesdale Horses*; 623 Main Street; geöffnet täglich Juli bis August 9-17 Uhr, sonst 9-16 Uhr; Eintritt $13/$9, Kutschfahrt $7/$5; www.remingtoncarriagemuseum.ca.

Gleich hinter dem Kutschenmuseum liegt der gepflegte ***Campground Lee Creek***, 695 2nd Street W, Zelte $24 *full hook-up* $30; ✆ 1-877-471-2267, www.campleecreek.com.

Eine weitere Alternative in dieser Gegend sind die zwei Provinzparks ***Woolford*** ($22) und ***Police Outpost*** ($24); ✆ 1-877-537-2757, www.albertaparks.ca.

6.2 Routen über Edmonton oder die Kootenay Plains

Wie eingangs erläutert (➢ Seite 318), lässt sich eine Reise durch die wichtigsten **Nationalparks in den Rocky Mountains** auch ab Calgary spannend gestalten. Diese Routen sind besonders interessant für Leute mit sehr begrenzter Urlaubszeit. Denn ab Calgary entfallen längere Anfahrten und das »Wichtigste« (*Banff*, *Yoho* und *Jasper Nat'l Park*) lässt sich hier schon in nur 1-2 Wochen abklappern.

Alle Details zu diesen Schutzgebieten finden sich im **Kapitel 3** »Durch die Rocky Mountains« (➢ Seite 216ff). Bei direkter Anfahrt über den *Trans-Canada Hwy* passiert man am Weg zum Banff Nationalpark das Städtchen **Canmore** (➢ Seite 261). Zentraler gelegene Basislager für einen Besuch des *Banff*, *Yoho* und *Kootenay Nat'l Park* sind aber die deutlich teureren Unterkünfte in **Banff** oder **Lake Louise** (➢ Seite 234). Von dort verschafft der berühmte, nicht auszulassende ***Icefields Parkway*** (➢ Seite 225) Anschluss an den **Jasper Nationalpark** weiter im Norden.

Ab dieser Panoramastraße bieten sich dann drei Optionen für die Rückkehr nach Calgary an:

- Ab **Jasper**, zentraler Versorgungsort des gleichnamigen Nationalparks, gelangt man nach 4-5 Stunden Fahrzeit auf dem *Yellowhead Hwy* (#16) über **Hinton** (mit weiteren Übernachtungsmöglichkeiten für den Besuch des *Jasper NP*) nach **Edmonton**, der Hauptstadt der Provinz Alberta. Dieser Route widmen sich gleich im Anschluss die **Kapitel 6.2.1**, **6.2.2** und **6.2.3**.
- Wer anstelle eines weiteren Stadtbesuchs etwas mehr Ruhe und Entspannung in der Natur sucht, kann alternativ ab *Saskatchewan River Crossing* am *Icefields Parkway* dem ***David Thompson Highway* (#11)** nach Osten folgen und über Rocky Mountain House und der #2 nach Calgary fahren. Alle, die sich für diese Variante interessieren, finden die Ausführungen dazu ab dem *Icefields Parkway* in **Kapitel 6.2.4**, ➢ Seite 340.
- Vom **Hwy #11** besteht zudem die Möglichkeit **ab Nordegg** der Schotterpiste ***Forestry Trunk Road*** durch unberührte Landstriche in Richtung Süden/Calgary zu folgen; ➢ Seite 343.

Sonnenaufgang am Jarvis Lake im William A. Switzer PP

6.2.1 Von Jasper nach Edmonton

Von Jasper nach Edmonton sind es **360 km** auf dem ***Yellowhead Highway***. Die ersten 50 km im breiten urstromartigen Tal des **Athabasca River** verlaufen überaus malerisch. Es bieten sich Abstecher entlang der *Maligne Canyon Road* und zu den heißen Quellen in Miette Hot Springs an (➤ Seite 223).

Hinton

Mit der östlichen Ausfahrt des ***Jasper NP*** lässt man schon bald auch die letzten Ausläufer der *Rockies* hinter sich und erreicht das rund 80 km von Jasper entfernte **Hinton**. Auf der Durchzugsstraße (#16) der ansonsten recht überschaubaren Kleinstadt reihen sich die Häuser der großen Hotelketten sowie zahlreiche unabhängige Motels, die allesamt Zimmer zu recht gemäßigten Preisen anbieten.

Wer sich in Hinton etwas die Füße vertreten möchte, findet dazu eine gute Gelegenheit am hübsch angelegten ***Beaver Boardwalk***, einem 3 km langen Naturlehrpfad im Südosten der Stadt. Neben dem namensgebenden Säugetieren (Biber) halten sich auch gerne zahlreiche Vogelarten in den Sümpfen auf.

William A. Switzer PP

Auch für alle, die Hinton nur als Übernachtungsalternative für das meist ausgebuchte Jasper nutzen, lohnt sich von dort der Besuch des ***William A. Switzer Provincial Park*** an der #40, rund 15 km nördlich des *Yellowhead Hwy*. Neben Stränden und Wanderwegen besitzt der Park den schönen ***Athabasca Lookout*** (1.585 m), den man in nur 15 Minuten zu Fuß ab dem *Trailhead* am *Luge Parking Lot* erreicht. Ausgehend vom Besucherzentrum führt die ***Kelley's Bathtub Loop*** (1 km) zu einer kleinen Badestelle. Von den fünf *Campgrounds* im Provinzpark verfügen nur der am **Gregg Lake** und der kleinere am **Jarvis Lake** über Anschlüsse ($33-$43); www.albertaparks.ca/parks/central/william-a-switzer-pp.

Weiterfahrt nach Osten

Ab **Edson** verliert die Strecke zunehmend an landschaftlichem Reiz und verläuft kurz vor Edmonton vorwiegend schnurgerade durch flaches Farmland.

Bighorn Hwy – Von Hinton nordwärts nach Grande Prairie

Nach den Dickhornschafen benannt wurde der nördlichste Abschnitt der **#40**, der eine durchgehend asphaltierte Verbindung zwischen Hinton am *Yellowhead Hwy* #16 und Grand Prairie an der #43 schafft. Ausgeschildert als »Scenic Route to Alaska« bietet der einst nördlichste Ast der *Forestry Trunk Road* (#40/#734, ➤ Seite 266) immer wieder schöne Ausblicke, verläuft aber überwiegend durch dichtes Waldgebiet. Am Weg liegen der ***William A. Switzer PP*** (➤ oben) und die malerische Schlucht am Zusammenfluss des Smoky und Sulphur River (kurze Zufahrt auf Schotter westlich von **Grande Cache**, dann nur 5 min zu Fuß bis zu den Aussichtsplattformen in der ***Sulphur Gates Provincial Recreation Area***). Das kleine Städtchen verfügt über eine Handvoll Motels und auch der Stopp beim großen *Interpretive Centre* lohnt. Nach insgesamt 325 km ist **Grande Prairie** erreicht (➤ Seite 339). Bei Reiseplänen von Banff/Jasper in Richtung Norden und Verzicht auf einen Abstecher nach Edmonton ist die Route über die #40 die kürzeste und **schnellste Anschlussmöglichkeit an den *Alaska Highway***.

6.2.2 Edmonton

Lage

Albertas Hauptstadt liegt auf knapp 700 m Höhe inmitten der flachen, leicht hügeligen Prärielandschaft 300 km nördlich von Calgary und ebenso weit östlich der Rocky Mountains. Mit 1,3 Mio. Einwohnern ist der Großraum Edmonton nach Calgary die zweitbevölkerungsstärkste Region der Provinz. Überwiegend landwirtschaftlich genutzt, bietet die unmittelbare Umgebung Edmontons keine besonderen landschaftlichen Höhepunkte. Nichtsdestoweniger kann die Lage von Downtown beidseitig der Ufer des tief eingeschnittenen North Saskatchewan River als durchaus attraktiv bezeichnet werden.

Klima und Geschichte

Klima

Albertas Prärieregionen zeichnet ein warmes, weitgehend **trockenes Sommerklima** aus. Niederschläge sind selten und meist verbunden mit kurzen heftigen Gewittern. Dank seiner Lage relativ hoch im Norden scheint im Bereich Edmonton an schönen Tagen im Juni/Juli bis zu 17 Std die Sonne. Frühjahr und Herbst warten mit wechselhaftem Wetter und bisweilen recht kühler Witterung auf.

Geschichte

Wie viele andere Städte des kanadischen Westens ging auch Edmonton aus den Niederlassungen der beiden großen Pelzhandelsgesellschaften hervor. ***Hudson's Bay*** und ***North West Company*** gründeten 1802 Seite an Seite *Fort Edmonton* bzw. *Fort Augustus* am Ufer des Saskatchewan River in Rossdale südlich von Downtown. *Fort Edmonton* wurde an fünf verschiedenen Standorten errichtet, zuletzt 1830 (➤ Seite 335). Aus dem Pelzhandelszentrum entstand bald eine Siedlung.

Goldrausch

Der Klondike-Goldrausch (1897/98) verwandelte das entlegene Prärienest in eine ***Boomtown***, als an die 2.000 unerfahrene Prospektoren von dort aus auf dem Landweg (die meisten wählten den Seeweg von San Francisco, Seattle oder Vancouver durch die *Inside Passage* nach Dyea/Skagway) die Goldfelder am Klondike River erreichen wollten. Keiner von ihnen schaffte es, sich bis zum Frühsommer 1898 durch die unerschlossene Wildnis bis zum fernen Ziel durchzukämpfen.

Das Parlamentsgebäude (Alberta Legislature Building) in Edmonton

Auf den *Boom* folgte kein *Bust*, die Talfahrt, den so viele andere Städte nach plötzlichem Wachstum erleben mussten, wenn die Basis der Expansion entfiel. Edmonton behielt Zentralenfunktion für die weitere Entwicklung des Nordwestens und avancierte 1905 zur Hauptstadt der neuen Provinz Alberta. Nach dem Anschluss an das nördliche transkontinentale Eisenbahnnetz im Jahr 1915 wurde Edmonton zu einem der wichtigsten Verkehrsknotenpunkte im westlichen Kanada.

Alaska Hwy

Als in den 1930er-Jahren die Erschließung bislang unzugänglicher Regionen im hohen Norden per Flugzeug begann, spielte Edmonton eine bedeutende Rolle. Während des Baus des *Alaska Highway* im 2. Weltkrieg war die Stadt eine der wichtigsten Etappen für den Nachschub. Aus dieser Zeit stammt die Bezeichnung Edmontons als »***Gateway to the North***«.

Öl

1947 stieß man 30 km südwestlich der Stadt bei Leduc auf Öl, was den zweiten *Boom* auslöste. Edmonton verdoppelte seine Einwohnerzahl in nur einem Jahrzehnt. Heute bilden Erdöl- und Erdgasförderung sowie -verarbeitung das wirtschaftliche Rückgrat der Region. Außerdem wird von Edmonton aus die Ausbeutung der ölhaltigen Sande bei Fort McMurray gelenkt.

Info, Orientierung und öffentliche Verkehrsmittel

Tourist Info

Die Besucherinformation befinden sich mitten in der Innenstadt im *World Trade Centre* an der 9990 Jasper Avenue; geöffnet Mo-Fr 8.30-16.30 Uhr; www.exploreedmonton.com. Info-Broschüren auch online unter www.infoedmonton.com.

Airport

Der ***Edmonton International Airport*** (*YEG*), der zweitgrößte Flughafen Albertas liegt knapp 30 km südlich der Stadt bei Leduc. Nach Downtown verkehrt alle 30-60 min der **Bus #747** ($5) des öffentlichen *Edmonton Transit System* (*ETS*) sowie mit Vorabreservierung der ***Sky Shuttle*** ($18; https://edmontonskyshuttle.com).

Straßensystem

Dank der übersichtlichen Straßenführung und -bezeichnung ist es in Edmonton nicht sehr schwer, sich zurechtzufinden. Die ***Avenues*** verlaufen in ost-westlicher Richtung, die ***Streets*** von Norden nach Süden; die fortlaufende Zählung beginnt für die *Avenues* im Süden, für die *Streets* im Osten (Meridian Street).

Orientierung

Der in weitem Bogen quer durch die Stadt fließende **North Saskatchewan River** teilt Edmonton in nördliche und südliche Stadtteile. Die Straßenzählung setzt sich – ungeachtet der Unterbrechung durch den Fluss – auf beiden Seiten fort. Neun Brücken überqueren innerhalb der Stadt den North Saskatchewan River, dessen Ufer auf nahezu ganzer Länge durch die Stadt von Grün- und Sportanlagen gesäumt werden. Das **Zentrum** Edmontons mit der *City Hall* und den Gebäuden der Provinzregierung liegt erhöht über dem Nordufer des Flusses. Hauptgeschäftsstraße ist die **Jasper Ave**. Auf der Südseite befinden sich der eindrucksvolle Campus der ***University of Alberta*** und schöne Wohnviertel.

Öffentlicher Nahverkehr

Edmonton verfügt über ein gut ausgebautes öffentliches Nahverkehrssystem, das Bus und Straßenbahn kombiniert. Die Schnellbahn (*LRT*, ***Light Rapid Rail***) durchquert Edmonton auf zwei Linien: Im Norden führt die ***Metro Line*** nach Clareview, die ***Capital Line*** zum *Northern Alberta Institute of Technology* (*NAIT*). Beide verlaufen im Süden parallel über Downtown, *University* bis zum Endpunkt *Century Park*. Die neue *LRT Valley Line* soll von Mill Woods im Südosten nach Lewis Farms im Westen verlaufen und Ende des Jahres 2020 fertiggestellt sein. Tickets kosten $3,50 (im 10er-Pack $26,25/$23; bis 12 Jahre frei). Der Tagespass ($9,75) erlaubt die beliebige Nutzung aller Linien; er ist erhältlich in 200 Geschäften und Banken mit dem ***Edmonton Transit Service*-Logo**; www.edmonton.ca/edmonton-transit-system-ets.aspx.

Unterkunft und Camping

H/Motels

Wer etwas besser übernachten möchte, gönnt sich ein Zimmer im:

- ***The Fairmont Macdonald***, ein nostalgischer Bau von 1915; 10065 100th St, ab ca. $300; © 1-800-0441-1414, www.fairmont.com
- ***Coast Edmonton Plaza Hotel***, 10155 105th Street, komfortable DZ ab ca. $140; © (780) 423-4811, www.coasthotels.com.

Junge Leute steigen auch gerne ab im:

- ***Crash Hotel Downtown***, 10266 103 St NW, trendige Zimmer ab ca. $120, noch etwas preiswerter mit Gemeinschaftsbad; © (780) 719-3807, www.crashhotel.com.

Außerhalb der Innenstadt stehen viele Häuser der **Mittelklasse** entlang des südlichen Zubringers (#2, *Calgary Trail*) im Bereich der Kreuzung mit der Straße #14 und an der westlichen Zufahrt 101st Ave (#16A), speziell an deren Verlängerung Stony Plain Road im Bereich der 178th Street.

B&B

Unter www.bbcanada.com/alberta/edmonton_area/edmonton werden etliche Häuser im Großraum Edmonton gelistet, die Buchung erfolgt allerdings durch Direktkontakt.

Preiswerte Unterkünfte

- ***HI Edmonton***, 10647 81st Ave, Betten $38, DZ $88; in Altstadt-Nähe und mit Radverleih; © 1-866-762-4122, www.hihostels.ca.
- ***University of Alberta*** (*Lister Centre*), 87th Ave/Ecke116th St, DZ ab $109; von Mai bis August auch EZ ab $56 und DZ ab $66; © (780) 492-6056; www.conference.ualberta.ca,

Camping

Camper haben rund um die City eine gute Auswahl. Besonders hervorzuheben sind folgende Plätze:

- Im Südwesten liegt der städtische ***Rainbow Valley Campground & RV Park***, 21524 TWP Road 520) am Whitemud Creek nicht weit entfernt von der Autobahn #2 (von dort auf der 119th St/122th St kurz nach Süden und dann rechts und weiter auf der Rainbow Valley Road); mit Strom $43-$47, ohne $37-$41. Besser mit Reservierung unter © 1-888-434-3991, www.rainbow-valley.com.

- Im östlichen Vorort **Sherwood Park** wartet das komfortable ***Half Moon Lake Resort***, 21524 TWP Road 520; Zelte $45, *full hookup* $50-$65; mit Bootsverleih und Minigolf; © (780) 922-3045, www.halfmoonlakeresort.ca.
- ***Kawtikh Campground***, 51380 A Range Road 205, ebenfalls in Sherwood Park im Wald am Hastings Lake; Bootsverleih; Zelte $40, mit Strom ab $53; © (780) 922-5168, www.kawtikh.com.
- Der nächste ***Provincial Park Wabamun Lake*** liegt ca. 60 km westlich von Downtown an der #16; großer *Campground*, leider etwas ungepflegt; $26-$33; www.albertaparks.ca/wabamun-lake.
- 63 km südöstlich der Stadt bietet der ***Miquelon Lake Provincial Park*** *Campsites* für mit Strom $36, ohne $29; www.albertaparks.ca/parks/central/miquelon-lake-pp.

Die vier oben angeführten Seen sind in den letzten Jahren leider immer wieder wegen schlechter Wasserqualität aufgefallen.

- Rund 50 km von Edmonton entfernt liegt der *Campground* im ***Elk Island National Park***, $26; ➤ Seite 338.

Veranstaltungen & Festivals

K-Days

Die ***K-Days***, mit über 800.000 Besuchern wichtigste Veranstaltung der Stadt, beginnen kurz nach der *Calgary Stampede* meist am dritten Juli-Donnerstag um 10 Uhr mit einer bunten Eröffnungsparade durch Downtown. Im Anschluss findet das **10-tägige Volksfest** im *Northlands Park* statt. Zum riesigen Festivalkomplex gehören eine Pferderennbahn, das Messegelände *Edmonton EXPO Centre* und die Veranstaltungshalle *Rexall Place*, wo u.a. die *Edmonton Oilers* ihre Eishockey-Künste demonstrieren und professionelle Rodeos stattfinden.

Zum Programm der *K-Days* gehören **Goldschürfen** im *Klondike Park*, Dauer-Entertainment auf mehreren Bühnen, zahlreiche Jahrmarktattraktionen u.v.a.m. Zufahrt nordöstlich von Downtown über den Wayne Gretzky Drive; Eintritt $20, Kinder $18; www.k-days.com.

Theatre-festival

Während des ***Edmonton International Fringe Theatre Festival*** platzt *Old Strathcona* Mitte August 11 Tage lang aus allen Nähten. Bei diesem **alternativen Theaterfestival** präsentieren über 1000 Künstler von über 100 Gruppen ihr Repertoire von Komödie über Drama und Musical bis hin zu Straßenshows. Das Event wird immer populärer, 2017 zählte man rekordverdächtige 850.000 Besucher; www.fringetheatreadventures.ca.

Stadtbesichtigung

Parks

Edmonton ist mit seiner Lage am teilweise tief in die Landschaft eingeschnittenen North Saskatchewan River alles in allem eine attraktive Stadt. Den Uferbereich säumen schöne Parkanlagen und zahlreiche Freizeiteinrichtungen. Kreuzungsfreie **Wander**- und **Fahrradwege** folgen dem Flusslauf oft beidseitig durch die City.

Zentrum/ Churchill Square

Das Stadtzentrum lässt sich leicht zu Fuß erkunden. Bester Ausgangspunkt ist der ***Sir Winston Churchill Square*** mit seinen Kunstgalerien. Der Springbrunnen hebt sich optisch wirkungsvoll vom Hochhaus der *City Hall* am Nordende des belebten Platzes ab. Im Hintergrund ragt das 149 m hohe Bürogebäude ***EPCOR Tower*** (Baujahr 2011) empor.

Kunstmuseum

Am Nordostende des Square fällt der außergewöhnliche Bau des Stararchitekten Randall Scoutt auf. Er birgt die ***Art Gallery of Alberta*** mit Werken kanadischer und internationaler Künstler sowie interessanten Wechselausstellungen; geöffnet Di-So 11-17 Uhr, Do bis 20 Uhr; Eintritt $13, unter 18 frei; www.youraga.ca.

Einkaufs-zentren

Trotz der enormen Konkurrenz durch die *West Edmonton Mall* (➢ Seite 337) konnte sich auch das ***Edmonton City Centre*** mit 170 Geschäften verteilt über drei Straßenblocks bestens etablieren; www.edmontoncitycentre.com. Eine Filiale der Restaurant-Kette *Old Spaghetti Factory* steht auch dort an der 10220 103rd Street. ***Pedways***, verglaste Verbindungswege, verbinden die *Shopping Mall* mit dem 146 m hohen ***Manulife Place***, 10180 101st Street NW, wo sich ein weiteres, aber deutlich kleineres Einkaufszentrum befindet.

Neben dem edlen ***Hotel Macdonald*** (1915) führt ein Treppenzug steil hinab zum North Saskatchewan River. Über die ***Low Level Bridge***, eine 8.000 t schwere doppelstöckige Stahlkonstruktion, geht es nach Südosten zum ***Muttart Conservatory*** (9626 96A St NW). Man kann dorthin gut zu Fuß laufen (1,5 km). Von der Brücke fällt der Blick über den Fluss auf die *Skyline* Edmontons, die 2019 um zwei weitere markante Hochhäuser ergänzt wurde: *JW Marriott Hotel* (191 m) und ***Stantec Tower***, das mit **251 m** höchste Gebäude Kanadas außerhalb von Toronto.

Muttart Conservatory

Das Muttart Conservatory wird 2020 rundum erneuert, geplante Wiedereröffnung 2021!

Drei der vier spitzen **Glaspyramiden** des *Muttart Conservatory* stehen für Klimazonen der Erde; in der *Temperate, Arid* bzw. *Tropical Pyramid* wachsen Pflanzen aus gemäßigten, trockenen und tropischen Regionen. In der *Feature Pyramid* wechselt die blütenreiche Bepflanzung 6x jährlich. Gartenfreunde werden begeistert sein, besonders gilt das für den ***Tropical Garden***; 9626-96A Street, geöffnet täglich 10-17 Uhr, Do bis 21 Uhr; Eintritt $12,50, Kinder zahlen $6,50-$10,50; www.muttartconservatory.ca.

Ein »Muss« sind die Treibhäuser nicht, aber die Aussicht auf Downtown von dort ist interessant. Besonders toll vor der Linse machen sich die Pyramiden mit den *Skycrapern* von Edmonton im Hintergrund – nicht nur tagsüber (➢ Foto umseitig) sondern auch abends, wenn die Glashäuser teils bunt beleuchtet werden.

Ein toller Blick auf die Hochhäuser und die Pyramiden eröffnet sich auch vom benachbarten ***Gallagher Park*** am Cloverdale Hill.

Art Gallery of Alberta in Downtown Edmonton

Zwei der vier großen Pyramiden des Muttart Conservatory

Das *Muttart Conservatory* eignet sich wegen des kurzen Zugangs auch als guter Ausgangspunkt für eine **Downtown-Erkundung**. Bis zur geplanten Fertigstellung der *LRT Valley Line* im Jahr 2020 muss man in diesem Bereich allerdings mit umfangreichen Baustellen und Behinderungen rechnen. Vom Uferbereich und entlang des 1,2 km langen Rundwegs im ***Nellie McClung Park*** südöstlich des *Muttart Conservatory* bieten sich immer wieder sehr schöne Motive mit dem Fluss und der *Skyline* von Edmonton.

Old Strathcona

Etliche Häuserblocks südlich davon (ca. 1 km) verläuft die Whyte Ave (82nd Ave), die zwischen 99th und 109th Street das beste Viertel für den Abendbummel ist. Im ***Old Strathcona Entertainment District*** (www.oldstrathcona.ca) laden über 100 Cafés, Restaurants und *Nightclubs* aller Stilrichtungen zum Verweilen ein. Ganzjährig lockt zudem der ***Old Strathcona Indoor Farmers' Market*** mit über 130 Ständen; Sa 8-15 Uhr; 10310 83rd Ave; www.osfm.ca.

Regierungsgebäude

Das ***Alberta Legislature Building*** an der 10800 97th Avenue nördlich des Flusses markiert das Westende von Downtown. Wo einstmals das *Fort Edmonton* stand, tagt heute das Parlament von Alberta. Das aus dem Jahr 1912 stammende nostalgische Gebäude (➤ Foto umseitig) besitzt klassizistische, an europäischen Vorbildern orientierte Stilelemente. Der Eintritt und die 45-minütigen Führungen sind kostenlos. Im Sommer täglich 10-17 Uhr geöffnet, sonst Sa+So ab 12 Uhr; www.assembly.ab.ca.

Royal Alberta Museum

Unmittelbar neben dem ***CN Tower*** (10004 104 Ave NW) wurde im Herbst 2018 das größte Museum in West-Kanada eröffnet, das naturkundlich-kulturgeschichtliche ***Royal Alberta Museum (RAM)***. Absolut sehenswert! Geöffnet Di-Do 10-17 Uhr; Eintritt \$19/\$10; www.royalalbertamuseum.ca.

Rogers Place

Ebenso neueren Datums ist die Multifunktionsarena ***Rogers Place*** nur etwas weiter westlich an derselben Straße. Der architektonisch beeindruckende Bau ist Heimat der berühmten Eishockey-Mannschaft *Edmonton Oilers*.

Wissen-schafts-museum

Die moderne ***Telus World of Science Edmonton*** ist in einem futuristisch gestalteten Gebäude im ***Coronation Park*** (11211 142 St) mehrere Kilometer nordwestlich von Downtown untergebracht. Ausstellungen sowie visuelle und akustische Versuche erhellen naturwissenschaftliche Zusammenhänge, Schwerpunkte sind dabei Astronomie, die Eroberung des Weltraums, der menschliche Körper sowie die Umwelt. Zusätzlich locken Spezial-Shows wie »*Marvel: Universe of Super Heroes*« (noch bis mind. Mitte Feb 2020); $24/$17; geöffnet So-Do 9-17 Uhr, Fr+Sa 9-20 Uhr. Im angeschlossenen ***Zeidler Dome*** und im ***IMAX Theatre*** finden Shows und Filmvorführungen statt; https://telusworldofscienceedmonton.ca.

Der Eintritt in das ***RASC Observatorium*** auf der Museumswiese ist frei; Juli+August 13-17 und 19-22 Uhr, sonst kürzer und nur Fr-So geöffnet; www.edmontonrasc.com/observatory.

Universität

Südlich des Flusses zwischen dem Saskatchewan Dr und University Ave (bzw. 100th St und 117th St) liegt der parkartige Campus der ***University of Alberta*** (www.ualberta.ca) für knapp 40.000 Studenten. Im Universitätsbereich befindet sich das ***Rutherford House*** (11153 Saskatchewan Dr; https://rutherfordhouse.ca), ein 1911 errichtetes, aufwendig restauriertes Gebäude, das einst dem ersten Premierminister Albertas gehörte. *Tour Guides* in zeitgenössischer Kostümierung führen die Besucher gruppenweise durch die Räume. Geöffnet Mitte Mai bis Anfang September täglich 10-17 Uhr, sonst Di-So 12-17 Uhr; Eintritt $7/$5.

Fort Edmonton

Die beachtliche Blockbohlenbefestigung ***Fort Edmonton*** steht im gleichnamigen Park unweit der *Quesnell Bridge* und der Autobahn #2. Sie wurde 1830 im Bereich des heutigen Regierungsviertels als Handelsposten der *Hudson's Bay Company* errichtet, nach dem Bau der Parlamentgebäude allerdings abgerissen und erst 1969 am Südufer des North Saskatchewan River originalgetreu wieder aufgebaut. Sowohl seine imposanten Palisaden als auch der Komplex innerhalb der Befestigung sind eine ausgiebige Besichtigung wert. Die Rekonstruktion gehört zu den sehenswertesten in ganz Kanada, ebenso das umliegende **historische Museumsdorf**!

Das Fort wird seit Herbst 2018 renoviert, Wiedereröffnung voraussichtlich im Mai 2021!

Das Fort ist umgeben von Edmonton-Straßenzügen aus den Jahren 1885, 1905 und 1920. Dazu wurden einige Originalgebäude hierher versetzt und restauriert, aber die Mehrheit der Häuser nachgebaut. Fahrten mit Postkutschen, Dampflokomotive und Straßenbahn komplettieren das nostalgische Bild im **größten Freilichtmuseum Kanadas**; 7000 143 St; Ende Juni-Anfang September täglich 10-17 Uhr, Mitte Mai-Ende Juni Mo-Fr 10-15, Sa/So 10-17 Uhr; Eintritt $26/$21; www.fortedmontonpark.ca.

Botanischer Garten

Das benachbarte ***John Janzen Nature Centre*** ist weniger für Einzelbesucher als für spezifisch interessierte Gruppen wie Schulklassen, die Flora und Fauna der Region kennenlernen wollen, konzipiert; täglich 9-16 Uhr; $8; www.edmonton.ca/johnjanzen. Eindrucksvoller ist der ***Devonian Botanic Garden*** der Universität, 6 km nördlich der Ortschaft **Devon** am Hwy 60; $16/$9; im Sommer täglich 10-18 Uhr, Do bis 21 Uhr; https://botanicgarden.ualberta.ca.

Eishockey – der kanadische Nationalsport

Keine Sportart ist in Kanada so beliebt wie Eishockey. Hier wurden die Regeln erstmals schriftlich niedergelegt und der Ball durch eine Scheibe zu ersetzen. 31 Mannschaften – 7 aus Kanada und 24 aus den USA – treten in der ***National Hockey League*** gegeneinander an, einem exklusiven Zirkel, bei dem es weder Auf- noch Abstieg gibt. Der ***Stanley Cup*** – 1892 vom britischen Generalgouverneur Lord Stanley gestiftet – gilt bei den Kanadiern als wichtigstes Sportereignis des Jahres (ähnlich wie bei uns das Endspiel der *Champions League*). Wayne Gretzky, »*The Great One*« und vierfacher *Stanley-Cup*-Gewinner mit den ***Edmonton Oilers***, gilt als bester Eishockeyspieler aller Zeiten und ist bis heute unübertroffener Torschützenkönig. Die überschäumende Eishockey-Begeisterung hat auch einen politischen Hintergrund. In dieser Sportart gewinnt das Team Kanada zumeist die Matches gegen den mächtigen Nachbarn im Süden (USA).

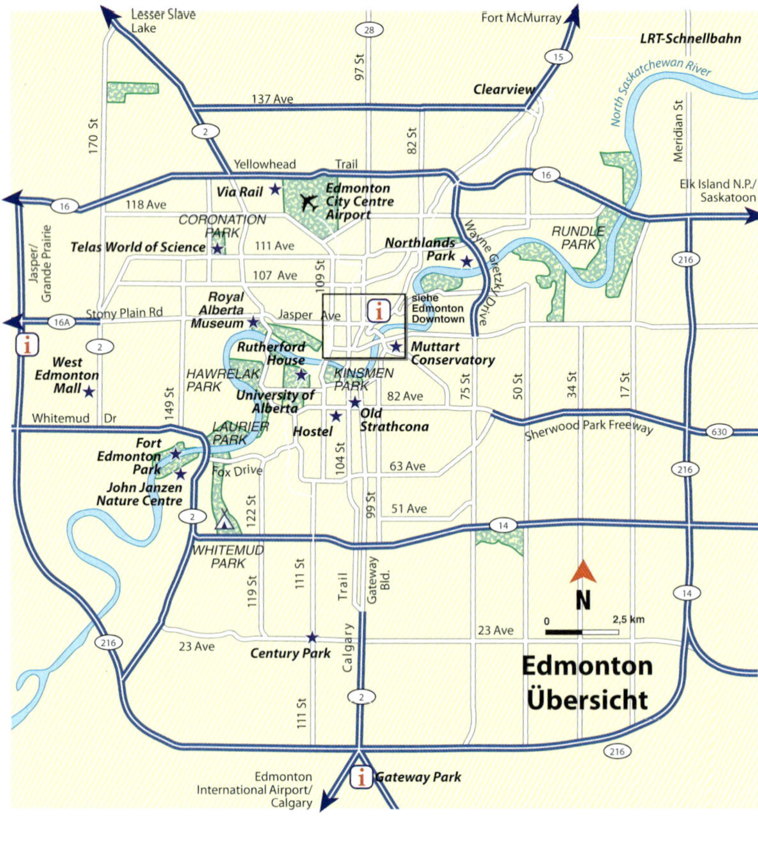

West Edmonton Mall

West Edmonton Mall (WEM)

Vom *Fort Edmonton Park* sind es auf der Autobahn #2 nur 8 km bis zur ***West Edmonton Mall*** (*WEM*), einem **riesigen überdachten Shopping- und Entertainmentzentrum**. Seit ihrer Eröffnung im Jahr 1981 ist sie eine der Top-Attraktionen der Provinz. Jährlich strömen knapp 31 Mio. Besucher in die *Mall*, eines der größten Einkaufszentren der Welt; 8882 170 Street; geöffnet meistens Mo-Sa 10-21, So 11-18 Uhr; www.wem.ca. Die Dimensionen sind überwältigend. Der von außen unansehnlich wirkende Komplex mit 24.000 Beschäftigten besitzt ein »Innenleben« von über 800 Läden, **100 Restaurants**, 6 Kaufhäusern und 13 Kinos samt *3D-IMAX*.

Nachbauten von **Columbus' *Santa Maria***, der ***Bourbon Street*** in New Orleans, von europäisch aussehenden Straßen und einer chinesischen **Pagode** bemühen sich um internationales Flair.

Wem Einkaufen und Kinos langweilig werden, kann im ***Galaxyland*** (Tagespass $49/$39) im weltgrößten ***Indoor-Rollercoaster*** mit **3-fach-Looping** oder in **3D-Bewegungssimulatoren** Nervenkitzel suchen. Es warten außerdem Eislaufarena und Minigolf, auch Seelöwen sind zu bewundern. Im ***World Waterpark*** (Tagespass dort ebenfalls $49/$39) sorgen ein künstlicher Strand, Brandungsbad und 14 unterschiedliche Wasserrutschen für Badespaß selbst mitten im Winter. Neueste Attraktion in der *WEM* ist die ***SkyFlyer Zipline*** quer über den Wasserpark ($5-$9).

Im angeschlossenen ***Fantasyland Hotel*** kann man nach soviel Aktivität die müden Glieder gleich zur Nacht betten, in teils recht originellen **Themen-Zimmern** ab $245 u.a. mit Matratzen auf der Ladefläche eines *Pick-up*, im Inneren einer viktorianischen Kutsche oder – für Kinder sicher besonders spannend – in einem »Raumschiff«; ✆ 1-800-737-3783, www.flh.ca.

Monster Mini Golf

Wer noch mehr Spaß & Action braucht, findet im *South Park Shopping Centre* einen außergewöhnlichen Minigolfplatz. Dort spielt man in der Finsternis umgeben von neonfarben leuchtenden Monstern; 3414 Gateway Blvd; www.monsterminigolf.com.

Edmontons Umgebung

Elk Island Nat'l Park

Die flache Umgebung Edmontons bietet Touristen nicht allzu viel, sieht man vom ***Elk Island National Park*** am *Yellowhead Hwy* einmal ab, der ein beliebtes Ausflugs- und Wochenendziel der Hauptstädter ist. Knapp 50 km östlich von Downtown erheben sich die bewaldeten ***Beaver Hills*** des nur 194 km^2 großen Nationalparks über die umgebende Prärie. Die Zufahrt erfolgt direkt vom *Yellowhead Highway* oder über Lamont (#15).

Insbesondere der **Astotin Lake** (mit Sandstrand und *Campground*; $26, *oTENTik* $120; www.reservation.pc.gc.ca) sowie die zahlreichen Wanderwege, darunter auch ein Naturlehrpfade zu **Biberburgen**, ziehen die Besucher an. Von dem im Park vorhandenen Wild bemerkt man mittags zumeist wenig. Hauptattraktion sind die *Buffalos*, die strikt getrennt nach **Waldbison** (*Wood bzw. Mountain Bison*) südlich und **Präriebison** (*Prairie Bison*) nördlich des *Yellowhead Hwy* weiden; Foto und Details ➤ Seite 538.

Man sieht sie direkt vom *Hwy* aus oder auch entlang der Parkstraße und der kurzen ***Bison Loop Road***. Tagsüber liegen sie oft wiederkäuend im Schatten oder baden im Staub, um Insekten zu verjagen. Aktiv sind die mächtigen Tiere meistens in den Morgen- und Abendstunden. Insbesondere zur Paarungszeit im Hochsommer zeigen sich Bullen von ihrer temperamentvollen Seite, wenn sie versuchen, mit ihren kurzen, spitzen Hörnern Konkurrenten zu vertreiben. Um das Wild im Park zu halten, aber auch um größere Raubtiere (Bären, Wölfe) bzw. erkrankte Tiere fernzuhalten, wurde *Elk Island* als einziger Nationalpark Kanadas rundum eingezäunt Eintritt $7,90 oder *Discovery Pass* ➤ Seite 40; www.pc.gc.ca/elk.

Ukrainian Village

Knapp 4 km östlich der Parkeinfahrt befindet sich rechter Hand des *Yellowhead Hwy* das ***Ukrainian Cultural Heritage Village***. In der Schmiede, Zwiebelturm-Kirche und den Farmhäusern dieses ausgezeichneten Museumsdorfes erzählen »Dorfbewohner« in zeitgenössischen Trachten die Siedlungsgeschichte der Immigranten, die zwischen 1892 und 1930 aus der Ukraine ins östlich zentrale Alberta kamen. Das weitläufige Freilichtmuseum ist nur Mitte Mai-Anfang Sept geöffnet, täglich 10-17 Uhr; Eintritt $15, Kinder 7-17 Jahre $10; https://ukrainianvillage.ca.

North to Alaska – Von Edmonton zum Alaska Highway

Nördlich von Edmonton durchquert man überwiegend langweilige Agrar- und Waldgebiete, die **kürzeste und schnellste Route nach Dawson Creek** führt über Grande Prairie (Straßen #16/#43 in Alberta und #2 in BC, knapp 600 km). Sie lässt sich ohne weiteres auch als Tagesetappe bewältigen. Bei **Whitecourt** (*Info Centre*: 3002 33 St) liegt der nur mäßig interessante ***Huestis Demonstration Forest***. Die 7-km-Rundfahrt durch verschiedene Ökosysteme und der Naturlehrpfad sind heute veraltet und die Einflüsse holzwirtschaftlicher Aktivitäten (Abholzung/Aufforstung) auf das Ökosystem werden – im Sinne der Betreiber – positiv dargestellt; an der #32 nördlich der Stadt. Dafür bietet der nahegelegene ***Carson-Pegasus PP*** einen kl. Strand, Kanuvermietung (auf verbundenen Seen) und schön angelegte *campsites*; Zelte $29, *hook-up* $36; www.albertaparks.ca/carson-pegasus. Am Weg liegen noch **Grande Prairie** (mit 63.000 Einwohner größte Stadt der Region; *Visitor Center:* 11330 106 Street) und der attraktive ***Swan Lake Provincial Park*** mit Badestrand und Campingmöglichkeiten (44 Plätze, $20; bereits in BC).

Die nur 50 km längere **Straßenkombination #44/#2/#49** über den **Lesser Slave Lake** (250 km nördlich Edmonton) ist nur dann eine erwägenswerte Alternative, wenn genügend Zeit für einen Strandspaziergang am 110 km langen und mit 1.168 km^2 größten See Albertas – außerhalb des Wood Buffalo Nationalparks – bleibt. Einen Zugang zum Ufer bieten die **Provinzparks *Lesser Slave Lake*** im Nordosten und ***Hilliards Bay*** im Nordwesten. Beide verfügen über weiße Sandstrände und hervorragend angelegte Campingplätze; Zelte/*dry* $29, *hook-up* $36; www.albertaparks.ca. Einer der wenigen guten ***Campgrounds*** am Südufer ist der kommerziell betriebene ***Spruce Point Park*** mit Zufahrt westlich von Kinuso; $30-$38,50; www.sprucepointpark.ca. Kaum einen Umweg (auf den Straßen #749/#679) erfordert der ***Winagami Lake PP*** mit einem ebenfalls sehr schönen Campingareal am See; Zelte/*dry* $27, *hook-up* $34; www.albertaparks.ca.

6.2.3 Rückfahrt nach Calgary über die #2

Die kürzeste und schnellste Verbindung (ca. 3 Stunden) zwischen den zwei mit Abstand größten Städten Albertas stellt der Autobahn ähnliche ***Queen Elizabeth II Highway*** (#2) dar.

Knapp 30 km südlich des Zentrums passiert man den ***Edmonton International Airport*** unweit der Kleinstadt **Leduc**. Dort löste *Imperial Oil* mit einer erfolgreichen Bohrung im Februar 1947 den Ölboom im Norden Albertas aus. Ein Nachbau des #1-Förderturms steht 4 km südlich von Devon im ***Leduc #1 Energy Discovery Centre*** zu Technologie und Geschichte der Erdölförderung; 50339 Hwy 60; ab Edmonton am besten über die #19, Ausfahrt 525 von der #2. Geöffnet Mo-Fr 9-17 Uhr, im Sommer auch Sa+So; $12, Kinder $8; Campingmöglichkeit vor Ort März-Nov, Zelte $15, RVs $35; © (780) 405-6308, www.canadianenergymuseum.ca.

Reynolds-Alberta Museum

Rund 40 km südlich von Edmonton geht es ab *Exit* 482B der #2 zum großartigen ***Reynolds-Alberta Museum*** westlich von **Wetaskiwin**. Es thematisiert die Technisierung Albertas mit Schwerpunkten Fliegerei, Landwirtschaft und Transport; 6426 40 Ave; im Sommer tägl. 10-17, sonst nur Di-So Uhr, $13/$9; www.reynoldsmuseum.ca. Oldtimer pendeln zwischen Museum und Hangar, wo in der ***Canada's Aviation Hall of Fame*** 27 Flugzeuge ausgestellt sind. An Sommerwochenenden kann man im luftigen **Cockpit eines Doppeldeckers** mitfliegen; 10 min $139; www.absoluteaviation.ca.

Red Deer

Auf den verbleibenden 230 km passiert man noch **Red Deer**, drittgrößte Stadt der Provinz aber ohne besondere Sehenswürdigkeiten.

Pioneer Acres

Ein Abweichen von der schnellsten Strecke würden noch die ***Pioneer Acres of Alberta*** in Irricana rechtfertigen; Zufahrt über die #72/#9 (34 km von der #2 entfernt). Das Freilichtmuseum zur Geschichte Alberta birgt ab Mai 2020 auch die ***Grain Academy*** (ehemals im *Stampede Park*), die mit einem Getreidespeicher-Modell die Funktionsweise der für die kanadischen Prärien typischen Lagerhäuser (***Grain Elevator***) zeigt und den Anbau sowie die gegenwärtigen/früheren Transportwege des Weizens erläutert. Die Anlage hat nur von Mitte Mai bis Ende September geöffnet; Do-Mo 9-17 Uhr (Di+Mi geschlossen!); $10/$5; www.pioneeracres.ab.ca.

6.2.4 Über die Kootenay Plains zurück nach Calgary

Noch sind die **Kootenay Plains** unter Kanada-Touristen so etwas wie ein »Geheimtipp«. Der dorthin führende ***David Thompson Highway*** **(#11)** liegt meistens abseits der üblichen Routen und bleibt daher wenig beachtet, allerdings ganz zu Unrecht, denn die 90 Kilometer zwischen dem *Banff Nat'l Park* und Nordegg gehören zu den **schönsten in ganz Alberta**. Wer auf den Besuch von Edmonton verzichten mag, könnte bei der Fahrt von den *Rockies* zurück nach Calgary daher diese Route wählen. Das dabei erforderliche doppelte Abfahren des *Icefields Parkway* zwischen Jasper und *Saskatchewan River Crossing* ist kein Fehler, zumal dieser Abschnitt in beide Richtungen neue (tolle!) Eindrücke hinterlässt.

Auch ist, wie im Kapitel *Icefields Parkway* bereits erwähnt (➤ Seite 231), ein Abstecher bis zum nördlichen Ende des **Abraham Lake** sehr lohnend (ca. 60 km *one-way* ab dem *Parkway*), selbst wenn im Anschluss die Reiseroute nicht über Nordegg nach Calgary verläuft. Im Sommer verspricht der See Erholung in herrlichster Kulisse, im Winter ist er berühmt für seine fantastisch aussehenden, vom Eis umschlossenen **Methan-Gasblasen**. Dann werden Heli-Touren und Schneeschuhwanderungen dorthin angeboten.

6

Kootenay Plains

Im klimatisch begünstigten Übergangsbereich zwischen Prärie und Bergen schützt eine ***Ecological Reserve*** zahlreiche seltene Pflanzen- und Tierarten. Die *Kootenay Plains* sind außerdem ein wichtiges Rückzugs- und Überwinterungsgebiet für Hirsche. Warme *Chinook*-Winde sorgen dort für ein mildes Klima und überdurchschnittlich viele Sonnenstunden verwöhnen auch die Besucher während der Sommermonate.

David Thompson Highway

Ab *Saskatchewan River Crossing* (➤ Seite 231) am *Icefields Parkway* folgt der ***David Thompson Hwy* (#11)** dem Verlauf des North Saskatchewan River und führt – immer begleitet von traumhafter Bergkulisse – mitten durch die Kootenay Plains.

Ca. 27 km vom *Parkway*-Abzweig entfernt, befindet sich rechter Hand der Straße der Ausgangspunkt für die Wanderung zu den ***Siffleur Falls***. Der leichte 4 km lange *Trail* (150 Höhenmeter) folgt nach der Hängebrücke über den North Saskatchewan River dem **malerischen Flusscanyon** bis zum 15 m hohen ***Lower Fall***. Der Ausflug kann von dort zu den ***Middle*** und ***Upper Falls*** mit *backcountry campsite* fortgesetzt werden (dann 16 km retour und etwas anspruchsvoller).

Bald darauf, kurz vor dem Südende des **Abraham Lake**, gelangt man zum kleinen und einfachen ***Two O'clock Creek Campground*** mit schönen teils schattigen *Walk-in*-Zeltplätzen und anschlusslosen *RV sites*; beide $29 und *first-come, first-served*.

Am Ufer des türkisfarbenen, großen Stausees stehen außerdem zwei Unterkünfte mit Zimmertarifen ab ca. $230: die gute ***Aurum Lodge*** (✆ (403) 721-2117, www.aurumlodge.com) und das ***David Thompson Resort***, das auch *Cabins* ($150) bzw. Camping ($25-$50) anbietet und über ein **Restaurant** verfügt; ✆ 1-888-810-2103, www.davidthompsonresort.com.

Laubfärbung beim Abraham Lake am David Thompson Hwy Ende September

Eine ganze Reihe ***Provincial Recreation Areas*** (*PRA*) mit einfachen, aber hübschen *Campgrounds* im Bereich bis Nordegg bieten sich als Ausweichmöglichkeit an, wenn in der Hochsaison am *Icefields Parkway* bereits alles voll besetzt sein sollte.

Crescent Falls PRA

Nördlich des Abraham Lake führt eine Stichstraße in die ***Crescent Falls Provincial Recreation Area***. Die 6 km Schotter *one-way* lohnen sich. Neben einem *Campground* warten vor Ort fantastische Ausblicke in den tiefen ***Bighorn River Canyon*** und auf die über zwei Stufen hinab stürzenden ***Crescent Falls***.

Crescent Falls am David Thompson Hwy

Spätestens hier, rund 72 km vom *Icefields Parkway* entfernt, ist der Umkehrpunkt für Tagesausflügler aus Banff/Lake Louise.

Nordegg

Wer dem *David Thompson Highway* nach Osten folgt, dem bieten sich noch weitere Abstecher an, u.a. entlang der *Forestry Trunk Road* südlich der kleinen Ortschaft **Nordegg**. Die Straße stellt eine weitere Verbindungsstrecke nach Calgary dar (➤ **Kapitel 6.2.5**, rechts).

In dem einst bedeutenden Kohlebergbauort (www.nordeggliving.ca) stehen heute nördlich der Straße #11 u.a. die recht guten ***Expanse Cottages*** (im Sommer ab $174; ✆ 1-877-706-5701, www.expansecottages.com), und gleich nebenan bietet die **Jugendherberge *HI Shunda Creek*** Betten für $32 sowie Doppelzimmer ab ca. $75 an; 321 Shunda Creek Road; ✆ (403) 721-2140.

Empfehlenswert ist auch das ***Miners' Cafe*** im Ortszentrum südlich des *Hwy* (nur Anfang Mai bis Mitte September, 9-18 Uhr).

Rocky Mt House

Kurz vor **Rocky Mountain House** (mit etlichen H/Motels!) geht es, 170 km vom *Parkway* entfernt, von der Straße #11 nach rechts auf der #11A zur gleichnamigen ***Nat'l Historic Site*** (ausgeschildert). Dort gibt es restaurierte Fragmente von fünf Forts aus der Pelzhändlerzeit zu sehen; geöffnet Mitte Mai-Anfang September täglich 10-17 Uhr; $3,90 p.P.; www.pc.gc.ca/en/lhn-nhs/ab/rockymountain.

Die #11/#2 ist ab Rocky Mountain House die schnellste Straßenkombination zurück zum Ausgangspunkt der Rundfahrt. Wer nicht an einem der beiden meist stark frequentierten Badeseen (**Sylvan Lake** im gleichnamigen Provinzpark und **Gull Lake**) nordwestlich von **Red Deer** eine Pause einlegt, ist in knapp über zwei Stunden wieder in Calgary.

6.2.5 Über die Forestry Trunk Road nach Calgary

Von Hinton/ #16 oder Nordegg/#11 nach Calgary

Mitten durch das »Niemandsland« östlich der Rocky Mountains und westlich der Linie Calgary/Edmonton verläuft die unasphaltierte ***Forestry Trunk Road*** (zwischen *Trans-Canada* und *Yellowhead Highway* als Straße #40/#734 ausgeschildert). Sie zweigt westlich von **Hinton** (➤ Seite 327) vom *Yellowhead Highway* ab und erschließt dann auch südlich von **Nordegg** (➤ links) am *David Thompson Hwy* die Ausläufer der *Rockies*, bis sie rund 50 km östlich von Downtown Calgary in die #1A einmündet.

Die 460 Kilometer (großteils auf Schotter) ab Hinton bzw. 270 km ab Nordegg bis zur #1A lohnt sich nur für Leute mit sehr viel Zeit und Abenteuergeist. Die Strecke führt zwar an besonders vielen ***Provincial Recreation Area Campgrounds*** vorbei, aber die teilweise schlechte Straßenqualität und – bei der langen Fahrt durch dichten Wald – fehlende Aussicht trüben die Freude an der Einsamkeit. Der Abschnitt der *Forestry Trunk Road* ist nicht zu vergleichen mit dem landschaftlich herausragenden südlichen Teilstück (➤ Seite 266). Wohnmobile größer als *Van Camper* 19 Fuß eignen sich außerdem nur bedingt und auch nur bei längeren Schönwetterperioden für diese Forststraße.

Ab Hinton (#16) sind es 115 km Schotter bzw. Asphalt guter Qualität bis zur ***Fairfax Lake PRA*** (Campen $11) und weitere 75 km passable *Dirt Road* bis Nordegg an der #11. Dieser Bereich ist eher weniger reizvoll, ganz anders die darauffolgenden **60 km** weiter in Richtung Süden bis zum besuchenswerten ***Ram Falls Provincial Park*** mit über 50 schönen, einfachen *campsites*; $26, teils *first-come, first-served*, teils reservierbar: ✆ 1-877-537-2757 bzw. www.albertaparks.ca/parks/central/ram-falls-pp/information-facilities/camping/ram-falls/. Ein kurzer ***Trail*** führt dort zu den imposanten Wasserfällen des South Ram River.

Die restlichen 260 km bis Calgary verlaufen meist wieder durch dichtere Waldbestände und sind weniger spannend. Über die Straßenkombination #40/#591/#54/#2 ist man schneller am Ziel.

Ram Falls an der Forestry Trunk Road südlich von Nordegg

Tofino aus der Luft

Routen über Vancouver Island

7. ROUTEN ÜBER VANCOUVER ISLAND
(und ggf. Weiterfahrt über Prince Rupert/Bella Coola)

7.1 Überblick & Anreise

Mit einer **Fläche von über 31.000 km^2** ist Vancouver Island die größte Pazifikinsel Nordamerikas (https://vancouverisland.travel). Naturerlebnis steht dort ganz im Vordergrund. Man schätzt die Insel für ihre üppig grünen, nahezu undurchdringlichen Regenwälder und unberührten Küstenstriche. Auch ein Hochgebirge mit Bergseen, Gletschern und Wasserfällen fehlt dort nicht (darunter die höchsten Kanadas: *Della Falls* mit einer Fallhöhe von 440 m). Die umliegenden Gewässer gelten als Hotspot fürs *Whale Watching*. Mit der königlichen Provinzhauptstadt Victoria birgt Vancouver Island auch ein »britisches« Juwel, hinzu kommen malerisch gelegene Fischerdörfer wie Tofino oder Ucluelet, die »Stadt der Totempfähle« Duncan sowie das sehenswerte Chemainus mit seinen zahlreichen kunstvoll bemalten Hausfassaden (*murals*).

Klima

So gar nicht »britisch« präsentiert sich das Klima. Kein Fleckchen in Kanada wird vom Wetter so verwöhnt wie **Victoria**. Von April bis September bleibt die Stadt von Niederschlägen weitgehend verschont, selbst dann wenn es an der Westküste der Insel in Strömen regnet. Strenge Winter sind unbekannt, Schneefälle extrem selten, da der Pazifik die Kaltluft des Festlands zurückdrängt. Wenn weite Bereiche des Landes im Frühjahr noch unter einer dicken Schneedecke verborgen liegen, blühen in Victoria bereits die Blumen.

Der vor der Küste nordwestwärts fließende **Alaskastrom** sorgt auch auf der übrigen Insel für ein gemäßigteres Klima, als es auf gleicher Höhe auf dem Festland herrscht. Im Winter gibt es in den Hafenstädten nur selten Dauerfrost und die sommerlichen Höchsttemperaturen liegen im Schnitt bei nicht einmal 20°C. Lediglich die Region um Nanaimo verzeichnet angenehme 24°C.

Während an der südöstlichen Trockenseite der Insel lange Sandstrände Badegäste anlocken, ist das Wetter an der Westküste selbst im Hochsommer oftmals durchwachsen. 60 km nördlich von Tofino liegt am *Estevan Point* im *Hesquiat Peninsula Provincial Park* sogar **der regenreichste Punkt Kanadas** (3.200 mm/Jahr).

Anreise und Zeitbedarf

Auf dem Seeweg

Vom Fährhafen Tsawwassen im Süden von Vancouver verkehren die *BC Ferries* im Stundentakt nach Swartz Bay, 30 km nördlich von Victoria. Ein **Kurzausflug nach Vancouver Island** beinhaltet den Besuch der Hauptstadt, mindestens 2-3 Übernachtungen auf der Insel und Rückfahrt von Nanaimo nach einem Stopp in Duncan/Chemainus. Die Fähre ab der treffend benannten Departure Bay in Richtung Horseshoe Bay (nördlich von Vancouver) ist sogar offizieller Teil des *Trans-Canada Hwy*. Alternativ geht es vom Duke Point, ebenfalls bei Nanaimo, wieder zurück nach Tsawwassen.

Perfekt in den Reiseverlauf einplanen, lässt sich solch eine Stippvisite z.B. als Ausklang des Urlaubs vor dem Rückflug ab Vancouver und sie ist auch eine bedenkenswerte Option für die Fortsetzung der Tour **nach dem Besuch der Olympischen Halbinsel, wenn im Anschluss das Ziel Vancouver lautet** (direkte Fährverbindung zwischen Port Angeles und Victoria) – ungleich spannender als die 450 km auf dem Festland (Port Angeles–Vancouver).

Zeitbedarf

Richtig lohnend ist der Besuch von Vancouver Island erst dann, wenn die Zeit für eine **kleine Rundfahrt** reicht. D.h., mindestens eine Wanderung an der Küste des *Juan de Fuca Provincial Park* und eine zusätzliche Nacht in Port Renfrew sollte man schon einplanen. Noch empfehlenswerter ist ein Aufenthalt in der Gegend rund um Tofino. Für die Tour (ca. 550 km) ausgehend von Vancouver (oder Port Angeles/USA) über Victoria zum ***Pacific Rim National Park*** mit abschließender Fährfahrt von Nanaimo zurück nach Vancouver werden schnell **4-5 Urlaubstage** benötigt.

Auch lässt sich eine Rundreise durch British Columbia über Port Hardy im Norden der Insel mit der Autofähre durch die ***Inside Passage*** nach **Prince Rupert** (➢ Seite 397) oder durch die ***Discovery Coast Passage*** ins entlegene **Bella Coola** (➢ Seite 198) fortsetzen mit Anschluss an Routen weiter nach Norden (➢ Seite 401ff) oder in Richtung *Rockies* zum Jasper Nationalpark (➢ Seite 219ff).

Mit dem Flugzeug

Victoria im Süden von Vancouver Island kann auch über den *International Airport* (*YYJ*) angesteuert werden mit täglichen Verbindungen ab Calgary, Edmonton, Seattle oder San Francisco und alternativ aber auch über den *Inner Harbour Airport* (*YWH*) per Wasserflugzeug ab *Coal Harbour* (Vancouver) sowie ab dem Lake Union in Seattle (*Kenmore Air*, ca. 45 min).

Vorgelagerte Broken Group Islands bei Ucluelet

Autofährverbindungen von/nach Vancouver Island

Die Angaben in der Übersicht beziehen sich auf **Fähren in der Hauptsaison** von etwa Juni bis Mitte September. Die Tarife gelten für die einfache Überfahrt, für (größere) Wohnmobile wird meist ein Aufpreis erhoben. Außerhalb dieser Zeiten sinken die Schiffsfrequenzen und zuweilen auch die Tarife

Die wichtigsten Küstenfähren in British Columbia

(Preise in **CAD** einfache Fahrt, aber #7, #8, #10 bis #13 retour)	Wagen ohne Fahrer	pro Person	Anzahl der Abfahrten pro Tag	Dauer Überfahrt
4. Tsawwassen–Swartz Bay	58	17	15x	1:35
5. Tsawwassen–Nanaimo (Duke Point)	58	17	8x	2:00
6. Horseshoe Bay–Nanaimo (Depart. Bay)	58	17	10x	1:40
7. Horseshoe Bay–Langdale	46	14	10x	0:40
8. Earls Cove–Saltery Bay	45	14	7x	0:50
9. Powell River–Comox	42	14	4x	1:30
10. Nanaimo–Gabriola Island	23	10	17x	0:10
11. Buckley Bay–Denman Island	21	9	15x	0:10
12. Campbell River–Quadra Island	21	9	17x	0:10
13. Port McNeill–Alert Bay	24	10	6x	0:45
14. Port Hardy–Prince Rupert	399	175	jeden 2.Tag	16 Std
15. Port Hardy–Bella Coola	336	169	4x/Woche	6-10 Std
16. Bella Coola–Prince Rupert	336	169	3x/Woche	10 Std
17. Prince Rupert–Skidegate	143	40	5x/Woche	7-8 Std

Fähren vom US-Staat Washington nach Vancouver Island

(Preise in **USD** einfache Fahrt)	Wagen ohne Fahrer	pro Person	Anzahl der Abfahrten pro Tag	Dauer Überfahrt/Std
1. Anacortes–Sidney	40	20	2x	2:10-2:40
2. Port Angeles–Victoria	48	19	3-4x	1:30
3. Seattle–Victoria	(nur Personen)	119	1-3x	2:45

Fähren ab/zum kanadischen Festland

Für sämtliche Überfahrten zwischen Vancouver Island und dem kanadischen Festland ist die Staatsreederei ***BC Ferries*** zuständig. Die Fähren #8, #10-#13 sind *first-come, first-served*, alle anderen reservierbar: © 1-888-223-3779, www.bcferries.com.

Ab Vancouver

Die schönste Fährverbindung ab Vancouver (**#4**) führt von Tsawwassen vorbei an den Inseln des Gulf Islands Nationalparks zur Swartz Bay, rund 30 km nördlich von Victoria. **Kostenloses *Whale Watching*** ist während der Überfahrt oft inklusive.

Bei einigen kurzen Fährfahrten erhält man mit **BC Experience Card** bis zu -25% Rabatt

Die **Kombination** der Strecken unter **#7**, **#8** und **#9** bildet – neben #4 bis #6 – eine weitere Alternative zwischen der Metropole und Vancouver Island. Die Route ist zwar teurer und ab Parksville (Abzweig der Stichstraße nach Tofino) rund 130 km länger als die Direktfahrt (#6 ab Nanaimo nach Horseshoe Bay), ermöglicht aber mit zwei zusätzlichen Fährpassagen eine abwechslungsreiche Rundtour.

Fähren ab Port Hardy

Zur Hochsaison sollte man sich bei den Verbindungen ab Port Hardy **#14/#15 das Ticket für das Fahrzeug schon mehrere Monate im Voraus unter** www.bcferries.com sichern.

Die **Fähre nach Bella Coola (#15)** am Ende des ***Chilcotin Highway*** (➤ Seite 198) startet von Mitte Juni bis Mitte September um 7.30 Uhr in Port Hardy mit Stopps in Ocean Falls und weiteren Siedlungen; Abfahrt in Bella Coola um 7.30 oder 18.10 Uhr.

Die **#14 nach Prince Rupert** verkehrt Mitte Juni-Mitte Sept. im 2-Tages-Rhythmus und legt in beiden Häfen morgens um 7.30 Uhr ab (Ankunft jeweils abends 23.30 Uhr). Die nördlichen zwei Drittel der ***Inside Passage*** ab Bella Coola durch das enge Fahrwasser von Princess *Royal* und *Grenville Channel* sind am attraktivsten: Steilküsten beiderseits, zahlreiche Fjorde, Inseln und Wasserfälle vor dem Hintergrund gletscherbedeckter Berge. Bei einer Fahrt in Nord-Süd-Richtung sieht man diesen Teil definitiv bei Tageslicht. Ende Juni/Anfang Juli geht die Sonne in Prince Rupert um 22.20 Uhr unter, so dass man dann auch in der Gegenrichtung nicht bei völliger Dunkelheit ankommt, sondern noch während der sog. »Blauen Stunde«.

Das 507 km lange Teilstück **Port Hardy–Prince Rupert** der ***Inside Passage*** ist weniger spektakulär als ihr nördlicher Abschnitt von Prince Rupert nach Skagway, ermöglicht aber die Routenkombination Vancouver Island–*Yellowhead Hwy*. Die Strecke Vancouver–Victoria–Abstecher *Pacific Rim NP*–Prince Rupert–Prince George spart gut 600 km Straße gegenüber dem kürzesten Landweg nach Prince George inkl. Abstecher nach Barkerville. Den teuren Fährtickets stehen geringere Benzinkosten gegenüber, bei begrenzten Freikilometern von Campern auch weniger Zusatzkilometer.

Wer nach/vor Vancouver Island die Inselgruppe **Haida Gwaii** (früher Queen Charlotte Islands) ansteuern möchte, muss in Prince Rupert die Fähre nach Skidegate nehmen (#17).

In Tsawwassen, nur 25 km südlich vom Vancouver International Airport, starten die Autofähren nach Nanaimo oder Swartz Bay/Victoria

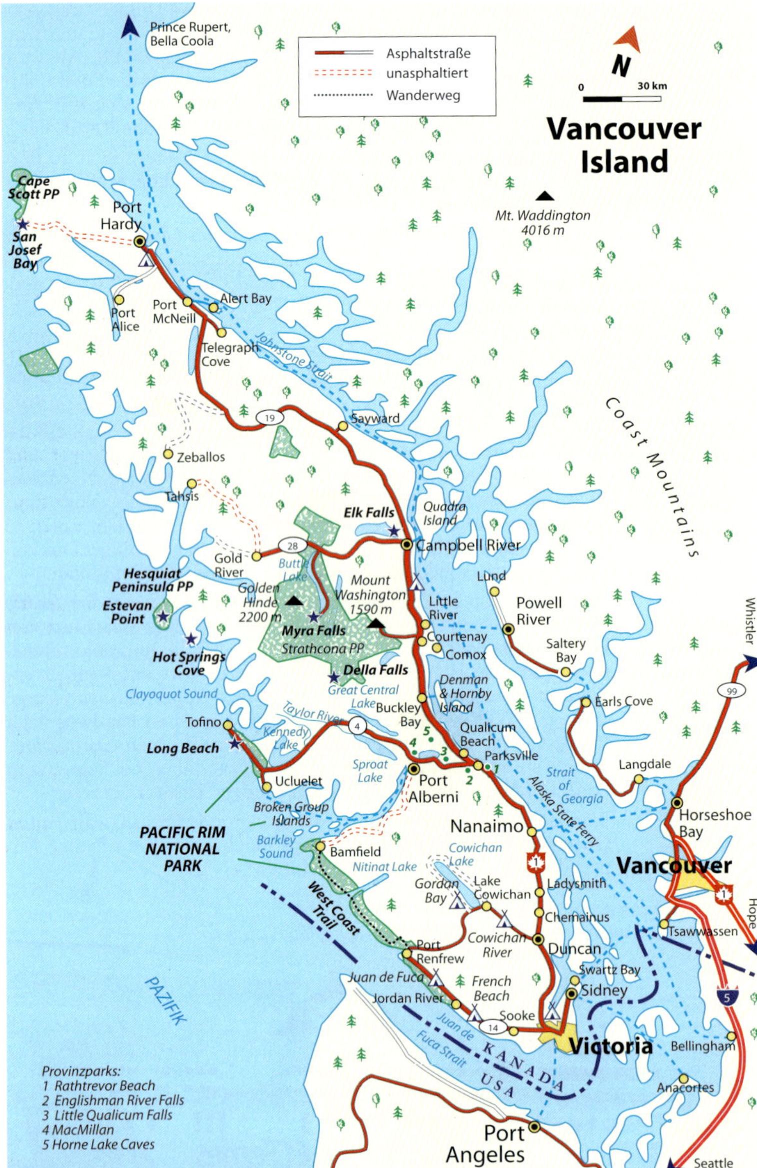
Vancouver Island
Asphaltstraße
unasphaltiert
Wanderweg
N
0 30 km
Prince Rupert, Bella Coola
Mt. Waddington 4016 m
Coast Mountains
Cape Scott PP
San Josef Bay
Port Hardy
Port Alice
Port McNeill
Alert Bay
Telegraph Cove
Johnstone Strait
19
Sayward
Zeballos
Tahsis
Elk Falls
Quadra Island
Campbell River
28
Gold River
Buttle Lake
Golden Hinde 2200 m
Mount Washington 1590 m
Myra Falls
Strathcona PP
Della Falls
Hesquiat Peninsula PP
Estevan Point
Hot Springs Cove
Clayoquot Sound
Lund
Powell River
Little River
Courtenay
Comox
Saltery Bay
Whistler
Earls Cove
99
Denman & Hornby Island
Great Central Lake
Buckley Bay
Taylor River
4
Tofino
Long Beach
Kennedy Lake
Qualicum Beach
Parksville
Sproat Lake
Port Alberni
Ucluelet
Strait of Georgia
Alaska State Ferry
Langdale
Horseshoe Bay
Vancouver
Broken Group Islands
PACIFIC RIM NATIONAL PARK
Barkley Sound
Bamfield
Nanaimo
Cowichan Lake
Nitinat Lake
Gordon Bay
Lake Cowichan
Ladysmith
Chemainus
Hope
Tsawwassen
West Coast Trail
Port Renfrew
Cowichan River
Duncan
Swartz Bay
Sidney
Juan de Fuca
French Beach
Jordan River
Sooke
14
Juan de Fuca Strait
KANADA
USA
Victoria
Bellingham
Anacortes
PAZIFIK
Port Angeles
Seattle
Provinzparks:
1 Rathtrevor Beach
2 Englishman River Falls
3 Little Qualicum Falls
4 MacMillan
5 Horne Lake Caves

Fährverbindungen mit Seattle und der Olympischen Halbinsel

Ausgehend vom US-Bundesstaat Washington hat man die Wahl zwischen (Übersicht ➢ Tabelle Seite 348):

- der Personenfähre ***Victoria Clipper*** ab Seattle *Pier 69* (ganzjährig; Juli-Anfang September täglich 7.30, Do-Mo zusätzlich 15.15 Uhr; ab Victoria Do-Mo 11.30 und 19 Uhr, Di-Mi 17 Uhr; sonst seltener; Rundtrip $205, Kinder $102,50, mit Vorabbuchung bis zu 20% Rabatt; ✆ 1-800-888-2535, www.clippervacations.com),
- der ***Washington State Ferry***, die von Anacortes, 90 Meilen nördlich von Seattle ablegt (Ende Juni bis Ende September, kein Service im Winter; mit Fahrzeug **Reservierung angeraten**, da nur 25% der Plätze auf *first-come, first-served*-Basis vergeben werden; ✆ 1-888-808-7977, www.wsdot.wa.gov/ferries) oder
- der Autofähre ***MV Coho*** der privaten Reederei *Black Ball Ferry Line* ab Port Angeles (ganzjährig; im Sommer oft lange Wartezeiten ohne Reservierungen; Rufnummer in Port Angeles ✆ 1-888-993-3779, in Victoria ✆ 1-800-264-6475, www.cohoferry.com).

Die Fähre ab Anacortes bietet auch landschaftlich einiges fürs Auge, da sie auf ihrer Fahrstrecke das Archipel der San Juan Islands durchquert. **Walsichtungen** sind dabei keine Seltenheit. Nach einem Zwischenstopp in Friday Harbour legt das Schiff in Sidney an, ca. 25 km nördlich von Victoria.

Grenzkontrollen

Bei der Weiterfahrt in die USA findet das *Immigration*-Prozedere und die Zollabfertigung bereits in Victoria **vor dem Einstieg** statt, so dass man dort **extra Zeit** einplanen muss. Hinweise auf den Webseiten der Fähren beachten!

In Richtung Kanada verläuft das Ganze meist unkomplizierter ab. Die Reisepässe werden kurz in Port Angeles gecheckt und nach der Ankunft im *Inner Harbour* von Victoria muss man bei der Wiedereinreise in der Regel nicht einmal den Mietwagen verlassen. Von der Fähre führen die Fahrspuren direkt zu den Einreiseschaltern, wo der *Officer* die Reisepässe kontrolliert, ggf. ein paar Fragen stellt und dann schon weiterfahren lässt. Weitere Details zu den Grenzformalitäten ➢ Seite 57.

Direktverbindung ab Seattle: Katamaran-Schnellfähre Victoria Clipper legt am Inner Harbour von Victoria an

7.2 Victoria

Charakter der Stadt

Am südlichen Zipfel von Vancouver Island liegt Victoria, die ausgesprochen attraktive Kapitale von British Columbia. Ihr Name erinnert an die britische Königin, die Architektur und die roten Doppeldeckerbusse an London. Die Bewohner pflegen die Tradition und es heißt, dass es dort mitunter sogar »britischer« zugeht als in Großbritannien. Der ***Afternoon Tea*** z.B. wird heute kaum woanders so stilvoll zelebriert wie in Victoria.

Der zentrale Bereich rund um den geschützten Naturhafen ist überschaubar und versprüht einen unverwechselbaren Charme. Hier vermischt sich altmodisches Flair mit modernem Lebensgefühl. Am geschäftigen *Inner Harbour* legen nicht nur Fähren, Luxus-Yachten und *Whale Watching Zodiacs* an, es tummeln sich auch noch jede Menge Wasserflugzeuge und schmucke »*H2O*«-Taxis. Von den blumengeschmückten Terrassen an der Hafenpromenade könnte man stundenlang das bunte Treiben verfolgen!

Geschichte

Die Eroberung der von Indianern besiedelten Insel durch Weiße begann erst Mitte des 19. Jahrhunderts: *James Douglas* erkundete 1842 ihre Südspitze für die Pelzhandelsgesellschaft *Hudson's Bay Company*. Im Folgejahr entstand ***Fort Victoria*** und 1849 ernannte die britische Krone Vancouver Island zur Kolonie. Ein florierender Pelzhandel, Holzfällerei, Kohleabbau, Fischerei und Landwirtschaft sorgten für hohe Erträge. Als einzige damals existierende »richtige« Stadt übernahm Victoria 1868 Hauptstadtfunktion für die zusammengelegten Kolonien Vancouver Island und British Columbia. Dabei blieb es auch nach dem Anschluss von BC als Provinz an das *Dominion of Canada* 1871, wiewohl Vancouver – nach Fertigstellung der transkanadischen Eisenbahn – Victoria wirtschaftlich schnell den Rang ablief.

Einwohner

Der Großraum Victoria, zu dem die 30 km lange *Saanich Peninsula* bis Swartz Bay und Sidney gehört, zählt heute rund 370.000 Einwohner; im Stadtgebiet leben über 80.000 Menschen.

Nobelhotel Fairmont Express am Inner Harbour

Transport

Verkehrsanbindung

Der ***Victoria International Airport*** (*YYJ*, www.victoriaairport.com) liegt 30 km nördlich der Innenstadt. Die beste Verbindung ins Zentrum bietet der *YYJ Airport Shuttle* ($25; © 1-855-351-4995, www.yyjairportshuttle.com); öffentlicher Nahverkehr nur mit Umsteigen (Buslinie #88 bis McTavish, dann #70, #71 oder #72).

Vom ***Victoria Inner Harbour Airport*** (*YWH*) starten Wasserflugzeuge nach Vancouver und zum Lake Union in Seattle. **Kreuzfahrtschiffe** legen westlich von Downtown am *Odgen Point* an.

Im Süden von Victoria befindet sich außerdem der **westliche Endpunkt** des ***Trans-Canada Highway*** mit einem entsprechenden Denkmal (»Mile 0 Marker« im *Beacon Hill Park*).

Die Orientierung in Victoria ist einfach. *Trans Canada Highway* und die Straße #17 von den Fährterminals Swartz Bay/Sidney leiten Besucher automatisch bis zur Innenstadt. Der *Victoria Clipper* aus Seattle und die Fähre aus Port Angeles legen direkt am *Inner Harbour* an. Von dort lassen sich die meisten Sehenswürdigkeiten der Stadt gut an einem Tag zu Fuß erkunden.

Nahverkehr

Victoria besitzt mit dem ***Regional Transit System*** ein dichtes öffentliches Nahverkehrsnetz; Einzelfahrten $2,50, zehn Tickets $22,50, Tagespass $5; www.bctransit.com/victoria.

Harbour Air verkehrt mehrfach täglich zwischen Vancouver und Victoria

Übernachten

Am Inner Harbour

Am schönsten schläft man mit Blick auf den *Inner Harbour*, wo man schon früh morgens aus dem Zimmerfenster den Wasserflugzeugen beim Starten und Landen zuschauen kann:

- Im altehrwürdigen ***The Fairmont Empress*** zahlt man dafür im Sommer mind. $400; 721 Government Street; www.fairmont.com/empress-victoria. Weitere Infos ➤ Seite 355.
- Deutlich günstiger kommt man unweit des *Empress* auf der Südseite der Hafenbucht im ***Days Inn*** unter; 427 Belleville St; ab ca. $250; © 1-800-665-3024; www.daysinnvictoria.com.

- Ähnliches gilt für das ***Huntingdon Manor Hotel*** im viktorianischen Stil nur wenig weiter westlich; DZ mit warmen Frühstück ab $250; © 1-800-663-7557, www.huntingdonmanor.com.
- ***The Embassy Inn*** nur zwei Blocks von der Uferpromenade entfernt (520 Menzies St) bietet moderne Zimmer ab $270; © 1-800-268-8161, www.embassyinn.ca.

B&Bs

Victoria verfügt zudem über ein vielfältiges Angebot an **B&B-Quartieren** mit Tarifen fürs Doppelzimmer ab ca. $150. Empfehlenswert ist u.a. die originelle und gute Hausbootunterkunft bei der *Fisherman's Wharf*:

- ***A Float Home B&B***, B2 1 Dallas Road, zwei moderne Zimmer mit eigenem Bad im Hochsommer ca. $300, die übrige Zeit ab $200; © (778) 676-0300, www.floatingbandb.com.

Preiswerte Unterkünfte

Zentral und in Fußgehdistanz zum *Inner Harbor* stehen gleich drei Jugendherbergen:

- ***HI Victoria***, 516 Yates Street, $31/Bett, $82/DZ; © 1-866-762-4122, www.hihostels.ca/victoria
- ***Ocean Island Backpackers Inn***, 791 Pandora Ave; gut geführt; $36/Bett, DZ $54 bzw. mit eigenem Bad $141; © 1-888-888-4180, www.oceanisland.com
- ***Turtle Hostel***, 1608 Quadra St, $30/Bett, $60-$65/DZ; © 1-877-381-3210, www.turtlehostel.ca.

Camping

- Der schönste *Campground* weit und breit befindet sich im ***Goldstream Provincial Park*** (➤ Seite 362) am *TCH* gut 20 km von Downtown entfernt; $35; von Mai bis September reservierbar: www.env.gov.bc.ca/bcparks/explore/parkpgs/goldstream (nur wenige *first-come, first-served*-Plätze).
- Ist der Platz im *Goldstream Park* besetzt, kann man es im etwas weniger frequentierten ***Bamberton Provincial Park*** mit Bergblick und nahegelegenen Badestrand versuchen (knapp 12 km weiter nördlich zwischen *TCH* und *Saanich Inlet*); $20; www.env.gov.bc.ca/bcparks/explore/parkpgs/bamberton.
- Der ***Salish Seaside RV Haven*** in Zentrumsnähe und mit vielen Stellplätzen an der West Bay ist zur Hauptsaison entsprechend preisintensiv: mit *full hook-up* direkt am Ufer ab $85; © (250) 590-5995, www.salishseasidervhaven.com. Mit den kleinen Fährschiffen ist man von dort ab der Station *West Bay* schnell beim *Inner Harbour*; Abfahrten alle halben Stunden.
- 25 km südwestlich liegt ***Weir's Beach RV Resort*** am Ozean zwischen Strand und Lagune; 5191 William Head Rd; *full hook-up* $55-$65; © 1-866-478-6888, www.weirsbeachrvresort.bc.ca.
- Für alle, die spät abends mit der Fähre in Sidney oder Swartz Bay ankommen, ist auch der gepflegte ***McDonald Campground*** mit schattigen Zelt- und RV-Plätzen (ohne *hook-up*) eine gute Option; 10740 McDonald Park Road; $17,60; ➤ Seite 362.

Stadtbesichtigung

Inner Harbour

Idealer Ausgangspunkt zur Erkundung der Innenstadt ist das ***Information Centre*** am nördlichen Ende der Uferpromenade des ***Inner Harbour***, das über jede Menge Material zu Victoria und Vancouver Island verfügt und Buchungsschalter für Hotels, Mietwagen und touristische Aktivitäten unterhält; 812 Wharf Street, © 1-800-663-3883; www.tourismvictoria.com.

Wer sich für die »Geheimnisse« der Stadt interessiert, kann sich auf eine *Heritage Walking Tour* begeben (selbstgeführt, *pdf-Guide* unter www.victoria.ca/tours) oder sich einer organisierten 1,5-stündigen *Discovery Walks History Tour* anschließen (im Sommer täglich; $20, Kinder $10-$15; www.discoverthepast.com).

Wassertaxis/ Hafenfähren

Ein Highlight sind die ***Harbour Ferries***. Die 45-minütige Rundfahrt in den grünen Bötchen, die zwischen *Empress Hotel, West Bay Marina* und *Selkirk Landing* unentwegt durch den *Inner, Middle* und *Upper Harbour* schaukeln, kostet $30/$20; Mai-August täglich 9-21 Uhr, sonst 10-18 Uhr. Wer es individueller mag, kann auch in einem gelben ***Victoria H2O Taxi*** Platz nehmen und eine der 14 Anlegestellen direkt ansteuern; www.harbourferry.ca.

An Wochenenden sollte man sich das kostenlose, 12 min dauernde »***Water Ballet***« nicht entgehen lassen, bei der die kleinen Boote zu klassischen Tönen im *Inner Harbour* »Pirouetten« drehen; von Mitte Mai bis Ende September immer sonntags um 10.45 Uhr, im Juli+August noch zusätzlich samstags um 10.45 Uhr.

The Fairmont Empress

Schräg gegenüber der *Tourist Info* erhebt sich das efeuumrankte, 1908 errichtete Nobelhotel ***The Fairmont Empress*** mit einem sehenswerten Interieur. Beim ***Afternoon Tea*** – tägl. 11-17.45 Uhr – geht es »*very british*« zu. Wer es *Winston Churchill* oder *King George VI.* gleichtun und sich *Biscuits* oder *Cucumber Sandwiches* bis zum Abwinken reichen lassen möchte, muss trotz des stolzen Preises (**$82/Person!**) »seinen« Tisch reservieren: www.fairmont.com/empress-victoria/dining/tea-at-the-empress.

Farbenfrohe Ferries und Wassertaxis tuckern durch Victorias Inner Harbour und hinüber nach Fisherman's Wharf

Parliament Building

Auffälligster Bau an der Südseite des Hafens ist das BC-Parlament. Abends werden seine Fassaden mit einer festlichen Lichterkette beleuchtet, aber mit der vergoldeten ***George Vancouver* Statue** auf der Kuppel ist es schon tagsüber ein Blickfang; www.leg.bc.ca.

Besichtigung mit/ohne Führung von Mitte Mai bis Anfang September täglich 9-17 Uhr, sonst Mo-Fr 9-17 Uhr, Eintritt frei; 501 Belleville Street. Große Wohnmobile stellt man dafür am besten auf dem Parkplatz an der Kingston St/Ecke Menzies Street ab.

Museum

Das ***Royal BC Museum*** in der 675 Belleville Street sollten sich auch Museumsmuffel ansehen. Natur- und Kulturhistorie der Provinz wurden dort vorbildlich aufbereitet. Glanzpunkte sind ein **kompletter Straßenzug aus dem frühen 20. Jahrhundert** sowie die beste Totempfahl-Präsentation in ganz British Columbia. Auch die Dioramen der nordischen Fauna im dazugehörigen Habitat sowie die Szenen aus dem Leben der Westküsten-*First Nations* sind beeindruckend; www.royalbcmuseum.bc.ca.

Minimaler Zeitbedarf für den Museumsbesuch: 3 Std; geöffnet täglich 10-17 Uhr; $27/$17 oder als Kombiticket mit dem *IMAX* $37/ $30. Im ***Thunderbird Park*** gleich nebenan stehen einige Totempfähle der Nordwestküste und im Sommer arbeiten dort oft indianische Schnitzer an neuen Kunstwerken. Auch Teil des *BC Museum* ist das ***Helmcken House*** (1852). Es ist das älteste, am Originalstandort verbliebenen Gebäude der Provinz und birgt eine Sammlung furchteinflößender chirurgischer Instrumente aus der Zeit, als *Dr. Helmcken* hier noch praktizierte.

Miniaturen Museum

Rund um den Hafen buhlen diverse kommerzielle »Attraktionen« um Aufmerksamkeit. Dazu zählt die ***Miniature World*** im *Empress Hotel*, die so mancher auch als »Touristenfalle« bezeichnen wird ($17). Mit Kindern ($8-$10), die sich für Märchen, historische Ereignisse und Eisenbahnen in Miniaturform interessieren, könnte man das kleine Museum aber einen Besuch abstatten; geöffnet Mai-Sept 9-21 Uhr, sonst 9-17 Uhr; www.miniatureworld.com.

Schifffahrts-museum

Die relativ kleine Ausstellung im ***Maritime Museum of British Columbia*** schräg gegenüber wird in erster Linie Schiffsfans ansprechen; 634 Humboldt Street; geöffnet Di-Sa 10-17 Uhr; Eintritt $10, Kinder $5-$8; www.mmbc.bc.ca.

Pub im Strathcona Hotel

Eine klare Empfehlung hingegen ist nur einen Häuserblock weiter nördlich das kleine ***Big Bad John's*** (919 Douglas Street; 12-2 Uhr). Der Pub mit der ersten Schanklizenz in British Columbia (1954) ist heute noch Kult – legeres Wildwest-Ambiente, die Erdnussschalen schmeißt man einfach auf den Boden und an den Wänden und Decke hängen die Hinterlassenschaften der Gäste (darunter BHs in allen Farben und Größen). Und auch sonst darf sich jeder dort kreativ betätigen und verewigen.

Craft Beer/ Wein-Touren

Für Liebhaber von *Craft Beer, Cider* (Apfelschaumwein) und/oder Wein werden in Victoria auch spezielle ***Brewery*** und ***Vineyard Tours*** angeboten: www.westcoastbrewerytours.ca.

Das Parlament von British Columbia in Victoria

Shopping

Das Geschäftsviertel von Victoria erstreckt sich östlich des *Inner Harbour* (Government Street und Nebenstraßen) mit vielen bunten Läden und dem großen *Bay Centre* (1150 Douglas Street; www.thebaycentre.ca). Rund um die Fußgängerzone ***Bastion Square*** reihen sich hübsche **Restaurants und Kneipen** mit abendlicher Live-Musik. Von Mai bis September findet dort sonntags außerdem ein Kunst-, Trödel- und Kulinarikmarkt statt (11-16 Uhr).

Chinatown

Victorias kleines Chinesenviertel besaß 1911 an die 3.500 Einwohner, die für den Eisenbahnbau und die Arbeit in Kohleminen und Goldbergwerken in die damals größte Chinatown Kanadas emigriert waren. Hinter dem bombastischen, anlässlich der Altstadtsanierung 1981 errichteten Tor ***Gate of Harmonious Interest*** (Ecke Government/Fisgard St) erinnert heute nicht ganz so viel an eine »echte« Chinatown wie etwa in Vancouver oder San Francisco.

Chinatown-Tor in Victoria

Nicht verpassen sollte man dort aber den Abstecher in die ***Fan Tan Alley***: Nur wenige Schritte westlich des Torbogens geht es links rein in die **engste Straße Kanadas** (stellweise nur 0,9 m breit), die von dort bis zur Pandora Ave verläuft. Ein zweites schmales Gässchen, die ***Dragon Alley***, zweigt nur wenig später von der Fisgard St nach rechts ab und führt zum ***Union Pacific Coffee***, einem gemütlichen Ort für die Kaffeepause zwischendurch (537 Herald Street).

Scenic Marine Drive

Einen schönen Eindruck vermittelt der ausgeschilderte *Scenic Marine Drive* ausgehend von der Belleville Street am *Inner Harbour*. Am Weg zur Cadboro Bay passiert man (gegen den Uhrzeigersinn) zunächst den *Laurel Point* (Übergang zum *Middle Harbour*) und die ***Fisherman's Wharf***. Dieses kleine, farbenfrohe Kunterbunt an Hausbooten befindet sich noch in Gehdistanz zum Parlamentsgebäude (ca. 15 min), ist aber auch gut per *H2O Taxi* erreichbar.

Von dort führt die Dallas Road über den *Odgen Point* (Anlegestelle der Kreuzfahrtschiffe) und den ***Ogden Point Breakwater*** (bester Aussichtspunkt an der Spitze einer 750 m langen Mole) rund um die Landzunge bis zum ***Beacon Hill Park***. In der Südwestecke des Stadtparks steht der **Kilometerstein »0«** des *Trans-Canada Hwy* (➤ Seite 574) und im Ostteil ein 39 m hoher **Totempfahl**.

Der *Scenic Drive* führt anschließend weiter zum ***Clover Point*** (mit schönem Blick auf die Olympic Mountains jenseits der *Juan*

Whale Watching ab Victoria

Im ***Inner Harbour*** starten die meisten *Whale Watching Trips* auf Vancouver Island. Ziel sind vor allem die zahlreichen bis zu 9 m langen **Orcas** (Schwertwale), die sich von Ende Mai bis Mitte Oktober permanent am Südzipfel der Insel aufhalten, etwa im Bereich der *Haro Strait* (kurze, nur 15 km-Anfahrt). In der Regel sind sie in Familienverbänden mit bis zu 25 Tieren unterwegs, spätestens alle 15 min müssen die Meeressäuger auftauchen um Luft zu holen. Bei ***Orca Spirit Adventures*** z.B. verlangt man $120 für 3 Std im ruhigeren Ausflugsschiff oder im flotten »Zodiac« (Kinder $80-$90). »*Whale guarantee*« – wer keine sieht, darf an einer weiteren Tour teilnehmen. Täglich mehrere Abfahrten April-Oktober; www.orcaspirit.com.

de Fuca Strait), durch Victorias ältesten Golfplatz, vorbei an alten Herrenhäusern, dem beliebten Sandstrand ***Willows Beach*** bis zum ***Uplands Park***. Diese naturbelassene Anlage eignet sich gut für einen Zwischenstopp mit kurzem Spaziergang. Vom felsigen Ufer überblickt man dort die vorgelagerten Inseln und bei klarer Sicht ist sogar der Mount Baker in der Ferne zu erkennen.

Der eindrucksvolle Campus der ***University of Victoria*** liegt oberhalb der **Cadboro Bay**, deren Badestrand ebenfalls jede Menge Sonnenhungrige anlockt. Als Alternativstrecke für den Rückweg eignet sich die Kombination Cadboro Bay Rd und Fort/Yates Street.

Kurz vor Downtown führt ein Abstecher im Stadtteil *Rockland* zum ***Craigdarroch Castle***. Dieses schlossartige Anwesen von 1890 gehört einst dem Großindustriellen und »Kohlebaron« Robert Dunsmuir, einem der reichsten Unternehmer Kanadas. Das pompöse Interior des Herrenhauses kann während der Sommermonate täglich 9-19 Uhr besichtigt werden (die übrige Zeit 10-16.30 Uhr), ist aber für Europäer kein absolutes »Must See«; $15/$5-$10; 1050 Joan Crescent; www.thecastle.ca.

Östlich des Zentrums steht Craigdarroch Castle, einst ein viktorianisches Herrenhaus, heute eine National Historic Site

Sehenswertes im Großraum Victoria

Fort Rodd Hill Nat'l Historic Site

Ein hübsches Ziel im Westen der Stadt ist das ***Fort Rodd Hill***; Zufahrt über den Hwy #1A und Ocean Blvd. Die Sperrfestung am Meer wurde von 1878 bis 1956 militärisch genutzt. Nach Abzug der britischen Truppen 1906 kam sie unter das Kommando der kanadischen Streitkräfte; im Sommer täglich 10-17.30 Uhr; $7,90.

Wer sich für Festungsanlagen und alte Kriegsgerätschaften weniger interessiert, kann dort zum weiß-roten ***Fisgard Lighthouse*** von 1860 schauen, das malerisch auf dem vorgelagerten Felsen thront. Es war das erste ununterbrochen betriebene Leuchtfeuer an Kanadas Westküste und ist bis heute in Betrieb.

Tipp: Ausführliche Beschreibungen aller Wanderwege in der Umgebung von Victoria finden sich auf dem Webportal www.victoriatrails.com/trails.

Hatley Castle & Gardens

Folgt man vom Fort dem auf einer 2 km langen Landzunge zwischen *Esquimalt Lagoon* und Meer verlaufenden Ocean Blvd (Baden und **Picknicktische** am treibholzübersäten Strand), erkennt man jenseits der Lagune die Anlagen der *Royal Roads University* mit der *Hatley Park National Historic Site* an der Straße #1A (2005 Sooke Road). Der Komplex (täglich 10-17 Uhr, $10 Eintritt) besteht aus dem ***Hatley Castle*** im Stil eines englischen Schlosses aus dem 15. Jahrhundert und ***Hatley Gardens***, einem botanischen Garten; Führung $18,50/$11; www.hatleycastle.com.

Butchart Gardens

Noch etwas weiter nördlich auf der ***Saanich*-Halbinsel** liegen in Brentwood Bay die vielgerühmten ***Butchart Gardens*** mit Cafeteria und Restaurant. Im milden Klima blüht und gedeiht dort alles prächtigst. Der größte botanische Garten West-Kanadas zieht alljährlich knapp eine Mio. Besucher in seinen Bann und stößt damit im Sommer fast an seine Kapazitätsgrenzen; täglich 8.45-22 Uhr, in der Nebensaison kürzer. Wer bunte Illumination und *Entertainment* mag, kommt erst am Nachmittag und bleibt bis zur Dunkelheit. Samstagabend ist im Juli und August ein Feuerwerk im Eintritt ($34, Kinder $3-$17) inbegriffen; www.butchartgardens.com.

Butterfly Garden

Die ***Victoria Butterfly Gardens***, an derselben Straße (Benvenuto Avenue) nur 2 km weiter östlich, sind ein spannendes Ausflugsziel mit Kindern. Zwar ist die Gartenanlage relativ klein, aber die Menge und Diversität an Schmetterlingen durchaus beachtlich. Flamingos und unterhaltsame Papageien gibt es als Zugabe; im Hochsommer 9.30-17 Uhr, sonst kürzer; Eintritt $16,50, Kinder $7-$13; www.butterflygardens.com.

Mount Work Regional Park

Südlich der Gärten erhebt sich der **Mount Work**. Auf den höchsten Berg (449 m) der *Saanich Peninsula*, mit Aussichtsklippen unterhalb des bewaldeten Gipfels, führen zwei Wanderwege: 230 Höhenmeter und ca. 4,5 km retour bei Start an der Munn Road oder 300 HM und 6,5 km ab der Willis Point Road. Karte und Beschreibung ➢ Kasten oben.

Fährterminals

Am Nordende der Halbinsel befinden sich der **Internationale Flughafen** von Victoria (*YYJ*) sowie **zwei Fähranlegestellen**: Von der Kleinstadt **Sidney-by-the-Sea** starten mehrfach täglich die Autofähren in Richtung Anacortes/USA und von der Swartz Bay geht es nach Tsawwassen (Vancouver).

Fisgard Lighthouse

Gulf Islands Nat'l Park

Der nur wenige Minuten vom Fährterminal an der Swartz Bay entfernte *McDonald Campground* gehört zur ***Gulf Islands Nat'l Park Reserve*** und bietet wunderbare Plätze ($17,60) im Wald für Zelte und RVs – eine gute Wahl für die erste oder letzte Nacht auf der Insel. Zufahrt ab der #17 über den *Exit* 31; Reservierung unter © 1-877-737-3783; https://reservation.pc.gc.ca. Das restliche Gebiet des Nationalparks verteilt sich über die vorgelagerten Inseln.

Aquarium in Sidney

Klein, aber hübsch aufbereitet ist das ***Shaw Centre for the Salish Sea*** am Seaport Place in Sidney, das die Meeresbewohner der kanadischen Küsten präsentiert, inkl. *Touch Pools* mit Seesternen; im Sommer 10-17 Uhr; $17,50/$8-$12; www.salishseacentre.org.

Goldstream Provincial Park

Ein tolles Ziel nicht nur für Camper (➤ Seite 354) ist der ***Goldstream Provincial Park*** am *TCH*, rund 20 km nordwestlich von Downtown Victoria. Die Bezeichnung verdankt er Goldspuren im Fluss, die Mitte des 19. Jahrhunderts einen Mini-Goldrausch auslösten; www.env.gov.bc.ca/bcparks/explore/parkpgs/goldstream.

Ab etwa Mitte Oktober suchen Tausende von Ketalachse (***chum salmon***) den »Goldstrom« zum Laichen auf, was auch meist zahlreiche hungrige **Weißkopfseeadler** anlockt. Schautafeln informieren über das Naturschauspiel, das bis zu 9 Wochen andauern kann.

Ein 1,5 km langer *Trail* führt vom *Campground* am Fluss entlang zu den ***Goldstream Falls***. Beeindruckender sind aber die 47,5 m hohen ***Niagara Falls*** etwas weiter nördlich am *TCH*. Ab dem Parkplatz an der Ecke *TCH*/Finlayson Arm Road folgt man dem Weg nach Norden. Beim **Besucherzentrum** geht es dann links in einen Tunnel unter dem *TCH* durch und weiter bis zu den Fällen; 1,3 km retour. Von Norden kommend stellt man das Fahrzeug gleich auf der Westseite des (dort zweigeteilten) *Highway* ab und folgt dem Flusslauf kurz nach Westen. Jenseits der Wasserfälle befinden sich noch die Eisenbahnbrücke *Goldstream Railway Trestle* sowie die Überreste einer Goldmine (*Gold Mine Trail*).

Der **Aufstieg** auf den **Mount Finlayson** ist stellenweise recht steil (6 km retour, 330 HM), dafür überblickt man dort, 419 m über dem Meer, nicht nur Victoria und die vorgelagerten Inseln – an schönen Tagen reicht die Sicht bis hinüber nach Vancouver und manchmal sogar bis zum schneedeckten Mount Baker.

Mount Douglas

Einen 360°-Panoramablick über die Saanich-Halbinsel eröffnet sich auch vom **Mount Douglas** (225 m), der sich bequem per Fahrzeug erklimmen lässt, allerdings immer nur nachmittags. Vor 12 Uhr ist der enge Churchill Drive Radfahrern und Wanderern vorbehalten; Zufahrt ab der Cordova Bay Road nördlich der Universität.

Bademöglichkeiten

Wem der Pazifik bei der **Cordova Bay** oder weiter südlich (➤ Seite 359) selbst an heißen Sommertagen zu kalt ist (max. 15°C!), der findet im Großraum Victoria auch angenehm temperierte Badeseen wie z.B. den **Thetis, Langford** und **Glen Lake in *TCH*-Nähe**, zwei gute Sandstrände (*Beaver/Eagle Beach*) im ***Elk/Beaver Lake Regional Park***, der sich entlang der **#17** in Richtung Sidney erstreckt, sowie die ***Sooke Potholes*** unweit der **#14** (➤ rechts).

7.3 Rundtour ab Victoria über Port Renfrew

7.3.1 Die Strecke bis Jordan River

Wer nach dem Besuch von Victoria keine Gelegenheit für einen längeren Vancouver Island Aufenthalt hat, gewinnt auf der Fahrt nach Port Renfrew – ggf. mit Fortsetzung über Lake Cowichan, Duncan und Rückkehr über den *TCH* – zumindest einen ersten Eindruck vom Charakter der Westküste sowie vom Inneren der Insel. Die Entfernung zwischen Victoria und Port Renfrew beträgt 110 km; die gesamte Rundstrecke (270 km) ist als längerer Tagesausflug zu schaffen, aber gemütlicher in zwei Etappen.

East Sooke Park

Zunächst geht es ab Victoria für rund 15 km auf dem *TCH* in Richtung Nordwesten und dann weiter auf dem ***West Coast Hwy #14*** (Abfahrt 14). Ein erster kurzer Abstecher bietet sich bereits nach 16 km, noch vor der Kleinstadt Sooke, an. Die Gillespie Road führt dort nach Süden in den ***East Sooke Regional Park***, der nicht nur urwüchsige Regenwälder schützt, sondern auch einen überaus malerischen Küstenabschnitt. Der einfachste und schnellste Weg hinaus ans Meer startet am *Aylard Farm Trailhead* im Südosten des Parks. Nach nur 5 Minuten sind die Picknicktische am Strand erreicht mit Zugang zur hübschen felsigen Halbinsel ***Creyke Point***. Im Westen des Parks gelangt man vom *Pike Road Trailhead* zur geschützten ***Iron Mine Beach*** (1,5 km). Ein 10 km langer, 6-8 Stunden in Anspruch nehmender ***Coast Trail*** verbindet beide Ecken des Parks (gute Wanderschuhe empfohlen!). Karte www.crd.bc.ca/parks-recreation-culture/parks-trails/crd-regional-parks/park-maps.

Sooke »Badelöcher«

Hoch in der Gunst der einheimischen Bevölkerung steht der kleine ***Sooke Potholes Regional Park*** mit seinen zahlreichen Badepools in malerischer Canyon-Kulisse. Linker Hand der Straße wechseln sich breite Flussabschnitte mit engen, felsigen Passagen ab; Parken $5; 5-km-Zufahrt über die Sooke River Rd, Abzweig von der #14 vor der Brücke über den Fluss.

Bade-»Potholes« im glattpolierten Felscanyon bei Sooke

In einem Wäldchen im Norden des Parks versteckt sich der nur im Sommer geöffnete ***Spring Salmon Place Campground*** der *T'Sou-ke First Nation*; $25 in bar; Platzvergabe: *first-come, first-served*.

Zur Schneeschmelze im Frühjahr sind der Fluss und die Pools meist noch zu kalt zum Baden, dafür lohnt dann der Besuch der breitgefächerten ***Mary Vine Falls***, zu denen ein kurzer Spazierweg ab dem *Parking Lot* #2 führt.

Charters Creek, nur wenig südlich der *Potholes* außerhalb des Parks, ist im Okt/Nov ein guter Platz, um **Keta- und Silberlachse** beim Laichen zu beobachten.

Sooke

Jenseits der Brücke über den Sooke River fällt rechter Hand der #14 der rote Leuchtturm im Areal des kleinen *Region Museum* zur Geschichte der Region auf, wo auch das ***Visitor Centre*** der Stadt untergebracht wurde (Di-So 9-17 Uhr).

Hinter **Sooke** wird die Straße zunehmend kurvenreicher und einsamer. Zu einem weiteren Zwischenstopp laden die **Picknicktische**, der Strand und die wunderbaren **Campingplätze** ($26) des ***French Beach Provincial Park*** ein.

Jordan River

Einziger Ort am Weg nach Port Renfrew ist das Nest **Jordan River** mit Strandzugang direkt vom *West Coast Hwy*. Lohnenswerter ist aber kurz davor der etwa 10-minütige Fußweg durch dichten Wald hinunter zur ***Sandcut Beach***. Der Parkplatz befindet sich 3,7 km östlich der Brücke über den Jordan River. Der kleine Wasserfall, der über einen Felsvorsprung auf den Kiesstrand stürzt, bietet im Frühjahr ein schönes Motiv für die Kamera; im Sommer fließt meist nur wenig Wasser (am Strand nach links wenden).

7.3.2 Juan de Fuca Provincial Park

Marine Trail

Der Jordan River markiert die Grenze zu dem langgezogenen Provinzpark. Immer parallel zur Küste verläuft dort der ***Juan de Fuca Marine Trail*** (47 km), der als südliche Verlängerung des *West Coast Trail* (➤ Kasten Seite 366) gilt. Er verfügt über vier offizielle Zugänge: *China Beach* im Osten, *Sombrio Beach*, *Parkinson Creek* sowie *Botanical Beach* am westlichen Ende. Die Teilstrecken dazwischen können separat als Tagesetappen erwandert werden, wobei nur die 2 km von *China Beach* bis zur *Mystic Beach* ausgebaut sind. Der überwiegende Rest des *Marine Trail* gleicht einem etwas anspruchsvolleren Küstenpfad – mal geht es durch dichten Regenwald über Hängebrücken und ohne Strandzugang, mal direkt am Ufer entlang mit gleich einigen bei Flut unpassierbaren Passagen. Karte: www.env.gov.bc.ca/bcparks/explore/parkpgs/juan_de_fuca.

China Beach

Wenige Kilometer hinter Jordan River passiert man zunächst den Campingplatz ***China Beach*** (auch für Wohnmobile; $20; reservierbar unter https://discovercamping.ca bzw. ✆ 1-800-689-9025, aber auch einige *first-come, first-served sites*). Er liegt bereits im dichten Regenwald und in seiner Nähe befinden sich gleich zwei Strände: Die ***Second Beach*** erreicht man direkt vom *Campground* (1 km) aus und die eigentliche ***China Beach*** über eine kurze Zufahrt nur wenig weiter westlich an der #14.

Mystic Beach

Ebenfalls vom *China Beach* (*day-use*)-Parkplatz startet ein verwunschener Waldpfad mit einer wackligen Hängebrücke in westliche Richtung zur ***Mystic Beach***. Der Name klingt vielversprechend und tatsächlich steht man dort nach 2 km (*one-way*) auf einem besonders hübschen **Sandstrand** des *Juan de Fuca PP*. Von den 25 m hohen Klippen stürzt ein Wasserfall auf die *Beach*, bei Flut sogar direkt ins Meer. Es warten außerdem jede Menge kleine Höhlen sowie eine Baumschaukel, mit der man über das Wasser schwingen kann. Mit ***Backcountry Camping Permit*** darf am Strand auch gezeltet werden ($10; erhältlich am *Trailhead* oder im Web ➤ links).

Ähnliches gilt für die weiteren ***Walk-in Campsites*** entlang des *Juan de Fuca Trail* z.B. an der ***Bear Beach*** und ***Chin Beach***, die nur über längere, anspruchsvollere Wanderungen zugänglich sind.

Sombrio Beach

Ein ungewöhnlicher Canyon versteckt sich bei der ***Sombrio Beach***. Wer vom (ausgeschilderten) Parkplatz 10 min bis zum Strand geht, sich dort für etwa 20 min nach Osten (links) wendet und dann beim ersten gut erkennbaren Wasserlauf kurz landeinwärts schaut, taucht bald in eine **dunkle grünbemooste Schlucht** ein. Sie ist zwar kurz, aber an ihrem Ende befindet sich ein schöner, erfrischender **Wasserfall**. Dieser Strand ist auch bei Zeltcampern sehr beliebt ($10). Für größere Wohnmobile ist die kurze, steile und kurvenreiche Zufahrt zum *Trailhead* nicht geeignet.

Backpacking Tour auf dem Juan de Fuca Trail

West Coast Trail in der Pacific Rim National Park Reserve

Anfang des 20. Jahrhunderts diente der ***West Coast Trail*** (*WCT*) als Rettungspfad für schiffbrüchige Seeleute. Mit Einführung moderner Navigationshilfen verlor er diese Funktion und galt dann lange als Geheimtipp für Wildnis-Enthusiasten. Heute sind die (schwer begehbaren!) 75 km zwischen der **Pachena Bay bei Bamfield** und dem **Gordon River bei Port Renfrew** Teil der *Pacific Rim Nat'l Park Reserve* und eine der populärsten Fernwanderrouten Kanadas.

Mit Hilfe eines ***Permit*-Systems** ($130,31/Person + Fährtickets!) hat man die Anzahl der Abmärsche quotiert: nur 75 Wanderer/Tag sind zugelassen ab Port Renfrew oder vom Nordende des *WCT*. Wer den *West Coast Trail* in der Hochsaison in Angriff nehmen möchte, sollte sich daher am Stichtag (meist Anfang Januar) online um ein ***Overnight Use Permit*** bemühen (Reservierungsgebühr $24,50). Vor Ort in den ***Info Centres*** (Pachena Bay ✆ (250) 728-3234, Gordon River ✆ (250) 647-5434) werden nur noch die nicht genutzten Bewilligungen vergeben. Selbst für Tagesausflüge ohne Übernachtung wird ein ***Day Hike Permit*** benötigt!

Backpacker dürfen sich nur zwischen dem 1. Mai und dem 30. September auf den Weg machen. Bis auf einige Hilfen bei Flussüberquerungen ist der Küstenpfad nicht weiter ausgebaut und durch eine urtümliche, von Menschen kaum angetastete Landschaft gekennzeichnet. Am End-/Anfangspunkt in Port Renfrew und den *Nitinat Narrows* verkehren **Fährboote** (zusätzlich 2x$20). Der *WCT* ist je nach Kondition und Wetter in **5-7 Tagen** zu bewältigen. Abbrechen lässt sich die Wanderung nur per Wassertaxi bei den *Nitinaht Narrows*.

Wer die Wanderung in East Bamfield beendet, kann mit dem Schiff *Frances Barkley* über den Barkley Sound in die Zivilisation bzw. nach Port Alberni zurückkehren und dort dann einen Linienbus nach Victoria/Nanaimo nehmen. Bei Ankunft in **Port Renfrew** reserviert man für den Weitertransport am besten den ***West Coast Trail Express***, der Victoria-Port Renfrew-Bamfield, Nanaimo-Bamfield, Port Renfrew-Nanaimo miteinander verbindet; ✆ 1-888-999-2288 bzw. www.trailbus.com.

Alle Details zum *WCT* gibt's unter www.pc.gc.ca/en/pn-np/bc/pacificrim, die passende **topographische Karte** bei den kleinen Info-Stationen an den *Trailheads*.

Felsbogen am Owen Point entlang des West Coast Trail

Auf der Weiterfahrt lassen sich noch einige schöne Regenwaldabschnitte besuchen, vorzugsweise im Frühling (April/Mai), denn im Sommer sind idyllische Bachläufe wie der **Parkinson** oder **Payzant Creek** manchmal ein Schatten ihrer selbst.

Botanical Loop Trail

Am populärsten ist der Bereich am Nordzipfel des *Juan de Fuca Park*. Hierfür fährt man in das kleine Örtchen **Port Renfrew** und folgt dort der Cerantes Road bis an ihr Ende. Zwei Wege starten am *Trailhead* in Richtung Küste, nach links geht es zur ***Botanical Beach*** (15 min), wo man an den Klippen herrlich herumwaten und bei Ebbe in den tiefen, wassergefüllten Felslöchern die Meeresflora und -fauna studieren kann. Gezeitentabellen im Netz unter: http://tides.mobilegeographics.com/locations/4993.html.

Über den Pfad nach rechts ist in nur 10 Minuten eine kleine hübsche Bucht, die ***Botany Bay***, erreicht. Manchmal trifft man dort auch Schwarzbären an, die den Uferbereich nach Nahrung absuchen. Beide Wege lassen sich zu einem netten Rundweg kombinieren (2,8 km, 70 Höhenmeter; Parkplatzgebühr $5).

7.3.3 Port Renfrew

Das geschützt an der tief ins Land reichenden San Juan Bay gelegene Port Renfrew galt zu Hippie-Zeiten als Aussteigerparadies. Ein wenig von diesem Flair ist heute noch zu spüren, die Uhren scheinen dort etwas langsamer zu ticken. Während so manch westkanadischer Ort im Hochsommer von Touristen regelrecht »überquillt«, wirkt diese keine 150 Seelen zählende Siedlung wie eine letzte Ruhebastion. Wer seinen Urlaub entspannt ausklingen lassen möchte, ist in Port Renfrew am richtigen Platz. Bis 2017 gab es dort nur eine saisonal geöffnete Zapfsäule, von Okt bis April mussten Bewohner wie Besucher zum Tanken erst 1,5 Std fahren.

Zu erforschen gibt es östlich der Ortschaft die schönen Küstenabschnitte des *Juan de Fuca Provincial Park* (➢ Seite 364) und etwas nördlich warten spannende urwüchsige Wälder wie der *Avatar Grove* (➢ umseitig). *Backpacker* stürzen sich ausgehend von Port Renfrew in das *West Coast Trail*-Abenteuer. Dieser kräftezehrende Wanderweg (➢ Kasten links) beginnt am Nordufer der Bucht, das bereits zur ***Pacific Rim Nat'l Park Reserve*** gehört.

Die müden Glieder kann man direkt am Wasser auf der gemütlichen Sonnenterrasse des ***The Renfrew Pub*** entspannen (Haus mit der Aufschrift »*Port Renfrew Hotel*« an der Zufahrt zur *Botanical Beach*; täglich ab 11.30 Uhr, Fr+Sa bis 22 Uhr; 17310 Parkinson Rd). Die Gerichte sind dort schmackhafter als in der ***Coastal Kitchen*** keine 300 m weiter östlich an derselben Straße.

Unterkünfte

Die Auswahl an Quartieren ist nicht groß, dafür lassen die gut ausgestatteten ***Handsome Dan's Cabins*** in Pub- und Ufernähe keine Wünsche offen; ab ca. $250; www.handsomedans.ca.

Die zwei Hütten vom ***Remote Renfrew Riverside Retreat*** liegen etwas abseits mitten in der Natur am Ende der engen Island Rd, wo man in der Regel mehr Wildtieren als Menschen begegnen wird (sogar ein scheuer Schwarzbär schaut dort gelegentlich vorbei!); ca. $250 mit Küche und *Wifi*; www.remoterenfrew.com.

Die außergewöhnlichste Unterkunftsmöglichkeit in Port Renfrew sind aber die **Jurten**, die von der ***Soule Creek Lodge*** vermietet werden. Sie sind gemütlich eingerichtet und verfügen über ein ordentliches Bad sowie *Wifi*. Vom Außenbereich genießt man z.T. einen tollen Blick auf die Bucht. Die Tarife starten bei ca. $170 inkl. Frühstück; © 1-866-277-6853, www.soulecreeklodge.com.

Camping

Am schönsten, aber ohne jegliche Annehmlichkeiten, campt man beim **Fairy Lake** (➤ rechts). Näher am Ort liegen der Einfachst-***Campground*** der ***Pacheedaht First Nation*** mit breitem Strand an der Bay. Der schlichte ***Marina RV Park*** an der *Gordon River Rd*, die nördlich von Port Renfrew von der Hauptroute zum Cowichan Lake abzweigt, bietet Plätze ohne ($25) und mit *hook-up* ($30) nur gegen Barzahlung; www.portrenfrewmarina.com.

Avatar Grove

Zu den neuesten Attraktionen von Port Renfrew zählt der ***Avatar Grove***. Erst 2010 wurde diese besondere Regenwald-Parzelle entdeckt und vor den Kettensägen der Holzfäller bewahrt. Der Name kommt nicht von ungefähr, die Kulisse könnte einem Fantasyfilm entsprungen sein und so fiel die Wahl auf den zu der Zeit aktuellen *Hollywood*-Blockbuster. Zum **knorrigsten Baum Kanadas** (***Gnarliest Tree***), einem Riesenlebensbaum mit einer unglaublich dicken Wucherung am Stamm im *Upper Avatar Grove*, gelangt man über die *Gordon River Main Rd* (noch 6 km nordwestlich des *Marina RV Park*). Die letzten 2 km sind ungeteert, aber in der Regel Pkw-tauglich. Vom Parkplatz läuft man dann rund 10 min über Wald- und Bohlenwege (80 Höhenmeter).

Besucher im Avatar Grove

Über 85% der Urwälder auf Vancouver Island wurden bereits abgeholzt – umso erfreulicher, dass man in der Umgebung von Port Renfrew noch einige weitere von Flechten und Moosen überwucherte **Rekordhalter** antrifft, darunter die größte Sitka-Fichte Kanadas und die weltgrößte Douglasie. Gute Begleit-Broschüre mit Karte und Wegbeschreibung (auch für *Avatar Grove*) unter www.ancientforestalliance.org/biggest-trees-map.php.

7.3.4 Über Lake Cowichan zum TCH

Entlang der ***Pacific Marine Circle Route*** in Richtung Lake Cowichan liegen zwei Badeseen mit einfachen *Forest Campgrounds* (Plätze teils direkt am Ufer mit Feuerringen, Picknicktischen, Toiletten, aber kein Wasser): Nordöstlich von Port Renfrew passiert man zunächst den **Fairy Lake** (mit einem kuriosen kleinen Bonsai-Tannenbaum, der mitten im See auf einem Stamm wächst) und 11 km weiter den **Lizard Lake**; beide Mitte Mai-Okt $18-$20.

Cowichan Lake

Die Straße passiert im weiteren Verlauf den beachtlichen ***Harris Creek Spruce Tree*** (ein kurzer Spazierweg führt zu dem 4 m breiten, 80 m hohen Baum) und stößt dann auf den Binnensee **Cowichan Lake** (sprich: »*kau-it-schan*«) und die kleine Ortschaft **Lake Cowichan** an dessen Ostufer. Eine Info-Blockhütte steht dort im zentral gelegenen *Saywell Park* (125 South Shore Rd); im Sommer So-Do 9-17 Uhr, Fr-Sa bis 18 Uhr; www.tourismcowichan.com.

Der warme, 30 km lange **Cowichan Lake** lässt sich (überwiegend auf Schotterstraße) komplett umrunden. Am Wege liegen einige einfache ***Forest Campgrounds*** ($18). Etwas komfortabler sind der städtische ***Lakeview Park Campground*** ($34, mit *hook-up* $43; www.town.lakecowichan.bc.ca/camping.shtml) sowie die *campsites* im ***Gordon Bay Provincial Park*** ($35; im Sommer häufig ausgebucht, reservierbar unter www.env.gov.bc.ca/bcparks/explore/parkpgs/gordon_bay); beide mit Duschen, Toilette und **Badestrand** am Südufer (der *PP* liegt westlich der Honeymoon Bay).

Tubing, ein Spaß für alle Altersklassen und ganz besonders an heißen Sommertagen

Der See ist ein populäres Ausflugsziel für Wassersportler und der Cowichan River, der dort entspringt und durch den Ort fließt, ein beliebtes ***Tubing***-Revier. Zur »Reifen«-Miete für den 2,5-Std-Trip vom *Saywell Park* bis zur *Little Beach* ($20), kommt noch der Rücktransport per Bus dazu ($5/Person); www.cowichanriver.com.

Cowichan River

Auf der Weiterfahrt in Richtung *TCH* bietet der ***Cowichan River Provincial Park*** zusätzliche schöne Bade- und Stellplätze (*Stoltz Pool*) im Regenwald in Flussnähe, $20, im Sommer reservierbar: www.env.gov.bc.ca/bcparks/explore/parkpgs/cowichan_rv; Zufahrt über die Cowichan Lake Road (*Hwy 18 Connector*) und Stoltze Rd/Riverbottom Rd West; ca. 5 km ab der Straße #18, asphaltiert.

Bei der »**City of Totem**« (Duncan, ➤ umseitig), keine 20 km weiter östlich, erreicht man wieder den *Trans-Canada Highway*; zurück nach Victoria sind es von dort 60 km.

Totempfähle in Duncan

7.4 Von Victoria nach Nanaimo

7.4.1 Entlang des Trans-Canada Highway

Der ***Trans-Canada Highway*** von Victoria nach Nanaimo (110 km) ist vierspurig ausgebaut. Bereits seit 1862 gab es hier einen *Cattle Trail*, auf dem das Vieh von den Farmen an der Küste nach Victoria getrieben wurde. Höchster Punkt der Strecke ist der ***Malahat Summit*** (356 m). Von dort überblickt man *Saanich Inlet* mitsamt *Peninsula* sowie die vorgelagerte Inselwelt. Anschließend verliert die Strecke schnell an Höhe und gleichzeitig an Reiz.

Duncan/ Totempfähle

Duncan macht viel Werbung für seine zahlreichen ***Totem Poles*** und nennt sich »Stadt der Totempfähle«. Allein im Ortskern in der Nähe des Bahnhofs stehen über 40 Stück (➤ Foto oben); Zufahrt vom *TCH* am besten über die Trunk Road. Gelbe Fußabdrücke kennzeichnen den selbstgeführten Rundparcours zu den bunt bemalten, geschnitzten Pfählen der *Cowichan First Nation*.

Die ***Tourist Info*** der Stadt und der *Cowichan*-Region ist in einem auffälligen rötlichen Haus ca. 2 km nördlich des Zentrums auf der Ostseite des *Trans-Canada Hwy* untergebracht; 2896 Drinkwater Road. Details zu den einzelnen *Totems* gibt es auch online unter www.duncan.ca/visitors/totems-tour/totem-tour-walk.

Forest Museum

Für Eisenbahnfans sehenswert ist gleich nebenan das etwas altmodische ***British Columbia Forest Discovery Centre***, das sich dem Thema »Mensch und Waldnutzung« widmet; geöffnet im Sommer tägl. 10-16.30 Uhr, sonst oft nur an Wochenenden; Einritt $16, Kinder $11-$14; www.bcforestdiscoverycentre.com. Die Schmalspurdampflokomotive »Samson« von 1910 verkehrt auf der Museumsstrecke im Sommer Sa und So, die Diesel- und Gasloks täglich.

Kinsol Trestle

Zu den neueren Besucherattraktionen im *Cowichan Valley* zählt die ***Kinsol Trestle***, eine stillgelegte Eisenbahnbrücke über den Koksilah River. Die gewaltige Holzkonstruktion ist Teil des Rad- und Fernwanderwegs ***Trans Canada Trail***, der die West- und Ostküste Kanadas miteinander verbindet. Rund 25 km südlich von Duncan, Zufahrt ab dem *TCH* über die Shawnigan Lake Road und Renfrew Road, dann ab Parkplatz noch ca. 1,2 km Fußweg.

Salt Spring Island

Dem Festland vorgelagert ist die Inselgruppe der **Southern Gulf Islands**, zu denen auch die San Juan Islands zählen. Flächenmäßig am größten ist **Salt Spring Island** mit Autofähre ab Crofton (25 min; *first-come, first-served*). Eine zweite Verbindung besteht zwischen Fulford Harbour und Swartz Bay nördlich von Victoria. Wohlhabende Kanadier haben auf Salt Spring Island ihre Villen errichtet. Die ***Island of the Art*** ist auch populär unter Künstlern und weist eine hohe Dichte an *Artist Studios* und *Art Galleries* auf. Besuchenswert ist u.a. der bunte **Kunstmarkt** im *Centennial Park* von **Ganges** an der Insel-Ostseite; immer Sa 9-16 Uhr (April-Okt).

Begehrt als Souvenir ist die eigene Insel-Währung. Die ***Salt Spring Dollars*** im Wert von $$1 bis $$100 sind besonders kunstvoll gestaltet und werden dort von den meisten Händlern als offizielles Zahlungsmittel akzeptiert. Zur besseren Unterscheidung tragen sie gleich zwei $-Zeichen.

Chemainus/ Murals

Das hübsche 3.100-Seelen-Städtchen **Chemainus** liegt 13 km nördlich von Duncan etwas abseits des *TCH*-Hauptverkehrs, der Abstecher dorthin lohnt sich aber. Es ist berühmt für seine großflächigen Wandbilder (***murals***). Fußabdrücke auf den Straßen und Gehwegen weisen auch dort wieder den Weg zu den Kunstwerken. Wer sich einen Stadtplan und ausführlichere Infos zu den **über 40 *Murals*** besorgen möchte (www.muraltown.com), steuert am besten zuerst das ***Visitor Centre*** im *Waterwheel Park* im Zentrum an. Eine Reihe von Lokalen mit Open-air-Terrassen lädt nach dem kurzen Spaziergang zu einer Kaffee- oder Essenspause ein.

Im ***Chemainus (Dinner) Theatre***, einem auffälligen Gebäude an der 9737 Chemainus Road untergebracht, werden den Sommer über bekannte Musicals und Theaterstücke aufgeführt. Vor den Vorstellungen darf man sich zu Piano-Musik beim Buffet im *Playbill Dining Room* satt essen; www.chemainustheatrefestival.ca.

Wer gleich über Nacht bleiben möchte, findet gute Doppelzimmer für ca. $150 inkl. Frühstück im:

- ***Best Western Plus Chemainus Inn*** an der 9573 Chemainus Road, knapp 800 m südlich des *Theatre* sowie im
- ***Eagle Rock B&B*** in Meeresnähe, 2,5 km nördlich des Zentrums; 10150 Island View Close; nur für Erwachsene; © 1-855-333-0555, https://eaglerockbedandbreakfast.com.

Wandbild in Chemainus

Ladysmith

Ladysmith, nur 10 km nördlich von Chemainus, liegt exakt auf dem **49. Breitengrad,** der auf dem Festland die Grenze zwischen den USA und Kanada bildet. Aber im »*Oregon Treaty*« von 1846 wurde die Insel nicht zweigeteilt, sondern zur Gänze Kanada zugewiesen. Die Kleinstadt war Siedlungsgebiet der *Chemainus First Nation* und ist auch bekannt als Geburtsort von Pamela Anderson.

Ziplines

Am *TCH* in Richtung Nanaimo liegt der Freizeitpark ***WildPlay*** mit Ziplines und anspruchsvollem Abenteuerparcours durch den Wald – ein Spaß mit größeren Kindern (erst ab 5 Jahren zugelassen); geöffnet täglich 9/10-20 Uhr; www.wildplay.com/nanaimo.

7.4.2 Nanaimo

Nanaimo ist mit über 90.000 Einwohnern die größte Stadt auf Vancouver Island. Arbeit in den ab 1852 fördernden Kohlegruben hatte schon bald nach Erschließung der Insel zahlreiche Immigranten dorthin gelockt. Bereits 1874 erhielt die Siedlung Stadtrechte. Die letzten Zechen wurden Anfang der 1950er-Jahre geschlossen.

Heute erinnert fast nichts mehr an diese Vergangenheit bis auf das ***Nanaimo Museum***, das die Stadtgeschichte und die rauen Umstände des Kohleabbaus beschreibt; 100 Museum Way; Mitte Mai bis Anfang September täglich 10-17 Uhr, sonst Mo-Sa, Eintritt $2, Kinder $0,75-$1,75; www.nanaimomuseum.ca.

Downtown

Der *TCH* führt mitten durch Downtown Nanaimo. Die zentrale Shopping- und Restaurant-/Kneipenzone an der parkähnlichen ***Waterfront*** ist sehr überschaubar und nicht umwerfend. Vom ***Seaplane Terminal*** starten die Wasserflugzeuge nach Vancouver.

»Bagpipe player« bei der Bastion

Für etwas Unterhaltung sorgen die in zeitgenössischer Bekleidung täglich antretenden *Bastion Guards*, die gleich nebenan beim Yachthafen um 12 Uhr unter Dudelsackklängen einen **Kanonenschuss** abgeben. Das dazugehörige, recht winzige ***Fort The Bastion***, das 1853 von der *Hudson's Bay Company* zum Schutz der Neusiedler gegen Indianerüberfälle errichtet wurde, dient heute als Mini-Museum und *Tourist Info* (98 Front Street; täglich 10-15 Uhr, nur Mitte Mai bis Anfang September; Eintritt Spende).

Ganzjährig betrieben wird das ***Visitor Centre*** an der #19, *Exit* 21; 2450 Northfield Rd; wochentags 9-16.30 Uhr, www.tourismnanaimo.com.

Ein großes Spektakel ist das seit 1967 alljährlich am 4. Sonntag im Juli zum Abschluss des 4-tägigen ***Nanaimo Marine Festival*** stattfindende ***World Championship Bathtub Race***, bei dem Hunderte motorisierter Badewannen im *Inner Harbour* starten. Ein überraschend hoher Anteil kommt nach 58 km Seefahrt tatsächlich bis zur Departure Bay; www.bathtubbing.com.

Unterkünfte

Zahlreiche H/Motels säumen den *TCH*, so z.B. das:

- ***Buccaneer Inn***, 1577 Stewart Ave, gut geführtes Motel im Familienbesitz südlich des *Departure-Bay*-Fährterminals; DZ ab ca. $150; ✆ 1-877-282-6337, www.buccaneerinn.com.

In zentraler Lage stehen zwei Jugendherbergen aus dem 19. Jh.:

- ***Painted Turtle Guesthouse***, 121 Bastion St, mit Pub, Betten $33, DZ $80; ✆ 1-866-309-4432, www.paintedturtle.ca
- ***The Cambie***, 63 Victoria Crescent; mit Bar und Grill; Betten $31, DZ $67; ✆ 1-877-754-5323, www.cambiehostelsnanaimo.com.

Camping

Erste Wahl fürs Campen sind der

- ***Living Forest Oceanside Campground*** an der 6 Maki Rd, 4 km südlich des Zentrums unweit des *TCH* am Wasser (großzügige Anlage mit Badestrand; im Sommer Zelte ab $31, *full hook-up* ab $51; ✆ (250) 755-1755, www.livingforest.com) sowie
- ***Westwood Lake***, 380 Westwood Rd, 6 km westlich der Stadt; Anfahrt über Nanaimo Pkwy und Jingle Pot Rd. Klarer, warmer Badesee mit Picknickplätzen; Zelte $36, *full hook-up* $46, *Cabins* $75; ✆ (250) 753-3922, www.westwoodlakecampgrounds.com.

Fährverbindungen ab Nanaimo

Fähren zum Festland

Nur wenig nördlich von Nanaimo endet der Verlauf des *Trans-Canada Hwy* auf Vancouver Island in der treffend benannten ***Departure Bay***. Dort legen mehrfach täglich die Autofähren nach Horseshoe Bay, nördlich von Vancouver, ab. Diese Verbindung ist sogar offizieller Teil des *TCH*. Die zweite Autofähre zum kanadischen Festland verkehrt zwischen *Duke Point* (auf einer Landzunge südöstlich von Nanaimo) und Tsawwassen; ➤ #5 und #6 in der Übersicht eingangs dieses Kapitels, ➤ Seite 348.

Bei ausreichend Zeit vor der Fährabfahrt lohnt sich, nördlich der *Departure Bay* (3600 Place Road), ein Spaziergang zu einer Landspitze mit herrlichem Blick aufs Meer im ***Pipers Lagoon Park***.

Newcastle Island

Fährverbindungen bestehen ab Nanaimo außerdem zu den vorgelagerten Inseln. Lohnenswert ist der Abstecher nach **Newcastle Island**, einem ganz zum *Marine Provincial Park* erklärten Eiland mit Wanderwegen und Badestrand an der malerischen Kanaka Bay (2 km ab Bootsanleger). Zeltcamper ($18) finden dort schöne und citynahe Übernachtungsplätze. Die Überfahrt mit der Passagierfähre ab *Maffeo Sutton Park* (am nördlichen Ende der Front Street) dauert ca. 15 Minuten; alle 1/2 Stunden 9-21 Uhr im Sommer; Tickets $8 retour; www.newcastleisland.ca.

Gabriola Island

Gabriola, eine der größeren **Gulf Islands** (14 km lang), wird vom *Terminal* am südlichen Abschnitt der Front St per Autofähre angesteuert (ca. 20 min; $10 p.P. und $23/Auto). Sehenswert sind dort vor allem die Sandsteinformationen an den Uferbereichen, darunter eine große, vom Wind und Meer geschaffene überhängende Welle (***Malaspina Galleries***) sowie die Bienenwaben ähnlichen Gebilde in den Provinzparks ***Gabriola Sands*** und ***Drumberg***; am besten bei Niedrigwasser besuchen; www.hellogabriola.ca.

7.5 Von Nanaimo nach Port Hardy

In Nanaimo beginnt die fast 400 km lange **Küstenstraße #19** nach Port Hardy. Ab Parksville gleicht sie einer Schnellstraße, zu der – bis Campbell River – die alte Küstenstrecke noch als #19A parallel läuft. Im Gegensatz zur Westküste der Insel existiert dort bis Campbell River eine (streckenweise extrem) ausgebaute touristische Infrastruktur mit reichlich H/Motels, Restaurants und Campingplätzen. Viele Kanadier, vor allem Familien mit Kindern, verbringen ihren Urlaub und die Wochenenden gern an der geschützten Ostküste, insbesondere auf den langen Stränden in Parksville und Qualicum Beach (➤ Seite 385).

Rathtrevor Beach Park

Mit seinem 2 km langen Sandstrand und seichtem, vergleichsweise warmem Wasser erfreut sich der ***Rathtrevor Beach Provincial Park*** östlich von Parksville besonderer Beliebtheit. Große *Day-use*-Anlagen und Wanderpfade entlang teils sandiger, teils felsiger Küste dort sowie enorme Campingareale warten; \$35 bzw. \$22 bei *Walk-in*; reservierbar Mitte Mai-Anfang Sept. unter ✆ 1-800-689-9025 bzw. www.env.gov.bc.ca/bcparks/explore/parkpgs/rathtrevor.

Wer dort zur Hochsaison nicht mehr unterkommt, kann es im nahegelegenen *Englishman River Falls* oder *Little Qualicum Falls Provincial Park* (➤ unten bzw. rechts) probieren, auch deren *Campgrounds* können reserviert werden.

7.5.1 Abstecher zur Pacific Rim Nat'l Park Reserve

Aufgrund von Bauarbeiten ist bis Sommer 2020 mit Verzögerungen und Sperrungen am Hwy #4 in Richtung Küste zu rechnen

Der **Highway #4/#4A** nach Port Alberni und weiter zur ***Pacific Rim Nat'l Park Reserve*** beginnt bei der #19, rund 3 km südlich von Parksville. In seinem auf der Insel von keiner anderen Route übertroffenen Verlauf durchquert er zunächst dichten Nadelwald, passiert glasklare Seen und Flüsse und windet sich dann durch die Mackenzie Range hinunter zur Küste.

Eine 8 km lange Stichstraße zweigt bei Errington von der #4A zum ***Englishman River Falls Provincial Park*** ab. Ein schöner Spaziergang führt dort vom Parkplatz zu den zwei Fallstufen und zurück (1,6 km; 50 Höhenmeter). Vor allem die *Upper Falls* bieten ein tolles Bild, sie »verschwinden« als breiter Vorhang in einer engen Erdspalte. Unterhalb der *Lower Falls* befindet sich eine Badestelle mit traumhaft klarem Wasser. Eine größere *day-use area* und Picknicktische laden zu einem längeren Verweilen ein. Im Herbst lassen sich außerdem wiederkehrende Lachse beobachten; www.env.gov.bc.ca/bcparks/explore/parkpgs/englishman_rv.

Campen in dieser wildromantischen Umgebung kostet \$23 (nicht verwechseln mit dem gleichnamigen *Regional Park* ohne Übernachtungsmöglichkeiten direkt an der #19 bei Parksville!).

Coombs

In **Coombs**, wenig später an der #4A, warten der Gemischtwarenladen ***Old Country Market***, eine »Touri-Attraktion« mit grasenden Ziegen auf dem Dach (www.oldcountrymarket.com), sowie die gemütliche ***Cuckoo Trattoria*** gleich nebenan.

Little Qualicum Falls

Little Qualicum Falls

Im ***Little Qualicum Falls Provincial Park***, etwas weiter westlich an der #4, steht erneut eine Schlucht mit tosenden Wasserfällen und Stromschnellen im Mittelpunkt. Der Abstecher zum Little Qualicum River (2 km *Loop Trail*) ist sehr empfehlenswert, der *Campground* großzügig angelegt ($21).

Cameron Lake

Auf halbem Weg nach Port Alberni erstreckt sich in einem bewaldeten Talkessel der 6 km lange **Cameron Lake** mit Bademöglichkeiten. Die #4 folgt seinem Südufer, wo die *Beaufort Picnic Site* zu einer Pause einlädt.

MacMillan Regenwald

Am sehenswertesten ist aber der ***MacMillan Provincial Park*** am Westende des Sees, der bereits 1947 eingerichtet wurde und einen größeren Bestand an sog. *old-growth forest* mit bis zu 800 Jahre alten und 75 m hohen Douglasien schützt. Diese Art Regenwald, die man dort noch in seinem ursprünglichen Zustand erleben kann, dominierte früher einmal das Landschaftsbild der Insel. Heute sind solche Wälder nur noch selten anzutreffen und fallen immer noch Axt und Säge zum Opfer.

Der Spaziergang durch den ***Cathedral Grove*** beidseitig der #4 ist ein »Muss«. Südlich der Straße stehen einige der mächtigsten Baumriesen (u.a. eine Douglasie mit 9 m Umfang), nördlich führt der Rundweg zum Ufer des Cameron Lake mit beeindruckenden Riesenlebensbäumen und Westamerikanischen Hemlocktannen. Das Gebiet ist gut besucht und die Parkflächen stoßen nicht selten an ihre Grenzen. Campen kann man im *MacMillan Park* nicht; www.env.gov.bc.ca/bcparks/explore/parkpgs/macmillan.

Waldweg durch den MacMillian PP

Port Alberni

Port Alberni (18.000 Einwohner) liegt umrahmt von Bergen bereits am Ostende eines 50 km tief ins Landesinnere reichenden Fjords. Am von den *Paper Mills* ausgehenden Geruch lässt sich das Hauptgewerbe rasch identifizieren. Als weitere Einnahmequelle kommen der Fischfang und Tourismus hinzu. Die große ***Visitor Info*** steht unübersehbar am Hwy #4 gleich am Osteingang der Stadt; www.albernichamber.ca.

Noch vor dem Besucherzentrum und schräg gegenüber des Süßwarenladens *Coombs* startet der unauffällige Pfad in Richtung ***Hole in the Wall***, einem von der Wasserbehörde künstlich geschaffenen und bis 1967 genutzten Felsloch, durch das sich heute eine hübsche Kaskade ergießt (während niederschlagsarmer Perioden fließt weniger Wasser). An der ersten Weggabelung rechts halten, danach links; 650 m *one-way*. Details/Karte unter: www.valleyoftrails.ca/the-trails/short-trails/hole-in-the-wall.

Übernachten

Port Alberni dient vielen als preiswerter Ausgangspunkt für Besuche im nahen *Pacific Rim NP*. An **Motels** und ***B&Bs*** herrscht kein Mangel. Eine gute Wahl ist z.B. das schlichte ***Redford Motel*** ab ca. $110; 3723 Redford St; © 1-888-724-0121, www.redfordmotel.ca.

Einige Kilometer westlich von Port Alberni quert die #4 in Richtung Ucluelet/Tofino den ***Sproat Lake Provincial Park*** mit einem beliebten Badesee. Entsprechend ausgelastet ist – trotz seiner teils etwas engeren Stellplätze – den Sommer über der *Campground*; $25. Exzellent dagegen sind die *Sites* im weitläufigen ***Stamp River PP***, sie liegen im Norden der Stadt und zur Hälfte am Flussufer; $18.

Ein großer Zelt- und RV-Park mit vielen Plätzen unmittelbar am Wasser befindet sich gute 15 km südlich von Port Alberni bei der ***China Creek Marina*** am *Alberni Inlet*. Etwas enger steht man dort beim *Lower Campground*, weitläufiger am *Upper*; Zelte $28 (mit Duschen), *full hook-up* ab $38; © (250) 723-9812 bzw. www.campchinacreek.com. Die Zufahrt erfolgt über die breite, aber holprige Schotterstraße in Richtung **Bamfield** (➤ Kasten rechts).

Harbour Quay

Zentraler Anlaufpunkt in Port Alberni ist der *Harbour Quay* am westlichen Ende der Argyle Street mit einer kleinen Laden- und Restaurant-Ansammlung, einem Aussichtsturm (***Clock Tower***) und dem ***Maritime Discovery Centre***, das in einem Leuchtturm die maritime Welt präsentiert (im Sommer Di-Sa 10-16 Uhr; Eintritt Spende; www.portalbernimaritimeheritage.ca).

Eisenbahnausflug

Dort starten auch die Fähren nach Bamfield und gleich nebenan vom historischen Bahnhof an der 3100 Kingsway Ave die nostalgische Lok »No 7« von 1929 zur ***McLean Mill National Historic Site*** mit der einzigen noch dampfbetriebenen Sägemühle Kanadas. Im Sommer 2019 wurde der Bahnbetrieb allerdings vorübergehend eingestellt. Alle aktuellen Infos unter www.mcleanmill.ca.

Della Falls

Von der #4 zweigt westlich der Stadt beim ***Sproat Lake Provincial Park*** eine Stichstraße zum **Great Central Lake** ab. Wer sein Kanu/Kajak dorthin transportiert (Miete in Port Alberni ab $50 pro Tag;

Ausflug zu den Broken Group Islands und nach Bamfield

Südlich von Ucluelet erstrecken sich die **Broken Group Islands**, ein unüberschaubares Archipel aus mehr als 100 unbewohnten Kleinstinseln im Barkley Sound. Sie gelten nicht nur als **Paddler-Paradies**, sieben von ihnen verfügen sogar über *Campsites* und man kann dort (fast) wie *Robinson Crusoe* übernachten. Einziger Luxus ist ein Plumpsklo, Trinkwasser gibt es keines. Der Trip bedarf einiger Vorbereitung: Die Inseln sind Teil des *Pacific Rim NP*, daher ist ein ***Camping Permit*** erforderlich ($9,80/Person/Nacht), das man sich schon früh im Jahr besorgen sollte: www.reservation.pc.gc.ca. Paddler können sich aber auch in der ***Sechart Lodge*** einquartieren auf einer weit in den Barkley Sound hineinragenden, nur per Schiff zugänglichen Halbinsel; DZ $357 inkl. Verpflegung; www.ladyrosemarine.com/sechart-lodge. Auf der Webseite kann man auch die Kajaks mieten (ab $50/Tag) sowie die Fährfahrt buchen (Rundtrip ab Ucluelet $66, ab Port Alberni $84).

Von Juni bis Mitte September startet das kombinierte Fracht- und Passagierschiff ***Frances Barkley*** vom Anlegeplatz an der 5425 Argyle St in **Port Alberni** (beim *Harbour Quay*) früh morgens um 8 Uhr in Richtung *Sechart Lodge* und von dort geht es dann Mo, Mi, Fr weiter nach **Ucluelet** (5 Std.; $44 bzw. $88 retour) und So nach **Bamfield** (5,5 Std.). Die übrigen Tage (Di, Do+Sa) wird ganzjährig **Bamfield** auf direktem Wege angesteuert (4,5 Std.; $84 retour). Im Hochsommer sollte man alle Fahrten möglichst vorab reservieren. Alternativ kann man auch einen Anbieter in Ucluelet wählen, dort ein Kajak mieten und per Wassertaxi zu den Broken Group Islands anreisen oder sich einer organisierten Tour anschließen.

Bamfield lässt sich auch mit dem Auto auf einer breiten, meist gut gewarteten Schotterstraße ab Port Alberni (90 km) oder über ein abenteuerliches Wirrwarr an *Logging Roads* ausgehend vom Cowichan Lake (120 km) erreichen bzw. im Sommer auch mit dem Bus ab Victoria, Nanaimo oder Port Renfrew (*West Coast Trail Express*, www.trailbus.com). Die wenigen *Lodges*, B&Bs und Restaurants dieser entlegenen, keine 200 Seelen zählenden Ansiedlung im Herzen der *Pacific Rim Nat'l Park Reserve* verteilen sich auf beide Ortsteile (*East/West Bamfield*), die nur über Wassertaxis miteinander verbunden sind. Beim *Pachena Bay Campground* ($45-$69; www.pachenabaycampground.ca) steht die einzige Tankstelle weit und breit. Nur wenig südlich davon starten/beenden Wanderer ihre mehrtägigen ***West Coast Trail*** *Backpacking*-Touren (➢ Exkurs Seite 366).

www.ladyrosemarine.com/kayaking), kann zum westlichen Ende des Sees paddeln (33 km) und von dort den *Della Falls Trail* (16 km) im ***Strathcona Provincial Park*** (➢ Seite 386) in Angriff nehmen. Mit einer Fallhöhe von 440 m sind die ***Della Falls*** die höchsten Kanadas. Alternativ erreicht man den *Trailhead* auch per Wassertaxi: www.alberni.ca/business-directory/della-falls-water-taxi.

Zur Pacific Rim Nat'l Park Reserve

Die Straße über die Berge der Mackenzie Range bildet den Höhepunkt der Anfahrt zum ***Long Beach***-Bereich der ***Pacific Rim National Park Reserve***. Zunächst geht es an dem Sproat Lake und Taylor River entlang zur Passhöhe und dann auf kurvenreicher Strecke parallel zum Kennedy River und Lake an die Küste. Die Fahrt ist schön, aber zeitraubend. Für rund 100 km bis *Long Beach* benötigt man ohne Pausen leicht 2 Stunden und mehr.

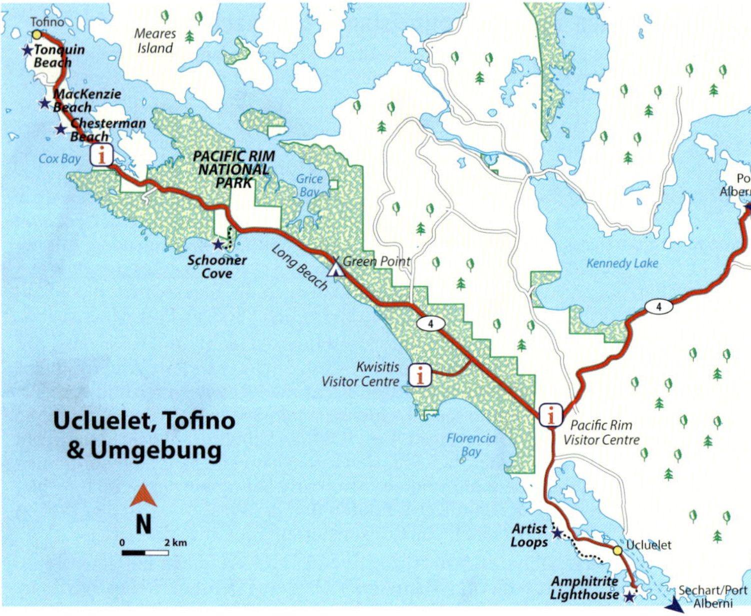

Ucluelet

Kurz vor der Küste zweigt von der #4 die Straße nach Ucluelet ab (noch ca. 8 km). Direkt an der Kreuzung steht das ***Pacific Rim Natl Park Visitor Centre***. Dort sollte man sich unbedingt Kartenmaterial und Gezeitentabellen (*tide charts*) besorgen; geöffnet im Sommer täglich 7.30-19 Uhr, www.discoverucluelet.com.

Ucluelet (sprich: *Ju-clú-let*; 1.700 Einwohner) lebt zwar heute überwiegend vom Tourismus, ist aber ein altes Fischerdorf und etwas ruhiger als das weiter nördlich gelegene Tofino, das als Kanadas »Surf Capital« gilt und wo im Sommer immer entsprechend viel los ist. Beide Orte sind gute Ausgangspunkte fürs ***Whale Watching*** im Barkley Sound, Ulcuelet auch für Kajaktrips durch die Broken Group Islands (➢ Exkurs umseitig).

Das ***Aquarium*** des Ortes ist sehr klein, gefällt aber wegen der vielen *Touch Pools* Kindern meist sehr gut; geöffnet täglich 10-17 Uhr; Eintritt $15/$8-$11; www.uclueletaquarium.org.

Übernachten

Für Nationalparkbesucher bietet Ucluelet neben Verköstigung (in erster Linie *Seafood*-Restaurants und ein größerer Supermarkt an der Peninsula Road) jede Menge Motels, *Lodges*, Campingplätze und eine **Jugendherberge** (***C&N Backpackers***, 2081 Peninsula Rd; $39/Bett, $90/ DZ; © (250) 726-7416, www.cnnbackpackers.com).

Am Hafen von Ucluelet

Gut untergebracht ist man außerdem bei:

- ***Cabins West*** mit hübschen 6-Personen-Apartments beim südlichen Ende der Halbinsel; im Juli/August $279-$349, sonst ab $149; 258 Boardwalk; © 1-888-726-7770, www.cabinswest.ca
- ***Wya Point Resort*** mit *Chalets* (ab $250) und Jurten (ca $230; Gemeinschaftsbad und teils kein Strom!) in fantastisch abgeschiedener Lage und mit eigener Bucht nördlich von Ucluelet. Die Anlage umfasst auch einen ***Campground***, aber die holprige enge Zufahrt ist nicht gut für RVs geeignet; www.wyapoint.com.
- Der ***Ucluelet Campground*** liegt beim *Small Boat Harbour* in Gehdistanz zum Zentrum an der 260 Seaplane Base Rd (nördlicher Ortseingang) und hat relativ enge Plätze ($50, mit *full hookup* $60-$65); © (250) 726-4355, www.uclueletcampground.com. Am schönsten campt es sich im Nationalpark, ➢ umseitig.

Für eine kurze Wanderung bietet sich in Ucluelet die 2,6 km lange *Lighthouse Loop* des ***Wild Pacific Trail*** an. Im Süden des Ortes wird die Halbinsel im dichten Regenwald durchquert und entlang der wilden Felsenküste umrundet. Unterwegs bieten sich tolle Ausblicke auf die vorgelagerten **Broken Group Islands** (➢ Foto Seite 347). Um einiges länger ist der zweite Abschnitt dieses Küstenwanderwegs im Westen von Ucluelet, der über die *Brown's Beach* bis zu den *Rocky Bluffs* verläuft (8 km *one-way*). Die Route kann auch nur abschnittsweise abgelaufen werden. Besonders lohnend ist der Bereich *Artist Loops* mit Aussichtsdecks zwischen windgebeugter Vegetation und grandioser Felskulisse. Hilfreich bei der Orientierung ist die PDF-Broschüre unter www.wildpacifictrail.com.

Küste vor Ucluelet entlang des Wild Pacific Trail

Long Beach Unit

Long Beach

Wer ab dem *Pacific Rim Visitor Centre* der #4 weiter in nordwestliche Richtung folgt, erreicht bald die ***Long Beach***, die nördlichste Einheit der ***Pacific Rim Nat'l Park Reserve*** (Eintritt $10). Von Nanaimo fährt man etwa 3,5 Std bis hierher, ab Victoria sind es knapp 5 Std. Von Mai bis September ist das Besucheraufkommen bei *Long Beach* immer hoch, allen voran an verlängerten Wochenenden.

Abseits der Parkplätze und *Picnic Areas* verlieren sich die Menschen aber selbst in der Hochsaison rasch. Auf dem 10 km langen, mit Treibholz übersäten Sandstrand liegen vergleichsweise wenige »Sonnenanbeter«. *Long Beach* zeigt sich, auch wenn jenseits der Berge an der Ostküste der Insel die Sonne scheint, nicht selten von dichtem **Seenebel** eingehüllt. Mit etwas Glück klaren Küstenbrisen den Himmel im Sommer aber schnell wieder auf.

Camping

Das einzige Quartier im Nationalpark ist der ***Green Point Campground*** mit Duschen/Toiletten wunderbar im Regenwald gelegen. In einem RV zahlt man $32 inkl. Stromanschluss (Reservierungen unter © 1-877-737-3783 bzw. www.reservations.pc.gc.ca), *Walk-in-Sites* für Zelt-Camper kosten etwas weniger ($27), sind aber in der Hauptsaison meist schon früh am Tage belegt.

Besucher-zentrum

Sich die Füße vertreten kann man auf acht gut ausgebauten kurzen Pfaden. Eine Übersichtkarte mit Details liefert u.a. das Portal www.longbeachmaps.com/pacific-rim-national-park.html. Ausführliche Infos und *Trail Guides* erhält man außerdem im Nationalpark-Besucherzentrum beim Abzweig nach Ucluelet sowie im ***K^{W}isitis Visitor Centre*** bei der ***Wickaninnish Beach*** am Südende der *Long Beach* (geöffnet im Sommer täglich 10-17 Uhr).

Kultur der Ureinwohner

Eine Ausstellung im *K^{W}isitis*-Besucherzentrum beleuchtet die Kultur und Geschichte der ***Nuu-chah-nulth First Nation***, die seit Tausenden von Jahren an der Westküste der Insel lebt, auch heute noch kleinere Siedlungen innerhalb der Nationalparkgrenzen unterhalten und maßgeblich bei der Parkverwaltung sowie bei Lehrprogrammen mitwirkt. Zu ihrer Stammesgruppe gehören in Kanada insgesamt 15 Ethnien und in den USA kommen noch die auf der Olympischen Halbinsel ansässigen *Makah*-Indianer hinzu.

Schooner Cove

Eine besonders empfehlenswerte Wanderung beginnt am nördlichen Ende der *Long Beach*. Der ***Schooner Cove Trail*** führt dort auf Holzplankenwegen durch einen märchenhaften Regenwald und endet nach 336 Stufen und 1 km an einer breiten sandigen Bucht. Linker Hand erstreckt sich *Long Beach* und wer sich nach rechts wendet und die Landzunge umrundet, gelangt nach einem weiteren Kilometer in jene Bucht, die dem *Trail* seinen Namen gab. Unbedingt Gezeiten beachten, da bei Flut der Rückweg möglicherweise blockiert ist: www.waterlevels.gc.ca/eng/station?sid=8615.

Zum **Schwimmen** laden bei *Long Beach* weder Wasser noch Wogen ein, Unentwegte halten aber auch die eiskalten Temperaturen (selbst im Hochsommer maximal 14°C) nicht davon ab.

Surfen

Neben dem populären ***Beachcombing*** (Wandern und Strandgut erforschen) ist – dank der langen Wellen aus der Weite des Pazifik – **Surfen** (im Neoprenanzug) eine beliebte Aktivität. Auch auf den Stränden weiter nördlich (*Cox Bay* und *South/North Chesterman Beach*) wird fleißig auf den Brettern gestanden. Allerorts sieht man Neulinge bei ihren »Trockenübungen« auf dem Strand und wie sie sich anschließend zuversichtlich – oder auch mal weniger geschickt – in die Fluten stürzen.

Surf Sister Surf School rühmt sich die größte rein weibliche Surfschule der Welt zu sein. Dort weiht *frau* zur Not auch Männer in die Kunst des Wellenreitens ein. Am besten bucht man gleich das 2-tägige Training (ca. $180; 2x 3 Stunden). Treff- und Startpunkt ist in Tofino an der 625 Campbell St (gegenüber vom *Days Inn*); ✆ 1-877-724-SURF, www.surfsister.com.

Selbst Schmuddelwetter hält hier niemanden von dem Vergnügen auf den Brettern ab

Tofino

Am Ende der Straße – außerhalb des Nationalparks am Clayoquot Sound – liegt das im Sommer immer gut besuchte und meist ausgebuchte **Touristenstädtchen Tofino** (knapp 2.000 Einwohner). Das ***Visitor Centre*** steht an der 1426 Pacific Rim Hwy und hat von Juni bis September 9-17 Uhr geöffnet; www.tourismtofino.com.

Unterkunft

Tofino verfügt über viele Quartiere, Restaurants und Campingplätze. Rund 3 km südlich des Ortes an der ***MacKenzie Beach*** (mit faszinierenden Gezeitenbecken bei Niedrigwasser) gibt es gleich einige empfehlenswerte Unterkünfte, darunter:

- ***Ocean Village***, 555 Hellesen Drive; Suiten und *Cabins* ab ca. $250; ✆ 1-866-725-3755 www.oceanvillageresort.com
- ***Best Western Tin Wis Resort***, gleich nebenan am 1119 Pacific Rim Hwy, im Sommer ab $440; ✆ 1-800-780-7234.
- ***Middle Beach Lodge***, sehr gemütliches Haus, fabelhaft gelegen am nördlichen Ende des Strandes an der 400 MacKenzie Beach Road; ab $170; ✆ 1-866-725-2900, www.middlebeach.com.
- Das ***Tofino Stormbay Guest House*** steht etwas zentrumsnäher (709 Bond Lane) und hat sehr gute Apartments, für 6 Personen ca. $350; reservierbar über Portale wie airbnb.de oder booking.com.

Hostel

- Am günstigsten ist die Unterbringung im direkt am Ufer errichteten ***HI Tofino Whalers on the Point Guesthouse***; $59/Bett, DZ $1629 (mit Bad $236); © 1-855-725-3443, www.tofinohostel.com.
- Der ultimative Tipp für Wildnis-Fans ist das ***Lone Cone Hostel & Campground*** auf der vorgelagerten Insel **Meares**; Betten im Schlafsaal $35, Doppelzimmer $90-$120, Zeltplatz für zwei Personen $55-$75; die 15 min-Wassertaxi-Fahrt dorthin ist inklusive; www.loneconetrail.ca.

Camping

- Das ***Crystal Cove Beach Resort*** an der MacKenzie Beach umfasst einen Komfortplatz für RVs ($72) sowie *Cabins* (ab $320); 1165 Cedarwood Place; © 1-877-725-4213, www.crystalcove.ca.
- Akzeptabel ist auch der ***Bella Pacifica Campground*** am Südende des Strands (400 MacKenzie Beach Rd); Zelte ab $49, RVs ca. $60; © (250) 725-3400, www.bellapacifica.com.
- Auf *first-come, first-served*-Basis werden die RV-Stellplätze im ***MacKenzie Beach Resort*** gleich nebenan vergeben ($62 mit *full hook-up*). Mit Zelt zahlt man im Wald $50, für den Ozeanblick $60; © (250) 725-3439, www.mackenziebeach.com.

Essen

Kultstatus genießt der kleine orangefarbene Hippie-Bus ***Tacofino*** unweit der *MacKenzie Beach*, wo neben *Tacos* auch *Burritos* und andere leckere mexikanische Spezialitäten über den Tresen gereicht werden; 1184 Pacific Rim Hwy. Lange Warteschlangen mit hungrigen Surfern (und Touristen) gehören dort zum üblichen Bild. Der lokale Erfolg führte dazu, dass zahlreiche weitere *Tacofino*-Filialen in Vancouver und Victoria eröffneten, www.tacofino.com.

Wer bei Schlechtwetter *indoors* oder auch sonst etwas gediegener sitzen möchte, für den ist ***The Schooner Restaurant*** eine gute Option. Dort stehen vor allem fein zubereitete Steaks und *Seafood* auf der Karte; 331 Campbell St; www.schoonerrestaurant.ca.

Paddel-Erfahrung muss man in Tofino nicht mitbringen – wer sich nicht alleine auf's Wasser traut, kann sich einer der zahlreichen Touren anschließen

Eine herrliche Aussicht zum exquisiten *Dinner* oder *Brunch* verspricht ***The Pointe Restaurant***, das auf einer Klippe direkt über dem Meer thront und zum *The Wickaninnish Inn* gehört (500 Osprey Lane). Zur Hochsaison unbedingt reservieren: ✆ (250) 725-3106, www.wickinn.com/restaurants-cafe/pointe-restaurant.

Die ***Tofino Brewing Company*** mit gutem *Craft Beer* ist in einer alten Lagerhalle am 681 Industrial Way untergebracht (zu Fuß ca. 30 min vom Zentrum entfernt) und hat täglich 11-22 Uhr geöffnet; www.tofinobrewingco.com.

Supermarkt

Einen **Supermarkt** (*Co-op*) findet man in »Downtown« an der 140 First Street, er ist deutlich größer und besser sortiert als der *Beaches Grocery*-Laden bei der *Chesterman Beach*.

Aktivitäten

Ein lohnenswertes Ziel bei Tofino (z.B. für den Sonnenuntergang) ist die nur wenig besuchte ***Tonquin Beach*** im Südwesten der Ortschaft. Ein schöner Waldweg führt ausgehend vom Parkplatz an der *Community Hall* dorthin (800 m) und noch weiter zur *Second Beach* und *Middle Beach* (1,7 km *one-way*). Gute Übersichtskarte unter www.tofino.ca/trails.

Die ***Tofino Botanical Gardens*** sind eine Mischung aus Gartenanlage und Kunstaustellung mit zahlreichen Skulpturen lokaler Künstler; geöffnet ab 8 Uhr und bis zum Sonnenuntergang; Eintritt $12/$8 (Kinder unter 12 frei); www.tbgf.org. Ein gemütliches Kaffeehaus lädt zum Verweilen ein.

Ab Tofino werden auch Ausflüge zur von der *Tla-o-qui-aht First Nation* bewohnten **Meares Island** angeboten; Eintritt: $10/Person mit Regenwald-*Trail* (3,5 km) und grandioser Aussicht vom **Lone Cone** (6,5 km retour, 730 HM). Wer dort nicht gleich übernachtet (➤ links unter »Camping«), bucht am besten für die Überfahrt ein Wassertaxi (www.tofinowatertaxi.com) oder schließt sich einer eine Tour an (www.oceanoutfitters.bc.ca).

Hot Springs

Für noch mehr Abwechslung sorgen bei einem Tofino-Aufenthalt die heißen Badepools und Wasserfälle der ***Hot Springs Cove***. In die völlige Einsamkeit des ***Maquinna Marine Provincial Park*** gelangt man nur per Wasserflugzeug (20 min) oder Bootstrip (75 min). Von dem Anlegeplatz, 50 km nördlich von Tofino, geht es auf einem Plankenweg 2 km durch Regenwald zu einer schönen Schlucht mit natürlichen übereinanderliegenden Felspools, die durch einen Wasserfall gefüllt werden. Der obere Pool hat 50°C, die unteren werden sukzessive kühler und bei Flut teilweise überspült – **TOLL!**

Mit *Adventure Tofino* (➤ unten) zahlt man $135/$109 für den 6-Std-Trip (vor Ort bleiben ca. 2 Std. für das Bad). Eine Alternative ist das ***Tofino Water Taxi***: $129, Kinder $99-$109, ebenfalls 6 Std; www.tofinowatertaxi.com. Man kann aber auch mit dem Boot hinfahren und am Rückweg mit dem Wasserflugzeug den Blick aus der Vogelperspektive auf Tofino und die umliegenden Inselchen genießen (➤ Foto Seite 344/345): »Sea to Sky Package« $234, Kinder $214-$224; www.oceanoutfitters.bc.ca/sea-2-sky.

Whale Watching Touren ab Tofino und Ucluelet

Grauwale, die im März/April vor der Küste Vancouver Islands auf ihrem Weg von Mexiko nach Alaska vorbeiziehen und im Sept/Okt in umgekehrter Richtung, legen in den weitverzweigten Buchten der Insel gern eine Rast ein. Über 200 Tiere bleiben sogar den ganzen Sommer über. **Buckelwale** zeigen sich dort von Juni bis September. Bei ***Adventure Tofino Wildlife Tours*** zahlt man $109/$79 für die 2,5-3 Stunden im abenteuerlichen *Zodiac*-Schlauchboot; Kinder erst ab 8 Jahren; www.adventuretofino.com. Es gibt aber noch viele weitere Anbieter, darunter ***Jamie's***, der von Tofino oder Ucluelet startet und neben *Zodiacs* auch größere Schiffe im Einsatz hat (3 Stunden, $124/$114; www.jamies.com). Selbst bei anderen Ausflügen, wie z.B. zur ***Hot Springs Cove***, sind – mit etwas Glück – Walbeobachtungen möglich. Seehunde, -löwen, -otter, Weißkopfseeadler, Gelbschopflunde sowie Schwarzbären ergänzen das *Wildlife*-Programm. **Schwertwale** lassen sich am besten bei den Touren ab Victoria (➤ Seite 359) oder Telegraph Cove an der Ostküste (➤ Seite 392) beobachten.

WIldlife Tour im wendigen Zodiac in den Gewässern rund um Tofino

7.5.2 Von Parksville/Qualicum Beach nach Port Hardy

An der zentralen Ostküste der Insel

Parksville

Bei einer Fahrt an der Ostküste auf der #19 verdichtet sich hinter Nanaimo die touristische Infrastruktur. **Parksville** (12.500 Einw.) bildet nach dem bereits erwähnten ***Rathtrevor Beach Park*** (➤ Seite 374) den ersten großen Ferienschwerpunkt mit hohem Verkehrsaufkommen entlang seiner Hotel-, *Fast Food-* und *Beach*meile. Die Strände sind dort zwar lang und sogar das Meerwasser ist einigermaßen warm, aber besonders schön sind sie nicht. Zudem befindet sich der Küstenstreifen überwiegend in Privatbesitz. Aber immerhin bietet der ausgedehnte *Community Park* im zentralen Bereich von Parksville Badestrände (frei) und Mitte Juli jede Menge Sandburgen bei der *Sand Sculpting Competition*.

Parksville Museum

Das Freilichtmuseum von Parksville gibt Einblick in das Leben der ersten Siedler (acht alte Holzblockhütten teils mit Originaleinrichtung); Juni-Sept Mi-So 10-16 Uhr; www.parksvillemuseum.ca.

Es steht südlich der Stadt an der #19A gleich neben dem **Besucherzentrum** (Abfahrt 46).

Qualicum Beach

Wer von Port Alberni die Reise in Richtung Norden fortsetzen möchte, folgt der #19 bis zum beliebten Seebad Qualicum Beach und von dort der Straße #4 zur **Autobahn #19**, die Parksville über Courtenay-Comox mit Campbell River verbindet.

Horne Lake Höhlentouren

Im ***Horne Lake Caves Provincial Park*** bei Qualicum Bay kann sich jedermann/frau als Höhlenforscher versuchen. Das Angebot reicht von der leichten 1-stündigen *Cave Experience* (mit unterirdischer Rutsche!) bis hin zur anspruchsvollen 5-Std-Abseiltour; Reservierungen unter www.hornelake.com. Ein Spaß vor allem mit Kindern! Die Zufahrt ab der #19 erfolgt über die Horne Lake Road großteils auf Schotter (*Exit* 75; 13 km *one-way*).

Denman & Hornby Island

Die Abfahrt 101 von der #19 führt südlich von Courtenay zur Anlegestelle der Fähre nach **Denman Island**, einem ruhigen, wenig erschlossenen Sommerferienziel. Die Überfahrt vom *Buckley Bay Ferry Terminal* dauert nur 10 Minuten. Über Denman Island gelangt man auch weiter zur kleinen **Hornby Island** mit gleich drei Provinzparks und etlichen einsamen Stränden.

Comox Valley

Das *Comox Valley* um die **Doppelstadt Courtenay-Comox** (zusammen über 40.000 EW) geht auf Kohlebergwerke zurück, von denen 1966 das letzte die Förderung einstellte. Heute ist das Gebiet um den *Comox Harbour* eine weitere Hochburg des Fremdenverkehrs. Das große *Visitor Centre* passiert man noch vor dem Erreichen des kompakten Zentrums, gleich östlich der #19/*Exit* 117; im Sommer täglich 9-17 Uhr; www.discovercomoxvalley.com.

Oldtimer Show

Spannend sind die alljährlich Ende Juli in Courtenay und Comox abgehaltenen ***Comox Valley Classic Cruisers*** mit einer großen Auto-Parade am Samstagabend und »***Show & Shine***« am Sonntag, bei der Hunderte von *classic* bzw. *vintage cars* (nur auf Deutsch heißen sie Oldtimer!) mit offenen Motorhauben zur Schau gestellt werden; www.cvclassiccruisers.com/events.

»Show & Shine« beim Comox Valley Classic Cruiser Event

Unterkunft

An Quartieren mangelt es im *Comox Valley* nicht, sie säumen vor allem die Hauptstraße in und südlich von Courtenay, darunter das

- ***Kingfisher Oceanside Resort & Spa*** am Strand in Royston, 4330 Island Hwy, eine Art Kurhotel mit schönen Zimmer ab ca. $210, ✆ 1-800-663-7929, www.kingfisherspa.com.

Preiswerte Alternativen sind das:

- ***Lake Trail Guesthouse***, östlich der #19 an der 4787 Lake Trail Rd (bei den *Nymph Falls*), mit Einzel- und Doppelzimmer für $55 bzw. $85; ✆ (250) 338-1914, www.laketrailguesthouse.com
- ***HI Cumberland Riding Fool Hostel***, 2705 Dunsmuir Ave, zentrale Lage in Cumberland; $29/ Bett, $61/ DZ; historische Herberge mit Radverleih+Café, ✆ 1-888-313-FOOL, www.ridingfool.com.

Fähre zum Festland

Die ***Comox–Powell River Ferry*** legt in **Little River** ab, ein paar Kilometer nördlich von Comox. Auch über diese nördlichste Verbindung hinüber zum Festland kann eine mehrtägige Vancouver Island-Rundfahrt abgeschlossen werden. Zu beachten ist allerdings, dass dafür an der ***Sunshine Coast*** (➤ Seite 179) noch zwei weitere Fährfahrten notwendig sind (*Saltery Bay–Earls Cove* und *Langdale–Horseshoe Bay*), so dass einiges an Mehrkosten entsteht; ➤ Seite 348.

Mount Washington

Das nahe gelene populäre **Skigebiet *Mt. Washington Alpine Resort*** ist auch ein attraktives Sommerziel; www.mountwashington.ca. Per Sesselbahn ($22) oder zu Fuß auf dem ***Linton's Trail*** (3 km, 400 Höhenmeter) geht es zum Gipfel des Mount Washington (1.588 m). Die Mühe wird belohnt mit einer Fernsicht wie nirgendwo sonst auf der Insel. Zufahrt zur Talstation über den Strathcona Parkway (*Exit* 130 von der #19), rund 30 km nordwestlich von Courtenay.

Strathcona Provincial Park

Unmittelbar westlich des Berges erstreckt sich ein ausgedehntes Schutzgebiet und Wanderparadies. Mit knapp 2.500 km^2 ist es das größte seiner Art auf Vancouver Island und zugleich der erste Provinzpark British Columbias. Schon früh (1911) erkannte man die Naturschätze im Zentrum der Insel. Die schroffe Gebirgswildnis rund um die höchste Erhebung (**Golden Hinde**, 2.200 m) mit alpinen Wiesen und großen Beständen an Regen(ur)wäldern blieb daher bis heute nahezu intakt und ist Rückzugsgebiet für Wölfe, Pumas, endemische *Vancouver Island*-Murmeltiere usw.

Forbidden Plateau

Keine 2 km westlich der Mount-Washington-Seilbahnstation steht das kleine *Wilderness Centre* des Parks, dem Ausgangspunkt der ***Centennial/Paradise Meadows Loop*** (ca. 3 km), die sich mit längeren Wanderungen durch das relativ ebene, seen- und tümpelreiche ***Forbidden Plateau*** kombinieren lassen; einige *Backcountry Campsites*; $10/Person und Nacht. Gutes Kartenmaterial findet sich unter www.env.gov.bc.ca/bcparks/explore/parkpgs/strath/ bzw. www.mountwashington.ca/downloads/resort/strathmap.pdf.

Upper Campbell & Buttle Lake

Als Hauptzufahrt in den Provinzpark dient die **Straße #28** ab Campbell River. Rund 41 km westlich der Stadt passiert man, kurz vor dem Parkeingang, die ***Strathcona Lodge*** am Ufer des **Upper**

Campbell Lake (mit Badestrand). Sie ist in privater Hand und bietet DZ (nur April bis Oktober; $149-$239) sowie *Cottages* (ganzjährig; ab $295). Neben dem *Whale Restaurant* verköstigt im Juli/August auch *Myrna's* die Gäste; www.strathconaparklodge.com.

Ab der *Lodge* folgt die Parkstraße dem langgezogenen **Buttle Lake** bis zu den von Felsen eingerahmten ***Lower Myra Falls*** am Südende des Sees (ca. 40 km). Ein kurzer Rundweg führt dort hinunter in die Schlucht mit mehrstufigen Kaskaden und glasklaren Pools (1 km; an einer Stelle etwas steiler). Über einen Waldpfad erreicht man außerdem vom Parkplatz jenseits der *Westmin Mine* nach 4 km und ca. 150 HM die ***Upper Myra Falls***. Von ihrer schönsten Seite präsentieren sich beide Wasserfälle im Frühjahr zur Zeit der Schneeschmelze. Wegbeschreibung mit Karte: www.10hikes.com/canada/strathcona-provincial-park-hikes/upper-myra-falls-hike.

Camping am Buttle Lake

Wer gleich vor Ort seine Zelte in der Natur aufschlagen möchte, findet im südlichen Abschnitt des Buttle Lake den wunderschön unter alten Baumriesen auf einer Landzunge zwischen Ralph River und Buttle Lake angelegten ***Ralph River Campground*** sowie am Nordufer des Sees den ***Buttle Lake Campground***, der ebenfalls eine Landzunge belegt; reservierbar von Mitte Mai bis Anfang September, beide verfügen aber über etliche *first-come, first-served sites*. Im Zelt oder Wohnmobil zahlt man jeweils $20.

Wasserfälle im Strathcona PP

Neben den bereits erwähnten *Myra Falls* birgt der Park noch zahlreiche weitere Wasserfälle in feinster Regenwaldumgebung. Viele von ihnen liegen in völliger Einsamkeit und fernab der Parkzufahrten, leicht zugänglich sind am Ostufer des Buttle Lake die idyllischen ***Karst Falls*** (4 km retour; *Trailhead* gegenüber der *Karst Creek Campsite*) und die 40 m hohen ***Lupin Falls*** etwas weiter nördlich (1,6 km retour) sowie an der #28 westlich des Upper Campbell Lake die ***Lady Falls*** (1,8 km retour 30 HM).

Die ***Della Falls***, die höchsten Wasserfälle Nordamerikas (440 m), liegen im unerschlossenen Hinterland des *Strathcona PP* und sind nur über eine Mehrtagestour ausgehend vom Great Central Lake westlich von Port Alberni zu erreichen, ➤ Seite 376.

Idyllische Ruhe am Battleship Lake auf dem Forbidden Plateau des Strathcona Provincial Park

Gold River und Nootka Sound

Gold River

Folgt man der #28 von der *Strathcona Lodge* über den *Buttle Lake Campground* weiter in westliche Richtung gelangt man zur Ortschaft **Gold River** (knapp 50 km) mit allen nötigen Versorgungseinrichtungen (Motels, Restaurants, Tankstelle etc.).

Tree to Sea Drive

Dort beginnt der landschaftlich reizvolle ***Tree to Sea Drive*** hinaus an die Westküste. Auf dem Weg, 18 km hinter Gold River, liegen die ***Upana Caves***, eine Ansammlung kleinerer und größerer Kalksteinhöhlen, die über einen hübschen, aber teils etwas steileren Waldweg miteinander verbunden sind. Man darf die *Caves* auf eigene Faust erforschen, sollte aber unbedingt Taschenlampe(n) und warme Kleidung mitnehmen. Drinnen hat es selbst im Hochsommer kaum mehr als 7°C. Die selbstgeführte Tour dauert in etwa eine Stunde. Nähere Details dazu auch im Besucherzentrum von Gold River direkt beim Abzweig des *Tree to Sea Drive* sowie unter www.gocampbellriver.com/upana-caves.

Nootka Sound

Hinter den Höhlen geht es weiter – auf Schotter – ins abgeschiedene **Tahsis**, noch in den 1970er-Jahren ein geschäftiger Westküstenort, der mit dem Niedergang des holzverarbeitenden Gewerbes zusehends verfiel. Heute buhlt Tahsis um Gäste und bemüht sich – ähnlich wie Gold River – in der Tourismusbranche Fuß zu fassen. Das Gebiet am Nootka Sound ist ein Geheimtipp für Kajakfahrer ($45/Tag; www.getwest.ca) und populär unter Sportanglern.

Weiterfahrt nach Norden

Campbell River

Campbell River, mit 35.000 Einwohnern drittgrößte Stadt auf der Insel, ist ein **Mekka für Sportfischer** – das Gros der Besucher ist vor allem am Lachsfang interessiert. Von morgens früh bis abends spät hoffen sie am ***Discovery Pier***, der 200 m in die *Discovery Passage* hineinragt, auf das große Anglerglück (Zufahrt von der #19A südlich des Zentrums).

Auf etwas größere Fische haben es *Whale Watching*-Anbieter wie ***Discovery Marine Safaris*** abgesehen; 3,5 Stunden à $145 mit einem Biologen an Board; www.adventurewhalewatching.com.

Die Touristeninfo von Campbell River befindet sich an der *Tyee Plaza*; 1235 Shoppers Row; www.campbellriver.travel.

Kunstwerke

Kleinere und größere **Totempfählen** stehen über die ganze Stadt verteilt, eine besonders hübsche Ansammlung am *Indian Band Cemetery* an der **Spit Road**. Der Friedhof darf jedoch nicht betreten werden. Näher kommt man den *Totems*, die nur wenig südlich davon beim *Discovery Harbour Shopping Centre* (1416 Island Hwy) in die Höhe ragen. Sogar die Einfahrt zum *Walmart* (1477 Island Hwy) schmückt ein recht ansehnliches Exemplar.

Beachtlich sind auch die Kunstwerke, die alljährlich Mitte Juni im Zuge des ***Transformation on the Shore***-Wettbewerbs entstehen. Seit 1997 bearbeiten Holzschnitzer im *Frank James Park* Baumstämme mit ihren Kettensägen. Einige davon sind dort ganzjährig zu bewundern; an der Küstenstraße #19A auf der Höhe der *7 Eleven*-Tankstelle; http://crshorelinearts.ca.

Lachs-Festival

Alljährlich Anfang/Mitte August findet in Campbell River das 3-tägige ***Logger Sports*** **&** ***Salmon Festival*** statt, bei dem Holzfäller (*Logger*) aus nah und fern gegeneinander antreten, ihre Äxte schwingen lassen und riesige Baumstämme erklimmen, zersägen oder zerhacken. Dazu werden allerlei Lachs-Gerichte serviert und Live-Musik gespielt; www.crsalmonfestival.com.

Holzschnitz-Kunstwerke in Campbell River

Hängebrücke bei den Elk Falls

Übernachten

- Die Spit Road (➤ umseitig) führt weiter nach Norden zum ***Thunderbird RV Resort*** direkt beim Wasser; enge, relativ laute RV-Plätze ab $42, *Cottages* ab $200; www.thunderbirdrvpark.com.
- Die luxuriös-rustikale ***Painter's Lodge*** steht unmittelbar am Ufer mit DZ ab $200 inkl. Frühstück sowie einem Restaurant; 1625 McDonald Rd; ✆ 1-888-999-2799, www.painterslodge.com.

Elk Falls Canyon

Einen tollen Blick »von oben« auf die 25 m hohen Fälle des Campbell River, die 5 km westlich der Stadt tosend in eine tiefe Schlucht stürzen, gewährt die erst 2015 errichtete Hängebrücke im ***Elk Falls PP***; Zufahrt über die #28 (in Richtung *Strathcona Park*) und Brewster Lake Rd; www.env.gov.bc.ca/bcparks/explore/parkpgs/elk_falls.

Im Ostteil des Provinzparks bieten sich entlang des ***Canyon View Trail*** ausgehend vom Campingplatz ($22) zudem gute Möglichkeiten zur Lachsbeobachtung (5 km Rundweg). In der ***Quinsam Salmon Hatchery*** südlich des Parks, einer der größten Aufzuchtstationen Kanadas, gibt es die jungen Tiere das ganze Jahr über zu sehen. Zwischen September und November kehren außerdem die erwachsenen Lachse aus dem Ozean zurück um am Quinsam River zu laichen. Dann ist etwas Vorsicht auf dem *Nature Trail* geboten, denn der Fischreichtum lockt auch die Schwarzbären aus der Umgebung an. Der Eintritt ist frei; täglich ab 8 Uhr, die Tore an der Quinsam Road schließen pünktlich um 16 Uhr.

Quadra Island

Nur 10 Minuten dauert die Überfahrt mit der Fähre ab der *Tyee Plaza* hinüber nach Quadra Island. Dort kann man das gute Museum zur Kultur der *Kwakwaka'wakw First Nation* besuchen (***Nuyumbalees Cultural Centre***; geöffnet Mi-So 10-16 Uhr; $10; www.museumatcapemudge.com) und eine schöne Rundfahrt bis zur Landspitze im ***Rebecca Spit Marine Provincial Park*** machen. Die Insel ist Teil der **Discovery Islands**, die die Strait of Georgia bis auf wenige enge Meerespassagen fast zur Gänze einnehmen.

Lohnt eine Fahrt bis Port Hardy?

Die Hauptroute #19 weiter nach Norden ist gut ausgebaut, hinter Campbell River verlässt sie bald den Küstenbereich und läuft dann durch eine überwiegend gleichförmige Waldlandschaft. Viele Kahlschläge nehmen ihr über weite Strecken den Reiz. Ohne die Absicht, im 230 km entfernten Port Hardy die Fähre nach Prince Rupert bzw. Bella Coola zu besteigen oder eine Bären-/Waltour ab **Telegraph Cove** zu unternehmen, lohnt eine Weiterfahrt in die **Einsamkeit des Inselnordens** nur bedingt, zumal retour noch einmal dieselbe Strecke anfällt. Der Cape Scott-Provinzpark am äußersten Nordwestzipfel von Vancouver Island verspricht zwar ein **Naturerlebnis ersten Ranges**, »verschlingt« jedoch jede Menge Zeit, die man vielleicht an anderer Stelle dringender braucht.

Am Weg nach Norden laden neben dem von mächtigen Drahtseilen umwickeltem Restaurant ***Cable Cook House*** (etwas abseits der #19 bei der Mini-Siedlung Sayward) noch der ***Schoen Lake Provincial Park*** (12 km auf Schotter zum traumhaften *Campground* am See – *nomen est omen*!) sowie die Karstlandschaft des ***Little Huson Caves Regional Park*** zum Verweilen ein. Jede Menge Höhlen, Schluchten und sogar natürliche Felsbrücken sind dort nach nur wenigen 100 m Fußweg erreicht (20-min-Zufahrt ab der #19, zuerst auf der Straße in Richtung Zeballos an der Westküste, dann noch 9 km auf etwas abenteuerlicheren Forststraßen).

Grizzly-Touren ab Telegraph Cove

Grizzlybären sind nicht heimisch auf Vancouver Island, nur sehr selten betreiben einzelne Exemplare »Inselhopping« und gelangen dann schwimmend auch dorthin. Das bedeutet aber nicht, dass man während seines Aufenthalts keine Möglichkeiten hat sie aus nächster Nähe zu erleben. Ganz im Gegenteil, **ab Telegraph Cove** wird sogar eine der besten Bären-Exkursionen von British Columbia angeboten: die ***Tide Rip Grizzly Bear Nature Tours*** zum **Knight Inlet** an der gegenüberliegenden, abgeschiedenen Festlandküste. Grizzlys suchen den Sommer über bevorzugt diesen schmalen Meeresarm auf und lassen sich dann auch von neugierigen Touristen kaum stören, wenn sie nach ihrer Lieblingsspeise, den dort vorbeiziehenden Lachsen, Ausschau halten.

Nach eine kurzweiligen, 2-stündigen Überfahrt, die meist von Robben, Delfine und Wale begleitet wird, steigt man bei Glendale Cove in kleinere Safariboote um. Die sonst nur per Wasserflugzeug zu erreichende ***Knight Inlet Lodge*** in Glendale Cove schmückt sich mit dem Beinamen »*Canada's Premier Grizzly Bear Resort*« (www.grizzlytours.com/lodgings-knight-inlet.php). Und tatsächlich stehen ab Ende August meist Dutzende von Bären zeitgleich an den Laichgründen am Glendale River, ein Naturschauspiel das seinesgleichen sucht!

Die *Tide Rip*-Touren lohnen sich aber auch zu einem früheren Zeitpunkt schon. Ende Mai-Mitte Juni ist z.B. perfekt um kleine Babybären zu beobachten. Zudem findet dann die Partnersuche statt mit entsprechend viel »Reibereien« unter den großen Bären und reichlich Action für die Besucher. Die Ganztagesausflüge (6.45-16.30 Uhr) ab Telephone Cove kosten $370 pro Person (inkl. *Lunch*). Kinder sind erst ab 10 zugelassen; © 1-888-643-9319, www.grizzlycanada.com.

Telegraph Cove

Das **charmante kleine Fischerdörfchen**, zu dem man rund 60 km vor Port Hardy über eine 11 km lange Stichstraße gelangt, zählt höchstens ein Dutzend ständige Bewohner. Den Sommer über füllt es sich aber mächtig mit Tagesgästen. Telephone Cove ist nicht nur sehr beliebt bei *Whale Watchern*, sondern auch Ausgangspunkt hervorragender Grizzly-Touren (➤ Exkurs umseitig).

Im Treffpunkt des Ortes, dem gemütlichen ***Killer Whale Cafe*** mit Sonnenterrasse, wird man mit Infos und gutem Essen versorgt. Rund **200 Orcas** halten sich durchgängig von Ende Juni bis Mitte Oktober in der *Johnstone Strait* auf. Die 3-stündigen Touren im größeren Ausflugsschiff oder kleineren 12-Personen-Zodiac kosten $130 (Kinder $95-$105). Eine Reservierung wird empfohlen: ***Prince of Whales***, ✆ 1-888-383-4884, https://princeofwhales.com/whale-watching-adventure-tour/telegraph-cove.

Abends kehrt zwischen den liebevoll gepflegten, auf Stelzen ins Wasser gebauten Häusern wieder Ruhe ein. Hölzerne Stege (*Boardwalks*) verbinden sie miteinander. Einige der Stelzenhäuser bieten auch Zimmer an, so z.B. das ***Telegraph Cove Resort*** mit Hochsommertarifen fürs DZ ab $160 und 6-Personen-Blockhütten ab ca. $280; ✆ 1-800-200-4665, www.telegraphcoveresort.com.

Der zum *Resort* gehörende, schön angelegte ***Campground*** liegt ca. 1 km vom Ort entfernt zwischen zwei Bächen mitten im Wald; mit Anschlüssen $34-$38, auch *Cabins* für $75. Der zweite ***RV Park*** direkt an der Marina und in Kneipennähe bietet deutlich weniger Privatsphäre; Zelte $30, Plätze mit *full hook-up* $48-$53; ✆ 1-877-835-2683, www.telegraphcove.ca/services.html.

Alert Bay

Erst beim kleinen **Port McNeill** stößt die #19 wieder kurz an die Küste. Dort setzt eine Fähre nach Alert Bay auf **Cormorant Island** über (40 min). Zwischen Mitte Juni und Mitte Oktober halten sich in den umgebenden Meeresstraßen viele Orcas auf. Unter den 1.800 Inselbewohnern überwiegen Indianer vom Stamm der Kwakwaka' wakw. Im ***U'mista Cultural Centre*** wurde die lokale Tradition und Geschichte aufbereitet; geöffnet im Sommer täglich 9-17 Uhr; $12/$5; www.umista.ca. Südlich der Anlegestelle und der Besucher-Info (118 Fir St) stehen zahlreiche Totempfähle auf den ***Namgis Burial Grounds*** (der Friedhof darf nicht betreten werden, aber man sieht sie auch von der Straße aus; ➤ Foto links) und etwa 1,5 km vom Hafen entfernt im Norden der Insel erhebt sich der ***World's Tallest Totempole*** (52,7 m). Die Insel verfügt über eine ganze Reihe von Unterkünften sowie über einen *Campground*; www.alertbay.ca/accommodations-attractions.

Port Alice

Die kleine Ansiedlung mit überschaubarer Infrastruktur (*Campgrounds*, B&B und Café) am **Neroutsos Inlet**, einem von der Westküste tief ins Innere der Insel hineinreichenden Fjord, trägt den klangvollen Beinamen »Gateway to the Wild West Coast« und lockt in erster Linie Angler, Kajakfahrer und Wanderer an; 30-km-Zufahrt auf Asphalt (#30) ab der #19 westlich von Port McNeill.

7.5.3 Port Hardy und Umgebung

Port Hardy

Kurz vor Port Hardy (4.000 Einwohner; *Visitor Info* an der 7250 Market St; im Sommer 9-17 Uhr, www.porthardychamber.com) zweigt eine 5 km lange Stichstraße zum ***Terminal Bear Cove*** der Fähre nach Prince Rupert bzw. Bella Coola ab. Zum Ort sind es auf der **Straße #19** rund um die Bucht noch einmal 5 km. Zu sehen gibt es dort außer einer hübschen Lage am Wasser nicht viel. Port Hardy erfüllt Versorgungsfunktion für den Inselnorden und profitiert vom Tourismus, den die Fähren mit sich bringen.

Fähren

Jeden 2. Tag legt im Sommer die **Autofähre nach Prince Rupert** ab und trifft 16 Stunden später dort ein. Die Überfahrt nach Bella Coola durch die *Discovery Coast Passage* dauert 6-10 Std (alle 2-4 Tage). Mit Fahrzeug müssen beide Fähren **lang im Voraus reserviert** werden (➤ Tabelle Seite 348); www.bcferries.com.

Unterkunft

Der Fahrplan bedingt im Normalfall eine Übernachtung in Port Hardy vor bzw. nach der Nutzung der Fähre. Ein gutes Zimmer für nur ca. $150 findet man u.a. im:

- ***Scotia Bay B&B***, 515 Scotia Bay; an einer schönen Bucht nördlich der Stadt, © (250) 949-7338; www.scotiabaybnb.com
- ***Glen Lyon Inn***, 6435 Hardy Bay Rd; südlich von Port Hardy mit Blick aufs Wasser; © 1-877-949-7115; www.glenlyoninn.com
- ***Abusa by the Sea***, *First Nation*-Quartier am Strand von Fort Rupert; 98 Tsaxis Rd, © (250) 902-8463, www.abusabythesea.com.

In der Jugendherberge ***North Coast Trail Backpackers*** kostet die Übernachtung im Schlafsaal $32, im DZ $69 (mit Bad $84); 8635 Granville St, © 1-866-448-6303, www.northcoasttrailhostel.com.

Camping

Erste Wahl ist der ***Quatse River Regional Park*** 5 km südl. der Stadt (8400 Byng Rd, $28/Zelt, $43/RV; www.quatsecampground.ca), eine Alternative das komfortable ***Port Hardy RV Resort*** (8080 Good Speed Rd, ab $40; © 1-855-949-8118, www.porthardyrvresort.com).

Cape Scott Provincial Park

Der Provinzpark nimmt die gesamte Nordwestecke von Vancouver Island ein. Für Wildnisenthusiasten zählt er neben dem *West Coast Trail* zu den **schönsten und entlegensten Zielen** der Insel.

Malerisch und menschenleer präsentiert sich die San Josef Bay des Cape Scott Provincial Park im entlegenen Nordwesten von Vancouver Island

Cape Scott wird ausschließlich von Wanderpfaden erschlossen. Eine holprige, immer enger werdende *Logging Road* endet an der Grenze des Schutzgebiets. Noch bevor man Port Hardy erreicht, weist die Ausschilderung in Richtung Holberg den Weg. Nach diesem letzten »Hauch« von Zivilisation – in dem Mini-Nest gibt es einen *Pub* – ist man ganz auf sich alleine gestellt. Straßenschilder oder ähnliches lassen sich bis kurz vor dem *Trailhead* kaum mehr entdecken. Die Anfahrt ab Victoria dauert über 8 Std (570 km), ab Nanaimo 6 Std und ab Port Hardy (70 km) immerhin auch fast 2 Std. Unterwegs ist man schwer beschäftigt den Schlaglöchern und Holztransportern auszuweichen, die dort wochentags entlang rasen und Vorfahrt genießen; www.env.gov.bc.ca/bcparks/explore/parkpgs/cape_scott.

San Josef Bay

Vom Parkplatz verläuft der Weg durch dschungelartigen Märchenwald weiter in Richtung Küste. Wer sich an der T-Kreuzung links hält, gelangt nach insgesamt 2,5 km in die südlichste und zugleich sehenswerteste Bucht des Parks, die ***San Josef Bay*** mit kristallinem weißem Sand und einer hübschen Ansammlung von bewachsenen Felsinselchen (einfacher, nahezu ebener *Trail*). In die angrenzende Bucht und weiter nach Westen geht es von dort am besten bei Niedrigwasser: www.waterlevels.gc.ca/eng/station?sid=8790.

Wer $10/Person in bar fürs *Backcountry Camping* dabei hat, darf sich vor Ort vom Meeresrauschen in den Schlaf wiegen lassen. Am Ende des Sandstrands steht eine Toilette sowie ein Bären-Container (fürs Essen oder andere geruchsintensive Gegenstände). Etwas Abenteuergeist sollte man allerdings mitbringen, denn in dieser von Menschen nur wenig frequentierten Bucht sind **Wölfe** und **Schwarzbären** umso häufigere Gäste. Mit *Truck Camper* findet man auch ein ruhiges Plätzchen im ***San Josef Heritage Park*** unweit des *Trailheads* (rustikal, weder Strom noch Trinkwasser!).

Cape Scott Wanderung

Wendet man sich an der oben erwähnten T-Kreuzung nach rechts, kommt man nach 3 km zunächst zum Eric Lake und dann viele Kilometer später an den breiten Sandstrand *Nels Bight* sowie zum namensgebenden Cape Scott. Der ***Cape Scott Trail*** (***CST***) gilt als nördliches Pendent zum *West Coast Trail* (➤ Seite 366), ist aber mit gutem Schuhwerk bis auf die schlammigen Passagen vergleichsweise einfach und in durchschnittlich 2-3 Tagen zu bewältigen (48 km retour; *Tent Camping* $10). Erfahrenen Wildnis-Trekkern vorbehalten ist der ***North Coast Trail***, der ab *Nissen Bight* im *Cape Scott PP* entlang der (sehr!) abenteuerlichen Nordküste des Insel verläuft (zusätzliche 5-8 Tage).

Raft Cove

Wer schon die weite Anreise in Kauf genommen hat, könnte im Anschluss auch gleich noch einen Abstecher zum ***Raft Cove Provincial Park*** südlich der *San Josef Bay* machen (11 km *one-way* ab dem ausgeschilderten Abzweig von der Port Hardy-Straße). Zum breiten Sandstrand geht es wiederum nur zu Fuß: 1,7 km über Stock und Stein (und Baumwurzeln). Dort kann man meist Einheimische beim Surfen beobachten, an der Mündung des Mackjack River nach Fischotter Ausschau halten und für eine Gebühr von $5 pro Person sein Zelt aufschlagen.

Weiterfahrt ab Port Hardy

Für die Fortsetzung der Rundreise ab Port Hardy ist – egal in welche Richtung – eine Fährfahrt notwendig. Zurück nach **Vancouver** geht es am schnellsten mit dem Auto bis Nanaimo und von dort aufs Festland, alternativ auch über Victoria oder Comox (➤ *Sunshine Coast*, Seite 179). Nach Norden führen die Fähren direkt nach **Bella Coola** und **Prince Rupert**. Zur nächsten größeren Insel im Pazifik, **Haida Gwaii** (➤ unten), besteht keine direkte Verbindung, hier muss man zuerst Prince Rupert ansteuern und von dort dann nach Skidegate auf Graham Island übersetzen.

The Spirit of Haida Gwaii, die 6 m lange Skulptur am Abflugterminal des Vancouver International Airport ist ein Werk des Haida-Künstlers Bill Reid (1920-1998)

7.6 Ausflug nach Haida Gwaii

Graham Island

Neben den Verbindungen nach Vancouver Island und Alaska legt am *Ferry Terminal* von **Prince Rupert** auch die Fähre nach **Skidegate** ab, einem Dorf mit gerade 800 Einwohnern auf Graham Island. Die Insel gehört – gemeinsam mit Moresby Island sowie 200 kleinen Inselchen – zum **Haida Gwaii-Archipel**, das wie Kanadas »Last Frontier« wirkt. Zwar verläuft auf Graham Island, rund 50 km vom Festland entfernt, das letzte Stück des ***Yellowhead Highway* (#16)** von Skidegate hinauf an die Nordküste, aber der Rest des Eilands und der gesamten Inselgruppe gleicht nach wie vor einer durch Straßen nahezu unerschlossenen Westküstenwildnis.

Bis 2009 war Haida Gwaii (»Inseln der Leute« in der Sprache der indigenen Völker) offiziell unter dem Kolonialnamen *Queen Charlotte* bekannt. Diese Bezeichnung trägt heute nur noch eine zweite kleine Ansiedlung 6 km westlich der Fähranlegestelle. In **Charlotte**, wie sie meist liebevoll kurz genannt wird, befinden sich die meisten Unterkünfte und Restaurants. Empfehlenswert ist dort z.B. das ***Sea Raven Motel*** mit *Seafood*-Lokal; DZ ab $90; www.searaven.com.

Keine 100 km ist der Abschnitt des Hwy #16 zwischen Skidegate und **Masset** lang, einem Militärstützpunkt und Fischerhafen an der abgeschiedenen Nordküste mit 900 Einwohnern, einer recht überschaubaren Infrastruktur, etlichen hübschen Totempfählen und dem *Milemarker* »0« (direkt beim Besucherzentrum).

Gut die Hälfte der Bevölkerung von Haida Gwaii gehört der *Haida First Nation* an. Einen interessanten Einblick in ihr Kunsthandwerk sowie in die Geschichte ihrer Inseln vermittelt das ***Haida Heritage Centre & Museum*** in Skidegate. Nahrung war an diesen Küsten stets im Überfluss vorhanden, so konnte sich eine durchaus beachtenswerte und reiche Kultur entwickeln; 2 Second Beach Road; geöffnet im Juli/August täglich 9-17 Uhr und Do bis 20 Uhr, Mai/Juni/September sonntags geschlossen; Eintritt $16, Kinder $5-$12; www.haidaheritagecentre.com.

Moresby Island

Zur zweitgrößten Insel des Archipels, **Moresby Island**, gelangt man per Fähre (mehrere Überfahrten am Tag von Skidegate nach Alliford Bay; Dauer 20 min; $9/Person und $21/Fahrzeug), mit dem Wasserflugzeug oder ab Vancouver per Direktflug (tägliche *Air Canada*-Verbindung nach Sandspit, dem einzigen »Ort« im Nordwestzipfel von Moresby Island). Bis auf die gerade mal 13 km lange Strecke zwischen der Fähranlegestelle und Sandspit ist die Insel weitestgehend unberührt.

Die ***Gwaii Haanas National Park Reserve*** (1.470 km²) nimmt den gesamten Süden von Moresby Island und die umliegenden Inseln ein (*Gwaii Haanas* = »Inseln der Schönheit«). Der Zutritt wird nicht nur durch ein limitiertes Tageskontingent streng reguliert. Jeder, der sich keiner organisierten Tour anschließt, sondern den Nationalpark in Eigeninitiative besuchen möchte, muss vorab ein 1,5-stündiges Training (*orientation session*) im *Haida Heritage Centre* absolvieren. Sämtliche Details dazu unter www.pc.gc.ca/en/pn-np/bc/gwaiihaanas/visit/tarifs-fees/.

Anthony Island

Auch Teil des Parks ist die entlegene kleine Insel **Anthony Island** (*SGang Gwaii*). Sie birgt die bekannte *UNESCO*-Welterbestätte ***Ninstints*** (*SGang Gwaay llnagaay*) mit den Überresten einer jahrtausendealten *Haida*-Siedlung. Bevor sie in den 1860er-Jahren von einer Pocken-Epidemie und anderen Seuchen heimgesucht wurden, lebten dort an die 300 Menschen. Heute ist davon nicht mehr viel zu sehen außer 10 Ruinen und 32 stark von der Verwitterung gezeichnete Totempfähle.

Bat Star (Netzseestern)

Weltweit einzigartig ist die Vielfalt an farbenfrohen Seesternen in den weit abgelegenen und nur mit dem Kajak zugänglichen ***Burnaby Narrows*** (auch *Dolomite Narrows* genannt). In dem gerade mal 50 m breiten Kanal zwischen Moresby and Burnaby Island (*SGaay Kun Gwaii*) zählt man unvorstellbare 74 Netzseesterne/m²! Die bis zu 20 cm großen *bat stars* treten dort in nahezu allen Varianten auf, am häufigsten sind sie knallrot, orange, blau, pink oder grell lila . Dazu gesellen sich noch massenhaft Sonnenblumenseesterne und andere wundersame Meeresbewohner.

7.7 Weiterfahrt ab Prince Rupert: nach Watson Lake oder Prince George

7.7.1 Prince Rupert

Prince Rupert (über 12.000 Einwohner) liegt nur noch 50 km entfernt vom äußersten Südzipfel von Alaska und ist neben Vancouver der einzige bedeutende Überseehafen in British Columbia. Neben seinen verkehrstechnischen Vorzügen und der guten Lage zwischen Bergen und Meer bietet vor allem die landschaftlich grandiose Routenführung des *Yellowhead Highway* entlang des Skeena River bis New Hazelton (rund 280 km) das stärkste Motiv für den Besuch der Stadt.

Geschichte

Das Land an der Mündung des Skeena River ist traditionelles Siedlungsgebiet der *Tsimshian First Nation*. Erste weiße Niederlassung war das 1834 von der *Hudson's Bay Company* erbaute ***Fort Simpson*** (heute die Siedlung Lax-Kw'alaams) an der Spitze der Tsimpsean-Halbinsel nördlich von Prince Rupert. Am Südufer des Skeena

River östlich der Stadt entstand um 1870 **Port Essington**, das vom Fischereihafen mit Fischfabriken schnell zum kommerziellen Herzen der Region und Heimathafen der Schaufelraddampfer auf dem Fluss aufstieg. Als aber die *Grand Trunk Pacific* (heute *Canadian Nat'l Railway*) Schienen am Nordufer des Skeena River entlang verlegte und bis Kaien Island fortführte, übernahm ab 1914 Prince Rupert als dann aufblühender Getreide-, Holz- und Kohleexporthafen mit Fischfangflotte die Rolle von Port Essington. Letztgenannter verkam fast zur *Ghost Town*.

Mitte der 1960er-Jahre begann der langsame Aufstieg zum wichtigsten **Fährhafen** der ***Inside Passage***. Seit 1963 verkehren die ***Alaska State Ferries*** nordwärts bis Skagway/Haines und seit 1966 ***BC Ferry*** südwärts nach Vancouver Island. Mit dem Anschluss an die *Inside Passage* und der Eröffnung des *Cassiar Hwy* (1972) nach Watson Lake rückte die Stadt auch ins touristische Blickfeld.

Regen...

Prince Rupert ist mit **2.594 mm Jahresniederschlag** Kanadas regenreichste Stadt – das ist mehr als doppelt so viel wie in Vancouver und das Dreifache von Victoria. Auch die durchschnittlich fast 17 Stunden Bewölkung am Tag sind kanadischer Rekord. Wer Prince Rupert und die Fährstrecke nach/von Port Hardy allerdings bei guter Sicht ohne Regen oder gar bei Sonnenschein erlebt, wird die Entscheidung für diese Route nicht bereuen.

Fährverbindungen

Das ***Ferry Terminal*** in der *Fairview Bay* liegt 2 km südwestlich des Zentrums. Für Passagiere ohne eigenes Fahrzeug gibt es die Buslinie #55 in die Stadt; www.bctransit.com/prince-rupert.

Prince Rupert wird von *Greyhound*-Bussen und von der *VIA-Rail* bedient. Für Autofahrer ist die **frühzeitige Reservierung** der **Fähren unumgänglich**: www.bcferries.com.

Übernachten

In Anbetracht seiner Größe und des im Sommer starken Tourismus, ist die Zahl der Gästezimmer in Prince Rupert erstaunlich überschaubar geblieben. Die Tarife sind meist moderat:

- ***Pillsbury Guest House***, zentral gelegen am Bill Murray Way; nostalgisches Ambiente, DZ $95 mit exzellentem Frühstück; © (250) 624-2277, buchbar über Portale wie booking.com
- ***Totem Lodge***, 1335 Park Ave, das der Fähre nächstgelegene Motel, einfache DZ für $120; © 1-800-550-0178, www.totemlodge.com
- ***HI Pioneer Backpackers Inn***, 167 3rd Avenue East, sehr hübsche moderne Jugendherberge in zentraler Lage; Betten $35, DZ ca. $80; © 1-888-794-9998, www.hihostels.ca.

Auch für Camper ist die Auswahl nicht üppig. Der ***Prince Rupert RV Campground*** auf halbem Weg zwischen Fähre und Stadt ist bestens gelegen für die Übernachtung vor oder nach einer Fährstrecke; 1750 Park Avenue; mit Zelt $25, *full hook-up* $40-$55. Wegen der immer späten Ankunft sollten Fährennutzer reservieren unter © (250) 627-1000 bzw. www.princerupertrv.com.

Eine Alternative ist der ***Campground*** im ***Prudhomme Lake Provincial Park*** mit einfach angelegten, für Provinzparks verhältnismäßig kleinen Stellplätzen etwa 16 km östlich der Stadt direkt am *Yellowhead Hwy*; nur 24 Plätze ($20); im Sommer reservierbar: www.env.gov.bc.ca/bcparks/explore/parkpgs/prudhomme.

Downtown

Trotz seiner schönen Lage bietet der alte Stadtkern von Prince Rupert wenig. Die Küste von Kaien Island wird im westlichen Stadtgebiet ganz von Bahnlinie und Industrie blockiert. Das eher unattraktive **Geschäftsviertel** liegt etwas erhöht zwischen First und 3rd Ave; die 2nd Ave entspricht der Durchgangsstraße #16.

Immerhin präsentiert sich jetzt der Hafenbereich nordöstlich vom Zentrum renoviert und mit auffällig vielen **Totempfählen**. An der ***Cow Bay Marina*** residiert das Besucherzentrum der Stadt (✆ 1-800-667-1994; www.visitprincerupert.com). Dort legen kleinere Schiffe am *Atlin Terminal* an, das benachbarte ***Northland Cruise Terminal*** ist für 300 m lange Megaliner konzipiert. Im Hochsommer sieht man dort allerdings nur wenige »Riesenschiffe« – kein Vergleich zu Juneau, Ketchikan und Skagway in Alaska!

Das nahegelegene ***Breaker Pub*** ist eine populäre Sportbar mit toller Terrasse am Wasser; 117 George Hills Way; www.breakerspub.com. Sehr schön sitzt und isst man auch im ***Cow Bay Cafe*** gleich nebenan, ebenfalls direkt am Hafen.

Museum

Das ganz aufschlussreiche ***Museum of Northern BC*** für indianische Kunst, Kultur und regionale Geschichte befindet sich an der Zufahrt zu den *Terminals* (100 1st Ave West; geöffnet Juni-September täglich 9-17 Uhr, Rest des Jahres nur Di-Sa; $6, Kinder $2-$3; www.museumofnorthernbc.com). Zu dem Komplex gehört auch der historische Bahnhof und im Sommer kann man im benachbarten ***First Nation Carvin Shed*** lokalen Künstlern der *Tsimshian, Nisga'a, Haida* und *Gitxsan Nation* bei der Arbeit zusehen.

Aussichtspunkt & Trails

Die Zufahrt Wantage Road zum **Mount Hays** (704 m) zweigt beim unübersehbaren *Lester Centre of the Arts* eingangs der Stadt von der #16 (hier = McBride Street) ab. Der 9 km lange Fahrweg nach oben eignet sich nur für 4WD-Fahrzeuge. Ohnedem muss man ihn zu Fuß gehen. Von oben eröffnet sich der Blick über Prince Rupert, die Flugplatzinsel *Digby Island* gegenüber der Stadt sowie über die gesamte Insel- und Buchtenwelt der Umgebung.

So erleben die meisten Besucher Prince Rupert: regnerisch und nebelverhangen

Ausflug in die Nisga'a Nation

Kurz vor Terrace zweigt von der #16 der durchgehend asphaltierte ***Nisga'a Highway*** ab, der zum ***Nisga'a Memorial Lava Bed Provincial Park*** und dem ***Nass River Valley*** führt. In Verbindung mit der geschotterten *Nass Road*, die am Cranberry River in den *Cassiar Highway* mündet, bietet sie eine interessante Variante für eine Weiterfahrt nach Stewart/Hyder (➢ Exkurs Seite 403f).

Bis dorthin sind es über *Nisga'a Hwy* und *Nass Road* zwar ca. 10 km weniger als auf den asphaltierten Straßen #16 und #37, man benötigt jedoch mehr Zeit, denn die *Nass Road* wird nur mäßig instand gehalten.

Interessant am *Nisga'a Hwy* sind die vor etwa 250 Jahren durch einen Vulkanausbruch entstandenen, 22 km langen und bis zu 3 km breiten ***Tseax Lava Beds*** im (nahezu unaussprechbaren) ***Anhluut'ukwsim Laxmihl Angwinga'asanskwhl Nisga'a Provincial Park***, dem ersten von Indianern und Weißen gemeinsam verwalteten BC-Provinzpark (vereinfacht: *Nisga'a Memorial Lava Bed PP*). Bewundern darf man die erstarrten Lavaflüsse nur von der Straße und den Picknickplätzen aus. Die Broschüre im *PDF*-Format zur **»Self-Guided Auto Tour«** findet sich unter www.env.gov.bc.ca/bcparks/explore/parkpgs/nisgaa.

Weiter in das Parkinnere geht es nur auf der 3 km langen geführten *Lava Cone Tour* zum – nicht ganz so aufregenden – Aussichtspunkt am Kraterrand des Vulkans. Die Touren ($45, Kinder $35) starten am Wochenende sowie Mo+Mi um 10 Uhr beim Besucherzentrum (96 km nördlich von Terrace; geöffnet im Hochsommer Mi-Mo 9-17 Uhr). Gleich nebenan befinden sich 16 *first-come, first-served*-Stellplätze ($20).

Der Lava Lake im Nisga'a Provincial Park hat sich erst im 18. Jahrhundert ausgebildet, als der Tseax River durch den Lavafluss aufgestaut wurde

6 km östlich von Downtown führt (ab dem *Yellowhead Hwy*) der reizvolle ***Butze Rapids Interpretive Trail*** weitgehend eben durch den Regenwald zu kleinen, je nach Gezeitenstand scheinbar aufwärtsfließenden Stromschnellen. Der Naturlehrpfad ist insgesamt 4,5 km lang und beansprucht in etwa 1,5 Stunden.

Historic Fishing Village

Südlich der Brücke zwischen Kaien Island und Festland besteht die Möglichkeit zu einem Abstecher nach **Port Edward** (6 km) zur ***North Pacific Cannery Historic Site***. Mit unterhaltsamen *Live Shows* wird die Geschichte der ältesten an der Küste von BC erhaltenen ***Cannery*** erzählt, in der 1889-1958 Lachskonserven produziert wurden. Auf Führungen (11, 13 und 15 Uhr) erläutert man außerdem Fischfangmethoden und das Leben der Fischer-, Bootsbauer- und Arbeiterfamilien in dem nur im Sommer bewohnten, teils auf Holzstelzen errichteten Dorf; 1889 Skeena Drive; Mai-September tägl. 10-17 Uhr, $12/$8; www.northpacificcannery.ca.

7.7.2 Von Prince Rupert zum Cassiar Highway

Der *Yellowhead Hwy* stößt 35 km östlich von Prince Rupert auf den dort bereits fjordartig breiten **Skeena River**, und der Straßenverlauf **bis Terrace** ist dann kaum zu toppen. Die Idylle am breiten Fluss mit Gebirgspanorama und unzähligen Wasserfällen an den Steilhängen wird zwar durch die Fahrspuren und Eisenbahnschienen etwas »gestört«, aber dennoch gehört dieser Abschnitt der #16 zu den schönsten voll ausgebauten Straßen Kanadas.

Erst hinter New Hazelton verliert der *Yellowhead Hwy* deutlich an Reiz und östlich von Houston bietet er nichts mehr, was den bis dorthin gereisten Kanada-Urlauber »vom Hocker reißen« könnte.

Terrace

Unterkünfte sind auf dieser Strecke dünn gesäht, mit Ausnahme von **Terrace**, der einzigen größeren Stadt (11.500 Einwohner) zwischen Prince Rupert und Prince George, die primär von der Holzindustrie lebt. Der Name der Stadt geht auf ihre terrassenförmige Anlage über dem Skeena River zurück. Hier trifft man auch erstmals seit langem wieder auf **Kettenmotels**, darunter ein gutes *Comfort Inn* und *Holiday Inn Express* (im Sommer ca. $130). Das *Days Inn* ist etwas günstiger und bietet Zimmer schon ab $115.

Der städtische ***Ferry Island Municipal Campground*** ist sehr schön in einem Wäldchen angesiedelt, aber auf den zwei nördlicheren *Loops* wegen des Verkehrs über die Skeena River-Brücken ziemlich laut; 4301 Hwy 16 W, Zelte $20, RVs $28, © (250) 615-9657; www.terrace.ca/parks-recreation/ferry-island-campground.

Solche Probleme gibt es am *Furlong Bay Campground* im ***Lakelse Lake Provincial Park*** an der Straße #37 nicht (20 km südlich von Terrace; $28, mit *hook-up* $34). Der Park besitzt außerdem breite **Sandstrände** und einen großen Kinderspielplatz.

Weitere gute Stellplätze findet man 16 km östlich von Terrace im ***Kleanza Creek Provincial Park***; $20.

Einen Abstecher verdient das kleine Museumsdorf im ***Heritage Park***; 4702 Kerby Ave; im Sommer geöffnet 10-18 Uhr, sonst kürzer; Eintritt Spende; www.heritageparkmuseum.com.

Informationsblätter fürs *Sightseeing*, *Fishing Trips* auf dem Fluss und eine ganze Reihe von *Trails* in der Umgebung gibt es im ***Info Centre*** am *Yellowhead Hwy* westlich der Brücke über Ferry Island; 4511 Keith Ave; im Sommer 9-17 Uhr; www.visitterrace.com.

An der Johnstone St/Walsh Ave (Zufahrt nördlich des Zentrums über die Park Ave) beginnt der ***Terrace Mountain Nature Trail***. Der Weg läuft anfangs am Hang entlang etwas steiler bergauf, aber die herrlichen Aussichten auf dem Bergrücken belohnen die Mühe; ca. 5 km retour, 220 Höhenmeter.

Stichstraße nach Kitimat

Die #37, die östlich von der Brücke über den Skeena River vom *Yellowhead Hwy* nach Süden abzweigt, endet in **Kitimat**, einer 8.300-Einwohner-Stadt am *Kitimat Arm* des weit ins Land reichenden *Douglas Channel* (Info an der 2109 Forest Ave; im Sommer Mo-Fr 8.30-16.30, Sa+So 10-17 Uhr; www.tourismkitimat.ca).

Kitimat wurde Anfang der 1950er-Jahre als Standort für eine Aluminiumschmelzerei gegründet. Typisch für solche Werke ist der hohe Strom- und Wasserverbrauch. Beides ist dank eines Wasserkraftwerks im 75 km entfernten Kemano reichlich vorhanden.

Ansonsten liegt Kitimat inmitten unberührter Natur. Schön ist der ***Radley Park Campground*** am südlichen Ortsausgang Richtung Küste beiderseits des Kitimat River; 350 Haisla Blvd; Zelte $23, mit elektrischen Anschlüssen $27, © 250-632-8955.

Weiter auf der #16 oder nach Alaska

Auch **östlich von Terrace** folgt der *Yellowhead Hwy* weiterhin dem Verlauf des Skeena River durch nach wie vor reizvolle Landschaft. Ab **Kitwanga**, einem kleinen *First Nation*-»Nest« rund 235 km von Prince Rupert entfernt, verweilt man entweder auf der #16 bis Prince George bzw. bis zum *Jasper NP* (**Kapitel 7.7.4.**, ➤ Seite 408ff) oder man wendet sich nordwärts in Richtung Watson Lake auf dem ***Cassiar Hwy*** (#37). Interessant auch bei der Weiterfahrt nach Osten ist ggf. ein kurzer **Abstecher nach Hyder/Alaska** mit Besuch der *Bear Viewing Area* und des Salmon Glacier; ➤ unten.

7.7.3 Auf dem Cassiar Highway nach Watson Lake

Tankstellen sind am Cassiar Highway **dünn gesät**; am besten in Kitwanga volltanken, die nächste befindet sich erst 155 km weiter in Meziadin Jct

Bei der *Petro-Canada*-Tankstelle an der #16 südlich von Kitwanga weist ein Schild den Weg »***North to Alaska***«. Die 740 km lange Verbindungsstraße zwischen dem *Yellowhead Highway* und der Ortschaft Watson Lake am *Alaska Highway* wurde als durchgehender ***Cassiar Highway*** erst 1972 für den öffentlichen Verkehr freigegeben und lange überwiegend von *Trucks* genutzt. Heute zählt sie zu den populärsten **Touristenrouten** in Richtung Yukon. Wer noch den ursprünglichen Zustand des Nordens auf einer schmalen, der Topografie angepassten Straße erleben und mit dem Komfort einer durchgehenden Asphaltroute verbinden möchte, ist hier genau richtig.

Die Kombination ***Cassiar Hwy* (#37)** und ***Stewart Hwy* (#37A)** bildet – touristisch gesehen – eine Einheit und ist auch gut als **2-3-tägiger Ausflug ab dem *Yellowhead Highway*** machbar (500 km retour). Die Fahrt nach Hyder in Alaskas Süden und der *Salmon Glacier* zählen zum Besten, was diese Region Besuchern zu bieten hat; www.stewartcassiarhighway.com.

Von einer »richtigen« Ortschaft mit entsprechender Infrastruktur kann entlang der Strecke nur im Fall von **Stewart** (500 Einwohner) die Rede sein. **Meziadin Junction** (an der Kreuzung #37/37A) fungiert lediglich als Versorgungszentrum und ist auf Durchgangsverkehr ausgerichtet mit Tankstelle, *General Store* und einem Hotel (EZ $65, DZ $85; www.meziadin.com).

Kitwanga

Erster Anlaufpunkt entlang des *Cassiar Hwy* ist aber **Kitwanga** (*Gitwangak* bzw. »Land der Hasen«) mit einer Missionskirche (***St. Paul's Church*** von 1893), die sich mit einem hölzernen Glockenturm und ein paar alten Totempfählen umgibt; nach der Brücke über den Skeena River gleich rechts. Etwas weiter nördlich in dieser kleinen *Gitxsan First Nation*-Siedlung liegt die ***Gitwangak Battle***

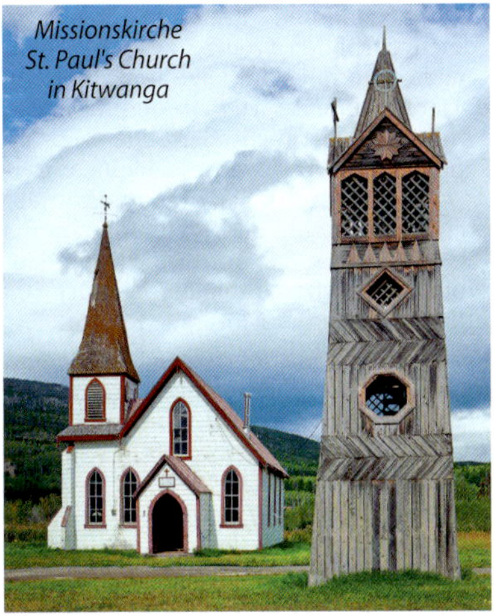
Missionskirche St. Paul's Church in Kitwanga

Hill National Historic Site, wo die Indianer im frühen 19. Jahrhundert eine Art »Befestigungsanlage« errichtet haben und sich gegen rivalisierende Stämme zur Wehr setzten. Ein Lehrpfad (1 km) erläutert die Geschehnisse auf dem Weg zum *Battle Hill.*

21 km vom *Yellowhead Highway* entfernt, weist ein unauffälliges Schild auf die ***Gitanyow Historic Village*** hin. Dort steht eine der größten und ältesten Totempfahl-Sammlungen an ihrem Originalstandort, darunter auch »***Hole in the Ice***« (1850), der in seinem unteren Abschnitt eine ungewöhnliche, toll verzierte Öffnung aufweist. Sie soll eines der Löcher darstellen, das während eines besonders strengen Winters in den zugefrorenen Fluss zum Fischen gehackt werden musste, um eine ganze Siedlung vor dem Hungertod zu bewahren. Bei einigen *Totem Poles* handelt es sich zwar lediglich um Replikas, dennoch sind sie absolut sehenswert!

Auf etwa halber Strecke bis zum nächsten Straßendreieck Meziadin Junction mündet bei **Cranberry Junction** die aus Terrace kommende ***Nass Forest Road*** in die #37 ein (➤ Exkurs Seite 400).

Abstecher nach Hyder/Alaska

Bei **Meziadin Junction**, rund 155 km nördlich der #16, beginnt die Stichstraße #37A nach Stewart/Hyder. Kurz davor passiert man noch die Zufahrt zum ***Meziadin Lake Provincial Park*** am Ostufer des gleichnamigen Gewässers mit vielen Stellplätzen in herrlicher Umgebung direkt am Wasser oder in erhöhter Position mit Aussicht über Berge und See; $22, *hook-up* $27. Etwa ein Drittel davon ist reservierbar von Mitte Mai bis Mitte September: www.env.gov.bc.ca/bcparks/explore/parkpgs/meziadin_lk.

Bear Glacier

Grandiose Landschaft begleitet den Verlauf der **#37A**. Wasserfälle stürzen von den Hängen neben der Straße, Eisfelder glitzern von den hohen Berggipfeln. Nach 24 km rückt der eindrucksvolle ***Bear Glacier*** mit Gletschersee **Strohn Lake** ins Blickfeld. Zu Beginn des 20. Jahrhunderts erreichten die Eismassen noch den gegenüberliegenden Berghang, wo in der Höhe die alte Straße verlief. Von der *Picnic Area* am Ostende des Sees (etwas abseits) oder vom Aussichtspunkt an dessen Westende hat man den besten Blick auf den blau schimmernden Gletscher in ein paar hundert Metern Entfernung. Weiter geht es am **Bear River** entlang und durch seine malerische Schlucht. In der Höhe sieht man häufig Dallschafe und Bergziegen. Nach 60 km auf der #37A ist Stewart erreicht.

Stewart

Stewart liegt – umringt von hohen Gipfeln – am Ende des 180 km langen ***Portland Canal***, der natürlichen Grenze zwischen dem Südzipfel Alaskas und Kanada. Die hübsche Lage und die halboffene Grenze bilden die Attraktion des Ortes, in dem es außer dem lokalen ***Stewart BC Museum*** sonst nichts Besonderes zu sehen gibt. Es ist in einem ehemaligen Verwaltungsgebäude untergebracht. Zahlreiche Fotos und Ausstellungsstücke dokumentieren die kurze, aber bewegte Geschichte der Region. Da im Eis und Schnee der nahen Gletscher diverse Kinofilme entstanden, schmücken auch Fotos von den Dreharbeiten die Wände; 703 Brightwell Street; geöffnet Mai-September Mo-Fr 10-16 Uhr.

Der Abstecher nach Alaska und zum *Salmon Glacier* ist ab dem *Yellowhead Hwy* nicht an einem Tag zu bewältigen, am besten bleibt man gleich in Stewart, wo eine Handvoll **Quartiere** (empfehlenswert z.B. das von Österreichern geführte *B&B House Austria*; DZ ab $90) und ein **Saloon** auf Gäste warten.

Stellplätze bieten der *Bear River RV Park* im Wald am Westende der 8th Ave ($23, *full hook-up* $46, © (250) 636-9205, www.bearriverrvpark.com), der städtische *Rainey Creek Campground* bei der Brücke ($26, nur Strom; © (250) 636-2537) sowie in Hyder das *Camp Run-A-Muck* an der Straße zum *Salmon Glacier* (Zelte $18, *full hook-up* $34; © 1-888-393-1199, www.sealaskainn.com).

Hyder

Keine 5 km hinter Stewart liegt **Hyder**, »*Alaska's friendliest Ghost Town*«. An der internationalen Grenze wird heute nur bei der Einreise nach Kanada kontrolliert, in die USA nicht, zumal in Hyder jegliche Verbindung zu anderen Orten in Alaska fehlt.

Grenze USA/ Kanada

Auch wenn die Grenze praktisch bedeutungslos ist, teilt sie doch offiziell zwei Nationen. In beiden Orten gelten unterschiedliche Gesetze und Regelungen, das betrifft sogar die Zeitzonen: Hyder liegt in der ***Alaska Time Zone*** (1 Stunde »Zeitgewinn« gegenüber ***Pacific Time*** in Stewart/Kanada). Selbst auf den Alkoholverkauf und -ausschank wirkt sich die Grenze spürbar aus, die Bars in Hyder bleiben länger geöffnet.

Das Interesse mancher Besucher gilt Hyders **Postamt**, denn die Lieben daheim kann man von dort aus – ohne Reise ins noch weit entfernte Kernland – mit »Post aus Alaska« beglücken; sonntags und mittags (13-14 Uhr) geschlossen. Dort wird mit US-Dollars bezahlt, überall sonst im Ort in kanadischer Währung.

In Hyder liegt der »Hund begraben«, nur die Sommertouristen bringen ein bisschen Betrieb

Fish Creek Wildlife Viewing Area

6 km nördlich des Ortes wartet im *Tongass National Forest* an der geschotterten – bis dahin gut befahrbaren – Salmon River Road ein Naturschauspiel der besonderen Art. Zwischen **Ende Juli und Anfang September** ziehen im flachen Wasser des **Fish Creek** mächtige Keta- und Buckellachse bachaufwärts. Von einer fast 200 m langen, auf Stelzen errichteten *Walkway*-Aussichtsplattform kann man beobachten, wie nur wenige Meter tiefer **Braun**- wie auch **Schwarzbären** mit den fast bewegungslosen Lachsen leichtes Spiel haben und genüsslich ihren Fang vertilgen. Morgens und ab dem späteren Nachmittag sind die Chancen dafür am besten. Oft herrscht dort ein ziemlicher Andrang. Aber weder von Menschen noch von den Weißkopfseeadlern, die bisweilen über dem Geschehen kreisen, lassen sich die hungrigen Bären sonderlich stören. Der Zugang zur *Viewing Area* ist nur tagsüber von 6-22 Uhr gestattet; $5; www.fs.usda.gov/detail/r10/specialplaces/?cid=fsbdev2_038787.

Kleiner Schwarzbär mit Riesenfang

Salmon Glacier

Hinter der Brücke über den Fish Creek folgt die Straße zunächst dem **Salmon River** und danach geht es kurvenreich und holprig weiter. Die ca. 18 km ab Fish Creek bis zu den ersten Aussichtspunkten auf den ***Salmon Glacier*** sollte man auch bei schlechtem Zustand der Rumpelpiste durchhalten. Der Blick auf diesen Gletscher ist auf den folgenden 9 km bis zum ***Summit Viewpoint*** absolut überwältigend. Eine gute **Auto-Tour-Broschüre** liegt im *Visitor Info Centre* an der #37A in Stewart aus; online als PDF unter www.stewartcassiarhighway.com/attractions/salmon-glacier.

Ende Juli, in manchen Jahren auch erst im August, bietet sich ein eindrucksvolles Naturereignis: Unter dem Druck des Schmelzwassers bricht die Eiskruste des Summit Lake oberhalb des Gletschers auf, und eine Flut aus Eisschollen, Baumstümpfen und Geröll geht im Salmon River zu Tal.

Salmon Glacier im äußersten Südzipfel Alaskas, ca. 20 km entfernt vom Grenzort Hyder

Von Meziadin Junction nach Watson Lake

Eingerahmt von Coast Mountains im Westen und Skeena Mountains im Osten besitzt die Strecke von Meziadin Junction bis Iskut (vor allem im südlichen Bereich) landschaftlich fantastische Abschnitte, die vom *Alaska Highway* kaum mehr in ähnlicher Art erreicht, geschweige denn überboten werden. Man sollte sich daher, wenn möglich, etwas mehr Zeit nehmen, als die unbedingt nötigen Tage für das reine Abfahren.

An der Brücke über den Bell Irving River, ca. 95 km nördlich von Meziadin Junction, steht die ***Bell II Lodge***. Dieser komfortable Servicekomplex verfügt über Tankstelle (im Sommer 8-22 Uhr), *Coffee Shop*, Restaurant, gemütliche *Chalets* ($210-$230), kleinere Doppelzimmern ($190) und *Campground* (Zelte $25, *full hook-up* $47). Die Benutzung von Sauna und Whirlpool ist für *Lodge-* wie Campgäste inklusive; © 1-888-499-4354, www.bell2lodge.com.

Seen im Tal des Iskut River

Jenseits der *Lodge* verläuft der *Cassiar Highway* bis Iskut im langgestreckten Flusstal des Iskut River mit zahlreichen Seen, an deren Ufer sich weitere *Campgrounds* und *Resorts* befinden.

Auf exakt halber Strecke zwischen *Yellowhead* und *Alaska Highway* liegt der glasklare **Kinaskan Lake**. Der gleichnamige *Provincial Park Campground* an seinem Südufer besitzt viele wunderbar angelegte Stellplätze direkt am Wasser ($20).

Eher nur eine Notlösung ist das ***Tatogga Lake Resort*** 15 km südlich von Iskut. Die Anlage war früher gut geführt, wirkte aber im Sommer 2019 etwas heruntergekommen und ungepflegt; *hook-up* $30; *Cabins* $50-$120; www.tatogga.ca.

Schon fast in Iskut bietet die ***Red Goat Lodge*** wieder tolle Zelt- und RV-Plätze mit *hook-up* am See sowie Mietkanus an. Wer ein Dach über dem Kopf sucht, ist dort ebenfalls richtig; ca. $130 fürs einfache DZ; © 1-888-REDGOAT, www.redgoatlodge.ca.

Eine gute kommerzielle Campadresse ist auch ***Mountain Shadow***, ca. 6 km weiter nördlich. Der Platz liegt zwar nicht direkt an einem See, aber ruhig abseits der Straße und ist gepflegt; auch *Cabins* vorhanden; © (250) 234-3333, www.mtshadowrvpark.com.

Cassiar Hwy im Tal des Iskut River

Westlich des Cassiar Hwy umschließt der Mount Edziza PP eine karge unerschlossene Lavalandschaft; den Eve Cone östlich von Telegraph Creek sieht man nur aus der Luft (➤ links) oder als Backpacker

Nördlich von Iskut durchquert die #37 den ***Stikine River Provincial Park***, welcher die ***Mount Edziza*** und ***Spatsizi Plateau Wilderness Provincial Parks*** miteinander verbindet. Westlich der Flussbrücke beginnt der beinah 75 km lange ***Grand Canyon of the Stikine River*** mit Wänden bis zu 300 m Höhe.

Die Siedlung **Dease Lake** am Südende des gleichnamigen Sees verfügt über Großtankstelle, mehrere Shops, Restaurants und Motels und ist wichtige Etappe für die Versorgung des Durchgangsverkehrs.

Telegraph Creek Road

Von Dease Lake startet die 69 km lange, landschaftlich reizvolle *Telegraph Creek Road* zum Osthang der Coast Mountains und zum namensgebenden Nest am Endpunkt des ***Grand Canyon of the Stikine River***. Die Strecke weist ein Gefälle von bis zu 20% auf und ist z.T. sehr exponiert; nicht bei Nässe und nicht RV-tauglich (mit Ausnahme von 4WD *Truck Camper*!). Telegraph Creek ist Startpunkt für Trips in die nur mit Buschflugzeug und über Wander- und Reitpfade zugängliche Wildnis des *Mount Edziza PP*.

Jade City

Ab Dease Lake folgt der *Cassiar Hwy* dem Verlauf des Dease River. Nachdem die Straße das Flussbett verlassen hat, passiert man die winzige Jade City mit einem interessanten ***Shop***, der den grünen Schmucksteinen gewidmet ist; www.jadecity.com.

Boya Lake

Glasklar und türkisblau präsentiert sich der **Boya Lake**, der im Hochsommer zudem mit angenehmen Badetemperaturen überrascht. Sehr beliebt und wunderschön ist an seinem Ufern der *Campground* des ***Tā Ch'ilā Provincial Park*** mit Kanu-/Kajakverleih. Die kurze Zufahrt (2 km) zweigt 85 km südlich des *Alaska Hwy* von der #37 ab. Die besten der insgesamt 44 Plätze ($20) findet separat vom Hauptareal, wer sich ab der Einfahrt konsequent rechts hält; www.env.gov.bc.ca/bcparks/explore/parkpgs/tachila.

Alaska Highway

Nach Erreichen des *Alaska Highway* macht es Sinn, zunächst einmal Watson Lake anzusteuern, nicht nur aufgrund des großen Yukon-Besucherzentrums, sondern in erster Linie wegen dem ***Signpost Forest*** gleich nebenan, den man einfach gesehen haben muss. Das damit verbundene doppelte Abfahren der 20 km bis Watson Lake, lässt sich verschmerzen. Alles Weitere zu **Watson Lake** etc. findet sich im **Kapitel 8.2.3**, ➤ Seite 430ff.

7.7.4 Auf dem Yellowhead Hwy weiter nach Prince George

»Die Hazeltons«

Rund 40 km östlich von Kitwanga liegen am *Yellowhead Hwy* die drei Ortschaften South, New und Hazelton – ***The Hazeltons*** – in einem weiten Tal rund um den Zusammenfluss von Skeena und Bulkley River. Sie sind von den meist auch im Sommer schneebedeckten Hazelton Mountains umgeben. Während **New** und **South Hazelton** erst Anfang des 20. Jahrhunderts mit dem Eisenbahnbau entstanden, war »**Old Hazelton**« (wie Hazelton oft genannt wird) bereits 1886 geschäftiger Endpunkt der Schaufelraddampferflotte auf dem Skeena River. Im Kern hat das Dorf sein Ambiente des frühen 20. Jahrhunderts bewahrt.

Indianerdorf

Die kleine Straße dorthin ist ab New Hazelton ausgeschildert. Sie überquert auf einer sehenswerten **Hängebrücke** den *Hagwilget Canyon* des Bulkley River. Mit insgesamt nur sieben aneinandergereihten (nachgebauten) Langhäusern der *Gitxsan First Nation* ist das ***'Ksan Historical Village*** (Aussprache: »*GIT-san*« bzw. »*käh-SAN*«) am Rande von Old Hazelton recht überschaubar. Die Anlage des Dorfes wurde 1970 als Touristenattraktion konzipiert und ist wegen der Mal- und Schnitzarbeiten sehenswert (tolle Totempfähle vor den Langhäusern!).

Der Eintritt aufs Gelände mit Museum, Restaurant und Holzschnitzer-Werkstatt kostet $8; geöffnet im Sommer täglich 10-17 Uhr. Weitere drei Häuser können im Rahmen einer 45-min-Führung ($15/$10) von innen besichtigt werden; www.ksan.org.

Der ***'Ksan Campground*** gleich hinter dem *Village* bietet schöne Plätze im Grünen in kurzer Distanz zum Fluss, 1450 River Rd, Zelte $20, *hook-up* $40; ✆ (250) 842-5940; www.ksancampground.com.

Wer sich für ***Totem Poles*** intensiver interessiert, könnte bis zum *Gitxsan*-Indianerdorf **Kispiox** (www.kispioxband.com) fahren (von Hazelton 14 km nördlich), wo allein am Totem Drive an der Einmündung des Kispiox River in den Skeena River über 15 weitere dieser aus Rotzedern geschnitzten Pfähle stehen.

Ksan Historical Village in Hazelton

Gitxsan posieren für die Kamera

Moricetown Canyon

Der ***Yellowhead Hwy*** folgt von nun an einem Nebenfluss des Skeena River, dem Bulkley River, und passiert rund 35 km südlich von New Hazelton den ***Moricetown Canyon*** bei der kleinen gleichnamigen Siedlung der *Wet'suwet'en*. Dort muss sich der Fluss tosend durch eine wenige Meter breite Verengung seines Bettes zwängen.

Die ***Wet'suwet'en First Nation*** (auch *Witsuwit'en*) hat sich das Recht erhalten, nach alter Fasson in den Stromschnellen vor dem Engpass mit hakenbewehrten Stangen Lachse zu stechen. Im Spätsommer, wenn zahllose *king, coho, sockeye* und *pink salmon* stromaufwärts schwimmen und das Hindernis zu überwinden versuchen, hat man dort die Chance Indianer bei dieser Fangmethode zu beobachten. Oberhalb der Schlucht befinden sich beiderseits der Brücke Park- sowie Picknickplätze; www.wetsuweten.com.

Smithers

Die nächste Brücke überquert den Bulkley River 35 km flussaufwärts in der Kleinstadt **Smithers** mit guter Infrastruktur (Unterkünfte, Restaurants, Supermarkt etc.). Das *Visitor Centre* steht im Central Park und informiert ausführlich über das Angebot an *Outdoor*-Aktivitäten in der Region; 1411 Court Street; © 1-800-542-6673, www.tourismsmithers.com.

Als Übernachtungsplatz in Frage kommen der städtische ***Riverside Municipal RV Campground*** (schön am Fluss gelegen; 3843 19th Avenue, Zelte $21, *hook-up* $34, © (250) 847-1649) sowie der ***Campground*** des ***Tyhee Lake Provincial Park*** am **Sandstrand** des gleichnamigen Sees (Zufahrt 10 km südlich der Stadt; $27; im Sommer ein Drittel der 59 Stellplätze reservierbar; www.env.gov.bc.ca/bcparks/explore/parkpgs/tyhee_lk).

Fossilien

Ein interessantes Ziel rund 15 km nordöstlich von Smithers ist der ***Driftwood Canyon Provincial Park*** mit einem ***Fossil Bed***, aus dem 50 Mio. Jahre alte Petrefakte ausgegraben wurden, darunter versteinerte Lachse, Wespen, Wasserläufer sowie Blätter und Zweige von Nadelbäumen. Der Park verfügt über einen Naturlehrpfad und Picknicktische, hat aber keinen *Campground*.

Museumsdorf Fort St. James

Seenplatte

Bei **Houston**, einem Ort der sich voll und ganz der Holzwirtschaft verschrieben hat, lässt der *Yellowhead Highway* die Gebirgslandschaft endgültig hinter sich und man erreicht die **Seenplatte des *Interior Plateau***. Gleichzeitig wird die Strecke monotoner und bietet bis zum 310 km entfernten Prince George keine nennenswerten Höhepunkte mehr.

Im Spätsommer/Herbst lohnt sich ausgehend von **Topley** ein 35-km-Abstecher nach Norden. Dort, wo die asphaltierte #118 (Stichstraße zum **Babine Lake**, dem mit 153 km längsten, auf natürliche Weise entstandenen See in BC) den Fulton River überquert, quälen sich alljährlich Ende August/Anfang September in dem von Menschenhand geschaffenen **Laichkanal** weit über 100.000 (knallrote) Blaurückenlachse flussaufwärts; www.pac.dfo-mpo.gc.ca/sep-pmvs/projects-projets/fulton/fulton-eng.html.

Ein ähnliches Naturschauspiel spielt sich nur wenig weiter südlich am ***Pinkut Creek Spawning Channel*** ab, der allerdings normalerweise nicht frei zugänglich ist. Interessierte müssen sich dort anmelden: www.pac.dfo-mpo.gc.ca/sep-pmvs/projects-projets/pinkut/pinkut-eng.html (45 km *one-way* von der Ortschaft Burns Lake).

Ausflug in den Tweedsmuir Provincial Park

Von **Burns Lake** führt eine asphaltierte Straße (#35) nach Süden zum François Lake. Von dessem Südufer (die 15-min-Überfahrt mit der Fähre ist frei; 5.30-23 Uhr; www.francoislakeferry.com) geht es auf Schotter weiter zum **Ootsa Lake** (insgesamt 65 km), der durch den 1952 erbauten *Kenney Dam* aufgestaut wurde und zur Stromversorgung der Aluminiumschmelzerei in Kitimat (➤ Seite 401) dient. Aus dem Staubecken wird das Wasser größtenteils westwärts über Kemano in den Pazifik abgeleitet statt in natürlicher Richtung ostwärts zum Fraser River. Das Reservoir ist auch unter dem Namen *Nechako* bekannt und ein beliebter Ausgangspunkt für Bootstouren durch absolute Wildnis auf den verbundenen Stauseen im einsamen Nordteil des ***Tweedsmuir Provincial Park***.

Weiter auf der #16

Zurück an der #16, wartet am Ostende des Fraser Lake ein **Sandstrand** sowie der schön teils im Wald angelegte *Campground* des

Beaumont Provincial Park. Bären, Elche, Adler und andere Wildtiere gesellen sich dort gelegentlich zu den Gästen; $22, fünf *Walk-in Sites*, die übrigen Plätze sind den Sommer über reservierbar: www.env.gov.bc.ca/bcparks/explore/parkpgs/beaumont.

Fort St. James Living Museum

Im weiteren Verlauf des *Yellowhead Hwy* zweigt westlich von Vanderhoof die Straße #27 zur kleinen **Ortschaft Fort St. James** ab (54 km *one-way*). Sie beherbergt die gleichnamige ***National Historic Site***. Einige Originalblockhäuser (1884-89) rufen die Zeit der Erschließung des kanadischen Westens durch die Pelzhandelsgesellschaften wach. Zeitgenössisch gekleidete »Bewohner« erläutern und stellen das Alltagsleben wie im Jahre 1896 nach.

Im Besucherzentrum werden außerdem Ausstellungen und eine *Video-Show* präsentiert; geöffnet Mitte Mai bis Anfang September täglich 9-17 Uhr; $7,80; www.pc.gc.ca/en/lhn-nhs/bc/stjames.

Bereits 1806 hatte *Simon Fraser* für die *North West Company* die Handelsniederlassung Fort St. James am Südostende des *Stuart Lake* gegründet. Sie entwickelte sich bald nach der Verschmelzung mit der *Hudson's Bay Company* zum kommerziellen Zentrum und Verwaltungssitz der damaligen Provinz ***New Caledonia***, die den Großteil des heutigen Festlandgebietes von BC umfasste.

Lohnt der Abstecher?

Wer die wesentlich größeren ***Historical Parks*** **Barkerville** oder **Fort Steele** gesehen hat oder noch besuchen wird, kann auf den Umweg über Fort St. James verzichten. Aber so es gerade passt, lässt sich der Ausflug – wunderbar mit einer Übernachtung – auf einem der tollen Provinzpark-Campingplätze verbinden:

- Im ***Paarens Beach PP*** liegen am Südufer des (warmen) Stuart Lake etliche gute Stellplätze ($22) unmittelbar am Sandstrand.
- Ähnliches gilt für den ***Sowchea Bay PP*** ca. 9 km weiter westlich, dort aber mit etwas kleineren Campingarealen; $20.

Beide sind im Sommer reservierbar, verfügen aber auch über etliche *first-come, first-served sites*.

Eine Wanderung im ***Mount Pope Provincial Park*** wäre ein zusätzliches Motiv für den Abstecher. Nordwestlich von Fort St. James geht es knapp 800 Höhenmeter und 6,5 km hinauf zum Mount Pope, von dessen Gipfel (1.472 m) man eine herrliche Fernsicht genießt; Zeitbedarf 4-5 Stunden.

Als Quartier kommt in Fort St. James im Prinzip nur das ***The View Hotel*** in Frage; Zimmer ab $135 (zum Teil mit Seeblick und *Kitchenette*); © 1-855-996-8737, www.theviewhotel.ca.

Nach Prince George

Von **Vanderhoof** (mit etwas besserer Infrastruktur und einer Handvoll Unterkünfte) sind es noch fast 100 km bis **Prince George**. Die Beschreibung der größten Stadt im zentralen und nördlichen British Columbia sowie der Weiterfahrt in Richtung Jasper National Park erfolgte bereits in **Kapitel 2.2.3** (➤ Seite 203).

Wer seine Rundfahrt über Vancouver Island und Prince Rupert wieder am Ausgangspunkt Vancouver beenden möchte, folgt ab Prince George dem *Cariboo Hwy* (#97) nach Süden; ➤ Seite 197f.

Glasklare, traumhafte Bergseen muss man sich nicht immer hart »erwandern«, manche von ihnen liegen direkt neben der Straße, so auch der Emerald Lake am Klondike Highway

Durch Kanadas hohen Norden

8. ALASKA HIGHWAY UND NEBENSTRECKEN IN KANADA

8.1 Zum Reisen im hohen Norden

Eine Reise per Auto in die Nordwestregion Kanadas und/oder nach Alaska ist heute kein riskantes Abenteuer mehr. Bis Ende der 1970er-Jahre dagegen, als selbst der *Alaska Highway* noch überwiegend aus Schotter bestand, waren solche Touren nicht unproblematisch. Mit der kompletten Asphaltierung der in den hohen Norden führenden Straßen und der wichtigsten Nebenrouten bedarf der Trip in den Norden heute nicht einmal mehr besonderer Vorbereitung. Er stellt auch keine sonderlichen Ansprüche an Fahrer, Fahrzeug und Ausrüstung. Trotzdem gibt es noch einige Aspekte, die vor jeder Reise in Gebiete jenseits des 60. Breitengrades bedacht werden sollten. Denn Fahrten in den Norden sind lang, und ab Mitte September kann Schneefall Nebenstrecken unpassierbar machen.

Wer ausreichend Zeit mitbringt und mückenfeste Kleidung im Gepäck hat, kann in den nördlichen Breiten unvergessliche Urlaubstage verbringen. Grandiose Landschaften in absoluter Einsamkeit, Goldrauschrelikte und lange Sommertage gefolgt von sternklaren Nächten und Nordlicht garantieren außergewöhnliche Eindrücke und Erlebnisse. Zudem wird in Alaska keine *Sales Tax* erhoben, sodass der Aufenthalt – bei vergleichbarem Preisniveau – dort etwas preiswerter ist.

8.1.1 Die Hauptrouten

Straßenzustand

Das Außergewöhnliche findet man heute allerdings eher auf Neben- als auf den Hauptstrecken. Wo früher etwa der ***Alaska Highway*** dem Auf und Ab der Topografie folgte und unzählige Zufahrtsmöglichkeiten zu Wildwassern und idyllischen Seen bot, erlaubt die hochgelegte, begradigte Trasse heute nur noch selten ein Verlassen der Straße. Ein Teil des alten Reizes ging damit verloren. Die im Sommer erstaunlich zahlreichen ***Motorhomes*** bezeugen, dass zumindest *Alaska, Cassiar* und *Klondike Highway* ohne weiteres von allen Fahrzeugtypen befahren werden können. Speziell diese Straßen sind überwiegend bestens ausgebaut und besitzen eine mehr als ausreichende Dichte an Tankstellen, Motels und Campingplätzen. Der größte Abstand zwischen zwei Tankstellen beträgt am *Alaska Highway* nur noch 115 km (zwischen Whitehorse und *Otter Falls Cutoff* kurz vor Haines Junction; www.otterfallscutoff.com).

Alternative Routen

Zu einzelnen Abschnitten des *Alaska Highway* gibt es aber immer noch reizvolle Alternativstrecken. Yukon kann man z.B. ab Whitehorse auch auf der **Kombination *Klondike Highway*** (voll asphaltiert bis Dawson City, über Carmacks)/***Top of the World Highway/Taylor Highway*** (bis nach Tok/Alaska) durchfahren.

Dies ist die mit Abstand populärste **Umgehung des *Alaska Hwy*** – mit rund 200 Zusatzkilometern, davon 120 km auf Schotter. Aber selbst die größten Wohnmobile können die Schotterpassagen von *Top of the World* und *Taylor Highway* vollkommen problemlos befahren. So begegnet man auf dieser Route auch oft mehr Wohnmobilen als PKWs.

In British Columbia bietet der mittlerweile ebenfalls durchgehend befestigte ***Cassiar Highway*** eine ausgesprochen attraktive Umgehungsmöglichkeit des *Alaska Highway*. Er wurde im letzten Kapitel ausführlich beschrieben.

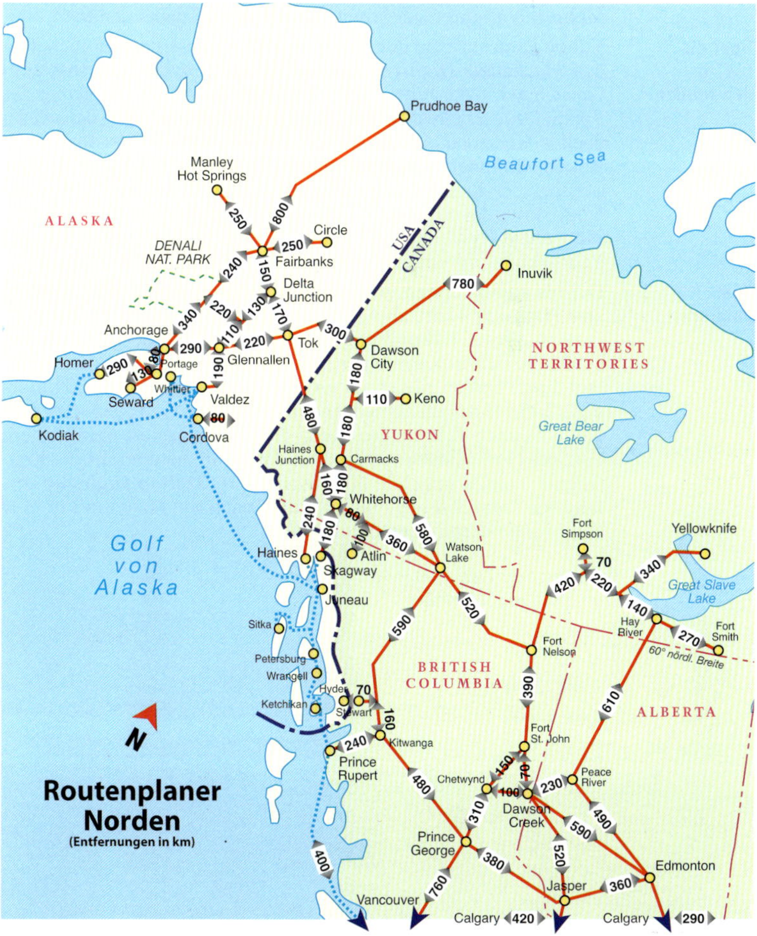

Routenplaner Norden
(Entfernungen in km)

Reiserouten

Bei Kombination dieser Straßen sind heute im Norden sehr schöne **Rundfahrten** unterschiedlichster Streckenlänge und Dauer möglich, ohne dass längere Abschnitte doppelt gefahren werden müssen. Bei knapper Zeit vermittelt bereits **ein einwöchiger Abstecher** ab Prince George über Fort St. John und Watson Lake (*Alaska Highway*) nach Stewart/Hyder (südlichster Ort von Alaska) und zurück nach Prince George oder Prince Rupert (von dort Fähre nach Vancouver Island) einen guten Eindruck vom Reiz des Nordens. Wer mehr Zeit hat, könnte eine **achtförmige Rundreise** erwägen, die u.a. Dawson City, einen »Schlenker« über Tok/Alaska, Haines und Skagway-Fähre (➤ Seite 446) einbezieht. Mehrere Varianten der Streckenführung sind dabei denkbar.

Über die NWT in den Norden

Yukon kann statt auf dem *Alaska* oder *Cassiar Highway* auch über den ***Mackenzie Highway*** angesteuert werden, der zunächst zum Great Slave Lake führt. Von Edmonton bis zur Abzweigung des *Yellowknife Highway* ist er durchgehend asphaltiert, danach jedoch – wie auch Abschnitte des die Northwest Territories mit Yukon verbindende ***Liard Highway*** – geschottert. Über diese – gegenüber der Route Edmonton-Dawson Creek-Fort Nelson – um 1.600 km (davon insgesamt 470 km Schotter auf *Liard* und *Mackenzie Hwy*) längere Strecke (einschl. eines Abstechers nach Yellowknife) informiert Kapitel 10, ➤ ab Seite 534.

Zum Polarkreis

Der bis auf die ersten und letzten Kilometer geschotterte ***Dempster Highway*** führt ab *Klondike Highway* östlich von Dawson City zum fast 740 km entfernten Inuvik (NWT), der nördlichsten Stadt, die sich in Kanada per Auto erreichen lässt. In seinem Verlauf durch Yukon gibt es auf einer Distanz von nahezu 500 km lediglich ein Hotel und eine Handvoll einfacher *Campgrounds*. Auf den einsamen Kilometern durch die NWT passiert man nur ein einziges Dorf. **Alaska** verfügt über die nördlichste Straße des Kontinents: Der zu ungefähr 50% asphaltierte ***Dalton Highway*** entlang der *Trans-Alaska Pipeline* endet nach rund 670 km kurz vor den Erdölfeldern in der Prudhoe Bay.

Farbrausch am Dempster Hwy Anfang September

8.1.2 Der Zeitfaktor

Zeitbedarf/ Anfahrt

Gut Ding will Weile haben! Eine komplette Rundreise durch Kanadas Norden **und** das Kernland Alaskas einschließlich einiger Nebenstrecken ist – ohne Fährbenutzung – unter 7.000 km und einer absoluten **Minimalzeit** von **drei Wochen** nur schwer zu machen (gerechnet ab Prince George!). Hinzu kommt ggf. noch die **Anfahrt** (kilometermäßig und zeitlich) von den südlichen Ankunftsflughäfen (**Edmonton, Calgary oder Vancouver**). Eine durchschnittliche Fahrleistung von über 300 km pro Tag ist aber im Grunde nur auf Asphaltstrecken akzeptabel. Bei Einbeziehung von Schotterstraßen in die Reiseroute und dadurch bedingten geringeren Geschwindigkeiten benötigt man für eine lohnende Fahrt, die nicht in endlose Stunden am Steuer ausarten soll, vier und mehr Wochen.

Oder aber man beschränkt sich bei weniger Zeit auf kürzere Teilstrecken, ggf. unter Einschluss der Alaskafähren. Sonst hat man am Ende weniger gesehen und erlebt, als weiter südlich zwischen den Rocky Mountains und Vancouver Island bei weniger Fahrerei möglich gewesen wäre.

Alaska Inside Passage

Wer unbedingt einmal in Alaska gewesen sein möchte: Vom ***Yellowhead Highway*** (Kitwanga) nach Hyder an der ***Alaska Inside Passage*** (Nachbarort von Stewart/BC) sind es auf einer perfekt ausgebauten Teerstraße nur 230 km, ➤ Seite 404.

Reisezeit

Grundsätzlich können nur **Juni bis Mitte September** als Reisemonate für den Norden wirklich empfohlen werden. Die Aussicht auf sonniges Wetter steigt mit der Entfernung von der Küste. Gleichzeitig sinkt das Regenrisiko.

Im **Hochsommer** ist es – an guten Tagen – tagsüber meist angenehm warm (➤ Seite 662f). Selbst 30°C und laue Sommernächte kommen hoch im Norden vor – zur Freude der **Stechmücken**! Auch im **Juni** und **September** gibt es schon/noch schöne Tage und erträgliche Nächte, aber dann gehören Schneefall und Nachtfrost durchaus ins normale Wetterbild. Zahlreiche Campingplätze werden erst Ende Juni geöffnet und im September wieder geschlossen.

8.1.3 Ausrüstung und Vorkehrungen

Wer im hohen Norden – mit dem eigenen Auto/Camper – ausschließlich auf dem *Alaska* oder *Klondike Highway* bleibt, wird in aller Regel mit dem Bordwerkzeug, so vorhanden, und einem brauchbaren Reservereifen auskommen. Vorausgesetzt, das Auto ist bei Fahrtantritt ansonsten technisch in Ordnung. Die bei vielen Pkw zu findenden Notreifen können bei einer Panne weitab vom nächsten Ort problematisch sein und sollten ersetzt oder durch einen weiteren Ersatzreifen ergänzt werden.

Tanken/Panne

Ein voller **Reservekanister** kann nie schaden. Darüber hinaus sollte man es sich im Norden zur Gewohnheit machen, stets nach dem Straßenzustand zu fragen und ab halbvollem Tank nachzufüllen, wenn sich die Gelegenheit bietet – die nächste Tankstelle könnte geschlossen sein. Bei Pannen helfen sich die Autofahrer im einsamen Norden häufig untereinander – eine schöne Gewissheit.

Ersatzteile und Werkzeug

Ausgedehnte Trips abseits der Hauptstrecken (hier sollte beim Mietwagen geprüft werden, ob der Vertrag das Befahren von *Gravel Roads* überhaupt zulässt; wagt man sich dennoch drauf, muss man für Schäden selbst geradestehen und entsprechend vorbereitet sein) sollten besser nicht ohne eine gewisse Vorbereitung unternommen werden. Die Mitnahme von Ersatzteilen für typische Fehlerquellen und Verschleiß (Zündkerzen, Öl- und Luftfilter, Keilriemen usw.) sowie von etwas mehr Werkzeug als üblich, ist dann dringend anzuraten. Und zwar weniger wegen einer ernstlich höheren Reparaturanfälligkeit auf schlechten Straßen als vielmehr wegen der eventuell sehr großen Entfernung zur nächsten Werkstatt, sollte tatsächlich eine Panne auftreten.

Steinschlag/ Fahrweise

Hinweise zum Fahren auf Schotterstraßen ➤ Seite 102

Vor allem durch schnell fahrende Fahrzeuge werden auf Schotterstraßen häufig Steine hochgeschleudert. Zumindest **Scheinwerfer** lassen sich durch Gitter oder Folien gut schützen. Man findet sie im Zubehörhandel (z. B. bei *Canadian Tire*) in allen kanadischen Städten. Die beste Vorsichtsmaßnahme gegen Schäden durch ***Gravel*** ist ein angemessener Abstand zum Vordermann. **Stoßdämpfer** können sich auf längeren Schotterfahrten» losrütteln«; sie sollten ggf. ab und zu kontrolliert werden.

Staub/ Luftfilter

Auf Staubstrecken – dazu werden alle ***Gravel Roads*** nach einigen Tagen ohne Regen – setzen sich **Luftfilter** schnell zu. Da sie sich nicht unendlich oft reinigen lassen, kann ein Extrafilter nützlich sein. **Bremsen** bleiben durch eine gelegentliche Luftdruckreinigung besser in Form. Da starke Verschmutzung der **Windschutzscheiben** (an Regentagen auf Schotterstraßen) zu hoher Abnutzung der **Wischergummis** führt, kann ein Ersatzset nicht schaden.

Karten

Was **Kartenmaterial** betrifft, ist man mit den folgenden Wegskizzen und Routenbeschreibungen für die Planung gut gerüstet. Unterwegs benötigt man jedoch genauere Unterlagen. Die wichtigsten gibt es oft gratis (Landkarten und Broschüren) in den Büros der ***Tourist Information*** der Provinzen/Territorien und in den Büros der Automobilclubs ***CAA*** bzw. ***AAA***.

Alaska Highway »Bibel«

Wer sich damit noch nicht ausreichend präpariert fühlt, sollte sich den ***Milepost*** beschaffen, ein jährlich neu aufgelegtes Logbuch für alle Straßen, Versorgungseinrichtungen und *Campgrounds* in Alaska, Yukon, Northwest Territories und British Columbia nördlich des *Yellowhead Highway*. Man findet die »Bibel der Nordlandfahrer« überall in den kanadischen Westprovinzen und den meisten Großstädten der USA. Mit knapp 800 Seiten im DIN-A4-Format ist der *Milepost* dick wie ein Großstadt-Telefonbuch und kostet US$35 (beim Automobilclub *CAA/AAA* gibt es einen Discount); www.themilepost.com.

Den *Milepost* erhält man im Internet auch bei www.amazon.de, dort meist zwischen €33 und €35.

8.1.4 »Liegenbleiben« im Norden

Pannen/ Unfall

Sollte im Fall einer Panne oder eines Unfalls der Wagen nicht mehr fahrbereit sein, findet sich entweder ein hilfsbereiter Autofahrer, oder es muss ein ***Towing Truck*** her. Das kann teuer werden! Auf dem *Dalton Highway* entlang der *Trans Alaska Pipeline* gilt beispielsweise für ein kleines Wohnmobil als Minimaltarif US$ 6/Meile Abschlepp- und Anfahrtstrecke.

Reparaturen

Reparaturen gehen ziemlich ins Geld. Müssen Ersatzteile bestellt werden, wird es nicht nur teuer, sondern dauert. Das gilt besonders für »exotische« Autotypen (alle europäischen und manche japanische Fabrikate). Lieferzeiten von einer Woche und mehr kommen vor! Wichtige ***Spare Parts*** (Ersatzteile) für gängige US-amerikanische Typen sind jedoch meist vorhanden.

Ein ***Check-Up*** des Fahrzeugs vor Reisebeginn und die Beachtung der Hinweise oben können Stress und Geld sparen helfen. Bei Mietwagen ist natürlich in der Regel der Verleiher in der Pflicht – es sein denn, man bleibt auf Strecken liegen, die laut Vertrag ausgeschlossen waren (*Gravel Roads*).

Nach Ausflügen in den »Hohen Norden« meist dringend erforderlich: eine sorgfältige Autowäsche

Einkaufen am Alaska Highway kann man am besten in

Ortschaft	km	Einwohner
Dawson Creek	0	12.200
Fort St. John	70	20.500
Fort Nelson	460	4.200
Watson Lake	980	1.500
Whitehorse	1.420	32.000
Tok/Alaska	2.050	1.250
Delta Junction	2.220	1.200

8.1.5 Versorgung unterwegs

Lebensmittel

Das **Preisniveau im Norden** ist zwar insgesamt höher als im südlichen Kanada, aber man kann die Kosten durch geschickten Einkauf in Grenzen halten. Das betrifft vor allem Lebensmittel, die in Siedlungen abseits der Hauptstrecken ziemlich ins Geld gehen. In den Supermärkten der größeren Orte bleiben zumindest Grundnahrungsmittel erschwinglich. Es ist daher nicht notwendig, das Auto schon in Edmonton oder Prince George bis an die Decke mit Vorräten zu beladen.

Nennenswerte Proviantmengen (Konserven) anzulegen, lohnt sich nur vor längeren Fahrten abseits der »großen« Straßen.

Alaska

Von Tok aus sind es nur noch 510 km bis **Anchorage**. Die Stadt besitzt eine perfekte Infrastruktur. **Alle Waren sind dort preiswerter als irgendwo sonst im hohen Norden**.

Benzinkosten

Benzin ist in **Alaska** relativ günstig. In Anchorage und Fairbanks zahlt man weniger als in vielen Bundesstaaten im US-Kernland.

In **Nordwestkanada** zahlt man etwa 60% der deutschen Benzinpreise; in Alaska nicht einmal 50%, ➤ auch Tabelle Seite 106.

Preise für Regular Unleaded (Bleifrei Normal) im Norden

Ortschaft	Benzinpreis	Preis €/Liter
Anchorage, AK	2,75 USD/gallon	entspricht €0,69/l
Fairbanks, AK	3,00 USD/gallon	entspricht €0,75/l
Tok, AK	3,15 USD/gallon	entspricht €0,79/l
Dawson Creek, BC	1,10 CAD/litre	entspricht €0,77/l
Fort St. John, BC	1,15 CAD/litre	entspricht €0,81/l
Whitehorse, Yukon	1,20 CAD/litre	entspricht €0,84/l

Durchschnittspreis nördliches Kanada: 1,20 can$/l = €0,82/l
Durchschnittspreis Alaska: 2,85 US$/g = €0,71/l
USA: www.gasbuddy.com Yukon: www.energy.gov.yk.ca/fuel.html
Stand: Anfang 2020, Umrechnung: 1 USD = €0,90 / 1 CAD = €0,68

8.2 ALASKA HIGHWAY

8.2.1 Geschichte und Situation heute

Der ca. 2.220 km lange ***Alaska Hwy*** ist genaugenommen nichts weiter als eine breit ausgebaute Verbindungsstraße zwischen Dawson Creek in British Columbia und Delta Junction in Alaska. Trotz markiger Slogans wie zum Beispiel ***I survived the Alaska Highway*** auf Autoaufklebern und T-Shirts stellt diese Straße längst keine Herausforderung mehr dar.

Vorgeschichte

Der Plan, eine durchgehende Straße oder eine Eisenbahn nach Alaska zu bauen, reicht bis in die Zeiten des Goldrausches zurück. Alle Ansätze zur Realisierung scheiterten aber zunächst. Zu stark war die Furcht der Kanadier vor einem unkontrollierten Eindringen des am Landweg nach Alaska interessierten Nachbarn USA. Was in Friedenszeiten unmöglich schien, gelang schließlich während des 2. Weltkriegs. Die japanische Bedrohung nach dem Angriff auf Pearl Harbour im Dezember 1941 lieferte den USA ein Argument, dem sich die Kanadier nicht mehr gut verschließen konnten: Eine **Nachschubstraße** sollte den US-Staat im hohen Norden gegen eine damals tatsächlich befürchtete japanische Invasion sichern helfen. Im Nachhinein stellte sich heraus, dass die Landverbindung nur geringe militärische Bedeutung besaß. Die strategisch wichtigsten Regionen (*Inside Passage*, Golf von Alaska und Aleuten) blieben weiterhin nur auf dem See- bzw. Luftweg erreichbar.

Bau 1942

Die Bauarbeiten kamen trotz schwieriger äußerer Bedingungen rasch voran. Weder Mensch noch Maschine wurden geschont. Bei den knapp 11.000 eingesetzten US-Soldaten waren Unfälle an der Tagesordnung. Eine geschickte Propaganda sorgte dennoch dafür, dass die patriotisch eingestimmte Bevölkerung in den USA wie in Kanada die Realisierung des Projekts als »Heldentat« feierte – der alte amerikanische Pioniergeist (*Frontier Spirit*) lebte wieder auf

Alaska Hwy Mile 0 in Dawson Creek

Die in Dawson Creek (British Columbia), Whitehorse (Yukon) und Delta Junction (Alaska) gleichzeitig gestarteten Baukolonnen trafen sich nach nur sechs Monaten **am 24. September 1942** am deshalb so benannten ***Contact Creek*** und am 28. Oktober in ***Beaver Creek***. Am **20. November** folgte die offizielle **Einweihung** der neuen Straße am ***Soldier's Summit***.

Als echte Allwetterstraße war der *Alaska-Canada Highway* aber erst ein gutes Jahr später zu benutzen, denn trotz aller Feierlichkeiten konnte der »*Highway*« zunächst nur von Bulldozern befahren werden und bereits 1943 musste die gesamte Trasse saniert und teils sogar verlegt werden.

Die wirtschaftlichen und sozialen Auswirkungen waren bereits während der Bauzeit beträchtlich. Orte wie Fort Nelson, Watson Lake und Tok erlebten dank ihrer Lage am *Alaska Highway* einen ungeahnten Aufschwung; die **Ureinwohner** und einstige Fallensteller fanden gut bezahlte Jobs auf Baustellen und in den Militärstationen. Für viele Indianer, die bis dahin nur über Pelzhändler Kontakt zur Welt der Weißen gehabt hatten, brachte das Eindringen der Zivilisation indessen vorher nicht gekannte Probleme. So führten der moderne Arbeitsrhythmus, eingeschleppte Krankheiten und die Verfügbarkeit von Alkohol zu einschneidenden sozialen Veränderungen.

Yukon Hauptstadt

Da der *Alaska Highway* über Whitehorse verlief, geriet Dawson City, die alte Hauptstadt von Yukon, am entlegenen Endpunkt des *Klondike Highway* ins Abseits. Whitehorse entwickelte sich zum neuen Zentrum und wurde bald Sitz der Territorialverwaltung. Erst mit Asphaltierung des *Klondike Highway* und der Proklamation von **Dawson City** zum ***National Historic Site*** ging es mit der einstigen Goldrausch-Metropole wieder bergauf.

Verkehr und Zustand

Darüber hinaus hat sich mittlerweile der **Südast des *Klondike Highway*** von Alaskas Hafenstadt Skagway nach Whitehorse (gut 180 km) zum zweiten wichtigen Transportweg nach Yukon hinein entwickelt. Auf dem vollständig asphaltierten ***Alaska Highway*** sind heute in den Sommermonaten weitaus mehr **Campmobile** unterwegs als *Trucks*. Was im Übrigen die wachsende touristische Anziehungskraft des Nordens beweist.

Baustellen

Damit das auch in Zukunft so bleibt, wird die Straße in der kurzen Sommersaison auf vielen Passagen repariert und ausgebaut. Auch in Zukunft dürften **Wartezeiten vor Großbaustellen** eher die Regel als Ausnahme sein. Hinter vorwegfahrenden ***Pilot Cars*** geht es dort nur langsam voran und einspurig über Stock und Stein. Infos zu Straßenzustandsberichten:

• Yukon ➢ Seite 425 • Alaska ➢ Seite 472
• Northwest Territories ➢ Seite 535

Ausbauzustand

Die langen begradigten Neubaustrecken und das Anfangsstück von Dawson Creek bis Fort Nelson entsprechen einer perfekt und breit angelegten Bundesstraße mit Randstreifen, z. T. mit Überholspur.

Pässe Nicht begradigt und deshalb kurvenreicher ist das Teilstück über den ***Summit Lake Pass*** im *Stone Mountain Provincial Park*, den mit 1.295 m höchsten Pass der ganzen Strecke. Schon über den zweithöchsten Punkt, den ***Boutillier Summit*** (1.004 m) geht es – wie auch auf dem ganzen Rest des *Alaska Highway* – ohne nennenswerte Steigungen oder besonders kurvenreiche Abschnitte.

Saison **Touristische Hochsaison** herrscht von Mitte Juni bis Mitte August. In der zweiten Augusthälfte ist selbst der populäre ***Liard River Hot Springs Campground*** nicht mehr ausgebucht.

Endpunkt Der *Alaska Highway* endet offiziell in Delta Junction. Das Teilstück des ***Richardson Highway*** von Delta Junction bis Fairbanks (160 km) wird gleichwohl – vor allem vom Tourismusbüro in Fairbanks – als natürliche Fortsetzung des *Alaska Highway* betrachtet.

Bereits 1902 führte der *Richardson Highway* – damals noch als ***Valdez Trail*** – von der gleichnamigen Hafenstadt am Golf von Alaska über knapp 600 Kilometer und über Delta Junction zu den Goldfeldern um Fairbanks. Er wurde bis 1907 zur Postkutschenroute verbreitert, und 1919 folgte sein Ausbau zur ersten wetterfesten Straße in das Inland Alaskas.

Distanzen Nach Freigabe des ***Alaska Highway*** betrug die Gesamtdistanz von Dawson Creek (*Milepost* 0) bis Delta Junction (*Milepost* 1.422) **2.288 km**. Im Lauf der Jahre verkürzte sich dank der begradigten, zum Teil quer durch die Wildnis geschlagenen Neubautrassen die tatsächliche Entfernung um 97 km. Trotzdem behielten die alten Meilensteine (***Historical Mileposts***) entlang der Strecke, die zu festen Größen in Adressen und auf Reklameschildern geworden waren, ihren Standort, obwohl sie nicht mehr mit den effektiven Entfernungen übereinstimmen.

Alpha Pool der Liard River Hot Springs mit »Badehaus«, ➤ *Seite 429*

8.2.2 Von Dawson Creek bis Watson Lake

Dawson Creek

Dawson Creek, **Ausgangspunkt des *Alaska Highway***, hat vom Bau der Straße besonders profitiert. 1942 lebten dort nur 750 Menschen, heute sind es gut 12.000. Eine dichte **touristische Infrastruktur** – darunter viele **Motels** (z.B. ***George Dawson Inn***, 11705 8th St, DZ ab $99, ✆ (250) 782-9151; www.thegeorgedawsoninn.com) – und eine ganze Reihe von Campingplätzen kennzeichnet den Ort. Besonders empfehlenswert ist der ***Mile 0 Campground*** im *Mile 0 Park*, 1901 Alaska Avenue, ca. 80 Stellplätze, $25-$48 (*Full Hookup*), ✆ (250) 782-2590; www.mile0park.ca.

Yukons Straßen im Überblick

Die unten stehende Übersicht zeigt alle für den öffentlichen Verkehr freigegebenen Strecken in Yukon. Trotz der ebenfalls vorhandenen Nummerierung benutzt man in Yukon zur Kennzeichnung der ***Highways*** fast ausschließlich die Straßennamen.

Alaska, ***Klondike***, ***Haines Highway***, ***Atlin*** und ***Tagish Road*** sind durchgehend asphaltiert. Der ***Silver Trail*** ist auf der Westhälfte bis Mayo komplett **asphaltiert** – beim ***Robert Campbell Highway*** das westliche Drittel bis Faro. Der ***Top of the World Highway*** ist ebenfalls zu einem Drittel asphaltiert Alle anderen Straßen weisen **Schotterbelag** auf.

Mit zunehmendem zeitlichen Abstand zur letzten Pflege wandeln sich *Gravel Roads* aber oft zu ziemlich unkomfortablen »Wellblechpisten« (Querrillen) voller Schlaglöcher.

Hinweise zum Fahren auf Schotterstraßen ➢ Seite 102 + 418f.

Straßenzustandsberichte für Yukon: www.511yukon.ca.

Die sechs ***Visitor Centre*** in Yukon – Beaver Creek, Carcross, Dawson City, Haines Junction, Watson Lake und Whitehorse – sind Mitte Mai-Mitte September täglich 8-20 Uhr geöffnet; www.tc.gov.yk.ca/vic.

No	Bezeichnung	von	nach
1	*Alaska Highway*	Dawson Creek, BC	Delta Jct, Alaska
2	*Klondike Highway*	Dawson City	Skagway, Alaska
3	*Haines Road*	Haines Junction	Haines, Alaska
4	*Robert Campbell Hwy*	Watson Lake	Carmacks
5	*Dempster Highway*	Klondike Highway	Inuvik, NWT
6	*South Canol Road*	Johnson's Crossing	Ross River
	North Canol Road	Ross River	Grenze Yukon/NWT
7	*Atlin Road*	Jake's Corner	Atlin, BC
8	*Tagish Road*	Jake's Corner	Carcross
9	*Top of the World Hwy*	Dawson City	Taylor Highway, AK
10	*Nahanni Range Road*	Campbell Hwy	Tungsten/NWT
11	*Silver Trail*	Stewart Crossing	Keno

Einen besonderen Grund, sich in Dawson Creek länger als nötig aufzuhalten, gibt es nicht. Die Hauptattraktion ist der ***Mile Zero Post***, mitten auf der Kreuzung 102nd Avenue/10th Street, der die **Meile 0** des *Alaska Highway* markiert (➤ Foto Seite 421). Das ***Dawson Creek Visitor Centre*** informiert bestens, 900 Alaska Avenue; Mitte Mai-Anfang September täglich 8-17.30 Uhr, sonst Di-Sa von 10-16 Uhr, ✆ (250) 782-9595, online gibt es einen *Visitor Guide* zum Download; www.tourismdawsoncreek.com.

Im gleichen Gebäude ist auch das kleine ***NAR Railway Station Museum*** untergebracht: Hier sind neben den Ausstellungsstücken auch Filme über den Bau des *Alaska Hwy* zu sehen. Nebenan steht ein ***Grain Elevator***, einer der für die Prärieprovinzen typischen Getreidesilos, sowie der Wegweiser zum *Alaska Highway* (➤ Foto Seite 385).

Erste Kilometer

Der ***Alaska Hwy*** führt zunächst durch Wald und Farmland und entspricht kaum dem Bild, das man von seinem Verlauf erwartet. Wer **aus Richtung Prince George** anreist, kann die ersten, eher langweiligen 86 km umgehen. Der **Hwy #29** von Chetwynd nach Fort St. John (➤ Seite 205) ist reizvoller und 40 km kürzer als die Strecke über Dawson Creek.

Fort St. John

Schon 1794 entstand in Fort St. John ein Handelsposten der ***North West Company*** und damit die erste von Weißen gegründete Siedlung auf dem Festland des späteren British Columbia.

Fort St. John

Der Bau des *Alaska Highway* sorgte bereits für wichtige Impulse, aber erst die Entdeckung von Gas und Erdöl machte aus der einstigen Siedlung in den 1950er-Jahren eine Stadt mit heute gut 20.000 Einwohnern. Deshalb schmückt sich die insgesamt nicht sonderlich sehenswerte Stadt mit dem Beinamen ***Energetic City***. Neben Öl und Erdgas spielen die früher dominierenden Wirtschaftszweige – Landwirtschaft und Holzfällerei – immer noch eine bedeutende Rolle. Mit weiteren Infos versorgt wird man im *Pomeroy Sport Centre*; 9324 96 Street; www.fortstjohn.ca.

Für Camper eignen sich nördlich von Fort St. John die Provinzparks, je $20, ✆ (250) 787-1893 bzw -1894; http://campinbc.ca:

- ***Beatton*** (39 Stellplätze), 248 Rd, Charlie Lake
- ***Charlie Lake*** (57 Plätze), 13408 Park Frontage Rd, Charlie Lake

Im weiteren Straßenverlauf – weitgehend monotone, aber gut ausgebaute 390 km bis Fort Nelson – sind alle »Orte« außerhalb der kleinen Siedlungen Wonowon und Pink Mountain lediglich einsame Rasthäuser mit Motel und *Campground*.

Fort Nelson

Haupteinnahmequelle sind in **Fort Nelson** (4.200 Einwohner), einem weiteren ehemaligen Pelzhandelsposten der *North West Company* von 1805, Öl und Erdgas, außerdem spielt noch die Holzwirtschaft eine Rolle; www.tourismnorthernrockies.ca.

Westlich der Abzweigung des ***Liard Highway*** nach Fort Simpson, der einzigen Straßenverbindung zwischen Yukon und Northwest Territories (➤ Seite 543), gewinnt der *Alaska Highway* zunehmend an Attraktivität: Es folgen grandiose Streckenabschnitte besonders durch die Bergwelt der Rocky Mountains und die Täler entlang der Flüsse Mac Donald, Toad und Trout River.

Stone Mountain Park

Die nördlichsten Ausläufer der *Rockies* umschließen hier ein enges Tal und beherrschen den ***Stone Mountain Provincial Park***. Im Straßenverlauf durch den Park erreicht man den mit 1.295 m höchsten Punkt des *Alaska Hwy*, den ***Summit Pass***. Ihm gegenüber liegt der ***Summit Peak*** (2.014 m), auf den hinauf ein 2,5 km langer ***Trail*** gleichen Namens führt. Bei klarer Witterung belohnt herrliche Fernsicht den Aufstieg.

Der ***Campground*** des Provinzparks in etwas windiger Lage am östlichen Seeufer des **Summit Lake** ist gut für eine Nacht; $20, 28 relativ kleine Plätze, Mile 373, Alaska Hwy. Zudem beginnt hier der ***Flower Springs Trail***, der zu einem schönen Bergsee mit Panoramablick führt (aber gut 4 km eine Richtung).

An den Straßenrändern im *Stone Mountain Provincial Park* grasen regelmäßig Dallschafe. Neben immerwährenden Baustellen bilden sie wahrscheinlich den einzigen Anlass für Verkehrsstaus am *Alaska Highway*. Bevor es in das weite ***Mac Donald River Valley*** hinuntergeht, windet sich die Straße in pittoreskem Verlauf durch eine Kalksteinschlucht.

Muncho Lake Park

Die Konstrukteure des *Alaska Highway* wählten eine Trassenführung entlang des **Muncho Lake**, weil sie mit dieser Route den unzugänglichen *Grand Canyon* des *Liard River* umgehen konnten. Der See ist ein Höhepunkt der Strecke. Die eindrucksvolle jadegrüne Färbung des Wassers wird von Kupferoxiden verursacht.

Im ***Muncho Lake Provincial Park*** gibt es zwei Übernachtungsmöglichkeiten: den sehr schönen ***Strawberry Flats Campground*** (15 Stellplätze, $20 am Südende des Sees und den nicht minder reizvollen ***MacDonald Campground***, (15 Stellplätze, $20) gut 8 km weiter nördlich (am Nordufer).

Die ***Northern Rockies Lodge***, Mile 462 am Muncho Lake, ist ein Blockhaus-Komplex mit *Lodge Rooms* (ab $140), *Cozy Cabins* (ab $160) und *Lakeshore Chalets* (ab $270); auch ein ***RV Park*** (ab $50, 25 Plätze) gehört dazu. Ebenso im Angebot sind ***Fly-in Fishing Trips*** und Flüge in den ***Nahanni National Park***; ✆ 1-800-663-5269; www.northernrockieslodge.com

Liard River

Nördlich des *Muncho Lake Provincial Park* erreicht man den Liard River und begleitet ihn bis Watson Lake. Einen Kilometer, nachdem die Straße den mächtigen Fluss auf der einzigen bereits 1944 fertiggestellten Hängebrücke des *Alaska Hwy* überquert hat, passiert man die ***Liard River Hot Springs***, ➤ Foto Seite 423.

Heiße Badepools

Vom Besucherparkplatz des ***Liard River Hot Springs Provincial Park***, führt ein Holzplankenweg (*Boardwalk*) über warme Sumpfgewässer zum ausgebauten, aber weitgehend naturbelassenen und von üppigem, beinahe subtropischem Grün umgebenen ***Alpha Pool*** im Wald (42°C-52°C, 500 m), *Day-use fee* $5/$3.

In den langen, hellen Sommernächten herrscht bis spät abends Betrieb. Vor allem die Gäste des zum Provinzpark gehörenden **Campingplatzes** nutzen die Gelegenheit zum Bad. Mitte Juni-Anfang August sichert nur die Ankunft am Vormittag einen der begehrten 53 Plätze, nur 21 davon können reserviert werden, $26; http://www.env.gov.bc.ca/bcparks/explore/parkpgs/liard_rv_hs/.

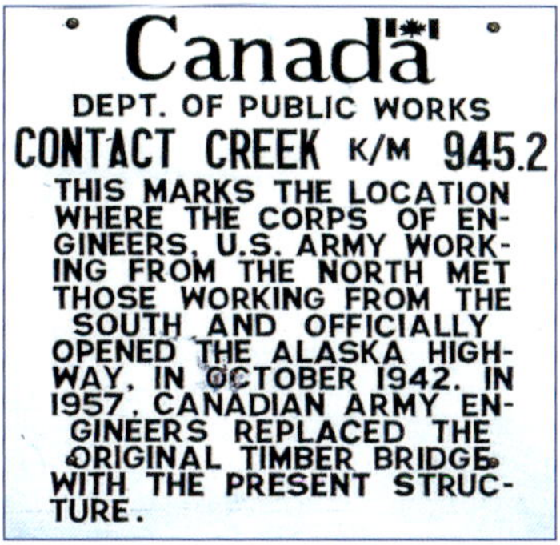

Man kann aber auch auf der gegenüberliegenden Straßenseite bei der ***Liard Hotsprings Lodge*** campen, ✆ (250) 776-7349, 33 Stellplätze, $20-$35, DZ ab $130.

Mit der ***Contact Creek Bridge*** erreicht man den Punkt, wo sich im Jahr 1942 die aus Fort Nelson und aus Whitehorse heranrückenden Bautrupps trafen (➤ Seite 421f). Informationstafeln erläutern dieses Ereignis an der Grenze zwischen British Columbia und Yukon. Von dort bis zum Morley Lake vor Teslin wechselt der *Alaska Highway* auf 300 km insgesamt neunmal über die »Grenze«.

Badestelle

Etwa 5 km vor Watson Lake befindet sich südseitig der **Lucky Lake**, ein erstaunlich warmer Badesee mit Sandstrand, Wasserrutsche und Picknickplatz (Parken etwas abseits). Ein guter *Trail* führt von dort zum Ausblick über den wilden ***Liard River Canyon***; 2 km.

Rundfahrt

Mit **Watson Lake** wird der erste Ort des Territoriums **Yukon** erreicht. Über den ***Cassiar Highway***, der 22 km weiter westlich vom *Alaska Highway* abzweigt, ist ein «kleiner« Rundkurs durch den Norden von British Columbia möglich, ➤ Seiten 402-407.

Camping am Muncho Lake

8.2.3 Watson Lake und Alaska Hwy bis Whitehorse

Der Ort Watson Lake

Watson Lake ist der nach Whitehorse wichtigste Verkehrsknotenpunkt von Yukon. Siedlung und See wurden benannt nach dem Trapper Frank Watson, den es im ausgehenden 19. Jahrhundert mit seiner indianischen Frau in die Abgeschiedenheit dieser Gegend zog. Mit der Ruhe war es vorbei, als 1939 der damals noch als Fish Lake bezeichnete See für Starts und Landungen von Wasserflugzeugen erwählt wurde. Bereits zwei Jahre später entstand dort eine »richtige« Landebahn mit Versorgungscamp für die Arbeiter. Beim Bau des *Alaska Highway* wuchs Watson Lake daher eine nachschubtechnische Schlüsselrolle zu, die trotz veränderter Bedingungen bis heute nicht wieder verlorenging. Außer Whitehorse und Dawson City ist Watson Lake **der einzige Ort in Yukon mit einer vollständigen Versorgungsinfrastruktur inklusive Arzt, Apotheke und Krankenhaus**.

Sign Post Forest

Keine 800 Seelen wohnen dort und dennoch ist Watson Lake bereits drittgrößte »Stadt« in Yukon. Ihre Bekanntheit verdankt sie in erster Linie dem ***Sign Post Forest***, zahlreichen unübersehbaren Holzmasten an der Kreuzung *Alaska/Robert Campbell Hwy*, an die Besucher aus aller Welt Wegweiser, Autokennzeichen, Ortstafeln und andere in irgendeiner Form beschriftete Schilder genagelt haben. Der heimwehkranke Soldat *Carl K. Lindley* aus Danville, Illinois, hat während der Bauarbeiten am *Alaska Hwy* mit einem Schild seines Heimatortes den Anstoß zu dieser Sammlung gegeben.

Viele Deutsche Urlauber haben sich bereits im »Wegweiserwald« verewigt; z.T. mit extra angefertigten Schildern aus der Heimat

Andere Arbeiter, Lastwagenfahrer und später unzählige Touristen folgten seinem Beispiel. Mittlerweile, laut alljährlicher Zählung, ist die bunte **Sammlung** auf über 80.000 Schilder angewachsen. Was als ein ***Sign Post*** begann, wird wegen der erreichten Ausmaße nun mittlerweile durchaus zu Recht als ***Sign Post Forest*** bezeichnet. Vor allem weil sie z.T. auch an Bäumen angebracht wurden.

Die Stadt stellt laufend weitere (3-4 m hohe) Pfosten auf, da der Platz für neue Schilder immer wieder knapp wird. Die erreichten Ausmaße des »Waldes« sind ebenso erstaunlich wie die Vielfalt der dort zusammengekommenen »Trophäen« aus aller Herren Länder. Man kann dort ohne weiteres eine Stunde oder mehr mit der Besichtigung *en detail* zubringen. Wer ein ausgedientes Nummernschild oder gar einen heimatlichen Wegweiser dabei hat (die Stadtverwaltung besitzt vielleicht ausgediente Exemplare), darf sein Mitbringsel dort an einer geeignet erscheinenden freien Stelle aufhängen.

Vom Schilderwald weitgehend eingeschlossen ist das Gebäude des ***Visitor Info Centre***, das außerdem eine interessante Ausstellung mit Video- und Dia-Show und Fotodokumenten zum Bau des *Alaska Hwy* enthält (Mai-September tägl. 8-20 Uhr). Dort liegen alle touristischen Unterlagen aus; ✆ (867) 536-7469, www.watsonlake.ca.

Government Campgrounds in Yukon

Generell kosten alle Stellplätze auf den **43 *Yukon Government Campgrounds*** $12/Nacht. Sie werden vor Ort per ***self registration*** bezahlt; eine Reservierung im Voraus ist nicht möglich. Wohnmobil-Urlauber finden in den ***Yukon Information Centres*** eine **Liste aller *Campgrounds*** und ***Dump Stations*** in Yukon für Frischwasser und Abwasser. Die oft schön gelegenen *Government Campgrounds* haben weder *hook-ups* noch Sanitär-Tanks. Der Eintritt in die Parks ist frei; https://yukon.ca/sites/yukon.ca/files/env/env-guide-camping-yukon-map.pdf.

Camping

Die kommerziell geführten Campingplätze im Ort sind nicht sonderlich attraktiv. Okay ist das hintere Areal von ***Campground Services***, 18 Adela Trail; 130 Plätze, $15-$35; © (867) 536-2511.

Der weitläufige ***Watson Lake Yukon Government Campground*** liegt 4 km westlich, dann 2 km Zufahrt an den See; 48 Plätze, $12.

Quartiere

Fast alle H/Motels liegen unverfehlbar an der Hauptstraße, einige etwas abseits. *B&B* ist auch verfügbar, z.B. ***Cozy Nest Bed & Breakfast***, 1175 Robert Campbell Hwy (#4), © (867) 536-2204; Doppelzimmer ab $110, *Cabin* ab $100; www.cozynestbandb.com.

Polarlichter Museum & Shows

Schräg gegenüber vom *Sign Post Forest* widmet sich das Planetarium des ***Northern Lights Centre*** dem nächtlichen Sternenhimmel mit einer eher kleinen Ausstellung, aber dafür umso eindrucksvolleren ***Shows*** im modernen *Scidome HD 360° Dome*; tägl. um 13, 14, 15, 18.30, 19.30 und 20.30 Uhr von Mitte Mai bis Mitte Sept; www.northernlightscentre.ca. Eine tolle Möglichkeit, im Hohen Norden auch im Sommer Polarlichter zu »erleben«!

Weiterfahrt über den Robert Campbell Hwy?

Direkt beim Schilderwald zweigt der ***Robert Campbell Highway*** (Schotter, ➤ Seiten 467f) vom ***Alaska Hwy*** ab. Gegenüber der Kombination *Alaska/Klondike Highway* ist der Weg über Ross River/Carmacks die 40 km kürzere, aber rauere und zeitlich aufwendigere Alternativroute nach Dawson City.

George Johnston Museum in Teslin am Alaska Highway; täglich 9-17 Uhr, Ende Mai-Anfang September, Eintritt $5; www.gjmuseum.com

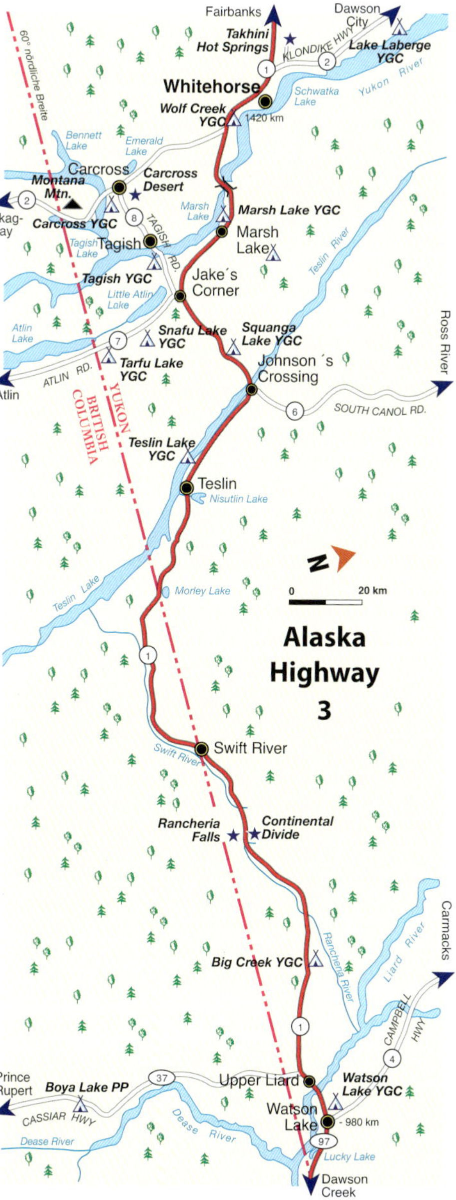

Nach Whitehorse

Zwischen Watson Lake und Teslin gibt es auf einer Distanz von über 260 km auf breiter, hochgelegter Trasse trotz einiger schöner Teilabschnitte alles in allem nicht viel zu sehen und nur wenige Möglichkeiten für Zwischenstopps. Entsprechend passiert man auf dieser einsamen Passage lediglich einen kleinen Ort (**Upper Liard**), eine Mini-Siedlung (**Swift River**) und eine Handvoll **Motels** und den ***Big Creek Yukon Government Campground*** (15 Stellplätze, $12) ca. 4 km nach der Brücke über den gleichnamigen Fluss.

Great Divide

Etwa 120 km westlich von Watson Lake gelangt man ein paar Kilometer vor Swift River zur ***Rancheria Lodge*** (Zimmer ca. $90; © (867) 851-6456, rancheria lodgeyukon.com). Die einfache ***Continental Divide Lodge*** steht unmittelbar vor der Brücke über den Rancheria River; © (867) 851-6450.

Kurz danach folgt die kontinentale Wasserscheide, der Swift River mündet über den Yukon River im Pazifik, der Rancheria River über den Mackenzie River im Nordpolarmeer.

Teslin Lake

Zwischen **Teslin** und **Johnson's Crossing** begleitet der *Alaska Highway* auf 50 km Länge den von Bergen eingerahmten **Teslin Lake**, ohne dass der Blick auf den See den Reisenden vom Hocker reißt. Zugänglich ist er mangels Abfahrten von der hochgelegten Straße nur an wenigen Stellen.

Umweg: Tagish Road und Abstecher nach Atlin

Geschichte

Ab ***Jakes Corner*** führt die asphaltierte ***Tagish Road*** (*Yukon Highway* #8) nach **Carcross** (300 Einwohner) am *Klondike Highway*. Die Straße entstand 1942 parallel zu einer Ölpipeline im ***Canol-Projekt*** (➤ Seiten 467f). Während des Goldrausches kontrollierten kanadische Zöllner am Ufer des *Tagish River* (➤ *Chilkoot Pass Trail*, Seite 442) die Prospektoren, die – über Lake Bennett und Tagish Lake kommend – auf dem Tagish River den Marsh Lake und damit den Yukon River als direkten Transportweg nach Dawson City erreichen wollten. Allein im Mai 1898 passierten 4.735 Boote mit 28.000 Goldsuchern den Posten.

Alternative Route?

Für ein Abfahren dieser Straße (50 km) über das Nest Tagish (Brücke über die Verbindung Tagish und Marsh Lake) spricht nichts außer 60 km Wegersparnis bei **Fahrtziel Skagway**. Eine Alternative zum *Alaska Highway* ist die Kombination *Tagish Road/Klondike Hwy* (bei zusätzlichen 50 km) nur, wenn auf diese Weise der Emerald Lake angesteuert werden soll, ➤ zu diesem Absatz auch Seite 440, Abschnitt 8.2.5.

Atlin Road

Ein attraktiver Abstecher dagegen führt von *Jakes Corner* nach Atlin (ca. 90 km, davon großenteils bereits wieder in British Columbia). Die Fahrt auf der ***Atlin Road*** (*Yukon Highway* #7, asphaltiert) wird belohnt mit wunderbaren Ausblicken über Little Atlin Lake, Mount Minto und den großen Atlin Lake, dem größten natürlichen See in British Columbia.

Atlin Geschichte

Atlins beneidenswerte Lage vor einem grandiosen Gebirgspanorama am See bescherte dem nordwestlichsten Städtchen von BC nach dem turbulenten Goldrausch von 1898/99 eine **frühe touristische Blüte**. Über die Bahnverbindung Skagway-Whitehorse gelangten die Reisenden von Carcross mit einem Raddampfer über den Südarm des Tagish Lake nach *Taku Landing*, von wo es per Dampfross auf einer 4-km-Trasse nach Scotia Bay und weiter per Boot nach Atlin ging. Von 1917 bis 1936 verkehrte auf dem letzten Teilstück dieser Strecke der Raddampfer ***SS Tarahne***, der seither (immer noch erstaunlich gut erhalten) im Ort am Seeufer liegt. Später kam die *Taku Tram* zum Einsatz, ➤ Seite 441.

Atlin heute

Zu seinen Goldrauschzeiten zählte Atlin über 10.000 Einwohner. Heute leben nur noch knapp 450 Menschen dort. Mitten im Ort befindet sich das kleine **Atlin Museum** mit Relikten aus der Goldgräberzeit (3rd Street; Juni bis Anfang September 10-17 Uhr; Eintritt $3. In der ehemaligen Schule aus dem Jahr 1902 ist außerdem ein ***Visitor Centre*** untergebracht, ✆ (250) 651-7522. www.atlinhistoricalsociety.com/museum.html.

Atlin Lake

Auf der ***Warm Bay Road*** kann man noch weitere 27 km am See entlang nach Süden fahren. Die Straße endet bei den Ausläufern des *Atlin Provincial Park*, der aber nur per Boot oder Flugzeug zugänglich ist; www.env.gov.bc.ca/bcparks/explore/parkpgs/atlin.

Teslin

Teslin (500 Einwohner), gleich westlich der ***Nisutlin Bay Bridge***, ist die einzige Ortschaft zwischen Watson Lake und Whitehorse. Die Siedlung der ***Tlingit*-Indianer** könnte man getrost durchfahren. Aber im Ort präsentiert das kleine Museum eine durchaus ansehenswerte Ausstellung über den Namenspaten des Museums, George Johnston, und den Stamm der *Tlingit*.

Rund 14 km nordwestlich des Museums passiert man den ***Teslin Lake Yukon Government Campground*** scheinbar unmittelbar am See. Dessen 27 Stellplätze ($12) liegen aber nicht am Ufer, sondern auf einer erhöhten Landzunge ohne Ausblick und ohne direkten Zugang zum Wasser. Dorthin gelangt man vom Campingplatz aus nur nach einer kleinen Kletterpartie.

Die ***Teslin River Bridge*** in Johnsons Crossing, wo die Straße den See hinter sich lässt, lohnt einen Fotostopp.

Marsh Lake

Der verbleibende Streckenabschnitt an **Marsh Lake** und *Yukon River* entlang bis **Whitehorse** (ca. 80 km) bietet keine Besonderheiten mehr. Ab der Brücke über den sich zum Fluss verengenden See trägt der *Yukon River* seinen Namen. Am Wege liegt rechts etwas versteckt (km 1.408, ca. 3km nach der Kreuzung *Klondike Hwy/Alaska Hwy*) der große ***Wolf Creek Campground*** (46 Stellplätze, $12) – ein gutes Standquartier für den Besuch in Whitehorse und Ausgangspunkt für den ***Wolf Creek Nature Trail***. Der 3 km lange Rundweg folgt dem mäandernden *Wolf Creek*; von einem Aussichtspunkt überblickt man den Lauf des Yukon.

Der Atlin Lake speist sich aus den Gletschern des Südalaska-Küstengebirges

8.2.4 Whitehorse

Ortsname Die Ortsbezeichnung geht auf die hochaufschäumende Gischt der einst gefürchteten *Miles Canyon*-Stromschnellen zurück. Sie erinnerte die Prospektoren an die wehende Mähne eines Schimmels. Heute ist diese Assoziation nicht mehr nachvollziehbar, denn die *Rapids* »ertranken« im Schwatka Lake, dem Stausee, der ab 1958 den Wasserstand im Canyon auf Dauer erhöhte.

Geschichte 1898 waren die Stromschnellen aber noch ein unüberwindbares Hindernis. Für Boote – auf ihrem Weg nach Dawson City – ging es hier auf dem Yukon River nicht weiter. So wurde Whitehorse der Ausgangspunkt und die wichtigste Etappe der Goldsucher, denn von hier bis zur Mündung in das Beringmeer war der Fluss schiffbar: Die großen Raddampfer (*Sternwheeler*), wie man sie auch vom Mississippi her kennt, kamen auf diesem Weg in den hohen Norden Kanadas. Stromabwärts schafften sie die Strecke von Whitehorse nach Dawson City in 2 Tagen, für den Rückweg benötigten sie 4 Tage. Bereits zwei Jahre später erreichten die ersten Züge der ***White Pass & Yukon Route*** Whitehorse.

Entwicklung Mit dem Bau des *Alaska Hwy* begann die Entwicklung der Stadt zum wirtschaftlichen Zentrum des Territoriums. 10 Jahre nach Fertigstellung der Straße verlegte die Regierung – im März 1953 – ihren Sitz von Dawson City nach Whitehorse. Heute leben dort mit rund 29.000 Einwohnern 75% der Yukon-Bevölkerung.

Information Im ***Visitor Centre*** von ***Tourism Yukon*** in *Downtown* (großer Komplex , 100 Hanson Street/Ecke 2nd Avenue) gibt es neben den üblichen Prospekten auch noch Multimedia-Präsentationen zum Thema »Yukon«; geöffnet täglich Mai bis September 8-20 Uhr, sonst Mo-Fr 8.30-17 Uhr, Sa 10-14 Uhr; ✆ 1-800-661-0494, www.whitehorse.ca.

Flughafen Der ***Erik Nielsen Whitehorse International Airport*** (*YXY*) liegt 4 km westlich der Innenstadt, Airportzufahrt ab *Downtown* (6 min) mit der Buslinie #3; www.hpw.gov.yk.ca/whitehorse_airport.html.

Viele Murals schmücken die Gebäude in Whitehorse, dieses von Lance Burton ist von der 2nd Ave aus zu sehen, zw. Lambert und Elliott Street

SS Klondike II erinnert an die Dampfschifffahrt auf dem Yukon River

Raddampfer

Die südliche Einfahrt vom *Alaska Hwy* nach Whitehorse führt geradewegs an den Yukon River. An seinem Ufer (an der einzigen Brücke der Stadt) liegt der ***Sternwheeler SS Klondike II***. Der 1937 erbaute Raddampfer wurde mit den Maschinen des gesunkenen Vorgängers ***Klondike I*** ausgerüstet und tat bis zur Fertigstellung des *Klondike Highway* im Jahr 1955 Dienst. Seit der Restaurierung in den 1970er-Jahren ist der mit 64 m längste Yukon-Schaufelraddampfer ein Schmuckstück der Stadt. Besichtigungen Mai-Sept täglich 9.30-17 Uhr, Eintritt frei; www.pc.gc.ca/ssklondike.

MacBride Museum

Die Ausstellungen im nicht zu übersehenden Bau (ein modernes Gebäude über einem kleinen Blockhaus) des ***MacBride Museum*** thematisieren in erster Linie Goldrausch, Bergbautechniken und nordische Tierwelt. Die präparierten Tiere vom Adler bis zum Grizzly sind sehenswert; 1124 Front Street; Mitte Mai bis Ende August täglich 9.30-17 Uhr, Mi -21 Uhr, sonst Di-Sa 10-16 Uhr; Eintritt $10/$5; www.macbridemuseum.com.

Old Log Church

Die Geschichte der anglikanischen Kirche im Yukon wird im ***Old Log Church Museum*** erzählt, das in einem der ältesten Bauwerke der Stadt, einer Kirche von 1900, untergebracht ist (3rd Ave/Elliott Street). Die Ausstellung bezieht sich vornehmlich auf die Christianisierung der Ureinwohner. Mitte Mai bis Anfang September Mo-Sa 10-17, So 12-16 Uhr; Eintritt $6; www.oldlogchurchmuseum.ca.

Mitbringsel

Als Souvenirs aus dem Yukon sind vor allem ***Native Products*** beliebt, von Indianern und Eskimos gefertigte Gebrauchsgegenstände und hübsches Kunsthandwerk. Der bekannteste und bestsortierte Laden ist der ***Craft Shop***; 504 Main Street.

Ebenfalls in der Main Street (#100), in der Nähe des (stillgelegten) Bahnhofs, liegt das ***Baked – Café & Bakery***. Die Bäckerei mit Biowaren ist ein populäres Szene-Café; www.bakedcafe.ca.

Zum Miles Canyon

Den bereits erwähnten ***Miles Canyon*** erreicht man auf der gleichnamigen Straße. Am *Alaska Highway* weist etwa 4 km vor der südlichen Zufahrt nach Whitehorse ein Kamera-Symbol den Weg. Von Whitehorse aus gesehen zweigt die ***Miles Canyon Rd*** links von der South Access Rd (Robert Service Way) ab und führt am Schwatka Lake vorbei zum Parkplatz in unmittelbarer Nähe des Canyon.

Ausflugsschiff im Miles Canyon

Bootstour

Am Wege befindet sich die Anlegestelle von ***Captain Ken's Adventures – A Yukon River Boat Tour***. Das Ausflugsboot startet von dort ab Mai bis Oktober zu Touren auf dem Yukon River, 401 Miles Canyon Rd; www.facebook.com/CaptainKensAdventures. Außerdem: ***Yukon River Tours***: http://yukonrivertours.com.

An den Rand des *Miles Canyon* führt ein kurzer *Trail*. Besonders aufregend ist der Blick auf den heute stromschnellenfrei, wenn auch immer noch rasch fließenden Yukon River nicht. Eine Hängebrücke (nur Fußgänger) führt aufs andere Ufer. Von dort sind es auf zwei alternativen Wegen 2 km zur ***Chadburn Lake Road***, einer Stichstraße zum gleichnamigen See.

Am *Trail* flussaufwärts werden **Ausgrabungen** vorgenommen. Man hofft, dort Reste von ***Canyon City*** zu finden, der wichtigsten Station der Goldsucher 1898 auf ihrem Weg nach Dawson City.

Fischleiter

Ebenfalls am östlichen Flussufer befindet sich die ***Whitehorse Fishladder*** an der Verlängerung des Nisutlin Drive im Vorort **Riverdale**: Um den Lachsen den vom Schwatka Lake-Damm versperrten Weg zu den Laichgründen weiter zu ermöglichen, wurde eine der längsten Fischleitern der Welt gebaut. Hier kann man – vor allem ab Ende Juli – hervorragend beobachten, wie die Lachse die Stufen der Leiter überwinden; https://yukonenergy.ca/sustainability/conservation/whitehorse-fishladder-and-hatchery.

Museen außerhalb Downtown

Direkt am *Alaska Highway* an der Zufahrt zum Airport bewegt sich eine auf einen Sockel montierte *Douglas DC 3* mit der Windrichtung. Die »weltgrößte Wetterfahne« steht neben dem interessanten ***Yukon Transportation Museum***, 30 Electra Crescent. Alle Transportmethoden einst und jetzt – Hundeschlitten, Schaufelraddampfer, *Whitepass & Yukon Railway*, erste Flugzeuge und auch die Konstruktion des *Alaska Highway* – werden dort durch viele Exponate demonstriert; täglich Mai-August 10-18 Uhr, Di - 20 Uhr; Eintritt $10/$8; www.goytm.ca.

Museen

In unmittelbarer Nachbarschaft thematisiert eine Multimediashow im modernen ***Yukon Beringia Interpretive Centre*** Eiszeit, Entwicklungsgeschichte, Flora und Fauna von *Beringia,* einer kontinentübergreifenden Tundra zwischen dem Nordosten Asiens und dem Nordwesten Amerikas. Sie entstand während der letzten großen Eiszeit (Höhepunkt vor rund 20.000 Jahren), als der Wasserspiegel bis zu 125 m niedriger als jetzt lag, und Alaska über eine eisfreie Landbrücke mit Sibirien verbunden war. Täglich Mai-September 9-18 Uhr; Eintritt $6/$4; www.beringia.com.

Kanutrips

Whitehorse ist ein hervorragender Ausgangspunkt für Kanufahrten. Wer es den Goldsuchern von 1898 nachtun und den Yukon River bezwingen möchte, kann **Boote *one-way* nach Dawson City** mieten; unter anderem bei ***Kanoe People*** in der 1147 Front Street, ✆ (867) 668-4899; mehrere Strecken, u.a. 8 Tage, 320 km, $225, aber auch ganze Tage ab $45; www.kanoepeople.com.

Unterkunft

- Unter den Hotels ist das ***Best Western Gold Rush Inn*** in der 411 Main Street, ✆ 1-800-780-7234, DZ ab $110, besonders empfehlenswert; über: www.bestwestern.com.
- Gut und nicht zu teuer nächtigt man im ***Coast High Country Inn,*** 4051 4th Avenue, ✆ (867) 667-4471, DZ ab $95, Nähe *SS Klondike*; www.coasthotels.com

Camping

Die folgenden kommerziell betriebenen ***Campgrounds*** verfügen über *Full Hook-up,* großzügige Stellplätze mit vielen Bäumen und Auto-Waschanlage (praktisch vor der Campmobilrückgabe). Stadtnah liegen in der Nähe der Whitehorse-Südzufahrt

- ***Hi Country RV Park***, 91374 Alaska Hwy, ✆ (867) 667-7445, 130 Stellplätze, $29-$45, www.hicountryrv.com.
- ***Pioneer RV Park & Campground***, 91091 Alaska Highway, 150 Stellplätze, $20-$37; ✆ 1-866-626-7383 oder ✆ (867) 668-5944; www.pioneer-rv-park.com
- 22 km südlich der Stadt, 1 km südlich Abzweigung Klondike Hwy, am Alaska Hwy liegt der ***Caribou RV Park***, ✆ (867) 668-2961, 77 Plätze, $29-$45; www.caribou-rv-park.com; deutschsprachige Leitung (*Sandra* und *Steve*).
- Nur für **Zelte** und zum Picknicken eignet sich der ***Robert Service Campground***, 120 Robert Service Way, ✆ (867) 668-3721, 68 Stellplätze, $27; www.robertservicecampground.com, am Yukonufer (*South Access*).
- Vom ***Wolf Creek Yukon Government Campground*** am *Alaska Hwy* südlich Whitehorse war bereits die Rede, ➤ Seite 435.

Sehr schön ist der **Picknickplatz** am ***Chadburn Lake*** am Ende der gleichnamigen Stichstraße (über den Zugang zum *Miles Canyon* hinaus). Nur zu Fuß über eine Hängebrücke erreicht man den ***Picnic Ground*** auf ***Kishwoot Island*** im Yukon River (2nd Avenue jenseits des zweiten Bahnübergangs).

8.2.5 Klondike Highway nach Skagway

Verlauf

Etwa 20 km südlich der Stadt endet der im Bereich Whitehorse gemeinsame Verlauf vom *Alaska* und *Klondike Highway*. Letzterer wendet sich dort nach Süden und führt nach Skagway/ Alaska. Die 160 km zwischen *Alaska Highway* und Skagway gehören zu den **schönsten Strecken im kanadischen Norden**.

Rund 10 km vor Carcross liegt westlich der Straße der berühmte, in verschiedenen Grüntönen leuchtende **Emerald Lake** (➤ Foto Seite 412/413) mit kleinem Picknickplatz. Bester Standort fürs optimale Foto ist der Hügel auf der anderen Straßenseite. Kurz vor Abzweigung der *Tagish Road* passiert man die Zufahrt zum Dünengebiet ***Carcross Desert*** – mit 2,6 km^2 die »kleinste Wüste der Welt«.

Carcross

In der Mini-Siedlung Carcross (Kurzform für *Caribou Crossing*) zwischen Lake Bennett und dem Nares Lake befindet sich die Endstation der ***White Pass & Yukon Route***, eine Touristenbahn die zwischen Carcross und Skagway verkehrt (Foto und Infos ➤ Seiten 444f). Auf einem Stück Gleisbett vor dem Gebäude ist die winzige **Dampflok *Duchess*** ausgestellt, die als *Taku Tram* lange Zeit die einzige Verbindung über Land ins entlegene Atlin war (1900-1951). Heute gelangt man auf der *Tagish Road* von Carcross nach Jakes Corner (am *Alaska Hwy*) und von dort geht es auf der *Atlin Road* zum gleichnamigen See und Ort, ➤ Exkurs Seite 434.

Gegenüber vom Bahnhof steht der rosafarbene ***Matthew Watson General Store*** von 1909, der angeblich älteste durchgehend betriebene Laden Yukons. Unübersehbar an der Zufahrt ist ein auffälliger, mit *First Nation*-Motiven versehener Gebäudekomplex. Dort wurde das ***Visitor Centre*** des Ortes untergebracht; im Sommer täglich 8-20 Uhr. Gleich nebenan lädt ein (gutes) Café zu einer Pause ein.

Am Wege

Ab Carcross geht es nur noch langsam voran, denn im nordwestlichsten Zipfel von British Columbia verführen **spektakuläre Landschaftspanoramen** immer wieder zum Anhalten und Fotografieren. Am *Windy Arm* des Tagish Lake passiert man die Ruinen ehemaliger **Gold- und Silberminen** am Montana Mountain. Einige für den Transport der Erze vorgesehenen Seilbahnen sowie Förderanlagen sind dort noch relativ gut erhalten (*Conrad Historic Townsite*).

Carcross Desert, eine eindrucksvolle Wüstenlandschaft im Gebirge

Gemischtwarenladen in Carcross

Der ***Conrad Campground***, km 90, glänzt durch seine exzellente Lage am See; 29 Plätze, $12.

Bei **Log Cabin** (Parkplatz am Ende des *Chilkoot Pass Trail*, ➤ umseitig) überquert der *Klondike Hwy* die Schienen der ***White Pass & Yukon Route***, die danach am jenseitigen Ufer von Summit Lake und Skagway River parallel zur Straße verlaufen. Bis zur Fertigstellung der Straße 1981 bildete die Schiene die einzige Verbindung über den *White Pass* zwischen Skagway/Alaska und Whitehorse.

Grenze

Vom 130 m höher verlaufenden ***Klondike Hwy*** überblickt man die Bahntrasse über den ***White Pass*** (873 m). Er markiert 23 Straßen- bzw. 32 Bahnkilometer von Skagway entfernt die Grenze Kanada/USA. Der Grenzübergang **Fraser/Skagway** ist nur von 8-24 Uhr geöffnet. Hinter dem Pass geht es in steilem Verlauf hinunter.

Fahrt nach Skagway

Allein die Anfahrt und Skagways einzigartige Lage am ***Taiya Inlet*** des langgestreckten Fjords *Lynn Canal* und Skagway River unter hochaufragenden Bergen rechtfertigen bereits den Abstecher in die nördliche Ecke von Alaskas *Inside Passage*; www.skagway.com.

Der ***Klondike Gold Rush National Historical Park*** liefert ein weiteres gutes Motiv. Wenn die Fähre von/nach Prince Rupert oder Haines in die Reiseroute »eingebaut« wurde, führt der Weg ohnehin über Skagway; mehr dazu weiter unten.

Nummernschild anlässlich der 100-Jahres-Feier (1997)

Skagway und das heute nicht einmal mehr als eine »Geisterstadt« identifizierbare **Dyea** (Aussprache: *Dei-ih*) verdanken dem ***Klondike Gold Rush*** einen kurzen Höhenflug. Im **Juli 1897** trafen die ersten Boote mit Goldsuchern ein, und im Oktober desselben Jahres hausten an den Ufern des Inlet 20.000 Menschen. Aber schon 1899 war das Goldfieber wieder vorüber. Die provisorische, überwiegend aus Holzverschlägen und Zelten bestehende Stadt Dyea, die zeitweise über 10.000 Einwohner beherbergt hatte, war schon 1903 fast menschenleer und verkam zur ***Ghost Town***. Skagway erging es kaum besser, aber immerhin blieb der Ort erhalten.

Chilkoot Pass Trail

Der steile Pfad über den *Chilkoot Pass* (1.070 m) stand 1897/98 für die meisten Ankömmlinge am Beginn ihres abenteuerlichen Weges zu den *Klondike*-Goldfeldern, die ab dem Lake Bennett auf dem Wasserweg erreicht werden konnten. Wer zum Sommeranfang, wenn der Boden langsam auftaute, am Ziel sein wollte, musste den schroffen Pass im Winter erklimmen, am Seeufer beim Bootsbau mitmachen (oder sogar in Einzelteile zerlegte Boote über den Pass schleppen) und nach dem Aufbrechen des Eises in Richtung Yukon River ablegen. Ein Unternehmen von gnadenloser Härte.

Ab Februar 1898 kontrollierten jenseits der Passhöhe kanadische Grenzer, ob jeder den geforderten Einjahres-Vorrat mitbrachte. Die legendäre *Ton of Goods* bestand aus ca. 520 kg Lebensmitteln und 180 kg an Ausrüstungsgegenständen und Kleidung. Packtiere kamen wegen der kolossalen Steigung nicht in Frage; die Prospektoren selbst mussten den Transport übernehmen. Die Bilder der endlosen Menschenkolonne auf dem verschneiten Pfad hinauf zum *Chilkoot Pass* sind berühmt geworden. Wer einmal aus der Schlange ausscherte, musste oft lange warten, um sich erneut einreihen zu können. Den Rückweg machten sich viele einfacher und rutschten auf dem Hosenboden.

Wer angesichts der Sisyphus-Arbeit nicht bereits vorher aufgab, benötigte gut und gerne drei Monate, bis er seine Ausrüstung Stück für Stück zum 53 km entfernten Lake Bennett verbracht hatte. Insgesamt kamen ohne weiteres 2.000 km Fußmarsch in Eis und Kälte zusammen, die Hälfte davon mit schwerem Gepäck. Dennoch überstanden im Winter und Frühjahr 1897/98 über 30.000 Männer und einige Frauen diese Tortur. Die Wälder rund um den Lake Bennett wurden abgeholzt, um Boote und Floße zu bauen, die im Mai in Richtung Klondike aufbrachen. Manches Boot kenterte zwar, aber die Mehrheit erreichte letztlich Dawson City.

Heute werden der ***Klondike Gold Rush Nat'l Historical Park*** (USA) und der ***Chilkoot Trail Nat'l Historic Site*** (Kanada) von dem *National Park Service* und *Parks Canada* gemeinsam verwaltet. Schutzhütten zum Kochen sind vorhanden (keine Übernachtung!). Wer es den *1898er-Stampeders* gleichtun möchte, erhält im *Visitor Center* in Skagway alle Informationen und die genaue Karte. Für die Wanderung ist ein ***Permit*** erforderlich. *Day-use* $10, Campen auf US-Seite $27, in Kanada $34 oder für beide Länder $61 (jeweils in CAD). Reservierungen unter **© 1-800-661-0486** ($12 Gebühr). Da maximal 50 Personen am Tag zugelassen werden, sollte man sich möglichst am Stichtag darum kümmern (meist schon im November des Vorjahres). Ausführliche Informationen dazu im Internet: www.pc.gc.ca/chilkoot.

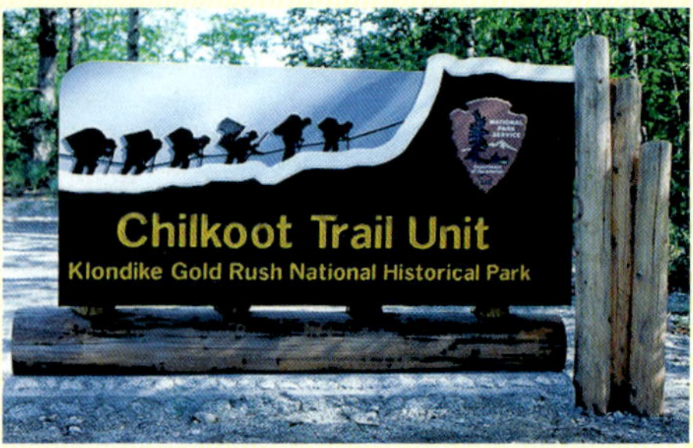

Der **Zeitbedarf** für den *Trail* beträgt mindestens 3 Tage.

Zusätzlich müssen zur Distanz Dyea-Lake Bennett noch 15 Straßenkilometer ab Skagway zum *Trailhead* und weitere 11 km vom See bis zum *Klondike Highway* (*Log Cabin*) gerechnet werden. Die Rückfahrt Lake Bennett-Skagway kostet mit der Eisenbahn USD 95 (nur Di, Mi, Do, Sa). Man muss bei der Vorbereitung bedenken, dass 13 km des *Trails* oberhalb der Baumgrenze verlaufen und die Wetterbedingungen ausgesprochen widrig sein können. Auf der Passhöhe hält sich der Schnee gewöhnlich bis lange in den Hochsommer hinein.

Achtung: Am *Chilkoot Pass* überquert man die USA/Kanada-Grenze und muss den **Reisepass** zur Hand haben.

Skagway

Erst mit der Straßenanbindung und der Gründung des *Klondike Gold Rush National Historical Park* begann ein kontinuierlicher Aufschwung. Heute zählt **Skagway** rund 1.000 Einwohner, und tagsüber – wenn die riesigen Kreuzfahrtschiffe anlegen – ein Vielfaches davon an Passagieren auf Landgang.

National Historic Park

Für die Erhaltung der historischen Stätten wurde in den letzten Jahren viel getan. Die meisten Gebäude an Skagways Hauptstraße ***Broadway***, die mit ihrem New Yorker Namensvorbild nichts gemein hat, stehen heute als Bestandteile des ***Klondike Gold Rush National Historical Park*** unter Denkmalschutz. Sie wurden restauriert oder erhielten neue Vorderfronten im alten Stil.

Als ***Visitor Centre*** dient das ehemalige Depot der ***White Pass & Yukon Route*** im Zentrum. Eine Ausstellung, Dia-Shows und Filme zum Thema »Goldrausch« vermitteln einen plastischen Eindruck vom Chaos und den Entbehrungen an Skagways Gestaden und auf dem beschwerlichen Weg nach Dawson City; geöffnet von Mai bis Mitte September täglich 8.30-17.30 Uhr; Broadway/Ecke 2nd Ave. Nur einen Häuserblock weiter steht am 245 Broadway das **Besucherzentrum** der Stadt mit ungewöhnlicher Außenfassade (➤ Foto links).

Visitor Center der Stadt

Während in Kanada die ***North West Mounted Police*** für Ordnung sorgte, war Alaska damals ein rechtsfreier Raum. So konnte auch Jefferson Randolph »*Soapy*« Smith Skagway ungestraft drangsalieren, z.B. brachte er Neuankömmlinge mit gefälschten Telegrammen dazu, ihren Familien Dollarbeträge zu überweisen, die nie ankamen, sondern in seinen Taschen landeten. *Soapys* »Herrschaft« fand im Sommer 1898 ein jähes Ende. Er starb beim Pistolenduell gegen Frank H. Reid von der Bürgerwehr, der seinerseits 12 Tage später seinen Verletzungen erlag. Beide Gräber sind auf dem ***Gold Rush Cemetery*** zu besichtigen.

Sie hätten sich nicht träumen lassen, dass ihr zum ***Historical Shoot-out*** hochstilisierter Schusswechsel eines Tages Höhepunkt einer einstündigen ***The Days of '98 Show with Soapy Smith*** werden würde, die von Mai bis September täglich 2-4x in der *Eagle's Hall* (Broadway/Ecke 6th Ave) stattfindet. Die seit 1925 ohne Pause am längsten laufende Show in ganz Nordamerika erfreut sich immer noch großer Beliebtheit und ist ihren Eintritt wert; $12,50-$28; www.thedaysof98show.com.

Unterkunft

Die Übernachtungsmöglichkeiten sind in Skagway sehr überschaubar (Liste: www.skagway.com/stay). Die Handvoll **H/Motels** und ***B&Bs*** sind alles kleine und kleinste Häuser bis auf

- das ***Westmark Inn***, 3rd/Spring Street, mit modernen Zimmern für ca. $200, © (907) 983-6000; www.westmarkhotels.com.
- Wer es altmodischer mag, übernachtet im ***Historic Skagway Inn*** 655 Broadway, mit *Olivia's Alaskan Bistro*; Doppelzimmer ab ca. $160; © (907) 983-2289, www.skagwayinn.com.
- Günstiger ist das ***Morning Wood Hotel***, 444 4th Ave; Zimmer mit Gemeinschaftsbad ab $99, mit eigenem Bad ab $175; © (907) 983-3200, www.skagwayhotelandrestaurant.com.

Camping

Direkt neben dem Anleger der ***Alaska Marine Highway*-Fähren** befindet sich – ohne Reiz, aber in günstiger Lage – der ***Pullen Creek RV Park*** mit allem üblichen Komfort; $45. Der Platz ist oft ausgebucht; man reserviert besser langfristig: © 1-844-983-3884 bzw. www.pullencreekrvpark.com. Die anderen ***RV Parks*** des Ortes sind (noch) weniger attraktiv und alle ziemlich eng.

Die White Pass & Yukon Railway (WP&YR) verbindet die Städte Skagway in Alaska mit Carcross in Yukon

Dass sich der Red Onion Saloon in einem ehemaligen Bordell befindet, wird für Touristen entsprechend vermarktet; Ecke Broadway/2nd Ave

Wer abends weder Theater-, Restaurant- oder Kneipenbesuch im Auge hat, campt schöner im Flussbogen des Taiya River auf dem staatlichen ***Dyea Campground*** (22 Plätze, $10) des ***National Historical Park***, wiewohl ohne Komfort und Trinkwasser.

Dyea

Nach Dyea führt die gleichnamige *Road*. Sie zweigt 4 km nördlich von Skagway auf der Westseite der Brücke über den Skagway River vom *Klondike Highway* ab und ist nur anfangs asphaltiert, danach gut gepflegter Schotter. Nach etwa 2 km passiert man einen **Aussichtspunkt** mit Blick auf Skagway, übers Inlet und die schneebedeckten Gipfel der Umgebung. Vom Straßenbeginn bis zum schön gelegenen *Dyea Campground* (➤ oben) im Wäldchen am Taiya River ganz in der Nähe des Startpunkts des legendären ***Chilkoot Pass Trail*** sind es 11 km; ➤ Exkurs Seite 442.

Vom früheren Ort Dyea blieben nur noch einige faulige Pfähle der seinerzeit weit in das flache Wasser der Bucht reichenden Landungsbrücken übrig.

White Pass

Eine **Alternative zum *Chilkoot Trail*** war der längere Weg über den etwas niedrigeren *White Pass* (873 m), über den auch Pferde und Maulesel eingesetzt werden konnten. Über 3.000 der Transporttiere sollen dabei verendet sein. Bedeutung gewann die *White Pass*-Route erst 1900 mit der Inbetriebnahme der Eisenbahn nach Whitehorse. Aber da war der Goldrausch schon fast wieder vorbei.

Nostalgische Eisenbahn

Gleichwohl kam die ***White Pass & Yukon Route*** (***WP&YR***) dank des Transportmonopols zwischen Yukon und dem Hafen Skagway auch ohne die ihr ursprünglich zugedachten Aufgaben über die Runden und wurde mit ihrer reizvollen Trassenführung zur Touristenattraktion. Mit der Eröffnung des *Klondike Hwy* 1981 wurde der Betrieb jedoch unwirtschaftlich und im Folgejahr eingestellt.

Seit 1988 befördert der nostalgische Zug erneut Touristen, allen voran Kreuzfahrer auf Landgang, und fährt den Sommer über mehrfach täglich von Skagway zum *White Pass* (32 km). Die **Hin- und Rückfahrt** dauert mit Stopover etwas über **2,5 Stunden** und kostet stolze US$129/$65.

Der Rotary Snowplow #1 aus dem Jahr 1899 kam auf den Gleisen der WP&YR als Schneepflug zum Einsatz; ausgestellt im Centennial Park gleich südlich der beiden Skagway Besucherzentren

Der 110 km-Trip nach Carcross dauert 8 Stunden; US$235/$118 (Rückfahrt im Bus). An beiden Strecken kommt in der Regel nur eine Diesellokomotive zum Einsatz. Wer lieber mit der **Dampflok** unterwegs ist, muss die *Fraser Meadows Excursion* buchen, die hinter dem *White Pass* kehrt macht (87 km); nur an ausgewählten Tagen; meist Mo, Do, Fr+So 11 Uhr von Mitte Juli bis Mitte September; Tickets US$170/$85.

Auch ein Ausflug ab Whitehorse ist möglich – zuerst mit dem Bus nach *White Pass*, dann mit der Bahn weiter nach Skagway. Dort dann zwei Stunden Aufenthalt, bevor es auf gleichem Weg zurück geht; Dauer insgesamt 10 Stunden; US$144/$72; www.wpyr.com.

Street Car Tours

Perfekt auf Kreuzfahrtschiff-Touristen zugeschnitten sind die ***Skagway Street Car Tours*** im gelben Oldtimerbus. Sie vermitteln in nur 1,5 Stunden alles Wissenswerte über den Ort und seine Wildwest-Vergangenheit – informativ und sehr unterhaltsam; Start 4x täglich am Hafen, ab $40; www.skagwaystreetcar.com.

Fährverbindungen ab Skagway

Water Taxi/ Fast Ferry

Während man für die Passage nach Prince Rupert mit Auto unbedingt eine Reservierung benötigt, stehen für die **Überfahrt nach Haines** die Chancen auch mit Fahrzeug ohne Vorausbuchung gut. Die knapp einstündige Überfahrt ist relativ preiswert (➤ Tabelle Seite 529). Die Entfernung nach Haines beträgt auf dem Wasser nur 22 km, auf dem Landweg hingegen gut 580 km.

Passagiere ohne Auto brauchen nicht auf das Fährschiff zu warten. Sie gelangen auch mit der ***Fast Ferry*** in nur 45 min nach Haines; Mai-September bis zu 13x täglich; US$73/$37,50 retour; ✆ 1-888-766-2103, www.hainesskagwayfastferry.com.

Nach Haines

Skagway ist wie Haines Zielhafen der **Fährschiffe** des *Alaska Marine Highway*. Fähranleger und *Terminal* mit Ticketschalter sind nicht zu verfehlen (Verlängerung des Broadway).

8.2.6 Haines und der Dalton Trail (Haines Highway)

Haines

Der verschlafene 2.600-Einwohner-Ort auf einer weit in den *Lynn Canal* hineinreichenden Landzunge zwischen ***Chilkat*** (im Westen) und ***Chilkoot Inlet*** (im Osten) wird von viel weniger Kreuzfahrtschiffen angesteuert als Skagway. Haines' Lage zwischen schnee- und gletscherbedeckten Gipfeln und Meer – und dazu rundherum unberührte Natur – ist kaum zu überbieten. Eine fantastische Aussicht bietet die ***Mud Bay Road*** (➤ Seite 448), die man auf keinen Fall auslassen darf; *Visitor Centre*: 122 2nd Ave; www.visithaines.com.

Lutak Road

Das ***Terminal*** der *Alaska Ferries* liegt etwa 7 km nördlich des Ortes am *Lutak Inlet* (Nordwestzipfel des *Chilkoot Inlet*). Wer zunächst einmal einen Campingplatz sucht, wendet sich weiter stadtauswärts am *Chilkoot Inlet* entlang zum großzügig angelegten ***Chilkoot Lake State Recreation Site*** am gleichnamigen See ausgangs des *Lutak Inlet*; ca. 9 km auf der asphaltierten *Lutak Road*; $15.

Erwischt!

Auch am Chilkoot River findet eine **Lachswanderung** statt: *Sockeye* (Juni-August), *Pink Salmon* (Juli/August) und die *Coho Salmon* folgen im Sept/Oktober. Zu der Zeit ist die ***Lutak Road*** südlich des *Recreation Site* ein toller Tipp um **Bären beim Fischen direkt aus dem Auto zu beobachten**. »Meister Petz« streunt dann aber auch gern auf dem *Campground* herum! Die Chancen Weißkopfseeadler zu sehen sind dort ebenfalls sehr groß.

Übernachten

Haines besitzt eine ganze Reihe von Quartieren und mehrere kommerzielle ***RV Parks***. Zu empfehlen sind:

- ***Halsingland Hotel*** in den einstigen Offiziersquartieren des Fort Seward, 13 Ft Seward Dr, DZ ab $109, mit ausgezeichnetem Restaurant, © (907) 766-2000, www.hotelhalsingland.com
- ***Alaska Guardhouse Lodging***, 15 Ft Seward Drive, ab $135; © 1-866-290-7445, alaskaguardhouse.com.
- ***House No. 1 – Fort Seward B&B***, 1 Fort Seward Drive (*Officer's Row*), in diesem zweistöckigen viktorianischen Haus wohnte von 1902-1904 der Kommandeur von Fort Seward, 5 Zimmer ab $125, © (907) 766-2856, www.housenumberone.com.

Der ***Chilkat State Park Campground*** ($15) an der Mud Bay Road, 11 km südlich von Haines, liegt in exzellenter Lage. Ein kleiner **Platz nur für Zelte** befindet sich am Wasser 2 km südöstlich vom Ort: ***Portage Cove State Recreation Site*** ($10) an der Beach Road.

Flightseeing

Haines ist idealer Ausgangspunkt für **Flüge in den *Glacier Bay National Park***, z.B. mit ***Mountain Flying Service***; ab $200 (60 min.), $75 Aufpreis Gletscherlandung; das ***Haines Airfield*** liegt westlich am Haines Highway; www.mountainflyingservice.com.

Sehenswürdigkeiten

Außer einigen mäßig interessanten historischen Gebäuden gibt es in »*Downtown*« Haines nicht allzuviel zu sehen. Als Sehenswürdigkeit gilt in erster Linie das 1904 erbaute ***Fort Seward***, der erste dauerhafte Armeeposten der USA in Alaska. Das ehemalige Hospital des Forts beherbergt heute eine Werkstatt indianischer Holzschnitzer, ***Alaska Indian Arts***, Mo-Fr 9-17 Uhr, frei, 13 Ft Seward Dr; www.alaskaindianarts.com.

Sheldon Museum

Das ***Sheldon Museum and Cultural Center*** befindet sich in der 11 Main Street. Gezeigt werden **Kunsthandwerk** der *Tlingit*-Indianer, Dokumente, Karten und Objekte zur lokalen Siedlungsgeschichte – und ein Film über die **Weißkopfseeadler** der *Bald Eagle Preserve*; $10; www.sheldonmuseum.org.

Naturkunde-Museum

Wenig weiter steht dann auch das ***Natural History Museum*** der *American Bald Eagle Foundation*, 113 Haines Highway. Das Naturkundemuseum zeigt 200 schöne Dioramen zu Tieren aus der Region – außerdem lebende Greifvögel im ***Raptor Center***; im Sommer Mo-Fr 9-17, Sa 12-16 Uhr, sonst Di-Sa 9-15 Uhr, Museum $15/$10; www.baldeagles.org.

Ende Juli findet in Haines die 4-tägige ***Southeast Alaska State Fair*** statt: Jahrmarkt, Ausstellung und Musik; www.seakfair.org.

Mud Bay

Südlich der Stadt schließt sich die 18 km lange schmale Chilkat Peninsula an. Die ***Mud Bay Road*** dorthin (zu Anfang asphaltiert) am langen Fjord ***Chilkat Inlet*** entlang sollte auch abfahren, wer nicht beabsichtigt, im *Chilkat State Park* auf dessen wildromantischen Platz im Wald zu campen (dorthin ca. 11 km). Am Wege passiert man den Startpunkt des empfehlenswerten ***Mount Riley Trail*** (kürzeste Route über den Westeinstieg: 4,5 km bis auf 536 m Höhe), von dem man noch sagenhaftere Blicke genießt als bereits von der Straße aus. Nahe des Ortszentrums ab der Beach Road beginnt der ***Haines Battery Point Trail***. Der schöne ebene Weg (2 km) zu einer einsamen Landspitze am *Chilkoot Inlet* führt auch am Ostzustieg des *Mount Riley Trail* vorbei.

Dalton Trail

Die Straße von Haines nach Nordwesten folgt dem Verlauf des historischen ***Dalton Trail***, der während des Goldrausches einen alternativen Weg nach Dawson City bot. Der Abenteurer Jack Dalton hatte schon 1890 das erste Teilstück angelegt, später Handelsposten errichtet und sich damit eine Goldgrube geschaffen.

Beginn der Haines Road kurz außerhalb des Ortes

Hohe Wegzölle für die Benutzer seiner Straße produzierten mehr Gewinn als die meisten *Claims* der Goldfelder. Aber bereits 1900 verlor der *Dalton Trail* mit der Fertigstellung der Eisenbahn von Skagway nach Whitehorse seine Bedeutung. Erst im Zweiten Weltkrieg baute die US-Armee den *Trail* als strategisch wichtige Verbindung von der Küste zum *Alaska Highway* aus.

Heute ist die grandios geführte, vollständig asphaltierte Straße rund ums Jahr gut befahrbar, wenngleich Schneefälle die Fahrt noch bis in den Mai und ab September behindern können. Speziell der 75 km lange Mittelabschnitt in British Columbia um den ***Chilkat Pass*** (1.065 m) fasziniert durch sein herrliches Panorama über eine weite baumlose Hochebene.

Auf dem über 240 km langen *Haines Highway* gibt es nur am *33 Mile Roadhouse* eine **Tankstelle**; www.33mileroadhouse.com.

Seeadler

Die Weißkopfseeadler sind im Gebiet der ***Alaska Chilkat Bald Eagle Preserve*** im Mündungsbereich des Chilkat River kaum zu übersehen. An die 3.000 dieser mächtigen Vögel leben dort. Zwischen km 30 und km 40 des *Haines Hwy* am Fluss entlang lassen sie sich gut beobachten.

Zwei Weißkopfseeadler streiten sich um die Beute

Die beste Zeit dafür ist zwar die »touristenarme« Saison von Oktober bis Februar, aber schon **Ende August** beginnt der Lachsauftrieb in Flüssen und Bächen, ein gefundenes Fressen für die ***Bald Eagles***.

Ein kleiner **Einfach-Campingplatz** ($10) im Adlergebiet (Westende der ***Mosquito Lake State Recreation Site***) liegt am Mosquito Lake – leider tatsächlich viele Stechmücken! – (ca. 4 km Zufahrt).

Grenze

Mit der Grenzüberschreitung wechselt die **Zeitzone**, statt *Alaska Time* gilt *Pacific Time* (eine Stunde später). Die Grenzstation **Pleasant Camp/Dalton Cache** ist ganzjährig 8-24 Uhr (*Pacific*) geöffnet.

Haines Road

Am Wege gibt es mehrere schön gelegene Campingplätze und einige reizvolle Wanderwege. Nicht auslassen sollte man den kurzen Weg (800 m) zu den ***Million Dollar Falls*** am gleichnamigen ***Yukon Government Campground*** (km159, 33 Stellplätze, $12, 89 km südlich Haines Junction). Empfehlenswert ist auch die Kurzwanderung ***Rock Glacier Trail*** (30 min, grandiose Aussicht) 7 km nördlich des schönen ***Dezadeash Lake Yukon Government Campground*** (20 Plätze, $12).

Wenig weiter nördlich passiert die Straße den ***Campground*** am **Kathleen Lake** (km 220, 39 Plätze, $12) – der einzige mit Auto zugängliche Campingplatz des ***Kluane National Park***. Am Seeufer entlang läuft der ***Kokanee Trail***, ein Holzplankenweg (0,5 km).

8.2.7 Von Whitehorse nach Dawson City über Haines Junction und Tetlin Junction/Alaska

Zur Strecke

Wer dem Umweg über die »Superroute« Skagway/Haines nicht folgt, erreicht Haines Junction auf dem *Alaska Highway*. Dieses ab Whitehorse etwa 160 km lange Teilstück ist zunächst nicht aufregend und bis auf das Indianerdorf *Champagne* auf halbem Wege unbesiedelt. Nach etwa 15 km (ab Whitehorse) zweigt der ***Klondike Highway*** nach Dawson City ab. Ein **Abstecher** vom *Alaska Highway* könnte den ***Takhini Hot Springs*** gelten.

Hot Pools

Vom *Klondike Hwy* (ca. 6 km nördlich der Abzweigung) führt eine Stichstraße (10 km) zu einem – relativ kleinen – Pool, dessen Wasserzufluss sommers wie winters eine Temperatur von rund 40°C hat; $12,50/$10, Juni bis Anfang September täglich 8-23 Uhr, sonst kürzer; www.takhinihotsprings.com; mit **Campingplatz**, 55 Stellplätze, $30-$45, **und Hostel** ($35/Bett, *Private Room* $125); © (867) 456-8004, www.yukoncampground.com.

St. Elias Mountains

Erst kurz vor Haines Junction wird die Landschaft reizvoller. Die Straße führt schnurgerade auf die **St. Elias Mountains** mit den höchsten Bergen Kanadas zu. Bei klarem Wetter sieht man die schneebedeckten Gipfel des Mount Kennedy (4.235 m) und Mount Hubbard (4.577 m). Mit Blick auf diese Bergriesen übernachtet man auf dem ***Pine Lake Yukon Government Campground*** (42 Plätze, $12, 5 km Wanderweg bis Haines Junction).

Haines Junction

Haines Junction (900 Einwohner; www.hainesjunctionyukon.com) am Straßendreieck *Alaska/ Haines Highway* besteht im Wesentlichen aus Motels, *RV Campgrounds*, Tankstellen und Läden an der Hauptstraße: ***Raven's Rest Inn***, ab $125, guter Standard; © (867) 634-2500, http://ravensrestinn.ca.

Kluane National Park

Ausstellungen und Filme im hervorragenden ***Visitor Center*** des ***Kluane National Park***, 280 Alaska Hwy, 300 m vor (aus Richtung Whitehorse kommend) der Kreuzung *Alaska Hwy/Haines Road* sollte man sich nicht entgehen lassen, zugleich ***Yukon Visitor Information Centre***: täglich von 8-20 Uhr. Sie zeigen unerschlossene Gebiete und die Tierwelt des Riesenparks (21.980 km^2), dessen dünnes **Wanderwegenetz** sich im Wesentlichen auf dessen Randzonen beschränkt.

Der weitgehend unberührte ***Kluane National Park*** und seine geographische Fortsetzung, der ***Wrangell St. Elias National Park*** auf Alaska-Territorium, bilden als besonders schützenswerte Landschaft einen ***UNESCO World Heritage Site***.

Information

Kluane National Park, Haines Junction, © (867) 634-7207; www.pc.gc.ca/kluane

Kluane Lake

Der Streckenabschnitt durch die Nordausläufer der St. Elias Mountains von Haines Junction bis hinter den Kluane Lake (Burwash Landing) gehört zu den schönsten des *Alaska Highway*.

Am ***Boutillier Summit*** (mit 1.004 m höchster Punkt zwischen Whitehorse und Fairbanks) überblickt man erstmalig den mit 400 km² größten See in Yukon. Rund 1 km westlich zweigt eine Schotterstraße (5 km) zur Geisterstadt **Silver City** am Südostufer des Kluane Lake ab. Um 1900 wurde hier eine Poststation installiert, später folgte eine Kaserne der berittenen Polizei (*North West Mounted Police*). Heute geben eine Handvoll verfallener Blockhäuser, insbesondere inmitten der Farben des *Indian Summer*, schöne Bilder ab.

Am Südende des Sees befindet sich das ***Thechàl Dhâl (Sheep Mountain) Visitor Centre*** des *Kluane National Park* (9-16 Uhr). Von dort aus sind oft ***Dallschafe*** zu sehen. Sie ziehen sich im Hochsommer aber meistens etwas zurück.

Der schönste Wanderweg ist hier passenderweise der ***Sheep Creek Trail*** (5 km, 400 Höhenmeter). Er beginnt 3 km vom *Visitor Centre* entfernt und endet an einem tollen Aussichtspunkt etwas oberhalb der Baumgrenze.

Nur wenig nördlich passiert der *Alaska Highway* den ***Soldier's Summit***, wo die Straße am 20. November 1942 offiziell eröffnet wurde. Ein kurzer Fußweg führt vom Parkplatz zur alten Trasse hinauf.

Noch 15 km weiter sind es bis zum gut angelegten ***Congdon Creek Yukon Campground*** ($12) mit sehr schönen Plätzen am Ufer des Kluane Lake oder im Wald.

Der **Mount Logan** (5.959 m), höchster Berg Kanadas, ist leider von der Straße aus nicht sichtbar. Nur auf teuren ***Flightseeing Trips*** gelangen Touristen in die Nähe des Gipfels. In Haines Junction kann man **Flüge über die St. Elias Mountains** buchen.

Kluane Lake

Wer See und Umgebung länger genießen möchte, findet im ***Talbot Arm Motel*** in **Destruction Bay** eine ordentliche Unterkunft; DZ ab $110; ✆ (867) 841-4461, www.talbotarm.com. Zur aktuellen Lage des Sees bzw. seinem Wasserstand siehe Kasten unter.

Burwash Landing ist ein Nest am Kluane Lake mit nur 100 Einwohnern. Da im Anschluss an den *Klondike Goldrush* dort 1904 der von der Außenwelt kaum bemerkte *Kluane Goldrush* stattfand, stellte man hier die angeblich **größte Goldwaschpfanne der Welt** auf, die den einen oder anderen zusätzlichen Touristen auf dem *Alaska Highway* stoppen lässt und ein paar Dollar ins Dorf bringt (➤ dazu Seite 289). Sehenswert ist auch das ***Kluane Museum of History*** zur Tierwelt im *Kluane Park*; Mitte Mai bis Mitte September tägl. 9-18.30 Uhr, $5; http://kluanemuseum.ca.

Die Fahrt wird nun etwas eintöniger. Kurz hinter der Koidern River-Brücke passiert man den schön gelegenen ***Lake Creek Campground*** ca. 90 km nördlich von Burwash Landing ($12, 27 Plätze).

Beaver Creek

Im winzigen **Beaver Creek**, 120 Einwohner, 34 km südlich der Grenze, gibt es ein letztes Mal auf kanadischer Seite Motels (wenig charmant), einen Campingplatz (*Beaver Creek RV Park*), Tankstellen und ein ***Visitor Information Centre***, täglich 8-20 Uhr.

Eine Region im (Klima-)Wandel

Auch mächtige Bergketten wie die Rocky Mountains bleiben vom Klimawandel nicht verschont – mit deutlich kürzeren Wintern, früher einsetzender Schneeschmelze und spürbar heißeren Sommern. Zudem fallen Niederschläge vermehrt in Form von Regen anstelle von Schnee. Die Auswirkungen lassen sich inzwischen in Zahlen fassen und sind durchaus besorgniserregend: So soll z.B. laut Forschern bereits 2030 das letzte »ewige Eis« aus dem US-Nationalpark *Glacier* gewichen sein, der Anfang des 20. Jahrhunderts gegründet und nach seinen zahlreichen Gletschern (damals an die 150!) benannt wurde. Unvorstellbar die Tragweite, wenn dann dort – in nicht allzu ferner Zukunft – die meisten Wasserläufe im Sommer versiegen! Dass so etwas schneller gehen kann, als man denkt, zeigt der mächtige *Kaskawulsh Glacier* in Nordkanada. Er hat sich inzwischen so weit zurückgezogen, dass sein nördlicher Abfluss verschwunden ist. Das Schmelzwasser fließt seither in südliche Richtung und **lässt den Kluane Lake langsam austrocknen**. So liegen Bootsanleger teilweise schon wasserfern; http://projects.thestar.com/climate-change-canada/yukon.

Auch an anderer Stelle erleben Touristen den Wandel bereits hautnah mit. Immer wieder werden Nationalforste bzw. -parks wegen Waldbränden vorübergehend gesperrt. Die zurückbleibenden, abgebrannten Flächen sind dann jahrzehntelang nicht zu übersehen.

Im Kluane National Park

Grenze Kanada/Alaska

1983 wurde die kanadische Grenzstation aus **Beaver Creek** heraus ein Stück nach Norden verlegt. Hinter dem Kontrollpunkt geht es auf kurviger Strecke zum 30 km entfernten, ganzjährig rund um die Uhr geöffneten **Grenzübergang Alcan/Beaver Creek**. Die Grenze verläuft auf über 1.000 km Länge genau auf dem 141. Längengrad (1908 fixiert) vom ***Demarcation Point*** am Nordpolarmeer südwärts bis zum Mount St. Elias im gleichnamigen Gebirge.

Tetlin Wildlife Refuge

Jenseits der Grenze liegt das ***Tetlin National Wildlife Refuge***. Der seenreiche Lebensraum für zahlreiche Wasservögel erstreckt sich südwestlich des *Alaska Highway* auf einer Länge von über 100 km. Dort vereinigen sich Nabesna und Chisana River zum Tanana River, die Straße verläuft bis nach Fairbanks parallel dazu. 12 km hinter der Grenze befindet sich das ***Visitor Center*** in einem Blockhaus; danach (20 km) passiert man die ***Campgrounds Deadman Lake*** und ***Lakeview*** (frei), Achtung: Bären! www.fws.gov/refuge/tetlin/visitor_activities/camping.html.

In **Tetlin Junction**, 130 km nördlich der Grenze, beginnt (bzw. endet) eine reizvolle **Alternativstrecke zum *Alaska Hwy*** über *Taylor, Top of the World* und *Klondike Hwy* nach Whitehorse (➢ Seiten 414ff).

Taylor Highway

Der auf den ersten 105 km von Tetlin Junction bis Chicken asphaltierte *Taylor Highway* ist mittlerweile auch auf dem 50 km langen Teilstück bis Jack Wade eine gut befahrbare Straße (bei trockenem Wetter). Daher verwundert nicht, dass sich die Strecke von Tetlin Junction nach Dawson City in beiden Richtungen zu einer populären **Touristenroute** entwickelt hat. Gut 10 km östlich von Jack Wade biegt der *Taylor Highway* scharf nach Norden ab (östlich läuft die Straße dann weiter als *Top of the World Highway*) und dient als Zufahrt nach Eagle, Alaska, ➢ Seite 455. Dieses Teilstück ist landschaftlich reizvoll, der Straßenbelag aber nicht so gut wie auf der Hauptroute.

Chicken/Alaska zählt ganze 7 Einwohner

Town of Chicken

Bis Jack Wade folgen zwar auch einzelne attraktive Abschnitte, aber für einen Zwischenstopp auf dem *Taylor Highway* kommt eigentlich nur ***»Downtown«* Chicken** in Frage – von der Hauptstraße rechts in die Airport Road, dann noch 300 m. Dort stehen drei Bretterbuden aus Goldrauschzeiten – heute Shop, *Chicken Creek Café, Liquor Store* und *Saloon*. Zu sehen gibt es außerdem den riesigen Eimerketten-Schwimmbagger ***Pedro Dredge***, der bis 1959 Gold aus dem Fluss gefördert hat. Ein noch größeres Gerät befindet sich bei Dawson City, ➤ Seite 461.

Wer schon immer das **Goldwaschen** üben wollte, ist im ***Gold Camp*** am richtigen Ort. Übernachten kann man in *Cabins* (ab $139), im Zelt $15 oder im RV (*hook-up* $36-$44); www.chickengold.com.

Top of the World Highway

Jack Wade und Dawson City verbindet der ***Top of the World Hwy*** (➤oben; 127 km, davon ca. 60 km raue Schotterstraße auf kanadischer Seite, beim Asphalt teilweise Frostschäden). Ihre Bezeichnung erhielt die Straße wegen der eindrucksvollen Streckenführung entlang einer Kammlinie mit weiten Ausblicken über die Unendlichkeit des menschenleeren Landes.

Der trostlos einsame **Grenzübergang Little Gold Creek/Poker Creek** ist nur von Mai bis Mitte September besetzt (8-20 Uhr Alaskazeit, d.h. 9-21 Uhr *Pacific Time*), davor/danach gesperrt.

Einen besonders schönen **Panoramablick** hat man vom *Top of the World Highway* noch oberhalb der Baumgrenze kurz vor ihrem Abstieg hinunter nach Dawson City. Sehr gut zu überblicken ist auf diesem letzten Teilstück von einigen Punkten der Zusammenfluss von Klondike und Yukon River.

Yukon River Fähre

Dawson City liegt jenseits des Yukon River. Die kostenlose Fähre *George Black Ferry* überquert den Fluss Mitte Mai-Oktober Tag und Nacht bedarfsabhängig in 7 Minuten.

Abstecher nach Eagle

Abseits der gängigen Touristenpfade liegt das letzte Teilstück des *Taylor Highway* von Jack Wade bis zum pittoresken Eagle. Die attraktive kurvenreiche Fahrt (über 100 km, mindestens zwei Stunden) führt zunächst steil in Haarnadelkurven hinab in das Tal des Fortymile River und danach hinauf in baumlose Höhen, ein lohnenswerter Tagestrip.

Eagle ist ein verschlafenes, gerade mal 90 Einwohner zählendes Nest, das seine Blüte zur Goldrauschzeit Ausgang des 19. Jahrhunderts erlebte. Zweistündige Führungen (täglich 9 Uhr, $7) durch den historischen »Ortskern«, während der viele Geschichten erzählt werden, starten am *Courthouse* (3rd Avenue), dem ersten Gerichtsgebäude im Inland Alaskas; www.eaglehistoricalsociety.com. Ein einfacher ***BLM Campground*** (16 Plätze, $10) in schöner Lage ca. 1 km westlich des Ortes an den fünf restaurierten Gebäuden des ***Fort Egbert*** (Tractor Trail) vorbei – dann Campground Road – eignet sich gut für eine Nacht in Eagle. Wer lieber in einem Bett schläft, ist im ***Falcon Inn Bed & Breakfast*** gut aufgehoben; in einem größeren Holzhaus-Komplex mit toller Terrasse und Blick auf die 300 m steil aus dem Yukon River aufragende Felsformation *Eagle Bluff* (beliebtes Fotomotiv); 220 Front St, ab $145, ©(907) 547-2254; www.falconinnlodgelogcabins.com.

Direkt vor der Fähranlegestelle befindet sich linker Hand der Straße der relativ große ***Yukon River Government Campground*** mit gut 100 Stellplätzen, viele davon in schöner Lage über dem Ufer des Yukon River; $12.

Historische Raddampfer

Hinter dem Campingplatz stromabwärts verrotten fünf einst mächtige *Riverboats* im ***Paddlewheel Graveyard***. Hunderte von Dampfschiffen waren zu Goldrauschzeiten am Yukon im Einsatz. Die Wracks sind heute – nicht zuletzt wegen der zahlreichen Besucher, die den morschen Planken zusetzten, im Wesentlichen nur noch ein Trümmerhaufen, aber dennoch ein ganz interessantes Ziel für einen kurzen **Spaziergang** (ca. 300 m) am steinigen Strand des Flusses entlang.

Autofähre über den breiten Yukon River und im Hintergrund das Ausflugsschiff »Klondike Spirit«

Sourdough und Bannock

Oft sind es kleine und – nur scheinbar – nebensächliche Dinge des Alltags, die Abschnitte der Geschichte unverwechselbar machen. Zur Zeit des Pelzhandels und der Entdeckungen in Kanada, als Trapper und Goldsucher oft monatelang in der Wildnis unterwegs waren, zählte Sauerteig, auf englisch ***Sourdough***, zum unverzichtbaren Bestandteil der Ausrüstung. Und so bezeichnete man die Pioniere des Nordens auch selbst als *Sourdoughs*.

Damals wurde der Sauerteig vor allem fürs ***Bannock*** gebraucht. Denn die Herstellung dieser Brotart ist denkbar einfach und auch das Backen über dem offenen Feuer kein Problem: Man verrührt 8 Esslöffel Mehl, ein paar Löffel Wasser, etwas Backpulver und eine Prise Salz zu einem geschmeidigen Teig. Den backt man bei niedriger Hitze in einer leicht gefetteten Pfanne, die möglichst zugedeckt sein sollte. Sobald die untere Kruste braun geworden ist, wendet man das *Bannock*. Nach etwa einer halben Stunde Backzeit hat man ein frisches Brot.

Der Sauerteig kommt als besondere Geschmacksingredienz ins Spiel, wobei dessen Menge nach Gusto variiert werden kann: Pro Esslöffel Sauerteig nimmt man dieselbe Menge Mehl weniger. Für weitere Varianten kann man dem Teig beispielsweise Blaubeeren, Zimt, Rosinen oder Kümmel hinzufügen – oder das *Bannock* nach dem Wenden mit Käse überbacken.

Der erforderliche Sauerteig-Starter ist in Bioläden oder in Naturkostabteilungen von Supermärkten erhältlich. Für längere Transporte gut geeignet sind kleine, in verschweißte Folien abgepackte Portionen. Zur Herstellung des eigentlichen Sauerteigs benutzt man am besten eine hohe, verschließbare Plastikdose. Da hinein legt man die Starterportion, »füttert« sie mit einigen Esslöffeln Mehl und Wasser und lässt den zähflüssigen Brei an einem warmen Platz »gehen«. Schon am nächsten Tag wirft die Mixtur Blasen. Bei deutlich vergrößertem Volumen hat sie dann den typischen säuerlichen Geruch angenommen. Damit ist der Teig fertig fürs *Bannock*!

Und nicht vergessen: immer genügend Sauerteig für das nächste Brot übrig lassen! Diesem Rest fügt man wieder soviel Mehl und Wasser hinzu, dass die entstehende Masse für die nächste Brotzubereitung ausreicht. Nach ein paar Versuchen hat man das gut im Griff. Sauerteig ist dabei sehr genügsam und übersteht leicht sowohl Kälte als auch ein paar Tage ohne Mehl und Wasser. Sollte er zu langsam »gehen«, beschleunigt ein wenig Trockenhefe den Prozess.

Bannock-Zubereitung auf dem Benzinkocher

Das Palace Grand Theatre wurde 1899 als »pompöses Theater in der Wildnis« in Dawson City errichtet; Mitte des 20. Jahrhunderts drohte es zu verfallen und wurde dann in den 1960er-Jahren an neuer Stelle wieder aufgebaut

8.2.8 Dawson City

Geschichte

Am 17. August 1896 stießen ***George Washington Carmack***, der Bruder seiner indianischen Frau, ***Skookum Jim***, und dessen Neffe ***Tagish Charlie***, am *Rabbit Creek* (später in *Bonanza Creek* umbenannt), einem Zufluss des Klondike River, auf Gold und lösten damit den ***Klondike Goldrush*** aus. **An jedem dritten Montag im August** wird seither in Yukon der ***Discovery Day*** gefeiert. Dawson City legt sich dabei an dem langen Wochenende mit Umzügen und viel Trubel besonders »ins Zeug«.

Der Rausch begann so richtig, als dann im Juli 1897 die ersten erfolgreichen Goldsucher auf zwei Schiffen nach Seattle und San Francisco zurückkehrten und mit frisch geschürftem Vermögen Furore machten. Über 100.000 Menschen sollen damals in der Hoffnung auf schnellen Reichtum den Weg nach Norden genommen haben. Nur 30%-40% von ihnen erreichten tatsächlich ihr Ziel.

Die meisten überquerten mitten im Winter 1897/98 den berüchtigten *Chilkoot Pass* (➤ Seite 442), nur um bei Ankunft erkennen zu müssen, dass die besten *Claims* der ***Klondike Goldfields*** lange vergeben waren. Der Mehrheit blieb nichts weiter, als zu miserablen Konditionen für glückliche *Claimholder* zu arbeiten.

Dawson City wuchs **1898** auf über **30.000 Einwohner** und war damit vorübergehend größte Stadt nördlich von Vancouver. Alles musste über Tausende von Kilometern herangeschafft werden. Kein Problem waren die hohen Preise für die Erfolgreichen: Denn allein 1900 betrug die Ausbeute an Waschgold aus Bächen in Yukon fast 34.000 kg. Heute sind es jährlich nur – oder immerhin – in 140 aktiven Minen noch 1.600 kg im Wert von ca. $60 Mio.

8

Hauptstadt

Als 1898 das Yukon von den Northwest Territories getrennt wurde und seine eigene Verwaltung erhielt, rückte Dawson City zur Hauptstadt auf. Einen echten Verkehrsanschluss erhielt die Stadt aber erst 1900 mit der Fertigstellung der ***White Pass & Yukon Rail***. Von deren Endstation Whitehorse ging es mit Raddampfern, wie man sie vom Mississippi kennt, weiter nach Dawson City.

Nach dem Rausch

Der ***Boom*** dauerte nur wenige Jahre. Die Prospektoren verschwanden, und Dawson City schrumpfte zum Dorf. Zu **Anfang der 1950er-Jahre** wurden zwar immer noch 500 Einwohner registriert, aber die Zahl trügt. Viele der einstigen Bewohner bzw. ihre Nachkommen hatten sich längst anderswo niedergelassen, zahlten jedoch weiterhin Steuern für ihre Häuser, um dabeizusein, sollte ein neuer *Boom* ausbrechen. Schließlich verlegte man 1953 den Regierungssitz nach Whitehorse, das nach Fertigstellung des *Alaska Hwy* zum neuen Zentrum des Nordens aufgestiegen war.

Dawson City heute

In den 1960er-Jahren kam es zur Wiederbelebung. Unter der Regie von ***Parks Canada*** wurden historische Gebäude im Stadtkern mit großer Sorgfalt restauriert oder – wie im Fall des baufälligen ***Palace Grand Theatre*** – abgerissen und an anderer Stelle (255 King St) originalgetreu neu gebaut. Die Straßen sind mit Absicht nicht gepflastert, die Gehwege Holzplanken. Dies und der perfekte Ausbau des *Klondike Hwy* haben einen bemerkenswerten Aufschwung bewirkt. Dawson City entwickelte sich zum Besuchermagneten und zählt heute (in den Sommermonaten) wieder rund 2.000 Einwohner mit einem erstaunlich hohen Anteil an Jugendlichen.

Information

Wer sich für die Geschichte des Goldrausches intensiver interessiert, findet Ausstellung, Diashow und Filme im ***Dawson City/ Yukon Visitor Information Centre*** an der Ecke 1102 Front Street/King Street; täglich geöffnet, Mai bis Oktober 8-20 Uhr; © (867) 993-5566. Dort starten auch die **Stadtführungen**. Mit von der Partie sind in diesen Räumen die ***Klondike Visitors Association*** (*KVA*) und ***Parks Canada*** mit **Tickets** für mehrere Attraktionen (u.a. *Auf den Spuren von Robert W. Service*, dem berühmten kanadischen Dichter); www.dawsoncity.ca; www.pc.gc.ca/klondike.

Gegenüber am Ufer des Yukon (Ecke 1123 Front/King Street) befindet sich auch das Besucherzentrum der **Northwest Territories**, Mitte Mai-Mitte Oktober 9-19 Uhr.

Unterkunft

In der Hochsaison kann es in Dawson City schwierig sein, ein Zimmer zu finden. Die **Kapazität** von H/Motels und der Handvoll *B&B Places* ist recht begrenzt. Unter $80 sind dann selbst einfache Quartiere nicht zu haben, sieht man ab vom

- ***Dawson City River Hostel*** am Fähranleger (Westufer des Yukon); $20/Bett, DZ $48, Zelten $20/2 Personen; © (867) 993-6823, www.yukonhostels.com, und dem nostalgischen
- ***Westminster Hotel*** (pink gestrichen) in der 975 3rd Ave, © (867) 993-6029, mit Bierbar und ***Live Music*** in der *Cabaret Lounge*, DZ ab $75; www.facebook.com/westminster1898.

- Modernen Komfort gemixt mit einer gewissen Jahrhundertwende-Eleganz bieten das ***Downtown Hotel***, Queen Street/2nd Ave, © 1-800-661-0514, DZ ab $120, www.downtownhotel.ca und
- das ***Eldorado Hotel***, 902 3rd Ave, © 1-800-764-3536, DZ $129; www.eldoradohotel.ca

Zum **Essen** geht man zu ***Klondike Kate's***, einer »Institution« in der 3rd Avenue/King Street; Spezialität: *The original Wiener Schnitzel*, © (867) 993-6527. Auch ***Cabins*** sind dort zu mieten, DZ $140; www.klondikekates.ca.

Camping

Die meisten Besucher kommen mit dem Wohnmobil oder Zelt nach Dawson City. Zwar kann man auch mitten im Ort übernachten (***Gold Rush Campground***, enge Plätze; $32-$59, 5th Ave/York Street, © 1-866-330-5006; www.goldrushcampground.com), angenehmer sind indessen die ***Government Campgrounds*** ($12):

- ***Yukon River*** am Westufer des Flusses, erreichbar per Gratisfähre (➤ Seite 454) ist besser als ***Klondike River*** ca. 20 km östlich der Stadt auf dem Weg zum *Dempster Hwy*; ➤ Seite 462ff.
- Komfort und praktische Lage am Abzweig der Bonanza Creek Road vom *Klondike Highway* bietet das ***Bonanza Gold Motel*** mit ***RV Park***, 119 Stellplätze, $22-$59 (*full hook-up*), © 1-888-993-6789; www.bonanzagold.ca.

Sehenswürdigkeiten

Im ***Dawson City Museum*** sind Originaldokumente und -gegenstände und Filme aus dem ersten Viertel unseres Jahrhunderts zu sehen; 595 5th Avenue; täglich Mitte Mai bis Anfang September 10-18 Uhr, $9; www.dawsonmuseum.ca.

Harrington's Store (3rd Ave/Princess St) zeigt *»Dawson as they saw it«*, eine **Fotodokumentation** über das Dawson City der Boomjahre; geöffnet Juni-August täglich 9-17 Uhr, Eintritt frei).

SS Keno

Der ausrangierte Raddampfer ***SS Keno*** (1922-1960) am Ufer des Yukon kann Mitte Mai-Mitte September besichtigt werden; täglich 10-17 Uhr, 1025 Front Street. Er ist mit 43 m Länge um 21 m kürzer als der mächtige *SS Klondike* in Whitehorse.

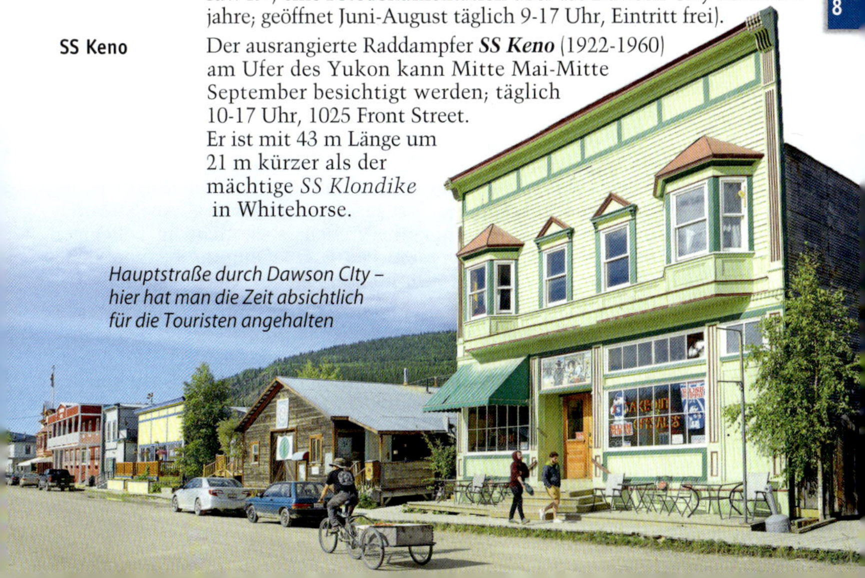

Hauptstraße durch Dawson City – hier hat man die Zeit absichtlich für die Touristen angehalten

Bootstour

Der Schaufelraddampfer ***Klondike Spirit*** (➤ Foto Seite 455) legt den Sommer über regelmäßig zu Touren auf dem Yukon River ab; www.klondikespirit.com.

Dichter-lesungen

Mitte Mai bis Mitte Sept wird vor den früheren Häusern der Schriftsteller (jeweils in der 8th Ave) **Jack London** und **Robert Service** aus deren Werken authentisch vorgetragen. Besuchenswerte Lesungen am Originalschauplatz. Dabei ist die Lesung gratis; ein kleiner Eintritt wird für den Zutritt zum jeweiligen **Museum** erhoben.

Spielkasino

Diamond Tooth Gerties Gambling Hall in der 4th Avenue/Queen Street bietet exzellente Abendunterhaltung. »Gerties Spielhalle« wurde 1971 eröffnet. Sie war zu jener Zeit das einzige legale Spielkasino in Kanada. Bis 2 Uhr Nachts darf dort bei Roulette, Poker und Black Jack »gezockt« werden. «Einarmige Banditen« fehlen auch nicht. Ein Rahmenprogramm sorgt mit Musik und ***Can-Can-Shows*** aus der »guten alten Zeit« 3x am Abend (20.30, 22 und 24 Uhr) für Unterbrechung des Spieltriebs (*each show is different – and more risqué as the night goes on – so be sure to catch them all!*); Mitte Mai bis Mitte September tägl. ab 19 Uhr; Eintritt $15; www.dawsoncity.ca/diamond-tooth-gerties.

Die Bezeichnung *Diamand Tooth Gertie* (Diamantzahn-Gertie) geht auf die Tänzerin ***Gertie Lovejoy*** zurück, die einen Diamanten zwischen ihren Schneidezähnen eingeklemmt hatte. In der fast frauenlosen Stadt kam *Gertie* während der Goldrauschjahre als »Königin der Ballsäle« zu Wohlstand.

Goldfelder

Ohne die Goldfelder wäre Dawson City nicht, was es ist. Wo einst vor über 100 Jahren unendliche Sand- und Schottermengen x-mal durchwühlt wurden, sucht man immer noch überall nach Gold. Kein Wunder beim Preis von ca. $1.500/Unze (31g). Auch **Touristen** dürfen zur Waschpfanne greifen, aber nicht an beliebiger Stelle. Denn alle ***Claims*** sind »gesteckt«. Ohne die ausdrückliche Genehmigung eines *Claim*-Inhabers gibt es Ärger.

Touristen-Claim

Zum Glück existieren am ***Bonanza Creek*** – 4 km östlich Dawson City zweigt die *Bonanza Creek Road* vom *Klondike Hwy* ab – auch ***Claims* für jedermann**. Gebührenfrei offen steht der ***Claim #6*** der ***Klondike Visitors Association (KVA)***, etwa 15 km von der Hauptstraße (Grand Forks Rd), wo *George Carmack* erstmals auf ***Pay Dirt*** gestoßen war. Wer sich im Goldwaschen versuchen möchte und vorsorglich in Dawson City eine Waschpfanne gekauft hat, findet an diesem *Claim* aber selten mehr als winzige Goldspuren am Pfannenboden.

Kommerzielles Goldwaschen

Unter Anleitung geht es meistens besser, speziell, wenn der Sand vorher mit Goldflöckchen »veredelt« wurde. An mehreren **privat betriebenen *Claims*** weiht man die Touristen – zu festen Preisen pro gefüllter Pfanne ($15) – in das Geheimnis des Goldwaschens ein; sehr freundlich am *Claim 33* im Goldgräbergebiet am *Bonanza Creek*. Will es nicht recht klappen, helfen bereits gewaschene ***Gold Flakes*** in kleinen Gläschen oder auch ganze ***Nuggets*** im Shop; www.claim33.vpweb.ca.

Wer sich fit genug fühlt, kann an den alljährlich am *Canada Day* (1. Juli) ausgetragenen ***Yukon Gold Panning Championships*** teilnehmen (Kategorien für »Profis« und Touristen).

Gold Dredge

An der Bonanza Creek Road, etwa 12 km vom *Klondike Highway* entfernt, ragt auch die mächtige, 94 m lange und 30 m hohe ***Gold Dredge No.4*** empor. Der größte je für die Förderung und Durchspülung goldhaltigen Gesteins gebaute Eimerketten-Schwimmbagger mit Holzrumpf war bis 1959 in Betrieb und wurde später in desolatem Zustand von ***Parks Canada*** übernommen und restauriert (*Canadian National Historic Site*). Heute kann die 2.700t schwere Maschinerie im Rahmen der ***Dredge No.4 Tour*** besichtigt werden; Mitte Mai-Mitte September täglich 10-16 Uhr, Dauer: 1 Stunde; $20, mit Transport $30; www.goldbottom.com.

Midnight Dome

Auf keinen Fall auslassen darf man die Auffahrt zum *Midnight Dome* (887 m). Dieser **Aussichtspunkt** knapp 600 m oberhalb der Stadt bietet einen tollen 360°-Rundumblick auf die von Goldschürfern vernarbte Landschaft. Hinauf geht es auf der 9 km langen *Dome Road*, die östlich von Dawson City vom *Klondike Highway* abzweigt, bzw. Zufahrt von der Stadt über die Verlängerung der King Street oder über den steilen *Midnight Dome Trail* (3 km ab Stadt). An jedem 21. Juni erlebt dort halb Dawson City die **Mitternachtssonne**, die nur für einen Augenblick hinter den Ogilvie Mountains »untergeht«. Später im Jahr lassen sich in klaren Nächten vom *Midnight Dome* aus besonders gut **Polarlichter** (➤ Seiten 37f) beobachten. Am dritten Juliwochenende ist er Ziel des ***International Dome Race***, eines kräftezehrenden Bergauflaufs.

Dredge No.4 bei Dawson City

Abstecher: Auf dem Dempster Highway nach Inuvik

Kennzeichnung

➢ Karte Seite 424

Etwa 40 km östlich von Dawson City (*Dempster Corner*) zweigt der *Dempster* vom *Klondike Hwy* ab. Bis nach **Inuvik** sind es **737 km**. Minimalprogramm sollte der rund 80 km lange Abschnitt bis zum ***North Fork Pass*** sein (1.289 m, höchster Punkt der Straße), ggf. mit Übernachtung auf dem herrlichen ***Tombstone Campground*** im gleichnamigen *Territorial Park* – tolle Bergkulisse und ein sehr schöner Abstecher abseits der üblichen touristischen Pfade.

Auf der Suche nach der ***Last Frontier*** (»letzte Herausforderung«) besitzt der – geschotterte – *Dempster Hwy* (nur die nördlichsten 10 km bis Inuvik haben Asphaltbelag) einen ähnlichen Stellenwert wie einst der *Alaska Hwy*. Denn auf keiner anderen Straße ist die Einsamkeit des Nordens noch so spürbar. Außerdem führt in Kanada nur der *Dempster Highway* bis über den **Polarkreis** hinaus. Die Straße in den hohen Norden zeichnet sich durch eine abwechslungsreiche Streckenführung mit mehreren Pässen oberhalb der Baumgrenze aus. Landschaftlich besonders attraktiv ist die Durchquerung der **Ogilvie** und der **Richardson Mountains**.

Orte

Auf der gesamten Strecke gibt es nur drei Ortschaften: die erste, **Fort McPherson** (bereits in den Northwest Territories), erreicht man nach 550 km Fahrt, die nächste, **Tsiigehtchic**, liegt abseits der Straße auf Höhe von km 608, die dritte ist bereits **Inuvik.** Nicht viel enger ist das Tankstellennetz geknüpft, daher unbedingt in Dawson City volltanken. Die nächste Möglichkeit dazu befindet sich in ***Eagle Plains***, nach 408 km! Die anderen Tankstellen befinden sich jeweils in den oben genannten Orten. Wer auf dieser Strecke liegenbleibt, den kann es hart treffen (➢ Seite 419). **Werkstätten** gibt es erst wieder in Inuvik, und die Tankstellen unterwegs sind bestenfalls bei kleineren Reparaturen kompetent.

Die schroffen Ogilvie Mountains am Dempster Hwy im Herbst

Die »Lost Patrol«

Sergeant William Dempster (1876-1964), der Namenspate des Highway, stand insgesamt 37 Jahre lang im Dienst der Polizeitruppe im Yukon. Die *North West Mounted Police* (*NWMP*, ➤ Seite 322) erreichte zeitgleich mit den ersten Goldsuchern den Yukon und hielt bereits ab 1904 auch im Winter ihren Patrouillen- und Postdienst zwischen Fort McPherson und Dawson City aufrecht. Dabei bewältigten die Polizisten die ca. 770 km lange Strecke per Hundeschlitten in rund 20-25 Tagen. Aber die am 21. Dezember 1910 in Fort McPherson aufgebrochene *»Lost Patrol«* von Inspector *Fancis J. Fitzgerald* und drei *Constables* verfehlte die Route und starb ausgehungert auf dem Rückweg. Erst am 28. Februar 1911 wurde in Dawson City eine Suchexpedition losgeschickt. Unter Leitung von *Dempster* fand sie die Leichen drei Wochen später 40 km bzw. 60 km vor Fort McPherson, wo die *Lost Patrol* auch begraben liegt.

Zustand

Der 1959 begonnene Bau des *Dempster Hwy* nahm 20 Jahre in Anspruch. Nach Erweiterungsarbeiten ist die einspurige Straße mit breiten Ausweichstellen derzeit alles in allem in einem verhältnismäßig akzeptablen Zustand. Dennoch sollte man auf Überraschungen gefasst sein, da die klimatischen Bedingungen für eine **ständige Erosion** sorgen und – vor allem – schwere *Trucks* Spuren hinterlassen.

Die Routenführung wurde teils der Topografie angepasst, teils nicht. Die Straße verläuft dabei erhöht auf einer isolierenden Schotterschicht über dem Permafrostboden. Vorsicht ist beim (erlaubten) wilden Campen angebracht: Abseits der Fahrbahn kann das Fahrzeug leicht einsinken.

Wegpunkte

Am *Dempster Hwy* gibt es folgende markante Wegpunkte:

- Tombstone Mountain Yukon Government (km 72)
- Engineer Creek Yukon Government (km 194)
- Eagle Plains Hotel, Trailer Park (km 369)
- Polarkreis (mit Schild) (km 405)
- Rock River Yukon Government (km 447)
- Nitainlaii Territorial Park NWT (km 541)
- Vadzaih Van Tshik NWT (km 692)
- Gwich'in Territorial Campground NWT (km 705)
- Jak Territorial Park NWT (km 731)
- in Inuvik, Happy Valley Territorial Park (km 736)

Fähren
(gratis)

Die Fähren über den Peel und Mackenzie River verkehren nur Juni-Oktober. Im Winter werden sie durch Eisbrücken ersetzt, bei zu dünner Eisdecke in der Übergangszeit kommt der Verkehr auf der Straße **zum Erliegen**. Auch im Sommer verkehren die **Fähren** nicht bei Hochwasser und Unwetter.

Aktuelle Infos über **Straßenzustand** und die Betriebszeiten der Fähren ➤ Seite 535.

8

Verlauf

Die Straße verläuft ab *Dempster Corner* zunächst durch Waldland, lässt es aber bald hinter sich und steigt entlang des North Fork Klondike River hinauf zu den **Ogilvie Mountains**. Dies ist einer der attraktivsten Abschnitte der gesamten Strecke. Der erste **Campplatz** (***Tombstone***, km 72, 36 Stellplätze, $12) liegt südlich der Passhöhe knapp unter der Baumgrenze. Dort beginnt ein schöner ***Trail*** zu den Quellen des Flusses.

Der 1.289 m hohe ***North Fork Pass*** führt durch den *Tombstone*-Kamm der Ogilvie Mountains in baumlose Weiten mit grandiosem Weitblick auf die zackigen Berge und auf der nördlichen Passseite entlang des Blackstone River.

Der ***Engineer Creek Campground*** (km 194, 15 Plätze, $12) liegt kurz vor der Brücke über den Ogilvie River. Auf den dahinter folgenden 50 km schlängelt sich der *Dempster Highway* durch das anfangs enge Tal des Ogilvie River.

Die Straße führt danach in eindrucksvollem Verlauf durch die ***Eagle Plains***, eine weite Ebene zwischen Richardson und Ogilvie Mountains. Erst beim ***Eagle Plains Hotel*** (km 369, DZ $145, 26 Plätze $15-$20; © (867) 993-2453) auf halber Strecke, stößt man wieder auf einen Vorposten der Zivilisation. Es gibt hier Hotelzimmer, Restaurant, *RV Park* und Tankstelle; und einen Shop fürs Nötigste.

Nach 405 km Fahrt (ab der #2) ist der **Polarkreis** erreicht. Dort steht inmitten der Tundra eine Tafel fürs Erinnerungsfoto.

Richardson Mountains

Die folgenden 100 km durch die Richardson Mountains bilden das schönste Teilstück der Strecke. Unterwegs liegt, inmitten der beeindruckenden Weite, der ***Rock River Yukon Campground*** (km 447, 20 Plätze, $12) in einem üppig grünen Flusstal. Am ***Wright Pass*** überquert man bei km 465 endgültig die kontinentale Wasserscheide zwischen Nordpolarmeer und Pazifik.

Mit dem Übergang von Yukon in die Northwest Territories ist ein Zeitzonenwechsel verbunden (*Pacific* zur *Mountain Time*).

Peel River

Etwa 12 km südlich von Fort McPherson setzt man auf einer **Fähre** über den Peel River. Nördlich des Flusses liegt der ***Nitainlaii Campground*** (km 541, 23 Plätze, $15-$23) mit Informationszentrum der Northwest Territories (Juni-September).

Fort McPherson

Der weitere Routenverlauf des *Dempster Highway* auf den letzten knapp 200 km lässt deutlich an Attraktivität nach. Einzig lohnenswerter Stopp ist Fort McPherson.

Unterwegs auf dem Dempster Highway

Die meisten der ca. 800 Einwohner sind *Gwich'in*-Indianer (*Déné*). Viele leben von der Segeltuchproduktion oder der Herstellung kunsthandwerklicher Gegenstände. Im Ort gibt es Café, Tankstelle und Supermarkt. Auf dem Friedhof der *St. Matthew's Anglican Church* markiert ein weißes Kreuz das Grab der ***Lost Patrol***, der im Winter 1910/11 so tragisch umgekommenen *NWMP*-Patrouille, ➤ Kasten Seite 463.

Per Fähre geht es über den Mackenzie River. Ein Abstecher nach Tsiigehtchic, einer abgelegenen, nur 180 Einwohner zählenden *Gwich'in*-Siedlung auf der Ostseite des Arctic Red River ist möglich, lohnt jedoch kaum. Im weiteren Verlauf durchquert der *Dempster Highway* eine flache, bewaldete Taiga. Kurz vor Inuvik liegt der ***Jak Territorial Park Campground*** (km 731, 38 Stellplätze, $15-$32), ein komfortabler Platz mit Dusche und Strom. Reservierung über www.nwtparks.ca/campgrounds.

Inuvik

Inuvik ist die größte kanadische Siedlung nördlich des Polarkreises und mit 3.800 Einwohnern (***Déné***-Indianer, ***Inuit*** und Weiße, die meisten davon Regierungsangestellte) drittgrößte Stadt in den Northwest Territories. Der Ort hat eine Handvoll **Motels** – darunter das ***Nova Inn Inuvik***, 300 Mackenzie Rd, DZ ab $125, ✆ (867) 777 6682 – und die für einen Ort dieser Größe übliche kommerzielle Infrastruktur. Die ab 1955 am East Channel des Mackenzie-Delta mit permafrostsicheren oberirdischen Versorgungsleitungen neu entstandene Stadt »ersetzte« das in einer engen Flussschleife langsam im Sumpf versinkende, aber immer noch existente benachbarte **Aklavik** (700 EW); www.aklavik.ca.

»Ewiger« Tag

Zwischen dem 25. Mai und dem 18. Juli geht die Sonne in Inuvik nicht unter. Dafür sehen die Bewohner zwischen dem 6. Dezember und 5. Januar gar kein Sonnenlicht.

Iglu-Kirche

Our Lady of Victory Parish, 180 Mackenzie Road, fertiggestellt 1960, besser bekannt als schneeweiße ***Igloo Church***, ist die meist fotografierte Sehenswürdigkeit der Stadt. Gottesdienste finden regelmäßig statt, So um 11 Uhr; www.olvinuvik.com.

Aktivitäten

Als Aktivitäten kommen **Bootstouren** zum *Mackenzie Delta* oder Flüge zu abgelegenen Inuitsiedlungen in Frage. Infos unter www.inuvik.ca oder https://spectacularnwt.com.

Abstecher: Auf dem Silver Trail nach Mayo und Keno

Ausgangspunkt

Unmittelbar nördlich der Brücke über den Stewart River zweigt in Stewart Crossing der nur wenig befahrene *Silver Trail* (110 km) vom *Klondike Hwy* ab. Eine Tafel informiert über den aktuellen Zustand dieser Straße. Sie läuft über **Mayo** (einzige Tankstelle) bis **Keno City** in eine Region einst reicher Silbervorkommen. Als Abstecher in die heute weitgehend versunkene Welt der Silberbergwerksstädte ist der *Silver Trail* bei ausreichend Zeit für einen Abstecher auf den Keno Hill eine empfehlenswerte Route. Die ersten 60 km bis über Mayo hinaus zum ***Five Mile Lake Campground*** ($12, 20 sehr schön Plätze am See) sind geteert.

Mayo

Im 500-Seelen-Ort Mayo wurden die silberhaltigen Erze früher auf Boote verladen und über Stewart River und Yukon River verschifft, bis der Transport auf der Straße möglich war. Der Preisverfall in den 1980er-Jahren führte 1989 zur Schließung der **Silberminen** und damit auch zum Ende der Funktion Mayos als Nachschubbasis. Das ***Binet House*** beherbergt ein Infozentrum zum ***Silver Trail***; 304 2nd Ave; Ende Mai-Mitte Sept tägl. 10-18 Uhr. Zimmer ab $120 mit Kochgelegenheit bietet das ***North Star Motel***, 212 Fourth Ave, © (867) 996-2231; www.mayomotel.com.

Elsa

Nach Aufgabe der ***United Keno Hill Mines*** wurde **Elsa**, ca. 45 km nordöstlich von Mayo und nur wenige Kilometer vor Keno City, die jüngste ***Ghost Town*** des Yukon. Sie beherbergt noch eine Handvoll Einwohner von mehr als 500 in den 1960er-Jahren, als die Silbermine zu den größten in ganz Nordamerika zählte.

Keno

Am Ende des *Silver Trail* liegt **Keno City**. Dem Ort erging es kaum besser als Elsa. In der einst bedeutenden Minenstadt aus den 1920er-Jahren leben heute nur noch 15 Menschen. Schachtgerüste und die Aufbereitungsanlage stehen noch. Das ***Keno City Mining Museum*** (Main Street, täglich Ende Mai-Anfang September 10-18 Uhr; www.travelyukon.com) beschwört mit alten Fotografien und Relikten vergangene, »bessere« Zeiten. Ganze 12 Stellplätze hat der ***Keno City Campground*** am Lightning Creek; $10; geöffnet Juni-Mitte Sept; © (867) 995-3103.

Keno Hill Wegweiser für »alle Welt«

Der nahegelegene, windumtoste **Keno Hill** (1.848 m) ist der beste **Aussichtspunkt** weit und breit; aber nur eine schmale, für große Campmobile nicht geeignete Schotterstraße führt hinauf (ziemlich genau 10,5 km). Die Aussicht über schroffe Berge und tiefe Täler ist atemberaubend. Ein Wegweiser zeigt Richtungen und Entfernungen zu Orten in aller Welt.

Für den Rückweg von Keno nach Mayo kommt auch die ***Duncan Creek Road*** in Frage, die als »originaler« *Silver Trail* bis in die frühen 1930er-Jahre als Transportweg für das Silber diente. Sie ist zwar überwiegend gut erhalten, aber die ersten rund 15 km sind ggf. problematisch (je nach Wetterlage).

8.2.9 Robert Campbell Highway nach Watson Lake

Der ***Robert Campbell Highway*** (*Yukon Highway* #4), eine wenig befahrene Straße von **Carmacks nach Watson Lake** (580 km), davon sind ca. 240 km asphaltiert (210 km westlich von Ross River sowie 30 km westlich von Watson Lake). Der Rest ist eine passable *Gravel Road*. Die Route existiert erst seit 1968. Für die Bewältigung benötigt man weit mehr Zeit als für die Strecke über *Klondike* und *Alaska Highway* nach Watson Lake (620 km).

Geschichte

Robert Campbell, ein Pelzhändler der *Hudson's Bay Company*, fand bereits Mitte des 19. Jahrhunderts eine Kanuroute, die quer durch Yukon zum Yukon River führte. Die heutige Straße folgt ihr weitgehend. Viele Kilometer Fahrt durch eine kaum berührte Gegend machen sie zum **Geheimtipp** für Leute, die **Einsamkeit** suchen, ohne in entlegenere Regionen reisen zu wollen.

Tanken

Die einzigen **Tankstellen** am *Robert Campbell Hwy* befinden sich in Faro (von Carmacks aus: 170 km) und in Ross River nach 220 km.

An der Strecke liegen insgesamt ***9 Yukon Campgrounds.***

Landschaft

Zwischen Faro und Watson Lake begleiten die Pelly Mountains im Südwesten und die Selwyn Mountains im Nordosten den *Robert Campbell Highway*. Dazwischen eingeschlossen liegt der über 700 km lange Senkungsgraben ***Tintina Trench***, dem die Straße im Tal von Pelly River und Finlayson/Frances River folgt. Der Straßenverlauf entlang weitgehend miteinander verbundener langgestreckter Seen und Flüsse ist geprägt durch zahllose zu überquerende Wasserläufe. Ringsum ragen Gebirgsformationen hoch auf und geben dieser Route besonderen Reiz.

Faro

Die erste wichtige Abzweigung – nach 170 km Fahrt auf schöner Strecke – wird durch die Stichstraße mit Brückenquerung über den Pelly River nach Faro (9 km) markiert. Faro (400 Einwohner) besitzt alle wesentlichen Service-Einrichtungen. Der Ort wurde 1969 als Basis für neue Blei-, Silber- und Zinkbergwerke gegründet. Nach Einstellung des Betriebes 13 Jahre später verkam Faro fast zur ***Ghost Town***. 1986 aber wurde die Produktion erneut aufgenommen und machte Faro bis zur nächsten Schließung in den 1990er-Jahren kurzfristig wieder zur bedeutendsten Minenstadt Yukons. Auf der Faro Road passiert man den ***Johnson Lake Yukon Campground***, 15 Plätze, $ 12.

Gegenüber dem ***John Connolly Campground and RV Park***, Campbell Street, 13 Stellplätze, $12-$22 (*Full Hook-up*), © (867) 994-2288, gibt es aktuelle Informationen beim ***Visitor Centre*** (sehenswert, dort auch *Check-in* für den Campground).

Canol Road

Die im 2. Weltkrieg befürchtete, wengleich ausgebliebene japanische Invasion führte nicht nur zum Bau des *Alaska Highway*. Um die Ölversorgung Alaskas zu gewährleisten, wurde auch eine Pipeline von Norman Wells (NWT) zum 825 km entfernten *Johnson's Crossing* am *Alaska Highway* und weiter nach Whitehorse verlegt. Die *Canol* (***Can**adian **Oil***) *Road* war zunächst eine *Service Road* entlang dieser Pipeline, verfiel aber bald. Erst Jahre später wurde sie instandgesetzt und 1958 für den allgemeinen Verkehr freigegeben.

North Canol Road

Die geschotterte ***North Canol Road*** beginnt bei Ross River (400 Einwohner) an der Einmündung des Ross River in den Pelly River. Von Ende Mai bis Mitte Oktober verkehrt ab dort täglich von 8-12 Uhr und von 13-17 Uhr die ***Pelly Barge***, eine freie Autofähre über den Fluss. Zu Fuß kann man den Fluss auf einer Hängebrücke zu jeder Zeit überqueren.

Vom Nordufer aus geht es auf der verkehrsärmsten Straße im Yukon bis zur Grenze (232 km) mit den Northwest Territories knapp 30 km östlich des *MacMillan Pass* (1.366 m). An der argen Holperpiste gibt es keine Siedlungen, nur namenlose Flüsse, Seen und Berge. Bisweilen trifft man auf Reste von Maschinen, Fahrzeugen und Gebäuden aus den 1940er-Jahren.

Canol Heritage Trail

Wen das Abenteuer lockt, kann – mit der richtigen Ausrüstung – dem ***Canol Heritage Trail*** (372 km!) weiter ins Gebiet der Northwest Territories hinein folgen. Denn einst führte die Straße bis Norman Wells am Mackenzie River. Da die Piste aber seit 1945 nicht mehr gepflegt wird (u.a. sind die meisten Brücken verfallen), eignet sie sich nur noch für Unentwegte auf Gelände-Motorrädern oder ***Mountain Bikes***.

Sehr zu empfehlen wegen seiner schönen Lage ist der ***Lapie Canyon Campground***; er befindet sich am *Campbell Highway*, 2 km westlich der Stichstraße nach Ross River, 18 Stellplätze, $12.

Lapie Canyon

Die ***South Canol Road*** (außer den beiden *Quiet Lake Campgrounds* – 30 Stellplätze, $12 – ebenfalls ohne Service-Einrichtung) verbindet auf einer kurvenreiche Strecke (220 km) *Robert Campbell* und *Alaska Highway*. Die teilweise enge Schotterstraße ist eine der am wenigsten befahrenen in Yukon und keine Route für schlechtes Wetter. Der reizvollste Abschnitt beginnt etwa 7 km südlich des *Campbell Highway* und führt am tief eingeschnittenen ***Lapie River Canyon*** entlang. Dieses erste 25 km lange Teilstück der *Canol Road* lohnt sich auf jeden Fall.

Nach Watson Lake

Im weiteren Verlauf führt der *Robert Campbell Highway* auf 360 km ohne jegliche Siedlung durch Angel- und Kanu-Paradiese und absolute Einsamkeit. Er stößt in Watson Lake am ***Sign Post Forest*** auf den *Alaska Highway*, ➤ Seiten 430f.

Nur auf den südlichen 100 km begegnet man einigen Trucks, die an der Tuchitua Junction auf die ***Nahanni Range Road*** (Yukon Highway #10) zum 200 km entfernten Straßenende in Tungsten (bereits Northwest Territories) abbiegen.

Die schon mehrmals stillgelegte **Wolfram-Mine *Cantung*** knapp östlich der Yukon-Grenze ist heute wieder in Betrieb, da sich der Weltmarktpreis für Wolfram in den letzten Jahren deutlich nach oben entwickelt hat; www.natungsten.com/s/cantung.asp.

8.2.10 Klondike Highway von Dawson City/Stewart Crossing bis Whitehorse

Verlauf Entlang der heute gut ausgebauten, aber weitgehend eintönigen Asphaltstraße gibt es wenig zu sehen. Zwischen ***Dempster Corner*** und *Stewart Crossing* (140 km) führt der *Klondike Highway* durch **Sumpfgebiete** und überquert zahlreiche Bach- und Flussläufe. Etwa auf halber Strecke zwischen Dawson City und Whitehorse trifft der *Klondike Hwy* wieder auf den *Yukon River*, der einen großen Bogen landeinwärts genommen hat. 50 km weiter passiert man die Zufahrt zum ***Tatchun Lake Government Campground*** (20 Plätze, $12, 9 km auf der *Frenchman Road* Richtung *Campbell Highway*).

Five Finger Rapids Etwa 20 km vor Carmacks befindet sich der **Aussichtspunkt** über die ***Five Finger Rapids***. In diesen Stromschnellen kam mancher Goldsucher auf dem Weg nach Dawson City um. Als sicherste Passage gilt der östliche der fünf Finger, deren Strömung aus der Entfernung gar nicht sonderlich gefährlich wirkt. Ein ***Trail*** führt zum Yukon hinunter.

Carmacks Carmacks (600 Einwohner) war einst Zwischenstation der ***Sternwheeler*** auf dem Weg nach Dawson City und überstand die Einstellung des Schiffsbetriebs wegen der Lage am *Klondike Hwy* besser als andere Orte; www.carmacks.ca.

Das ***Hotel Carmacks*** an der Hauptstraße hat Zimmer (ab $179), *Cabins* (ab $95), Stellplätze (ab $40), eine Bar und ein Restaurant am Yukon River in Nachbarschaft zum ***Boardwalk*** am Ufer entlang, ✆ (867) 863-5221; www.hotelcarmacks.com.

Lake Laberge Der *Klondike Highway* bietet auch auf dem Rest der Strecke bis zum *Alaska Highway* kaum Abwechslung. Erwähnenswert ist der schöne **Lake Laberge**, eine Erweiterung des Yukon River zum See. Der ***Yukon Government Campground*** dort (16 Stellplätze, $12; 3 km Zufahrt) besitzt einige tolle Plätzchen am und über dem Wasser in separater Alleinlage. Die rückwärtigen Plätze sind weniger attraktiv.

Etwa 6 km vor Erreichen des *Alaska Highway* zweigt die Stichstraße zu den ***Takhini Hot Springs*** ab, ➤ Seite 450.

Kanuwandern auf dem Yukon River, hier im Bereich Lake Laberge

Bootsausflug ab Seward zum Holgate Glacier im Kenai Fjords Nationalpark

Durch Alaska

9. ALASKA

Reiseziel Alaska

Alaska besitzt mit seinen Küsten, Gebirgs- und Tundralandschaften herausragende touristische Attraktionen, hinzu kommt noch eine ausgesprochen reiche und vielfältige Fauna. Mangelt es nicht an Zeit und Geld für Ausflüge und Abstecher, die den Besuch erst richtig abrunden, kann der nördlichste Bundesstaat der USA Eindrücke und Erlebnisse vermitteln, für die sich jede weite Reise lohnt.

Anreise auf dem Landweg

Details zur Einreise auf dem Landweg ➤ Seite 57

Wer nicht direkt nach Anchorage fliegen, sondern von Kanada aus auf dem Landweg anreisen möchte, startet – zumindest bei einem (nur) 3-4-wöchigen Urlaub – am besten in Whitehorse/Yukon (Non-stop-Ziel von *Condor* ab Frankfurt). Von dort ist Tok, der erste größere Ort hinter der Grenze, über den gut ausgebauten *Alaska Hwy* nach 1-2 Tagen erreicht (knapp 630 km).

Die kürzeste Route bis Tok ab Vancouver ist über 3.000 km lang, ab Calgary fast 2.900 km und ab Edmonton, dem »Tor zum Norden«, noch immer 2.600 km. Mit Start ganz im Süden und bei knapper Zeitvorgabe bringt eine kilometermäßig kürzere, dafür intensivere Reise durch British Columbia – ggf. mit einem Abstecher nach Yukon oder nur kurz nach Hyder – vermutlich mehr.

Alaskas Straßen im Überblick (Karte ➤ Seite 484)

Bezeichnung	von	nach	Straßen-Nr. in USA	Straßen-Nr. in CAN
Alaska Hwy	Delta Junction	Dawson Creek/BC	2	1/97
Chena Hot Springs Rd	Fairbanks	Chena Hot Springs	-	
Copper River Hwy	Cordova	Million Dollar Bridge	10	
Dalton Hwy	Elliott Highway	Prudhoe Bay	11	
Denali Hwy	Richardson Hwy	Parks Hwy	8	
Edgerton Hwy	Richardson Hwy	Chitina	10	
Elliott Hwy	Fox	Manley Hot Springs	2	
Glenn Hwy	Anchorage	Glennallen	1	
George Parks Hwy	Glenn Hwy	Fairbanks	3	
Haines Hwy	Haines	Haines Junction/YT	7	3
Klondike Hwy	Skagway	Dawson City/YT	98	2
Richardson Hwy	Valdez	Fairbanks	2/4	
Seward Hwy	Anchorage	Seward	1/9	
Steese Hwy	Fairbanks	Circle	2/6	
Sterling Hwy	Seward Hwy	Homer	1	
Taylor Hwy	Tetlin Junction	Eagle	5	
Tok Cut-Off	Gakona Junction	Tok	1	
Top of the World Hwy	Taylor Hwy	Dawson City/YT	-	9

9.1 Transport nach und in Alaska (Flüge ➤ Seiten 64f)

9.1.1 Straße und Auto

Aktuelle Straßenzustände unter http://511.alaska.gov und ✆ 511 oder ✆ (907) 465-8952

Zur Einreise auf dem Landweg kommen nur zwei Routen in Frage: der *Alaska Highway* ab Whitehorse (**Kapitel 8.2.7**, ➤ Seiten 450ff) oder die Kombination *Klondike* und *Top of the World Highway* über Dawson City (**Kapitel 8.2.10**, ➤ Seite 469).

Das Alaska-Straßennetz ist nur teilweise in gutem Zustand, wiewohl alle wichtigen Highways asphaltiert sind. Lediglich Nebenstrecken w.z.B. *Copper River, Dalton, Denali, Elliott, McCarthy Road, Steese, Taylor* und *Top of the World* besitzen streckenweise oder durchgehend Schotterbelag.

Hinweise zum Fahren auf **Schotterstraßen**, speziell im hohen Norden ➤ Seiten 102 und 418f.

Permafrost

Ganzjährig gefrorener Boden, Permafrost, bestimmt die Lebensbedingungen in weiten Bereichen von Alaska, Yukon und den Northwest Territories. Während Permafrost im Norden von Alberta und British Columbia nur sporadisch auftritt, erreicht er auf den Inseln im Nordpolarmeer über 800 m Tiefe. Auch das angenehm warme, oft trockene Sommerwetter mit langer Sonnenscheindauer (➤ Seite 31) kann dem Dauerfrostboden nur oberflächlich etwas anhaben. Unter dem aufgetauten Erdreich verhindert der Permafrost eine Drainage in den Boden. Regen- und Schmelzwasser verbleiben in Teichen und Seen nahe der Oberfläche. Deshalb ist die arktische Tundra im Sommer oftmals unpassierbar, obwohl der Norden die geringsten Niederschlagsmengen Nordamerikas verzeichnet.

Permafrost verursacht besondere Schwierigkeiten beim **Straßen- und Häuserbau**, denn getaute Böden verlieren ihre Stabilität und geben unter Druck nach. Wird der Tauprozess durch Heizungen ausgelöst, erfolgt dies meist sogar noch höchst ungleichmäßig. Nicht nur sinken Bauten allmählich ein, sondern sie verkanten sich gleichzeitig. Die dabei entstehende Spannung führt zu Rissen, im Extremfall zum Bruch des Mauerwerks. Nur mit (kostspieliger) Technik lässt sich das Auftauen des Bodens verhindern. So wurde der ***Dalton Highway***, die bis zur Prudhoe Bay führende, nördlichste Straße des Kontinents, hoch oberhalb der Vegetation verlegt und teils mit Plastikschaum als Thermalschutz isoliert.

Ebenfalls an der Prudhoe Bay beginnt die ***Trans-Alaska Pipeline***. Die oberirdische Verlegung der Erdölleitung auf hohen Stelzen (➤ Foto Seite 495) verhindert auf dem Weg nach Valdez ein Auftauen des Bodens durch das warme Öl und damit ein unregelmäßiges Absinken der Rohre (mit möglichen Leitungsbrüchen). Aus denselben Gründen verlaufen auch in **Inuvik** am Ende der nördlichsten Straße Kanadas die Leitungen der Versorgungseinrichtungen über dem Erdboden. Die erst ab 1955 erbaute Stadt am Ostrand des Mackenzie River trug bis 1958 den Namen »New Aklavik«. Sie sollte die Einwohner von Aklavik am Mackenzie River aufnehmen, wo Erosionsschäden am Flussufer Überschwemmungen und dadurch auftauende Permafrostböden verursacht hatten.

9.1.2 Bus- und Bahnverbindungen

Busse

Aus den USA gibt es keine direkte Busverbindung nach Alaska, ebensowenig von den südlichen Provinzen Kanadas. Wer im Bus nach Alaska möchte, muss auf jeden Fall **in Whitehorse umsteigen** (➤ Seiten 93f). Innerhalb Alaskas sind die Busverbindungen alles in allem eher schlecht. Selbst auf den meisten Hauptrouten verkehren Busse nur 2-3 mal wöchentlich. Für die Strecke Fairbanks–Anchorage zahlt man z.B. je nach Anbieter von $99-$195 (www.interioralaskabusline.com oder www.alaskashuttle.com). Ganz gute Verbindungen bietet noch *Connection Motorcoach*: www.alaska.org/transportation/bus-lines. Einen öffentlichen Personennahverkehr gibt es nur in Anchorage (➤ Seite 478), Fairbanks, Juneau und Ketchikan.

Eisenbahn

Eine Anreise nach Alaska auf den Schienen ist mit der ***White Pass & Yukon Route*** (➤ Seite 445) möglich, die von Ende Mai bis Mitte September als Touristenbahn von Skagway nach Carcross verkehrt (ggf. mit Busanschluss nach Whitehorse); www.wpyr.com.

Im Landesinneren existiert mit der ***Alaska Railroad*** von Seward über Anchorage nach Fairbanks nur ein einziger – zudem teurer – Schienenstrang als Städteverbindung; www.alaskarailroad.com.

Die Strecke **Fairbanks–Anchorage** wurde 1923 in Betrieb genommen. Sie war bis 1971 einzige Landverbindung zwischen den beiden Städten. Der einfache Fahrpreis für diese 573 km lange 12-stündige sog. »Expressfahrt« von Anchorage nach Fairbanks mit Zwischenstopp im **Denali Nationalpark** beträgt in der Hauptsaison Juni-August $459.

Von Anchorage bzw. Fairbanks zum *Denali National Park* kostet das *One-way Ticket* $325 bzw. $170. Die Fahrt von Anchorage nach Seward (184 km) kostet $224, eine Rückfahrt von Anchorage nach Whittier $91. Der *Denali Star* verkehrt auf dem attraktivsten Abschnitt der *Alaska Railroad* mit prachtvollem Panorama von Talkeetna zum *Denali NP*, inklusive Rückfahrt im Sommer ab $460.

9.1.3 Fähren

Zwischen der US-Küste bzw. Süd-Kanada und Alaskas Kernland gibt es keine generelle Fährverbindung, lediglich **im Sommer** alle 2 Wochen die Fähre **Bellingham-Ketchikan-Juneau-Whittier-Kodiak** (➤ Seite 490). Kreuzfahrtschiffe (ohne Autotransport) laufen im südwestlichen Alaska meist Seward oder Whittier an.

Alaska Marine Highway

Die Staatsfähren des *Alaska Marine Highway System* operieren als zwei voneinander unabhängige Systeme im Bereich der *Inside Passage* (➤ Fähren in den Norden, Seite 530) und zwischen Häfen des Kernlandes von Alaska einschließlich Kodiak Island und der Aleuten. Für Letztere zeigt die Tabelle auf ➤ Seite 490 die touristisch interessantesten Verbindungen; www.dot.state.ak.us/amhs.

9.2 Anchorage

9.2.1 Kennzeichnung, Information und Unterkunft

Lage und Klima

Anchorage beheimatet mit knapp 300.000 Einwohnern fast 40% der Gesamtbevölkerung Alaskas. Es liegt am Ende der tief ins Land reichenden Bucht **Cook Inlet** und wird umschlossen von dessen Ausläufern, dem Knik und Turnagain Arm.

Die **Kenai Mountains** im Süden (jenseits des Turnagain Arm) halten einen Großteil des vom Pazifik kommenden Regens ab; die Nähe zum Meer sorgt für recht milde Winter mit Tages-/Nachttemperaturen von -6°/-13°C. In Fairbanks, im Einflussbereich des Kontinentalklimas, sind es zur selben Zeit im Durchschnitt -19°/-29°C. Die Sommer sind an der Küste kühler; die Höchsttemperaturen in Anchorage liegen mit etwa 18°C durchschnittlich 4°C unter denen von Fairbanks. Erstaunlicherweise tut dieses Klima dem Wachstum der bunten Blumenpracht keinen Abbruch, die in zahlreichen Rabatten, Kübeln und Hängekörben gedeiht und damit der Innenstadt ein freundliches Flair verleiht.

Geschichte

Bereits 1778 erforschte der britische Kapitän *James Cook* auf der vergeblichen Suche nach der Nordwestpassage das später nach ihm benannte Cook Inlet. 16 Jahre später traf ***George Vancouver*** während einer seiner Vermessungsfahrten am **Cook Inlet** auf russische Pelztierjäger, die die Küsten Alaskas schon seit 1741 erkundet und für die Zarenkrone in Besitz genommen hatten.

Die Gründung von Anchorage im Jahr 1915 geht ausnahmsweise nicht auf Goldsucher zurück; Pate stand vielmehr die ***Alaska Railroad***. Für die Neubaustrecke nach Fairbanks ließ sie an der Mündung des *Ship Creek* ins Cook Inlet zunächst ein Bauarbeitercamp errichten und später ihren Firmensitz von Seward dorthin verlegen. Danach profitierte Anchorage sowohl von der landwirtschaftlichen Erschließung des Matanuska Valley als auch von **Ölfunden** im Cook Inlet, zudem in den 1970er-Jahren vom Bau der ***Trans-Alaska Pipeline*** vom Nordpolarmeer nach Valdez.

Die Skyline von Anchorage im Licht der untergehenden Sonne

Airport

Der ***Anchorage Int'l Airport*** (ANC), www.dot.state.ak.us/anc, liegt etwa 7 km südwestlich der Innenstadt. Die beiden Linien 40 und 65 der ***People Mover*-Busse** bedienen den Flughafen.

Ehemaliges Luftkreuz Anchorage

Anchorage (ca. 5,6 Mio Passagiere jährlich) schmückte sich früher mit der Bezeichnung ***Air Crossroads of the World***. Das hatte seine Berechtigung – obwohl auch geschicktes Marketing –, da Flugzeuge bis in die 1990er-Jahre auf den Asien-Routen dort zum Auftanken zwischenlandeten. Heute können Langstreckenjets auf Stopps in Alaska verzichten, was den Flugverkehr deutlich verminderte. Beim Umschlag von **Luftfracht** ist der Airport indessen immer noch der viertgrößte der Welt.

Situation heute

Anchorage ist heute das wirtschaftliche Zentrum Alaskas mit einer – für diese Stadtgröße – immens ausgedehnten kommerziellen Infrastruktur südlich und westlich der überschaubaren Innenstadt. Das allgemeine **Preisniveau** ist niedriger als anderswo in Alaska, speziell gilt dies für den Supermarkteinkauf, für *Fast Food* und Benzin.

Unterkunft

Übernachtungen in **M/Hotels** liegen indessen – inklusive der ***Hostels*** (➤ rechts) – preislich im normalen Rahmen. Einfachste Quartiere kosten etwa ab $70 aufwärts. In der unteren Mittelklasse zahlt man ab $90-$100 für die Nacht. In der Mittelklasse beginnen die Tarife meist deutlich über $100 – z.B. in Häusern bekannter Ketten wie *Best Western*, *Comfort Inn*, *Holiday Inn* etc.

Anchorage verfügt zudem über viele ***Bed & Breakfast Places***. Sie werden u.a. von der ***Anchorage Alaska B&B Association*** vermittelt; © (907)-272-5909; www.anchorage-bnb.com. Anschriften und Rufnummern findet man auch im ***Anchorage Visitors Guide***.

Information

Diese und andere Broschüren erhält man am Flughafen oder auch im Zentrum im ausgezeichneten ***Alaska Public Lands Information Center*** an der 605 W 4th Avenue (www.alaskacenters.gov) bzw. nur wenig weiter im Besucherinfo-Blockhaus (524 W 4th Ave, Ecke F Street; im Sommer täglich 8-19 Uhr; www.anchorage.net).

Log Cabin Visitor Center in Downtown Anchorage

Hier einige Unterkunftsempfehlungen:

H/Motels, B&Bs

- ***Big Bear Bed & Breakfast,*** 3401 Richmond Ave, © (907) 277-8189, DZ ab $125; www.alaskabigbearbb.com, 4 Zimmer in einem gemütlichen Haus 3 km von *Downtown*.
- ***Camai Bed & Breakfast,*** 3838 Westminster Way, © (907) 333-2219, DZ Mai-September ab $159; www.camaibnb.com. Ruhig gelegenes *B&B* mit drei Suiten am Wildbach; oft Elchbesuch.
- ***Hampton Inn***, 4301 Credit Union Dr, Komforthotel mit *Pool, Free Airport Shuttle*, ab $119, © (907) 550-7000; www.hilton.com.
- ***Inlet Tower Hotel & Suites***, 1020 W 12th Avenue, komfortables Suitenhotel, Zimmer mit Weitblick aus den oberen Stockwerken, Nähe *Downtown*, Flughafenshuttle, DZ ab $199; © 1-800-544-0786; www.inlettower.com.
- ***Hilton Garden Inn***, 4555 Union Square Drive, © (907) 729-7000, zwischen Airport und Innenstadt. Obere Preisklasse, d.h. im Sommer ab ca. $200.
- ***Aspen Hotels of Alaska***, 100 East Tudor Road, © (907) 770-3400, ab $159, kleine, feine Hotelkette aus Alaska, in *Midtown*, mit Fitness Center; www.aspenhotelsak.com/anchorage.

Hostels

- ***Bent Prop Inn***, *Downtown*: 700 H Street, 70 Betten, $32/Bett, DZ ab $79, © (907) 276-3635; *Midtown*: 3104 Eide Street, ab $28/Bett, © (907) 222-5220, www.bentpropinn.com.
- ***Alaska Backpackers Inn***, 421 Eagle Street, © (907) 277-2770, 208 Betten in zwei Gebäuden, ab $30, DZ ab $80; neue zentral gelegene Herberge in Bahnhofsnähe; alaskabackpackers.com.

Camping

Etwa 20 km nordöstlich von Anchorage (Abfahrt Hiland Rd vom *Glenn Hwy*) liegt der sehr gut angelegte ***Eagle River Campground*** des ***Chugach State Park***, © (907) 746-4644, 57 Stellplätze, $20, etwas versteckt über dem Südufer des Flusses. Er ist unter den *Campgrounds* im Umfeld der Stadt erste Wahl. Wegen asphaltierter Stellplätze gilt das auch und speziell für Campmobile. Deshalb ist er in der Hauptsaison meistens ausgebucht; Reservierung (sogar eine *Private Site* mit Feuerholz und Duftkerze gegen Mücken, $55) oder frühe Ankunft am Morgen daher empfohlen; www.lifetimeadventure.net/eagle-river-campground.

Dasselbe gilt für den – jedoch weniger attraktiven – ***Bird Creek Campground*** im *Chugach State Park*, 28 Stellplätze, $20, 25 km südöstlich der Stadtgrenze am *Seward Highway* (➤ Seite 481).

Chugach State Park

Ebenso zum *Chugach State Park* gehört der ***Eklutna Lake Campground*** (50 Stellplätze, $15, © 907-345-5014). Die Zufahrt erfolgt 20 km nordöstlich des *Eagle River Campground* vom *Glenn Highway* über die 16 km lange *Eklutna Lake Road*. Der Platz am gleichnamigen See ist die weniger komfortable Alternative zu *Eagle River*. Aber der blaugrüne, von Bergen umgebene See liefert Motiv genug für einen Abstecher; der 11 km lange Stausee wird vom

Eklutna Glacier gespeist. Kajakverleih $45/2 Stunden, Fahrräder $40/Tag; www.lifetimeadventure.net/eklutna-trips-rentals.

Vom ***Twin Peaks Trail*** zum *Twin Pass* genießt man eine grandiose Aussicht auf den Eklutna Lake und die umliegenden Gipfel; 5 km, 570 Höhenmeter.

Stadtnäher (Bus nach *Downtown*) und sanitär komfortabler übernachtet man im ***Golden Nugget RV Park***, 4100 De Barr Road, © 1-800-449-2012, östlich von *Downtown* zwischen *Glenn Highway* und Northern Lights Blvd, 215 Stellplätze, teilweise beengt; ab $50; www.goldennuggetcamperpark.com.

Öffentlicher Nahverkehr

In *Downtown* Anchorage benötigt man kein Auto. Die ***People Mover*-Busse** bedienen auf insgesamt 14 Linien lückenlos das ganze Stadtgebiet; Fahrpreis $2; Tagespass $5; www.peoplemover.org.

9.2.2 Stadt und Umgebung

Zentrum

Der zentrale Bereich in Anchorage ist rasch abgehakt. Er entspricht den Blocks zwischen 4th und 6th Avenue sowie C- und H-Street mit vielen **Shops** und **Restaurants**. **Parken** ist normalerweise kein Problem. In einer der Nebenstraßen etwas außerhalb ist immer eine Parkuhr frei, wenn es zentraler nicht klappt.

Anchorage Museum

Nach dem Besuch der *Visitor Info* (➤ Seite 476) könnte man sich dem ***Anchorage Museum*** widmen. Die Ausstellungen des **größten Museums Alaskas** rund um ein lichtes Atrium sind umfassend und schließen die ***Alaska Exhibition*** mit 12.000 Jahren **Geschichte Alaskas** sowie Kunstausstellungen aus dem Hohen Norden ab dem 19. Jahrhundert mit ein; 625 C Street; geöffnet von Mai bis September täglich 9-18 Uhr, sonst Di-Sa 10-18 und So ab 12 Uhr; Eintritt $18/$9; www.anchoragemuseum.org.

Tony Knowles Trail/Earthquake Park

Den Nordwestrand der Innenstadt markiert der ***Resolution Park*** (Ecke L Street/3rd Ave) mit dem großen ***Captain Cook Monument*** und **Panorama** über den *Knik Arm*. Ab Westende der 2nd Ave läuft der ***Tony Knowles Coastal Trail***, ein asphaltierter Rad- und Wanderweg, 18 km am *Knik Arm* entlang bis zum ***Kincaid Park*** (Fahrradverleih: *Downtown Bicycle Rental*, $16/3 Std, 333 W 4th Ave; © 907-279-5293; www.alaska-bike-rentals.com).

Bei gutem Wetter sieht man von ihm aus besonders gut die nahegelegenen Berge der *Chugach Range*. Am Weg liegt der ***Earthquake Park***. Der Name erinnert an das Karfreitagsbeben von 1964, das hier Teile des Landes und 75 Häuser ins Meer riss.

Ein »Floatplane« bei der Landung am Lake Hood, dem größten Wasserflughafen der Welt

Wasserflughafen

In unmittelbarer Nachbarschaft zum *International Airport* befindet sich der **Lake Hood**, der einer Armada von Wasserflugzeugen, die auf dem See und an Land »geparkt« sind, als Start- und Landebahn dient. Im Sommer soll die ***Lake Hood Seaplane Base*** mit über 600 Starts und Landungen täglich der frequentierteste Wasserflughafen der Welt sein.

Im ***Alaska Aviation Museum*** (4721 Aircraft Dr am Südufer des Sees) dokumentieren historische Filmausschnitte, Fotos, Erinnerungsstücke und Oldtimer (u.a. eine *1928 Stearman C2B*) die Luftfahrtgeschichte Alaskas und den Wagemut seiner Piloten, täglich 10-18 Uhr; Eintritt $17/$10; www.alaskaairmuseum.org.

Auf dem ***Merrill Field***, einem Airport für (landgebundene) Kleinflugzeuge östlich des Stadtzentrums am *Glenn Highway* herrscht im Sommer mit täglich über 800 **Starts und Landungen** noch mehr Betrieb als auf dem Lake Hood.

Flightseeing

Auf beiden Airports gibt es zahlreiche **Charterflieger**, die vom kurzen Rundflug bis zum Tagestrip und Transport zu einsamen Seen mit verabredeter Abholung eine große Bandbreite an Möglichkeiten bieten. Speziell ab Anchorage empfehlenswert ist ***Flightseeing*** über die **Gletscherwelt** der Chugach Mountains.

Für Flüge in den ***Denali National Park*** ist Talkeetna bester Ausgangspunkt, ➢ Seite 517.

Veranstaltungen

Mitte Mai bis Anfang September findet am Wochenende von 10-17 Uhr der ***Anchorage Market*** statt, ein bunter Flohmarkt in der West 3rd Ave zwischen C und E Street. Man findet dort u.a. zahlreiche Verkaufsstände für Souvenirs, Snacks, Obst, Gemüse und Flohmarktobjekte; www.anchoragemarkets.com.

Music in the Park bezeichnet eine Reihe kostenloser Konzerte im Sommer im ***Peratrovich Park***, 500 W 4th Avenue; www.anchorage-downtown.org > Events > Parks & Public Spaces.

Ab Ende August findet auf den ***Fairgrounds*** in Palmer (➢ Seite 520) die ***Alaska State Fair*** statt, ein großes Event mit über 300.000 Besuchern. Neben *Show* und *Entertainment* (u.a. eine *Concert Series* mit namhaften Pop- und Rock-Bands) lockt eine Handwerks- und Industriemesse und die Prämierung von zahlreichen Gemüsesorten in unglaublichen Rekordgrößen; www.alaskastatefair.org.

Wandern

Anchorage ist landeinwärts von Bergen umgeben. Im ***Chugach State Park*** (➢ Seite 477f) findet man ein ausgezeichnetes Wanderwegenetz. Einer der besten **Trails** führt auf den **Flat Top Mountain** (Zufahrt südöstlich *Downtown* über die Upper Huffman und Toilsome Hill Road zum ***Glen Alps Trailhead***). Nach 3 km und 400 m Höhenunterschied steht man auf Alaskas meistbestiegenem Gipfel (1.082 m) mit prächtiger Sicht auf die Stadt.

Etwa 10 km nordöstlich von Anchorage zweigt die ***Arctic Valley Road*** vom *Glenn Highway* nach Osten zum Winterskigebiet *Arctiv Valley* ab (www.arcticvalley.org). Die kurvenreiche Straße (ca. 12 km) bietet in ihrem Verlauf einige Ausblicke über Anchorage, das Cook Inlet und auf den Mount Denali. Vom Straßenende führt ein ***Trail*** (3 km, 450 Höhenmeter) auf den **Rendezvous Peak**, einen weiteren hervorragenden Aussichtsberg (1.250 m).

Vom Ort Eagle River nördlich des gleichnamigen *Campground* (➢ Seite 477) geht es auf der Nordseite des namensgebenden Flusses vom *Glenn Highway* zum 20 km entfernten ***Eagle River Nature Center*** (32750 Eagle River Rd, Eagle River; Mai-September Mi-So 10-17 Uhr, Eintritt frei) im ***Chugach State Park***. Es ist Ausgangspunkt diverser Wanderwege, darunter der ***Rodak Nature Trail*** (1 km) mit Erläuterungen zu Geologie und Fauna, speziell zum **Laichverhalten** der Lachse im Eagle River Valley; www.ernc.org.

9.3 Routen in Alaska

9.3.1 Von Anchorage nach Seward auf der Kenai Peninsula

Turnagain Arm

Von Anchorage zur *Kenai Peninsula*, einer der attraktivsten Regionen im südlichen Alaska, geht es auf dem ***Seward Highway***. Der erste Abschnitt dieser gut ausgebauten Straße läuft am *Turnagain Arm* entlang. Dort ist der **Gezeitenwechsel mit 11 m Tidenhub** der zweithöchste in Nordamerika; bei Ebbe bleibt im breiten Fjord nur noch ein schmaler Streifen Wasser.

Railroad Museum

Ein kurzer Abschnitt der Straße führt wiederum durch den ***Chugach State Park***. Vor dem ***Potter Section House*** (am Milepost 115 ca. 3 km südöstlich der Stadtgrenze von Anchorage) stehen ein paar Relikte aus der Eisenbahnzeit, sowie ein Eisenbahnwaggon. Interessant ist die vor eine alte Lokomotive montierte Schneeräumturbine. Der **Rastplatz** am ***McHugh Creek*** 5 km weiter eignet sich gut für ein Picknick zwischendurch.

Nur 25 km südöstlich der Stadtgrenze passiert man den kleinen ***Bird Creek Campground*** (28 Plätze, $20) des *State Park*. Er liegt oberhalb der Straße und ist etwas laut, dafür ist der Blick über den *Turnagain Arm* auf die Kenai Peninsula ausgezeichnet.

Blick aus einem »Flightseeing« Helikopter auf die Gletscherlandschaft in den Chugach Mountains unweit von Anchorage

Alyeska Highway

Über ***Alyeska Hwy*** (3 km) und ***Crow Creek Rd*** (5 km) geht es zur ***Crow Creek Gold Mine***, einem ***National Historic Place***. Aus der Mine (aktiv 1898-1940) wurden Millionen ($) herausgeholt, heute kann man dort nur noch Gold waschen. Eintritt samt ***Gold panning*** mit Einweisung und Pfanne $24, ohnedem $12; von Mitte Mai bis Mitte September, täglich 9-18 Uhr; www.crowcreekmine.com.

Ebenfalls am Alyeska Hwy liegt das ***Alyeska Resort*** bei **Girdwood**, Alaskas größtem Skigebiet. Im Sommer bringt eine Seilbahn (*Alyeska Aerial Tram*) Touristen auf den Berg (Tickets $32, mit Lunch $39). Von dort oben (700 m) genießt man eine grandiose Aussicht; www.alyeskaresort.com.

Das zugehörige ***Hotel Alyeska*** zählt zu den besten in Alaska; 1000 Arlberg Ave, © 1-800-880-3880, DZ in der Hochsaison ab $180. Zu Alaskas Spitzenklasse gehört ebenfalls das ***Seven Glaciers Restaurant***, an der Bergstation, © (907) 754-2237.

Portage Glacier

Der Ort **Portage** am äußersten Ostende des *Turnagain Arm* wurde beim Erdbeben 1964 vollkommen zerstört. Südlich der Brücke über den Portage Creek zweigt der ***Portage Glacier Highway*** zum Portage Lake und nach Whittier (18 km) ab. Auf dem Gletschersee treiben noch im Sommer Schollen. Am Ufer steht das eindrucksvolle ***Begich Boggs Visitor Center*** des *National Forest Service* mit einem sehenswerten Film, Informationen zu Flora und Fauna sowie zum (nach starkem Abschmelzen in den letzten Jahren) vom Besucherzentrum aus nicht mehr sichtbaren *Portage Glacier*; Ende Mai-Mitte Sept täglich 9-18 Uhr; $5).

Byron Glacier

Dem Südufer des Sees kann man weitere 2,5 km folgen. Vom Straßenendpunkt fährt das **Ausflugsschiff *Ptarmigan*** 5 x täglich (10.30-16.30 Uhr) über den See an den *Portage Glacier* heran, $39/$19, Mitte Mai-Mitte September; 60 min, wenig aufregend; www.portageglaciercruises.com. Wer etwas Zeit hat, sollte kurz vor dem Bootsanleger den ***Byron Glacier Trail*** in Angriff nehmen (ca. 2 km), der eindrucksvoll an einer der wenigen straßennahen Gletscherzungen Alaskas endet.

Zwei schöne ***Forest Service Campgrounds*** – *Black Bear* (13 Stellplätze, $14) und *Williwaw* (60 Stellplätze, $18) – liegen am *Portage Glacier Highway* nah beieinander; über: www.recreation.gov.

Nördlich des Portage Lake führt der 4 km lange *Anton Anderson*-Tunnel (für Eisenbahn+Straße; tgl. 5.30-23.15 Uhr, $13 für Fahrzeuge bis 28ft; www.tunnel.alaska.gov) **nach Whittier** zur **Fähre durch den *Prince William Sound* nach Valdez**.

In Whittier legt aber nicht nur die Fähre ab, man kann auch eine Rundfahrt buchen: ***Phillips' 26 Glacier Cruise***, © 1-800-544-0529, bietet für $159/$99 (inkl.Verpflegung) einen 5-Stunden-Trip vorbei an 26 Gletschern; www.26glaciers.com.

Zur Fährverbindung Whittier – Valdez im Detail ➢ Seite 490.

Hope

Südwestlich von Portage beginnt die *Kenai*-Halbinsel. Nach 37 km geht es hinter der Brücke über den *Canyon Creek* auf dem ***Hope Highway*** zur gleichnamigen Siedlung an der Mündung des *Resurrection Creek* in den *Turnagain Arm*. Hope wurde 1896 von Prospektoren gegründet, die den Bach nach Gold durchwühlten.

Geblieben ist aus jener Zeit der ***Resurrection Pass Trail*** (62 km), der einst der Versorgung der Goldgräbercamps diente und heute der populärste Mehrtagestrail Alaskas ist. Er endet am *Sterling Highway* in der Nähe des *Russian River* am *Campground*, ➢ Seite 487. Am Wege gibt es mehrere Hütten, die man relativ günstig mieten kann. Frühzeitige Reservierung ist zu empfehlen: www.recreation.gov bzw. ➢ auch Seite 120f.

Touristische Goldwaschstelle bei der historischen Gold Mine in Girdwood (➤ Seite 481), heute beliebter denn je

Am *Resurrection Trail* gilt Goldwaschen als vergleichsweise aussichtsreich. Dort wie anderswo müssen jedoch ggf. private *Claim*-Rechte beachtet werden – ***No Panning, Private Claim***!

Als **bester Platz bei Hope** besitzt der ***Porcupine Campground*** (34 Stellplätze, $18) einige Plätzchen mit Weitblick über den *Turnagain Arm*. Er gehört ebenso zum *Forest Service* wie der am *Seward Highway* zwischen den Abzweigungen von *Hope* und *Sterling Highway* am Summit Lake gelegene ***Tenderfoot Creek Campground*** (35 Stellplätze, $18) mit schönen Arealen am Seeufer.

Sterling Highway (➤ Seite 487)

Etwa 60 km nördlich von Seward zweigt der ***Sterling Highway*** nach Homer an der Westseite der Kenai-Peninsula (220 km) vom *Seward Highway* ab. Die beiden Haupt- und wenige Nebenstraßen erschließen nur Randgebiete und schmale Streifen im Inneren der Halbinsel. Der größte Teil ihrer Fläche steht als weitgehend unzugängliche ***Kenai National Wildlife Refuge*** und ***Kenai Fjords National Park*** unter Naturschutz. Eisfelder, darunter das 800 km^2 große ***Harding Icefield***, bedecken riesige Gebiete im Osten und Süden.

Lohnt die Fahrt nach Homer?

Lohnt es sich, den *Sterling Highway* bis nach Homer hinunter zu fahren (und dann auch wieder zurück)? Generell gilt: Homer versprüht aufgrund der Abgeschiedenheit noch immer klassisches Alaska-Flair – ein idyllischer Fischerort. Aber: Sehenswürdigkeiten, die den weiten Weg unverzichtbar machen, gibt es kaum. Letztlich kommt es auf die zur Verfügung stehende Zeit und die Wetterbedingungen an. Man muss Homer – und Kenai auf halber Strecke – nicht unbedingt gesehen haben.

Lohnt die Fahrt nach Seward?

Das Städtchen Seward an der Resurrection Bay zwischen hohen Bergen ist Ausgangspunkt für Kreuzfahrten durch den *Blying Sound* und zu den Eisbergen des ***Kenai Fjord National Park*** und hat aufgrund der vielen Kreuzfahrtschiffe sicher einiges an Ursprünglichkeit verloren. Aber der Straßenverlauf **durch die Kenai Mountains** ist wunderschön. Bäche und Seen laden zu Zwischenstopps ein, ***National Forest Campgrounds*** zum Bleiben.

Zentrales Alaska
GATES OF THE ARCTIC NATIONAL PARK
N
0 70 km
Prudhoe Bay
Atigun Pass 1444 m
DALTON HWY
Coldfoot
YUKON FLATS NAT. WILDLIFE REFUGE
66°30' nördl.Breitengrad
POLARKREIS (ARCTIC CIRCLE)
Yukon River
CANADA
USA
YUKON
ALASKA
ALASKA TIME
PACIFIC TIME
Circle
Central
White Mountains Nat. Rec. Area
WHITE MOUNTAINS
STEESE HWY
Eagle Summit 1105 m
Livengood
ELLIOTT HWY
Manley Hot Springs
Fairbanks
Fox
Chena Hot Springs
YUKON-CHARLEY RIVERS NAT. PRESERVE
Eagle
Dawson City
Tanana River
Ester
Nenana
North Pole
Salcha
Big Delta
Nenana River
RICHARDSON HWY
Mt. Hayes 4216 m
Delta Jct.
Chicken
Boundary
Healy
ALASKA
ALASKA HWY
TAYLOR HWY
141° westl. Länge
S. 477
Kantishna
Cantwell
DENALI NATIONAL PARK
Highway Pass 1213 m
Mt. Foraker 5303 m
Denali 6194 m
Tangle Lakes
Isabel Pass 999 m
RANGE
Tok
Tetlin Jct.
S. 413
DENALI HWY
Maclaren Summit 1245 m
Paxson
Northway Jct.
Tetlin NWR
Northway
PARKS HWY
DENALI STATE PARK
TALKEETNA MOUNTAINS
Talkeetna
TOK CUT OFF
Slana
Mt. Sanford 4949 m
Nabesna
Beaver Creek
Hatcher Pass 1184 m
Independence Mine
Eureka Summit 1013 m
Glennallen
Gakona Jct.
Mt. Wrangell 4317 m
WRANGELL MOUNTAINS
Whitehorse
Willow
Mt. Spurr 3374 m
Wasilla
GLENN HWY
Palmer
Matanuska Glacier
Copper Center
Mt. Blackburn 4996 m
Kennicott
LAKE CLARK NATIONAL PARK
Eagle River
Eklutna
CHUGACH
Worthington Glacier
Chitina
McCarthy
Mt. Bona 5005 m
S. 440
Anchorage
CHUGACH STATE PARK
Columbia Glacier
RICHARDSON HWY
Copper R.
Redoubt Volcano 3108 m
Cook Inlet
Hope
Girdwood
Portage
Valdez
MOUNTAINS
WRANGELL-SAINT ELIAS NATIONAL PARK & PRESERVE
Kenai
Soldotna
Whittier
Cordova
Million Dollar Bridge
Bagley Icefield
Pr. William Sound
STERLING HWY
Skilak Lake
Kenai NWR
MTNS.
Seward
Ninilchik
Anchor Point
Homer
KENAI FJORDS NATIONAL PARK
Bering Glacier
Mt. St. Elias 5489 m
Kachemak Bay
KENAI
Blying Sound
Alaska
Golf von
Fähre nach Juneau
Fähre nach Kodiak

Ein bequemer Fußweg führt hinauf zum Exit Glacier

Lachse

Ca. 5 km nördlich von Moose Pass, der einzigen Siedlung auf der Strecke, lassen sich im glasklaren Wasser des Moose Creek von einem ***Observation Deck*** – speziell Ende Juli/Anfang August – gut knallrote *Sockeye*-Lachse beobachten; Meile 32,5 am *Seward Highway*. Eine Informationstafel des *Forest Service* erläutert den Lebenszyklus der Fische.

Exit Glacier

Etwa 6 km vor Seward zweigt die ***Exit Glacier Road*** (15 km) von der Hauptstraße ab. Fast am Ende dieser Stichstraße liegt der ***Exit Glacier Campground*** (12 *Walk-in-Plätze,* frei). Dieser einzige **Campingplatz im Nationalpark** ist im Sommer schnell belegt. Ein kurzer ***Trail*** führt vom Parkplatz am Ende der Straße bis an den Fuß des zum ***Harding Icefield*** gehörenden ***Exit Glacier***. Nirgendwo sonst im *Kenai Fjords National Park* kommt man so leicht an einen Gletscher heran. Den dramatischen Rückgang des Gletschers dokumentieren Markierungen mit Jahreszahlen. Auf dem ***Harding Icefield Trail*** (5 km) kann man bis zum Eisfeld hinaufgehen. Oberhalb der Baumgrenze begleitet den Wanderer auf dem schönsten *Trail* der Region ein prächtiges Panorama.

Bootsausflüge

Weitere Ausflüge in den ***Kenai Fjords National Park*** sind nur per Boot möglich. Tagesfahrten zu Gletschern und Eisbergen werden von mehreren Veranstaltern in Seward angeboten. Sie starten im *Small Boat Harbor* und kosten $153 pro Person für 6 Stunden, z.B. ***Kenai Fjords Tours***; www.kenaifjords.com, und gehören zum Allerbesten, was Alaska zu bieten hat. Trotz der hohen Kosten ist die Fahrt zu dieser einmaligen Küste unbedingt zu empfehlen!

Unterwegs sieht man Buckelwale, gelegentlich auch Orcas (Killerwale, Schwertwale), Seeotter, Robben, Seelöwen und Tümmler sowie eine einmalige Vogelwelt, u.a. Weißkopfseeadler. **Höhepunkt** ist aber der Ausflug zum ***Holgate Glacier***, wo sich die Boote nah an den kalbenden Gletscher wagen; Foto ➤ Doppelseite 470/71.

Seward

Schon 1791 diente die **Resurrection Bay** dem Russen *Alexander Baranov* als Schutzhafen vor einem Sturm. Da er dort zu Ostern ankerte (*Resurrection Day*), benannte er die Bucht nach diesem Tag. 1903 wurde sie als geeigneter eisfreier Hafen Ausgangspunkt für eine Eisenbahnlinie – die spätere *Alaska Railroad* – vom Meer nach Fairbanks. Der Ortsname bezieht sich auf den **US-Außenminister *Seward***, der 1867 den Kauf Alaskas veranlasst hatte.

Camping

Seward, 2.500 Einwohner, ist im Sommer populäres Ziel zahlreicher Wochenendtouristen, die in Zelten und Wohnmobilen im ***Seward Waterfront Park*** rund um die Bay campen (überwiegend Ballaine Boulevard – die **Uferstraße** östlich des Zentrums); sanitäre Anlagen einschließlich *Dump Station* sind vorhanden, 378 Stellplätze, $10-$40 (inkl. Strom & Wasser), © (907) 224-4055.

Wer es ruhiger mag, fährt holprige 5 km nach Süden bis zum *Lowell Point*. Bei ***Miller's Landing*** campt es sich schöner (schattig im Wald oder in Wassernähe) als in Seward unter bisweilen Hunderten von Wohnmobilen; 13890 Beach Dr; Zelte $30, *hook-up* $40, © (903) 331-3113, www.millerslandingak.com.

Trails

Bei Ebbe kann man von *Miller's Landing* zu Fuß die ***Caines Head State Recreation Area*** erreichen (ca. 7 km). Die letzten 5 km am Ufer entlang gehören zu den schönsten Wanderrouten der Region. Bei Flut geht es nur per Boot zurück.

Schöne *Trails* beginnen auch im Ort, so z.B. hinauf zum **Mount Marathon** (921 m) ab Lowell Canyon Road (3 km). Das ***Mount Marathon Race*** am 4. Juli jeden Jahres gilt als absoluter Härtetest; mmr.seward.com. Die Sieger bewältigen den zum Teil sehr steilen Weg zum Gipfel und zurück ins Tal unter 42 min .

Alaska Sealife Center

Am Ortsausgang befindet sich das ***SeaLife Center***, das im Golf von Alaska heimische Tiere präsentiert, die man in freier Wildbahn nicht ganz so leicht vor die Kamera bekommt (Horn- und Gelbschopflunde, Riesenkraken, ungewöhnliche Seesterne im *Touch Pool* u.v.m.); 301 Railway Ave; im Hochsommer täglich 9-21 Uhr (Fr-So ab 8 Uhr), sonst kürzer, $30/$18; www.alaskasealife.org. Interessant nicht nur als Regenwetterbeschäftigung!

Präsentiert sich nicht selten nebelverhangen, die Küste des Kenai Fjords Nationalpark

Info

Stadtpläne erhält man beim ***Visitor Center***, 2001 Seward Hwy am Orteingang, ✆ (907) 224-8051, www.seward.com.

Infos zu den ***Trails*** im ***Chugach National Forest*** und zum ***Kenai Fjords NP*** gibt es im *Kenai Fjords National Park Visitor Center* in der 1212 4th Avenue; www.nps.gov/kefj.

»Fette Beute«: Fischer posieren nach der Rückkehr in den Hafen von Seward mit ihren Heilbutts und Lachsen fürs Touristenfoto

9.3.2 Sterling Highway – Abstecher nach Homer

Auf dem ersten Abschnitt durch das »Herz« Kenais passiert der *Sterling Highway* zahlreiche Seen und Flüsse. Vor allem abseits der Hauptstraße liegen schöne **Campingplätze**, z.B. nach ca. 25 km, dann 3 km Stichstraße, der ***Russian River Campground*** (83 Stellplätze, $18; www.recreation.gov). 10 km weiter westlich gibt die kleine ***Visitor Contact Station*** des *Kenai National Wildlife Refuge* Infos zu *Trails* und *Campgrounds*.

Skilak Lake

An gleicher Stelle zweigt die ***Skilak Lake Road*** vom *Sterling Highway* ab, eine mit 30 km fast genauso lange parallele Schotterstraße, die sich als gute Alternative zur Hauptstraße anbietet. Zwei **Campingplätze** vor der Kulisse der **Kenai Mountains** liegen direkt am *Skilak Lake* (*Upper* und *Lower*).

Kenai

Am nordöstlichen Stadtrand von Soldotna beginnt der ***Kenai Spur Hwy*** (62 km). Er führt zunächst nach Kenai, der bereits 1791 als ***Nikolask Redoubt*** von den Russen gegründeten und heute mit 7.300 Einwohnern größten Stadt der Halbinsel. Die russisch-orthodoxe Kirche erinnert mit drei Zwiebeltürmen an die Ursprünge Kenais. Das ***Kenai Visitor and Cultural Center*** zeigt Ausstellungen, Filme und historische Fotos; 11471 Kenai Spur Hwy; kenaichamber.org.

Von dort ist es nur ein kurzer Weg entlang der Main Street zum ***Beluga Whale Lookout*** (hier auch der ***Beluga Lookout RV Park***; www.belugalookout.com). Die Wale halten sich zuletzt allerdings eher selten im Mündungsbereich des Kenai River auf.

Ganz am Ende des *Kenai Spur Highway* liegt die ***Captain Cook State Recreation Area*** mit herrlichem ***Campground*** (53 Plätze, $15) und einem Picknickplatz auf Felsen hoch über dem Cook Inlet. Jenseits des Meeresarms sieht man den zuletzt 1992 ausgebrochenen Vulkan Mount Spurr (3.374 m).

Soldotna

In Soldotna (4.300 Einwohner) überquert der *Sterling Hwy* den Kenai River. Am Südende der Brücke befindet sich das ***Visitor Center*** der Stadt, 44790 Sterling Hwy, visitsoldotna.com; 2 km südlich (an der *Ski Hill Road*) das Besucherzentrum der *Kenai National Wildlife Refuge*; www.fws.gov/refuge/kenai.

Ninilchik

Auf seiner zweiten Hälfte folgt der *Sterling Highway* der Uferlinie des Cook Inlet. Vieles an dieser Küste erinnert an die russische Besiedelung Alaskas, z.B. das malerische Ninilchik. Am gleichnamigen Fluss und in der ***State Recreation Area*** gibt's ruhige Campingplätze: http://www.dnr.alaska.gov/parks/units/campsitelist.htm.

Auf der gegenüberliegenden (Nord-)Seite des Cook Inlet, im ***Lake Clark Nat'l Park*** (www.nps.gov/lacl), stehen die immer schneebedeckten Vulkangipfel ***Iliamna*** und ***Redoubt*** (3.054 m bzw. 3.108 m). Im Vergleich mit dem Mt Iliamna, der seit 1876 auf einen Ausbruch wartet, ist der Mt Redoubt sehr aktiv: Zur Jahreswende 1989/90 liefen nach einem Ausbruch monatelang Schlammlawinen in den Cook Inlet – ein Naturschauspiel. 2009 kam es zum bisher letzten Ausbruch mit einer 16.000 m hohen Aschewolke und Lawinen, die auch Erdölförderstätten bedrohten. Das ***Alaska Volcano Observatory*** listet die derzeitigen Vulkanaktivitäten: www.avo.alaska.edu.

Im Hintergrund der 1901 erbauten, russisch-orthodoxen »The Holy Transfiguration of Our Lord Chapel« von Ninilchik erhebt sich Mount Redoubt, ein aktiver, 3.108 m hoher Vulkan an der Westseite der Cook Inlet-Bucht

Anchor Point

Wer in Anchor Point der 2 km langen ***Anchor River Road*** bis zum Ende folgt, darf von sich behaupten, am westlichsten, auf durchgehender Straße erreichbaren Punkt Nordamerikas gewesen zu sein, gerade 'mal 3° östlicher als Hawaii.

Homer

Ab Anchor Point wendet sich die Straße allmählich ostwärts. Einen schönen Panoramablick eröffnet – kurz vor Homer – der 13 km lange Abstecher in die Höhenzüge oberhalb der Stadt über die ***West Hill Road*** und den ***Skyline Drive*** (Rückweg über die *East Hill Road*).

Der *Sterling Hwy* endet in **Homer** (5.200 EW) auf dem sog. ***Spit***, einer 7 km langen schmalen Landzunge, die wie eine spitze Nadel tief in die Kachemak Bay hineinsticht. Nichts toppt dort ein *Seafood Dinner* (z.B. im ***Fresh Catch Cafe***, 4025 Homer Spit Rd, oder in ***Captain Pattie's Fish House***, #4241, www.captainpatties.com) mit Blick auf die zahllosen Fischerboote und Angler, die auch die Parkplatzknappheit am *Spit* gefasst tragen – hier herrscht in den Sommerwochen einfach sehr viel Betrieb. Sogar **Camping** ist 2 km vor Straßenende auf drei markierten Arealen in prachtvoller Lage möglich ($20): z.B. *Fishing Hole Campground* und *Tent Area 1 & 2*; www.cityofhomer-ak.gov/recreation/campgrounds.

Direkt am *Spit*-Ende liegt der große, private ***Homer Spit Campground***, ebenso tolle Lage; *full hook-up* $50, *electric hookup* $45, ohne $30-$40; © (907) 235-8206.

Homer nennt sich »***Halibut Fishing Capital of the World***«, wo Sportfischer beim alljährlichen *Halibut Derby* drei Zentner schwere Heilbutte an Land ziehen. Es ist zudem beliebter Ausgangspunkt für Touren in den ***Katmai National Park*** mit einer beachtlichen **Braunbärpopulation**; Details ➤ Seite 491ff.

Das ***Pratt Museum*** erläutert Besiedlungsgeschichte und Meeresfauna der Region; 3779 Bartlett St, Mitte Mai-Mitte September täglich 10-18, sonst Di-Sa 12-17 Uhr, $10; www.prattmuseum.org.

Kachemak Bay

Auf der anderen Seite der Bucht, 5 km Luftlinie vom *Homer Spit* entfernt, liegt der ***Kachemak Bay State Park*** inmitten einer urtümlichen Fjordlandschaft. Er ist nur per Boot oder Wasserflugzeug zu erreichen. Ein ***Water Taxi Roundtrip***, z.B. mit *Homer Ocean Charters*, kostet $70-$85; www.homerocean.com. Detaillierte Infos zu Transportmöglichkeiten (nach Halibut Cove), Camping und *SP*-Wanderwege erhält man im ***Homer Visitor Center***, 201 Sterling Hwy, © (907) 235-7740, www.homeralaska.org.

Kodiak Island

Von Homer nach Kodiak Island verkehren Fähren des *Alaska Marine Hwy* (Überfahrt **9 Std**). Bereits 1792 wurde auf Alaskas größter Insel (9.293 km²) die Siedlung Kodiak als Hauptstadt von Russisch-Alaska gegründet. Davon zeugen heute noch die **Zwiebelturmkirchen** im Zentrum. Das ***Kodiak History Museum*** wurde von *Alexander Baranov* Anfang des 19. Jahrhunderts als Warenhaus der Russisch-Amerikanischen Handelsgesellschaft erbaut; 101 Marine Way; Mai-August Sa & Di-Do 10-16, Fr 12-19 Uhr (So+Mo geschlossen); *Suggested Donation* $10; www.kodiakhistorymuseum.org.

Kodiaks touristische Attraktionen sind seine unberührte Natur und der Fischfang. Nur wenige Straßen – überwiegend Schotter – erschließen die Insel. Eine Fahrt auf der ***Pillar Mountain Road*** erlaubt herrliche Fernblicke aus 400 m Höhe. Auch ein Picknick am Strand der Anton Larsen Bay oder am malerischen ***Miller Point*** nördlich von Kodiak-Stadt im ***Fort Abercrombie State Historical Park*** (Camping $15, 13 Plätze) hat seinen Reiz.

Info

Sehr gute Auskünfte zu den Sehenswürdigkeiten und Tierbeobachtungsmöglichkeiten gibt es beim ***Kodiak Island Visitors Bureau***, 100 Marine Way; https://kodiak.org, sowie im ***Visitor Center*** der ***Kodiak National Wildlife Refuge***, 1390 Buskin River Road; www.fws.gov/refuge/kodiak.

Kodiakbären

Weltweit bekannt ist Kodiak Island wegen der dort beheimaten, ganz besonders großen Braunbärunterart, den ***Kodiak Bears***. Über 3.500 leben auf der Inseln, die große Mehrheit von ihnen in der ***Refuge***, die zwei Drittel der Inselfläche ausmacht.

Bewertung Kodiak

Ein Abstecher nach Kodiak Island will gut überlegt sein. Nicht nur die Überfahrt kostet Zeit und Geld, sondern auch der Transport zu den besonders reizvollen, abgelegenen Plätzen. Und die Witterung zeigt sich auf den Inseln noch unbeständiger als auf Kenai.

Wichtigste Fährverbindungen im Golf von Alaska Sommer 2020

Alaska Marine Highway; Fahrzeugtarife ohne Fahrer

➢ http://dot.alaska.gov/amhs

Preise in US$, einfache Fahrt (für 2020 noch leichte Anpassungen möglich)	Person	Auto 15 feet	Camper 21 feet	Motorrad	Fahrt zeit - (Std)	Abfahrten pro Woche
1. Whittier–Valdez	78	133	202	122	6	7x
2. Whittier–Cordova	81	140	209	129	7	7x
3. Homer–Kodiak	85	196	348	174	10	3x
4. Juneau–Whittier	252	651	1.340	541	42	➢ Text

Hinweise zu den einzelnen Passagen:

zu 1) Für 2 Personen und einen 15 Fuß großen Pkw (Preis richtet sich nach der exakten Länge) kostet die Überfahrt ab Whittier $289 zuzüglich Maut (➢ siehe Seite 482) für den Straßentunnel. Dafür werden immerhin 560 km Straße von Portage nach Valdez eingespart und eine eindrucksvolle Fahrt durch den vergletscherten ***Prince William Sound*** geboten.

zu 4) Die Fähre *M/V Kennicott* verkehrt von Mai bis August **im 2-Wochen-Takt** auf der Route Bellingham-Ketchikan-Juneau-Whittier-Kodiak. Die gesamte Fahrt dauert fast volle 6 Tage (planmäßig ca. 140 Stunden).

Für den Sommer sollten alle Fähren sehr zeitig gebucht werden.

Bären »Hot Spots« in Alaska und Kanada

Bären beim Lachsfang zu beobachten ist eines jener Erlebnisse, von denen sicher viele Nordamerikareisende träumen. Jeden Sommer, wenn sich Heerscharen von Lachsen mühsam flussaufwärts quälen und Bären sich wie im Schlaraffenland fühlen, lassen sie sich meist von Menschen kaum stören, solange diese ihnen nicht zu dicht auf den Pelz rücken. Um den Andrang der neugierigen Zweibeiner in den sensibelsten Gebieten zu kanalisieren, stellen die zuständigen Behörden ***Bear Watching Permits*** aus (dies geschieht zum Schutz der Tiere und der Menschen!). Auch die begrenzte Zugänglichkeit – nur per teurem Wasserflugzeug und wenige Anbieter – reguliert in manch entlegener Gegend die Besucherströme.

Zu den erlesensten »Hot Spots« in Alaska zählen:

- das ***McNeil River Sanctuary*** nördlich des Katmai Nationalparks; zum Höhepunkt der Lachswanderung (meist Mitte Juli) versammeln sich bis zu 60 Bären gleichzeitig an den *McNeil Falls*. Dorthin darf jeden Tag nur eine Gruppe von **10 Leuten** in Begleitung eines Naturkundlers des *Alaska Department of Fish & Game*. Die *Guided Viewing & Camping Permits* sind 4 Tage lang gültig und werden bereits im März verlost. Kostenpunkt: $525 pro Person, hinzu kommen noch die Lotteriegebühr ($30) und Flugtickets im höheren 3-stelligen Bereich. Mit den auch per Lotterie erhältlichen *Stand-by Permits* ($262) darf man zwar im Naturschutzgebiet campen, aber zu den Bären nur dann, wenn einer der 10 Hauptgewinner an einem der 4 Tage den etwas beschwerlichen 6,5 km-Marsch durch Sumpflandschaft (Hüftstiefel empfohlen!) nicht antritt; www.adfg.alaska.gov/index.cfm?adfg=viewingpermits.mcneil.
- ***Brooks Camp*** innerhalb des **Katmai Nationalparks** (Eintritt frei); die Beobachtungsplattform an den *Brooks Falls* ist meist Mitte Juli (➤ Foto unten) und im September kaum zu toppen. Vergabe der Campingplätze (2,3 km von den Fällen entfernt) jeweils am 5. Januar pünktlich um 8 AM *Alaska Time* – nur 60 Leute pro Tag; Kosten pro Person $12/Nacht plus Anreise per Wasserflugzeug; www.nps.gov/katm/planyourvisit/bear-watching.htm. Alternative: Übernachtung in der ***Brooks Lodge*** (www.katmailand.com) oder Tagesausflüge, ➤ umseitig.

Festmahl an den Brooks Falls

Viele der von Bären stark frequentierten Lachsfangplätze sind nur per Wasserflugzeug erreichbar

Park-Ranger regulieren bei den *Brooks Falls* den Besucherandrang: Auf der Plattform finden maximal 40 Leute Platz. Bei mehr Interessenten wird der Zutritt auf eine Stunde beschränkt. Abends, wenn Tagestouristen wieder zurückfliegen, geht es dort üblicherweise deutlich entspannter zu.

In diesen und andere Bereiche des **Katmai Nationalparks** sind auch spontanere Tagestrips ohne *Permit* möglich (im August können z.B. die Braunbären am Moraine Creek ein Erlebnis sein!); per Direktflug mit dem Wasserflugzeug u.a.:

- ab Homer (ca. 1 Std; www.alaska.org/destination/homer/bear-viewing) oder
- ab Anchorage (billiger ggf. Flug mit *Alaska Air* o.ä. bis zur Siedlung King Salmon an der Bristol Bay (1 Std), dann weiter im Boot oder *Floatplane* (20 min).

Ein empfehlenswerter Anbieter ab Homer ist z.B. ***Bald Mountain Air*** (➤ Foto oben); $725-$745 pro Person für die Tagestour; www.baldmountainair.com.

Besonders große und dicke »Brummer« sind in der

- ***Kodiak National Wildlife Refuge*** beheimatet und dort üblicherweise ab Ende Juni mit dem Lachsfang beschäftigt. Diese wiederum nur per Boot oder Flugzeug zugängliche Wildnis besucht man am besten im Rahmen einer geführten Tour; Infos ➤ Seite 490 bzw. www.fws.gov/refuge/kodiak .

Auch gute Aussichten auf eine erfolgreiche Bärenbeobachtung bietet der **Lake Clark Nationalpark**; erreichbar auch nur per Kleinflugzeug z.B. ab Anchorage oder Homer; Überblick: www.nps.gov/lacl/planyourvisit/directions.htm.

Im südlichen Alaska gibt es gleich mehrere Anlaufpunkte im ***Tongrass National Forest***; www.fs.usda.gov/detail/tongass. Dort findet die ***Bear Watching Permit***-Vergabe für den Zeitraum 5.7-25.8. immer am 1. Februar um 8 AM *Alaska Time* auf www.recreation.gov statt. Das betrifft zwei beliebte Gebiete:

- das ***Pack Creek Bear Sanctuary*** auf Admiralty Island, wo man zum Höhepunkt der Lachswanderung (Mitte Juli-Mitte August) bis zu 25 Bären am Tag und jede Menge Weißkopfseeadler sehen kann; 30-min-Flug ab Juneau ➤ Seite 528
- ***Anan Wildlife Observatory*** mit der größten Buckellachswanderung in Nordamerika und einer beachtlichen Schwarz- und Braunbärpopulation; Tagestour ab Wrangell an der Inside Passage (➤ Seite 524).

Erwähnung verdienen noch die Touren ab Vancouver Island zum **Knight Inlet** an der entlegenen Küste von British Columbia; Details ➢ Seite 391.

Wer nicht das große Los am *McNeil River* gezogen hat und vor allem nicht so tief ins Portemonnaie greifen möchte, dem bieten sich auch auf dem kanadischen und US-Festland (ohne Transport per Wasserflugzeug) noch allerlei aussichtsreiche Beobachtungsmöglichkeiten:

- Für wenige $$ sieht man die Tiere beim Fischen vom erhöhten *Viewing Walkway* in **Hyder** (Ende Juli bis Anfang September, ➢ Foto unten und Seite 405).
- Im **Denali Nationalpark** halten sie sich auch in Straßennähe auf. Am bärensichersten ist die Gegend rund um den *Sable Pass*; ➢ Seiten 514f.

Die Fahrt entlang des **Chilkoot River** auf der *Lutak Road* bei **Haines** ist sogar völlig kostenlos und die Chancen sind dort auch gar nicht schlecht (➢ Seite 447). Dasselbe gilt für die ***Belarko Wildlife Viewing Platform*** des *Tweedsmuir South Provincial Park* am *Chilcotin Highway* in British Columbia (➢ Seite 198). Dort ist in der Regel September der beste Monat.

Gratis (und im Sommer oft sehr spannend) ist auch der Blick auf die Webcam der ***Brooks Falls***, auf der man sich vorab anschauen kann, was dort zu erwarten ist: https://explore.org/livecams/brown-bears/brown-bear-salmon-cam-brooks-falls.

Alle Details zum Verhalten im *Bear Country* ➢ Seite 24.
Empfohlene Mindestdistanz zwischen Mensch und Bär: **100 Meter**. Ausnahmen nur bei geführten Touren (in der *McNeil River Sanctuary* sind die Tiere mitunter fast zum Greifen nahe!) oder auf erhöhten Plattformen (z.B. bei den *Brooks Falls* bzw. in Hyder, ➢ Foto unten).

Timing ist bei der Bärenbeobachtung alles: Im frühen Sommer ist noch kaum etwas los beim Viewing Walkway des Fish Creek Wildlife Observation Site bei Hyder an der südlichsten Spitze Alaskas; ein völlig anderes Bild dann ab Mitte Juli, wenn die den Fluss hochziehenden Lachse jede Menge Schwarz- und Braunbären anlocken (Zufahrt über den Stewart-Cassiar Highway nördlich von Prince Rupert in British Columbia)

9.3.3 Von Whittier nach Valdez/Cordova per Schiff

Route

Die Passage von Whittier nach Valdez durch den *Prince William Sound* ist ein Erlebnis. Das Schiff passiert Buchten mit kalbenden Gletschern und Eisbergen, wie den über 50 km langen und an der Basis 5 km breiten ***Columbia Glacier*** (45 km westlich von Valdez). Mit 35 m pro Tag bewegt der Gletscher sich extrem schnell. Dabei brechen unentwegt Eismassen ins Wasser. Die Fähren halten daher bei der Vorbeifahrt einige Distanz. **Ausflugsschiffe** fahren bis an den Fuß des *Columbia Glacier*; zu buchen in Valdez ab $140/$70 für den 6-Stunden-Trip; z.B. bei ***Stan Stephens Cruises***, ✆ 1-866-867-1297; www.stanstephenscruises.com.

Valdez

Die kleine Ortschaft Valdez (3.800 Einwohner) entstand 1897/98 als Ausgangspunkt der durch Falschberichte über Goldfunde am Copper River angelockten Prospektoren auf ihrem Marsch in das Landesinnere und wurde später zum *Terminal* der ***Trans-Alaska Pipeline***. Valdez ist pittoresk von Gletschern und schneebedeckten Bergen umgeben. Weltweit wurde der Ort 1989 durch die folgenschwerste **Tankerhavarie** der US-Geschichte bekannt (*Exxon Valdez*). Bereits die zweite große Katastrophe: 1964 hatte ein ***Tsunami*** (Flutwelle), der durch ein Seebeben ausgelöst worden war, Valdez derart zerstört, dass der Ort neu aufgebaut werden musste.

Pipeline

Mehr über die Ölkatastrophe, den Bau der *Trans-Alaska Pipeline* und das Karfreitagserdbeben erfährt man im ***Valdez Museum***, 217 Egan Drive; geöffnet im Sommer täglich 9-17 Uhr, sonst Di-So 12-17 Uhr; Eintritt $9/$7; www.valdezmuseum.org.

Ca. 11 km östlich des Ortes zweigt vom *Richardson Highway* die *Dayville Road* (9 km) zum ***Alyeska Marine Terminal*** ab. Es liegt am Endpunkt der *Trans-Alaska Pipeline* und hat eine Verladekapazität von stündlich 60 Mio. Liter Rohöl und kann zwei Supertanker gleichzeitig versorgen.

Kajak-Tour ab Valdez zum mächtigen Columbia Glacier

Häufig Begleiter entlang der Highways: die Trans-Alaska Pipeline

Trans-Alaska Pipeline und Exxon Valdez Oil Spill

Das *Trans-Alaska Pipeline*-System wird in erster Linie von einem Konsortium aus drei Ölkonzernen betrieben (*ExxonMobil, ConocoPhillips* und *BP*). Nach Fertigstellung der 1.287 km langen *Pipeline* von Prudhoe Bay zum eisfreien Hafen Valdez verließ der erste Tanker mit Erdöl aus dem Nordpolarmeer Valdez am 1. August 1977. In den Folgejahren flossen nicht nur ungeheure Mengen Öl durch die Rohre – zur Zeit aber nur noch etwa 80 Mio Liter pro Tag bei einer maximalen Kapazität von 340 Mio Liter pro Tag –, sondern auch viel Geld in die öffentlichen und viele private Kassen Alaskas. Nicht nur Valdez, sondern der gesamte Staat erlebte einen kräftigen wirtschaftlichen Aufschwung. Von Anfang an floss nicht nur Öl, sondern jährlich mindestens 25% der von den Förderunternehmen an den Bundesstaat Alaska entrichteten Lizenzgebühren in einen *Permanent Fund*. Im Dezember 2019 betrug sein Wert über 65 Mrd. US$.

Für das Fondmanagement ist die *Alaska Permanent Fund Corporation* zuständig, für die jährliche Gewinnausschüttung die *Permanent Fund Dividend Division*. So erhielt im Jahr 2019 jeder Einwohner Alaskas aus den Fonderträgen eine Dividende in Höhe von US$ 1.600.

Mitte März 1989 ereignete sich der ***Exxon Valdez Oil Spill***. Der Supertanker *Exxon Valdez* lief wegen eines Navigationsfehlers südlich von Valdez auf ein Riff und knapp **41 Mio Liter Rohöl ergossen sich in den *Prince William Sound***; über 2.000 km Küstenlinie wurden verseucht, zahllose Tiere verendeten.

Nach dem Schock begann jedoch das große Geschäft. Die jahrelange Ölbekämpfung brachte zusätzliche gut bezahlte Arbeitsplätze. Die Stadt konnte das Heer der Katastrophenhelfer – zu Spitzenzeiten waren es mehr als 10.000 – damals kaum beherbergen. Die Tourismusbranche boomte zudem unter dem Motto ***See the Spill***! Die Fischer wurden großzügig entschädigt.

In der Zwischenzeit hat die Natur die Spuren der Katastrophe beseitigt. Die Umwelt leidet dafür zunehmend unter Ölverschmutzungen aus Lecks in der mittlerweile ziemlich maroden ***Trans-Alaska Pipeline***.

Unterkunft

Wer nicht campt, muss in Valdez fürs Hotel-/Motelzimmer tiefer in die Tasche greifen. Unter $120 pro Nacht läuft dort im Sommer so gut wie nichts. Etwas günstiger sind die *Bed & Breakfast* Angebote.

Camping

Aber es gibt eine ganze Reihe von Campingplätzen, allein in der Nähe des *Small Boat Harbor* gleich vier ***RV-Parks***. Der öffentliche, vom Militär betriebene ***Valdez Glacier Campground***, 108 Stellplätze, $15-$40, befindet sich am Ende der Airport Rd, dann Glacier Campground Road, ca. 10 km vom Ort entfernt (zunächst 7 km auf *Richardson Highway*), schöne Anlage; ✆ (907) 873-4795.

Mineral Creek Road

Ein schöner Ausflug (mit Wanderung) führt auf dem *Mineral Creek Drive* (Anfahrt über Hazelet Ave und Hanagita Street mit Aussicht über Valdez) an Wasserfällen vorbei zum ***Mineral Creek Canyon*** (9 km). Vom Straßenendpunkt geht es auf einem alten »Goldgräberweg« (1,5 km) durch die pittoreske Schlucht zu einer verfallenen Mühle.

Info Valdez

Valdez Convention and Visitors Bureau (309 Fairbanks Drive, ✆ (907) 835-2984; www.valdezalaska.org)

Cordova

Eine Straßenverbindung nach Cordova existiert nicht. Außer Fähren versorgen Charter- und Linienflüge, u.a. *Alaska Airlines*, die Hafenstadt am **Orca Inlet**. Der Tarif für die Fährpassage Whittier-Cordova (7 Stunden) liegt bei $81 (➤ Seite 490). Die küstenferne Route ist dabei nicht sonderlich attraktiv.

Cordova entstand dank seiner reichen Fischgründe 1887/88 aus zwei kleinen Fischkonservenfabriken. Bereits Anfang des 20. Jahrhunderts fand man Kupfer in den Wrangell Mountains (Kennicott, McCarthy) und konstruierte eine **Eisenbahn** (➤ Seite 498), die bis 1938 – dem Ende des Kupferabbaus – in Betrieb blieb.

Als die Mine schloss, nahm die Bevölkerung Cordovas stark ab. Der Ort lebte wieder von Fischfang und -verarbeitung, in den letzten Jahren aber zunehmend auch vom Tourismus. Trotz der isolierten Lage zählt Cordova immerhin rund 2.200 Einwohner; www.cityofcordova.net.

Die Zunge des Worthington Glacier ist nur wenige Schritte von der Straße entfernt

Copper River Highway

Die Touristen zieht in erster Linie der landschaftlich faszinierende 80 km lange ***Copper River Highway*** (Schotter) an, eine Straße, die Cordova über Chitina mit den *Edgerton/Richardson Highways*, d.h. mit dem Alaska-Straßennetz, verbinden sollte, aber nie vollendet wurde. Sie läuft auf der alten Trasse der früheren Erzbahn von Cordova über die Inseln im ***Copper River Delta*** bis zur ***Million Dollar Bridge***. Kurz vor der Brücke über den Copper River endet die fast 100 m hohe Zunge des ***Childs Glacier*** spektakulär am Straßenrand. Der nördliche Brückenbogen brach beim Erdbeben 1964 zusammen und wurde nur notdürftig wieder repariert, der Weiterbau des *Highway* wurde ganz aufgegeben. Nur wenig weiter nordöstlich endet die Straße im Nichts. Seit einigen Jahren endet die Fahrt wegen Brückenschäden bereits bei km 58, Zeitpunkt der Instandsetzung weiter ungewiss.

Trails und Info

Direkt von Cordova aus, aber auch von den *Trailheads* am *Copper River Highway* führen Wanderwege in die Wildnis.

Im Büro der ***Chamber of Commerce***, 404 First Street; © (907) 424-7260, erhält man ***Trail Maps*** und weiteres Informationsmaterial; www.cordovachamber.com.

Übernachten

Nur eine Handvoll **Hotels/Motels**, dafür viele ***B&B*-Quartiere** warten auf Gäste. Offiziell campen kann man auf dem städtischen ***Odiak Camper Park*** an der Whitshed Rd, © (907) 424-7282, telefonische Anfrage empfohlen, da häufig mit Dauergästen belegt.

Am *Copper River Highway* finden sich außerdem leicht viele schöne inoffizielle Plätzchen.

9.3.4 Von Valdez nach Tok

Der *Richardson Hwy* verbindet Valdez mit dem Alaska-Kernland. Parallel zur Straße verläuft die *Trans-Alaska Pipeline* und kreuzt sie mehrfach.

Richardson Highway

Hinter Valdez geht es hinauf in die Chugach Mountains. Entlang der Strecke bieten sich zunächst immer wieder schöne Ausblicke über Stadt und Küste. Ein *Highlight* dieses Abschnitts ist der ***Keystone Canyon*** des Lowe River mit seinen Wasserfällen (28 km). Kurz vor der Passhöhe passiert man die Zufahrt zur windigen ***Blueberry Lake State Recreation Area*** ($14) über der Baumgrenze – man campt dort vor einem atemberaubenden Panorama. Nach ca. 48 km erreicht man den ***Thompson Pass*** (816 m). Die feuchten Westwinde sorgen in diesem Bereich für Schneerekorde. Im Winter 1952/53 wurden dort fast 25 m Schneefall gemessen!

Der grandiose ***Worthington Glacier***, nur wenige Kilometer nördlich des Passes, ist über eine kurze Stichstraße leicht zugänglich. Die gleichnamige ***State Recreation Site*** besitzt Schautafeln, Picknickplätze und ***Trails***. Ein lohnenswerter Abstecher! Leider hat sich der Gletscher zuletzt stark zurückgezogen, so dass man mittlerweile ein Stück zu Fuß gehen muss. Aber er zählt noch immer zu den am leichtesten erreichbaren Gletschern Alaskas.

Edgerton Highway und McCarthy Road

140 km nördlich von Valdez zweigt der (asphaltierte) ***Edgerton Highway*** ab, der nach 56 km beim Nest Chitina (130 Einwohner) endet; der Ort besitzt ein kleines Hotel; www.hotelchitina.com. Als Fortsetzung des *Highway* führt die ***McCarthy Road***, eine gut instandgehaltene **Schotterstraße**, auf der historischen Bahntrasse der *Copper **R**iver & **N**orth **W**estern Railway* (CR&NW) über den Copper River hinweg in den ***Wrangell-St. Elias National Park*** hinein. Für die *Ghost Town* Kennecott (obwohl nach dem *Kennicott Glacier* benannt, wird die Stadt seit der Gründung wegen eines Schreibfehlers mit einem *e* geschrieben) lohnt es sich allemal, die 93 km lange Fahrt in Kauf zu nehmen – ein Highlight; www.nps.gov/wrst/learn/historyculture/kennecott-mines-national-historic-landmark.htm.

Nach McCarthy

Die Straße endet für den Individualverkehr am Kennicott River (Parkplatz am Fluss $10). Zu Fuß gehts weiter über den Fluss zur Ortschaft **McCarthy** (800 m) mit Restaurants und Hotels:

- ***McCarthy Lodge/Ma Johnson's Hotel***, edle Lodge im *Western-Style* und mit dem besten Restaurant der Region, © (907) 202-6717, DZ ab $249; www.mccarthylodge.com; zum Komplex gehört auch das ***Lancaster's Hotel***, DZ $149.

Kennecott

Von McCarthy aus führt die McCarthy Road noch 8 km weiter zu den **Kennecott Minen** – 1911-1938 mit die ertragreichsten Kupferminen der USA, heute eine sehenswerte ***Ghost Town*** *und* ***National Historic Landmark***. Dorthin fährt ein Shuttle-Bus ($5 *one way*). Hier auch das ***Visitor Center*** – Übernachtung in der

- ***Kennicott Glacier Lodge***, © 1-800-582-5128, ab $195, www.kennicottlodge.com, und der ***Kennicott River Lodge***, © (907) 554-4441; Bett $50, *Cabins* ab $130; www.kennicottriverlodge.com.

Wer vor der Fußgängerbrücke übernachten möchte, wählt den

- ***Glacier View Campground***, Juni-Mitte September, $20, einfach, *Cabin* $95, © (907) 441-5737, Fahrradverleih, $25/ Tag; www.glacierviewcampground.com oder die
- ***Currant Ridge Guest Houses***, *Cabin* ab $225 für 2 Personen, © (907) 554-2126; www.currantridge.com.

Die alten Kennecott Kupferminen im Wrangell-St. Elias National Park

Richardson Hwy nördlich von Valdez

Wegen der zeitraubenden An- und Abfahrt braucht man einschließlich der Busfahrt nach Kennecott, einer Wanderung durch die alten Anlagen und ggf. auf dem ***Root Glacier Trail*** (2,5 km), der an der Seitenmoräne von *Kennicott* und *Root Glacier* mit Blick auf den Mt. Blackburn (4.996 m) langsam aufwärts führt, leicht zwei volle Tage. Wer es noch beeindruckender haben will, hebt auf dem ***McCarthy Airport*** mit *Wrangell Mountain Air* ab, Rundflüge ab $250; www.wrangellmountainair.com.

Richardson Highway

Zurück auf dem *Richardson Highway* führt dieser bei **Copper Center** um die als Handelsposten 1896 kurz vor dem Goldrausch gegründete Siedlung herum. Eine schönere Variante bleibt die Fahrt auf dem parallelen *Old Richardson Highway* durch den Ort, wo es im ***Old Town Copper Center Inn & Restaurant*** traditionelle Sauerteig-Pfannkuchen gibt; www.oldtowncoppercenter.com.

Wenig nördlich von Copper Center passiert man am *Richardson Highway* das ***Visitor Center*** des ***Wrangell-St. Elias National Park***, der zusammen mit dem ***Kluane National Park*** in Yukon eines der weltweit größten Gebiete unberührter Bergwildnis umfasst. Indessen gibt es vom *Richardson Highway* keinen Zugang in den Park. Lediglich die oben beschriebene *McCarthy Road* und die *Nabesna Road* ab Slana (unten) führen hinein.

Information

Wrangell-St. Elias National Park
Mile 106.8, Richardson Hwy, Copper Center; www.nps.gov/wrst

Tok Cutoff

Rund 190 km nördlich von Valdez trifft der *Richardson Highway* bei Glennallen auf den *Glenn Highway* von Anchorage. Eine der wenigen in Alaska erhaltenen Rastanlagen aus »alten« Zeiten ist die ***Gakona Lodge & Trading Post*** von 1904 (ab $109, *Cabins* ab $129) mit ***Carriage House Restaurant*** von 1929 am Tok Cutoff, 3 km östlich von Gakona, © (907) 822-3482, www.gakonalodge.com.

Ab **Gakona** geht es auf dem ***Tok Cutoff*** zum *Alaska Hwy*. Die Straße bietet keine überragenden landschaftlichen Höhepunkte.

Eindrucksvoll ist aber das im Süden den *Tok Cutoff* zwischen Christochina und Slana lange begleitende Panorama der **Wrangell Mountains** mit dem **Mount Sanford** (4.949 m) in der Ferne.

Nabesna Road

Die *Nabesna Road* (71 km) führt zur ehemaligen, heute verlassenen Minenstadt **Nabesna**. Unweit der Hauptstraße befindet sich eine ***Ranger Station*** des *National Park Service*, wo Auskünfte zum Straßenzustand eingeholt werden können. Am Wege gibt es mehrere Picknickplätze, die von Campmobilen über Nacht genutzt werden dürfen.

Tok

In Tok mündet der *Tok Cutoff* in den *Alaska Highway*. Von dort sind es nur 20 km nach Tetlin Junction mit **Anschluss an die Yukon-Rundfahrt** (➤ Seite 450) und 145 km bis zur Grenze mit Kanada. **Tok** (rund 1.300 Einwohner, © (907) 883-5887; Stadtinfo im *Main Street Alaska Visitor Center*; www.tokalaskainfo.com) entstand 1942 aus einem Straßenbaucamp und besitzt – weit auseinandergezogen – entlang des *Alaska Highway* eine dichte **touristische Infrastruktur**. Bester Anlaufpunkt ist das ausgezeichnete ***Alaska Public Lands Information Center***, © (907) 883-5667, www.alaskacenters.gov.

Camping

Die **Campingplätze** in Tok sind zwar zahlreich, aber wegen der Straßennähe überwiegend laut. Ruhiger schläft man auf dem ***Sourdough RV Park*** am *Tok Cutoff*, etwa 3 km entfernt vom Alaska Hwy; 1 Prospector Way, 60 Plätze, Zelte $28, *full hook-up* $55; © (907) 883-5543, www.sourdoughcampground.com.

Schönere, wenn auch sanitär schlichte Alternativen sind der kleine, gut angelegte *Campground* am warmen **Moon Lake** (***State Recreation Site***), 15 Stellplätze, $15; Alaska Highway 29 km nordwestlich von Tok sowie die ***Eagle Trail State Recreation Area*** (35 Stellplätze, $15) am *Tok Cutoff*, 25 km südwestlich des Ortes. Der Platz der ***Tok River State Recreation Site***, 27 Stellplätze, $18, Alaska Highway 8 km südöstlich von Tok, liegt am Fluss unterhalb der – auch nachts lauten – Straßenbrücke.

Gegenwehr sinnlos: In Delta Jct am Richardson Hwy ist ein unachtsamer Besucher einer besonders fiesen Stechmücke erlegen ...

9.3.5 Von Tok nach Fairbanks

Der weitere Verlauf der Straße bis Fairbanks ist eher reizlos. Er folgt weitgehend dem Flusslauf des Tanana River. Etwas Farbe ins eintönige Landschaftsbild bringen nur die schneebedeckten Gipfel der Alaska Range in der Ferne.

In **Delta Junction** (1.000 Einwohner) **endet der *Alaska Highway***, – wie ein unübersehbares Monument vor dem *Visitor Center* am Straßendreieck ausweist. Der Rest der Strecke bis Fairbanks ist Teil des ***Richardson Highway***, der in Delta Junction auf den *Alaska Hwy* stößt.

Delta Junction/ Bisons

Im Zentralort einer erst Mitte des 20. Jh. erschlossenen Landwirtschaftsregion sorgt die größte freilaufende Bisonherde Alaskas für ständigen Konfliktstoff und erhebliche Ernteschäden. Die 1928 aus Kanada umgesiedelten Tiere weiden im Sommer südöstlich des Ortes in der ***Delta Junction State Bison Range*** (am *Alaska Hwy*) und suchen im Frühjahr zur Geburt ihrer Jungen das 30 km südwestlich gelegene Tal des Delta River am *Richardson Hwy* auf.

Alaska Pipeline

In **Big Delta**, 15 km nördlich von Delta Junction, überqueren *Highway* und ***Trans-Alaska Pipeline*** den Tanana River. Dort bietet sich eine gute Gelegenheit, die an eine Hängebrücke fixierte Ölleitung aus der Nähe in Augenschein zu nehmen. Kurz vorher geht es noch rechts ab über Rika's Road zu ***Rika's Roadhouse*** im ***Big Delta State Historical Park*** – im frühen 20. Jahrhundert ein beliebter Treffpunkt der Minenarbeiter, Händler und Jäger; Eintritt frei, täglich 9-17 Uhr; www.dnr.alaska.gov/parks/units/deltajct/bigdelta.htm.

Camping

3 km weiter zweigt nach Osten die Zufahrt zur ***Quartz Lake State RA*** (*Campground*: 93 Plätze, $10) ab. Auf der Zufahrt zum Quartz Lake geht es schon vor dem See nach links zum viel schöneren ***Lost Lake Trail Campground*** (12 Stellplätze, $15). Vom Lost Lake führt der ***Lost Lake Trail*** zunächst auf die gegenüberliegende Seeseite; an der Gabelung folgt man dem ***Bluff Point Trail***, der unvermittelt aus dem Wald ins Freie führt und nach 3 km eine herrliche Aussicht auf das Tal des Tanana River mit den schneebedeckten Gipfeln der *Alaska Range* im Hintergrund freigibt.

Baden

An heißen Sommertagen lässt sich die Fahrt gut an einigen Badeseen mit Picknick- und Campingplätzen zwischen Big Delta und Fairbanks unterbrechen. Dazu zählen östlich der Ortschaft Salcha die ***Harding Lake State RA*** (83 Plätze, $15) und bei North Pole die mit Stauseen und Dämmen schön gestaltete ***Chena Lake RA***, $10-$15, Bootsverleih; www.alaska.org/detail/chena-lake-recreation-area.

Dauer-Weihnacht

Der Weihnachtsmann, so vermuten amerikanische Kinder, lebt am Nordpol. Und so wurde 1952 aus dem Dorf **North Pole**, 22 km vor Fairbanks, das seinen werbewirksamen Namen dem Vorhaben verdankt, Spielzeugwarenfirmen anzulocken, *die* Adresse für Kinderbriefe an *Santa Claus*.

Das ***Santa Claus House*** ist ein ***Gift Shop*** voller Weihnachten ***all year long***. Von dort verschickt der selbst im Sommer stets präsente Weihnachtsmann Briefe seinerseits an Kinder in aller Welt; www.santaclaushouse.com.

Exkurs: Denali Highway

Kennzeichnung

Für alle, die auf Fairbanks und gut ausgebaute Straßen verzichten mögen, gibt es ab Delta Junction eine **alternative Anfahrt zum *Denali National Park*** über Paxson. Diese Route über den ***Denali Highway*** ist zwar 40 km länger und viel zeitaufwendiger als die bestens ausgebaute Straße über Fairbanks, aber ihr Verlauf durch eine wilde, unberührte Landschaft – ähnlich der im Nationalpark – entschädigt für Querrillen und Schlaglöcher.

Richardson Highway

Entlang des *Richardson Highway* ab Delta Junction Richtung Süden läuft teilweise über-, teilweise unterirdisch die ***Trans-Alaska Pipeline***. Die Röhren kreuzen die Straße mehrfach, ihr Zickzackverlauf ist an vielen Punkten ein interessantes Fotomotiv. Schautafeln erläutern Details zur Technik der Ölleitung vom Nordpolarmeer nach Valdez. Im Westen sieht man die eindrucksvolle Gebirgskulisse der vergletscherten ***Alaska Range***. Aus diesem Panorama sticht als höchster Berg eines Gipfel-Dreigestirns mit Mount Deborah und Hess Mountain der Mount Hayes (4.216 m) heraus.

Verlauf Denali Highway

130 km südlich von Delta Junction – bereits auf der Abfahrt nach Passieren des *Isabel Pass* (999m) – zweigt bei Paxson dann der sehr attraktiv verlaufende ***Denali Highway*** vom *Richardson Highway* ab. Bis 1971 war diese Straße die einzige Zufahrt zum *Denali Park*, daher auch seine heute nicht mehr einleuchtende Bezeichnung. Er ist etwa Mitte Mai bis Anfang Oktober für den Verkehr freigegeben. Sein Zustand ist bei gutem Wetter heute selbst für Wohnmobile akzeptabel, indessen finden die meisten Mieter eine Ausschlussklausel in ihren Verträgen.

Die Straße läuft überwiegend oberhalb der Baumgrenze in (bis auf eine Handvoll *Lodges* und zwei Campingplätze) absoluter Einsamkeit. Ein schönes Hochgebirgspanorama, davor weite, von Seen, Flüssen und Mooren durchsetzte offenen Hochflächen, begleitet die Fahrt auf dem größten Teil der Strecke.

Straßenverlauf

Nur die ersten 35 km und die letzten 5 km der 215 km sind asphaltiert. Es geht in schöner Straßenführung in Serpentinen auf und ab – mit den bereits erwähnten Gipfeln der *Alaska Range* (im Nordwesten), den Bergriesen *Mt. Sanford* (4.949 m) und Mount Wrangell (4.317 m) in den Wrangell Mountains (im Südosten) und dem *Gulkana Glacier* (Nordosten) im Blickfeld.

Quartier

Wer Schotterstraßen vermeiden möchte, kann auch nur dieses erste Teilstück abfahren und am Ausbauende den wildromantischen ***BLM Tangle Lakes Campground*** (45 Stellplätze $12) als Übernachtungsquartier wählen. Er ist Ausgangspunkt für Kanu- und Angeltouren auf der Tangle Lakes-Seenplatte. Das nahegelegene ***Tangle River Inn***, ✆ (907) 822-3970, hat nicht nur Zimmer, sondern auch ein rustikales Restaurant (*The Cafe*) mit prachtvollem Blick und einen Kanuverleih, DZ ab $105, $48/Bett, *Cabins* ab $180; www.tangleriverinn.com.

Passhöhe

60 km westlich von Paxson überquert der *Denali Highway* den ***Maclaren Summit*** (1.245 m), den zweithöchsten Pass im öffentlichen Alaska-Straßennetz.

In ihrem weiteren Verlauf – die Straße wird immer enger und kurviger – passiert sie den zweiten *Campground*: ***BLM Brushkana Creek*** (22 Plätze, $12). Rund 20 km vor der Einmündung in den ***Parks Highway*** erkennt man bei guter Sicht erstmals den mächtigen **Mount Denali** im Westen.

Einmalige Landschaft, einmalige Farben Anfang September am Denali Hwy

9.3.6 Fairbanks und Umgebung

Fairbanks zählt rund 31.500, im Einzugsbereich fast 100.000 Einwohner, und rivalisiert mit Juneau um Platz #2 unter den Städten Alaskas – beide klar hinter Anchorage.

Geschichte

Die Geschichte der Stadt begann erst Anfang des 20. Jahrhunderts. 1901 entstand ein erster Handelsposten, und nur ein Jahr später entdeckte der Italiener *Felix Pedro* **Gold** in einem später nach ihm benannten Flüsschen in den ***Tanana Hills***, 26 km nördlich der neuen Siedlung. Ein Denkmal steht am ***Steese Highway***. Ein »kleiner« Goldrausch folgte. 1910 zählte die inzwischen Fairbanks getaufte Stadt (nach dem damaligen US-Vizepräsidenten *Charles W. Fairbanks*) 3.500 Einwohner und 6.000 Goldschürfer in den Minen nördlich der Stadt, 1920 aber nur noch ganze 1.000.

Doch die günstige Lage »am Wege« ins Landesinnere sorgte bald für eine Neuorientierung. Mit der weiteren Besiedelung Alaskas entwickelte sich Fairbanks zur Versorgungsbasis der zentralen und nördlichen Regionen. Im 2. Weltkrieg gab es dank Straßenbau und Militärpräsenz weitere Impulse. Nach ruhigeren Jahren führte 1974 bis 1977 die Konstruktion der *Trans-Alaska Pipeline* zu einem starken Bevölkerungsanstieg.

Fluganbindung

Der ***Fairbanks International Airport*** (***FAI***), knapp 1 Mio Passagiere jährlich; www.dot.alaska.gov/faiiap, liegt ca. 6 km südwestlich der Innenstadt, Anfahrt per Taxi/*Uber*. Von dort aus starten *Alaska* und *Delta Airlines* ins Kernland der USA und *Air North* nach Dawson City. Auch *Condor* fliegt von Frankfurt nach Fairbanks, allerdings mit Zwischenstopp in Anchorage ➤ Seite 475ff. Alaska intern lassen sich von Fairbanks viele Orte per Flugzeug erreichen.

Innenstadt

Eine gewachsene Mischung aus Alt und Neu, aus Blockhütten und anderer aus Holz errichteter Gebäude, moderner Bürobauten, *Shopping Center* und Hotels prägt das insgesamt freundliche, wenngleich langweilige Bild der Innenstadt.

Raddampfer »Discovery« auf dem Chena River *(➤ Seite 507)*

Information

Jede Menge Infomaterial und informative Ausstellungen zu Land und Leuten hält das ***Morris Thompson Cultural and Visitors Center*** bereit, das in einem Gebäude am Ufer des Chena River residiert (101 Dunkel Street) und sich in zwei Bereiche aufteilt:

- ***Visitor Information*** der Stadt Fairbanks
- ***Alaska Public Lands Information Center***, www.morristhompsoncenter.org, www.explorefairbanks.com.

Unterkunft

In Fairbanks findet man zahlreiche H/Motels, darunter die Häuser vieler großer Ketten, außerdem eine große Zahl von *Bed & Breakfast Places*. Das Preisniveau ist insgesamt niedriger als in Anchorage. Hier einige Empfehlungen:

- ***Aurora-Express***, 1550 Chena Ridge Road, © (907) 474-0949, *Bed & Breakfast*, Zimmer in alten Waggons der *Alaska Railroad*, ab $165; www.fairbanksalaskabedandbreakfast.com.
- ***Golden North Motel***, 4888 Old Airport Way, © (907) 79-6201; einfaches Motel unweit des Stadtzentrums, mittlere Preisklasse, DZ ab $105; www.goldennorthmotel.com.
- ***River's Edge Resort Cottages***, 4200 Boat Street, © (907) 474-0286; hübsche Häuschen in gepflegter Anlage, z.T. direkt am Ufer des Chena River, *Cottage* ab $239, Restaurant; gleichnamiger ***Campground*** nebenan; www.riversedge.net.
- ***7 Gables Inn***, 4312 Birch Lane, © (907) 479-0751; *Bed & Breakfast* in schönem Haus im Tudorstil; 20 komfortable Zimmer, Suiten, DZ ab $90; www.7gablesinn.com.

Hostel

- ***Billie`s Backpackers Hostel***, 2895 Mack Boulevard, östlich der Universität, $25/Zelt, $35/Bett, auch DZ, © (907) 479-2034; www.alaskahostel.com.

Camping

Rund um Fairbanks existiert eine ganze Reihe von Campingmöglichkeiten von $12 bis über $30/Nacht.

Etwas westlich *Downtown* liegen die ersten beiden Plätze:

- Ein komfortabler RV Park (auch Zelte) am Ufer des Chena River ist der ***River's Edge RV Park & Campground***, © wie Resort oben, 190 Stellplätze, $35-$65.
- Ebenfalls eine komfortable Anlage mit allen Extras bietet der ***Riverview RV Park***. Er liegt 13 km südlich der Innenstadt am Chena River, 1316 Badger Road bei North Pole, Zufahrt über den *Richardson Highway*, 154 Stellplätze (*Full Hook-up*), $50-$58, © 1-888-488-6392; www.riverviewrvpark.net.

Creamer's Field

Zur ***University of Alaska Fairbanks***, jenseits des Tanana River am nordwestlichen Stadtrand, geht es von *Downtown* zunächst über die Illinois Street und dann weiter auf der College Road. An dieser Straße liegt das ***Creamer's Field Migratory Waterfowl Refuge***, ein ca. 900 Hektar großes Gebiet, das Wiesen, Wälder und Feuchtgebiete umfasst. Im Frühjahr und Herbst rasten dort Tausende von Kanadagänsen, Kraniche und andere Zugvögel auf ihrem Weg zu/von den Nistplätzen im Norden.

9

Vom *Farmhouse Visitor Center* in einem ehemaligen Bauernhof laden Lehrpfade zu Vogelwelt und Flora Alaskas zum Spaziergang ein. Der Eintritt ist frei, im Sommer werden Führungen angeboten; www.adfg.alaska.gov/index.cfm?adfg=creamersfield.main.

Museum of the North

Das ***Museum of the North*** wurde in den 1920-Jahren gegründet. Seit einigen Jahren residiert es in einem spektakulären neuen Bau, der Formen des Iglu aufnimmt (Architektin: *Joan Soranno*). Das Museum besitzt Abteilungen zu Flora und Fauna, Ureinwohnern und weißer Besiedlung Alaskas. Glanzstücke sind die 36.000 Jahre alten Knochen eines im Permafrost entdeckten Bisons, eine Goldausstellung, die Konstruktionsgeschichte der *Trans-Alaska Pipeline* und eine Nordlichtshow. Herzstück eines Museumsflügels ist die ***Rose Berry Alaska Art Gallery***, in der eine Verknüpfung von Kunst und Anthropologie versucht wird; 907 Yukon Drive; tägl. geöffnet von Juni bis August 9-19 Uhr, sonst Mo-Sa 9-17 Uhr; Eintritt $14, bis 14 Jahre $8; www.uaf.edu/museum.

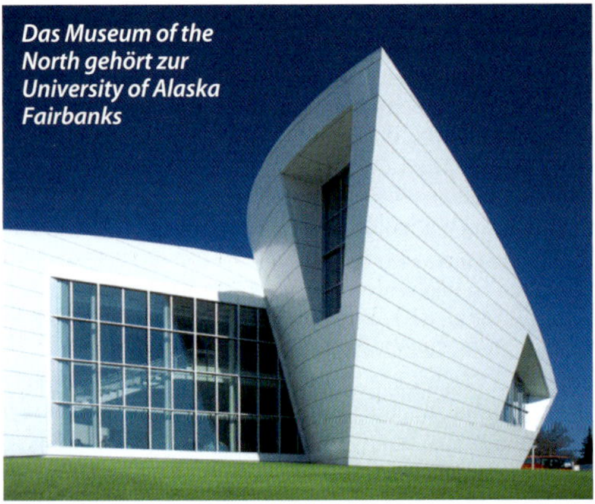
Das Museum of the North gehört zur University of Alaska Fairbanks

Botanischer Garten

Die Besichtigung des ***Georgeson Botanical Garden*** der Universität am 117 West Tanana Drive unterhalb des Universitätshügels kostet $5 *Suggested Donation* (Juni-September täglich 8-20 Uhr). Interessant sind dort neben allerhand bunten Blumen erstaunlich große Kohlköpfe, die in diesen Dimensionen nur in Alaska wachsen; www.georgesonbotanicalgarden.org.

Pioneer Park

Am *Airport Way*, der südlichen Hauptumgehung von *Downtown* Fairbanks liegt *Pioneer Park*, eine Mischung aus ***Amusement Park***, ***Living Museum*** und ***Gold Rush Town***, Ende Mai-Anfang September täglich 12-20 Uhr. Der **Zutritt zum Gelände ist frei**, man kann sich daher leicht ein Bild machen, ob dieser (eher) kommerzielle Park (die Attraktionen kosten Eintritt) dem eigenen Geschmack entspricht. Eine 15-minütige Rundfahrt durch den Park unternimmt die *Crooked Creek & Whiskey Island Railroad*.

Im ***Sternwheeler*** *»Nenana«* befindet sich eine Ausstellung mit Dioramen zur Geschichte des 1933 erbauten Schiffes und das *Visitor Centre* des Parks. Im ***Tanana Valley Railroad Museum*** steht die älteste fahrtüchtige Dampflok Alaskas, die 1899 erbaute *Engine #1*, und im ***Alaska Native Museum*** wird den Besuchern das Alltagsleben der *Athabasca*-Indianer eindrucksvoll demonstriert (alle drei Eintritt frei), www.alaska.org/detail/pioneer-park.

Eingang in das Areal des Alaska Salmon Bake

Am besten nur bei gutem Wetter: In der parkartigen Anlage des ***Alaska Salmon Bake*** werden die Gäste in unterschiedlichen Blockhäusern bedient und sitzen dann unter Bäumen im Freien oder in der *Dinner Hall*. Vom Grill gibt's fangfrischen Lachs, Kabeljau und *Slow Roasted Beef*, dazu holt man sich etwas Grünes bei der überdachten Salatbar und abschließend das Dessert von der *Coffee Cabin*; Mitte Mai-Mitte Sept täglich 17-21 Uhr; *All You Can Eat* ohne Getränke $37, Kinder $13-$17; www.akvisit.com.

Raddampfer

Mit $70/$43 keine ganz billige Angelegenheit – aber überraschend abwechslungsreich – ist die dreistündige Fahrt mit dem ***Riverboat »Discovery III«*** auf Chena und Tanana River; Mitte Mai bis Ende September, täglich 8.45 Uhr und 14 Uhr. Die Anlegestelle des Raddampfers befindet sich in Flughafennähe am 1975 Discovery Drive. Neben Erläuterungen zur Flussumgebung (noble Villen und neu erbaute Blockhäuser, *Cripple Creek,* eines der einmal reichsten goldhaltigen Flüsschen Alaskas, *Fishwheels*/Lachsfangräder der Indianer, wird allerhand Unterhaltung geboten – *Voted the best Boat Tour in North America!*. Höhepunkte sind die Flug- und Landedemonstrationen eines Buschflugzeugs, der Zwischenstopp in einem Dorf der *Athabasca*-Indianer und die Schlittenhunde von *Susan Butcher*, die vom Ehemann der vierfachen *Iditarod*-Siegerin (➤ Seite 519) vor ihrem Blockhaus am Fluss lehrreich den Besuchern nähergebracht werden; www.riverboatdiscovery.com.

Ice Museum

Im ***Fairbanks Ice Museum*** kann man grandiose aus Eis »geschnitzte« Skulpturen lokaler Künstler bestaunen; geöffnet von Mitte Mai bis Sept täglich 10-20 Uhr, ***Aurora Show*** um 20 Uhr, Eintritt $15, Kinder $10, mit *Aurora* $22/$18; www.icemuseum.com.

Veranstaltungen

Passend dazu werden jedes Jahr im Februar/März in Fairbanks auch die ***World Ice Art Championships*** ausgetragen – mit über 100 Künstlern aus aller Herren Länder; www.icealaska.org.

Mitte Juli finden in Fairbanks fünf Tage lang die ***Golden Days*** in Gedenken an die Goldfunde von 1902 statt – mit Rennen, Wettbewerben, einem Festumzug am Samstag und Kostümen im Stil des frühen 20. Jahrhunderts; www.fairbankschamber.org/golden-days.

Im Februar startet das 1.646 km lange ***Yukon Quest International Sled Dog Race*** nach Whitehorse, eines der bedeutendsten Schlittenhunderennen des Nordens, ➤ Seite 519.

Attraktionen im Umfeld

Nördlich von Fairbanks findet man noch einige interessante Anlaufpunkte, darunter eine riesige Goldschürfmaschine, ➤ umseitig.

Fairbanks als wichtigster Verkehrsknotenpunkt Alaskas

In Fairbanks beginnen alle Straßen in den hohen Norden:

- Chena Hot Springs Road

Die ***Chena Hot Springs Road*** (asphaltiert) zweigt 8 km nördlich von Fairbanks vom *Steese Highway* ab. Zum beliebten ***Chena Hot Springs Resort*** mit komfortablem **Campingplatz** (24 Stellplätze, $20) und **Hotel**, DZ ab $209, © (907) 451-8104, samt Heißwasser- und Whirlpool ($15, täglich 7-24 Uhr), sind es ca. 90 km; www.chenahotsprings.com. Auf den ersten 40 km führt die Straße durch besiedeltes Gebiet, danach wird ihr Verlauf einsamer. Am Ufer des Chena River befinden sich *Picnic-* und *Campgrounds*.

An der Aurora Ice Bar im Chena Hot Springs Resort werden (teure) Cocktails im geschliffenen Eis gereicht

- Steese Highway

Der *Steese Hwy* (250 km) führt von Fairbanks nach Circle (Straße #2 und ab **Fox** dann #6). Die ersten 125 km sind asphaltiert, der Rest ist eine gut befahrbare Schotterpiste: **großartige Streckenführung mit tollen Aussichtspunkten**. Nur 14 km nördlich von Fairbanks bietet der ***Trans-Alaska Pipeline Viewpoint*** direkt neben der Straße erste hervorragende Fotomotive. Über Bau und Unterhaltung der Erdölleitung informieren einige Schautafeln (➤ Seite 495).

Nur 2 km nördlich des *Viewpoint* erreicht man den Eimerkettenschwimmbagger ***Gold Dredge #8*** am 1803 Old Steese Hwy. Die Goldschürfmaschine war von 1928-59 in Betrieb. Eine 2-stündige Tour auf dem Areal der ***Gold Dredge #8*** kostet mit Besichtigung des Baggers und einer Fahrt mit der Schmalspurbahn und anschließendem Goldwaschen $43/$27; Mitte Mai-Ende September, täglich 10.30 Uhr und 13.45 Uhr; www.golddredge8.com.

In Fox kann man gut im ***Howling Dog Saloon*** einkehren; 2160 Old Steese Hwy. Die *Rock & Blues Bar* öffnet von Mai bis November täglich um 16 Uhr mit Live-Musik, gutem Fassbier und Essen vom Grill.

Rustikalen Komfort aus den 1930er-Jahren im Alaska-Stil samt Saloon und Restaurant bietet die ***Chatanika Lodge***, 5760 Steese Hwy (45 km von Fairbanks entfernt); Zimmer ca. $80, © (907) 389-2164; www.chatanikalodge.com.

Zwei ***Campgrounds*** liegen am Wege, der schönste am Flussufer im ***Upper Chatanika River State Recreation Site*** 32 km nordöstlich der *Lodge*; 24 Plätze, $15.

Auf der Weiterfahrt geht es über zwei Passhöhen oberhalb der Baumgrenze: den *Twelvemile* (962 m) und *Eagle Summit* (1.105 m). Beide verbindet der ***Pinnell Mountain Trail***, eine 44 km lange Wanderroute auf Tundra-Bergrücken vor einem grandiosen Panorama. Wer nicht den gesamten Weg gehen möchte, kann von beiden *Trailheads* auf nur wenigen Kilometern in einsame Höhen gelangen. Insbesondere der kurze Weg (1 km) zum Gipfel des ***Eagle Summit*** führt zum schönsten Aussichtspunkt weit und breit. Zur Zeit der Sommersonnenwende Ende Juni geht dort die Sonne eine Woche lang nicht unter.

Der *Steese Hwy* endet in **Circle**, vor dem *Klondike Gold Rush* größte Goldgräberstadt am breiten Yukon River. Die Bezeichnung geht auf Prospektoren zurück, die glaubten, bereits am Polarkreis zu sein. Als Etappenpunkt des ***Yukon-Quest*-Schlittenhunderennens** (➢ Seiten 519f) wird das ruhige 100-Seelen-Dörfchen einmal jährlich von internationalen Medien wahrgenommen.

- Elliott Highway

Der 240 km lange *Elliott Hwy* zweigt in Fox, 18 km nördlich von Fairbanks, vom *Steese Hwy* ab. Die Straße ist exakt bis zur Hälfte (Abzweig *Dalton Hwy* in Livengood) asphaltiert und endet nach Überquerung des Tanana River in ***Manley Hot Springs***. Die gleichnamige ***Lodge*** stammt noch aus Goldrauschzeiten (1903); Doppelzimmer ab $90, *Cabin* $120, © (907) 672-3161; www.manleylodge.com.

- Dalton Highway

Der erst 1974 gebaute und mittlerweile zu fast 50% asphaltierte *Dalton Hwy* beginnt an der #2 (*Elliott Hwy*) etwa 130 km nördlich von Fairbanks und führt parallel zur ***Trans-Alaska Pipeline*** über 670 km zur Prudhoe Bay an der Beaufort Sea. Nach 90 km überquert man den Yukon River. Die nördlichste Straße des Kontinents mit dem höchsten Pass Alaskas (*Atigun Pass* 1.444 m) verläuft durch Wälder und Tundragebiete über den 70. Breitengrad hinaus und endet an den Schranken zum Ölfördergebiet in **Deadhorse**: Tankstelle und *Deadhorse Camp*, DZ $219, © (907) 474-3565; www.deadhorsecamp.com. Die Weiterfahrt bis zum Nordpolarmeer (5 km) ist mit Privatfahrzeugen nicht möglich; nur per Tour mit einem Shuttlebus; Mai-Mitte September; $69.

Beliebtes Fotomotiv am Weg: das **Polarkreis-Schild**, 185 km ab der #2.

Am *Dalton Highway* existieren nur zwei Service-Stationen – beide jeweils mit Tankstelle, Restaurant und Übernachtungsmöglichkeiten:

- ***Yukon River Camp*** (fast 220 km nördlich von Fairbanks), DZ ab $219, © (907)-474-3557, an der einzigen Straßenbrücke über den Yukon River in Alaska; www.yukonrivercamp.com. Auf der anderen Straßenseite liegt die ***Yukon Crossing Contact Station***. Das Infocenter des *BLM* direkt neben der *Alaska Pipeline* ist von Ende Mai-Sept 9-18 Uhr besetzt; von dort führt ein kurzes Trail zum Fluss, mit Blick auf die Brücke..
- ***Coldfoot Camp***, nach 280 km; im alten Minencamp mit Postamt und ***Visitor Center*** des ***Gates of The Arctic National Park***; DZ ab $219, © (907) 474-3500; www.coldfootcamp.com.

9.3.7 Von Fairbanks nach Anchorage über den Denali National Park

Der ***Parks Highway*** (520 km) wurde erst 1971 in voller Länge für den Verkehr freigegeben. Streckenweise führt er durch eine fantastische Landschaft. Aussichtspunkte lohnen immer wieder eine Unterbrechung der Fahrt.

Nenana Eiswette

Bei **Nenana** schlug am 15. Juli 1923 US-Präsident *Harding* in einem symbolischen Akt den letzten Nagel in eine Eisenbahnschwelle der ***Alaska Railroad***. Der indianische Ortsname »Nenashna« besagt in etwa: »Stelle, um zwischen zwei Flüssen zu lagern«. Das Städtchen am Zusammenfluss von Tanana und Nenana River ist für das ***Nenana Ice Classic*** bekannt, eine Art Wette, bei der seit 1917 versucht wird, auf die Minute vorauszusagen, wann im April das Eis des Tanana River aufbricht. Das wird mit Hilfe eines großen Dreibeins aus Stahlrohr festgestellt. Das Gebilde steht ab März auf dem Eis und ist über eine Leine mit einem Uhrenschalter verbunden. Bricht das Eis, bewegt sich das Dreibein und die Leine stoppt die Uhr. **Tickets** kann man überall in Alaska für $2,50/Stück erwerben. Wegen der mittlerweile erreichten Popularität der Eiswette mit gut hunderttausend Teilnahmescheinen gibt es immer mehrere Gewinner (2019 wurden rund **US$ 360.000** ausbezahlt). Auch hier macht sich der Klimawandel bemerkbar: Das Eis bricht jedes Jahr früher – neuer Rekord 2019: 14. April, www.nenanaakiceclassic.com.

Denali National Park

200 km südlich von Fairbanks liegt der populäre ***Denali NP***. ***Denali*** bedeutet ***»Der Hohe«*** und ist die indianische Bezeichnung für den immer schneebedeckten Gipfel (6.190 m). Benannt wurden der **höchste Berg der USA und der Park** einst nach dem US-Präsidenten **William McKinley** (1897-1901) – Mount McKinley.

Abgeordnete aus McKinleys Heimatstaat Ohio setzten sich lange gegen die Umbenennung auch des Berges zur Wehr, der bereits in vielen Karten als Denali bezeichnet wurde. Der Berg heißt jetzt seit einigen Jahren aber offiziell **Denali**; www.nps.gov/dena.

Anfahrt

Im Vorgebirge der *Alaska Range* verengt sich das Nenana River Valley, und die Straße steigt hoch über das Flussbett. Auf der anderen (westlichen) Seite des *River Canyon* erkennt man die Schienen der *Alaska Railroad*, die am Fluss entlang innerhalb des Nationalparks verläuft.

Vor allem nördlich der Parkzufahrt hat sich ab **Healy** (18 km bis zum Park) eine dichte **Infrastruktur** mit Campingplätzen, **Hotels**, **Motels**, vielen ***B&B's***, Shops, Restaurants und den Anbietern von **Touren** zu Lande und zu Wasser entwickelt. Aber auch auf der Südseite der Einfahrt findet man in Talkeetna eine Reihe von Quartieren, auch guter Ausgangspunkt für Rundflüge (➤ Seiten 517f).

Service-Bereich

An der Parkstraße auf dem Weg zu den ***Park Headquarters*** befinden sich – etwa 3 km vom *Parks Highway* entfernt – Flugpiste, Bahnhof der *Alaska Railroad*, Postamt und ein modernes Park Museum, das in multimedialer Aufbereitung den Park aus diversen Blickwinkeln beschreibt. Das groß dimensionierte ***Visitor Center*** mit zahlreichen Parkplätzen liegt separat davon auf halbem Weg zum Servicebereich. Dort gibt es alle wichtigen Parkinformationen und vor allem die **meist dicht umlagerten *Reservation Desks*** für ***Shuttle Busses*** und ***Campgrounds***, ➤ umseitig. Der **Parkeintritt** beträgt $15 – für alle, die keinen Jahrespass besitzen (***America The Beautiful Pass***, $80 für sämtliche US-Parks).

Situation

Der Park gehört im Juli und August zum festen Programmpunkt unzähliger Alaska-Touristen, auch wenn das Wetter mal nicht so gut ist, wie Jahr für Jahr der immense Besucherandrang zeigt.

Alaska Range im Denali Nationalpark unweit des Eielson Besucherzentrum

Das Denali Shuttlebus-System

Über die Jahre wurden wegen der enormen Nachfrage nach den Tickets für die Transit- und Tour-Busse – bei aus Naturschutzgründen restriktiver Handhabung der Buskapazität – die Regeln für Busreservierung und -nutzung immer wieder verändert. Im Rahmen der Möglichkeiten soll jeder eine Chance haben, in den Park hinein zu gelangen. Gleichzeitig sind Fahrpläne und Kapazitäten so zu gestalten, dass alle zugelassenen Tagesbesucher bis zum Abend auch wieder hinaus transportiert werden können.

Wer den *Denali Park* intensiver als nur auf den ersten 24 km der per Auto zugänglichen *Park Road* – durchaus schöne Fotostopps, ein erster Blick auf den *Denali* öffnet sich bei km14 – erleben möchte, sollte sich vorher gut über die verschiedenen Angebote und Touren informieren.

Reservierungen für die verschiedenen Busse, die unterschiedliche Ziele im Park ansteuern, sollten aufgrund der großen Nachfrage rechtzeitig gebucht werden, möglich ist dies **ab dem 1. Dezember** für das kommende Jahr – telefonisch unter © 1-800-622-7275, im **Internet** unter www.reservedenali.com.

Für **Restplätze am selben Tag** stellen sich Besucher **ohne Reservierung** ab 5 Uhr morgens am ***Denali Bus Depot*** an und hoffen auf letzte freie bzw. freiwerdende Plätze von Leuten, die ihre Reservierung nicht in Anspruch nehmen. Die Schlangen dafür sind oft lang.

Je nach Streckenlänge kostet die Transit-Busfahrt \$34-\$65 (retour), bis 15 Jahre frei. **Camper** auf den Plätzen im Parkinneren bezahlen \$43,50 für den ***Camper Bus*** mit großem Gepäckabteil (gilt für die Dauer des Aufenthalts).

Die **Busse** fahren Juni bis Mitte September viertel- bis halbstündlich ab 5.15 Uhr vom ***Denali Bus Depot:*** zum **Toklat River** (dorthin 6,5 Stunden *Round Trip*, \$34 retour), zum ***Eielson Visitor Center*** (8 Stunden, \$43,50 retour), zum **Wonder Lake** (11 Stunden, \$60 retour) und nach **Kantishna** (12 Stunden, \$65 retour).

Eine Alternative sind **Tourbusse**, die etwas seltener fahren. Dafür, dass sie deutlich teurer sind (\$102-\$241, bis 15 Jahre etwa die Hälfte), bieten sie höheren Komfort als die bretterharten Shuttlebusse und einen Busfahrer, der seine Passagiere mit Parkinfos und Geschichten unterhält.

Grizzlys in freier Wildbahn sieht man im Denali Park relativ häufig, manchmal schon vom Bus aus

Lediglich die ersten **24 km** in den Park hinein bis zur Brücke über den Savage River sind **asphaltiert**. Diese Strecke darf auch noch von Touristenfahrzeugen genutzt werden, dahinter ist für den privaten Verkehr jedoch Schluss.

Zugangsregelung

Wer weiter in den Park hinein will und sich nicht mit *Sightseeing* und Kurzwanderungen im Eingangsbereich zufrieden geben möchte, ist auf das reservierungs- und kostenpflichtige ***Bus-System*** (➤ Kasten) angewiesen. **Mit eigenem Wagen** dürfen nur Inhaber reservierter Plätze auf den *Campgrounds* im Parkinneren die Schranke passieren. Ihnen, Einwohnern des einstigen Minendorfes Kantishna jenseits des Wonder Lake, und Parkangestellten gehören die wenigen Privatautos auf der *Park Road*. Ausnahme: Für vier Tage im September werden jeweils 400 *Permits* für Privatwagen verlost! Details unter: www.recreation.gov/permits/233304.

Im Tour-Bus

Für Ticketinhaber kommt der Tag der Fahrt in den *Denali* hoffentlich an einem Schönwettertag. Unterwegs melden die Busfahrer das Auftauchen von Großwild und geben Auskunft über Flora und Fauna. Auf Wunsch halten sie auch an; bei Grizzly-Sichtungen werden ohnehin immer **Fotostopps** eingelegt (das gilt meist auch für die Transit-Busse). Man darf die Fahrt auch unterbrechen und mit einem nachfolgenden Bus fortsetzen, der auf Handzeichen hält, sofern noch ein freier Platz verfügbar ist. Die Realität an »vollen Tagen« sieht so aus, dass viele Mitfahrer aus Furcht, für eine Weiterfahrt lange warten zu müssen, den Bus lieber nicht verlassen.

Camping im Denali Park

Der *Denali Park* verfügt über **6 *Campgrounds*** mit ganzen **275 Stellplätzen**: ***Sanctuary River*** (7 Stellplätze, $17), ***Igloo Creek*** (7 Stellplätze, $17) und ***Wonder Lake*** (28 Stellplätze, $16, Mücken!) sind nur für Zeltcamper zugelassen (Zugang jeweils nur per *Camper Bus*); im Parkinneren sind der ***Teklanika*** (drei Tage Minimum, Auto darf dann nicht bewegt werden, dann *Camper Bus*), der ***Savage River*** und der ***Riley Creek Campground*** mit Auto bzw. RV zu erreichen.

Zelten am Wonder Lake Campground des Denali Nationalpark

Letzterer bietet mit *Shop, Dump Station,* Duschen und Waschsalon höheren Komfort. Der Platz liegt unmittelbar im Eingangsbereich des Parks; www.nps.gov/dena/planyourvisit/campgrounds.htm.

Reservierung

Für die *Campgrounds* gilt dasselbe Reservierungssystem wie für die Busse. Dabei können **alle Stellplätze per Vorbuchung** vergeben werden. Kurzfristig hat man deshalb in der Hauptsaison kaum Chancen auf einen freien Platz.

Camping im Umfeld

Das kommerzielle Angebot außerhalb der Parkgrenzen bietet einen höheren Komfort und ist teurer, aber im Gegensatz zu allem, was im Park läuft, nicht dauernd ausgebucht. 18 km nördlich der Parkeinfahrt bei **Healy** liegt der

- ***Midnight Sun RV and Campground***, 46 Plätze, $20-$43, © (907) 683-1200, *Free Wifi*, Supermarkt, Tankstelle und *Shuttle*-Service zum *Denali Park*; midnightsunrv.com.
- Der nächste private Platz auf der Weiterfahrt am *Parks Highway* ist das ***Denali Grizzly Bear Resort***, 10 km südlich der Parkeinfahrt, schöne Flusslage, © 1-866-583-2696, $30-$50, *Cabins* ab $98, DZ $229; www.denaligrizzlybear.com.

Unterkunft

M/Hotels im Umfeld sind in der Sommersaison sehr teuer, besonders Übernachtungen in den vier Hotels innerhalb der Parkgrenzen, die allesamt in Kantishna am Westende der Parkstraße liegen (*Kantishna Roadhouse, Camp Denali & North Face Lodge, Denali Backcountry Lodge, Skyline Lodge,* jeweils ab ca. $400; die Gäste werden mit privaten Shuttlebussen dorthin transportiert).

- Erste Empfehlung hier ist die ***Carlo Creek Lodge***, 22 km südlich, neuere Blockhäuser abseits der Straße auf einem schönen Gelände am Bach; © (907) 683-2576; *Cabins* ab $99, *Lodge* ab $169, www.denaliparklodging.com.

Hostel

- Das ***Denali Hostel & Cabins*** auf der gegenüberliegenden Seite des Carlo Creek sollte im Sommer unbedingt reserviert werden, © (907) 683-7503. Die Übernachtung kostet ab $38/Bett, Hütten ab $99. Gäste werden mit dem Shuttle morgens zum Nationalpark gebracht (6.30 und 8 Uhr) und abends wieder abgeholt (17.30 und 21.30 Uhr); www.denalihostel.com.

Unterwegs im Park

Hauptaktivitäten der Parkbesucher sind ohne Zweifel zunächst die Fahrt im Bus und mehr oder weniger ausgedehnte **Wanderungen** in die Wildnis. Wenn das Wetter halbwegs mitspielt und nicht tiefhängende Wolken die *Denali Range* verbergen, lohnt sich eine Bustour immer. Bei Sonne und klarer Sicht wird sie zu einem unvergesslichen Erlebnis. Direkt an der Straße können Landschafts- und Tierfotos gelingen, wie sie sonst nur im Hinterland möglich sind.

Tierwelt

Seit dem Verbot des Privat- und der Limitierung des Busverkehrs haben die Tiere ihre Scheu verloren und selbst ***Grizzlys*** sind leicht zu beobachten. Mit etwas Glück sieht man auch ***Caribous*** (➤ Seite 22), Elche, Bergziegen, Dallschafe und *Willow Ptarmigans* (eine Schneehuhnart), die Nationalvögel Alaskas.

Denali mit 6.190 m höchster Berg Nordamerikas

Straßenverlauf

Die **Parkstraße** verlässt nach wenigen Kilometer die bewaldete Taiga und verläuft oberhalb der Baumgrenze durch die Tundra. Am ***Sable Pass*** (1.173 m) wurde das Terrain rechts und links der Straße für Wanderer gesperrt. Kurz danach erfolgt der erste Zwischenstopp an der ***Polychrome Pass Rest Area*** (1.097 m) mit Blick auf die andere Talseite und das namensgebende, mehrfarbige Vulkangestein. Hinter dem nächsten **Stopp** (*Toklat River Rest Area*) erreicht die Straße am ***Highway Pass*** (1.213 m) ihren höchsten Punkt. Nicht weit davon führt ein ***Trail*** zum ***Stony Hill*** (1.374 m) mit einer herrlichen Aussicht auf den Berg der Berge und seine Nachbarn – so das Wetter mitspielt; ➤ Foto oben.

Auch vom ***Eielson Visitor Center*** hat man an guten Tagen einen umwerfenden Blick auf die zerklüfteten, verschneiten Gipfel des Denali und auf den *Muldrow Glacier*.

Mount Denali

Zwischen **Wonder Lake**, an dessen Ufer sich ein Einfach-Campingplatz befindet (nur für Zelte) und **Gipfel des Denali** beträgt der **Höhenunterschied 5.500 m**. Selbst im Himalaya gibt es keine so steil aufragenden Bergmassive.

Die erste erfolgreiche Besteigung des Denali gelang 1910, als eine Gruppe von *Sourdoughs* (➤ Essay Seite 456) den niedrigeren Nordgipfel erklomm. Erst drei Jahre später wurde der Hauptgipfel bezwungen. Heute versuchen sich jedes Jahr zwischen April und Juli über 1.000 Alpinisten am Denali, von denen viele erfolglos aufgeben (2019 erreichten von 1.126 Bergsteigern 675 den Gipfel). Zur Verkürzung des Anmarschwegs lassen sich die meisten von Talkeetna (➤ Seite 517) südlich des Nationalparks zu einem *Basecamp* auf dem *Kahiltna Glacier* fliegen.

Weitere Aktivitäten

Wer genügend Zeit hat, findet vor den Toren des Parks ein großes Angebot für spannende Aktivitäten und Abenteuer, deren einziger Nachteil die hohen dafür notwendigen Dollarbeträge sind.

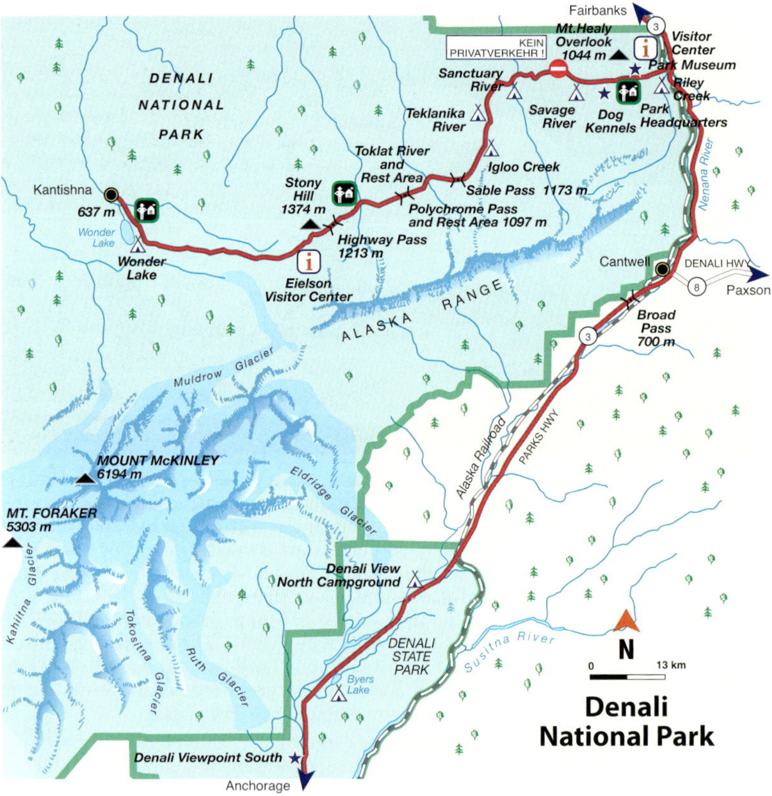

Dazu zählen ***River Rafting***, Wildwassertrips auf dem Nenana River und ***Flightseeing*** über das *Denali*-Massiv, die bei mehreren Veranstaltern gebucht werden können.

Weder Kosten noch aufwendige Planung verursacht die 4 km lange **Wanderung** vom *Denali Visitor Center* zum ***Mount Healy Overlook*** (gut 500 m Höhenunterschied, zunächst 800 m auf dem *Taiga Trail*, dann *Mount Healy Overlook Trail*) mit prima Aussicht, wenn auch nicht auf den Denali.

Sled Dog Demos

Ebenfalls interessant im Eingangsbereich des Parks sind die **Schlittenhunde-Shows** der Ranger; Dauer ca. 40 min; Juni-August täglich 10, 14 und 16 Uhr. Transfer per kostenlosem ***Sled Dog Demonstration Shuttle*** möglich (Abfahrt beim *Denali Visitor Center* 45 min vor den Shows). Zu Fuß geht es auf dem ***Rock Creek*** oder ***Roadside Trail*** dorthin (3,8 km bzw. 2,9 km, je 120 HM); www.nps.gov/dena/planyourvisit/sled-dog-demonstrations.htm.

Weiterfahrt

Auf der Fahrt vom *Denali NP* in Richtung Anchorage passiert man bei **Cantwell** den westlichen Endpunkt des *Denali Hwy*, ➤ Seiten 502f. Einer der schönsten Abschnitte der Strecke ist die darauffolgende Auffahrt zum ***Broad Pass*** (700 m) über die *Alaska Range*.

Denali State Park

Etwa 50 km südlich der Passhöhe beginnt der ***Denali State Park*** mit den besten Aussichtspunkten auf den *Denali* entlang des *Parks Highway*. Nach knapp 10 km im Park passiert man den ***Denali View North***, einen Parkplatz mit Aussichtsfernrohren, von dem man bei klarem Wetter einen sagenhaften Blick hat – genauso vom 45 km weiter südlich gelegenen ***Denali View South***.

Ein Teil des Parkplatzes ist jeweils als ***Campground*** ($15, *North*: 20 Stellplätze, *South*: 9 Stellplätze) hergerichtet. Eigentlich kein romantisches Plätzchen und dazu ohne Komfort, aber die Camper genießen die Abendsonne – und selbst wenn die Nacht wolkenverhangen ist, so hat man doch am Morgen eine weitere Chance für den Blick auf den Denali; http://dnr.alaska.gov/parks/.

Byers Lake Camping

Im Wald am **Byers Lake** liegt seefern ein »richtiger« ***Campground*** (73 Plätze, $15). Ein schöner ***Trail*** (ca. 8 km) umrundet den See. Von dort blickt man über die Wasserfläche in Richtung Denali. An klaren Tagen hebt er sich mit seinen weißen Flanken glanzvoll vom blauen Himmel ab und spiegelt sich im See.

Talkeetna

Weiter südlich endet eine Stichstraße (23 km) parallel zum *Parks Highway* jenseits des Susitna River in nördlicher Richtung in **Talkeetna**, ein authentischer Ort, der sich gut auf die Touristen eingestellt hat (schönes Kunsthandwerk, Restaurants, Motels und eine *HI*-Jugendherberge etc.). Talkeetna ist wichtigster Ausgangspunkt für Besteigungen des Mount Denali, da die meisten Bergsteiger von dort zum *Basecamp* fliegen.

Flightseeing ab Talkeetna mit Blick auf den Yentna Glacier

9

Dort starten auch viele Touristen zu einem **Rundflug über das Denali-Massiv**: 60 min ab $235, 90 min-einschließlich Gletscherlandung und Füße vertreten auf dem Eis ab $335; www.flyk2.com. Ein weiteres Highlight ist die Fahrt mit dem ***Hurricane Turn Train*** zur Schlucht ***Hurricane Gulch***; Do-Mo; Tickets $110/$55; www.alaskarailroad.com/ride-a-train/our-trains/hurricane-turn.

Hatcher Pass Road

44 km südlich der *Talkeetna Spur Road* bietet sich eine interessante Umgehung der Hauptstraße an: und zwar die 80 km lange ***Hatcher Pass Road***, die ca. 3 km nördlich von Willow als ***Willow Fishhook Road*** nach Osten abzweigt. Diese – bis auf die 35 km entlang der Passhöhe – asphaltierte Straße führt in diversen engen Serpentinen (keine größeren Wohnmobile) aus dem Tal in baumlose Höhen zum *Hatcher Pass* (1.184 m; oft bis in den Juni hinein und wieder ab September Schneefall). Mehrere noch aktive und stillgelegte **Goldminen** säumen die Strecke.

Independence Gold Mine

Einige Kilometer östlich des *Hatcher Pass* befindet sich der ***Independence Mine State Historical Park***, in den 1930er-Jahren eine der größten Goldminen der Region, heute eine eindrucksvolle ***Ghost Town*** (meist nur von Mitte Juni bis Anfang September; $5; selbstgeführte Touren). **Gold waschen ist erlaubt!** Wer nur die Mine besichtigen oder in der ***Hatcher Pass Lodge*** übernachten möchte (www.hatcherpasslodge.com), fährt am besten den östlichen, asphaltierten Abschnitt der Straße, die ca. 2 km nördlich von Palmer als ***Palmer-Fishhook Road*** vom *Glenn Hwy* abzweigt.

Wer auf dem *Parks Highway* bleibt, passiert westlich des *Highway* zwischen **Willow** (der »Fast-Haupstadt« Alaskas, ➤ Seite 526) und **Wasilla** (über 10.000 Einwohner) zwei Seenplatten:

Seengebiete

Über eine Zufahrt (10 km) nördlich des Nancy Lake erreicht man die einsameren Seen der ***Nancy Lake State Recreation Area*** (30 Plätze, $15). Am Wege passiert man eine Reihe von ***Trailheads*** für Wanderungen. Einen **Kanuverleih** gibt es am ***South Rolly Lake Campground*** (96 Plätze, $15) am Straßenende. Über Portagen gelangt man von See zu See; Kanu $30/Tag.

Die Anfahrt zum größten als moderne Sommerfrische erschlossenen See der Region erfolgt über die ***Big Lake Road*** (10 km ab *Parks Hwy*): Ferienort (4.200 Einwohner) mit Hausbootverleih, Motels, Supermärkten, Campingplätzen – alles ist dort vorhanden. Indessen bilden die Seen eher ein gutes Ziel für die Einwohner von Anchorage als einen interessanten Anlaufpunkt für Touristen aus Übersee.

Die kleinen, rustikalen Hütten der Hatcher Pass Lodge an der Zufahrt zur Independence Goldmine

Schlittenhunde

Noch vor 75 Jahren wurden in Kanadas Norden und in Alaska Lasten im Winter ausschließlich mit Hundeschlitten transportiert. Heute haben Schneemobile und Flugzeuge das traditionelle Fortbewegungsmittel selbst in solchen Regionen verdrängt, wo keine winterfesten Straßen existieren. Die Züchtung von Schlittenhunden wurde zur Liebhaberei, und Hunderennen mit Schlitten brachten es zu enormer Popularität.

Rennhunde haben aber heute nicht mehr sehr viel mit den halbwilden, wolfsähnlichen Geschöpfen gemein, die Indianer und *Inuit* einst vor ihre Schlitten spannten. Die populärsten reinblütigen Schlittenhunde, die *Siberian Huskies*, erkennt man an ihren charakteristischen blauen Augen. Die *Alaskan Malamutes,* ihre größeren und kräftigeren Verwandten, eignen sich eher zum langsameren Lastentransport als für den Rennwettbewerb.

Eine der Hauptaufgaben des ***Musher***, des Hundeschlittenführers, besteht darin, die ideale Zusammensetzung des Gespanns zu finden; dabei spielt die reinrassige Abkunft eine eher geringe Rolle. Denn es kommt – da sie keine Lasten mehr schleppen – weniger auf Kraft, als auf Schnelligkeit und Ausdauer an. *Alaskan Huskies* sind in Alaska aufgezogene Mischlinge auf Basis des *Siberian Husky*. Die durchtrainierten, leichtgewichtigen Rennhunde ähneln – sieht man ab vom bauschigen Fell eher dem amerikanischen *Greyhound* oder dem deutschen Kurzhaar als dem *Siberian Husky*.

Das bedeutendste Rennen der Welt ist das ***Iditarod Trail Sled Dog Race*** von Anchorage nach Nome (seit 1973). Der Start erfolgt am ersten Samstag im März, in geraden Jahren über die 1.757 km lange Nord-, in ungeraden Jahren über die 1.773 km lange Südroute. 2019 bekam der Sieger $51.000.

1985 gewann ***Libby Riddles*** als erste Frau das Rennen. Als einzig andere siegreiche Frau sauste anschließend ***Susan Butcher*** aus Eureka/Alaska 4x (1986-88

9

und 1990) mit ihrem Hundeteam als erste durchs Ziel. 2010 gewann ***Lance Mackey*** als Erster viermal in Folge das Rennen. Von 2012-2017 war das Rennen fest in der Hand der Familie *Seavey* – 2x gewann Vater *Mitch*, 4x Sohn *Dallas*. 2018 gewann der Norweger *Joar Leifseth Ulsom*, zuletzt *Peter Kaiser*.

Für das ***Yukon Quest International Sled Dog Race***, ein 1.646 km langes Rennen von Fairbanks nach Whitehorse (Erstaustragung 1984) gibt es $100.000 Preisgeld. Auch bei den beiden bekanntesten Kurzstreckenrennen über etwa 40 km – ***Rondy*** in Anchorage und ***Open North American Championships*** in Fairbanks – gelangen ordentliche Summen zur Verteilung. Mittlerweile bestreiten *Sled Dog Race*-Profiteams mit Preis- und Sponsorengeldern ihren Lebensunterhalt. Für die meisten *Musher* ist die Hundezucht jedoch ein Hobby; allenfalls verdienen sie sich mit Züchtung und gelegentlichen Verkäufen von Huskies ein Zubrot.

Die Rennsaison dauert von Dezember bis April, im Sommer trainieren die Gespanne mit Rollen unter den Schlitten. In Wasilla und im ***Denali National Park*** finden während der sommerlichen Touristensaison täglich Vorführungen mit Schlittenhunden statt.

Mehr Informationen unter www.iditarod.com und www.yukonquest.com.

Ein Highlight ist die **Schlittenhundezucht** des vierfachen *Iditarod Champions Martin Buser* (1979 aus der Schweiz eingewandert), 19391 West Lakes Blvd. Um 14 Uhr erfolgt eine Führung mit Hundeanspannen. Zudem bietet sein ***B&B*** gute Übernachtungsmöglichkeiten, DZ $149; www.buserdog.com.

Iditarod Museum

Etwa 3 km südlich von **Wasilla** befinden sich neben dem ***Lake Lucille Park*** (mit ***Campground***, $10) die ***Iditarod Trail Sled Dog Race Headquarters*** (2100 Knik-Goose Bay Road). Am Veranstaltungssitz des populärsten Schlittenhunderennens der Welt vermittelt ein Museum (frei, Mitte Mai-Mitte September, täglich 8-19 Uhr) alles über Hunderennen und vor allem über das lokale Sportereignis (➤ Kasten oben). Außerdem kann man eine 200 m-Runde auf Hundeschlitten mitfahren (9-17 Uhr, $10).

Das Rennen geht auf eine Diphterie-Epidemie in Nome an der Beringstraße im Jahre 1925 zurück, als das einzig vorrätige Serum mangels einsatzbereiter Flugzeuge per Eisenbahn (von Anchorage nach Nenana) und von dort per Hundeschlittenstaffel (Nenana-Nome!) transportiert werden musste.

Palmer

Palmer liegt im Herzen des Matanuska Valley, der bedeutendsten Landwirtschaftsregion Alaskas. In den 1930er-Jahren begann man dort mit dem Aufbau landwirtschaftlicher Betriebe. Die Region bietet mit jährlich 165 frostfreien Tagen und der extrem langen sommerlichen Sonnenscheindauer ideale Wachstumsbedingungen für zahlreiche Gemüsearten (➤ *Alaska State Fair*, Seite 480).

Info

Östlich des *Glenn Highway*, befindet sich das ***Matanuska Susitna Visitor Center*** für die Region Palmer/Wasilla, 610 S Bailey Street; www.alaskavisit.com.

9.3.8 Glenn Highway

Glenn Highway

Der ***Glenn Hwy***, in den der *Parks Highway* mündet bzw. an dem er beginnt, verbindet Anchorage direkt mit dem *Richardson Highway* und ist eine attraktive **Alternativstrecke** zur beschriebenen Kombination aus **Straße/Fähre/Straße von Anchorage–Whittier–Valdez–Glenallen**. Der landschaftlich reizvollste Abschnitt des *Glenn Hwy* ist die erste Hälfte bis zum ***Eureka Summit***.

Moschus-ochsen

Nördlich von Palmer liegt die kleine ***Musk Ox Farm*** (12850 E Archie Road, Nähe Einmündung der Straße zum *Hatcher Pass*). Auf der Moschusochsenfarm werden die Mitte des 19. Jahrhunderts in Alaska ausgerotteten und 1930 aus Grönland wieder eingeführten Tiere wegen ihrer besonders feinen, wärmenden Unterwolle (*Qiviut*) gezüchtet. Traditionell fertigen *Inuit* Handschuhe und Mützen aus der Wolle. 45-minütige Führungen täglich Mitte Mai bis September; 10-18 Uhr; Eintritt $11/$5; www.muskoxfarm.org.

Höhepunkt der Etappe ist der ***Matanuska Glacier***, den man von der hochgelegenen Straße aus sehr gut überblicken kann. Die einzige Zufahrt zum Gletscher führt über Privatgelände (10-18 Uhr). *Matanuska Glacier Adventures* (66500 S Glacier Park Rd, Sutton) kassiert für die *Self-guided Tour* stolze $30 Eintritt/Person – für viele, die schon anderorts 'mal direkt an einer Gletscherzunge standen, sicher zu viel; matanuskaglacieradventures.us.

Alternativ kommt eine Wanderung mit Ausgangspunkt ***Matanuska Glacier State Recreation Site*** in Frage (nur 6 Stellplätze, $15). Man passiert ihn etwa 2 km vor der Zufahrt zum Gletscher. Der *State Site* ist wegen des ***Matanuska Viewpoint*** ein beliebter Anlaufpunkt für Sightseeing-Ausflügler.

Vom ***Eureka Summit***, mit 1.013 m höchster Punkt des *Glenn Highway*, hat man einen großartigen Blick auf den ***Nelchina Glacier*** in den schneebedeckten Chugach Mountains im Süden. Im Nordwesten erheben sich die Talkeetna Mountains.

Matanuska Glacier

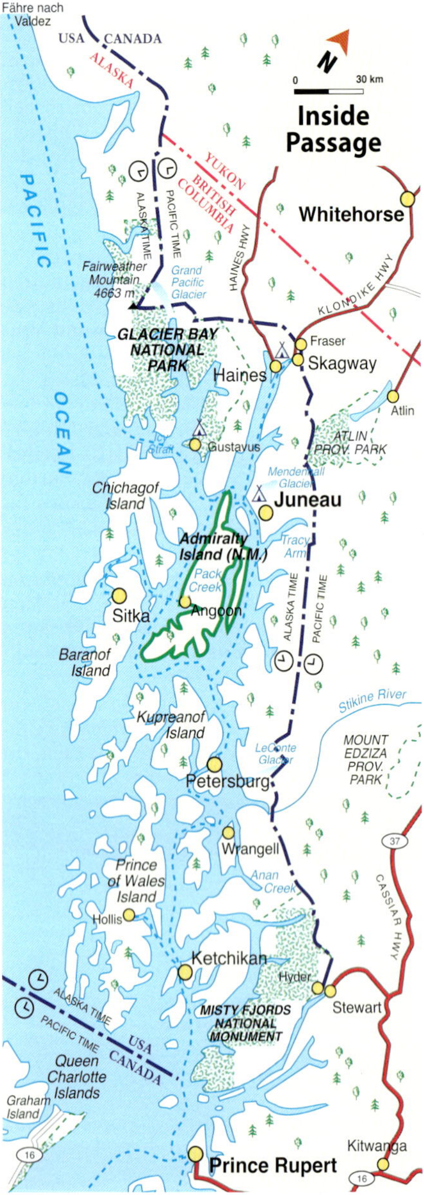

9.4 Die Inside Passage

Der vom *Glacier Bay NP* bis Prince Rupert in British Columbia reichende Küstenstreifen Alaskas wird als ***Inside Passage*** bezeichnet. Dieses Gebiet ist durchs unzugängliche Gebirgsmassiv der Coast Mountains vom Kernland getrennt und besteht zum großen Teil aus Inseln und – dadurch – vor dem Pazifik geschützten Wasserstraßen. Touristisch gesehen profitieren Ketchikan und Juneau, zum Teil auch Sitka erheblich vom Kreuzfahrtboom nach Alaska. Aus bis zu sechs gleichzeitig ankernden gigantischen Luxuslinern stürmen bis zu je 2.000 Passagiere zu Kurzausflügen auf Landgang. Um Petersburg und Wrangell ist es ruhiger geblieben, und abseits der Kreuzfahrerziele herrscht ohnehin Einsamkeit. Nicht nur die isolierte Lage, sondern wohl auch das wechselhafte Wetter sind dafur verantwortlich.

Leider sind Reisen in dieses Gebiet mit erheblichen Ausgaben verbunden, sieht man ab von Haines (von hier erreicht man mit der Fähre noch am einfachsten Alaskas Hauptstadt Juneau, die keine Straßenanbindung hat; *oneway* 4,5 Stunden, $58 pro Person, Auto ab $119, ➤ Seite 526) und Skagway, die sich per Straße von Yukon aus erreichen lassen und bereits ausführlich behandelt wurden, ➤ Seiten 447ff bzw. 441ff. Mit der Anreise ist es im übrigen nicht getan. Erst (meist teure) Abstecher und Ausflüge – und damit verbunden auch Aufenthaltskosten – machen die *Inside Passage* lohnenswert.

Einzelheiten zu den Fähren in und durch die *Inside Passage* finden sich im folgenden Kapitel »Fähren in den Norden«.

Zunächst aber zu den Zielen der *Inside Passage*:

9.4.1 Ketchikan

Ketchikan, die südlichste und mit 8.300 Einwohnern sechstgrößte Stadt Alaskas, erstreckt sich über mehrere Kilometer auf einem schmalen Uferstreifen zwischen Bergen und Meer (Tongass Narrows). Die attraktive Stadt (mit öffentlichem Nahverkehr!) liegt in der regenreichsten Region der *Inside Passage*. Mit 3.830 mm ist die jährliche Niederschlagsmenge dort größer als auf Vancouver Island (➤ Seite 32) und sechsmal so hoch wie in Deutschland.

Ein von den »Kreuzfahrern« aus den Luxuslinern überlaufenes Zentrum ist die pittoreske ***Creek Street*** an der ***Waterfront*** in *Downtown*, bis in die 1950er-Jahre ein bekannter Rotlicht-Bezirk. Die meisten der auf Pfeilern gebauten Häuser am ***Ketchikan Creek*** wurden restauriert und beherbergen *Shops*, Restaurants und Kneipen.

Die Übernachtungskosten in Ketchikan beginnen bei etwa **$80-$100 für *Bed & Breakfast*-Quartiere**.

Info

Visitors Bureau in der 50 Front Street, www.visit-ketchikan.com oder ***Southeast Alaska Discovery Center***, 50 Main Street, © (907) 228-6220; www.alaskacenters.gov.

»Totem Pole Capital of the World«

Ketchikan ist berühmt für seine Totempfähle. Einige sind verteilt in der Stadt zu bewundern, der auffällige *Chief Johnson Totem Pole* (➤ Foto unten) etwa schon unweit der Anlegestelle der Kreuzfahrtschiffe (Ecke Totem Way/Sterman Street).

Besonders sehenswerte Totempfahl-Sammlungen der Ureinwohner Alaskas erreicht man über den *Tongass Hwy*: 16 km nördlich von Ketchikan stehen 14 Exemplare und ein wunderschönes *Clan House* im ***Totem Bight State Historical Park***; Eintritt frei. Faszinierend sind auch, 4 km südlich der Stadt, die farbenfrohen Kunstwerke im ***Saxman Native Village***; 25 *Totems* darunter der »*Moon Raven Pole*«, ➤ Foto oben; Eintritt in den Park $5; Info-Broschüre unter www.experienceketchikan.com/support-files/saxman.pdf.

Alles zum Thema »Totempfähle« und ihrer Bedeutung erfährt man im ***Totem Heritage Center*** mit 33 über 100 Jahre alten, nicht restaurierten Pfählen (im Innenraum); 601 Deermount Street (ca. 15 min zu Fuß ab *Downtown*); Mai-September täglich 8-17 Uhr, Eintritt $6.

Goldwäscher Anfang des 20. Jahrhunderts

In **Wrangell**, einst Etappe für Goldsucher am Stikine River, scheint die Zeit stehengeblieben zu sein. Die 2.500 Einwohner leben von Fischfang und der Holzindustrie. Die *Totem Poles* auf ***Chief Shakes Island*** im Hafen sind die Hauptattraktion des Ortes; interessant ist das ***Chief Shakes Tribal House***, Zugang über Fußgängerbrücke ab Shakes St; ***Visitor Center*** 293 Campbell Dr; www.wrangell.com.

Bären Beobachten

Im Juli und August bietet die Aussichtsplattform am ***Anan Wildlife Observatory Site*** eine gute Möglichkeit um Bären beim Lachsfang (*Pink Salmon*) zu beobachten; Permit erforderlich ➤ Seite 491; 55 km südöstlich von Wrangell im ***Tongass Nat'l Forest*** erreichbar per Charterboot oder Wasserflugzeug; www.fs.usda.gov/recarea/tongass/recreation/natureviewing/recarea/?recid=79154&actid=62.

9.4.2 Petersburg

Geschichte

Der Norweger Peter Buschmann errichtete Ende des 19. Jahrhunderts auf *Mitkof Island* eine Sägemühle und einen Betrieb für die Lachsverarbeitung. Nach ihm wurde der Ort benannt. Die Fischindustrie und Holzwirtschaft blieben die wichtigsten ökonomischen Säulen von Petersburg (2.800 EW); *Info Centre*: 19 Fram Street; ✆ 1-866-484-4700, www.petersburg.org

Tagesaufenthalt

Der Fähranleger befindet sich 1 km südlich der Stadt, die – obwohl hübsch anzusehen und schön gelegen – touristisch wenig zu bieten hat. Einzige echte Attraktion ist die Bootstour zum mächtigen ***LeConte Glacier*** 40 km südöstlich, $200 für den 5-6-Stunden-Trip; ✆ 1-888-385-2488, www.breakawayadventures.com.

9.4.3 Sitka

Baranof Island/ Geschichte

Im Gegensatz zu den anderen wichtigen Orten der *Inside Passage* liegt Sitka direkt an der Pazifikküste **(Baranof Island).** Die 8.600 Einwohner von Sitka, der viertgrößten Stadt Alaskas, leben auf geschichtsträchtigem Boden. Der Russe *Alexander Baranov* gründete hier auf einem einstigen Siedlungsplatz der *Tlingit*-Indianer 1799 ein Fort, das sich rasch zum größten Ort der Westküste entwickelte und neun Jahre später die Hauptstadt von Russisch-Alaska wurde. An ***Baranof Castle Hill Historic Site*** fand 1867 die offizielle Übergabe Alaskas an die USA statt.

Sitka National Historical Park

Einige Gebäude aus russischer Zeit gehören heute zum ***Sitka National Historical Park***, Mai-Sept tägl. 9-17 Uhr; $4, darunter das ***Russian Bishop's House*** von 1842 (103 Monastery St) in der Stadt und das alte Fort (am Ostende Lincoln Street einen Kilometer weiter östlich), im Jahr 1804 Schauplatz der ***Battle of Sitka***.

Es war der letzte (erfolglose) Versuch der *Tlingit*, den Weißen Paroli zu bieten. Die lokale Historie wird im *Southeast Alaska Indian Cultural Center* dokumentiert, 106 Metlakatla Street.

Totem Poles

Eine Reihe schöner Totempfähle steht vor dem Gebäude und entlang eines *Nature Trail* am Sitka Sound. Eine neuere Rekonstruktion ist die russisch-orthodoxe *St. Michael's Cathedral* (240 Lincoln Street); das Original von 1848 brannte 1966 ab.

Quartiere

Vor allem an ***Bed & Breakfast Places*** herrscht in Sitka kein Mangel. Empfehlenswert ist z.B. das ***Biorka Guest House*** mit Doppelzimmern ab $85; 611 Biorka Street. Ein gutes Hotel ist das ***Sitka Hotel & Restaurant***, 118 Lincoln Street, ab $100; sitkahotel.com.

Info

Sitka Visitor Information, 104 Lake Street, Mo-Fr 9-16.30 Uhr, ✆ (907) 747 8604, https://visitsitka.org/.

9.4.4 Juneau

Geschichte

Die fernab im per Straßen nicht erreichbaren *Alaska Panhandle* am geschützten *Gastineau Channel* gelegene **Hauptstadt Alaskas** zählt über 32.000 Einwohner. Sie ist damit nach Anchorage und nur knapp vor Fairbanks **zweitgrößte Stadt** des Staates.

Ihre Geschichte begann 1880, als *Joe Juneau* und *Richard Harris* an einem später ***Gold Creek*** genannten Bach fündig wurden. Mehrere **Goldminen** entstanden, darunter die enorm reiche *Treadwell Mine* auf Douglas Island, die aber 1917 voll Wasser lief. Erst in den 1940er-Jahren gab als letzte Mine die ***Alaska Juneau Mine*** nach fast 30 Jahren Produktion ihren Betrieb auf. Insgesamt hat die Region über die Jahre knapp 7 Mio. Unzen (über 200 t) reines Gold hervorgebracht.

Die Hauptstadt Alaskas Juneau mit ihrer attraktiven Lage an der Inside Passage

Hauptstadt Dank des Goldrausches und der daraus resultierenden Einwohnerzahl war Juneau zunächst die bedeutendste Stadt Alaskas und wurde 1906 Hauptstadt. Nach mehreren »Anläufen«, die Hauptstadtfunktion auf einen Ort im Alaska-Kernland zu übertragen, votierten 1976 die Einwohner Alaskas endlich für den Umzug der Regierung nach **Willow**, einem Ort 100 km nördlich von Anchorage, stimmten aber 1982 gegen die damit verbundenen Ausgaben in Milliardenhöhe. Seither ruht die Angelegenheit zur Erleichterung der Bevölkerung von Juneau, deren Arbeitsplätze zur Hälfte von der öffentlichen Verwaltung gestellt werden.

Fähren Juneau ist am besten mit den Fähren des ***Alaska Marine Highway*** ab Haines/Skagway zu erreichen; es gibt pro Woche mehrere Verbindungen. Außerdem gibt es Flugverbindungen.

Der Anleger der Fährschiffe befindet sich 23 km nördlich der Stadt an der Auke Bay, Glacier Hwy. Leider liegt die nächste Bushaltestelle gut 3km entfernt; ansonsten stehen Taxen/*Uber* für den Transport in die belebte *Downtown* bereit ($20-$35). Ansonsten verfügt Juneau über einen gut ausgebauten Öffentlichen Nahverkehr mit mehreren Buslinien; www.juneaucapitaltransit.org.

Info Das ***Visitors Bureau*** residiert in der 800 Glacier Ave, Suite 201, ✆ (907) 586-2201; www.traveljuneau.com.

Seilbahn Eine Attraktion Juneaus ist die ***Mount Roberts Tramway*** in *Downtown*; 490 S Franklin Street, Mai-Sept täglich 9-21 Uhr, $35/$18; www.mountrobertstramway.com. An der Bergstation (500 m, zu Fuß 3 km ab 6th Street) beginnen Wanderwege mit prächtiger Aussicht auf Stadt und Umgebung (➤ Foto umseitig).

Museen Besuchenswert ist auch das ***Alaska State Museum***, das den Schwerpunkt auf die Siedlungsgeschichte Alaskas sowie indianische Kultur legt, $7, 395 Whittier St; museums.alaska.gov.

Saloon mit Live-Musik, perfekt um einen erlebnisreichen Tag ausklingen zu lassen

Gletscherflüge auf den Taku Glacier werden ab Juneau angeboten

Unweit des *State Capitol* an der Main Street liegt das ***Juneau-Douglas City Museum***, das dem Goldrausch und den Goldminen viel Raum widmet; Mai-September Mo-Fr 9-18 Uhr, Sa 10-16.30, $6, 114 W 4th Street; www.juneau.org/library/museum.

Mendenhall Glacier

Das erste Ziel außerhalb *Downtown* ist der 19 km lange und über 2 km breite *Mendenhall Glacier*, der vom 3.800 km^2 großen ***Juneau Icefield*** hinunter ins Tal drückt. Die ***Mendenhall Loop Road*** zweigt 15 km nördlich der Stadtmitte vom *Glacier Highway* ab und führt hinauf zum Mendenhall Lake, an dem das ***Mendenhall Glacier Visitor Center*** des *Forest Service* steht; 8510 Mendenhall Loop Rd, Mai-Sept täglich 8-19.30 Uhr; Eintritt $3. ***Nature Trails*** führen beiderseits des Sees an den Gletscher heran.

Bootstour

Für $165/$100 kann man einen 10-stündigen Bootsausflug in den wunderschönen ***Tracy Arm*** unternehmen, wo kalbende Gletscher ins Meer stürzen; z.B. ***Adventure Bound Alaska***, © 1-800-228-3875; www.adventureboundalaska.com. Der Trip ist ggf. eine gute Alternative zur teuren *Glacier Bay Tour*.

Hubschrauber

Auf dem Luftweg in die Gletscherwelt führt ein ca. 50-minütiger Hubschrauberflug mit Landung und Aufenthalt auf dem ***Herbert Glacier***, ***Coastal Helicopters***, $315; www.coastalhelicopters.com.

Übernachten

Die Hotels und Motels kosten im Minimum ab $89, die meisten über $100 fürs DZ. ***B&B*** beginnt bei etwa $100 für 2 Personen:

- ***A Cozy Log Bed and Breakfast***, 8668 Dudley Street; zwei Zimmer, ab $140, gemütlich, © (907) 789-2582; www.cozylog.net
- ***Pearson's Pond Luxury Suites***, 4541 Sawa Circle, DZ ab $249, © (907) 789-3772; www.pearsonspond.com

Einzige preiswerte Alternative ist das ***Juneau Hostel***, 614 Harris St; Betten ab $20; © (907) 586-9559, www.juneauhostel.net.

Campingplätze gibt es um Juneau mehrere; am schönsten ist der *Forest Service*-Platz am **Mendenhall Lake** ($10-$28).

Bierbrauen hat in Juneau Tradition: ***Alaskan Brewing Co.*** mit *Gift Shop* und *Tasting Bar* am 5364 Commercial Blvd; auch Touren ➤ www.alaskanbeer.com/visit.

Admiralty Island

Südlich von Juneau liegt Admiralty Island, eine Insel, die zu knapp 90% als ***National Monument*** unter Naturschutz steht. **1.500 Braunbären** sollen auf Admiralty Island leben. Insbesondere während der Lachswanderung Mitte Juli bis Ende August gehen die Bären gleichzeitig auf Fischfang. Sie vom ***Pack Creek Brown Bear Viewing Area*** aus zu beobachten, ist ein einmaliges Erlebnis – aber auch ein teures. Man benötigt dazu ein ***Permit***. Am besten bucht man gleich eine *Pack Creek Bear Tour* mit Flug und *Guide*, ab $799; www.packcreekbeartours.com.

Glacier Bay Nationalpark

Der einzigartige ***Glacier Bay National Park*** schließt im Norden die *Inside Passage*. Seine Gletscher und Eisberge zählen zu den touristischen Höhepunkten Alaskas und sind ein einmaliges Erlebnis. Die angebotenen Touren mit Ausflugsbooten sind nicht preiswert; zudem bieten die Eindrücke von der Fähre oder auf dem Campground des Parks ähnliches; www.nps.gov/glba.

Wale

Zur Zeit der ersten Erkundung der ***Icy Strait*** im Jahr 1794 durch *Captain George Vancouver* war die *Glacier Bay* bis auf 8 km vollkommen mit Eis bedeckt, das sich seither über 100 km zurückzog und einen bis 20 km breiten Fjord freigab, in den mehrere Gletscher »münden«. Von Juni bis September ziehen **Buckelwale** im nahrungsreichen Wasser ihre Jungen auf. Zum Nationalpark gehört auch der 30 km von der *Glacier Bay* entfernte ***Mount Fairweather***, mit 4.671 m der höchste Gipfel Südostalaskas.

Lage

An der ***Icy Strait***, der *Glacier Bay* abgewandt, liegt **Gustavus** eine »Service-Siedlung«, deren 500 Einwohner im Nationalpark, in der Fischerei oder im Touristengeschäft tätig sind.

Der knapp 34 km langen Margerie Glacier ist Ziel vieler Kreuzfahrtschiffe

Tarife 2020 Alaska-Fähren in USD, jeweils einfache Fahrt

(nur im Bereich der Inside Passage; für 2020 noch Anpassungen möglich) dot.alaska.gov/amhs

Sommerabfahrten pro Woche	Dauer (in Std)	PKW 15 Fuß	Camper 21 Fuß	Person	Motorrad 5 Fuß
1x Bellingham–Skagway	67	1166	2020	464	1066
3x Gustavus–Juneau	4	91	151	44	81
3x Prince Rupert–Juneau	25	402	596	167	352
3x Prince Rupert–Ketchikan	5	133	198	63	112
6x Ketchikan–Juneau	18	302	473	126	242
3x Haines–Skagway	1	56	83	32	52
6x Haines–Juneau	6	104	165	47	77
2x Skagway–Juneau	7	126	196	59	86
4x Juneau–Sitka	4,5	137	271	65	117

Bartlett Cove

Von dort führt eine 16 km lange Straße nach **Bartlett Cove** ausgangs der *Glacier Bay;* Verbindung u.a. durch das ***TLC Taxi***, ab $20 einfach, www.gustavusak.com/transportation.

Bartlett Cove besteht im Wesentlichen aus Bootsanleger, *Park Headquarters*, ***Glacier Bay Lodge*** mit Restaurant (Zimmer ab $219, © 1-888-229-8687, www.visitglacierbay.com) und dem ***Bartlett Cove Campground***, 25 Stellplätze, frei.

Transport

Den Nationalpark erreicht man nur per Schiff oder Flugzeug, z.B. Juneau-Gustavus mit ***Alaska Airlines*** (Sommerfahrplan) ➤ Seite 65. Die meisten Fluggäste landen aber mit kleinen **Propellermaschinen** in Gustavus, die in Haines, Skagway und Juneau starten. (Teure) Rundflüge bietet ab Juneau u.a. *Wings Airways* an, ab $339, © (907) 586-6275, www.wingsairways.com.

Die Schiffe des *Alaska Marine Highway* laufen die *Glacier Bay* 1x pro Woche an (Juneau-Gustavus $55), ➤ oben.

Bootstouren

Absoluter **Höhepunkt** ist die Exkursion mit dem Ausflugsschiff ab Bartlett Cove in die Glacier Bay hinein (8 Stunden). Auf Alaskas bestem Bootstrip beobachtet man Grizzlys am Ufer und auftauchende Wale. Gletscher, die alpine Ausmaße um ein Vielfaches übertreffen, und der **Mount Fairweather**, dessen eisbedeckte Flanken vom Meeresspiegel bis in eine Höhe von 4.671 m emporragen, bilden im Hintergrund die Kulisse.

Am Ende der Bucht bieten die kalbenden ***Grand Pacific*** und ***Margerie Glacier*** ein fantastisches Naturschauspiel. Reservierung der Tagestouren ($227/$113 inkl. Mittagessen) bei der *Lodge* (➤ oben) bzw. unter www.visitglacierbay.com/tours/glacier-bay-day-tour.

9.5 Fähren in den Norden

System

Die Städte an der *Inside Passage* in Südostalaska sind untereinander, mit Prince Rupert (in British Columbia) und Bellingham (am *Puget Sound* nördlich von Seattle im US-Staat Washington) durch Fähren verbunden. Sie gehören zum System des ***Alaska Marine Highway****), das einen weiteren Liniendienst im Bereich des zentralen und südwestlichen Alaskas betreibt, ➢ Seite 490.

Nur im Sommer besteht zwischen diesen beiden getrennten Bereichen des *Alaska Marine Highway* eine Verbindung: ➢ Seite 490.

Netz Inside Passage

Die in der *Inside Passage* operierenden Schiffe pendeln in der Regel zwei bis dreimal wöchentlich, selten täglich, zwischen den wichtigen Städt(ch)en und kleineren Ortschaften (vor allem) auf den der Küste vorgelagerten Inseln.

Nur an den folgenden drei Punkten besteht **Anschluss ans kanadische Straßennetz**:

- in **Prince Rupert** über den *Yellowhead Highway*
- in **Haines** über die *Haines Road* zum *Alaska Highway*
- in **Skagway** über den *Klondike* zum *Alaska Highway*

Kurztrips ohne Reservierung

Die Routen Skagway–Juneau bzw. Haines–Juneau sind ideal für einen relativ preiswerten Kurztrip in die *Inside Passage*. 3-mal wöchentlich verkehrt die Fähre Prince Rupert-Ketchikan. Diese drei Fährtrips sind ohne langfristige Reservierung zu machen. Auch für die einstündige Überfahrt Skagway–Haines reicht eine kurzfristige Reservierung.

Häfen unterwegs

Außer an den Endpunkten legen alle Fähren in Ketchikan, Wrangell, Petersburg und Juneau an, aber nur 1-mal pro Woche steht der Umweg über Sitka auf dem Fahrplan.

Reservierung

Wer auf einer Sommerreise zu vorgeplanten Daten die Alaska-Fähre benutzen möchte, sollte möglichst frühzeitig reservieren. Kabinenplätze sind oft schon Mitte April für die gesamte Hauptsaison ausgebucht, die Fahrzeugkapazität nicht viel später, besonders, was Campmobile betrifft.

Ohne Auto und den Wunsch nach einem Kabinenbett kommt man als Deckspassagier (ziemlich unbequeme Sessel zum Schlafen oder einfach Schlafsack irgendwo) meist sogar kurzfristig noch auf den Schiffen unter. Die Chancen dafür sind ab Prince Rupert besser als ab Bellingham. Das gilt ebenso für Motorradfahrer.

Reservierung und aktuelle Informationen wie Fahrpläne und Tarife ➢ Tabelle umseitig.

---

*) Der Begriff *Highway* mag in diesem Zusammenhang irritieren, in Kombination mit *Marine* wird daraus in der Übersetzung »Wasserstraße«.

Alaska Marine Highway
7559 North Tongass Hwy, Ketchikan, AK
✆ 1-800-642-0066; dot.alaska.gov/amhs

Reservierungen sind nur mit Kreditkarte möglich.

Zwei Tarifbeispiele (**2019**) vermitteln einen Eindruck der in etwa zu erwartenden – leider extrem hohen – Kosten:

- Die einfache Fährfahrt von **Bellingham nach Skagway** für **zwei Personen mit Kabinenplatz** kostet mit einem **Pkw mit 15 Fuß** in der günstigsten Kategorie **USD 2.094,** mit einem kleinen **Campmobil mit 21 Fuß USD 2.948**.
- Für den landschaftlich reizvolleren Nordabschnitt der *Inside Passage* von **Prince Rupert nach Juneau** kostet der Spaß bei identischer Konstellation **USD 736** bzw. **USD 930**.

Folgendes ist darüber hinaus wichtig zu beachten:

Frequenz der Fähren

Die Fähre **von Bellingham bis Skagway** (Anschluss an die Straßen im Norden!) verkehrt nur einmal pro Woche von Mai bis September. Sie benötigt für die volle Strecke ab Bellingham **67 Stunden**. Es sind **3 Nächte auf dem Schiff** zu verbringen.

Eine Fahrt durch die *Inside Passage* **von Prince Rupert nach Skagway/Haines** bedingt nur **eine Nacht an Bord**. Man ist dann aber noch nicht am Ziel. Ab Juneau (keine Straßenanbindung) muss man zusätzlich die Fähre nach Skagway/Haines buchen (6-7 Std).

Schlafen

Auf See ist der Aufenthalt im eigenen Auto im Fahrzeugdeck untersagt. Wer sich nicht mit einem der (ziemlich unbequemen) Schlafsessel oder dem ausgerollten Schlafsack (erlaubt sind auf dem Oberdeck selbsttragende Kuppelzelte) begnügen mag, muss sich rechtzeitig um einen Kabinenplatz kümmern.

An Bord

Der Komfort auf den Schiffen ist nicht überragend. Neben **Bar** und **Cafeteria** gibt es lediglich ein beheiztes überdachtes Aussichtsdeck und ein kleines teures Geschäft mit begrenztem Angebot. Auf den langen Strecken halten ***Park Ranger*** **Vorträge über Geographie**, **Flora und Fauna der *Inside Passage***. Bei schlechtem Wetter, wenn Wolken und Regen die Aussicht trüben, wird die Fahrt aber dennoch rasch langweilig. Auch bei guten Witterungsbedingungen bleibt manches Sehenswerte während der Nachtstunden im wahrsten Sinne des Wortes im Dunkeln.

Unterbrechung

Die Häfen werden nur zum Be- und Entladen angelaufen, so dass nicht genug Zeit bleibt, einen Landausflug zu machen. Wer die Fähre spontan verlässt, hat für die Weiterreise mit den nachfolgenden Schiffen keine Reservierung mehr. **Man muss** zuvor die Belegung nachkommender Fähren telefonisch erfragen und, falls Platz ist, **entsprechend umbuchen**. Mit Fahrzeugen besteht das Problem der jeweiligen Fahrspur im Autodeck, was ein Abändern der ursprünglichen Pläne unterwegs fast unmöglich macht.

Sinnvoller ist bei den Alaskafähren (speziell mit Auto und/oder Kabinenbuchung) eine minutiöse Vorausplanung. Die Kosten der Tickets erhöhen sich durch Fahrtunterbrechungen gegenüber einer durchgehenden Buchung nur unwesentlich.

Beurteilung mit Auto

Die Frage, ob sich die **mit Fahrzeug** extrem hohen Ausgaben für die Fähre überhaupt lohnen, ist nicht klar zu beantworten. Rein ökonomisch auf den ersten Blick kaum, denn die zusätzlichen 2.400 Straßenkilometer (ab Bellingham) bzw. 1.200 km (ab Prince Rupert) nach Whitehorse verursachen vergleichsweise geringe Benzinkosten und nur 2 bis 3 zusätzliche Miettage.

Haines und **Skagway** (von dort ggf. Juneau und den *Glacier Bay NP* per Boot oder Flugzeug) kann man ebenso gut über das Straßensystem ansteuern und dabei den besonders attraktiven Teilabschnitt der *Inside Passage* zwischen Skagway und Haines (ggf. unter Einbeziehung von Juneau) ebenfalls vom Wasser aus erleben, ➢ Seiten 440ff. Anders sieht es eventuell dann aus, wenn man die Fährpassage zunächst als **»Anreise«** **ohne Auto** plant, so dass sich ggf. die Mietzeit für ein Campmobil um einige Tage verkürzt – z.B. bei **Übernahme des Fahrzeugs** erst ab/bis Whitehorse – und Einbau der ***White Pass Yukon Railroad*** als *Highlight zum* Schluss.

... ohne Auto/ Motorrad

Für Leute **ganz ohne Auto** oder mit einem billiger zu transportierenden **Motorrad** ist die Entscheidung leichter. Der Einbau der Alaska-Fähre in die Reiseroute dürfte immer dann eine gute Idee sein, wenn unterwegs Zeit für Zwischenstopps ist.

Fähre oder Neben routen?

Da eine Fahrt in den hohen Norden dank der *Klondike, Top of the World, Taylor* und *Cassiar Highways* nicht mehr notwendigerweise über weite Strecken auf derselben Route retour gehen muss, entfällt das Argument, dass nur mit Hilfe der Fähren eine schöne Rundstrecke realisiert werden kann. Berücksichtigt werden muss ggf., dass die meisten Vermieter das Befahren von *Gravel Roads* untersagen bzw. mit Zuschlägen belegen. Der Anteil der Schotterstrecken wird jedoch immer geringer, ➢ Seiten 414ff.

Kreuzfahrtschiffe

Wie erläutert, gibt es mit einer Ausnahme keine Linienschiffe von Süden ins Alaska-Kernland, nur **Kreuzfahrer** operieren nördlich der *Inside Passage*. Die Kosten liegen aber erheblich über den ohnehin nicht billigen Fährpassagen, wenn auch einschließlich höherem Komfort und Mahlzeiten. Zum Programm gehören nahe Vorbeifahrten an kalbenden Gletschern und Zwischenstopps in Häfen mit Ausflugsangebot.

Kosten

In der Hauptsaison bezahlt man für 2 Personen inklusive aller Mahlzeiten (7 Nächte, jedoch kein Autotransport möglich) für die von allen Kreuzfahrtlinien angebotene Standardroute von Vancouver über Glacier Bay und Whittier bzw. Seward nach Anchorage mit Aufenthalten in Ketchikan, Juneau, Skagway ab €2.100 (Innenkabine) und ab €2.500 (Außenkabine). Deutlich billiger ist es vor Mitte Juni oder nach Mitte August. Die meisten Abfahrten auf der Vancouver–Anchorage-Route bieten ***Holland America Line*** (www.hollandamerica.com) und **Princess Cruises** (www.princess.com).

Virginia Falls im Nahanni Nationalpark

10. DURCH DIE NORTHWEST TERRITORIES

10.1 Zur Planung

Rundfahrt

Wer mit dem Gedanken spielt, die Kanada-Reise um eine Fahrt in die Einsamkeit der Northwest Territories zu ergänzen, muss bedenken, dass sich eine Tour dorthin nur als **Rundfahrt *Mackenzie Hwy–Liard Hwy–Alaska Hwy*** (oder umgekehrt) und auch nur in Kombination mit einem Abstecher nach Yellowknife lohnt. Mittlerweile ist der Großteil dieser Straßen asphaltiert und die verbliebenen Schotterpisten von 220 km auf dem *Mackenzie Highway* (Abzweigung *Yellowknife Highway* bis Checkpoint) bzw. 210 km auf dem *Liard Highway* (Checkpoint bis Grenze British Columbia) sind in einem akzeptablen Zustand. In Kombination mit dem *Alaska Highway* bis Watson Lake bietet die Route durch den leicht zugänglichen Teil der Northwest Territories eine mögliche Variante einer Reise durch Kanadas Norden.

Distanzen

Die dabei anfallenden Zusatzkilometer hängen vom Ausgangspunkt ab, wobei nachfolgend die Abstecher nach Yellowknife, Fort Simpson und Hay River jeweils berücksichtigt sind. Ab Edmonton legt man auf *Mackenzie* und *Liard Highway* bis Fort Nelson am *Alaska Highway* 2.700 km, bzw. ab Calgary 3.000 km zurück. Dabei macht man jeweils einen Umweg im Vergleich zur Direktroute über Dawson Creek von über 1.600 km.

Lohnt sich die Fahrt?

Wer über ausreichend Zeit verfügt, sollte den Umweg in Erwägung ziehen. Die Strecke »entschädigt« indessen nur für die Mühe, wenn genügend Zeit (Minimum 3-4 Tage) für den Abstecher nach Yellowknife, nach Fort Simpson und ggf. noch einen Ausflug in die Wildnis bleibt (etwa Flug zu den *Virginia Falls*).

Andererseits bieten speziell der westliche Abschnitt des *Mackenzie Highway* und der *Liard Highway* weit mehr Einsamkeit des Nordens als der mittlerweile doch ziemlich populäre *Alaska Highway*. Und wer kann schon von sich sagen, er sei in Yellowknife gewesen?

Bärenfalle auf einem Campingplatz in den Northwest Territories

10.2 Übersicht über das NWT-Straßennetz

Nr.	Bezeichnung	von	nach
1	Mackenzie Hwy	Grimshaw, Alberta	Wrigley
2	Hay River Hwy	Enterprise	Hay River
3	Yellowknife Hwy	Mackenzie Hwy	Yellowknife
4	Ingraham Trail	Yellowknife	nach Osten
5	Fort Smith Hwy	Hay River	Fort Smith
6	Fort Resolution Hwy	Fort Smith Hwy	Fort Resolution
7	Liard Hwy	Mackenzie Hwy	Alaska Hwy, BC
8	Dempster Hwy*)	Klondike Hwy, Yukon	Inuvik

Straßenqualität **Asphaltiert** sind der ***Mackenzie Highway*** von Alberta bis zur Abzweigung des *Yellowknife Hwy* und von der *Liard Hwy Junction* bis Fort Simpson, der komplette ***Hay River Highway***, die westlichen 30 km des ***Ingraham Trail***, 200 km des ***Fort Smith Highway***, die westlichen 20 km des ***Fort Resolution Highway*** sowie der komplette ***Yellowknife Highway***. Das Gros der verbliebenen **Schotterstraßen** ist problemlos mit PKW oder Wohnmobil (so nicht vertraglich untersagt) zu befahren.

Tanken **Tankstellen** besitzen in den NWT **Seltenheitswert**. Es gibt sie nur in den in der Übersichtskarte (schwarze «Nadel«, ➤ nächste Seite) verzeichneten Ortschaften (bis auf Edzo/Rae und Nahanni Butte). Im Norden sollte man daher an jeder Tankstelle nachtanken, denn eine Station kann auch mal überraschend geschlossen oder gerade »*out of gas*« sein. Noch einmal **Volltanken in Alberta vor Erreichen der NWT** ist außerdem kostensparend.

Campen Abseits der Orte findet man außer den in der Karte eingetragenen keine *Campgrounds* oder sonstige Serviceeinrichtungen. Insgesamt gibt es 19 Campgrounds in den NWT – meist Highway nah.

Fähren Die NWT unterhalten vier kostenlose **Autofähren**. Sofern die Flüsse eisfrei sind, verkehren sie täglich:

- ***Mackenzie Highway* (14. Mai - 3. November):** östlich Fort Simpson **über den Liard River** 8-23.45 Uhr,
- ***Mackenzie Highway* (22. Mai - 29. Oktober):** westlich Fort Simpson **über den Mackenzie River** 9-11 Uhr und 14-20 Uhr.
- ***Dempster Highway**) (1. Juni - 2. November):** bei Fort McPherson über den Peel River*) 9.30-0.45 Uhr
- ***Dempster Highway**) (2. Juni - 31. Oktober):** bei Tsiigehtchic über den Mackenzie River*) 9.15-0.45 Uhr

Planung Zur grundsätzlichen Vorbereitung einer Fahrt in den Norden und zum Fahren auf Schotter ➤ Seiten 102 und 418f. Aktuelle Fährzeiten und Straßenzustandsberichte unter www.gov.nt.ca.

*) Beschreibung im **Kapitel 8** (Alaska Highway und Yukon)

10.3 Die Routen

10.3.1 Mackenzie Highway (1.170 km)

Geschichte

Der *Mackenzie Highway* von Grimshaw/Alberta in das südwestliche Kernland der Northwest Territories wurde 1949 eingeweiht und blieb bis zur Eröffnung des *Liard Hwy* 1984 die einzige Landverbindung. Er ist – bis Wrigley, 220 km nordwestlich Fort Simpson – ca. 1200 km lang. Die parallele *Great Slave Lake Railway* wurde erst 1964 fertiggestellt.

Verlauf in Alberta

Der offizielle ***Mile-0-Marker*** des *Mackenzie Highway* befindet sich in **Grimshaw** (2.800 Einwohner; www.grimshaw.ca) unweit der *Tourist Information* in einem Eisenbahnwaggon, 5005 53 Ave. Die folgenden 500 km der Straße laufen ohne besondere Höhepunkte zunächst durch unendlich erscheinende Agrar- und später Waldgebiete. Unterwegs lohnen sich nur Stopps an der ***Twin Lakes Provincial Recreation Area*** (schöne Seelage mit Badestrand, 3 km Rundweg zum Nachbarsee, Campground $25, www.albertaparks.ca/twin-lakes), in High Level (3.700 Einwohner; www.highlevel.ca) beim ***Visitor Centre*** – mit ***Mackenzie Crossroads Museum*** (10803 96th Street; Mitte Mai-Mitte Sept täglich 10-20 Uhr, frei) und beim ***60th Parallel Visitor Information Centre*** an der Grenze Alberta/NWT am 60. Breitengrad, Mitte Mai bis Mitte September täglich geöffnet. Zum Becher Kaffee gibt es die ***Highway Map*** und alle Informationen *up-to-date*. Ein kleiner ***Campground*** liegt nebenan am Hay River (7 Plätze, $15-$23).

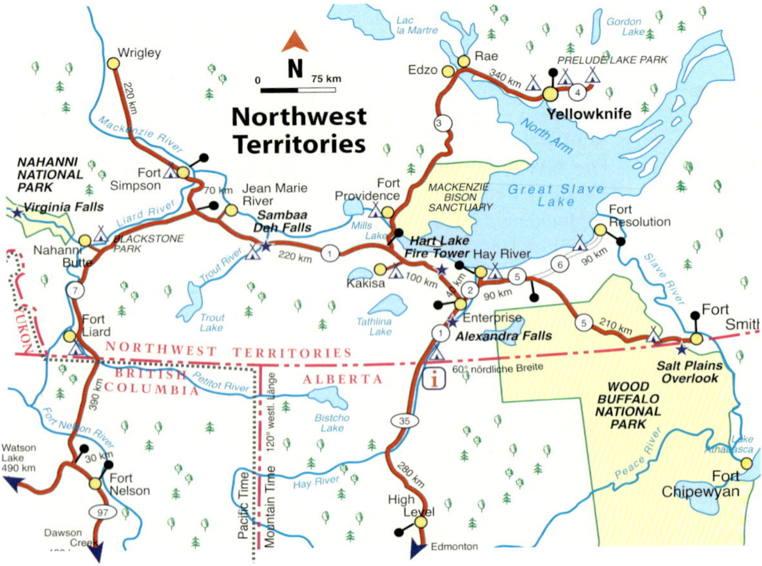

Wasserfälle

72 km nördlich der »Grenze« hat sich der die Straße begleitende Hay River eine tiefe Schlucht mit Wasserfällen und Stromschnellen geschaffen. Die ***Alexandra Falls*** (32 m hoch, Aussichtsplattform), als Fotomotiv in vielen Broschüren zu finden, sind auf mehreren kurzen *Trails* zu erreichen.

Gut 2 km weiter zweigt die Zufahrt zu den ***Louise Falls*** ab. Der dreistufige Wasserfall ist nur 20 m hoch, aber dafür lädt ein schön angelegter und instandgehaltener ***Campground*** (21 Stellplätze, \$15-\$32, Duschen; Reservierung möglich, ➤ Seite 658) zum Bleiben ein. Man kann vom Campingplatz auch flussaufwärts zu den ***Alexandra Falls*** (2 km) und flussabwärts zu den kleineren Wasserfällen des ***Escarpment Creek*** laufen (3 km). Dort befindet sich ein auch von der Straße aus erreichbarer ***Picnic Ground***. Die drei Wasserfälle sind Teil des ***Twin Falls Territorial Park.***

Hay River

In **Enterprise** (100 Einwohner) wendet sich der *Mackenzie Hwy* nach Westen. Geradeaus geht es auf dem 38 km langen ***Hay River Highway*** zur zweitgrößten Ortschaft der NWT – Hay River, 3.500 Einwohner –, Standort des 17 Stockwerke (!) hohen ***Mackenzie Place***, 3 Capital Drive. Der Ort besitzt einen kleinen Hafen, in dem Fischerboote und Frachtschiffe liegen, die entlegene Gebiete am Great Slave Lake bedienen. Der zweitgrößte, ganz in Kanada gelegene See (28.568 km^2) ist bis in den Juni hinein eisbedeckt.

Der ***Campground*** (43 Stellplätze, \$15-\$32; flauer Badestrand mit angeschwemmten Baumstämmen; www.nwtparks.ca/campgrounds) im ***Hay River Territorial Park*** befindet sich auf *Vale Island*, einer Insel im Mündungsbereich des Hay River, die auch die kleine Altstadt (***Old Town***) beherbergt. Nach einer Überflutung 1963 entstand 4 km südlich auf dem Festland die heute erheblich größere ***New Town***.

Fort Smith

Nach Fort Smith, der mit 2.500 Einwohnern viertgrößten Siedlung der NWT, sind es von Hay River 270 km (davon 60 km Schotter). Die Hälfte der Strecke führt durch den ***Wood Buffalo National Park***, dessen ***Visitor Centre*** sich in Fort Smith befindet.

Wood Buffalo National Park

Wood Buffalo ist der größte Nationalpark Kanadas und Heimat eines 3.000 Köpfe starken Bisonbestandes, zugleich deren letzte Zufluchtstätte in Nordamerika, wo die Bisons über Hunderte von Kilometern ungehindert umherziehen können. Ein zweiter Superlativ ist das ausgedehnte **Flussdelta** am Zusammenfluss von Peace und Athabasca River. Das Labyrinth aus flachen Seen und Sümpfen wird durch ein Netz von mäandernden Wasserwegen verbunden.

Mit einer Fläche von 44.800 km^2 ist der *Wood Buffalo National Park* größer als die Schweiz und verfügt dennoch mit dem *Fort Smith Highway* nur über eine einzige Zufahrt. Obwohl der Löwenanteil seiner Fläche im nördlichen Alberta liegt, erreicht man den Park nur über diese Route.

Kurz: Dieser Abstecher lohnt sich auf jeden Fall. Nirgendwo in Kanada vereinen sich Flora und Fauna zu einer solch einzigartigen Vielfalt wie in diesem Nationalpark.

Im Vergleich zum Präriebison haben Waldbisons einen ausgeprägteren Höcker, ein dunkleres Fell, weniger Kopfbehaarung und dadurch besser sichtbare Hörner. Auch bringen sie in der Regel mehr auf die Waage als ihre nahen Verwandten. Waldbison-Bullen werden oft über 900 kg schwer!

Bisons in den Northwest Territories

In Nordamerika gibt es zwei Arten von Bisons. Die **Präriebisons** (*prairie bison*), die einst in riesigen Herden durch die weiten Grassavannen zogen, standen gegen Ende des 19. Jahrhunderts kurz vor der Ausrottung. Nur in wenigen abgelegenen Reservaten und auf abseits gelegenen *Ranches* gab es noch einige geschützte Bestände. Auch in den Northwest Territories hatten die größten Landsäugetiere Nordamerikas überlebt. Bei ihnen handelte es sich aber um **Waldbisons** (*wood* bzw. *mountain bison*), die sich nur durch wenige Merkmale vom Präriebison unterscheiden (➤ oben) und in den nordwestlichen Wäldern Kanadas beheimatet waren.

Zwischen 1925 und 1928 wurden mehrere tausend Präriebisons aus dem seinerzeitigen (1913-1939) ***Buffalo National Park*** bei Wainwright östlich von Edmonton in den 1922 gegründeten ***Wood Buffalo National Park*** gebracht. Beide Bisonarten vermischten sich, die Zahl der Tiere nahm zu. Der »Erfolg« dieser Aktion war sogar so groß, dass es nach einigen Jahrzehnten keine reinrassigen Waldbisons mehr gab und sie um 1950 als ausgestorben angesehen werden mussten.

Überraschenderweise fand man 1957 am Nyarling River an der nördlichen Parkgrenze noch einige reinrassige Waldbisons. Sie wurden separiert und bildeten die Basis für die krankheitsfreien, reinrassigen Waldbisonherden in der ***Mackenzie Bison Sanctuary*** und im ***Elk Island National Park.***

Die Gesundheitslage der Mischrasse war lange problematisch. Zeitweise waren fast 50% der im Park lebenden Bisons von Tuberkulose und Brucellose befallen, Krankheiten, die seinerzeit von den Präriebisons eingeschleppt worden waren.

Da das Ökosystem im Nationalpark durch die erkrankten Bisons aber nur wenig belastet wird, der Bisonbestand dank Wolfsattacken besonders auf geschwächte Tiere konstant bleibt und erkrankte Herden (mit Wanderungsüberwachung) von gesunden weit separiert leben, hat man das Problem heute weitgehend im Griff – und den Krankenstand deutlich reduziert.

Entlang der Strecke durch den Park lohnt sich ein Stopp am ***Salt Plains Viewpoint*** (13 km Stichstraße). Salzwasser gelangt dort aus Quellen an die Oberfläche und trocknet zu ausgedehnten weißen Krusten. Vom Aussichtspunkt führt ein 500 m langer Weg ins Tal zum Salt River. Von der *Salt River Day Use Area* führt der *South Loop Trail* zur Mondlandschaft des Grosbek Lake und der *North Loop Trail* zum Aussichtspunkt über den Salt Pan Lake.

Info

Wood Buffalo NP/Fort Smith Visitor Info, Fort Smith, 149 McDougal Rd; www.pc.gc.ca/woodbuffalo und www.fortsmith.ca.

Aussicht

Zurück von diesem Abstecher: Vom *Mackenzie Highway* geht es 45 km westlich von Enterprise zum ***Heart Lake Fire Tower***. Von der Beobachtungsplattform aus überschaut man ein riesiges Waldgebiet und in der Ferne den von der Straße aus nicht sichtbaren Great Slave Lake. Waldbrände sind in dieser Gegend nicht selten.

Evelyn Falls

Nach weiteren 39 km auf dem *Mackenzie Highway* erreicht man über die Straße in Richtung der kleinen Dené-Siedlung Kakisa am Kakisa Lake die ***Lady Evelyn Falls*** (7 km) mit einem schönem ***Territorial Campground*** (23 Plätze, $15-$32) oberhalb des 17 m hohen Wasserfalls, an dessen Basis man schwimmen kann.

Rund 160 km weiter passiert die Straße den kleinen, an einem Hang oberhalb des Trout River gelegenen ***Sambaa Deh Falls Territorial Park***. 20 erfreuliche Stellplätze ($15-$23) mit Strom und Duschen warten dort auf Camper. Die beiden Wasserfälle *Sambaa Deh* und *Coral Falls* verbindet ein 1,5 km langer ***Trail***.

Fort Simpson

An der Abzweigung des ***Liard Highway*** stehen zwar einige Häuser, es gibt aber keine Serviceeinrichtungen. Hier sollte man den Abstecher (ca. 70 km Asphaltstraße) nach **Fort Simpson**, dem einzig nennenswerten Ort (1.250 Einwohner; fort-simpson.com) am langen *Mackenzie Highway*, nicht auslassen. Von der kostenlosen Fähre (➤ Seite 535) über den Liard River sind es dorthin nur noch 20 km, *Visitor Centre* gleich nach der Ortseinfahrt an der 100 Street.

Mehrtägiger Ausflug mit dem Kanu auf dem Nahanni River

Fort Simpson liegt auf einer Insel an der Mündung des Liard in den Mackenzie River. Als »Tor« in den einsamen Norden verfügt der Ort über eine komplette Versorgungsinfrastruktur (***Campground*** am Ortseingang ***Fort Simpson Territorial Park***, 32 Stellplätze, $15-$32) und ist Ausgangspunkt für ***Flightseeing*** und geführte Touren, insbesondere in den ***Nahanni National Park***.

Nahanni National Park

Dieser Park lässt sich per Straße nicht erreichen. Ein **Flug** zu den dortigen 90 m hohen *Virginia Falls* des South Nahanni River ist Höhepunkt vieler Trips in die NWT (Dauer 5-6 Std. inkl. 90-min-Stopp im Park). Die **siebthöchsten Wasserfälle** Kanadas sind imposant (40 min Wanderung ab Landeplatz, Preise auf Anfrage).

Beeindruckend ist auf den unterschiedlichen Hin- und Rückflugrouten (je 270 km) auch der Blick über die Flusscanyons und die scheinbar unendliche Wildnis; www.simpsonair.ca. Im ***Nahanni National Park Information Centre*** gibt es Fotos und Filme zu sehen; www.pc.gc.ca/nahanni.

Virginia Falls, ➢ auch Titelfoto dieses Kapitels auf Seite 533 mit zwei Hikerinnen am Ziel

10.3.2 Yellowknife Highway

Zeitbedarf

Eine Fahrt in die Northwest Territories ohne den Abstecher nach Yellowknife wäre wenig sinnvoll. Die reine Fahrtzeit beträgt auf der asphaltierten Straße (Hwy #3, Abzweigung vom *Mackenzie Hwy* ca. 20 km nördlich der *Lady Evelyn Falls*) 4 Stunden für den einfachen Weg, ca. **340 km**. Pausen, Besichtigungen und eine Weiterfahrt auf dem *Ingraham Trail* mitgerechnet, ist ein Abstecher nach Yellowknife ab 2 Tagen zu machen. **Hinweis**: Die **Supermarktpreise** liegen in Yellowknife niedriger als in anderen entlegenen Orten – auch das Tanken ist dort günstiger.

Brücke

Nach 25 km überquert man den hier bereits sehr breiten **Mackenzie River**. Bis vor knapp zehn Jahren ging das nur mit einer Fähre, die bis in den Juni hinein mit Eisschollen zu kämpfen hatte – heute freut man sich über die ***Deh Cho Bridge***.

Bisons

Auf den folgenden 80 km bildet die Straße die Westgrenze des ***Mackenzie Bison Sanctuary***, Reservat einer weiteren Herde reinrassiger ***Wood Buffalos***. In der Regel weiden einige der über 2.000 Waldbisons direkt an der Straße. Die Bisons bekommt man dort noch besser zu Gesicht als im *Wood Buffalo National Park*.

Fort Providence

Fort Providence ist ein 800-Seelen-Dorf mit überwiegend indianischer Bevölkerung. Interesse an ***Indian Handicraft*** – dort vor allem Stickereien aus Elchhaar – wäre ein Motiv für den Abstecher (5 km). Der schöne ***Fort Providence Territorial Park Campground*** (21 Stellplätze, $15-$32) liegt am Ufer des Mackenzie River, etwa 2 km vom *Yellowknife Highway* entfernt.

Park am Great Slave Lake

Diese Straße bietet auf den folgenden 200 km kaum Abwechslung. Im ***North Arm Park*** gibt es einen guten **Picknickplatz** am Great Slave Lake.

Behchokò

Im Bereich des *North Arm*, rund 100 km westlich vor Yellowknife, passiert man die Zufahrt nach Behchokò, 2.100 Einwohner. Die größte Gemeinde der ***Tlicho*** setzt sich aus den ehemals *Rae* und *Edzo* genannten Dörfer zusammen. Der Name Behchokò (Platz der großen Messer) entstand in Anlehnung an den Messerhandel in der Siedlung; 11 km ab dem *Yellowknife Highway*. Mehr zu den NWT-Indianern ➢Seiten 659f. Der Übergang von den bewaldeten Ebenen der ***Mackenzie Lowlands*** zur felsigen Hügellandschaft des Kanadischen Schildes erfolgt in diesem Bereich. Die restliche Strecke bis Yellowknife ist erheblich reizvoller als der erste Abschnitt.

Yellowknife

Einige Kilometer vor der Ortseinfahrt von Yellowknife liegt der ***Fred Henne Territorial Park*** (113 Stellplätze, $15-$32), dessen Sandstrand am Long Lake beliebtes Ausflugsziel ist. Die Sommersonne erwärmt das Wasser des kleinen Sees auf badefreundliche Temperaturen. Schließlich verzeichnet Yellowknife mit 1.037 Stunden von Juni-August mehr Sonnenschein als alle anderen kanadischen Städte. Der schön angelegte ***Campground*** (Reservierung ➢ Seite 658) bietet trotz des nahen Flugfeldes relativ ruhige Übernachtungsplätze in Ortsnähe. Auf dem ***Prospector's Trail*** (4 km) kann man die geologischen Besonderheiten der Region studieren.

Hauptstadt

Yellowknife an der *Back Bay* der Slave-Lake-Nordküste beherbergt mit ca. **20.000 Einwohnern** über 45% der Bevölkerung der Territories. Als Hauptstadt und Verwaltungszentrum verfügt sie über eine komplette Infrastruktur; auch der Anschluss ans nationale Flugnetz per Linienjet fehlt nicht.

Geschichte

Die nach den kupfernen Messern der dort ansässigen Indianer benannte Stadt existiert erst seit knapp 70 Jahren. Die Entdeckung von **Gold** hatte **1934** erstmals weiße Siedler in die Gegend nördlich des Great Slave Lake gebracht. Anders als etwa beim *Klondike Goldrush* ab 1898 kamen damals nicht Tausende, um in mühseliger Handarbeit *Pay Dirt* zu waschen, sondern die Goldgewinnung nahm rasch industrielle Formen an. Bis heute sind **Goldminen** in Betrieb.

Mackenzie Highway kurz vor der Fähre über den Liard River in Richtung Fort Simpson

Information Der erste Weg in Yellowknife sollte zum sehr gut ausgestatteten ***Yellowknife Visitor Information Centre*** führen, zurzeit provisorisch in der *City Hall* untergebracht, 4910 52 Street. Dort erhält man den **Ortsplan** und weitere Unterlagen; extraordinaryyk.com.

Museum Unbedingt besuchen sollte man das ***Prince of Wales Northern Heritage Centre,*** 4750 48th Street, am Frame Lake, der sich von der Touristeninformation zu Fuß erreichen lässt. Das *Heritage Centre,* faktisch ein kombiniertes **Geschichts-, Naturkunde- und Kunstmuseum**, ist ausgesprochen informativ; es thematisiert u.a. die Geschichte sowie Flora und Fauna des Nordens. Geöffnet täglich 10.30-17 Uhr; Eintritt frei; www.pwnhc.ca.

Vom Museum führt ein kurzer Fußweg zum ***Legislative Assembly Building***. Das 1993 erbaute Parlament der Northwest Territories, ein moderner lichtdurchfluteter Kuppelbau, liegt ebenfalls am Frame Lake; www.assembly.gov.nt.ca.

Überblick Neben diesem modernen Stadtzentrum besitzt Yellowknife noch einen zweiten historischen Stadtkern. Den besten Überblick über diese »*Old Town*« (1934!), hat man vom ***Pilot's Monument*** auf der dem heutigen Stadtzentrum östlich vorgelagerten Landzunge, Parkplatz am Ingraham Drive. An ***Back Bay*** und ***Yellowknife Bay*** liegen zahllose Hausboote und Wasserflugzeuge.

Abstecher Von Yellowknife in absolute Einsamkeit führt der einst als Ostumgehung des Great Slave Lake projektierte ***Ingraham Trail*** (ca. 70 km in östliche Richtung bis zum Tibbitt Lake). Die beiden ***Territorial Campgrounds*** am Wege eignen sich gut für Kanu- und Angeltouren. Kanuverleih ab $40/Tag bei *Overlander Sports*, 4909 50th Street; © (867) 873-2474; www.overlandersports.com.

Im ***Prelude Lake Territorial Park*** (prima *Campground*, 28 km östlich der Stadt, 44 Stellplätze, $15-$23, Reservierung ➤ Seite 658) entstand mit viel Liebe zum Detail ein 3 km langer ***Nature Trail***. Auf dem Rundweg über die weiten Granithügel werden die Besonderheiten der Tier- und Pflanzenwelt der NWT unter den dort vorherrschenden klimatischen Verhältnissen erläutert. Am Ostende der Straße zählt der ***Reid Lake Territorial Park*** 76 Stellplätze, $15-$23; Reservierung ➤ Seite 658.

10.3.3 Liard Highway

Verlauf

Der ***Liard Highway*** (390 km) führt durch eine einsame Waldlandschaft. Obwohl er die einzige direkte Verbindung zwischen den Northwest Territories und British Columbia darstellt, ist das Verkehrsaufkommen gering.

Geschichte und Qualität

Vorgänger des *Liard Highway* war eine »Winterroute« zwischen Fort Simpson und Fort Nelson/BC. Erst 1984 offiziell für den öffentlichen Verkehr freigegeben, ist die Straße heute relativ gut zu befahren. In BC ist die Trasse mittlerweile sogar voll asphaltiert, die verbleibenden 250 km in den NWT sind eine akzeptable Schotterstraße. Unterwegs **grasen immer wieder Bisons am Straßenrand**, und manchmal legen die mächtigen Tiere mitten auf dem *Highway* eine verkehrsblockierende Siesta ein.

Blackstone Park

Der ***Blackstone Territorial Park*** am Ostufer des breiten Liard River ist nach guten 100 km der erste markante Punkt für einen Zwischenstopp. Jenseits des Flusses beginnen die Mackenzie Mountains. Vom ***Visitor Centre*** (geöffnet von Mitte Mai bis Mitte September) hat man einen herrlichen Fernblick auf den **Nahanni Butte** (1.396 m) am Zusammenfluss von South Nahanni und Liard River. Ein ***Campground*** mit Duschen ist auch vorhanden; 19 Stellplätze, $15-$23; www.nwtparks.ca.

Fort Liard

Fort Liard (600 Einwohner; www.fortliard.com) liegt 6 km abseits des *Liard Hwy*. An der Stichstraße, auf halbem Weg dorthin, befindet sich der kommunale ***Hay Lake Campground*** (12 Plätze, gratis) am gleichnamigen See. Der wenig attraktive Ort Fort Liard zeichnet sich nur durch seine Lage unmittelbar an der Einmündung des dunklen Petitot River in den breiten, helleren Liard River positiv aus.

Im gut sortierten Shop ***Acho Dene Native Crafts*** (www.adnc.ca) im ***Visitor Centre*** gibt es ***Indian Handicraft*** wie Mokassins, Körbe und andere Artikel aus Leder und Birkenrinde, © (867) 770-4161.

Letzte Kilometer

Ca. 40 km weiter westlich passiert der *Liard Highway* die Grenze zwischen den North West Territories (*Mountain Time*) und British Columbia (*Pacific Time*). Kurz darauf überquert man den **Petitot River**, einen für sein **warmes Wasser** bekannten Fluss, bei schönem Wetter eine gute Gelegenheit für ein Bad.

Die einspurige **Brücke** über den Fort Nelson River liefert ein letztes gutes Fotomotiv auf dem *Liard Highway*, bevor man 28 km nordwestlich von Fort Nelson den *Alaska Hwy* erreicht, ➤ Seite 428.

Bei Fort Simpson am Mackenzie River warten die Flugzeuge von Simpson Air auf Gäste, ➤ Seite 540

Sonnenuntergang an der Second Beach
im Olympic Nationalpark, ➤ Seite 570f

Start in Seattle & Abstecher Olympische Halbinsel

11. START DER KANADAREISE IN SEATTLE

11.1 Seattle

11.1.1 Ankunft

Start beim SeaTac Airport

Der ***Sea-Tac Int'l Airport*** liegt südlich weit außerhalb von Seattle an der **Interstate #5** auf etwa halbem Weg zur nächsten Stadt Tacoma – daher die Bezeichnung. Die I-5 durch Seattle in Richtung Norden bietet zugleich die kürzeste **Verbindung nach Vancouver** (ab *Sea-Tac* ca. 250 km). Die Strecke ist bei normalen Verkehrsverhältnissen inkl. Grenzformalitäten günstigenfalls in drei Stunden zu schaffen. Man könnte für die Anfahrt nach Kanada auch eine Route durch das Kaskaden-Gebirge wählen und zunächst das Okanagan Valley ansteuern, ➢ Seiten 285ff.

In Frage für alle, die auch Vancouver Island im Programm haben, käme auch eine Fahrt via Tacoma und die Olympische Halbinsel (➢ Seite 570) – mit oder ohne Seattle-Besuch. Man muss also bei Start ab Seattle nicht unbedingt erst einmal nach Vancouver, um die Kanada-Reise zu beginnen.

Besuch von Seattle »einbauen«

Wer in Seattle startet oder als ***Stopover*** vor dem Weiterflug nach Anchorage geplant hat, wird meist einen Besuch der nordwestlichsten Großstadt der USA nicht auslassen wollen. Es lohnt sich, zwei Tage sollte man dafür schon einplanen.

Bei Flug aus Europa in einem Rutsch oder bereits von den USA aus und Ankunft bis zum frühen Nachmittag macht es Sinn, für die **erste Übernachtung ein Hotel in Citylage** zu buchen, um von dort erste Eindrücke zu gewinnen, solange man am ersten (um den jeweiligen Zeitgewinn verlängerten) Tag durchhält.

Von SeaTac nach Downtown Seattle

Mit der ***Link Light Rail*** (Zugang zur Station über die *Skybridge* bzw. die Parkgarage in der 4. Etage; $3; www.soundtransit.org) geht es rasch und preiswert ab dem *Sea-Tac Airport* in ca. 40 min zur ***Westlake Station*** in Downtown Seattle. Mit dem **Auto** benötigt man ab der ***Rental Car Station*** in einer der Parkgaragen des Flughafens auf der I-5 – ohne Stau und außerhalb der morgendlichen und allabendlichen *Rush Hour* – keine 30 Minuten.

H/Motels beim Airport

Bei späterer Ankunft wird es voll auf den Highways in Richtung Zentrum; die verfügbare Restzeit des Tages reduziert sich schnell. Dann ist es besser (und oft sogar preiswerter), zunächst im Airport-

Alaska Airlines bedient via Seattle nicht nur den Heimatstaat Anchorage, sondern auch weitere Flughäfen im Westen der USA

Bereich zu übernachten. Wem nach Ankunft noch der Sinn nach ersten Aktivitäten steht, findet in Flughafennähe das hochinteressante ***Museum of Flight*** (➤ Seite 563), das man von *Sea-Tac* aber nur als Selbstfahrer mit dem schon bei Ankunft übernommenen Mietwagen oder per Taxi erreicht.

Der am Flughafen vorbeiführende International Boulevard (#99) und seine Nebenstraßen sind dicht besetzt mit H/Motels der Mittelklasse. Eine gute Wahl ist dort z.B. das ***Coast Gateway Hotel*** mit dem ***Sharp's Roaster & Ale House*** gleich gegenüber; #18415; ab ca. $210; ✆ 1-800-716-6199, www.coasthotels.com. Generell etwas preiswerter sind am International Boulevard Kettenmotels wie das ***Days Inn*** (#19015), ***Red Roof Inn*** (#16838) oder ***Sleep Inn*** (#20406).

11.1.2 Geschichte, Klima und Geographie

Die **Ursprünge** des heutigen Seattle liegen nur hundertdreißig Jahre zurück: 1889 brannte die damals 30 Jahre junge 20.000-Seelen-Stadt bis auf die Grundmauern nieder und wurde beim Wiederaufbau um rund 10 m »geliftet« (➤ *Underground Tours,* Seite 557). Die große Stunde Seattles schlug im letzten Jahrzehnt des 19. Jahrhunderts: Die Fertigstellung (1893) des nördlichsten transkontinentalen Schienenstrangs durch die USA kam gerade recht, um die Hafenstadt an der Elliott Bay ab 1896 für ungezählte Abenteurer zum Hauptausgangspunkt der Reise in die Goldrauschgebiete am Klondike River und in Alaska zu machen und gleichzeitig in die weitere Versorgung des hohen Nordens einzusteigen. Der Schiffbau florierte, Seattle wurde zur maritimen Drehscheibe für den nördlichen Pazifik und später **Luftkreuz** der Region. Der größte Teil der dort startenden und landenden Flugzeuge wird in der Stadt selbst und im nahen Everett gebaut.

Boeing ist bedeutendster Arbeitgeber nicht nur in Seattle, sondern aller US-Nordweststaaten (geführte Besichtigung von *Boeing,* ➤ Seite 563). Eine seinerzeit international noch größere Beachtung findende **Weltausstellung** brachte Seattle 1962 wichtige ökonomische und infrastrukturelle Impulse, die das Stadtbild stark veränderten. Das *Seattle Center* und großangelegte Maßnahmen der Innenstadtsanierung gehen auf jenes Ereignis zurück.

Die nördlichste City (ca. 730.000, Großraum 3,7 Mio. Einwohner) der kontinentalen USA liegt auf einer im zentralen Bereich gerade mal 4 km breiten, hügeligen Landenge zwischen einem tief nach Süden reichenden Meeresarm, dem **Puget Sound**, und dem fast 35 km langen Binnensee **Lake Washington**. Die **Kaskaden** im Osten und die ***Olympic Peninsula*** mit dem gleichnamigen Gebirge und Nationalpark im Westen bewahren Seattle vor extremen klimatischen Schwankungen. Warmes, wechselhaftes Sommerwetter mit Temperaturen, die selten 25°C übersteigen, und milde Winter mit hohen Niederschlagsmengen sorgten für den schönen Ruf der Stadt als »**Rain Capital**« der Vereinigten Staaten.

Gleichzeitig gibt es keine andere US-Großstadt, deren Einwohner ähnlich vielfältige Möglichkeiten zur Freizeitgestaltung haben. Jede Menge Salz- und Süßwasserreviere samt Inselwelt ringsum und Berglandschaften unterschiedlichster Charakteristik bieten beste Voraussetzungen für alle erdenklichen Sommeraktivitäten und Wintersport. Da sich das Wasser des Puget Sound stärker erwärmt als das des Pazifik, eignen sich auch die Salzwasserstrände der Stadt im Juli und August gut zum Baden.

11.1.3 Orientierung, Information und öffentlicher Transport

Freeways durch Seattle

Drei Autobahnen führen in Nord-Süd Richtung durch *Metropolitan Seattle*. Während die **I-405** als östliche Stadtumgehung für den Durchgangsverkehr konzipiert wurde, tangiert die **I-5** auf über einer Meile unmittelbar das Zentrum.

Parallel zur *Interstate* #5 wurde der ***Highway* #99** ausgebaut und verläuft im City-Bereich auf Pylonen doppelstöckig zwischen Elliott Bay und dem Zentrum. Nach Osten verbinden die ***Interstate* #90** (Seattle-Boston) und **Straße #520** (beide über den Lake Washington) die Stadt mit der I-405.

Die Mehrzahl der Sehenswürdigkeiten konzentriert sich auf den Bereich **Downtown** (zwischen den *Freeways* #99/I-5 und Jackson/Pine Street) sowie im ***Seattle Center***, nur rund 1,5 km nordwestlich vom Geschäftszentrum.

Parken

Wie in vielen Großstädten kommt es während der üblichen Bürozeiten zu erheblichen **Parkproblemen**. Für kurzfristige Besuche hat man an der ***Waterfront*/Alaskan Way** und südlich/östlich des **Pioneer Square** bzw. nördlich von Downtown noch die besten Aussichten auf eine **Parkuhr**. Pkw-Fahrer finden dort auch viele (teure) Parkgaragen. Aber dank des gut ausgebauten öffentlichen Transportsystems könnte man das Fahrzeug weiträumig abstellen, etwa auf den großen Parkplätzen rund ums *Seattle Center*.

Parken am Seattle Center und Weiterfahrt per Monorail ins Zentrum erspart Parkplatzsuche in der City. Hier die Bahn bei der Ausfahrt aus dem Museum of Pop Culture

Eine Übersicht mit aktuellen Tagespreisen bieten die Portale www.seattle.bestparking.com und https://downtownseattle.org/parking/.

Abends gelten mitunter Sondertarife: z.B. Parken von 17 Uhr bis nach Mitternacht oder bis zum nächsten Morgen für $5 in unmittelbarer Nähe des *Pike Place Market*. Mit **Wohnmobilen** sollte man wegen der starken Steigung einiger Ost-West-Straßen mit *Stop-and-go*-Situationen die Innenstadt besser meiden bzw. nur die Nord-Süd-Achsen befahren.

Öffentliche Verkehrsmittel

Vom *Seattle Center* verkehrt eine ***Monorail*** ins Zentrum (Pine St/5th Avenue/*Westlake Center*; Ticket *one-way* $2,50, Kinder 5-12 Jahre $1,25; www.seattlemonorail.com). Bei den **City-Bussen** zahlt man $2,75 Kinder (6-18 Jahre) $1,50. Beim Einstieg muss der exakte Fahrpreis zur Hand sein, sofern man nicht mit der *ORCA Card* (erhältlich bei den Ticketautomaten oder auch u.a. bei *Safeway*) oder mit der *Transit GO*-App zahlt; www.kingcounty.gov/depts/transportation/metro/fares-orca.aspx.

In Seattle gibt es zwei **Straßenbahnlinien**: die ***South Lake Union Line*** zwischen Lake Union und dem *Westlake Center* in Downtown mit Anschluss ans Bussystem/die *Monorail* sowie die ***First Hill Street Car*** zwischen dem Pioneer Square und Capitol Hill. Die Verbindung beider Routen ist im Bau. Tickets: $2,25/Fahrt, Kinder $1,50; Tagespass $4,50/$3; www.seattlestreetcar.org.

Die Distanzen zwischen den wichtigsten Sehenswürdigkeiten der Innenstadt lassen sich aber auch ganz **gut zu Fuß** bewältigen.

Sightseeing

Informativ und empfehlenswert sind die 1-stündigen **Hafenrundfahrten** ab *Pier 55*; $31/$17; www.argosycruises.com.

Viel Klamauk ist angesagt, wenn es im ***Ride the Ducks*** Amphibienfahrzeug durch Seattles Straßen und über den Lake Union geht. 90-minütige Touren ab Ecke 5th/Broad Street bei der *Space Needle*, im Sommer auch ab *Westlake Center*; Tickets kosten $38, Kinder zahlen $5-$23; www.rideth educksofseattle.com.

Tourist Information

Das zentrale ***Seattle Visitor Center*** befindet sich im Erdgeschoss des *Convention Center*, 701 Pike St/Ecke 7th Ave, im Sommer täglich 9-17 Uhr, im Winter nur Mo-Fr, ✆ 1-866-732-2695. Der **Info-Kiosk** am *Pike Place Market* (Ecke 1st Avenue/Pike Street) hat auch im Winter täglich 10-18 Uhr geöffnet; www.visitseattle.org.

Sehr hilfreich sind der dort kostenlos erhältliche ***Official Visitors Guide***, die Broschüre ***Where*** (erscheint monatlich und enthält Karten und einen Veranstaltungskalender) sowie das kleine Heftchen ***Seattle Premier Attractions*** mit zahlreichen Rabatt-*Coupons*, auch online unter www.seattleattractions.com.

11.1.4 Übernachten, Essengehen, Shopping

Downtown

Die Tarife variieren in Seattle stark. Während man im Bereich rund um den Airport z.T. noch zu einigermaßen passablen Tarifen unterkommt, existieren in der Innenstadt kaum preiswerte Quartiere. Erst in der **Aurora Ave** nördlich des *Seattle Center* beidseitig des Washington Channel stehen wieder einfachere Motels mit Doppelzimmern **ab ca. $80**. Je näher man dem *Seattle Center* und Downtown kommt, umso teurer wird's:

- ***Moore Hotel***, 1926 2nd Ave, nostalgisches Haus beim *Pike Place*; ab $140; ✆ 1-800-421-5508, www.moorehotel.com
- ***Ace Hotel***, 2423 1st Ave, durchgestylt, aber viele Zimmer mit Gemeinschaftsbad; ab ca. $130; ✆ (206) 448-4721, www.acehotel.com
- ***Quality Inn & Suites Seattle Center***, 618 John St; ab $170; ✆ (206) 728-7666, www.qualityinnseattle.com
- ***Executive Hotel Pacific***, 400 Spring Street; ab ca. $200; ✆ 1-888-388-3932, www.executivehotels.net/seattle.

Hostels

- ***City Hostel Seattle***, 2327 2nd Ave; in Gehdistanz zur *Needle*; ab $33/Bett, $90/DZ; ✆ 1-877-846-7835, www.thehello.com
- ***HI Seattle at the American Hotel***, 520 S King Street, in schöner *Downtown*-Lage; ab $37, EZ, $80, DZ $99; unbedingt langfristig vorbuchen; ✆ (206) 622-5443, www.hihostels.com
- ***Green Tortoise Backpackers Hostel***, 105 Pike Street; Betten direkt beim *Pike Place* ab $37 inkl. Frühstück, DZ $68; ✆ (206) 340-1222, www.greentortoise.net.

Bed & Breakfast

Die Stadt verfügt über etliche **B&B-Quartiere**. Eine kleine Übersicht liefert das Portal www.lodginginseattle.com sowie die Touristen-Seite www.visitseattle.org/lodging/. In zentraler Lage unweit des *Pike Place* steht die einfache, aber gute ***Pensione Nichols***; 1923 1st Avenue; So-Do ab $180, Fr+Sa ab $200; ✆ (206) 441-7125, www.pensionenichols.com.

Camping

Einigermaßen citynah lässt sich in Seattle nur auf Privatplätzen campen. Vergleichsweise preiswert und schön gelegen ist der ***Vasa Park*** mit Strand am Lake Sammamish unweit der I-90, *Exit* 13 zur West Lake Road. Die Tore schließen bei Einbruch der Dunkelheit. Unbedingt reservieren, da nur geringe Kapazität; 3560 Lake Sammamish Parkway; Zelte $34, *full hook-up* $44; ✆ (425) 746-3260, www.vasaparkresort.com.

Die zwei stadtnahen ***State Parks*** verfügen über (graue) **Badestrände** und *Campsites*: Die Stellplätze bei ***Saltwater*** (südlich von Des Moines) haben keine *hook-ups*, liegen eng beinander und außerdem unter der Einflugschneise des *Sea-Tac Airport* (je nach Saison $20-$37). Schöner ist daher ***Dash Point*** bei Tacoma, noch 10 mi weiter an der #509 (mit *hook-up* $25-$45). Im Sommer ist eine Reservierung für beide Plätze unbedingt angeraten: ✆ 1-888-226-7688 bzw. https://washington.goingtocamp.com.

Ebenfalls in Flughafennähe, 15 mi vom Zentrum entfernt, ist der ***Seattle KOA*** angesiedelt; 5801 South 212th St in Kent. Zufahrt ab der I-5 *Exit* 152, dann noch ca. 2 mi weiter auf Orillia Rd; *full hook-up* ab $60, Zelte ab $45; © 1-800-562-1892, www.seattlekoa.com.

Restaurants

Das leibliche Wohl kommt in Seattle garantiert nicht zu kurz. In Downtown sind vor allem folgende Adressen eine gute Wahl:

Der ***Pike Place Market*** mit einer unüberschaubaren Palette von Lokalen jeden Stils und jeder Küche (➢ auch Seite 556). Im Herzen des Marktes bietet ***Athenian Inn*** zum *Seafood* einen tollen Blick über die Elliott Bay; 1517 Pike Place/*Main Arcade*, © 206-624-7166, www.pikeplacemarket.org.

Seafood

An der ***Waterfront*** steht ein ***Seafood Restaurant*** neben dem anderen, darunter ***The Crab Pot*** am *Pier 57* mit dem legendären *Seafeast*, bei dem die Meeresfrüchte einfach auf den Tisch gekippt werden (Video unter www.thecrabpotseattle.com).

Traditionell geräucherter Lachs im Tillicum Village

Eine enorme Auswahl bei zum Teil gehobenerem Niveau findet sich im ***Pioneer Square District***. Und nach dem *Dinner* sind es dort nur ein paar Schritte bis zur nächsten **Kneipe** mit Live-Musik.

Eine tolle Sicht auf die *Skyline* hat man im ***Salty's Seafood Grill*** unweit der Alki Beach (Sa+So guter, üppiger *Brunch*; © (206) 937-1600; 1936 Harbor Ave SW oder mit Wassertaxi ab *Pier 50*).

Frisch geräucherten **Lachs** in der authentischen Umgebung eines Indianerdorfes wird im ***Tillicum Village*** auf Blake Island serviert, ➢ Seite 556. Lachs (und anderes) ohne Folklore und nicht ganz so kostspielig gibt's aber auch in indianisch gestylten Räumen oder auf einer Terrasse am See im ***Ivars Salmon House*** am Nordostufer des Lake Union; sonntags großes *Brunch Buffet*; 401 NE Northlake Way (nahe I-5); www.ivars.com.

Seattle Center

Der *Food Court* des ***Armory*** (im ***Seattle Center***) hat ein vielfältiges Angebot. Feiner und teurer ist das **Drehrestaurant** in der nahen ***Space Needle*** samt Aussicht über Stadt und Puget Sound; Reservierung unter © (206) 905-2100 oder www.spaceneedle.com.

Shopping

Im Großraum Seattle locken mehrere ***Outlet Malls*** mit Designerware zu günstigen Fabrikpreisen, darunter:

- ***Seattle Premium Outlet Center***, 10600 Quil Ceda Blvd, Tulalip; 35 mi nördlich von Downtown; I-5 *Exit* 202
- ***The Outlet Collection***, 1101 Outlet Collection Way, Auburn; südlich vom *Sea-Tac*-Flughafen an der Straßenkreuzung #167/#18.

11.1.5 Stadtbesichtigung

Start beim Seattle Center

Space Needle, Seattles Wahrzeichen #1

Ein erster guter Anlaufpunkt in der Innenstadt ist das *Seattle Center*; ausgeschilderte Zufahrt ab der I-5, *Exit* 167. Dort kann man ggf. auch gleich das Fahrzeug für den Besuch von Downtown abstellen und in die *Monorail* umsteigen. Der Weltausstellungskomplex von 1962 wurde über die Jahre zu einem ***Entertainment Center*** umgestaltet. Das 30 Hektar große Parkgelände umfasst neben der *Space Needle* eine ganze Reihe von Museen und Kultureinrichtungen sowie jede Menge *Public Art*. Übersichtskarte: www.seattlecenter.com/downloads/sc_map_color_gates.pdf.

Im *Seattle Center* findet alljährlich Anfang September das 3-tägige ***Bumbershoot Arts Festival*** statt, eines der größten Kunst- und Musik-Events in Nordamerika (www.bumbershoot.org), und Ende Mai das ***Northwest Folklife Festival*** (www.nwfolklife.org).

Als Wahrzeichen der Stadt gilt die weithin sichtbare, 184 m hohe ***Space Needle***, eine elegante Stahlkonstruktion mit Aussichtsplattform und -restaurant an der 400 Broad Street. Vom ***Observation Deck*** genießt man einen fantastischen Blick über Seattle und den Puget Sound, bei guter Sicht auch auf die Olympic Mountains und die Kaskadengipfel Mount Rainier und Baker. 2018 wurde sie außerdem mit einem beweglichen Glasboden ausgestattet. Die Auffahrt (So-Do 10-21 Uhr, Fr+Sa 9-21 Uhr) kostet Fr-So nachmittags am meisten ($37,50, Kinder 5-12 Jahre $28,50), Mo-Do oder vormittags etwas weniger; www.spaceneedle.com. In der **Kombiticket-Variante** (z.B. mit *Chihuly Garden* und *Museum of Flight*) oder mit *City Pass*, ➤ Kasten unten) spart man etliche Dollars.

MoPOP

Genial wirkt der futuristische *Frank Gehry*-Komplex mit seinem gewölbten Glitzerdach gleich nebenan (➤ Foto Seite 548), in dem das ***Museum of Pop Culture*** (früher ***E****xperience* ***M****usic* ***P****roject*) mitsamt ***Science Fiction Museum*** und *Fantasy Hall of Fame* untergebracht ist. Alles in allem sehr spannend, ein interaktives musikalisches (*Rock'n Roll-*)Abenteuer der Extraklasse! Geöffnet täglich 10-19 Uhr, im Winter 10-17 Uhr; Eintritt $34, Kinder (5-17) $25; www.mopop.org. Den kleinen Hunger zwischendurch kann man bei Meisterkoch Wolfgang Puck in der 1. Etage stillen.

Chihuly Garden & Glass

Der 2012 eröffnete ***Chihuly Garden and Glass*** birgt eine Sammlung gigantischer Glaskunstwerke, beeindruckend in Szene gesetzt in dunklen Räumen sowie in Form von Riesenblüten und Gewächsen im Garten unterhalb der *Needle*. Sehr sehenswert, wenn auch nicht ganz billig: $32/$19; geöffnet So-Do 10-19 Uhr, Fr+Sa bis 20 Uhr; www.chihulygardenandglass.com.

> **Tipp:** Der Seattle ***CITY PASS*** gilt 9 Tage und beinhaltet die Tickets für folgende Attraktionen: *Seattle Aquarium, Space Needle*, Hafenrundfahrt *Argosy Cruises, Museum of Pop Culture* oder *Woodland Zoo* sowie *Chihuly Garden* oder *Pacific Science Center*; Erwachsene $99, Kinder 5-12 $79; www.citypass.com/seattle.

Pacific Science Center

Interessant für Familien könnte auch das ***Pacific Science Center*** sein; geöffnet täglich 10-17/18 Uhr; Eintritt: $26, Kinder $14-$18; www.pacificsciencecenter.org). Es beherbergt ein auf Jugendliche zugeschnittenes Wissenschaftsmuseum experimentellen Typs inklusive technischem Kinderspielplatz. *IMAX*-Kino, Schmetterlingshaus, Lasershows und ein Planetarium ergänzen das Angebot (kosten extra!).

Kostenfreie Ziele mit Kindern im *Seattle Center* sind der Spielplatz ***Artists at Play*** und die im Sommer erfrischende und originelle ***International Fountain***, deren Wasserspiele musikalisch untermalt werden. Das schon etwas in die Jahre gekommene ***Children's Museum*** richtet sich vor allem an die Kleinsten (unter 5 Jahre); geöffnet Di-Fr 10-17 Uhr, Sa+So 10-18 Uhr; Eintritt $2 für Kinder und Erwachsene; www.thechildrensmuseum.org.

AMAZON - Spheres, Go, Books, 4-Stars, Fresh Pickup & Co.

Seit 2018 erheben sich im Zentrum von Seattle an der 2111 7th Avenue die drei Kugelgewächshäuser der ***Amazon Spheres***, das Hauptquartier des Handelsgiganten. Für jedermann zugänglich ist in einem abgetrennten Bereich der sog. ***Understory*** mit einer Ausstellung zur Architektur dieses ungewöhnlichen Gebäudes; geöffnet Mo-Sa 10-20 Uhr, So 11-19 Uhr. Im Inneren der *Spheres* wachsen über 40.000 Pflanzen aus 50 Ländern, darunter australische Baumfarne und ein 17 m hoher Feigenbaum. Die Büroräume in der grünen Oase sind jeweils am 1. und 3. Samstag eines Monats 10-18 Uhr für die Öffentlichkeit zugänglich. Der Andrang ist groß, die Genehmigungen besorgt man sich daher am besten schon 30 Tage im Voraus. Wer einen Einblick in den Büroalltag bekommen möchte, bucht außerdem eine 90-minütige, geführte *Headquarters Tour*, die neben den *Spheres* auch den Besuch der beiden dazugehörenden Hochhäuser *Doppler* und *Day 1* beinhaltet; meist Di+Do um 10 und 14 Uhr; nähere Infos unter www.seattlespheres.com.

Seit geraumer Zeit versucht der Versandriese auch im stationären Einzelhandel Fuß zu fassen. So wurde 2015 in Seattle die erste Filiale von ***Amazon Books*** eröffnet (im *University Village*, 4601 26th Ave NE) und wenig später folgte ***Amazon Fresh Pickup***, wo der eilige Kunde die zuvor bestellten frischen Lebensmittel in den Kofferraum geladen bekommt. Aufsehen erregten auch die Supermärkte ohne Kassen ***Amazon Go***, in denen der Einkauf per *Amazon Go*-App stattfindet (die entnommenen Waren werden automatisch erfasst!). Der erste seiner Art steht an der 2131 7th Ave unweit der *Spheres*. So nebenbei wurde noch die weltweit größte Bio-Supermarktkette ***Whole Foods Market*** erworben und ***Amazon 4-Stars*** gegründet, reale Verkaufsläden mit aktuellen Top-Sellern »zum Anfassen« (elektronische Geräte, Spielzeug etc.; Filiale an der 2101 Westlake Ave). Und da es dem Konzern weder an innovativen Ideen noch an Kapitel mangelt, ist ein Ende der Expansion nicht in Sicht. Die Zukunft wird uns also vermutlich noch viele weitere ***Amazon Physical Stores*** bescheren ...

Einkauf per App, und ganz ohne Kasse

Downtown Seattle, Pike Place und Waterfront

Downtown Rundfahrt/-gang

Um sich zunächst einen **Überblick** zu verschaffen, wäre eine Fahrt an den Piers entlang, verbunden mit einer »Runde« durch Downtown ein guter Einstieg. Vom *Seattle Center* führt die Broad St hinunter zum Alaskan Way. Zurück ginge es z.B. ab *Pier 50* über Yesler Way, James St und 4th oder 6th Ave. Wer per ***Monorail*** ins Zentrum fährt, hat von der Endstation ***Westlake Mall*** einen guten Start.

Architektonisch fallen folgende Wolkenkratzer auf:

- ***Columbia Center*** (701 5th Ave/Ecke Columbia St), das höchste Gebäude (286 m) mit ***Sky View Observatory***; tolle Aussicht u.a. auf die *Space Needle*; im Sommer 10-22 Uhr; Auffahrt $22/$14
- ***F5 Tower*** (gleich nebenan an der 801 5th Ave), 201 m
- ***1201 Third Ave Tower*** (3rd Ave/Ecke Seneca St), 235 m
- ***Two Union Square*** (601 Union St/Ecke 7th Ave), 226 m
- ***Rainier Tower*** (1301 5th Ave) ist zwar nur 157 m hoch, steht aber äußerst kurios auf einem schmalen Sockel.

Echte Hingucker sind auch der windschiefe Glaspalast der ***Seattle Central Library*** (1000 4th Ave) sowie das avantgardistische, kugelförmige Büro(gewächs)haus ***Amazon Spheres*** (➤ links).

Convention Center

Zwischen Seneca und Pike Street wurde die I-5 komplett überbaut vom ***Freeway Park***, einer grünen Betonkreation mit Wasserspielen (+gratis Internetzugang), und dem Glaspalast des ***Convention Center*** mit vielen beachtlichen **Kunstwerken**. Im Parterre (Zugang an der 705 Pike Street) befindet sich das **Besucherzentrum** der Stadt.

Shopping

Ebenfalls viel Glas, Licht und Grün zeichnet das mehrstöckige ***Westlake Center*** aus (400 Pine Street/Ecke 5th Ave). Benachbart sind die Kaufhäuser ***Macy's*** sowie die viel größere ***Pacific Place Mall*** mit einem sehr gut sortierten ***Barnes & Noble Bookshop***.

Art Museum

An der 1300 1st Ave/Ecke University Street steht der klotzige Bau des ***Seattle Art Museum*** (***SAM***). Die gut präsentierte Kollektion ist vielseitig und umfasst u.a. die Kunst der *Aborigines*, afrikanischer Völker und amerikanischer Ureinwohner sowie die Werke alter und moderner Meister. Geöffnet Mi-So 10-17 Uhr, Do bis 21 Uhr; $20, Kinder 13-17 Jahre $13; www.seattleartmuseum.org. Auffällig ist der 15 m hohe *Hammering Man* vor dem Eingang des Museums; die gleiche Figur ziert den Vorplatz der Messe Frankfurt. Zum *SAM* gehören auch die Kunstwerke im ***Olympic Sculpture Park*** an der Elliott Bay nördlich des *Pier 70*. Dieser Abstecher lohnt aber nur bedingt; allzu viel gibt es dort nicht zu sehen.

Hinter dem *Art Museum* an der Ecke 2nd Ave/University steht die ***Benaroya Concert Hall***; www.seattlesymphony.org/benaroya.

Starbucks

Der im April 1971 eröffnete, weltweit erste ***Starbucks Coffee Shop*** befindet sich am 1912 Pike Place. Nirgendwo herrscht so ein Gedränge wie dort, auch wenn nicht weit davon entfernt schon die nächste Filiale steht. **Straßenkünstler und Musiker** »verkürzen« die Wartezeit und sorgen auch für Unterhaltung schräg gegenüber im *Victor Steinbrueck Park* mit Blick auf die Elliott Bay.

Pike Place Market

Der größte Publikumsmagnet in Downtown ist aber der ***Pike Place Market***, einer der besten Dauermärkte der USA. Ein Highlight sind dort die Fischhändler, die sich gerne einen Spaß machen, indem sie sich gegenseitig ihre glitschige Ware zuwerfen (**»Fliegende Fische«**). Zum Riesenkomplex gehören auch noch ein Obst- und Gemüsemarkt sowie diverse Shops, Galerien und *Eateries*. Der Haupteingang befindet sich an der Ecke 1st Avenue/Pike Street. Übersichtplan: www.pikeplacemarket.org/plan-your-visit.

Gum Wall

Direkt hinter dem *Market Info*-Kiosk geht es runter zur wohl ekligsten Sehenswürdigkeit der Stadt, die ***Gum Wall***: Die Hausfassaden in der schmalen **Post Alley** sind über und über mit bunten Kaugummis zugeklebt. Und das »Kunstwerk« wird täglich größer ...

Waterfront

Über die Treppen des *Pike Place Hillclimb Walk* gelangt man von dort gleich zur ***Seattle Waterfront***, die (parallel zum Alaskan Way) einen etwa 2 km langen Abschnitt zwischen *Pier 50* und *Pier 70* umfasst. Unterhalb der hochgelegenen Innenstadt reihen sich die Restaurants, *Fast Food Eateries* und *Giftshops*.

Besuchenswert ist am *Pier 59* das ***Seattle Aquarium***, das die Unterwasserwelt des Pazifiks beleuchtet; täglich 9.30-17 Uhr, $30/$20; www.seattleaquarium.org. Für 2023 ist eine große Erweiterung und die Eröffnung des *Ocean Pavilion* geplant.

Die 12-minütige Fahrt in der klimatisierten Gondel des 53 m hohen ***Great Wheel*** am *Pier 57* kostet $15 bzw. $10 für Kinder 3-11 Jahre; www.seattlegreatwheel.com.

Fährterminal

Gleich südlich der *Waterfront*-Kommerzkonzentration legen vom ***Pier 52*** mehrfach täglich die Autofähren in Richtung **Bremerton** (60 min) und **Bainbridge Island** (35 min) ab, Richtung *Olympic NP* (➤ Seite 570); www.wsdot.wa.gov/ferries. Die Fähren zu den **San Juan Islands** (*Whale Watching*, ➤ Kasten Seite 568) sowie der ***Victoria Clipper*** nach Vancouver Island starten vom ***Pier 69***.

Zum ***Tillicum Indian Village***, einer Art Museumsdorf auf **Blake Island**, geht es **per Boot ab *Pier 55***; $92 p.P. inkl. Lachsessen und indianischer Tanz-Vorführung; 4-5 Std; www.argosycruises.com.

Seattle Waterfront mit dem »Great Wheel« und der Space Needle links im Hintergrund

Unübersehbar hoch über der Waterfront befindet sich der Pike Place Market

Pioneer Square Historical District

Pioneer Square

Gleich hinter dem *Pier 50* erstreckt sich bis zur 5th Ave und zwischen Yesler Way und King Street der ***Pioneer District*** mit vielen Backsteinfassaden. Die einstige Altstadt von Seattle wurde 1889 durch einen Großbrand vernichtet und später herausgeputzt, begrünt und mit Restaurants, Bars, Antiquitätenläden, Galerien und vielen Shops wiederbelebt; www.pioneersquare.org.

An der Ecke Main Street/2nd Ave rauscht Wasser über Felsen im ***Waterfall Garden Park***, ein Kleinod des Viertels.

Klondike Gold Rush Historic Park

Unbedingt besuchenswert im *Pioneer District* ist das ***Visitor Center & Museum*** des ***Klondike Gold Rush Nat'l Historical Park*** an der 319 2nd Ave. Ansehen sollte man sich die laufend gezeigten Filme zum Goldrausch der Jahrhundertwende, für den Seattle als Haupthafen der Einschiffung der Prospektoren gen Norden eine wichtige Rolle spielte. Auch die Dokumentation und die Exponate im Kellergeschoss sind aufschlussreich. Der Komplex hat Di-So geöffnet 10-17 Uhr, der Eintritt ist frei; www.nps.gov/klse.

Glasbläser

Von dort sind es nur ein paar Schritte bis zum ***Glasshouse Studio***, in dem man Glasbläsern bei der Arbeit zuschauen kann; Mo-Sa 10-17, So 11-16 Uhr, 311 Occidental Ave; www.glasshouse-studio.com.

City unter der City

Wer sich für die Geheimnisse der »City unter der City« interessiert, kann an einer ***Underground Tour*** teilnehmen, die am *Pioneer Square Park* startet. Sie führt durch Bereiche der Stadt, die 1889 abbrannten, aber unter dem darüber aufgebauten neuen Seattle teilweise erhalten blieben; 608 1st Ave; im Sommer täglich 9-19 Uhr, $22/$10-$20; 614 1st Ave; www.undergroundtour.com.

Smith Tower

Ganz in der Nähe (Ecke 2nd Ave/Yesler Way) steht der ***Smith Tower*** in nostalgischem Kontrast zu den nahen Hochhäusern. Der Turm war bei Fertigstellung 1914 ***Tallest Building West of the Mississippi*** und besitzt heute ein öffentlich zugängliches *Observation Deck* im 35. Stockwerk; Auffahrt täglich 10-23 Uhr, Do-Sa bis Mitternacht; $20, Kinder (5-12) $16; www.smithtower.com.

Während tagsüber die Altstadt den Touristen gehört, überwiegen abends die Einheimischen. Nirgendwo sonst in Seattle findet man vergleichbar viele **Kneipen mit Flair und Live-Musik**.

Football & Baseball Stadium

Südlich des *Pioneer District* erhebt sich das riesige *American-Football*-Stadium ***CenturyLink Field***, Heimat des *Seattle Seahawks* und Multifunktionsarena (auch Rock/Pop-Konzerte usw.) mit einem Fassungsvermögen von bis zu 72.000 Zuschauern.

In unmittelbarer Nachbarschaft steht noch das ***Safeco Field***, ein großes Baseballstadium mit »Schiebedach« und Platz für bis zu 48.000 Gäste. Der Komplex kann an spielfreien Tagen im Rahmen von 1-stündigen Touren meist 2-3x täglich besichtigt werden; Tickets $12/$10; www.mlb.com/mariners/ballpark/tours.

Chinatown

Südöstlich hinter dem Pioneer Square erstreckt sich der ***Chinatown-International District***, Zufahrt über Jackson oder Main Street. Anders als die Chinatown in San Francisco vermitteln die verstreuten asiatischen Fassaden, Restaurants und Spezialitätenshops in Seattle keine sonderlich exotische Atmosphäre. Das *Wing Luke Museum* ($17) thematisiert die Einwanderung aus Asien und bietet auch *Chinatown Discovery Tours* an; www.wingluke.org.

Parks und Sehenswertes rund um die City

Washington Park

Von Downtown Seattle gelangt man über die Madison St direkt zur südlichen Zufahrt des ***Washington Park Arboretum***. Diese attraktivste Parkanlage der Stadt ist Teil der Botanischen Gärten der *University of Washington* und wird durch den East Lake Washington Blvd und den East Arboterum Drive erschlossen (freier Zutritt mit Ausnahme des ***Japanese Garden***). Bevor man einen der zahlreichen Spazierwege, die sich durch die üppige Baum- und Pflanzenwelt winden, in Angriff nimmt, kann man sich noch täglich 9-17 Uhr im *Graham Visitors Center* mit Infos und Karten versorgen (in der Nordostecke des Parks). Übersichtsplan: https://botanicgardens.uw.edu/washington-park-arboretum/visit/maps-trails.

Unweit des Besucherzentrums startet auch der wunderbare ***Foster & Marsh Island Loop*** (2,5 km), der zunächst durch ein kleines Wäldchen verläuft, dann unter der #520 hindurch und weiter auf *Foster Island* zwischen Seerosen und Schilf zur *Marsh Island*. Der rege Verkehr auf dem *Freeway* #520 stört etwas die Idylle. Diese Wanderung und die Union Bay sind zudem sehr beliebt bei den »***Seattleites***« (Bewohner von Seattle; Aussprache: »*seä tel laits*«), so dass in diesem Bereich an Wochenenden meist sehr viel los ist.

Universitätscampus

Wer nach dem Besuch des Arboretum noch den absolut beeindruckenden Campus der ***University of Washington*** ansehen möchte, folgt dem East Lake Washington Blvd weiter bis zum Montlake Blvd. Dort geht es dann nach Norden (rechts) über die Union Bay Brücke zur 15 th Ave (immer der grünen Ausschilderung »*UW Visitor Info/Parking*« nach). Bei Anfahrt über die I-5 wählt man am besten den *Exit* 169 und fährt dann auf der 45th St nach Osten bis zur 15th Ave. Wer dort in der Umgebung keine freien Parklücken findet, kann die gebührenpflichtigen Garagen und Parkflächen der Uni ansteuern; Lageplan: www.washington.edu/maps.

Das ***Burke Museum of Natural History & Culture*** auf dem Universitätsgelände wurde stark erweitert und im Herbst 2019 an dem neuen Standort eröffnet; 4300 15th Ave NE (Ecke 45th St). Es hat eine gute anthropologische Abteilung, die sich den Völkern an der nordamerikanischen Pazifikküste widmet; täglich 10-17 Uhr, Do bis 20 Uhr; Eintritt $22/$14; www.burkemuseum.org.

Die ***Henry Art Gallery*** unweit des Campus-Besucherzentrum ist relativ klein und kein Muss; $10/$6; www.henryart.org. Von dort sind es nur noch wenige Schritte bis zur Hauptplaza mit tollem Blick auf die ***Drumheller Fountain***. Bei klarer Sicht erhebt sich hinter ihr der scheinbar nahe, tatsächlich aber 100 km Luftlinie entfernte, **schneebedeckte Mount Rainier** südlich der Stadt.

Lake Union

Zwischen der I-5 und der #99 breitet sich nördlich von Downtown der **Lake Union** aus. An seiner Südspitze liegt an der Valley St die Zufahrt zum *Center for Wooden Boats*, wo man Boote mieten kann, und zum ***Museum of History & Industry*** (***MOHAI***). Dort wurde die Geschichte der Stadt gut und spannend aufbereitet; tägl. 10-17 Uhr, im Hochsommer Do bis 20 Uhr; $20/$16; www.mohai.org.

Hausboote

Bekannt ist der Lake Union vor allem durch seine hübsch aufgereihte **Hausboot-Flotte**, die entlang der Fairview Avenue den Uferbereich säumt. Fest verankert an der Westlake Ave liegt außerdem das *Floating Home* von Tom Hanks aus dem Kino-*Blockbuster* **»Schlaflos in Seattle«** mit Meg Ryan. Es ist in Privatbesitz; am besten sieht man es während einer *Ride the Ducks Tour* (➤ Seite 549) oder kostenfrei vom gegenüberliegenden ***Gas Works Park***, der die rostigen Überbleibsel eines Gaswerks birgt.

Fremont Troll

Ein beliebtes Fotomotiv versteckt sich noch nordwestlich des Lake Union. Dort »residiert« unterhalb der Aurora Bridge (Kreuzung #99/North 36th Street) der ***Fremont Troll***, ein 5 m hoher Zementkobold mit einem VW-Käfer in der Hand. Eine weitere Skulptur (*People waiting for the interurban*) befindet sich nahebei an der Ecke Fremont Ave/N 34th Street.

Paddeln auf dem Lake Union

Woodland Park Zoo

Über die #99 (oder I-5, *Exit* 169) und die 50th Street erreicht man den ***Woodland Park Zoo*, einer der besten in den USA**. Die Gehege sind sehr schön und weitläufig gestaltet, entsprechend groß ist daher der Zeitbedarf (mindestens 4-5 Std einplanen und am besten Wanderschuhe anziehen). Geöffnet im Sommer täglich 9:30-18 Uhr; $25, im Winter günstiger oder als Kombi mit *Needle* und *Chihuly*; Parken kostet extra ($6, RVs $18); www.zoo.org.

Beim **Green Lake** im Norden des *Woodland Park* warten gleich zwei populäre Badestrände, die *East* und *West Lake Beach*.

Interlaken/ Volunteer Park

Östlich des Lake Union und der I-5 liegen unweit des Arboretums noch zwei weitere City-Parks: Durch den ***Interlaken Park*** und seinen verwunschenen Regenwald schlängelt sich eine enge und kurvenreiche Straße. Nichts deutet darauf hin, dass man sich dort noch mitten in der Großstadt befindet.

Sehenswerter – vom touristischen Standpunkt aus – ist aber der angrenzende ***Volunteer Park*** (15th Ave/Galer Street) mit dem ***Asian Art Museum***, einem Ableger des *Art Museum* in der 2nd Avenue (geöffnet Mi-So 10-17 Uhr, Do bis 21 Uhr, Sa ab 9 Uhr; $15/$10 www.seattleartmuseum.org), und dem ***Conservatory*** mit einheimischen sowie tropischen Pflanzen (zugänglich Di-So 10-16 Uhr; $4/$2). Vom ***Observation Deck*** des alten Wasserturms bietet sich ein (etwas zugewachsener) Blick über Stadt und Bucht.

Lake Washington

Durchaus empfehlenswert ist auch der Besuch der **Parks** am **Lake Washington**. Eine Fahrt ab dem *Washington Park* (➤ Seite 558) auf den Uferstraßen führt durch beneidenswerte Wohnviertel sowie vorbei an Marinas, Stränden und schönen Picknickplätzen (u.a. im ***Seward Park*** auf einer urtürmlich bewaldeten Halbinsel).

Puget Sound

Da sich das Wasser in der Meeresbucht **Puget Sound** stärker erwärmt als der Pazifik, eignen sich auch die ***Alki Beach*** der Strand im ***Seahurst Park*** im Juli und August gut zum Baden. Sie sind entsprechend beliebt bei Jung und Alt auch zum **Sonnenuntergang**.

Eine tolle seeseitige Rundfahrt in West-Seattle führt von dort über die Alki Ave, den Beach Drive SW und den Fauntleroy Way

Freier Blick auf die Space Needle und die Wolkenkratzer der Stadt von der Alki Beach

Seattle – Die schönsten Aussichtspunkte

Hoch hinauf geht es in der ***Space Needle*** im *Seattle Center* (➤ Seite 552). Wer allerdings auch die »Weltraum-Nadel« mit auf dem Bild haben möchte, wählt dafür lieber das ***Sky View Observatory*** in der 73. Etage des *Columbia Center* in Downtown (701 5th Ave/Ecke Columbia St; ➤ Seite 555). Noch schöner und kostenlos ist der **klassische Blick** auf die *Space Needle* mit der *Skyline* und dem schneebedeckten Mount Rainier im Hintergrund vom winzig kleinen ***Kerry Park*** am 211 West Highland Drive nordwestlich des Zentrums; Anfahrt vom *Seattle Center* oder der I-5 am besten über die Mercer Street und Queen Anne Ave. Sehr schön ist auch der Sonnenuntergang in West Seattle von der ***Alki Beach*** (➤ Foto unten) oder vom nahe und etwas höher gelegenen ***Hamilton Viewpoint Park*** (1120 California Way SW). Für Fotografen könnte abends außerdem noch eine etwas ungewöhnlichere Sicht auf die von Autobahnen eingerahmten Hochhäuser der Stadt sein aufgenommen vom ***Dr. Jose Rizal Park*** in der Nähe der 12th Avenue-Brücke über die I-90.

hinunter zum ***Lincoln Park*** mit weiteren attraktiven Uferwegen, Spiel-/Picknickplätzen sowie einem beheizten Salzwasser-Pool.

Northwest Seattle

Den weitgehend naturbelassenen ***Discovery Park*** im nordwestlichen Stadtteil Magnolia durchziehen **Wildnis-Wanderwege**. Ein Abstecher dorthin lohnt vor allem in Verbindung mit dem Besuch der ***Ballard Locks***. Zufahrt südlich des *Lake Washington Ship Canal* über den Commodore Way zum *Commodore Park*. Interessant ist die Fischtreppe mit Sichtfenstern, wenn **Ende Juni-Anfang Okt.** die **Lachse** vorbeiziehen; täglich 7-20.45 Uhr; frei. Das Besucherzentrum der *Locks* und die Schleusenanlage befinden sich am nördlichen Ufer des Kanals, sind aber auch vom Süden aus zugänglich.

Wer vom *Visitor Center* der *Ballard Locks* die Rundfahrt in Richtung Küste fortsetzt, passiert an der Seaview Ave Seattles größte Marinas und erreicht dahinter den ***Golden Gardens Park*** mit einem bei gutem Wetter meist stark frequentierten Sandstrand.

Großraum Seattle
N
0 2 km
Everett/Vancouver
Everett/Vancouver
Golden Gardens Park
Green Lake
Woodland Park Zoo
Magnuson Park
Ballard Locks
University of Washington
Discovery Park
Fremont Troll
Gas Works Park
Lake Union
Interlaken Park
Washington Park
Japanese Garden
Volunteer Park
Space Needle
San Juan Islands, Victoria Clipper
DOWNTOWN
BELLEVUE
Lake Washington
CenturyLink Field
Bain-bridge
Bremerton
Alki Beach
WEST SEATTLE
Spokane
Seward Park
MERCER ISLAND
RAINIER VALLEY
Lincoln Park
Museum of Flight
WHITE CENTER
Seahurst Park
RENTON
SeaTac Airport
DES MOINES
Saltwater SP
Tacoma/Portland
5
405
520
90
99
509
518
169
167

Flugzeugmuseen und Boeing-Werke

Flugzeug Museum

Eine der größten Sehenswürdigkeiten der Stadt liegt weit außerhalb, das ***Museum of Flight***; täglich 10-17 Uhr; Eintritt $25, Kinder 5-17 $16; www.museumofflight.org; Anfahrt ab Downtown über die I-5 in südliche Richtung, ausgeschildert ab *Exit* 158. In der lichten Halle und im *Airpark* fanden über 150 Flugzeugtypen Platz – vom Doppeldecker der Frühzeit über Kampfflieger aus dem 1. oder 2. Weltkrieg, einer ***Concorde*** und älteren ***Air Force One*** bis zum modernen Abfangjäger, darunter eine ***Fieseler Fi 103*** und eine ***Lockheed M-21 Blackbird***. Kinder dürfen in den Cockpits Platz nehmen, und Flugsimulatoren sowie zahlreiche *hands-on* Exponate könnten ebenfalls für Begeisterung sorgen. Top!

Boeing-Werke in Everett

»No cameras please!«

Die ***Boeing Typen** 747, 767, 777* und der ***Dreamliner** 787* werden in **Everett**, 25 mi nördlich von Seattle, montiert (4 mi westlich der I-5, Abfahrt 189, gut ausgeschildert). Die ***Boeing Tour*** (90 min) startet vom ***Future of Flight Aviation Center***, einem tollen Museum der zivilen Luftfahrt, durch riesige freitragende Montagehallen. Im Sommer mehrfach täglich 8.30-16 Uhr; $25 inkl. *Aviation Center*, Kinder bis 15 Jahre $15, **nicht unter 1,22 m**!

Reservierung sehr angeraten, bis zu 9 Monate im Voraus möglich unter www.futureofflight.org oder © 1-800-464-1476.

Anacortes

Rund 70 mi nördlich von Seattle liegt **Anacortes**, Ausgangspunkt für ***Whale Watching Trips*** (➤ Seite 568) und der Autofähre nach Vancouver Island. Anacortes ist dank des ***Washington Park*** in der westlichsten Ecke von Fidalgo Island so oder so einen Abstecher wert. Gleich hinter dem Fährhafen an der ***Sunset Beach*** beginnt die schmale ***Loop Road*** (RVs max. 23 Fuß) durch Regenwald und vorbei an herrlichen Stränden und ganz privaten Picknickplätzchen. Der Sonnenuntergang ist dort kaum zu übertreffen. Mittendrin versteckt sich ein komfortabler ***Campground*** mit etlichen *first-come, first-served*-Plätzen ($21, *hook-up* $27).

Vom **Coupeville-Anleger** auf Whidbey Island, ca. 35 mi südlich Anacortes, legen die Fähren nach **Port Townsend** ab (➤ Seite 569).

Museum of Flight

11.2 Routen von Seattle nach Kanada

11.2.1 Auf dem Landweg

Auf der I-5 direkt nach Vancouver

Ein Blick auf die Karte zeigt: Nach Kanada ist es nicht weit. Die Grenze (White Rock) liegt nur ca. 175 km von Downtown Seattle und 200 km vom *Sea-Tac*-Flughafen entfernt. Ins Zentrum von Vancouver sind es noch weitere 50 km. Für die dann insgesamt 250 km benötigt man aber mindestens 3-4 Stunden und bei Stau noch weitaus länger. Vor allem die Warte- und Einreise-Prozedur an der Grenze kann manchmal recht langwierig sein. An der Strecke liegt Everett mit dem ***Boeing Flight Aviation Center*** (➤ umseitig). Der kleine Abstecher dorthin lohnt sich, man muss aber noch zusätzliche 2-3 Stunden einplanen.

Über die Kaskaden ins Okanagan Valley

Alternative Routen

Zwei reizvolle Routen von Seattle nach Kanada führen durch die Kaskaden und jenseits des Gebirges durch eine völlig andere Klimazone. Bis zur kanadischen Grenze bei **Osoyoos** (➤ Seite 298f) sollte man dafür wegen langer Fahrtzeiten (kaum unter 8 Stunden, in beiden Fällen rund 300 mi/480 km) unbedingt zwei Tage einplanen. In Anbetracht der schönen Strecken mit vielen Anlässen für kurze und längere Zwischenstopps sind drei Tage nicht zu viel.

Alternative 1: Straße #2

Von Everett aus durchquert die **Straße #2** die Kaskaden in einem weniger hochgelegenen Bereich (*Stevens Pass* 1.230 m) und stößt bei Wenatchee auf die langgestreckten Stauseen des mächtigen Columbia River. Von Seattle steuert man die #2 am besten über Bellevue auf der I-405 North an: *Exit* 23, dann Straße #522 bis Monroe. Ab dort geht es am Skykomish River entlang durch eine

Seattle-Kanada mit öffentlichen Verkehrsmitteln

Man kann für den Transport von Seattle nach Vancouver oder Victoria auf Vancouver Island natürlich auch öffentliche Verkehrsmittel nutzen:

Relativ zahlreich sind die täglichen **Flüge** von ***Air Canada*** und diversen ***US-Airlines*** **nach Vancouver**. Von Seattle **nach Victoria** fliegt mehrmals täglich ***Horizon Air***. Wer fliegen möchte, sollte das Ticket für den Weiterflug zusammen mit dem Transatlantikflug buchen, denn der separat gekaufte grenzüberschreitende Flug ist unverhältnismäßig teuer für die kurze Strecke.

Gleich mehrere **Buslinien** (www.quickcoach.com; www.gotobus.com, www.amtrak.com) verkehren von *Sea-Tac* und Downtown Seattle nach Vancouver. Die einfache Strecke kostet ab $45 bei 3-4,5 Stunden Fahrtzeit.

Wer die Eisenbahn bevorzugt, braucht exakt 4 Stunden und zahlt dafür $56 bei zwei Abfahrten täglich; mehr unter www.amtrak.com.

Passagiere ohne Auto transportiert auch der Katamaran ***Victoria Clipper*** ab ***Pier 69*** von Seattle nach **Victoria** (knapp 3 Stunden, 1-3 x täglich; im Sommer $119 einfache Fahrt, $205 retour; deutlich preiswerter bei mind. 7-Tage-Vorbuchung: ✆ 1-800-888-2535 oder www.clippervacations.com/clipper-ferry.

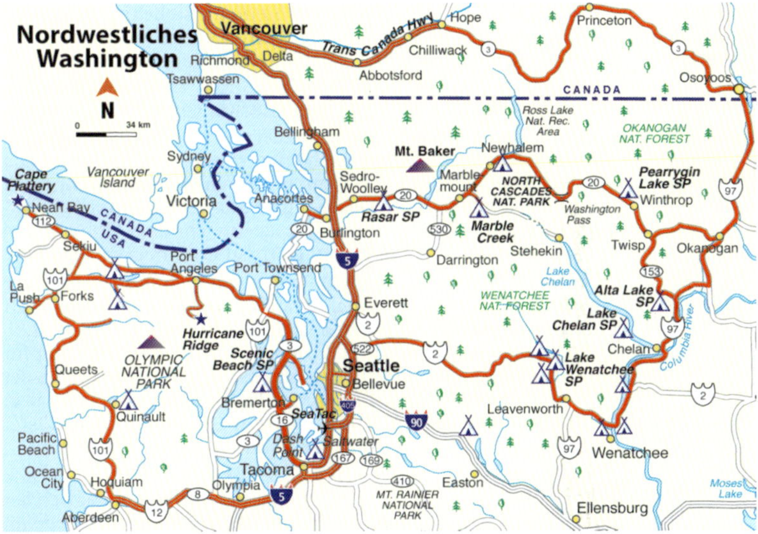

herrliche Gebirgslandschaft. Camper finden an dieser Strecke gleich mehrere schön gelegene Übernachtungsmöglichkeiten.

Oberbayern in den USA

Am Ostabhang der Berge passiert man **Leavenworth**, das sich zum ***Bavarian Village*** erklärt hat: ***Just like Bavaria, but so close***. Die Fassaden in diesem Städtchen sind bayrischer Architektur nachempfunden, und die Hotels tragen typisch deutsche Bezeichnungen wie ***Enzian Inn*** und ***Ritterhof***. Das Preisniveau beginnt dort bei ca. $120 fürs einfache DZ; www.leavenworth.org. Auch die Gastronomie orientiert sich am bayrischen Vorbild, was Restaurantnamen, Einrichtung und Speisekarte betrifft (Sauerkraut, Knodel, Wiener Wurst und Leberkas).

Östlich der Kaskaden

Da das flache bis hügelige Land östlich der Kaskaden nur geringe Niederschläge verzeichnet, unterscheidet sich der Charakter des zentralen Washington klimatisch erheblich von der West-Region. Wärme und reichlich Sonnenschein warten von Mai bis Oktober.

Am Columbia River entlang geht es dort beidseitig des Lake Entiat auf den **Straßen #97** oder **#97A** weiter in Richtung Kanada.

Lake Chelan

Touristischer Zentralort der Region mit allen Einrichtungen für kommerzielle Ferienfreude (zahlreiche Hotels/Motels) ist **Chelan**, 35 mi nördlich von Wenatchee am Südende des gleichnamigen Sees, der 80 km in die Kaskaden hineinragt. Der von Hochgebirge eingerahmte See mit seinen vielen Meilen einsamer Ufer, ungezählten Buchten und Anlegestellen gilt als eines der schönsten Bootsreviere des US-Nordwestens; www.lakechelan.com.

Zum Baden und Campen eignet sich gut der ***Lake Chelan State Park***, ca. 8 mi westlich; www.parks.state.wa.us/531/Lake-Chelan.

Per Boot in den North Cascades NP

Am Nordende des Sees liegt die Siedlung **Stehekin**, Ausgangspunkt für Bergwanderungen. Die ***Lady Express*** fährt ganzjährig nach Stehekin (retour 7 Stunden), in der Hauptsaison zusätzlich die ***Lady of the Lake*** (retour 9,5 Std). Mit welchem Boot auch immer, ein toller Trip: www.ladyofthelake.com.

Weiter auf der #97 nach Kanada

Auf der Straße #97 geht's auch wieder weiter, zunächst 30 mi am Columbia River und dann die letzten 75 mi bis zur kanadischen Grenze am Okanogan River entlang durch eine nun nicht mehr besonders attraktive Landschaft und nur noch kleine Ortschaften. Knappe 5 mi nördlich der Grenze erreicht man **Osoyoos** und damit die südlichste Route durch British Columbia, ➢ Seite 299.

Alternative 2: Straße #20

Die **Straße #20** durchschneidet weiter nördlich das Hochgebirge des ***North Cascades National Park***. Die Anfahrt von Seattle läuft für die ersten 65 mi (100 km) über die I-5. In Burlington, *Exit* 229, geht es dann auf die #20 nach Osten. Ein erstes ***Visitor Center*** für den Nationalpark passiert man bereits in Sedro Woolley an der #20; www.nps.gov/noca. Von dort und auch schon von der I-5 liegt sehr eindrucksvoll der **Mount Baker** im Blickfeld, nördlichster der ganzjährig schneebedeckten Kaskadenvulkane in den USA.

Von **Marblemount** am Westrand des Gebirges führt die *Cascade River Road* (geteert) in den Nationalpark hinein. 8 mi östlich der #20 erreicht man den ***Campground Marble Creek***. Er liegt im dichten Regenwald und gehört zur Einfachkategorie, bietet aber ganz am Ende des Platzes am Wildbach absolutes Naturerlebnis.

North Cascades National Park

Die hier *North Cascades Hwy* genannte Straße #20 führt durch die ***Ross Lake Nat'l Recreation Area***, die den Nationalpark in ein Nord- und Südareal teilt. Ein ***Visitor Center*** befindet sich bei Newhalem, außerdem ein *Info Center* von *Seattle City Lights*, dem Betreiber der Wasserkraftwerke des hier dreifach gestauten Skagit River. Etwas weiter östlich passiert man die Dämme des **Diablo** und **Ross Lake**. Letzterer ist – abgesehen von Zufahrten zu Marinas – nur per Boot oder auf Wanderwegen zugänglich. In Newhalem und am Lake Diablo gibt es diverse ***Campgrounds***; der beste ist ***Colonial Creek*** am *Thunder Creek Arm* des Sees. Durch grandiose Gebirgslandschaft geht es über den ***Washington Pass*** (1.650 m) auf etwa halber Strecke zwischen Diablo und Winthrop am Fuß der Berge. Die Auffahrt zum ***Pass Overlook***, einem grandiosen Aussichtspunkt, sollte man nicht auslassen.

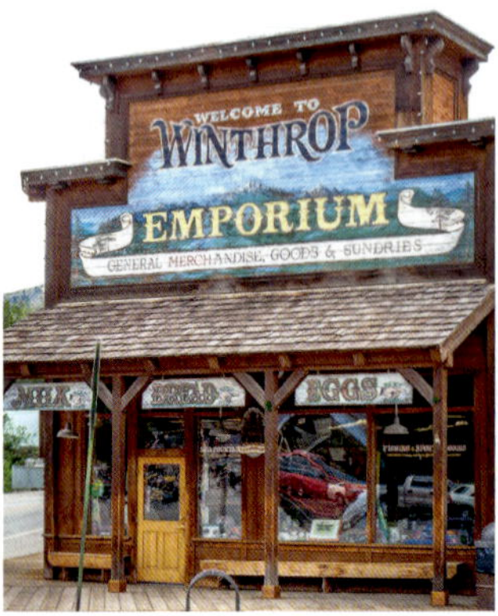

In **Winthrop** warten einige originelle **Fotomotive**, denn der Ort – obwohl ohne Wildwest-Vergangenheit – hat sich einen typischen ***Western Town***-Look zugelegt. Am Abend ist dort dank diverser Restaurants und dem *Three Fingered Jack's Saloon* mehr los, als man bei nur 450 Einwohnern erwarten würde. Quartiere sind reichlich vorhanden, aber recht teuer; www.winthropwashington.com.

Tagsüber verdient in Winthrop das ***Shafer Museum*** einen Besuch: ein kleiner Komplex aus Blockhütten mit einem Sammelsurium von Objekten aus der »guten alten Zeit«. Eintritt Spende ($5, Kinder kostenlos), geöffnet zwischen *Memorial* und *Labor Day* 10-17 Uhr; www.shafermuseum.org.

Am **Pearrygin Lake**, ca. 5 mi nordöstlich von Winthrop, laden Picknicktische und ein gut angelegter, komfortabler ***SP-Campground*** zum Verweilen ein; https://parks.state.wa.us/563/Pearrygin-Lake. Ortsnäher campt man bei ***KOA***.

In **Okanogan**, 42 mi östlich von Winthrop, stößt die #20 auf die #97. Von dort sind es noch ca. 55 mi bis zur kanadischen Grenze bzw. nach Osoyoos (➤ Seite 299). Wer ausreichend Zeit mitbringt, könnte auch einen Abstecher nach Süden zum Lake Chelan einbauen (➤ Seite 565; rund 70 Mehrmeilen für den Umweg plus einen Zusatztag für Aktivitäten dort).

Der immer schneebeckte Mount Baker überragt den äußersten Nordwesten Washingtons und den Puget Sound

11.2.2 Per Fähre von den USA nach Vancouver Island

Wer nach Seattle fliegt, sollte – wenn möglich – den Besuch von Vancouver Island einplanen, entweder gleich zu Beginn oder als schönen Reiseausklang. Die Autofähren dorthin verkehren **ab Anacortes** (rund 80 mi nördlich von Seattle) sowie **ab Port Angeles** (auf der *Olympic Peninsula*).

Die Olympische Halbinsel lässt sich auch schon direkt ab dem ***Sea-Tac*-Flughafen** ansteuern: über die Straßenkombination I-5/#16/#3/#104/#101 erreicht man nach etwa 2,5 Stunden Port Angeles und die I-5/#101/#8 führt in etwa derselben Zeit über Olympia zum Südeingang des ***Olympic National Park*** (beide ca. 130 mi). Letztere Variante ist besonders abwechslungsreich, aber auch zeitintensiv (beansprucht mindestens einen Extratag!). Sie empfiehlt sich nur bei **Schönwetter** – nur dann kann man den Umweg über die fantastischen Küstenabschnitte, Regenwälder und Bergwelten des Nationalparks auch genießen. Bei Nebel oder gar Dauerregen bringen die vielen zusätzlichen Meilen nicht viel.

Von Anacortes durch die San Juan Islands nach Sidney

Anacortes

Zum Hafen der Autofähre nach/von Vancouver Island in Anacortes geht es von Seattle auf der *Interstate* #5 zunächst nach Norden bis Mount Vernon (61 mi, *Exit* 226) und von dort über die Straßen #536 und #20 in Richtung Westen (zusätzliche 20 mi).

Anacortes-Sidney-Fähre

Die Anacortes-Sidney-Fähre durch die San Juan Islands stellt die beste und schnellste Verbindung zwischen Seattle und Vancouver Island her. Mit etwas Glück kann man während der Überfahrt sogar **Wale beobachten** (➤ Kasten unten). Das Schiff verkehrt 1-2 x täglich und benötigt 2,5 Stunden. Für zwei Personen mit Pkw zahlt man zur Hochsaison ab ca. \$80, mit Wohnmobile ab \$95. Der Zielhafen Sidney ist ein Städtchen ca. 16 mi/25 km nördlich von Victoria. Aktuelle Zeiten, Tarife und Reservierung unter ✆ 1-888-808-7977 bzw. www.wsdot.wa.gov/ferries.

Anacortes ist aber allein schon wegen des hübschen ***Washington Park*** einen Abstecher wert; zum Campen und für den Sonnenuntergang, ➤ Seite 563.

Whale Watching bei den San Juan Islands

Zwischen der Olympischen Halbinsel, Vancouver Island und dem Festland bilden Puget Sound und Strait of Georgia ein ausgedehntes über die Strait of Juan de Fuca mit dem Pazifik verbundenes Binnengewässer. Mittendrin liegen die San Juan Islands, ein Archipel aus über 450 überwiegend unbewohnten, kleinen Inseln. Dieses Gebiet ist ausgesprochen ergiebig fürs ***Whale Watching***, entsprechend groß auch die Anzahl der Touranbieter, die von Anacortes, Bellingham, Port Townsend, Friday Harbor (auf San Juan Island) und Victoria (auf Vancouver Island) in See stechen.

Springender Orca vor Vancouver Island

Beste Chancen, einige der Meeressäuger zu Gesicht zu bekommen, hat man ab März den Sommer hindurch bis in den Herbst hinein: Schwertwale (*Orcas*) von Mai bis September, Grauwale im März/April und Buckel- sowie Zwergwale im Oktober/November. Weißkopfseeadler, Otter, Seehunde und -löwen gibt es meist noch als Zugabe. Ein guter Tourveranstalter, der in Anacortes startet, ist zum Beispiel ***Island Adventures***. Die 5-stündigen Trips kosten ca. \$110 pro Person (Kinder \$70); online bei langfristiger Vorbuchung mitunter 20% Rabatt; ✆ 1-800-465-4604 bzw. www.island-adventures.com.

Ein besonderes Erlebnis können auch geführte Kajaktouren sein. Zahlreiche Anbieter haben ihren Sitz auf der Hauptinsel San Juan. Tagesausflüge führen dort z.B. von Snug Harbor hinunter zum *Lime Kiln Lighthouse* und wieder zurück (ab \$120 u.a. bei www.crystalseas.com oder www.discoveryseakayak.com).

Schnellste Strecke zur Fähre Port Angeles-Victoria

Fähre ab Seattle

Von Seattle führt der meilenmäßig kürzeste Weg nach Port Angeles über die Inseln im Puget Sound (75 mi). Vom Terminal am *Colman Dock* (***Pier 52***) legt die **Autofähre nach Winslow** auf Bainbridge Island ab (35 min). Das einfache Ticket für zwei Personen im Pkw kostet im Sommer ab ca. $25, mit RV ab $29. Rund 20 Abfahrten täglich zwischen 5 Uhr morgens und 2 Uhr nachts; aktuelle Infos: ✆ 1-888-808-7977 bzw. www.wsdot.wa.gov/ferries.

Von Winslow geht es dann auf der Straße #305 zunächst zur #3 und ab der *Hood Canal Floating Bridge* auf der #104 zum **Hwy 101**, der die Olympische Halbinsel in der Folge umrundet.

Umweg über Tacoma

Der Umweg über Tacoma (25 mi südlich des *Sea-Tac*-Flughafens) bedeutet ein Plus von etwa 70 Meilen. Ohne Stau ist die Strecke (I-5/#16/#3/#104/#101) in unter 3 Std zu bewältigen und man spart die Gebühren für die Winslow-Fähre. Die stark befahrene Route bietet allerdings nur wenig Reize, sieht man von Abstechern – etwa nach **Port Townsend** (alte Klinkerfassaden und Kunstgalerien an der Water St) oder zu den Stränden und *Campgrounds* einiger *State Parks* – ab. Interessierte können die Fahrt in **Tacoma** (I-5, *Exit* 133) für den Besuch des ***Museum of Glass*** (*Chihuly*) und der Oldtimer-Kollektion im ***LeMay Museum*** unterbrechen. Beide sehenswert!

Port Angeles

Mit knapp 20.000 Einwohnern ist Port Angeles der größte Ort auf der Olympischen Halbinsel mit zahlreichen **H/Motels** entlang der Hauptstraße (#101) und einem **Hostel** (*Toadlily House*) an der East 5th Street. Touristisch bedeutsam ist die Stadt als Ausgangspunkt für Fahrten in die Hochlagen des Olympic Nationalparks (Hurricane Ridge, ➤ unten) und für die 90-min-Fährverbindung nach **Vancouver Island**. Das Besucherzentrum befindet sich direkt beim Fährhafen; 121 E Railroad Ave; geöffnet täglich 9.30-17.30 Uhr, Sa 10-17.30 Uhr, So 10-15 Uhr; www.visitportangeles.com.

Fähre nach Victoria

Im Sommer verkehrt die ***Black Ball Ferry*** 4x täglich, im Frühjahr/Herbst 2x nach Victoria/British Columbia. Reservierung ist angeraten; Details und Preise, ➤ Seite 348 und 351.

Zeitbedarf

Die Strecke von Seattle bis Port Angeles (über Winslow oder mit Umweg über Tacoma) ist samt der Fähre nach Victoria bei entsprechender Reservierung locker an einem Tag zu bewältigen. Wer früh genug aufbricht und die letzte Abfahrt des Tages gebucht hat, kann auch noch den Abstecher zur Hurricane Ridge einbauen.

Hurricane Ridge des Olympic NP

Eintritt $30/Auto

(Der Besuch der Küsten ist frei!)

An der ausgeschilderten Zufahrt zum Nationalpark lassen sich in Port Angeles die ***Park Headquarters*** an der 3002 Mount Angeles Rd nicht verfehlen. Von dort geht es in steilen Kehren hinauf zum *Hurricane Ridge Visitor Center* (rund 19 mi ab der #101). Schon vom Parkplatz genießt man eine wunderbare Aussicht auf die schneebedeckten über 2.000 m hohen Gipfel des Parks. Kurze Rundwege führen zu *Viewpoints* mit Blick nach Norden auf die *Juan de Fuca*-Meerenge bis nach Vancouver Island hinüber. Begegnungen mit Murmeltieren, Schneeziegen oder Rehen sind dabei häufig.

Auf die Westseite der Olympischen Halbinsel

Mit etwas mehr Zeit (mindestens plus 1-2 Tage) lohnt sich auf dem Weg nach Port Angeles nicht nur eine Unterbrechung in **Tacoma** (Museen ➤ umseitig), sondern auch ein etwas größerer Schlenker über die Westseite der Olympischen Halbinsel, wo sich – gutes Wetter vorausgesetzt – mehrere Urlaubstage spannend gestalten lassen. Vor allem Wanderer und *Backpacker* kommen dort voll auf ihre Kosten. Hartnäckiger Küstennebel ist allerdings im Sommer oftmals ein Problem und Regen im Frühling/Herbst.

Über die Küsten des Olympic NP zur Fähre nach Victoria

Kaum ein Nationalpark in den USA ist derart vielfältig. Das als *UNESCO*-Biosphärenreservat und Weltnaturerbe ausgewiesene Gebiet rund um den **Mt Olympus** (2.432 m) vereint gemäßigt temperierten Regenwald mit jährlichen Niederschlagsmengen von mehr als 4 m, ewiges Gletschereis, heiße Quellen, naturbelassene Sandstrände und wildromantische Steilküsten auf engstem Raum.

Für die Umrundung der Olympischen Halbinsel folgt man ab Tacoma zunächst der I-5 bis nach **Olympia**, Washingtons Hauptstadt mit einem schön angelegten *State Capitol* (Abfahrt 105). Über den *Exit* 104 geht es weiter in Richtung Westen auf der Straßenkombination #101/#8/#12/#101, vorbei an den Städten Hoquiam und Aberdeen, denen man den Niedergang der einstmals blühenden Holzindustrie ansieht. Nach gut zwei Stunden Fahrt (ab Tacoma) ist der erste Anlaufpunkt innerhalb der Nationalparkgrenzen erreicht:

Quinault Rain Forest

Im ***Quinault Rain Forest*** vermittelt der kurze *Maple Glade Loop* einen guten Eindruck vom Regenwald. Der *East Fork Quinault River Trail* führt bis zum *Enchanted Valley*; 21 km retour, 500 HM.

Kalaloch/ Ruby Beach

Erst im Anschluss stößt die #101 bei **Kalaloch** auf die Küste mit langgestreckten Sandstränden. Der bei Ebbe zurückweichende Ozean gibt Einblick in die bunte Unterwasserwelt an der *Beach #4*, die man in Begleitung von Park-Rangern oder auf eigene Faust erkunden kann. Noch beeindruckender sind die Gezeitenbecken (*tide pools*) bei Niedrigwasser etwas weiter nördlich an der leicht zugänglichen und hübschen ***Ruby Beach***; Gezeiten ➤ Exkurs rechts.

Hoh River Rain Forest

Eintritt $30/Auto

Hinter *Ruby Beach* verläuft die #101 erneut im Landesinneren und führt zur 20-mi-Stichstraße des ***Hoh River Rain Forest***, wo man nach einem kurzen Stopp beim Besucherzentrum (erneut) in die nasse Welt des von Moosen und Farnen überwucherten Regenwaldes eintauchen kann. Zum touristischen Pflichtprogramm gehört dort der Naturlehrpfad ***Hall of Mosses*** (relativ eben, 1,3 km). Vom Parkplatz am Ende der Straße startet zudem der *Hoh River Trail* am gleichnamigen Fluss entlang, dem beliebig weit durch den grünen »Dschungel« gefolgt werden kann (offizieller Endpunkt erst nach 28 km an den Gletschern des Mount Olympus).

Forks

Als nächstes erreicht man den Hauptversorgungsort auf der Westseite des *Olympic NP* mit Supermarkt, Unterkünften und Kneipen. **Forks** (3.800 EW) war zentraler Schauplatz der verfilmten Vampir-Saga von Stephenie Meyer. Im *Visitor Center* liegt eine Karte mit den ***Twilight***-Orten aus; PDF unter www.forkswa.com/twilight.

Nur 1 mi nördlich von Forks zweigt die #110 zur Küste ab: Wer sich nach 8 mi rechts hält, gelangt über die Mora Road nach weiteren 5 mi zur steinigen ***Rialto Beach***, wo sich Treibholz in unvorstellbaren Mengen türmt. Bis zur Felsöffnung *Hole-in-the-Wall* am Nordende der Bucht sind es ca. 2,5 km zu Fuß. Südlich der Mündung des Quillayute River liegt am Ende der #110 das nicht sonderlich attraktive Quileute-Indianerdorf **La Push**. An der Zufahrt startet, 5 mi hinter dem Abzweig der Mora Road, der Pfad zur grandiosen ***Second Beach*** (1,2 km, 60 HM), wo die Sonne im Frühsommer abends durch ein Felsloch scheint (➤ Foto Seite 544/545).

Weiter nördlich führt die #113/#112 zum **Cape Flattery** in der ***Makah Indian Reservation***. Der Besuch ist zeitintensiv: 44 mi *one-way* und dann noch 1 km Waldweg bis hinaus an die Klippen. Vorab ist in **Neah Bay** ein ***Makah Permit*** zu besorgen ($10 pro Auto; erhältlich u.a. im Supermarkt oder Museum).

Lohnenswert ist in dieser Gegend vor allem die Wanderung zum *Point of Arches*, am besten mit dem Zelt, ➤ Exkurs unten.

Die weiteren Ziele bis Port Angeles (kristallklarer Lake Crescent, *Sol Duc Hot Springs* mit mehreren *Open-air* Becken) sind schön, aber nicht mehr so außergewöhnlich wie die Küstenabschnitte.

Übernachten

Unterkünftsmöglichkeiten entlang der Westküste (unbedingt reservieren, da gerne ausgebucht!) gibt es am Strand in **Kalaloch** oder in **La Push** sowie im nicht weit davon entfernten **Forks** oder bei der Südeinfahrt in **Amanda Park** beim beliebten Lake Quinault.

Campen lässt es sich herrlich bei Kalaloch mit freiem Blick auf das Meer, am Flussufer bei *Rialto Beach* am *Mora Campground* oder in Regenwaldumgebung im *Hoh Rain Forest* (unübertroffen ist dort der Platz zwischen Fluss und Besucherzentrum).

Zelten an der einzigartigen Küste des Olympic National Park

Ein ganz besonderes Erlebnis sind *Backpacking*-Touren entlang der rauen, zerklüfteten Küste. Zwei tolle und leicht mit Zelt zu erreichende Strände sind die ***Second*** & ***Third Beach*** (Parkplätze an der #110). Noch schöner übernachtet man am Südende der ***Shi Shi Beach*** beim spektakulären ***Point of Arches*** mit zahllosen Felsbögen, vorgelagerten Inselchen, Weißkopfseeadlern und Gezeitenbecken; 6 km *one-way*; *Makah*-Bewilligung (➤ oben) erforderlich und zum Zelten auch ein *NP-Wilderness Camping Permit* + *Bear Canister*. Die Ebbe legt dort bei Werten um **-1,5 ft** nicht nur die üblichen lila- und orangefarbenen Seesterne frei, sondern allerlei andere Arten, darunter vielarmige, 40 cm große Sonnenblumenseesterne. Tolle Ziele sind außerdem der einsame *Giant Graveyard* (längere Wanderung ab der *Third Beach*) sowie der populäre *Ozette Triangle Loop Trail* (14 km). **Infos:** www.nps.gov/olym/planyourvisit/wilderness-reservations.htm; **Gezeiten:** www.tidesandcurrents.noaa.gov/noaatidepredictions.html?id=9442396.

Die Skyline von Kanadas größter Stadt (Toronto) in der Abenddämmerung

Trans-Canada
von Toronto
nach Calgary

12. TRANS-CANADA VON TORONTO NACH CALGARY

Dieses Kapitel ist für alle diejenigen gedacht, die ihre Reise in und durch den Westen Kanadas zunächst weiter östlich beginnen möchten. Es beschreibt die landschaftlich und kulturell interessanteste Route von Toronto bis Calgary.

Zur Route

Zu etwa der Hälfte entspricht die Strecke dem Verlauf des ***Trans-Canada Highway***. Die hier vorgeschlagenen Abweichungen umgehen weniger aufregende *TCH*-Abschnitte zum Teil weiträumig. Insbesondere für die Provinzen Manitoba und Saskatchewan bietet die nachfolgende Route eine erstaunlich abwechslungsreiche Streckenführung. Für die Fahrtrichtung **Ost-West** spricht vor allem, dass sich dann die landschaftliche Attraktivität Kanadas fortwährend steigert.

Trans Canada Highway (TCH)

In Kanada kam eine durchgehende Ost-West-Verbindung recht spät zustande. Erst 1885 wurde der Gleisbau für die ***Canadian Pacific Railway*** beendet. Die Schiene blieb über Jahrzehnte der einzige transkontinentale Verkehrsweg.

Ein weiträumiger Ausbau des Straßennetzes begann praktisch nicht vor Mitte der 1920er-Jahre und beschränkte sich zunächst auf dichter besiedelte Gebiete. Bis in die 1960er-Jahre hinein konnte man Kanada nicht auf einer durchgehenden asphaltierten Straße queren. Die Barrieren des Lake Superior und der Rocky Mountains verhinderten eine Vernetzung der Straßensysteme im kanadischen Osten und Westen mit dem der Prärieprovinzen. Der Autoverkehr zwischen den Regionen war über die USA dennoch möglich. Dabei fielen – je nach Start- und Zielpunkt – nicht einmal unbedingt große Umwege an. Auch dieser Umstand verzögerte wohl den Bau der lückenlosen Ost-West-Trasse.

Der ***Trans-Canada Highway Act***, der 1949 schließlich offiziell den Plan zur Schaffung einer Transkontinentalstraße verkündete, war zugleich eine Demonstration der Einheit Kanadas und der wirtschaftlichen Unabhängigkeit des Landes (von den damals noch übermächtigen USA). Ein kompletter Neubau war nicht erforderlich. Bereits vorhandene Strecken mussten nur um einzelne Abschnitte (zwischen Sault Ste. Marie und Winnipeg sowie durch die Rocky Mountains) ergänzt werden. Die **Einweihung** des *Trans Canada Highway*, der von St. John's auf Newfoundland bis Victoria (***Beacon Hill Park*** ➪ Seite 358) auf Vancouver Island reicht, erfolgte **1962**. Aber erst drei Jahre später war auch der letzte Kilometer asphaltiert und die Strecke damit ganzjährig witterungsunabhängig befahrbar.

Heute besitzt der *TCH* in Nova Scotia, Québec und Ontario mehrere parallel verlaufende Äste, die alle die Bezeichnung TCH tragen. Die **kürzeste TCH-Route** durch alle zehn kanadischen Provinzen ist knapp **7.400 km** lang und schließt drei Fährstrecken ein (Newfoundland–Nova Scotia, Nova Scotia–Prince Edward Island und Vancouver–Nanaimo). Nur im Westen (Manitoba, Saskatchewan, Alberta, BC) sowie in Newfoundland und Prince Edward Island trägt der *TCH* die #1.

Start in Toronto

Als Start (oder Ziel) für eine solche Reise bietet sich **Toronto** insofern an, als die Stadt den am besten zu erreichenden internationalen Flughafen Kanadas besitzt. Vergleichbar gute Verbindungen hat nur **Chicago**, gut 800 km südwestlich, ebenfalls ein bedenkenswerter Ausgangspunkt für Ost-West-Trips. Beide Citys mit Ontario und *Niagara Falls* bzw. einer Route von Chicago durch Michigan nach Sault Ste. Marie als Anfahrt zum *TCH* werden ausführlich im Buch »Kanada Osten/ USA Nordosten« behandelt. Für Toronto greift man am besten zum *Reise Know-How City Trip*.

12.1 Durchs westliche Ontario

12.1.1 Von Toronto nach Sault Ste. Marie

Startroute

Die schönste *Trans-Canada Route* verlässt Toronto zunächst nordwärts auf der **Autobahn #400** über das Ballungsgebiet (200.000 EW) mit der Großstadt Barrie am Lake Simcoe, in Richtung Port Severn bis zur Ausfahrt #147 und auf der **#12** weiter in **Richtung Midland**.

Living Museum

Etwa 5 km östlich des Städtchens liegt das Freilichtmuseum ***Sainte-Marie among the Hurons***. 1639 errichteten dort französische Jesuiten im Gebiet der Huronen die erste europäische Siedlung in Ontario. Nach heftigen Angriffen der mit den Huronen verfeindeten Irokesen sahen sich die Geistlichen (➤ unten) und die von ihnen bekehrten Indianer gezwungen, die Mission 1649 aufzugeben, brannten sie aber vorher bis auf die Grundmauern nieder; www.saintemarieamongthehurons.on.ca. Das nach historischem Vorbild auf den originalen Ruinen wieder aufgebaute Dorf vermittelt dank liebevoller Detailrestaurierung und zeitgenössisch gekleideter »Bewohner« eindrucksvoll die Atmosphäre jener Zeit (geöffnet von Mai bis Mitte Oktober täglich 10-17 Uhr, Eintritt $12/$9).

Martyrs' Shrine

Gleich gegenüber von *Sainte-Marie* ragen die hellen Zwillingstürme des ***Martyrs' Shrine*** empor. Acht der als Missionare in *Ste. Marie* tätigen Jesuiten waren von den Irokesen ermordet und posthum zu Märtyrern und Heiligen erklärt worden. Den Schrein schuf man ihnen zu Ehren. Er ist heute Ziel von Pilgern wie Touristen gleichermaßen (täglich 8-21 Uhr; $5; www.martyrs-shrine.com). Große Bedeutung wird einem Papstbesuch im Jahr 1984 zugemessen – die Visite von Johannes Paul II. ist ausführlichst dokumentiert.

Wye Marsh Wildlife Centre

Direkt südlich an Sainte-Marie grenzt das ***Wye Marsh Wildlife Centre***, 16160 Hwy 12 E, wo am Wye River die in Ostkanada ausgerotteten **Trompeterschwäne** wieder angesiedelt wurden. Auf vier *Trails* und geführten **Kanutouren** ($8, Mai/Juni/Sept/Okt Sa+So, Juli/Aug täglich, 60 min) kann man den größten Wasservogel Nordamerikas beobachten (täglich 9-17 Uhr, $12; www.wyemarsh.com).

Penetanguishene

Einige Kilometer nordwestlich von Midland liegt **Penetanguishene**. Das Städtchen war seit dem frühen 19. Jahrhundert britischer Marine-Stützpunkt und Werfthafen. Vor dem ***Discovery Harbour*** (93 Jury Dr, Mitte Mai-Anfang September täglich 10-17 Uhr; Eintritt $7, Kinder $6), einem kleinen *Living Museum,* ankern originalgetreue Nachbauten der Segler ***HMS Bee*** von 1817 und ***HMS Tecumseth*** von 1814; www.discoveryharbour.on.ca.

Zur Nottawasaga Bay

Von dort sind es nur wenige Kilometer hinüber zur ***Nottawasaga Bay***. Über die Küstenstraße hinter endlosen Sommerhaussiedlungen erreicht man die Ferienregion Wasaga Beach. Visitor Centre: 550 River Rd West, © 1-866-292-7242; www.wasagachamber.com.

Wasaga Beach

Der ***Wasaga Beach Provincial Park*** besitzt einen 14 km langen weißen Sandstrand. Seine Hauptattraktion ist – neben dem weltlängsten Süßwasser-Strand – der ***Nancy Island Historic Site*** (Ende Juni-Anfang September täglich 10-17 Uhr). Im britisch-amerikanischen Krieg von 1812-14 wurde vor der Mündung des Nottawasaga River die britische *HMS Nancy* von US-Kriegsschiffen versenkt. Gestein und Sand, die sich um das Wrack sammelten, sorgten für die Bildung von Nancy Island. Auf dem zwischen Dünen und Fluss gelegenen ***Historic Site*** befinden sich heute Leuchtturm und Museum; www.wasagabeachpark.com.

Niagara Escarpment

Westlich von **Wasaga Beach** erhebt sich bei **Collingwood** der ***Blue Mountain***, mit 541 m eine der höchsten Berge des *Niagara Escarpment*. Diese Kalksandstein-Abbruchkante erstreckt sich quer durch Südontario auf einer Länge von 725 km von den Niagarafällen über die Ostseite der Bruce Peninsula bis nach Tobermory. Der 895 km lange Fernwanderweg ***Bruce Trail*** (www.brucetrail.org) von Queenston (bei Niagara Falls) bis Tobermory folgt dem Verlauf des *Escarpment*.

Dieser Weg passiert das Gipfelplateau des ***Blue Mountain Resort***, ein populäres Sommerferiengebiet mit Seilbahn ($17), **Mountain-Bike-Parcours** (*Day Pass* mit einer Fahrt $17, *unlimited* $54, Mountainbike $40/T; 90 Gord Canning Dr; www.bluemountain.ca) und Spazierwegen. Via *Blue Mountain Road* geht's zu den ***Scenic Caves*** auf der benachbarten Bergspitze, wo neben einer langen Hängebrücke (126 m) ein Rundweg zu Höhlen, Schluchten und Aussichtspunkten führt (Mai-Okt. tägl. 9-17 Uhr, Juli+Aug. 9-20 Uhr, $27/$25; mit Zipline; www.sceniccaves.com).

Nach Tobermory

Von Owen Sound geht es über die Hauptstraße #6 nach Tobermory. Den schönsten Abschnitt bilden die letzten Kilometer entlang der Ostküste der Bruce Peninsula. Die Westufer der Halbinsel am Lake Huron sind flach und streckenweise sumpfig. Sie verfügen aber auch über weitläufige Badestrände.

Abstecher

Weitere Abstecher von der #6 an die Westküste machen erst im Nationalpark Sinn (siehe unten). An die Ostküste führen dagegen mehrere lohnenswerte Stichstraßen. Eine davon, die #9 führt nach *Lion's Head* mit einem Sandstrand. Von dort aus sind es auf einem Teilstück des ***Bruce Trail*** noch etwa 2 km zu den Klippen der ***Lion's Head Provincial Nature Reserve***.

Bruce Peninsula NP

Der ***Bruce Peninsula National Park*** liegt an der Nordspitze der Halbinsel beidseitig der Hauptstraße. Zur spektakulären Küste der *Georgian Bay* mit überhängenden Felsen, Höhlen und stillen Buchten geht es dort nur auf Schusters Rappen.

Ontarios
Zentraler
Osten
N
0 30 km
Sudbury
Science North
North Bay
TCH-NORDROUTE
TCH-SÜDROUTE
Sault Ste. Marie
CHUTES PROV. PARK
Aux Sables River
Espanola
Massey
KILLARNEY PROV. PARK
Killarney
North Channel
Little Current
Gore Bay
Cup and Saucer
Ten Mile Pt.
Wikwemikong
Manitowaning
Providence Bay
South Baymouth
Manitoulin Island
Mississagi Lighthouse
Lake Nipissing
ALGONQUIN PROV. PARK
Ottawa
Thirty Thousand Islands
Georgian Bay
FATHOM FIVE NATIONAL MARINE PARK
Flowerpot Island
Tobermory
Cypress Lake
BRUCE PENINSULA NATIONAL PARK
Lion's Head
KILLBEAR PROV. PARK
Parry Sound
Huntsville
OASTLER LAKE PROV. PARK
SIX MILE LAKE PROV. PARK
Bracebridge
Gravenhurst
GEORGIAN BAY ISLANDS NAT. PARK
Port Severn
Nottawasaga Bay
Midland
Sainte-Marie among the Hurons
Orillia
SAUBLE FALLS PROV. PARK
Sauble Beach
Owen Sound
CRAIGLEITH PROV. PARK
Blue Mountain
Scenic Caves
Collingwood
Wasaga Beach
Barrie
Lake Simcoe
Lindsay
Southampton
Port Elgin
ONTARIO
MICHIGAN
Lake Huron
Kincardine
Hanover
Mount Forest
Newmarket
Markham
Montréal
Orangeville
Brampton
Toronto
Toronto Islands
Goderich
Listowel
Guelph
Bayfield
St. Jacobs
Lake Ontario
CANADA
USA
Stratford
Kitchener
Cambridge
St. Catharines
Niagara-on-the-Lake
Niagara Falls
Queenston
Woodstock
Hamilton
London
Brantford
Niagara Falls
Fort Erie
Sarnia
Tillsonburg
Buffalo
Rochester
St. Thomas
Wallaceburg
ONTARIO
N.Y.
Chatham
Lake Erie
Detroit
Cleveland
17
637
6
69
11
522
60
35
12
7
10
89
9
400
401
21
23
402
40
3
90

Glasklares blaugrünes Wasser verführt am ***Indian Head Cove*** zum Baden, wenn auch die Temperaturen niedrig sind. 43 **Orchideenarten** gehören zur vielfältigen Flora des Parks. Im Westteil, am Lake Huron, erstrecken sich Sümpfe, sandige Buchten und Dünen. Gut zugänglich sind die ***Singing Sands*** an der Dorcas Bay mit langem Badestrand.

Cyprus Lake

Am *Cyprus Lake* liegen die drei **Campingplätze** des Parks dicht beieinander, © 1-877-737-3783, $24; www.reservation.pc.gc.ca. Der ruhige See eignet sich besser zum **Schwimmen** als die kalte *Georgian Bay*. Der *Loop Trail* (5 km) um den Cyprus Lake ist aber weniger attraktiv als die Wege zur *Georgian Bay*.

Wanderungen

Vom *Trailhead* am Cyprus Lake führen ***Horse Lake***, ***Georgian Bay*** und ***Marr Lake Trail*** (alle um 1 km Länge) zum Uferpfad. Eine Kombination des *Horse Lake Trail* mit einem Teilstück des *Bruce Trail* und dem *Marr Lake Trail* ergibt eine der schönsten Rundwanderungen der Halbinsel (ca. 4 km): Entlang der felsigen Küste geht es zum ***Halfway Rock Point*** und anschließend über die ***Indian Head Cove*** zu einer etwas versteckt liegenden Grotte. Ein ungewöhnliches Phänomen ist der unterirdische Abfluss des **Horse Lake**, dessen Wasser durch Karsthöhlen zum *Marr Lake* und von diesem ebenfalls unterirdisch in die *Georgian Bay* fließt. Wer den Rücktransport organisiert, könnte auf dem ***Bruce Trail*** **bis Tobermory** laufen (ab Cyprus Lake 19 km).

Das ***Visitor Centre*** des ***Bruce Peninsula National Park*** befindet sich in Tobermory, Zufahrt nordöstlich über *Chi sin tib dek Road*; www.pc.gc.ca/bruce.

Tobermory

An der Spitze der Halbinsel liegt **Tobermory**, © (519) 596-2452; www.tobermory.com. Dieser hübsche kleine Ort ist nicht nur Heimathafen der Fähre nach Manitoulin Island, sondern auch Ausgangspunkt für Bootsausflüge zu den Inseln des ***Fathom Five National Marine Park***.

Fathom Five National Park

Zum *Fathom Five National Marine Park* ($6) gehören 19 Inseln nördlich von Tobermory und ein Uferstreifen entlang der *Little Dunks Bay* östlich des Ortes. Kanadas erster **Unterwasserpark** ist ein Paradies für Taucher und Ziel täglicher Exkursionen mit **Glasbodenbooten**. Eine 1,5-stündige Fahrt zu den **22 Schiffswracks** (ohne Zwischenstopp und inkl. Umrundung von *Flowerpot Island)* vor der Küste Tobermorys, die dank der großen Wassertransparenz von oben recht deutlich zu erkennen sind, kostet $40/$31. Mai bis Mitte Oktober bis zu 5x täglich; www.blueheronco.com.

Big Tub Lighthouse auf einer Landzunge vor Tobermony

Einer der beiden »Flowerpots« auf der gleichnamigen Insel

Die meisten von ihnen verfehlten bei schwerer See die Passage zwischen *Bruce Peninsula* und Manitoulin Island und gerieten in die Untiefen der Tobermory vorgelagerten Felsinseln. Informationen dazu im ***Visitor Centre*** des *Bruce Peninsula Nat'l Park* sowie im Web unter www.pc.gc.ca/fathomfive.

Flowerpot Island

Die 5 km vom Festland entfernte »Blumentopfinsel« ist die bekannteste Insel im Nationalpark. Sie ist Teil des ***Niagara Escarpment***, das ab Tobermory unter Wasser verläuft und am Ostufer der Insel beeindruckende Kalksteinformationen bildet. Wind und Regen haben zwei markante Säulen modelliert, die 7 und 12 m hohen ***Flowerpots***. Ihre »Köpfe« bestehen aus festerem Fels und wölben sich wie Kappen über dem stark erodierten Schaft.

Boote zur Insel

Wer die *Flowerpots* und die Inselflora (mit zahlreichen Orchideenarten!) näher kennenlernen möchte, muss eine 80-min-**Exkursion mit den Glasbodenschiffen** buchen. Besucher können sich auf *Flowerpot Island* absetzen und von einem späteren Boot wieder abholen lassen (***Blue Heron Cruises***; täglich Mai-Mitte Oktober 4-5x täglich, Tickets mit Landgang $45/$36) Die Überfahrt dauert 25 Minuten. 5-7x täglich geht's mit dem ***Jet Boat*** zu den Schiffswracks und *Flowerpots*.

Trails

Zwei Wanderwege stehen zur Auswahl. Der schöne ***Flowerpot Loop Trail*** (2,7 km) läuft an der Küste entlang und führt an beiden *Flowerpots* vorbei zum Leuchtturm. Quer über die Insel geht es zum Ausgangspunkt zurück. Mit festem Schuhwerk und Taschenlampe kann man auch die Höhle am größeren *Flowerpot* (Zugang per Treppenstufen) auf eigene Faust erforschen. Im Südosten der Insel gibt es am Ufer sogar **6 Camping-Plattformen für Zelte**, die nach Reihenfolge der Ankunft vergeben werden ($10).

Fähre nach Manitoulin Island

Die Fähre ***MS Chi-Cheemaun*** fährt Mitte Juni bis Anfang September viermal täglich – zu Anfang schöner Kurs durch den ***Fathom Five National Marine Park*** (nicht direkt am *Flowerpot* vorbei!) – in ca. 105 min von Tobermory nach South Baymouth in der Südostecke von Manitoulin Island; Abfahrt Tobermory 7, 11.20, 15.40, 20 Uhr; Abfahrt South Baymouth 9.10, 13.30, 17.50, 22 Uhr. Sonst verkehrt sie ab Anfang Mai bzw. bis Mitte Oktober nur zweimal täglich, freitags dreimal.

Kosten und Reservierung

Pro Person kostet die einfache Fahrt $17. Für Fahrzeuge bis 2,60 m Höhe zahlt man $38, für höhere Fahrzeuge $93. Bei mehr als 20 Fuß (6,10 m) langen Wohnmobilen werden pro Fuß Überlänge $2,30 bis 2,59m Höhe, sonst $4,60 Extragebühren fällig. Reservierungen unter © 1-800-265-3163; aktuelle Tarife und Fahrplan unter www.chicheemaun.com. Anschriften der Terminals:
Tobermory: 8 Eliza Street, © (519) 596-2510
South Baymouth: 41 Water Street, © (705) 859-3161

Big Tub Lighthouse

Wartezeiten lassen sich gut durch einen kleinen Abstecher zum **Fotomotiv *Big Tub Lighthouse*** am Ende der Landzunge nordwestlich von Tobermory überbrücken; ➤ Bild Seite 578.

Manitoulin Island

Manitoulin Island (2.765 km^2; www.manitoulintourism.com; © 705-368-3021) gilt als weltgrößte Insel in einem Süßwassersee. ***Manitoulin*** ist ein Wort aus der *Ojibwe*-Sprache und bedeutet soviel wie »**Heimat des Großen Geistes Manitou**«. Noch in den 1970er-Jahren lag die knapp 130 km lange Insel völlig abseits der Touristenströme. Der Ausbau von Straßen und Infrastruktur, wie die Indienststellung der *MS Chi-Cheemaun* 1974, hat aber seither für mehr Besucher gesorgt, wiewohl Massentourismus mangels »Top-Attraktionen« auf Manitoulin Island nicht existiert.

Außer einem kleinen historischen Museum im ***Little Schoolhouse*** von 1898 am Ortseingang neben dem Fähranleger (113 Church St, Mai-Mitte Okt tägl. 9.30-16.30 Uhr; frei) gibt es dort nicht viel zu sehen. **Campen** kann man ca. 1 km außerhalb an der Hauptstraße #6 im *South Bay Resort* mit Stellplätzen unmittelbar am Wasser mit Sandstrand; $28-$52, *Cabins* $85, www.southbayresort.ca.

Manitowaning

Die Straße von South Baymouth nach *Little Current* bietet anfangs wenig fürs Auge. Etwa auf halber Strecke dorthin liegt Manitowaning und in seinem Hafen das ***Steam Ship Norisle***, 1946-74 Personen- und Autofähre zwischen South Baymouth und Tobermory. Unweit davon befindet sich in einem alten Gefängnisgebäude das ***Assiginack Museum***, 125 Arthur Street, mit Relikten der ersten Siedler, Juni bis September Mo-Fr von 10-17 Uhr, Juli/August auch Sa/So zu besichtigen; Eintritt frei.

Manitowaning spielt in der Geschichte der Insel eine bedeutende Rolle. In Anerkennung der Unterzeichnung des Friedensvertrags von Niagara 1764 verteilte die britische Kolonialverwaltung alljährlich Geschenke an die beteiligten Indianerstämme. Während einer solchen Zeremonie wurde 1836 in Manitowaning der Friedensvertrag von *Manitoulin* unterzeichnet. Bis zu seiner Annullierung 1862 blieb Weißen die Besiedelung der Insel verschlossen.

Manitowaning Experiment

Wohl deshalb wurde Manitowaning für das in den 1850er-Jahren gescheiterte ***Manitowaning Experiment*** ausgewählt, dessen Ziel es war, die ***Ojibwe*-Indianer** mit europäischen Landwirtschafts- und Handelsformen vertraut zu machen. Bei der Unterweisung galt besonderes Augenmerk den Kindern. Denn ihre Eltern brachten ihnen nach alter Tradition lieber das Fischen und Jagen bei, anstatt sie zur Schule zu schicken.

Indianerjunge beim Wikwemikong Pow Wow (immer am ersten Wochenende im August)

Die ***Wikwemikong Unceded Indian Reserve*** mit 2.500 Einwohnern ist die einzige kanadische Indianerreservation, die ihr Territorium nicht in einem Vertrag an den Staat Kanada abgetreten hat. Schon anfangs des 19. Jahrhunderts wurden die *Wikwemikong*-Indianer zum katholischen Glauben bekehrt. Die Ruine der abgebrannten ersten ***Holy Cross Mission*** der Jesuiten ist ein sichtbarer Zeuge der Missionsgeschichte. Offizielle Webseite: www.wikwemikong.ca.

Seit 1960 findet jedes Jahr am ersten Wochenende im August das dreitägige ***Wikwemikong Cultural Festival*** statt, das älteste ***Pow Wow*** im Osten Kanadas; www.wikwemikongheritage.org.

12

Straße #6

Nördlich von Manitowaning passiert die Straße #6 im Ort High Falls Wasserfälle, die aber kleiner sind, als die Bezeichnung vermuten lässt. Attraktiver ist der etwas weiter im Norden liegende ***Ten Mile Point*** (= 16 km südlich von Little Current, © 705-368-2377). Von dort hat man bei klarem Wetter eine schöne Aussicht auf die umliegenden Buchten und das Inselende im Norden.

Providence und Gore Bay

Als Route ins Inselinnere käme auch eine Fahrt von **Tehkummah** nach **Providence Bay** in Frage. Vom Küstenort am Lake Huron mit dem größten Sandstrand der Insel quert man sie in nur 41 km bis Gore Bay am *North Channel*. In diesem Städtchen beherbergt das einstige Gefängnis das kleine ***Gore Bay Museum*** (12 Dawson Street, Juni-Sept. täglich 10-16 Uhr, $4/$2), der rot bedachte Pavillon an der *Waterfront* ein ***Visitor Centre*** (15 Water Street, © 705-282-2420; www.gorebay.ca). Eine kurze Zufahrt führt östlich der Bucht zu einem Aussichtsfelsen auf dem *East Bluff*.

Mississagi Strait

Den einsamen, touristisch kaum erschlossenen Westzipfel der Insel erreicht man auf der Stichstraße #540. 73 km sind es von Gore Bay nach Meldrum Bay, von dort bis zum ***Mississagi Lighthouse*** (Mitte Mai-Mitte September) von 1873 am westlichen Ende der Insel noch einmal 12 km. Der Blick über die *Mississagi Strait*, kurze Wanderwege entlang des felsigen Ufers, ein kleines Museum, ein Restaurant, ein Leuchtturm sowie ein schön im Wald eingebetteter **Campingplatz** (mit Duschen), $30-$40, lohnen die weite Anfahrt.

Am Ostende der Straße #540 (18 km westlich von Little Current) beginnt das Wegenetz am ***Cup and Saucer***, einem bewaldeten Höhenzug des sich hier fortsetzenden *Niagara Escarpment* mit

70 m hohen Klippen. Die Bezeichnung spielt auf die Landschaftsform an, ein schmaler Hügel steht auf einem breiteren Hügel wie eine Tasse *(cup)* auf einer Untertasse *(saucer)*. Der 3 km lange ***Upper Trail*** zum höchsten Punkt auf Manitoulin Island ist die schönste Wanderung der Insel. Parallel dazu quert der 500 m lange ***Adventure Trail*** über einige Leitern den Felsen etwas unterhalb der Klippen.

Little Current

Auf der #540 fährt man nordostwärts weiter nach **Little Current** (www.townofnemi.on.ca), dem nach Wikwemikong zweitgrößten Ort der Insel. Eine Meerenge, der *North Channel*, trennt Manitoulin Island vom Nachbarn, der **Great La Cloche Island**. Tagsüber ist die Drehbrücke ***Little Current Swing Bridge*** zwischen den beiden Inseln jeweils zur vollen Stunde 15 min lang für den Verkehr gesperrt. An der Straße #6 erinnert ein *Historical Marker* an den ersten Europäer um 1612 auf diesem Wasserweg, den Franzosen ***Etienne Brûlé***, und die Pelzhändler, die ihm später mit ihren Transportkanus folgten. Die **Strecke bis Espanola** verläuft abwechslungsreich durch eine attraktive Seen- und Insellandschaft.

Chutes Park

Der *TCH* von Espanola bis nach Sault Ste. Marie bietet mit Ausnahme des ***Chutes Provincial Park*** bei **Massey** kaum Höhepunkte. Der Provinzpark wird auf ganzer Länge vom verzweigten ***Aux Sables River*** durchflossen. Am Nordende noch voller Stromschnellen und Wirbel, beruhigt er sich im weiteren Verlauf. Südlich der Wasserfälle gibt es einen kleinen **Sandstrand** – eine gute Gelegenheit zum Baden. Dem Verlauf des Flusses folgt beiderseitig der ***Twin Bridges Trail*** (3 km). Von einer Aussichtsplattform überblickt man den Strand und den einstigen Standort der *Log Chute*: Bis Ende der 1920er-Jahre wurden auf der Holzrutsche Baumstämme um die Fälle herumgeflößt. Der **Campingplatz** des Parks liegt am Westufer, $43-$49; www.ontarioparks.com/park/chutes.

Sault Ste. Marie

Bemerkenswert an Sault Ste. Marie (74.000 Einwohner) ist die Lage zwischen Lake Huron und Lake Superior und die Existenz einer Schwesterstadt gleichen Namens im US-Staat Michigan jenseits der ***International Bridge***.

Die beiden Sault Ste. Maries sind die letzten Städte bis Thunder Bay. Aus luftiger Höhe (der *International Bridge* bei Grenzübertritt) fällt der Blick über die Schleusenanlagen zwischen beiden Seen. Unübersehbar und oft recht lästig für die Nase sind die Schlote der holzverarbeitenden Industrie. ***Tourism Sault Ste. Marie***, 99 Foster Dr; © 1-800-461-6020; www.saulttourism.com.

Schleusen

Die 1895 erbaute Schleuse (***Lock***) des St. Marys River steht unter der Verwaltung von *Parks Canada*. Ein eigenes ***Visitor Centre*** informiert über ihre Funktionsweise; Eintritt frei; Juli -Anfang Sept. täglich 10-17, sonst Mo-Fr; www.pc.gc.ca/en/lhn-nhs/on/ssmarie.

Shopping Mall

In guter *Downtown*-Lage direkt am nördlichen Flussufer ist ***The Station Mall*** (293 Bay Street, www.thestationmall.com) das einzig größere Einkaufszentrum bis Thunder Bay: letzte Gelegenheit zum Shopping, bevor der *Trans-Canada Highway* dem kaum erschlossenen Lake-Superior-Nordufer folgt.

Abstecher nach Sudbury

Sudbury Basin

Sudbury (162.000 Einwohner), 80 km östlich von Espanola, liegt im gigantischen Krater des an Bodenschätzen reichen *Sudbury Basin* mit Eisen-, Gold-, Kupfer- und Silberlagerstätten und einem der weltgrößten Nickelvorkommen:

Sudbury Tourism Office, 200 Brady Street, ✆ 1-866-451-8525, www.discoversudbury.ca.

Erzlager

Bereits 1902 wurde in Sudbury der Bergbaukonzern VALE gegründet. Seither ist Wohl und Wehe der Stadt eng mit dem mittlerweile größten Nickelproduzenten der Welt verknüpft. Derzeit betreibt er in Sudbury Kanadas größte Erzförder- und verarbeitungsanlage (*Copper Cliff*) sowie die tiefste Nickelmine der Welt (*Creighton Deep*, 2.300 m); www.vale.com.

Museen

In der Stadt befindet sich mit den nur ca. 5 km auseinanderliegenden ***Science North*** (100 Ramsey Lake Road) und ***Dynamic Earth*** (122 Big Nickel Road) einer der interessantesten Museumskomplexe in Ontario. Die 9 m hohe 5-Cent-Münze aus Nickel bei ***Dynamic Earth*** (Westaus-/einfahrt des Ortes) gilt als das Wahrzeichen Sudburys.

Dynamic Earth

In letzterem Komplex fahren Besucher nach einer tollen Videoshow im gläsernen Aufzug in die Tiefe und lernen während einer Untertageführung Fördertechniken verschiedener Bergbauepochen und manches mehr kennen.

Science North

Das auffällige in Form zweier Schneeflocken konstruierte Gebäude von ***Science North*** liegt am Ufer des Ramsey Lake (Ausflugsboot ab Museum, Uferweg, Picknickplätze). Auf vier Stockwerken vermitteln Demonstrationen und *Do-it-yourself*-Experimente Naturwissenschaft hautnah. Außerdem gibt es ein Planetarium sowie einen tropischen Regenwald voller Schmetterlinge. Ein IMAX-Kino fehlt natürlich auch nicht; www.sciencenorth.ca.

Info

Geöffnet Juli-Anfang Sept täglich 9-18 Uhr, sonst 10-16 Uhr, *Science North* $28, *Dynamic Earth* $23, IMAX-Kino $11, *Planetarium* $8, *William Ramsey Cruise* $17 (Kombitickets).

Mall

New Sudbury Centre, 1349 Lasalle Blvd; die größte *Mall* in der Region mit über 110 Geschäften; www.newsudburycentre.ca.

Eisenbahn-Ausflug

Das ***Railway Terminal*** in der 129 Bay Street unweit der Schleusen im kanadischen Sault Ste. Marie ist Ausgangspunkt für einen Tagestrip (Mitte Juni-Mitte Oktober täglich 8-18 Uhr) mit dem ***Agawa Canyon Tour Train*** zum Südostrand des ***Lake Superior Provincial Park***. 183 km benötigt die Eisenbahn bis zum *Canyon* des Agawa River. Die Trasse führt durch die Einsamkeit. Am Zielpunkt reichen die 90 min Aufenthalt aus für kleine Wanderungen wie den ***Lookout Trail*** zu einem 75 m höher gelegenen Aussichtspunkt. Der Trip kostet $101/$55 und ist so recht nur zu empfehlen im Herbst zur Zeit des ***Indian Summer*** (dann aber $122 Einheitspreis). Tickets besser im Voraus beschaffen: © 1-855-768-4171; www.agawatrain.com.

12.1.2 Von Sault Ste. Marie bis Kenora/Lake of the Woods

TCH am Lake Superior

Mit Erreichen der **Batchawana Bay** des Lake Superior, ca. 40 km nördlich von Sault Ste. Marie, beginnt einer der attraktivsten Abschnitte des *TCH* in Ontario: Felsige Küsten und Sandstrände prägen seinen Verlauf bis in den ***Lake Superior Provincial Park*** hinein.

Pancake Bay Provincial Park

Der ***Batchawana Provincial Park*** besitzt keinen Campingplatz. Im größeren ***Pancake Bay Provincial Park*** gibt es am 3,2 km langen sandigen Uferstreifen hübsche **Camping- und Picknickplätze**, $40-$47; www.ontarioparks.com/park/pancakebay.

Bis Anfang August hat sich das fast überall sonst eiskalte Wasser des Lake Superior in der geschützten »Pfannkuchen-Bucht« und in der *Batchawana Bay* soweit erwärmt, dass man dort ohne Kälteschockgefahr schwimmen kann.

Lake Superior Prov. Park

Der ***Lake Superior Provincial Park*** ist mit 1556 km^2 Ausdehnung einer der größten Provinzparks Ontarios. Über 120 km unerschlossene Küste und eine ausgedehnte Hügellandschaft voller Wälder und Gewässer (die typische Landschaftsform des Kanadischen Schildes) kennzeichnen sein Erscheinungsbild. Die flacheren Seen im Inland erreichen zumindest im Hochsommer halbwegs badefreundliche Temperaturen.

Agawa Rock

Die kurze Zufahrt vom *TCH* zu den ***Agawa Rock Indian Pictographs*** nördlich der *Agawa Bay* lässt sich nicht verfehlen. Die indianischen Felsmalereien über der Brandung des Lake Superior gehören zwar zu den Hauptsehenswürdigkeiten des Parks, sind jedoch nicht übermäßig beeindruckend. Trotzdem lohnt sich der Abstecher auf jeden Fall: für den kurzen ***Trail*** durch enge Felsspalten zum ***Agawa Rock***.

Trails

Auch wer keinen längeren Aufenthalt plant, sollte erwägen, ein paar Stunden Zeit zu reservieren für zumindest eine der folgenden beiden **Wanderungen**:

- Am Sand River, 7 km nördlich des Abzweigs zum *Agawa Rock*, darf man den ***Pinguisibi Trail*** (3 km) flussaufwärts einfach nicht auslassen. Der Abschnitt bis zu den ersten Stromschnellen ist der schönste. Auch die Fortsetzung bis zu den weiteren Fallstufen lohnt. Ein hübscher Picknickplatz liegt am Fluss.
- ***Orphan Lake Trail*** (4 km), die populäre Wanderroute mit Aussichtspunkten am Übergang vom nordischen borealen Nadelwald zum Laubwald führt zunächst zum *Orphan Lake* und folgt anschließend den Stromschnellen des Baldhead River zur steinigen Küste.

In der südlichen Parkhälfte ist der 63 km lange ***Coastal Trail*** zwar eine anspruchsvolle Mehrtagestour, einzelne Kurzetappen kann man aber auch ohne Übernachtung ablaufen. Zwischen ***Agawa Bay Campground*** und *Baldhead River* (insgesamt 33 km) bietet die parallel verlaufende Straße #17 am Südende des Provinzparks zahlreiche Zugänge zum Küstenwanderweg, dessen schönster Abschnitt (7 km) zwischen Coldwater und Baldhead River liegt.

Camping

Von den beiden Campingplätzen des Parks ist der ***Agawa Bay Campground*** ($43-$49) im Süden des Parks mit einem 3 km langen Strand, Duschen und *Coin Laundry* der größte und komfortabelste. Ein ***Visitor Centre*** informiert dort über organisierte Aktivitäten, Flora und Fauna, Geologie und Geschichte des Parks. Als Ausgangspunkt für Wanderungen und Kanutouren in das Hinterland eignet sich der ***Rabbit Blanket Lake Campground*** ($43-$49) im Nordareal; www.ontarioparks.com/park/lakesuperior.

Nach Verlassen des Provinzparks entfernt sich der *TCH* vom Lake Superior und beschreibt einen 200 km langen Bogen durch das Landesinnere. Wawa und White River sind die einzigen nennenswerten Orte in diesem Bereich.

Wawa

Etwas abseits des *TCH* (Straße #17) liegt **Wawa** (www.wawa.cc) am gleichnamigen, glasklaren See. An der Einmündung #17/#101 werden Besucher von einer 9 m hohen **Kanadagans** aus Stahl begrüßt. Viele tausend der in der Ojibwe-Sprache ***Wawa*** genannten Zugvögel machen im Frühjahr/Herbst auf ihrem alljährlichen Flug in den Norden/Süden am *Wawa Lake* Zwischenstation.

In der kleinen Ortschaft **White River**, knapp 95 km nördlich von Wawa, erinnert vor der Tourist-Info eine große **Winnie-the-Pooh-Statue** an den Herkunftsort des berühmten Bären, der dem englischen Kinderbuch-Autor *Alan Alexander Milne* als Vorlage für seine literarische Figur diente und später von *Disney* übernommen wurde; www.whiteriver.ca.

Der ***Pukaskwa National Park*** am Lake Superior stellt eines der schönsten Wildnisgebiete Ontarios unter Naturschutz. Der Abstecher vom *TCH* (12 km) lohnt auf jeden Fall. Allerdings führt die Stichstraße nicht weiter als 2 km bis in dessen äußersten Nordwestzipfel, wo man in der einzigen erschlossenen Region des Nationalparks (***Hattie Cove***) an den Sandstränden im flachen Wasser baden kann. Ein komfortabler **Campingplatz** ($26-$30) liegt unweit des Seeufers im Wald.

Trails

In *Hattie Cove* beginnen die **vier *Trails*** des Nationalparks. Dabei lassen sich die drei Kurzwanderwege leicht zu einer reizvollen, 6 km langen Rundtour kombinieren: ab *Visitor Centre* folgt man zunächst dem ***Southern Headland Trail*** zu einem Aussichtshügel mit Blick über den Lake Superior, dann geht es in westlicher Richtung auf dem ***Beach Trail*** am Strand entlang und zum Abschluss umrundet man auf dem ***Halfway Lake Trail*** den gleichnamigen See.

Dagegen ist der vierte Trail eine anspruchsvolle Mehrtagescampingtour entlang der Küste. Der 59 km lange ***Coastal Hiking Trail*** beginnt am ***Hattie Cove Visitor Centre*** und läuft zum *North Swallow River*. Für den Rückweg nach *Hattie Cove* kann man einen Transport per Boot organisieren, wer den *Trail* nicht doppelt laufen möchte. An einem Tag zu bewältigen ist die erste Etappe bis zur Hängebrücke über den White River – 7,5 km ab Hattie Cove – eine schöne Wildnistour. **Nat'l Park Information:** © (807) 229-0801, Eintritt $6; www.pc.gc.ca/pukaskwa.

Westlich von **Marathon** folgt der *TCH* bis zum 300 km entfernten *Thunder Bay* wieder dem Verlauf des Lake Superior und gewinnt dabei deutlich an Attraktivität – entlang einsamer Küstenregionen passiert die Transkontinentalroute nur wenige Orte.

Neys Park

Der ***Neys Provincial Park*** liegt auf der ***Coldwell Peninsula*** 26 km westlich von Marathon. Die Rundwege ***Dune Trail*** (1 km) und ***Lookout Trail*** (2 km) sind Kurzbesuchern als Aktivität zu empfehlen. Auch der 2 km lange Strand lädt zu einem Spaziergang ein, so auf dem ***Under the Volvano Trail*** (Baden für Abgehärtete).

Großartige Aussichten über Park-Halbinsel und Lake Superior bietet der ***Point Trail*** (1 km) von der ***Prisoner's Cove Picnic Area*** zu einer hochgelegenen Landzunge. Drei **Campingbereiche** befinden sich in guter Lage an der ***Neys Beach***, ein vierter knapp nördlich davon; 144 Plätze, \$38-\$43; www.ontarioparks.com/park/neys.

Rainbow Falls Provincial Park

Bei der Besichtigung der Wasserfälle im ***Rainbow Falls PP*** sollte es nicht bleiben. Die Wanderung etwa über *Rainbow Falls* und Whitesand River hinaus zu einem Aussichtspunkt (1,5 km) ist sehr empfehlenswert. Eltern mit kleinen Kindern werden **Spielplatz** und Sandstrand am (im Sommer) angenehm warmen von bewaldeten Hügeln umgebenen **Whitesand Lake** zu schätzen wissen. Der *Whitesand Lake Campground* befindet sich ebenfalls direkt am See, ein weiterer (*Rossport*) zwischen Lake Superior und *TCH* rund 5 km westlich des Hauptareals direkt am kalten Wasser; beide \$38-\$43; www.ontarioparks.com/park/rainbowfalls.

Terry Fox

Zwischen Nipigon und Thunder Bay trägt ein 83 km langer Abschnitt des *TCH* (#11/#17) die Bezeichnung ***Terry Fox Courage Highway***. *Terry Fox* hatte mit 18 Jahren durch ein Krebsleiden ein Bein verloren und trug seitdem eine Prothese. Um Lebensmut zu demonstrieren und Geld für die Krebsforschung zu sammeln, startete er den ***Marathon of Hope***, der von St. John's in Newfoundland über den gesamten *Trans-Canada Highway* bis zu dessen Endpunkt auf Vancouver Island führen sollte. Er brach am 12.4.1980 auf; geplant waren Tagesetappen von 42 km. Anfangs blieb das Unternehmen relativ unbeachtet, erst allmählich wurden die Medien auf *Terry Fox'* Lauf aufmerksam. An den Zielen seiner Tagesetappen kam es schließlich zu regelrechten Volksfesten, auf denen der tapfere junge Mann gefeiert wurde; www.terryfox.org.

Dabei kamen \$24 Mio Spenden für die Krebshilfe zusammen. ***Terry Fox*** musste den Lauf nach 143 Tagen und 5.373 km knapp vor Thunder Bay abbrechen. Er wurde nur 22 Jahre alt, sein Leben später verfilmt. In der Nähe seines Aufgabepunktes liegt der vielbesuchte ***Terry Fox Scenic Lookout*** (*TCH*, 15 km nordöstlich von Thunder Bay) mit dem ***Terry Fox Monument*** samt Läuferstatue und Thunder-Bay-Stadtinfo. In Kanada schmückt sein Porträt zwei Briefmarken und eine 1\$-Münze; ein Gipfel in den Rocky Mountains trägt seinen Namen und landesweit wird am 2. Sonntag nach dem *Labour Day* in den meisten Schulen der alljährliche ***Terry Fox Run*** ausgerichtet.

Ouimet Canyon

Etwa auf halber Strecke zwischen Nipigon und Thunder Bay zweigt die kurze Stichstraße zum beeindruckenden *Ouimet Canyon* ab, einem ***Day-Use Provincial Park*** ohne Campingplatz.

Ein 1 km langer Rundweg führt vom Parkplatz zu zwei Aussichtsplattformen über steilen Felswänden aus schmalen Diabas-Basaltsäulen. Auf den Grund dieser 60 m (im Norden) bis 200 m (im Süden) breiten und 100 m tiefen Schlucht fällt kaum Sonne. Deshalb herrscht dort ein besonders kühles, feuchtes Klima, in dem sich teilweise eine Flora entwickelte, wie sie sonst nur in der Arktis vorkommt. Zu ihrem Schutz sind Wanderungen in den Canyon nicht möglich; www.ontarioparks.com/park/ouimetcanyon.

Sleeping Giant Provincial Park

Ein etwas längerer Abstecher sollte dem ***Sleeping Giant Provincial Park*** mit dem gleichnamigen 564 m hohen Monolithen gelten. Er bedeckt den größten Teil der Sibley-Halbinsel (52 km lang, bis zu 10 km breit). Deren Ufer sind auf der Ostseite recht flach, im Südwesten dagegen ragen bis zu 300 m hohe Klippen vertikal aus dem Wasser. Am Ende der Straße #587 durch den Park liegt direkt am Lake Superior **Silver Islet.**

Trails

1 km westlich des kleinen Touristennestes beginnt der ***Top of the Giant Trail*** (11 km ab *Kabeyun Trail*) zum prächtigen Aussichtspunkt auf dem höchsten Berggipfel 380 m oberhalb des Lake Superior. Zudem durchziehen weitere 90 km Wanderwege die Halbinsel. Schönster Aussichtspunkt ist der ***Thunder Bay Lookout*** am nördlichen Straßenende. Auf einem Plateau des Felsrückens liegt am Badesee **Lake Marie Louise** ein schöner ***Campground*** gleichen Namens. Vor allem die Stellplätze in Ufernähe sind zu empfehlen; $43-$53; www.ontarioparks.com/park/sleepinggiant.

Thunder Bay

Thunder Bay (125.000 EW) existiert unter dieser Bezeichnung erst seit 1969 als Zusammenschluss der Städte Port Arthur und Fort William. Obwohl der Hafen am Lake Superior am westlichen Ende des *St. Lawrence Seaway* noch immer ein bedeutender Umschlagplatz für Getreide aus den kanadischen Prärien ist, erlitt Thunder Bay mit der allmählichen Verlagerung des Transports von den Großen Seen auf andere Routen erhebliche Einbußen.

Eagle Canyon östlich des Ouimet Canyon mit Hängebrücke und rasanter Zipline

Die Legende vom Sleeping Giant

Bei Ankunft der ersten Weißen waren die *Isle Royal* und die Wälder um Thunder Bay Heimat der *Ojibwe*-Indianer. Sie verehrten den Großen Geist *Nanibijou*, der sie auf ihren Reisen über den Lake Superior vor allen Gefahren schützte. Als sie sich dem Großen Geist besonders wohlgefällig gezeigt hatten, so die Legende, sollten die Indianer eine Belohnung erhalten. Allerdings war daran die Bedingung geknüpft, dass niemals ein weißer Mann davon erfahren dürfe, sonst würden der Große Geist versteinern.

Dies sagten die Ojibwe zu, und *Nanabijou* zeigte ihnen den Zugangstunnel zur reichen Silbermine »Silver Islet«. Ein Sioux-Krieger jedoch erkundete die Route und verriet sie an die Weißen, die daraufhin mit Kanus über den See zur Mine paddelten. Ein gewaltiger Sturm ließ zwar die Boote der Eindringlinge kentern und die Besatzung spurlos verschwinden, aber am nächsten Morgen breitete sich in der Bucht eine große Halbinsel aus: der zu Stein gewordene *Nanabijou* in Gestalt eines schlafenden Riesen.

Thunder Bay Information Centre am *Terry Fox Monument*: © 1-800-667-8386, www.visitthunderbay.com

Versorgung

Die Innenstadt als solche hat Touristen zwar nicht ganz viel zu bieten, aber Supermärkte und Einkaufszentren wie das ***Intercity Shopping Centre*** (mit über 100 Läden die größte *Mall* im Nordwesten Ontarios) an der 1000 Fort William Road bieten reichlich Gelegenheit zum Einkauf; www.intercityshoppingcentre.com.

Stadtparks

Entlang des Current River erstrecken sich am nordöstlichen Stadtrand (die *TCH*-Ausfahrt liegt 1 km westlich des *Terry Fox Scenic Lookout*) drei durch kurze Wege miteinander verbundene Stadtparks. Zum 60 ha großen städtischen ***Centennial Park*** gehören eine kleine Farm mit Tieren und der Nachbau eines Holzfällercamps von 1910 samt Museum und **Muskeg-Express-Train-Bimmelbahn** (Juni Sa+So, Juli-August Mi-So 12-16 Uhr, Tickets $3). Außerdem gibt es Naturlehrpfade.

Picknickplätze laden dort zu einem Zwischenstopp ein, ebenso die weiter flussabwärts im ***Boulevard Lake Park*** (mit populären Sandstrand) und im ***Trowbridge Park*** (nördlich des *TCH*; Zufahrt über die Copenhagen Rd). Über Stufen von schwarzem Gestein hat der **Current River** die ***Trowbridge Falls*** gebildet. Sie eignen sich wunderbar zum **Baden**.

Nur Benutzer des ***Trowbridge Falls Municipal Campground***, 125 Copenhagen Road, © (807) 683-6661, $31-$43, haben einen direkten Zugang zu den Stromschnellen, alle anderen Besucher müssen vom Parkplatz noch einige hundert Meter weit laufen.

Mount McKay

Einen schönen Panoramablick bietet der **Mount McKay** im Indianerreservat ***Fort William***, www.fwfn.com. Vom *Scenic Lookout* auf halber Berghöhe führen Wanderwege zum Gipfel 270 m oberhalb des Lake Superior; Zufahrt über *Mission Road* direkt südlich von Thunder Bay, täglich 9-22 Uhr, Auto $5.

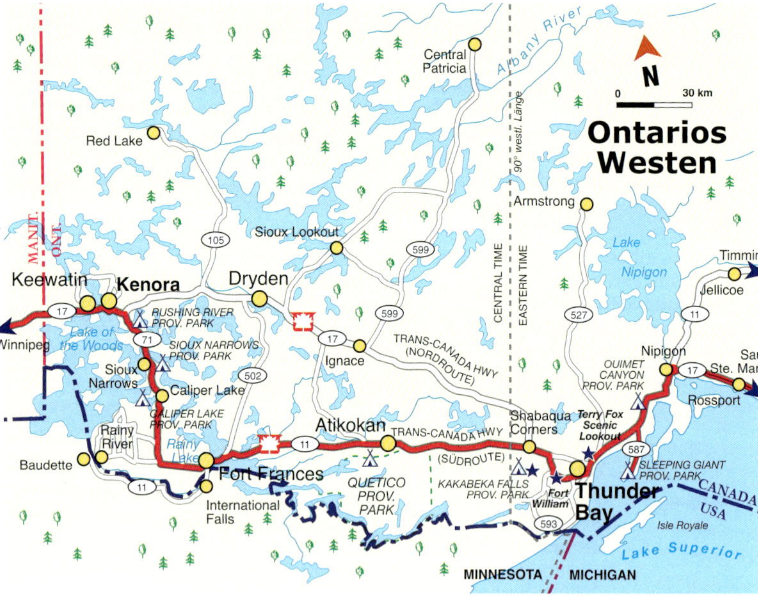

Fort William

Die **größte Sehenswürdigkeit** der Region ist der ***Fort William Historical Park*** (*Campground* im Park, 40 Plätze, $25-$35), eines der besten »lebenden« Museen Kanadas. Das einstige westliche **Hauptquartier der *North West Company*** von 1803 bis 1821 hat man am Kaministiquia River 14 km westlich der originalen Stelle originalgetreu wieder aufgebaut (über Broadway Ave südwestlich der Stadt, 1350 King Road). Das Fort diente den Pelztierjägern westlich und nördlich des Lake Superior als Treffpunkt, zentraler Umschlagplatz und Winterquartier. Von hier aus wurden ihre Felle auf riesigen Lastkanus im Frühjahr nach Montréal weitertransportiert.

Die für diese Art Museen typische Inszenierung der »guten alten Zeit« erreicht im *Fort William* einen hohen Grad an Perfektion. Im **Palisadenfort** vermitteln 42 historische Gebäude und seine in zeitgenössischer Kleidung agierenden »Bewohner« ein recht authentisches Bild von Leben und Alltag am Rande der Wildnis im Jahre 1815. Ihren besonderen Reiz bezieht die Anlage aus der Geschlossenheit der Gesamtkonzeption. Die Neuzeit scheint in dem großen Waldstück am Fluss gänzlich ausgeblendet zu sein; nicht einmal die unvermeidlichen Parkplätze liegen im Blickfeld. geöffnet im Sommer täglich 10-17 Uhr; Eintritt $14, Kinder $10. Das *David Thompson Astronomical Observatory* liegt ebenfalls auf dem Areal des Museumsdorfes und zeigt u.a. Sternenshows; nur Do-Sa $10/$8; www.fwhp.ca.

Kakabeka Falls

Gute 30 km westlich von Thunder Bay passiert man auf dem *TCH* (hier mit Dopppelnummerierung #11/#17) im gleichnamigen Provinzpark die ***Kakabeka Falls***, laut lokaler Tourismuswerbung die »Niagara-Fälle des Nordens« (39 m). Der Vergleich ist reichlich übertrieben. Die Kontrolle der Wassermenge durch zwei Kraftwerke führt außerdem bisweilen dazu, dass nur noch ein besseres Rinnsal im Fluss verbleibt.

In unmittelbarer Nachbarschaft befinden sich die etwas beengten ***Campgrounds Riverside*** und ***Fern's Edge*** mit zusammen 74 Stellplätzen, 1 km entfernt der großzügigere ***Whispering Hills***, 94 Plätze, alle $38-$43; www.ontarioparks.com/park/kakabekafalls.

Der *TCH* teilt sich in **Shabaqua Corners**, 60 km westlich von Thunder Bay. Wegen der besonders schönen letzten Kilometer im Bereich des Lake of the Woods sollte man die südliche *TCH*-Alternative (#11/#71) über Fort Frances vorziehen.

Quetico Park

Nur entlang der #11 besteht Gelegenheit zu einem Abstecher in den ***Quetico Provincial Park***. Die einzige Autozufahrt führt 40 km östlich von Atikokan in dessen äußersten Nordostzipfel, wo man im ***Visitor Centre*** vorbildlich über Flora, Fauna und Siedlungsgeschichte der Quetico-Region informiert. Jenseits der Grenze, im US-Bundesstaat Minnesota, schließt die ***Boundary Waters Canoe Area Wilderness*** an den kanadischen Park an. Beide Gebiete schützen eine von der Zivilisation weitgehend unberührte riesige Wasserwildnis.

Mit **1.500 Routenkilometern** ist der *Quetico Prov'l Park* neben dem *Algonquin Park* das **Eldorado Ontarios für Kanufahrer**.

Kanuverleih bei ***Canoe Canada Outfitters***, © 1-877-597-6418; www.canoecanada.com: $36/Kanu und Tag.

Wer über Nacht bleiben möchte, findet im Park neben vielen nur auf dem Wasserweg erreichbaren Zeltplätzen am French Lake auch den ***Dawson Trail Campground*** für Autofahrer (127 Plätze, $38-$43). Auf einer ufernahen Insel sind zahlreiche **Weißkopfseeadler** heimisch; www.ontarioparks.com/park/quetico.

Fort Frances

Über die Brücken des ***Noden Causeway*** – die Inselwelt des **Rainy Lake**, der mit den Gewässern des *Quetico Park* verbunden ist, bietet schöne Fotomotive – erreicht man **Fort Frances** (Info: 400 Central Ave; www.fortfrances.ca/experience/tourist-information). Einst Zentrum des Pelzhandels, erlebt man die Grenzstadt (7.400 Einwohner) heute als eher uninteressanten Industriestandort. Die *Sorting Gap Marina* beherbergt den restaurierten Holzschleppkahn ***Hallet*** (Front Street, *Downtown*).

Provincial Parks

Die Strecke zwischen Caliper Lake und Kenora gehört zu den besten Abschnitten des *TCH* in Ontario. Die Straße führt durch malerische **Fels- und Waldlandschaften**, unterbrochen von zahlreichen Seen. **Drei hervorragende Provinzparks** – *Caliper Lake, Sioux Narrows* und *Rushing River* – bieten wunderbare **Campingplätze** und verführen zum Bleiben.

Caliper Lake Park

Im ***Caliper Lake Park*** eignet sich der saubere und warme See ideal zum **Baden**. Insbesondere Familien mit Kindern werden den Spielplatz direkt am Sandstrand und die gepflegte ***Picnic Area*** mit großer Spielwiese zu schätzen wissen. Ein hübscher ***Campground*** wartet in einem Kiefernwald unweit des Ufers; 83 Stellplätze; $38-$43.

Sioux Narrows Park

Im ***Sioux Narrows Provincial Park*** ist dank der Aussicht auf die Regina Bay und die *Narrows* der Picknickplatz mit flachem Sandstrand am etwas kühleren **Lake of the Woods** überaus beliebt. Von den Stellplätzen des ***Campground*** (71 Plätze, $38-$43, Kanuverleih) am Hang fällt der Blick übers Wasser; www.ontarioparks.com /park/ siouxnarrows.

Rushing River Park

Der ***Rushing River Provincial Park*** und sein Campingplatz (225 Plätze, $43-$49; www.ontarioparks.com/park/rushingriver) nördlich und südlich des Dogtooth Lake können kaum genug empfohlen werden. Wegen seiner großen Popularität sichert aber im Sommer nur zeitige Ankunft Unterkommen ohne Reservierung. Im warmen, flachen See kann man prima **baden** – es gibt sowohl **Sandstrand** als auch felsige Ufer. Eine Kurzwanderung führt an Stromschnellen entlang (***Lower Rapids Trail)***. Bei niedrigem Wasserstand planschen Jung und Alt in den dann harmlosen *Rapids*.

Kenora

Kenora (10.700 Einwohner, ***Lake of the Woods Discovery Centre***, 931 Lakeview Drive; http://tourism.kenora.ca) ist das **touristische Herz der Lake-of-the-Woods-Region** mit zahlreichen Motorboot- und Kanuvermietern.

Während die Seeufer vielfach – wegen ausgedehnten Privatbesitzes – nur begrenzt zugänglich sind, gibt es im Stadtbereich einige **Parks mit öffentlichen Badestränden**.

Bootstouren

Dreimal täglich verlässt die *MS Kenora* Ende Juni bis Anfang September die ***Harbourfront*** (13.30 Uhr, 15.30 Uhr, 18.45 Uhr, ✆ 807-468-9124) zu 2-stündigen **Rundfahrten** durch die Inselwelt des Lake of the Woods; $31/$17; www.mskenora.com.

Rundflüge

Ab $275 für 3 Personen kostet der 20-min-Rundflug per *Cessna*; www.river-air-minaki.com. Der Hafen für Wasserflugzeuge befindet sich unmittelbar am *2nd Street Dock* der *Harbourfront.*

Hausboote

Wegen seiner unzähligen Buchten und **14.600 Inseln** eignet sich der 3.150 km^2 große See ganz besonders für **Hausbootferien**. Hausboote kann man tage- und wochenweise mieten. Die kleineren Typen kosten ab $1.950 für das Wochenende (3 Nächte) und für 4 Nächte wochentags; weitere Infos bei *Houseboat Adventures* unter ✆ 1-800-253-6672, www.houseboatadventures.com.

Museum

Ebenfalls an der *Harbourfront*, in der 300 South Main Street, befindet sich das ***Lake of the Woods Museum***. Es besitzt eine Kollektion indianischer Kunstwerke und dokumentiert die Geschichte des Ortes, der früher **Rat Portage** hieß. Juli bis August täglich 10-17, sonst Di-Sa 10-17 Uhr; Eintritt $4; www.themusekenora.ca.

12.2 Durch Manitoba und Saskatchewan

12.2.1 Vom Lake of the Woods nach Winnipeg

Highway #1

Mit Erreichen Manitobas erhält der ***TCH*** die **Ziffer 1**. Dabei bleibt es bis zum Endpunkt in Victoria auf Vancouver Island.

Nach Manitoba

Der ***TCH*** (➤ auch Seite 574) **ist die einzige Straßenverbindung** zwischen Ontario und Manitoba. Gleich hinter der Provinzgrenze erwartet den Reisenden ein großes ***Tourist Information Centre***.

Verlauf des TCH

Nach kurzer Strecke durch den unmittelbar an der Grenze zu Ontario gelegenen *Whiteshell Provincial Park* verlässt er die Seenplatte des Kanadischen Schilds (➤ Seite 17) und läuft für über 1.450 km durch die Prärien im Süden Kanadas. Diese bestehen – entgegen manchem Vorurteil – durchaus nicht nur aus ebenen Weideflächen und unendlichen Weizenfeldern, sondern werden von Hügellandschaften und Waldbeständen aufgelockert. Tatsächlich jedoch bietet eine Fahrt auf dem weitgehend vierspurig ausgebauten *TCH* nicht eben viel Abwechslung. Mit ein bisschen Extrazeit für Abstecher und Umwege lässt sich speziell in Manitoba eine Reise aber überraschend reizvoll gestalten.

Da wäre vor allem im Sommer zunächst ein »Schlenker« in nördliche Richtung zum Lake Winnipeg und seinen Badestränden zu erwägen, zumindest aber ein Stopp im ***Whiteshell Provincial Park.***

Whiteshell Provincial Park

Unweit des *TCH* sind die Orte **West Hawk Lake** und **Falcon Lake** leicht erreichbare Anlaufpunkte mit ***Campgrounds*** und ausgebauter touristischer Infrastruktur (Strände, Hotels, Reitstall). Ruhiger wird es entlang der Straße #307 durch den zentralen Westen dieses Parks. Eine hübsche Anlage im Park ist die ***Falcon Beach Ranch*** am Falcon Lake, ✆ 1-877-949-2410, *Cabin* ab $180, eine Stunde Ausritt $40; www.falconbeachranch.com.

Einen Stopp wert innerhalb des *Whiteshell Provincial Park* ist (noch an der Straße #44 unweit westlich der Abzweigung der #307) das ***Alfred Hole Goose Sanctuary*** bei Rennie; Eintritt frei. Ein ***Visitor Centre*** (im Sommer 10-18 Uhr) informiert über Eigenarten dieses Vogelschutzgebietes, und vom Uferweg überblickt man die Nester im See. Beste Zeit ist Anfang Juni (viele Jungtiere) oder von Ende August bis Mitte November, wenn sich dort hunderte von Gänsen versammeln.

Die #307 läuft an einer Kette hübscher Seen und an Flüssen mit Stromschnellen und Wasserfällen entlang, wo gut angelegte **Campingplätze** zum Bleiben einladen. Vom ***White Lake Campground*** (37 Stellplätze, $16-$24; www.manitobaparks.com) bzw. vom benachbarten ***White Lake Resort*** (*Cottage* ab $180, drei Nächte Minimum, www.whitelakeresort.com) erreicht man die lokal gerne gelobten, aber nicht besonders aufregenden ***Rainbow Falls***.

Ca. 10 km nordwestlich des White Lake zwischen **Betula Lake** und **Nutimik Lake** beginnt der 2 km lange ***Trail*** zu den pittoresken ***Pine Point Rapids***.

Südliches Manitoba
N
0
50 km
Thompson
Churchill
Wabowden
Flin Flon
GRASS RIVER PROV. PARK
Wekusko Lake
WEKUSKO FALLS PROV. PARK
Ponton
Cranberry Portage
The Pas
Saskatchewan R.
Prince Albert
Winnipeg
Cedar Lake
Nelson River
Island Lake
Grand Rapids
Lake Winnipeg
Lake Winnipegosis
PORCUPINE PROVINCIAL FOREST
Devils Lake
Swan River
DUCK MOUNTAIN PROV. PARK
Madge Lake
höchster Berg Manitobas Baldy Mountain 832 m
The Pas
Roblin
Yorkton
Dauphin Lake
Lake Manitoba
Dauphin
Ste. Rose du Lac
RIDING MOUNTAIN NATIONAL PARK
Lake Audy
Clear Lake
Arborg
Gimli
Victoria Beach
Saskatoon
Norgate
Wasagaming
Sandy Lake
YELLOWHEAD HWY
WINNIPEG BEACH PROV. PARK
GRAND BEACH PROV. PARK
Patricia Beach
Netley Marsh
Regina
Minnedosa
Selkirk
Lower Fort Garry
WHITESHELL PROV. PARK
White Lake
Oak Hammock Marsh
BIRDS HILL PROV. PARK
Rennie
Sioux Lookout
Brandon
Portage la Prairie
TRANS-CANADA HWY
Assiniboine River
Winnipeg
Falcon Lake
Kenora
S.539
Steinbach
SPRUCE WOODS PROV. PARK
Souris River
Morris
Red River
Lake of the Woods
TURTLE MOUNTAIN PROV. PARK
49° nördl. Breite
CANADA
USA
SASKATCHEWAN
MANITOBA
ONTARIO
NORTH DAKOTA
MINNESOTA
Jamestown
Grand Forks

Lake Winnipeg

Am Winnipeg River verlässt die #307 den Park und stößt auf die Straße #11, die 90 km dem breiten Fluss zum Südostufer des riesigen Lake Winnipeg folgt, einem populären Seebereich mit flachem, schnell erwärmtem Wasser, langen Sandstränden und Dünenstreifen. Besonders an Wochenenden beliebt ist der ***Grand Beach Provincial Park*** mit hohen, weißen Sanddünen und **Campingplatz**, 189 Stellplätze, $12-$28; www.manitobaparks.com.

Außerhalb der offiziell öffentlich zugänglichen Strände befindet sich bis hinauf zum Sommerfrischeort Victoria Beach die Küste leider überwiegend in Privathand. Auf der Route zum Westufer passiert man im ***Patricia Beach Provincial Park*** an der Südspitze des Sees einen kaum weniger attraktiven, aber nicht so überlaufenen Strand.

Auch auf dem Südwestufer hat der Lake Winnipeg eine Reihe schöner Badestrände. Besonderer Beliebtheit bei Windsurfern erfreut sich der ***Winnipeg Beach Provincial Park*** (Camping $24-$29; 120 *Full hook-up*-Plätze).

Neu-Island

Weiter nördlich sind die langen **Sandstrände von Gimli**, trotz der nur 2.300 Einwohner einer der größten isländischen Gemeinden außerhalb Islands, erwähnenswert. Kultur- und Siedlungshistorie der Region, die Ende des 19. Jahrhunderts 12 Jahre lang zur »***Republic of New Iceland***« gehörte, wird vom ***New Iceland Heritage Museum*** beleuchtet (Waterfront Centre, 94 1st Ave; im Sommer täglich 10-16, im Winter Mo-Fr 10-16, Sa-So 13-16 Uhr; $7/$6; www.nihm.ca). Anfang August lebt diese Periode der »Unabhängigkeit« beim 4-tägigen *Icelandic Festival of Manitoba* wieder auf.

Lower Fort Garry

Südlich Selkirk an der #9 in St. Andrews unweit der Kreuzung mit der Straße #67 liegt das ***Lower Fort Garry***, ein fast vollständig in seinem Originalzustand (Mitte des 19. Jahrhunderts) restaurierter Handelsposten der *Hudson's Bay Company* und heute ein ***National Historic Site***. Hinter dicken Steinmauern befindet sich das kleine *Visitor Centre*. Zeitgenössisch kostümiertes Personal erläutert dazu die interessante Geschichte und Bedeutung des Forts; www.pc.gc.ca/en/lhn-nhs/mb/fortgarry/index.

Sommerhitze am Lake Winnipeg

Zwar kann *Fort Garry* nicht mit den herausragenden Museen dieser Art wie dem *Old Fort William* bei Thunder Bay mithalten, ist aber das beste lebende Museum in Manitoba. Geöffnet Mitte Mai bis Anfang September täglich 9.30-17 Uhr; $8.

Oak Hammock Marsh

Etwa 17 km westlich des *Fort Garry* zweigt in Stonewall eine kurze Stichstraße (#220) von der #67 zur ***Oak Hammock Marsh*** (1 Snow Goose Bay) ab, ein weiteres ornithologisch interessantes Gebiet. Zugvögel nutzen es im Frühjahr und Herbst als »Etappe«; www.oakhammockmarsh.ca. Das ***Interpretive Centre*** und das ausgezeichnete Netz von 30 km ***Trails*** über ***Boardwalks*** (Bohlenwege) und Deiche lohnen auch sommerliche Besuche. Das Besucherzentrum ist ganzjährig 10-16.30 Uhr geöffnet, während des Vogelzugs im Herbst bis zur Dämmerung; Eintritt $8/$6.

Boardwalk mit Beobachtungspavillon im Sumpfgebiet der Oak Hammock Marsh

Steinbach

Auf der direkten Route von Ontario nach Winnipeg liegt ein Abstecher nach Steinbach (14.800 Einwohner) nahe, 19 km südlich des *TCH* (Straße #12N). Noch vor der Stadt, deren Entstehung 1874 Mennoniten russischer Abstammung zu verdanken ist, stößt man auf das ***Mennonite Village Museum***. Dabei handelt es sich um ein nach alten Vorbildern errichtetes Mennonitendorf aus der Zeit um 1900. Die Anlage mit 20 Gebäuden und Restaurant vermittelt sicher ein realistisches Bild von den damaligen Verhältnissen, ist aber als solche nicht top interessant. Ein Besuch lohnt sich eher wegen der aufschlussreichen Dokumentation zu den Mennonitenwanderungen von Holland über Norddeutschland und Russland nach Kanada; 231 Hwy 12N, Mai-September Mo-Sa 10-17 Uhr, So 12-17 Uhr; im Juli und August jeweils bis 18 Uhr; $6/$4; www.mennoniteheritagevillage.com.

Deutsche Ortsnamen

Neben Steinbach findet man noch eine ganze Reihe weiterer **Ortschaften mit typisch deutschen Namen** im südöstlichen Manitoba. Bezeichnungen wie Kleefeld, Altona, Gnadenthal, Reinland u.a.m. geben Aufschluss über die Herkunft der ersten Siedler. Lohnende Ziele sind diese Prärienester eher nicht.

Deutschstämmige Minderheiten in Kanada: Hutterer, Mennoniten und Amish

Die Mehrheit der deutschen Einwanderer passte sich in Kanada – wie auch andere kleinere Immigrationsgruppen – rasch der anglo-kanadischen Kultur an. Bereits die zweite Generation lernte Englisch als Muttersprache, und selbst die Familiennamen wurden oft von den Einwanderungsbehörden anglisiert oder – insbesondere während der beiden Weltkriege – nachträglich abgeändert. Dennoch haben sich deutsche Traditionen bis heute gehalten. So veranstaltet beispielsweise Kitchener in Ontario, das bis zum 1. Weltkrieg Berlin hieß, das größte Oktoberfest in Nordamerika (www.oktoberfest.ca). Radiosendungen in deutscher Sprache mit meist kirchlicher Ausrichtung werden – außer im Süden Ontarios – auch in Manitoba, Saskatchewan und Alberta ausgestrahlt.

In Kanada erscheinen einige wenige deutschsprachige Zeitungen, darunter monatlich **Das Echo** (Quebec; www.dasecho.com), sowie alle 2 Wochen **Das Journal** (Ontario; www.dasjournal.ca).

Darüber hinaus gibt es bis heute in relativer Abgeschiedenheit lebende deutschsprachige Gruppen. So sind die ***Hutterer*** eine in urchristlicher Gütergemeinschaft lebende Gemeinde. Sie hält in strenger Religiosität an überlieferten Gepflogenheiten fest. Namensgeber ist der 1533 in Mähren zum ersten Bischof der Gemeinde gewählte *Jakob Hutter* (1536 in Innsbruck verbrannt). Sie praktizierten die Erwachsenentaufe und gerieten damit als sogenannte »Wiedertäufer« in Widerspruch zur Amtskirche (erste hutterische Glaubenstaufe 1525). Weil sie in Mähren verfolgt wurden, zogen sie zunächst nach Siebenbürgen; von dort ging es weiter in die Ukraine. Ab 1870 wanderte die Bruderschaft in die USA aus, von wo aus die meisten ab 1918 nach Kanada übersiedelten.

Gegenwärtig leben ca. 45.000 Hutterer in Nordamerika – die meisten in Manitoba, Saskatchewan und Alberta; www.hutterites.org. Mehrere Familien bewirtschaften jeweils gemeinsam einen »Bruderhof«. Nachwuchssorgen haben die Gemeinden dank ihres Kinderreichtums nicht.

Die Hutterertrachten haben sich in Jahrhunderten kaum verändert. Die Röcke und Schürzen der Frauen sind in gedeckten Farben gehalten und weisen dezente Muster auf, unerlässlich ist ein gepunktetes Kopftuch. Die »Mannsleut'« tragen schwarze Hosen mit Hosenträgern und einfache gestreifte oder karierte Hemden; immer haben sie einen Kinnbart. Die pazifistisch gesinnten Hutterer lehnen den Wehrdienst ab und verweigern vor Gericht den Eid.

Die Interessen des Individuums sind dem Gemeinwohl der »Kolonie« grundsätzlich nachgeordnet. Die herkömmliche Rollenverteilung zwischen den Geschlechtern blieb bis heute unangetastet: Die Frauen »regieren« in Haus und Hof, die Männer arbeiten auf Feld und Weide.

Trotz aller Bemühungen, die kulturelle Identität zu wahren, zeichnen sich in einigen Bereichen aber doch Veränderungen ab. Da diese bei den einzelnen Bruderhöfen unterschiedlich ausfallen, bieten die Hutterer heute kein einheitliches Bild mehr. Es wird auch jetzt noch überwiegend Deutsch gesprochen (mit einem Dialekt der mährischen Urheimat).

Auch der technische Fortschritt ist nicht ganz aufzuhalten. Zwar lehnen die Hutterer immer noch Radio, Fernsehen und Computer ab, doch Maschinen zur Erhöhung der Arbeitseffektivität werden in zunehmendem Maße eingesetzt. Der hutterische Siedlungsbereich umfasst heute neben den kanadischen Provinzen Alberta, Manitoba und Saskatchewan (rund 460 Siedlungen) auch Montana und North und South Dakota in den USA (insgesamt über 100 Siedlungen).

Die ***Mennoniten***, ebenfalls »Wiedertäufer«, folgen den Glaubenslehren von *Menno Simons*, der ab 1537 ihr Bischof war. Sie waren ursprünglich in den Niederlanden und Norddeutschland beheimatet. Wie die Hutterer lebten sie lange Zeit in Russland und emigrierten dann über die USA nach Kanada, wo sie sich erstmals 1776 in Ontario ansiedelten. Die Traditionalisten *Old Order Mennonites* unter ihnen lehnen die Nutzung moderner Technik rigoros ab. Wie in alten Zeiten spannen sie z.B. in St. Jacobs Ontario Pferde vor den Pflug und fahren in der Kutsche zur Kirche, während die meisten Glaubensbrüder heute Auto fahren.

8.000 russische Einwanderer gründeten 1874-84 die ersten Mennonitengemeinden Manitobas. Heute hat die *Mennonite Church Canada* ca. 31.000 Mitglieder; www.mennonitechurch.ca.

Von den Mennoniten spalteten sich 1693 die ultrakonservativen ***Amish People*** – benannt nach ihrem Bischof *Jacob Amann* – ab. Sie ließen sich vor allem in den US-Bundesstaaten Ohio und Pennsylvania nieder und zählen heute über 5.500 Mitglieder. Die aus Europa nahezu vollständig vertriebenen Amish emigrierten um 1825 nach Kanada. Ihr erstes und bislang einziges kanadisches Siedlungsgebiet ist Ontario, wo sie in 15 Orten leben.

Huttererfrauen in der für das 19. Jahrhundert typischen schlichten Tracht

12.2.2 Winnipeg

Lage

Winnipeg ist die einzige »echte« Großstadt zwischen Toronto (2.100 km) und Calgary/Edmonton (1.300 km) und wirtschaftliches und kulturelles Zentrum einer weit über die Provinzgrenzen hinausreichenden Region. Die Hauptstadt liegt in der südöstlichen »Ecke« von Manitoba, rund 150 km westlich von Ontario und rund 100 km nördlich der Grenze zu den USA.

Klima und Geschichte

Klima

Das Klima Winnipegs entspricht weitgehend der auf Seite 648 zu findenden Kennzeichnung für die Provinz Manitoba. Die ungeschützte Lage nach Norden wie nach Süden sorgt für starke jahreszeitliche Gegensätze. Im Sommer – mit Tageshöchsttemperaturen im Juli/August um 26°C – darf man mit stabilen **Schönwetterperioden** rechnen; nur gelegentlich setzen Gewitter Straßen und Campingplätze unter Wasser. Im Winter beschert das wetterbestimmende kontinentale Hoch der Stadt nur geringen Schneefall und Temperaturen bis unter –20°C. Mit 358 Stunden verzeichnet Winnipeg von Dezember bis Februar den meisten Sonnenschein von allen kanadischen Städten, ➤ Seite 30 und 32.

12

Geschichte

Der Zusammenfluss von Assiniboine und Red River war schon 4.000 v.Chr. ein wichtiger Treffpunkt der indianischen Urbevölkerung. Die Franzosen unter ***Pierre de la Vérendrye*** erkannten die strategisch günstige Position dieses Ortes und gründeten dort 1738 die Pelzhandelsstation ***Fort Rouge***. Von dort aus betrieben sie die Erschließung des kanadischen Nordwestens. An fast gleicher Stelle errichtete 1809 die *North West Company* das ***Fort Gibraltar***. Der 1822 von der *Hudson's Bay Company* in ***Fort Garry*** umbenannte Stützpunkt versank vier Jahre später in den Fluten des Red River. Als Neubau entstanden zwei Festungen mit dicken Steinmauern: flussabwärts in Selkirk das ***Lower Fort Garry*** (➤ Seite 595) und am anderen Flussufer im Stadtzentrum das ***Upper Fort Garry*** (➤ Seite 606); www.fortgibraltar.com.

Métis

Nachdem 1812 der ***Earl of Selkirk*** schottische Siedler an die fruchtbaren Ufer des Red River gebracht hatte, kam es zu ständigen Konfrontationen mit den bereits dort ansässigen *Métis*, Nachkommen französischer Trapper und indianischer Frauen. Denn mit der Abholzung von Waldland zur Ausdehnung der Landwirtschaft reduzierten sich die Jagdreviere der *Métis*. Die Auseinandersetzungen gipfelten unter Führung von ***Louis Riel*** in der ***Red River Rebellion*** von 1869, die zur Schaffung Manitobas und zur Anerkennung von Minderheitenrechten für die *Métis* führte.

Nach den ersten unruhigen Jahren verlief die weitere Geschichte der Siedlung, die sich um das ***Upper Fort Garry*** entwickelt hatte, nun weniger turbulent. Mit der Konstituierung Manitobas (1870,

➤ Seiten 646f) wurde Winnipeg Verwaltungssitz, erhielt aber erst **1873 Stadtrechte** und seinen heutigen Namen, der aus der Sprache der *Cree*-Indianer stammt (*win nipee* = schlammiges Wasser).

Eisenbahn

Bereits mit dem Anschluss an das Eisenbahnnetz des Ostens (1878) gewann Winnipeg eine zentrale Position für den Weizentransport in die Bevölkerungszentren. Bereits 1887 war die *Winnipeg Commodity Exchange* als Börsenplatz gegründet worden. Die Ankunft der ***Canadian Pacific Railway*** (CPR) und die Verkehrsanbindung an die Westküste 1885 sowie der Bau weiterer Bahnlinien – so auch nach Churchill an der Hudson Bay (1929) – machten Winnipeg zum Eisenbahnknotenpunkt und zur einzigen kanadischen Metropole im Umkreis von 1.300 km.

Bevölkerung

Winnipeg, die Provinzhauptstadt Manitobas, hatte zu Beginn des 1. Weltkrieges erst um die 150.000 Einwohner. Heute leben dort knapp 800.000 Menschen im Großraum (710.000 in der Stadt), über 60% der Bevölkerung Manitobas.

Information, Orientierung und öffentliche Verkehrsmittel

Touristen Infomation

Tourism Winnipeg, Suite 810, One Lombard Place (*Downtown*); © 1-855-734-2489; www.tourismwinnipeg.com.

Explore Manitoba Centre in ***The Forks National Historic Site***, 21 Forks Market Road. Große Touristeninfo mit Ausstellungen uber die Provinz, tägl. 9-17 Uhr; www.travelmanitoba.com.

Der ***Winnipeg International Airport*** (YWG) liegt nur 6 km westlich der Innenstadt (2000 Wellington Ave). Zufahrt von *Downtown* (30 min) mit der Airport-Buslinie #15, © (204) 987-9402; www.waa.ca.

Zentrum

Das **Stadtzentrum** mit den höchsten Wolkenkratzern zwischen Toronto und Calgary befindet sich nordwestlich der Einmündung des Assiniboine River in den Red River, ungefähr begrenzt durch Portage Ave, Broadway und Main Street. Am Ostufer des Red River liegt das alte Stadtviertel ***Saint Boniface*** mit französischsprachiger Bevölkerungsmehrheit.

Verkehrssituation

Der ***Trans-Canada Highway*** führt mitten durch die City (Main Street/Broadway). Alternativen dazu sind zwei weiträumig die City umgehende Autobahnen (***Perimeter Highway #100*** im Süden bzw. ***Perimeter Highway #101*** im Norden). Im großzügig angelegten Winnipeg bereitet Autofahren kein Kopfzerbrechen.

Nahverkehr

Im Zentrum fahren drei ***Downtown-Spirit-Buslinien*** Mo-Fr 7-19, Sa 11-19, So 12-17.30 Uhr auf einem Rundkurs um das Geschäftszentrum und weiter zu *The Forks* (➤ Seite 606) gratis.

Auf anderen Routen gilt für ***Winnipeg Transit*** **Busse** – unabhängig von der Fahrtstrecke – ein Einheitstarif von $2,95. Man benötigt in den Bussen abgezähltes Kleingeld. Für *Transit Information* wählt man © 1-877-311-4974 oder schaut ins Internet: www.winnipegtransit.com.

Unterkunft und Camping

Hotels/Motels

Übernachten ist in Winnipeg nicht besonders teuer. In *Downtown* findet man u.a. das

- ***Fort Garry Hotel***, 222 Broadway Ave, edles, 1913 erbautes Luxushotel; ab $139, © 1-800-665-8088; www.fortgarryhotel.com.

In den Außenbezirken liegen zahlreiche **Hotels und Motels** entlang der südlichen Zufahrtsstraße #42 (Pembina Hwy), an der westlichen Zufahrtsstraße #1/#85 (Portage Ave) sowie im Flughafenbereich. Ein gutes Preis-Leistungs-Verhältnis haben

- ***Comfort Inn Winnipeg Airport***, 1770 Sargent Ave, ab $105, © (204) 783-5627; www.choicehotels.com/hotel/cn237
- ***Holiday Inn Airport West***, 2520 Portage Ave, ab $109, © 1-877-654-0228; www.ihg.com
- ***Canad Inns Destination Centre Fort Garry***, ab $105, 1824 Pembina Hwy, © (204) 261-7450, © 1-888-332-2623; www.canadinns.com/stay/fort-garry/home.

Preiswerte Unterkünfte

Die preiswerteste Übernachtung in Winnipeg bieten die ***Hostels***:

- ***Guest House International***
  viktorianisches Haus in *Downtown*-Nähe
  168 Maryland Street, $30/Bett, DZ $60,
  © (204) 772-12723; www.backpackerswinnipeg.com
- ***UWinnipeg Downtown Hostel***
  moderne Unterkunft im Herzen von *Downtown*, in der *McFeetors Hall* der *University of Winnipeg*; 370 Langside St; EZ $68, DZ $99; © (204) 789-1486; www.uwhostel.com.

Bed & Breakfast

Die folgende Agentur vermittelt in Manitoba über 30 Unterkünfte zu Preisen ab ca. $60:

- ***Bed & Breakfast of Manitoba***, www.bedandbreakfast.mb.ca.

Luis-Riel-Fußgängerbrücke parallel zur Provencher Bridge mit Bistro »Chez Sophie«

Camping

Der stadtnächste Campingplatz (riesig mit 451 Stellplätzen, $12-$29) befindet sich im ***Birds Hill Provincial Park*** 25 km nordöstlich von Winnipeg an der Straße #59. Der Park verfügt über eine hervorragende Infrastruktur mit Reitstall, Badesee, Wander- und Fahrradwegen. Dem jährlichen ***Winnipeg Folk Festival*** dient er als Veranstaltungsort (➢ Seite 610); www.manitobaparks.com.

Unter mehreren kommerziellen Plätzen im Bereich des ***Perimeter Highway*** ist der ***Town & Country Campground***, 264 Stellplätze; Zelte $32, *full hook-ups* $41-$49, eine gute Wahl. Der Platz (#56001 Murdock Road unweit des *Fun Mountain Waterslide Park*) liegt 14 km östlich von *Downtown* Winnipeg am *TCH*, Kreuzung mit Hwy #100; © 1-888-615-1995, www.townandcountrycamping.com.

Stadtbesichtigung: Downtown

Situation

Eine Besichtigung von *Downtown* Winnipeg lässt sich gut zu Fuß machen. Zur Überwindung etwas größerer Distanzen kann man den ***Downtown Spirit*** in Anspruch nehmen, ➢ Seite 600.

Die Beschreibung der Sehenswürdigkeiten Winnipegs beginnt an der **Main Street** knapp nördlich von *Downtown*:

Manitoba Museum

Im herausragenden ***Manitoba Museum*** (190 Rupert Avenue) wird die Natur- und Menschheitsgeschichte der Provinz über Dioramen, Filme und naturgetreue Modelle sehr anschaulich dargestellt. Die ***Earth History Gallery*** vermittelt einen sehr guten Überblick über die geologischen Epochen der Region Manitoba; in der ***Arctic & Subarctic*** und der ***Boreal Forest Gallery*** geht es um das Leben der Ureinwohner des Nordens und in der ***Grasslands Gallery*** um die Siedlungsgeschichte des südlichen Manitoba. Die ***Urban Gallery*** zeigt Straßenzüge der Kleinstadt Winnipeg um 1920.

Nachbau der »Nonsuch«

In der ***Nonsuch Gallery*** steht ein originalgetreuer Nachbau des Segelschiffs ***Nonsuch***, mit dem *Des Grosseilliers* 1668/69 in der Hudson Bay überwinterte (ca. 15 m, ➢ Foto links). Das Schiff ist einer der Höhepunkte der Ausstellung. Vor der Verbringung ins Museum hatte es 1970 anlässlich der 300-Jahr-Feier der *Hudson's Bay Company*-Gründung die historische Seereise noch einmal mit Erfolg absolviert.

Planetarium

Im dazugehörigen Planetarium sorgen moderne Video- und Computertechnologie für beeindruckende ***Multi Media Shows***. Vor allem virtuelle Reisen durchs Weltall fesseln die Besucher. In der ***Science Gallery*** garantieren verblüffende Effekte und Illusionen einen kurzweiligen Aufenthalt.

Manitoba Museum, Planetarium und *Science Gallery* geöffnet Mitte Mai bis Anfang September täglich 10-17 Uhr, sonst Di-Fr 10-16, Sa+So 11-17 Uhr, Eintritt je $20, 2 zusammen $28, alle 3 $33; www.manitobamuseum.ca.

Centennial Concert Hall

Neben dem *Manitoba Museum* liegt mit der *Centennial Concert Hall* das Kulturzentrum der Stadt, 555 Main Street, www.centennialconcerthall.com. Es bietet eine Bühne für die *Manitoba Opera*, www.mbopera.ca, das *Canada's Royal Winnipeg Ballet*, www.rwb.org, und das exquisite *Winnipeg Symphony Orchestra*, www.wso.ca. Im *Royal Manitoba Theatre Centre* – gegenüber –, www.royalmtc.ca, 174 Market Ave, gibt's populäres Theater.

Exchange District

Das *Manitoba Museum* grenzt an den über 20 Blocks umspannenden ***Exchange District***; www.exchangedistrict.org. Dieses originale, kommerzielle und kulturelle Herz von Winnipeg verdankt seinen Namen dem *Grain Exchange Building*, 167 Lombard Ave; www.grainexchangebuilding.com. Südlich der inzwischen stillgelegten Warenbörse stehen an der Kreuzung Portage Ave/Main St die drei höchsten Gebäude von Winnipeg: das 128 m hohe ***201 Portage***, das 124 m hohe ***Richardson Building*** und das 117 m hohe ***360 Main*** mit dem ***Winnipeg Square*** im Erdgeschoss (mit über 50 Geschäften), www.winnipegsquare.com. Zurzeit (2020) wird am ***300 Main Building*** gebaut, das mit 142 m die Spitze übernehmen soll.

Die Einkaufs- und Restaurant-Arkaden im *Exchange District* locken zahlreiche Besucher an. Der **Kernbereich** liegt westlich der Main Street. Um den *Old Market Square* mit Ess- und Verkaufsständen sowie oftmals *Entertainment* verbergen sich hinter sorgfältig restaurierten Fassaden ehemalige Wohn-, Handels- und Lagerhäuser aus dem ausgehenden 19. Jahrhundert.

Chinatown

An den *Exchange District* schließt sich nördlich ***Chinatown*** an (Zentrum an der King St), das bereits im 19. Jh. als Wohnstadt chinesischer Eisenbahnarbeiter entstand. Das Viertel ist kleiner als die *Chinatown* in Vancouver, aber für einen kurzen Abstecher durchaus erwägenswert. Sehenswert sind das in traditioneller Architektur um einen chinesischen Garten herum errichtete ***Dynasty Building*** (180 King St) mit Chinesischem Tor.

Ukrainisches Zentrum

Östlich *Chinatown* besitzt die nach Briten und Deutschen drittgrößte ethnische Gruppe Manitobas mit dem ***Oseredok Ukrainian Cultural and Educational Centre***, 184 Alexander Ave East, eines der größten Kulturzentren dieser Art in Kanada. Es präsentiert ukrainische Geschichte und Volkskunst wie handgemalte Ostereier (*Pysanky*), Keramik und Kunst, Mo-Sa von 10-16 Uhr; frei; www.oseredok.ca.

Wer den Hwy #52 ca. 2 km weiter in Richtung Norden fährt, kann die Kuppeltürme im ukrainischen Barockstil der ***Holy Trinity Ukrainian Orthodox Metropolitan Cathedral*** nicht verfehlen (1175 Main St). Dort hat der Metropol der *Ukrainian Orthodox Church of Canada* seinen Amtssitz; www.htuomc.org.

City Center

Hauptgeschäftsstraße Winnipegs ist die ***Portage Avenue*** zwischen der Main Street und dem Memorial Blvd. Kaufhäuser und *Shopping*-Komplexe konzentrieren sich dort und in unmittelbarer Nähe. Teilweise sind sie über verglaste Brücken oder unterirdisch miteinander verbunden.

Das mit über 90 Shops größte Einkaufszentrum ist ***Portage Place***, 393 Portage Avenue; www.portageplace.ca. Eine weitere Shopping Mall ist ***City Place*** (40 Shops, 333 St. Mary Avenue; www.cityplacewinnipeg.com). Zwischen all den Konsumpalästen steht der ultramoderne ***Bell MTS Place***, u.a. das Stadion der ***Winnipeg Jets*** (*NHL* – Eishockey); www.bellmtsplace.ca.

Kunst-Museum

Die ***Winnipeg Art Gallery***, 300 Memorial Blvd, ist zwischen Calgary und Toronto konkurrenzlos; www.wag.ca. Das gilt auch für die ungewöhnliche Architektur des Museumsgebäudes mit dreieckigem Grundriss. Unter den Kollektionen verschiedener Kunstrichtungen und Epochen sind die Sammlung zur kanadischen Gegenwartskunst und Kanadas umfangreichste Ausstellung der ***Inuit-Art*** hervorzuheben. Öffnungszeiten, Di-So 11-17 Uhr, Fr bis 21 Uhr, Eintritt $12; attraktives Bistro in der Dachetage.

Regierungsgebäude

In einem eigenen Park zwischen Broadway/Assiniboine River und Osborne/Kennedy Street steht das ***Legislative Building***, 450 Broadway, Sitz der Provinzregierung und des Parlaments Manitobas. Auf der Kuppel des neoklassizistischen Bauwerks von 1920 steht das Wahrzeichen Winnipegs – die Statue des ***Golden Boy***, eines rennenden Jünglings mit Weizengarbe im Arm und einer Fackel in der Hand. Mit 77 m war die Fackelspitze lange Zeit höchster Punkt Winnipegs. Das Gebäude steht täglich zur Besichtigung – auf eigene Faust oder mit Führung – offen (8-20 Uhr), Eintritt frei; www.gov.mb.ca/legislature/visiting.

Osborne Village

Auf der anderen Seite des Flusses (Zugang über *Osborne Bridge*, Hwy #62) reihen sich zahlreiche kleine Geschäfte beiderseits der Osborne St. Zusätzliche Attraktivität gewinnt das *Osborne Village* durch seine **Restaurants und Cafés**; www.osbornevillage.com.

Dalnavert House

Besucher schwärmen für das »uralte« ***Dalnavert House*** in der 61 Carlton Street. Es verkörperte 1895 – das Jahr der Entstehung – nicht nur äußerlich den Gipfel des Luxus, sondern war mit Zentralheizung, Heißwasser und Elektrizitätsanschluss auch technisch auf dem neuesten Stand.

Das Legislative Building in Winnipeg

In dem akribisch restaurierten Anwesen lebte *Sir Hugh John MacDonald*. Der Sohn des ersten kanadischen Ministerpräsidenten war 1899-1900 *Premierminister* Manitobas. Geöffnet Mi-So 12-16, im Sommer Mi-So 10-16 Uhr, Eintritt $6; www.dalnavertmuseum.ca.

Fort Garry

In einem kleinen Park an der Main Street zeugt nur der kleine Torbogen ***Upper Fort Garry Gate*** vom zweiten Fort der *Hudson's Bay Company* in Winnipeg (➤ unter »Geschichte«). Das erste wurde nach einer Überflutung zerstört.

The Forks

Der Zugang zu ***The Forks***, einem zwischen der Bahnlinie östlich der Main Street und dem Westufer des Red River gelegenen ehemaligen Rangierbahnhof, erfolgt südlich der *VIA Rail Station* über die Forks Market Road bzw. von Norden über den Israel Asper Way. Das weitläufige Areal am Zusammenfluss von Red und Assiniboine River ist wegen seiner Rolle als (6.000 Jahre alter) indianischer Versammlungsort und Keimzelle Winnipegs zum ***National Historic Site*** deklariert worden; www.pc.gc.ca/forks – und gleichzeitig ein modern konzipierter, attraktiver Freizeitpark mit vielen Veranstaltungen; www.theforks.com.

Im Park befinden sich ***Tourist Information*** (im *Explore Manitoba Centre,* ➤ Seite 600), Hafen mit Leuchtturm (!) und Bootsverleih, das ***Children's Museum*** (45 Forks Market Road, *Kinsmen Building* von 1889, täglich 9.30-16.30 Uhr, Fr/Sa bis 18 Uhr, $11; www.childrensmuseum.com) und das *Johnston Terminal*, ein Lagerhaus von 1930 voller Läden und **Restaurants** (u.a. eine Filiale der Kette *Old Spaghetti Factory*, 25 Forks Market Road).

Der ***The Forks Market*** ist in einem ehemaligen Eisenbahngebäude untergebracht (täglich 7 bis 23 Uhr, 1 Forks Market Road) und beherbergt eine bunte Vielfalt an Obst- und Gemüse-, Fleisch- und Fischständen, **Restaurants** und jede Menge Shops aller Art. Vom 6. Stock des voll verglasten Aussichtsturms überschaut man das Gelände von *The Forks* und die *Skyline* von Winnipeg.

Museum for Human Rights

Das nördlich von *The Forks* gelegene ***Canadian Museum for Human Rights*** zählt zu den Top-Attraktionen der Stadt. In dem weithin sichtbaren, spektakulären Bau ist die Geschichte der »Menschenrechte« und deren Verletzungen interaktiv und spannend aufbereitet. Auch der Sichtweise der Ureinwohner wird gebührend viel Platz eingeräumt; 85 Israel Asper Way; Di-So 10-17 Uhr und am Mi bis 21 Uhr; Eintritt $21/$10; www.humanrights.ca.

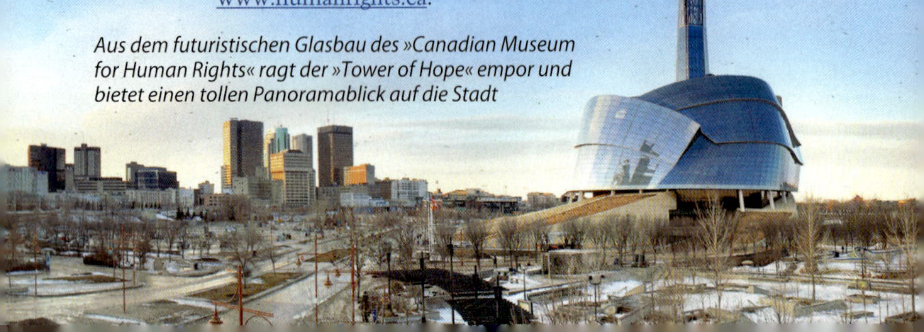

Aus dem futuristischen Glasbau des »Canadian Museum for Human Rights« ragt der »Tower of Hope« empor und bietet einen tollen Panoramablick auf die Stadt

Der ***Riverwalk*** zwischen *Legislative Building* und *Alexander Dock* lädt zu Spaziergängen mit Blick auf die *Skyline* ein.

Boottrips

Ebenso gut ist die Sicht vom Fluss aus. Zwei unterschiedliche Bootslinien (www.splashdash.ca) verkehren von Mitte Mai bis Mitte Oktober im 15-min-Takt:

- Der ***River Spirit Water Bus*** pendelt zwischen den Docks *Hugo* (Zugang zum Corydon Strip), *Legislative* (am Parlament), *The Forks, Norwood* und *Exchange*. Die Einzelfahrt kostet $4, ein Tagespass $20; So-Do 12-21, Fr-Sa 12-23 Uhr.
- Ohne Zwischenstopp erfolgt die halbstündige ***Splash Dash Guided River Tours*** zwischen Parlament und dem *Exchange Dock*; Start ab *The Forks* im Sommer täglich von 10 Uhr bis zum Sonnenuntergang; Tickets $12/$10.

Die restaurierte Ruine von St. Boniface vor der Silhouette der City of Winnipeg

Ziele außerhalb des Zentrums

St. Boniface

St. Boniface, der Stadtteil am Ostufer des Red River sozusagen gegenüber *Downtown Winnipeg*, beherbergt die größte französischsprachige Gemeinde Kanadas westlich von Québec. Er entstand auf dem traditionellen Siedlungsraum der *Métis*. In *St. Boniface* wurde **Louis Riel** 1844 geboren (➤ Geschichte, Seiten 646f+653f). Während die Anglokanadier den später gehängten *Riel* als Aufrührer betrachteten, sahen – und sehen – die Frankokanadier in ihm einen Vorkämpfer für ihre Rechte.

Louis Riel

Mit über hundert Jahren Abstand wird dem *Métis*-Führer mittlerweile viel Ehre zuteil. In Saskatchewan z.B. trägt die Autobahn 11 zwischen Regina und Saskatoon den Namen ***Louis Riel Trail***. Sein Grab neben der *Cathédrale de Saint-Boniface* (180 Ave de la Cathédrale) wird sorgfältig gepflegt. Die ersten drei katholischen Kirchen wurden Anfang des 19. Jahrhunderts erbaut, fielen aber wiederholt Neubauten und Bränden zum Opfer. Das letzte Großfeuer wütete 1968 und ließ allein die romanische Vorderfront und einige Wände stehen; www.cathedralestboniface.ca.

Die heutige 6. Kirche stammt bis auf dieses Relikt aus dem Jahre 1972. In der Nachbarschaft befindet sich mit der ***Université de Saint-Boniface*** ein französischsprachiger Ableger der *University of Manitoba*; www.ustboniface.ca.

Museum

Das nahe ***Musée de Saint-Boniface*** (494 Ave Taché) befindet sich in einem Eichen-Blockhaus, dem ältesten Gebäude Winnipegs, das 1846 zunächst als Kloster für die »Grauen Nonnen« errichtet worden war. Hauptthema des Museums ist der Beitrag der ***Métis*** zur Entwicklung Winnipegs; geöffnet Mo-Fr 10-16 Uhr, Sa ab 12 Uhr, Eintritt $7; www.msbm.mb.ca.

Riel House

Der ***Riel House National Historic Site*** mit dem Wohnhaus der Mutter von *Louis Riel* liegt außerhalb des Viertels *St. Boniface* im Süden Winnipegs. *Riel* hat zwar dieses Holzhaus unweit des *Red River* nie bewohnt, er wurde aber nach seiner Hinrichtung 1885 dort aufgebahrt; 330 River Road, Mitte Mai bis August Mo-Fr 10-17 Uhr, Juli/August auch Sa/So geöffnet, $4; www.pc.gc.ca/riel.

Canadian Mint

Der futuristisch anmutende Glasbau der ***Royal Canadian Mint*** (520 Lagimodière Blvd = Hwy #59) liegt unübersehbar im Osten Winnipegs südlich der Kreuzung mit dem *Trans-Canada Highway* #1, Erläuterungen auf der Besuchergalerie, Mitte Mai-Anfang Sept. täglich 9-17 Uhr, ansonsten nur Di-Sa; Eintritt $8; www.mint.ca.

Die ***Mint*** produziert alle Umlaufmünzen für Kanada und weitere Länder. Für die Prägung von Sammler- und Goldmünzen wie den kanadischen ***Maple Leaf Dollar*** ist die Zentrale in Ottawa zuständig; Sa/So keine Produktion und keine Erläuterungen. Beeindruckend sind Einführungsfilm und Münzausstellung.

Assiniboine Park

Westlich von *Downtown* beeindruckt *Little Italy* mit **Restaurants, Terrassencafes, Bars** und sommerlichem *Nightlife* entlang des »Corydon Strip« (Corydon Avenue westlich Ostborne Street; www.corydonbiz.com). Im weiteren Straßenverlauf liegt am Südufer des Assiniboine River der sehr schöne ***Assiniboine Park***. Das Parkgelände verfügt über **Rad- und Wanderwege**, ein Gewächshaus voller tropischer Pflanzen, englische und französische Gärten sowie den ***Assiniboine Park Zoo***; 2595 Roblin Blvd, Mitte März bis Mitte Oktober 9-17 Uhr, $21/$18; www.assiniboineparkzoo.ca.

Prairie Museum und Park

Das ***Living Prairie Museum*** (2795 Ness Ave südwestlich des Flughafens) schützt Reste einer einst für den Süden Manitobas typischen Hochgras-Prärielandschaft. Im Besucherzentrum (kein Eintritt, Juli-August täglich 10-17 Uhr, Mai-Juni nur So) gibt es einen Videofilm. Ein Lehrpfad vermittelt das Gesehene in natura.

Flugzeugmuseum

Das ***Royal Aviation Museum*** bezieht sich im wesentlichen auf die kanadische Luftfahrt von frühen Buschpiloten bis heute. Neben 27 Flugzeugen gibt es im zweitgrößten kanadischen Luftfahrtmuseum Flugsimulatoren, eine Weltraumreise mit Landung auf dem Mars sowie zahlreiche Erinnerungsstücke und Videos. Zurzeit geschlossen, Mitte 2021 zieht das Museum in eine spektakuläre neue Location; http://royalaviationmuseum.com.

Shopping

Südöstlich des Flughafens erstreckt sich der ***Polo Park***, 1485 Portage Ave (Straße #1), an der Kreuzung mit der #90. Die größte ***Shopping Mall*** Manitobas, beherbergt über 200 Geschäfte; Mo-Fr 10-21 Uhr, Sa+So bis 18 Uhr; www.polopark.ca.

FortWhyte Alive

Im Freigelände des ***FortWhyte Alive*** (1961 McCreary Road, am Highway #155; Mo-Fr 9-17 Uhr, Sa+So 10-17 Uhr; Eintritt $10/$8; www.fortwhyte.org) durchziehen **Wanderwege und Holzplankenstege** 180 ha Sumpf, Feuchtbiotope und Bisonfreigehege. Schautafeln erläutern ökologisch bedeutsame Details.

Abkühlung

Der ***Fun Mountain Waterslide Park*** liegt am *TCH* östlich der City, 804 Murdock Rd; täglich im Hochsommer 11-18 Uhr; $25/$22; www.funmountain.ca. Eine Autostunde entfernt sind die **Strände** des Lake Winnipeg (*Grand Beach*, ➤ Foto Seite 595).

Winnipeg Übersicht

Saddle Bronc Riding auf der Morris Stampede

In Winnipegs Kalender sind drei Events hervorzuheben:

Folk-Festivals

- An vier Tagen Mitte Juli findet im *Birds Hill Provincial Park* das international besetzte ***Winnipeg Folk Festival*** statt, © 1-866-301 3823; www.winnipegfolkfestival.ca
- Anfang August beginnt die zweiwöchige ***Folklorama***. In vielen über die Innenstadt verteilten Pavillons zeigen ethnische Gruppen aus aller Welt Musikshows, nationaltypische Gerichte, Kunst- und Handwerksprodukte. Information unter © 1-800-665-0234; www.folklorama.ca.

Morris/ Stampede

- In der Region südlich von Winnipeg spielt nur Morris während der alljährlichen ***Manitoba Stampede & Exhibition*** eine touristisch bedeutsame Rolle. Im Anschluss an die ***Calgary Stampede*** (Daten und Kennzeichnung, ➢ Seite 308) findet dort Mitte Juli jeweils von Donnerstag bis Sonntag eine der größten Rodeoveranstaltungen Kanadas statt.

  Sie verwandelt das ansonsten ruhige 1.700-Einwohner-Städtchen am Zusammenfluss von Red und Morris River für 4 Tage in eine Art ***Boomtown***. Motels, Hotels und Campingplätze sind hoffnungslos belegt, und auf den Freiflächen um das Stampedegelände drängen sich Wohnmobile dicht an dicht. Eine Vielfaches der Einwohnerzahl fällt täglich nach Morris ein, um sich bei Jahrmarkt, Viehausstellung und Rodeo zu amüsieren. Alles, was unter »***Calgary Stampede***« beschrieben wird, gilt auch für Morris, wiewohl in einem kleineren, überschaubaren Rahmen. Wer es einrichten kann, sollte die ***Manitoba Stampede*** nicht versäumen; sie ist eine der attraktivsten Veranstaltungen ihrer Art in Kanada. Information unter © 1-833-219-9444; www.manitobastampede.ca.

12.2.3 Von Winnipeg nach Calgary

Auf dem TCH nach Westen

Etwa 80 km westlich von Winnipeg passiert der *TCH* **Portage la Prairie** (13.000 Einwohner). Der Ort (Info: 97 Saskatchewan Ave) ging aus einem Rastplatz der Felltransporteure (*Voyageurs)* hervor, die dort mit ihren beladenen Kanus nach einer beschwerlichen *Portage* (Tragen der Kanus über Land) vom Lake Manitoba den Assiniboine River erreichten. Das ***Fort la Reine Museum & Pioneer Village*** liegt am östlichen Stadtrand an der Gabelung der #1 und #1A. Der Nachbau einer Handelsniederlassung von 1738, von der aus ***Pierre de la Vérendrye*** seine Entdeckungsreisen durch die Prärien startete, beherbergt viele Relikte aus jenen Tagen. Geöffnet Mitte Mai bis November, täglich 10-17 Uhr; Eintritt $10/$5; www.flrmuseum.com.

Spruce Woods

Auf der Fahrt durch Manitoba erscheint lediglich eine Abweichung vom Verlauf des *TCH* sinnvoll: Der Abstecher in den ***Spruce Woods Provincial Park***, ein großes Wald- und Hügelgebiet südwestlich von Portage la Prairie. Die Besonderheit dieser Region ist ein wüstenähnliches, etwa 4 km^2 großes Areal (***Spirit Sands***) mit feinsandigen Wanderdünen und sogar Kakteenbewuchs. Die Ausgangspunkte für *Trails* in die Dünen wie auch für den nahen, gut angelegten ***Kiche Manitou Campground*** (201 Stellplätze, $12-$28) liegen rund 30 km vom *TCH* entfernt (Straße #5); www.manitobaparks.com.

Riding Mountain National Park

Der Verlauf des *TCH* im westlichen Manitoba bis weit nach Saskatchewan hinein bietet kaum Abwechslung oder sinnvolle Abstecher. Der einzige landschaftliche Höhepunkt dieser Region, der ***Riding Mountain National Park***, liegt rund 90 km nördlich. Wenn die Zeit es irgend zulässt, sollte man den Umweg dorthin machen und mindestens einen vollen Tag Aufenthalt einplanen. Der Park verfügt über das beste Wanderwegenetz Manitobas. *Info Centre* in **Wasagaming**;, im Sommer 9.30-20 Uhr; 133 Wasagaming Dr; Eintritt $8; www.pc.gc.ca/riding.

Charakter des Parks

Die Bezeichnung ***Riding Mountain*** reflektiert die ungewöhnliche Position des 110 km langen Nationalparks. Seine Höhenzüge (bis 756 m) »reiten« quasi auf der bis über 450 m tiefer liegenden Umgebung. Flora und Fauna des von drei Landschaftsformen geprägten Nationalparks unterscheiden sich erheblich von Vegetation und Tierwelt der Prärie. Den Großteil von *Riding Mountain* nehmen in den Höhenlagen nordische Nadelwälder ein, die von Espenwald sowie im Westen auch von Prärien und Wiesen umschlossen werden. In den östlichen Tälern des Parks enden die letzten Ausläufer des ostkanadischen Laubwalds.

Flora & Fauna

Für einige Tier- und Pflanzenarten bietet *Riding Mountain* einen isolierten Lebensraum, der sie vor der Ausrottung bewahrte. Andere gefährdete Gattungen konnten sich dort erholen und eine stabile Existenzbasis zurückgewinnen. Die Anzahl der **Wölfe** im Park hat sich z.B. mittlerweile bei rund 70 stabilisiert.

Zufahrt

Die schönste Route in den Park hinein ist die **Straße #19**, anzusteuern **über Norgate**, ca. 90 km nördlich des *Trans-Canada Highway* auf der #5. Auf dieser Ostzufahrt passiert man zahlreiche Seen mit Biberburgen und -dämmen.

Übernachten

Den meisten Komfort bietet im Park der ***Wasagaming Campground***, über 400 Stellplätze, \$28-\$39; Reserverung unter ✆ 1-877-737-3783, www.reservations.pc.gc.ca. Neben dem *Campground* ***Audy Lake*** (➤ rechts) besitzt der Nationalpark noch **zwei weitere Campingplätze** mit Autozufahrt: ***Deep Lake*** im Westzipfel des Parks mit nur 12 Stellplätzen sowie ***Moon Lake*** (29 Plätze) am Hwy #10 nördlich von Wasagaming; beide \$16.

Unmittelbar südlich des Parks steht das ***HI Rossburn*** auf einer aktiven Rinder- und Pferde-Ranch mit 25 Betten (im Schlafsaal \$28, DZ \$60); 118107 Road 141 W, in Rossburn, ✆ 1-855-975-6777, hihostels.ca/en/destinations/manitoba/hi-rossburn.

Trails

Beim *Visitor Centre* in Wasagaming (➤ umseitig) erhält man Infomaterial zu den *Self-guided Trails* des Nationalparks. Entlang der Wege gibt es zusätzliche Erläuterungstafeln.

Gleich eingangs des Parks am Highway #19 beginnt der ***Burls and Bittersweet Trail***, ein hübscher Rundweg von ca. 2 km Länge durch Laubwald, wie man ihn sonst nur im Osten Kanadas findet.

Clear Lake

Mit perfekter touristischer Infrastruktur gesegnet ist Wasagaming am **Clear Lake**. An dessen Südende laden hübsche Strände und glasklares, im Juli und August erstaunlich warmes Wasser zum Baden ein. Das Tourismus-Portal der *Wasagaming Chamber of Commerce* bietet viele Infos zu Quartieren, Restaurants und Aktivitäten; www.discoverclearlake.com.

Bison Enclosure

Ein Besuch der ***Bison Enclosure*** gehört im *Riding Mountain Nat'l Park* zum »Pflichtprogramm«. In dem umzäunten Areal lebt eine kleine **Bisonherde** (ca. 40 Tiere). Eine Aussichtsplattform hilft beim Entdecken der Bisons. Versteckt in den Waldstücken oder im hohen Gras sind die mächtigen Tiere oft nicht zu sehen.

Osteinfahrt in den Riding Mountain National Park

Lake Audy

Als Zubringer zur *Bison Enclosure* dient die ***Lake Audy Road***, an der sich der schönste **Campingplatz** des Parks ($16, 32 Stellplätze) befindet. Beim Lagerfeuer mit Blick auf den Sonnenuntergang über dem See vergisst man fast, dass sich dieses wunderbare Fleckchen Erde eigentlich mitten in der Prärie befindet.

Weiter nördlich lohnt sich ein kleiner Abstecher von der *Park Road #10* zum teilweise über Holzbohlen verlaufenden ***Boreal Island Trail***, einem Lehrpfad zu Pflanzen- und Tierwelt des nordischen Nadelwaldes.

Weiterfahrt

Nach Verlassen des Parks setzt man die Fahrt zunächst auf der Straße #5 fort, die in Saskatchewan die #10 annimmt.

Ukraina

Die Region rund um den *Riding Mountain Park* gehörte zu den Siedlungsschwerpunkten ukrainischer Einwanderer. Die markanten **Zwiebeltürme** russisch-orthodoxer Kirchen weisen in vielen Präriedörfern auf den Ursprung der Bewohner hin, z.B. südlich des Parks in Sandy Lake, nördlich in Dauphin und westlich in Wroxton (bereits Saskatchewan). In einem 12.000 Zuschauer fassenden Amphitheater in **Selo Ukraina** (»ukrainisches Dorf«), ca. 12 km südlich von Dauphin, findet jährlich Anfang August das große dreitägige ***Canada's National Ukrainian Festival*** statt; www.cnuf.ca.

Yorkton

Mit gut 16.000 Einwohnern ist Yorkton die fünftgrößte Stadt Saskatchewans und Zentrale der Südostregion. Am westlichen Ortsausgang (#16A) steht eines von **vier *Western Development Museen*** Saskatchewans (www.wdm.ca/yorkton), ➤ Seite 616 unten, welche die Siedlungsgeschichte des kanadischen Westens beleuchten.

Das Thema des Museums in Yorkton lautet ***Story of People***. Die Historie wird dem Besucher u.a. durch nachgestellte Szenen aus dem kargen Leben der ersten Einwanderer nahegebracht. Geöffnet April-Dez Mo-Fr 9-17, Sa, So 12-17 Uhr, sonst Mo geschlossen; Eintritt $10/$7.

Camping

Der landschaftlich beste Campingplatz der Region liegt im 48 km (nordwestlich) entfernten ***Good Spirit Lake Provincial Park***, Zufahrt über die Straße #47. Herrliche Sanddünen und ein langer Strand sorgen für die große Beliebtheit des Parks; knapp 200 Stellplätze auf drei *Campgrounds*, $18-$32; www.tourismsaskatchewan.com/provincialpark/1811/good-spirit-lake-provincial-park.

Zurück auf den TCH

Ab Yorkton bleibt man weiter auf der #10, die bei Regina auf den *TCH* zurückführt. Für Abwechslung nach langer Fahrt eignen sich die östlich und westlich von Fort Qu'Appelle aufgestauten Seen *Pasqua, Echo, Mission* und *Katepwa Lake.* Diese vier sog. ***Fishing Lakes*** sind beliebte Wassersport- und Angelreviere. Ihre Strände bieten an heißen Sommertagen Abkühlung.

Zum Verweilen lädt der ***Echo Valley Provincial Park*** ein mit gleich mehreren *Campgrounds* und über 250 Stellplätzen. Am besten liegt dort der ***Lakeview*** am Echo Lake, Zufahrt über die Straße #210; $18-$42; www.tourismsaskatchewan.com/provincialpark/1007/echo-valley-provincial-park.

Fort Qu' Appelle

Der Ort (1.900 Einwohner) entstand aus einem Handelsposten der *Hudson's Bay Company*. Dort unterzeichneten 1874 die *Cree-* und *Saulteaux*-Indianer die Verzichtserklärung auf einen Großteil ihrer früheren Stammesgebiete. Dokumentiert wird das in einem lehrreichen Museum; 198 Bay Avenue N, geöffnet im Sommer tägl. 13-17 Uhr, $2; saskmuseums.org/museums/detail/fort-quappelle-museum.

Regina

In einem großflächig ebenen, baumlosen Bereich der Prärie liegt Regina. Die zweitgrößte Stadt in Saskatchewan hieß zunächst wegen der vielen in dieser Gegend von der Bisonjagd zurückgebliebenen Skelette bei den Indianern ***Wascana*** und bei den Siedlern ***Pile of Bones*** (in beiden Fällen zu deutsch »Knochenhaufen«). Den Aufstieg in städtische Dimensionen verdankt das einstige Dorf dem Bau der ***Canadian Pacific Railway***. Als die transkontinentale Verbindung 1882 den Ort erreichte, entschied man sich, den unschönen Namen zu Ehren der *Queen Victoria* von England durch das vornehmere lateinische *Regina* (= Königin) zu ersetzen.

Derart geadelt erfüllte das Städtchen die Voraussetzung seiner Erhebung zur Verwaltungszentrale für das damalige *North West Territory*, das die heutigen Provinzen Saskatchewan, Alberta, große Teile Manitobas und den gesamten Norden Kanadas umfasste. Mittlerweile ist aus Regina, das 1905 mit der Schaffung der Provinz Saskatchewan zu deren Hauptstadt avancierte, eine City mit rund 215.000 Einwohnern geworden.

Info

Die ***Tourist Info*** steht in Regina an der 2900 Wascana Drive, © 1-800-661-5099; www.tourismregina.com.

Der ***Regina International Airport*** (*YQR*) befindet sich 3 km westlich der Innenstadt, An-/Abfahrt nur per Taxi; www.yqr.ca.

Mounties

Eng verbunden mit Regina ist die Geschichte der legendären ***Royal Canadian Mounted Police***, ➤ Seite 322. Sie besitzt am westlichen Stadtrand (5907 Dewdney Avenue West) ein wichtiges Ausbildungszentrum, zu dem auch das ***Heritage Centre*** gehört; Juli-Anfang September täglich 10-18 Uhr, sonst 11-17 Uhr; $10/$6; www.rcmpheritagecentre.com.

Das *RCMP Centre* informiert ausführlich über Glanz und Gloria der Polizeitruppe von ihren Anfängen bis heute. Alle, die sich für die Siedlungsgeschichte des kanadischen Westens und alte Waffen interessieren, sollten den Besuch einplanen (inkl. ***Sergeant Major's Parade***, immer Mo-Fr um 12.15 Uhr). Durch die Straßen der Stadt marschieren die ***Mounties*** in historischen Uniformen meist dienstags im Juli/August (40-minütige ***RCMP Sunset Retreat Ceremony***). Wer die »Rotröcke« wie auf dem Foto (➤ links) hoch zu Ross bei Shows erleben möchte, findet das weiter westlich am *TCH* in Fort Macleod, ➤ Seiten 323f.

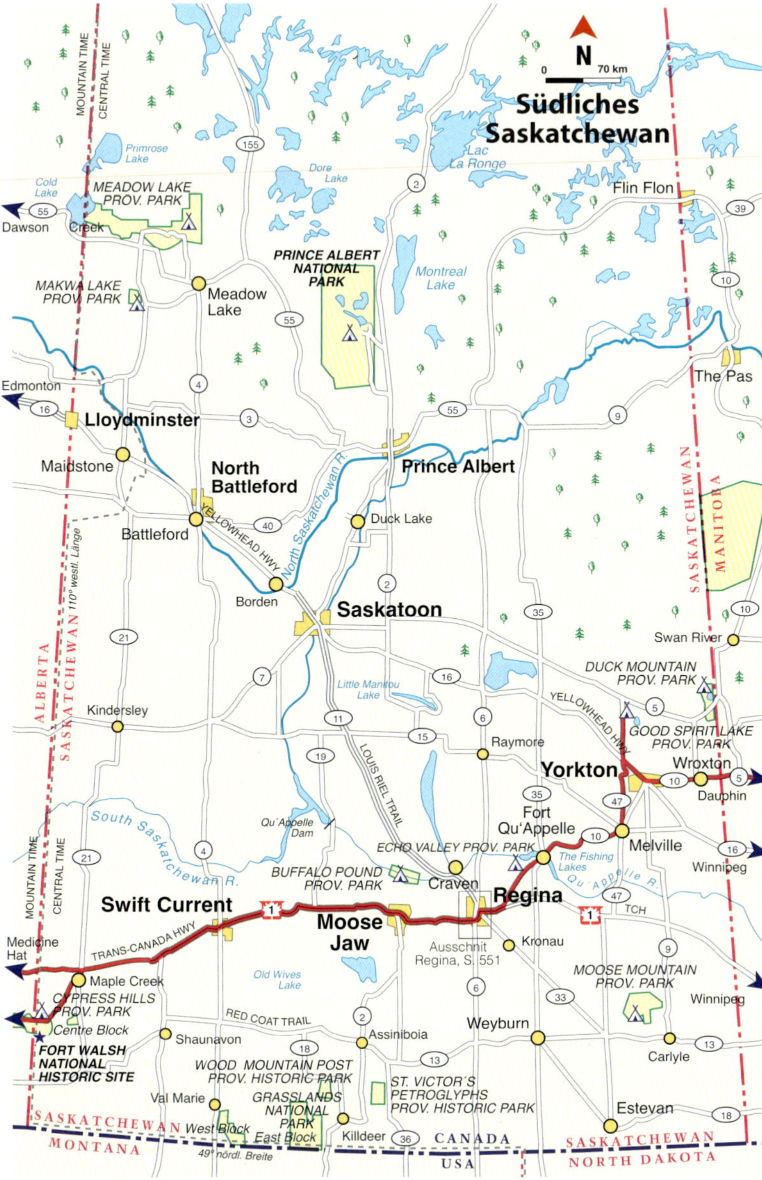

N
0 70 km
Südliches Saskatchewan
MOUNTAIN TIME
CENTRAL TIME
Primrose Lake
Cold Lake
Dore Lake
Lac La Ronge
MEADOW LAKE PROV. PARK
Dawson Creek
Flin Flon
PRINCE ALBERT NATIONAL PARK
Montreal Lake
MAKWA LAKE PROV. PARK
Meadow Lake
The Pas
Edmonton
Lloydminster
Maidstone
North Battleford
Prince Albert
Battleford
YELLOWHEAD HWY
North Saskatchewan R.
Duck Lake
110° westl. Länge
Borden
Saskatoon
SASKATCHEWAN
MANITOBA
ALBERTA
SASKATCHEWAN
Swan River
Little Manitou Lake
DUCK MOUNTAIN PROV. PARK
YELLOWHEAD HWY
Kindersley
GOOD SPIRIT LAKE PROV. PARK
Raymore
LOUIS RIEL TRAIL
Yorkton
Wroxton
Dauphin
Fort Qu'Appelle
South Saskatchewan R.
Qu'Appelle Dam
ECHO VALLEY PROV. PARK
Melville
The Fishing Lakes
Qu'Appelle R.
Winnipeg
BUFFALO POUND PROV. PARK
Craven
Regina
MOUNTAIN TIME
CENTRAL TIME
Swift Current
Moose Jaw
TCH
Medicine Hat
TRANS-CANADA HWY
Kronau
Ausschnit Regina, S. 551
Old Wives Lake
MOOSE MOUNTAIN PROV. PARK
Maple Creek
CYPRESS HILLS PROV. PARK
Winnipeg
RED COAT TRAIL
Centre Block
Shaunavon
Assiniboia
Weyburn
FORT WALSH NATIONAL HISTORIC SITE
WOOD MOUNTAIN POST PROV. HISTORIC PARK
Carlyle
ST. VICTOR'S PETROGLYPHS PROV. HISTORIC PARK
Val Marie
GRASSLANDS NATIONAL PARK
Estevan
SASKATCHEWAN
West Block
East Block
Killdeer
CANADA
SASKATCHEWAN
MONTANA
49° nördl. Breite
USA
NORTH DAKOTA
155 2 55 39 10 55 4 3 16 55 9 40 2 35 21 10 7 16 5 6 11 15 19 35 47 4 10 16 21 47 1 1 9 6 33 2 18 13 13 36 18 5 10

Wascana Centre

Unmittelbar südlich des kleinen Geschäfts- und Bürozentrums von Regina erstreckt sich der Park ***Wascana Centre*** (www.wascana.ca) mit dem gleichnamigen, durch Aufstauen das *Wascana Creek* entstandenen See über eine Fläche von fast 10 km². Die hügelige Parklandschaft mit schönem Baumbestand und sogar mehreren Inseln im See wirkt nach einer Fahrt durch die Prärie besonders einladend. Wer Lust zum Paddeln hat, findet ein passendes Boot ab $15/Stunde bei ***Wascana Canoe & Kayak Rentals***; 3000 Wascana Dr; www.facebook.com/wascancanoekayakarentals. Dort befindet sich auch das angesagte Restaurant ***Bar Willow***, direkt am Seeufer; www.barwillow.ca.

Sehenswertes

Royal Saskatchewan Museum

Rund ums *Wascana Centre* liegen fast alle Sehenswürdigkeiten. Besuchenswert ist das ***Royal Saskatchewan Museum*** (2445 Albert St, täglich 9.30-17 Uhr, Eintritt Spende). Die Ausstellung bezieht sich überwiegend auf Naturgeschichte und -kunde Saskatchewans und die Geschichte der Indianer; www.royalsaskmuseum.ca/rsm.

Parlamentsgebäude

Das ***Legislative Building*** (2405 Legislative Drive, täglich 8-17 Uhr, frei) am Südufer des Sees ist ein mächtiger neoklassizistischer Kuppelbau. Erwähnenswert im Inneren des Parlamentsgebäudes sind der Sitzungssaal mit Holzschnitzereien und Böden und Wände mit Marmor aus aller Welt; www.legassembly.sk.ca.

Science Centre

Ebenfalls im *Wascana Centre* befindet sich in einem früheren Kraftwerk das ***Saskatchewan Science Centre*** (2903 Powerhouse Drive) mit dem einzigen *IMAX*-Kino der Provinz (täglich 12-21 Uhr; www.sasksciencecentre.com). Im ***Powerhouse of Discovery*** *gibt's* Naturwissenschaft zum Anfassen (Ende Mai bis Anfang Sept. Mo-Fr 9-18 Uhr, Sa-So 10-18 Uhr, sonst Di-Fr 10-17 Uhr, Sa, So 12-18 Uhr, Museum $12 +IMAX $10, Kombi $20).

Übernachten

In Regina herrscht weder an den Ausfallstraßen noch in der City Mangel an H/Motels. Nahe dem *Wascana Centre* liegt das

- ***Regina Turgeon Int'l Hostel*** (HI), 2310 McIntyre Street, © (306) 791-8165, 30 Betten, $28; DZ ab $53; www.hihostels.ca/regina.

Kommerzielle Campingplätze befinden sich östlich am *TCH*.

Ruhigere *Campgrounds* bietet der ***Buffalo Pound Provincial Park*** mit Badestrand am ***Buffalo Pound Lake*** des ***Qu'Appelle River Valley*** 30 km nördl. von Moose Jaw, © 1-855-737-7275, über 250 Plätze auf 7 *Campgrounds*, $18-$42; www.tourismsaskatchewan.com.

Country Music Festival

Alljährlich **Mitte Juli** läuft in Craven im *Qu'Appelle Valley* 35 km nordwestlich von Regina das 4-tägige ***Country Thunder***, (www.countrythunder.com/sk), ein bedeutendes Konzertspektakel mit bekannten Namen. Neben dem Gelände können Festivalbesucher vier Tage lang campen.

Moose Jaw

Moose Jaw (33.000 Einwohner, **Info**: 450 Diefenbaker Drive, © 1-866-693-8097; www.tourismmoosejaw.ca) bedürfte keiner besonderen Erwähnung, befände sich nicht direkt am *TCH* eines der ***Western Development*** **Museen** der Provinz (50 Diefenbaker Drive). Das Thema dieses Hauses ist die Geschichte der Transportmittel.

Alte Propellerflugzeuge, Motorräder, Oldtimer und eine Schmalspur-Dampflokomotive bilden eine sehenswerte Ausstellung; täglich 9-17 Uhr April-Dez, sonst Mo zu; $10; wdm.ca/moose-jaw.

Snowbirds

Der Fluglärm um Moose Jaw stammt von einem der größten Militärflughäfen Kanadas, wo auch die Kunstflieger ***Snowbirds*** beheimatet sind. Sie zeigen auf Flugshows tollkühne Flugformationen; www.rcaf-arc.forces.gc.ca/en/snowbirds/index.page.

Red Coat Trail

Zu einer Abweichung vom *TCH*, etwa entlang des ***Red Coat Trail***, sollte sich in Saskatchewan nur entschließen, wer die *TCH*-Strecke schon einmal gefahren ist. Der *Dinosaur PP* und das Gebiet um Drumheller mit dem *Tyrrell Museum* (beides Alberta, ➤ Seite 318f.) sind eindrucksvoller als Saskatchewans *Badlands* im Provinzsüden.

Grasslands National Park

Positiv auf die Bewertung des Südwestens von Saskatchewan könnte sich die Weiterentwicklung des ***Grasslands National Park*** auswirken, wo erstmals die Flora und Fauna der Prärien unter den Schutz von *Parks Canada* gestellt wurden. Zwischen **Val Marie** und **Killdeer** blieben dadurch von der Nutzung als Ackerland verschonte Präriereale so erhalten, wie sie vor über 100 Jahren von den ersten Siedlern vorgefunden wurden, einmal im *West Block* (*Frenchman River Valley*) und im *East Block* in den *Killdeer Badlands*; www.pc.gc.ca/grasslands.

Bislang besitzt der Nationalpark bis auf einige **Wanderwege** im Westteil kaum Infrastruktur. Diesen Bereich durchquert eine 80 km lange Schotterstraße (»Frenchman River Valley Ecotour«). In Val Marie steht eines der beiden **Besucherzentren** des Parks.

In einem Flusstal im Westteil liegt der kleine ***Frenchman Valley Campground*** und der sehr einfache ***Rock Creek Campground*** am Haupteingang zum *East Block*; beide \$16-\$30.

Cypress Hills

Die **schönste Landschaft** im Süden der kanadischen Prärien und zudem den **höchsten Berg** (1.468 m) zwischen Rocky Mountains und Labrador können die dichtbewaldeten ***Cypress Hills*** im Grenzgebiet von Saskatchewan und Alberta für sich reklamieren; www.cypresshills.com. Der gleichnamige ***Interprovincial Park*** beiderseits der Grenzlinie wird in Saskatchewan ergänzt durch ein kleineres davon abgetrenntes Areal (***»Centre Block«*** genannt) an der Straße #21. In 37 km Entfernung vom *TCH* bietet der letztgenannte Teil des Parks mit mehreren warmen Seen prima **Wassersportreviere**, Badefreuden und Angelvergnügen.

Dort sorgen das komfortable ***The Resort at Cypress Hills*** (© 306-662-4477, DZ ab \$114, *Cabins* ab \$140; www.resortatcypresshills.ca) und über 600 Stellplätze (\$20-\$42) in diversen ***Campgrounds*** aller Qualitätsstufen dafür, dass der *Centre Block* besonders bei Familienurlaubern beliebt und im Juli/August und an Wochenenden stark besucht wird. Auf den Hügeln ist das Klima im Sommer viel angenehmer als in den heißen Ebenen der Prärie.

Fort Walsh

Vorrangiges Motiv für einen Abstecher in den grenzüberschreitenden Teil der *Cypress Hills* auf der Saskatchewan-Seite wäre das rekonstruierte ***Fort Walsh National Historic Site***. Das Palisadenfort entspricht dem aus den Western bekannten Bild perfekt. Um diesen 1875 angelegten, aber schon 1883 wieder aufgegebenen Stützpunkt der *NWMP* entwickelte sich keine Ortschaft, so dass die idyllische landschaftliche Einbettung der Anlage auf einer Anhöhe erhalten blieb; im Hochsommer täglich 10-17 Uhr, sonst Di-Sa (Juni), Do-Sa (September), \$10; www.pc.gc.ca/walsh.

Ca. 3 km südlich vom Fort wird die Erinnerung an das ***Cypress Hills Massacre*** aufrechterhalten. Die Ermordung einer Indianergruppe durch Whiskeyschmuggler aus den nahen USA hatte 1873 wesentlichen Anteil an der Gründung der *NWMP* (➤ Seite 322).

Verbindung der Cypress Hills Areale

Zeitzonenwechsel an der SK/Ab-Grenze CT ➤ MT (Uhr 1h zurückstellen)

Vom *TCH* bis zum Fort sind es immerhin über 60 km Stichstraße. Für eine direkte Weiterfahrt quer durch den Park zum Alberta-Areal der *Cypress Hills* nach Elkwater und Rückkehr auf den *TCH* bei Medicine Hat gibt es im Park selber keine asphaltierte Straße, sondern nur ***Gravel Roads*** (*Battle Creek Road, Reesor Lake Road*). Beide Straßen treffen sich am Reesor Lake mit gleichnamigem *Campground*. Als grenzüberschreitende Straßen erschließen beide das Parkinnere. Wohnmobilfahrern ist von dieser rauen, wiewohl schön geführten und bei Trockenheit für Pkw, *Vans* oder *Truck Camper* noch befahrbaren Route vorbei am See abzuraten.

Die einzige asphaltierte Zufahrt zum *Cypress Hills Park* (www.albertaparks.ca/cypress-hills.aspx) in Alberta führt über die Straße #41 nach Elkwater. Im Vordergrund stehen dort, ähnlich wie im *Centre Block* in Saskatchewan, Familienurlaub und -freizeit. Am **Elkwater Lake** gibt es diverse große, an Wochenenden stark genutzte Campingplätze (direkt am Wasser nur der weitläufige *Firerock* am Südwestufer sowie der kleine *Lakeview Campground* am Südufer) sowie die ***Elkwater Lake Lodge*** (DZ ab $145, Condo ab $150; ✆ 1-888-893-3811, www.elkwaterlakelodge.com).

12

Der *TCH* in Alberta ist bis auf wenige Kilometer autobahnmäßig ausgebaut und in seinem Verlauf weiterhin monoton.

Medicine Hat

Rund 300 km östlich Calgary liegt Medicine Hat (**Info**: 330 Gehring Rd SW; ✆ 1-800-481-2822, www.tourismmedicinehat.com). Die 64.000-Einwohnerstadt besitzt außer der ***Esplanade Art Gallery*** (im ***Esplanade Arts & Heritage Centre***, Mo-Fr 10-17 Uhr, Sa 12-17 Uhr, Eintritt $7; www.esplanade.ca) keine besonderen Sehenswürdigkeiten.

Heiße Sommertage sind in dieser Gegend nicht ungewöhnlich. Schließlich ist Medicine Hat an durchschnittlich 270 Tagen im Jahr ohne Niederschlag und damit **die trockenste Stadt Kanadas**.

Nach Calgary

Die Weiterfahrt nach Calgary erfolgt über den *TCH* mit einem eventuellen Abstecher zu Albertas ***Badlands*** (➤ Seiten 318ff) im ***Dinosaur Provincial Park*** und bei Drumheller oder über die Straße #3 durch Südalberta und Abstecher zum ***Writing-on-Stone Provincial Park*** und/oder zum ***Waterton Lakes National Park*** (➤ Seite 321 und 267f).

Mountie auf den Cypress Hills. Tief unten erkennt man das Fort Walsh

Icefields Parkway in British Columbia

ROUTENVORSCHLÄGE

Vorgaben

Die folgenden Vorschläge ergänzen die in den vorstehenden Kapiteln bereits großenteils als Rundfahrten angelegten Routenbeschreibungen. Sie kombinieren in unterschiedlichen Etappen so, dass möglichst viele der jeweils attraktivsten Ziele und Teilstrecken »mitgenommen« werden. Überwiegend beziehen sie sich auf Reisezeiten von 3-4 Wochen. Erweiterungen sind kein Problem. Auf einige Möglichkeiten wird hingewiesen. Sie ergeben sich auch aus der Lektüre der Reisekapitel.

Für kürzere Aufenthalte von 1-2 Wochen sind die Möglichkeiten in Abhängigkeit vom Startpunkt begrenzter. In Frage kommende Routen lassen sich z.B. mit Hilfe der Übersicht in der vorderen Umschlagklappe zusammenzustellen.

Kilometerleistung

Die **Kilometerangaben** beziehen sich auf die Summe der Entfernungen zwischen allen Punkten einer Route. **Die effektiv gefahrenen Kilometer** werden deutlich über dieser Zahl liegen, da Stadtverkehr, Unterkunfts- und/oder Campingplatzsuche, Fahrten innerhalb von Nationalparks und zum Einkauf/für Unternehmungen nicht berücksichtigt wurden. Dafür fallen leicht zusätzlich 15%-30% der Entfernungskilometer an.

Zeitbedarf

Die Angaben zum Zeitbedarf beinhalten keine Aufenthaltstage am Start-/Zielpunkt (Seattle/Vancouver, Calgary, Edmonton, Whitehorse, Anchorage) und beziehen sich auf Rundfahrten ohne längere Zwischenaufenthalte. Zwar bleibt auf Basis der jeweiligen Wochenangaben durchaus Zeit für Aktivitäten wie kurze bis zu Halbtageswanderungen, für ein Entspannen in heißen Quellen und den Besuch eines Museums, auch für volle Tage etwa in Banff oder Jasper, aber nicht für ausgedehnteres, spontanes Verweilen etwa an einem einsamen See während einiger Schönwettertage, einen längeren Trip per Kanu oder Pferd etc. Wer diese Art einer ruhigen und erholsamen Reise vorzieht, braucht für die vorgeschlagenen Routen 25%-50% mehr Zeit als hier vorkalkuliert oder muss sie abkürzen.

Route 1: Durchs südliche British Columbia und die Alberta Rocky Mountains

Eckpunkte der Route:

Vancouver – Whistler – Duffey Lake Road – Lillooet – 100 Mile House – Clearwater – Wells Gray PP – Mt. Robson PP – Jasper NP – Abstecher Maligne Lake – Icefields Parkway – Abstecher Yoho NP/Takakkaw Falls – Lake Louise – Banff – Abstecher Calgary – Kootenay NP – Radium Hot Springs – Fort Steele – Creston – Balfour – Kaslo – Nakusp Hot Springs – Vernon – Okanagan Valley – Osoyoos – Manning PP – Hope – Harrison Hot Springs – Vancouver

Ausgangspunkte: Vancouver, Calgary, ggf.auch Seattle, Edmonton

Streckenlänge: mit den genannten Abstechern 3.100 km; ab und bis Edmonton verlängert sich die Tour um mindestens 700 km, ab Seattle um gut 500 km

Zeitbedarf: 3 Wochen

Empfohlener Reisebeginn:

Da der *Icefields Parkway* bis Mitte Juni noch und ab Mitte September wieder verschneit sein kann, nicht vor Juni und aus demselben Grund nicht später als Anfang September. Ideal wäre die zweite Augusthälfte, wenn der Reiseverkehr langsam abnimmt. Anfang September ist man dann im warmen Süden von British Columbia.

Bemerkungen:

Der Hauptakzent dieser Route liegt auf dem Besuch der Nationalparks in den Rocky Mountains mit viel Natur »am Wege«, auf heißen Quellen und Badeseen. Die Rundfahrt lässt sich bequem in drei Wochen bewältigen.

Erweiterungsmöglichkeiten:

Jede Reise durch British Columbia kann mit einem Abstecher nach Vancouver Island sehr schön abgerundet werden. Dabei sollte man zumindest Victoria und den Pacific Rim Nationalpark ansteuern. Der minimale zusätzliche Zeitbedarf beträgt fünf Tage, die zusätzliche Streckenlänge rund 550 km bzw. ca. 750 km, wenn man sich zu einer Rundfahrt über die *Sunshine Coast* nördlich Vancouver entschließt.

Route 2: Vancouver Island und Rocky Mountain National Parks

Eckpunkte der Route:
Vancouver – Seattle – Port Angeles – Victoria – Nanaimo – Pacific Rim NP – Port Hardy mit Fähre nach Prince Rupert – Abstecher Stewart/Hyder – Yellowhead Hwy – Jasper – Lake Maligne – Icefields Parkway – Lake Louise – Abstecher Yoho NP – Banff/Abstecher Calgary – Kootenay NP – Glacier NP – Mount Revelstoke National Park – Nakusp Hot Springs – Vernon – Okanagan Valley – Osoyoos – Vancouver (oder ggf. Seattle)

Ausgangspunkte: Vancouver/Seattle, **Calgary**, ggf. auch Edmonton

Streckenlänge:
mit allen oben aufgeführten Abstechern knapp 5.000 km;
ab und bis Edmonton verlängert sich die Strecke um 700 km

Zeitbedarf: 4 Wochen

Empfohlener Reisebeginn:
Mitte Juni bis Anfang September, siehe dazu Route 1

Bemerkungen:
Für diese äußerst abwechslungsreiche Rundstrecke muss man die Fähre Port Hardy-Prince Rupert unbedingt vorbuchen.

Erweiterungsmöglichkeiten:
Ab Prince George ließe sich der *Yellowhead Highway* #16 durch folgende Route umgehen: Prince George – Quesnel – Barkerville/Bowron Lake – 100 Mile House – Wells Gray Park – Tête Jaune Cache und dann weiter nach Jasper wie gehabt. Ca. 700 km und 3 Tage zusätzlich.

Route 3 Durch die Provinz Yukon und zu den Alberta Rocky Mountains

Eckpunkte der Route:

Vancouver – Lillooet – Williams Lake – Abstecher nach Barkerville – Prince George – Fort St. John – Alaska Highway – Watson Lake – Whitehorse – Skagway/Haines (Fähre) – Alaska Highway bis Tetlin Junction/Alaska – Dawson City – Carmacks – Robert Campbell Highway – Watson Lake – Cassiar Highway – Abstecher nach Stewart/Hyder – Kitwanga – Prince George – Jasper – Abstecher Maligne Lake – Icefields Parkway – Lake Louise – Abstecher Banff und ggf. Calgary – Yoho National Park – Glacier NP – Mount Revelstoke NP – Vernon – Osoyoos – Hope – Vancouver

Ausgangspunkte: Vancouver, **Calgary**, ggf. auch Edmonton, Seattle

Streckenlänge: mit allen Abstechern über 8.600 km (darunter jeweils 480 km Schotterstrecke); ab und bis Edmonton verlängert sich die Strecke um 700 km, ab Seattle um gut 500 km

Zeitbedarf:

4-6 Wochen

Empfohlener Reisebeginn:

Mitte Juni bis spätestens Mitte August

Bemerkungen: Voraussetzung für diese Route(n) ist ein Fahrzeug, das für Fahrten in den Norden und am besten auch für Schotterstraßen zugelassen ist. Wenn *Gravel Roads* nicht befahren werden dürfen, besteht die Möglichkeit, den *Robert Campbell* und *Cassiar Highway* durch die **Fähre Skagway-Prince Rupert** zu »ersetzen«. Eine zeitsparende, aber auch teure und im Voraus zu planende und zu reservierende Alternative.

Diese **schönste und abwechslungsreichste Tour** durch den Westen Kanadas kombiniert die **Highlights des Nordens** mit den **Nationalparks des Südens**. Es empfiehlt sich, zuerst die langen Etappen in den hohen Norden anzutreten (gibt Zeitreserven fürs Verweilen und bei eventuellen Pannen).

Abkürzungen:

Bei knapper Zeit (3-4 Wochen) sind leicht Kürzungen möglich:

- Ein Verzicht auf den Yukon-Abstecher (Watson Lake, Whitehorse, Skagway, Tetlin Jct, Dawson City) spart 2.500 km.
- Wer die Fährkosten in seinem Urlaubsbudget einigermaßen verschmerzen mag, könnte den Südosten von BC sowie die Nationalparks in den Rocky Mountains und Calgary in Alberta auslassen. Die verkürzte Streckenführung (ab/bis Vancouver über 7.200 km) hält sich sonst weitgehend an die »Eckpunkte der Route«. Aber die Rückfahrt ginge dann ab Kitwanga über Prince Rupert, Port Hardy (auch für diese Fähre rechtzeitig reservieren), Vancouver Island nach Vancouver.

- Wer auf den Süden von BC mit Vancouver verzichtet, hat ab/bis Calgary bzw. ab/bis Edmonton noch ca. 6.700 km. Auch hierbei ist die Streckenführung in großen Bereichen identisch mit den Eckpunkten der Route. Nur der Hinweg führt über Edmonton (via Autobahn #2), Grande Prairie, Dawson City nach Fort St. John, die Rückfahrt erfolgt über Jasper via *Icefields Parkway*, Lake Louise (inkl. Abstecher zum Yoho National Park) und Banff nach Calgary.

Route 4: Alaska und Yukon

Eckpunkte der Route:
Anchorage – Portage – Abstecher nach Seward – Fähre Whittier-Valdez Glennallen – Tok – Dawson City – Whitehorse – Skagway/Haines (Fähre) – Haines Junction – Alaska Highway – Fairbanks – Denali National Park – Anchorage

Ausgangspunkte: Anchorage oder **Whitehorse**

Streckenlänge:
einschließlich Abstecher ca. 3.400 km (davon nur ca. 120 km Schotterstraße zwischen Dawson City und Tok)

Zeitbedarf: inkl. Pausentage sehr gut machbar in 3 Wochen

Empfohlener Reisebeginn: ab Mitte Juni bis Mitte August

Bemerkungen:
Die Route entspricht der Alaska-Rundtour ergänzt um Teile der Yukon-Rundtour. Damit kombiniert sie die meisten Alaska *Highlights* mit den attraktivsten Strecken und interessantesten Zielen in Yukon. Die **Fähre Whittier–Valdez** sollte vorgebucht werden. Auf der Strecke Skagway–Haines kommt man in der Regel auch kurzfristig unter; »zur Not« fährt man den landschaftlich wirklich umwerfenden *Klondike Highway* von Whitehorse nach Skagway hin und zurück.

Erweiterungsmöglichkeiten:
Mit ein bisschen Extrazeit könnte man noch zusätzlich Atlin, Keno oder Homer besuchen und von Skagway/Haines aus einen Abstecher zum Glacier Bay Nationalpark machen.

Route 5: Northwest Territories, Cassiar Highway und Rocky Mountains

Eckpunkte der Route:

Edmonton – Peace River – Mackenzie Hwy – Hay River – Abstecher nach Yellowknife – Abstecher Fort Simpson – Liard Hwy – Alaska Hwy – Watson Lake – Cassiar Hwy – Abstecher nach Stewart/Hyder – Kitwanga – Prince George – Jasper – Icefields Parkway – Lake Louise – Yoho Nat'l Park – Radium Hot Springs – Kootenay Nat'l Park – Banff – Calgary – Edmonton.

Ausgangspunkte: Edmonton oder **Calgary**

Streckenlänge: inklusive aller oben aufgeführten Abstecher rund 6.000 km, davon ca. 450 km Schotterstraße

Zeitbedarf: 4 Wochen, ab/bis Edmonton machbar in 3 Wochen bei Verzicht auf den *Icefields Parkway* am Ende und direkter Rückfahrt nach Edmonton ab Jasper (knapp 5.400 km)

Empfohlener Reisebeginn: Mitte Juni bis Mitte August

Bemerkungen:

Die Route entspricht der beschriebenen Strecke durch die Northwest Territories in Kombination mit dem schönsten Teil des *Alaska Highway* von Fort Nelson nach Watson Lake sowie dem *Cassiar Highway* und dem *Icefields Parkway*. Eine schöne Erweiterung wäre eine Fahrt durch Yukon (nordwestlicher Teil Route 3: 2.500 km ab/bis Watson Lake) inkl. Fährstrecke Skagway–Prince Rupert.

Route 6: Transkontinentalreise von Toronto nach Vancouver

Eckpunkte der Route:
Toronto – Midland – Bruce Peninsula – Manitoulin Island – Sault Ste. Marie – Pukaskwa National Park – Abstecher Sleeping Giant – Thunder Bay – Fort Frances – Kenora – Winnipeg – Portage La Prairie – Riding Mountain National Park – Good Spirit Lake – Regina – Cypress Hills Provincial Park – Dinosaur Provincial Park – Calgary – Banff – Lake Louise – Abstecher Yoho National Park – Icefields Parkway – Jasper – Abstecher Maligne Lake – Mount Robson Provincial Park – Wells Gray Provincial Park – Clearwater – 100 Mile House – Lillooet – Duffey Lake Road – Whistler – Vancouver (–Seattle).

Ausgangspunkte: Toronto oder **Vancouver**, ggf. auch **Seattle**

Streckenlänge:
knapp 6.000 km einschließlich aller oben aufgeführten Abstecher

Zeitbedarf: 4 Wochen

Empfohlener Reisebeginn: Ab Ende Mai bis Mitte August; bei Start in Vancouver oder Seattle ab Mitte Juni bis Anfang September

Bemerkungen:
Diese Route in Ost-West-Richtung, ➤ Hinweise auf Seite 506, entspricht weitgehend der in Kapitel 7 beschriebenen Transkontinentalfahrt. Bis Calgary handelt es sich um die reizvollste Strecke durch Ontario, Manitoba und Saskatchewan. Sie verläuft ab Toronto über die Bruce Peninsula und folgt anschließend dem *Trans-Canada Highway* bis Winnipeg. Mit einem Schlenker über den Riding Mountain Nationalpark geht es weiter bis Calgary. Von dort folgt man noch ein kurzes Stück dem *TCH* bis Lake Louise, wendet sich auf dem *Icefields Parkway* nach Jasper und fährt von dort die Route 1 (➤ Seite 557) in Gegenrichtung.

Alternative Routenführung:
Für den Fall, dass Ziele weiter nördlich reizen (*Saskatoon*, nördliches Saskatchewan und Alberta), könnte man westlich des Riding Mountain Nationalpark den *Yellowhead Highway* nehmen. Von Edmonton ginge es dann nach Jasper, den *Icefields Parkway* nach Süden bis Lake Louise und Banff und weiter wie in Route 2, ➤ Seite 558. Die Gesamtdistanz erhöht sich dann auf ca. 6.500 km.

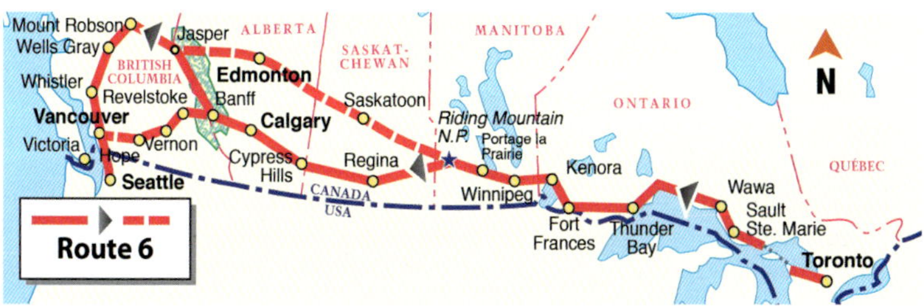

Der Staat Kanada

Steckbrief

Unabhängigkeitsjahr		
de facto im *Britisch North America Act*	1867	
nominell im *Statute of Westminster:*	1931	
eigene Verfassung im *Constitution Act:*	1982	
Staatsoberhaupt:	Queen Elizabeth II.	
Staatsflagge:	Ahornblatt, seit 1965	
Nationalfeiertag:	1. Juli, *Canada Day*	
Fläche:	9.984.670 km² (einschl. 891.163 km² Binnengewässer)	
Einwohner:	37.800.000	
Bevölkerungsdichte:	3,9 Einwohner/km²	
Hauptstadt:	Ottawa (seit 1857)	
Größte Städte: (jeweils Einzugsbereich)	Toronto	5,9 Mio. Einw.
	Montréal	4,1 Mio. Einw.
	Vancouver	2,5 Mio. Einw.
	Calgary	1,4 Mio. Einw.
	Ottawa-Gatineau	1,3 Mio. Einw.
	Edmonton	1,3 Mio. Einw.
	Québec	0,8 Mio. Einw.
	Winnipeg	0,8 Mio. Einw.
Provinzen (10):	Alberta, British Columbia, Manitoba, New Brunswick, Newfoundland, Nova Scotia, Ontario, Prince Edward Island, Québec und Saskatchewan	
Territorien (3):	Northwest Territories, Nunavut, Yukon	
Amtssprachen:	Englisch und Französisch	
Höchste Berge:	Mount Logan	5.959 m
	Mount St. Elias	5.489 m
Längste Flüsse:	Mackenzie River	4.241 km
	Yukon River	3.185 km
Größte Insel:	Baffin Island	507.451 km²
Größter See:	Lake Superior	82.100 km²
Hauptexportländer:	USA 73%, Europa 12%, China 4%	
Hauptimportländer:	USA 51%, China 11%	
Exportprodukte:	Erdöl, Maschinen, Kraftfahrzeuge/teile	
Importprodukte:	Maschinen, Kraftfahrzeuge/teile	

Bevölkerung

Verteilung

Mit 3,9 Einwohnern pro km^2 (zum Vergleich: 232 Einwohner/km^2 in Deutschland) ist Kanada eines der am dünnsten besiedelten Länder der Erde. Allerdings liefert hier die reine Statistik ein verfälschtes Bild der tatsächlichen Verhältnisse: Fast 50 Prozent aller Kanadier leben im Einzugsbereich der sieben großen Metropolen Toronto, Montréal, Vancouver, Calgary, Ottawa, Edmonton und Winnipeg. Auch die Region um die Great Lakes und entlang des St. Lorenz Stroms ist dichter besiedelt. Die wenigen Bewohner außerhalb dieser Zone konzentrieren sich auf Siedlungen entlang einer Handvoll Straßen. Unglaublich ausgedehnte Gebiete im Norden sind so gut wie menschenleer.

Immigration

Zwar kontrollieren strenge Einwanderungsbeschränkungen Zahl und Zusammensetzung der kanadischen Bevölkerung, aber dennoch nahm das Land rund 21% der derzeitigen Einwohnerschaft als Immigranten auf (zum Vergleich Deutschland – auch ein Einwandererland: 13%). Zukünftige Kanadier müssen einer gesuchten Berufsgruppe angehören, ein gutes Finanzpolster mitbringen oder (erfolgreich) politisches Asyl beantragen, um Einlass zu erhalten. Die reizvolle Idee, sich als Aussteiger in die Wildnis zurückzuziehen und am einsamen See ein Blockhaus zu bauen, können nur Kapitalkräftige realisieren.

Ethnische Gruppen

Kanadier britischer (50%), französischer (16%) und deutscher (10%) Abstammung stellen die größten Bevölkerungsanteile. Der Anteil der Ureinwohner, Indianer und *Inuit* liegt heute bei 4%. Deutsche Einwanderer kamen regelmäßig ins Land, wobei die Dekade 1945-1955 nach dem 2. Weltkrieg eine besonders starke Immigrationswelle brachte. In Saskatchewan haben 30% aller Kanadier deutsche Vorfahren. Nach 1945 gab es auch einen starken Zuzug aus Italien (heute insgesamt knapp 5%). Italiener ließen sich vor allem in den Großstädten des Ostens nieder. Ukrainer stellen die nächstgrößte Minderheit (kanpp 4%). Viele ihrer Vorfahren kamen Anfang des 20. Jahrhunderts und gründeten in den Prärien zahlreiche ukrainische Gemeinden, Anteil Manitoba (14,8%).

Während die Einwanderer zunächst im wesentlichen aus Europa kamen, sind in den letzten Jahren Immigranten aus Asien deutlich in der Mehrheit, aktuell China 4,3% – Anteil British Columbia 10,6%. Die Zahl Schwarzer blieb in Kanada vergleichsweise niedrig.

Sprachen

Situation

Als Muttersprache pflegen ca. 60% der Kanadier Englisch und 20% Französisch. Hinzu kommen Sprachen der ethnischen Minderheiten: chinesisch, indisch, spanisch, deutsch, italienisch sowie regional verschiedene Inuit- und Indianeridiome.

Offiziell zwei Sprachen

Kanada tat mit dem ***Official Languages Act***, der dem Land 1969 zwei Amtssprachen gab, einen wichtigen Schritt zur Beruhigung

Englisch dominiert

eines nichtsdestoweniger bis heute schwelenden Sprachenkonflikts. Jeder Bürger hat seither das Recht, bei Ämtern und Behörden in Englisch oder Französisch vorzusprechen und Formulare in der Sprache seiner Wahl zu verlangen. In der Realität jedoch ist Kanada von einer echten Zweisprachigkeit weit entfernt. In der Provinz Québec sowie in einigen Regionen von New Brunswick (Acadia) und Nova Scotia (Cape Breton) wird fast ausschließlich Französisch, im Rest des Landes überwiegend Englisch gesprochen. **In den Westprovinzen ist Englisch faktisch alleinige Sprache**. Französisch hört man nur vereinzelt und in eng begrenzten Bezirken (z.B. in St. Boniface in Winnipeg). Besuchern fällt die Zweisprachigkeit allenfalls an den in Französisch **und** Englisch gehaltenen Broschüren und Schildern der Nationalparks und Veröffentlichungen anderer regierungsoffizieller Organisationen und Stellen auf.

Problem Québec

Mit dem Siebenjährigen Krieg (1756-63), in dessen Verlauf das französische Québec an England fiel, begann der Sprachenkonflikt. Bald besetzten die Engländer, die eine kleine Minderheit in der Provinz darstellten, die Schlüsselpositionen in Wirtschaft, Militär und Verwaltung – und versuchten ihren *English way of life* in Québec durchzusetzen. Bis dahin offiziell zweisprachig, preschte 1977 die damalige Regierung der *Parti Québécois* – die bis heute die Unabhängigkeit Québecs (knapp 30% französischstämmig) von Kanada anstrebt – unter René Lévesque vor und erließ die *Charte de la Langue Francaise*, die Französisch als alleinige Amtssprache definiert. Diese wurde dann 11 Jahre später vom *Supreme Court of Canada* in Ottawa als verfassungswidrig wieder aufgehoben. Die heutigen, mehrfach modifizierten Sprachgesetze der Provinz Québec betonen aber immer noch die Präferenz des Französischen.

Im sogenannten ***Meech Lake Accord*** sollte 1987 sogar eine eigenständige kulturelle Entwicklung der französischsprachigen Bevölkerungsgruppe verfassungsrechtlich festgeschrieben werden. Kritiker dieser Regelung wendeten sich gegen Sonderbestimmungen für nur eine Bevölkerungsgruppe, die andere Minoritäten, wie z. B. Indianer und Inuit nicht berücksichtigten. 1990 wurde der *Meech Lake Accord* in Manitoba und Neufundland abgelehnt. Die Verfassungsänderung trat daher nicht in Kraft. Ergebnis war eine weitere Verstärkung separatistischer Bewegungen in Québec. 1995 sprach sich die Bevölkerung Québecs in einem Referendum mit der denkbar knappen Mehrheit von 50,6 % für den Verbleib in Kanada und gegen eine eigenstaatliche Unabhängigkeit aus.

Politik

Verfassung

Mit dem ***British North America Act*** (auch: *Constitution Act*) gab Großbritannien seinen Provinzen New Brunswick, Nova Scotia, Ontario und Québec 1867 eine eigene Verfassung und einte sie im ***Dominion of Canada***. Nach wenigen Jahren schlossen sich Prince Edward Island, British Columbia und Manitoba dem Bund an, 1905 Alberta und Saskatchewan, 1949 als letzte Provinz Newfoundland.

Die Konstitution unter britischer Oberhoheit sah eine Kompetenzenteilung zwischen Bund und Provinzen vor, die der Zentralregierung die bundesweite Verantwortung für die Außen- und Verteidigungspolitik, Wirtschaft und Finanzen übertrug. Eine eigenständige, von der einstigen Kolonialmacht unabhängige **kanadische Verfassung** löste **erst 1982** den *Constitution Act* von 1867 ab.

Konstitutionelle Monarchie

Kanada blieb auch unter der neuen Verfassung eine konstitutionelle Monarchie mit **Queen Elizabeth II**. von England als offiziellem Staatsoberhaupt. Die englische Krone wird durch einen vom kanadischen Premierminister vorgeschlagenen Generalgouverneur vertreten. Seine Befugnisse beschränken sich auf wenige formale Amtshandlungen; die faktische Regierungsgewalt liegt beim kanadischen Premierminister.

House of Commons und Senate

Die Legislative setzt sich aus dem ***House of Commons*** (Unterhaus) und dem ***Senate*** (Oberhaus) zusammen. Das *House of Commons* bestimmt die Gesetzgebung des Bundes. Seine 338 Mitglieder werden direkt in ebensovielen Wahlkreisen gewählt, wobei mindestens alle fünf Jahre eine Neuwahl abgehalten werden muss. Bedingt durch das Mehrheitswahlrecht ist ein Abgeordneter schon gewählt, wenn er die relative Mehrheit in seinem Wahlkreis erreicht hat. Die 105 Mitglieder im *Senate* werden nach einem regionalen Schlüssel auf Vorschlag des Premierministers durch den Generalgouverneur ernannt. Dadurch liegen die Mehrheitsverhältnisse in *Senate* manchmal anders als im *House of Commons*. Allerdings kann der *Senate* die Verabschiedung eines Gesetzes nur hinauszögern, nicht verhindern.

Regierung

Justin Trudeau von der ***Liberal Party*** ist seit November 2015 der 23. kanadische **Premierminister**. Er ist der älteste Sohn von Pierre Trudeau (1919–2000), der von 1968 bis 1984 (mit kurzer Unterbrechung) Premierminister Kanadas war. Die ***Liberal Party***, die zuvor nur drittstärkste Kraft war, gewann bei den Wahlen über 20% hinzu – auch dank des charismatischen *Trudeau*. Er löste *Stephen Harper*, der seit 2006 im Amt war und seine vierte Amtszeit anstrebte, von der Konservativen Partei als *Prime Minister* ab. Die *Liberal Party* hat mit 157 Sitzen keine Mehrheit im Unterhaus und regiert als ***Minority Government***.

Ergebnis der 43. Parlamentswahlen vom 21. Oktober 2019

Partei	Mandate	Stimmenanteil
Liberal	157	46,4%
Conservative	121	36,0%
New Democrats	24	7,1%
Bloc Québécois	32	9,4%
Grüne	3	0.1%
Insgesamt	337	100%

Die Legislaturperiode läuft offiziell bis 2023.

Die Territorien

Die (seit 1999 drei) Territorien im Norden von Kanada werden jeweils von einem direkt gewählten Territorialrat verwaltet. 1992 stimmten die Wähler in den NWT für die Abspaltung eines mehrheitlich von Inuit bewohnten Territoriums. Es entstand ***Nunavut*** (unser Land) – 36.000 Einwohner, davon 24.600 Inuit. Mit einer Fläche von 2.093.190 km² ist es größer als die verbliebenen *Northwest Territories*, ➤ Seite 657.

Indianer und Inuit

Weitere Diskussionspunkte in den Territorialparlamenten ergeben sich aus den Ansprüchen und Konflikten der unterschiedlichen Indianer- und Inuitverbände bei der Erschließung des Nordens. Sie geben sich nicht mehr mit Geldzuwendungen allein zufrieden, sondern setzen der Bevormundung aus dem Süden politischen Widerstand entgegen und fordern Mitbestimmung und Lizenzabgaben kanadischer wie ausländischer Firmen direkt an die Stämme.

Rechtswesen

Das kanadische Rechtswesen geht – mit Ausnahme von Québec, welches den *Code Civil* Frankreichs adaptiert hat – zurück auf das britische *Common Law*. Von Ottawa erlassene Gesetze haben im ganzen Land Gültigkeit, die oberste Instanz für alle Rechtsfragen ist das ***Supreme Court of Canada***, vergleichbar unserem Bundesverfassungsgericht. Provinzgesetze gelten ausschließlich in der jeweiligen Provinz. Dadurch ergeben sich teilweise erhebliche Unterschiede in der Rechtsprechung benachbarter Provinzen.

Sozialstaat

Kanada besitzt eine **provinzübergreifende Sozialgesetzgebung**, dessen Maschen wesentlich dichter geknüpft sind als in den USA. Insbesondere bei der Krankenversicherung gibt es gravierende Unterschiede. Während schwere Erkrankungen für viele US-Bürger den finanziellen Ruin bedeuten können, ist die Art und Effizienz der Krankenversicherung in Kanada (***Health Canada***) mit der in Deutschland vergleichbar. Auch Arbeitslosenversicherung (***Service Canada***) und Rentenversicherung (***Canada Pension Plan/Old Age Security***) funktionieren nach europäischem Prinzip.

Kanada gehört zu den großen Öl- und Erdgasexporteuren der Welt, wobei sich die Förderung bzw. Ölsand- und Ölschieferabbau überwiegend auf Alberta konzentriert. Das Bild zeigt die Hochhäuser der Ölkonzerne am Bow River in Calgary.

Wirtschaft

Industrienation Kanada

Bereits Ende des 19. Jahrhunderts begann die Entwicklung des zunächst weitgehend agrarisch orientierten Landes zu einer Industrienation. Bis heute spielen aber Holzwirtschaft, Getreideanbau und Viehzucht für die Gesamtwirtschaft und den Export Kanadas eine große Rolle. Angesichts der enormen Nutzwälder, Anbauflächen und Viehweiden überrascht dabei, dass gegenwärtig nur noch knapp 3% der Erwerbstätigen in der Forst- und Landwirtschaft arbeiten. Bei Industrieholz belegt Kanada weltweit den dritten Platz, bei der Papiererzeugung den fünften. Verarbeitende Industrie existiert vor allem im Süden Ontarios, darunter insbesondere Automobil- und Maschinenbauer.

Rohstoffreserven

Im Norden lagern bislang noch überwiegend unangetastete Bodenschätze, darunter enorme Ölsandvorkommen. Kanada bzw. die Provinz Alberta, deren Förderung über 90% der kanadischen Gesamtmenge ausmacht, steht unter den Erdöl produzierenden Länder auf Platz sechs, in der Erdgasproduktion sogar auf Platz drei.

Kanada ist einer der weltgrößten Exporteure von Mineralien und Metallen. Dank gestiegener Rohstoffpreise konnte die kanadische Bergbauindustrie in den letzten Jahren den Produktionswert der metallischen wie nichtmetallischen Mineralien auf knapp $50 Mrd. steigern, wobei allein Kalisalze und Kohle zu einem Drittel diese Wertes beitrugen.

Trotz seiner geringen Einwohnerzahl ist Kanada daher heute ein wesentlicher Faktor im internationalen Wirtschaftsgefüge und gehört zur Gruppe der acht wichtigsten Industriestaaten (G8).

Struktur der Arbeitnehmer

Über 78% aller kanadischen Erwerbstätigen arbeiten heute im Dienstleistungssektor, davon ein Großteil im Tourismus und in davon abhängigen Branchen. Nur 22% sind in Produktionsbetrieben beschäftigt. Insbesondere im Norden sind zahlreiche Arbeitsplätze direkt oder indirekt vom Staat abhängig. Die früher sehr hohe **Arbeitslosenquote** ist mittlerweile auf unter 7% gesunken.

Außenhandel

Die Wirtschaftsstruktur Kanadas ist eng mit dem Haupthandelspartner USA verwoben. 73% der kanadischen Exporte gehen zum südlichen Nachbarn, 51% der Importe kommen von dort. Schwankungen der Wirtschaftsentwicklung in den USA übertragen sich daher stark auf die Wirtschaft Kanadas. Dasselbe gilt auch für den Tourismus, 68% aller Auslandsbesucher in Kanada sind US-Bürger. In andere wichtige Industrieländer werden hauptsächlich Rohstoffe, Holz- und Landwirtschaftsprodukte exportiert.

Im Jahr 1994 trat das nordamerikanische Freihandelsabkommen (***North American Free Trade Agreement***, kurz **NAFTA**) zwischen Mexiko, USA und Kanada in Kraft, das ähnlich wie in der EU die Grenzen für den Warenaustausch weiter öffnet. Kanada versprach sich davon zusätzliche Impulse, wie die zwischenzeitliche Entwicklung bereits bewies.

Umwelt-probleme

Wenngleich Kanada wegen seiner Geographie und der in weiten Landesteilen extremen Klimabedingungen nur regional industrialisiert werden kann, blieben Umweltschäden auch dort nicht aus, z.B. verursacht durch die Abholzung der Westküsten-Regenwälder und damit einhergehender Wasser- und Luftverschmutzung dank riesiger ***Pulp Mills*** (Papiermühlen) in British Columbia und Ölsandgewinnung in Alberta, aber auch durch »Sauren Regen« (überwiegend aus den USA), der auch in Gegenden abregnet, die fernab industrieller Zentren liegen.

Im Pro-Kopf-Energieverbrauch bzw.der -verschwendung steht Kanada zusammen mit den USA einsam an der Weltspitze.

Provinzen und Territorien

Alberta

Geschichte, Geographie und Klima

19. Jahr-hundert

Die ***First Nation*** auf dem Gebiet des heutigen Alberta (***Blackfoot, Cree***, ***Scarcee***) wurden bis Mitte des 19. Jahrhunderts von den Weißen noch kaum bedrängt. Nur die Pelzhandelsgesellschaften – *North West* und *Hudson's Bay Company* (➢ Seite 206) – hatten auf Indianerland bereits Stützpunkte angelegt.

Eine nennenswerte Immigration begann erst nach Gründung des *Dominion of Canada* in 1867 und der Übernahme des bis dato von der *HBC* beanspruchten *Ruperts Land* durch den Staat zwei Jahre später. Trotz anfänglicher, großenteils durch illegalen Alkoholhandel verursachter Probleme blieben ernstere kriegerische Auseinandersetzungen zwischen Indianern und Neuankömmlingen wie in den USA aus. Im wesentlichen dank der eigens für die neuen Territorien im Westen geschaffenen berittenen Polizeitruppe ***North West Mounted Police***, Vorgängerin der »Rotröcke« (*RCMP*, ➤ Seite 322 und 614).

District of Alberta

Nicht verhindern konnte oder wollte die Polizei jedoch die mit der Besiedelung einhergehende dramatische Dezimierung der Bisonbestände, der wichtigsten Lebensgrundlage der Indianer. In der Folge mussten sie wohl oder übel der Abtretung des Großteils ihrer leergejagten Prärien zur Nutzung als Acker- und Weideland durch die Einwanderer zustimmen. 1882 entstand ein ***Provisional District of Alberta***, so benannt nach der Frau des britischen Gouverneurs und Tochter der Königin, Prinzessin *Louise Caroline Alberta*.

Steckbrief

Konstituierung als Provinz:		1905
Einwohner:		4.100.000
Anteil an der kanadischen Bevölkerung:		11,7%
Fläche:		661.848 km²
Anteil an der kanadischen Fläche:		6,6%
Bevölkerungsdichte:	6,2 Einwohner pro km²	
Hauptstadt:	Edmonton (seit 1905)	
Größte Städte:	Calgary:	1.240.000 Einw.
	im Großraum	1.400.000 Einw.
	Edmonton:	930.000 Einw.
	im Großraum	1.320.000 Einw.
	Red Deer:	100.000 Einw.
	Lethbridge:	93.000 Einw.
	Medicine Hat	63.000 Einw.
Provinzfeiertag:	*Heritage Day* am 1. Montag im August	
Höchster Berg:	Mount Columbia (Jasper NP)	3.747 m
Niedrigster Punkt:	Salt River (Wood Buffalo NP an der Grenze zu den NWT)	170 m
Größter See:	Lake Athabasca	7.935 km²
Längste Flüsse:	Peace/Mackenzie River	4.241 km
	Bow/Saskatchewan/ Nelson River	2.575 km
Nationalparks:	Banff, Elk Island, Jasper, Waterton Lakes,Wood Buffalo	
Zeitzone:	Mountain Time, mit Sommerzeit	
Telefonvorwahl:	Süden	403, 587 und 825
(*Area Code*)	Norden	587, 780 und 825
Provincial Sales Tax:		keine

ANHANG

Eisenbahn 1885

Drei Jahre später, im Jahr 1885, wurde die transkontinentale Eisenbahnlinie ***Canadian Pacific Railway*** vollendet. Sie verband Alberta sowohl mit der Westküste als auch mit dem Osten des Landes und sorgte für einen kontinuierlichen Strom neuer Siedler. Mit der verkehrsmäßigen Erschließung und dem Bevölkerungsanstieg prosperierte bald die zunächst auf Ackerbau und Viehzucht basierende Wirtschaft Albertas. Die Festlegung der seither unverändert gültigen Grenzen (siehe unten) und die Konstituierung des bis dato voll von der Zentralgewalt abhängigen provisorischen Distrikts Alberta als selbstverwaltete Provinz erfolgte im Jahre 1905.

Provinz Alberta

Öl und Erdgas

Ölfunde 1914 und – noch ergiebiger – 1947 verhalfen Alberta zu einem zusätzlichen wirtschaftlichen »Standbein«. Kohle, Öl und Erdgas spülen vor allem seit den Ölkrisen der 70er-Jahre so viel Abgaben in die öffentlichen Kassen, dass Alberta ohne die sonst übliche Umsatzsteuer (*sales tax*) auskommt und dennoch einen Haushaltsüberschuss erwirtschaftet. Zum Wohlstand Albertas, einer der reichsten Provinzen des Landes, tragen außerdem erhebliche **Fremdenverkehrseinnahmen** bei. Die *Rocky Mountain Parks* ***Banff*** und ***Jasper*** sind die meistbesuchten Nationalparks Kanadas, und die ***Calgary Stampede*** ist ein weiterer Besuchermagnet.

Tourismus

Geographie

Die Grenzen Albertas wurden im Süden und Norden entlang des 49. und 60. Breitengrades definiert und im Osten und Westen am 110. bzw. 120. Längengrad ausgerichtet. Lediglich in den Rocky Mountains verläuft die Grenze unregelmäßig auf der durch die Wasserscheide zwischen Atlantik und Pazifik (*Continental Divide*) vorgegebenen Linie. Auf jeder Seite besitzt Alberta nur einen Nachbarn: Saskatchewan im Osten, den US-Staat Montana im Süden, BC im Westen und die Northwest Territories im Norden.

Waldgebiete

Riesige, seenreiche Waldgebiete bedecken etwa zwei Drittel der Fläche Albertas nördlich und westlich von Edmonton, wohingegen die **Prärien nur ein Drittel** ausmachen. Die Hochgebirgsregion spielt flächenmäßig kaum eine Rolle.

Prärie, Badlands und Berge

Die Prärien steigen von etwa 700 m im Osten (Medicine Hat) über Calgary (1.050 m) bis auf Höhenlagen von 1.300 m im Westen (Canmore). Dort enden sie an den Ausläufern der Rocky Mountains, im Bereich des ***Waterton Lakes National Park*** im äußersten Südwestzipfel der Provinz fast übergangslos vor dem Panorama des Hochgebirges. Ausgedehnte *Badlands* mit kargen Sandsteinformationen und tiefeingeschnittene Täler entlang des **Red Deer** und **Milk River** verhindern vor allem im Südosten die großflächige agrarische Nutzung der Prärie.

Die ergiebigsten **Fossilien-** und **Dinosaurierfundstellen** Nordamerikas (*Dinosaur Provincial Parks*, ➤ Seiten 318ff) liegen in dieser Region nur wenig unterhalb der Erdoberfläche, ebenso wie große Kohlevorkommen. Neben den Badlands unterbrechen zahlreiche Flussläufe, Seen und kleinere Hügelgebiete die Landschaft – am markantesten die ***Cypress Hills*** an der Grenze zu Saskatchewan.

Bevölkerung Der überwiegende Teil der Bevölkerung Albertas lebt entlang der Nord-Süd-Achse Lethbridge–Calgary–Red Deer–Edmonton. Sieht man ab von der Handvoll kleinerer Städte wie Medicine Hat, Fort McMurray und Grande Prairie und ihrem jeweiligen Umfeld ist der gesamte Rest der Provinz nur spärlich, der Norden so gut wie gar nicht besiedelt.

Klima An den **Osthängen der Rocky Mountains** fallen etwa **700 mm Niederschlag** pro Jahr, was ungefähr deutschen Mittelwerten entspricht. Das Landesinnere dagegen ist mit nur noch der halben Regenmenge vergleichsweise trocken. In den Sommermonaten sind in der Prärie – einschließlich Calgary und Edmonton – Tageshöchsttemperaturen von 25°C die Regel, aber am ***Icefields Parkway*** in den Nationalparks *Jasper* und *Banff* kommen selbst im Juli Frost und Schnee vor. Im an sich bitterkalten Winter sorgt gelegentlich der ***Chinook***, ein vom Pazifik über die Berge ins südliche Alberta steigender Föhn, innerhalb weniger Stunden für Temperaturwechsel von über 20°C.

ANHANG

Informationen für Touristen

Besucherzentren In den ***Alberta Information Centres*** an den Hauptstraßen werden Reisende mit Gratismaterial bestens bedient. Infos zu den **Provinzparks** und ***Recreation Areas*** findet man unter www.albertaparks.ca. In vielen Parks lassen sich die Campingplätze reservieren (Gebühr $12), © 1-877-537-2757; www.reserve.albertaparks.ca. Übersicht Fremdenverkehrsbüros: www.travelalberta.com.

Informative Broschüren

- ***Lodging in Alberta***; eine umfangreiche Liste von H/Motels
- ***Camping in Alberta***; eine – vor allem in Zusammenwirken mit der *Road Map* – äußerst hilfreiche Übersicht über die meisten Campingplätze der Provinz
- ***Alberta Road Map***, eine ordentliche Straßenkarte im Maßstab 1:1.500.000. Grüne und schwarze Dreiecke markieren die geographische Lage der *Campgrounds.* Die Broschüre oben erläutert alle zugehörigen Details
- ***Alberta Reiseplaner*** zu Attraktionen und Aktivitäten in der Natur und in Städten: www.travelalberta.com/de/plan-your-trip.

Camping Alberta **Grüne Dreiecke** in den Straßenkarten kennzeichnen die Lage staatlicher Plätze in den *National Parks* (*Banff, Jasper, Elk Island, Waterton Lakes, Wood Buffalo*), *Provincial Parks* und *Recreation Areas*. Zahlreiche ***Alberta Forest Campgrounds*** befinden sich in traumhafter Umgebung. Sie gehören zur Einfachkategorie, sind preiswert und bieten Wasserpumpe, »Plumpsklo« und Picknicktische, oft auch gratis grobe Holzscheite fürs Lagerfeuer.

Schwarze Dreiecke stehen für private und städtische Campingplätze. Bei weitem nicht alle privaten Plätze finden sich in dieser Karte bzw. im ***Alberta Campground Guide***.

Campen in Provinzparks ➢ Seiten 121 und 123.

British Columbia

Geschichte

Entdeckung

Bereits 1579 soll der englische Freibeuter *Sir Francis Drake* bis nach Vancouver Island gelangt sein. Er war auf der Flucht vor spanischen Verfolgern nach Norden gesegelt in der Hoffnung, durch das Nordpolarmeer eine Passage nach Europa zu finden.

Steckbrief

Konstituierung als Provinz:		1871
Einwohner:		4.600.000
Anteil an der kanadischen Bevölkerung:		13,1%
Fläche:		944.735 km²
Anteil an der kanadischen Fläche:		9,5%
Bevölkerungsdichte:		4,9 Einwohner pro km²
Hauptstadt:		Victoria (seit 1871)
Größte Städte:	Vancouver	631.000 Einw.
	Großraum Vancouver	2.460.000 Einw.
	Victoria	86.000 Einw.
	Großraum Victoria	368.000 Einw.
	Kelowna	118.000 Einw.
	Kamloops	90.000 Einw.
	Nanaimo	90.000 Einw.
	Prince George	74.000 Einw.
Provinzfeiertag:	British Columbia Day 1. Montag im August	
Höchster Berg:	Fairweather Mountain (St. Elias Range/Grenze zu Alaska)	4.671 m
Niedrigster Punkt:	Meeresspiegel des Pazifik	
Größter See:	Williston Lake	1.761 km²
Längste Flüsse:	Peace/Mackenzie River	4.241 km
	Columbia River	2.000 km
	Fraser River	1.370 km
Größte Insel:	Vancouver Island	31.285 km²
Nationalparks:	Glacier, Gulf Islands, Gwaii Haanas (Queen Charlotte Islands), Kootenay, Mount Revelstoke, Pacific Rim (Vancouver Island), Yoho	
Zeitzonen:	Mountain Time / teils mit Sommerzeit (nur Rocky Mountains)	
	Pacific Time mit Sommerzeit	
Telefonvorwahl: (*Area Code*)	Südwest BC mit Vancouver	236, 604 und 778
	Rest BC	236, 250 und 778
Sales Tax:		7%

1592 glaubte dann der Spanier *Juan de Fuca*, die Nordwest-Passage entdeckt zu haben. Tatsächlich handelte es sich jedoch um die später nach ihm benannte Wasserstraße zwischen Vancouver Island und der Olympic-Halbinsel.

Inbesitznahme Nach diesen ersten Visiten vergingen fast zwei Jahrhunderte, bis sich die europäischen Mächte Spanien, England und Russland für den nördlichen Abschnitt der amerikanischen Pazifikküste zu interessieren begannen. 1774 landeten ***Bodega Quadra*** und ***Juan José Pérez*** auf Vancouver und Queen Charlotte Island und reklamierten sogleich die gesamte Region für die spanische Krone.

Vier Jahre später erhob der berühmte Seefahrer *James Cook* britische Besitzansprüche. Der Konflikt mit Spanien wurde von den Briten durch Kriegsdrohung gelöst: Die Spanier erlaubten auch anderen Nationen den Zugang zur (späteren) kanadischen Westküste, und ***George Vancouver*** erklärte während seiner Küstenerkundung 1792-94 den Nordwesten des Kontinents kurzerhand zum Besitz Großbritanniens.

Pelzhändler Über Landrouten zum Pazifik drangen als erste Weiße die *Explorer* der Pelzhandelsgesellschaft ***North West Company*** vor: ***Alexander Mackenzie*** folgte dem Peace River flussaufwärts, überquerte die Rocky Mountains und erreichte 1793 beim heutigen Bella Coola das Meer. ***Simon Fraser*** befuhr 1808 den später nach ihm benannten Fluss bis zur Mündung, und ***David Thompson*** gelangte 1811 auf dem Columbia River (US-Bundesstaaten Washington und Oregon) zum Pazifik. In der Folge etablierten sich ***North West*** und ***Hudson's Bay Company*** (➤ Seite 206) mit Stützpunkten in ***New Caledonia***, was heute dem östlichen und zentralen Bereich von British Columbia entspricht, aber auch auf heutigem US-Gebiet.

Grenzziehung 1846 schlossen England und die USA den ***Oregon Treaty***. Dieser Vertrag legte den 49. Breitengrad, der – bis zu den Rocky Mountains – schon seit 1818 die britische Kolonie Kanada und die westlichen Territorien der USA trennte, als offizielle Grenze bis zum Pazifik fest. Damit gerieten die heutigen US-Nordweststaaten aus englischem nun voll unter US-amerikanischen Einfluss. Vancouver Island, obwohl es über den 49. Breitengrad hinausreicht, wurde ganz Großbritannien überlassen. Nur die ***San Juan Islands*** blieben weiter umstritten. Als sich ein britisches Schwein um die Gebietsstreitigkeiten buchstäblich einen Dreck scherte und ein amerikanisches Kartoffelfeld durchwühlte, drohte die Kontroverse im sogenannten »**Schweinekrieg**« zu einem ernsthaften Konflikt auszuarten. Der tatsächlich als Vermittler eingesetzte deutsche Kaiser Wilhelm I. beendete 1872 den Streit, indem er die Inseln den USA zusprach.

Konstituierung In der Zwischenzeit war neben der ursprünglichen Kolonie Vancouver Island auf dem Festland das separate Territorium British Columbia entstanden.

Goldrausch

Gerade rechtzeitig, um während des ***Fraser River*** (1858/59) und ***Cariboo Goldrush*** (1861-64) einigermaßen Recht und Gesetz durchzusetzen (➢ Seite 188). Die Goldrauschzeit sorgte nicht nur für eine Zuwanderung in den bis dato menschenleeren Raum, sondern auch für die Anlage erster Straßen ins Landesinnere, namentlich des heute noch so bezeichneten *Cariboo Trail* von Yale (am *TCH* oberhalb Hope) nach Barkerville. Vancouver an der Mündung des Fraser River entstand ebenfalls in den Jahren des Goldrausches.

Als **Provinz** – bestehend aus Vancouver Island und dem Festland westlich der Rockies (bis 1866 verwaltungstechnisch getrennt) – trat British Columbia dem *Dominion of Canada* **1871** bei. **Hauptstadt wurde Victoria**, damals einzige nennenswerte Stadt.

BC und Kanada

Die Felsbarriere der Rocky Mountains und weiterer Gebirgszüge erschwerte lange Zeit die Kommunikation zwischen BC und dem restlichen Kanada. Haupthandelspartner war daher der südliche Nachbar. Sogar der Postweg von Vancouver nach Toronto lief über die USA. Die Situation änderte sich 1885 nach Fertigstellung der transkontinentalen ***Canadian Pacific Railway***.

BC heute

Bald florierte auch der Handel mit Asien. British Columbia stieg zur wirtschaftlich bedeutendsten Provinz des Westens auf und wurde zu einer Art kanadischem Kalifornien. Heute ist die Wirtschaft mehr denn je auf den pazifischen Raum ausgerichtet. Die **Region Vancouver** gilt als die reichste Kanadas.

Geographie und Klima

Gebirge

Die Geographie der Provinz wird durch zahlreiche Gebirgszüge bestimmt, die überwiegend parallel und hintereinander in Südost-Nordwest-Richtung verlaufen. Im Osten sind dies die **Rocky Mountains**. Im Westen reichen die **Coast Mountains** mit Gipfeln, welche die Höhe der BC-Rockies übertreffen (Mount Waddington 4.042 m), und Gletscherfeldern bis ans Meer. Dazwischen liegen u.a. die **Cassiar Mountains** im Norden und **Columbia Mountains** im Süden mit mehreren Teilgebirgen. Die höchsten von ihnen sind die **Selkirk Mountains** (mit Glacier und Mount Revelstoke Nationalparks) und die **Cariboo Mountains** (mit den Provinzparks Wells Gray und Bowron Lake) mit über 3.500 m hohen Gipfeln.

Rocky Mountains

Im Südosten markiert der Hauptkamm der Rocky Mountains den Grenzverlauf zwischen British Columbia und Alberta. Zugleich bildet er die Wasserscheide (*Continental Divide*) zwischen Atlantik und Pazifik. Mit dem **Mount Robson** steht unweit Jasper/Alberta, aber bereits auf BC-Gebiet, der höchste Berg der kanadischen *Rockies* (3.954 m). Lediglich vier Pässe erlauben die Überquerung der *Rockies*: der ***Crowsnest Pass*** (1.396 m) im Süden, der ***Vermilion Pass*** (1.651 m) zwischen den *National Parks Banff* und *Kootenay* (Straße #93), der ***Kicking Horse Pass***/ *TCH* (1.647 m) und der ***Yellowhead Pass*** (1.146 m) des gleichnamigen *Highway*.

Ebenen Zwischen den Gebirgen erstrecken sich bewaldete Ebenen, durchzogen von Seenplatten und Flüssen, darunter das riesige ***Interior Plateau*** zwischen Coast und Columbia Mountains und in etwa *TCH* (Kamloops-Cache Creek) und *Yellowhead Highway*. Im Nordosten ragt British Columbia mit einer »Ecke« in die *Lowlands* hinein, die den Norden der Prärieprovinzen kennzeichnen.

Flüsse Viele Verkehrswege folgen dem Lauf großer Flüsse, wie z.B. der *Yellowhead Highway* dem oberen **Fraser** und dem **Skeena River** oder der *TCH* dem **Thompson** und Unterlauf des **Fraser River**. Der (erst in den USA) mächtige **Columbia River** und seine Nebenflüsse haben ihren Ursprung in British Columbia. Ihr Fluss in Nord-Süd Richtung wird durch zahlreiche Stauseen unterbrochen, allgemein beliebte Freizeitreviere. Das von mildem Klima begünstigte (➢ unten) Seengebiet im **Okanagan Valley** ist nach den Nationalparks meistfrequentierte Touristenregion der Provinz.

Inseln Vor der zerklüfteten Küste liegen fast **7.000 Inseln**, darunter mit Vancouver Island die größte Nordamerikas.

Fläche und Besiedelung British Columbia ist größer als Deutschland, Frankreich und die Schweiz zusammen und **außerordentlich dünn besiedelt**. Im Provinznorden kann von einer Besiedelung nur entlang der *Highways John Hart, Alaska, Yellowhead* und *Cassiar* die Rede sein; die riesigen Gebiete dazwischen sind praktisch menschenleer. Dasselbe gilt für die Region zwischen Vancouver und *Yellowhead Highway* westlich der Achse Vancouver–Prince George.

Die **Bevölkerung konzentriert sich auf den Süden der Provinz**, und auch dort im wesentlichen auf wenige Schwerpunkte. Zwei Drittel der Einwohner leben in den Großräumen Vancouver und Victoria und weitere 20% im Einzugsbereich des *Okanagan Valley* einschließlich Kamloops und in Orten am *Crowsnest Highway* entlang der US-Grenze.

Klima/ Regen Höhe und Lage der Gebirgsketten sorgen für unterschiedlichste Klimazonen. Feuchte pazifische Winde bestimmen das **Wetter im äußersten Westen** der Provinz. Sie regnen sich an den Berghängen der Coast Mountains ab. Die uralten Regenwälder an der pazifischen Küste verzeichnen dabei ähnliche Niederschlagsmengen wie der tropische Amazonas-Urwald. Extreme Temperaturschwankungen, wie sie östlich der *Rockies* auftreten, sind dort unbekannt, die Sommer relativ kühl und die Winter mild. Viel Regen fällt auch an den Westhängen der **Gebirge im Inland** einschließlich der Rocky Mountains Region. Das **Interior Plateau** und die Täler bleiben dagegen recht trocken; im Sommer sind Regentage dort eher selten. Der **Nordosten** unterliegt bereits arktischem Kontinentalklima mit kurzen kühlen und gelegentlich nassen Sommern und schneereichen, kalten Wintern.

Sommer/ Temperaturen Milde Sommer mit gleichmäßig angenehmen Temperaturen um 20°C machen die Ostküsten von **Vancouver Island** im Bereich zwischen Nainamo und Courtenay zur beliebten Urlaubsregion.

Eishockey ist der National-sport in Kanada. In British Columbia sind es die Vancouver Canucks, die dem Puck in der Profiliga NHL nachjagen

Gleichzeitig sind die Winter so mild wie in keiner anderen Region. Auf der dem Pazifik zugewandten Seite dagegen herrscht Küstenklima mit Rekord-Regenmengen.

Heiß ist es während der Sommermonate oft in den breiten Tälern **im zentralen Süden der Provinz**, insbesondere entlang der Flusstäler des Fraser und Thompson River und im Okanagan Valley, das unmittelbar an die nördlichen Ausläufer des wüstenähnlichen Columbia Plateau anschließt. In dieser Region gibt es sogar Kakteen und Klapperschlangen.

Informationen für Touristen

BC Travel Info Centres

In British Columbia existiert ein dichtes Netz von ***Visitor Info Centres*** für Touristen. Dank ihrer großen Zahl in über 100 Orten und unübersehbaren Ausschilderung sind sie mühelos zu finden.

Übersicht **Fremdenverkehrsbüros**: www.hellobc.com.

Infos über einzelne **Tourismusregionen** von BC im **Internet**:

Vancouver Island	www.tourismvi.ca
Interior Cascades	www.route97.net
Kootenay/Rockies	www.kootenayrockies.com
Cariboo Chilcotin Coast	www.landwithoutlimits.com
Northern BC	www.travelnbc.com

Unterlagen

In den ***Info Centres*** bzw. bei ***Tourism BC*** gibt es unter anderem die folgenden Unterlagen:

- die Straßenkarte ***BC Road Map and Parks Guide*** im Maßstab ca. 1:1.500.000 enthält Übersichten für alle nennenswerten Städte und eine Liste von knapp 280 erschlossenen *Provincial Parks* mit Ausstattungsdetails und ob mit/ohne Campingplatz, Länge und Zustand der Zufahrt.

Für den Bereich Vancouver und Victoria sollte man sich dennoch Stadtpläne bei den *Visitor Info Centres* bzw. beim Automobilclub *CAA* beschaffen (➤ Seite 108).

- den ***BC Vacation Planner***, ein attraktiv gemachtes Heft, in dem die sechs touristischen Regionen der Provinz vorgestellt werden. Für jede von ihnen gibt es wiederum einen eigenen *Travel Guide*; die Qualität der Einzelausgaben ist indessen recht unterschiedlich.
- die Broschüre ***Outdoor Adventure***, in der zahlreiche Möglichkeiten zu Freizeitaktivitäten und Anschriften von Veranstaltern genannt werden; www.bcoutdooradventures.com.
- Rund die Hälfte der ***Provincial Parks*** besitzt ***Campgrounds*** mit Auto-Stellplätzen ($13-$35, die meisten im Bereich $18-$28). Zu den größeren Provinzparks gibt es ein gesondertes Faltblatt; der **Eintritt in die Parks ist frei**. Parkinfo im Internet unter: www.bcparks.ca.

  Die Mehrheit von ihnen gut bis sehr gut angelegt , wenn auch im Sanitärbereich überwiegend einfach ausgestattet (Wasser und Toilette). Fast immer gibt es Feuerholz, wenn auch in groben Scheiten, die noch Nacharbeit mit der Axt erfordern. Weitere Details dazu im Beileger.

  Die **Campingplätze in vielen *Provincial Parks* können unter ✆ 1-800-689-9025** oder **✆ (519) 826-6850 3 Monate im Voraus reserviert werden**: www.discovercamping.ca, Reservierungsgebühr $10-$30.
- BC verfügt über viele ***Forest Campgrounds***, von denen die meisten abseits der Hauptstraßen liegen. Karten der Forste mit Markierung dieser Plätze erhält man in den lokalen Büros des *Forest Service*. Auch die **Holzindustrie** hat in manchen Gebieten Campingplätze eingerichtet; www.sitesandtrailsbc.ca.

Haynes Point PP mit Campground am Ende der in den Osoyoos Lake ragenden Landzunge (im Okanagan Valley nahe der US-Grenze)

Manitoba

Geschichte, Geographie und Klima

Die ersten Entdecker

Bereits 1610 entdeckte der Engländer ***Henry Hudson*** die mit dem Atlantik verbundene riesige Bucht im zentralen Nordosten Kanadas. Aber es verstrich ein halbes Jahrhundert, ehe die französischen Forscher ***Radisson*** und ***Des Groseilliers*** auf Überlandrouten an die James Bay gelangten und die große wirtschaftliche Bedeutung des »Binnenmeers« Hudson Bay erkannten. Von dort war der Weg zu den ertragreichen Pelztierjagdgebieten des kanadischen Nordens wesentlich kürzer als auf der beschwerlichen Route über den St.-Lorenz-Strom und die Großen Seen. Als sie von Frankreich abgewiesen wurden, wandten sich die beiden Franzosen mitdem Plan,

Steckbrief

Konstituierung als Provinz:		1870
Einwohner:		1.270.000
Anteil an der kanadischen Bevölkerung:		3,6%
Fläche:		647.797 km²
Anteil an der kanadischen Fläche:		6,5%
Bevölkerungsdichte:		1,9 Einwohner pro km²
Hauptstadt:		Winnipeg (seit 1870)
Größte Städte:	Winnipeg	705.000 Einw.
	Großraum Winnipeg	810.000 Einw.
	Brandon	46.100 Einw.
	Springfield	14.100 Einw.
	Hanover	14.000 Einw.
Provinzfeiertag:	Civic Holiday am 1. Montag im August	
Höchster Berg:	Baldy Mountain im Duck Mountain Provincial Park	832 m
Niedrigster Punkt:	Meeresspiegel (Hudson Bay)	
Größter See:	Lake Winnipeg (größer als Hessen!)	24.387 km²
Längster Fluss:	Bow/Saskatchewan/ Nelson River	2.575 km
	Churchill River	1.609 km
Nationalparks:	Riding Mountain Wapusk	
Zeitzone:	Central Time mit Sommerzeit	
Telefonvorwahl (*Area Code*):		204 und 431
Provincial Sales Tax:		8%

eine Pelzhandelsstation an der Hudson Bay zu errichten, an die englische Krone. König *Charles II* ging auf den Vorschlag ein und beauftragte sie mit der Erforschung des Gebietes. 1668/69 überwinterte ***Des Groseilliers*** in der James Bay an Bord des Schoners ***Nonsuch*** (eine Nachbildung dieses bemerkenswerten Schiffes steht in Winnipeg im ***Manitoba Museum***, ➤ Seite 602) und kehrte von dieser Reise mit besten Winterpelzen beladen zurück.

Hudson's Bay Company

Aus dieser Reise resultierte die Gründung der ***Hudson's Bay Company***, die sich das Pelzhandelsmonopol in ***Rupert's Land*** sicherte, dem Einzugsbereich aller in die Hudson Bay mündenden Gewässer. **York Factory** im heutigen Manitoba am Nordufer des Hayes River war eines der ersten Handelsforts der Gesellschaft und wurde rasch zu ihrem wichtigsten Stützpunkt. Es erwirtschaftete nach kurzer Zeit glänzende Gewinne, da Trapper und Indianer des Nordwestens den kürzeren Weg an die Hudson Bay der langen Reise zu den Handelsposten am St. Lawrence River vorzogen.

Rupert's Land

Nun interessierten sich auch die Franzosen für die Hudson Bay. Bewaffnete Auseinandersetzungen ließen nicht lange auf sich warten. Mit dem Frieden zu Utrecht 1713 fanden jedoch die Streitigkeiten zwischen Franzosen und Engländern um die besten Handelsplätze an der Hudson Bay ein Ende. Denn *Rupert's Land* gelangte endgültig unter britische Kontrolle. Wohl vorsichtshalber wurde 1717 trotzdem noch das ***Fort Churchill*** gegründet und später zum mächtigen ***Fort Prince of Wales*** ausgebaut, das aber niemals in kriegerischen Auseinandersetzungen benötigt wurde.

Fort Rouge

Nach dem Verlust des Seeweges über die Hudson Bay setzten die Franzosen verstärkt auf die alten Pelzhandelsrouten und errichteten 1738 am Zusammenfluss von Red River und Assiniboine River das ***Fort Rouge***, die **Keimzelle Winnipegs**. Weitere Forts und Handelsposten der ***North West Company*** und der ***Hudson's Bay Company*** (➤ Seite 206) entstanden in der Folge auf dem Gebiet des heutigen Manitoba.

Die Métis

1812 brachte *Lord Selkirk* die ersten schottischen Siedler an den Red River. Sie sollten ein protestantisches Gegengewicht zu den dort mittlerweile etablierten katholischen ***Métis*** bilden. Zwischen dieser Volksgruppe, die aus der Verbindung französischer Trapper mit Indianerfrauen entstanden war, und den Schotten gab es schon bald Reibereien. Und als die HBC 1869 *Rupert's Land* an das *Dominion of Canada* abtrat, kam es unter Führung eines ***Louis Riel*** über die Frage der Land- und Jagdrechte zum **Aufstand**.

Provinz Manitoba

Nach Beilegung dieser sog. ***Red River Rebellion*** (1869/70) im Verhandlungswege erfolgte die Aufnahme Manitobas als **5. Provinz** ins *Dominion of Canada*. Das Wort ***Manito bau*** (»Stimme des großen Geistes«) aus der *Cree*-Sprache stand Pate bei der Namensgebung. Der von *Riel* formulierte Schutz für die franz. Sprache und Kultur wurde in die Verfassung (*Manitoba Act of 1870*) aufgenommen. Die neue Provinz war mit 33.000 km² für kanadische Verhältnisse zunächst nur »briefmarkengroß«. Erst **1912** wurden die heutigen Grenzen festgelegt, die nun ein Gebiet von 647.797 km² umschließen.

Geographie der Prärieprovinzen

Der US-amerikanische Mittelwesten mit seinen unendlichen Weiden und Getreidefeldern setzt sich in Manitoba, Saskatchewan und Alberta nach Norden fort. Aber nur das südliche Drittel der Flächen Manitobas und seiner Nachbarn besteht aus agrarisch genutztem Flach- und Hügelland. *Trans-Canada* und *Yellowhead Highway* führen mitten hindurch. Im zentralen Teil der Provinz liegt die Tiefebene ***Manitoba Lowlands*** zwischen Lake Winnipeg und der **Seenplatte Lakes Manitoba/ Winnepegosis**, riesigen Überbleibseln des zu Urzeiten noch ausgedehnteren *Lake Agassiz*. Die restlichen zwei Drittel Manitobas bedeckt die bewaldete, fast menschenleere Seenlandschaft des »kanadischen Schilds« (➤ Seite 17). Nur wenige Straßen und die Eisenbahnlinie nach Churchill an der Hudson Bay erschließen den Norden. Viele Ansiedlungen können nur per (Wasser-)Flugzeug oder Boot erreicht werden.

Die Hügelkette des ***Manitoba Escarpment*** trennt die *Manitoba Lowlands* von den Prärien Saskatchewans. Sie zieht sich von den *Turtle Mountain Provincial Park* an der US-Grenze über **Riding Mountain** und **Duck Mountain** zu den Porcupine Hills. Trotz ihrer vergleichsweise geringen Höhe (der höchste Berg Manitobas ist mit 832 m der **Baldy Mountain** im *Duck Mountain Provincial Park*) stehen Landschaft und Vegetation dieser Regionen in erstaunlichem Kontrast zu ihrer relativ eintönigen Umgebung.

Klima

Das (kontinentale) Klima Manitobas ist durch **extreme jahreszeitliche Schwankungen** gekennzeichnet. Die Sommer sind im allgemeinen sehr warm und trocken. Im Juli und August überwiegen Tage mit Temperaturen über 25°C; Hitzewellen mit über 30°C sind keine Seltenheit. Tiefausläufer und kräftige Gewitter sorgen nur gelegentlich für Regen. Selbst in nördlichen Gefilden übertreffen die sommerlichen Tagestemperaturen oft noch 20°C. **Im Winter** dagegen gelten Temperaturen **unter minus 20°C** über längere Perioden selbst im Provinzsüden als normal. Ein langer Übergang zwischen Sommer und Winter bleibt Manitoba nicht.

Informationen für Touristen

Karten/ Prospekte

Travel Manitoba, www.travelmanitoba.com

Bei *Travel Manitoba* erhält man gratis folgende Broschüren:

- ***Official Highway Map*** im Maßstab 1:1.400.000, für Touristen völlig ausreichend; die Provinzkarte verfügt auf der Rückseite über Innenstadtpläne größerer Städte sowie eine Liste der kanadisch-amerik. Grenzübergange mit Öffnungszeiten
- ***Outdoor Adventure Guide***; er enthält alle touristisch relevanten Informationen über Freizeitaktivitäten
- ***Accommodations Guide***; eine ziemlich vollständige Liste der Motels und Hotels Manitobas, sämtliche staatlichen und eine Auswahl privater Campingplätze jeweils mit Preisen, sowie wesentlichen Attraktionen
- ***Vacation Guide***; dieser halbjährlich neu aufgelegte Führer listet alle wichtigen Attraktionen in Manitoba.

Provinzparks/ Camping

Die ***88 Provincial Parks*** kosten $5 Eintritt. Fürs Campen sind zusätzlich $15-$25 (einfacher Stellplatz), $16-$30 (Elektrizität), $19-$35 (Platz mit Strom/Wasser) oder $24-$40 (*Full Hook-up*) zu entrichten. Manitoba verfügt daneben über ein Netz überwiegend schön gelegener ***Wayside Parks***, einige mit Campingplatz, andere offiziell nicht als Übernachtungsplätze eingerichtet.

Informationen über die ***Provincial Parks*** kann man auch über das **Internet** abrufen: www.manitobaparks.com, **Campreservierung**: © **1-888-482-2267** für viele Parks möglich, Gebühr $10.

Typisch für Manitoba: die russisch-orthodoxen Kirchen ukrainischer Einwanderer

Ontario

Geschichte, Geographie und Klima

Entdecker

Der Franzose ***Samuel de Champlain*** gelangte 1615 als erster Europäer an den Lake Huron. 1634 und 1639 gründeten die Jesuitenpater *Jean le Brébeuf* und *Jérôme Lalemont* mehrere Missionsstationen im Siedlungsgebiet der Huronen, darunter auch das spätere Sault Sainte Marie. Trotz großer Schwierigkeiten mit den **Irokesen**, die zur Zerstörung der ersten Missionen führten, erklärte **Frankreich 1669** das dünnbesiedelte Gebiet nördlich von Ottawa River, Huron und Superior Lake zu seiner Kolonie. Die Franzosen unternahmen aber in der Folge wenig, um diesem Anspruch – etwa durch den Bau von Forts – entschieden Nachdruck zu verleihen.

18. Jahrhundert

Im selben Jahr wurden der kurz zuvor gegründeten ***Hudson's Bay Company*** von der englischen Krone die »Rechte« zur Ausbeutung von ***Rupert's Land*** übertragen (➤ im Detail Seite 206). Damit geriet der Norden der von den Franzosen beanspruchten Region unter britischen Einfluss, was ständige Gebietsstreitigkeiten nach sich zog. Rund 100 Jahre später fiel das französische Territorium (*New France*) im Frieden von Paris 1763 an Großbritannien.

Steckbrief

Konstituierung als Provinz: (Gründungsprovinz des Staates)		1867
Einwohner:		13.600.000
Anteil an der kanadischen Bevölkerung:		38,6%
Fläche:		1.076.395 km^2
Anteil an der kanadischen Fläche:		10,8%
Bevölkerungsdichte:		12,6 Einwohner pro km^2
Hauptstadt:		Toronto (seit 1867)
Größte Städte:	Toronto	2.730.000 Einw.
	Großraum Toronto	5.930.000 Einw.
	Ottawa	934.000 Einw.
	Großraum Ottawa	1.320.000 Einw.
Größere Städte West-Ontario:	Sudbury	161.000 Einw.
	Thunder Bay	109.000 Einw.
	Sault Ste. Marie	76.000 Einw.
Provinzfeiertag:	Simcoe Day	1. Montag im August
Höchster Punkt:	Ishpatina Ridge	693 m
Niedrigster Punkt:	Meeresspiegel (Hudson Bay)	
Größte Seen:	Lake Superior:	82.100 km^2
	Lake Huron:	59.600 km^2
	Lake Erie:	25.700 km^2
	Lake Ontario:	18.960 km^2
Längster Fluss:	St. Lawrence River	3.058 km
Nationalparks:	Bruce Peninsula, Georgian Bay Islands, Point Pelee, Pukaskwa, Thousand Islands	
Zeitzonen:	Eastern Time mit Sommerzeit, Central Time im äußersten Westen mit Sommerzeit	
Telefonvorwahl (*Area Code*):	West-Ontario 807	Zentral-O. 249 u.705
Harmonized Sales Tax:	*HST*, ➤ Seite 143	13%

Lower and Upper Canada

In der Region zwischen Lake Erie, Ontario und Huron kam es darauf (im Anschluss an den nordamerikanischen Unabhängigkeitskrieg) zu einem Zustrom königstreuer Siedler *(British Loyalists)* und damit zu einer englischsprachigen Bevölkerungsmehrheit. Dies führte 1791 zu einer **Zweiteilung der Kolonie**, in das französischsprachige ***Lower Canada*** (Québec) und das britisch orientierte ***Upper Canada*** (Ontario). Niagara-on-the-Lake wurde Hauptstadt von *Upper Canada*, verlor diese Funktion aber schon ein paar Jahre später an York, das heutige Toronto.

Provinz Ontario

Nach einer Übergangsperiode, in der Ontario unter der Bezeichnung ***Canada-West*** zur britischen Kolonie Kanada gehörte, wurde 1867 im ***British North America Act*** die Gründung des vom Mutterland Großbritannien bereits relativ unabhängigen ***Dominion of Canada*** proklamiert. Es umfasste zunächst die Provinzen Ontario, Québec, New Brunswick und Nova Scotia. **Ontario** entwickelte sich in der Folge zur bevölkerungsreichsten und auch wohlhabendsten Provinz des *Dominion of Canada* bzw. später des Staates Kanada.

Geographie

Mit Ontario verbindet man zunächst einmal die Südostregion um Ottawa, Toronto und Hamilton, wo sich 85% der Provinzbevölkerung und die Industriestandorte befinden. Im Osten liegen auch die bekannteren Tourismusgebiete der Provinz wie *Niagara Falls* und der *Algonquin Park*. Über 80% der Fläche Ontarios erstrecken sich aber weiter westlich: zwischen der Georgian Bay des Huron Lake und dem Superior Lake einerseits sowie Hudson und James Bay andererseits. Ontario ist die nach Québec **zweitgrößte Provinz Kanadas**. Ihre Ausdehnung entspricht der Fläche von Spanien und Frankreich. Die Länge des *TCH* durch Ontario – von Ottawa bis nach Kenora am Lake of the Woods – beträgt über 2.000 km.

Landschaftsformen

Die Landschaft der Provinz ist überwiegend flach oder leicht hügelig. Sie wird nur hier und dort durch **Erhebungen bis zu max. 700 m** unterbrochen. In der – mit Ausnahme des Südostens – vom kanadischen Schild geprägten Geografie Ontarios (➤ Seite 17) gibt es **zahllose Gewässer und weitverzweigte Seenplatten**. Vier der fünf Großen Seen (Ontario, Erie, Huron und Superior) mit ihren Verbindungen, der St. Lorenz Strom und der Rainy River zw. Lake of the Woods und Superior Lake bilden eine natürliche Grenze zu den USA.

St. Lawrence Seaway

Sie entspricht ab Thunder Bay dem Verlauf des 1957 fertiggestellten ***Great Lakes-St. Lawrence Seaway***, einer 3.700 km langen, für Hochseeschiffe befahrbaren Wasserstraße vom tiefsten Binnenland zum Atlantik. Bemerkenswert ist auf dieser Route der schon 1824 zur Umgehung der Niagarafälle geschaffene und später ausgebaute ***Welland Canal*** zwischen Ontario und Erie Lake. Seine Schleusen gleichen über 100 m Höhendifferenz aus.

Klima

Starke **Gegensätze** zwischen Nord- und Südregionen kennzeichnen das Klima Ontarios. **Im Süden** bewirkt die Nähe der Großen Seen feuchtwarme Sommer und milde Winter bei relativ hohen Niederschlägen. Unter dem Einfluss trockener Polarluft sind die

Penetanguishene an der Georgian Bay des Lake Huron/Ontario

Sommer **im Norden** kurz und recht warm, die Winter lang und kalt. Insgesamt fallen weniger Niederschläge als im Süden.

Informationen für Touristen

Ontario Tourism; www.ontariotravel.net.

Broschüren

Weitere ***Ontario Travel Information Centres*** befinden sich an den Hauptstraßen bei den Provinzgrenzen. Sie sind in der

Official Ontario Road Map

Die sehr informative Karte zeigt auf der Vorderseite den Süden (Maßstab 1:700.000) und seine Ballungsräume (Maßstab 1:250.000), auf der Rückseite den Norden (Maßstab 1:1.600.000), sowie zahlreiche Detailkarten unterschiedlicher Maßstäbe.

- ***Attractions Ontario Passport***; er enthält einen ausführlichen Überblick und alles Wesentliche über Attraktionen,
- ***Festivals & Events,*** den Veranstaltungskalender.

Herbstlaub-färbung

Unter © 1-800-668-2746 können sich Herbsturlauber auch informieren, wann und wo die ***Fall Foliage***, die spätherbstliche Laubfärbung, am ausgeprägtesten ist (Bandansage).

Provincial Parks/ Camping

Ontario besitzt **über 100 erschlossene *Provincial Parks***. Viele verfügen neben *Picnic Areas* und *Nature Trails* auch über großzügig angelegte Campingplätze. Stellplätze können auf den meisten Provinzparks mit *Campgrounds* reserviert werden. Ein Teil der Kapazität wird nichtsdestoweniger nach *first-come-first-served* vergeben. Die **Tarife** für Eintritt und Übernachtung betragen in den Provinzparks Ontarios $11-$30 für die Tageskarte und – je nach Komfort – $35-$69 fürs Camping. Weitere Informationen unter www.ontarioparks.com. **Campingplatzreservierung**

($12 Gebühr) unter © **1-888-668-7275**.

Regina Skyline mit Wasacana Park

Saskatchewan

Geschichte, Geographie und Klima

Erste Besiedelung

Pelztierjäger erreichten Gebiete im heutigen Saskatchewan bereits Ende des 17. Jh., aber erst **Mitte des 18. Jahrhunderts** begannen *Hudson Bay* und *North West Company* mit dem Aufbau von Handelsposten. Als erste permanente Siedlung gilt Cumberland House, das ein *Samuel Hearne* 1774 im zentralen Osten der Provinz zwischen Saskatchewan River und Cumberland Lake gründete.

Métis und Indianer

Nach Übernahme Manitobas durch Kanada zogen sich viele *Métis* und Indianer (➤ Seite 647) auf Territorien in Saskatchewan zurück. Kanadische Truppen und die ***North West Mounted Police*** (*NWMP*) rückten jedoch bald weiter nach Westen vor und errichteten an strategisch wichtigen Punkten militärische Befestigungsanlagen. Weiße Immigranten zogen nach und drängten allmählich *Métis* und Indianer zurück.

Steckbrief

Konstituierung als Provinz:		1905
Einwohner:		1.110.000
Anteil an der kanadischen Bevölkerung:		3,2%
Fläche:		651.036 km²
Anteil an der kanadischen Fläche:		6,5%
Bevölkerungsdichte:		1,7 Einwohner pro km²
Hauptstadt:		Regina (seit 1905)
Größte Städte:	Saskatoon	246.000 Einw.
	Regina:	215.000 Einw.
	Prince Albert	35.200 Einw.
	Moose Jaw	33.300 Einw.
	Yorkton	15.700 Einw.
Provinzfeiertag:	Saskatchewan Day, am 1. Montag im Aug.	
Höchster Berg:	Cypress Hills	1.392 m
Niedrigster Punkt:	Lake Athabasca	213 m
Größter See:	Lake Athabasca	7.935 km²
Längster Fluss: Bow/Saskatchewan/Nelson River		2.575 km
Nationalparks:	Grasslands	
	Prince Albert	
Zeitzone:	Central Time ohne Sommerzeit, Mountain Time mit Sommerzeit um die westliche Grenzstadt Lloydminster	
Telefonvorwahl (Area Code):		306 und 639
Provincial Sales Tax:		5%

Im Gegensatz zu den USA, wo immense Einwandererströme weitgehend unkontrolliert das Indianerland besetzten und erst später die Staatsgewalt – nach damaligen Maßstäben – Recht und Ordnung herstellte, verhinderte in Kanada eine Art »vorbeugende« Militärpräsenz zunächst größere bewaffnete Auseinandersetzungen zwischen Indianern und Siedlern.

Eisenbahnbau

Kritisch wurde die Situation mit dem Bau der Eisenbahn, die die Verbindung zwischen British Columbia und den Ostprovinzen herstellen sollte. Das Projekt brachte automatisch – und politisch beabsichtigt, um einer befürchteten US-Expansion entgegenzuwirken – einen verstärkten Zuzug weiterer Siedler.

Nach Fertigstellung der ***Canadian Pacific Railway*** verschwand der bis dahin noch vorhandene Freiraum der *Métis* und Indianer vollends. Ungeschützt vom Staat – die NWMP vertrat in erster Linie die Interessen der Neusiedler – wurden sie von den Immigranten förmlich überrannt. Endlich kam es 1885 zum Aufstand der *Métis*, der sogenannten ***Northwest Rebellion***.

Aufstand der Métis

Aber die schwache Koalition aus *Métis* und *Cree* Indianern unter ***Chief Big Bear*** (andere Stämme ließen sich nicht zur Teilnahme bewegen) war von vornherein chancenlos. Lediglich der erste Zusammenstoß im März 1885 war für die Rebellen erfolgreich: Nach der verlorenen ***Battle of Duck Lake*** musste die *NWMP* den Rückzug antreten. Dank Bahnlinie und telegrafischer Kommunikation schaffte die Regierung jedoch rasch Verstärkungen in den Westen, und einen Monat später gelang der *North West Field Force* in Batoche der entscheidende Sieg. Der militärische Führer der *Métis*, *Gabriel Dumont*, floh in die USA und trat später in *Buffalo Bill*s berühmter Wildwest-Show auf.

Der politische Kopf, ***Louis Riel***, wurde gefangengesetzt. Während er nach der ***Red River Rebellion*** in Manitoba noch mit fünf Jahren Verbannung davongekommen war, kannte der Staat nun keine Gnade mehr. Im November 1885 endete *Riel* am Galgen.

Provinz Saskatchewan

1905 trat Saskatchewan gleichzeitig mit Alberta dem *Dominion of Canada* bei. Die bis dahin von Regina aus mitverwalteten Northwest Territories verblieben unter Bundeshoheit.

Weizen, Segen und Fluch der Prärien

In der Folge entwickelte sich Saskatchewan zur führenden Weizenprovinz Kanadas. Die Technisierung der Landwirtschaft und ertragreiche Getreidearten sorgten zeitweise für Spitzenernten. Aber extrem trockene Jahre vor allem im Provinzsüden fielen zusammen mit Überproduktion in anderenRegionen Nordamerikas und in Europa. Der damit einhergehende Preisverfall und Missernten führten in den vergangenen Dekaden zu erheblichen **strukturellen Problemen**.

Einst wohlhabende Dörfer verloren einen Großteil ihrer Einwohnerschaft und sind heute sichtlich verkommen. Riesige Flächen liegen brach; die einst fruchtbare Erde wird davongeweht. An manchen Tagen **verdunkeln Sandstürme den Himmel über der Prärie**, ein Phänomen, mit dem auch die Agrarstaaten der USA zu kämpfen haben. Denn in den Blütezeiten der Getreidewirtschaft wurde beidseitig der Grenze auch noch der letzte, die Bearbeitung der Felder mit Großgeräten »störende« Baum gerodet.

Öl, Erdgas und Kali

Einen ökonomischen Ausgleich findet Saskatchewan in **Öl-, Erdgas**- und insbesondere in **Kalivorkommen**. Nichtsdestoweniger leistet der **Agrarsektor** mit 46% der kanadischen Weizenproduktion immer noch den höchsten Beitrag zur wirtschaftlichen Gesamtleistung der Provinz.

Geographie

Die Grenzen des nahezu rechteckig geschnittenen Saskatchewan verlaufen identisch mit dem 49. bzw. 60. Breitengrad sowie dem 110. und – in etwa – dem 102. Längengrad.

Süden

Die südlichen zwei Drittel der Provinz mit ihren endlosen Weizenfeldern und riesigen Getreidespeichern als einziger Abwechslung sind relativ eben und eintönig. Sie werden nur hin und wieder unterbrochen von Höhenzügen (**Moose Mountain** im Osten und den **Cypress Hills** an der Grenze zu Alberta), kargen Hügellandschaften mit Namen wie ***Big Muddy Badlands*** oder **Great Sand Hills** und tiefeingeschnittenen, teilweise in Stauseen versunkenen Flusstälern (Qu'Appelle, North und South Saskatchewan River).

Norden

Der weitgehend unbewohnte und nur per Wasserflugzeug zugängliche Norden Saskatchewans zeigt das typische Landschaftsbild des kanadischen Schildes. Unendliche Nadelwälder, riesige, durch zahllose Wasserläufe miteinander verbundene Seenplatten und sumpfige Flussniederungen kennzeichnen dieses Gebiet. Es gilt als Geheimtip für Wildnisabenteuer mit Kanu und Angelroute. In völliger Einsamkeit existieren dort viele ***Fly-in Camps***, wo sich Urlauber absetzen lassen, um ungestörte Tage oder Wochen weitab der Zivilisation zu verbringen.

Klima

Die klimatischen Verhältnisse Saskatchewans stimmen weitgehend mit denen Manitobas überein. Es herrscht ein kontinentales Klima mit extremen jahreszeitlichen Schwankungen. Der touristisch vor allem interessante Sommer ist heiß und trocken.

Das Städtchen **Estevan** im Südosten der Provinz nahe der Grenze zu den USA nimmt sogar für sich in Anspruch, mit 2.537 Stunden Sonnenschein im Jahr die sonnenreichste Stadt Kanadas zu sein.

Informationen für Touristen

Tourism Saskatchewan; www.tourismsaskatchewan.com

Tourism Saskatchewan gibt u.a. folgende **Broschüren** heraus:

- Die ***Official Road Map*** zeigt auch die Nebenrouten. Die Karte im Maßstab von 1:1.800.000 enthält im allgemeinen Informationsteil neben üblichen Angaben eine Auflistung der Grenzübergänge zu den USA mit Öffnungszeiten, eine Übersicht über alle Fährverbindungen der Provinz sowie brauchbare Übersichtskarten für alle nennenswerten Ortschaften.

- ***The Saskatchewan Discovery Guide.*** Darin werden die Provinz (Geographie, Geschichte, Tierwelt etc.) vorgestellt und die Vielfalt der Möglichkeiten für Freizeit- und Urlaubsgestaltung beschrieben sowie Hotels und Motels der Provinz einschließlich aller Campingplätze gelistet.

Provincial Parks/ Camping

Saskatchewan Environment betreut **35 *Provincial Parks***, sowie 130 *Recreation Sites* mit *Campgrounds*. Der Eintritt beträgt $10 bei einmaligem Besuch, $40 für den Wochenpass oder **$75 für einen Jahrespass**. Die Pässe gelten in allen Parks. Die Preise fürs Camping betragen in Abhängigkeit von der Ausstattung der Plätze $15-$40; viele akzeptieren Campingreservierungen (✆ 1-855-737-7275, Gebühren $10). Im **Internet** sind die Provinzparks unter www.saskparks.net zu finden.

Regional Parks

Neben den Provinzparks verfügt Saskatchewan über ein dichtes Netz von über 100 ***Regional Parks***. Selbst in an sich tristen Landstrichen liegen diese Parks manchmal in unerwartet hübschen Ecken an einem bewaldeten Flussbett, an in den Straßenkarten nicht verzeichneten kleinen Seen usw. Die Eintrittsgebühren für den *day-use* wie auch die Campingkosten sind etwas niedriger; www.saskregionalparks.ca.

Die Northwest Territories

Geschichte, Geographie und Klima

Geschichte

Bereits 1789 durchquerte der Entdecker ***Alexander Mackenzie*** im Auftrag der ***North West Company*** (*NWC*) das Gebiet der North West Territories. Dabei folgte er als erster Mensch ab dem Great Slave Lake dem später nach ihm benannten Strom hinunter bis an seine Mündung. Ihm folgten Trapper und Pelzhändler; aber außerhalb der wenigen Handelsniederlassungen entstanden zunächst keine weiteren Siedlungen.

Faktisch lag der Nordwesten Kanadas fast vollständig im Einflussbereich der beiden Pelzhandelsgesellschaften *North West* und *Hudson`s Bay*, bevor Großbritannien 1870 diesen Teil Kanada zusammen mit dem ein Jahr zuvor für 300.000 britische Pfund von der HBC erworbenen ***Rupert's Land*** (➤ Seite 647) als **Northwest Territories** (NWT) an das 1867 gegründete ***Dominion of Canada*** übertrug. Drei Jahrzehnte später wurden

1898 das Territorium Yukon, 1905 die Provinzen Alberta und Saskatchewan und 1912 der Norden von Manitoba, Ontario und Québec abgetrennt.

Die nunmehr wohl endgültigen Grenzen sind erst 1999 neu definiert worden: Seither existiert der größere **Ostteil der bisherigen NWT unter der Bezeichnung *Nunavut*** als eigenständige Einheit.

Verwaltungs gebiet

Selbst 50 Jahre nach der Eingliederung in das *Dominion of Canada* gab es in den riesigen Northwest Territories nur ganze neun Polizeiwachen. Von dort aus übernahm zunächst die ***Royal Canadian Mounted Police*** auch administrative Aufgaben, die Kirche die schulische und medizinische Versorgung. Mit dem 2. Weltkrieg erwachte strategisch-militärisches Interesse am unerschlossenen Land im Norden, und die Bundesregierung begann, dort Flugplätze und Radarposten einzurichten.

Steckbrief

Konstituierung als eigenständiges Territorium:		1870
Einwohner:		44.100
Anteil an der kanadischen Bevölkerung:		0,1%
Fläche:		1.346.106 km²
Anteil an der kanadischen Fläche:		13,5%
Bevölkerungsdichte:		ein Einwohner auf 31 km²
Hauptstadt:		Yellowknife (seit 1967)
Größte Orte:	Yellowknife	20.700 Einw.
	Hay River	3.800 Einw.
	Inuvik	3.300 Einw.
	Fort Smith	2.500 Einw.
Territorialer Feiertag:	Civic Holiday am 1. Montag im August	
Höchster Berg:	Mount Nirvana (Mackenzie Mountains)	2.773 m
Niedrigster Punkt:	Meeresspiegel (Nordpolarmeer)	
Größte Seen:	Great Bear Lake	31.328 km²
	Great Slave Lake	28.568 km²
Längster Fluss:	Peace/Mackenzie River	4.241 km
Größte Insel:	Victoria Island	217.291 km²
Nationalparks:	Aulavik, Nahanni, Nááts'ihch'oh Tuktut Nogait, Wood Buffalo	
Zeitzone:	Mountain Time, mit Sommerzeit	
Telefonvorwahl (*Area Code*):		867
Terrritorial Sales Tax:		keine

Status heute 1967 verlegte sie die **Territorialverwaltung**, die bis dato in Ottawa erledigt worden war, nach **Yellowknife**. Das erste *Territorial Council*, eine Art Parlament mit eingeschränkten Befugnissen, wurde 1975 gewählt.

Geographie Die Bezeichnung ***Northwest*** gibt die Position der Territorien heute nicht mehr korrekt wieder. Sie liegen zwar nördlich des 60. Breitengrades, aber als mittleres der drei kanadischen Territorien zwischen dem neugeschaffenen **Nunavut** im Osten und dem alten Territorium Yukon im Westen. In diesem immer noch riesigen Gebiet (über 1,3 Mio km^2) leben ganze 44.100 Menschen, womit rein rechnerisch auf jeden einzelnen eine Fläche von 31 km^2 kommt.

Lowlands Der Mackenzie River durchfließt hier die waldreichen ***Mackenzie River Lowlands***. Die Tiefebene ist die nördliche Fortsetzung der *Great Plains* und bestimmt das Landschaftsbild der südwestlichen Northwest Territories.

Ein **Straßennetz** existiert nur im äußersten südwestlichen Bereich, wo der *Yellowknife Highway* in die Felslandschaft des Kanadischen Schildes führt ➤ Seite 17.

Klima **Permafrost** kennzeichnet den Großteil der Fläche. Die Seen füllen sich im (späten) Frühjahr mit Schmelzwasser aus den an der Oberfläche tauenden Böden, Schnee und Eis; ➤ auch Themenkasten Seite 473. Dennoch sind in Orten wie Hay River oder Fort Simpson im Juli/August dank der langen Tage bei Sonnenschein angenehmen **Tagestemperaturen von über 20°C** normal. Im Sommer fallen in den ***Mackenzie River Lowlands*** und insbesondere der arktischen Tundra weniger **Niederschläge** als etwa im *Okanagan Valley*.

Informationen für Touristen

Northwest Territories Tourism; www.spectacularnwt.com

Folgende nützliche Unterlagen sind bei den *Information Centres* der Northwest Territories erhältlich:

- ***Road and Campground Guide,*** kilometerweise Auflistung des Straßennetzes mit Campingplätzen und Attraktionen
- der ***Explorers' Guide***, ein Hochglanzprospekt mit umfassenden Informationen über Parks, Attraktionen, Quartiere etc.
- die ***Explorers' Map***, eine Karte im Maßstab 1:5.000.000 mit Detailkarten und Liste der *Territorial Camp & Picnic Areas*

Infos zu den 34 ***Territorial Parks*** – geöffnet Mitte Mai-Mitte September – unter www.nwtparks.ca. Die Campinggebühren betragen $15 (Zelt); Campmobile $23 ohne Strom-, $32 mit Stromanschluss

Campgroundreservierung für 16 Parks unter www.campingnwt.ca ($5 Gebühr)

Eine weitere wichtige **Servicenummer** der NWT, besonders für Herbst- und Frühjahrsurlauber zum **Fährbetrieb und Straßenzustand**, ist ✆ **1-800-661-0750**.

Straßenzustand im Internet: www.gov.nt.ca

Die Inuit

Die Ahnen der *Inuit* überquerten in mehreren Einwanderungswellen die Bering-Landbrücke nach Alaska. Als Halbnomaden jagten sie Großwale. Nach deren Verschwinden im 18. Jahrhundert – vermutlich aufgrund von Klimaänderungen – verlegte man sich auf kleinere Beutetiere wie Seehund und Walross. Caribous, eine weitere wichtige Nahrungsquelle, wurden ins Wasser getrieben und vom Kayak aus erlegt.

Kontakte mit den wenigen weißen Forschern wie z.B. *Martin Frobisher* und *John Franklin* kamen gelegentlich vor, doch erst die Walfänger des frühen 19. Jahrhunderts veränderten das Leben der *Inuit*. Insbesondere an der Nordwestküste der Hudson Bay tauschten sie Frischfleisch und Pelze gegen Waffen und Gerätschaften der Walfänger. Erst Anfang des 20. Jahrhunderts brachten Pelzhändler, Missionare und die RCMP weitere »Errungenschaften« der Zivilisation ins Land der *Inuit* und beendeten das überlieferte Jagdverhalten und damit die Lebensgewohnheiten. Die Missionare sorgten für Christentum und Schriftsprache, aber auch für medizinische Versorgung und Schulen. Aus den Selbstversorgern wurden nach und nach Handeltreibende und Subventionsempfänger.

Von den 51.000 kanadischen *Inuit* lebt gut die Hälfte in Nunavut, weitere knapp 20% im Norden der Provinz Québec und 6 % im Norden von Yukon und den Northwest Territories. Sie wohnen dort – im arktischen Kanada – weit verstreut in isolierten Siedlungen und sprechen viele unterschiedliche Dialekte. In der Inuitsprache (Inuktitut) bedeutet Inuit *Menschen*.

Die kanadische Regierung erschloss erst nach dem 2. Weltkrieg den Norden. Da gleichzeitig der Pelzhandel zurückging und Jagd und Fischfang allein die *Inuit* nicht mehr ernähren konnten, kümmerte sich der Wohlfahrtstaat um die Ureinwohner. Gutgemeinte Sozialleistungen und Fertighaussiedlungen führten aber zu einer Auflösung der traditionellen Mehrfamilienverbände und – Folge der Ernährungsumstellung – einer Verschlechterung des Gesundheitszustands. Viele *Inuit* starben an Krankheiten, gegen die sie keine Abwehrkräfte besaßen. Um dem wirtschaftlichen und sozialen Verfall der *Inuit*-Siedlungen entgegenzuwirken, förderte die Regierung u.a. ein Programm zur kommerziellen Nutzung von Kunsthandwerk. Die traditionelle Fertigung von Gebrauchsgegenständen und Werkzeugen aus Stein und Knochen wurde als eine Möglichkeit zur Existenzsicherung erkannt. Heute arbeiten *Inuit* in regelrechten **Künstlerkolonien**, die ihre Produkte über Kooperativen vermarkten. Eine davon ist die **Ladenkette *Northern Images***; www.northernimages.ca**.**

Die in der heutigen Form erst in den letzten 60 Jahren entstandene »typische« Kunst der *Inuit* besitzt heute einen guten Ruf. Für die Objekte werden hohe Preise gezahlt, und bekannte Museen wie die ***Winnipeg Art Gallery*** besitzen große ***Inuit Art***-Sammlungen.

Nomadisierende *Inuit* gibt es nur noch wenige. Und die verknüpfen beim Fischen und Jagen moderne Technik mit alten Traditionen. Im Winter gehört das Schneemobil zur Grundausstattung. Gleichzeitig haben die *Inuit* auch insgesamt – so scheint es – die Zeit der Agonie überwunden. **Politische Verantwortung und Selbstverwaltung** übernahmen die ***First Nations***, die kanadischen Ureinwohner, **in Nunavut**. Dieses Inuktitutwort bedeutet ***Unser Land***, und als solches existiert es seit April 1999 im ehemaligen Osten der Northwest Territories. Von der

Hauptstadt Iqaluit (»Ort der vielen Fische«), der größten Stadt (6.700 EW) des Territoriums, sind sie nun verantwortlich für fast 2,1 Mio. km^2, in denen die *Inuit* 85% der 37.100 Einwohner stellen; www.city.iqaluit.nu.ca.

Der **Weg nach Nunavut** begann 1992, als die Einwohner der Northwest Territories für die Aufteilung ihres Territoriums in zwei Teile stimmten. Ein Jahr später waren mit der kanadischen Bundesregierung die Details der Territorialgründung geregelt. Das Einzigartige hieran ist die größte, friedliche Übertragung von Landrechten in Nordamerika, allerdings für eine nahezu unbewohnte Region mit bis dato geringem wirtschaftlichen Nutzwert im menschenabweisenden Nordostkanada.

Nunavut liegt vollständig nördlich der Baumgrenze zwischen der weiten, baumlosen Tundra auf dem Festland und unzähligen Inseln im Nordpolarmeer. Der Permafrostboden weicht im Sommer nur oberflächlich etwas auf. Abgesehen von der Verwaltung, dem Militär, ein bisschen Erdölexploration und Kunstgewerbe sind Erwerbsquellen rar, aber der Tourismus dringt allmählich selbst in diese abgelegene Region vor.

Yukon

Geschichte, Geographie und Klima

Geschichte

Das Gebiet am Oberlauf des Yukon River (»großer Fluss« in der Sprache der Ureinwohner) mit reichen Jagd- und Fischgründen war seit jeher nur äußerst dünn besiedelt. Kontakte zwischen Yukon-Indianern (*Gwichin, Tagish, Tlingit* u.a.) und Weißen ergaben sich erst im 19. Jahrhundert, als die Trapper der Pelzhandelsgesellschaften weit nach Norden vordrangen. Sie veranlassten die **Indianer** zur verstärkten Jagd auf Pelztiere. Die Lebensgewohnheiten der ***Inuit***, Bewohner der Nordpolarmeer-Küstengebiete, wurden durch Walfangjäger verändert, die ihr Revier ebenfalls bis in den hohen Norden ausdehnten. Zwei spektakuläre Ereignisse rückten das einsame Land am nordwestlichen Rand Kanadas ins Bewusstsein der Öffentlichkeit: der ***Klondike Gold Rush*** zur Jahrhundertwende und der Bau des ***Alaska Highway*** 45 Jahre später.

Klondike Goldrausch

Nachrichten von Goldfunden am **Bonanza Creek**, einem Zufluss des Klondike und damit Yukon River, lösten den größten Goldrausch der Yukongeschichte aus. Im Winter 1897/98 strömten über 100.000 potentielle Prospektoren in den Norden. Die langwierige und gefahrvolle Anreise bis **Dawson City**, dem Zentrum des Goldfiebers, schreckte sie offenbar nicht. Die meisten kamen per Schiff von Seattle, Portland oder San Francisco nach Skagway und überquerten in entbehrungsreichen Fußmärschen den ***Chilkoot*** oder ***White Pass***, um ans Ufer des Lake Bennett zu gelangen (➤ Seite 442f). Von dort wurden auf dem Yukon River nach Dawson City 900 km in Booten zurückgelegt, die in der Wildnis zusammengehauen worden waren. Nur wenige Menschen konnten sich die bequemere, aber weit längere Route an der Küste entlang bis zur Mündung des Yukon River ins Beringmeer und dann (ab

St. Michael östlich der Yukon-River-Mündung) per Raddampfer stromaufwärts zum 2.400 km entfernten **Dawson City** leisten.

Als Folge des Goldrausches spaltete sich 1898 Yukon von den Northwest Territories ab. Kurz vor dem Ende des 19. Jahrhunderts lebten in der zur Hauptstadt des neuen Territoriums avancierten ***Boom Town*** und ihrer Umgebung mehr Menschen als heute im ganzen Yukon-Gebiet. Als der Rausch nach wenigen Jahren abflaute, kehrten die meisten Goldsucher – ärmer, als sie gekommen waren – dem Norden wieder den Rücken.

Alaska Highway

Der Bau des *Alaska Hwy* brachte Yukon die zweite »Invasion«. Zwar blieb der Bevölkerungszuwachs wiederum eine vorübergehende Erscheinung, die neue Straße förderte jedoch nachhaltig die Entwicklung der Region. **Whitehorse**, als Endpunkt der *White Pass & Yukon Railway Route* bis dahin eine eher unbedeutende

Steckbrief

Konstituierung als eigenständiges Territorium:		1898
Einwohner:		37.400
Anteil an der kanadischen Bevölkerung:		0,1%
Fläche:		482.443 km²
Anteil an der kanadischen Fläche:		4,8%
Bevölkerungsdichte:		ein Einwohner auf 13 km²
Hauptstadt:		Whitehorse (seit 1953)
Größte Orte:	Whitehorse (*total area*)	28.000 Einw.
	Dawson City	1.400 Einw.
	Watson Lake	1.400 Einw.
	Haines Junction	900 Einw.
Territorialer Feiertag:	Discovery Day, 3. Montag im August	
Höchste Berge:	Mount Logan (höchster Berg Kanadas)	5.959 m
	Mount St. Elias	5.489 m
Niedrigster Punkt:	Meeresspiegel (Nordpolarmeer)	
Größter See:	Kluane Lake	409 km²
Längster Fluss:	Yukon River	3.185 km
Nationalparks	Ivvavik Kluane Vuntut	
Zeitzone:	Pacific Time mit Sommerzeit	
Telefonvorwahl (*Area Code*):		867
Territorial Sales Tax:		keine

Zwischenstation auf dem Weg nach Dawson City, löste dank seiner Lage das alte Goldgräberzentrum als Zentralort ab und übernahm 1953 auch die Hauptstadtfunktion.

Bevölkerung

Rund 90% der Bevölkerung von Yukon leben im Einzugsbereich des *Alaska Highway*, und davon wieder die meisten in Whitehorse und Umgebung (28.000 Einwohner). Siedlungen wie Watson Lake (1.400 Einwohner), Teslin (500 Einwohner) und Haines Junction (900 Einwohner) sind die einzigen »größeren« Ortschaften an der Hauptverkehrsader. Nur ein einziger abseits des *Alaska Highway* gelegener Ort besitzt nennenswerte Größe: **Dawson City** weist mit 1.400 Einwohnern zwar nur einen Bruchteil seiner Bevölkerung der Jahrhundertwende auf (1898 während des *Klondike Gold Rush* waren es mal 40.000), ist aber dank steigender Besucherzahlen seit einigen Jahren stabil.

Geographie

Die südliche Grenze von Yukon entspricht exakt dem Verlauf des 60. Breitengrades, die westliche (zu Alaska) dem 141. Längengrad. Das **Mackenzie Massiv**, eine Teilformation der Rocky Mountains, trennt Yukon und die Northwest Territories; die Grenze verläuft im Südosten streckenweise entlang der Wasserscheide zwischen Pazifik und Nordpolarmeer. Die Umrisse von Yukon bilden damit ein fast geschlossenes Dreieck mit einer **Fläche**, die ca. der von Deutschland, Österreich und der Schweiz zusammen entspricht.

Die **landschaftliche Gliederung** ähnelt der des südlichen Nachbarn BC: Im Westen und Osten begrenzen hohe Gebirge das Territorium, dazwischen erstrecken sich ausgedehnte Ebenen unterbrochen von weiteren Höhenzügen.Die **Coast Mountains** und die vergletscherte **St. Elias Range** mit dem **Mount Logan** (5.959 m), dem höchsten Berg Kanadas, schirmen Yukon weitgehend gegen pazifische Einflüsse ab und sorgen für ein Abregnen der vom Meer heranziehenden Wolken. Die Niederschlagsmenge im Inland ist daher vergleichsweise niedrig. Im Regenschatten der Berge liegt das durchschnittlich 800 m hohe **Yukon Plateau**, durch dessen nordische Nadelwaldbestände *Alaska* und *Klondike Hwy* führen. Der **Yukon River**, mit knapp 3.200 km einer der längsten Flüsse Nordamerikas, durchschneidet die Hochebene über 1.200 km. Lange war er der einzige Transportweg zwischen Küste und Inland.

Brücke über den Lapie River Canyon im Verlauf des Robert Campbell Highway

Yukon liegt größtenteils im Wirkungsbereich des trockenen Kontinentalklimas. Die dafür typischen starken Temperaturunterschiede zwischen den Jahreszeiten werden durch die lange Sonnenscheindauer im Sommer und die ausgedehnten Winternächte verstärkt. Selbst am südlichsten Punkt des Yukon, in Watson Lake, scheint die Sonne im Juni/ Juli bis zu 19 Stunden täglich, während sie sich an Wintertagen im Dezember und Januar höchstens 6 Stunden zeigt. Obwohl die durchschnittliche Tiefsttemperatur dort -30°C beträgt, zeigt das Thermometer zwischen Juni und August im Tagesmaximum über 25°C an.

Permafrost

Das Erdreich im nördlichen Teil des Yukon ist permanent gefroren. Im Sommer taut lediglich die Oberfläche auf. Permafrost erreicht am *Dempster Highway* eine Tiefe bis 300 m, aber auch weiter südlich dringt er noch bis zu 30 m tief in den Boden ein.

Regen/ Schnee

Im Südwesten von Yukon sorgen feuchte Pazifikwinde für Niederschläge, speziell in den Küstengebirgen an der Grenze zu British Columbia und Alaska. Die **Saint Elias Mountains** verzeichnen im Winter bis zu 5 m Schnee. In den nördlichen Regionen dagegen fällt kaum Regen und selten mehr als 50 cm Schnee.

ANHANG

Informationen für Touristen

Tourism Yukon; www.travelyukon.com

Yukon betreibt sechs offizielle ***Visitor Information Centres***. Das beste **Infozentrum** vor Ort existiert in Watson Lake in räumlicher Einheit mit dem ***Interpretive Centre*** zum Bau des *Alaska Highway* am *Signpost Forest* (➢ Seiten 430f). Weitere ***Visitor Centres*** befinden sich am ***Alaska Hwy*** in Whitehorse, Haines Junction und Beaver Creek. Am ***Klondike Highway*** gibt es Informationsbüros in Carcross und Dawson City.

Unbedingt beschaffen sollte man sich:

- die ***Highway Map*** im Maßstab 1:2.750.000
- den ***Yukon Vacation Planner***, der umfassende Reiseinfos für alle Straßen liefert. Die Lage von *Campgrounds* und Sehenswürdigkeiten ist kilometergenau angegeben.

Einzelheiten zu den ***Yukon Government Campgrounds*** und deren Reservierung ➢ Seite 432.

US-Bundesstaat Alaska

Geschichte

Über die ausgetrocknete Beringstraße erfolgte vermutlich vor ca. 12.000 Jahren von Sibirien aus die erste Besiedlung Amerikas. Von den Ureinwohnern ist wenig mehr überliefert als die Bezeichnung, die sie dem Festlandsausläufer gaben: *Alyeska*, ein Wort der Aleuten-Indianer für »mächtiges Land«.

Der Däne **Vitus Bering**, von Peter dem Großen mit der Suche nach einer vermuteten Landbrücke von Sibirien nach Amerika beauftragt, musste 1728 zunächst feststellen, dass Russland und Amerika

Steckbrief

Kauf durch die USA:		18.10.1867
Konstituierung als 49. Bundesstaat der USA:		3.1.1959
Einwohner:		732.000
Anteil an der US-Bevölkerung:		0,2%
Fläche:		1.700.138 km² (größter US-Bundesstaat)
Anteil an der Gesamtfläche der USA:		17,3 %
Bevölkerungsdichte:		1 Einwohner auf 2,3 km²
Hauptstadt:		Juneau (seit 1959)
Städte:	Anchorage	299.000 Einw.
	Juneau	32.800 Einw.
	Fairbanks	32.500 Einw.
	Sitka	9.100 Einw.
	Wasilla	8.500 Einw.
	Ketchikan	8.300 Einw.
	Kenai	7.400 Einw.
Staatsfeiertag:	Alaska Day, 18. Oktober	
Höchste Berge:	Denali (früher: Mount McKinley) (höchster Berg Nordamerikas)	6.194 m
	Mount St. Elias	5.489 m
Niedrigster Punkt:	Meeresspiegel (Pazifik, Nordpolarmeer)	
Größter Gletscher:	Bering Glacier mit Bagley Icefield	5.200 km², 190 km lang
Größte Insel:	Kodiak Island	9.293 km²
Längster Fluss:	Yukon River	3.185 km
Nationalparks:	Denali, Gates of the Arctic, Glacier Bay, Katmai, Kenai Fjords, Kobuk Valley, Lake Clark, Wrangell-St. Elias	
Zeitzonen:	Alaska Time (–10 Stunden MEZ) Hawaii-Aleutian Time (–11 Std MEZ) auf den westlichen Alëuten jeweils mit Sommerzeit	
Wirtschaftszweige:	Erdöl, Erdgas, Tourismus, Fischfang, Bergbau	
Telefonvorwahl (*Area Code*):		907
State Sales Tax:		0%

durch eine Meerenge, die später nach ihm benannte Beringstraße, getrennt sind. Eine zweite Großexpedition unter seiner Leitung erreichte 1741 die Inselkette der Aleuten und nord-amerikanisches Festland am Golf von Alaska vor den St. Elias Mountains. Bering nahm den Küstenstreifen für den Zaren in Besitz.

In den 70er-Jahren des 18. Jahrhunderts segelten im nördlichen Pazifik Spanier und der britische Kapitän ***James Cook***, der 1778 Alaskas Küste bis nördlich der Beringstraße kartografierte. Die erste Besiedlung Alaskas blieb jedoch (ab 1784) russischen Trappern und Pelzhändlern vorbehalten.

Russland/ Verkauf an die USA

Das Interesse der Russen an Alaska beschränkte sich im wesentlichen auf die Pelztiere. Der Verkauf ihrer Felle versprach hohen Profit. Die gnadenlose Jagd führte aber bald zur fast vollständigen Ausrottung der Seeotter und zu einer hohen Dezimierung anderer Arten. Da die Kolonie ab Mitte des 19. Jahrhunderts daher keinen Ertrag mehr für die Zarenkrone abwarf und stattdessen hohe Kosten verursachte, wurde Alaska zum Verkauf angeboten.

ANHANG

Der **US-Außenminister *Seward* unterschrieb im Jahr 1867 den Vertrag**: Alaska ging für die aus heutiger Sicht lächerliche Summe von **7,2 Mio. Dollar** (weniger als $5/km^2!) an die Vereinigten Staaten. Trotz des günstigen Preises spottete man in den USA zunächst über *Sewards* »Eiskasten«, aber nur 13 Jahre später sollte sich die öffentliche Meinung gründlich ändern.

Gold

1880 fand ***Joe Juneau*** Gold, wo heute die nach ihm benannte Hauptstadt steht. Weitere Goldvorkommen wurden anderswo entdeckt, und amerikanische Prospektoren strömten nach Alaska, das bis dahin (unter russischer Herrschaft) nur am schmalen Küstenstreifen dünn besiedelt war. 18 Jahre später folgte der legendäre ***Klondike Gold Rush***. Zehntausende von Goldsuchern machten im Winter 1897/98 den kleinen Hafen **Skagway** zur größten Stadt Alaskas, als sie von dort ins benachbarte Yukon strömten. Als 1898 auch in Nome Gold gefunden wurde, drängte es 30.000 Goldsucher sogar in den äußersten Westen Alaskas.

2. Weltkrieg

Die Jahre des Goldrausches blieben eine kurze Episode. Nach Ausbeutung der Lagerstätten und einem Abklingen der vom Gold verursachten Boom-Jahre verlor sich das öffentliche Interesse am Hohen Norden rasch. Erst im Jahr 1942 geriet Alaska wieder ins Blickfeld der Öffentlichkeit, als die Japaner die Aleuten besetzten. Man befürchtete nach den Erfahrungen von Pearl Harbour die Besetzung ganz Alaskas. Das US-Militär reagierte auf die vermeintliche Bedrohung mit dem Bau neuer Stützpunkte und – in Kooperation mit Kanada – des ***Alaska Hwy***. Zwar kam es im hohen Norden letztlich zu keinen Kampfhandlungen, aber das Militär war nun präsent und gab wesentliche Anstöße auch für die Nachkriegsentwicklung.

US-Staat Alaska

Mit dem neuen »kalten« Kriegsfeind Sowjetunion jenseits der Beringstraße stieg Alaskas strategische Bedeutung. **1959** erfolgte daher seine Konstituierung als **49. US-Bundesstaat** .

Erdbeben

Am 27. März 1964 machte Alaska wieder von sich reden. Das mit weit über 8 auf der Richterskala verzeichnete Karfreitagsbeben (***Good Friday Earthquake***) markierte das stärkste je gemessene Beben Nordamerikas. Hohe seismische Flutwellen zerstörten – ausgehend vom Meeresboden im Golf von Alaska – viele Ortschaften. Unter anderem wurden Valdez, Seward und Anchorage verheerend getroffen; Valdez musste an anderer Stelle neu errichtet werden. Das in einigen Karten noch immer eingezeichnete Portage am Nordende der Kenai Halbinsel wurde ganz aufgegeben.

Öl

Das entscheidende Jahr für die weitere Entwicklung Alaskas war **1968**, als man in der ***Prudhoe Bay*** im Nordpolarmeer auf Öl stieß. Seit 1977 fließt es über die 1.285 km lange ***Trans-Alaska Pipeline*** quer durch Alaska zum eisfreien Hafen Valdez. Dank des »schwarzen Goldes« verzeichnete **Alaska bis 1986 das höchste Pro-Kopf-Einkommen aller US-Bundesstaaten**, allerdings auch das höchste Preisniveau. Zu Alaskas Boomzeit lag der Lebensmittelpreisindex von Anchorage bis zu 25% über dem von Seattle, in anderen Landesteilen noch erheblich darüber.

Preisniveau

Die in den 1980er-Jahren sinkenden Ölpreise bremsten die Einkommensentwicklung und damit auch den Preisauftrieb: In den 1990er-Jahren kosteten Lebensmittel in Anchorage sogar weniger als in Washington State. Mit dem Anstieg des Rohölpreises auf den Weltmärkten verbesserte sich in den letzten Jahren Alaskas wirtschaftliche Situation enorm. Gleichzeitig stieg allerdings auch das allgemeine Preisniveau auf neue Höhen.

Ölkatastrophe

Zuletzt geriet Alaskas Erdölindustrie 1989 durch die Havarie der ***Exxon Valdez*** in die Schlagzeilen der Weltpresse. Der *Prince William Sound* vor Valdez und die Küsten der *Kenai Peninsula*, von *Kodiak Island* und der sich weit nach Westen ziehenden Alaska-Halbinsel wurden vom Öl verseucht. Säuberungsaktionen und die Natur selbst haben dafür gesorgt, dass heute keine Spuren der Katastrophe mehr zu sehen sind.

Pipelineschäden

2006 wurden an der Ölpipeline Risse und Leckstellen entdeckt; sie sorgten für Unruhe, speziell unter Umweltschützern. In der Zwischenzeit investierten die Betreiber und der Staat Alaska große Summen in die Sicherheit der Leitungen.

Geographie

Lage

Wegen Alaskas geographischer Lage hat man leicht falsche Vorstellungen: Der nördlichste US-Bundesstaat erstreckt sich alles in allem nur auf der Höhe Skandinaviens. Derselbe Breitengrad läuft durch Anchorage und Helsinki, und Fairbanks liegt auf der Höhe von Island, kaum nördlicher als das norwegische Trondheim. Selbst *Cape Barrow*, Alaskas nördlichster Punkt, teilt noch den Breitengrad mit dem skandinavischen Nordkap.

Fläche und Ausdehnung

Alaskas über **1,7 Millionen km²** entsprechen einem Sechstel des gesamten US-Territoriums oder einer über vierfachen Größe Deutschlands. Auf drei Seiten ist diese enorme Fläche von Meer umgeben. Der kürzeste Abstand zwischen dem Festland Amerikas und Asiens beträgt über die Beringstraße von *Cape Prince of Wales* (Alaska) nach *Kap Deshneva* (Sibirien) nur 89 km.

Im Osten läuft auf exakt 141° westlicher Länge schnurgerade die Grenze zum Nachbarn Kanada, sieht man ab vom sog. ***Panhandle*** an der Pazifikküste: Vom Wrangell/St. Elias Massiv ragt ein schmaler Streifen Land mitsamt der Inselwelt der ***Inside Passage*** pfannenstielartig 800 km tief hinunter nach Süden, so dass Alaska tatsächlich bereits wenig nördlich der kanadischen Stadt Prince Rupert beginnt, und nicht erst ganz hoch im Norden.

Topographie

Mehrere mächtige Gebirgsformationen prägen das Landschaftsbild Alaskas. Die bogenförmige Alaska Range mit dem **Mount McKinley** (6.194 m), dem höchsten Berg Nordamerikas, trennt das südliche Alaska von den inneren Plateaus, die im Norden mit der Brooks Range enden. Hohe Berge liegen auch zwischen Pazifikküste (Golf von Alaska) von der Kenai Peninsula bis nach Valdez und weiter. Sie gehen über in das Wrangell/St. Elias-Massiv.

Pipeline

Etwa ein Drittel Alaskas liegt nördlich des Polarkreises. In dieser Region befinden sich die Gebirge der **Brooks Range** mit dem größten Nationalpark der USA ***Gates of the Arctic***, und die ausgedehnte arktische Küstenebene, eine flache, baumlose Tundra. Als einzige Straße führt der ***Dalton Highway*** entlang der *Trans-Alaska Pipeline* in dieses Gebiet. Um den problematischen Permafrost-Boden zu meiden, wurde die *Pipeline* über weite Strecken oberirdisch auf Stelzen gebaut.

Erdbebenzone Alaska

Die Südwestküste Alaskas gehört zur aktiven **Erdbeben- und Vulkanzone** rings um den Pazifik (*Ring of Fire*) und erlebte in jüngster Vergangenheit mehrere größere Eruptionen. Der Ausbruch des *Novarupta* im *Katmai National Park* auf der Alaska Peninsula war 1912 – bezogen auf die Eruptionsmenge von 30 Kubikkilometern – der zweitgrößte der Neuzeit.

Nationalparks

Das phantasievoll bezeichnete Gebiet ***Valley of 10.000 Smokes*** mit dem im 20. Jahrhundert viermal ausgebrochenen *Mount Trident* liegt ebenfalls im *Katmai National Park*. Im »benachbarten« ***Lake Clark National Park*** steht der *Mount Redoubt*, dessen Ausbrüche mehrmals den Flugverkehr Alaskas lahmlegten.

Klima

Pazifischer Einfluss

Das Wettergeschehen wird wie im Westen Kanadas vom Pazifik bestimmt. Der warme, nordwestwärts fließende Alaskastrom hält die Südküsten Alaskas eisfrei und versorgt die aus Westen heranziehenden Luftmassen mit Feuchtigkeit.

Auf der Kenai Peninsula und **im Panhandle** bzw. **im Bereich der *Inside Passage* regnet es ausgiebig**. In Ketchikan etwa beträgt der Niederschlag beachtliche 4 m im Jahr, östlich der Küstengebirge dagegen weniger als ein Zehntel davon. Während sich die Küste selbst im Sommer gerne unter Nebel und Regenwolken versteckt, verzeichnet das Inland oft lange Schönwetterperioden.

Temperaturen Die pazifischen Westwinde sorgen aber nicht nur für Regen, sondern verhindern auch extreme Temperaturschwankungen. In **Anchorage** kennt man kaum strenge Winterkälte und hat bereits im März die ersten frostfreien Tage. Auch an der ***Inside Passage*** liegen die Temperaturen im Winter überwiegend oberhalb der Frostgrenze. Im Sommer misst man im Küstenbereich andererseits selten höhere Tagestemperaturen als 18°C.

Inland Das **Landesinnere Alaskas** weist ein trockenes Kontinentalklima mit einem sehr ausgeprägten Jahreszeitenwechsel auf. In Fairbanks sind Wintertemperaturen von minus 30°C keine Seltenheit, während im Juli die lange Sonnenscheindauer oft für angenehme Temperaturen um 20°C und nicht selten deutlich mehr sorgt. Sogar die Seen in der Umgebung von Fairbanks erwärmen sich im Sommer auf badefreundliches Niveau. Die höchste jemals in Alaska gemessene Temperatur war **36°C am Polarkreis** (!) in Fort Yukon im Jahr 1915, die niedrigste **minus 62°C** am *Prospect Creek/ Dalton Highway* auf gleicher Breite.

Arktik Die extrem trockene **arktische Tundra** nördlich der *Brooks Range* erhält nur 100-200 mm Niederschlag im Jahr. Den größten Teil des Jahres (Oktober bis August) bedeckt Packeis die Küste an der *Beaufort Sea*, so dass der Erdöltransport aus der *Prudhoe Bay* nicht per Schiff erfolgen kann. Im langen Polarwinter sieht Barrow vom 18.11 bis zum 24.1 kein Sonnenlicht. Zum Ausgleich versinkt die Sonne vom 10.5. bis zum 2.8. insgesamt 84 Tage lang nicht hinter dem Horizont.

Informationen für Touristen

Alaska Travel; www.travelalaska.com

Unterlagen Folgende Gratis-Unterlagen kann man dort anfordern:

- den ***Alaska Vacation Planner***, eine gute Informationsquelle, die detaillierte Angaben zu Orten, Parks und touristischen Attraktionen enthält und Hotels, Motels, *Bed & Breakfast*-Agenturen und Campingplätze listet.
- den *Alaska Reiseplaner* (deutsch); nur eine kurze Übersicht.
- die ***Official State Map*** (*and Campgrounds Guide*) im Maßstab von ca. 1:4,3 Millionen. Diese Karte ist für Autofahrer ebensowenig ausreichend wie die im *Rand Mc-Nally Road Atlas*, enthält aber eine Übersicht aller mit Fahrzeug zugänglichen öffentlichen Campingplätze in Alaska.

(**Hinweis**: Die **Karte des *AAA/CAA*** im Maßstab 1:4,0 Millionen – für Mitglieder europäischer Partnerclubs kostenlos – ist unterwegs erheblich brauchbarer. Sie besitzt detaillierte *Strip Maps* mit Angaben zu Tankstellen, Motels, *Campgrounds* und Läden).

Camping

Campen in Alaska ist besonders auf den rund **130** staatlichen, per Straße erreichbaren ***Campgrounds*** empfehlenswert. Sie zeichnen sich mehrheitlich durch eine schöne Lage aus. Darunter fallen auch die Plätze der 128 ***Alaska State Parks***: dnr.alaska.gov/parks. Gebührenpflichtige Plätze (kein Parkeintritt, teils Parkgebühren $5-$10, Feuerholz teils $5-$8; $15-$35 pro Nacht) haben meist Trinkwasser, gehören aber generell zur sanitären Einfachkategorie. Es gilt generell: ***first-come, first-served***. Nur wenige können reserviert werden (z.B. *Eagle River*, ➢ Seite 477).

In Alaska betreibt der ***US Fish and Wildlife Service*** (*USFWS*; ➢ Seite 453; www.fws.gov/alaska) *Campgrounds* im *Tetlin Nat'l Wildlife Refuge* und im *Kenai Nat'l Wildlife Refuge*, ➢ Seite 488.

Camping und Hütten

Der ***US Forest Service*** (*USFS*) unterhält in Alaska ***Campgrounds*** im *Chugach National Forest* und im *Tongass National Forest* (www.fs.usda.gov/r10). Von diesen können einige zentral reserviert werden: ✆ 1-877-444-6777, www.recreation.gov.

Ebenso kann man die Reservierung von über **200 Hütten** (*Remote Cabins*) des *Forest Service* im Hinterland arrangieren, die nur auf Wanderwegen, per Flugzeug oder Boot zu erreichen sind.

Die Büros des ***Alaska Public Lands Information Center*** in:

Anchorage, ➢ Seite 476	**Ketchikan**, ➢ Seite 523
Fairbanks, ➢ Seite 505	**Tok**, ➢ Seite 500

haben Infos (✆ 1-866-869-6887) für die staatlichen Campingplätze, *Cabins* und Parks, darüberhinaus Ausstellungen, Videos und Filme zu Alaskas Naturschutzgebieten. www.alaskacenters.gov.

Das ***Bureau of Land Management*** (*BLM*; www.blm.gov/ak) unterhält ebenfalls einige *Campgrounds* in Alaska, etwa in Eagle.

Alaska Campground Owner's Association (***ACOA***): Zusammenschluss privater *Campgrounds*; www.alaskacampgrounds.net

Das ***Department of Transportation*** (*DOT*, www.dot.alaska.gov) informiert über den aktuellen Straßenzustand, Baustellen und Fähren in Alaska, ✆ 1-866-282-7577.

Szenerie am Richardson Highway

Adressenanhang

Unterlagenversand für deutschsprachige Länder

Canadian Tourism Commission **(CTC)**
✆ (01805) 526232;
E-Mail: info@meinkanada.com;
www.kanada-entdecker.de

Fremdenverkehrsbüros der einzelnen Provinzen

Travel Alberta
PO Box 2500
Edmonton, AB T5J 2Z4
✆ (780) 427-4321, ✆ 1-800-252-3782
www.travelalberta.com

Tourism British Columbia
PO Box 9830
Victoria, BC V8W 9W5
✆ (250) 356-6363, ✆ 1-800-435-5622
www.hellobc.com

Travel Manitoba
155 Carlton Street
Winnipeg, MB R3C 3H8
✆ (204) 927-7838, ✆ 1-800-665-0040
www.travelmanitoba.com

Northwest Territories
PO Box 610
Yellowknife, NT X1A 2N5
✆ (867) 873-7200, ✆ 1-800-661-0788;
www.spectacularnwt.de

Nunavut
PO Box 1450
Iqaluit, NU X0A 0H0
✆ (867) 979-6551, ✆ 1-866-686-2888
www.nunavuttourism.com

Ontario Travel
10 Dundas Street, Suite 900,
Toronto, ON M7A 2A1,
✆ 1-800-668-2746, ✆ (416) 326-9326,
www.ontariotravel.net/de

Ontario Travel
Ontario Tourism Marketing Partnership Corporation
58 Southwark Bridge Road, London
✆ (020) 7593-1700
https://attractionsontario.ca/

Tourism Saskatchewan
1621 Albert Street
Regina, SK S4P 2S5
✆ (306) 787-9600, ✆1-877-237-2273
www.tourismsaskatchewan.com

Tourism Yukon
PO Box 2703
Whitehorse, YT, Y1A 2C6
✆ (867) 667-3051, ✆ 1-800-661-0494
www.travelyukon.com

Alaska Travel Industry
2600 Cordova Street, Suite 201
Anchorage, AK 99503
✆ (907) 929-2842, ✆ 1-800-667-8489
www.travelalaska.com

Alaska Reiseinformationen (deutsch)
Offizielle Reisewebseite von Alaska
www.alaskausa.de

Tourism Washington State, USA
✆ 1-800-544-1800
www.experiencewa.com

Kanadische Botschaften

Deutschland:
Leipziger Platz 17
10117 Berlin
✆ (030) 20312-0
www.kanada.de

Schweiz:
Kirchenfeldstr. 88
CH-3005 Bern
✆ (031) 3573200
www.canada international.gc.ca/switzerland-suisse

Österreich:
Laurenzerberg 2
A-1010 Wien
✆ (01) 531383000
www.kanada.at

Botschaften der USA

Deutschland:
Clayallee 170
14191 Berlin
✆ (030) 83050
www.us-botschaft.de

Schweiz:
Sulgeneckstr. 19
CH-3007 Bern
✆ (031) 3577011
ch.usembassy.gov/de/visas-de

Österreich:
Boltzmanngasse 16
A-1090 Wien
✆ (01) 31339-0
at.usembassy.gov

Botschaften in Kanada

Deutsche Botschaft

Embassy of Germany
1 Waverley St
Ottawa, ON K2P 0T8
✆ (613) 232-1101
www.ottawa.diplo.de

Österreichische Botschaft

Embassy of Austria
445 Wilbrod Street
Ottawa, ON K1N 6M7
✆ (613) 789-1444
www.austro.org

Schweizer Botschaft

Embassy of Switzerland
5 Marlborough Ave.
Ottawa, ON K1N 8E6
✆ (613) 235-1837
www.eda.admin.ch/canada

Botschaften in den USA

Deutsche Botschaft

Embassy of Germany
2300 M Street NW
Washington DC 20037
✆ (202) 298-4000
www.germany.info

Österreichische Botschaft

Embassy of Austria
3524 International Court NW
Washington DC 20008
✆ (202) 895-6700
www.austria.org

Schweizer Botschaft

Embassy of Switzerland
2900 Cathedral Ave NW
Washington DC 20008
✆ (202) 745-7900
www.swissemb.org

Fremdenverkehrsbüros

USA: ***Visit the USA***, www.visittheusa.com.
Kanada: ***Canadian Tourism Commission (CTC)***, www.keepexploring.de.

Fotonachweis

Horst Deuerlein/Petra Pokar, Schwarzenbruck: Seiten 144, 419, 436, 437, 453, 457, 460, 464, 465, 488, 492, 496, 500, 503, 521, 527 unten, 669

Hans Grundmann, Westerstede: Seiten 83, 102, 167, 302,

Thomas Löffler, Dresden: Seiten 416, 487, 517

Isabel Synnatschke, Dresden (www.synnatschke.com): Buchcover vorne und Seiten 71, 78, 113, 124, 126, 146/147, 149, 154, 166, 193 unten, 216, 219, 223, 224 (#3), 225, 227, 229, 230, 231, 232 (#4), 233, 236, 243, 247, 251, 252, 266, 272 oben, 275, 278, 288, 298 oben, 318, 351, 368, 441 unten, 544/545, 548, 549, 552, 555, 673

Gerhard Petrwalsky, Innsbruck: Seiten 404 und 405 oben

Bernd Wagner, Duisburg: Seiten 45, 51, 73, 86, 94, 108, 117, 128, 130, 138, 198, 199, 200, 340, 382, 409, 422, 423, 429, 432, 456, 504, 527, 534, 583, 598, 605, 610, 612, 656

Media Images Seite
Air Alaska 546
Air Canada 66
BC Tourism 191, 213, 407
British Airways 65
Parks Canada 228, 276
Tillicum Island 551
Travel Alberta 47, 53, 244, 291, 324, 331, 334
Vancouver Tourism 158, 165 unten, 170 oben

Illustrationen Fisch von istock/seamartini

©iStockphoto.com Seite

stockyme 61, toos 105, Photawa 115, ronniechua 175, sgoodwin4813 187, Donyanedomam 254, cgardinerphotos 267, knapjames 268, ImagineGolf 277, jewhyte 320 unten + 328, wolv 343, Cybernesco 352, gregritchie 448, freeman 435, 438, 442, 466, 469, 506, 644, Z-lex 470, zzvision 515, vadimgouida 540, 543, jamesh1977 556, gregobagel 557, JPaulMoore 567, Schaef1 568, diegograndi 572, kvv515kvv 578, PaulReevesPhotography 579, nicescene 586, kaleigh 481, troutnut 519, Nelepl 601, OlgaRadzikh 606, kavram 620, jewhyte 634, aeropw 636, natureniche 645, benedek 649, psychoschlumpf 651

©shutterstock.com Seite

Galyna Andrushko 142, 184, 185, 300, 405 unten
Pecold 19, 141, 421, 441, 454, 459, 501
EB Adventure Photography 9, 41, 44, 118, 178, 181, 183, 209, 272, 365, 393
FloridaStock 5, 12, 28 oben, 98/99
Nick Fox 14/15, 319, 337
Josef Hanus 169, 177, 207, 260, 282, 286, 293, 389
Jeff Whyte 242, 257, 307, 316, 317

melissamn Titelei, Lubomir Chudoba 2/3, Bruce Amos 11, Marina Poushkina 21, moosehenderson 22, Eivor Kuchta 22, Richard Seeley 22, NancyS 22, Bob Pool 23, Dennis W Donohue 24, Pi-Lens 24, Jef Wodniack 25, Sekar B 27, Janet M Kessler 28, D. Longenbaugh 28, Enrique Aguirre 28, Jeff Grabert 28, Refluo 34, Ruslan Kalnitsky 35, Ken Phung 37, Jay Yuan 40, Marius M. Grecu 46, Richard G Smith 49, Jeffrey B. Banke 50, Lissandra Melo 55, SLdesign 56, Vladimir Sazonov 60 rechts, Montri Nipitvittaya 60 links, JimCottingham 74, Reinhard Tiburzy 77, Pi-Lens 84, melissamn 91, Michael Rosebrock 95, Jeff Bukowski 96, oksana.perkins 101, mikecphoto 104, Vadim Gouida 107, sunsinger 110/111, inEthos Design 121, GROGL 122 oben, DCrane 122 unten, julie deshaies 123 oben, CSNafzger 123 unten, Emi330 133, Wright Studio 136, dktirol 148, Svetlana SF 152/153, Sergei Bachlakov 156, Marc Bruxelle 161, Edwin Christopher 164, Anton Uralev 165 oben, Viktorishy 165 Mitte, Dan Breckwoldt 168, John S Mitchell 170 unten, Sergei Bachlakov 173, Tim Herbert 174, David J. Mitchell 176, Swamis 179, Danny Xu 186, Ric Jacyno 189

©**shutterstock.com** Seite

Don Mammoser 193 oben, davidrh 194, RickDeacon 202, Reinhard Tiburzy 204, Mariemily Photos 205, Christina Dutkowski 210, iploydoy 211, V J Matthew 214/215, christopher babcock 217, Protasov AN 220, Kelly vanDellen 221, Corey Chi-Chung Tse 222, Mayskyphoto 224 oben, Tomas Nevesely 224 (#2), Sasha Buzko 224 (#4), Brian Lasenby 226, VladislavPichugin 232 (#1), Yongyut Kumsri 232 (#2), Robert Bohrer 232 (#3), Kelly Shen 235, Autumn Sky Photography 238, Autumn Sky Photography 239, Lissandra Melo 241, Russ Heinl 245, West Coast Scapes 246, Bob Coffen 248, Konstantin Shabalin 256, Chase Clausen 259, Michaelf_01 261, Robert Vincelli 262, Pavel Tvrdy 263, Nido Huebl 265, OLOS 270, Ferenc Cegledi 274, Stan Jones 284, Chase Clausen 294, David J. Mitchell 295, Stan Jones 296, Dolce Vita 299, Roshan_NG 301, karamysh 303, Aaron Hayashi 304/305, steve estvanik 308, Bill Perry 312, i viewfinder 313, christopher babcock 320 oben, Phil McDonald 322, Haim Rosenfeld 326, alarico 333, kavram 341, r.classen 342, Russ Heinl 344/345, FrankHH 347, Stories In Light 349, Alex JW Robinson 353, meunierd 355, GTS Productions 357, pr2is 358, Luis War 359, Steve Boyko 361, Russ Heinl 363, ExpediTom 366, Vicki L. Miller 369, GagliardiImages 370, meunierd 371 unten, Ronnie Chua 372, 2009fotofriends 375 oben, Roxana Gonzalez 375 unten, JeniFoto 379 oben, Globe Guide Media Inc 379 unten, Marc Bruxelle 381, Chantal de Bruijne 384, StaceyL 385, TamasV 387, Ink Drop 390, Ninfas 392, Reinhard Tiburzy 395, DeeAnn Cranston 396, Serjio74 399, SandyS 400, Tomas Nevesely 403, Chris Howey 406, Christian Heiling 408, Anne08 409, Steve Bower 412, Lucas T. Jahn 417, Mark Herreid 425, Reinhard Tiburzy 430, marchello74 431, FOTOADICTA 440, illuminaphoto 443, Rocky Grimes 444, Stories In Light 445, Reinhard Tiburzy 446, alexmgn 447, Richard Seeley 449, oksana.perkins 455, Josef Hanus 461, Tomas Pavelka 462, Rocky Grimes 475, Claudiovidri 476, Karen Perhus 479, Galyna Andrushko 485, EQRoy 486, Carlo Emanuele Barbi 489, oksana.perkins 491, Tomas Nevesely 493, Gail Johnson 494, Gary Whitton 495, David Gonzalez Rebollo 498, Arlene Waller 499, Reimar 502, melissamn 507, Reimar 508, Terry W Ryder 510, Diane Kirkendall 512, Juancat 513, rybarmarekk 518, CREATISTA 523 oben, tonympix 523 unten, Greg Browning 525, Ric Jacyno 526, Jay Gao 528, BGSmith 538, GROGL 539, GeGiGoggle 542, Alex Cimbal 554 (#1), SeaRick1 554 (#2), Shachima 554 (#3), oksana.perkins 559, ARTYOORAN 561, Elena_Suvorova 563, Pierdelune 566, Tom Worsley 588, Darlene Munro 614, George Stone 691

Alaska Division of Tourism Seiten 483, 524
Northwest Territories Tourism Seite 533
Ontario Government Tourism Seite 581
Travel Manitoba Seiten 595, 596, 602, 607
Tourism Saskatchwan Seiten 619, 652
Yukon Tourism Seite 662

Besucher beim Peyto Lake am Icefields Parkway

ANHANG

Kanada entdecken!
Ost und West –

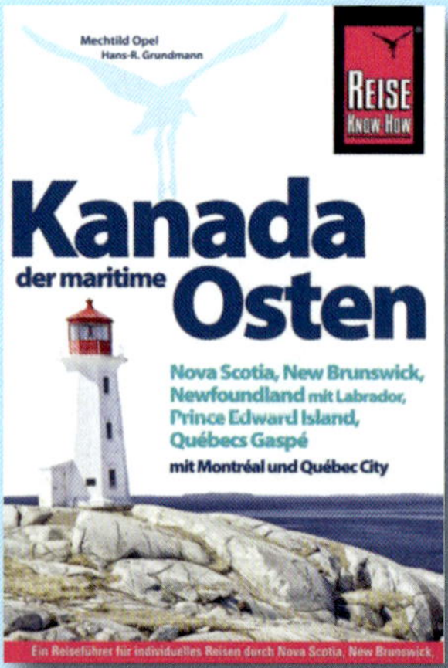

Kanada Osten
468 Seiten, 22,50 €

Nova Scotia, New Brunswick, Newfoundland, Prince Edward Island werden oft nur stiefmütterlich behandelt. Hier kommen ihre Geschichte, Landschaften und Sehenswürdigkeiten ausführlich zur Geltung.

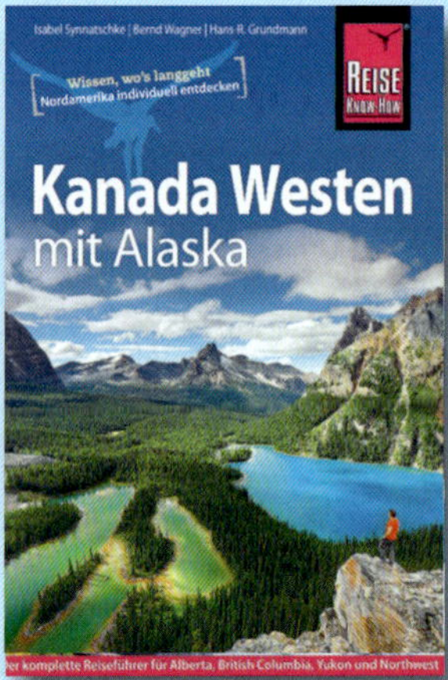

Kanada Westen
696 Seiten, 25,- €

Der umfassende Reiseführer zu Kanadas Westen und Alaska von Reise Know-How. Jetzt auch mit Start in Seattle.

Alle Titel auch als E-Book

Entdecken Sie die USA!
On the road – unvergesslich!

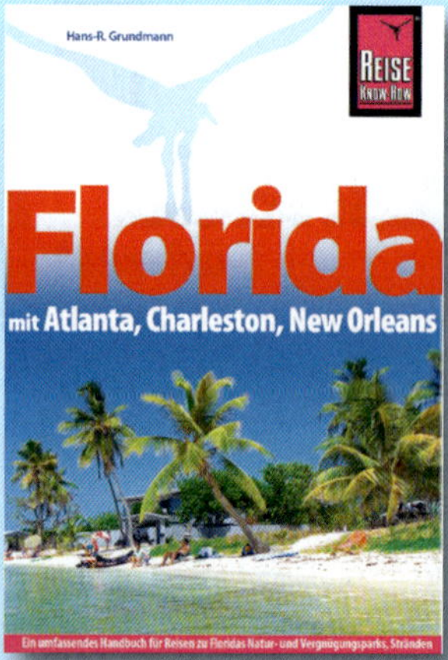

Florida
500 Seiten, 22,50 €

Wer seinen Urlaub im amerikanischen Sunshine-State individuell gestalten möchte, der liegt mit diesem Reiseführer richtig. Sowohl populäre als auch weniger bekannte Sehenswürdigkeiten und Urlaubsziele werden hier beschrieben.

Kalifornien
656 Seiten, 23,50 €

Zwischen Pazifikküste, Hochgebirge und Wüstengebieten – mit einer hohen Dichte an Naturwundern und städtischen Attraktionen – kann man die vielen spannenden Facetten Kaliforniens intensiv erleben und genießen. Mit Las Vegas!

Alle Titel auch als E-Book

Alphabetisches Register – Index

Im Register finden sich alle Ortsnamen, Sehenswürdigkeiten und geographischen Bezeichnungen ebenso wie alle wichtigen Sachbegriffe. Egal, wonach man sucht, seien es Infos zur Automiete, zu einer Stadt oder einem Nationalpark, alles ist alphabetisch eingeordnet.

ANHANG

ANHANG

ANHANG

Dichter Verkehr auf dem Haines Highway

Wichtige Kurzformen und englische Begriffe

Kurzbezeichung der Bundesstaaten und Provinzen

AB	Alberta	MB	Manitoba	ON	Ontario
AK	Alaska	NT	Northwest Territories	SK	Saskatchewan
BC	British Columbia	NU	Nunavut	YT	Yukon

Abkürzungen bei Naturschutzgebieten

NHS	National Historic Site	PRA	Provincial Recreation Area
NHP	National Historical Park	SB	State Beach
NP(R)	National Park (Reserve)	SP	State Park
NRA	National Recreation Area	SHP	State Historical Park
NWR	National Wildlife Refuge	SRA/S	State Recreation Area/Site
PP	Provincial Park	TP	Territorial Park

Kurzformen bei Adressen und geographischen Angaben

ALCAN	Alaska Highway	FR	Forest Road	Pt	Point
Ave	Avenue	Fwy	Freeway	mi	mile (Meile)
Bldg	Building	Hwy	Highway	Mt(s)	Mountain(s)
Blvd	Boulevard	I	Interstate	Rd	Road
Cir	Circle	Jct	Junction	Sq	Square
CR	Country Road	Ln	Lane	St	Street
Dr	Drive	Pkwy	Parkway	TCH	Trans-Canada Hwy
ft	foot (Fuß)	Pl	Place		

Nr./No. **N/W/S/E** Himmelsrichtungen EW Einwohner HM Höhenmeter

Englische Begriffe rund ums Camping

black water	Abwasser aus der Toilette	backcountry	im Hinterland
boondocking	kostenloses Campen	coin laundry	Münzwaschsalon
dispersed camping	kostenloses Campen	dry camping	Platz ohne Anschlüsse
dump station	Abwasserentsorgung	fee	Gebühr
fire pits	Feuerstellen	firewood	Feuerholz
first-come, first-served	Platzvergabe in der Reihenfolge der Ankunft,	full hook-up	Vollanschluss mit Strom/Wasser/Abwasser
grey water	Abwasser aus Dusche/Spüle	hook-up	nur Strom und Wasser
host	Platzwart	plug	Stecker
pull-through site	Stellplatz bei dem man vorwärts rein-/rausfährt	RV	Wohnmobil
		tent	Zelt
sewage	Abwasser	shower	Dusche

Kurzformen bei Fahrzeugen

4WD/AWD	four/all wheel drive (4-Rad-Antrieb)
CAA/AAA	Canadian/American Automobile Association
AC	Air Condition
ATV/ORV	All Terrain/Off-road Vehicle (Quad)
RV	Recreational Vehicle (Wohnmobil)
SUV	Sport Utility Vehicle (geländetauglich)

Straßenkategorien

dirt road	unbefestigt
forest road	Forststraßen mit/ohne Asphaltdecke
gravel road	Schotterpiste
logging road	ungeteert, für Holztransport genutzt
(un)paved	(un)geteert

Weitere Kurzformen

24/7	rund um die Uhr, 7 Tage die Woche	RCMP	Royal Canadian Mounted Police
4 rent/sale	zu vermieten/verkaufen	U-Pick	You pick (zum Selbstpflücken)
AM/PM	vormittags/nachmittags	w/	with, mit
a.s.a.p.	so rasch wie möglich	w/o	without, ohne
mart	market (Markt)	Xing	Crossing (Kreuzung); PedXing (Fußgängerkreuzung)
MT/PT	Mountain/Pacific Time Zone		
nite	night (Nacht)	XP	Extra Person

ANHANG

Stadt- und Regionalkarten British Columbia & Alberta — Seite

Stadt- und Regionalkarten Trans-Canada Hwy (Zentral)

Stadt- und Regionalkarten Hoher Norden — Seite

Karten für Anfahrt ab Seattle/USA

Übersichtskarten

Routenplaner Norden 415

Alle $-Preise in CAD in den Kanada-Kapiteln (**1-8, 10+12**) und in USD in Alaska & Seattle (**9+11**)